2018年度国家社科基金青年项目“古代阿拉伯史学史研究”
（批准号：18CSS012）的阶段性成果
“宁夏大学民族学一流学科建设经费资助出版”（NXYLXK2017A02）
“2022年度中央财政支持地方高校改革发展资金项目”资助出版

古代阿拉伯史学文献提要丛书

The Summary of Biographies of Ancient Arab Genealogists and Their Works

古代阿拉伯族谱学家及其著作提要（上册）

梁道远 洪 娟——编著

社会科学文献出版社
SOCIAL SCIENCES ACADEMIC PRESS (CHINA)

梁道远，先后就读于西北民族大学阿拉伯语专业、西北大学中东研究所国际关系专业和世界史专业，现就职于宁夏大学阿拉伯学院（中国阿拉伯国家研究院），主要研究方向为中东史学理论与史学史。代表性论文为《古代阿拉伯史学史的分期及其特点》（《史学理论研究》2017年第1期）、《阿拉伯通史编纂的形成、发展与特点》（《光明日报》2022年2月21日理论版），博士论文《阿拉伯史学的起源》被评为“2019年陕西省优秀博士学位论文”，代表性著作为《古代阿拉伯史学家及其著作目录》（社会科学文献出版社2021年版），主编“古代阿拉伯史学文献提要丛书”，主持国家社会科学基金青年项目1项，参与国家社会科学基金项目6项（5项重大，1项重点）。

洪娟，2014年获得西北民族大学阿拉伯语语言文学学士学位；2016年获得（苏丹）喀土穆国际语言学院对外阿拉伯语教学硕士学位；2019年至今，就读于宁夏大学民族与历史学院民族社会学专业，主要研究方向为阿拉伯社会文化与中阿关系。2015～2016年，曾参与（苏丹）“沙漠驼铃”公益项目，调研苏丹的村庄和部落文化。2019年至今参与国家社会科学基金青年项目“古代阿拉伯史学史研究”。

丛书总序一

于 沛*

伊斯兰教兴起前，阿拉伯人还没有成文的历史著作，但口头传下了许多历史故事。公元7世纪，阿拉伯人在伊斯兰教的旗帜下迅速扩张，建立了幅员辽阔的大帝国。阿拉伯史学在7~9世纪开始萌生和发展，以伊本·伊斯哈格（约704~768）、瓦基迪（747~823）、伊本·希沙姆（？~约834）和白拉祖里（？~892）为代表，出现了真正的历史学著作。此时，波斯、希腊、罗马、印度等经典史著，也开始被大量翻译成阿拉伯文，多元文明的碰撞、交流和交融，推动了阿拉伯史学的发展。

阿拉伯人和欧洲人一样，史学的起源和宗教的兴起有十分密切的联系。中古基督教神学盛行，催生了西欧基督教史学等；而伊斯兰的宗教传统，则形成了阿拉伯人的世界观和历史观。到阿拔斯王朝（750~1258年）后期时，阿拉伯人的历史著作浩如烟海。公元10世纪时，阿拉伯史学的体裁已经十分丰富，如传记、编年史、连续性的历史叙事和历史哲学。在古代阿拉伯史学发展史上，群星灿烂，产生了诸如叶尔孤比（？~约905）、泰伯里（839~923）、麦斯欧迪（？~957）、米斯凯韦（932~1030）、伊本·艾西尔（1160~1233）、伊本·赫里康（1211~1282）、扎哈比（1274~1348）、伊本·赫勒敦（1332~1406）、麦戈利齐（1365~1442）以及伊本·伊雅斯（1448~约1524）等著名史家。

由于历史形成的原因，特别是受到根深蒂固的欧洲中心论的影响，人类文明史上辉煌的阿拉伯史学，至今都没有得到应有的重视和公允的评价，

* 中国社会科学院世界历史研究所前所长、研究员，中国史学会原副会长，中国历史研究院学术咨询委员会委员。

不仅在欧美国家如此，而且在东方也是如此。“欧洲中心论”是19世纪殖民主义史学的理论基础。第二次世界大战后，帝国主义殖民体系在风起云涌的民族解放运动中崩溃，但欧洲中心论却改头换面顽固地存在着。就我国的外国史学史研究而言，人们经常看到的是各种版本的西方史学史著作面世，而较为系统地研究阿拉伯史学的著述则凤毛麟角。这无论是对教学，还是对学术研究，都不能不说是一种缺憾。梁道远博士主编“古代阿拉伯史学文献提要丛书”的问世，则在一定程度上弥补这一缺憾，其学术价值和对世界史学科发展的现实意义，不言自明。

中国史学的优良传统之一，是重视文献的搜集整理，历代的史学典籍自然是其中之一。任何典籍的形成都不是孤立的，欲真正了解任何一部典籍，至少要研究它的作者及作者所生活的时代。搜集和研究典籍，是探究历史真理的开端。因为只有这样，才能在历史叙述中努力做到“论从史出”，而不是“以论代史”。为了完成习近平总书记提出的“立足中国、借鉴国外，挖掘历史、把握当代，关怀人类、面向未来的思路，着力构建中国特色哲学社会科学”的历史性任务，编辑“古代阿拉伯史学文献提要丛书”，尤其有重要的意义。这套丛书是阿拉伯国家研究省部共建协同创新中心（宁夏大学）的标志性成果之一，内容十分丰富，包括《古代阿拉伯史学家及其著作目录》、《古代阿拉伯族谱学家及其著作提要》、《古代阿拉伯编年体史书提要》、《古代阿拉伯名人传记提要》、《古代阿拉伯世界史与王朝史名著提要》以及《古代阿拉伯地方史名著提要》等。这些对于在全球史的视域下学习和研究阿拉伯史学，特别是对于构建中国特色的中东史学史学科体系、学术体系、话语体系，无疑有着重要的意义。

梁道远博士先后就读于西北民族大学外国语学院阿拉伯语专业、西北大学中东研究所国际关系专业和世界史专业。2017年，完成学位论文《阿拉伯史学的起源》，获陕西省优秀博士学位论文奖，如今在宁夏大学中国阿拉伯国家研究院任教职，是一位有才华的青年学子。他终日辛勤耕耘于阿拉伯史学史研究园地，不问收获，含英咀华，好学深思，表现出强烈的事业心和使命感。他和他的团队这些后生们不仅“可畏”，更是可爱，顶天立地做人，脚踏实地做事，令我们这些年逾古稀的老人们感到十分欣慰。

“古代阿拉伯史学文献提要丛书”是一部研究性的大型丛书，是我国外国史学史研究中有开拓意义的一项标志性成果。愿梁道远博士和他的朋友们一发而不收，百尺竿头更进一步；不辜负人生最美好的青春年华，为中国的阿拉伯史学史研究乃至中东史学史研究，做出更多更大的贡献。

2020 年 6 月 20 日

丛书总序二

黄民兴*

史学史是研究和阐述历史学本身发展的学科。毫无疑问，史学史的研究对于总结古今历史学演变的脉络、特点、研究方法和规律具有十分重要的意义。自改革开放以来，中国历史学界在史学史研究领域取得了令人瞩目的成就，主要体现在中国史学史和西方史学史两大学科中，无论在项目、著述还是育人方面都是如此。

中国史学史的研究繁荣兴盛自不待言，而西方史学史在外国史学史研究中木秀于林也是预料之中的。自近代以来，欧美国家首开现代化之先河，在器物、制度诸文明和学术研究方面独步世界，包括史学史研究。因此，东方各国的学术研究和教育多以西方为模板，中国在改革开放以后再次转向西方延续了这一潮流。但是，与西方相比，包括中东、南亚、东南亚等地区在内的东方世界拥有古老辉煌的文明，在史学史研究方面遗产丰厚，值得认真研究和总结。中国史学史研究的先辈如耿淡如、周谷城和白寿彝等曾提出过写作“世界史学通史”和“世界史学史”的宏愿，而对东方国家史学史的研究是完成上述目标不可缺少的内容。另外，自改革开放以来中国的中东史研究取得了巨大的进展，但在中东史学史研究方面尚未真正启动。在进入21世纪第三个十年的时候，中国学术界已经在西方史学史和中东史研究领域硕果累累，全面开展阿拉伯史学史研究，此其时也！

阿拉伯史学是阿拉伯文明的组成部分。后者继承了包括两河流域、埃及、波斯、叙利亚、犹太等中东古老文明的遗产，形成了独特的地域文明，

---

* 西北大学中东研究所前所长、教授，中国中东学会副会长，中国亚非学会副会长，中国世界现代史研究会副会长兼西北片区负责人。

并影响到中亚、南亚、东亚、东南亚和非洲的广阔地区，对世界历史产生了深远影响。所以，对阿拉伯史学史的研究对于构建具有中国特色的史学史学科体系、学术体系、话语体系意义非凡。20 世纪 80 年代以来，中国学者已经陆陆续续在一些书籍和论文中探讨了阿拉伯史学史的内容。其中尤以阿拉伯语专业博士赵军利的博士学位论文《中世纪阿拉伯的史学发展》为代表。近年来，宁夏大学中国阿拉伯国家研究院正式启动了对阿拉伯史学史的系统研究，引起全国史学史学界的关注。

阿拉伯国家研究省部共建协同创新中心（宁夏大学）适时推出“古代阿拉伯史学文献提要丛书”。该丛书的第一卷《古代阿拉伯史学家及其著作目录》是作者在学习国内外前辈学者编写目录书的基础上，扼要归纳公元 622~1524 年的 1500 多名（包括 18 名女性）阿拉伯史学家及其主要的历史作品，并附上部分主要参考文献，以便学习者和研究者作进一步的探索。其余各卷分别是《古代阿拉伯族谱学家及其著作提要》、《古代阿拉伯编年体史书提要》、《古代阿拉伯名人传记提要》、《古代阿拉伯世界史与王朝史名著提要》以及《古代阿拉伯地方史名著提要》等。显然，在该丛书编写的过程中，作者付出了巨大的心血。丛书的陆续出版有助于中国的外国史学史和中东史学界初步了解古代阿拉伯历史学的大致轮廓和特征，从而为我们进一步开展有关研究、培养相关人才奠定基础，因而具有重要意义。

千里之行，始于足下。让我们携起手来，为未来中国的中东史学史研究事业的繁荣共同努力！

草于 2020 年 6 月 19 日

修改于 2021 年 3 月 6 日

本卷序

杨圣敏*

阿拉伯民族主要分布于西亚、北非20多个国家和地区，数量众多。阿拉伯半岛作为伊斯兰教的发祥地，是全球20多亿穆斯林的宗教与文化中心和朝觐圣地。位于中东“世界能源库”之地的阿拉伯国家在经济上，特别在能源上的影响是全球性的。

历史上，阿拉伯国家曾创造了全球几大文明之一——伊斯兰文明。但17世纪以后，阿拉伯世界逐渐沦为英、法等西方帝国主义列强的殖民地和半殖民地。直到二战结束后，阿拉伯各国才相继独立，从部落制社会艰难地向现代社会和独立的现代经济转型。二战后的70余年来，在努力摆脱西方大国的控制与盘剥，探索向现代化社会转型的道路上，阿拉伯各国步履维艰。在外资强大的冲击下，很多阿拉伯国家的民族经济体系受到极大破坏，成为名副其实的“依附经济”，贫困化和两极分化日益严重，政局动荡，内战不息。中东地区伊斯兰极端主义和恐怖主义势力的扩大，都是此背景下的产物。

中国与阿拉伯国家的关系，有坚实的历史和政治基础。两千多年来，双方一直保持着友好的经济文化交流。近几十年来，经济联系也日益紧密，中阿之间的进出口商品额不断增加，中国从阿拉伯国家进口原油已占中国总进口量的一半。目前，中国与多数阿拉伯国家已建立了战略伙伴关系，巩固和深化中阿传统友谊，是中国长期坚持的外交方针。

曾担任美国总统顾问并受到西方学界推崇的哈佛大学教授塞缪尔·亨廷顿说：“在冷战后多级、多文明的世界里……儒教-伊斯兰教国家之间的

---

* 中央民族大学资深教授，教育部社会科学委员会委员，中国民族学学会名誉会长。

联系将会继续，或许还会扩大和加深。这一联系的中心是穆斯林和华人社会在武器扩散、人权和其他问题上反对西方的合作。”[①] 欧美等西方中心主义的政府一贯以傲慢的态度蔑视中华儒家文明和阿拉伯-伊斯兰文明。因此，中国与阿拉伯各国不仅需要在政治上互相支持，也需要在文化上扩大合作。显然，加强对阿拉伯国家的研究以促进双方的了解与交流，是中国学界重要的任务。

有关阿拉伯国家的研究，英国、法国和俄罗斯等国起步早，研究队伍具有较强的实力。二战以来，美国在阿拉伯研究上投入了更多力量，已经实际上掌握着阿拉伯研究的国际话语权。目前，几乎所有涉及阿拉伯的热门话题都由美国的研究机构及它们掌控的期刊所左右。世界最大的中东研究非政府组织是“北美中东研究会”（MESA）。参加该协会的正式成员组织就有 50 多个，个人会员则遍布全球。不仅如此，美国的阿拉伯研究资料积累时间久，有多学科学者参与，能够多角度开展研究。

更重要的是，他们重视收集大量第一手材料，坚持以此为研究的基础。美国自 20 世纪 60 年代初开始，以“志愿者”和学者名义，向非洲、中东等第三世界国家陆续派遣人员，深入阿拉伯社会各个角落。到 2014 年，相继向第三世界派出的“志愿者”已达二十余万人。[②] 这些人一方面搜集、积累了有关阿拉伯社会各方面的丰富第一手资料；另一方面在阿拉伯国家建立了很多民间和学界的联系。在这个过程中，还锻炼和培养出了大批以掌握阿拉伯语为基础，较深入了解阿拉伯社会的专家、学者和外交人员。[③]

中国的阿拉伯研究起步较晚，相关的研究机构和专家较少，与中国作为全球最大的发展中国家的需要相比，在研究的广度和深度上都有明显不足。除了研究时间短、积淀不够之外，主要原因是缺乏独立开展对阿拉伯社会第一手资料的收集和积累。数十年来，中国学界有关阿拉伯的研究成果是丰硕的，但这些研究比较多地集中于国际政治角度，而且主要依靠的是西方学者发布的文献。美国、英国、法国等西方国家在阿拉伯研究中虽然占有某些优势，但出于西方固有的立场，对阿拉伯民族带有习以为常的

① 〔美〕塞缪尔·亨廷顿：《文明的冲突与世界秩序的重建》，周琪等译，新华出版社，1998，第 266~267 页。

② 李文刚：《和平队与美国在非洲的软实力及对中国的启示》，《当代世界》2015 年第 4 期。

③ 孙德刚：《中国的中东研究：1949~2010 年》，《西亚非洲》2011 年第 4 期。

傲慢和偏见。这些资料很多是被西方学者的有色眼镜过滤过的。

可以说，中国的阿拉伯学界，基于阿拉伯语第一手资料的基础性研究明显薄弱。但是，真正深入阿拉伯社会的实地调查或从这些阿拉伯文献开始做基础性研究又谈何容易。这既需要有扎实的阿语能力，要有阿拉伯历史文化的功底，还要有耐得住寂寞，不太顾眼前名利的长期坚持。也就是说，中国阿拉伯学的研究和未来，需要一批能坐冷板凳和能够深入阿拉伯社会的学者。

去年，我收到梁道远博士编著的《古代阿拉伯史学家及其著作目录》，不禁眼前一亮。拿着这本编译自阿拉伯语的 80 多万字大作，我能体会到梁博士多年苦心译著的毅力与在基础研究上的坚持。对于阿拉伯语第一手史料的收集、翻译这一类工作，多年来为部分人所轻视。因为它不可能像其他类的著作那样抒发见解，慷慨陈词，有较多的读者和较大的社会影响。但我想这部著作比起当前那些能够吸引众多眼球的作品要坚实可靠得多，其社会和学术价值不可同日而语。

当时我给梁博士回信称："这是中国阿拉伯学界非常重要的一部书，一百年后还是有价值的。"最近，梁博士告诉我，他和在读博士生洪娟合著的《古代阿拉伯族谱学家及其著作提要》即将出版，这无疑是中国阿拉伯学界又一重要的基础性研究成果。在梁博士身上，我深感年轻一代在学术上大步超越前代的干劲。我相信在这样一群年轻学者的持续努力下，中国的阿拉伯学能够一改几十年缓慢的步伐，大步向前，在不久的将来达到大家期盼的世界一流水平。

2022 年 3 月 18 日

目　录
Contents

引言：古代阿拉伯名号谱系的基本构成

阿拉伯族谱学（‘Ilm al-Ansāb）是传述和研究阿拉伯部落家族的世系及其人物事迹的一门学问。它在古代阿拉伯学术史上占有显赫地位。

著名伊斯兰哲学家沙赫拉斯塔尼（al-Shahrastānī，1086～1153）认为，前伊斯兰时期的阿拉伯学问主要分为三种：其一，族谱（另译家谱、谱系）、历史（主要是口传历史故事）与宗教；其二，天启之学；其三，星象学。①

7世纪中叶，阿拉伯史学朝着两个方向迅速成长。一个方向掌握在伊拉克巴士拉和库法的学者手中。他们主要以族谱辑录和部落研究为突破口，经过数代学人的努力耕耘，缔造了伊拉克历史学派。另一个方向主要由麦地那的圣训学家操控，把关注点集中于伊斯兰历史（主要是先知穆罕默德的生平及其弟子们的事迹），形成了麦地那历史学派。②

哈吉·哈里发（Hājjī Khalīfah，1609～1657）编纂的《书艺题名释疑》是古代伊斯兰学术（以阿拉伯学术为主）的总成绩册。他说，族谱学是一门源远绵延的显要学问。学者们撰写的相关著作何其多！③

但令人扼腕叹息的是，时至2021年，我国还没有系统详述古代阿拉伯族谱学的专著问世。中国学者要构建中国特色的中东史学理论与史学史学科体系、学术体系、话语体系，特别是全面系统地研究阿拉伯史学史，就

---

① 沙赫拉斯塔尼：《教义与信仰》（*Al-Milal wa-al-Nihal*）第3卷，贝鲁特：学术书籍出版社，1992，第662～676页。

② 阿卜杜·阿齐兹·杜里：《阿拉伯史学的兴起》（‘Abd al-‘Azīz al-Dūrī, *Nash’ at ‘Ilm al-Tārīkh ‘inda al-‘Arab*），贝鲁特：阿拉伯统一研究中心，2007，第18页。

③ 哈吉·哈里发：《书艺题名释疑》（*Kashf al-Zunūn ‘an Asāmī al-Kutub wa-al-Funūn*）第1卷，贝鲁特：学术书籍出版社，2018，第243～244页。

不得不厘清古代阿拉伯族谱学的发展脉络，客观公正地评价其成就，巧妙地取其精华。在此之前，我们首先需要搞清楚古代阿拉伯名号谱系的基本构成问题。

古代阿拉伯人没有姓，只有名和号。他们用谱系连接词“伊本”（ibn）或“宾特”（bint）把一系列名号串起来构成名号谱系，即族谱。换句话说，名号是古代阿拉伯族谱的最基本构成部分。从表面上看，名号似乎很简单。但实际上，它非常复杂。其复杂程度足以形成一门分支学问。本书下文介绍的伊本·法拉荻（Ibn al-Faradī，962~1013）、阿卜杜·加尼·艾兹迪（‘Abd al-Ghanī al-Azdī，944~1018）、扎默赫沙利（al-Zamakhsharī，1075~1144）、哈齐米（al-Hāzimī，1153~1188）、伊本·拔蒂施（Ibn Bātīsh，1179~1257）、凯腊巴芝（al-Kalābādhī，1246~1300）、扎哈比（al-Dhahabī，1274~1348）、伊本·拉菲俄（Ibn Rāfi‘，1305~1372）、伊本·穆拉勤（Ibn al-Mulaqqin，1323~1401）、伊本·拿斯鲁丁（Ibn Nāsir al-Dīn，1375~1438）、伊本·哈杰尔（Ibn Hajar，1372~1449）以及哈姆扎·侯赛尼（Hamzah al-Husaynī，1415~1469）等族谱学家专门撰写了辨析易混淆名号谱系的著作。

整体而言，古代阿拉伯人较为完整的名号谱系通常由以下五个或六个部分构成。

一 号

古代阿拉伯人的号（单数为 Laqab；复数为 Alqāb）至少可以分为三类。

第一类是绰号。比如，艾布·阿卜杜拉·胡韦黎思在前伊斯兰时期曾拒绝（ya' bá，音译“叶阿拔”）食用供奉偶像的祭肉（al-Lahm），因而得绰号“阿比·拉哈姆”（Ābī al-Lahm，意为“肉的拒绝者”）。[①]

第二类是雅号。比如，著名口传族谱学家伊本·阿拔斯（Ibn ‘Abbās，619~687）有多个雅号，其中之一是“民族贤哲”（Habr al-Ummah）。[②]

---

① 伊本·焦齐：《名号面纱揭晓》（Ibn al-Jawzī, *Kashf al-Niqāb ‘an al-Asmā’ wa-al-Alqāb*）第 1 卷，利雅得：萨拉姆出版书店，1993，第 69 页。

② 穆罕默德·马赫迪·赫尔桑：《阿卜杜拉·本·阿拔斯百科全书》（Muhammad Mahdī al-Kharsān, *Mawsū‘at ‘Abd Allāh ibn ‘Abbās*）第 1 卷，纳杰夫：信仰研究中心，2007，第 79~82 页。

第三类是别号。伊斯兰世界从 10 世纪（可能更早）开始流行“……丁”（al-Dīn）样式的别号。比如，安达卢西族谱学家伊本·阿卜杜·拉比赫（Ibn ‘Abd Rabbih, 860～940）的别号是什贺布丁（Shihāb al-Dīn）。① 再如，我们熟知的萨拉丁（Salāh al-Dīn，1137～1193）不仅是抗击十字军的英雄领袖，还是一名深谙阿拉伯人谱系的口传族谱学家。②

一般而言，在正常顺序的名号谱系链中，号经常被置于别名（单数为 Kunyah；复数为 Kuná）的前面。

二 别名

男性别名的常见形式是“艾布·甲”（Abū A）。比如，阿拉伯史学史上的“第一位史学大师”伊本·伊斯哈格（Ibn Ishāq，约 704～768）的别名有两个，其一是艾布·伯克尔（Abū Bakr），其二是艾布·阿卜杜拉（Abū ‘Abd Allāh）。③

女性别名的常见形式是“乌姆·乙”（Umm B）。比如，女性族谱学家阿依莎·泰芭莉娅（‘Ā’ishah al-Tabarīyah, ？～1363）的别名是乌姆·胡达（Umm al-Hudá）。④

需要特别指出的是，并非所有以“艾布”或“乌姆”开头的组合型人名都是别名。比如，艾尤卜·本·穆罕默德·叶玛米的别名是艾布·萨赫勒（Abū Sahl）。但他的号是艾布·杰默勒（Abū al-Jamal）。⑤

此外，不能简单地把别名“艾布·甲”或“乌姆·乙”理解成“甲的父亲”或“乙的母亲”。比如，“阿拉伯的司马迁”泰伯里（al-Tabarī，839～923）的别名是艾布·贾法尔（Abū Ja‘far）。但他终生未婚未育，没

---

① 加百列·苏莱曼：《伊本·阿卜杜·拉比赫及其〈璎珞〉》（Jibrā’īl Sulaymān, *Ibn ‘Abd Rabbih wa-‘Iqduhu*），贝鲁特：天主教会印刷所，1933，第 10 页。

② 穆罕默德·拉施德：《族谱学家辞典：自伊历一世纪至当代》（Muhammad al-Rashīd, *Mu‘jam al-Nassābīn min al-Qarn al-Awwal al-Hijrī ilá al-‘Asr al-Hādir*），安曼：法特哈出版社，2017，第 583 页。

③ 穆罕默德·阿卜杜拉：《穆罕默德·本·伊斯哈格》（Muhammad ‘Abd Allāh, *Muhammad ibn Ishāq*），大马士革：格拉姆出版社，1994，第 16 页。

④ 伊本·哈杰尔：《隐珠：八世纪精英》（Ibn Hajar, *Al-Durar al-Kāminah fī A‘yān al-Mi’ah al-Thāminah*）第 2 卷，贝鲁特：吉勒出版社，1993，第 236 页。

⑤ 伊本·焦齐：《名号面纱揭晓》第 1 卷，第 71 页。

有子女。[①] 如果简单地把他的别名理解成“贾法尔的父亲”，那就贻笑大方了。

三　本名

一般而言，本名位于别名之后、第一个谱系连接词之前。比如，本书介绍的第一位族谱学家稣哈尔·阿卜迪（Suhār al-‘Abdī，？～约 661）的名号谱系是艾布·阿卜杜·拉哈曼·稣哈尔·本·阿拔斯·本·沙拉希勒·本·蒙基孜·阿卜迪。其中的稣哈尔就是他的本名。

需要特别注意的是，有些人以别名形式的名字为其本名。比如，赫蒂卜·巴格达迪（al-Khatīb al-Baghdādī，1002～1071）《同与异》收录的最后一组人物是 3 个艾布·伯克尔·本·爱雅施（Abū Bakr ibn ‘Ayyāsh）：①艾布·伯克尔·本·爱雅施·本·撒里姆·库斐·伽利阿；②艾布·伯克尔·本·爱雅施·希姆隋；③艾布·伯克尔·本·爱雅施·苏拉米·拔朱达伊。[②] 这些“艾布·伯克尔”都是本名，或者说是别名与本名同形。

四　先辈名

通常情况下，名号谱系中的先辈名是用一系列谱系连接词串在一起的名字。这串名字位于第一个谱系连接词之后、归属名（单数为 al-Nisbah；复数为 al-Nisab）之前。比如，“社会历史哲学奠基人”、著名族谱学家伊本·赫勒敦（Ibn Khaldūn，1332～1406）的名号谱系是：

瓦里丁·艾布·栽德·阿卜杜·拉哈曼·本·穆罕默德·本·穆罕默德·本·穆罕默德·本·哈桑·本·穆罕默德·本·贾比尔·本·穆罕默德·本·伊卜拉欣·本·阿卜杜·拉哈曼·本·赫勒敦·本·奥斯曼·本·贺尼阿·本·赫拓卜·本·库雷卜·本·马阿迪卡

① 穆罕默德·祖海里：《伊玛目泰伯里》（Muhammad al-Zuhaylī，*Al-Imām al-Tabarī*），大马士革：格拉姆出版社，1999，第 28 页。

② 赫蒂卜·巴格达迪：《同与异》（*Kitāb al-Muttafiq wa-al-Muftariq*）第 3 卷，大马士革：伽迪利出版社，1997，第 2121～2123 页。

黎卜·本·哈黎思·本·沃伊勒·本·胡吉尔·本·萨义德·本·马斯鲁戈·本·沃伊勒·本·努尔曼·本·拉比阿·本·哈黎思·本·敖弗·本·萨尔德·本·敖弗·本·阿迪·本·马立克·本·舒拉哈比勒·本·哈黎思·本·马立克·本·穆拉·本·希木叶利·本·栽德·本·哈德拉米·本·阿慕尔·本·阿卜杜拉·本·贺尼阿·本·敖弗·本·朱尔沙姆·本·阿卜杜·沙姆斯·本·栽德·本·卢埃·本·沙波特·本·古达玛·本·艾俄杰卜·本·马立克·本·卢埃·本·葛哈塘·本·阿比尔·本·沙拉·本·亚法撒·本·闪·本·努哈·本·拉麦·本·玛土撒拉·本·艾赫努赫·本·雅列·本·玛勒列·本·该南·本·以诺士·本·塞特·本·阿丹（亚当）·哈德拉米·伊施比里·马立其。

在上述名号谱系中，从第一个“穆罕默德”到“阿丹（亚当）”的部分就是伊本·赫勒敦的先辈名。

需要特别指出的是，谱系连接词前后的名字所指的两个人物之间不一定是一代血缘关系。因为不少学者经常使用断层谱系（Nasab al-Qat‘）。比如，李振中先生讲：“伊本·赫勒敦……全名艾布·扎伊德·阿卜杜勒·拉赫曼·伊本·穆罕默德·伊本·赫勒敦。”① 显然，这里的“穆罕默德·伊本·赫勒敦”其实是一小段断层谱系。伊本·赫勒敦在自传（即《伊本·赫勒敦游记》）中追溯了他自己的谱系。其中，第一个“穆罕默德”和“赫勒敦”之间隔着“穆罕默德·本·穆罕默德·本·哈桑·本·穆罕默德·本·贾比尔·本·穆罕默德·本·伊卜拉欣·本·阿卜杜·拉哈曼”。② 但李振中先生讲的“全名”少了这段谱系。

五 归属名

归属名是名号谱系链中的最后构成部分。归属名的形式多样，内涵不

① 伊本·赫勒敦：《历史绪论》上卷，李振中译，宁夏人民出版社，2014，“译者自序”，第9页。

② 伊本·赫勒敦：《伊本·赫勒敦游记》（*Rihlat Ibn Khaldūn*），贝鲁特：学术书籍出版社，2004，第27页。

定，至少包括以下十种类型。

第一，表示家族或部落归属。

著名族谱学家伊本·亥狄利（Ibn al-Khaydirī，1418～1489）在《谱系知获》中记载了归属名“伯克利”（al-Bakrī）的 7 个家族归属：①艾布·伯克尔·斯迪格的子嗣。②伯克尔·本·沃伊勒的后裔。③追溯到伯克尔·本·阿卜杜·马纳·本·奇纳乃·本·呼栽玛。④伯克尔·本·敖弗·本·纳赫俄的子嗣。⑤伯克尔·本·哈沃津·本·曼苏尔·本·易克黎玛·本·赫索法·本·盖斯的后裔。⑥追溯到艾布·伯克尔·本·奇腊卜。⑦纳赫俄的内部分支。①

古莱什部落四大族谱学家之一阿基勒（？～680）的名号谱系是艾布·叶齐德·阿基勒·本·艾比·塔里卜·本·阿卜杜·穆塔里卜·本·哈希姆·本·阿卜杜·马纳夫·本·古绥依·本·奇腊卜·本·穆拉·本·卡尔卜·本·卢埃依·本·迦里卜·古拉什·哈希米。该谱系中的“古拉什”（al-Qurashī）和“哈希米”（al-Hāshimī）表示他属于古莱什部落（Quraysh）的哈希姆家族（Banū Hāshim）。

第二，表示地点归属，包括生卒地、祖籍地、居住地以及途经地等。

族谱学家纳吉姆丁·法赫德（Najm al-Dīn Fahd，1409～1480）生卒于麦加（Makkah），因而在他的归属名中有“麦奇”（al-Makkī）。

口传族谱学家杰玛路丁·麦托利（Jamāl al-Dīn al-Matarī，1272～1340）的归属名中有“麦托利”（al-Matarī）。因为他的祖籍是埃及马塔里亚（al-Matarīyah）。

艾布·穆罕默德·阿卜杜拉·本·穆罕默德·本·伊斯哈格·本·欧贝德·本·苏韦德·贝拓利曾住在埃及的贝拓尔（al-Baytār），因而得归属名“贝拓利”（al-Baytārī）。②

伊拉克库法商人伊卜拉欣·本·伊斯哈格·隋尼航海到中国（al-Sīn）做生意，因而得归属名“隋尼”（al-Sīnī）。艾布·哈桑·萨尔德·亥尔·本·穆罕默德·本·萨赫勒·本·萨尔德·安索利·安达卢斯从马格里布

① 伊本·亥狄利：《谱系知获》（*Al-Iktisāb fī Ma‘rifat al-Ansāb*）第 2 卷，科威特：拉托伊夫学术论著出版社 & 遗产复兴与数字服务科学公司，2019，第 666～670 页。

② 萨姆阿尼：《谱系》（al-Sam‘ānī, *Al-Ansāb*）第 2 卷，开罗：伊本·泰米叶书店，1980，第 370 页。

地区旅行到中国，因而颇为自豪地给自己的名号谱系加上了归属名“隋尼”。①

第三，表示学派归属。

最为明显的是伊斯兰教逊尼派四大教法学派学者们的名号谱系。族谱学家安巴尔杜沃尼（al-Anbarduwānī，？～1057）是哈乃斐教法学派的狂热追随者。因而，他的归属名中有“哈乃斐”（al-Hanafī）。族谱学家伊本·哈比卜·安达卢斯（Ibn Habīb al-Andalusī，790～853）在教法方面遵从马立克学派，因而得归属名“马立其”（al-Mālikī）。沙斐仪教法学派长老之一纳斯尔·麦格迪斯（Nasr al-Maqdisī，987～1096）曾撰短文《先知族谱及其宗族》（*Risālat ‘an Nasab al-Nabī wa-Qarābatihi*）。他的归属名里有“沙斐仪”（al-Shāfi‘ī）。族谱学家伊本·艾比·敦雅（Ibn Abī al-Dunyā，823～894）的归属名里有“罕百里”（al-Hanbalī）。他是学识渊博的罕百里教法学派学者。

第四，表示职业归属。

名号谱系艾布·侯赛因·穆罕默德·本·艾哈迈德·本·穆罕默德·本·阿里·阿巴努斯·绥拉斐中的“阿巴努斯”（al-Ābanūsī），来源于“阿巴努斯”（Ābanūs，即乌木）。阿巴努斯家曾以经营乌木为生。艾布·纳斯尔·艾哈迈德·本·穆罕默德·本·艾哈迈德·本·侯赛因·艾波利萨米中的“艾波利萨米”（al-Abrīsamī）与贩卖丝绸（al-Abrīsam）有关。②

第五，表示特殊经历。

名号谱系艾布·穆罕默德·阿里·本·阿卜杜·伽熙尔·本·赫狄尔·本·阿里·本·穆罕默德·法拉获·阿斯中的“阿斯”（al-Āsī），来源于香桃木（Ās）。因为他的祖父生于香桃木荫下。③ 艾布·哈桑·艾哈迈德·本·阿里·拔迪（al-Bādī）说：“我先于双胞胎弟弟降世，因而被称为‘拔迪’。”④

---

① 伊本·亥狄利：《谱系知获》第5卷，科威特：拉托伊夫学术论著出版社 & 遗产复兴与数字服务科学公司，2019，第3098～3099页。

② 萨姆阿尼：《谱系》（al-Sam‘ānī, *Al-Ansāb*）第1卷，开罗：伊本·泰米叶书店，1980，第93页。

③ 萨姆阿尼：《谱系》第1卷，第102页。

④ 萨姆阿尼：《谱系》第2卷，第25页。

第六，与身体特征有关。

阿米尔·本·敖弗·本·奇纳乃·本·敖弗·本·欧孜拉·本·栽德·拉特·本·鲁费达·本·劭尔·本·卡勒卜的身上有肿瘤（jadarah）。因而，其后代的名号谱系中有归属名“艾吉达利”（al-Ajdārī）。[①] 名号谱系艾布·阿卜杜拉·穆罕默德·本·阿卜杜拉·本·阿慕尔·本·奥斯曼·本·阿凡·古拉什·伍麦维·迪拔冀中的归属名“迪拔冀”（al-Dībājī）由“迪拔吉”（al-Dībāj，意为“面孔的皮肤柔美”）演化而成。[②]

第七，与某位名人有关。

艾布·优素福·叶尔孤卜·本·穆罕默德·本·叶尔孤卜·拉齐·伊戈里迪斯因研读和誊抄“几何之父”欧几里得（阿拉伯音译名为“Iqlīdis”）的《几何原本》而以“伊戈里迪斯”（al-Iqlīdisī）著称于世。[③]

第八，与个人爱好有关。

艾布·伊斯哈格·伊卜拉欣·本·穆罕默德·本·艾哈迈德·本·纳斯尔·卡提卜·拔兹雅利（al-Bāzyārī）喜欢驯养猎鹰（Bāz），因而以“伊本·拔兹雅利·巴格达迪”闻名于世。[④] 艾布·伯克尔·穆罕默德·本·阿卜杜·麦立克·塔里黑·萨拉吉·巴格达迪以喜好收集历史书籍（kitābat al-Tārīkh）而闻名，因而，他的名号谱系中有归属名“塔里黑”（al-Tārīkhī）。[⑤]

第九，表示某种成就。

族谱学家伊本·哈比卜·巴格达迪（Ibn Habīb al-Baghdādī，？～859）编撰的历史纪事集《墨盒》（*Kitāb al-Muhabbar*）非常有名，因而获得归属名“穆哈巴利”（al-Muhabbarī）。[⑥]

第十，一些归属名具有多种来源。

---

① 伊本·亥狄利：《谱系知获》第 1 卷，科威特：拉托伊夫学术论著出版社 & 遗产复兴与数字服务科学公司，2019，第 88 页。

② 萨姆阿尼：《谱系》（al-Sam‘ānī, *Al-Ansāb*）第 5 卷，开罗：伊本·泰米叶书店，1980，第 390～391 页。

③ 伊本·亥狄利：《谱系知获》第 1 卷，第 311 页。

④ 伊本·艾西尔：《谱系修正精粹》（Ibn al-Athīr, *Al-Lubāb fī Tahdhīb al-Ansāb*）第 1 卷，贝鲁特：索迪尔出版社，1980，第 109～110 页。

⑤ 伊本·亥狄利：《谱系知获》第 2 卷，第 788 页。

⑥ 伊本·亥狄利：《谱系知获》第 9 卷，科威特：拉托伊夫学术论著出版社 & 遗产复兴与数字服务科学公司，2019，第 4895 页。

有人说，麦地那人穆萨·本·哈伦·布尔迪（al-Burdī）因贩卖一种被称为“布尔迪”的上等椰枣而得此归属名。另一种观点认为，他的归属名与他经常披的斗篷（Burd）有关。[①]

此外，需要说明的一点是，一些名号谱系包含多个归属名。比如，著名族谱学家苏尤蒂（al-Suyūṭī，1445～1505）的名号谱系是杰拉路丁·艾布·法得勒·阿卜杜·拉哈曼·本·艾比·伯克尔·本·穆罕默德·本·艾比·伯克尔·本·奥斯曼·本·穆罕默德·本·喜德尔·本·艾尤卜·本·穆罕默德·本·霍玛姆·霍代利·苏尤蒂·米斯利·沙斐仪。它的末尾有4个归属名。其中，霍代利、苏尤蒂和米斯利都是地点归属名，沙斐仪是学派归属名。

六 其他

除了名号谱系的五个基本构成部分外，还有著称名（Ism al-Ma‘rūf）是不得不提的。本书共收录820多位族谱学家，其中许多条目以族谱学家的著称名为标题。[②]

著称名的类型多种多样。从构成形式上看，它们主要分为单个型著称名和组合型著称名（即由两个或两个以上名字组合而成）两种。从来源方面讲，上述名号谱系的五大基本构成部分都可以作为著称名。如果考察单个人物拥有的著称名数量，则可以把他们分为三类：①没有著称名的人。②有1个著称名的人。③有多个著称名的人，比如，族谱学家哈姆达尼（al-Hamdānī，893～约956）又以“伊本·哈伊克”（Ibn al-Hā’ik）或“纳撒巴”（al-Nassābah）或“伊本·叶尔孤卜”（Ibn Ya‘qūb）等著称于世。[③]

一般而言，我们常见的“伊本·丙”（Ibn C）形式的阿拉伯人名极有可能是此人的著称名。需要说明的是，虽然从字面上看，这个词组意为

---

① 伊本·亥狄利：《谱系知获》第1卷，第527页。

② 本书收录的这些族谱学家生活于公元6至16世纪上半叶，主要按照卒年先后顺序编排。不知详细生卒年的族谱学家，则按照标题用名的汉译拼音顺序编排。

③ 哈桑·赫荻利：《哈姆达尼及其历史编纂方法》（Hasan Khadīrī，“Al-Hamdānī wa-Manhajuhu fī Kitābat al-Tārīkh al-Qarn al-Rābi‘ al-Hijrī /al-‘Āshir al-Mīlādī”），《阿拉伯史学家杂志》（*Majallat al-Mu’arrikh al-‘Arabī*）2002年总第10期。

“丙的儿子”，但在很多时候，丙不一定是伊本·丙的父亲。比如，上述“伊本·赫勒敦”是一个著称名，但赫勒敦是伊本·赫勒敦的十世祖。

综上所述，古代阿拉伯人的名和号纷繁复杂、含义广博。由它们串成的谱系不仅承载了血脉代际信息，还简略地记录了人物的社会文化关系。无论阿拉伯族谱学家们把这些谱系口传给他人，还是记录成文、编修成族谱书，他们都为人类历史文化的传承作出了贡献，都值得我们在学术史上给他们寻找一个位置。毋庸置疑，抛开文化成见，怀着对全人类和谐共存的期望，更加深入地、系统地梳理古代阿拉伯族谱学家及其著作是有意义的。

上编

成文族谱学家及其著作提要

一　公元 7 世纪

稣哈尔·阿卜迪

(Suhār al-‘Abdī,？～约 661)

(一) 名号谱系

艾布·阿卜杜·拉哈曼·稣哈尔·本·阿拔斯·本·沙拉希勒·本·蒙基孜·阿卜迪。

(二) 生平概述

出生地点有待考究。属于阿卜杜·盖斯部落。参与了埃及征服战和绥芬战役。演说家、族谱学家。卒于伊拉克巴士拉。

(三) 族谱著作

《族谱》(*Kitāb al-Nasab*)。

(四) 参考文献

伊本·萨尔德:《大层级传》第 8 卷,第 122~123 页;第 9 卷,第 86 页。贾希兹:《动物志》第 3 卷,第 209 页。伊本·纳迪姆:《目录》第 1 卷第 2 分册,第 281 页。福阿德·斯兹金:《阿拉伯遗产史》第 1 卷第 2 分册,第 33~34 页。齐黎克里:《名人》第 3 卷,第 201 页。伯克尔·艾布·栽德:《族谱学家层级传》,第 18 页。阿卜杜·拉札戈·康木纳:《愿者希冀:族谱学家层级传》,第 78 页。穆罕默德·拉施德:《族谱学家辞典:自伊历一世纪至当代》,第 219 页。

伊本 · 瑙发勒

（Ibn Nawfal，？～674）

（一）名号谱系

艾布 · 索弗旺 · 马赫拉玛 · 本 · 瑙发勒 · 本 · 伍希卜 · 本 · 阿卜杜 · 马纳夫 · 本 · 祖赫拉 · 本 · 奇腊卜 · 本 · 穆拉 · 祖赫利 · 古拉什。

（二）生平概述

生于麦加。在哈里发奥斯曼时期（644～656 年）双目失明。据一些阿拉伯故事家的记载，他活了 115 个伊历年（约等于公历的 112 年）。精通族谱，当时古莱什部落四大族谱学家之一。卒于麦地那。

（三）族谱著作

受哈里发欧麦尔（634～644 年在位）之命，与伊本 · 穆特易姆（？～679）、阿基勒合作编修伊斯兰时期的第一本阿拉伯族谱名册。

（四）参考文献

贾希兹：《解释与阐明》第 2 卷，第 323～324 页。扎哈比：《群英诸贤传》第 2 卷，第 542～544 页。齐黎克里：《名人》第 7 卷，第 193 页。福阿德 · 斯兹金：《阿拉伯遗产史》第 1 卷第 2 分册，第 31 页。沙奇尔 · 穆斯塔法：《阿拉伯历史与史家》第 1 卷，第 190 页。什贺布丁 · 麦尔阿什：《释疑：谱系、别号与后裔精粹人物志》，第 15 页。伯克尔 · 艾布 · 栽德：《族谱学家层级传》，第 14 页。阿卜杜 · 拉札戈 · 康木纳：《愿者希冀：族谱学家层级传》，第 98 页。穆罕默德 · 拉施德：《族谱学家辞典：自伊历一世纪至当代》，第 548 页。

伊本 · 穆特易姆

（Ibn Mut'im，？～679）

（一）名号谱系

艾布 · 阿迪（或穆罕默德）· 朱贝尔 · 本 · 穆特易姆 · 本 · 阿迪 ·

本·瑙发勒·本·阿卜杜·马纳夫·本·古绥依·古拉什·瑙发里。

（二）生平概述

生于麦加。精通族谱的古莱什贵族之一。卒于麦地那。

（三）族谱著作

受哈里发欧麦尔之命，与伊本·瑙发勒（？～674）、阿基勒合作编修伊斯兰时期的第一本阿拉伯族谱名册。

（四）参考文献

伊本·萨尔德：《大层级传》第 5 卷，第 13～15 页。扎哈比：《群英诸贤传》第 3 卷，第 95～99 页。伊本·赫勒敦：《伊本·赫勒敦史》第 2 卷，第 4 页。齐黎克里：《名人》第 2 卷，第 112 页。福阿德·斯兹金：《阿拉伯遗产史》第 1 卷第 2 分册，第 29～30 页。沙奇尔·穆斯塔法：《阿拉伯历史与史家》第 1 卷，第 190 页。什贺布丁·麦尔阿什：《释疑：谱系、别号与后裔精粹人物志》，第 15～16 页。伯克尔·艾布·栽德：《族谱学家层级传》，第 15 页。阿卜杜·拉札戈·康木纳：《愿者希冀：族谱学家层级传》，第 69～70 页。穆罕默德·拉施德：《族谱学家辞典：自伊历一世纪至当代》，第 116～117 页。

阿基勒

（‘Aqīl，？～680）

（一）名号谱系

艾布·叶齐德·阿基勒·本·艾比·塔里卜·本·阿卜杜·穆塔里卜·本·哈希姆·本·阿卜杜·马纳夫·本·古绥依·本·奇腊卜·本·穆拉·本·卡尔卜·本·卢埃依·本·迦里卜·古拉什·哈希米。

（二）生平概述

生于麦加。精通古莱什部落的功绩、缺点、族谱和纪事，是当时古莱什部落四大族谱学家之一。晚年双目失明。卒于麦地那。

（三）族谱著作

受哈里发欧麦尔（634~644年在位）之命，与伊本·瑙发勒、伊本·穆特易姆合作编修伊斯兰时期的第一本阿拉伯族谱名册。

（四）参考文献

贾希兹：《解释与阐明》第2卷，第323~327页。伊本·易纳巴：《艾布·塔里卜家族谱系基本要义》，第31页。索法迪：《逝者全录》第20卷，第63~64页。齐黎克里：《名人》第4卷，第242页。福阿德·斯兹金：《阿拉伯遗产史》第1卷第2分册，第30页。沙奇尔·穆斯塔法：《阿拉伯历史与史家》第1卷，第190页。穆罕默德·希拉：《麦地那历史与史家》，第25页。什贺布丁·麦尔阿什：《释疑：谱系、别号与后裔精粹人物志》，第9~12页。伯克尔·艾布·栽德：《族谱学家层级传》，第15~16页。阿卜杜·拉札戈·康木纳：《愿者希冀：族谱学家层级传》，第85~97页。穆罕默德·拉施德：《族谱学家辞典：自伊历一世纪至当代》，第336~337页。阿里·米彦冀：《阿基勒·本·艾比·塔里卜》（'Alī al-Miyānjī, '*Aqīl ibn Abī Tālib*），库姆：哈迪斯出版社，2004。

阿腊格·奇腊比

（'Alāqah al-Kilābī，？~684）

（一）名号谱系

阿腊格·本·库尔舒姆（库尔苏姆）·奇腊比。

（二）生平概述

生卒地点有待考究。精通族谱、纪事和古代阿拉伯历史故事。

（三）族谱著作

1.《族谱》（*Kitāb al-Nasab*）。

2.《谱树》（*Kitāb al-Tashjīr*）。

（四）参考文献

伊本·纳迪姆：《目录》第1卷第2分册，第280~281页。雅孤特·哈默维：《文豪辞典》第4卷，第1630页。福阿德·斯兹金：《阿拉伯遗产史》第1卷第2分册，第41~42页。沙奇尔·穆斯塔法：《阿拉伯历史与史家》第1卷，第122页。伯克尔·艾布·栽德：《族谱学家层级传》，第21页。阿卜杜·拉札戈·康木纳：《愿者希冀：族谱学家层级传》，第97~98页。穆罕默德·拉施德：《族谱学家辞典：自伊历一世纪至当代》，第339页。

欧贝德·沙利耶

（'Ubayd Sharīyah，？~约686）

（一）名号谱系

欧贝德（阿毕德）·本·沙利耶（或沙尔耶，或萨尔耶，或萨利耶，或撒利耶）·朱尔胡米。

（二）生平概述

生于也门萨那。哈里发穆阿维叶一世（661~680年在位）惊闻他学识渊博，召他到伍麦叶王朝都城大马士革，命他讲阿拉伯日子、族谱和历代君王事迹。他是沙姆历史学派的奠基人之一，同时也是较为系统地讲述上古也门人谱系的伊斯兰早期著名族谱学家之一。卒于大马士革。

（三）族谱著作

《列王与古人纪事》（*Al-Mulūk wa-Akhbār al-Māḍīn*），即《也门纪事及其诗歌与谱系》（*Akhbār al-Yaman wa-Ash'āruhā wa-Ansābuhā 'alá al-Wafā' wa-al-Kamāl*），载伊本·希沙姆：《冠冕：希木叶尔列王》（Ibn Hishām, *Kitāb al-Tījān fī Mulūk Himyar*），间接传述自瓦赫卜·本·穆纳比赫，萨那：新世代书店，2008，第359~562页。

该书以穆阿维叶一世与欧贝德之间相互问答的形式进行叙述，讲了上古诸多民族的传说故事，也门古人的部落谱系、移民情况、英雄传说、战争事迹和轶事传奇等内容。欧贝德从人类始祖阿丹（即亚当）及其后裔的故事开始讲述，最先重点讲的谱系是诺亚之子含（Hām）的子嗣家谱，最后讲希木叶尔王艾斯阿德·艾布·卡黎卜·奥萨特（As'ad Abū Karib al-Awsat）。

（四）参考文献

伊本·阿萨奇尔：《大马士革史》第 38 卷，第 202～205 页。贾希兹：《动物志》第 3 卷，第 210 页。雅孤特·哈默维：《文豪辞典》第 4 卷，第 1581～1583 页。福阿德·斯兹金：《阿拉伯遗产史》第 1 卷第 2 分册，第 32～33 页。齐黎克里：《名人》第 4 卷，第 189 页。伯克尔·艾布·栽德：《族谱学家层级传》，第 22 页。阿卜杜·拉札戈·康木纳：《愿者希冀：族谱学家层级传》，第 83～85 页。穆罕默德·拉施德：《族谱学家辞典：自伊历一世纪至当代》，第 326 页。

伊本·考沃

（Ibn al-Kawwā'，? ～约 699）

（一）名号谱系

艾布·阿慕尔（考沃）·阿卜杜拉·本·阿慕尔·本·努尔曼·本·佐里姆·本·马立克·本·艾比·阿士尔·本·萨尔德·本·阿慕尔·本·朱沙姆·本·奇纳乃·本·哈尔卜·本·叶施库尔·本·伯克尔·本·沃伊勒·本·伽斯特·叶施库利·巴格达迪。

（二）生平概述

生卒地点有待考究。什叶派学者，族谱学家。

（三）族谱著作

《族谱》（*Kitāb al-Nasab*）。

（四）参考文献

伊本·古台巴：《知识》，第 535 页。伊本·纳迪姆：《目录》第 1 卷第

2 分册，第 282 页。伊斯玛仪·帕夏·巴格达迪：《知者惠赠：作者名讳与著者述作》第 1 卷，第 438~439 页。福阿德·斯兹金：《阿拉伯遗产史》第 1 卷第 2 分册，第 38~39 页。什贺布丁·麦尔阿什：《释疑：谱系、别号与后裔精粹人物志》，第 17 页。伯克尔·艾布·栽德：《族谱学家层级传》，第 23 页。阿卜杜·拉札戈·康木纳：《愿者希冀：族谱学家层级传》，第 113 页。穆罕默德·拉施德：《族谱学家辞典：自伊历一世纪至当代》，第 307 页。

里桑·宏默拉

（Lisān al-Hummarah，7 世纪）

（一）名号谱系

艾布·奇腊卜·胡绥恩（希士恩）·本·拉比阿·本·稣爱尔·本·奇腊卜·本·阿米尔·本·马立克·本·贴姆拉·本·塞尔拉巴·本·欧卡巴·本·索尔卜·本·阿里·本·伯克尔·沃伊里。

（二）生平概述

生卒地点有待考究。口齿伶俐，善于雄辩。贴姆拉·本·塞尔拉巴家族中的优秀族谱学家。

（三）族谱著作

《箴言》（*Kitāb al-Amthāl*），包含一些族谱知识。

（四）参考文献

伊本·纳迪姆：《目录》第 1 卷第 2 分册，第 279 页。伊本·哈兹姆：《阿拉伯谱系集》，第 315 页。伊本·福瓦蒂：《别号辞典文集》第 4 卷，第 294 页。索法迪：《逝者全录》第 27 卷，第 257 页。福阿德·斯兹金：《阿拉伯遗产史》第 1 卷第 2 分册，第 37 页。什贺布丁·麦尔阿什：《释疑：谱系、别号与后裔精粹人物志》，第 16 页。阿卜杜·拉札戈·康木纳：《愿者希冀：族谱学家层级传》，第 130 页。穆罕默德·拉施德：《族谱学家辞典：

自伊历一世纪至当代》，第 293、576 页。

伊本·里桑·宏默拉

（Ibn Lisān al-Hummarah，7 世纪）

（一）名号谱系

阿卜杜拉·本·胡绥恩（希士恩）·本·拉比阿·本·稣爱尔·本·奇腊卜·本·阿米尔·本·马立克·本·贴姆拉·本·塞尔拉巴·本·欧卡巴·本·索尔卜·本·阿里·本·伯克尔·沃伊里。

（二）生平概述

出生地点有待考究。族谱学家里桑·宏默拉（7 世纪）的儿子。可能卒于伊拉克库法。

（三）族谱著作

《族谱》（*Kitāb fī al-Nasab*）。

（四）参考文献

伊本·古台巴：《知识》，第 535 页。贾希兹：《解释与阐明》第 3 卷，第 162 页。伊本·纳迪姆：《目录》第 1 卷第 2 分册，第 279 页。伊本·哈兹姆：《阿拉伯谱系集》，第 315 页。伊本·福瓦蒂：《别号辞典文集》第 4 卷，第 294 页。伯克尔·艾布·栽德：《族谱学家层级传》，第 25 页。穆罕默德·拉施德：《族谱学家辞典：自伊历一世纪至当代》，第 293 页。

二　公元8世纪

马思珠尔

（Mathjūr，? ～约704）

（一）名号谱系

马思珠尔·本·该岚·本·赫拉沙·本·阿慕尔·本·狄拉尔·多比。

（二）生平概述

生于伊拉克巴士拉。演说家、族谱学家。被伊拉克总督哈贾吉·本·优素福（al-Hajjāj ibn Yūsuf）杀害。

（三）族谱著作

《谱系》（*Kitāb al-Ansāb*）。

（四）参考文献

贾希兹：《解释与阐明》第1卷，第341页。齐黎克里：《名人》第5卷，第275页。福阿德·斯兹金：《阿拉伯遗产史》第1卷第2分册，第39页。什贺布丁·麦尔阿什：《释疑：谱系、别号与后裔精粹人物志》，第16～17页。伯克尔·艾布·栽德：《族谱学家层级传》，第23～24页。穆罕默德·拉施德：《族谱学家辞典：自伊历一世纪至当代》，第401页。

瓦赫卜·穆纳比赫

（Wahb Munabbih，约 654～732）

（一）名号谱系

艾布·阿卜杜拉·瓦赫卜·本·穆纳比赫·本·卡米勒·本·斯吉·本·支奇拔尔·艾波纳维·也玛尼·泽玛利·萨那尼。

（二）生平概述

祖籍阿富汗赫拉特（Harāt）。生于也门扎玛尔（Dhamār）。自称读过 30 部天降给 30 位先知的经典。曾被任命为也门萨那的法官。精通上古也门历史故事和以色列式传说（al-Isrā' īlīyāt），是也门历史学派的主要奠基人。卒于萨那。

（三）族谱著作

《冠冕：希木叶尔列王》（*Kitāb al-Tījān fi Mulūk Himyar*）。

关于该书的简介，详见下文的族谱学家伊本·希沙姆（？～约 834）。

（四）参考文献

伊本·萨尔德：《大层级传》第 8 卷，第 102～103 页。雅孤特·哈默维：《文豪辞典》第 6 卷，第 2802 页。扎哈比：《群英诸贤传》第 4 卷，第 544～557 页。伊本·赫里康：《精英辞世与时代名人信息录》第 6 卷，第 35～36 页。阿卜杜·阿齐兹·杜里：《阿拉伯史学的兴起》，第 23～24、89～101 页。福阿德·斯兹金：《阿拉伯遗产史》第 1 卷第 2 分册，第 122～125 页。沙奇尔·穆斯塔法：《阿拉伯历史与史家》第 1 卷，第 137～139、154～155 页。

喜拉施·谢拔尼

（Khirāsh al-Shaybānī，？～约 738）

（一）名号谱系

艾布·瓦俄拉（拉尔善）·喜拉施·本·伊斯玛仪·谢拔尼·易吉里。

（二）生平概述

生卒地点有待考究。曾师从伊本·撒伊卜·凯勒比（？～763）学习族谱。

（三）族谱著作

《拉比阿纪事及其谱系》（*Kitāb Akhbār Rabī'ah wa-Ansābihā*）。

（四）参考文献

伊本·纳迪姆：《目录》第1卷第2分册，第334页。雅孤特·哈默维：《文豪辞典》第3卷，第1247页。伊本·撒仪：《宝贵珠玉：著者名字》，第365页。伊斯玛仪·帕夏·巴格达迪：《知者惠赠：作者名讳与著者述作》第1卷，第344页。福阿德·斯兹金：《阿拉伯遗产史》第1卷第2分册，第28页。什贺布丁·麦尔阿什：《释疑：谱系、别号与后裔精粹人物志》，第22页。伯克尔·艾布·栽德：《族谱学家层级传》，第30页。阿卜杜·拉札戈·康木纳：《愿者希冀：族谱学家层级传》，第108页。穆罕默德·拉施德：《族谱学家辞典：自伊历一世纪至当代》，第384页。

祖赫利

（al-Zuhrī，671～742）

（一）名号谱系

艾布·伯克尔·穆罕默德·本·穆斯林·本·欧贝杜拉·本·阿卜杜拉·本·什哈卜·本·阿卜杜拉·本·哈黎思·本·祖赫拉·本·奇腊卜·本·穆拉·本·卡尔卜·本·卢埃依·本·迦里卜·古拉什·祖赫利·麦达尼。

（二）生平概述

生于麦地那。定居叙利亚大马士革。曾到访埃及。能背诵2200段圣训。

是正式辑录圣训的官方第一人。教法学家、背诵家、武功纪编纂家和族谱学家。卒于麦地那与约旦艾拉（Ayla）之间的沙厄卜（Shaghb）。

（三）族谱著作

《古莱什族谱》（*Kitāb Nasab Quraysh*）。

祖赫利因该书而被一些阿拉伯学者推崇为“编纂族谱的第一人”。但有些学者认为，他没有完成这部著作。

（四）参考文献

伊本·阿萨奇尔：《大马士革史》第 55 卷，第 294～387 页。福阿德·斯兹金：《阿拉伯遗产史》第 1 卷第 2 分册，第 74～79 页。沙奇尔·穆斯塔法：《阿拉伯历史与史家》第 1 卷，第 127、152～153、157～158 页。穆罕默德·希拉：《麦地那历史与史家》，第 32～34 页。伯克尔·艾布·栽德：《族谱学家层级传》，第 30 页。穆罕默德·拉施德：《族谱学家辞典：自伊历一世纪至当代》，第 529 页。穆罕默德·舒拉卜：《伊玛目祖赫利》（Muhammad Shurrāb，*Al-Imām al-Zuhrī*），大马士革：格拉姆出版社，1993。

发阿法阿

（al-Fa' fā' ,？ ～约 750）

（一）名号谱系

艾布·萨拉玛·哈里德·本·萨拉玛·本·阿士·本·希沙姆·本·穆佶拉·古拉什·麦赫祖米·库斐。

（二）生平概述

生于伊拉克库法。教法学家。被杀害于伊拉克瓦西特。

（三）族谱著作

《缺点》（*Kitāb al-Mathālib*）。

（四）参考文献

伊本·萨尔德：《大层级传》第 8 卷，第 466 页。伊本·哈杰尔：《修正润饰》第 2 卷，第 273~274 页。扎哈比：《群英诸贤传》第 5 卷，第 373~374 页。伯克尔·艾布·栽德：《族谱学家层级传》，第 31 页。阿卜杜·拉札戈·康木纳：《愿者希冀：族谱学家层级传》，第 107~108 页。

贺尼阿·凯腊仪

（Hānī' al-Kalā'ī，? ~764）

（一）名号谱系

贺尼阿·本·蒙兹尔·凯腊仪·米斯利。

（二）生平概述

生卒地点有待考究。埃及杰出的纪事家和族谱学家。

（三）族谱著作

《希木叶尔族谱》（*Kitāb Nasab Himyar*）。

据著名族谱学家伊本·玛库腊（1030~约 1093）的记载，伊本·优努斯（Ibn Yūnus，894~958）说他曾读过这本书。

（四）参考文献

伊本·玛库腊：《名字、别名与谱系辨正释疑大全》第 4 卷，第 279 页。索法迪：《逝者全录》第 27 卷，第 132 页。扎哈比：《伊斯兰史与诸杰群英辞世录》第 9 卷，第 318 页。伯克尔·艾布·栽德：《族谱学家层级传》，第 83~84 页。穆罕默德·拉施德：《族谱学家辞典：自伊历一世纪至当代》，第 570 页。

伊本·伊斯哈格

（Ibn Ishāq，约 704~768）

（一）名号谱系

艾布·伯克尔（阿卜杜拉）·穆罕默德·本·伊斯哈格·本·叶撒尔·本·喜雅尔·古拉什·麦达尼。

（二）生平概述

生于麦地那。盖斯·本·马赫拉玛·本·穆塔里卜·古拉什家的释奴。曾游学埃及亚历山大。曾到伊朗雷伊、伊拉克库法和希拉等地讲学。被一些阿拉伯学者誉为“第一位阿拉伯史学大师”、“史家之长老”和“武功纪与先知传之伊玛目”。晚年定居伊拉克巴格达。

（三）族谱著作

《先知传》（*Al-Sīrah al-Nabawīyah*）第 1~2 卷，艾哈迈德·法利德·麦齐迪校注，贝鲁特：学术书籍出版社，2004。

该书是首部结构完整的先知穆罕默德传记。原稿已佚，但其精华部分通过伊本·希沙姆的《先知传》而流传至今。1976 年，印度学者穆罕默德·哈米杜拉校注出版了《伊本·伊斯哈格的〈先知传〉》（拉巴特：阿拉伯化研究院）。1978 年，大马士革思想出版社推出叙利亚著名史学家苏海勒·扎卡尔整理的《先知传与武功纪》（*Kitāb al-Siyar wa-al-Maghāzī*）。麦齐迪在此基础上，进一步整理校注伊本·斯哈格《先知传》残存的内容。该书包含大量的族谱内容，比如，先知穆罕默德的家谱：

> 穆罕默德·本·阿卜杜拉·本·阿卜杜·穆塔里卜·本·哈希姆·本·阿卜杜·马纳夫·本·古绥依·本·奇腊卜·本·穆拉·本·卡尔卜·本·卢埃依·本·迦里卜·本·菲赫尔·本·马立克·本·纳得尔·本·奇纳乃·本·呼栽玛·本·穆德黎卡·本·伊勒雅斯·本·穆多尔·本·尼札尔·本·马阿德·本·阿德南·本·伍德

（或伍达德）·本·穆高威姆·本·拿鹤·本·贴拉哈·本·叶尔鲁卜·本·叶什朱卜·本·拿比特·本·伊斯玛仪·本·伊卜拉欣·本·他拉·本·拿鹤·本·西鹿·本·拉吴·本·法勒·本·希伯·本·沙拉·本·亚法撒·本·闪·本·努哈（即诺亚）·本·拉麦·本·玛土撒拉·本·艾赫努赫（即伊德里斯）·本·雅列·本·玛勒列·本·该南·本·以诺士·本·塞特·本·阿丹（即亚当）。

（四）参考文献

伊本·纳迪姆：《目录》第1卷第2分册，第289~290页。穆罕默德·希拉：《麦地那历史与史家》，第41~43页。什贺布丁·麦尔阿什：《释疑：谱系、别号与后裔精粹人物志》，第18页。伯克尔·艾布·栽德：《族谱学家层级传》，第33页。阿卜杜·拉札戈·康木纳：《愿者希冀：族谱学家层级传》，第123~124页。穆罕默德·拉施德：《族谱学家辞典：自伊历一世纪至当代》，第419页。穆罕默德·阿卜杜拉：《穆罕默德·本·伊斯哈格》（Muhammad ‘Abd Allāh, *Muhammad ibn Ishāq*），大马士革：格拉姆出版社，1994。伊本·希沙姆：《先知传》（Ibn Hishām, *Al-Sīrah al-Nabawīyah*）第1~4卷，贝鲁特：阿拉伯图书出版社，1990。

艾布·米赫纳夫

（Abū Mikhnaf,？ ~774）

（一）名号谱系

艾布·米赫纳夫·璐特·本·叶哈雅·本·萨义德·本·米赫纳夫·本·苏莱姆·本·哈黎思·本·敖弗·本·塞尔拉巴·本·阿米尔·本·祝赫勒·本·玛津·本·祝波彦·本·塞尔拉巴·本·杜阿勒·本·萨尔德·本·马纳·本·迦米德·迦米迪·艾兹迪。

（二）生平概述

生卒于伊拉克库法。圣训学家、纪事家、人物志编纂家和著名史学家。

一生写下了 30 多部著作，其中大部分是历史小册子。

（三）族谱著作

《米赫纳夫·本·苏莱姆家族纪事》（*Akhbār Āl Mikhnaf ibn Sulaym*），又名《艾布·米赫纳夫家族纪事》（*Akhbār Āl Abī Mikhnaf*）。

（四）参考文献

伊本·古台巴：《知识》，第 537 页。伊本·纳迪姆：《目录》第 1 卷第 2 分册，第 291~293 页。米齐：《〈人名大全〉修正》第 27 卷，第 347 页。沙奇尔·穆斯塔法：《阿拉伯历史与史家》第 1 卷，第 177~179 页。索伊卜·阿卜杜·哈密德：《什叶派史学家辞典》第 2 卷，第 65~68 页。什贺布丁·麦尔阿什：《释疑：谱系、别号与后裔精粹人物志》，第 19~20 页。阿卜杜·拉札戈·康木纳：《愿者希冀：族谱学家层级传》，第 122~123 页。

阿沃纳·哈卡姆

（'Awānah al-Hakam，？~约 775）

（一）名号谱系

艾布·哈卡姆·阿沃纳·本·哈卡姆·本·阿沃纳·本·易雅得·本·威兹尔·本·阿卜杜·哈黎思·本·艾比·希士恩·本·塞尔拉巴·本·朱贝尔·本·阿米尔·本·努尔曼·凯勒比·库斐。

（二）生平概述

生卒于伊拉克库法。口传族谱学家哈卡姆·凯勒比（？~约 728）的儿子。史学家、纪事家、诗人和族谱学家。

（三）族谱著作

《穆阿维叶传与伍麦叶人》（*Kitāb Sīrat Mu'āwiyah wa-Banī Umayyah*）。该书是首部专门记载哈里发及其家族人物传记的著作。

（四）参考文献

伊本·纳迪姆：《目录》第1卷第2分册，第284~286页。雅孤特·哈默维：《文豪辞典》第5卷，第2133~2136页。扎哈比：《群英诸贤传》第7卷，第201页。阿卜杜·阿齐兹·杜里：《阿拉伯史学的兴起》，第32页。福阿德·斯兹金：《阿拉伯遗产史》第1卷第2分册，第127页。欧麦尔·礼萨：《著述家辞典》第2卷，第587页。沙奇尔·穆斯塔法：《阿拉伯历史与史家》第1卷，第128、179~180页。什贺布丁·麦尔阿什：《释疑：谱系、别号与后裔精粹人物志》，第21页。阿卜杜·拉札戈·康木纳：《愿者希冀：族谱学家层级传》，第116~117页。穆罕默德·拉施德：《族谱学家辞典：自伊历一世纪至当代》，第374页。

穆罕默德·法戈阿斯

（Muhammad al-Faq‘asī，？~约775）

（一）名号谱系

艾布·萨义德·穆罕默德·本·阿卜杜·麦立克·阿萨迪·法戈阿斯·巴格达迪。

（二）生平概述

生于伊拉克库法。居住在伊拉克巴格达。诗人，阿萨德家族事迹的讲述者。擅长颂扬权贵名人。辞世地点有待考究。

（三）族谱著作

《阿萨德人功绩及其诗歌》（*Ma’āthir Banī Asad wa-Ash‘āruhā*）。

（四）参考文献

伊本·纳迪姆：《目录》第1卷第1分册，第136页。伊本·撒仪：《宝贵珠玉：著者名字》，第163页。索法迪：《逝者全录》第4卷，第28页。伊斯玛仪·帕夏·巴格达迪：《隐匿揭示：〈书艺题名释疑〉增补》第2卷，第346页。欧麦尔·礼萨：《著述家辞典》第3卷，第463页。伯克尔·艾布·栽德：《族谱学家层级传》，第219页。

穆法多勒·多比

(al-Mufaddal al-Dabbī,? ~788)

(一) 名号谱系

艾布·阿拔斯·穆法多勒·本·穆罕默德·本·叶尔腊·本·阿米尔·本·撒里姆·本·艾比·萨勒玛·本·拉比阿·本·扎班·本·阿米尔·本·塞尔拉巴·本·祝埃卜·本·赛义德·本·马立克·本·伯克尔·本·萨尔德·本·多巴·多比·库斐。

(二) 生平概述

生于伊拉克库法。在哈里发哈伦·拉希德统治时期(786~809年在位)迁居伊拉克巴格达。语言学家、口传诗人、口传纪事家和口传文学家。卒于巴格达。

(三) 族谱著作

《阿拉伯箴言》(*Amthāl al-'Arab*),伊哈桑·阿拔斯校注,贝鲁特:阿拉伯先驱出版社,1983。

该书是流传至今最古老的阿拉伯箴言集,由88篇内容构成,富含部落族谱知识,比如,"人们认为,多巴·本·艾德·本·拓比赫·本·伊勒雅斯·本·穆多尔·本·马阿德有两个儿子,其中之一是萨尔德,另一个是苏爱德"(第47页)。又如,"人们认为,阿慕尔·本·阿慕尔·本·阿駄斯·本·栽德·本·阿卜杜拉·本·达黎姆与其堂姐姐赫塔努丝·宾特·本·拉基特·本·祖剌拉·本·阿駄斯·本·栽德·本·阿卜杜拉·本·达黎姆联姻"(第51页)。

(四) 参考文献

赫蒂卜·巴格达迪:《巴格达史》第15卷,第151~153页。伊本·纳迪姆:《目录》第1卷第1分册,第205~206页。雅孤特·哈默维:《文豪辞典》第6卷,第2710~2712页。扎哈比:《伊斯兰史与诸杰群英辞世录》第10卷,第470~471页。萨姆阿尼:《谱系》第8卷,第148页。齐黎克里:《名人》第7卷,第280页。穆罕默德·拉施德:《族谱学家辞典:自伊历一世纪至当代》,第557~558页。

伊本·马尔恩

（Ibn Ma‘n，? ~791）

（一）名号谱系

艾布·阿卜杜拉·伽斯姆·本·马尔恩·本·阿卜杜·拉哈曼·本·阿卜杜拉·本·马斯欧德·霍泽里·麦斯欧迪·库斐。

（二）生平概述

生卒于伊拉克库法。曾担任该城法官。熟知圣训、教法、阿拉伯语、诗歌、文学、纪事、族谱和阿拉伯日子。

（三）族谱著作

1. 《部落赞颂》（*Kitāb Madh al-Qabā’il*）。
2. 《马血统》（*Kitāb Nasab al-Khayl*）。
3. 《祖贝利人奇闻》（*Kitāb Nawādir al-Zubayrīyīn*）。
4. 《法戈阿斯人奇闻》（*Kitāb Nawādir Banī Faq‘as*）。

（四）参考文献

伊本·纳迪姆：《目录》第1卷第1分册，第208~209页。雅孤特·哈默维：《文豪辞典》第5卷，第2230~2232页。米齐：《〈人名大全〉修正》第23卷，第449~451页。齐黎克里：《名人》第5卷，第186页。伯克尔·艾布·栽德：《族谱学家层级传》，第35页。阿卜杜·拉札戈·康木纳：《愿者希冀：族谱学家层级传》，第120页。穆罕默德·拉施德：《族谱学家辞典：自伊历一世纪至当代》，第390页。

阿迪·伊雅迪

（‘Adī al-Iyādī，8世纪）

（一）名号谱系

阿迪·本·利萨思·伊雅迪。

（二）生平概述

生卒地点有待考究。伊雅德部落的族谱学家。

（三）族谱著作

口传《伊雅德族谱》（*Nasab Iyād*）。

（四）参考文献

伊本·纳迪姆：《目录》第1卷第2分册，第300页。杰沃德·阿里：《前伊斯兰时期阿拉伯史章》第1卷，第472页。伯克尔·艾布·栽德：《族谱学家层级传》，第41页。阿卜杜·拉札戈·康木纳：《愿者希冀：族谱学家层级传》，第115页。穆罕默德·拉施德：《族谱学家辞典：自伊历一世纪至当代》，第331页。

艾布·康纳斯

（Abū al-Kannās，8世纪）

（一）名号谱系

艾布·康纳斯·悭迪。

（二）生平概述

生卒地点有待考究。悭达部落的族谱学家。

（三）族谱著作

口传《悭达族谱》（*Nasab Kindah*）。

（四）参考文献

伊本·纳迪姆：《目录》第1卷第2分册，第300页。什贺布丁·麦尔阿什：《释疑：谱系、别号与后裔精粹人物志》，第22页。伯克尔·艾布·栽德：《族谱学家层级传》，第43页。阿卜杜·拉札戈·康木纳：《愿者希冀：族谱学家层级传》，第104～105页。穆罕默德·拉施德：《族谱学家辞典：自伊历一世纪至当代》，第396页。

三　公元 9 世纪

伊本·穆托黎夫

(Ibn Mutarrif,? ~约 802)

(一) 名号谱系

艾布·瓦齐尔·欧麦尔·本·穆托黎夫·阿卜迪。

(二) 生平概述

生于土库曼斯坦木鹿。曾担任哈里发曼苏尔（754~775 年在位）和马赫迪（775~785 年在位）的书吏，为马赫迪、哈迪（785~786 年在位）和拉施德（786~809 年在位）管理马什里克书信部。卒于伊拉克巴格达。

(三) 族谱著作

1. 《阿拉伯人优点与部落纷争》(*Kitāb Mufākharat al-'Arab wa-Munāfarat al-Qabā' il*)。

2. 《阿拉伯人居住地及其界域、村落与移民点》(*Kitāb Manāzil al-'Arab wa-Hududihā wa-ayna kānat Mahallat kull Qawm wa-ilá ayna intaqala minhā*)。

(四) 参考文献

伊本·纳迪姆:《目录》第 1 卷第 2 分册，第 393 页。雅孤特·哈默维:《文豪辞典》第 5 卷，第 2099~2100 页。齐黎克里:《名人》第 5 卷，第 67 页。伯克尔·艾布·栽德:《族谱学家层级传》，第 36~37 页。阿卜杜·拉札戈·康木纳:《愿者希冀：族谱学家层级传》，第 116 页。穆罕默德·拉施德:《族谱学家辞典：自伊历一世纪至当代》，第 373 页。

艾布·叶格starting

(Abū al-Yaqzān, ? ~806)

（一）名号谱系

艾布·叶格昝·苏海姆（阿米尔）·本·哈弗斯·艾赫拔利·朱俄斐。

（二）生平概述

生卒地点有待考究。精通人物传记、战争故事、阿拉伯日子、纪事和族谱。

（三）族谱著作

1.《大族谱》（*Kitāb al-Nasab al-Kabīr*）。

这部族谱集包含伊雅德、奇纳乃、阿萨德·本·呼栽玛、昊恩·本·呼栽玛、霍宰勒·本·穆德黎卡、古莱什、拓比赫、盖斯·爱岚、拉比阿·本·尼札尔和贴姆·本·穆拉等部落的族谱。

2.《与塔米姆互为盟友》（*Kitāb Hilf Tamīm ba'duhā ba'dan*）。

3.《塔米姆纪事》（*Kitāb Akhbār Tamīm*）。

4.《兴迪夫族谱及其纪事》（*Kitāb Nasab Khindif wa-Akhbārihā*）。

（四）参考文献

伊本·纳迪姆：《目录》第1卷第2分册，第297~298页。雅孤特·哈默维：《文豪辞典》第3卷，第1342页。伊斯玛仪·帕夏·巴格达迪：《知者惠赠：作者名讳与著者述作》第1卷，第435~436页。阿卜杜·阿齐兹·杜里：《阿拉伯史学的兴起》，第35页。欧麦尔·礼萨：《著述家辞典》第2卷，第27页。福阿德·斯兹金：《阿拉伯遗产史》第1卷第2分册，第47页。沙奇尔·穆斯塔法：《阿拉伯历史与史家》第1卷，第193~194页。什贺布丁·麦尔阿什：《释疑：谱系、别号与后裔精粹人物志》，第22~23页。伯克尔·艾布·栽德：《族谱学家层级传》，第37页。阿卜杜·拉札戈·康木纳：《愿者希冀：族谱学家层级传》，第109~110页。穆罕默德·

拉施德：《族谱学家辞典：自伊历一世纪至当代》，第 197 页。

穆阿黎吉·萨都斯

（Mu' arrij al-Sadūsī，？～811）

（一）名号谱系

艾布·费德·穆阿黎吉·本·阿慕尔·本·哈黎思·本·马尼俄·本·劭尔·本·萨尔德·本·哈尔默拉·本·阿勒格玛·本·阿慕尔·本·萨都斯·本·谢班·本·祝赫勒·本·塞尔拉巴·本·欧卡巴·本·索尔卜·本·阿里·本·伯克尔·本·沃伊勒·本·伽斯特·本·欣卜·本·艾弗索·本·杜俄米·本·杰迪拉·本·阿萨德·本·拉比阿·本·尼札尔·本·马阿德·本·阿德南·萨都斯·谢拔尼·巴士里。

（二）生平概述

生卒于伊拉克巴士拉。曾跟随哈里发麦蒙（813～833 年在位）到呼罗珊地区，在土库曼斯坦木鹿（又译梅尔夫）居住一段时间后，赴伊朗内沙布尔。著名语法学家、语言学家、诗人和族谱学家。

（三）族谱著作

1. 《古莱什族谱节略》（*Kitāb Hadhf min Nasab Quraysh*），开罗：泛阿拉伯主义出版书店，1960。

该书经艾布·贾法尔·艾哈迈德·本·穆罕默德·叶齐迪转述给艾布·阿卜杜拉·穆罕默德·本·阿拔斯·叶齐迪而流传至今，是现存最古老的阿拉伯族谱著作之一。其内容主要由名字家谱（包括父系和母系家谱）、人物事略和诗歌韵文构成。最先记载的人物是阿卜杜·马纳夫·本·古绥依的子嗣，最后记载的是诗人穆撒菲俄·本·阿卜杜·马纳夫·本·瓦希卜·本·胡吒法。

2. 《部落民众》（*Kitāb Jamāhīr al-Qabā' il*）。

（四）参考文献

赫蒂卜·巴格达迪：《巴格达史》第 15 卷，第 346~348 页。伊本·纳迪姆：《目录》第 1 卷第 1 分册，第 130~131 页。雅孤特·哈默维：《文豪辞典》第 6 卷，第 2731~2732 页。萨姆阿尼：《谱系》第 7 卷，第 60~61 页。哈吉·哈里发：《书艺题名释疑》第 1 卷，第 244~245、574 页。齐黎克里：《名人》第 7 卷，第 318 页。伯克尔·艾布·栽德：《族谱学家层级传》，第 38 页。阿卜杜·拉札戈·康木纳：《愿者希冀：族谱学家层级传》，第 127~129 页。穆罕默德·拉施德：《族谱学家辞典：自伊历一世纪至当代》，第 561 页。

伊本·艾比·瑟比特

（Ibn Abī Thābit，？~813）

（一）名号谱系

阿卜杜·阿齐兹·本·易姆兰·本·阿卜杜·阿齐兹·本·欧麦尔·本·阿卜杜·拉哈曼·本·敖弗·古拉什·祖赫利·麦达尼·艾俄拉吉。

（二）生平概述

生卒于麦地那。曾暂居伊拉克巴格达。诗人和族谱学家。沙特阿拉伯著名史学家哈默德·贾斯尔（Hamad al-Jāsir，1910~2000）认为，伊本·艾比·瑟比特是最早关注麦地那历史编纂的学者。

（三）族谱著作

《联盟》（*Kitāb al-Ahlāf*）。

该书是下文提到的族谱学家伊本·哈比卜·巴格达迪编写《绚丽润修：古莱什纪事》的主要参考资料之一。

（四）参考文献

赫蒂卜·巴格达迪：《巴格达史》第 12 卷，第 200~203 页。伊本·纳迪姆：《目录》第 1 卷第 2 分册，第 332 页。米齐：《〈人名大全〉修正》第 18 卷，第 178~181 页。扎哈比：《伊斯兰史与诸杰群英辞世录》第 13 卷，第 289~290 页。穆罕默德·希拉：《麦地那历史与史家》，第 46 页。伯克尔·艾布·栽德：《族谱学家层级传》，第 38 页。穆罕默德·拉施德：《族谱学家辞典：自伊历一世纪至当代》，第 271 页。菲鲁扎巴迪：《佳美获利：泰巴风貌》（al-Fīrūzābādī, *Al-Maghānim al-Mutābah fī Ma'ālim Tābah*），哈默德·贾斯尔校勘，利雅得：叶玛麦研究与翻译出版社，1969，"校勘序言"，第 6 页。

伊本·扎拨腊

（Ibn Zabālah，？~约 814）

（一）名号谱系

艾布·哈桑（阿卜杜拉）·穆罕默德·本·哈桑·本·扎拨腊·古拉什·麦赫祖米·麦达尼。

（二）生平概述

生卒于麦地那。教法学家、纪事家和族谱学家。撰写了第一部全面系统的麦地那历史著作《麦地那纪事》（*Akhbār al-Madīnah*）。

（三）族谱著作

1.《谱系缺点》（*Kitāb Mathālib al-Ansāb*）。

作者在该书中记载了一些当时麦地那人的劣迹，因而招致人们疏远他。

2.《别号》（*Kitāb al-Alqāb*）。

（四）参考文献

伊本·纳迪姆：《目录》第 1 卷第 2 分册，第 334 页。米齐：《〈人名大全〉修正》第 25 卷，第 60~67 页。福阿德·斯兹金：《阿拉伯遗产史》第 1 卷第 2 分册，第 201~202 页。穆罕默德·希拉：《麦地那历史与史家》，第 47~49 页。伯克尔·艾布·栽德：《族谱学家层级传》，第 39 页。阿卜杜·拉札戈·康木纳：《愿者希冀：族谱学家层级传》，第 102 页。穆罕默德·拉施德：《族谱学家辞典：自伊历一世纪至当代》，第 434 页。

艾布·伯赫塔利

(Abū al-Bakhtarī，? ~815)

（一）名号谱系

艾布·伯赫塔利·瓦赫卜·本·瓦赫卜·本·瓦赫卜·本·卡西尔·本·阿卜杜拉·本·扎姆阿·本·艾斯瓦德·本·穆塔里卜·本·阿萨德·本·阿卜杜·欧札·本·古绥依·本·奇腊卜·古拉什·阿萨迪·麦达尼。

（二）生平概述

生于麦地那。定居伊拉克巴格达。先后被任命为巴格达东部阿斯卡尔·马赫迪（'Askar al-Mahdī）和麦地那的法官。教法学家、圣训学家、纪事家和族谱学家。卒于巴格达。

（三）族谱著作

《伊斯玛仪·本·伊卜拉欣家谱》（*Kitāb Nasab Walad Ismā'īl ibn Ibrāhīm*）。

该书包含一些历史故事，是下文提到的族谱学家伊本·哈比卜·巴格达迪编写《绚丽润修：古莱什纪事》的主要参考资料之一。

（四）参考文献

伊本·萨尔德：《大层级传》第 9 卷，第 334 页。赫蒂卜·巴格达迪：《巴格达史》第 15 卷，第 625~633 页。伊本·纳迪姆：《目录》第 1 卷第 2 分册，第 314~315 页。雅孤特·哈默维：《文豪辞典》第 6 卷，第 2802~2803 页。齐黎克里：《名人》第 8 卷，第 126 页。沙奇尔·穆斯塔法：《阿拉伯历史与史家》第 1 卷，第 181~182 页。穆罕默德·希拉：《麦地那历史与史家》，第 49~50 页。伯克尔·艾布·栽德：《族谱学家层级传》，第 39 页。阿卜杜·拉札戈·康木纳：《愿者希冀：族谱学家层级传》，第 129 页。穆罕默德·拉施德：《族谱学家辞典：自伊历一世纪至当代》，第 577 页。

加纳维赫·萨都斯

（Ghanawīh al-Sadūsī，? ~约 816）

（一）名号谱系

艾布·穆罕默德·阿卜杜拉（欧贝杜拉）·本·法得勒·本·苏弗彦·本·曼珠弗·加纳维赫·萨都斯·巴格达迪。

（二）生平概述

生卒地点有待考究。师从族谱学家艾布·欧贝达（728~824）。族谱学家和纪事家。

（三）族谱著作

《功绩、谱系与日子》（*Kitāb al-Ma' āthir wa-al-Ansāb wa-al-Ayyām*）。

（四）参考文献

伊本·纳迪姆：《目录》第 1 卷第 2 分册，第 337 页。伊斯玛仪·帕夏·巴格达迪：《知者惠赠：作者名讳与著者述作》第 1 卷，第 438 页。欧麦尔·礼萨：《著述家辞典》第 2 卷，第 269 页。伯克尔·艾布·栽德：《族谱学家层级传》，第 39~40 页。阿卜杜·拉札戈·康木纳：《愿者希冀：族谱学家层级传》，第 150 页。穆罕默德·拉施德：《族谱学家辞典：自伊历一世纪至当代》，第 308 页。

伊本·舒梅勒

（Ibn Shumayl，740~819）

（一）名号谱系

艾布·哈桑·纳得尔·本·舒梅勒·本·赫拉沙·本·栽德（叶齐德）·本·库勒苏姆·本·阿纳扎·本·祖海尔·本·阿慕尔·本·哈杰

尔·本·呼札仪·本·玛津·本·阿慕尔·本·塔米姆·玛及尼·巴士里。

（二）生平概述

生卒于土库曼斯坦古城木鹿。746 年，随父移民伊拉克巴士拉，居住一段时间后回到木鹿。曾担任该城法官，执法公正。杰出的语法学家、语言学家和圣训学家，同时还是文学家、诗人、教法学家、韵律学家和族谱学家。

（三）族谱著作

《阿拉伯人缺点及其功德》（*Mathālib al-'Arab wa-Manāqibuhā*）。

（四）参考文献

伊本·纳迪姆：《目录》第 1 卷第 1 分册，第 144~146 页。雅孤特·哈默维：《文豪辞典》第 6 卷，第 2758~2761 页。伊本·哈杰尔：《修正润饰》第 6 卷，第 546~547 页。索法迪：《逝者全录》第 27 卷，第 78~79 页。齐黎克里：《名人》第 8 卷，第 33 页。伯克尔·艾布·栽德：《族谱学家层级传》，第 47 页。阿卜杜·拉札戈·康木纳：《愿者希冀：族谱学家层级传》，第 182 页。

伊本·凯勒比

（Ibn al-Kalbī，？~819）

（一）名号谱系

艾布·蒙兹尔·希沙姆·本·穆罕默德·本·撒伊卜·凯勒比·本·比施尔·本·阿慕尔（欧麦尔）·本·哈黎思·本·阿卜杜·哈黎思·本·阿卜杜·欧札·本·伊姆鲁·盖斯·本·阿米尔·本·努尔曼·本·阿米尔·本·阿卜杜·吾德·本·奇纳乃·本·敖弗·本·欧孜拉·本·栽德·本·阿卜杜·拉特·本·鲁费达·本·劭尔·本·卡勒卜·本·瓦波拉·本·古铎阿·凯勒比·库斐。

（二）生平概述

生卒于伊拉克库法。除了深受其父伊本·撒伊卜·凯勒比的影响之外，还得到艾布·米赫纳夫和阿沃纳·哈卡姆等诸多著名学者的指点。长期居住在伊拉克巴格达。晚年回到库法。一生编写了族谱和纪事等方面的图书和文章150多部（篇），是当时著述数量最多的史学家、族谱学家。一些学者把他推奉为“族谱学家之长老”和“伊拉克历史学派奠基人”。

（三）族谱著作

1.《族谱集》（*Jamharat al-Nasab*，或 *Al-Jamharah fī al-Nasab*），或名《谱系集》（*Jamharat al-Ansāb*），或《大族谱》（*Al-Nasab al-Kabīr*），是伊本·凯勒比的最重要族谱著作，是对早期阿拉伯族谱学成就的大汇总。

其原著已散佚，但大部分内容被族谱学家伊本·哈比卜·巴格达迪、苏卡利（827~888）的转述和改编后得以残存至今。部分珍稀手抄本残卷被收藏于大英博物馆（编号：Add. 23297），法国国家图书馆（编号：2047）以及西班牙埃斯科里亚尔修道院图书馆（编号：Az. 1698）等地。笔者所见的印刷本有4种：

（1）由阿卜杜·萨塔尔·法拉吉（‘Abd al-Sattār Farrāj）校勘的残卷（科威特：科威特政府印务处，1983）。

（2）由马哈茂德·斐尔道斯·阿兹姆（Mahmūd Firdaws al-‘Azm）校勘、手写和绘制的三册本（大马士革：阿拉伯觉醒编辑翻译出版社，1983~1986）。

（3）拿冀·哈桑（Nājī Hasan）校勘的残卷（贝鲁特：图书世界 & 阿拉伯复兴书店，1986）。

（4）阿里·欧麦尔（‘Alī ‘Umar）校勘出版的两册本（开罗：宗教文化书店，2010）。

从以上版本和下文介绍的雅孤特·哈默维（1178~1229）《〈族谱集〉节录》来看，这部著作的正文最先讲述伍达德·本·栽德的两个儿子阿德南和奈特（Nayt）及其后裔，最后记载艾勒汉·本·马立克（Alhān ibn Mālik）家谱。

2.《马阿德与大也门族谱》（*Nasab Ma‘add wa-al-Yaman al-Kabīr*）第1~2卷，拿冀·哈桑校勘，贝鲁特：图书世界，2004。

该书记载了14个家族的谱系：①尼札尔·本·马阿德·本·阿德南子嗣；②葛哈塘；③悭达；④阿米拉（女）；⑤朱吒姆；⑥拉赫姆·本·阿迪；⑦浩岚；⑧泰伊；⑨马孜希吉；⑩纳赫俄；⑪安斯·本·马立克·

本·伍达德；⑫艾什阿里应；⑬呼札阿；⑭古铎阿。

3.《马血统》(*Ansāb al-Khayl*，或 *Nasab al-Khayl*)，即《蒙昧时期与伊斯兰时期马血统及其纪事》(*Nasab al-Khayl fī al-Jāhilīyah wa-al-Islām wa-Akhbāruhā*)，艾布·曼苏尔·杰沃立基转述，哈提姆·索里哈·铎敏校勘，大马士革：福音出版社，2003。

该书是现存关于阿拉伯马最古老的专著，收录 186 匹良驹的名字及其骑士的名号谱系和相关言论。作者从马的重要性开始谈起，引述“伊斯玛仪·本·伊卜拉欣是第一个骑马的人”的说法（第 26 页）。

4.《马阿德子嗣流散》(*Iftirāq Walad Ma'add*)。

该书已佚。2010 年，艾哈迈德·穆罕默德·欧贝德 (Ahmad Muhammad 'Ubayd) 网罗晚近典籍中援引的片段，通过阿布扎比文化遗产委员会出版了其集校本。

（四）参考文献

伊本·萨尔德：《大层级传》第 8 卷，第 478~479 页。伊本·古台巴：《知识》，第 536 页。伊本·纳迪姆：《目录》第 1 卷第 2 分册，第 301~307 页。雅孤特·哈默维：《文豪辞典》第 6 卷，第 2779~2781 页。哈吉·哈里发：《书艺题名释疑》第 1 卷，第 583、584 页；第 2 卷，第 499 页；第 3 卷，第 520 页。阿卜杜·阿齐兹·杜里：《阿拉伯史学的兴起》，第 36 页。齐黎克里：《名人》第 8 卷，第 87~88 页。伯克尔·艾布·栽德：《族谱学家层级传》，第 47~49 页。卡尔·布罗克尔曼：《阿拉伯文学史》第 3 册，第 30~32 页。福阿德·斯兹金：《阿拉伯遗产史》第 1 卷第 2 分册，第 51~57 页。索伊卜·阿卜杜·哈密德：《什叶派史学家辞典》第 2 卷，第 432~438 页。利玛·杜尔内格：《阿拉伯与穆斯林著名史学家》，第 491 页。什贺布丁·麦尔阿什：《释疑：谱系、别号与后裔精粹人物志》，第 23~24 页。阿卜杜·拉札戈·康木纳：《愿者希冀：族谱学家层级传》，第 32、182~184 页。穆罕默德·拉施德：《族谱学家辞典：自伊历一世纪至当代》，第 571~573 页。杰沃德·阿里：《伊本·凯勒比的〈族谱集〉》(Jawād 'Alī, "*Jamharat al-Nasab* li-Ibn al-Kalbī")，《伊拉克科学院杂志》(*Majallat al-Majma' al-'Ilmī al-'Irāqī*) 1950 年第 1 卷第 1 期，第 337~348 页。N. K. Singh and A. Samiuddin, eds. , *Encyclopaedic Historiography of the Muslim World*,

Vol. 2, Delhi: Global Vision Publishing House, 2003, pp. 518-522.

艾布·阿慕尔·谢拔尼

（Abū ‘Amr al-Shaybānī, 713~821）

（一）名号谱系

艾布·阿慕尔·伊斯哈格·本·米拉尔·谢拔尼·库斐。

（二）生平概述

生于伊拉克库法。定居伊拉克巴格达，与谢班家族为邻并受他们的教益，因而获得归属名“谢拔尼”。辑录80余个部落的诗歌。语言学家、文学家和族谱学家。卒于巴格达。

（三）族谱著作

《部落诗歌》（*Kitāb Ash‘ār al-Qabā’il*）。

（四）参考文献

赫蒂卜·巴格达迪：《巴格达史》第7卷，第340~344页。伊本·纳迪姆：《目录》第1卷第1分册，第203~204页。雅孤特·哈默维：《文豪辞典》第2卷，第625~628页。齐黎克里：《名人》第1卷，第296页。伯克尔·艾布·栽德：《族谱学家层级传》，第65页。

海塞姆

（al-Haytham, 732~822）

（一）名号谱系

艾布·阿卜杜·拉哈曼·海塞姆·本·阿迪·本·阿卜杜·拉哈曼·本·栽德·本·伍赛德（赛义德）·本·贾比尔·本·阿迪·本·哈立德·本·呼簛姆·本·艾比·哈黎塞·本·杰迪·本·塔都勒·本·布哈图尔·本·阿图德·本·欧奈恩·本·萨腊曼·本·素阿勒·本·阿慕尔·本·郜思·塞尔里·拓伊·布哈图里·库斐。

（二）生平概述

生于伊拉克库法。定居伊拉克巴格达。一生撰写图书和文章50多部（篇），涉及历史、传记、文学和族谱等方面。卒于伊拉克法姆·锡勒哈（Fam al-Silh）。

（三）族谱著作

1.《缺点》（*Kitāb al-Mathālib*）。

2.《大缺点》（*Kitāb al-Mathālib al-Kabīr*）。

3.《小缺点》（*Kitāb al-Mathālib al-Saghīr*）。

4.《拉比阿缺点》（*Kitāb Mathālib Rabī'ah*）。

5.《异族人与伍麦叶人史》（*Kitāb Tārīkh al-'Ajam wa-Banī Umayyah*）。

6.《大贵族史》（*Kitāb Tārīkh al-Ashrāf al-Kabīr*）。

7.《小贵族史》（*Kitāb Tārīkh al-Ashrāf al-Saghīr*）。

8.《贵族别名》（*Kitāb Kuná al-Ashrāf*）。

9.《古莱什家族》（*Kitāb Buyūtāt Quraysh*）。

10.《阿拉伯家族》（*Kitāb Buyūtāt al-'Arab*）。

11.《泰伊族谱》（*Kitāb Nasab Tayyi'*）。

12.《卡勒卜与塔米姆联盟、祝赫勒联盟以及泰伊与阿萨德联盟》（*Kitāb Hilf Kalb wa-Tamīm wa-Hilf Dhuhl wa-Hilf Tayyi' wa-Asad*）。

13.《泰伊纪事及其聚居之山、祝赫勒与素阿勒联盟》（*Kitāb Akhbār Tayyi' wa-Nuzūlihā al-Jabalayn wa-Hilf Dhuhl wa-Thu'al*）。

（四）参考文献

伊本·古台巴：《知识》，第538~539页。伊本·纳迪姆：《目录》第1卷第2分册，第311~313页。雅孤特·哈默维：《文豪辞典》第6卷，第2788~2792页。赫蒂卜·巴格达迪：《巴格达史》第16卷，第76~82页。扎哈比：《群英诸贤传》第10卷，第103~104页。齐黎克里：《名人》第8卷，第104~105页。欧麦尔·礼萨：《著述家辞典》第4卷，第67~68页。沙奇尔·穆斯塔法：《阿拉伯历史与史家》第1卷，第182~185页。什贺布丁·麦尔阿什：《释疑：谱系、别号与后裔精粹人物志》，第30页。伯克尔·艾布·栽德：《族谱学家层级传》，第 49~50 页。阿卜杜·拉札戈·康木纳：《愿者希冀：族谱学家层级传》，第 184~185 页。穆罕默德·拉施德：《族谱学家辞典：自伊历一世纪至当代》，第 574 页。

瓦基迪

（al-Wāqidī，747~823）

（一）名号谱系

艾布·阿卜杜拉·穆罕默德·本·欧麦尔·本·瓦基德·本·阿卜杜拉·艾斯拉米·瓦基迪·麦迪尼。

（二）生平概述

生于麦地那。阿卜杜拉·本·布雷达·艾斯拉米的释奴。曾以经营小麦为生。796 年，迁居伊拉克巴格达。曾到访麦加和麦地那、叙利亚拉卡和大马士革、伊拉克库法和巴格达。被哈里发麦蒙任命为法官。精通武功纪、历史、传记、族谱、圣训、教法和经注，一生撰写图书和文章 30 多部（篇）。卒于巴格达。

（三）族谱著作

1. 《妻室》（*Kitāb al-Manākih*）。

2. 《古莱什与辅士封地诉求、年俸册制定、部落划分及其整编与谱系》（*Kitāb Madā'ī Quraysh wa-al-Ansār fī al-Qatā' i' wa-Wad' 'Umar al-Dawāwīn wa-Tasnīf al-Qabā' il wa-Marātibihā wa-Ansābihā*）。

（四）参考文献

伊本·萨尔德：《大层级传》第 7 卷，第 603~611 页。伊本·纳迪姆：《目录》第 1 卷第 2 分册，第 307~309 页。福阿德·斯兹金：《阿拉伯遗产史》第 1 卷第 2 分册，第 100~106 页。沙奇尔·穆斯塔法：《阿拉伯历史与史家》第 1 卷，第 163~166 页。穆罕默德·希拉：《麦地那历史与史家》，第 50~54 页。索伊卜·阿卜杜·哈密德：《什叶派史学家辞典》第 2 卷，第

297~299页。伯克尔·艾布·栽德：《族谱学家层级传》，第50页。阿卜杜·拉札戈·康木纳：《愿者希冀：族谱学家层级传》，第176~177页。穆罕默德·拉施德：《族谱学家辞典：自伊历一世纪至当代》，第502页。阿卜杜·阿齐兹·萨璐米：《瓦基迪及其著作〈武功纪〉：方法与史料》（'Abd al-'Azīz al-Sallūmī, *Al-Wāqidī wa-Kitābuhu al-Maghāzī: Manhajuhu wa-Masādiruhu*）第1~2卷，麦地那：麦地那伊斯兰大学出版社，2004。

艾布·欧贝达

（Abū 'Ubaydah，728~824）

（一）名号谱系

艾布·欧贝达·马俄默尔·本·穆尚纳·贴米·巴士里。

（二）生平概述

生卒于伊拉克巴士拉。804年，到访伊拉克巴格达。博学多才，杰出的语言学家和语法学家，圣训背诵家、诗人、史学家和族谱学家。一生著述约两百部。

（三）族谱著作

1.《部落》（*Kitāb al-Qabā' il*）。

该书是下文提到的族谱学家伊本·哈比卜·巴格达迪编写《绚丽润修：古莱什纪事》的主要参考资料之一。

2.《谱系》（*Kitāb al-Ansāb*）。

3.《沃伊勒人》（*Kitāb Ibnī Wā' il*）。

4.《巴信得人纪事》（*Kitāb Khabar Banī Baghīd*）。

5.《阿拉伯家族》（*Kitāb Buyūtāt al-'Arab*）。

6.《奥斯与赫兹拉吉》（*Kitāb al-Aws wa-al-Khazraj*）。

7.《阿拉伯功绩》（*Ma' āthir al-'Arab*）。

（四）参考文献

伊本·纳迪姆：《目录》第1卷第1分册，第149~152页。雅孤特·哈默维：《文豪辞典》第6卷，第2706~2709页。扎哈比：《群英诸贤传》第9卷，第445~447页。哈吉·哈里发：《书艺题名释疑》第1卷，第319页；第3卷，第67、168页。齐黎克里：《名人》第7卷，第272页。阿卜杜·阿齐兹·杜里：《阿拉伯史学的兴起》，第38~40页。沙奇尔·穆斯塔法：《阿拉伯历史与史家》第1卷，第142、198~199页。什贺布丁·麦尔阿什：《释疑：谱系、别号与后裔精粹人物志》，第31页。伯克尔·艾布·栽德：《族谱学家层级传》，第50~51页。阿卜杜·拉札戈·康木纳：《愿者希冀：族谱学家层级传》，第180~182页。穆罕默德·拉施德：《族谱学家辞典：自伊历一世纪至当代》，第556页。

萨勒姆韦赫

（Salmuwayh，？~约825）

（一）名号谱系

艾布·索里哈·苏莱曼·本·索里哈·莱西·麦尔瓦齐。

（二）生平概述

生卒地点有待考究。精通纪事和族谱。

（三）族谱著作

《国家》（*Kitāb al-Dawlah*）。

该书又名《阿拔斯王朝与呼罗珊埃米尔们》（*Al-Dawlah al-'Abbāsīyah wa-Umarā' Khurāsān*），包含大量族谱知识。

（四）参考文献

伊本·纳迪姆：《目录》第1卷第2分册，第331页。麦斯欧迪：《提醒与监督》，第57页。雅孤特·哈默维：《文豪辞典》第3卷，第1384页。索法迪：《逝者全录》第15卷，第192页。沙奇尔·穆斯塔法：《阿拉伯历史与史家》第1卷，第215页。伯克尔·艾布·栽德：《族谱学家层级传》，第51页。阿卜杜·拉札戈·康木纳：《愿者希冀：族谱学家层级传》，第148页。穆罕默德·拉施德：《族谱学家辞典：自伊历一世纪至当代》，第 204 页。

艾布·栽德·安索利

（Abū Zayd al-Ansārī，737～830）

（一）名号谱系

艾布·栽德·萨义德·本·奥斯·本·瑟比特·本·巴什尔·本·盖斯·本·栽德·本·努尔曼·本·马立克·本·塞尔拉巴·本·卡尔卜·本·赫兹拉吉·安索利·赫兹拉冀·巴士里。

（二）生平概述

生卒于伊拉克巴士拉。著名的文学家、语法学家、语言学家和族谱学家。

（三）族谱著作

《阿拉伯家族》（*Kitāb Buyūtāt al-'Arab*）。

（四）参考文献

雅孤特·哈默维：《文豪辞典》第 3 卷，第 1359～1363 页。扎哈比：《群英诸贤传》第 9 卷，第 494～496 页。赫蒂卜·巴格达迪：《巴格达史》第 10 卷，第 109～112 页。齐黎克里：《名人》第 3 卷，第 92 页。卡米勒·朱布利：《文豪辞典》第 3 卷，第 36 页。伯克尔·艾布·栽德：《族谱学家层级传》，第 52 页。穆罕默德·拉施德：《族谱学家辞典：自伊历一世纪至当代》，第 198 页。

艾斯默仪

（al-Asma'ī，740～832）

（一）名号谱系

艾布·萨义德·阿卜杜·麦立克·本·古雷卜·本·阿卜杜·麦立

克·本·阿里·本·艾斯默俄·本·穆左熙尔·本·阿慕尔·本·阿卜杜拉·拔熙里·艾斯默仪。

（二）生平概述

生卒于伊拉克巴士拉。语言学家、语法学家、史学家和族谱学家，同时还是著名诗人，被哈里发哈伦·拉希德称为“诗魔”。一生撰写图书和文章 50 余部（篇），其中大部分已佚。

（三）族谱著作

《族谱》（*Kitāb al-Nasab*）。

（四）参考文献

赫蒂卜·巴格达迪：《巴格达史》第 12 卷，第 157～169 页。伊本·纳迪姆：《目录》第 1 卷第 1 分册，第 155～157 页。索法迪：《逝者全录》第 19 卷，第 126～130 页。扎哈比：《群英诸贤传》第 10 卷，第 175～181 页。齐黎克里：《名人》第 4 卷，第 162 页。沙奇尔·穆斯塔法：《阿拉伯历史与史家》第 1 卷，第 145、199～200 页。伯克尔·艾布·栽德：《族谱学家层级传》，第 52～53 页。阿卜杜·拉札戈·康木纳：《愿者希冀：族谱学家层级传》，第 152 页。穆罕默德·拉施德：《族谱学家辞典：自伊历一世纪至当代》，第 319 页。阿卜杜·杰拔尔·朱默尔德：《艾斯默仪的生平及其影响》（‘Abd al-Jabbār al-Jūmard, *Al-Asma‘ī: Hayātuhu wa-Āthāruhu*），贝鲁特：凯沙夫出版社，1955。

阿岚·舒欧比

（‘Allān al-Shu‘ūbī，？～约 833）

（一）名号谱系

阿岚·瓦拉戈·舒欧比。

（二）生平概述

祖籍伊朗。精通部落的谱系、缺点和纷争。辞世地点有待考究。

（三）族谱著作

1.《缺点汇总》（*Kitāb al-Maydān fī al-Mathālib*）。
2.《奇纳乃美德》（*Kitāb Fadā' il Kinānah*）。
3.《拉比阿美德》（*Kitāb Fadā' il Rabī'ah*）。
4.《尼姆尔·本·伽斯特家谱》（*Kitāb Nasab al-Nimr ibn Qāsit*）。
5.《塔厄里卜·本·沃伊勒家谱》（*Kitāb Nasab Taghlib ibn Wā' il*）。

（四）参考文献

伊本·纳迪姆：《目录》第1卷第2分册，第325~327页。雅孤特·哈默维：《文豪辞典》第4卷，第1631~1633页。索法迪：《逝者全录》第19卷，第367~368页。欧麦尔·礼萨：《著述家辞典》第2卷，第384页。福阿德·斯兹金：《阿拉伯遗产史》第1卷第2分册，第57页。埃曼·福阿德：《伊斯兰时期也门历史文献》，第60~61页。什贺布丁·麦尔阿什：《释疑：谱系、别号与后裔精粹人物志》，第29~30页。伯克尔·艾布·栽德：《族谱学家层级传》，第74~75页。阿卜杜·拉札戈·康木纳：《愿者希冀：族谱学家层级传》，第153~154页。穆罕默德·拉施德：《族谱学家辞典：自伊历一世纪至当代》，第339页。

伊本·希沙姆

（Ibn Hishām，? ~约834）

（一）名号谱系

艾布·穆罕默德·阿卜杜·麦立克·本·希沙姆·本·艾尤卜·希木叶利·麦阿菲利·巴士里。

（二）生平概述

生于伊拉克巴士拉，后来定居埃及。曾跟随伊本·艾比·阿慕尔·本·阿腊和赫腊德·本·古拉特·萨都斯学习先知传。史学家、族谱学家、语言学家和语法学家。卒于埃及开罗。

（三）族谱著作

1.《先知传》（*Al-Sīrah al-Nabawīyah*）第1~4卷，欧麦尔·阿卜杜·萨腊姆·塔德穆利注，贝鲁特：阿拉伯图书出版社，1990。

该书在伊本·伊斯哈格《先知传》的基础上修订而成，是现存最翔实可靠的穆罕默德传记。伊本·希沙姆在该书中流畅地记述人物谱系，可见他在族谱学方面的深厚功力。

2.《冠冕：希木叶尔列王》（*Kitāb al-Tījān fī Mulūk Himyar*），萨那：新世代书店，2008。

该书的原作者是上述族谱学家瓦赫卜·穆纳比赫。他的外孙艾布·伊德里斯·本·斯南把它传授给阿萨德·本·穆萨。伊本·希沙姆从阿萨德那里习得其精髓，撰写成书，对一些历史故事和人物传说进行补充，对一些久远的谱系进行考究。比如，在讲述示巴女王的故事时，提到她的谱系是芭乐霁丝·宾特·哈德贺德·本·舒拉哈比勒·本·阿慕尔·本·迦里卜·本·赛雅卜·本·阿慕尔·本·栽德·本·叶俄福尔·本·萨克萨克·本·沃伊勒·本·希木叶尔·本·赛伯邑（第186页）。

（四）参考文献

扎哈比：《群英诸贤传》第10卷，第428~429页。哈吉·哈里发：《书艺题名释疑》第1卷，第244页。卡尔·布罗克尔曼：《阿拉伯文学史》第3册，第12~15页。福阿德·斯兹金：《阿拉伯遗产史》第1卷第2分册，第106~111页。沙奇尔·穆斯塔法：《阿拉伯历史与史家》第1卷，第139页；第2卷，第165页。齐黎克里：《名人》第4卷，第166页。欧麦尔·礼萨：《著述家辞典》第2卷，第323页。伯克尔·艾布·栽德：《族谱学家层级传》，第51~52页。阿卜杜·拉札戈·康木纳：《愿者希冀：族谱学家层级传》，第31、152页。穆罕默德·拉施德：《族谱学家辞典：自伊历一世纪至当代》，第320页。

伊本·喜达什

(Ibn Khidāsh，? ~838)

（一）名号谱系

艾布·海塞姆·哈里德·本·喜达什·本·阿吉岚·穆哈拉比。

（二）生平概述

生于伊拉克巴士拉。穆哈拉卜·本·艾比·稣弗拉的释奴。史学家。卒于伊拉克巴格达。

（三）族谱著作

《穆哈拉卜家族纪事》（*Kitāb Akhbār Āl al-Muhallab*）。

（四）参考文献

伊本·纳迪姆：《目录》第1卷第2分册，第335页。雅孤特·哈默维：《文豪辞典》第3卷，第1231页。赫蒂卜·巴格达迪：《巴格达史》第9卷，第244~248页。扎哈比：《群英诸贤传》第10卷，第488~489页。欧麦尔·礼萨：《著述家辞典》第1卷，第668页。沙奇尔·穆斯塔法：《阿拉伯历史与史家》第1卷，第207页。阿里·迦尼姆·朱塞尔：《巴士拉纪事家哈里德·本·喜达什·穆哈拉比》（'Alī Ghānim Juthayr, "Al-Akhbārī al-Basrī Khālid ibn Khidāsh al-Muhallabī"），《巴士拉研究（人文科学版）》[*Majallat Abhāth al-Basrah* (*al-'Ulūm al-Insānīyah*)] 2006年第1期。

伊本·艾比·马尔娅姆

(Ibn Abī Maryam，761~839)

（一）名号谱系

艾布·穆罕默德（阿卜杜拉）·萨义德·本·哈卡姆·本·穆罕默

德·本·撒里姆·朱默希·米斯利。

（二）生平概述

生卒于埃及。背诵家、教法学家、著名圣训学家、族谱学家和纪事家。

（三）族谱著作

1.《族谱》（*Kitāb al-Nasab*）。
2.《功绩》（*Kitāb al-Ma' āthir*）。
3.《阿拉伯寄居部落》（*Kitāb Nawāqil al-'Arab*）。

（四）参考文献

伊本·纳迪姆：《目录》第1卷第2分册，第299页。雅孤特·哈默维：《文豪辞典》第3卷，第1364页。米齐：《〈人名大全〉修正》第10卷，第391~395页。扎哈比：《群英诸贤传》第10卷，第327~330页。沙奇尔·穆斯塔法：《阿拉伯历史与史家》第2卷，第161页。伯克尔·艾布·栽德：《族谱学家层级传》，第54页。阿卜杜·拉札戈·康木纳：《愿者希冀：族谱学家层级传》，第147页。穆罕默德·拉施德：《族谱学家辞典：自伊历一世纪至当代》，第199页。

艾布·欧贝德

（Abū 'Ubayd，774~839）

（一）名号谱系

艾布·欧贝德·伽斯姆·本·萨腊姆·本·阿卜杜拉·哈拉维·艾兹迪·呼札仪·呼罗萨尼·巴格达迪。

（二）生平概述

生于阿富汗赫拉特。在青年时代游历伊拉克巴士拉和库法。曾在呼罗珊地区和土库曼斯坦木鹿讲学。后来游历伊拉克萨迈拉和巴格达。在土耳其塔尔苏斯（Tarsus）担任法官12年后，前往埃及和叙利亚大马士革。834

年，从巴格达去麦加朝觐。圣训学家、教法学家、语言学家、文学家和族谱学家。曾写书献给埃米尔阿卜杜拉·本·拓熙尔，被赏赐一万枚银币。一生撰写图书和文章20多部（篇）。最后几年在麦加居住直至辞世。

（三）族谱著作

《族谱》（*Kitāb al-Nasab*），马尔娅姆·穆罕默德·亥尔·达尔俄校勘与研究，大马士革：思想出版社，1989。

该书先后经艾布·哈桑·阿里·本·阿卜杜·阿齐兹·白加维、艾布·穆罕默德·欧贝杜拉·本·阿卜杜·拉哈曼·苏卡利、艾布·萨义德·哈桑·本·阿卜杜拉·本·麦尔祖班·斯拉斐的传述而得以保存下来，由88组家谱构成。其中第1组讲哈希姆家族，最后一组记纳赫德·本·栽德家族。

（四）参考文献

赫蒂卜·巴格达迪：《巴格达史》第14卷，第392~407页。伊本·纳迪姆：《目录》第1卷第1分册，第214~216页。雅孤特·哈默维：《文豪辞典》第5卷，第2198~2202页。索法迪：《逝者全录》第24卷，第91~93页。齐黎克里：《名人》第5卷，第176页。沙奇尔·穆斯塔法：《阿拉伯历史与史家》第1卷，第198页。伯克尔·艾布·栽德：《族谱学家层级传》，第53~54页。阿卜杜·拉札戈·康木纳：《愿者希冀：族谱学家层级传》，第168~169页。穆罕默德·拉施德：《族谱学家辞典：自伊历一世纪至当代》，第389页。迦尼姆·葛都利：《艾布·欧贝德·伽斯姆·本·萨腊姆·巴格达迪的生平及其对古兰学的研究》（Ghānim Qaddūrī, *Abū ‘Ubayd al-Qāsim ibn Sallām al-Baghdādī al-Mutawaffá Sanat* 224 *H.*: *Hayātuhu wa-Juhūduhu fī Dirāsah al-Qirā’ āt*），巴格达：伊尔沙德印书馆，1986。

麦达伊尼

（al-Madā’ inī，752~840）

（一）名号谱系

艾布·哈桑·阿里·本·穆罕默德·本·阿卜杜拉·本·艾比·赛

夫·麦达伊尼。

（二）生平概述

生于伊拉克巴士拉。阿卜杜·拉哈曼·本·萨姆拉·古拉什的释奴。曾居住在伊拉克麦达因，后来迁居伊拉克巴格达。一生撰写图书和文章 140 多部（篇），涉及传记、征服史、族谱和阿拉伯日子等方面。卒于巴格达。

（三）族谱著作

1.《古莱什再婚妇女》（*Kitāb al-Muradifāt min Quraysh*），载阿卜杜·萨腊姆·哈伦校勘:《珍稀手稿》（*Nawādir al-Makhtūtāt*）第 1 卷，贝鲁特：吉勒出版社，1991，第 63~87 页。

这篇短文先后经艾布·贾法尔·艾哈迈德·本·哈黎思、艾布·伽斯姆·阿卜杜拉·本·穆罕默德、艾布·哈桑·阿里·本·穆罕默德·本·欧贝德·库斐的传述而流传至今，记载了古莱什部落 28 名再婚妇女的谱系、事迹及其子女。她们分别是：①乌姆·库勒苏姆·宾特·阿里·本·艾比·塔里卜；②乌姆·库勒苏姆·宾特·欧戈巴·本·艾比·穆爱特；③欣德·宾特·欧特巴·本·拉比阿；④阿提珂·宾特·栽德·本·阿慕尔·本·努费勒；⑤苏凯娜·宾特·侯赛因；⑥乌姆·伊斯哈格·本·托勒哈·本·欧贝杜拉；⑦梅木娜·宾特·阿卜杜·拉哈曼·本·阿卜杜拉·本·阿卜杜·拉哈曼·本·艾比·伯克尔；⑧阿依莎·宾特·托勒哈；⑨依菠娜·穆罕默德·本·欧尔瓦·本·祖贝尔；⑩乌姆·萨拉玛·宾特·阿卜杜·拉哈曼·本·苏海勒·本·阿慕尔；⑪拉碧哈·宾特·穆罕默德·本·阿里·本·阿卜杜拉·本·贾法尔；⑫萨希格·宾特·穆罕默德·本·阿卜杜拉·本·哈黎思·本·瑙发勒·本·哈黎思·本·阿卜杜·穆塔里卜；⑬乌姆·伊斯哈格·宾特·托勒哈·本·阿卜杜拉；⑭梅木娜·宾特·阿卜杜·拉哈曼·本·欧贝杜拉·本·阿卜杜·拉哈曼·本·艾比·伯克尔；⑮哈芙娑·宾特·易姆兰·本·伊卜拉欣·本·穆罕默德·本·托勒哈·本·欧贝杜拉；⑯乌姆·库勒苏姆·宾特·阿卜杜拉·本·贾法尔；⑰乌姆·伽斯姆·宾特·哈桑·本·哈桑·本·阿里；⑱拉姆拉·宾特·穆罕默德·本·贾法尔·本·艾比·塔里卜；⑲格莉芭·宾特·艾比·伍麦叶·本·穆佶拉；⑳爱丝玛·宾特·欧梅斯；㉑阿依莎·宾特·托勒哈；㉒依菠娜·托勒哈·本·欧麦尔·本·欧贝杜拉；㉓艾布·伯克尔家族的一个女人；㉔贴姆家族的一个女人；㉕乌姆·哈其姆·宾特·叶哈雅·本·哈卡姆；㉖乌姆·哈里德·宾特·阿卜杜拉·本·伍赛德；㉗乌姆·阿慕尔·宾特·阿卜杜拉·本·哈里德；㉘妲佳洁·宾特·爱丝玛·本·索勒特·苏拉米。

2.《先知母系》（*Kitāb Ummahāt al-Nabī*）。

3.《先知妻妾》（*Kitāb Azwāj al-Nabī*）。

4.《古莱什族谱及其纪事》（*Kitāb Nasab Quraysh wa-Akhbārihā*）。

5.《艾布·塔里卜纪事及其子嗣》（*Kitāb Akhbār Abī Tālib wa-Waladihi*）。

6.《艾布·阿士家族》（*Kitāb Āl Abī al-'Ās*）。

7.《艾布·义斯家族》（*Kitāb Āl Abī al-'Īs*）。

8.《与卡勒卜部落贵族联姻者》（*Kitāb man tazawwaja min al-Ashrāf fī Kalb*）。

9.《家族》（*Kitāb al-Buyūtāt*）。

10.《阿卜杜·盖斯贵族》（*Kitāb Ashrāf 'Abd al-Qays*）。

11.《母系族谱》（*Kitāb man nusiba ilá Ummihi*）。

12.《以父亲之名为名字之阿拉伯人》（*Kitāb man summiyá bi-Ism Abīhi min al-'Arab*）。

13.《诗坛母系族谱》（*Kitāb man nusiba ilá Ummihi min al-Shu'arā'*）。

（四）参考文献

伊本·古台巴：《知识》，第538页。伊本·纳迪姆：《目录》第1卷第2分册，第315~323页。赫蒂卜·巴格达迪：《巴格达史》第13卷，第516~518页。扎哈比：《群英诸贤传》第10卷，第400~402页。阿卜杜·阿齐兹·杜里：《阿拉伯史学的兴起》，第34~35页。福阿德·斯兹金：《阿拉伯遗产史》第1卷第2分册，第139~142页。齐黎克里：《名人》第4卷，第323页。欧麦尔·礼萨：《著述家辞典》第2卷，第512页。沙奇尔·穆斯塔法：《阿拉伯历史与史家》第1卷，第185~188页。伯克尔·艾布·栽德：《族谱学家层级传》，第54~56页。阿卜杜·拉札戈·康木纳：《愿者希冀：族谱学家层级传》，第29、165~166页。穆罕默德·拉施德：《族谱学家辞典：自伊历一世纪至当代》，第357页。

欧特比·巴士里

(al-'Utbī al-Basrī,？～843)

（一）名号谱系

艾布·阿卜杜·拉哈曼·穆罕默德·本·欧贝杜拉·本·阿慕尔·本·穆阿维叶·本·阿慕尔·本·欧特巴·本·艾比·苏弗彦·本·哈尔卜·本·伍麦叶·本·阿卜杜·沙姆斯·本·阿卜杜·马纳夫·古拉什·伍麦维·欧特比·巴士里。

（二）生平概述

生于伊拉克巴士拉。著名诗人，同时还是文学家、纪事家和语言学家。卒于伊拉克巴格达。

（三）族谱著作

《游牧阿拉伯人》（*Kitāb al-A'ārīb*）。

（四）参考文献

赫蒂卜·巴格达迪：《巴格达史》第3卷，第562~564页。伊本·古台巴：《知识》，第538页。伊本·纳迪姆：《目录》第1卷第2分册，第377~378页。欧麦尔·礼萨：《著述家辞典》第3卷，第479页。福阿德·斯兹金：《阿拉伯遗产史》第1卷第2分册，第267~268页。伯克尔·艾布·栽德：《族谱学家层级传》，第56~57页。

伊本·阿瑟姆

(Ibn 'Aththām,？～843)

（一）名号谱系

艾布·哈桑·阿里·本·阿瑟姆·本·阿里·阿米利·奇腊比·库斐。

（二）生平概述

祖籍伊拉克库法。居住在伊朗内沙布尔。840 年，离开该城去朝觐。背诵家、禁欲主义者、教法学家和文学家。最后隐居在土耳其塔尔苏斯。

（三）族谱著作

《族谱》（*Kitāb al-Nasab*）。

（四）参考文献

伊本·纳迪姆：《目录》第 1 卷第 2 分册，第 336 页。扎哈比：《群英诸贤传》第 10 卷，第 569～571 页。伊本·哈杰尔：《修正润饰》第 4 卷，第 633～634 页。伊本·易玛德：《金砂：往逝纪事》第 3 卷，第 132 页。伯克尔·艾布·栽德：《族谱学家层级传》，第 76 页。阿卜杜·拉札戈·康木纳：《愿者希冀：族谱学家层级传》，第 102～103 页。

伊本·萨尔德

（Ibn Sa'd，784～845）

（一）名号谱系

艾布·阿卜杜拉·穆罕默德·本·萨尔德·本·马尼俄·祖赫利·巴士里·哈希米。

（二）生平概述

生于伊拉克巴士拉。在伊拉克巴格达遇到史学家、族谱学家瓦基迪后，长期追随其左右。曾游历伊拉克库法、麦加和麦地那。圣训学家、教法学家、语言学家、语法学家、杰出的史学家、传记编纂家和族谱学家。卒于巴格达。

（三）族谱著作

《大层级传》（*Kitāb al-Tabaqāt al-Kabīr*）第 1～11 卷，阿里·穆罕默德·欧麦尔校勘，开罗：汗吉书店，2001。

该书由先知传、4900 多名男性圣门弟子与再传圣门弟子传记、约 630 名女性门弟子传记构成。作者在为每名人物立传时，基本上先从追溯其名号谱系开始。因而，该书具有较高的族谱学参考价值。比如，末卷收录女性门弟子的传记，其中第一位是圣妻赫蒂彻。伊本·萨尔德这样追溯她的名号谱系：

> 希沙姆·本·穆罕默德·本·撒伊卜·凯勒比，传述自他的父亲，传述自艾布·索里哈，传述自伊本·阿拔斯，说：她是赫蒂彻·宾特·呼韦里德·本·阿萨德·本·阿卜杜·欧札·本·古綏依·本·奇腊卜·本·穆拉·本·卡尔卜·本·卢埃依·本·迦里卜·本·菲赫尔·本·马立克·本·纳得尔·本·奇纳乃，母亲是法蒂玛·宾特·札伊达·本·艾索姆·本·哈拉姆·本·拉沃哈·本·胡吉尔·本·阿卜杜·本·马义斯·本·阿米尔·本·卢埃依·本·迦里卜·本·菲赫尔·本·马立克，外祖母是贺拉·宾特·阿卜杜·马纳夫·本·哈黎思·本·蒙基孜·本·阿慕尔本·马义斯·本·阿米尔·本·卢埃依，外曾外祖母是霁拉芭·宾特·苏爱德 ·本·萨赫姆·本·阿慕尔·本·哈隋斯·本·卡尔卜·本·卢埃依，外曾外曾外祖母是阿提珂·宾特·阿卜杜·欧札·本·古綏依·本·奇腊卜·本·穆拉·本·卡尔卜·本·卢埃依·本·迦里卜，外曾外曾外曾外祖母是雷塔·宾特·卡尔卜·本·萨尔德·本·贴姆·本·穆拉·本·卡尔卜·本·卢埃依·本·迦里卜，外曾外曾外曾外曾外祖母是娜依拉·宾特·胡吒法·本·朱默哈·本·阿慕尔·本·哈隋斯·本·卡尔卜·本·卢埃依·本·迦里卜·本·菲赫尔·本·马立克。

（四）参考文献

伊本·纳迪姆：《目录》第 1 卷第 2 分册，第 310 页。卡尔·布罗克尔曼：《阿拉伯文学史》第 3 册，第 19～20 页。阿卜杜·阿齐兹·杜里：《阿拉伯史学的兴起》，第 28～29 页。福阿德·斯兹金：《阿拉伯遗产史》第 1 卷第 2 分册，第 111～114 页。沙奇尔·穆斯塔法：《阿拉伯历史与史家》第 1 卷，第 166～168 页。齐黎克里：《名人》第 6 卷，第 136～137 页。欧麦尔·礼萨：《著述家辞典》第 3 卷，第 313～314 页。伯克尔·艾布·栽德：

《族谱学家层级传》，第 57~58 页。

叶施库利

（al-Yashkurī，？～约 845）

（一）名号谱系

艾布·贾法尔·穆罕默德·本·萨拉玛·本·艾尔塔比勒·库斐·叶施库利。

（二）生平概述

生于伊拉克库法。族谱学家。辞世地点有待考究。

（三）族谱著作

1.《巴巽拉及其谱系、纪事与诗歌》（*Kitāb Bajīlah wa-Ansābihā wa-Akhbārihā wa-Ash'ārihā*）。

2.《赫思阿姆及其谱系与诗歌》（*Kitāb Khath'am wa-Ansābihā wa-Ash'ārihā*）。

3.《阿拉伯寄居部落》（*Kitāb Nawāqil min al-'Arab*）。

（四）参考文献

纳贾什：《纳贾什人物》，第 318 页。齐黎克里：《名人》第 6 卷，第 147 页。索伊卜·阿卜杜·哈密德：《什叶派史学家辞典》第 2 卷，第 214 页。伯克尔·艾布·栽德：《族谱学家层级传》，第 57 页。阿卜杜·拉札戈·康木纳：《愿者希冀：族谱学家层级传》，第 173~174 页。穆罕默德·拉施德：《族谱学家辞典：自伊历一世纪至当代》，第 456~457 页。

伊本·艾俄拉比

（Ibn al-A'rābī，767～846）

（一）名号谱系

艾布·阿卜杜拉·穆罕默德·本·齐雅德·艾俄拉比。

（二）生平概述

生于伊拉克库法。哈希姆家族的释奴。著名语言学家、口传诗人、族谱学家。卒于伊拉克萨迈拉。

（三）族谱著作

1.《阿拉伯马之名及其骑士》（*Asmā' Khayl al-'Arab wa-Fursānihā*），艾布·曼苏尔·杰沃立基转述，哈提姆·索里哈·铎敏校勘，大马士革：福音出版社，2009。

该书按部落家族分批编录著名骏马及其骑士的谱系和事迹。其主要内容包括：①哈希姆家族马名单，包括先知穆罕默德的五匹马；②古莱什之马；③安索尔之马；④阿萨德家族之马；⑤多巴家族之马；⑥萨尔德·本·栽德·马纳·本·塔米姆家族之马；⑦阿慕尔·本·塔米姆家族之马；⑧韩左拉家族之马；⑨拔熙拉之马；⑩加尼·本·艾俄稣尔之马；⑪加特凡·本·萨尔德之马；⑫苏莱姆家族之马；⑬哈沃津之马；⑭拉比阿·本·尼札尔之马；⑮独贝阿·本·尼札尔之马；⑯阿纳扎·本·阿萨德之马；⑰阿卜杜·盖斯·本·艾弗索之马；⑱尼姆尔·本·伽斯特之马；⑲沃伊勒家族之马；⑳谢班家族之马；㉑盖斯·本·塞尔拉巴家族之马；㉒祝赫勒·本·塞尔拉巴家族之马；㉓易吉勒·本·卢捷姆之马；㉔哈尼法·本·卢捷姆之马；㉕伊雅德·本·尼札尔之马；㉖也曼之马；㉗哈姆丹之马。

2.《部落史》（*Kitāb Tārīkh al-Qabā' il*）。

3.《祖贝利家族奇闻》（*Kitāb Nawādir al-Zubayrīyīn*）。

4.《部落赞颂》（*Kitāb Madh al-Qabā' il*）。

5.《追溯母系族谱之诗人》（*Kitāb Man Nasab min al-Shu'arā' ilá Ummihi*）。

（四）参考文献

赫蒂卜·巴格达迪：《巴格达史》第3卷，第201~206页。伊本·纳迪姆：《目录》第1卷第1分册，第206~209页。雅孤特·哈默维：《文豪辞典》第6卷，第2530~2534页。基弗蒂：《语法学家提醒述知》第3卷，第128~137页。齐黎克里：《名人》第6卷，第131页。伯克尔·艾布·栽德：《族谱学家层级传》，第 57 页。阿卜杜·拉札戈·康木纳：《愿者希冀：族谱学家层级传》，第 172～173 页。穆罕默德·拉施德：《族谱学家辞典：自伊历一世纪至当代》，第 452～453 页。

伊本·萨腊姆·朱默希

（Ibn Sallām al-Jumahī，767～846）

（一）名号谱系

艾布·阿卜杜拉·穆罕默德·本·萨腊姆·本·欧贝杜拉·本·撒里姆·朱默希·巴士里。

（二）生平概述

生于伊拉克巴士拉。古达玛·本·马兹翁的释奴。优秀文学家、诗人。卒于伊拉克巴格达。

（三）族谱著作

1.《阿拉伯家族》（*Kitāb Buyūtāt al-'Arab*）。
2.《古莱什族谱》（*Kitāb Nasab Quraysh*）。

（四）参考文献

伊本·纳迪姆：《目录》第 1 卷第 2 分册，第 350 页。赫蒂卜·巴格达迪：《巴格达史》第 3 卷，第 276～280 页。雅孤特·哈默维：《文豪辞典》第 6 卷，第 2540～2541 页。扎哈比：《群英诸贤传》第 10 卷，第 651～652 页。伊本·撒仪：《宝贵珠玉：著者名字》，第 222～223 页。齐黎克里：《名人》第 6 卷，第 146 页。欧麦尔·礼萨：《著述家辞典》第 3 卷，第 326～327 页。沙奇尔·穆斯塔法：《阿拉伯历史与史家》第 1 卷，第 207 页。伯克尔·艾布·栽德：《族谱学家层级传》，第 58 页。穆罕默德·拉施德：《族谱学家辞典：自伊历一世纪至当代》，第 456 页。

叶哈雅·马因

（Yahyá Ma'īn，775～848）

（一）名号谱系

艾布·扎卡利雅·叶哈雅·本·马因·本·敖恩·本·齐雅德·本·比斯拓姆·本·阿卜杜·拉哈曼（或叶哈雅·本·马因·本·纪雅思·本·齐雅德·本·敖恩·本·比斯拓姆）·加托法尼·穆利·巴格达迪。

（二）生平概述

生于伊拉克安巴尔附近的纳基延（Naqiyan）村。著名圣训学家、杰出的圣训人物考证家、史学家和人物志编纂家。卒于麦地那。

（三）族谱著作

《别名与名字》（*Kitāb al-Kuná wa-al-Asmā'*）。

（四）参考文献

赫蒂卜·巴格达迪：《巴格达史》第16卷，第263～276页。伊本·纳迪姆：《目录》第2卷第1分册，第107页。扎哈比：《群英诸贤传》第11卷，第71～96页。齐黎克里：《名人》第8卷，第172～173页。欧麦尔·礼萨：《著述家辞典》第4卷，第117～118页。沙奇尔·穆斯塔法：《阿拉伯历史与史家》第1卷，第207～208页。穆罕默德·拉施德：《族谱学家辞典：自伊历一世纪至当代》，第582页。

伊本·麦迪尼

（Ibn al-Madīnī，778～849）

（一）名号谱系

艾布·哈桑·阿里·本·阿卜杜拉·本·贾法尔·本·纳冀哈·本·伯克尔·本·萨尔德·萨尔迪·麦迪尼·巴士里。

（二）生平概述

祖籍麦地那。生于伊拉克巴士拉。当时的圣训学领袖之一，史学家和族谱学家。一生撰写图书和文章约200部（篇）。卒于伊拉克萨迈拉。

（三）族谱著作

1.《名字与别名》（*Kitāb al-Asāmī wa-al-Kuná*），凡8卷。
2.《阿拉伯部落》（*Qabā' il al-'Arab*），凡10卷。
3.《艾布·阿拔斯家族纪事》（*Akhbār Āl Abī al-'Abbās*）。
4.《娜姬娅人纪事》（*Akhbār Banī Nājiyah*）。

（四）参考文献

赫蒂卜·巴格达迪：《巴格达史》第13卷，第421~441页。扎哈比：《群英诸贤传》第11卷，第41~60页。伊斯玛仪·帕夏·巴格达迪：《隐匿揭示：〈书艺题名释疑〉增补》第1卷，第31~32、34、65页。齐黎克里：《名人》第4卷，第303页。欧麦尔·礼萨：《著述家辞典》第2卷，第465页。穆罕默德·希拉：《麦地那历史与史家》，第54~56页。伯克尔·艾布·栽德：《族谱学家层级传》，第58~59页。穆罕默德·拉施德：《族谱学家辞典：自伊历一世纪至当代》，第355页。

艾布·菲拉斯

（Abū Firās，？~约9世纪上半叶）

（一）名号谱系

艾布·菲拉斯·穆罕默德·本·菲拉斯·本·穆罕默德·本·阿拓·本·舒爱卜（舒尔卜）·本·浩里（豪里）·本·杰利尔·本·敖弗·本·祝赫勒·本·敖弗·本·穆杰扎姆·撒米。

（二）生平概述

生卒地点有待考究。精通族谱，师从族谱学大师伊本·凯勒比。

（三）族谱著作

《闪米特人族谱》（*Kitāb Nasab Banī Sāmah*）。

（四）参考文献

伊本·阿萨奇尔：《大马士革史》第 54 卷，第 219 页。伊本·哈兹姆：《阿拉伯谱系集》，第 174 页。福阿德·斯兹金：《阿拉伯遗产史》第 1 卷第 2 分册，第 62 页。什贺布丁·麦尔阿什：《释疑：谱系、别号与后裔精粹人物志》，第 30 页。伯克尔·艾布·栽德：《族谱学家层级传》，第 220 页。穆罕默德·拉施德：《族谱学家辞典：自伊历一世纪至当代》，第 508 页。

穆斯阿卜·祖贝利

（Mus'ab al-Zubayrī，773～851）

（一）名号谱系

艾布·阿卜杜拉·穆斯阿卜·本·阿卜杜拉·本·穆斯阿卜·本·瑟比特·本·阿卜杜拉·本·祖贝尔·本·敖沃姆·本·呼韦里德·本·阿萨德·本·阿卜杜·欧札·本·古绥依·本·奇腊卜·本·穆拉·本·卡尔卜·本·卢埃依·本·迦里卜·古拉什·阿萨迪·祖贝利·哈沃利·麦达尼。

（二）生平概述

生于麦地那。师从当时该城的诸多学术名家，如马立克·本·艾纳斯（Mālik ibn Anas，711～795）等。后来定居伊拉克巴格达。精通阿拉伯日子，文学家、圣训学家和族谱学家。卒于巴格达。

（三）族谱著作

①《古莱什族谱》（*Kitāb Nasab Quraysh*），埃瓦里斯特·莱维-普罗旺萨尔校注，开罗：知识出版社，1953。

该书先后经作者的学生艾布·伯克尔·艾哈迈德·本·艾比·亥塞玛·祖海尔·本·哈尔卜·纳撒伊、徒孙艾布·伊斯哈格·伊卜拉欣·本·穆萨·本·杰密勒·安达卢斯和徒曾孙艾布·伯克尔·穆罕默德·本·穆阿维叶·本·阿卜杜·拉哈曼·麦尔沃尼·古尔图比的接续相传而得以流传至今，是研究古莱什部落历史和早期伊斯兰教史的最重要的族谱著作之一。

全书共分为12个部分。其中第一部分记载马阿德·本·阿德南谱系、阿德南子嗣、马阿德·本·阿德南子嗣、奇纳乃·本·呼栽玛子嗣、纳得尔·本·奇纳乃子嗣、阿卜杜·穆塔里卜·本·希沙姆子嗣、阿卜杜拉·本·阿卜杜·穆塔里卜子嗣、阿拔斯·本·阿卜杜·穆塔里卜子嗣和阿卜杜拉·本·阿拔斯子嗣，最后一个部分讲述阿慕尔·本·阿卜杜·沙姆斯子嗣、艾布·盖斯·本·阿卜杜·伍德子嗣、杰芝玛·本·马立克·本·希斯勒子嗣、马义斯·本·阿米尔·本·卢埃依子嗣、撒玛·本·卢埃依子嗣、呼栽玛·本·卢埃依子嗣、萨尔德·本·卢埃依子嗣、哈黎思·本·卢埃依子嗣、贴姆·本·迦里卜子嗣、哈黎思·本·菲赫尔子嗣和穆哈黎卜·本·菲赫尔子嗣。

②《大族谱》（*Kitāb al-Nasab al-Kabīr*）。

（四）参考文献

伊本·萨尔德：《大层级传》第7卷，第617页；第9卷，第347页。赫蒂卜·巴格达迪：《巴格达史》第15卷，第138~141页。伊本·纳迪姆：《目录》第1卷第2分册，第340页。卡尔·布罗克尔曼：《阿拉伯文学史》第3册，第33页。阿卜杜·阿齐兹·杜里：《阿拉伯史学的兴起》，第36~37页。福阿德·斯兹金：《阿拉伯遗产史》第1卷第2分册，第57~58页。沙奇尔·穆斯塔法：《阿拉伯历史与史家》第1卷，第195~196页。穆罕默德·希拉：《麦地那历史与史家》，第58~59页。什贺布丁·麦尔阿什：《释疑：谱系、别号与后裔精粹人物志》，第24~25页。伯克尔·艾布·栽德：《族谱学家层级传》，第59~60页。阿卜杜·拉札戈·康木纳：《愿者希冀：族谱学家层级传》，第179~180页。穆罕默德·拉施德：《族谱学家辞典：自伊历一世纪至当代》，第554页。

伊本·葛达哈

（Ibn al-Qaddāh，？~约851）

（一）名号谱系

艾布·穆罕默德·阿卜杜拉·本·穆罕默德·本·欧玛拉·葛达哈·

安索利。

（二）生平概述

生于麦地那。定居伊拉克巴格达。精通族谱。辞世地点有待考究。

（三）族谱著作：

1. 《辅士族谱》（*Kitāb Nasab al-Ansār*）。
2. 《奥斯族谱》（*Kitāb Nasab al-Aws*）。

（四）参考文献

赫蒂卜·巴格达迪：《巴格达史》第11卷，第253~254页。欧麦尔·礼萨：《著述家辞典》第2卷，第288页。福阿德·斯兹金：《阿拉伯遗产史》第1卷第2分册，第50页。穆罕默德·希拉：《麦地那历史与史家》，第57页。什贺布丁·麦尔阿什：《释疑：谱系、别号与后裔精粹人物志》，第20页。伯克尔·艾布·栽德：《族谱学家层级传》，第59页。阿卜杜·拉札戈·康木纳：《愿者希冀：族谱学家层级传》，第150页。穆罕默德·拉施德：《族谱学家辞典：自伊历一世纪至当代》，第309~310页。

伊本·哈比卜·安达卢斯

（Ibn Habīb al-Andalusī，790~853）

（一）名号谱系

艾布·马尔旺·阿卜杜·麦立克·本·哈比卜·本·苏莱曼·本·哈伦·本·杰勒哈玛（杰贺玛或贾熙玛）·本·阿拔斯·本·米尔达斯·苏拉米·阿拔斯·安达卢斯·伊勒比利·古尔图比·马立其。

（二）生平概述

祖籍西班牙托莱多。生于西班牙埃尔维拉（Elvira）。定居西班牙科尔多瓦。曾到访埃及。马立克派教法学家，精通语法、韵律、历史、文学、诗歌和圣训。卒于科尔多瓦。

（三）族谱著作

1.《古莱什纪事及其谱系》（*Kitāb Akhbār Quraysh wa-Ansābihā*），共分为15个部分。

2.《族谱》（*Kitāb al-Nasab*）。

（四）参考文献

伊本·法拉荻:《安达卢西学林史》第1卷，第359~362页。扎哈比:《群英诸贤传》第12卷，第102~107页。福阿德·斯兹金:《阿拉伯遗产史》第1卷第2分册，第248~250页。齐黎克里:《名人》第4卷，第157页。欧麦尔·礼萨:《著述家辞典》第2卷，第316~317页。阿卜杜·沃希德·詹嫩:《安达卢西阿拉伯历史编纂学的兴起》，第7~11页。伯克尔·艾布·栽德:《族谱学家层级传》，第60页。阿卜杜·拉札戈·康木纳:《愿者希冀：族谱学家层级传》，第151页。穆罕默德·拉施德:《族谱学家辞典：自伊历一世纪至当代》，第318页。哈齐姆·阿卜杜拉:《文雅学者阿卜杜·麦立克·本·哈比卜》（Hāzim ‘Abd Allāh, “Al-‘Ālim al-Adīb ‘Abd al-Malik ibn Habīb”),《两河流域文学》（*Ādāb al-Rāfidayn*）1975年第6期。

伊本·亥雅特

（Ibn Khayyāt, 777~854）

（一）名号谱系

艾布·阿慕尔·哈里发·本·亥雅特·本·哈里发·本·亥雅特·莱西·欧斯福利·塔米米·巴士里。

（二）生平概述

生卒于伊拉克巴士拉。师从数十位著名学者，广泛学习阿拉伯语、圣训、传记、族谱和纪事等方面的知识。在圣训学上的造诣得到圣训学泰斗布哈里（al-Bukhārī, 810~870）的赞赏。

（三）族谱著作

1.《层级传》（*Kitāb al-Tabaqāt*），艾布·易姆兰·穆萨·本·扎卡利雅·图斯塔利转述，艾克拉姆·狄雅·欧麦利校注，巴格达：阿尼印书馆，1967。

该书主要按照族谱、层级和地域三种次序编写，是集族谱、传记和方志于一体的传世经典，也是现存最古老的按地域次序编写的阿拉伯人物志。

全书大体上由 20 个部分构成：①序言，包含先知穆罕默德的家谱；②麦地那，按部落分批记载麦地那的圣门弟子名单；③库法，先按部落分批记载该城的圣门弟子名单，再把该城的名人分为 11 个层级；④巴士拉的圣门弟子名单，分为 12 个层级；⑤麦地那人，记载继圣门弟子之后的麦地那教法学家和圣训学家名单，分为 9 个层级；⑥麦加，分为 6 个层级；⑦塔伊夫地区，分为 2 个层级；⑧也门，分为 5 个层级；⑨叶玛麦地区，分为 3 个层级；⑩埃及（和马格里布地区），分为 5 个层级；⑪沙姆地区，分为 6 个层级；⑫摩普绥提亚，收录 5 个人的名字；⑬杰齐拉（al-Jazīrah）地区，分为 5 个层级；⑭摩苏尔，收录 5 个人的名字；⑮呼罗珊地区，分为 5 个层级；⑯雷伊，收录 9 个人的名字；⑰麦达因，收录 6 个人的名字；⑱瓦西特，分为 4 个层级；⑲巴格达，分为 3 个层级；⑳妇女，按部落分批收录背记圣训的妇女名单。该书虽然简略，但具有极高的族谱学研究价值。这些族谱知识主要得益于伊本·伊斯哈格、艾布·叶格昝、伊本·凯勒比、艾布·欧贝达和麦达伊尼等前辈学者的著作。

2.《名字与别名》（*Kitāb al-Asmā' wa-al-Kuná*）。

（四）参考文献

伊本·亥尔：《目录》，第 280 页。扎哈比：《群英诸贤传》第 11 卷，第 472~474 页。米齐：《〈人名大全〉修正》第 8 卷，第 314~319 页。齐黎克里：《名人》第 2 卷，第 312 页。欧麦尔·礼萨：《著述家辞典》第 1 卷，第 676 页。沙奇尔·穆斯塔法：《阿拉伯历史与史家》第 1 卷，第 234~236 页。伯克尔·艾布·栽德：《族谱学家层级传》，第 60 页。阿卜杜·拉札戈·康木纳：《愿者希冀：族谱学家层级传》，第 143~144 页。穆罕默德·拉施德：《族谱学家辞典：自伊历一世纪至当代》，第 176 页。伊波提撒姆·拉苏勒·侯赛因：《哈里发·本·亥雅特的〈层级传〉》（Ibtisām Rasūl

Husayn, "*Kitāb al-Tabaqāt* li-Khalīfah ibn Khayyāt"），《阿拉伯学术遗产杂志》（*Majallat al-Turāth al-'Ilmī al-'Arabī*）2011 年第 4 期。侯赛因·阿隋：《哈里发·本·亥雅特及其〈历史〉和〈层级传〉》（Husayn 'Āsī, *Khalīfah ibn Khayyāt fī Tārīkhihi wa-Tabaqātihi*），贝鲁特：学术书籍出版社，1993。

哈桑·齐雅迪

（al-Hasan al-Ziyādī，773～857）

（一）名号谱系

艾布·哈撒恩·哈桑·本·奥斯曼·本·韩玛德·本·哈撒恩·本·阿卜杜·拉哈曼·本·叶齐德·齐雅迪·巴格达迪。

（二）生平概述

生卒于伊拉克巴格达。史学大家、族谱学家瓦基迪的得意弟子之一。曾游历叙利亚大马士革。曾担任曼苏尔城法官。文学家和纪事家。

（三）族谱著作

1.《诗坛别号》（*Kitāb Alqāb al-Shu'arā'*）。
2.《父与母》（*Kitāb al-Ābā' wa-al-Ummahāt*）。

（四）参考文献

伊本·纳迪姆：《目录》第 1 卷第 2 分册，第 339 页。伊本·阿萨奇尔：《大马士革史》第 13 卷，第 132～140 页。雅孤特·哈默维：《文豪辞典》第 2 卷，第 928～930 页。伊本·撒仪：《宝贵珠玉：著者名字》，第 339～340 页。欧麦尔·礼萨：《著述家辞典》第 1 卷，第 562～563 页。福阿德·斯兹金：《阿拉伯遗产史》第 1 卷第 2 分册，第 144 页。沙奇尔·穆斯塔法：《阿拉伯历史与史家》第 1 卷，第 208～209 页。伯克尔·艾布·栽德：《族谱学家层级传》，第 61 页。阿卜杜·拉札戈·康木纳：《愿者希冀：族谱学家层级传》，第 140～141 页。穆罕默德·拉施德：《族谱学家辞典：自伊历一世纪至当代》，第 138 页。

伊本·西其特

(Ibn al-Sikkīt，802~858)

（一）名号谱系

艾布·优素福·叶尔孤卜·本·伊斯哈格·本·西其特·巴格达迪。

（二）生平概述

祖籍伊朗胡齐斯坦。著名语言学家和文学家。被哈里发穆塔瓦基勒（847~861年在位）杀害于伊拉克巴格达。

（三）族谱著作

《谱系》(*Kitāb al-Ansāb*)。

（四）参考文献

伊本·纳迪姆：《目录》第1卷第1分册，第219~221页。扎哈比：《伊斯兰史与诸杰群英辞世录》第18卷，第551~553页。伊斯玛仪·帕夏·巴格达迪：《知者惠赠：作者名讳与著者述作》第2卷，第536~537页。齐黎克里：《名人》第8卷，第195页。伯克尔·艾布·栽德：《族谱学家层级传》，第62页。穆哈义丁·陶菲格·伊卜拉欣：《语言学家伊本·西其特》(Muhyī al-Dīn Tawfīq Ibrāhīm, *Ibn al-Sikkīt al-Lughawī*)，巴格达：贾希兹出版社，1969。

伊本·哈比卜·巴格达迪

(Ibn Habīb al-Baghdādī,？~859)

（一）名号谱系

艾布·贾法尔·穆罕默德·本·哈比卜·本·伍麦叶·本·阿慕尔·哈希米·巴格达迪·穆哈巴利。值得特别指出的是，有些阿拉伯学者认为，哈比卜是他的母亲的名字，而不是他的父亲。

（二）生平概述

生于伊拉克巴格达。师从伊本·凯勒比、艾布·欧贝达和伊本·艾俄拉比等族谱学家。一生撰写图书和文章约50部（篇），涉及族谱、纪事、箴言、阿拉伯语和诗歌等方面。卒于伊拉克萨迈拉。

（三）族谱著作

1.《墨盒》（*Kitāb al-Muhabbar*），艾布·萨义德·哈桑·本·侯赛因·苏卡利转述，伊尔泽·里哈坦·斯坦德校勘，海得拉巴：奥斯曼百科全书委员会印务部，1942。

该书共由187个专题构成。其中记载了大量人物名号谱系和部落历史故事。正文第一段讲："从阿丹到诺亚，历1100年；从诺亚到伊卜拉欣，隔1143年（有人说1142年）；从伊卜拉欣到穆萨，历575年（有人说565年）；从穆萨到达乌德，隔590年（有人说579年）；从达乌德到尔撒，历1053年；从尔撒到穆罕默德，诸位先知，共600年。伊本·凯勒比如是说。"最后写到的人物是哈黎思·本·希沙姆·本·穆佶拉。

2.《部落辨正》（*Mukhtalif al-Qabā' il wa-Mu' talifuhā*），又名《部落名称辨正》（*Al-Mukhtalif wa-al-Mu' talif fī Asmā' al-Qabā' il*），或《族谱辨正》（*Al-Mu' talif wa- al-Mukhtalif fī al-Nasab*）。

原著已失传，其大部分内容先后经艾布·伽斯姆·哈杰比、艾布·哈桑的转述和改编而幸存下来。1850年，德国东方学大师乌斯坦菲尔德（F. Wüstenfeld，1808~1899）首次校勘出版了著名史学家麦戈利齐（al-Maqrīzī，1365~1442）在1435年11月18日抄写于麦加的手抄本。1980年，沙特阿拉伯史学家、族谱学家哈默德·贾斯尔（Hamad al-Jāsir，1910~2000）把它和瓦齐尔·马格里比（980~1027）的《族谱学感知》合集出版（利雅得：叶玛麦研究与翻译出版社）。次年，埃及校勘学家伊卜拉欣·伊波雅利（Ibrāhīm al-Ibyārī，1902~1994）重新校勘出版了《部落辨正》（开罗：伊斯兰图书出版社 & 埃及图书出版社 & 贝鲁特：黎巴嫩图书出版社）。

该书作者把形似名字编排在相邻段落，追溯每个名字的部落来源及其谱系。伊卜拉欣·伊波雅利校勘本共编录304个名字。其中，第一个名字是胡丹（Huddān），属于艾兹德部落，其谱系是胡丹·本·沙姆斯·本·阿慕尔·本·庚姆·本·哈里德·本·奥斯曼·本·纳斯尔·本·扎赫兰·本·卡尔卜·本·哈黎思·本·卡尔卜·本·阿卜杜拉·本·马立克·本·纳斯尔·本·艾兹德。第2个是哈丹（Haddān），属于塔米姆部落，其谱系是哈丹·本·古雷俄·本·敖弗·本·卡尔卜·本·萨尔德·本·栽德·马纳·本·塔米姆。第303个是多吉尔（Dajr），即辅士多吉尔·本·赫兹拉吉。最后一个是索赫尔（Sakhr）。

3.《诗人别名及多数以之为别名者》（*Kuná al-Shu'arā' wa-man ghalabat Kunyatuhu 'alá Ismihi*），赛义德·卡斯拉维·哈桑校勘，贝鲁特：学术书籍出版社，2001。

该书共收录365个别名。其中，第一个是艾布·塔里卜，他的名字是阿卜杜·马纳夫·本·阿卜杜·穆塔里卜。最后一个是艾布·穆汉纳德·本·穆阿维叶·本·哈尔默拉·本·拉斯姆·本·劳詹·本·阿迪·本·法札拉。

4.《先知母系》（*Ummahāt al-Nabī*），穆罕默德·亥尔·拉麦丹·优素福校勘，贝鲁特：伊本·哈兹姆出版社，1996。

这本小册子主要追溯先知穆罕默德及其祖先的母系族谱。其中，第一组是他的母亲阿米娜、外祖母等人的谱系，最后一组是马阿德之母的谱系。文末追溯穆罕默德的父系谱系到人祖阿丹（即亚当）。它虽然简略，却是阿拉伯族谱学史上为数不多的母系族谱专文之一。

5.《绚丽润修：古莱什纪事》（*Kitāb al-Munammaq fī Akhbār Quraysh*），忽尔什德·艾哈迈德·法黎戈校注，贝鲁特：图书世界，1985。

该书主要取材于伊本·艾比·瑟比特的《联盟》、艾布·伯赫塔利的《伊斯玛仪·本·伊卜拉欣家谱》、伊本·凯勒比的一些相关著作以及艾布·欧贝达的《部落》等作者所处时代能看到的关于古莱什部落的优秀著作。

全书由160多个专题构成。其中，第一个专题讲述古莱什族谱及其祖辈们的名字与传承关系。最后提到古莱什部落妇女乌姆·库勒苏姆·宾特·阿里·本·艾比·塔里卜的家族成员及其姻缘关系。

6.《诗坛母系族谱》（*Kitāb Man nusiba ilá Ummihi min al-Shu'arā'*），载阿卜杜·萨腊姆·哈伦校勘：《珍稀手稿》（*Nawādir al-Makhtūtāt*）第1卷，贝鲁特：吉勒出版社，1991，第81~96页。

该文收录39位诗人的名号谱系及其代表性诗作。其中，第一位是伊本・莎欧卜。最后一位是阿慕尔・本・依特娜芭。

7.《族谱》(*Kitāb al-Nasab*)。

8.《阿玛伊尔(部落)与拉拔伊俄(部落)》(*Kitāb al-'Amā' ir wa-al-Rabā' i'*)。

9.《谱系树形图》(*Kitāb al-Mushajjar*)。

10.《也门、拉比阿与穆多尔别号》(*Kitāb Alqāb al-Yaman wa-Rabī'ah wa-Mudar*)。

11.《古莱什七母》(*Kitāb Ummahāt al-Sab'ah min Quraysh*)。

12.《诗坛别号及其谱系》(*Kitāb Alqāb al-Shu'arā' wa-Ansābihim*)。

13.《阿卜杜・穆塔里卜家族精英之母》(*Kitāb Ummahāt A'yān Banī 'Abd al-Muttalib*)。

14.《大部落与日子》(*Kitāb al-Qabā' il al-Kabīr wa-al-Ayyām*)。

(四)参考文献

伊本・纳迪姆:《目录》第1卷第2分册,第327~329页。赫蒂卜・巴格达迪:《巴格达史》第3卷,第87~88页。雅孤特・哈默维:《文豪辞典》第6卷,第2480~2483页。伊本・亥尔:《目录》,第273页。扎哈比:《伊斯兰史与诸杰群英辞世录》第18卷,第423页。哈吉・哈里发:《书艺题名释疑》第1卷,第212、225、244页;第3卷,第221页。齐黎克里:《名人》第6卷,第78页。欧麦尔・礼萨:《著述家辞典》第3卷,第208页。沙奇尔・穆斯塔法:《阿拉伯历史与史家》第1卷,第194~195页。伯克尔・艾布・栽德:《族谱学家层级传》,第61~62页。阿卜杜・拉札戈・康木纳:《愿者希冀:族谱学家层级传》,第171~172页。穆罕默德・拉施德:《族谱学家辞典:自伊历一世纪至当代》,第433~434页。

杰赫米

(al-Jahmī,? ~约864)

(一)名号谱系

艾布・阿卜杜拉・艾哈迈德・本・穆罕默德・本・胡梅德・本・苏莱

曼·本·哈弗斯·本·阿卜杜拉·本·艾比·杰赫姆·本·胡宰法·本·迦尼姆·本·阿米尔·本·阿卜杜拉·本·欧贝德·本·阿维吉·本·阿迪·本·卡尔卜·本·阿达维·杰赫米·古拉什。

（二）生平概述

祖籍希贾兹地区。在伊拉克长大。精通文学、诗歌和族谱。卒于伊拉克巴格达。

（三）族谱著作

1.《古莱什族谱及其纪事》（*Kitāb Ansāb Quraysh wa-Akhbārihā*）。
2.《缺点》（*Kitāb al-Mathālib*）。

（四）参考文献

伊本·纳迪姆:《目录》第1卷第2分册，第343~344页。雅孤特·哈默维:《文豪辞典》第1卷，第430页。卡米勒·朱布利:《文豪辞典》第1卷，第255页。索伊卜·阿卜杜·哈密德:《什叶派史学家辞典》第1卷，第127~128页。伯克尔·艾布·栽德:《族谱学家层级传》，第73页。阿卜杜·拉札戈·康木纳:《愿者希冀：族谱学家层级传》，第32、103~104、135~136页。穆罕默德·拉施德:《族谱学家辞典：自伊历一世纪至当代》，第69页。

伊本·纳拓哈

(Ibn al-Nattāh,? ~866)

（一）名号谱系

艾布·阿卜杜拉·穆罕默德·本·索里哈·本·米赫兰·本·纳拓哈·哈希米·巴士里。

（二）生平概述

生于伊拉克巴士拉。哈希姆家族的释奴。定居伊拉克巴格达。史学家，精通族谱和传记。卒于巴格达。

（三）族谱著作

1.《阿拉伯宗族》（*Kitāb Afkhādh al-'Arab*）。
2.《阿曼艾兹德谱系》（*Kitāb Ansāb Azd 'Ammān*）。
3.《家族》（*Kitāb al-Buyūtāt*）。

（四）参考文献

贾希兹：《动物志》第3卷，第209页。赫蒂卜·巴格达迪：《巴格达史》第3卷，第328~329页。伊本·纳迪姆：《目录》第1卷第2分册，第330~331页。伊本·撒仪：《宝贵珠玉：著者名字》，第224页。齐黎克里：《名人》第6卷，第162页。沙奇尔·穆斯塔法：《阿拉伯历史与史家》第1卷，第210~211页。什贺布丁·麦尔阿什：《释疑：谱系、别号与后裔精粹人物志》，第30页。伯克尔·艾布·栽德：《族谱学家层级传》，第63、222页。阿卜杜·拉札戈·康木纳：《愿者希冀：族谱学家层级传》，第174~175页。穆罕默德·拉施德：《族谱学家辞典：自伊历一世纪至当代》，第459~460页。

贾希兹

（al-Jāhiz，约780~869）

（一）名号谱系

艾布·奥斯曼·阿慕尔·本·巴哈尔·本·马哈布卜·本·法札拉·奇纳尼·莱西·巴士里。他的眼球突出，因而得绰号"贾希兹"。

（二）生平概述

生卒于伊拉克巴士拉。晚年半身不遂。大文豪，百科全书式大学者，一生撰写图书和文章约150部（篇）。

（三）族谱著作

1.《葛哈塘人与阿德南人荣耀》（*Kitāb Fakhr al-Qahtānīyah wa-al-*

'Adnānīyah）。

2.《苏拉哈人与胡贾纳人》（*Kitāb al-Surahā' wa-al-Hujanā'*）。

3. 值得特别一提的是，他的《动物志》（*Al-Hayawān*）和《解释与阐明》（*Al-Bayān wa-al-Tabyīn*）虽然不是族谱学专著，但其中提到了大量早期的阿拉伯族谱学家，特别是口传族谱学家，是后来学者们研究阿拉伯族谱学发展史的必备参考文献。

（四）参考文献

伊本·纳迪姆：《目录》第 1 卷第 2 分册，第 578～588 页。雅孤特·哈默维：《文豪辞典》第 5 卷，第 2101～2122 页。伊斯玛仪·帕夏·巴格达迪：《知者惠赠：作者名讳与著者述作》第 1 卷，第 802～803 页。齐黎克里：《名人》第 5 卷，第 74 页。伯克尔·艾布·栽德：《族谱学家层级传》，第 64 页。沙奇尔·穆斯塔法：《阿拉伯历史与史家》第 1 卷，第 218～219 页。

伊本·哈姆敦

（Ibn Hamdūn，？～约 869）

（一）名号谱系

艾布·阿卜杜拉·艾哈迈德·本·伊卜拉欣·本·伊斯玛仪·本·达乌德·本·哈姆敦·纳迪姆。

（二）生平概述

生卒地点有待考究。曾居住在伊拉克巴格达，常与哈里发穆塔瓦基勒一起把盏言欢。文学家、语言学家和族谱学家。

（三）族谱著作

1.《泰伊（部落）》（*Kitāb Tayyi'*）。

2.《穆拉·本·敖弗人》（*Kitāb Banī Murrah ibn 'Awf*）。

3.《尼姆尔·本·伽斯特人》（*Kitāb Banī al-Nimr ibn Qāsit*）。

4.《阿基勒人》（*Kitāb Banī ʻAqīl*）。

5.《阿卜杜拉·本·加特凡人》（*Kitāb Banī ʻAbd Allāh ibn Ghatfān*）。

（四）参考文献

雅孤特·哈默维：《文豪辞典》第1卷，第164～171页。索法迪：《逝者全录》第6卷，第133～134页。齐黎克里：《名人》第1卷，第85页。伯克尔·艾布·栽德：《族谱学家层级传》，第63页。索伊卜·阿卜杜·哈密德：《什叶派史学家辞典》第1卷，第82～84页。穆罕默德·拉施德：《族谱学家辞典：自伊历一世纪至当代》，第36页。

祖贝尔·巴卡尔

（al-Zubayr Bakkār，788～870）

（一）名号谱系

艾布·阿卜杜拉·祖贝尔·本·巴卡尔·本·阿卜杜拉·本·穆斯阿卜·本·瑟比特·本·阿卜杜拉·本·祖贝尔·本·敖沃姆·本·呼韦里德·本·阿萨德·本·阿卜杜·欧札·本·古绥依·本·奇腊卜·本·穆拉·本·卡尔卜·本·卢埃依·本·迦里卜·古拉什·阿萨迪·祖贝利·麦达尼·麦奇。

（二）生平概述

生于麦地那。上述族谱学家穆斯阿卜·祖贝利的侄子。多次到访伊拉克巴格达。856年，继任麦加法官。在870年10月的一天夜里摔倒，致使锁骨断裂和臀部受伤，两天后离世。纪事家、诗人和族谱学家，一生撰写图书和文章约40部（篇），其中大部分是人物纪事。

（三）族谱著作

1.《古莱什族谱及其纪事集》（*Jamharat Nasab Quraysh wa-Akhbāruhā*）第1～2卷，阿拔斯·贺尼·杰拉赫校注，贝鲁特：学术书籍出版社，2010。

该书以穆斯阿卜·祖贝利的《古莱什族谱》为基础，增加新考证的谱系、人物传记、纪事和诗歌。全书分为 23 个部分，仅存第 13 至 23 部分。残存的第 13 部分从阿萨德·本·阿卜杜·欧札·本·古绥依家族开始记述。第 23 部分最后记载的是拉比阿子嗣。

2. 《奥斯与赫兹拉吉纪事》（*Kitāb Akhbār al-Aws wa-al-Khazraj*）。

3. 《族谱纪事奇闻》（*Kitāb Nawādir Akhbār al-Nasab*），又名《族谱纪事》（*Akhbār al-Nasab*）。

4. 《联盟》（*Kitāb al-Ahlāf*）。

（四）参考文献

赫蒂卜·巴格达迪：《巴格达史》第 9 卷，第 486~492 页。瓦其俄：《法官纪事》第 1 卷，第 269 页。伊本·纳迪姆：《目录》第 1 卷第 2 分册，第 340~343 页。雅孤特·哈默维：《文豪辞典》第 3 卷，第 1322~1326 页。扎哈比：《群英诸贤传》第 12 卷，第 311~315 页。哈吉·哈里发：《书艺题名释疑》第 1 卷，第 244 页。卡尔·布罗克尔曼：《阿拉伯文学史》第 3 册，第 40~42 页。齐黎克里：《名人》第 3 卷，第 42 页。福阿德·斯兹金：《阿拉伯遗产史》第 1 卷第 2 分册，第 147~149 页。沙奇尔·穆斯塔法：《阿拉伯历史与史家》第 1 卷，第 196~197 页。穆罕默德·希拉：《麦地那历史与史家》，第 59~61 页。穆罕默德·希拉：《麦加历史与史家》，第 17~20 页。什贺布丁·麦尔阿什：《释疑：谱系、别号与后裔精粹人物志》，第 25~26 页。伯克尔·艾布·栽德：《族谱学家层级传》，第 64~65 页。阿卜杜·拉札戈·康木纳：《愿者希冀：族谱学家层级传》，第 28、32、144~146 页。穆罕默德·拉施德：《族谱学家辞典：自伊历一世纪至当代》，第 188 页。

伊斯哈格·麦迪尼

（Ishāq al-Madīnī，？～约 870）

（一）名号谱系

艾布·叶尔孤卜·伊斯哈格·本·伊卜拉欣·本·哈提姆·本·伊斯玛仪·麦迪尼。

（二）生平概述

祖籍麦地那。曾居住在伊拉克巴格达附近的巴祖加（Bazūghá）村，后来迁居伊拉克萨迈拉与巴格达之间的乌克巴拉（' Ukbarā）。圣训学家、史学家和演说家。辞世地点有待考究。

（三）族谱著作

《光源》（*Kitāb al-Munīr*），记载前伊斯兰时期阿拉伯历史故事和族谱。

（四）参考文献

赫蒂卜·巴格达迪：《巴格达史》第 7 卷，第 425~426 页。欧麦尔·礼萨：《著述家辞典》第 1 卷，第 338 页。利玛·杜尔内格：《阿拉伯与穆斯林著名史学家》，第 91 页。

赫拉兹

（al-Kharrāz，？ ~872）

（一）名号谱系

艾布·贾法尔·艾哈迈德·本·哈黎思·本·穆巴拉克·赫拉兹（或赫札兹，或赫札尔）。

（二）生平概述

生卒于伊拉克巴格达。著名史学家、族谱学家麦达伊尼的得意门生。精通历史和族谱。

（三）族谱著作

1. 《部落》（*Kitāb al-Qabā' il*）。
2. 《贵族》（*Kitāb al-Ashrāf*）。
3. 《族谱》（*Kitāb al-Nasab*）。
4. 《哈黎思·本·卡尔卜子嗣家谱集及其前伊斯兰时期纪事》（*Kitāb*

Jamharat Nasab Walad al-Hārith ibn Ka'b wa-Akhbārihim fī al-Jāhilīyah）。

5.《萨拉里子嗣》（*Kitāb Abnā' al-Sararī*）。

6.《〈氏族〉摘要》（*Kitāb Mukhtasar Kitāb al-Butūn*）。

7.《哈里发名字、别名与圣门弟子》（*Kitāb Asmā' al-Khulafā' wa-Kunāhum wa-al-Sahābah*）。

（四）参考文献

伊本·纳迪姆：《目录》第1卷第2分册，第323~324页。雅孤特·哈默维：《文豪辞典》第1卷，第228~230页。伊本·撒仪：《宝贵珠玉：著者名字》，第254~255页。福阿德·斯兹金：《阿拉伯遗产史》第1卷第2分册，第149~150页。沙奇尔·穆斯塔法：《阿拉伯历史与史家》第1卷，第189、211~212页。伯克尔·艾布·栽德：《族谱学家层级传》，第65页。阿卜杜·拉札戈·康木纳：《愿者希冀：族谱学家层级传》，第29、131页。穆罕默德·拉施德：《族谱学家辞典：自伊历一世纪至当代》，第39页。

叶齐德·穆哈拉比

（Yazīd al-Muhallabī，? ~873）

（一）名号谱系

艾布·哈里德·叶齐德·本·穆罕默德·本·穆哈拉卜·本·穆佶拉·本·哈尔卜·本·穆罕默德·穆哈拉比·艾兹迪·巴士里。

（二）生平概述

生于伊拉克巴士拉。成名于伊拉克巴格达。诗人，擅长拉吉兹式格律诗。曾作诗赞颂哈里发穆塔瓦基勒。精通穆哈拉卜家族纪事。卒于巴格达。

（三）族谱著作

《穆哈拉卜及其子嗣纪事》（*Kitāb al-Muhallab wa-Akhbārihi wa-Akhbār Waladihi*）。

（四）参考文献

伊本·纳迪姆：《目录》第1卷第2分册，第338页。赫蒂卜·巴格达迪：《巴格达史》第16卷，第507~508页。扎哈比：《伊斯兰史与诸杰群英辞世录》第19卷，第376~377页。齐黎克里：《名人》第8卷，第187页。

法得勒·沙詹

（al-Fadl Shādhān，？~874）

（一）名号谱系

艾布·穆罕默德·法得勒·本·沙詹·本·赫里勒·艾兹迪·内撒布利。

（二）生平概述

生卒于伊朗内沙布尔。什叶派大学者，教法学家和教义学家。一生撰写图书和文章约180部（篇）。

（三）族谱著作

《族谱》（*Kitāb al-Nisbah*）。

（四）参考文献

伊本·纳迪姆：《目录》第2卷第1分册，第108页。突斯：《目录》，第124~125页。伊斯玛仪·帕夏·巴格达迪：《隐匿揭示：〈书艺题名释疑〉增补》第2卷，第283页。索伊卜·阿卜杜·哈密德：《什叶派史学家辞典》第2卷，第23~24页。伯克尔·艾布·栽德：《族谱学家层级传》，第218页。

侯赛因·纳撒巴

（al-Husayn al-Nassābah，？~874）

（一）名号谱系

艾布·阿卜杜拉·侯赛因·本·艾哈迈德·本·欧麦尔·本·叶哈

雅·本·侯赛因·本·栽德·本·阿里·本·侯赛因·本·阿里·本·艾比·塔里卜。

（二）生平概述

生卒地点有待考究。865 年，从希贾兹地区迁居伊拉克。是建立塔里比家族联合会的第一人。

（三）族谱著作

《雅幸人谱系树杈图》（*Al-Ghusūn fī Shajarat Banī Yāsīn*）。

这本先知穆罕默德谱系集是阿拉伯族谱学史上的第一部谱系树形图集。

（四）参考文献

伊本·易纳巴：《艾布·塔里卜家族谱系基本要义》，第 274 页。阿迦·布祖尔克：《什叶派著述门径》第 16 卷，第 58 页。索伊卜·阿卜杜·哈密德：《什叶派史学家辞典》第 1 卷，第 280~281 页。什贺布丁·麦尔阿什：《释疑：谱系、别号与后裔精粹人物志》，第 27~28、32~33 页。阿卜杜·拉札戈·康木纳：《愿者希冀：族谱学家层级传》，第 141 页。穆罕默德·拉施德：《族谱学家辞典：自伊历一世纪至当代》，第 146 页。

穆斯林·哈贾吉

（Muslim al-Hajjāj，821~875）

（一）名号谱系

艾布·侯赛因·穆斯林·本·哈贾吉·本·穆斯林·本·瓦尔德·本·库沙孜·古谢利·内撒布利。

（二）生平概述

生卒于伊朗内沙布尔。曾游历希贾兹地区、埃及、沙姆地区和伊拉克。背诵家、圣训学大家，辑录汇编了逊尼派六大圣训集之一《穆斯林圣训实录》（*Sahīh Muslim*）。

（三）族谱著作

《别名与名字》（*Al-Kuná wa-al-Asmā'*）第 1~2 卷，阿卜杜·拉希姆·艾哈迈德·葛施格利研究与校勘，麦地那：麦地那伊斯兰大学出版社，1984。

该书收录 3804 位圣训人物的别名、名字、族谱及其主要老师和学生的简要信息。其中，第一位人物是艾布·伊斯哈格·萨尔德·本·艾比·瓦伽斯·本·马立克·本·瓦希卜·本·阿卜杜·马纳夫·本·祖赫拉·本·奇腊卜·古拉什，最后一位人物是艾布·叶利姆·托腊卜·本·豪沙卜。

（四）参考文献

伊本·纳迪姆：《目录》第 2 卷第 1 分册，第 105~106 页。扎哈比：《群英诸贤传》第 12 卷，第 557~580 页。哈吉·哈里发：《书艺题名释疑》第 3 卷，第 71 页。齐黎克里：《名人》第 7 卷，第 221~222 页。马什胡尔·哈桑：《伊玛目穆斯林·本·哈贾吉》（Mashhūr Hasan，*Al-Imām Muslim ibn al-Hajjāj*），大马士革：格拉姆出版社，1994。

伊本·沙巴

（Ibn Shabbah，789~876）

（一）名号谱系

艾布·栽德·欧麦尔·本·沙巴·本·欧贝达·本·栽德·本·雷塔·努梅利·巴士里。

（二）生平概述

生于伊拉克巴士拉。曾在伊拉克巴格达居住一段时间。诗人、文学家、史学家、教法学家、圣训背诵家和族谱学家。卒于伊拉克萨迈拉。

（三）族谱著作

《族谱》（*Kitāb al-Nasab*）。

（四）参考文献

伊本·纳迪姆：《目录》第1卷第2分册，第344~346页。雅孤特·哈默维：《文豪辞典》第5卷，第2093~2094页。福阿德·斯兹金：《阿拉伯遗产史》第1卷第2分册，第205~207页。齐黎克里：《名人》第5卷，第47~48页。沙奇尔·穆斯塔法：《阿拉伯历史与史家》第1卷，第189页。穆罕默德·希拉：《麦地那历史与史家》，第62~64页。伯克尔·艾布·栽德：《族谱学家层级传》，第65~66页。阿卜杜·拉札戈·康木纳：《愿者希冀：族谱学家层级传》，第167~168页。穆罕默德·拉施德：《族谱学家辞典：自伊历一世纪至当代》，第371页。

艾哈迈德·白尔基

（Ahmad al-Barqī，？~884）

（一）名号谱系

艾布·伯克尔·艾哈迈德·本·阿卜杜拉·本·阿卜杜·拉希姆·本·萨义德·本·艾比·祖尔阿·祖赫利·白尔基。

（二）生平概述

祖籍伊朗巴尔格（Barq）。曾居住在伊朗库姆，后来迁居伊斯法罕。文学家、语言学家、圣训学家、背诵家和族谱学家。辞世地点有待考究。

（三）族谱著作

《圣门弟子知识及其谱系》（*Kitāb Ma'rifat al-Sahābah wa-Ansābihim*）。

（四）参考文献

雅孤特·哈默维：《文豪辞典》第1卷，第292~293页。扎哈比：《群英诸贤传》第13卷，第47~48页。索法迪：《逝者全录》第7卷，第52页。欧麦尔·礼萨：《著述家辞典》第1卷，第178页。伯克尔·艾布·栽德：《族谱学家层级传》，第66页。

穆卡利

（al-Mukārī，？～885）

（一）名号谱系

艾布·阿拔斯·阿卜杜拉（欧贝杜拉）·本·伊斯哈格·本·萨腊姆·穆卡利·巴格达迪。

（二）生平概述

出生地点有待考究。精通纪事、族谱、教法、遗训（al-Āthār）和诗歌。卒于伊拉克巴格达。

（三）族谱著作

《纪事、谱系与传记》（*Kitāb al-Akhbār wa-al-Ansāb wa-al-Siyar*）。

据“阿拉伯目录学之父”伊本·纳迪姆（约 932～约 990）的记载，他见过该书的部分内容，但未能见整部著作。

（四）参考文献

伊本·纳迪姆：《目录》第 1 卷第 2 分册，第 351～352 页。雅孤特·哈默维：《文豪辞典》第 4 卷，第 1506～1507 页。索法迪：《逝者全录》第 19 卷，第 239～240 页。欧麦尔·礼萨：《著述家辞典》第 2 卷，第 229 页。沙奇尔·穆斯塔法：《阿拉伯历史与史家》第 1 卷，第 215 页。伯克尔·艾布·栽德：《族谱学家层级传》，第 215 页。阿卜杜·拉札戈·康木纳：《愿者希冀：族谱学家层级传》，第 28 页。穆罕默德·拉施德：《族谱学家辞典：自伊历一世纪至当代》，第 289 页。

阿卜杜拉·瓦拉戈

（‘Abd Allāh al-Warrāq，813～887）

（一）名号谱系

艾布·穆罕默德·阿卜杜拉·本·阿慕尔·本·阿卜杜·拉哈曼·

本·比施尔·本·希腊勒·安索利·白勒黑·巴格达迪。

（二）生平概述

祖籍阿富汗巴勒赫。定居伊拉克巴格达。纪事家、族谱学家和诗人。卒于伊拉克瓦西特。

（三）族谱著作

《别号》（*Kitāb al-Alqāb*）。

（四）参考文献

伊本·纳迪姆：《目录》第1卷第2分册，第334~335页。赫蒂卜·巴格达迪：《巴格达史》第11卷，第204~205页。伊本·焦齐：《历代帝王与民族通史》第12卷，第263页。扎哈比：《伊斯兰史与诸杰群英辞世录》第20卷，第377页。沙奇尔·穆斯塔法：《阿拉伯历史与史家》第2卷，第83~84页。伯克尔·艾布·栽德：《族谱学家层级传》，第74页。阿卜杜·拉札戈·康木纳：《愿者希冀：族谱学家层级传》，第151页。穆罕默德·拉施德：《族谱学家辞典：自伊历一世纪至当代》，第295页。

苏卡利

（al-Sukkarī，827~888）

（一）名号谱系

艾布·萨义德·哈桑·本·侯赛因·本·阿卜杜拉（欧贝杜拉）·本·阿卜杜·拉哈曼·本·阿腊·本·艾比·稣弗拉·本·穆哈拉卜·阿塔其·库斐·苏卡利·巴格达迪。

（二）生平概述

生于伊拉克巴士拉。语言学家、语法学家和文学家，喜好收集著名诗人的作品和部落的历史故事。可能卒于伊拉克巴格达。

（三）族谱著作

1.《佳诗与部落》（*Kitāb Ash'ār al-Fuhūl wa-al-Qabā' il*）。

2.《阿卜杜·穆塔里卜人谱系》（*Kitāb Ansāb Banī 'Abd al-Muttalib*）。

（四）参考文献

伊本·纳迪姆：《目录》第1卷第1分册，第239~240页。赫蒂卜·巴格达迪：《巴格达史》第8卷，第250~251页。雅孤特·哈默维：《文豪辞典》第2卷，第854~857页。索法迪：《逝者全录》第11卷，第324~325页。齐黎克里：《名人》第2卷，第188页。伯克尔·艾布·栽德：《族谱学家层级传》，第67、213~214页。阿卜杜·拉札戈·康木纳：《愿者希冀：族谱学家层级传》，第30、140页。穆罕默德·拉施德：《族谱学家辞典：自伊历一世纪至当代》，第134~135页。

伊本·古台巴

（Ibn Qutaybah，828~889）

（一）名号谱系

艾布·穆罕默德·阿卜杜拉·本·穆斯林·本·古台巴·迪纳瓦利。

（二）生平概述

祖籍阿富汗木鹿鲁兹（Marw al-Rūdh）。生于伊拉克库法。曾任伊朗迪纳瓦尔城法官。在经注学、圣训学、教法学、教义学、语言学、语法学、文学、逻辑学和史学等方面的造诣颇深，一生撰写图书和文章40余部（篇）。卒于伊拉克巴格达。

（三）族谱著作

1.《知识》（*Al-Ma'ārif*），塞尔瓦特·欧卡沙校注，开罗：知识出版社，1981。

该书是9世纪最著名的阿拉伯历史文化知识百科全书。其中的《族谱学家与纪事家》（al-Nassābūn wa-Ashāb al-Akhbār）一章介绍的人物包括：

①达厄发勒（Daghfal,？～685）；②欧贝德·沙利耶；③伯克利；④伊本·里桑·宏默拉；⑤伊本·多姆多姆（Ibn Damdam,？）；⑥索里哈·哈乃斐（Sālih al-Hanafī,？）；⑦凯斯·尼姆利（al-Kays al-Nimrī，7世纪）；⑧伊本·考沃；⑨舒贝勒·独巴仪（Shubayl al-Duba'ī,？～约757）；⑩撒伊卜·凯勒比（al-Sā' ib al-Kalbī,？～692）；⑪伊本·撒伊卜·凯勒比；⑫伊本·凯勒比；⑬穆贾里德·哈姆达尼（Mujālid al-Hamdānī,？～762）；⑭艾布·米赫纳夫；⑮伊本·达阿卜（Ibn Da' b,？～787）；⑯欧特比·巴士里；⑰麦达伊尼；⑱海塞姆；⑲曼图夫（al-Mantūf,？～775）；⑳沙尔基（al-Sharqī,？～约772）。这部分内容无疑是后来学者们研究早期阿拉伯族谱学发展史的重要参考资料。

2.《族谱》（*Kitāb al-Nasab*）。

（四）参考文献

伊本·纳迪姆：《目录》第1卷第1分册，第235～237页。扎哈比：《群英诸贤传》第13卷，第296～302页。欧麦尔·礼萨：《著述家辞典》第2卷，第297～298页。沙奇尔·穆斯塔法：《阿拉伯历史与史家》第1卷，第239～243页。穆罕默德·拉施德：《族谱学家辞典：自伊历一世纪至当代》，第314页。穆罕默德·扎厄璐勒：《伊本·古台巴》（Muhammad Zaghlūl, *Ibn Qutaybah*），开罗：知识出版社，1980。

叶哈雅·阿基基

（Yahyá al-'Aqīqī,829～890）

（一）名号谱系

艾布·侯赛因·叶哈雅·本·哈桑·本·贾法尔·本·欧贝杜拉·本·侯赛因·本·阿里·本·侯赛因·本·阿里·本·艾比·塔里卜·欧贝达里·阿基基。

（二）生平概述

生于麦地那。史学家和族谱学家，被誉为“塔里卜家谱编修第一人”，一生著述约10种。卒于麦加。

（三）族谱著作

1.《信士长官后裔》（*Kitāb al-Mu'aqqibīn min Wuld al-Imām Amīr al-Mu' minīn*），穆罕默德·卡资姆（Muhammad al-Kāzim）校勘，库姆：大阿亚图拉麦尔阿什·纳杰斐书店，2001。

这本小书又名《族谱》（*Kitāb al-Nasab*），或《谱系》（*Al-Ansāb*），或《艾布·塔里卜家谱》（*Kitāb Nasab Āl Abī Ṭālib*），或《艾布·塔里卜家族谱系》（*Ansāb Āl Abī Tālib*），或《塔里比家简谱》（*Mabsūt Nasab al-Tālibiyīn*）。它不仅记载艾布·塔里卜家族世代成员之间的父系血亲关系，还重视追溯其母亲的谱系。

全书的第一段话是："沙利夫·艾布·侯赛因·叶哈雅·本·哈桑·本·贾法尔·本·欧贝杜拉·本·侯赛因·本·阿里·本·侯赛因·本·阿里·本·艾比·塔里卜·本·阿卜杜·穆塔里卜说：艾布·塔里卜·本·阿卜杜·穆塔里卜的后人包括信士长官阿里、贾法尔·推雅尔和阿基勒。他们的母亲是法蒂玛·宾特·阿萨德。"随后开始逐一记载艾布·塔里卜家族重要人物的名号谱系及其生母的名号谱系。最后收录"在艾布·萨拉雅之日（Ayyām Abī al-Sarāyā）被杀者名单"。

2.《阿拉伯部落谱系》（*Kitāb Ansāb Qabā' il al-'Arab*）。

（四）参考文献

伊本·丰杜戈：《谱系、别号与后裔精粹》第1卷，第181页；第2卷，615页。齐黎克里：《名人》第8卷，第140~141页。欧麦尔·礼萨：《著述家辞典》第4卷，第90页。福阿德·斯兹金：《阿拉伯遗产史》第1卷第2分册，第61页。穆罕默德·希拉：《麦地那历史与史家》，第66~70页。索伊卜·阿卜杜·哈密德：《什叶派史学家辞典》第2卷，第447页。什贺布丁·麦尔阿什：《释疑：谱系、别号与后裔精粹人物志》，第28~29页。伯克尔·艾布·栽德：《族谱学家层级传》，第67~68页。阿卜杜·拉札戈·康木纳：《愿者希冀：族谱学家层级传》，第31、185~186页。穆罕默德·拉施德：《族谱学家辞典：自伊历一世纪至当代》，第578~579页。

伊本·该岚

（Ibn Ghaylān，？~890）

（一）名号谱系

艾布·伯克尔·艾哈迈德·本·哈拔卜·本·哈姆扎·本·该岚·希木叶利·白勒黑。

（二）生平概述

可能生于也门。具体生平事迹有待考究。

（三）族谱著作

1.《悭达族谱》（*Kitāb Nasab Kindah*）。
2.《希木叶尔族谱》（*Kitāb Nasab Himyar*）。
3.《哈姆丹族谱》（*Kitāb Nasab Hamdān*）。
4.《也门族谱》（*Kitāb Nasab al-Yaman*）。
5.《杜斯族谱》（*Kitāb Nasab Dūs*）。

（四）参考文献

扎哈比：《伊斯兰史与诸杰群英辞世录》第 20 卷，第 250 页。福阿德·斯兹金：《阿拉伯遗产史》第 1 卷第 2 分册，第 63 页。埃曼·福阿德：《伊斯兰时期也门历史文献》，第 67 页。沙奇尔·穆斯塔法：《阿拉伯历史与史家》第 2 卷，第 337 页。什贺布丁·麦尔阿什：《释疑：谱系、别号与后裔精粹人物志》，第 37 页。穆罕默德·拉施德：《族谱学家辞典：自伊历一世纪至当代》，第 39~40 页。

穆佶拉·穆哈拉比

（Mughīrah al-Muhallabī，？~891）

（一）名号谱系

艾布·哈提姆·穆佶拉·本·穆罕默德·本·穆哈拉卜·本·穆佶

拉·本·哈尔卜·本·穆罕默德·本·穆哈拉卜·本·艾比·稣弗拉·穆哈拉比·艾兹迪·巴士里。

（二）生平概述

生于伊拉克巴士拉。文学家、纪事家和诗人。卒于伊拉克巴格达。

（三）族谱著作

《穆哈拉卜家族妻室》（*Kitāb Manākih Āl al-Muhallab*）。

（四）参考文献

伊本·纳迪姆：《目录》第 1 卷第 2 分册，第 336 页。赫蒂卜·巴格达迪：《巴格达史》第 15 卷，第 257～259 页。扎哈比：《伊斯兰史与诸杰群英辞世录》第 20 卷，第 475～476 页。伯克尔·艾布·栽德：《族谱学家层级传》，第 221 页。穆罕默德·拉施德：《族谱学家辞典：自伊历一世纪至当代》，第 557 页。

伊本·艾比·亥塞玛

（Ibn Abī Khaythamah，801～892）

（一）名号谱系

艾布·伯克尔·艾哈迈德·本·艾比·亥塞玛·祖海尔·本·哈尔卜·本·沙达德·纳撒伊·巴格达迪，以“伊本·艾比·亥塞玛”著称于世。

（二）生平概述

生卒于伊拉克巴格达。史学家、圣训背诵家、口传文学家和族谱学家，精通阿拉伯日子。在族谱学方面主要得益于著名族谱学家穆斯阿卜·祖贝利的教诲。

（三）族谱著作

《大历史》（*Al-Tārīkh al-Kabīr*）。

其手抄本被分为30小册或12大册。2004年，索腊哈·本·法特希·哈拉勒校勘了摩洛哥非斯凯鲁万图书馆和麦地那麦哈茂迪图书馆收藏的第3卷手抄本，分4册（最后一册为索引），由开罗现代法鲁阁出版社出版。从该残卷来看，作者非常重视对人物家族谱系的考述。其中第3卷主要是先知传和各地的圣门弟子传记，第一节记载穆罕默德·本·伊斯哈格的祖父叶撒尔的三个儿子伊斯哈格、穆萨和阿卜杜·拉哈曼，最后一节记载安达卢西法官穆阿维叶·本·索里哈的生平事迹。

2006年，索腊哈校勘出版了摩洛哥拉巴特国库收藏的该巨著第2卷手抄本。该卷在记载完呼札阿人（Banū Khuzā‘ah）之后，按照阿拉伯字母顺序编录圣门弟子名单（其中第一个是伍撒玛·本·栽德·本·哈黎塞，最后一个是叶兹达德），收录各种类型的圣门弟子（比如，传述圣训之不知名字者、其子嗣为圣门弟子之圣门弟子和其兄弟传述圣训者等）名单。

（四）参考文献

伊本·纳迪姆：《目录》第2卷第1分册，第103页。福阿德·斯兹金：《阿拉伯遗产史》第1卷第2分册，第151~152页。齐黎克里：《名人》第1卷，第128页。欧麦尔·礼萨：《著述家辞典》第1卷，第142页。沙奇尔·穆斯塔法：《阿拉伯历史与史家》第1卷，第223~224页。卡米勒·朱布利：《文豪辞典》第1卷，第151~152页。利玛·杜尔内格：《阿拉伯与穆斯林著名史学家》，第36~37页。伯克尔·艾布·栽德：《族谱学家层级传》，第69页。阿卜杜·拉札戈·康木纳：《愿者希冀：族谱学家层级传》，第132~133页。

白拉祖里

（al-Balādhurī，？~892）

（一）名号谱系

艾布·伯克尔（或阿拔斯，或哈桑，或贾法尔）·艾哈迈德·本·叶哈雅·本·贾比尔·本·达乌德·白拉祖里·巴格达迪。

（二）生平概述

生卒于伊拉克巴格达。在良好的家庭教育环境中成长，幼年时写赞词颂扬哈里发麦蒙。大部分时间在著名学者云集的巴格达度过，还踏访库法、巴士拉、瓦西特、大马士革、霍姆斯、安条克和阿勒颇等城市进行广泛交流。曾获得哈里发的赏识，与一些大臣私交甚深。但晚年凄凉，穷困潦倒，癫狂后，被绑在医院里，直至去世。9世纪最著名的集大成族谱学家，史学家、诗人、经注学家、教法学家和文学家。

（三）族谱著作

《贵族谱系》（*Kitāb Jumal min Ansāb al-Ashrāf*）第1～13卷，苏海勒·扎卡尔、利雅得·齐黎克里校勘，贝鲁特：思想出版社，1996。

该书未完稿，却是古代阿拉伯族谱学发展成熟的标志性著作，也是一部翔实地记载7～9世纪阿拉伯伊斯兰历史的经典名著，集100多名学者的族谱学知识于一体。其内容主要由六大部分构成：①穆罕默德出生前的部落谱系，占全书的1.4%左右；②穆罕默德生平传记，所占篇幅超过全书的11.5%；③阿里家族的谱系，约占全书的10.9%；④哈希姆家族的其他后裔，约占全书的7.4%；⑤阿卜杜·沙姆斯家族非常庞大，其篇幅约占全书的37.3%；⑥古莱什部落的其他支脉和相邻的其他部落。

该书在结构安排、材料运用和编纂方法等方面的特点主要体现为灵活的伊斯纳德、翔实的史料、独特的编纂方法以及打破“贵族”血缘界限等。

（四）参考文献

伊本·纳迪姆：《目录》第1卷第2分册，第347～349页。雅孤特·哈默维：《文豪辞典》第2卷，第530～535页。扎哈比：《群英诸贤传》第13卷，第162～163页。哈吉·哈里发：《书艺题名释疑》第1卷，第244页。卡尔·布罗克尔曼：《阿拉伯文学史》第3册，第43～45页。齐黎克里：《名人》第1卷，第267页。阿卜杜·阿齐兹·杜里：《阿拉伯史学的兴起》，第42～44页。福阿德·斯兹金：《阿拉伯遗产史》第1卷第2分册，第152～154页。沙奇尔·穆斯塔法：《阿拉伯历史与史家》第1卷，第142、243～245页。利玛·杜尔内格：《阿拉伯与穆斯林著名史学家》，第27、86、496页。伯克尔·艾布·栽德：《族谱学家层级传》，第68~69页。阿卜杜·拉札戈·康木纳：《愿者希冀：族谱学家层级传》，第28、31、137~138页。穆罕默德·拉施德：《族谱学家辞典：自伊历一世纪至当代》，第87页。

伊本·泰富尔

（Ibn Tayfūr，819~893）

（一）名号谱系

艾布·法得勒·艾哈迈德·本·艾比·拓熙尔·泰富尔·呼罗萨尼。

（二）生平概述

祖籍阿富汗木鹿鲁兹。生卒于伊拉克巴格达。在历史、文学、诗歌和地理等方面的造诣颇深。一生撰写图书和文章约50部（篇）。

（三）族谱著作

《哈希姆家谱集》（*Kitāb Jamharat Nasab Banī Hāshim*）。

（四）参考文献

伊本·纳迪姆：《目录》第1卷第2分册，第451~453页。雅孤特·哈默维：《文豪辞典》第1卷，第282~286页。齐黎克里：《名人》第1卷，第141页。福阿德·斯兹金：《阿拉伯遗产史》第1卷第2分册，第215~217页。沙奇尔·穆斯塔法：《阿拉伯历史与史家》第1卷，第245~247页。伯克尔·艾布·栽德：《族谱学家层级传》，第69页。穆罕默德·拉施德：《族谱学家辞典：自伊历一世纪至当代》，第48页。

伊本·穆罕默德·白尔基

（Ibn Muhammad al-Barqī，？~893）

（一）名号谱系

艾布·贾法尔·艾哈迈德·本·穆罕默德·本·哈里德·本·阿卜

杜·拉哈曼·本·穆罕默德·本·阿里·白尔基·库斐。

（二）生平概述

祖籍伊拉克库法。生于伊朗库姆城郊的巴尔格。当时的百科全书式学者之一，撰写图书和文章约百部（篇）。辞世地点有待考究。

（三）族谱著作

1.《民族谱系》（*Kitāb Ansāb al-Umam*），或名《民族纪事》（*Kitāb Akhbār al-Umam*）。

2.《先知女儿及其妻妾》（*Kitāb Banāt al-Nabī wa-Azwājihi*）。

3.《功绩与谱系》（*Kitāb al-Ma' āthir wa-al-Ansāb*）。

（四）参考文献

雅孤特·哈默维：《文豪辞典》第1卷，第431~432页。纳贾什：《纳贾什人物》，第74~75页。齐黎克里：《名人》第1卷，第205页。欧麦尔·礼萨：《著述家辞典》第1卷，第262页。沙奇尔·穆斯塔法：《阿拉伯历史与史家》第1卷，第220~221页。穆哈幸·艾敏：《什叶派精英》第3卷，第105~107页。索伊卜·阿卜杜·哈密德：《什叶派史学家辞典》第1卷，第128~129页。伯克尔·艾布·栽德：《族谱学家层级传》，第67、88~89页。阿卜杜·拉札戈·康木纳：《愿者希冀：族谱学家层级传》，第30、136页。穆罕默德·拉施德：《族谱学家辞典：自伊历一世纪至当代》，第69~70页。

伊本·艾比·敦雅

（Ibn Abī al-Dunyā，823~894）

（一）名号谱系

艾布·伯克尔·阿卜杜拉·本·穆罕默德·本·欧贝德·本·苏弗彦·本·盖斯·古拉什·伍麦维·巴格达迪·罕百里。

（二）生平概述

生卒于伊拉克巴格达。伍麦叶家族的释奴。圣训背诵家，学识渊博的罕百里教法学派学者。一生撰写图书和文章约两百种（篇）。

（三）族谱著作

1. 《古莱什纪事》（*Akhbār Quraysh*）。
2. 《游牧阿拉伯人纪事》（*Akhbār al-A‘rāb*）。

（四）参考文献

伊本·纳迪姆：《目录》第 1 卷第 2 分册，第 661~662 页。赫蒂卜·巴格达迪：《巴格达史》第 11 卷，第 293~295 页。扎哈比：《群英诸贤传》第 13 卷，第 397~404 页。齐黎克里：《名人》第 4 卷，第 118 页。欧麦尔·礼萨：《著述家辞典》第 2 卷，第 286~287 页。沙奇尔·穆斯塔法：《阿拉伯历史与史家》第 1 卷，第 225~226 页。阿卜杜拉·涂雷基：《罕百里学派著作辞典》第 1 卷，第 151~197 页。伯克尔·艾布·栽德：《族谱学家层级传》，第 69~70 页。萨拉丁·穆纳吉德：《伊本·艾比·敦雅著作辞典》（Salāh al-Dīn al-Munajjid，“Mu‘jam Musannafāt Ibn Abī al-Dunyā”），《大马士革阿拉伯语学会杂志》（*Majallat Majma‘ al-Lughah al-‘Arabīyah bi-Dimashq*）1974 年第 3 期。

萨尔迪

（al-Sa‘dī，？~895）

（一）名号谱系

艾布·伯克尔·艾哈迈德·本·穆罕默德·本·伊卜拉欣·本·优素福·本·马俄默尔·本·哈姆扎·本·欧麦尔·本·萨尔德·本·艾比·瓦伽斯·祖赫利·萨尔迪。

（二）生平概述

出生地点有待考究。可能卒于伊拉克巴格达。

（三）族谱著作

《萨尔德·本·艾比·瓦伽斯子嗣谱系》（*Kitāb Nasab Walad Sa'd ibn Abī Waqqās*）。

（四）参考文献

赫蒂卜·巴格达迪：《巴格达史》第6卷，第44页。萨姆阿尼：《谱系》第7卷，第84页。穆罕默德·拉施德：《族谱学家辞典：自伊历一世纪至当代》，第71页。

伊卜拉欣·塞格斐

（Ibrāhīm al-Thaqafī，？～896）

（一）名号谱系

艾布·伊斯哈格·伊卜拉欣·本·穆罕默德·本·萨义德·本·希腊勒·本·阿斯姆·本·萨尔德·本·马斯欧德·本·阿慕尔·本·欧梅尔·本·敖弗·本·欧戈达·本·加波拉·本·敖弗·本·塞基夫·塞格斐·库斐。

（二）生平概述

生长于伊拉克库法。后来移居伊朗伊斯法罕。什叶派著名史学家，一生撰写图书和文章约50部（篇）。卒于伊斯法罕。

（三）族谱著作

《穆罕默德家族中被杀害者》（*Kitāb man qutila min Āl Muhammad*）。

这部人物志可能已失传。从书名来看，其中可能包含族谱内容。

（四）参考文献

伊本·纳迪姆：《目录》第2卷第1分册，第80页。雅孤特·哈默维：《文豪辞典》第1卷，第104～105页。纳贾什：《纳贾什人物》，第19～20页。索伊卜·阿卜杜·哈密德：《什叶派史学家辞典》第1卷，第74～76页。

穆巴拉德

（al-Mubarrad，826~898）

（一）名号谱系

艾布·阿拔斯·穆罕默德·本·叶齐德·本·阿卜杜·艾克伯尔·本·欧梅尔·本·哈撒恩（加桑）·本·苏莱姆（苏莱曼）·本·萨尔德·本·阿卜杜拉·本·栽德·本·马立克·本·哈黎思·本·阿米尔·本·阿卜杜拉·本·比腊勒·本·敖弗·本·艾斯拉姆·本·卡尔卜·本·哈黎思·本·卡尔卜·本·阿卜杜拉·本·马立克·本·纳得尔·本·艾兹德·本·郜思·素玛里·艾兹迪·巴士里。

（二）生平概述

生于伊拉克巴士拉。861 年，迁居伊拉克巴格达。语言学大家、巴士拉语法学派的领袖之一，文学家、诗人、纪事家和族谱学家。卒于巴格达。

（三）族谱著作

《阿德南与葛哈塘族谱》（*Nasab ʻAdnān wa-Qahtān*），阿卜杜·阿齐兹·梅默尼·拉吉库提校勘，多哈：卡塔尔国家印书馆，1984。

这本小册子勾勒阿拉伯谱系脉络，记录名人、诗人、部落和各族的简要讯息。其中记载的第一个人物是穆多尔·本·尼札尔·本·马阿德·本·阿德南·本·伍达德，最后提及古铎阿部落的诸多家族。

（四）参考文献

赫蒂卜·巴格达迪：《巴格达史》第 4 卷，第 603~611 页。伊本·纳迪姆：《目录》第 1 卷第 1 分册，第 169~172 页。雅孤特·哈默维：《文豪辞典》第 6 卷，第 2678~2684 页。伊本·撒仪：《宝贵珠玉：著者名字》，第 147~149 页。哈吉·哈里发：《书艺题名释疑》第 3 卷，第 479 页。齐黎克里：《名人》第 7 卷，第 144 页。沙奇尔·穆斯塔法：《阿拉伯历史与史家》第 1 卷，第 221~222 页。伯克尔·艾布·栽德：《族谱学家层级传》，第 70 页。阿卜杜·拉札戈·康木纳：《愿者希冀：族谱学家层级传》，第 177～179 页。穆罕默德·拉施德：《族谱学家辞典：自伊历一世纪至当代》，第 541 页。

哈里德·凯勒比

（Khālid al-Kalbī，9 世纪）

（一）名号谱系

哈里德·本·库勒苏姆·本·萨密尔·凯勒比·库斐。

（二）生平概述

生卒地点有待考究。可能长期居住在伊拉克库法。精通纪事、诗歌和部落族谱。

（三）族谱著作

《部落诗歌》（*Kitāb Ash'ār al-Qabā'il*）。该书包含诸多部落的历史故事。

（四）参考文献

伊本·纳迪姆：《目录》第 1 卷第 1 分册，第 197 页。雅孤特·哈默维：《文豪辞典》第 3 卷，第 1236～1237 页。伊本·撒仪：《宝贵珠玉：著者名字》，第 365 页。伊斯玛仪·帕夏·巴格达迪：《隐匿揭示：〈书艺题名释疑〉增补》第 1 卷，第 70 页。伯克尔·艾布·栽德：《族谱学家层级传》，第 73 页。阿卜杜·拉札戈·康木纳：《愿者希冀：族谱学家层级传》，第 142 页。穆罕默德·拉施德：《族谱学家辞典：自伊历一世纪至当代》，第 172～173 页。

加纳维

（al-Ghanawī，9 世纪）

（一）名号谱系

艾布·哈里德·加纳维。

（二）生平概述

生卒地点和生平事迹有待考究。

（三）族谱著作

1.《歌手纪事及其谱系》（*Kitāb Akhbār Ghanī wa-Ansābihim*）。
2.《谱系》（*Kitāb al-Ansāb*）。

（四）参考文献

伊本·纳迪姆:《目录》第 1 卷第 2 分册，第 324 页。伯克尔·艾布·栽德:《族谱学家层级传》，第 75 页。阿卜杜·拉札戈·康木纳:《愿者希冀：族谱学家层级传》，第 103 页。穆罕默德·拉施德:《族谱学家辞典：自伊历一世纪至当代》，第 172 页。

萨库尼

（al-Sakūnī，9 世纪）

（一）名号谱系

哈桑·本·萨义德·萨库尼。

（二）生平概述

生卒地点和生平事迹有待考究。

（三）族谱著作

巨著《阿卜杜·穆塔里卜人谱系》（*Kitāb Ansāb Banī ‘Abd al-Muttalib*）。

（四）参考文献

伊本·纳迪姆:《目录》第 1 卷第 2 分册，第 331 页。伯克尔·艾布·栽德:《族谱学家层级传》，第 214 页。阿卜杜·拉札戈·康木纳:《愿者希冀：族谱学家层级传》，第 140 页。穆罕默德·拉施德:《族谱学家辞典：

自伊历一世纪至当代》，第136页。

栽德·沙比赫

（Zayd al-Shabīh，9世纪）

（一）名号谱系

艾布·侯赛因·栽德·本·阿里·本·侯赛因·本·栽德·本·阿里·本·侯赛因·本·阿里·本·艾比·塔里卜·阿拉维。

（二）生平概述

生卒地点有待考究。教法学家、圣训学家、诗人和族谱学家。

（三）族谱著作

《简明族谱》（*Kitāb Mabsūt fī al-Nasab*）。

（四）参考文献

雅孤特·哈默维：《文豪辞典》第4卷，第1780页。索伊卜·阿卜杜·哈密德：《什叶派史学家辞典》第1卷，第349~350页。什贺布丁·麦尔阿什：《释疑：谱系、别号与后裔精粹人物志》，第26~27页。阿卜杜·拉札戈·康木纳：《愿者希冀：族谱学家层级传》，第146~147页。穆罕默德·拉施德：《族谱学家辞典：自伊历一世纪至当代》，第190页。

欧贝迪

（al-'Ubaydī，9世纪）

（一）名号谱系

叶哈雅·本·贾法尔·欧贝迪。

（二）生平概述

生卒地点和生平事迹有待考究。

（三）族谱著作

《麦地那纪事》（*Kitāb Akhbār al-Madīnah*），可能包含大量族谱知识。

（四）参考文献

哈吉·哈里发：《书艺题名释疑》第 1 卷，第 349 页。伯克尔·艾布·栽德：《族谱学家层级传》，第 222 页。穆罕默德·希拉：《麦地那历史与史家》，第 62 页。

伊本·艾兹拉戈

（Ibn al-Azraq，9 世纪）

（一）名号谱系

艾布·哈弗斯·阿慕尔（欧麦尔）·本·艾兹拉戈·奇尔玛尼。

（二）生平概述

生卒地点和生平事迹有待考究。

（三）族谱著作

《巴拉米卡家族纪事》（*Akhbār al-Barāmikah wa-Fadā' iluhum*）。

（四）参考文献

伊本·阿萨奇尔：《大马士革史》第 16 卷，第 7 页。伊本·阿迪姆：《诉求目标：阿勒颇史》第 3 卷，第 1547 页；第 10 卷，第 4706、4753~4754 页。沙奇尔·穆斯塔法：《阿拉伯历史与史家》第 2 卷，第 92 页。伊哈桑·阿拔斯：《佚史金砂》，第 9~17 页。托腊勒·达俄贾尼：《伊本·阿萨奇尔〈大马士革史〉的资料来源》第 1 卷，第 402~403 页。

伊本·凯桑

（Ibn Kaysān，9 世纪）

（一）名号谱系

阿里·本·凯桑·库斐。

（二）生平概述

生卒地点和生平事迹有待考究。

（三）族谱著作

《阿拉伯谱系》（*Kitāb Ansāb al-'Arab*）。

下文的族谱学家艾哈迈德·艾什阿里（？～约 1204）在编写《谱系介绍与显贵颂扬》时，大量摘抄了该书的内容。

（四）参考文献

伊本·阿卜杜·白尔：《传述部落提示》，第 15、42 页。什贺布丁·麦尔阿什：《释疑：谱系、别号与后裔精粹人物志》，第 23 页。伯克尔·艾布·栽德：《族谱学家层级传》，第 75 页。阿卜杜·拉札戈·康木纳：《愿者希冀：族谱学家层级传》，第 115～116 页。穆罕默德·拉施德：《族谱学家辞典：自伊历一世纪至当代》，第 357 页。

四　公元10世纪

阿拉维·哈希米

(al-‘Alawī al-Hāshimī，？～900)

(一) 名号谱系

艾布·阿卜杜拉·穆罕默德·本·阿里·本·哈姆扎·本·哈桑·本·欧贝杜拉·本·阿拔斯·本·阿里·本·艾比·塔里卜·哈希米·巴格达迪。

(二) 生平概述

生卒于伊拉克巴格达。诗人、圣训学家和纪事家。

(三) 族谱著作

《塔里比家族被杀者》(*Kitāb Maqātil al-Tālibīyīn*)。

(四) 参考文献

赫蒂卜·巴格达迪:《巴格达史》第4卷，第105～106页。伊本·哈杰尔:《修正润饰》第5卷，第752页。纳贾什:《纳贾什人物》，第332页。齐黎克里:《名人》第6卷，第272页。福阿德·斯兹金:《阿拉伯遗产史》第1卷第2分册，第156页。沙奇尔·穆斯塔法:《阿拉伯历史与史家》第1卷，第228页。

哈伦・阿拔斯

(Hārūn al-‘Abbāsī,？～901)

(一) 名号谱系

艾布・穆萨・哈伦・本・穆罕默德・本・伊斯哈格・本・穆萨・本・尔撒・本・穆萨・本・穆罕默德・本・阿里・本・阿卜杜拉・本・阿拔斯・阿拔斯・哈希米・库斐・米斯利。

(二) 生平概述

生于伊拉克库法。曾任麦地那和麦加总督。876～891 年，统领朝觐事务。在发生叛乱后，逃往埃及。卒于埃及。

(三) 族谱著作

《阿拔斯家谱》(*Kitāb Nasab al-‘Abbāsīyīn*)，又名《阿拔斯人纪事》(*Kitāb Akhbār Banī al-‘Abbās*)。

(四) 参考文献

伊本・哈兹姆:《阿拉伯谱系集》，第 32～33 页。伊本・阿迪姆:《诉求目标：阿勒颇史》第 1 卷，第 451 页。扎哈比:《伊斯兰史与诸杰群英辞世录》第 21 卷，第 318 页。伯克尔・艾布・栽德:《族谱学家层级传》，第 75 页。穆罕默德・拉施德:《族谱学家辞典：自伊历一世纪至当代》，第 568～569 页。

伊本・阿斯姆

(Ibn ‘Āsim,？～约 903)

(一) 名号谱系

艾布・塔里卜・穆法多勒・本・萨拉玛・本・阿斯姆・库斐。

(二) 生平概述

生卒于伊拉克库法。语言学家、文学家、农学家和植物学家。

（三）族谱著作

《部落民众》（*Kitāb Jamāhīr al-Qabā' il*）。

（四）参考文献

赫蒂卜·巴格达迪：《巴格达史》第 15 卷，第 156~157 页。伊本·纳迪姆：《目录》第 1 卷第 1 分册，第 223~224 页。雅孤特·哈默维：《文豪辞典》第 6 卷，第 2709 页。齐黎克里：《名人》第 7 卷，第 279 页。伯克尔·艾布·栽德：《族谱学家层级传》，第 71 页。穆罕默德·拉施德：《族谱学家辞典：自伊历一世纪至当代》，第 557 页。

艾哈迈德·萨库尼

（Ahmad al-Sakūnī，？~约 904）

（一）名号谱系

艾布·欧贝杜拉（阿卜杜拉）·艾哈迈德·本·哈桑·本·伊斯玛仪·本·索比哈·萨库尼（叶施库利）·悭迪·库斐。

（二）生平概述

生卒地点有待考究。可能长期居住在伊拉克库法。精通阿拉伯历史故事和族谱。

（三）族谱著作

《族谱》（*Kitāb fī al-Nasab*）。

（四）参考文献

雅孤特·哈默维：《文豪辞典》第 1 卷，第 231 页。索法迪：《逝者全录》第 6 卷，第 191 页。伊本·哈杰尔：《指针》第 1 卷，第 432 页。伯克尔·艾布·栽德：《族谱学家层级传》，第 212 页。阿卜杜·拉札戈·康木纳：《愿者希冀：族谱学家层级传》，第 131~132 页。穆罕默德·拉施德：

《族谱学家辞典：自伊历一世纪至当代》，第 40 页。

韩巴隋

（al-Hanbasī，？～907）

（一）名号谱系

艾布·纳斯尔·穆罕默德·本·阿卜杜拉·本·萨义德·韩巴隋。

（二）生平概述

可能生于也门萨那省巴尼马塔尔区（Bani Matar District）的贝特罕巴斯（Bayt Hanbas）村。后来搬迁到该区的伊斯兰教栽德派聚居地瓦格什（Waqash）村。教法学家、教义学家和族谱学家。辞世地点有待考究。

（三）族谱著作

《希木叶尔族谱》（*Nasab Himyar*）。

（四）参考文献

福阿德·斯兹金：《阿拉伯遗产史》第 1 卷第 2 分册，第 62 页。埃曼·福阿德：《伊斯兰时期也门历史文献》，第 64～65 页。什贺布丁·麦尔阿什：《释疑：谱系、别号与后裔精粹人物志》，第 30 页。伯克尔·艾布·栽德：《族谱学家层级传》，第 42 页。穆罕默德·拉施德：《族谱学家辞典：自伊历一世纪至当代》，第 480 页。

穆罕默德·杰拉哈

（Muhammad al-Jarrāh，857～908）

（一）名号谱系

艾布·阿卜杜拉·穆罕默德·本·达乌德·本·杰拉哈。

（二）生平概述

生卒于伊拉克巴格达。书吏、诗人，精通阿拉伯日子、哈里发与维齐尔的纪事。

（三）族谱著作

《诗坛阿慕尔》（*Man Ismuhu 'Amr min al-Shu'arā'*），阿卜杜·阿齐兹·本·拿斯尔·玛尼俄校勘，开罗：汗吉书店，1991。

该书撰成于908年9月，收录206位名为“阿慕尔”的诗人传记及其代表作，注重追溯诗人的谱系。全书正文分为四大部分。

第一部分，记载前伊斯兰时期名为“阿慕尔”的诗人。其中34位来自穆多尔部落，38位来自拉比阿部落，47位来自也门。

第二部分，记载跨时代的诗坛“阿慕尔”。其中17位来自穆多尔部落，3位来自拉比阿部落，13位来自也门。

第三部分，记载伊斯兰时期的诗坛“阿慕尔”。其中16位来自穆多尔部落，7位来自拉比阿部落，9位来自也门。

第四部分，记载圣训学家中的诗坛“阿慕尔”。其中12位来自穆多尔部落，3位来自拉比阿部落，7位来自也门。

（四）参考文献

赫蒂卜·巴格达迪：《巴格达史》第3卷，第156~158页。伊本·纳迪姆：《目录》第1卷第2分册，第397页。索法迪：《逝者全录》第3卷，第50~51页。卡尔·布罗克尔曼：《阿拉伯文学史》第3册，第66~67页。福阿德·斯兹金：《阿拉伯遗产史》第1卷第2分册，第272~273页。伯克尔·艾布·栽德：《族谱学家层级传》，第71页。

艾哈迈德·阿拉维

（Ahmad al-'Alawī，? ~约908）

（一）名号谱系

艾布·拓熙尔·艾哈迈德·本·尔撒·本·阿卜杜拉·本·穆罕默德·本·欧麦尔·本·阿里·本·艾比·塔里卜·阿拉维·麦达尼。

（二）生平概述

生卒地点有待考究。口传族谱学家尔撒·穆巴拉克（9 世纪）的儿子。精通教法、族谱和圣训。

（三）族谱著作

《艾布·塔里卜家族谱系》（*Nasab Āl Abī Ṭālib*）。

（四）参考文献

伊本·易纳巴：《艾布·塔里卜家族谱系基本要义》，第 367 页。扎哈比：《群英诸贤传》第 12 卷，第 71～72 页。什贺布丁·麦尔阿什：《释疑：谱系、别号与后裔精粹人物志》，第 30～31 页。阿卜杜·拉札戈·康木纳：《愿者希冀：族谱学家层级传》，第 133～134 页。穆罕默德·拉施德：《族谱学家辞典：自伊历一世纪至当代》，第 67 页。

艾布·叶哈雅·朱尔贾尼

（Abū Yahyá al-Jurjānī，？～约 911）

（一）名号谱系

艾布·叶哈雅·艾哈迈德·本·达乌德·本·萨义德·法札利·朱尔贾尼。

（二）生平概述

出生地点有待考究。撰写了许多为圣裔家族辩护的著作。呼罗珊总督穆罕默德·本·拓熙尔为了杀鸡儆猴，召集教法学家，命人当众割掉艾布·叶哈雅·朱尔赛尼的舌头、砍去他的手脚、抽打一千鞭，然后钉死在十字架上。

（三）族谱著作

《伯克利家族与欧麦利家族荣耀》（*Kitāb Mufākharat al-Bakrīyah wa-al-ʻUmarīyah*）。

（四）参考文献

突斯：《目录》，第 33~34 页。欧麦尔·礼萨：《著述家辞典》第 1 卷，第 136 页。穆哈幸·艾敏：《什叶派精英》第 2 卷，第 586~587 页。索伊卜·阿卜杜·哈密德：《什叶派史学家辞典》第 1 卷，第 99~100 页。

伊本·阿卜达

（Ibn ‘Abdah，？～约 912）

（一）名号谱系

艾布·伯克尔·穆罕默德·本·阿卜杜·拉哈曼（别号阿卜达）·本·苏莱曼·本·哈吉卜·阿卜迪。

（二）生平概述

生卒地点有待考究。可靠的族谱学家之一，精通人物事迹、箴言、纪事和阿拉伯日子。

（三）族谱著作

1.《大族谱》（*Kitāb al-Nasab al-Kabīr*）。

该书与族谱学大师伊本·凯勒比的《族谱集》相似，汇集诸多部落谱系。

2.《部落名称概要》（*Kitāb Mukhtasar Asmā' al-Qabā'il*）。

3.《族谱全录》（*Kitāb al-Kāfī fī al-Nasab*）。

4.《穆哈拉卜家族妻室》（*Kitāb Manākih Āl al-Muhallab*）。

5.《艾布·稣弗拉·穆哈拉卜子嗣及其后代家谱》（*Kitāb Nasab Walad Abī Sufrah al-Muhallab wa-Waladihi*）。

6.《马阿德·本·阿德南与葛哈塘》（*Kitāb Ma‘add ibn ‘Adnān wa-Qahtān*）。

7.《古莱什功德》（*Kitāb Manāqib Quraysh*）。

8.《法戈阿斯·本·托利夫·本·阿萨德·本·呼栽玛家谱》（*Kitāb Nasab Banī Faq‘as ibn Tarīf ibn Asad ibn Khuzaymah*）。

9.《寄居部落》（*Kitāb al-Nawāqil*）。

10.《艾赫纳斯·本·舒雷戈·塞格斐家谱》（*Kitāb Nasab al-Akhnas ibn Shurayq al-Thaqafī*）。

11.《奇纳乃族谱》（*Kitāb Nasab Kinānah*）。

12.《伯克尔与塔厄里卜部落贵族及其骑士、日子、功德与联盟》（*Kitāb Ashrāf Bakr wa-Taghlib wa-Fursānihim wa-Ayyāmihim wa-Manāqibihim wa-Ahlāfihim*）。

13.《古莱什谱系树形图》（*Kitāb Mushajjar Ansāb Quraysh*）。

14.《部落与氏族名单》（*Kitāb Tasmiyat al-Qabā' il wa-al-Butūn*）。

15.《部落名称商榷》（*Kitāb Ittifāq Asmā' al-Qabā' il*）。

16.《阿拉伯人别号》（*Kitāb Alqāb al-'Arab*）。

17.《阿拉伯家族》（*Kitāb Buyūtāt al-'Arab*）。

18.《塞基夫谱系》（*Kitāb Ansāb Thaqīf*）。

19.《尔撒·本·穆萨·哈希米子嗣谱系》（*Kitāb Ansāb Walad 'Īsá ibn Mūsá al-Hāshimī*）。

20.《呼札阿族谱》（*Kitāb Nasab Khuzā'ah*）。

（四）参考文献

伊本·纳迪姆：《目录》第 1 卷第 2 分册，第 325 页。索法迪：《逝者全录》第 3 卷，第 190 页。伊本·撒仪：《宝贵珠玉：著者名字》，第 235 页。欧麦尔·礼萨：《著述家辞典》第 3 卷，第 394 页。沙奇尔·穆斯塔法：《阿拉伯历史与史家》第 1 卷，第 194 页。什贺布丁·麦尔阿什：《释疑：谱系、别号与后裔精粹人物志》，第 33 页。伯克尔·艾布·栽德：《族谱学家层级传》，第 72 页。阿卜杜·拉札戈·康木纳：《愿者希冀：族谱学家层级传》，第 148 页。穆罕默德·拉施德：《族谱学家辞典：自伊历一世纪至当代》，第 470~471 页。

伊本·胡尔达兹比赫

（Ibn Khurdādhbih，约 820~约 913）

（一）名号谱系

艾布·伽斯姆·欧贝杜拉（阿卜杜拉）·本·艾哈迈德·本·胡尔达兹

比赫（或胡拉达兹比赫，或胡尔达兹布赫，或胡尔达兹巴赫）·呼罗萨尼。

（二）生平概述

祖籍呼罗珊地区。波斯人的后裔。定居伊拉克巴格达。史学家和著名地理学家。辞世地点有待考究。

（三）族谱著作

《波斯人谱系集》（*Kitāb Jamharat Ansāb al-Furs*）。

（四）参考文献

伊本·纳迪姆：《目录》第1卷第2分册，第457~458页。沙奇尔·穆斯塔法：《阿拉伯历史与史家》第1卷，第229~230页。齐黎克里：《名人》第4卷，第190页。欧麦尔·礼萨：《著述家辞典》第2卷，第349页。利玛·杜尔内格：《阿拉伯与穆斯林著名史学家》，第256页。穆罕默德·拉施德：《族谱学家辞典：自伊历一世纪至当代》，第324~325页。伊本·胡尔达兹比赫：《道里邦国志》，宋岘译注，中华书局，1991。

伊本·艾熹·易尔戈

（Ibn Akhī al-'Irq，？~913）

（一）名号谱系

艾布·阿拔斯·艾哈迈德·本·叶尔孤卜·本·伊卜拉欣·拉齐·穆戈利。

（二）生平概述

出生地点有待考究。史学家和族谱学家。可能卒于伊拉克巴格达。

（三）族谱著作

《阿拔斯人纪事》（*Kitāb Akhbār Banī al-'Abbās*）。

该书是“阿拉伯的希罗多德”麦斯欧迪（？~957）的传世名著《黄金

草原与珠玑宝藏》的参考文献之一。

（四）参考文献

赫蒂卜·巴格达迪：《巴格达史》第 6 卷，第 477～479 页。扎哈比：《伊斯兰史与诸杰群英辞世录》第 23 卷，第 55 页。伊斯玛仪·帕夏·巴格达迪：《知者惠赠：作者名讳与著者述作》第 1 卷，第 56 页。沙奇尔·穆斯塔法：《阿拉伯历史与史家》第 1 卷，第 229 页；第 2 卷，第 74 页。

阿里·阿基基

（‘Alī al-‘Aqīqī，？～约 914）

（一）名号谱系

艾布·哈桑·阿里·本·艾哈迈德·本·阿里·本·穆罕默德·本·贾法尔·本·欧贝杜拉·本·侯赛因·本·阿里·本·艾比·塔里卜·阿基基·阿拉维。

（二）生平概述

出生地点有待考究。定居埃及。曾前往伊拉克巴格达。卒于埃及。

（三）族谱著作

《族谱》（*Kitāb al-Nasab*）。

（四）参考文献

突斯：《目录》，第 97 页。雅孤特·哈默维：《文豪辞典》第 4 卷，第 1644 页。欧麦尔·礼萨：《著述家辞典》第 2 卷，第 397 页。沙奇尔·穆斯塔法：《阿拉伯历史与史家》第 1 卷，第 230 页。索伊卜·阿卜杜·哈密德：《什叶派史学家辞典》第 1 卷，第 567 页。什贺布丁·麦尔阿什：《释疑：谱系、别号与后裔精粹人物志》，第 34 页。伯克尔·艾布·栽德：《族谱学家层级传》，第 217 页。阿卜杜·拉札戈·康木纳：《愿者希冀：族谱学家层级传》，第 210～211 页。穆罕默德·拉施德：《族谱学家辞典：自伊历一世纪至当代》，第 340 页。

伍特鲁施

（al-Utrūsh，845～917）

（一）名号谱系

艾布·穆罕默德·哈桑·本·阿里·本·哈桑·本·阿里·本·欧麦尔·本·阿里·本·侯赛因·本·阿里·本·艾比·塔里卜·哈希米。

（二）生平概述

生于麦地那。897 年，前往伊朗代拉姆（Daylam）地区。随后出使泰伯里斯坦地区，跟随伊玛目穆罕默德·本·栽德。在后者被杀后逃回代拉姆。914 年，率领信众进军泰伯里斯坦。次年，入主阿莫勒（Āmal）。一生撰写图书和文章 300 多部（篇），涉猎诗歌、圣训学、经注学、教法学、文学、语言学和教义学等学问。卒于阿莫勒。

（三）族谱著作

《伊玛目谱系及其诞辰》（*Ansāb al-A'immah wa-Mawālīduhum*）。

（四）参考文献

伊本·纳迪姆：《目录》第 1 卷第 2 分册，第 681～682 页。齐黎克里：《名人》第 2 卷，第 200 页。欧麦尔·礼萨：《著述家辞典》第 1 卷，第 567 页。沙奇尔·穆斯塔法：《阿拉伯历史与史家》第 1 卷，第 231 页。索伊卜·阿卜杜·哈密德：《什叶派史学家辞典》第 1 卷，第 251～252 页。阿卜杜·萨腊姆·瓦冀赫：《栽德派著述名人》，第 331～334 页。阿卜杜·拉札戈·康木纳：《愿者希冀：族谱学家层级传》，第 31、191～197 页。穆罕默德·拉施德：《族谱学家辞典：自伊历一世纪至当代》，第 139 页。

穆罕默德·叶齐迪

（Muhammad al-Yazīdī，843～922）

（一）名号谱系

艾布·阿卜杜拉·穆罕默德·本·阿拔斯·本·穆罕默德·本·叶哈

雅·本·穆巴拉克·叶齐迪。

（二）生平概述

生卒于伊拉克巴格达。出身于书香门第。纪事家、文学家、语法学家和语言学家。

（三）族谱著作

1. 《阿拔斯人功德》（*Kitāb Manāqib Banī al-'Abbās*）。
2. 《叶齐迪家族纪事》（*Kitāb Akhbār al-Yazīdīyīn*）。

（四）参考文献

赫蒂卜·巴格达迪：《巴格达史》第4卷，第192页。索法迪：《逝者全录》第3卷，第163页。齐黎克里：《名人》第6卷，第182页。沙奇尔·穆斯塔法：《阿拉伯历史与史家》第2卷，第76页。利玛·杜尔内格：《阿拉伯与穆斯林著名史学家》，第393页。

阿卜杜拉·库米

（'Abd Allāh al-Qummī，？～约922）

（一）名号谱系

艾布·阿拔斯·阿卜杜拉·本·贾法尔·本·侯赛因·本·马立克·希木叶利·库米。

（二）生平概述

可能生于伊朗库姆。曾到访伊拉克库法。伊斯兰教伊玛目派教法学家。辞世地点有待考究。

（三）族谱著作

《阿拉伯人美德》（*Kitāb Fadl al-'Arab*）。

（四）参考文献

纳贾什：《纳贾什人物》，第 211 页。齐黎克里：《名人》第 4 卷，第 76 页。欧麦尔·礼萨：《著述家辞典》第 2 卷，第 234 页。伯克尔·艾布·栽德：《族谱学家层级传》，第 71 页。索伊卜·阿卜杜·哈密德：《什叶派史学家辞典》第 1 卷，第 511 页。

哈桑·瑙巴赫提

（al-Hasan al-Nawbakhtī，？～约 922）

（一）名号谱系

艾布·穆罕默德·哈桑·本·穆萨·瑙巴赫提·什仪。

（二）生平概述

生卒地点有待考究。教义学家、哲学家、天文学家和族谱学家。

（三）族谱著作

《谱系》（*Al-Ansāb*）。

（四）参考文献

伊本·纳迪姆：《目录》第 1 卷第 2 分册，第 636 页。纳贾什：《纳贾什人物》，第 63 页。扎哈比：《群英诸贤传》第 15 卷，第 327 页。穆哈幸·艾敏：《什叶派精英》第 5 卷，第 320～321 页。索伊卜·阿卜杜·哈密德：《什叶派史学家辞典》第 1 卷，第 270～271 页。

杜腊比

（al-Dūlābī，839～923）

（一）名号谱系

艾布·比施尔·穆罕默德·本·艾哈迈德·本·韩玛德·本·萨义

德·本·穆斯林·杜腊比·安索利·拉齐。

（二）生平概述

生于伊朗雷伊附近的杜拉布（al-Dūlāb）村。为学圣训而游历伊拉克和沙姆地区。曾居住在埃及。圣训学家、史学家和族谱学家，一生撰写图书和文章约 10 部（篇）。卒于沙特阿拉伯阿尔吉（al-‘Arj）。

（三）族谱著作

《别名与名字》（*Al-Kuná wa-al-Asmā’*）第 1~2 卷，扎卡利雅·欧梅拉特注，贝鲁特：学术书籍出版社，1999。

该书正文主要由四个部分构成。①先知穆罕默德的名字和别名。②以别名著称于世的 188 位圣门弟子。其中第一位是艾布·伯克尔·斯迪格，最后一位是艾布·叶格沓·阿玛尔·本·雅斯尔。③以名字著称于世的 136 位圣门弟子。其中第一位是艾布·伍麦叶·苏韦德·本·加弗拉，最后一位是艾布·叶齐德·阿基勒·本·艾比·塔里卜。④按照阿拉伯字母顺序编录 1820 位再传圣门弟子。其中第一位是艾布·伊卜拉欣·阿慕尔·本·舒爱卜，最后一位是艾布·叶齐德·哈姆达尼。

（四）参考文献

伊本·亥尔：《目录》，第 266 页。扎哈比：《伊斯兰史与诸杰群英辞世录》第 23 卷，第 275~276 页。齐黎克里：《名人》第 5 卷，第 308 页。沙奇尔·穆斯塔法：《阿拉伯历史与史家》第 2 卷，第 78 页。伯克尔·艾布·栽德：《族谱学家层级传》，第 79 页。

拓熙尔·阿拉维

（Tāhir al-‘Alawī，? ~925）

（一）名号谱系

艾布·伽斯姆·拓熙尔·本·叶哈雅·本·哈桑·本·贾法尔·本·欧贝杜拉·本·侯赛因·本·阿里·本·侯赛因·本·阿里·本·艾比·

塔里卜·阿拉维。

（二）生平概述

祖籍麦地那。著名族谱学家叶哈雅·阿基基的儿子。希贾兹地区的长老。辞世地点有待考究。

（三）族谱著作

《艾布·塔里卜家族谱系》（*Kitāb Ansāb Āl Abī Tālib*）。

“阿拉伯的希罗多德”麦斯欧迪认为，它是记载艾布·塔里卜家族谱系的最佳著作。

（四）参考文献

麦斯欧迪：《提醒与监督》，第 260 页。麦斯欧迪：《黄金草原与珠玑宝藏》第 3 卷，第 47 页。伊本·丰杜戈：《谱系、别号与后裔精粹》第 2 卷，第 615 页。伊本·易纳巴：《艾布·塔里卜家族谱系基本要义》，第 334 页。索伊卜·阿卜杜·哈密德：《什叶派史学家辞典》第 1 卷，第 410 页。什贺布丁·麦尔阿什：《释疑：谱系、别号与后裔精粹人物志》，第 37~38 页。阿卜杜·拉札戈·康木纳：《愿者希冀：族谱学家层级传》，第 207~208 页。穆罕默德·拉施德：《族谱学家辞典：自伊历一世纪至当代》，第 226 页。

艾哈迈德·塞格斐

（Ahmad al-Thaqafī，？~926）

（一）名号谱系

艾布·阿拔斯·艾哈迈德·本·欧贝杜拉·本·穆罕默德·本·阿玛尔·塞格斐。

（二）生平概述

生于伊拉克库法。书吏、史学家和文学家。辞世地点有待考究。

（三）族谱著作

1.《伍麦叶人纪事》（*Kitāb Akhbār Banī Umayyah*）。

2.《艾布·塔里卜家族纪事清稿》（*Kitāb al-Mubayyidah fī Akhbār Āl Abī Ṭālib*），又名《塔里比家族被杀者》（*Kitāb Maqātil al-Ṭālibīyīn*）。

（四）参考文献

赫蒂卜·巴格达迪：《巴格达史》第5卷，第417~418页。伊本·纳迪姆：《目录》第1卷第2分册，第458~459页。雅孤特·哈默维：《文豪辞典》第1卷，第364~367页。齐黎克里：《名人》第1卷，第166页。欧麦尔·礼萨：《著述家辞典》第1卷，第191~192页。索伊卜·阿卜杜·哈密德：《什叶派史学家辞典》第1卷，第110~112页。

伊本·杜雷德

（Ibn Durayd，838~933）

（一）名号谱系

艾布·伯克尔·穆罕默德·本·哈桑·本·杜雷德·本·阿塔希耶·本·韩塔姆·本·哈桑·本·韩玛米·本·杰尔戊·本·沃斯俄·本·瓦赫卜·本·萨拉玛·本·朱沙姆·本·哈狄尔·本·朱沙姆·本·佐里姆·本·哈狄尔·本·阿萨德·本·阿迪·本·阿慕尔·本·马立克·本·法赫姆·本·庚姆·本·杜斯·本·阿德南·本·阿卜杜拉·本·扎赫兰·本·卡尔卜·本·哈黎思·本·阿卜杜拉·本·马立克·本·纳得尔·本·艾兹德·本·郜思·本·纳波特·本·马立克·本·栽德·本·卡赫岚·本·赛伯邑·本·叶什朱卜·本·叶尔鲁卜·本·葛哈塘·艾兹迪·巴士里。

（二）生平概述

生于伊拉克巴士拉。871年，迁居阿曼。十二年后回到巴士拉。920年，从伊朗到伊拉克巴格达。得到哈里发穆戈塔迪尔（908~932年在位）的器重，每月获赐50枚金币。语言学代表人物，文学家、诗人和族谱学家。卒于巴格达。

（三）族谱著作

《派生》（*Al-Ishtiqāq*），阿卜杜·萨腊姆·穆罕默德·哈伦校注，贝鲁特：吉勒出版社，1991。

该书名又被记载为《名字派生》（*Kitāb Ishtiqāq al-Asmā'*），或《部落名称派生》（*Kitāb Ishtiqāq Asmā' al-Qabā'il*）。作者在绪论中解释了书名由来、编撰原因和编纂方法。

全书主要探讨阿拉伯人名和部落名的衍生，同时也提及相关史事，记述部落的谱系及其分支。其中记述的第一个人名是穆罕默德，最后一个人名是杜盖姆（Duqaym）。

（四）参考文献

赫蒂卜·巴格达迪：《巴格达史》第2卷，第594~597页。伊本·纳迪姆：《目录》第1卷第1分册，第178~181页。雅孤特·哈默维：《文豪辞典》第6卷，第2489~2499页。扎哈比：《群英诸贤传》第15卷，第96~98页。齐黎克里：《名人》第6卷，第80页。伯克尔·艾布·栽德：《族谱学家层级传》，第80页。阿卜杜·拉札戈·康木纳：《愿者希冀：族谱学家层级传》，第29、221~222页。穆罕默德·拉施德：《族谱学家辞典：自伊历一世纪至当代》，第434页。

泰哈维

（al-Tahāwī，852~933）

（一）名号谱系

艾布·贾法尔·艾哈迈德·本·穆罕默德·本·萨腊玛·本·阿卜杜·麦立克·本·萨拉玛·艾兹迪·哈杰里·泰哈维·米斯利。

（二）生平概述

生于埃及泰哈（Tahā）村。882年，到访沙姆地区。在教法方面，曾遵循沙斐仪学派的主张，后来转投哈乃斐学派，成为当时埃及哈乃斐学派的代表人物。卒于埃及开罗。

（三）族谱著作

《艾布·欧贝德〈族谱〉辩驳》（*Juz' fī al-Radd 'alá Abī 'Ubayd fī al-Nasab*）。

（四）参考文献

伊本·纳迪姆：《目录》第2卷第1分册，第31~32页。索法迪：《逝者全录》第8卷，第7~8页。扎哈比：《群英诸贤传》第15卷，第27~33页。齐黎克里：《名人》第1卷，第206页。欧麦尔·礼萨：《著述家辞典》第1卷，第267页。穆罕默德·拉施德：《族谱学家辞典：自伊历一世纪至当代》，第70页。穆罕默德·考塞里：《伊玛目艾布·贾法尔·泰哈维传》（Muhammad al-Kawtharī, *Al-Hāwī fī Sīrat al-Imām Abī Ja'far al-Tahāwī*），开罗：安瓦尔印书馆，1949。

穆罕默德·鲁赫尼

（Muhammad al-Ruhnī，868~934）

（一）名号谱系

艾布·侯赛因·穆罕默德·本·巴哈尔·鲁赫尼·谢拔尼。

（二）生平概述

生于伊朗克尔曼（Kerman）附近的鲁赫纳（Ruhnah）村。定居伊朗纳尔默什尔（Narmashir）。899年，到访伊拉克卡尔巴拉。能背诵8000段圣训。什叶派族谱学家和纪事家。辞世地点有待考究。

（三）族谱著作

1.《阿拉伯宗派》（*Kitāb Nihal al-'Arab*）。

该书主要记载伊斯兰世界的阿拉伯人流散情况。

2.《部落宗派明证》（*Kitāb al-Dalā' il 'alá Nihal al-Qā' il*）。

（四）参考文献

雅孤特·哈默维：《文豪辞典》第6卷，第2434~2436页。纳贾什：

《纳贾什人物》，第 367~368 页。索法迪：《逝者全录》第 2 卷，第 175 页。索伊卜·阿卜杜·哈密德：《什叶派史学家辞典》第 2 卷，第 123~124 页。伯克尔·艾布·栽德：《族谱学家层级传》，第 219 页。穆罕默德·拉施德：《族谱学家辞典：自伊历一世纪至当代》，第 427 页。

艾哈迈德·古台巴

(Ahmad Qutaybah,？ ~934)

（一）名号谱系

艾布·贾法尔·艾哈迈德·本·阿卜杜拉·本·穆斯林·本·古台巴·迪纳瓦利·巴格达迪·马立其。

（二）生平概述

生于伊拉克巴格达。背记了其父伊本·古台巴的所有著作。933 年，赴埃及任法官。两个半月后被免职。卒于埃及。

（三）族谱著作

《阿拉伯人与异族人》（*Kitāb al-'Arab wa-al-'Ajam*）。

（四）参考文献

扎哈比：《群英诸贤传》第 14 卷，第 565~566 页。伽迪·易雅得：《法庭整顿与道路接近：马立克学派群英知识》第 5 卷，第 272~273 页。齐黎克里：《名人》第 1 卷，第 156 页。伯克尔·艾布·栽德：《族谱学家层级传》，第 80 页。穆罕默德·拉施德：《族谱学家辞典：自伊历一世纪至当代》，第 51~52 页。

艾布·哈桑·穆纳吉姆

(Abū al-Hasan al-Munajjim, 876~939)

（一）名号谱系

艾布·哈桑·艾哈迈德·本·叶哈雅·本·阿里·本·叶哈雅·本·

艾比·曼苏尔·穆纳吉姆。

（二）生平概述

生卒地点有待考究。文学家、诗人，当时的宗教学代表人物之一。

（三）族谱著作

《家族纪事及其谱系》（*Kitāb Akhbār Ahlihi wa-Nasabihim*）。

该书主要记载穆纳吉姆家族的史事和人物谱系。

（四）参考文献

伊本·纳迪姆：《目录》第1卷第2分册，第617~618页。雅孤特·哈默维：《文豪辞典》第2卷，第554页。索法迪：《逝者全录》第8卷，第160页。欧麦尔·礼萨：《著述家辞典》第1卷，第324页。伯克尔·艾布·栽德：《族谱学家层级传》，第80页。穆罕默德·拉施德：《族谱学家辞典：自伊历一世纪至当代》，第87~88页。

伊本·阿卜杜·拉比赫

（Ibn ‘Abd Rabbih，860~940）

（一）名号谱系

什贺布丁·艾布·欧麦尔·艾哈迈德·本·穆罕默德·本·阿卜杜·拉比赫·本·哈比卜·本·胡代尔·本·撒里姆·古尔图比。

（二）生平概述

生卒于西班牙科尔多瓦。希沙姆·本·阿卜杜·拉哈曼·本·穆阿维叶·本·希沙姆·本·阿卜杜·麦立克·本·马尔旺·安达卢斯的释奴。喜好散文和诗歌，精通教法和历史，涉猎音乐和医学等当时流行的知识。

（三）族谱著作

《稀珍：阿拉伯族谱与美德》（*Kitāb al-Yatīmah fī al-Nasab wa-Fadā' il*

al-'Arab)，载伊本·阿卜杜·拉比赫：《罕世瓔珞》（*Al-'Iqd al-Farīd*）第 3 卷，阿卜杜·麦冀德·塔尔希尼校勘，贝鲁特：学术书籍出版社，1983，第 265~365 页。

《罕世瓔珞》大量记载历史文化知识，是现存的较具史料价值的安达卢西阿拉伯文学百科全书之一。其中的《稀珍：阿拉伯族谱与美德》主要由族谱世系、古莱什美德、穆多尔谱系、阿拉伯部落集团和也门谱系等内容构成。作者强调说，“谁不知族谱，便不懂人类；谁不懂人类，那就不是人”（第 265 页）。从中可见，族谱学在古代阿拉伯伊斯兰学术体系中占有非常重要的地位。

（四）参考文献

胡梅迪：《火炭余烬：安达卢西学林史》，第 151~154 页。雅孤特·哈默维：《文豪辞典》第 1 卷，第 463~468 页。扎哈比：《群英诸贤传》第 15 卷，第 283 页。索法迪：《逝者全录》第 8 卷，第 8~11 页。齐黎克里：《名人》第 1 卷，第 207 页。伯克尔·艾布·栽德：《族谱学家层级传》，第 80~81 页。阿卜杜·拉札戈·康木纳：《愿者希冀：族谱学家层级传》，第 189 页。穆罕默德·拉施德：《族谱学家辞典：自伊历一世纪至当代》，第 70 页。加百列·苏莱曼：《伊本·阿卜杜·拉比赫及其〈瓔珞〉》（Jibrā' īl Sulaymān, *Ibn 'Abd Rabbih wa-'Iqduhu*），贝鲁特：天主教会印刷所，1933。

阿卜杜·拉哈曼·杰拉哈

（'Abd al-Rahmān al-Jarrāh，? ~约 942）

（一）名号谱系

艾布·阿里·阿卜杜·拉哈曼·本·尔撒·本·达乌德·本·杰拉哈·巴格达迪。

（二）生平概述

生卒于伊拉克巴格达。阿拔斯王朝的维齐尔和书吏，同时还是史学家和族谱学家。

（三）族谱著作

《古今杰拉哈家族传记、纪事及其谱系》（*Sīrat Āl al-Jarrāh wa-Akhbāruhum wa-Ansābuhum fī al-Qadīm wa-al-Hadīth*），又被一些学者记载为《古今赫拉吉人传记、纪事及其谱系》（*Sīrat Ahl al-Kharāj wa-Akhbāruhum wa-Ansābuhum fī al-Qadīm wa-al-Hadīth*）。

（四）参考文献

伊本·纳迪姆：《目录》第 1 卷第 2 分册，第 399 页。索法迪：《逝者全录》第 18 卷，第 127 页。伊斯玛仪·帕夏·巴格达迪：《知者惠赠：作者名讳与著者述作》第 1 卷，第 513 页。欧麦尔·礼萨：《著述家辞典》第 2 卷，第 105 页。伯克尔·艾布·栽德：《族谱学家层级传》，第 81 页。

斯纳恩·瑟比特

（Sinān Thābit，? ~943）

（一）名号谱系

艾布·萨义德·斯纳恩·本·瑟比特·本·古拉特·本·马尔旺·哈拉尼·索比。

（二）生平概述

祖籍土耳其古城哈兰（Harran）。医术精湛，喜好天文，知晓文学、历史和族谱。卒于伊拉克巴格达。

（三）族谱著作

1.《王冠：布韦赫家族纪事与代拉姆人荣耀及其谱系》（*Al-Tājī fī Akhbār Āl Buwayh wa-Mafākhir al-Daylam wa-Ansābihim*）。

该书是作者献给布韦希王朝君主阿杜德·道拉（949~983 年在位）的礼物。

2. 短文《父辈、祖辈与先人纪事》（*Akhbār Ābā' ihi wa-Ajdādihi wa-*

Salafihi）。

（四）参考文献

雅孤特·哈默维：《文豪辞典》第3卷，第1405页。索法迪：《逝者全录》第15卷，第281~282页。哈吉·哈里发：《书艺题名释疑》第1卷，第331页。齐黎克里：《名人》第3卷，第141页。欧麦尔·礼萨：《著述家辞典》第1卷，第800页。利玛·杜尔内格：《阿拉伯与穆斯林著名史学家》，第172~173页。伯克尔·艾布·栽德：《族谱学家层级传》，第81页。穆罕默德·拉施德：《族谱学家辞典：自伊历一世纪至当代》，第208页。

艾哈迈德·胡勒沃尼

（Ahmad al-Hulwānī，？~约944）

（一）名号谱系

艾布·萨赫勒·艾哈迈德·本·穆罕默德·本·阿斯姆·胡勒沃尼。

（二）生平概述

生卒地点有待考究。定居伊拉克巴格达。深受族谱学家、著名语言学家苏卡利的影响并传抄了后者的著作。

（三）族谱著作

《追溯母系族谱诗人之名字》（*Kitāb Asmā' al-Shu'arā' al-Mansūbīn ilá Ummahātihim*）。

（四）参考文献

伊本·纳迪姆：《目录》第1卷第1分册，第245页。赫蒂卜·巴格达迪：《巴格达史》第6卷，第242页。阿卜杜·伽迪尔·巴格达迪：《文学宝库与阿拉伯语精粹》第2卷，第144页；第3卷，第266页。欧麦尔·礼萨：《著述家辞典》第1卷，第271页。伯克尔·艾布·栽德：《族谱学家层级传》，第81、212页。阿卜杜·拉札戈·康木纳：《愿者希冀：族谱学家层级传》，第 188~189 页。穆罕默德·拉施德：《族谱学家辞典：自伊历一世纪至当代》，第 70 页。

杰勒瓦迪

(al-Jalwadī,？～944)

（一）名号谱系

艾布·艾哈迈德·阿卜杜·阿齐兹·本·叶哈雅·本·艾哈迈德·本·尔撒·杰勒瓦迪·艾兹迪·巴士里。

（二）生平概述

生卒于伊拉克巴士拉。该城的长老和纪事家。遗训与传记传述者、文学家和族谱学家。一生著述颇丰，其中，历史方面的图书和文章约百部（篇）。

（三）族谱著作

1. 《先知族谱》（*Nasab al-Nabī*）。
2. 《尼札尔部落与塞基夫战争》（*Qabā' il Nizār wa-Harb Thaqīf*）。
3. 《游牧阿拉伯人纪事》（*Akhbār al-A'rāb*）。
4. 《白拉吉姆纪事》（*Akhbār al-Barājim*）。
5. 《马尔旺·本·穆罕默德人纪事》（*Akhbār Banī Marwān ibn Muhammad*）。
6. 《娜姬娅人》（*Kitāb Banī Nājiyah*）。

（四）参考文献

伊本·纳迪姆：《目录》第 1 卷第 2 分册，第 356 页。突斯：《目录》，第 119 页。齐黎克里：《名人》第 4 卷，第 29 页。欧麦尔·礼萨：《著述家辞典》第 2 卷，第 170~171 页。沙奇尔·穆斯塔法：《阿拉伯历史与史家》第 2 卷，第 81 页。索伊卜·阿卜杜·哈密德：《什叶派史学家辞典》第 1 卷，第 489~494 页。阿卜杜·拉札戈·康木纳：《愿者希冀：族谱学家层级传》，第 151 页。穆罕默德·拉施德：《族谱学家辞典：自伊历一世纪至当代》，第 273 页。

艾布·阿拉伯

（Abū al-'Arab，865～945）

（一）名号谱系

艾布·阿拉伯·穆罕默德·本·艾哈迈德·本·塔米姆·本·坦玛姆·达黎米·塔米米·马格里比·伊非里基。

（二）生平概述

生于突尼斯凯鲁万附近的阿拔斯城。曾求教于125位长老。据一些人物志编纂家的记载，他一生誊抄了约3500册书。著名史学家、诗人和圣训背诵家，被誉为"在伊非里基亚竖起历史旗帜的第一人"。卒于凯鲁万。

（三）族谱著作

《塔米姆人功德》（*Kitāb Manāqib Banī Tamīm*）。

（四）参考文献

卡尔·布罗克尔曼：《阿拉伯文学史》第3册，第79页。福阿德·斯兹金：《阿拉伯遗产史》第1卷第2分册，第236～237页。优素福·豪沃拉：《伊非里基亚的学术生活》第2卷，第351～353页。齐黎克里：《名人》第5卷，第309页。欧麦尔·礼萨：《著述家辞典》第3卷，第54页。穆罕默德·马哈富兹：《突尼斯著述家志》第3卷，第359～362页。哈桑·阿卜杜·瓦贺卜：《突尼斯著作与著述家》第2卷第1分册，第380～389页。伯克尔·艾布·栽德：《族谱学家层级传》，第81页。

宿里

（al-Sūlī，？～946）

（一）名号谱系

艾布·伯克尔·穆罕默德·本·叶哈雅·本·阿卜杜拉·本·阿拔

斯·本·穆罕默德·本·宿勒·塔金·宿里·土尔奇·巴格达迪。

（二）生平概述

祖籍伊朗戈尔甘，成长于伊拉克巴格达。经常与阿拔斯王朝哈里发拉迪一世（934~940年在位）、穆塔基（940~944年在位）同席对饮。棋艺大师、大文豪和史学家。卒于伊拉克巴士拉。

（三）族谱著作

《阿拔斯家族及其诗歌纪事集》（*Kitāb al-Awrāq fī Akhbār Āl al-'Abbās wa-Ash'ārihim*），或名《哈里发与诗坛纪事集》（*Kitāb al-Awrāq fī Akhbār al-Khulafā' wa-al-Shu'arā'*）。

作者未完成这部历史、族谱、文学与诗歌巨著，只写了5或6卷，仅存其中4卷。1934年，英国东方学家邓恩（J. H. Dunne，1904~1974）校勘出版的残卷《诗坛纪事》（*Akhbār al-Shu'arā'*，开罗：索维印书馆），从"艾班·本·阿卜杜·哈密德·腊希基纪事及其与巴尔马克家族的联系"写到"书吏艾哈迈德·本·艾比·萨拉玛纪事及其诗选"。

1935年，邓恩校勘出版的《拉迪一世与穆塔基纪或阿拔斯王朝史（伊历322~333年）》（*Akhbār al-Rādī bi-Allāh wa-al-Mutaqqī Allāh aw Tārīkh al-Dawlah al-'Abbāsīyah min Sanat* 322 *ilá Sanat* 333 *H.*，开罗：索维印书馆），大体上采用编年体的形式叙事，穿插重要人物传记和重要历史事件。

1936年，邓恩校勘出版的《哈里发子嗣之诗歌及其纪事》（*Ash'ār Awlād al-Khulafā' wa-Akhbāruhum*，开罗：索维印书馆），是一本人物传记集，收录的第一位人物是艾布·阿卜杜拉·穆罕默德·本·艾比·阿拔斯·萨法哈，最后是艾布·易巴尔及其家谱。

从以上残卷来看，作者承继阿拉伯传记编纂的传统：每当立传，先谈人物名号谱系，再述其生平事迹。

（四）参考文献

伊本·纳迪姆：《目录》第1卷第2分册，第464~466页。哈吉·哈里发：《书艺题名释疑》第1卷，第263、332页。福阿德·斯兹金：《阿拉伯遗产史》第1卷第2分册，第171~175页。齐黎克里：《名人》第7卷，第

136 页。沙奇尔·穆斯塔法：《阿拉伯历史与史家》第 2 卷，第 44~45 页。

伽斯姆·白雅尼

（Qāsim al-Bayānī，859~951）

（一）名号谱系

艾布·穆罕默德·伽斯姆·本·艾斯巴格·本·穆罕默德·本·优素福·本·拿斯哈·本·阿拓·白雅尼·古尔图比。

（二）生平概述

生于西班牙拜纳（Baena）。其祖父是伍麦叶家族的释奴。伽斯姆定居西班牙科尔多瓦，曾到马什里克地区经商，到访伊拉克巴格达。圣训学家和族谱学家。卒于科尔多瓦。

（三）族谱著作

1. 《谱系》（*Kitāb al-Ansāb*）。
2. 《古莱什美德》（*Kitāb Fadā' il Quraysh*）。

（四）参考文献

伊本·法拉荻：《安达卢西学林史》第 1 卷，第 465 页。雅孤特·哈默维：《文豪辞典》第 5 卷，第 2190~2191 页。扎哈比：《群英诸贤传》第 15 卷，第 472~474 页。哈吉·哈里发：《书艺题名释疑》第 1 卷，第 245 页。齐黎克里：《名人》第 5 卷，第 173 页。伯克尔·艾布·栽德：《族谱学家层级传》，第 82 页。阿卜杜·拉札戈·康木纳：《愿者希冀：族谱学家层级传》，第 219~220 页。穆罕默德·拉施德：《族谱学家辞典：自伊历一世纪至当代》，第 388 页。

艾布·纳斯尔·布哈里

（Abū Nasr al-Bukhārī，? ~约 953）

（一）名号谱系

艾布·纳斯尔·萨赫勒·本·阿卜杜拉·本·达乌德·本·苏莱曼·

本·艾班·本·阿卜杜拉·布哈里。

（二）生平概述

生卒地点有待考究。曾现身于伊拉克巴格达。圣训学家、史学家和族谱学家。

（三）族谱著作

1.《阿拉维世系秘密》（*Sirr al-Silsilah al-'Alawīyah*），赛义德·穆罕默德·索迪戈注，纳杰夫：海达利耶印书馆及其书店，1962。

该书融汇艾布·叶格咎、伊本·凯勒比、瓦基迪、麦达伊尼、祖贝尔·巴卡尔和泰伯里等 20 余位著名学者的相关著作中对阿拉维家族的记载，翔实地描述该家族的谱系，是后来学者们研究该家族的重要参考文献之一。

作者在该书绪论中说："众所周知，世上所有法蒂玛人都是阿拉维人，但并非所有阿拉维人都是法蒂玛人；世上所有阿拉维人都是塔里比人，但并非所有塔里比人都是阿拉维人；世上所有塔里比人都是哈希姆人，但并非所有哈希姆人都是塔里比人；世上所有哈希姆人都是古莱什人，但并非所有古莱什人都是哈希姆人；世上所有古莱什人都是阿拉伯人，但并非所有阿拉伯人都是古莱什人。"

它的正文部分由阿拉维家族的 17 个支系家谱构成：①阿卜杜·穆塔里卜·本·哈希姆子嗣；②艾布·塔里卜子嗣；③伊玛目艾布·穆罕默德·哈桑·本·阿里·穆吉塔巴子嗣；④伊玛目艾布·阿卜杜拉·侯赛因·本·阿里·沙希德子嗣；⑤伊玛目艾布·穆罕默德·阿里·本·侯赛因·栽努·阿比丁子嗣；⑥伊玛目艾布·贾法尔·穆罕默德·本·阿里·拔基尔子嗣；⑦伊玛目艾布·阿卜杜拉·贾法尔·本·穆罕默德·索迪戈子嗣；⑧伊玛目艾布·伊卜拉欣·穆萨·本·贾法尔·卡资姆子嗣；⑨伊玛目阿里·本·穆萨·礼萨子嗣；⑩伊玛目穆罕默德·本·阿里·杰沃德子嗣；⑪伊玛目阿里·本·穆罕默德·哈迪子嗣；⑫伊玛目哈桑·本·阿里·阿斯卡利子嗣；⑬栽德·沙希德·本·伊玛目阿里·本·侯赛因子嗣；⑭侯赛因·艾斯加尔·本·伊玛目阿里·本·侯赛因子嗣；⑮穆罕默德·本·哈乃斐耶·本·伊玛目阿里子嗣；⑯艾布·法得勒·阿拔斯·本·伊玛目阿里子嗣；⑰欧麦尔·艾特拉夫·本·伊玛目阿里子嗣。

2.《贵族私生子》（*Ad'iyā' fī al-Nasab al-Sharīf*）。

（四）参考文献

赫蒂卜·巴格达迪：《巴格达史》第10卷，第177页。欧麦尔·礼萨：《著述家辞典》第1卷，第802页。阿迦·布祖尔克：《什叶派著述门径》第2卷，第377~378页；第12卷，第166页。穆哈幸·艾敏：《什叶派精英》第7卷，第322页。索伊卜·阿卜杜·哈密德：《什叶派史学家辞典》第1卷，第372~373页。什贺布丁·麦尔阿什：《释疑：谱系、别号与后裔精粹人物志》，第35页。伯克尔·艾布·栽德：《族谱学家层级传》，第82页。阿卜杜·拉札戈·康木纳：《愿者希冀：族谱学家层级传》，第205~206页。穆罕默德·拉施德：《族谱学家辞典：自伊历一世纪至当代》，第208~209页。

艾哈迈德·伍施纳尼

（Ahmad al-Ushnānī，? ~约953）

（一）名号谱系

艾布·侯赛因（哈桑）·艾哈迈德·本·易姆兰·本·穆萨·穆扎尼·伍施纳尼·巴士里。

（二）生平概述

生卒地点有待考究。著名族谱学家伊本·易纳巴（1347~1425）把他记载为“巴士拉族谱学家”。

（三）族谱著作

《塔里比家族谱系树形图》（*Mushajjarat fī Nasab al-Tālibīyīn*）。

（四）参考文献

伊本·托拔托拔·艾斯法哈尼：《塔里比人移居地》，第29页。伊本·易纳巴：《艾布·塔里卜家族谱系基本要义》，第106、114页。什贺布丁·麦尔阿什：《释疑：谱系、别号与后裔精粹人物志》，第38页。阿卜杜·拉札戈·康木纳:《愿者希冀:族谱学家层级传》,第188页。穆罕默德·拉施德:《族谱学家辞典:自伊历一世纪至当代》,第65页。

伊本·塔金

(Ibn Takīn,? ~约953)

(一) 名号谱系

艾布·法特哈·什波勒·本·塔金·拔熙里·米斯利。

(二) 生平概述

生卒地点有待考究。师从口传族谱学家贾法尔·阿基里(? ~946)。

(三) 族谱著作

据著名族谱学家伊本·玛库腊和人物志编纂家伊本·阿萨奇尔(Ibn ʻAsākir, 1105~1176)的记载,他撰写了族谱著作。

(四) 参考文献

伊本·玛库腊:《名字、别名与谱系辨正释疑大全》第1卷,第192~193页。伊本·阿萨奇尔:《大马士革史》第8卷,第119页;第54卷,第219页。伊本·易纳巴:《艾布·塔里卜家族谱系基本要义》,第33页。福阿德·斯兹金:《阿拉伯遗产史》第1卷第2分册,第62~63页。穆哈幸·艾敏:《什叶派精英》第4卷,第118页。什贺布丁·麦尔阿什:《释疑:谱系、别号与后裔精粹人物志》,第37页。阿卜杜·拉札戈·康木纳:《愿者希冀:族谱学家层级传》,第206~207页。穆罕默德·拉施德:《族谱学家辞典:自伊历一世纪至当代》,第212页。

艾哈迈德·拉齐

(Ahmad al-Rāzī, 888~955)

(一) 名号谱系

艾布·伯克尔·艾哈迈德·本·穆罕默德·本·穆萨·本·巴什尔·

本·韩玛德·本·拉基特·奇纳尼·拉齐·安达卢斯。

（二）生平概述

祖籍伊朗雷伊。生于西班牙埃尔维拉。热爱文学和历史，深受族谱学家伽斯姆·白雅尼的影响，奠定了西班牙阿拉伯编年体史书撰著的基础。卒于西班牙科尔多瓦。

（三）族谱著作

《安达卢西名人谱系全录》（*Kitāb al-Istī'āb fī Ansāb Mashāhīr Ahl al-Andalus*）。

作者凭借这部5卷本著作而成为“安达卢西第一位大族谱学家”，但令人遗憾的是，它可能已经失传了。

（四）参考文献

伊本·法拉荻：《安达卢西学林史》第1卷，第87页。雅孤特·哈默维：《文豪辞典》第1卷，第472~473页。阿卜杜·沃希德·詹嫩：《安达卢西阿拉伯历史编纂学的兴起》，第23~37页。K. 布伊卡：《安达卢西的阿拉伯历史文献》，第101~107页。齐黎克里：《名人》第1卷，第208页。欧麦尔·礼萨：《著述家辞典》第1卷，第300页。福阿德·斯兹金：《阿拉伯遗产史》第1卷第2分册，第250~251页。伯克尔·艾布·栽德：《族谱学家层级传》，第212页。穆罕默德·拉施德：《族谱学家辞典：自伊历一世纪至当代》，第70页。

哈姆达尼

（al-Hamdānī，893~约956）

（一）名号谱系

艾布·穆罕默德·哈桑·本·艾哈迈德·本·叶尔孤卜·本·优素福·本·达乌德·本·苏莱曼·本·阿慕尔·本·哈黎思·本·蒙基孜·本·瓦立德·本·爱资哈尔·本·阿慕尔·本·拓黎戈·本·艾德哈姆·本·盖斯·本·拉比阿·哈姆达尼·白其里·艾尔哈比·萨那尼，以“伊本·哈伊克”（Ibn al-Hā’ ik）或“纳撒巴”（al-Nassābah）或“伊本·叶尔孤卜”（Ibn Ya‘qūb）等著称于世。

（二）生平概述

生卒于也门萨那。在青年时代游学麦加，学习圣训和教法，学成后回到故乡。在阿拉伯学术史上享有盛誉，雅号“也门之舌”（Lisān al-Yaman），被一些史学家推奉为“也门第一位大史学家”和“也门史学家之父及他们的首位长老”。兼通族谱学、地理学、语法学、语言学、星象学以及哲学等学问，一生撰写图书和文章 20 多部（篇）。

（三）族谱著作

1.《冠：也门纪事与希木叶尔谱系》（*Kitāb al-Iklīl min Akhbār al-Yaman wa-Ansāb Himyar*）。

这部也门历史文化百科全书是哈姆达尼最重要的著作，凡 10 卷。

第 1 卷，写创世、阿拉伯人与异族人族谱溯源以及马立克·本·希木叶尔家族谱系，被穆罕默德·本·阿里·艾克瓦·哈沃里在 1963 年校勘出版（开罗：圣训印书馆）。

第 2 卷，记载哈梅萨·本·希木叶尔家族谱系及其奇闻纪事，被哈沃里在 1966 年校勘出版（开罗：圣训印书馆）。

第 3 卷，关于葛哈塘美德与也门功德，已佚。

第 4 卷是古传记（al-Sīrah al-Qadīmah），从叶尔鲁卜·本·葛哈塘时期写到艾布·卡黎卜·艾斯阿德时期，已佚。

第 5 卷是中传记（al-Sīrah al-Wustá），从艾布·卡黎卜的时代写到祖·努沃斯时期，已佚。

第 6 卷是末传（al-Sīrah al-Akhīrah），从祖·努沃斯时期写到伊斯兰时期，已佚。

第 7 卷是英雄故事和神话传说，已佚。

第 8 卷，记录希木叶尔宫殿，由黎巴嫩基督教神父阿尼斯塔斯·玛利·凯尔米里（al-Ab Anistās Mārī al-Karmilī）在 1931 年最先校勘出版于伊拉克巴格达。

第 9 卷，关于希木叶尔的箴言和哲理，已佚。

第10卷，记载哈什德·本·朱沙姆、巴其勒·本·朱沙姆的家族谱系和精英故事，由穆希布丁·赫蒂卜在1949年校勘出版（开罗：萨拉菲耶印书馆及其书店）。

根据已校勘出版的残卷来看，该书不仅提及许多人物的名号谱系，还记载了大量部落家族的历史故事。其中第1卷记载的部落家族就多达约500个。

2.《谱系》（*Kitāb al-Ansāb*）。

（四）参考文献

雅孤特·哈默维：《文豪辞典》第2卷，第809~810页。扎哈比：《伊斯兰史与诸杰群英辞世录》第25卷，第101~102页。哈吉·哈里发：《书艺题名释疑》第1卷，第211页。齐黎克里：《名人》第2卷，第179页。埃曼·福阿德：《伊斯兰时期也门历史文献》，第68~76页。沙奇尔·穆斯塔法：《阿拉伯历史与史家》第2卷，第332~336页。什贺布丁·麦尔阿什：《释疑：谱系、别号与后裔精粹人物志》，第41~42页。伯克尔·艾布·栽德：《族谱学家层级传》，第81~82页。阿卜杜·拉札戈·康木纳：《愿者希冀：族谱学家层级传》，第30、239~240页。穆罕默德·拉施德：《族谱学家辞典：自伊历一世纪至当代》，第131~132页。优素福·穆罕默德·阿卜杜拉：《哈姆达尼传》（Yūsuf Muhammad ‘Abd Allāh, “Tarjamat al-Hamdānī”），《冠》（*Al-Iklīl*）1982年第1期。伊哈桑·努斯：《哈桑·本·艾哈迈德·哈姆达尼及其〈冠〉》（Ihsān al-Nuss, “al-Hasan ibn Ahmad al-Hamdānī wa-Kitābuhu *al-Iklīl*”），《大马士革阿拉伯语学会杂志》（*Majallat Majma‘ al-Lughah al-‘Arabīyah bi-Dimashq*）1997年第2~4期。

谷腊姆·塞尔拉卜

（Ghulām Tha‘lab, 875~957）

（一）名号谱系

艾布·欧麦尔·穆罕默德·本·阿卜杜·沃希德·本·艾比·哈希姆·札熙德·穆托黎兹·拔瓦尔迪。

（二）生平概述

祖籍土库曼斯坦阿比瓦尔德。在伊拉克巴格达长大。当时的语言学和语法学代表人物之一。卒于巴格达。

（三）族谱著作

1.《诗坛名字注释》（*Kitāb Tafsīr Asmā' al-Shu'arā'*）。
2.《二重韵诗：诗坛名字》（*Al-Muwashshah fī Asmā' al-Shu'arā'*）。
3.《诵读家名字注释》（*Kitāb Tafsīr Asmā' al-Qurrā'*）。
4.《部落》（*Kitāb al-Qabā'il*）。

（四）参考文献

赫蒂卜·巴格达迪：《巴格达史》第 3 卷，第 618~623 页。伊本·纳迪姆：《目录》第 1 卷第 1 分册，第 231~233 页。雅孤特·哈默维：《文豪辞典》第 6 卷，第 2556~2560 页。扎哈比：《群英诸贤传》第 15 卷，第 508~513 页。伊本·赫里康：《精英辞世与时代名人信息录》第 4 卷，第 329~333 页。哈吉·哈里发：《书艺题名释疑》第 3 卷，第 67、440 页。齐黎克里：《名人》第 6 卷，第 254 页。阿卜杜拉·涂雷基：《罕百里学派著作辞典》第 1 卷，第 315~325 页。穆罕默德·拉施德：《族谱学家辞典：自伊历一世纪至当代》，第 486 页。

麦斯欧迪

（al-Mas'ūdī，? ~957）

（一）名号谱系

艾布·哈桑·阿里·本·侯赛因·本·阿里·本·阿卜杜拉·霍泽里·麦斯欧迪。

（二）生平概述

生于伊拉克巴格达。著名圣门弟子、教法学家和圣训学家阿卜杜拉·本·马斯欧德（'Abd Allāh ibn Mas'ūd）的后裔。家境殷实，注重教育。在年少时，习得当时流行的各门学问，尤其对历史、地理和哲学的兴趣浓厚，掌握波斯语、印地语、希腊语、拉丁语和古叙利亚语等语种。为了扩展知识面，踏上旅途，足迹遍及西亚、中亚、南亚的历史文化名城，远到中国。晚年在埃及福斯塔特（al-Fustāt，旧开罗）潜心著述。史学家、地理学家、旅行家，被西方学者誉为“阿拉伯的希罗多德”，留下的《黄金草原与珠玑宝藏》（*Murūj al-Dhahab wa-Ma'ādin al-Jawhar*）是阿拉伯史学史上的巅峰作品之一。卒于埃及开罗。

（三）族谱著作

《伊玛目名字解释》（*Kitāb al-Bayān fī Asmā' al-A'immah*）。

（四）参考文献

伊本·纳迪姆：《目录》第1卷第2分册，第474~475页。雅孤特·哈默维：《文豪辞典》第4卷，第1705~1706页。扎哈比：《群英诸贤传》第15卷，第569页。塔朱丁·苏波其：《大沙斐仪学派层级传》第3卷，第456~457页。索法迪：《逝者全录》第21卷，第5~6页。侯赛因·阿隋：《艾布·哈桑·麦斯欧迪：史学家和地理学家》（Husayn 'Āsī, *Abū al-Hasan al-Mas'ūdī: al-Mu'arrikh wa-al-Jughrāfī*），贝鲁特：学术书籍出版社，1993。

悭迪·米斯利

（al-Kindī al-Misrī，897~961）

（一）名号谱系

艾布·欧麦尔·穆罕默德·本·优素福·本·叶尔孤卜·本·哈弗斯·本·优素福·本·纳隋尔·本·栽德·本·阿卜杜拉·本·盖斯·本·哈黎思·本·欧梅斯·本·独贝俄·本·阿卜杜·阿齐兹·本·阿米尔·本·马立克·本·白剌·本·伊吒·本·阿迪·本·艾施拉斯·本·谢巴·本·萨昆·本·艾施拉斯·本·悭达·图冀比·悭迪·米斯利·哈乃斐。

（二）生平概述

生于埃及。被誉为“突伦王朝与伊赫什德王朝时期的史家之长老”，精通圣训和族谱，一生撰写图书和文章约 10 部（篇）。卒于埃及开罗。

（三）族谱著作

《埃及总督名单》（*Kitāb Tasmiyat Wulāt Misr*），即《埃及总督》（*Wulāt Misr*），侯赛因·纳索尔校勘，贝鲁特：索迪尔出版社，1959。

该书共收录 128 任埃及总督的传记。作者在详述他们的事迹前，基本上先追溯谱系。其中，首任总督是艾布·阿卜杜拉·阿慕尔·本·阿士·本·沃伊勒·本·哈希姆·本·萨义德·本·萨赫姆·本·阿慕尔·本·哈隋斯·本·卡尔卜·本·卢埃依·本·迦里卜·本·菲赫尔·本·马立克，其母是娜碧嘉·宾特·呼栽玛。第 128 任总督是艾布·法沃黎斯·艾哈迈德·本·阿里·本·伊赫什德。

（四）参考文献

麦戈利齐：《大踪录》第 7 卷，第 489~490 页。卡尔·布罗克尔曼：《阿拉伯文学史》第 3 册，第 82~83 页。福阿德·斯兹金：《阿拉伯遗产史》第 1 卷第 2 分册，第 238~239 页。欧麦尔·礼萨：《著述家辞典》第 3 卷，第 791~792 页。沙奇尔·穆斯塔法：《阿拉伯历史与史家》第 2 卷，第 186~187 页。伯克尔·艾布·栽德：《族谱学家层级传》，第 85 页。阿卜杜·拉札戈·康木纳：《愿者希冀：族谱学家层级传》，第 231 页。穆罕默德·拉施德：《族谱学家辞典：自伊历一世纪至当代》，第 542 页。哈桑·艾哈迈德：《史学家悭迪：艾布·欧麦尔·穆罕默德·本·优素福·米斯利及其著作〈总督与法官〉》（Hasan Ahmad, *Al-Kindī al-Mu' arrikh*: *Abū 'Umar Muhammad ibn Yūsuf al-Misrī wa-Kitābuhu al-Wulāh wa-al-Qudāh*），开罗：埃及编辑翻译出版社，1966。

安米

（al-'Ammī，？～约 961）

（一）名号谱系

艾布·比施尔·艾哈迈德·本·伊卜拉欣·本·艾哈迈德·本·穆阿

拉·本·阿萨德·安米。

（二）生平概述

生于伊拉克巴士拉。什叶派圣训学家、教义学家和教法学家，精通历史和族谱。辞世地点有待考究。

（三）族谱著作

《部落缺点》（*Kitāb Mathālib al-Qabā' il*）。

（四）参考文献

纳贾什：《纳贾什人物》，第 93 页。齐黎克里：《名人》第 1 卷，第 85 页。索伊卜·阿卜杜·哈密德：《什叶派史学家辞典》第 1 卷，第 81~82 页。穆罕默德·拉施德：《族谱学家辞典：自伊历一世纪至当代》，第 36 页。

小阿里·穆纳吉姆

（'Alī al-Munajjim al-Saghīr，889~963）

（一）名号谱系

艾布·哈桑·阿里·本·哈伦·本·阿里·本·叶哈雅·本·艾比·曼苏尔·穆纳吉姆。

（二）生平概述

生卒于伊拉克巴格达。史学家阿里·穆纳吉姆（'Alī al-Munajjim，816~888）的孙子。纪事家、诗人、文学家和演说家。

（三）族谱著作

曾试图给维齐尔穆哈拉比（al-Muhallabī，903~963）写一本书，从追溯穆纳吉姆家谱开始着笔，但没有完稿。

（四）参考文献

赫蒂卜·巴格达迪：《巴格达史》第 13 卷，第 610~611 页。伊本·纳迪姆:《目录》第 1 卷第 2 分册，第 445 页。雅孤特・哈默维:《文豪辞典》第 5 卷，第 1991~1996 页。伊本・赫里康:《精英辞世与时代名人信息录》第 3 卷，第 375~376 页。索法迪:《逝者全录》第 22 卷，第 171~172 页。穆罕默德・拉施德:《族谱学家辞典：自伊历一世纪至当代》，第 364 页。

吉阿比

(al-Ji'ābī, 897~966)

(一) 名号谱系

艾布・伯克尔・穆罕默德・本・欧麦尔・本・穆罕默德・本・撒里姆・本・白剌・本・萨波拉・本・赛雅尔・塔米米・巴格达迪・吉阿比。

(二) 生平概述

生卒于伊拉克巴格达。曾任伊拉克摩苏尔法官。圣训学家、背诵家、纪事家和教法学家。

(三) 族谱著作

《艾布・塔里卜家族纪事》(*Akhbār Āl Abī Tālib*)。

(四) 参考文献

赫蒂卜・巴格达迪:《巴格达史》第 4 卷，第 42~49 页。扎哈比:《群英诸贤传》第 16 卷，第 88~92 页。伊斯玛仪・帕夏・巴格达迪:《隐匿揭示:〈书艺题名释疑〉增补》第 1 卷，第 31 页。欧麦尔・礼萨:《著述家辞典》第 3 卷，第 566 页。索伊卜・阿卜杜・哈密德:《什叶派史学家辞典》第 2 卷，第 296~297 页。

艾布・法拉吉・艾斯法哈尼

(Abū al-Faraj al-Asfahānī, 897~967)

(一) 名号谱系

艾布・法拉吉・阿里・本・侯赛因・本・穆罕默德・本・艾哈迈德・

本·海塞姆·本·阿卜杜·拉赫曼·本·马尔旺·本·阿卜杜拉·本·马尔旺·本·穆罕默德·本·马尔旺·本·哈卡姆·本·艾比·阿士·本·伍麦叶·本·阿卜杜·沙姆斯·本·阿卜杜·马纳夫·麦尔沃尼·伍麦维·古拉什·艾斯法哈尼。

（二）生平概述

生于伊朗伊斯法罕。在学术氛围浓厚的伊拉克巴格达长大，后来成为阿拉伯文学代表人物之一。一生撰写了36部图书和多篇短文，涉及文学、诗歌、历史、族谱、传记、遗训和武功纪等方面。卒于巴格达。

（三）族谱著作

1.《塔里比家族殉难者》（*Maqātil al-Tālibīyīn*），赛义德·艾哈迈德·索戈尔校注，贝鲁特：艾俄拉米印刷公司，2006。

该书撰成于925年8月，记载被杀害于7~10世纪初的艾布·塔里卜家族成员的名号谱系和生平事迹。其中，被杀害的第一个该家族成员是贾法尔·本·艾比·塔里卜（？~629）。

2.《麦贺里巴家谱》（*Kitāb Nasab al-Mahālibah*）。

3.《阿卜杜·沙姆斯人族谱》（*Kitāb Nasab Banī ‘Abd Shams*）。

4.《奇腊卜人族谱》（*Kitāb Nasab Banī Kilāb*）。

5.《塔厄里卜人族谱》（*Kitāb Nasab Banī Taghlib*）。

6.《谢班人族谱》（*Kitāb Nasab Banī Shaybān*）。

7.《族谱集》（*Kitāb Jamharat al-Nasab*）。

8.《部落纪事及其谱系修正》（*Kitāb al-Ta‘dīl wa-al-Intisāf fī Akhbār al-Qabā’ il wa-Ansābihim*）。

（四）参考文献

伊本·纳迪姆：《目录》第1卷第2分册，第354~355页。雅孤特·哈默维：《文豪辞典》第4卷，第1707~1723页。哈吉·哈里发：《书艺题名释疑》第1卷，第583~584页；第3卷，第479页。福阿德·斯兹金：《阿拉伯遗产史》第1卷第2分册，第280~286页。沙奇尔·穆斯塔法：《阿拉伯历史与史家》第2卷，第54~56页。索伊卜·阿卜杜·哈密德：《什叶派史学家辞典》第1卷，第593～595页。什贺布丁·麦尔阿什：《释疑：谱系、别号与后裔精粹人物志》，第34～35页。伯克尔·艾布·栽德：《族谱学家层级传》，第85页。阿卜杜·拉札戈·康木纳：《愿者希冀：族谱学家层级传》，第212～214页。穆罕默德·拉施德：《族谱学家辞典：自伊历一世纪至当代》，第346～347页。穆罕默德·艾斯默仪：《艾布·法拉吉·艾斯巴哈尼及其〈诗歌集〉》（Muhammad al-Asma'ī, *Abū al-Faraj al-Asbahānī wa-Kitābuhu al-Aghānī*），开罗：埃及知识出版社，1951。沙斐格·杰波利：《艾布·法拉吉·艾斯巴哈尼》（Shafīq Jabrī, *Abū al-Faraj al-Asbahānī*），贝鲁特：知识出版社，1955。

曼克迪姆

（Mānkdīm，？～约968）

（一）名号谱系

艾布·阿拔斯·艾哈迈德·本·阿里·本·穆罕默德·本·侯赛因·本·尔撒·本·穆罕默德·本·伽斯姆·本·哈桑·本·栽德·本·哈桑·本·阿里·穆吉塔巴。

（二）生平概述

生卒地点有待考究。可能居住在伊朗雷伊。

（三）族谱著作

《雷伊名单》（*Jarīdat al-Rayy*）。

（四）参考文献

伊本·丰杜戈：《谱系、别号与后裔精粹》第2卷，第720页。阿迦·布祖尔克：《什叶派著述门径》第5卷，第98页。伊本·托拔托拔·艾斯法哈尼：《塔里比人移居地》，第28页。阿卜杜·拉札戈·康木纳：《愿者希冀：族谱学家层级传》，第187～188、277～278页。穆罕默德·拉施德：《族谱学家辞典：自伊历一世纪至当代》，第56～57页。

伊本·艾熹·拓熙尔

（Ibn Akhī Tāhir，874~969）

（一）名号谱系

艾布·穆罕默德·哈桑·本·穆罕默德·本·叶哈雅·本·哈桑·本·贾法尔·本·欧贝杜拉·本·侯赛因·本·阿里·本·侯赛因·本·阿里·本·艾比·塔里卜·阿拉维·丹达尼。

（二）生平概述

祖籍麦地那。著名族谱学家叶哈雅·阿基基的孙子。定居伊拉克巴格达。族谱学家。卒于巴格达。

（三）族谱著作

《族谱》（*Kitāb al-Nasab*）。

（四）参考文献

赫蒂卜·巴格达迪：《巴格达史》第8卷，第445~446页。伊本·哈杰尔：《指针》第3卷，第116~118页。伊本·苏菲：《麦吉迪：塔里比人谱系》，第188页。伊本·易纳巴：《艾布·塔里卜家族谱系基本要义》，第103、331页。齐黎克里：《名人》第2卷，第213页。什贺布丁·麦尔阿什：《释疑：谱系、别号与后裔精粹人物志》，第35~36页。伯克尔·艾布·栽德：《族谱学家层级传》，第86页。阿卜杜·拉札戈·康木纳：《愿者希冀：族谱学家层级传》，第198~200页。穆罕默德·拉施德：《族谱学家辞典：自伊历一世纪至当代》，第141页。

哈桑·麦尔阿什

（al-Hasan al-Mar'ashī，？~969）

（一）名号谱系

艾布·穆罕默德·哈桑·本·哈姆扎·本·阿里·本·阿卜杜拉·

本·穆罕默德·本·哈桑·本·侯赛因·本·阿里·本·侯赛因·本·阿里·本·艾比·塔里卜·侯赛尼·阿拉维·泰伯里·麦尔阿什。

（二）生平概述

生卒地点有待考究。965~967 年，在伊拉克巴格达讲学。教法学家、圣训学家、文学家、诗人和族谱学家。

（三）族谱著作

《族谱荣耀》（*Kitāb al-Muftakhir fī al-Nasab*）。

（四）参考文献

伊本·易纳巴：《艾布·塔里卜家族谱系基本要义》，第 314 页。齐黎克里：《名人》第 2 卷，第 189 页。穆哈幸·艾敏：《什叶派精英》第 5 卷，第 60~61 页。索伊卜·阿卜杜·哈密德：《什叶派史学家辞典》第 1 卷，第 239~240 页。什贺布丁·麦尔阿什：《释疑：谱系、别号与后裔精粹人物志》，第 36~37 页。阿卜杜·拉札戈·康木纳：《愿者希冀：族谱学家层级传》，第 190~191 页。穆罕默德·拉施德：《族谱学家辞典：自伊历一世纪至当代》，第 135 页。

艾斯哈姆·萨赫米

（Asham al-Sahmī，？~970）

（一）名号谱系

艾布·纳斯尔·艾斯哈姆·本·伊卜拉欣·本·穆萨·本·伊卜拉欣·本·艾哈迈德·本·穆罕默德·本·阿卜杜拉·本·希沙姆·本·阿士·本·沃伊勒·萨赫米·古拉什·朱尔贾尼。

（二）生平概述

生卒于伊朗戈尔甘。据其侄子、史学家萨赫米（约 956~1036）的记载，他一生忙于求知、修行和书写圣训。

（三）族谱著作

《辨正》（*Al-Mu' talif wa-al-Mukhtalif*）。

（四）参考文献

萨赫米：《戈尔甘史》，第 168~169 页。扎哈比：《伊斯兰史与诸杰群英辞世录》第 26 卷，第 200~201 页。齐黎克里：《名人》第 1 卷，第 330 页。穆罕默德·拉施德：《族谱学家辞典：自伊历一世纪至当代》，第 98 页。

艾布·伽斯姆·泰伯拉尼

（Abū al-Qāsim al-Tabarānī，873~971）

（一）名号谱系

艾布·伽斯姆·苏莱曼·本·艾哈迈德·本·艾尤卜·本·穆推尔·拉赫米·沙米·泰伯拉尼。

（二）生平概述

生于以色列阿卡。曾游历希贾兹地区、也门、埃及、伊拉克、伊朗和杰齐拉地区。著名圣训学家、背诵家、旅行家和族谱学家。卒于伊朗伊斯法罕。

（三）族谱著作

1.《名为舒尔巴者》（*Man Ismuhu Shu'bah*）。

2.《先知族谱与哈里发品性、谱系、名字及其别名》（*Nasab al-Nabī wa-Sifat al-Khulafā' wa-Ansābuhum wa-Asmā' uhum wa-Kunāhum*）。

（四）参考文献

萨姆阿尼：《谱系》第 8 卷，第 199~200 页。扎哈比：《伊斯兰史与诸杰群英辞世录》第 26 卷，第 202~209 页。齐黎克里：《名人》第 3 卷，第 121 页。沙奇尔·穆斯塔法：《阿拉伯历史与史家》第 2 卷，第 87 页。阿卜杜拉·涂雷基:《罕百里学派著作辞典》第 1 卷,第 349~372 页。

呼沙尼

(al-Khushanī,? ~971)

(一) 名号谱系

艾布·阿卜杜拉·穆罕默德·本·哈黎思·本·阿萨德·呼沙尼·盖拉沃尼·安达卢斯。

(二) 生平概述

生于突尼斯凯鲁万。924 年,游历西班牙科尔多瓦后定居该城。为后伍麦叶王朝哈里发哈卡姆二世(961~976 年在位)编写了约百部典籍。史学家、教法学家、背诵家、诗人和族谱学家。卒于科尔多瓦。

(三) 族谱著作

《族谱》(*Kitāb al-Nasab*)。

(四) 参考文献

伊本·法拉荻:《安达卢西学林史》第 2 卷,第 147~148 页。扎哈比:《群英诸贤传》第 16 卷,第 165~166 页。齐黎克里:《名人》第 6 卷,第 75 页。欧麦尔·礼萨:《著述家辞典》第 3 卷,第 125 页。K. 布伊卡:《安达卢西的阿拉伯历史文献》,第 184~193 页。哈桑·阿卜杜·瓦贺卜:《突尼斯著作与著述家》第 2 卷第 1 分册,第 397~405 页。伯克尔·艾布·栽德:《族谱学家层级传》,第 87 页。阿卜杜·拉札戈·康木纳:《愿者希冀:族谱学家层级传》,第 221 页。穆罕默德·拉施德:《族谱学家辞典:自伊历一世纪至当代》,第 433 页。

瓦拉戈

(al-Warrāq,904~973)

(一) 名号谱系

艾布·阿卜杜拉·穆罕默德·本·优素福·本·阿卜杜拉·瓦拉戈·

安达卢斯·盖拉沃尼。

（二）生平概述

生于突尼斯凯鲁万。定居西班牙科尔多瓦。是当时最精通马格里布纪事及其地理的史学家。卒于科尔多瓦。

（三）族谱著作

《柏柏尔谱系》（*Kitāb Ansāb al-Barbar*）。

（四）参考文献

索法迪：《逝者全录》第5卷，第164页。卡尔·布罗克尔曼：《阿拉伯文学史》第3册，第91页。福阿德·斯兹金：《阿拉伯遗产史》第1卷第2分册，第241页。优素福·豪沃拉：《伊非里基亚的学术生活》第2卷，第356~358页。齐黎克里：《名人》第7卷，第148页。哈桑·阿卜杜·瓦贺卜：《突尼斯著作与著述家》第2卷第1分册，第393~397页。

玛萨尔吉斯

（al-Māsarjisī，911~976）

（一）名号谱系

艾布·阿里·侯赛因·本·穆罕默德·本·艾哈迈德·本·穆罕默德·本·侯赛因·本·尔撒·本·马萨尔吉斯·内撒布利·玛萨尔吉斯。

（二）生平概述

生卒于伊朗内沙布尔。曾游历伊拉克、沙姆地区、希贾兹地区和埃及。教法学家和著名圣训学家，编撰了1300节的《大穆斯纳德》（*Al-Musnad al-Kabīr*）。

（三）族谱著作

《部落》（*Kitāb al-Qabā' il*）。

（四）参考文献

伊本·阿萨奇尔：《大马士革史》第 14 卷，第 292～295 页。扎哈比：《群英诸贤传》第 16 卷，第 287～289 页。索法迪：《逝者全录》第 13 卷，第 20～21 页。欧麦尔·礼萨：《著述家辞典》第 1 卷，第 634 页。沙奇尔·穆斯塔法：《阿拉伯历史与史家》第 2 卷，第 87 页。伯克尔·艾布·栽德：《族谱学家层级传》，第 87 页。穆罕默德·拉施德：《族谱学家辞典：自伊历一世纪至当代》，第 155 页。

穆斯坦斯尔·伍麦维

（al-Mustansir al-Umawī，915～976）

（一）名号谱系

艾布·阿士·哈卡姆·本·阿卜杜·拉哈曼·本·穆罕默德·本·阿卜杜拉·本·穆罕默德·本·阿卜杜·拉哈曼·本·哈卡姆·本·希沙姆·本·阿卜杜·拉哈曼·本·穆阿维叶·本·希沙姆·本·阿卜杜·麦立克·本·马尔旺·本·哈卡姆·伍麦维·马尔瓦尼。

（二）生平概述

生卒于西班牙科尔多瓦。是后伍麦叶王朝的第二任哈里发（961～976年在位），史称“哈卡姆二世”。在政治上非常强势，征战四方。喜好藏书。他的图书馆珍藏典籍多达 40 万册。对宗教学、文学和史学的兴趣浓厚。

（三）族谱著作

《马格里布塔里比家族阿拉维分支谱系》（*Ansāb al-Ṭālibīyīn al-ʻAlawīyīn al-Qādimīn ilá al-Maghrib*）。

（四）参考文献

伊本·艾拔尔：《〈续编〉增补》第 1 卷，第 424～426 页。伊本·苏达：《远马格里布史家索引》，第 46 页。齐黎克里：《名人》第 2 卷，第 267 页。

欧麦尔·礼萨：《著述家辞典》第 1 卷，第 650 页。伯克尔·艾布·栽德：《族谱学家层级传》，第 87～88 页。阿卜杜·拉札戈·康木纳：《愿者希冀：族谱学家层级传》，第 31、204 页。穆罕默德·拉施德：《族谱学家辞典：自伊历一世纪至当代》，第 159 页。

伊本·海耶韦赫

（Ibn Hayyawayh，886～977）

（一）名号谱系

艾布·哈桑·穆罕默德·本·阿卜杜拉·本·扎卡利雅·本·叶哈雅（别号海耶韦赫）·内撒布利·米斯利·沙斐仪。

（二）生平概述

可能生于叙利亚大马士革。儿时迁居埃及。圣训学家和教法学家。辞世地点有待考究。

（三）族谱著作

《别名与配偶别名相似之圣门弟子》（*Man Wāfaqat Kunyatuhu Kunyat Zawjihi min al-Sahābah*），马什胡尔·哈桑·马哈茂德·萨勒曼校注，达曼：伊本·盖伊姆出版社，1988。

这本小册子共收录 12 组人物。其中第一组是艾布·艾尤卜·安索利（哈里德·本·栽德）与乌姆·艾尤卜·安索莉娅，最后一组是艾布·马俄基勒（海塞姆·阿萨迪）与乌姆·马俄基勒·爱萨迪娅。

（四）参考文献

伊本·阿萨奇尔：《大马士革史》第 53 卷，第 345～347 页。扎哈比：《群英诸贤传》第 16 卷，第 160～161 页。伊本·易玛德：《金砂：往逝纪事》第 4 卷，第 355 页。齐黎克里：《名人》第 6 卷，第 225 页。穆罕默德·拉施德：《族谱学家辞典：自伊历一世纪至当代》，第 480 页。

艾布·迦里卜·祖剌利

（Abū Ghālib al-Zurārī，898～979）

（一）名号谱系

艾布·迦里卜·艾哈迈德·本·穆罕默德·本·穆罕默德·本·苏莱曼·本·哈桑·本·杰赫姆·本·布凯尔·本·艾俄彦·本·逊逊·谢拔尼·祖剌利·库斐·巴格达迪。

（二）生平概述

生于伊拉克库法。什叶派伊玛目支派的长老，史学家和教法学家。卒于伊拉克巴格达。

（三）族谱著作

《艾布·迦里卜·祖剌利致孙信函：艾俄彦家族纪录》（*Risālat Abī Ghālib al-Zurārī ilá Ibn Ibnihi fī Dhikr Āl A'yan*），穆罕默德·礼萨·侯赛尼校勘，库姆：伊斯兰研究与校勘中心，1991。

这是艾布·迦里卜·祖剌利写给他的孙子艾布·拓熙尔·穆罕默德·本·欧贝杜拉·本·艾哈迈德的信，谈论了艾俄彦家族中的伊玛目追随者，祖上子嗣与祖剌拉谱系，苏莱曼及其子嗣，作者的曾祖苏莱曼与穆罕默德，艾俄彦及其子嗣，他的近亲，作者的父亲、子嗣及其孙子等内容。

（四）参考文献

突斯：《目录》，第 31～32 页。纳贾什：《纳贾什人物》，第 81～82 页。齐黎克里：《名人》第 1 卷，第 209～210 页。欧麦尔·礼萨：《著述家辞典》第 1 卷，第 267 页。沙奇尔·穆斯塔法：《阿拉伯历史与史家》第 2 卷，第 88、337 页。索伊卜·阿卜杜·哈密德：《什叶派史学家辞典》第 1 卷，第 132 页。

伊本·乌姆·谢班

（Ibn Umm Shaybān，906~979）

（一）名号谱系

艾布·哈桑·穆罕默德·本·索里哈·本·阿里·本·叶哈雅·本·阿卜杜拉·本·穆罕默德·本·欧贝杜拉·本·尔撒·本·穆萨·本·穆罕默德·本·阿里·本·阿卜杜拉·本·阿拔斯·本·阿卜杜·穆塔里卜·哈希米·阿拔斯·库斐·巴格达迪。

（二）生平概述

生于伊拉克库法。928 年，迁居伊拉克巴格达。曾被任命为该城大法官。猝死于巴格达。

（三）族谱著作

据著名族谱学家伊本·哈兹姆（994~1064）的记载，伊本·乌姆·谢班有一部非常重要的族谱书。

（四）参考文献

赫蒂卜·巴格达迪：《巴格达史》第 3 卷，第 338~341 页。伊本·哈兹姆：《阿拉伯谱系集》，第 32 页。扎哈比：《伊斯兰史与诸杰群英辞世录》第 26 卷，第 426~427 页。索法迪：《逝者全录》第 3 卷，第 129 页。齐黎克里：《名人》第 6 卷，第 162 页。伯克尔·艾布·栽德：《族谱学家层级传》，第 88 页。穆罕默德·拉施德：《族谱学家辞典：自伊历一世纪至当代》，第 460 页。

阿里·易吉里

（‘Alī al-‘Ijlī，？~980）

（一）名号谱系

阿里·本·阿卜杜·麦立克·本·穆罕默德·本·法得勒·本·穆罕

默德·本·斯南·易吉里。

（二）生平概述

出生地点有待考究。可能卒于伊朗加兹温。

（三）族谱著作

《谱系书》（*Kitāb fī al-Ansāb*）。

（四）参考文献

拉菲仪：《加兹温纪集》第 3 卷，第 379 页。穆罕默德·拉施德：《族谱学家辞典：自伊历一世纪至当代》，第 356 页。

阿米迪

（al-Āmidī，？～980）

（一）名号谱系

艾布·伽斯姆·哈桑·本·比施尔·本·叶哈雅·阿米迪。

（二）生平概述

生于土耳其阿米达（Amida，今迪亚巴克尔）。在伊拉克巴格达和巴士拉当过书吏。卒于巴士拉。

（三）族谱著作

《辨正：诗坛名字、别名、别号、谱系及其部分诗歌》（*Al-Mu' talif wa-al-Mukhtalif fī Asmā' al-Shu'arā' wa-Kunāhum wa-Alqābihim wa-Ansābihim wa-ba'd Shi'rihim*），弗里茨·克伦科夫校注，贝鲁特：吉勒出版社，1991。

该书按照阿拉伯字母顺序编录 695 位诗人的名字、别名、别号、谱系及其代表作，并对相似名字加以辨析。其中第一位是伊姆鲁·盖斯·本·胡吉尔·本·哈黎思·本·阿慕尔·本·胡吉尔·阿奇勒·穆拉尔·本·阿慕尔·本·穆阿维叶·本·劭尔·本·穆尔提俄·本·穆阿维叶·本·

劭尔·艾克伯尔·本·欧费尔·本·阿迪·本·哈黎思·本·穆拉·本·伍达德，最后一位是巴利德·本·苏韦德·本·哈唐·本·哈尔卜·本·瓦赫卜·本·吉里·本·艾哈默斯·本·独贝阿·本·拉比阿·本·纳札勒。

（四）参考文献

雅孤特·哈默维：《文豪辞典》第2卷，第847~854页。扎哈比：《伊斯兰史与诸杰群英辞世录》第26卷，第437页。哈吉·哈里发：《书艺题名释疑》第3卷，第221页。齐黎克里：《名人》第2卷，第185页。伯克尔·艾布·栽德：《族谱学家层级传》，第88页。穆罕默德·拉施德：《族谱学家辞典：自伊历一世纪至当代》，第134页。

伊本·哈拉韦赫

（Ibn Khālawayh，？~980）

（一）名号谱系

艾布·阿卜杜拉·侯赛因·本·艾哈迈德·本·哈拉韦赫·本·哈姆丹·哈默扎尼·巴格达迪·卢加维·纳哈维·沙斐仪。

（二）生平概述

生长于伊朗哈马丹。926年，赴伊拉克巴格达求学，向多位精通语言学、语法学、文学、古兰学和圣训学等学问的著名学者请益。随后，游学沙姆地区，定居叙利亚阿勒颇。语法学大家、语言学家、古兰学家、文学家、圣训学家和族谱学家，一生撰写图书和文章40多部（篇）。卒于阿勒颇。

（三）族谱著作

1.《家族》（*Kitāb al-Āl*）。

作者把圣裔家族分为25个分支，在该书中记载了十二伊玛目的生卒时间及其母系家谱。

2. 《别号》（*Kitāb al-Alqāb*）。

（四）参考文献

雅孤特·哈默维：《文豪辞典》第 3 卷，第 1030~1037 页。伊本·赫里康：《精英辞世与时代名人信息录》第 2 卷，第 178~179 页。齐黎克里：《名人》第 7 卷，第 231 页。马哈茂德·贾斯姆·穆罕默德：《伊本·哈拉韦赫及其语言学贡献》（Mahmūd Jāsim Muhammad, *Ibn Khālawayh wa-Juhūduhu fī al-Lughah*），贝鲁特：利萨拉出版公司，1986。

阿卜杜·萨腊姆·拉赫米

（'Abd al-Salām al-Lakhmī，? ~981）

（一）名号谱系

艾布·阿卜杜·麦立克·阿卜杜·萨腊姆·本·阿卜杜拉·本·齐雅德·本·艾哈迈德·本·齐雅德·本·阿卜杜·拉哈曼·拉赫米。

（二）生平概述

生于西班牙科尔多瓦。曾担任西班牙托莱多的大法官。懂族谱和纪事。辞世地点有待考究。

（三）族谱著作

据人物志编纂家伊本·法拉荻的记载，他有族谱集。

（四）参考文献

伊本·法拉荻：《安达卢西学林史》第 1 卷，第 377 页。伊本·阿密拉：《探索目标：安达卢西人物史》第 2 卷，第 512 页。伯克尔·艾布·栽德：《族谱学家层级传》，第 88 页。穆罕默德·拉施德：《族谱学家辞典：自伊历一世纪至当代》，第 266~267 页。

伊本·巴德尔·卡提卜

(Ibn Badr al-Kātib,？ ~982)

（一）名号谱系

阿卜杜拉·本·侯赛因·本·巴德尔·卡提卜。

（二）生平概述

生卒地点有待考究。史学家和族谱学家。

（三）族谱著作

《阿拔斯人纪事》(*Akhbār Banī al-'Abbās*)。

（四）参考文献

哈吉·哈里发：《书艺题名释疑》第1卷，第104页。欧麦尔·礼萨：《著述家辞典》第2卷，第236页。利玛·杜尔内格：《阿拉伯与穆斯林著名史学家》，第230页。

艾布·法特哈·艾兹迪

(Abū al-Fath al-Azdī,？ ~985)

（一）名号谱系

艾布·法特哈·穆罕默德·本·侯赛因·本·艾哈迈德·本·侯赛因·本·阿卜杜拉·本·叶齐德·本·努尔曼·艾兹迪·摩苏里。

（二）生平概述

生卒于伊拉克摩苏尔。曾游历土耳其哈兰、叙利亚艾因角（Ra's al-'Ayn）和伊拉克巴格达。定居巴格达，广拜名师。背诵家、圣训学家和人名学家。

（三）族谱著作

1.《以别名著称于世之圣门弟子名单》（*Asmā' Man yu'rafu bi-Kunyatihi min Ashāb Rasūl Allāh*），艾布·阿卜杜·拉哈曼·伊戈拔勒·艾哈迈德·本·穆罕默德·伊斯哈格·巴斯库哈利校勘，孟买：萨拉菲耶出版社，1989。

这本小册子按照阿拉伯字母顺序编录200位圣门弟子的别名。其中第一位是艾布·艾尤卜·哈里德·本·栽德·安索利。最后一位是吉德·穆佶拉·本·阿卜杜·拉哈曼。

2.《不知名字圣门弟子之别名》（*Kitāb al-Kuná li-Man lā yu'rafu la-hu Ism min Ashāb Rasūl Allāh*），艾布·阿卜杜·拉哈曼·伊戈拔勒·艾哈迈德·本·穆罕默德·伊斯哈格·巴斯库哈利校勘，孟买：萨拉菲耶出版社，1989。

这本小册子按照阿拉伯字母顺序编录170位只知其别名、不知其本名的圣门弟子。其中第一位是艾布·伍宰纳。最后一位是艾布·叶哈雅。

3.《以父亲之名字命名者》（*Man wāfaqa Ismuhu Ism Abīhi*），阿里·哈桑·阿里·阿卜杜·哈密德校注，安曼：阿玛尔出版社，1989。

这本小册子收录97个用父亲的名字给自己起名的人物名单。其中第一个是哈贾吉·本·哈贾吉·艾斯拉米。最后一个是胡吉尔·本·胡吉尔。

4.《以父亲之别名命名者》（*Man wāfaqa Ismuhu Kunyat Abīhi*），拔斯姆·费萨尔·艾哈迈德·杰沃比拉校勘，科威特：伊斯兰遗产复兴协会，1988。

这本小册子收录114个用父亲的别名给自己起名的人物名单。其中第一个是斯南·本·艾比·斯南·本·穆哈桑。最后一个是哈腊勒·本·艾比·哈腊勒。

5.《只知别名、不知名字、无证据证明其名字之人》（*Kitāb Man yu'rafu bi-Kunyatihi wa-lā yu'allamu Ismuhu wa-lā Dalīl yadullu 'alá Ismihi*）。

沙特国王大学图书馆藏的这本小册子手抄本（编号：1280）共16页。

（四）参考文献

赫蒂卜·巴格达迪：《巴格达史》第3卷，第36~37页。扎哈比：《群英诸贤传》第 16 卷，第 347~350 页。伊本·卡西尔：《始末录》第 15 卷，第 419~420 页。齐黎克里：《名人》第 6 卷，第 98 页。穆罕默德·拉施德：《族谱学家辞典：自伊历一世纪至当代》，第 439 页。

伊本·喜达俄

(Ibn Khidā‘,923~986)

（一）名号谱系

艾布·伽斯姆·侯赛因·本·贾法尔·本·侯赛因·本·贾法尔·本·艾哈迈德·本·穆罕默德·本·伊斯玛仪·本·穆罕默德·本·阿卜杜拉·本·阿里·本·侯赛因·本·阿里·本·艾比·塔里卜·米斯利。

（二）生平概述

生卒于埃及。曾到访叙利亚大马士革，遇到一些艾布·塔里卜家族的后裔。教法学家、圣训学家和族谱学家。

（三）族谱著作

1.《艾布·塔里卜家族后裔》(*Al-Mu‘qqibīn min Āl Abī Tālib*)，又名《哈桑与侯赛因后裔》(*Al-Mu‘qqibīn min Walad al-Hasan wa-al-Husayn*)。

2.《简明族谱》(*Al-Mabsūt fī al-Nasab*)。

（四）参考文献

伊本·阿萨奇尔：《大马士革史》第 14 卷，第 45 页。伊本·撒仪：《宝贵珠玉：著者名字》，第 350 页。麦戈利齐：《大踪录》第 3 卷，第 495 页。伊本·易纳巴：《艾布·塔里卜家族谱系基本要义》，第 71、157、233、255 页。欧麦尔·礼萨：《著述家辞典》第 1 卷，第 606 页。索伊卜·阿卜杜·哈密德：《什叶派史学家辞典》第 1 卷，第 281~282 页。什贺布丁·麦尔阿什：《释疑：谱系、别号与后裔精粹人物志》，第 39 页。伯克尔·艾布·栽德：《族谱学家层级传》，第 84 页。阿卜杜·拉札戈·康木纳：《愿者希冀：族谱学家层级传》，第 203 页。穆罕默德·拉施德：《族谱学家辞典：自伊历一世纪至当代》，第 149 页。

穆托黎夫·加萨尼

(Mutarrif al-Ghassānī，？～987)

（一）名号谱系

艾布·伽斯姆·穆托黎夫·本·尔撒·本·拉比卜·本·穆罕默德·本·穆托黎夫·加萨尼·伊勒比利·加尔纳蒂。

（二）生平概述

生于西班牙埃尔维拉。曾求学于西班牙佩奇纳（Pechina），定居西班牙格拉纳达，担任该城法官。教法学家、文学家和史学家。卒于西班牙科尔多瓦。

（三）族谱著作

《埃尔维拉阿拉伯人谱系及其纪事》（*Ansāb al-'Arab al-Nāzilīn fī Ilbīrah wa-Akhbāruhum*）。

（四）参考文献

伊本·法拉荻：《安达卢西学林史》第 2 卷，第 173 页。伊本·巴施库沃勒：《〈安达卢西伊玛目、学者、圣训学家、教法学家与文学家史〉续编》第 2 卷，第 263 页。齐黎克里：《名人》第 7 卷，第 250～251 页。欧麦尔·礼萨：《著述家辞典》第 3 卷，第 890 页。伯克尔·艾布·栽德：《族谱学家层级传》，第 86 页。穆罕默德·拉施德：《族谱学家辞典：自伊历一世纪至当代》，第 555 页。

大哈奇姆

(al-Hākim al-Kabīr，898～988)

（一）名号谱系

艾布·艾哈迈德·穆罕默德·本·穆罕默德·本·艾哈迈德·本·伊

斯哈格·内撒布利·凯拉比斯。

（二）生平概述

生卒于伊朗内沙布尔。20 余岁开始游学，到访叙利亚大马士革、霍姆斯和阿勒颇，伊拉克巴格达、库法和巴士拉，伊朗雷伊、泰伯里斯坦地区，麦加等地。曾在乌兹别克斯坦沙什（al-Shash）和伊朗图斯（Tus）担任法官。956 年，回到内沙布尔。晚年失明。当时呼罗珊地区的著名圣训学家。

（三）族谱著作

《名字与别名》（*Al-Asāmī wa-al-Kuná*）第 1~5 卷，艾布·欧麦尔·穆罕默德·本·阿里·爱资哈里校勘，开罗：现代法鲁阁出版社，2015。

作者在绪论中指出，该书最先收录的别名是艾布·伽斯姆。因为它是先知穆罕默德的别名。全书共收录 4194 个名字和别名。其中，紧接着穆罕默德之后的人物是艾布·伽斯姆（苏莱曼）·穆罕默德·本·托勒哈·本·欧贝杜拉·本·奥斯曼·本·阿慕尔·本·卡尔卜·本·萨尔德·本·贴姆·本·穆拉·本·卡尔卜·本·卢埃依·贴米·古拉什，最后一个人物是艾布·欧卡沙·哈姆达尼。

（四）参考文献

伊本·阿萨奇尔：《大马士革史》第 55 卷，第 154~159 页。扎哈比：《群英诸贤传》第 16 卷，第 370~376 页。哈吉·哈里发：《书艺题名释疑》第 3 卷，第 21、71 页。欧麦尔·礼萨：《著述家辞典》第 3 卷，第 620 页。

哈姆扎·阿拉维

（Hamzah al-‘Alawī，？ ~989）

（一）名号谱系

艾布·叶尔腊·哈姆扎·本·艾哈迈德·本·阿卜杜拉·本·穆罕默德·本·哈姆扎·本·伊斯哈格·本·阿里·本·阿卜杜拉·本·贾法尔·本·艾比·塔里卜·阿拉维。

（二）生平概述

生卒地点有待考究。伊本·托拔托拔·艾斯法哈尼（？～约 1069）在《塔里比人移居地》中把他记载为埃及族谱学家。

（三）族谱著作

《族谱书》（*Kitāb fī al-Nasab*）。

（四）参考文献

伊本·托拔托拔·艾斯法哈尼：《塔里比人移居地》，第 303 页。伊本·苏菲：《麦吉迪：塔里比人谱系》，第 187 页。什贺布丁·麦尔阿什：《释疑：谱系、别号与后裔精粹人物志》，第 33 页。阿卜杜·拉札戈·康木纳：《愿者希冀：族谱学家层级传》，第 142、204～205 页。穆罕默德·拉施德：《族谱学家辞典：自伊历一世纪至当代》，第 166 页。

伊本·纳迪姆

（Ibn al-Nadīm，约 932～约 990）

（一）名号谱系

艾布·法拉吉·穆罕默德·本·伊斯哈格·本·穆罕默德·本·伊斯哈格·纳迪姆·巴格达迪。

（二）生平概述

生卒于伊拉克巴格达。承继了其父经营书纸的职业。对学术的兴趣超乎常人，直接受益于艾布·法拉吉·艾斯法哈尼、麦尔祖拔尼（al-Marzubānī，910～994）等多位著名学者。一生卖了很多书和纸，也写了 3 部书。《描述与比喻》（*Al-Awsāf wa-l-Tashbīhāt*）和《缺点》（*Al-Mathālib*）早已不知去向，唯有《目录》（*Kitāb al-Fihrist*）流传千古，得享“阿拉伯目录学之父”的美誉！

（三）族谱著作

《目录》第 1 卷第 1 分册~第 2 卷第 2 分册，埃曼·福阿德·赛义德注，伦敦：福尔甘伊斯兰遗产基金会，2009。

伊本·纳迪姆不是第一个用阿拉伯文编纂目录学著作的人，但他的《目录》是现存最古老且全面的阿拉伯伊斯兰目录学著作，是 987 年以前的阿拉伯伊斯兰学术总成绩册。他把史学视为 10 大类 33 门学问中的一门，在第三章第一节介绍了约百名纪事家、族谱学家和传记家的成就。其中收录的第一位族谱学家是达厄发勒。毫无疑问，该书是后来学者研究阿拉伯族谱学发展史的必备参考文献。

（四）参考文献

雅孤特·哈默维：《文豪辞典》第 6 卷，第 2427 页。索法迪：《逝者全录》第 2 卷，第 139 页。福阿德·斯兹金：《阿拉伯遗产史》第 1 卷第 2 分册，第 292~296 页。沙奇尔·穆斯塔法：《阿拉伯历史与史家》第 2 卷，第 61~62 页。索伊卜·阿卜杜·哈密德：《什叶派史学家辞典》第 2 卷，第 103~104 页。

艾布·艾哈迈德·阿斯卡利

（Abū Ahmad al-‘Askarī,906~993）

（一）名号谱系

艾布·艾哈迈德·哈桑·本·阿卜杜拉·本·萨义德·本·伊斯玛仪·本·栽德·本·哈其姆·阿斯卡利。

（二）生平概述

生于伊朗阿斯卡尔·穆克拉姆（‘Askar Mukram）。曾游学伊拉克巴格达和巴士拉。语言学家、圣训学家、教法学家和文学家。卒于伊朗伊斯法罕。

（三）族谱著作

1.《错误与修正注解》（*Sharh mā yaqa‘u fī-hi al-Tashīf wa-al-Tahrīf*）第

1~3 卷，阿卜杜·阿齐兹·艾哈迈德校勘，开罗：穆斯塔法·巴比·哈拉比及其后裔书店与出版公司，1963。

该书不是族谱专著，但包含丰富的族谱知识。其中的《族谱学混乱现象》（Mā yushkilu fī ‘Ilm al-Ansāb,第 3 卷，第 467~474 页）一章讨论一些容易混淆的名字和谱系。比如，爱岚（‘Aylān）和该岚（Ghaylān）。又如，欧达斯（‘Udas）和欧杜斯（‘Udus）。

2.《辨正》（*Al-Mu' talif wa-al-Mukhtalif*）。

（四）参考文献

雅孤特·哈默维：《文豪辞典》第 2 卷，第 911~918 页。扎哈比：《群英诸贤传》第 16 卷，第 413~415 页。索法迪：《逝者全录》第 12 卷，第 49~50 页。哈吉·哈里发：《书艺题名释疑》第 3 卷，第 221 页。伊斯玛仪·帕夏·巴格达迪：《知者惠赠：作者名讳与著者述作》第 1 卷，第 272~273 页。伯克尔·艾布·栽德：《族谱学家层级传》，第 89 页。

麦尔祖拔尼

（al-Marzubānī，910~994）

（一）名号谱系

艾布·欧贝杜拉·穆罕默德·本·易姆兰·本·穆萨·本·萨义德·本·欧贝杜拉（阿卜杜拉或欧贝德）·麦尔祖拔尼·巴格达迪。

（二）生平概述

祖籍呼罗珊地区。生卒于伊拉克巴格达。著名文学家和史学家，擅长编纂大型人物志。

（三）族谱著作

《巴拉米卡家族纪事》（*Kitāb Akhbār al-Barāmikah*）。

该书原稿约 1000 页，已佚。

（四）参考文献

赫蒂卜·巴格达迪：《巴格达史》第 4 卷，第 227~229 页。伊本·纳迪姆：《目录》第1卷第2分册，第407~414页。雅孤特·哈默维：《文豪辞典》第6卷，第2582~2584页。扎哈比：《群英诸贤传》第16卷，第447~449页。齐黎克里：《名人》第6卷，第319页。沙奇尔·穆斯塔法：《阿拉伯历史与史家》第2卷，第56~58页。

伊本·伊斯哈格·卡提卜

（Ibn Isḥāq al-Kātib，? ~约994）

（一）名号谱系

阿里·本·伊卜拉欣·本·穆罕默德·本·伊斯哈格·卡提卜。

（二）生平概述

生卒地点和生平事迹有待考究。

（三）族谱著作

《阿基勒家谱》（*Kitāb fī Nasab Banī ʻAqīl*）。

该书完稿于994年10月，是献给埃米尔艾布·哈撒恩·穆格拉德·本·穆赛耶卜·本·拉菲俄·易拔迪的读物。

（四）参考文献

雅孤特·哈默维：《文豪辞典》第4卷，第1641页。索法迪：《逝者全录》第20卷，第6页。欧麦尔·礼萨：《著述家辞典》第2卷，第388页。伯克尔·艾布·栽德：《族谱学家层级传》，第89页。穆罕默德·拉施德：《族谱学家辞典：自伊历一世纪至当代》，第340页。

达拉古特尼

（al-Dāraqutnī，918~995）

（一）名号谱系

艾布·哈桑·阿里·本·欧麦尔·本·艾哈迈德·本·马赫迪·本·

马斯欧德·本·努尔曼·本·迪纳尔·本·阿卜杜拉·巴格达迪·达拉古特尼·沙斐仪。

（二）生平概述

生卒于伊拉克巴格达。曾游历伊拉克巴士拉和库法，沙姆地区和希贾兹地区。968年，到访埃及。著名圣训学家、史学家，一生撰写图书和文章80部（篇）。

（三）族谱著作

1.《辨正》（*Al-Mu' talif wa-al-Mukhtalif*）第1~5卷，穆瓦法格·本·阿卜杜拉·本·阿卜杜·伽迪尔研究与校勘，贝鲁特：伊斯兰西方出版社，1986。

该书的序言和正文的部分内容已失传。从其残卷来看，大体上按照阿拉伯字母顺序分组编录相似的人名，再逐一辨析每组人名及与之相关的别名、谱系和人物小传。

残卷的第一组人名是布捷尔（Bujayr）。该组中提到的第一个人物是布捷尔·本·祖海尔·本·艾比·苏勒玛，最后是艾布·布捷尔·穆罕默德·本·贾比尔·穆哈黎比。

最后一组人名是叶俄默尔（Ya'mar）和叶俄福尔（Ya'fur）。该组收录的第一个人物是叶俄默尔·本·哈里德·穆德里冀，最后是艾布·幸迪·叶哈雅·本·叶俄福尔·巴士里。

2.《兄弟姐妹》（*Al-Ukhūwah wa-al-Akhawāt*）第1卷，拔斯姆·费萨尔·艾哈迈德·杰沃比拉校勘，利雅得：拉耶出版社，1993。

拔斯姆在校勘序言中说，他仅见该书第1卷的手抄本，尚未发现余下的部分。它先后经艾布·哈桑·穆罕默德·本·阿卜杜·沃希德·本·穆罕默德·本·贾法尔·本·阿德勒、艾布·侯赛因·穆巴拉克·本·阿卜杜·杰拔尔·本·艾哈迈德·绥拉斐、艾布·拓熙尔·艾哈迈德·本·穆罕默德·本·艾哈迈德·本·伊卜拉欣·萨拉斐·艾斯巴哈尼、艾布·穆罕默德·阿卜杜拉·本·阿卜杜·杰拔尔·本·阿卜杜拉·奥斯玛尼的转述而流传至今。

该残卷内容由10个部分构成：①伊斯纳德和绪论；②先知穆罕默德子

女；③穆罕默德子女之兄弟姐妹；④阿卜杜·穆塔里卜·本·哈希姆子女之兄弟姐妹；⑤艾布·塔里卜·本·阿卜杜·穆塔里卜子女之兄弟姐妹；⑥哈黎思·本·阿卜杜·穆塔里卜子女之兄弟姐妹；⑦阿拔斯·本·阿卜杜·穆塔里卜子女之兄弟姐妹；⑧艾布·伯克尔·斯迪格后裔之兄弟姐妹；⑨赫拓卜·本·努费勒子女之兄弟姐妹；⑩欧麦尔·本·赫拓卜子女之兄弟姐妹。

（四）参考文献

赫蒂卜·巴格达迪：《巴格达史》第 13 卷，第 487~494 页。索法迪：《逝者全录》第 21 卷，第 231~232 页。伊本·赫里康：《精英辞世与时代名人信息录》第 3 卷，第 297~299 页。哈吉·哈里发：《书艺题名释疑》第 3 卷，第 220 页。齐黎克里：《名人》第 4 卷，第 314 页。伯克尔·艾布·栽德：《族谱学家层级传》，第 89~90 页。穆罕默德·拉施德：《族谱学家辞典：自伊历一世纪至当代》，第 356 页。阿卜杜拉·鲁海里：《伊玛目艾布·哈桑·达拉古特尼及其学术影响》（'Abd Allāh al-Ruhaylī, *Al-Imām Abū al-Hasan al-Dāraqutnī wa-Āthāruhu al-'Ilmīyah*），吉达：翠绿安达卢西出版社，2000。

艾布·侯赛因·苏菲

（Abū al-Husayn al-Sūfī，10 世纪）

（一）名号谱系

艾布·侯赛因·穆罕默德·本·阿里·本·侯赛因·本·哈桑·本·伽斯姆·本·穆罕默德·本·伽斯姆·本·哈桑·本·栽德·本·哈桑·本·阿里·本·艾比·塔里卜·苏菲。

（二）生平概述

生卒于乌兹别克斯坦布哈拉。著名教法学家。

（三）族谱著作

编修了族谱，具体书名有待考究。

（四）参考文献

伊本·易纳巴：《艾布·塔里卜家族谱系基本要义》，第 81 页。阿卜杜·拉札戈·康木纳：《愿者希冀：族谱学家层级传》，第 227 页。

穆罕默德·艾俄拉吉

（Muhammad al-A'raj, 10 世纪）

（一）名号谱系

艾布·阿里·穆罕默德·本·伊卜拉欣·本·阿卜杜拉·本·贾法尔·本·阿卜杜拉·本·贾法尔·本·穆罕默德·本·阿里·本·艾比·塔里卜·阿拉维·哈拉尼。

（二）生平概述

可能生卒于土耳其哈兰。口传族谱学家哈桑·艾俄拉吉（10 世纪）的兄弟。

（三）族谱著作

《简明族谱》（*Mabsūt fi al-Nasab*）。

著名族谱学家伊本·易纳巴在《艾布·塔里卜家族谱系基本要义》的绪论中提到该书。

（四）参考文献

伊本·易纳巴：《艾布·塔里卜家族谱系基本要义》，第 20 页。穆哈幸·艾敏：《什叶派精英》第 9 卷，第 60 页。阿迦·布祖尔克：《什叶派名人层级传》第 1 卷，第 230 页。索伊卜·阿卜杜·哈密德：《什叶派史学家辞典》第 2 卷，第 87 页。什贺布丁·麦尔阿什：《释疑：谱系、别号与后裔精粹人物志》，第 33 页。阿卜杜·拉札戈·康木纳：《愿者希冀：族谱学家层级传》，第 170~171 页。穆罕默德·拉施德：《族谱学家辞典：自伊历一世纪至当代》，第 404 页。

穆罕默德·穆萨维

（Muhammad al-Mūsawī，约 10 世纪）

（一）名号谱系

艾布·哈桑·穆罕默德·本·阿里·本·穆罕默德·本·阿里·本·伊斯哈格·本·阿拔斯·本·伊斯哈格·本·穆萨·本·贾法尔·本·穆罕默德·本·阿里·本·侯赛因·本·阿里·本·艾比·塔里卜·穆萨维。

（二）生平概述

生卒地点有待考究。族谱学家。

（三）族谱著作

《族谱书》（*Kitāb fī al-Nasab*）。

（四）参考文献

什贺布丁·麦尔阿什：《释疑：谱系、别号与后裔精粹人物志》，第 40 页。阿卜杜·拉札戈·康木纳：《愿者希冀：族谱学家层级传》，第 226 页。

穆罕默德·什拉齐

（Muhammad al-Shīrāzī，约 10 世纪）

（一）名号谱系

艾布·苏莱曼·穆罕默德·本·艾哈迈德·本·哈桑·本·穆罕默德·本·尔撒·本·艾哈迈德·本·尔撒·本·阿卜杜拉·本·穆罕默德·本·阿慕尔·本·阿里·本·艾比·塔里卜·什拉齐。

（二）生平概述

生于伊朗设拉子。曾到访伊拉克巴格达。辞世地点有待考究。

（三）族谱著作

修订《沙施迪戊家谱》（*Nasab Banī Shashdīw*）。

（四）参考文献

伊本·易纳巴：《艾布·塔里卜家族谱系基本要义》，第 367 页。伊本·苏菲：《麦吉迪：塔里比人谱系》，第 506 页。阿卜杜·拉札戈·康木纳：《愿者希冀：族谱学家层级传》，第 220~221 页。

穆瓦狄哈·纳撒巴

（al-Muwaddih al-Nassābah，10 世纪）

（一）名号谱系

艾布·阿里·欧麦尔·本·阿里·本·侯赛因·本·阿卜杜拉·本·穆罕默德·本·叶哈雅·本·阿卜杜拉·本·穆罕默德·本·欧麦尔·本·阿里·本·艾比·塔里卜·欧麦利·阿拉维·库斐。

（二）生平概述

生于伊拉克库法。族谱学家、医生。辞世地点有待考究。

（三）族谱著作

《谱系修正》（*Tahdhīb al-Ansāb*）。

（四）参考文献

伊本·易纳巴：《艾布·塔里卜家族谱系基本要义》，第 369 页。伊本·苏菲：《麦吉迪：塔里比人谱系》，第 12、195 页。阿迦·布祖尔克：《什叶派名人层级传》第 1 卷，第 99 页。穆哈幸·艾敏：《什叶派精英》第 10 卷，第 195 页。什贺布丁·麦尔阿什：《释疑：谱系、别号与后裔精粹人物志》，第 38 页。阿卜杜·拉札戈·康木纳：《愿者希冀：族谱学家层级传》，第 217~218 页。穆罕默德·拉施德：《族谱学家辞典：自伊历一世纪至当代》，第 372 页。

伊本・阿腊

（Ibn al-‘Alā’，10 世纪）

（一）名号谱系

艾布・贾法尔・穆罕默德・本・阿腊・本・贾法尔・本・穆罕默德・本・阿卜杜拉・本・穆罕默德・本・欧麦尔・本・阿里・本・艾比・塔里卜・穆勒塔尼。

（二）生平概述

可能生卒于阿富汗赫拉特。其祖父贾法尔在巴基斯坦木尔坦（Multan）称王。曾任赫拉特的圣裔联合会领导人。

（三）族谱著作

据多位族谱学研究者的记载，他编修了族谱。

（四）参考文献

伊本・苏菲：《麦吉迪：塔里比人谱系》，第 485 页。什贺布丁・麦尔阿什：《释疑：谱系、别号与后裔精粹人物志》，第 40 页。索伊卜・阿卜杜・哈密德：《什叶派史学家辞典》第 2 卷，第 247 页。阿卜杜・拉札戈・康木纳：《愿者希冀：族谱学家层级传》，第 225 页。

伊本・迪纳尔

（Ibn Dīnār，10 世纪）

（一）名号谱系

艾布・侯赛因・穆罕默德・本・伊卜拉欣・本・阿里・本・迪纳尔・阿萨迪・库斐。

（二）生平概述

生卒地点和生平事迹有待考究。

（三）族谱著作

《族谱批注》（*Ta'līqah fi al-Nasab*）。

（四）参考文献

伊本·苏菲：《麦吉迪：塔里比人谱系》，第 153、188 页。阿迦·布祖尔克：《什叶派名人层级传》第 1 卷，第 231 页。索伊卜·阿卜杜·哈密德：《什叶派史学家辞典》第 2 卷，第 87 页。阿卜杜·拉札戈·康木纳：《愿者希冀：族谱学家层级传》，第 171 页。穆罕默德·拉施德：《族谱学家辞典：自伊历一世纪至当代》，第 404 页。

伊本·穆爱耶

（Ibn Mu'ayyah，10 世纪）

（一）名号谱系

艾布·贾法尔·穆罕默德·本·阿里·本·哈桑·本·哈桑·本·伊斯玛仪·本·伊卜拉欣·本·哈桑·本·哈桑·本·阿里·本·艾比·塔里卜。

（二）生平概述

生卒地点有待考究。圣训学家，当时最为精通族谱的学者之一。

（三）族谱著作

《简明族谱》（*Al-Mabsūt fi al-Nasab*）。

（四）参考文献

伊本·易纳巴：《艾布·塔里卜家族谱系基本要义》，第 64、126、163

页。阿迦·布祖尔克：《什叶派著述门径》第19卷，第55页。索伊卜·阿卜杜·哈密德：《什叶派史学家辞典》第2卷，第253页。什贺布丁·麦尔阿什：《释疑：谱系、别号与后裔精粹人物志》，第40~41页。阿卜杜·拉札戈·康木纳：《愿者希冀：族谱学家层级传》，第227~228页。

五　公元 11 世纪

伊本·杏札巴

(Ibn Hinzābah, 921～1001)

(一) 名号谱系

艾布·法得勒·贾法尔·本·法得勒·本·贾法尔·本·穆罕默德·本·穆萨·本·哈桑·本·福拉特·巴格达迪。

(二) 生平概述

生于伊拉克巴格达。到埃及开罗后，被伊赫什德王朝第四任埃米尔卡富尔（966～968 年在位）任命为维齐尔。在卡富尔死后被逮捕和抄家，后来逃往马格里布。969 年，跋涉到沙姆地区。待埃及局势稳定后，回到埃及安度晚年。

(三) 族谱著作

《谱系》(*Al-Ansāb*)。

(四) 参考文献

赫蒂卜·巴格达迪：《巴格达史》第 8 卷，第 156～157 页。扎哈比：《群英诸贤传》第 16 卷，第 484～488 页。伊本·赫里康：《精英辞世与时代名人信息录》第 1 卷，第 346～350 页。齐黎克里：《名人》第 2 卷，第 126 页。索伊卜·阿卜杜·哈密德：《什叶派史学家辞典》第 1 卷，第 206～207 页。伯克尔·艾布·栽德：《族谱学家层级传》，第 90 页。穆罕默德·拉施德：《族谱学家辞典：自伊历一世纪至当代》，第 121 页。

阿里·朱尔贾尼

（‘Alī al-Jurjānī，903～1002）

（一）名号谱系

艾布·哈桑·阿里·本·阿卜杜·阿齐兹·本·哈桑·本·阿里·本·伊斯玛仪·朱尔贾尼·沙斐仪。

（二）生平概述

生于伊朗戈尔甘。先后担任戈尔甘和伊朗雷伊城法官。教法学家、文学家、诗人、史学家和经注学家。卒于雷伊或伊朗内沙布尔。

（三）族谱著作

《谱系凭证》（*Al-Muwaththaq fī al-Ansāb*）。

（四）参考文献

雅孤特·哈默维：《文豪辞典》第 4 卷，第 1796～1805 页。葛勒格圣迪：《珍珠项链：历史部落介绍》，第 37 页。扎哈比：《群英诸贤传》第 17 卷，第 19～21 页。哈吉·哈里发：《书艺题名释疑》第 3 卷，第 435 页。齐黎克里：《名人》第 4 卷，第 300 页。欧麦尔·礼萨：《著述家辞典》第 2 卷，第 458～459 页。伯克尔·艾布·栽德：《族谱学家层级传》，第 90 页。阿卜杜·拉札戈·康木纳：《愿者希冀：族谱学家层级传》，第 155 页。穆罕默德·拉施德：《族谱学家辞典：自伊历一世纪至当代》，第 354 页。

伊本·晋尼

（Ibn Jinnī，942～1002）

（一）名号谱系

艾布·法特哈·奥斯曼·本·晋尼·摩苏里。

（二）生平概述

生于伊拉克摩苏尔。曾担任布韦希王朝（945～1055 年）书吏。杰出的文学家、语法学家和诗人。卒于伊拉克巴格达。

（三）族谱著作

短文《诗坛母系族谱》（*Kitāb Man nusiba ilá Ummihi min al-Shu'arā'*）。

（四）参考文献

雅孤特·哈默维：《文豪辞典》第 4 卷，第 1585～1601 页。齐黎克里：《名人》第 4 卷，第 204 页。欧麦尔·礼萨：《著述家辞典》第 2 卷，第 358 页。穆罕默德·拉施德：《族谱学家辞典：自伊历一世纪至当代》，第 327 页。

希姆沙蒂

（al-Shimshātī，？～约 1004）

（一）名号谱系

艾布·哈桑·阿里·本·穆罕默德·本·阿慕尔·本·奥斯曼·本·塔厄里卜·阿达维·希姆沙蒂。

（二）生平概述

生于亚美尼亚希姆沙特（Shimshat）。长期居住在伊拉克巴格达，曾是哈姆达尼王朝（890～1004 年）埃米尔艾布·塔厄里卜（969～979 年在位）及其兄弟的老师，并时常与他们同席畅饮。1004 年，前往伊拉克瓦西特。辞世地点有待考究。

（三）族谱著作

《马阿德·本·阿德南后裔族谱及其纪事》（*Kitāb Nasab Walad Ma'add ibn 'Adnān wa-Akhbārihim*）。

（四）参考文献

伊本·纳迪姆：《目录》第 1 卷第 2 分册，第 476~477 页。雅孤特·哈默维：《文豪辞典》第 4 卷，第 1907~1909 页。索法迪：《逝者全录》第 22 卷，第 99~100 页。齐黎克里：《名人》第 4 卷，第 325 页。欧麦尔·礼萨：《著述家辞典》第 2 卷，第 507~508 页。沙奇尔·穆斯塔法：《阿拉伯历史与史家》第 2 卷，第 89 页。索伊卜·阿卜杜·哈密德：《什叶派史学家辞典》第 1 卷，第 629~630 页。阿卜杜·拉札戈·康木纳：《愿者希冀：族谱学家层级传》，第 214~216 页。穆罕默德·拉施德：《族谱学家辞典：自伊历一世纪至当代》，第 357 页。

索里哈·贾法尔

（Sālih Ja'far，？～1007）

（一）名号谱系

艾布·拓熙尔·索里哈·本·贾法尔·本·阿卜杜·瓦贺卜·本·艾哈迈德·本·贾法尔·本·艾哈迈德·本·穆罕默德·本·阿里·本·索里哈·本·阿里·本·阿卜杜拉·本·阿拔斯·本·阿卜杜·穆塔里卜·哈希米·阿拔斯·索里希·哈拉比。

（二）生平概述

可能生于叙利亚大马士革。主要在大马士革接受教育，曾在叙利亚阿勒颇担任法官。卒于阿勒颇。

（三）族谱著作

著名史学家伊本·阿迪姆（Ibn al-Adīm，1192～1262）曾读过他的《索里哈·本·阿里家谱》（*Kitāb Nasab Banī Sālih ibn 'Alī*）手稿。

（四）参考文献

伊本·阿萨奇尔：《大马士革史》第 23 卷，第 324～325 页。伊本·阿迪姆：《诉求目标：阿勒颇史》第 2 卷，第 1001 页。齐黎克里：《名人》第

3 卷，第 190 页。欧麦尔·礼萨：《著述家辞典》第 1 卷，第 829 页。穆罕默德·泰拔格：《阿勒颇史上群英诸贤》第 4 卷，第 64 页。穆罕默德·拉施德：《族谱学家辞典：自伊历一世纪至当代》，第 216 页。

伊本·麦沙特

(Ibn Mashshāt，? ～1007)

(一) 名号谱系

艾布·穆托黎夫·阿卜杜·拉哈曼·本·穆罕默德·本·艾哈迈德·本·欧贝杜拉·鲁爱尼·古尔图比。

(二) 生平概述

生于西班牙科尔多瓦。与后伍麦叶王朝哈里发侍从、掌控实权的人物曼苏尔·穆罕默德·本·艾比·阿米尔交好，曾在科尔多瓦、哈恩 (Jaén) 和瓦伦西亚 (Valencia) 等西班牙城市担任法官。在 1007 年 2 月突然辞世。

(三) 族谱著作

《辉煌》(*Al-Bāhir*)。

作者在瓦伦西亚撰成该书，记载阿米尔家族 (Āl ‘Āmir) 一些鲜为人知的往事。

(四) 参考文献

伊本·巴施库沃勒：《〈安达卢西伊玛目、学者、圣训学家、教法学家与文学家史〉续编》第 1 卷，第 400 页。扎哈比：《伊斯兰史与诸杰群英辞世录》第 27 卷，第 344 页。欧麦尔·礼萨：《著述家辞典》第 2 卷，第 108 页。利玛·杜尔内格：《阿拉伯与穆斯林著名史学家》，第 204 页。

伊本·麦赫璐斯

(Ibn al-Mahlūs，928～1009)

(一) 名号谱系

艾布·塔里卜·穆罕默德·本·阿里·本·伊斯哈格·本·阿拔斯·

本·伊斯哈格·本·穆萨·本·贾法尔·本·穆罕默德·本·阿里·本·侯赛因·本·阿里·本·艾比·塔里卜。

（二）生平概述

生卒于伊拉克。出身于学术世家，禁欲主义者，精通族谱。

（三）族谱著作

《信士长官子嗣谱系》（*Kitāb fī Ansāb Awlād Amīr al-Mu' minīn*）。

（四）参考文献

赫蒂卜·巴格达迪：《巴格达史》第 4 卷，第 158 页。索伊卜·阿卜杜·哈密德：《什叶派史学家辞典》第 2 卷，第 250 页。什贺布丁·麦尔阿什：《释疑：谱系、别号与后裔精粹人物志》，第 33~34 页。

侯赛因·穆萨维

（al-Husayn al-Mūsawī，916~1010）

（一）名号谱系

艾布·艾哈迈德·侯赛因·本·穆萨·本·穆罕默德·本·穆萨·本·伊卜拉欣·本·穆萨·本·贾法尔·本·穆罕默德·本·阿里·本·侯赛因·本·阿里·本·艾比·塔里卜·穆萨维。

（二）生平概述

生卒于伊拉克巴格达。965 年，初次担任该城的阿拉维家族联合会领导人，先后任该职五次。

（三）族谱著作

《巴格达名单》（*Jarīdat Baghdād*）。
它是一部关于巴格达人的族谱名单。

（四）参考文献

齐黎克里：《名人》第 2 卷，第 260 页。阿迦·布祖尔克：《什叶派著述门径》第 26 卷，第 252 页。穆哈幸·艾敏：《什叶派精英》第 6 卷，第 183~187 页。索伊卜·阿卜杜·哈密德：《什叶派史学家辞典》第 1 卷，第 307 页。阿卜杜·拉札戈·康木纳：《愿者希冀：族谱学家层级传》，第 201~202 页。穆罕默德·拉施德：《族谱学家辞典：自伊历一世纪至当代》，第 158 页。

艾熹·穆哈幸

（Akhī Muhsin，？~约 1010）

（一）名号谱系

艾布·侯赛因·穆罕默德·本·阿里·本·侯赛因·本·艾哈迈德·本·伊斯玛仪·本·穆罕默德·本·伊斯玛仪·本·贾法尔·本·穆罕默德·本·阿里·本·侯赛因·本·阿里·本·艾比·塔里卜。

（二）生平概述

生卒地点有待考究。曾居住在叙利亚大马士革的图玛之门（Bab Tuma），擅长考究阿拉维家族谱系。

（三）族谱著作

《法蒂玛人无效族谱》（*Ibtāl Nasab al-Fatimīyīn*）。

（四）参考文献

伊本·达沃达利：《珠玉宝藏与精华荟萃·第 6 卷·往昔珠玉：法蒂玛王朝纪事》，第 6 页。艾布·沙玛：《双园：努尔丁与萨拉丁两王朝纪事》第 2 卷，第 223~224 页。麦戈利齐：《正统训诫：法蒂玛人历任伊玛目纪事》第 1 卷，第 22 页。穆罕默德·拉施德：《族谱学家辞典：自伊历一世纪至当代》，第 490 页。

伊本·法桑吉斯

（Ibn Fasānjis，？～约 1010）

（一）名号谱系

艾布·哈桑·阿里·本·穆罕默德·本·阿拔斯·本·法桑吉斯。

（二）生平概述

生卒地点有待考究。精通纪事学、诗歌、族谱学、遗训学、传记学、哲学和语言学等学问。

（三）族谱著作

《辨正：阿拉伯人名》（*Al-Mukhtalif wa-al-Mu'talif fī Asmā' Rijāl al-'Arab*）。

（四）参考文献

纳贾什：《纳贾什人物》，第 258 页。阿迦·布祖尔克：《什叶派著述门径》第 20 卷，第 218 页。索伊卜·阿卜杜·哈密德：《什叶派史学家辞典》第 1 卷，第 627 页。阿卜杜·拉札戈·康木纳：《愿者希冀：族谱学家层级传》，第 166 页。

伊本·曼穆拉赫

（Ibn Mammūlah，？～1010）

（一）名号谱系

艾布·哈桑（侯赛因）·穆罕默德·本·伽斯姆·本·曼穆拉赫·塔米米·萨尔迪·巴士里。

（二）生平概述

生于伊拉克巴士拉。精通族谱、阿拉伯历史故事和伊朗伊斯法罕人事迹。晚年定居伊朗，直至辞世。

（三）族谱著作

1.《谱系与纪事》（*Kitāb al-Ansāb wa-al-Akhbār*）。

2.《波斯人纪事及其谱系》（*Kitāb Akhbār al-Furs wa-Ansābihā*）。

3.《民族流动史》（*Kitāb Tārīkh Sā' ir al-Umam*）。

4.《部落争端、亲族荣耀及其事务评判》（*Kitāb al-Munāfarāt bayna al-Qabā' il wa-Ashrāf al-'Ashā' ir wa-Aqdīyat al-Hukkām baynahum fī dhālik*）。

5.《族枝与谱树：阿拉伯人与异族人谱系》（*Kitāb al-Far' wa-al-Shajar fī Ansāb al-'Arab wa-al-'Ajam*），约 20 卷。

（四）参考文献

伊本·纳迪姆：《目录》第 1 卷第 2 分册，第 353 页。索法迪：《逝者全录》第 4 卷，第 246 页。伊本·撒仪：《宝贵珠玉：著者名字》，第 129 页。伊斯玛仪·帕夏·巴格达迪：《隐匿揭示：〈书艺题名释疑〉增补》第 1 卷，第 37 页。欧麦尔·礼萨：《著述家辞典》第 3 卷，第 594 页。沙奇尔·穆斯塔法：《阿拉伯历史与史家》第 2 卷，第 84、91 页。什贺布丁·麦尔阿什：《释疑：谱系、别号与后裔精粹人物志》，第 41 页。伯克尔·艾布·栽德：《族谱学家层级传》，第 90、220 页。阿卜杜·拉札戈·康木纳：《愿者希冀：族谱学家层级传》，第 28、228 ~ 230 页。穆罕默德·拉施德：《族谱学家辞典：自伊历一世纪至当代》，第 509 页。

伊本·法拉荻

（Ibn al-Faradī，962 ~ 1013）

（一）名号谱系

艾布·瓦立德·阿卜杜拉·本·穆罕默德·本·优素福·本·纳斯尔·艾兹迪·安达卢斯·古尔图比。

（二）生平概述

生于西班牙科尔多瓦。992 年，向东游历到阿拉伯半岛。曾任西班牙瓦伦西亚城法官。1013 年 5 月，被攻陷科尔多瓦的柏柏尔人杀害。

（三）族谱著作

1.《文集：名字与别号辞典》（*Majma‘ al-Ādāb fī Mu‘jam al-Asmā’ wa-al-Alqāb*）。

2.《传述人名字、别名及其谱系混淆》（*Al-Mutashābih fī Asmā’ al-Rūwāh wa-Kunāhim wa-Ansābihim*）。

3.《辨正》（*Al-Mu’talif wa-al-Mukhtalif*）。

4.《族谱混淆》（*Mushtabih al-Nisbah*）。

（四）参考文献

伊本·亥尔：《目录》，第 272 页。伊本·赫里康：《精英辞世与时代名人信息录》第 3 卷，第 105～106 页。卡尔·布罗克尔曼：《阿拉伯文学史》第 6 册，第 101 页。齐黎克里：《名人》第 4 卷，第 121 页。欧麦尔·礼萨：《著述家辞典》第 2 卷，第 295 页。伯克尔·艾布·栽德：《族谱学家层级传》，第 95 页。穆罕默德·拉施德：《族谱学家辞典：自伊历一世纪至当代》，第 310 页。

穆罕默德·奇腊仪

（Muhammad al-Kilā‘ī，？～约 1013）

（一）名号谱系

艾布·伯克尔·穆罕默德·本·哈桑·本·穆罕默德·本·阿卜杜拉·本·穆罕默德·奇腊仪·希木叶利·也默尼。

（二）生平概述

出身于也门贵族家庭，详细生卒地点有待考究。精通语言学、语法学、教法学、传记学和族谱学。

（三）族谱著作

《希木叶尔谱系长诗》（*Qasīdat al-Dāmighah fī Ansāb Himyar*）。

这首 300 多行长诗记述了也门希木叶尔人的族谱、功勋、列王、名人、英豪和氏族等内容。

（四）参考文献

伊斯玛仪·帕夏·巴格达迪：《知者惠赠：作者名讳与著者述作》第 2 卷，第 59 页。欧麦尔·礼萨：《著述家辞典》第 3 卷，第 234 页。沙奇尔·穆斯塔法：《阿拉伯历史与史家》第 2 卷，第 340 页。埃曼·福阿德：《伊斯兰时期也门历史文献》，第 76~77 页。阿卜杜拉·哈巴什：《也门伊斯兰思想文献》，第 474 页。索伊卜·阿卜杜·哈密德：《什叶派史学家辞典》第 2 卷，第 166~167 页。伯克尔·艾布·栽德：《族谱学家层级传》，第 95 页。阿卜杜·拉札戈·康木纳：《愿者希冀：族谱学家层级传》，第 260 页。

艾布·伯克尔·什拉齐

（Abū Bakr al-Shīrāzī，？ ~1017）

（一）名号谱系

艾布·伯克尔·艾哈迈德·本·阿卜杜·拉哈曼·本·艾哈迈德·本·穆罕默德·本·穆萨·法里斯·什拉齐。

（二）生平概述

生于伊朗设拉子。曾游历许多地方。背诵家和圣训学家。辞世地点有待考究。

（三）族谱著作

《传述者别号》（*Alqāb al-Ruwāh*），又名《人物别号》（*Alqāb al-Rijāl*）。

（四）参考文献

扎哈比：《群英诸贤传》第 17 卷，第 242~244 页。哈吉·哈里发：《书艺题名释疑》第 1 卷，第 225 页；第 3 卷，第 26 页。齐黎克里：《名人》第 1 卷，第 146 页。

阿卜杜·加尼·艾兹迪

(‘Abd al-Ghanī al-Azdī，944～1018)

（一）名号谱系

艾布·穆罕默德·阿卜杜·加尼·本·萨义德·本·阿里·本·萨义德·本·比施尔·本·马尔旺·本·阿卜杜·阿齐兹·本·马尔旺·艾兹迪·哈吉利·阿米利·米斯利。

（二）生平概述

生卒于埃及开罗。其父和叔叔都是圣训学家。在学术气氛浓厚的家境中长大，不仅在埃及广拜名师，还到沙姆地区游历。最终成为当时埃及背诵圣训的著名长老之一，一生撰写图书和文章十几部（篇）。

（三）族谱著作

1.《辨正：圣训传述者名字及其父辈与祖辈名字》(*Al-Mu' talif wa-al-Mukhtalif fī Asmā' Naqalat al-Hadīth wa-Asmā' Ābā' ihim wa-Ajdādihim*) 第1～2卷，穆尚纳·穆罕默德·哈密德·圣默利、盖斯·阿卜杜·伊斯玛仪·塔米米校注，贝鲁特：伊斯兰西方出版社，2007。

该书是作者最重要的著作，是第一部较为全面地收录圣训传述人的名号谱系的辨正学（‘Ilm al-Mu' talif wa-al-Mukhtalif）专著，按照阿拉伯字母顺序编录413组、2210个相似的人物名字、谱系及其小传。

全书收录的第1组名字是艾斯德（Asīd）、伍赛德（Usayd）与伍赛伊德（Usayyid）。该组提到30个人物，其中第一个是艾斯德·本·拉菲俄，最后是伍赛伊德·本·阿慕尔·本·塔米姆·本·穆尔。

最后一组名字是叶赞（Yazan）与巴尔兹（Barz）。该组提到2个人物，其中第1个是赛夫·本·支·叶赞，最后是艾布·欧沙拉·欧拓黎德·本·巴尔兹·达黎米。

2.《族谱混淆：书写、词义与读音区别》(*Kitāb Mushtabih al-Nisbah fī al-Khatt wa-Ikhtilāfihā fī al-Ma‘ná wa-al-Lafz*)，欧麦尔·阿卜杜·萨腊姆·

塔德穆利校勘，贝鲁特：阿拉伯文选出版社，1997。

该书按照阿拉伯字母顺序编录 150 组归属名、1191 个名号谱系。其中，第一组归属名是伍布里（al-Ubullī）和埃里（al-Aylī），第一个人物是谢班·本·法鲁赫·伍布里。最后一组归属名是叶扎尼（al-Yazanī）、比尔提（al-Birtī）、白齐（al-Bazzī）、布利（al-Burrī）与伯利（al-Barrī），最后一个人物是哈桑·本·阿里·本·巴哈尔。

（四）参考文献

伊本·阿萨奇尔：《大马士革史》第 36 卷，第 395 ~ 400 页。扎哈比：《群英诸贤传》第 17 卷，第 268 ~ 273 页。伊本·亥尔：《目录》，第 270 ~ 271 页。伊本·赫里康：《精英辞世与时代名人信息录》第 3 卷，第 223 ~ 224 页。哈吉·哈里发：《书艺题名释疑》第 3 卷，第 221、264 页。齐黎克里：《名人》第 4 卷，第 33 页。沙奇尔·穆斯塔法：《阿拉伯历史与史家》第 2 卷，第 205 页。伯克尔·艾布·栽德：《族谱学家层级传》，第 95 页。阿卜杜·拉札戈·康木纳：《愿者希冀：族谱学家层级传》，第 250 ~ 251 页。穆罕默德·拉施德：《族谱学家辞典：自伊历一世纪至当代》，第 274 ~ 275 页。

玛里尼

（al-Mālīnī，？ ~1022）

（一）名号谱系

艾布·萨尔德（萨义德）·艾哈迈德·本·穆罕默德·本·艾哈迈德·本·阿卜杜拉（欧贝杜拉）·本·哈弗斯·本·赫里勒·安索利·哈拉维·玛里尼·苏菲。

（二）生平概述

生于阿富汗赫拉特。曾到呼罗珊地区，河中地区，伊朗戈尔甘、雷伊和伊斯法罕，伊拉克巴士拉、巴格达和库法，沙姆地区以及麦加等地游历。最后定居埃及，直到去世。

（三）族谱著作

1.《辨正》（*Al-Mu' talif wa-al-Mukhtalif*）。

2.《亲缘与谱系》（*Al-Asbāb wa-al-Ansāb*）。

（四）参考文献

赫蒂卜·巴格达迪：《巴格达史》第6卷，第24~25页。索法迪：《逝者全录》第7卷，第216页。扎哈比：《群英诸贤传》第17卷，第301~303页。伊斯玛仪·帕夏·巴格达迪：《知者惠赠：作者名讳与著者述作》第1卷，第72页。齐黎克里：《名人》第1卷，第211页。伯克尔·艾布·栽德：《族谱学家层级传》，第95~96页。穆罕默德·拉施德：《族谱学家辞典：自伊历一世纪至当代》，第71页。

伊本·泰罕

（Ibn al-Tahhān，？~1025）

（一）名号谱系

艾布·伽斯姆·叶哈雅·本·阿里·本·穆罕默德·本·伊卜拉欣·哈德拉米·米斯利。

（二）生平概述

祖籍也门哈德拉毛。对人物志和圣训颇有研究。可能卒于埃及开罗附近。

（三）族谱著作

《名字辨正》（*Kitāb al-Mukhtalif wa-al-Mu' talif fī al-Asmā'*）。

（四）参考文献

扎哈比：《伊斯兰史与诸杰群英辞世录》第28卷，第412~413页。哈吉·哈里发：《书艺题名释疑》第3卷，第221页。卡尔·布罗克尔曼：《阿拉伯文学史》第 6 册，第 84 页。齐黎克里：《名人》第 8 卷，第 157 页。欧麦尔·礼萨：《著述家辞典》第 4 卷，第 106 页。沙奇尔·穆斯塔法：《阿拉伯历史与史家》第 2 卷，第 205~206 页。伯克尔·艾布·栽德：《族谱学家层级传》，第 96 页。穆罕默德·拉施德：《族谱学家辞典：自伊历一世纪至当代》，第 580 页。

瓦齐尔·马格里比

（al-Wazīr al-Maghribī，980~1027）

（一）名号谱系

艾布·伽斯姆·侯赛因·本·阿里·本·侯赛因·本·阿里·本·穆罕默德·本·优素福·马格里比，以“瓦齐尔·马格里比”或“伊本·马格里比”或“伊本·瓦齐尔”著称于世。

（二）生平概述

祖籍伊朗。生于叙利亚阿勒颇。祖父和父亲都是阿勒颇城主的书吏。991 年，随父迁居埃及。1010 年，埃及的政治环境恶化，统治者屠戮学者。他先逃到巴勒斯坦，再到希贾兹地区，然后投靠伊拉克巴格达的布韦赫家族，谋得维齐尔之职。发生叛乱后，阿拔斯王朝哈里发命令他离开巴格达。其人生的最后三年在土耳其锡尔万（Silvan）度过。在学问方面，涉猎诗歌、文学、经注学、伦理学、医学、政治学和族谱学等。

（三）族谱著作

1.《族谱学感知》（*Al-Īnās fi‘Ilm al-Ansāb*），哈默德·贾斯尔校注，利雅得：叶玛麦研究与翻译出版社，1980。

该书大体上按照阿拉伯字母顺序编录 362 个单名，然后逐一辨析，考证这些单名的部落归属，讲述相关人物的名号谱系。

全书第一个单名是艾兹德（al-Azd），即迪剌·本·部思·本·纳波特·本·马立克·本·栽德·本·卡赫岚·本·赛伯邑·本·叶什朱卜·本·叶尔鲁卜·本·葛哈塘，来自卡赫岚部落。

最后一个是叶隋哈（Yasīh），属于法拉菲索家族（Āl al-Farāfisah）。叶隋哈·本·法拉菲索是第三任正统哈里发奥斯曼之妻娜依拉的兄弟。

2.《阿拉伯部落、纪事、谱系与日子选集》（*Adab al-Khawāss fī al-Mukhtār min Balāghāt Qabā' il al-'Arab wa-Akhbārihā wa-Ansābihā wa-Ayyāmihā*）第1卷，哈默德·贾斯尔校注，利雅得：叶玛麦研究与翻译出版社，1980。

作者在25岁时编写了这部著作。它是中古时期最大篇幅的阿拉伯诗歌选集之一，主要记载诗坛人物志、部落历史和族谱。令人遗憾的是，只有绪论和第1卷第1章残存至今。作者在绪论中说，“我喜欢族谱。它是最难的阿拉伯学问”（第85页），在绪论之后谈论“阿拉伯”的派生，然后是语言派生。第1章主要记载前伊斯兰时期著名诗人伊姆鲁·盖斯（Imru' al-Qays）的生平事迹和族谱世系，悭达部落族谱及其历史故事等内容。

（四）参考文献

雅孤特·哈默维：《文豪辞典》第3卷，第1093~1105页。扎哈比：《伊斯兰史与诸杰群英辞世录》第28卷，第440~445页。齐黎克里：《名人》第2卷，第245页。欧麦尔·礼萨：《著述家辞典》第1卷，第624页。沙奇尔·穆斯塔法：《阿拉伯历史与史家》第2卷，第206~208页。索伊卜·阿卜杜·哈密德：《什叶派史学家辞典》第1卷，第292~293页。什贺布丁·麦尔阿什：《释疑：谱系、别号与后裔精粹人物志》，第42~43页。伯克尔·艾布·栽德：《族谱学家层级传》，第96页。穆罕默德·拉施德：《族谱学家辞典：自伊历一世纪至当代》，第152页。伊哈桑·阿拔斯：《瓦齐尔·马格里比》（Ihsān 'Abbās, *Al-Wazīr al-Maghribī*），安曼：舒鲁阁出版社，1988。

扎卡利雅·韩姆韦赫

（Zakarīyā Hammuwayh, 959~约1028）

（一）名号谱系

艾布·叶哈雅·扎卡利雅·本·艾哈迈德·本·穆罕默德·本·叶哈雅·本·穆罕默德·本·叶哈雅·本·韩姆韦赫·白札兹·内撒布利。

（二）生平概述

出生地点有待考究。在伊朗内沙布尔、伊拉克和希贾兹地区向许多著名学者求教，懂族谱学、医学、文学和语法学等学问。卒于内沙布尔。

（三）族谱著作

《族谱书》（*Kitāb fī al-Nasab*）。

族谱学家法赫鲁丁·拉齐（1150~1210）在《吉祥谱树：塔里比家族谱系》中抄录了该书的内容。

（四）参考文献

伊本·丰杜戈：《谱系、别号与后裔精粹》第 1 卷，第 182 页。扎哈比：《伊斯兰史与诸杰群英辞世录》第 28 卷，第 498 页。索法迪：《逝者全录》第 14 卷，第 135 页。伊本·撒仪：《宝贵珠玉：著者名字》，第 372 页。欧麦尔·礼萨：《著述家辞典》第 1 卷，第 732 页。伯克尔·艾布·栽德：《族谱学家层级传》，第 84 页。阿卜杜·拉札戈·康木纳：《愿者希冀：族谱学家层级传》，第 205 页。穆罕默德·拉施德：《族谱学家辞典：自伊历一世纪至当代》，第 189 页。

伊本·拉毕卜·塔哈尔提

（Ibn al-Rabīb al-Tāhartī，951~1029）

（一）名号谱系

哈桑·本·穆罕默德·塔米米·伽迪·塔哈尔提。

（二）生平概述

生于阿尔及利亚塔赫尔特（即提亚雷特）。求学于突尼斯凯鲁万，曾担任该城法官，精通文学、纪事学和族谱学。卒于凯鲁万。

（三）族谱著作

《谱系》（*Kitāb al-Ansāb*）。

（四）参考文献

雅孤特·哈默维：《文豪辞典》第3卷，第998~999页。索法迪：《逝者全录》第12卷，第148~149页。欧麦尔·礼萨：《著述家辞典》第1卷，第582页。伯克尔·艾布·栽德：《族谱学家层级传》，第97页。阿卜杜·拉札戈·康木纳：《愿者希冀：族谱学家层级传》，第240页。穆罕默德·拉施德：《族谱学家辞典：自伊历一世纪至当代》，第141页。

哈鲁尼

（al-Hārūnī，952~1032）

（一）名号谱系

艾布·塔里卜·叶哈雅·本·侯赛因·本·哈伦·本·侯赛因·本·穆罕默德·本·哈伦·本·伽斯姆·本·哈桑·本·栽德·本·哈桑·本·阿里·本·艾比·塔里卜·哈鲁尼·白特哈尼·阿拉维。

（二）生平概述

生于伊朗泰伯里斯坦地区。栽德派伊玛目之一。教法学家和传记编纂家。卒于伊朗阿莫勒（或戈尔甘）。

（三）族谱著作

《众母之名》（*Asāmī al-Ummahāt*）。

（四）参考文献

齐黎克里：《名人》第8卷，第141页。沙奇尔·穆斯塔法：《阿拉伯历史与史家》第2卷，第339页。阿卜杜·萨腊姆·瓦冀赫：《栽德派著述名人》，第1121~1123页。穆哈幸·艾敏：《什叶派精英》第10卷，第289页。索伊卜·阿卜杜·哈密德：《什叶派史学家辞典》第2卷，第452页。什贺布丁·麦尔阿什：《释疑：谱系、别号与后裔精粹人物志》，第50页。阿卜杜·拉札戈·康木纳：《愿者希冀：族谱学家层级传》，第29、271~272页。

拉基戈·盖拉沃尼

（al-Raqīq al-Qayrawānī，？～约 1034）

（一）名号谱系

艾布·伊斯哈格·伊卜拉欣·本·伽斯姆·盖拉沃尼，以“拉基戈”或“伊本·拉基戈”著称于世。

（二）生平概述

生于突尼斯凯鲁万。担任桑哈吉王朝的书吏近半个世纪。998 年，奉突尼斯统治者拔迪斯·桑哈吉（Bādīs al-Sanhājī）之命前往埃及进献贡品。随后回到凯鲁万。可能卒于凯鲁万。

（三）族谱著作

《柏柏尔谱系》（*Ansāb al-Barbar*），已佚。

（四）参考文献

卡尔·布罗克尔曼：《阿拉伯文学史》第 3 册，第 81 页。福阿德·斯兹金：《阿拉伯遗产史》第 1 卷第 2 分册，第 243～244 页。齐黎克里：《名人》第 1 卷，第 57 页。欧麦尔·礼萨：《著述家辞典》第 1 卷，第 52～53 页。穆罕默德·马哈富兹：《突尼斯著述家志》第 2 卷，第 379～386 页。穆罕默德·拉施德：《族谱学家辞典：自伊历一世纪至当代》，第 30 页。

法拉其

（al-Falakī，？～1036）

（一）名号谱系

艾布·法得勒·阿里·本·侯赛因·本·艾哈迈德·本·哈桑·法拉其·哈默扎尼。

（二）生平概述

出生地点有待考究。曾向伊朗哈马丹、伊拉克和呼罗珊地区的许多学者求问知识。卒于伊朗内沙布尔。

（三）族谱著作

《圣训学家别号》（*Kitāb Alqāb al-Muhaddithīn*）。

著名族谱学家萨姆阿尼（1113～1167）曾读过伊本·哈束勒·哈默扎尼（Ibn Hassūl al-Hamadhānī，？～1058）誊抄的这部著作。他说："它是一本让人受益的好书。"

（四）参考文献

萨姆阿尼：《谱系》第9卷，第330页。扎哈比：《群英诸贤传》第17卷，第502～504页。伊本·易玛德：《金砂：往逝纪事》第5卷，第128页。哈吉·哈里发：《书艺题名释疑》第3卷，第26、303页。齐黎克里：《名人》第4卷，第278页。沙奇尔·穆斯塔法：《阿拉伯历史与史家》第2卷，第121页。穆罕默德·拉施德：《族谱学家辞典：自伊历一世纪至当代》，第347页。

艾斯瓦德·贡迪贾尼

（al-Aswad al-Ghundijānī，？～约1038）

（一）名号谱系

艾布·穆罕默德·哈桑·本·艾哈迈德·本·穆罕默德·艾俄拉比。

（二）生平概述

祖籍伊朗贡迪坚（Ghundijan）。精通文学、诗歌、阿拉伯日子和族谱学。辞世地点有待考究。

（三）族谱著作

《阿拉伯马之名字、血统及其骑士》（*Kitāb Asmā' Khayl al-'Arab wa-*

Ansābihā wa-Dhikr Fursānihā)，穆罕默德·阿里·苏勒拓尼校注，大马士革：阿士玛出版社，2007。

该书按照阿拉伯字母顺序编录了前伊斯兰时期和伊斯兰时期的 837 匹阿拉伯良驹的名字、血统及其骑士与相关诗歌。其中第 1 匹马是安塔拉·本·沙达德·阿卜斯的爱步驾耳（al-Abjar），第 837 匹马是先知穆罕默德的野耳速步（al-Ya'sūb）。

（四）参考文献

雅孤特·哈默维：《文豪辞典》第 2 卷，第 821～822 页。索法迪：《逝者全录》第 11 卷，第 292～293 页。齐黎克里：《名人》第 2 卷，第 180 页。伯克尔·艾布·栽德：《族谱学家层级传》，第 98 页。阿卜杜·拉札戈·康木纳：《愿者希冀：族谱学家层级传》，第 240 页。穆罕默德·拉施德：《族谱学家辞典：自伊历一世纪至当代》，第 132～133 页。

穆斯塔厄菲利

（al-Mustaghfirī，961～1041）

（一）名号谱系

艾布·阿拔斯·贾法尔·本·穆罕默德·本·穆尔塔兹·本·穆罕默德·本·穆斯塔厄菲尔·本·法特哈·本·伊德里斯·穆斯塔厄菲利·纳萨斐。

（二）生平概述

生卒于乌兹别克斯坦卡尔希（Qarshi，旧称纳萨夫）。精通教法学、圣训学和史学等学问。

（三）族谱著作

《〈辨正〉增补》（*Al-Ziyādāt fī Kitāb al-Mukhtalif wa-al-Mu' talif*），哈密德·本·布舒爱波·阿戈拉注，利雅得：伊本·盖伊姆出版社 & 开罗：伊本·阿凡出版社，2021。

该书是著名族谱学家阿卜杜·加尼·艾兹迪《辨正：圣训传述者名字及其父辈与祖辈名字》的增补。

（四）参考文献

扎哈比：《伊斯兰史与诸杰群英辞世录》第29卷，第364~365页。齐黎克里：《名人》第2卷，第128页。福阿德·斯兹金：《阿拉伯遗产史》第1卷第2分册，第228~229页。伯克尔·艾布·栽德：《族谱学家层级传》，第97~98页。穆罕默德·拉施德：《族谱学家辞典：自伊历一世纪至当代》，第121页。

谢赫·沙拉夫

（Shaykh al-Sharaf，950~1045）

（一）名号谱系

艾布·哈桑·穆罕默德·本·穆罕默德·本·阿里·本·哈桑·本·阿里·本·伊卜拉欣·本·阿里·本·欧贝杜拉·本·侯赛因·本·阿里·本·侯赛因·本·阿里·本·艾比·塔里卜·阿拉维·侯赛尼·欧贝达里·巴格达迪。

（二）生平概述

生卒于叙利亚大马士革。长期居住在伊拉克巴格达。在伊拉克摩苏尔居住了一段日子，曾到访以色列太巴列（Tabarīyah）和埃及。懂文学、诗歌和族谱。

（三）族谱著作

1.《艾布·塔里卜家族谱系大全》（*Al-Kāmil fī Ansāb Āl Abī Tālib*）。

作者在他的另一部族谱书《谱系修正与后裔终止》的绪论中说，他写了一万张纸（相当于两万页）的著作来阐述艾布·塔里卜家族的情况和记录他们的谱系。但令人捶胸憾叹的是，这部巨著早已失传。

2.《谱系修正与后裔终止》（*Tahdhīb al-Ansāb wa-Nihāyat al-A'qāb*），伊

本·托拔托拔·哈萨尼修订、注解，穆罕默德·卡资姆·麦哈茂迪校勘，库姆：大阿亚图拉麦尔阿什·纳杰斐书店，2007。

作者在该书绪论中说，每一门学问都要有入门读物和导论。于是，《谱系修正与后裔终止》应需而著。紧接着绪论之后，他把分支世系（Tabaqāt al-Nasab）划分成 10 个级别，由大到小分别是：

世系级别	族谱学释义	汉字音译	拉丁字母转写	阿拉伯原文
1	族根	单数：杰兹姆	al-Jadhm	الجذم
		复数：朱祖姆	al-Judhūm	الجذوم
2	族群	单数：朱姆胡尔	al-Jumhūr	الجمهور
		复数：杰玛希尔	al-Jamāhīr	الجماهير
3	部族	单数：沙尔卜	al-Sha‘b	الشعب
		复数:舒欧卜	al-Shu‘ūb	الشعوب
4	部落	单数：格比拉	al-Qabīlah	القبيلة
		复数：格拔伊勒	al-Qabā' il	القبائل
5	胞族	单数：易玛拉	al-‘Imārah	العمارة
		复数:阿玛伊尔	al-‘Amā' ir	العمائر
6	氏族	单数：巴特恩	al-Batn	البطن
		复数：布图恩	al-Butūn	البطون
7	宗族	单数：法赫兹	al-Fakhdh	الفخذ
		复数：艾弗哈兹	al-Afkhādh	الأفخاذ
8	亲族	单数：阿什拉	al-‘Ashīrah	العشيرة
		复数:阿沙伊尔	al-‘Ashā' ir	العشائر
9	家族	单数：法绥拉	al-Fasīlah	الفصيلة
		复数：法索伊勒	al-Fasā' il	الفصائل
10	家庭	单数：拉哈特	al-Rahat	الرهط
		复数：艾尔霍特	al-Arhut	الأرهط

接下来，从先知穆罕默德谱系开始撰述。全书最后记载的是阿基勒·本·艾比·塔里卜子嗣。

（四）参考文献

伊本·阿萨奇尔：《大马士革史》第 55 卷，第 210 页。伊本·易纳巴：

《艾布·塔里卜家族谱系基本要义》，第 34、64、156、185、227 页。卡尔·布罗克尔曼：《阿拉伯文学史》第 3 册，第 33 页。福阿德·斯兹金：《阿拉伯遗产史》第 1 卷第 2 分册，第 63 页。齐黎克里：《名人》第 7 卷，第 21 页。索伊卜·阿卜杜·哈密德：《什叶派史学家辞典》第 2 卷，第 318~319 页。沙奇尔·穆斯塔法：《阿拉伯历史与史家》第 2 卷，第 92 页。什贺布丁·麦尔阿什：《释疑：谱系、别号与后裔精粹人物志》，第 44~45 页。伯克尔·艾布·栽德：《族谱学家层级传》，第 98、220 页。穆罕默德·拉施德：《族谱学家辞典：自伊历一世纪至当代》，第 515~516 页。

欧贝杜拉·哈拉维

（'Ubayd Allāh al-Harawī，？~约 1046）

（一）名号谱系

艾布·法得勒·欧贝杜拉·本·阿卜杜拉·本·艾哈迈德·本·穆罕默德·本·优素福·哈拉维。

（二）生平概述

生于阿富汗赫拉特。1046 年 8 月，在伊朗伊斯法罕讲学。圣训学家和史学家。辞世地点有待考究。

（三）族谱著作

1.《圣训学家相似名字辞典》（*Al-Mu'jam fī Mushtabih Asāmī al-Muhaddithīn*），纳左尔·穆罕默德·法拉雅比校勘，利雅得：鲁世德书店，1990。

该书完稿于 1046 年 8 月，大体上按照阿拉伯字母顺序编录 498 位圣训人物的名字及其谱系。其中第一位人物是艾布·哈姆扎·艾纳斯·本·马立克·安索利·纳贾利，最后一位是叶哈雅·本·比施尔·哈利利·白勒黑。

2.《别号》（*Kitāb al-Alqāb*）。

（四）参考文献

欧麦尔·礼萨：《著述家辞典》第 2 卷，第 351 页。穆罕默德·拉施德：《族谱学家辞典：自伊历一世纪至当代》，第 325 页。

伊本·白拉兹仪

(Ibn al-Barādhi'ī，? ~约 1046)

（一）名号谱系

艾布·萨义德·赫拉夫·本·艾比·伽斯姆·艾兹迪·盖拉沃尼·马格里比·马立其。

（二）生平概述

生于突尼斯凯鲁万。后来成为该城的马立克学派大教法学家之一。在其家族崩溃后，迁居意大利西西里岛。在岛上奋力著书，而且与该岛统治者关系密切。可能到过伊朗伊斯法罕。可能卒于凯鲁万或西西里岛。

（三）族谱著作

《欧贝德家谱修正》(*Kitāb Tashīh Nasab Banī 'Ubayd*)。

（四）参考文献

扎哈比：《群英诸贤传》第 17 卷，第 523 页。齐黎克里：《名人》第 2 卷，第 311 页。欧麦尔·礼萨：《著述家辞典》第 1 卷，第 675 页。穆罕默德·马哈富兹：《突尼斯著述家志》第 1 卷，第 77~79 页。穆罕默德·拉施德：《族谱学家辞典：自伊历一世纪至当代》，第 174~175 页。

艾布·加纳伊姆·栽迪

(Abū al-Ghanā' im al-Zaydī，988~1047)

（一）名号谱系

艾布·加纳伊姆·阿卜杜拉·本·哈桑·本·穆罕默德·本·哈桑·本·侯赛因·本·尔撒·本·叶哈雅·本·侯赛因·本·栽德·本·阿

里·本·侯赛因·本·阿里·本·艾比·塔里卜·栽迪。

（二）生平概述

可能生卒于叙利亚大马士革。曾担任该城法官，曾游历伊朗各大伊斯兰文化名城。

（三）族谱著作

1.《慕求者观赏：福贵者特质》（*Nuzhat ʻUyūn al-Mushtāqīn ilá Wasf al-Sādah al-Ghurr al-Mayāmīn*）。

这部10卷本著作主要记述作者游历呼罗珊、法里斯、伊拉克、沙姆、埃及和马格里布等地区时，从当地名门望族和族谱学家那里获得的族谱知识。

2. 六卷本谱系树形图。

（四）参考文献

伊本·阿萨奇尔：《大马士革史》第27卷，第400页。伊本·丰杜戈：《谱系、别号与后裔精粹》第2卷，第632页。索法迪：《逝者全录》第17卷，第68~69页。伊本·易纳巴：《艾布·塔里卜家族谱系基本要义》，第96、132、265页。阿卜杜·萨腊姆·瓦冀赫：《栽德派著述名人》，第569~570页。索伊卜·阿卜杜·哈密德：《什叶派史学家辞典》第1卷，第512~513页。什贺布丁·麦尔阿什：《释疑：谱系、别号与后裔精粹人物志》，第51~52页。阿卜杜·拉札戈·康木纳：《愿者希冀：族谱学家层级传》，第247~249页。穆罕默德·拉施德：《族谱学家辞典：自伊历一世纪至当代》，第291页。

阿密德·道拉

（ʻAmīd al-Dawlah，993~1048）

（一）名号谱系

艾布·萨尔德（萨义德）·穆罕默德·本·侯赛因·本·阿里·本·阿卜杜·拉希姆·巴格达迪，以“阿密德·道拉”或“瓦齐尔·马格里比”

著称于世。

（二）生平概述

出生地点有待考究。长期居住于巴格达。卒于土耳其吉兹雷（Cizre，即伊本·欧麦尔岛）。

（三）族谱著作

《史上民族等级》（*Kitāb Tabaqāt al-Umam fī al-Tārīkh*）。

（四）参考文献

扎哈比：《伊斯兰史与诸杰群英辞世录》第 29 卷，第 476~477 页。齐黎克里：《名人》第 6 卷，第 99 页。欧麦尔·礼萨：《著述家辞典》第 3 卷，第 251 页。沙奇尔·穆斯塔法：《阿拉伯历史与史家》第 2 卷，第 123 页。

宿利

（al-Sūrī，986~1049）

（一）名号谱系

艾布·阿卜杜拉·穆罕默德·本·阿里·本·阿卜杜拉·本·穆罕默德·本·鲁海姆·沙米·撒希里·宿利。

（二）生平概述

生于黎巴嫩苏尔。曾游历沙姆地区、埃及和伊拉克。1027 年，定居伊拉克巴格达。擅长书写，背诵家和圣训学家。卒于巴格达。

（三）族谱著作

增补他的老师、著名族谱学家阿卜杜·加尼·艾兹迪的族谱著作。

（四）参考文献

赫蒂卜·巴格达迪：《巴格达史》第 4 卷，第 172~173 页。萨姆阿尼：

《谱系》第 8 卷，第 106 ~ 107 页。扎哈比：《群英诸贤传》第 17 卷，第 627 ~ 631 页。伊本·卡西尔：《始末录》第 15 卷，第 713 ~ 715 页。伊本·拿斯鲁丁：《混淆澄清：传述人名字、谱系、别号与别名修正》第 1 卷，“校勘序言”，第 23 页。齐黎克里：《名人》第 6 卷，第 275 ~ 276 页。穆罕默德·拉施德：《族谱学家辞典：自伊历一世纪至当代》，第 490 页。

艾布·加纳伊姆·苏菲

（Abū al-Ghanā' im al-Sūfī，988 ~ 约 1052）

（一）名号谱系

艾布·加纳伊姆·穆罕默德·本·阿里·本·穆罕默德·本·穆罕默德·本·艾哈迈德·本·阿里·本·穆罕默德·本·叶哈雅·本·阿卜杜拉·本·穆罕默德·本·欧麦尔·本·阿里·本·艾比·塔里卜·阿拉维·欧麦利。

（二）生平概述

可能生卒于伊拉克巴士拉。著名族谱学家伊本·苏菲（1008 ~ 1097）的父亲。

（三）族谱著作

注解族谱学家伊本·喜达俄的族谱著作。

（四）参考文献

伊本·苏菲：《麦吉迪：塔里比人谱系》，第 201、349、390 页。伊本·易纳巴：《艾布·塔里卜家族谱系基本要义》，第 72、74、246 页。穆罕默德·拉施德：《族谱学家辞典：自伊历一世纪至当代》，第 490 页。

欧贝杜拉·西吉斯塔尼

（'Ubayd Allāh al-Sijistānī，？ ~ 1052）

（一）名号谱系

艾布·纳斯尔·欧贝杜拉·本·萨义德·本·哈提姆·本·艾哈迈

德·沃伊里·伯克利·西吉斯塔尼。

（二）生平概述

祖籍锡斯坦（Sistan）地区。曾游历呼罗珊地区、伊拉克、希贾兹地区和埃及。精通圣训。晚年在麦加定居。

（三）族谱著作

《辨正》（*Al-Mu' talif wa-al-Mukhtalif*）。

（四）参考文献

扎哈比：《群英诸贤传》第 17 卷，第 654~657 页。伊本·易玛德：《金砂：往逝纪事》第 5 卷，第 194~195 页。齐黎克里：《名人》第 4 卷，第 194 页。伯克尔·艾布·栽德：《族谱学家层级传》，第 98~99 页。穆罕默德·拉施德：《族谱学家辞典：自伊历一世纪至当代》，第 325 页。

伊本·托拔托拔

（Ibn Tabātabā，990~1057）

（一）名号谱系

艾布·阿卜杜拉·侯赛因·本·穆罕默德·本·伽斯姆·本·穆罕默德·本·伽斯姆·本·阿里·本·穆罕默德·本·艾哈迈德·本·伊卜拉欣·托拔托拔·本·伊斯玛仪·本·伊卜拉欣·本·哈桑·本·哈桑·本·阿里·本·艾比·塔里卜·阿拉维·哈萨尼·巴格达迪。

（二）生平概述

出生地点有待考究。在族谱学方面的造诣颇深，知晓民间历史故事，涉猎文学和诗歌，经常参加圣训学讲坛。可能卒于伊拉克巴格达。

（三）族谱著作

1. 修正和注解上文谢赫·沙拉夫的《谱系修正与后裔终止》。

2.《阿拉维谱系》（*Al-Ansāb al-'Alawīyah*），又名《谱海》（*Bahr al-Ansāb*）。

3.《谱系大全》（*Al-Kāmil fī al-Ansāb*）。

4.《树形谱系图》（*Al-Ansāb al-Mushajjarah*）。

5.《内沙布尔名单》（*Jarīdat Nīsābūr*）。

（四）参考文献

赫蒂卜·巴格达迪：《巴格达史》第 8 卷，第 683 页。索法迪：《逝者全录》第 13 卷，第 31 页。扎哈比：《伊斯兰史与诸杰群英辞世录》第 30 卷，第 230~231 页。伊本·易纳巴：《艾布·塔里卜家族谱系基本要义》，第 53、173~174、230 页。索伊卜·阿卜杜·哈密德：《什叶派史学家辞典》第 1 卷，第 304~305 页。什贺布丁·麦尔阿什：《释疑：谱系、别号与后裔精粹人物志》，第 47~48 页。伯克尔·艾布·栽德：《族谱学家层级传》，第 99~100 页。阿卜杜·拉札戈·康木纳：《愿者希冀：族谱学家层级传》，第 244~245 页。穆罕默德·拉施德：《族谱学家辞典：自伊历一世纪至当代》，第 155~156 页。

安巴尔杜沃尼

（al-Anbarduwānī，？~1057）

（一）名号谱系

艾布·卡米勒·艾哈迈德·本·穆罕默德·本·阿里·本·穆罕默德·本·巴隋尔·本·艾哈迈德·本·侯赛因·安巴尔杜沃尼·白隋利·哈乃斐。

（二）生平概述

生于乌兹别克斯坦布哈拉附近的安巴尔杜宛（Anbarduwān）村。学习了很多圣训。哈乃斐学派的狂热追随者。辞世地点有待考究。

（三）族谱著作

《比较与增添：名字与谱系》（*Kitāb al-Mudāhāt wa-al-Mudāfāt fī al-Asmā' wa-al-Ansāb*）。

该书大量援引族谱学家达拉古特尼和阿卜杜·加尼·艾兹迪的著作。著名族谱学家萨姆阿尼曾在布哈拉见到该书。

（四）参考文献

阿卜杜·伽迪尔·古拉什：《往昔珠宝：哈乃斐学派层级传》第 1 卷，第 295~296 页。萨姆阿尼：《谱系》第 1 卷，第 357 页。哈吉·哈里发：《书艺题名释疑》第 3 卷，第 282 页。齐黎克里：《名人》第 1 卷，第 213 页。伯克尔·艾布·栽德：《族谱学家层级传》，第 100 页。阿卜杜·拉札戈·康木纳：《愿者希冀：族谱学家层级传》，第 236~237 页。穆罕默德·拉施德：《族谱学家辞典：自伊历一世纪至当代》，第 71 页。

凯拉杰其

（al-Karājakī，？~1057）

（一）名号谱系

艾布·法特哈·穆罕默德·本·阿里·本·奥斯曼·凯拉杰其（或凯拉朱其）。

（二）生平概述

生于伊拉克瓦西特附近的卡拉杰克［Karājak，或读作“卡拉朱克”（Karājuk），或“卡拉吉克”（Karājik）］村。什叶派长老，教法学家、教义学家、语法学家、语言学家、星相家和医生。卒于黎巴嫩苏尔。

（三）族谱著作

1. 《哈桑与侯赛因后裔谱系树形图》（*Al-Tashjīr fī al-Mu‘qqibīn min Walad al-Hasan wa-al-Husayn*）。

2. 《阿拉维人特质》（*Al-Khasā’is al-‘Alawīyah*）。

（四）参考文献

萨姆阿尼：《谱系》第 10 卷，第 372 页。雅孤特·哈默维：《地名辞典》第 4 卷，第 443 页。扎哈比：《伊斯兰史与诸杰群英辞世录》第 30 卷，第 236~237 页。齐黎克里：《名人》第 6 卷，第 276 页。阿迦·布祖尔克：《什叶派著述门径》第 2 卷，第 387 页。索伊卜·阿卜杜·哈密德：《什叶派史学家辞典》第 2 卷，第 273 页。阿卜杜·拉札戈·康木纳：《愿者希冀：族谱学家层级传》，第 266~267 页。穆罕默德·拉施德：《族谱学家辞典：自伊历一世纪至当代》，第 490~491 页。

纳贾什

（al-Najāshī，982~1058）

（一）名号谱系

艾布·阿拔斯·艾哈迈德·本·阿里·本·艾哈迈德·本·阿拔斯·本·穆罕默德·本·阿卜杜拉·本·伊卜拉欣·本·穆罕默德·本·阿卜杜拉·本·纳贾什·阿萨迪·库斐，以“伊本·库斐”（Ibn al-Kūfī）著称于世。

（二）生平概述

生于伊拉克巴格达。编纂的《什叶派著述家名字索引》（又名《纳贾什人物》）是什叶派的“五部人名学原典”之一。卒于伊拉克萨迈拉附近的马提尔阿巴德（Matir Abad）。

（三）族谱著作

1.《纳斯尔·本·古爱恩人谱系及其故事与诗歌》（*Kitāb Ansāb Banī Nasr ibn Qu‘ayn wa-Ayyāmihim wa-Ash‘ārihim*）。

2.《纳得尔·本·叶尔鲁卜谱系》（*Kitāb Ansāb Nadr ibn Ya‘rub*）。

（四）参考文献

纳贾什：《纳贾什人物》，第 98 页。索法迪：《逝者全录》第 7 卷，第 124 页。伊斯玛仪·帕夏·巴格达迪：《知者惠赠：作者名讳与著者述作》第 1 卷，第 78 页。卡尔·布罗克尔曼：《阿拉伯文学史》第 6 册，第 37~38 页。齐黎克里：《名人》第 1 卷，第 172 页。索伊卜·阿卜杜·哈密德：《什叶派史学家辞典》第 1 卷，第 113~114 页。伯克尔·艾布·栽德：《族谱学家层级传》，第 100 页。阿卜杜·拉札戈·康木纳：《愿者希冀：族谱学家层级传》，第 30、235 页。穆罕默德·拉施德：《族谱学家辞典：自伊历一世纪至当代》，第 57 页。

伊本·哈兹姆

(Ibn Hazm，994~1064)

(一) 名号谱系

艾布·穆罕默德·阿里·本·艾哈迈德·本·萨义德·本·哈兹姆·本·迦里卜·本·索里哈·本·赫拉夫·本·马俄丹·本·苏弗彦·本·叶齐德·法里斯·古拉什·安达卢斯·古尔图比·扎希利。

(二) 生平概述

生于西班牙科尔多瓦。阿拉伯化波斯人的后裔。家境殷实，学风浓郁。在父亲的熏陶和教育下，自幼养成好学品性。1013 年，全家迁往阿尔梅里亚（Almería)，随后到瓦伦西亚。1017 年，全家暂时居住在格拉纳达。次年，回到家乡定居。伊本·哈兹姆曾因政治风波入狱，也曾官至维齐尔。1031 年，他厌倦了官场的尔虞我诈，转而沉浸到治学撰著的余生中。最终成为安达卢西著述最多的顶尖学术大师。其子法得勒曾整理他的手稿，多达约 400 册、近 8 万张纸（相当于 16 万页)！卒于西班牙韦尔瓦（Huelva）附近的莫提佳（Montíjar）村。

(三) 族谱著作

1. 《阿拉伯谱系集》(*Jamharat Ansāb al-'Arab*)，阿卜杜·萨腊姆·穆罕默德·哈伦校注，开罗：知识出版社，1982。

阿卜杜·萨腊姆在校勘序言中介绍该书时说：“《阿拉伯谱系集》被认为是最博大、最全面和最精细的族谱书之一，尽管它简略且有缺陷。”伊本·哈兹姆在书中不仅追述阿拉伯人的谱系，还把目光投给异族人、柏柏尔人、波斯人和以色列人。

作者在绪论中反复强调了族谱学的重要性。他在正文的开头部分指出，所有阿拉伯人的谱系都追溯到三个人，他们是阿德南、葛哈塘和古铎阿。其中，阿德南无疑是伊斯玛仪的子嗣；关于葛哈塘和古铎阿的祖先，众说纷纭。

接下来的内容最先追溯阿德南的子嗣。这部分主要由 8 段内容构成：①阿里对部落谱系的看法；②阿德南子嗣；③马阿德·本·阿德南子嗣；④尼札尔·本·马阿德·本·阿德南子嗣；⑤穆多尔子嗣；⑥伊勒雅斯·本·穆多尔·本·尼札尔·本·马阿德·本·阿德南子嗣；⑦穆德黎卡·本·伊勒雅斯·本·穆多尔·本·尼札尔·本·马阿德·本·阿德南子嗣；⑧呼栽玛·本·穆德黎卡·本·伊勒雅斯·本·穆多尔·本·尼札尔·本·马阿德·本·阿德南子嗣。

作者在谈论完葛哈塘和阿德南的荣耀之后说，“我结束了关于阿拉伯部落的话题”（第 490 页）。但随后，他还论及前伊斯兰时期阿拉伯人的信仰与偶像，柏柏尔人总谱，安达卢西的柏柏尔家族，葛斯人（Banū Qasī）的部分族谱，以色列人谱系片段，部分波斯人谱系。

2.《哈里发之母》（*Kitāb Ummahāt al-Khulafā'*），载《伊本·哈兹姆·安达卢斯短文集》（*Rasā'il Ibn Hazm al-Andalusī*）第 2 辑，贝鲁特：阿拉伯研究与出版公司，1987，第 119~122 页。

这篇短文首先记载先知穆罕默德之母的名号谱系，最后提到安达卢西后伍麦叶王朝埃米尔穆尔塔德之母的名字。

3.《柏柏尔族谱》（*Kitāb Nasab al-Barbar*）。

（四）参考文献

胡梅迪：《火炭余烬：安达卢西学林史》，第 449~452 页。伊本·巴施库沃勒：《〈安达卢西伊玛目、学者、圣训学家、教法学家与文学家史〉续编》第 2 卷，第 31~33 页。雅孤特·哈默维：《文豪辞典》第 4 卷，第 1650~1659 页。里撒努丁·伊本·赫蒂卜：《格拉纳达纪综录》第 4 卷，第 111~116 页。哈吉·哈里发：《书艺题名释疑》第 1 卷，第 583 页。齐黎克里：《名人》第 4 卷，第 254~255 页。欧麦尔·礼萨：《著述家辞典》第 2 卷，第 393~394 页。什贺布丁·麦尔阿什：《释疑：谱系、别号与后裔精粹人物志》，第 52~53 页。伯克尔·艾布·栽德：《族谱学家层级传》，第 100 页。阿卜杜·拉札戈·康木纳：《愿者希冀：族谱学家层级传》，第 252 页。

穆罕默德·拉施德:《族谱学家辞典:自伊历一世纪至当代》,第 341 页。扎卡利雅·伊卜拉欣:《伊本·哈兹姆·安达卢斯:扎希利派百科全书式思想家》(Zakarīyā Ibrāhīm, *Ibn Hazm al-Andalusī: al-Mufakkir al-Zāhirī al-Mawsū'ī*),开罗:埃及编辑翻译出版社,1966。伊本·阿基勒·扎希利编《历经千年的伊本·哈兹姆》(Ibn 'Aqīl al-Zāhirī, *Ibn Hazm khilāla Alf 'Ām*)第 1~4 册,贝鲁特:伊斯兰西方出版社,1982。阿卜杜·哈立姆·欧韦斯:《伊本·哈兹姆·安达卢斯及其在历史与文明研究方面的贡献》('Abd al-Halīm 'Uways, *Ibn Hazm al-Andalusī wa-Juhūduhu fī al-Bahth al-Tārīkhī wa-al-Hadārī*),开罗:扎赫拉阿拉伯传媒公司,1988。穆罕默德·伽迪:《伊本·哈兹姆与〈阿拉伯谱系集〉》(Muhammad al-Qādī, "Ibn Hazm wa-*Jamharat Ansāb al-'Arab*"),《阿拉伯出版者》(al-Nāshir al-'Arabī)1987 年总第 9 期。阿里·栽彦:《11 世纪安达卢西族谱编修史:以伊本·哈兹姆的〈谱系集〉为例》('Alī Zayyān, "Tārīkh al-Ansāb fī al-Andalus khilāla al-Qarn 5 H. / 11 M.: Ibn Hazm wa-Kitābuhu *al-Jamharah* Unmūdhajan"),《人文与社会科学杂志》(*Majallat 'Ulūm al-Insān wa-al-Mujtama'*)2012 年第 2 期。苏丹·谢拔尼:《阿曼库藏手抄珍本:伊本·哈兹姆〈族谱集〉的珍贵手抄本》(Sultān al-Shaybānī, "Min Nafā' is al-Makhtūtāt al-Mahfūzah fī al-Khazā' in al-'Umānīyah: Nuskhah Nafīsah min *Jamharat al-Nasab* li-Ibn Hazm"),《记忆》(*Al-Dhākirah*)2020 年第 7~8 期。

伊本·托拔托拔·艾斯法哈尼

(Ibn Tabātabā al-Asfahānī, ? ~约 1069)

(一)名号谱系

艾布·伊斯玛仪·伊卜拉欣·本·拿斯尔·本·伊卜拉欣·本·阿卜杜拉·本·哈桑·本·阿里·本·穆罕默德·本·伽斯姆·本·阿里·本·穆罕默德·本·艾哈迈德·本·伊卜拉欣·本·伊斯玛仪·本·伊卜拉欣·本·哈桑·本·哈桑·本·阿里·本·艾比·塔里卜·艾斯法哈尼。

(二)生平概述

生卒地点有待考究。诗人和族谱学家。

（三）族谱著作

1.《塔里比人移居地》（*Muntaqilat al-Ṭālibīyah*），穆罕默德·马赫迪·赛义德·哈桑·赫尔桑校注，纳杰夫：海达利耶印书馆，1968。

该书按照阿拉伯字母顺序编录艾布·塔里卜后裔们的居住地及这些地方的主要后裔谱系。其中，最先记载的人物谱系是安达卢西的艾布·阿卜杜拉·伊德里斯·本·阿卜杜拉·本·哈桑·本·哈桑·本·阿里·本·艾比·塔里卜，最后是叶玛麦（al-Yamāmah）的穆罕默德·本·哈桑·本·哈姆扎·本·伽斯姆·本·哈桑·本·栽德·本·哈桑·本·阿里·本·艾比·塔里卜。

2.《谱系集》（*Kitāb Dīwān al-Ansāb*）。

3.《名字与别号集》（*Kitāb Majma‘ al-Asmā’ wa-al-Alqāb*）。

4.《族裔续止》（*Kitāb Ghāyat al-Mu‘aqqibīn fī al-Nasab*）。

有些族谱研究者认为，该书的作者是伊本·托拔托拔的父亲艾布·伊卜拉欣·拿斯尔。

（四）参考文献

伊本·易纳巴：《艾布·塔里卜家族谱系基本要义》，第 174 页。什贺布丁·麦尔阿什：《释疑：谱系、别号与后裔精粹人物志》，第 47 页。阿卜杜·萨腊姆·瓦冀赫：《栽德派著述名人》，第 73 页。索伊卜·阿卜杜·哈密德：《什叶派史学家辞典》第 1 卷，第 78～79 页。阿卜杜·拉札戈·康木纳：《愿者希冀：族谱学家层级传》，第 233～234、269 页。穆罕默德·拉施德：《族谱学家辞典：自伊历一世纪至当代》，第 34 页。

索易德·安达卢斯

（Sā‘id al-Andalusī，1029～1070）

（一）名号谱系

艾布·伽斯姆·索易德·本·艾哈迈德·本·阿卜杜·拉哈曼·本·穆罕默德·本·索易德·塔厄里比·安达卢斯·古尔图比。

（二）生平概述

祖籍西班牙科尔多瓦，生于西班牙阿尔梅里亚。上述著名族谱学家伊本·哈兹姆的得意门生。教法学家、史学家和族谱学家。卒于西班牙托莱多。

（三）族谱著作

1.《民族等级》（*Kitāb Tabaqāt al-Umam*），路易·奇科校注、增补，贝鲁特：耶稣会神父印书馆，1912。

作者在该书的第一段话中说："东西南北各方之人均属同类。但有三样东西把他们区分开来，即道德、外貌和语言。"正文部分共由 4 章内容构成。

第 1 章，讲"古代民族"，包括波斯人，迦勒底人，希腊人、罗马人、法兰克人、加利西亚人等，科普特人，突厥语族，印度人以及中国人"世界七大古老民族"。

第 2 章，讲各族差异及其职业等级。作者把他所知的世界各大民族分为两类：一类重视科学；另一类不关心科学。

第 3 章，展开论述"不关心科学的民族"。值得特别指出的是，他认为中国人属于不关心科学的民族。这主要是居住环境和气候造成的。他所知的中国人居住在世界的北端，寒冷的气候迫使他们无暇关注科学！

第 4 章，谈论"重视科学的民族"，较为详细地介绍了印度人、波斯人、迦勒底人、希腊人、罗马人、埃及人、阿拉伯人和以色列人的"科学"。

显然，如果用现代科学的眼光来审视该书的内容，可见其荒谬之处颇多。但这部奇书的珍贵之处在于作者试图用极其有限的学识来勾勒远超其认知范围的世界民族科学史。

2.《阿拉伯与异域民族纪事集》（*Kitāb Jawāmi‘ Akhbār al-Umam min al-‘Arab wa-al-‘Ajam*）。

（四）参考文献

伊本·巴施库沃勒：《〈安达卢西伊玛目、学者、圣训学家、教法学家与文学家史〉续编》第 1 卷，第 321 页。哈吉·哈里发：《书艺题名释疑》

第1卷，第587页。卡尔·布罗克尔曼：《阿拉伯文学史》第6册，第128~130页。齐黎克里：《名人》第3卷，第186页。欧麦尔·礼萨：《著述家辞典》第1卷，第826页。利玛·杜尔内格：《阿拉伯与穆斯林著名史学家》，第178页。伯克尔·艾布·栽德：《族谱学家层级传》，第62页。

伊本·阿卜杜·白尔

(Ibn 'Abd al-Barr, 978~1071)

（一）名号谱系

艾布·欧麦尔·优素福·本·阿卜杜拉·本·穆罕默德·本·阿卜杜·白尔·本·阿斯姆·纳默利·安达卢斯·古尔图比·马立其。

（二）生平概述

生于西班牙科尔多瓦。好学深思，广拜名师。周游伊比利亚半岛各地，但一生都没有离开该半岛去远行。曾被任命为葡萄牙里斯本（Lisboa）和圣塔伦（Santarém）的法官。在教法和圣训方面的造诣极深，被誉为“西方哈菲兹”（Hāfiz al-Maghrib）或“西方布哈里”（Bukhārī al-Maghrib）。一生撰写图书和文章50多部（篇），主要涉猎诵读学、圣训学、教法学、史学和文学以及相关学问。卒于西班牙沙蒂瓦（Xàtiva）。

（三）族谱著作

1.《意图与民族：阿拉伯人、异族人与最先讲阿拉伯语之民族世系识要》（*Al-Qasd wa-al-Umam fī al-Ta'rīf bi-Usūl Ansāb al-'Arab wa-al-'Ajam wa-min Awwal man takallama bi-al-'Arabīyah min al-Umam*），开罗：古德斯书店，1932。

作者在这本小册子的序言部分简介了全书的主要内容、编纂动机和诸多民族的起源。正文的内容主要包括：①最先讲阿拉伯语的人；②大洪水之后的人类聚集；③第一个写阿拉伯书的人；④闪·本·努哈的子嗣；⑤伊卜拉欣与伊斯哈格；⑥含及其子嗣；⑦柏柏尔人及他们的不同族谱；⑧埃塞俄比亚和希拉城的基督徒；⑨埃及列王；⑩ 雅弗·本·努哈及其子嗣；⑪希腊人；⑫罗马；⑬波斯；⑭库尔德；⑮勃艮第（al-Burjān）；⑯代拉姆；⑰突厥；⑱安达卢西地区的居民；⑲萨卡里巴（al-Saqālibah）；⑳呼罗珊列王；㉑中华诸王；㉒歌革和玛各（Ya' jūj wa-Ma' jūj）。

2.《传述部落提示》（*Al-Anbāh 'alá Qabā' il al-Ruwāh*），伊卜拉欣·伊波雅利校勘，贝鲁特：阿拉伯图书出版社，1985。

作者在该书绪论中感慨天地间众生芸芸，同出一源，男女颇多，组成部落；概述全书内容和编纂方法；论述族谱学的重要性；提及一些重要的族谱学家和族谱学共识；列出主要参考文献。正文共由 47 个主题构成。其中第 1 个摘引精通阿拉伯日子及其谱系的学者们关于阿德南的言论，最后是古铎阿部落及其分支。

3.《别名》（*Kitāb al-Kuná*）。

（四）参考文献

胡梅迪：《火炭余烬：安达卢西学林史》，第 544～546 页。扎哈比：《群英诸贤传》第 18 卷，第 153～163 页。哈吉·哈里发：《书艺题名释疑》第 1 卷，第 237 页；第 2 卷，第 552 页；第 3 卷，第 71 页。齐黎克里：《名人》第 8 卷，第 240 页。欧麦尔·礼萨：《著述家辞典》第 4 卷，第 170～171 页。什贺布丁·麦尔阿什：《释疑：谱系、别号与后裔精粹人物志》，第 50 页。伯克尔·艾布·栽德：《族谱学家层级传》，第 102 页。阿卜杜·拉札戈·康木纳：《愿者希冀：族谱学家层级传》，第 275 页。穆罕默德·拉施德：《族谱学家辞典：自伊历一世纪至当代》，第 584～585 页。莱思·苏欧德·贾斯姆：《伊本·阿卜杜·白尔·安达卢斯及其史学贡献》（Layth Su'ūd Jāsim, *Ibn 'Abd al-Barr al-Andalusī wa-Juhūduhu fī al-Tārīkh*），曼苏拉：瓦法出版社，1988。

赫蒂卜·巴格达迪

(al-Khatīb al-Baghdādī, 1002～1071)

（一）名号谱系

艾布·伯克尔·艾哈迈德·本·阿里·本·瑟比特·本·艾哈迈德·

本·马赫迪·巴格达迪。

（二）生平概述

生于伊拉克巴格达国王河畔的哈尼基亚（Hanīqīyā）村。曾游历麦加、伊拉克巴士拉和库法、伊朗迪纳瓦尔和内沙布尔等地，曾在叙利亚大马士革和阿勒颇、黎巴嫩苏尔和的黎波里等地短暂逗留。一生撰写图书和文章约 100 部（篇），涉及历史、传记、圣训、族谱和文学等领域。病逝于巴格达。

（三）族谱著作

1.《同与异》（*Kitāb al-Muttafiq wa-al-Muftariq*）第 1～3 卷，穆罕默德·索迪戈·阿依丁·哈米迪研究与校勘，大马士革：伽迪利出版社，1997。

该书大体上按照阿拉伯字母顺序编录同名人物，然后逐一辨析和立传。全书共收录 451 组人名、1575 个人物。

第 1 组人名是 5 个艾纳斯·本·马立克：①艾布·哈姆扎·艾纳斯·本·马立克·安索利；②艾布·伍麦叶·艾纳斯·本·马立克·凯尔比；③艾纳斯·本·马立克·本·艾比·阿米尔·本·阿慕尔·本·哈黎思·本·奥斯曼；④艾纳斯·本·马立克·希姆隋；⑤艾布·伽斯姆·艾纳斯·本·马立克·本·艾比·伽斯姆·库斐。

最多同名人物的一组（第 220 组）是 17 个阿卜杜拉·本·哈黎思。其中第 1 个是阿卜杜拉·本·哈黎思·本·杰兹阿·祖贝迪；第 17 个是阿卜杜拉·本·哈黎思·萨那尼。

最后 4 组人物以别名形式的名字为其本名。其中，第 451 组是 3 个艾布·伯克尔·本·爱雅施：①艾布·伯克尔·本·爱雅施·本·撒里姆·库斐·伽利阿；②艾布·伯克尔·本·爱雅施·希姆隋；③艾布·伯克尔·本·爱雅施·苏拉米·拔朱达伊。

2.《错误迹象描绘与避免类摘》（*Kitāb Talkhīs al-Mutashābih fī al-Rasm wa-Himāyah mā Ashkal minhu ‘an Bawādir al-Tashīf wa-al-Wahm*）第 1～2 卷，苏凯娜·什贺比校勘，大马士革：托拉斯出版社，1985。

作者在大马士革撰成该书（具体成书时间有待研究），共由 5 章内容构成：①拼音一样但读音不同的名号谱系；②写法和拼音相似但部分字母不同的名号谱系；③形似但部分人名或字母不同的名号谱系；④相近但部分字母形式不同的名号谱系；⑤罕见的名号谱系。

全书共编录 1442 名人物的传记。辨析的第一组人名是阿慕尔·本·萨里玛和阿慕尔·本·萨拉玛，即①艾布·布雷德·阿慕尔·本·萨里玛·本·拉阿姆·本·古达玛·本·杰尔姆·杰尔米；②阿慕尔·本·萨里玛·本·赫黎卜·哈姆达尼；③阿慕尔·本·萨拉玛·霍泽里；④艾布·萨义德·阿慕尔·本·萨拉玛·朱俄斐·葛兹维尼。最后两个人物是爱雅施·本·艾兹拉戈和阿拔斯·艾兹拉戈，即艾布·纳吉姆·爱雅施·本·艾兹拉戈、阿拔斯·本·法得勒·艾兹拉戈。

3.《〈类摘〉补编》（*Tālī Talkhīs al-Mutashābih*）第 1~2 卷，艾布·欧贝达·马什胡尔·本·哈桑·阿勒-萨勒曼、艾布·胡宰法·艾哈迈德·舒盖拉特校注，利雅得：苏梅仪出版社，1997。

该书是《错误迹象描绘与避免类摘》的补编，增补的第一组人名是齐雅德·本·朱贝尔和栽德·本·朱贝尔，最后一组是叶哈雅·本·欧梅尔和叶哈雅·本·欧麦尔。

4.《〈辨正〉新增》（*Al-Mu' tanif Takmilat al-Mu' talif wa-al-Mukhtalif*）第 1~2 卷，艾布·阿斯姆·沙沃米校勘，开罗：欧麦利耶书店 & 扎哈伊尔出版社，2020。

该书增补上述族谱学家达拉古特尼的《辨正》和阿卜杜·加尼·艾兹迪的《辨正》。前 4 章收录 1512 名人物传记，第 5 章增补圣训。

正文第 1 组人名是朱贝里（al-Jubaylī）和罕百里（al-Hanbalī）。作者用艾布·古达玛·朱贝里、瓦齐尔·本·伽斯姆·朱贝里和穆罕默德·本·哈黎思·朱贝里的传记来说明“朱贝里”。至于“罕百里”，则只提了 6 个人的名号谱系。

最后一组是伊勒雅斯（Ilyās）和拿斯（al-Nās）。收录艾布·伊勒雅斯·伊德里斯·本·斯南、哈里德·本·伊勒雅斯·本·索赫尔·本·艾比·朱海姆·阿达维、贾法尔·本·伊勒雅斯·本·索达格·凯拔施·米斯利和艾布·叶哈雅·伊勒雅斯·本·穆罕默德·本·优素福·志费尼的小传，但没有举例说明“拿斯”。

虽然下文的族谱学家伊本·玛库腊在《名字、别名与谱系辨正释疑大全》的绪论中批评《〈辨正〉新增》有许多错漏、重复和混乱的地方，但瑕不掩瑜，该书中记载的许多人物事迹和名号谱系至今仍然具有史学和族谱学参考价值。

（四）参考文献

雅孤特·哈默维：《文豪辞典》第 1 卷，第 384~396 页。哈吉·哈里发：《书艺题名释疑》第 3 卷，第 220 页。卡尔·布罗克尔曼：《阿拉伯文学史》第 6 册，第 56~62 页。齐黎克里：《名人》第 1 卷，第 172 页。沙奇尔·穆斯塔法：《阿拉伯历史与史家》第 2 卷，第 102~104 页。利玛·杜尔内格：《阿拉伯与穆斯林著名史学家》，第 53~54 页。伯克尔·艾布·栽德：《族谱学家层级传》，第 101~102 页。优素福·易什：《巴格达的史学家与圣训学家赫蒂卜·巴格达迪》（Yūsuf al-‘Ish, *Al-Khatīb al-Baghdādī: Mu' arrikh Baghdād wa-Muhaddathuhā*），大马士革：阿拉伯书店，1945。

伊本·艾吉达比

（Ibn al-Ajdābī, ? ~约 1077）

（一）名号谱系

艾布·伊斯哈格·伊卜拉欣·本·伊斯玛仪·本·艾哈迈德·本·阿卜杜拉·艾吉达比·卢沃提·泰拉布路斯。

（二）生平概述

生于利比亚的黎波里，属于柏柏尔人卢沃塔（Luwātah）部落。不喜欢游历，但热衷于参加各种学术讲座和知识分子聚会。是当时的黎波里城的著名学者之一，精通教义学、教法学、语法学、语言学、韵律学、文学和族谱学等学问。可能卒于的黎波里。

（三）族谱著作

1.《族谱学撮要》（*Kitāb Mukhtasar fī ‘Ilm al-Ansāb*）。

2. 摘抄祖贝尔·巴卡尔的《古莱什族谱及其纪事集》。

（四）参考文献

雅孤特·哈默维：《文豪辞典》第 1 卷，第 51 页。提贾尼：《提贾尼游记》，第 262~264 页。艾哈迈德·拿伊波：《甘泉：西的黎波里史》第 1 卷，第 153~155 页。齐黎克里：《名人》第 1 卷，第 32 页。伯克尔·艾布·栽德：《族谱学家层级传》，第 120 页。拓熙尔·艾哈迈德：《利比亚名人》，第 50~51 页。穆罕默德·拉施德：《族谱学家辞典：自伊历一世纪至当代》，第 22 页。

叶哈雅·托拔托拔

（Yahyá Tabātabā，? ~1085）

（一）名号谱系

艾布·麦俄默尔·叶哈雅·本·穆罕默德·本·伽斯姆·本·穆罕默德·本·伊卜拉欣·本·伊斯玛仪·本·伊卜拉欣·本·哈桑·本·哈桑·本·阿里·本·艾比·塔里卜·阿拉维·哈萨尼·巴格达迪。

（二）生平概述

生卒于伊拉克巴格达。伊拉克托拔托拔家族的最后子嗣。什叶派德贤，语法学家、教义学家、教法学家、文学家、诗人和族谱学家。

（三）族谱著作

《埃及与沙姆之伊玛目子嗣：哈桑与侯赛因》（*Abnā' al-Imām fī Misr wa-al-Shām: al-Hasan wa-al-Husayn*），优素福·本·阿卜杜拉·杰玛勒·莱勒校勘，利雅得：朱勒·麦尔利法书店 & 陶巴书店，2004。

该书由绪论和两大部分内容构成。其中第一部分记载居住在埃及与沙姆的哈桑后裔，包括：①信士长官哈桑·本·阿里子嗣；②哈桑·穆尚纳·本·哈桑·西波特子嗣；③栽德·本·哈桑·西波特子嗣；④在埃及与沙姆之哈桑·本·栽德·本·哈桑后裔；⑤阿卜杜拉·麦哈得·本·哈桑·穆尚纳·本·哈桑·西波特子嗣；⑥伊卜拉欣·加慕尔·本·哈桑·穆尚纳·

本·哈桑·西波特子嗣；⑦哈桑·穆塞拉思·本·哈桑·穆尚纳子嗣；⑧贾法尔·本·哈桑·穆尚纳子嗣；⑨达乌德·本·哈桑·穆尚纳子嗣。

第二部分记载居住在埃及与沙姆的侯赛因后裔，包括：①阿里与法蒂玛之子伊玛目侯赛因子嗣；②阿里·栽努·阿比丁·本·侯赛因·西波特子嗣；③侯赛因·艾斯加尔·本·阿里·栽努·阿比丁子嗣；④欧麦尔·艾什拉夫·本·阿里·栽努·阿比丁子嗣；⑤阿里·艾斯加尔·本·阿里·栽努·阿比丁子嗣；⑥栽德·沙希德·本·阿里·栽努·阿比丁子嗣；⑦阿卜杜拉·艾尔格特·本·阿里·栽努·阿比丁子嗣；⑧穆罕默德·拔基尔·本·阿里·栽努·阿比丁子嗣；⑨贾法尔·索迪戈·本·穆罕默德·拔基尔子嗣；⑩ 穆萨·卡资姆·本·贾法尔·索迪戈子嗣；⑪伊斯玛仪·本·贾法尔·索迪戈子嗣；⑫穆罕默德·本·贾法尔·索迪戈子嗣；⑬伊斯哈格·本·贾法尔·索迪戈子嗣；⑭阿里·阿利荻·本·贾法尔·索迪戈子嗣；⑮穆罕默德·本·阿里·阿利荻子嗣；⑯艾哈迈德·本·阿里·阿利荻子嗣；⑰哈桑·本·阿里·阿利荻子嗣；⑱尔撒·本·穆罕默德·本·阿里·阿利荻子嗣；⑲阿里·本·穆罕默德·本·阿里·阿利荻子嗣。

（四）参考文献

雅孤特·哈默维：《文豪辞典》第 6 卷，第 2828～2829 页。伊本·塔厄里·比尔迪：《闪耀群星：埃及与开罗列王》第 5 卷，第 121 页。齐黎克里：《名人》第 8 卷，第 164 页。什贺布丁·麦尔阿什：《释疑：谱系、别号与后裔精粹人物志》，第 46 页。伯克尔·艾布·栽德：《族谱学家层级传》，第 103 页。阿卜杜·拉札戈·康木纳：《愿者希冀：族谱学家层级传》，第 272～273 页。穆罕默德·拉施德：《族谱学家辞典：自伊历一世纪至当代》，第 580 页。

穆尔什德·比拉

（al-Murshid Billāh，1021～1086）

（一）名号谱系

艾布·侯赛因·叶哈雅（穆尔什德·比拉）·本·侯赛因·本·伊斯玛仪·本·栽德·本·哈桑·本·贾法尔·本·哈桑·本·穆罕默德·

本·贾法尔·本·阿卜杜·拉哈曼·本·伽斯姆·本·哈桑·本·栽德·本·哈桑·本·阿里·本·艾比·塔里卜·阿拉维·哈萨尼·栽迪·沙杰利·朱尔贾尼·拉齐。

（二）生平概述

伊朗代拉姆地区的栽德派伊玛目之一。曾游历 400 个地区。穆夫提，圣训学家、文学家、语言学家和族谱学家。卒于伊朗雷伊。

（三）族谱著作

《艾布·塔里卜家族谱系》（*Kitāb Ansāb Āl Abī Tālib*）。

（四）参考文献

扎哈比：《伊斯兰史与诸杰群英辞世录》第 32 卷，第 285～286 页。艾哈迈德·侯赛尼：《栽德派著作》第 2 卷，第 109 页。齐黎克里：《名人》第 8 卷，第 141 页。欧麦尔·礼萨：《著述家辞典》第 4 卷，第 91 页。索伊卜·阿卜杜·哈密德：《什叶派史学家辞典》第 2 卷，第 448～449 页。穆罕默德·拉施德：《族谱学家辞典：自伊历一世纪至当代》，第 579 页。

法得勒·哈兹姆

（al-Fadl Hazm，？～1086）

（一）名号谱系

艾布·拉菲俄·法得勒·本·阿里·本·艾哈迈德·本·萨义德·本·哈兹姆·安达卢斯·古尔图比。

（二）生平概述

生于西班牙科尔多瓦。著名族谱学家伊本·哈兹姆的儿子。死于萨拉卡战役（Batalla de Sagrajas）中。

（三）族谱著作

《易拔迪族谱知识导论》（*Al-Hādī ilá Ma'rifat al-Nasab al-'Ibādī*）。

（四）参考文献

伊本·巴施库沃勒：《〈安达卢西伊玛目、学者、圣训学家、教法学家与文学家史〉续编》第 2 卷，第 85 页。索法迪：《逝者全录》第 24 卷，第 41 页。扎哈比：《伊斯兰史与诸杰群英辞世录》第 32 卷，第 277 页。伯克尔·艾布·栽德：《族谱学家层级传》，第 218 页。穆罕默德·拉施德：《族谱学家辞典：自伊历一世纪至当代》，第 384~385 页。

叶哈雅·侯赛尼

（Yahyá al-Husaynī，？～1086）

（一）名号谱系

艾布·侯赛因·叶哈雅·本·侯赛因·本·伊斯玛仪·本·栽德·本·哈桑·本·贾法尔·本·哈桑·本·穆罕默德·本·贾法尔·本·阿卜杜·拉哈曼·本·伽斯姆·本·哈桑·本·栽德·本·哈桑·本·阿里·本·艾比·塔里卜·侯赛尼。

（二）生平概述

生卒地点有待考究。栽德派伊玛目之一，教法学家、教义学家、圣训学家、诗人和族谱学家。

（三）族谱著作

《艾布·塔里卜家族谱系》（*Kitāb Ansāb Āl Abī Tālib*）。

（四）参考文献

伊本·焦齐：《历代帝王与民族通史》第 16 卷，第 266 页。伊本·卡西尔：《始末录》第 16 卷，第 106 页。阿迦·布祖尔克：《什叶派著述门径》第 2 卷，第 378~379 页。什贺布丁·麦尔阿什：《释疑：谱系、别号与后裔精粹人物志》，第 48~49 页。阿卜杜·拉札戈·康木纳：《愿者希冀：族谱学家层级传》，第 30、273~274 页。

穆尔塔多·左勒沙拉费英

（al-Murtadá Dhū al-Sharafayn，1014～1087）

（一）名号谱系

艾布·麦阿里（哈桑）·穆罕默德·本·穆罕默德·本·栽德·本·阿里·本·穆萨·本·贾法尔·本·侯赛因·本·阿里·本·侯赛因·本·哈桑·本·阿里·本·侯赛因·本·阿里·本·艾比·塔里卜·阿拉维·侯赛尼·巴格达迪。

（二）生平概述

生于伊拉克巴格达。晚年居住在乌兹别克斯坦撒马尔罕。被哈甘·喜德尔·本·伊卜拉欣杀害于河中地区。

（三）族谱著作

《先知与圣门弟子谱系》（*Kitāb Gharz al-Ansāb fī Sharaf al-Nabī wa-al-Ashāb*）。

（四）参考文献

扎哈比：《群英诸贤传》第 18 卷，第 520～524 页。索法迪：《逝者全录》第 1 卷，第 126 页。伊本·易玛德：《金砂：往逝纪事》第 5 卷，第 348 页。穆罕默德·拉施德：《族谱学家辞典：自伊历一世纪至当代》，第 517 页。

谢赫·沙拉夫·迪纳瓦利

（Shaykh al-Sharaf al-Dīnawarī，？～约 1089）

（一）名号谱系

杰玛路丁·艾布·哈尔卜·穆罕默德·本·穆哈幸·本·哈桑·本·

阿里·本·穆罕默德·本·哈姆扎·本·阿里·本·哈桑·本·侯赛因·本·哈桑·本·阿里·本·阿里·本·侯赛因·本·阿里·本·艾比·塔里卜·阿拉维·侯赛尼·迪纳瓦利·巴格达迪。

（二）生平概述

出生地点有待考究。曾定居伊拉克巴格达，游历伊朗各地。族谱学家、文学家和诗人。卒于阿富汗加兹尼。

（三）族谱著作

1.《谱系》（*Al-Ansāb*）。

与族谱学家阿腊玛·希里（1250~1325）同时代的艾哈迈德·本·穆罕默德·本·米赫尼·本·阿里·本·米赫尼·欧贝达里在编写《族谱备忘》时，大量援引该书的内容。

2.《各地名单》（*Jarā' id al-Buldān*）.

它记录了作者到访各地所获得的族谱名单。

（四）参考文献

伊本·易纳巴：《艾布·塔里卜家族谱系基本要义》，第 201、345 页。伊本·丰杜戈：《谱系、别号与后裔精粹》第 2 卷，第 539~540 页。阿迦·布祖尔克：《什叶派著述门径》第 2 卷，第 374 页；第 5 卷，第 93~94 页。索伊卜·阿卜杜·哈密德：《什叶派史学家辞典》第 2 卷，第 311 页。什贺布丁·麦尔阿什：《释疑：谱系、别号与后裔精粹人物志》，第 45~46 页。伯克尔·艾布·栽德：《族谱学家层级传》，第 103 页。阿卜杜·拉札戈·康木纳：《愿者希冀：族谱学家层级传》，第 267~268 页。穆罕默德·拉施德：《族谱学家辞典：自伊历一世纪至当代》，第 514~515 页。

伊本·玛库腊

（Ibn Mākūlā，1030~约 1093）

（一）名号谱系

艾布·纳斯尔·阿里·本·希巴图拉·本·阿里·本·贾法尔·本·

阿拉康·本·穆罕默德·本·杜拉夫·本·伽斯姆·本·尔撒·本·伊德里斯·本·马俄基勒·本·阿慕尔·本·谢赫·本·穆阿维叶·本·呼札仪·本·阿卜杜·阿齐兹·本·杜拉夫·本·朱沙姆·本·盖斯·本·萨尔德·本·易吉勒·本·卢捷姆·本·索尔卜·本·阿里·本·伯克尔·本·沃伊勒·本·伽斯特·本·欣卜·本·艾弗索·本·杜俄米·本·杰迪拉·本·阿萨德·本·拉比阿·本·尼札尔·本·马阿德·本·阿德南·易吉里·杰尔拔孜伽尼·巴格达迪。

（二）生平概述

祖籍伊朗伊斯法罕附近的杰尔巴兹甘（Jarbādhqān）。生于伊拉克巴格达附近的乌克巴拉。家境殷实，出身于一个“维齐尔、法官和古老领袖之家”。曾到访沙姆地区、埃及、杰齐拉地区、河中地区和呼罗珊等地。埃米尔、哈菲兹、史学家、文学家和族谱学家，一生只写了几部著作。被他的突厥释奴谋财杀害于伊朗戈尔甘或克尔曼。

（三）族谱著作

1.《名字、别名与谱系辨正释疑大全》（*Al-Ikmāl fī Raf‘ al-Irtiyāb ‘an al-Mu’talif wa-al-Mukhtalif fī al-Asmā’ wa-al-Kuná wa-al-Ansāb*）第 1～7 卷，阿卜杜·拉哈曼·本·叶哈雅·穆阿里米·也玛尼、拿伊夫·阿拔斯校注，开罗：伊斯兰图书出版社，1993。

伊本·玛库腊在该书绪论中说，当他读赫蒂卜·巴格达迪的《〈辨正〉新增》、阿卜杜·加尼·艾兹迪的《辨正》和《族谱混淆》时，发现这些著作有许多错漏、重复和混乱的地方需要更正和补充。于是，他在 1071 年 11 月 5 夜开始着手编撰这部著作，直到 1075 年 3 月 30 日才完成初稿。1078 年 5 月 8 日，他在巴格达完成了该书终稿（更确切地说是第一部誊抄本）。

该书大体上按照阿拉伯字母顺序分组编录相似的单名，然后逐一辨析每组名字、别号（或绰号）、别名、归属名。

第 1 组是名字阿比（’Ābī）、艾比依（Abīy）和伍贝依（Ubayy）。前者，如阿比·拉哈姆·纪法利；中者，如穆罕默德·本·叶尔孤卜·本·艾比依；关于后者，作者只说很多人叫这个名字，但没有举例说明。

最后一组是归属名叶弗塔里（al-Yaftalī）和努费里（al-Nufaylī）。前者，如艾布·纳斯尔·本·艾比·法特哈·叶弗塔里；后者，如艾布·贾法尔·努费里。

2.《有识初解幻续修正》（*Tahdhīb Mustamirr al-Awhām ʻalá Dhawī al-Maʻrifah wa-Ūlī al-Afhām*），赛义德·卡斯拉维·哈桑校勘，贝鲁特：学术书籍出版社，1990。

作者在该书绪论中谈到了成书背景、编纂目的、资料来源、创新之处及其主要内容。正文部分延续《名字、别名与谱系辨正释疑大全》的编纂方法。全书共编录215组名字。其中，第1组是艾波彦（Abyan）、伍贝尔（Ubayr）、伍筛尔（Uthayr）和伍贝黎戈（Ubayriq）；最后一组是叶扎尼（al-Yazanī）、布利（al-Burrī）、伯利（al-Barrī）和白齐（al-Bazzī）。

（四）参考文献

伊本·阿萨奇尔：《大马士革史》第43卷，第263~265页。雅孤特·哈默维：《文豪辞典》第5卷，第1986~1990页。伊本·亥尔：《目录》，第274页。索法迪：《逝者全录》第22卷，第173~174页。扎哈比：《群英诸贤传》第18卷，第569~578页。哈吉·哈里发：《书艺题名释疑》第1卷，第211页；第3卷，第210、264页。齐黎克里：《名人》第5卷，第30页。沙奇尔·穆斯塔法：《阿拉伯历史与史家》第2卷，第106页。伯克尔·艾布·栽德：《族谱学家层级传》，第103~104页。阿卜杜·拉札戈·康木纳：《愿者希冀：族谱学家层级传》，第257页。穆罕默德·拉施德：《族谱学家辞典：自伊历一世纪至当代》，第364页。

艾布·欧贝德·伯克利

（Abū ʻUbayd al-Bakrī，约1040~1094）

（一）名号谱系

艾布·欧贝德·阿卜杜拉·本·阿卜杜·阿齐兹·本·穆罕默德·本·艾尤卜·本·阿慕尔·伯克利·安达卢斯。

（二）生平概述

其族源可追溯到阿拉伯的一个部落先祖伯克尔·本·沃伊勒。可能生于西班牙萨勒塔斯岛（Isla Saltés）。史学家、地理学家、文学家和植物学家。卒于西班牙科尔多瓦。

（三）族谱著作

《艾布·欧贝德·伯克利谱系》（*Ansāb Abī 'Ubayd al-Bakrī*）。

该书是对著名族谱学家伊本·哈比卜·巴格达迪《部落辨正》的修正。

（四）参考文献

伊本·亥尔：《目录》，第 273～274 页。伊本·巴施库沃勒：《〈安达卢西伊玛目、学者、圣训学家、教法学家与文学家史〉续编》第 1 卷，第 376 页。扎哈比：《群英诸贤传》第 19 卷，第 35～36 页。索法迪：《逝者全录》第 17 卷，第 155～156 页。齐黎克里：《名人》第 4 卷，第 98 页。欧麦尔·礼萨：《著述家辞典》第 2 卷，第 253～254 页。伯克尔·艾布·栽德：《族谱学家层级传》，第 104 页。阿卜杜·拉札戈·康木纳：《愿者希冀：族谱学家层级传》，第 249 页。穆罕默德·拉施德：《族谱学家辞典：自伊历一世纪至当代》，第 301 页。

白提

（al-Battī，？～1095）

（一）名号谱系

艾布·贾法尔·艾哈迈德·本·阿卜杜·瓦里·本·艾哈迈德·本·阿卜杜·瓦里·白提·白岚斯·安达卢斯。

（二）生平概述

生卒于西班牙瓦伦西亚附近的巴塔特（Battat）村。在文学、语法学、语言学和诗歌等方面均有所涉猎。可能给一些维齐尔担任过书吏。被西班牙民族英雄熙德（El Cid，1043~1099）烧死于瓦伦西亚。

（三）族谱著作

《精粹备忘：族谱世系》（*Tadhkirat al-Albāb bi-Usūl al-Ansāb*），阿卜杜·麦立克·本·扎卡利雅·本·哈桑·麦格利转述，赛义德·穆罕默德·马赫迪·穆萨维·赫尔桑校勘，贝鲁特：麦沃熙波出版公司，2001。

作者在该书绪论中袭用了族谱学大师伊本·凯勒比“六分世系”的说法，把分支世系划分为以下6个级别（由大到小）：

世系级别	族谱学释义	汉字音译	拉丁字母转写	阿拉伯原文
1	部族	单数：沙尔卜	al-Sha‘b	الشعب
		复数：舒欧卜	al-Shu‘ūb	الشعوب
2	部落	单数：格比拉	al-Qabīlah	القبيلة
		复数：格拔伊勒	al-Qabā’ il	القبائل
3	胞族	单数：易玛拉	al-‘Imārah	العمارة
		复数：阿玛伊尔	al-‘Amā’ ir	العمائر
4	氏族	单数：巴特恩	al-Batn	البطن
		复数：布图恩	al-Butūn	البطون
5	宗族	单数：法赫兹	al-Fakhdh	الفخذ
		复数：艾弗哈兹	al-Afkhādh	الأفخاذ
6	家族	单数：法绥拉	al-Fasīlah	الفصيلة
		复数：法索伊勒	al-Fasā’ il	الفصائل

该书正文由阿德南族谱世系和葛哈塘族谱世系两大部分内容构成。

（四）参考文献

索法迪：《逝者全录》第7卷，第108页。伊本·艾拔尔：《〈续编〉增补》第1卷，第93~94页。齐黎克里：《名人》第1卷，第151页。伯克尔·艾布·栽德：《族谱学家层级传》，第99页。阿卜杜·拉札戈·康木纳：《愿者希冀：族谱学家层级传》，第235页。穆罕默德·拉施德：《族谱学家辞典：自伊历一世纪至当代》，第55页。

纳斯尔·麦格迪斯

（Nasr al-Maqdisī，987~1096）

（一）名号谱系

艾布·法特哈·纳斯尔·本·伊卜拉欣·本·纳斯尔·本·伊卜拉欣·本·达乌德·拿布卢斯·麦格迪斯·沙斐仪。

（二）生平概述

生于巴勒斯坦纳布卢斯。在耶路撒冷接受早期教育，约 20 岁开始游历四方，行至黎巴嫩苏尔和赛达、巴勒斯坦加沙、土耳其迪亚巴克尔、叙利亚大马士革、麦加和伊拉克巴格达等地。在苏尔居住了约十年后，把人生最后九年光阴留在大马士革。沙斐仪教法学派长老之一。卒于大马士革。

（三）族谱著作

短文《先知族谱及其宗族》（*Risālat ʻan Nasab al-Nabī wa-Qarābatihi*）。

（四）参考文献

伊本·阿萨奇尔：《大马士革史》第 62 卷，第 15~18 页。扎哈比：《群英诸贤传》第 19 卷，第 136~143 页。塔朱丁·苏波其：《大沙斐仪学派层级传》第 5 卷，第 351~353 页。齐黎克里：《名人》第 8 卷，第 20 页。穆罕默德·拉施德：《族谱学家辞典：自伊历一世纪至当代》，第 565 页。

瓦格什

（al-Waqqashī，1017~1096）

（一）名号谱系

艾布·瓦立德·希沙姆·本·艾哈迈德·本·哈里德·本·萨义德·齐纳尼·安达卢斯·涂莱图里，又以“伊本·瓦格什”（Ibn al-Waqqashī）

著称于世。

（二）生平概述

生于西班牙韦卡斯（Huecas）。曾在西班牙塔拉韦拉·德拉雷纳（Talavera de la Reina）担任法官。精通语言学、语法学、韵律学、诗歌、修辞学、教法学、教义学、文学和人名学等学问。卒于西班牙德尼亚（Denia）。

（三）族谱著作

修正族谱学家穆斯林·哈贾吉的《别名与名字》。

（四）参考文献

伊本·巴施库沃勒：《〈安达卢西伊玛目、学者、圣训学家、教法学家与文学家史〉续编》第2卷，第288~289页。雅孤特·哈默维：《文豪辞典》第6卷，第2778页。扎哈比：《群英诸贤传》第19卷，第134~136页。索法迪：《逝者全录》第26卷，第62~63页。齐黎克里：《名人》第8卷，第84页。伯克尔·艾布·栽德：《族谱学家层级传》，第104页。穆罕默德·拉施德：《族谱学家辞典：自伊历一世纪至当代》，第571页。

艾布·穆罕默德·朱尔贾尼

（Abū Muhammad al-Jurjānī，1018~1096）

（一）名号谱系

艾布·穆罕默德·阿卜杜拉·本·优素福·朱尔贾尼。

（二）生平概述

生于伊朗戈尔甘。圣训学家、背诵家、教法学家和史学家。辞世地点有待考究。

（三）族谱著作

《（族谱）混淆辞典》（*Al-Mu‘jam fī al-Mushtabih*）。

（四）参考文献

塔朱丁·苏波其：《大沙斐仪学派层级传》第 5 卷，第 94~95 页。扎哈比：《群英诸贤传》第 19 卷，第 159~160 页。欧麦尔·礼萨：《著述家辞典》第 2 卷，第 306 页。穆罕默德·拉施德：《族谱学家辞典：自伊历一世纪至当代》，第 316 页。

伊本·苏菲

（Ibn al-Sūfī，1008~1097）

（一）名号谱系

纳吉姆丁·艾布·哈桑·阿里·本·穆罕默德·本·阿里·本·穆罕默德·本·穆罕默德·本·艾哈迈德·本·阿里·本·穆罕默德·本·叶哈雅·本·阿卜杜拉·本·穆罕默德·本·欧麦尔·本·阿里·本·艾比·塔里卜·阿拉维·欧麦利。

（二）生平概述

生于伊拉克巴士拉。1032 年，迁居伊拉克摩苏尔。曾多次到访巴格达。精通族谱。卒于摩苏尔。

（三）族谱著作

1.《麦吉迪：塔里比人谱系》（*Al-Majdī fī Ansāb al-Tālibīyīn*），艾哈迈德·麦赫达维·达默迦尼校勘，库姆：大阿亚图拉麦尔阿什·纳杰斐书店，2001。

作者在该书绪论中指出，它是献给马吉德·道拉·艾布·哈桑·艾哈迈德·本·哈姆扎·本·哈桑·本·阿拔斯·本·阿里·本·哈桑·本·侯赛因·本·阿里·本·穆罕默德·本·阿里·本·伊斯玛仪·本·贾法尔·本·穆罕默德·本·阿里·本·侯赛因·本·阿里·本·艾比·塔里卜的读物，因而把它命名为《麦吉迪》（由人名“马吉德”演化而成）。

正文部分先讨论先知穆罕默德的家谱，然后讲述艾布·塔里卜的子嗣、信士长官阿里·本·艾比·塔里卜的子嗣……最后是穆罕默德·本·阿基勒·本·艾比·塔里卜的后裔。

2.《谱系疗效》（*Kitāb al-Shāfī fī al-Ansāb*），又被记载为《族谱疗效》（*Kitāb al-Shāfī fī al-Nasab*）。

3.《谱系精粹》（*Kitāb al-'Uyūn fī al-Ansāb*）。

4.《简谱》（*Kitāb al-Mabsūt fī al-Ansāb*）。

5.《谱系树形图集》（*Kitāb al-Mushajjarāt fī al-Ansāb*）。

（四）参考文献

雅孤特·哈默维：《文豪辞典》第4卷，第1780页。伊本·易纳巴：《艾布·塔里卜家族谱系基本要义》，第34、64、82页。欧麦尔·礼萨：《著述家辞典》第2卷，第518~519页。阿迦·布祖尔克：《什叶派著述门径》第13卷，第9页。阿卜杜拉·阿凡迪：《学林园与德贤池》第4卷，第231~235页。穆哈幸·艾敏：《什叶派精英》第8卷，第310页。索伊卜·阿卜杜·哈密德：《什叶派史学家辞典》第1卷，第134、634页。什贺布丁·麦尔阿什：《释疑：谱系、别号与后裔精粹人物志》，第43~44页。伯克尔·艾布·栽德：《族谱学家层级传》，第105页。阿卜杜·拉札戈·康木纳：《愿者希冀：族谱学家层级传》，第254~257页。穆罕默德·拉施德：《族谱学家辞典：自伊历一世纪至当代》，第358页。

艾密拉克

（al-Amīrak，11世纪）

（一）名号谱系

艾布·哈桑·阿里·艾密拉克，或艾布·阿里·哈桑·艾密拉克。

（二）生平概述

可能生卒于土库曼斯坦木鹿（又译梅尔夫）。族谱学家。

（三）族谱著作

与下文的族谱学家穆罕默德·卡斯其尼（11世纪）合著《伊斯法罕名单》（*Jarīdat Isfahān*）。

（四）参考文献

伊本·丰杜戈：《谱系、别号与后裔精粹》第 2 卷，第 721 页。阿迦·布祖尔克：《什叶派著述门径》第 5 卷，第 98 页。阿卜杜·拉札戈·康木纳：《愿者希冀：族谱学家层级传》，第 260 页。

巴德兰·阿拉维

（Badrān al-‘Alawī，11 世纪）

（一）名号谱系

纳吉姆丁·巴德兰·本·沙利夫·本·艾比·法特哈·阿拉维·侯赛尼·穆萨维·艾斯法哈尼。

（二）生平概述

可能生于伊朗伊斯法罕。圣训学家和族谱学家。

（三）族谱著作

《艾布·塔里卜家族功德》（*Al-Maṭālib fī Manāqib Āl Abī Ṭālib*）。

（四）参考文献

穆哈幸·艾敏：《什叶派精英》第 3 卷，第 547～548 页。阿迦·布祖尔克：《什叶派著述门径》第 21 卷，第 139～140 页。索伊卜·阿卜杜·哈密德：《什叶派史学家辞典》第 1 卷，第 183 页。阿卜杜·拉札戈·康木纳：《愿者希冀：族谱学家层级传》，第 279 页。

哈桑·贾法利

（al-Hasan al-Ja‘farī，11 世纪）

（一）名号谱系

艾布·穆罕默德·哈桑·本·阿卜杜拉·塔里比·贾法利。

（二）生平概述

生卒地点和生平事迹有待考究。

（三）族谱著作

《解释与阐明：艾布·塔里卜家族谱系》（*Al-Bayān wa-al-Tabyīn fī Ansāb Āl Abī Ṭālib*）。

阿卜杜·凯利姆·伊本·托乌斯（'Abd al-Karīm Ibn Ṭāwūs，1250～1294）在旁注伊本·苏菲的《麦吉迪：塔里比人谱系》时，援引该书的内容，并认为是当时难得的有深度的著作。

（四）参考文献

阿迦·布祖尔克：《什叶派著述门径》第 26 卷，第 117 页。索伊卜·阿卜杜·哈密德：《什叶派史学家辞典》第 1 卷，第 246～247 页。阿卜杜·拉札戈·康木纳：《愿者希冀：族谱学家层级传》，第 28、282 页。穆罕默德·拉施德：《族谱学家辞典：自伊历一世纪至当代》，第 137 页。

穆罕默德·卡斯其尼

（Muhammad Kāskīnī，11 世纪）

（一）名号谱系

穆罕默德·本·哈桑·本·侯赛因·本·阿里·本·侯赛因·本·穆罕默德·本·叶哈雅·本·哈桑·本·穆罕默德·本·阿卜杜·拉哈曼·本·伽斯姆·本·哈桑·本·栽德·本·哈桑·本·阿里·本·艾比·塔里卜。

（二）生平概述

可能生卒于乌兹别克斯坦撒马尔罕。是该城的圣裔领袖。

（三）族谱著作

与上述族谱学家艾密拉克合著《伊斯法罕名单》（*Jarīdat Isfahān*）。

（四）参考文献

伊本·丰杜戈：《谱系、别号与后裔精粹》第 2 卷，第 721 页。阿迦·布祖尔克：《什叶派著述门径》第 5 卷，第 98 页。阿卜杜·拉札戈·康木纳：《愿者希冀：族谱学家层级传》，第 260 页。

拿斯尔·礼萨

（Nāsir al-Ridā，11 世纪）

（一）名号谱系

艾布·伊卜拉欣·拿斯尔·本·礼萨·本·穆罕默德·本·阿卜杜拉·阿拉维·侯赛尼。

（二）生平概述

生卒地点有待考究。曾师从什叶派著名学者突斯（al-Tūsī，995~1067）。

（三）族谱著作

《使者家族功德》（*Manāqib Āl al-Rasūl*）。

（四）参考文献

阿卜杜拉·阿凡迪：《学林园与德贤池》第 5 卷，第 238 页。阿迦·布祖尔克：《什叶派著述门径》第 22 卷，第 320 页。索伊卜·阿卜杜·哈密德：《什叶派史学家辞典》第 2 卷，第 401 页。

苏莱曼·阿拔斯

（Sulaymān al-‘Abbāsī，11 世纪）

（一）名号谱系

苏莱曼·本·阿里·本·阿卜杜·萨密俄·本·欧麦尔·本·哈桑·

本·阿卜杜·阿齐兹·本·阿卜杜拉·本·欧贝杜拉·本·阿拔斯·本·穆罕默德·本·阿里·本·阿卜杜拉·本·阿拔斯。

（二）生平概述

生卒地点和生平事迹有待考究。

（三）族谱著作

安达卢西著名族谱学家伊本·哈兹姆从他的著作中获得大量关于阿拔斯家谱的知识。

（四）参考文献

伊本·哈兹姆：《阿拉伯谱系集》，第 33 页。伯克尔·艾布·栽德：《族谱学家层级传》，第 105 页。

欧贝杜拉·阿拉维

（'Ubayd Allāh al-'Alawī，11 世纪）

（一）名号谱系

艾布·法特哈·欧贝杜拉·本·穆萨·本·艾哈迈德·本·穆罕默德·本·艾哈迈德·本·穆萨·本·穆罕默德·本·阿里·本·穆萨·本·贾法尔·本·阿里·本·侯赛因·本·阿里·本·艾比·塔里卜·阿拉维。

（二）生平概述

生卒地点有待考究。圣训学家和族谱学家。

（三）族谱著作

《使者家族谱系与圣母子嗣》（*Kitāb Ansāb Āl al-Rasūl wa-Awlād al-Batūl*）。

（四）参考文献

穆哈幸·艾敏：《什叶派精英》第 8 卷，第 134 页。阿迦·布祖尔克：

《什叶派著述门径》第 2 卷，第 379～380 页。索伊卜·阿卜杜·哈密德：《什叶派史学家辞典》第 1 卷，第 556～557 页。阿卜杜·拉札戈·康木纳：《愿者希冀：族谱学家层级传》，第 30、208～209 页。穆罕默德·拉施德：《族谱学家辞典：自伊历一世纪至当代》，第 326 页。

伊本·阿迪

（Ibn ‘Adī，11 世纪）

（一）名号谱系

伊本·阿迪·札黎俄·伊本·艾比·哈里·哈桑·巴士里。

（二）生平概述

生卒地点和生平事迹有待考究。

（三）族谱著作

《伊本·阿迪·札黎俄谱系树形图》（*Mushajjarat Ibn ‘Adī al-Zāri‘*）。

（四）参考文献

伊本·易纳巴：《艾布·塔里卜家族谱系基本要义》，第 72 页。伊本·托拔托拔·艾斯法哈尼：《塔里比人移居地》，第 208 页。什贺布丁·麦尔阿什：《释疑：谱系、别号与后裔精粹人物志》，第 22 页。阿卜杜·拉札戈·康木纳：《愿者希冀：族谱学家层级传》，第 103 页。

伊本·艾兹拉戈

（Ibn al-Azraq，11 世纪）

（一）名号谱系

艾布·侯赛因·艾哈迈德·本·穆罕默德·本·艾哈迈德·本·伊卜拉欣·本·阿卜杜拉·本·哈桑·本·伊卜拉欣·本·阿卜杜拉·本·哈

桑·本·哈桑·本·阿里·本·艾比·塔里卜。

（二）生平概述

生卒地点有待考究。族谱学家。

（三）族谱著作

《族谱入门》（*'Unwān al-Nasab*）。

（四）参考文献

伊本·易纳巴：《艾布·塔里卜家族谱系基本要义》，第 111 页。阿卜杜·拉札戈·康木纳：《愿者希冀：族谱学家层级传》，第 235~236 页。

伊本·苏菲·欧麦利

（Ibn al-Sūfī al-'Umarī，11 世纪）

（一）名号谱系

艾布·加纳伊姆·穆罕默德·本·阿里·本·穆罕默德·本·穆罕默德·本·艾哈迈德·本·阿里·本·穆罕默德·苏菲·本·叶哈雅·本·阿卜杜拉·本·穆罕默德·本·欧麦尔·本·阿里·本·艾比·塔里卜·阿拉维。

（二）生平概述

生卒地点有待考究。著名族谱学家伊本·苏菲的父亲。

（三）族谱著作

《谱系》（*Al-Ansāb*）。

（四）参考文献

阿迦·布祖尔克：《什叶派著述门径》第 2 卷，第 374 页。索伊卜·阿卜杜·哈密德：《什叶派史学家辞典》第 2 卷，第 286~287 页。

六　公元 12 世纪

艾布·阿里·捷雅尼

（Abū ‘Alī al-Jayyānī，1035~1105）

（一）名号谱系

艾布·阿里·侯赛因·本·穆罕默德·本·艾哈迈德·加萨尼·捷雅尼·安达卢斯·古尔图比。

（二）生平概述

生于西班牙科尔多瓦。精通圣训学，涉猎语言学、文学、诗歌和族谱学等学问。因慢性病死于科尔多瓦。

（三）族谱著作

1.《忽视约束与问题辨别》（*Taqyīd al-Muhmal wa-Tamyīz al-Mushkal*）第 1~3 卷，阿里·本·穆罕默德·易姆兰、穆罕默德·欧栽尔·沙姆斯，麦加：利益世界出版社，2000。

该书撰成于 1097~1102 年，是关于《布哈里圣训实录》和《穆斯林圣训实录》人物的名字、别名、族谱和事迹的最重要的著作之一。

全书由绪论和 4 个部分内容构成。绪论部分记述了编撰缘由，一些伊玛目的相关看法，布哈里和穆斯林两位伊玛目的生平、品性和学术成就，《布哈里圣训实录》和《穆斯林圣训实录》的传述概况。

正文第 1 部分第 1 编按照阿拉伯字母顺序分组编录拼写和读音相似的名

字和归属名。第 1 组名字是艾斯德（Asīd）、伍赛德（Usayd）和伍赛尔（Usayr），谈论的人物主要是艾斯德·本·贾黎耶、艾布·叶哈雅·伍赛德·本·胡戴尔·本·西玛克·本·阿提克、艾布·喜雅尔·伍赛尔·本·贾比尔·阿卜迪。第 1 组归属名是阿萨迪（al-Asadī）、阿斯迪（al-Asdī）和伍赛迪（al-Usaydī）。

第 2 编分组辨析名字相似问题。第 1 组名字是欧戈巴·本·阿慕尔和欧戈巴·本·阿米尔。前者，如艾布·马斯欧德·欧戈巴·本·阿慕尔·安索利；后者，如艾布·韩玛德·欧戈巴·本·阿米尔·本·阿卜斯·朱哈尼。

第 2 部分探讨《实录的穆斯纳德》的传述链和传述人名。

第 3 部分按阿拉伯字母顺序分批介绍布哈里的谢赫们及他们的谱系。其中第 1 批是本名为艾哈迈德之人。最后是本名为叶尔孤卜之人。

第 4 部分按阿拉伯字母顺序收录别号（或绰号）。其中第 1 个别号是艾哈纳夫（al-Ahnaf），最后是尤阿尤阿（al-Yu' yu'）。

2.《传述圣训实录之圣门弟子与再传圣门弟子别号》（*Alqāb al-Sahābah wa-al-Tābi' īn fī al-Musnadayn al-Sahīhayn*），穆罕默德·栽纳鸿·穆罕默德·阿扎波、马哈茂德·纳索尔校勘，开罗：法迪拉出版社，1994。

该书是《忽视约束与问题辨别》的最后一个部分，按照阿拉伯字母顺序编录人物别号以及与之密切相关的名号谱系和生平简记。其中记载的第 1 个人物是艾哈纳夫·本·盖斯，最后是尤阿尤阿（穆罕默德·本·齐雅德·本·欧贝杜拉·本·拉比俄·本·齐雅德·齐雅迪的别号）。

（四）参考文献

伊本·巴施库沃勒：《〈安达卢西伊玛目、学者、圣训学家、教法学家与文学家史〉续编》第 1 卷，第 203～205 页。伊本·亥尔：《目录》，第 274、296 页。伊本·赫里康：《精英辞世与时代名人信息录》第 2 卷，第 180 页。扎哈比：《群英诸贤传》第 19 卷，第 148～151 页。齐黎克里：《名人》第 2 卷，第 255 页。伯克尔·艾布·栽德：《族谱学家层级传》，第 104～105 页。阿卜杜·拉札戈·康木纳：《愿者希冀：族谱学家层级传》，第 243～244 页。穆罕默德·拉施德：《族谱学家辞典：自伊历一世纪至当代》，第 156 页。

伊本·盖萨拉尼

(Ibn al-Qaysarānī, 1056~1113)

(一) 名号谱系

艾布·法得勒·穆罕默德·本·拓熙尔·本·阿里·本·艾哈迈德·麦格迪斯·谢拔尼·苏菲。

(二) 生平概述

生于耶路撒冷。曾游历埃及、叙利亚、黎巴嫩、伊拉克、伊朗、阿富汗和土库曼斯坦等国家的各大名城以及麦地那和麦加。旅行家、史学家和圣训背诵家。卒于伊拉克巴格达。

(三) 族谱著作

1.《辨正》(*Al-Mu' talif wa-al-Mukhtalif*),卡玛勒·优素福·胡特校注,贝鲁特:学术书籍出版社,1991。

该书又名《惯定谱系:拼读与音符同形字》(*Kitāb al-Ansāb al-Muttafiqah fī al-Khatt al-Mutamāthilah fī al-Naqt wa-al-Dabt*),按照阿拉伯字母顺序编录 264 组词形和读音相同而来源各异的归属名(最少 2 个为一组),并逐一加以辨析,列举密切相关的人物名号谱系。

第 1 组归属名是 2 个"阿姆里"(al-Āmulī)。其中第 1 个与伊朗泰伯里斯坦地区的阿莫勒有关。很多人的名号谱系中有这个归属名,如"阿拉伯的司马迁"泰伯里的名号谱系。第 2 个与阿姆河畔的阿莫勒地区有关,如阿卜杜拉·本·韩玛德·阿姆里。

第 226 组是 6 个"麦迪尼"(al-Madīnī)。其一,与圣城麦地那有关。很多人的名号谱系中有这个归属名。其二,与伊朗内沙布尔城有关,如艾布·阿卜杜拉·穆罕默德·本·侯赛因·本·欧玛拉·麦迪尼。其三,与伊朗伊斯法罕城有关,如艾布·阿拔斯·艾哈迈德·本·呼施纳姆·本·阿卜杜·沃希德·麦迪尼。其四,与伊朗加兹温的穆巴拉克城有关,如艾布·叶尔孤卜·优素福·本·哈姆丹·扎敏麦迪尼。其五,与乌兹别克斯坦撒马尔罕城有关，如艾布·伯克尔·伊斯玛仪·本·艾哈迈德·麦迪尼·萨马尔甘迪。其六，与土库曼斯坦木鹿（又译梅尔夫）城有关，如艾布·叶齐德·穆罕默德·本·叶哈雅·本·哈里德·本·叶齐德·本·马塔·麦迪尼。

最后一组是 2 个“也默尼”（al-Yamanī）。第 1 个与也门（al-Yaman）有关。第 2 个是艾布·艾哈迈德·也默尼·麦格利的别号。

2.《别号知识》（*Kitāb Ma'rifat al-Alqāb*），阿德南·韩木德·艾布·栽德校注，开罗：宗教文化书店，2001。

该书按照阿拉伯字母顺序编录 836 个别号，并逐一列出与之相吻合的人物名号谱系。其中第 1 个是埃萨尔（Aysar）：艾布·莱拉，关于其名字的说法有多种，有人说是达乌德·本·比腊勒，另有人说是叶撒尔·本·努梅尔，还有人说是艾布·莱拉·本·比腊勒。最后是霍德巴（Hudbah）：哈达卜·本·哈里德·瓦西蒂·盖斯。

3.《谱系同异》（*Al-Muttafiq wa-al-Muftariq fī al-Ansāb*）。

4.《圣训学家谱系》（*Ansāb al-Muhaddithīn*）。

（四）参考文献

索法迪：《逝者全录》第 3 卷，第 139～140 页。扎哈比：《群英诸贤传》第 19 卷，第 361～371 页。伊本·赫里康：《精英辞世与时代名人信息录》第 4 卷，第 287～288 页。哈吉·哈里发：《书艺题名释疑》第 1 卷，第 245 页；第 3 卷，第 221 页。齐黎克里：《名人》第 6 卷，第 171 页。沙奇尔·穆斯塔法：《阿拉伯历史与史家》第 2 卷，第 232～233 页。伯克尔·艾布·栽德：《族谱学家层级传》，第 109 页。阿卜杜·拉札戈·康木纳：《愿者希冀：族谱学家层级传》，第 305 页。穆罕默德·拉施德：《族谱学家辞典：自伊历一世纪至当代》，第 464 页。

艾比瓦尔迪

（al-Abīwardī，约 1068～1113）

（一）名号谱系

艾布·穆左发尔·穆罕默德·本·艾哈迈德·本·穆罕默德·本·艾

哈迈德·本·伊斯哈格·本·穆罕默德·本·伊斯哈格·本·哈桑·本·曼苏尔·本·穆阿维叶·本·穆罕默德·本·奥斯曼·本·安巴萨·本·欧特巴·本·奥斯曼·本·安巴萨·本·艾比·苏弗彦·索赫尔·本·哈尔卜·本·伍麦叶·本·阿卜杜·沙姆斯·本·阿卜杜·马纳夫·古拉什·伍麦维·艾比瓦尔迪·库法尼。

（二）生平概述

生于土库曼斯坦阿比瓦尔德（Abiwert）附近。诗人、史学家和文学家。中毒身亡于伊朗伊斯法罕。

（三）族谱著作

1.《急速借火：苏弗彦家谱》(*Kitāb Qabsat al-ʻAjlān fī Nasab Āl Sufyān*)。
2.《辨正》(*Kitāb al-Mukhtalif wa-al-Mu' talif*)。
3.《阿拉伯谱系辨正》(*Kitāb mā ikhtalafa wa-i' talafa min Ansāb al-ʻArab*)。
4. 千行诗《纳吉迪雅特》(*Kitāb al-Najdīyāt fī al-Nasab*)。
阿尔及利亚国家图书馆藏手抄本（编号：DZA-001-0063）的正文共 46 页。

（四）参考文献

雅孤特·哈默维：《文豪辞典》第 5 卷，第 2360~2376 页。伊本·赫里康：《精英辞世与时代名人信息录》第 4 卷，第 444~449 页。哈吉·哈里发：《书艺题名释疑》第 3 卷，第 221、462 页。齐黎克里：《名人》第 5 卷，第 316 页。欧麦尔·礼萨：《著述家辞典》第 3 卷，第 95 页。卡米勒·朱布利：《文豪辞典》第 5 卷，第 127~128 页。伯克尔·艾布·栽德：《族谱学家层级传》，第 109~110 页。阿卜杜·拉札戈·康木纳：《愿者希冀：族谱学家层级传》，第 299~300 页。穆罕默德·拉施德：《族谱学家辞典：自伊历一世纪至当代》，第 407 页。

纳尔斯

(al-Narsī, 1033~1116)

（一）名号谱系

艾布·加纳伊姆·穆罕默德·本·阿里·本·梅蒙·本·穆罕默德·

纳尔斯·库斐。

（二）生平概述

生于伊拉克库法。曾游历沙姆地区。在伊拉克巴格达病重后，想回库法，死于归途中的希拉，遗体被运回库法安葬。圣训学家、背诵家和诵读家。

（三）族谱著作

《名字差异》（*Kitāb Mukhtalif al-Asmā'*）。

著名族谱学家伊本·拿斯鲁丁在《混淆澄清：传述人名字、谱系、别号与别名修正》中抄录了该书的内容。

（四）参考文献

伊本·焦齐：《历代帝王与民族通史》第 17 卷，第 150~151 页。索法迪：《逝者全录》第 4 卷，第 105~106 页。扎哈比：《群英诸贤传》第 19 卷，第 274~276 页。伊本·拿斯鲁丁：《混淆澄清：传述人名字、谱系、别号与别名修正》第 1 卷，“校勘序言”，第 29 页。欧麦尔·礼萨：《著述家辞典》第 3 卷，第 550 页。穆罕默德·拉施德：《族谱学家辞典：自伊历一世纪至当代》，第 491 页。

叶哈雅·焦沃尼

（Yahyá al-Jawwānī，？～约 1116）

（一）名号谱系

艾布·塔里卜·叶哈雅·本·穆罕默德·本·哈桑·本·阿卜杜拉·本·穆罕默德·本·哈桑·本·穆罕默德·本·哈桑·本·穆罕默德·本·阿卜杜拉·本·侯赛因·本·阿里·本·侯赛因·本·阿里·本·艾比·塔里卜·焦沃尼。

（二）生平概述

生卒地点和生平事迹有待考究。

（三）族谱著作

《泰伯里斯坦名单》（*Kitāb Jarīdat Tabaristān*），成稿于 1112 年。

（四）参考文献

阿迦·布祖尔克：《什叶派著述门径》第 5 卷，第 98 页。阿迦·布祖尔克：《什叶派名人层级传》第 3 卷，第 340 页。阿卜杜·拉札戈·康木纳：《愿者希冀：族谱学家层级传》，第 320 页。穆罕默德·拉施德：《族谱学家辞典：自伊历一世纪至当代》，第 581 页。

敖塔比

（al-'Awtabī，？～约 1117）

（一）名号谱系

艾布·蒙兹尔·萨拉玛·本·穆斯林·本·伊卜拉欣·本·萨拉玛·艾兹迪·敖塔比·稣哈利·欧玛尼。

（二）生平概述

生于阿曼苏哈尔附近的奥塔波（'Awtab）村。伊巴迪亚派史学家、族谱学家、语言学家、文学家、教法学家和教义学家，一生写了多部著作。辞世地点有待考究。

（三）族谱著作

《谱系》（*Al-Ansāb*）第 1～2 卷，穆罕默德·伊哈桑·努斯校勘，马斯喀特：阿曼民族遗产与文化部，2006。

这部历史与族谱著作集又名《谱系阐明》（*Muwaddih al-Ansāb*），或《阿拉伯谱系》（*Ansāb al-'Arab*）。

作者在绪论中介绍了该书的主要内容和编纂方法，强调族谱学的重要性，鼓励人们学习它。

正文从创世开始叙述。值得特别指出的是，第 25 个主题（第 100～109

页）讨论族谱术语，引用族谱学大师伊本·凯勒比“六分世系”的说法，即把族群划分成6个级别，由大到小分别是：部族、部落、胞族、氏族、宗族和家族。部族由部落组合成；部落由胞族组合成；胞族由氏族组合成；氏族由宗族组合成；宗族由家族组合成。此外，他还引用族谱学家伊本·哈比卜·巴格达迪之父的观点，增加了亲族（al-‘Ashīrah）。紧接着探讨了用这些术语给各个级别命名的原因。

实际上，敖塔比在族谱学理论方面没有太多的创新之处，但书中的一些内容来自口述材料，具有较高的参考价值。

（四）参考文献

伯克尔·艾布·栽德：《族谱学家层级传》，第105、222页。穆罕默德·拉施德：《族谱学家辞典：自伊历一世纪至当代》，第203页。赛夫·比拓什：《阿曼学林史珍》第1卷，第350~353页。阿曼民族遗产与文化部文学论坛：《解读敖塔比·稣哈利思想》（al-Muntadá al-Adabī al-Tābi‘ Wizārat al-Turāth al-Qawmī wa-al-Thaqāfah bi-Saltanat ‘Umān, *Qirā' āt fī Fikr al-‘Awtabī al-Suhārī*），马斯喀特：阿曼民族遗产与文化部文学论坛，1998。穆汉纳·萨尔迪：《阿曼人对历史编纂的理解：从传记到普世史》（Muhannā al-Sa‘dī, “Tatawwur Mafhūm al-Kitābah al-Tārīkhīyah ‘inda al-‘Umānīyīn min al-Siyar ilá al-Ta' rīkh al-Shāmil”），《尼兹瓦》（*Nizwá*）2009年总第57期。

侯赛因·内撒布利

（al-Husayn al-Naysābūrī，约1048~1119）

（一）名号谱系

艾布·阿卜杜拉·侯赛因·本·阿里·本·达仪·本·栽德·本·哈姆扎·本·阿里·本·欧贝杜拉·本·哈桑·本·阿里·本·穆罕默德·本·哈桑·本·贾法尔·本·哈桑·本·哈桑·本·阿里·本·艾比·塔里卜·内撒布利。

（二）生平概述

出生地点有待考究。阿拉维派贤士。卒于伊拉克卡尔巴拉。

（三）族谱著作

据著名族谱学家萨姆阿尼的记载，他醉心于族谱学，为了掌握一手族谱资料而到处游历，然后把收集到的资料汇编成册。

（四）参考文献

萨姆阿尼：《长老辞典精选》第 2 卷，第 722～723 页。扎哈比：《伊斯兰史与诸杰群英辞世录》第 35 卷，第 348 页。穆罕默德·拉施德：《族谱学家辞典：自伊历一世纪至当代》，第 152 页。

伊本·希巴图拉

（Ibn Hibat Allāh，1070～1124）

（一）名号谱系

艾布·贾法尔·穆罕默德·本·穆罕默德·本·希巴图拉·本·阿里·本·侯赛因·本·穆罕默德·本·阿里·本·穆罕默德·本·阿里·本·欧麦尔·本·哈桑·本·阿里·本·阿里·本·哈桑·本·阿里·本·艾比·塔里卜·阿拉维·侯赛尼·艾弗托斯·泰拉布路斯。

（二）生平概述

生于黎巴嫩的黎波里。1099 年，到访叙利亚大马士革。文学家，熟知古莱什族谱。卒于埃及开罗。

（三）族谱著作

《族谱认知》（*Kitāb Dirāyat bi-al-Nasab*）。

（四）参考文献

伊本·阿萨奇尔：《大马士革史》第 55 卷，第 210～211 页。伊本·易纳巴：《艾布·塔里卜家族谱系基本要义》，第 344 页。齐黎克里：《名人》第 7 卷，第 23 页。伯克尔·艾布·栽德：《族谱学家层级传》，第 110～111

页。阿卜杜·拉札戈·康木纳：《愿者希冀：族谱学家层级传》，第 308～310 页。穆罕默德·拉施德：《族谱学家辞典：自伊历一世纪至当代》，第 517 页。

伊本·赛义德·白托勒尧斯

(Ibn al-Sayyid al-Batalyawsī，1052～1127)

（一）名号谱系

艾布·穆罕默德·阿卜杜拉·本·穆罕默德·本·赛义德·白托勒尧斯。

（二）生平概述

生于西班牙巴达霍斯（Badajoz）。迁居西班牙瓦伦西亚。语言学家、语法学家、文学家、教法学家、哲学家和族谱学家。卒于瓦伦西亚。

（三）族谱著作

《谱系》(*Kitāb al-Ansāb*)。

（四）参考文献

伊本·巴施库沃勒：《〈安达卢西伊玛目、学者、圣训学家、教法学家与文学家史〉续编》第 1 卷，第 381～382 页。扎哈比：《群英诸贤传》第 19 卷，第 532～533 页。哈吉·哈里发：《书艺题名释疑》第 1 卷，第 245 页。伯克尔·艾布·栽德：《族谱学家层级传》，第 111 页。阿卜杜·拉札戈·康木纳：《愿者希冀：族谱学家层级传》，第 293 页。

穆尔塔多·拉齐

(al-Murtadá al-Rāzī，? ～约 1131)

（一）名号谱系

穆尔塔多·本·达仪·本·伽斯姆·哈萨尼·拉齐。

（二）生平概述

生卒地点和生平事迹有待考究。

（三）族谱著作

《谱海》（*Bahr al-Ansāb*）。

（四）参考文献

阿迦·布祖尔克：《什叶派著述门径》第 26 卷，第 84 页。穆哈幸·艾敏：《什叶派精英》第 10 卷，第 117 页。穆罕默德·拉施德：《族谱学家辞典：自伊历一世纪至当代》，第 548～549 页。

扎默赫沙利

（al-Zamakhsharī，1075～1144）

（一）名号谱系

贾鲁拉·艾布·伽斯姆·马哈茂德·本·欧麦尔·本·穆罕默德·本·艾哈迈德·花拉子米·扎默赫沙利。

（二）生平概述

生于土库曼斯坦扎马赫沙尔（Zamakhshar）村。杰出的宗教学家，同时还是经注学家、圣训学家、语言学家、文学家和族谱学家。卒于乌兹别克斯坦乌尔根奇（Urganch，古称“玉龙杰赤”）。

（三）族谱著作

1. 《传述人名字混淆》（*Kitāb Mushtabih Asmā' al-Rūwāh*）。
2. 《谱系》（*Kitāb al-Ansāb*）。

（四）参考文献

雅孤特·哈默维：《文豪辞典》第 6 卷，第 2687～2691 页。扎哈比：

《群英诸贤传》第 20 卷，第 151~156 页。哈吉·哈里发：《书艺题名释疑》第 3 卷，第 177 页。齐黎克里：《名人》第 7 卷，第 178 页。穆罕默德·希拉：《麦加历史与史家》，第 35~38 页。伯克尔·艾布·栽德：《族谱学家层级传》，第 111 页。穆罕默德·拉施德：《族谱学家辞典：自伊历一世纪至当代》，第 547 页。

伊本·艾比·喜索勒

（Ibn Abī al-Khisāl，1073~1146）

（一）名号谱系

艾布·阿卜杜拉·穆罕默德·本·马斯欧德·本·哈里索·本·法拉吉·本·穆贾希德·本·艾比·喜索勒·迦菲基。

（二）生平概述

生于西班牙塞古拉河畔的福尔古里特（Furghulit）村。曾居住在西班牙科尔多瓦和格拉纳达。圣训学家、文学家、语言学家、散文家、诗人、史学家和族谱学家。被柏柏尔人杀害于科尔多瓦。

（三）族谱著作

《美德路径与清算阶梯：使者族谱》（*Minhāj al-Manāqib wa-Mi‘rāj al-Hāsib al-Thāqib fī Nasab al-Rasūl*）。

（四）参考文献

里撒努丁·伊本·赫蒂卜：《格拉纳达纪综录》第 2 卷，第 388~418 页。伊斯玛仪·帕夏·巴格达迪：《知者惠赠：作者名讳与著者述作》第 2 卷，第 89 页。欧麦尔·礼萨：《著述家辞典》第 3 卷，第 714 页。伯克尔·艾布·栽德：《族谱学家层级传》，第 111~112 页。阿卜杜·拉札戈·康木纳：《愿者希冀：族谱学家层级传》，第 313~314 页。

鲁沙蒂

（al-Rushātī，1074～1147）

（一）名号谱系

艾布·穆罕默德·阿卜杜拉·本·阿里·本·阿卜杜拉·本·阿里·本·赫拉夫·本·艾哈迈德·本·欧麦尔·拉赫米·鲁沙蒂·安达卢斯。

（二）生平概述

生于西班牙奥里韦拉（Orihuela）。把大量时间花费在圣训学、人名学、史学和族谱学的研究上。卒于西班牙阿尔梅里亚。

（三）族谱著作

《火炬与花须：圣门谱系与遗训传述》（*Iqtibās al-Anwār wa-Iltimās al-Azhār fī Ansāb al-Sahābah wa-Ruwāt al-Āthār*），穆罕默德·撒里姆·哈希姆注，贝鲁特：学术书籍出版社，1999。

该书约完稿于 1132 年，记载伊比利亚半岛各城镇、村落的名称及与之相关的名人传记和谱系。原书共 6 章，仅存第 1、3、5 章的部分内容：①拔冀（al-Bājī）；②白提（al-Battī）；③白贾尼（al-Bajānī）；④布利雅尼（al-Burīyānī）；⑤比齐勒雅尼（al-Bizilyānī）；⑥白托勒尧斯（al-Batalyawsī）；⑦白托鲁巴利（al-Batarūbarī）；⑧白勒迪（al-Baldī）；⑨白璐蒂（al-Ballūdī）；⑩白岚斯（al-Balansī）；⑪库施昆雅尼（al-Kushkunyānī）；⑪拉黎迪（al-Lāridī）；⑬拉波里（al-Lablī）；⑭卢瓦拉基（al-Luwaraqī）；⑮玛黎迪（al-Māridī）；⑯玛立基（al-Māliqī）；⑰麦吉利蒂（al-Majrīdī）；⑱麦都利（al-Maddūrī）；⑲麦黎维（al-Mariwī）；⑳穆尔斯（al-Mursī）；㉑麦尔沙尼（al-Marshānī）；㉒蒙提冀里（al-Muntijīlī）；㉓蒙益（al-Munyī）；㉔麦迦米（al-Maghāmī）；㉕葛波利（al-Qabrī）；㉖古巴什（al-Qubbashī）；㉗古尔图比（al-Qurtubī）；㉘萨波提（al-Sabtī）；㉙萨拉古斯蒂（al- Saraqustī）；㉚沙比尼（al-Shabīnī）；㉛沙孜瓦尼（al-Shadhwanī）；㉜沙拉斐（al-Sharafī）；㉝沙姆纳塔尼（al-Shamnatānī）；㉞沙姆塔利尼（al-Shamtarīnī）；

㉟沙姆塔贾里（al-Shamtajālī）；㊱沃达阿斯（al-Wādaāshshī）；㊲瓦格斯（al-Waqqashī）；㊳瓦施基（al-Washqī）；㊴雅巴斯（al-Yābasī）；㊵雅布利（al-Yāburī）。

（四）参考文献

伊本·巴施库沃勒：《〈安达卢西伊玛目、学者、圣训学家、教法学家与文学家史〉续编》第 1 卷，第 387~388 页。扎哈比：《群英诸贤传》第 20 卷，第 258~260 页。伊本·赫里康：《精英辞世与时代名人信息录》第 3 卷，第 106~107 页。哈吉·哈里发：《书艺题名释疑》第 1 卷，第 203、244 页。齐黎克里：《名人》第 4 卷，第 105 页。欧麦尔·礼萨：《著述家辞典》第 2 卷，第 262 页。伯克尔·艾布·栽德：《族谱学家层级传》，第 112 页。阿卜杜·拉札戈·康木纳：《愿者希冀：族谱学家层级传》，第 30、249~250 页。穆罕默德·拉施德：《族谱学家辞典：自伊历一世纪至当代》，第 304~305 页。哈迪勒·优素福：《阿卜杜拉·本·阿里·鲁沙蒂的生平及其学术遗产》（Hadīl Yūsuf, "'Abd Allāh ibn 'Alī al-Rushātī 466-542 H.: Hayātuhu wa-Turāthuhu al-'Ilmī"），《教育与科学杂志》（*Majallat al-Tarbiyah wa-al-'Ilm*）2013 年第 20 卷第 4 期。哈迪勒·优素福：《鲁沙蒂〈火炬〉对史料的影响》（Hadīl Yūsuf, "Athar *Kitāb Iqtibās al-Anwār* lil-Rushātī fī al-Masādir al-Tārīkhīyah"），《历史与文明研究杂志》（*Majallat al-Dirāsāt al-Tārīkhīyah wa-al-Hadārīyah*）2017 年第 9 卷第 30 期。

伽迪·易雅得

（al-Qādī 'Iyād，1083~1149）

（一）名号谱系

艾布·法得勒·易雅得·本·穆萨·本·易雅得·本·阿慕伦·本·穆萨·本·易雅得·本·穆罕默德·本·阿卜杜拉·本·穆萨·本·易雅得·叶哈稣比·安达卢斯·萨波提·马立其。

（二）生平概述

生于西班牙休达。曾在休达和格拉纳达担任法官。杰出的圣训学家、教法学家，精通语言学和语法学，了解阿拉伯人的谱系及其日子。被毒害于摩洛哥马拉喀什。

（三）族谱著作

《阿拉维人纪事》（*Kitāb Akhbār al-'Alawīyīn*）。

（四）参考文献

伊本·赫里康：《精英辞世与时代名人信息录》第3卷，第483~485页。扎哈比：《群英诸贤传》第20卷，第212~218页。齐黎克里：《名人》第5卷，第99页。阿卜杜海·凯塔尼：《目录辞典》第2卷，第797~804页。伯克尔·艾布·栽德：《族谱学家层级传》，第113页。阿卜杜·拉札戈·康木纳：《愿者希冀：族谱学家层级传》，第297~298页。穆罕默德·拉施德：《族谱学家辞典：自伊历一世纪至当代》，第375~376页。艾哈迈德·麦格利：《园中繁花：易雅得纪事》（Ahmad al-Maqqarī, *Azhār al-Riyād fī Akhbār 'Iyād*）第1~3卷，开罗：编辑翻译出版委员会，1939~1942；第4~5卷，拉巴特：摩洛哥王国与阿拉伯联合酋长国伊斯兰遗产复兴联合基金，1978~1980。侯赛因·邵沃特：《易雅得法官》（al-Husayn Shawwāt, *al-Qādī 'Iyād*），大马士革：格拉姆出版社，1999。

穆萨拉姆·拉哈冀

（Musallam al-Lahjī，？~1150）

（一）名号谱系

穆萨拉姆·本·穆罕默德·本·贾法尔·本·哈桑·拉哈冀·沙缇比·也玛尼。

（二）生平概述

生于也门拉赫季（Lahij）。栽德派学者、文学家、史学家和族谱学家。辞世地点有待考究。

（三）族谱著作

《穆萨拉姆·拉哈冀史》（*Tārīkh Musallam al-Lahjī*）。

该书又名《穆萨拉姆·拉哈冀层级传》（*Tabaqāt Musallam al-Lahjī*），凡 4 卷。作者把也门的栽德派名人划分为 5 个层级，在讲述这些名人传记时，非常注重追溯他们的谱系。

（四）参考文献

沙贺里：《大栽德派层级传》第 3 卷第 2 册，第 1122～1123 页。阿卜杜·萨腊姆·瓦冀赫：《栽德派著述名人》，第 1028～1029 页。伊斯玛仪·艾克瓦：《也门的知识迁移及其堡垒》第 3 卷，第 1340～1341 页。齐黎克里：《名人》第 7 卷，第 223 页。埃曼·福阿德：《伊斯兰时期也门历史文献》，第 105～107 页。沙奇尔·穆斯塔法：《阿拉伯历史与史家》第 2 卷，第 344～345 页。索伊卜·阿卜杜·哈密德：《什叶派史学家辞典》第 2 卷，第 363～364 页。穆罕默德·拉施德：《族谱学家辞典：自伊历一世纪至当代》，第 550～551 页。

伊本·达拔厄

（Ibn al-Dabbāgh，1088～1151）

（一）名号谱系

艾布·瓦立德·优素福·本·阿卜杜·阿齐兹·本·优素福·本·欧麦尔·本·斐鲁赫·拉赫米·安达卢斯·温迪·马立其。

（二）生平概述

生于西班牙翁达（Onda）。史学家和圣训学家。卒于西班牙德尼亚。

（三）族谱著作

1. 《辨正》（*Kitāb al-Mu' talif wa-al-Mukhtalif*）。
2. 《识别》（*Kitāb al-Tabsīr*）。

（四）参考文献

伊本·巴施库沃勒：《〈安达卢西伊玛目、学者、圣训学家、教法学家与文学家史〉续编》第 2 卷，第 331～332 页。扎哈比：《群英诸贤传》第 20 卷，第 220～221 页。伊本·易玛德：《金砂：往逝纪事》第 6 卷，第 234～235 页。齐黎克里：《名人》第 8 卷，第 238 页。穆罕默德·拉施德：《族谱学家辞典：自伊历一世纪至当代》，第 584 页。

葛唐·麦尔瓦齐

（al-Qattān al-Marwazī，1073～1153）

（一）名号谱系

艾布·阿里·哈桑·本·阿里·本·穆罕默德·本·伊卜拉欣·本·艾哈迈德·葛唐·麦尔瓦齐·布哈里。

（二）生平概述

祖籍乌兹别克斯坦布哈拉。生于土库曼斯坦木鹿。医生，懂哲学、工程学、文学和族谱学。被乌古斯人虐杀于木鹿。

（三）族谱著作

8 卷本《贵族大树：艾布·塔里卜家谱》（*Kitāb Dawhat al-Sharaf fī Nasab Āl Abī Tālib*）。

（四）参考文献

雅孤特·哈默维：《文豪辞典》第 3 卷，第 961～970 页。扎哈比：《伊斯兰史与诸杰群英辞世录》第 37 卷，第 301 页。伊本·撒仪：《宝贵珠玉：著者名字》，第 341～342 页。齐黎克里：《名人》第 2 卷，第 202 页。什贺布丁·麦尔阿什：《释疑：谱系、别号与后裔精粹人物志》，第 61～62 页。伯克尔·艾布·栽德：《族谱学家层级传》，第 113 页。阿卜杜·拉札戈·康木纳：《愿者希冀：族谱学家层级传》，第 285 页。穆罕默德·拉施德：

《族谱学家辞典：自伊历一世纪至当代》，第 139 页。

穆罕默德・内撒布利

（Muhammad al-Naysābūrī，1090～1154）

（一）名号谱系

易玛杜丁・艾布・贾法尔・穆罕默德・本・阿里・本・哈伦・本・穆罕默德・本・哈伦・本・穆罕默德・本・贾法尔・本・穆罕默德・本・艾哈迈德・本・哈伦・本・穆萨・本・贾法尔・本・穆罕默德・本・阿里・本・侯赛因・本・阿里・本・艾比・塔里卜・穆萨维・内撒布利・什仪。

（二）生平概述

生于伊朗内沙布尔。曾到访土库曼斯坦木鹿（又译梅尔夫）。族谱学家、教法学家、史学家和圣训学家。在战乱中被杀害于内沙布尔。

（三）族谱著作

1. 《季节园花》（*Kitāb Azāhir al-Riyād al-Rub'īyah*）。
2. 《巴尔赫列王族谱》（*Kitāb Nasab Sādāt Mulūk Balkh*）。
3. 《内沙布尔阿拉维族谱》（*Kitāb Nasab al-'Alawīyīn bi-Naysābūr*）。
4. 《后裔与谱系终止》（*Kitāb Nihāyat al-A'qāb wa-al-Ansāb*）。

（四）参考文献

萨姆阿尼：《长老辞典精选》第 3 卷，第 1562～1563 页。伊本・丰杜戈：《谱系、别号与后裔精粹》第 2 卷，第 640 页。扎哈比：《伊斯兰史与诸杰群英辞世录》第 37 卷，第 378 页。什贺布丁・麦尔阿什：《释疑：谱系、别号与后裔精粹人物志》，第 56～57 页。索伊卜・阿卜杜・哈密德：《什叶派史学家辞典》第 2 卷，第 291～292 页。阿卜杜・拉札戈・康木纳：《愿者希冀：族谱学家层级传》，第 29、307 页。穆罕默德・拉施德：《族谱学家辞典：自伊历一世纪至当代》，第 491 页。

伊本·拿斯尔

（Ibn Nāsir，1075～1155）

（一）名号谱系

艾布·法得勒·穆罕默德·本·拿斯尔·本·穆罕默德·本·阿里·本·欧麦尔·萨腊米·巴格达迪。

（二）生平概述

生卒于伊拉克巴格达。背诵家和圣训学家。

（三）族谱著作

《辨正》（*Al-Mu' talif wa-al-Mukhtalif*）。

（四）参考文献

扎哈比：《群英诸贤传》第 20 卷，第 265～271 页。齐黎克里：《名人》第 7 卷，第 121 页。阿卜杜拉·涂雷基：《罕百里学派著作辞典》第 2 卷，第 215～217 页。伯克尔·艾布·栽德：《族谱学家层级传》，第 114 页。

艾斯阿德·焦沃尼

（As'ad al-Jawwānī，1099～约 1155）

（一）名号谱系

艾布·白拉卡特·艾斯阿德·本·阿里·本·马俄默尔·本·欧麦尔·本·阿里·本·侯赛因·本·艾哈迈德·本·阿里·本·伊卜拉欣·本·穆罕默德·本·哈桑·本·穆罕默德·本·欧贝杜拉·本·侯赛因·本·阿里·本·侯赛因·本·阿里·本·艾比·塔里卜·侯赛尼·欧贝达里·焦沃尼·米斯利。

（二）生平概述

祖籍麦地那附近的焦瓦尼亚（al-Jawwānīyah）村。生于伊拉克摩苏尔。迁居埃及，曾到访希贾兹地区。语法学家、语言学家、教法学家、文学家和族谱学家。卒于埃及。

（三）族谱著作

编修了族谱书。其书名和内容有待进一步考究。

（四）参考文献

麦戈利齐：《大踪录》第2卷，第80~81页。苏尤蒂：《自觉索求：语言学家与语法学家层级传》第1卷，第441页。什贺布丁·麦尔阿什：《释疑：谱系、别号与后裔精粹人物志》，第54页。

穆罕默德·蒙基芝

（Muhammad al-Munqidhī，？~约1157）

（一）名号谱系

艾布·阿卜杜拉·穆罕默德·本·穆尔什德·本·阿里·本·穆格拉德·本·纳斯尔·本·蒙吉兹·本·穆罕默德·本·蒙吉兹·本·纳斯尔·本·哈希姆·蒙基芝·奇纳尼·谢扎利。

（二）生平概述

可能生于叙利亚谢扎尔（Shaizar）。辞世地点有待考究。

（三）族谱著作

《蒙吉兹家族史》（*Tārīkh Āl Munqidh*）。

（四）参考文献

沙奇尔·穆斯塔法：《阿拉伯历史与史家》第2卷，第286页。

伊本·卡勒奔

(Ibn Kalbūn,?～约 1163)

(一) 名号谱系

杰拉路丁·艾布·哈桑·阿里·本·穆罕默德·本·希巴图拉·本·阿卜杜·萨密俄·本·阿里·本·阿卜杜·索默德·本·阿里·本·阿拔斯·本·艾哈迈德·本·穆罕默德·本·阿卜杜拉·本·阿卜杜·索默德·本·阿里·本·阿卜杜拉·本·阿拔斯·本·阿卜杜·穆塔里卜·阿拔斯。

(二) 生平概述

生于伊拉克巴格达。辞世地点有待考究。

(三) 族谱著作

《简明族谱》(*Mabsūt fī al-Nasab*)。

(四) 参考文献

伊本·纳贾尔·巴格达迪:《〈巴格达史〉补遗》第 4 卷,第 81 页。伊本·易纳巴:《艾布·塔里卜家族谱系基本要义》,第 296 页。伯克尔·艾布·栽德:《族谱学家层级传》,第 120 页。阿卜杜·拉札戈·康木纳:《愿者希冀:族谱学家层级传》,第 254 页。穆罕默德·拉施德:《族谱学家辞典:自伊历一世纪至当代》,第 358 页。

贝泽戈

(al-Baydhaq,?～约 1164)

(一) 名号谱系

艾布·伯克尔·本·阿里·桑哈吉。

（二）生平概述

生卒地点有待考究。穆瓦希德王朝（1121~1269年）史家。

（三）族谱著作

《追随者知识谱系摘录》（*Al-Muqtabas min Kitāb al-Ansāb fi Maʻrifat al-Ashāb*），阿卜杜·瓦贺卜·本·曼苏尔校勘，拉巴特：曼苏尔出版社，1971。

该书主要由伊玛目马尔宿姆·马赫迪家谱，哈里发阿卜杜·穆敏·本·阿里家谱及其母亲家谱、兄弟、宗族，阿卜杜拉·本·穆哈幸·白什尔·万沙利斯家谱及其纪事，伊玛目马赫迪教团成员，马赫迪追随者以及穆瓦希德人特征等内容构成。

（四）参考文献

卡尔·布罗克尔曼：《阿拉伯文学史》第6册，第28页。伊本·苏达：《远马格里布史家索引》，第81~82、105页。伯克尔·艾布·栽德：《族谱学家层级传》，第143~144页。穆罕默德·拉施德：《族谱学家辞典：自伊历一世纪至当代》，第105页。

穆哈泽卜·伍斯沃尼

（al-Muhadhdhab al-Uswānī，？~1166）

（一）名号谱系

艾布·穆罕默德·哈桑·本·阿里·本·伊卜拉欣·本·祖贝尔·加萨尼·伍斯沃尼·米斯利。

（二）生平概述

生于埃及阿斯旺。致力于宗教经典研究，法官、族谱学家、诗人和文学家。卒于埃及开罗。

（三）族谱著作

《谱系》（*Kitāb al-Ansāb*）。

据人物志编纂家雅孤特·哈默维的记载，穆哈泽卜的这部巨著写了 20 多卷，每卷分 20 册，大量引用族谱学家白拉祖里的著作。

（四）参考文献

雅孤特·哈默维：《文豪辞典》第 2 卷，第 941～948 页。伊本·撒仪：《宝贵珠玉：著者名字》，第 360～361 页。哈吉·哈里发：《书艺题名释疑》第 1 卷，第 245 页。齐黎克里：《名人》第 2 卷，第 202 页。伯克尔·艾布·栽德：《族谱学家层级传》，第 114 页。阿卜杜·拉札戈·康木纳：《愿者希冀：族谱学家层级传》，第 283～285 页。穆罕默德·拉施德：《族谱学家辞典：自伊历一世纪至当代》，第 139～140 页。

萨姆阿尼

（al-Sam'ānī，1113～1167）

（一）名号谱系

塔朱丁·艾布·萨尔德·阿卜杜·凯利姆·本·穆罕默德·本·曼苏尔·本·穆罕默德·本·阿卜杜·杰拔尔·本·艾哈迈德·本·穆罕默德·本·贾法尔·本·艾哈迈德·本·阿卜杜·杰拔尔·本·法得勒·本·拉比俄·本·穆斯林·本·阿卜杜拉·本·阿卜杜·麦冀德·塔米米·萨姆阿尼·呼罗萨尼·麦尔瓦齐。

（二）生平概述

生卒于土库曼斯坦木鹿。口传族谱学家穆罕默德·萨姆阿尼（1074～1116）的儿子。分别在 1135～1144 年、1146～1152 年、1154～1157 年外出游学 3 次，到访了百余座城市。圣训学家、史学家、族谱学家、教法学家、教义学家和经注学家，一生撰写图书和文章 70 多部（篇），其中大部分已失传。

（三）族谱著作

《谱系》（*Al-Ansāb*）第1~12卷，阿卜杜·拉哈曼·本·叶哈雅·穆阿里米·也玛尼等校注，开罗：伊本·泰米叶书店，1976~1984。

该书是阿拉伯族谱学史上最为重要的著作之一，享有“族谱、文学与传记的海洋”的美誉。

作者在绪论中言明了他的撰著动因和编纂方法。1155年，他在乌兹别克斯坦撒马尔罕开始汇编《谱系》。因为他在河中地区听艾布·舒贾俄·欧麦尔·本·艾比·哈桑·比斯拓米讲博大精深的族谱学知识时，深有感触。他曾以伊斯纳德作为考究人物谱系的依据，但为了更简练和便于教法学家们背记，就删减了伊斯纳德。

紧接着在绪论之后的13章内容分别是：①促请讲授谱系及其知识；②先知穆罕默德的家谱；③哈希姆人谱系；④古莱什族谱；⑤阿拉伯人的族谱世系；⑥穆多尔谱系；⑦也门的葛哈塘阿拉伯人；⑧卡赫岚与赛伯邑谱系；⑨古铎阿（部落）；⑩分散部落谱系集；⑪追溯到卢阿姆（al-Lu'm）和达纳阿（al-Danā'ah）的阿拉伯部落；⑫不知其谱系和丑行之人；⑬阿拉伯谱系知识与一些部落族谱。

主体部分按照阿拉伯字母顺序编录5348个归属名。其中，第一个是阿巴冀（al-Ābajjī）。它源于波斯地区的阿巴吉（Ābajj）。比如，艾布·阿卜杜拉·穆罕默德·本·马哈默韦赫·阿巴冀。最后一个是亚思仪（al-Yaythi'ī）。它追溯到亚思俄·本·昊恩·本·呼栽玛·本·穆德黎卡·本·伊勒雅斯·本·穆多尔。

（四）参考文献

扎哈比：《群英诸贤传》第20卷，第456~465页。哈吉·哈里发：《书艺题名释疑》第1卷，第244页。卡尔·布罗克尔曼：《阿拉伯文学史》第6册，第63~66页。阿卜杜海·凯塔尼：《目录辞典》第2卷，第611~612页。沙奇尔·穆斯塔法：《阿拉伯历史与史家》第1卷，第281页；第2卷，第107~108页。齐黎克里：《名人》第4卷，第55页。欧麦尔·礼萨：《著述家辞典》第2卷，第211页。利玛·杜尔内格：《阿拉伯与穆斯林著名史学家》，第225页。什贺布丁·麦尔阿什：《释疑：谱系、别号与后裔精粹人物志》，第 63～64 页。伯克尔·艾布·栽德：《族谱学家层级传》，第 115 页。阿卜杜·拉札戈·康木纳：《愿者希冀：族谱学家层级传》，第 291 页。穆罕默德·拉施德：《族谱学家辞典：自伊历一世纪至当代》，第 282～283 页。艾克拉姆·布什：《萨姆阿尼及其〈谱系〉》（Akram al-Būshī, "al-Samʻānī wa-Kitābuhu *al-Ansāb*"），《阿拉伯遗产》（*Al-Turāth al-ʻArabī*）2000 年总第 78 期。叶哈雅·马哈茂德：《艾布·萨尔德·萨姆阿尼与阿拉伯文化的全球性》（Yahyá Mahmūd, *Abū Saʻd al-Samʻānī wa-ʻĀlamīyat al-Thaqāfah al-ʻArabīyah*），利雅得：研究与知识网络中心，2017。左法尔·葛哈塘·哈迪西：《萨姆阿尼〈谱系〉中的职业》（Zafār Qahtān al-Hadīthī, "al-Mihan ʻinda al-Samʻānī fī Kitābihi *al-Ansāb*"），《法拉希迪文学杂志》（*Majallat al-Ādāb al-Farāhīdī*）2018 年总第 35 期～2019 年总第 37 期。

伊本·穆赫塔迪

（Ibn al-Muhtadī，？～1168）

（一）名号谱系

艾布·贾法尔·阿卜杜拉·本·穆罕默德·本·穆罕默德·本·穆罕默德·本·艾哈迈德·本·穆罕默德·本·阿卜杜拉·本·阿卜杜·索默德·本·马赫迪·本·哈伦·本·穆尔塔斯姆·本·哈伦·本·穆罕默德·本·阿卜杜拉·本·穆罕默德·本·阿里·本·阿卜杜拉·本·阿拔斯·本·阿卜杜·穆塔里卜。

（二）生平概述

生卒地点有待考究。文学家和族谱学家。

（三）族谱著作

据著名人物志编纂家索法迪（1297～1363）的记载，他精通哈希姆家族和塔里比家族的谱系，编撰了相关著作。

（四）参考文献

索法迪：《逝者全录》第 17 卷，第 312 页。阿卜杜·拉札戈·康木纳：

《愿者希冀：族谱学家层级传》，第 292~293 页。

伊本·丰杜戈

（Ibn Funduq，1106~1170）

（一）名号谱系

扎希鲁丁·艾布·哈桑·阿里·本·栽德·本·穆罕默德·本·侯赛因·本·苏莱曼·本·艾尤卜·本·哈桑·本·艾哈迈德·本·阿卜杜·拉哈曼·本·哈桑·本·阿卜杜·拉哈曼·本·欧贝杜拉·本·欧麦尔·本·哈桑·本·奥斯曼·本·艾尤卜·本·呼栽玛·本·穆罕默德·本·欧玛拉·本·呼栽玛·本·瑟比特·安索利·奥斯·贝哈基·沙斐仪，又以“扎希鲁丁·贝哈基”著称于世。

（二）生平概述

生卒于伊朗萨卜泽瓦尔（Sabzevar，旧称“贝哈格”）。移居伊朗的阿拉伯人后裔。族谱学家、史学家、教法学家、哲学家、诗人、文学家、炼金术士和医生，一生撰写图书和文章 70 多部（篇）。

（三）族谱著作

《谱系、别号与后裔精粹》（*Lubāb al-Ansāb wa-al-Alqāb wa-al-A‘qāb*）第 1~2 卷，赛义德·马赫迪·拉贾伊校勘，库姆：大阿亚图拉麦尔阿什·纳杰斐书店，2007。

伊本·丰杜戈在绪论中说，他从 1163 年 6 月 8 日开始编纂该书。在结尾部分说，到当年 8 月就完成了第一卷。

作者在该书第 1 章罗列了各地族谱学家名单。他们分别是：

1. 艾布·伊斯哈格·伊卜拉欣·本·伊斯玛仪（绰号“托拔托拔”）；
2. 叶哈雅·本·哈桑·侯赛尼；
3. 艾布·拓熙尔·艾哈迈德·本·尔撒·阿拉维·欧麦利；
4. 祖贝尔·本·艾比·伯克尔·祖贝利；
5. 希沙姆·本·穆罕默德·凯勒比；

6. 艾布·欧贝达·马俄默尔·本·穆尚纳；
7. 穆罕默德·本·阿卜达·阿卜迪；
8. 什波勒·拔熙里；
9. 穆罕默德·本·哈桑·阿达维；
10. 伊本·蒙塔卜；
11. 艾布·纳斯尔·布哈里；
12. 艾布·叶哈雅·扎卡利雅·本·艾哈迈德；
13. 艾哈迈德·本·法里斯·本·扎卡利雅；
14. 艾布·哈桑·艾斯巴哈尼；
15. 伊本·纳米尔·阿萨迪·纳索比；
16. 艾布·加纳伊姆·迪马什基；
17. 艾布·侯赛因·阿里·本·艾比·塔里卜·哈萨尼·泰伯里；
18. 艾布·侯赛因·叶哈雅·本·穆瓦法格·比拉·沙杰利；
19. 萨拉赫斯（Sarakhs）的哈姆扎·本·阿里·哈萨尼；
20. 艾密拉卡·内沙布利；
21. 艾布·哈尔卜·迪纳瓦利·艾弗托斯；
22. 艾布·哈桑·阿里·本·栽德·阿拉维·哈拉维；
23. 希巴图拉·阿拉维·卡施密利；
24. 赫拉特的艾布·哈希姆；
25. 艾布·易兹·阿卜杜·阿济姆·白特哈尼·艾斯巴哈尼·鲁达阿瓦尔迪；
26. 巴格达的沙利夫·穆罕默迪；
27. 雷伊的艾布·伽斯姆·瓦纳其·侯赛尼；
28. 马赫迪·本·哈里发·本·马赫迪·泰伯里；
29. 古特布丁·海达尔·本·穆罕默德·瓦勒沃勒冀；
30. 艾布·塔里卜·赞贾尼；
31. 艾布·伊斯玛仪·伊卜拉欣·本·拿斯尔·本·伊卜拉欣·托拔托拔；
32. 艾布·曼苏尔·艾哈迈德·本·阿里·本·艾比·塔里卜·泰伯里；
33. 艾布·贾法尔·穆罕默德·本·哈伦·穆萨维·内沙布利；

34. 哈桑·本·阿里·本·穆罕默德·本·葛唐·穆塔托比卜·麦尔瓦齐；

35. 定居内沙布尔的艾布·阿卜杜拉·侯赛因·本·阿里·本·达仪·阿拉维；

36. 艾布·巴拉卡特·忽齐。

作者在第7章“族谱学之可贵”中说：“罗马有医学；希腊人有哲学和逻辑学；印度有星象学和数学；波斯有文学，即精神与伦理文学；中国人有手工业；阿拉伯有箴言和族谱学。”他认为，波斯人、罗马人、突厥语族、柏柏尔人、印度人和黑人不记先辈的名字，不知道先辈的族谱。每个阿拉伯人都试图把自己的谱系追溯到阿德南或葛哈塘或伊斯玛仪或阿丹（即亚当）。

第15章是“谱系、别号及其来源”，按照阿拉伯字母顺序编录谱系和别号。其中，第一个是艾沙吉·哈萨尼。最后一个是艾布·昊勒·哈萨尼。

该书的特点之一是非常重视族谱学史研究。比如，《安拉使者家族中的族谱学家谱系》一章记载了阿莫勒、雷伊、大马士革、加延（Qā' in）、木鹿、伊斯法罕、哈马丹、阿斯塔拉巴德（Astarābād，今戈尔甘）、埃及、巴格达、内沙布尔、贝哈格（Bayhaq，今伊朗萨卜泽瓦尔）和花剌子模等地的族谱学家名单。

（四）参考文献

雅孤特·哈默维：《文豪辞典》第4卷，第1759~1768页。卡尔·布罗克尔曼：《阿拉伯文学史》第6册，第40~41页。齐黎克里：《名人》第4卷，第290页。欧麦尔·礼萨：《著述家辞典》第2卷，第444页。沙奇尔·穆斯塔法：《阿拉伯历史与史家》第2卷，第394~396页。利玛·杜尔内格：《阿拉伯与穆斯林著名史学家》，第273页。什贺布丁·麦尔阿什：《释疑：谱系、别号与后裔精粹人物志》，第62页。伯克尔·艾布·栽德：《族谱学家层级传》，第115页。阿卜杜·拉札戈·康木纳：《愿者希冀：族谱学家层级传》，第294页。穆罕默德·拉施德：《族谱学家辞典：自伊历一世纪至当代》，第350页。萨贾·索拔哈·哈比卜、尼铎勒·穆罕默德·葛姆巴尔：《伊本·丰杜戈·贝哈基在其著作〈谱系、别号与后裔精粹〉中对待历史文本的方法》（Sajá Sabāh Habīb, Nidāl Muhammad Qambar, “Ibn Funduq al-

Bayhaqī：Manhajuhu fī Mu‘ālajat al-Nass al-Tārīkhī wa-Naqduhu min khilāla Kitābihi *Lubāb al-Ansāb wa-al-Alqāb wa-al-A‘qāb*”），《巴士拉人文科学研究》（*Majallat Abhāth al-Basrah lil-‘Ulūm al-Insānīyah*）2022 年第 1 期。

索易德・拉齐

（Sā‘id al-Rāzī，？～约 1175）

（一）名号谱系

索易德・本・艾哈迈德・本・艾比・伯克尔・本・艾哈迈德・拉齐・哈乃斐。

（二）生平概述

生卒地点有待考究。精通教法。

（三）族谱著作

《显贵与谱系》（*Kitāb al-Ahsāb wa-al-Ansāb*）。

（四）参考文献

阿卜杜・伽迪尔・古拉什：《往昔珠宝：哈乃斐学派层级传》第 2 卷，第 259 页。塔基丁・加齐：《高贵层级传：哈乃斐学派人物志》第 4 卷，第 78 页。哈吉・哈里发：《书艺题名释疑》第 3 卷，第 17 页。阿卜杜・拉札戈・康木纳：《愿者希冀：族谱学家层级传》，第 28 页。穆罕默德・拉施德：《族谱学家辞典：自伊历一世纪至当代》，第 219 页。

伊本・阿萨奇尔

（Ibn ‘Asākir，1105～1176）

（一）名号谱系

思格图丁・艾布・伽斯姆・阿里・本・哈桑・本・希巴图拉・本・阿

卜杜拉·本·侯赛因·迪马什基·沙斐仪。

（二）生平概述

生卒于叙利亚大马士革。家境殷实，书香弥漫。1126年，不满足于在大马士革获得的学识，游学巴格达、麦加、麦地那和库法等历史文化名城。5年后，回家住了几年。1135~1139年，东游波斯地区，然后途经巴格达再折返大马士革。然后，再次出游各地7年。圣训学家、教法学家、史学大家和旅行家，一生撰写图书和文章100多部（篇）。

（三）族谱著作

《大马士革史》（*Tārīkh Madīnat Dimashq*）第1~80卷，穆希布丁·艾布·萨义德·欧麦尔·本·加拉玛·阿慕拉维研究与校勘，贝鲁特：思想出版社，1995~2001。

伊本·阿萨奇尔在1135年东游波斯之前，就已开始准备编纂这部城市人物志。1155年，他完成的初稿由570节内容构成。此后，他又用了10年时间来增补修订它。最后给世人留下了80册鸿篇巨著。

显然，该书不是一部族谱专著。但作者在记述每个人物时，基本上先从其名号谱系讲起。而且有些人物的谱系特别详细。比如，第10073个人物（第74卷，第48~71页），作者最先写的是：

> 汉玛姆·本·迦里卜·本·索尔索阿·本·拿吉耶·本·阿伽勒·本·穆罕默德·本·苏弗彦·本·穆贾什俄·本·达黎姆，艾布·法剌斯·本·艾比·赫托勒·塔米米·巴士里·沙易尔，以“法拉兹达戈”著称。

仅此可见，该巨著的族谱学研究价值不容忽视。

（四）参考文献

雅孤特·哈默维：《文豪辞典》第4卷，第1697~1703页。扎哈比：《群英诸贤传》第20卷，第554~571页。伊本·赫里康：《精英辞世与时代名人信息录》第3卷，第309~311页。穆罕默德·穆蒂俄：《哈菲兹伊本·

阿萨奇尔：沙姆地区的圣训学家和大史学家》（Muhammad Mutī‘, *Al-Hāfiz Ibn ‘Asākir: Muhaddith al-Shām wa-Mu' arrikhuhā al-Kabīr*），大马士革：格拉姆出版社，2003。托腊勒·达俄贾尼：《伊本·阿萨奇尔〈大马士革史〉的资料来源》（Talāl al-Da‘jānī, *Mawārid Ibn ‘Asākir fī Tārīkh Dimashq*）第 1～3 卷，麦地那：麦地那伊斯兰大学出版社，2004。

纳施旺·希木叶利

（Nashwān al-Himyarī,？～1178）

（一）名号谱系

艾布·萨义德·纳施旺·本·萨义德·本·纳施旺·也默尼·希木叶利。

（二）生平概述

可能生于也门侯斯（Huth）。栽德派学者、埃米尔之一，经注学家、教法学家、教义学家、史学家、族谱学家、文学家、诗人、语法学家和语言学家。可能卒于也门萨比尔山（Jabal Sabir）附近。

（三）族谱著作

《希木叶尔列王与也门酋长》（*Mulūk Himyar wa-Aqyāl al-Yaman*），阿里·本·伊斯玛仪·穆埃耶德、伊斯玛仪·本·艾哈迈德·杰拉斐校勘，贝鲁特：敖达出版社，1978。

这部史诗的注释本名为《塔拔比阿列王纪事奇集精要》（*Khulāsat al-Sīrah al-Jāmi‘ah li-‘Ajā' ib Akhbār al-Mulūk al-Tabābi‘ah*），记载了大量人物谱系。其中，第一个人物是先知呼德，其谱系是呼德·本·希伯·本·沙拉·本·亚法撒·本·闪·本·努哈·本·拉麦·本·玛土撒拉·本·艾赫努赫·本·雅列·本·玛勒列·本·该南·本·以诺士·本·塞特·本·阿丹。

最后一个人物的谱系是海阿·本·拉什德·本·沙冀阿·本·法赫德·本·艾哈迈德·本·葛哈塘·本·欧姆·本·艾哈迈德·本·阿卜杜拉·本·阿慕尔·本·法赫德·本·嵇勒·本·叶俄福尔·本·穆拉·

本·哈德拉茂特·本·赛伯邑·艾斯加尔。

（四）参考文献

雅孤特·哈默维：《文豪辞典》第 6 卷，第 2745 页。齐黎克里：《名人》第 8 卷，第 20 页。沙奇尔·穆斯塔法：《阿拉伯历史与史家》第 2 卷，第 348~349 页。阿卜杜拉·哈巴什：《也门伊斯兰思想文献》，第 477 页。索伊卜·阿卜杜·哈密德：《什叶派史学家辞典》第 2 卷，第 403 页。伯克尔·艾布·栽德：《族谱学家层级传》，第 116 页。阿卜杜·拉札戈·康木纳：《愿者希冀：族谱学家层级传》，第 316 页。

伊本·安拔利

（Ibn al-Anbārī，1119~1181）

（一）名号谱系

卡玛路丁·艾布·白拉卡特·阿卜杜·拉哈曼·本·穆罕默德·本·欧贝杜拉·安拔利。

（二）生平概述

生卒于伊拉克巴格达。学识渊博，尤其在语法学方面造诣颇高，一生撰写图书和文章 50 多部（篇），涉及语言学、语法学、修辞学、教法学、教义学、逻辑学、苏菲主义、历史传记、韵律学、教育学、文学和诗歌等领域。

（三）族谱著作

《珠宝：先知及其十大圣门弟子族谱》（*Al-Jawharah fī Nasab al-Nabī wa-Ashābihi al-'Asharah*）。

（四）参考文献

伊本·沙奇尔·库图比：《精英辞世录及其补遗》第 2 卷，第 292~295 页。苏尤蒂：《自觉索求：语言学家与语法学家层级传》第 2 卷，第 86~88 页。哈吉·哈里发：《书艺题名释疑》第 1 卷，第 597 页。欧麦尔·礼萨：

《著述家辞典》第2卷，第115~116页。沙奇尔·穆斯塔法：《阿拉伯历史与史家》第2卷，第130页。伯克尔·艾布·栽德：《族谱学家层级传》，第116~117页。阿卜杜·拉札戈·康木纳：《愿者希冀：族谱学家层级传》，第290页。阿卜杜·哈其姆·穆罕默德·拔迪：《伊本·安拔利自传及其影响》（'Abd al-Hakīm Muhammad al-Bādī, "Ibn al-Anbārī Sīratuhu al-Dhātīyah wa-Āthāruhu al-Naw'īyah"），《米苏拉塔大学文学院院刊》（*Majallat Kullīyat al-Ādāb bi-Jāmi'ah Misrātah*）2015年第5期。

艾施哈卜

（al-Ashhab，？~1182）

（一）名号谱系

曼苏尔·拔兹·艾施哈卜·本·穆萨·本·贾法尔·本·穆罕默德·本·阿里·本·侯赛因·本·阿里·本·艾比·塔里卜。

（二）生平概述

出生地点有待考究。卒于伊拉克。

（三）族谱著作

《大谱海：阿拉维谱系》（*Bahr al-Ansāb al-Kabīr fī Ansāb al-'Alawīyīn*），盖斯·阿勒-盖斯校注，贝鲁特：阿拉伯历史基金会，2007。

（四）参考文献

卡尔·布罗克尔曼：《阿拉伯文学史》第6册，第41~42页。

艾布·穆萨·麦迪尼

（Abū Mūsá al-Madīnī，1108~1185）

（一）名号谱系

艾布·穆萨·穆罕默德·本·欧麦尔·本·艾哈迈德·本·欧麦尔·

本·穆罕默德·本·艾哈迈德·本·艾比·尔撒·麦迪尼·艾斯巴哈尼·沙斐仪。

（二）生平概述

生卒于伊朗伊斯法罕。曾游学伊拉克巴格达和伊朗哈马丹。教法学家、圣训背诵家和族谱学家，涉猎语法学和语言学。

（三）族谱著作

《增补》（*Al-Ziyādāt*），详见伊本·盖萨拉尼：《辨正》（Ibn al-Qaysarānī, *Al-Mu' talif wa-al-Mukhtalif*），卡玛勒·优素福·胡特校注，贝鲁特：学术书籍出版社，1991，第147~206页。

该书是对族谱学家伊本·盖萨拉尼《惯定谱系：拼读与音符同形字》的增补，按照阿拉伯字母顺序补录146组归属名。比如，第124组，除了补充《惯定谱系》的6个“麦迪尼”欠缺的内容外，还新增第7个：与伊拉克巴格达城有关，如叶哈雅·本·穆罕默德·本·阿卜杜·麦立克·麦迪尼。

（四）参考文献

扎哈比：《群英诸贤传》第21卷，第152~159页。哈吉·哈里发：《书艺题名释疑》第1卷，第245页。齐黎克里：《名人》第6卷，第313页。伯克尔·艾布·栽德：《族谱学家层级传》，第117、218页。阿卜杜·拉札戈·康木纳：《愿者希冀：族谱学家层级传》，第306页。穆罕默德·拉施德：《族谱学家辞典：自伊历一世纪至当代》，第502~503页。

艾布·伽斯姆·苏海里

（Abū al-Qāsim al-Suhaylī，1114~1185）

（一）名号谱系

艾布·伽斯姆（或栽德，或哈桑）·阿卜杜·拉哈曼·本·阿卜杜拉·本·艾哈迈德·本·艾斯巴俄·本·侯赛因·本·萨尔敦·本·拉得旺・本・福突哈・赫思阿米・苏海里・玛立基・安达卢斯。

（二）生平概述

生于西班牙马拉加。17 岁时，双眼失明。经注学家、圣训学家、教法学家、史学家、族谱学家、背诵家、文学家、语言学家和先知传注释家。卒于摩洛哥马拉喀什。

（三）族谱著作

《未牧草原：伊本・希沙姆〈先知传〉注解》（*Al-Rawd al-Unuf fī Sharh al-Sīrah al-Nabawīyah li-Ibn Hishām*）第 1~7 卷，阿卜杜・拉哈曼・瓦其勒校注，开罗：伊斯兰图书出版社，1967。

作者在该书中对许多人物的谱系做了精细注解，比如，对先知穆罕默德谱系中的阿卜杜・穆塔里卜、哈希姆、阿卜杜・马纳夫、古绥依、奇腊卜、穆拉、卡尔卜、卢埃依、菲赫尔、呼栽玛、穆德黎卡、伊勒雅斯、尼札尔、马阿德、阿德南、努哈、伊德里斯和阿丹等名字的详细注解。

（四）参考文献

伊本・艾拔尔：《〈续编〉增补》第 3 卷，第 164~165 页。齐黎克里：《名人》第 3 卷，第 313 页。伊本・苏达：《远马格里布史家索引》，第 89 页。伯克尔・艾布・栽德：《族谱学家层级传》，第 117 页。穆罕默德・拉施德：《族谱学家辞典：自伊历一世纪至当代》，第 251 页。穆罕默德・班纳：《艾布・伽斯姆・苏海里及其语法学派》（Muhammad al-Bannā, *Abū al-Qāsim al-Suhaylī wa-Madhhabuhu al-Nahwī*），吉达：白彦・阿拉比出版社，1985。

伊本・赫拉特

（Ibn al-Kharrāt，1116~1185）

（一）名号谱系

艾布・穆罕默德・阿卜杜・哈格・本・阿卜杜・拉哈曼・本・阿卜杜

拉·本·侯赛因·本·萨义德·本·伊卜拉欣·艾兹迪·伊施比里。

（二）生平概述

生于西班牙塞维利亚。教法学家和背诵家，精通圣训（及其考究）和人物志，涉猎文学和诗歌。卒于阿尔及利亚贝贾亚。

（三）族谱著作

《〈火炬〉摘要》（*Ikhtisār Iqtibās al-Anwār*），穆罕默德·撒里姆·哈希姆注，贝鲁特：学术书籍出版社，1999。

这本小册子是族谱学家鲁沙蒂《火炬与花须：圣门谱系与遗训传述》的节略本。

（四）参考文献

伊本·艾拔尔：《〈续编〉增补》第 3 卷，第 262~263 页。索法迪：《逝者全录》第 18 卷，第 39~40 页。扎哈比：《群英诸贤传》第 21 卷，第 198~202 页。齐黎克里：《名人》第 3 卷，第 281 页。欧麦尔·礼萨：《著述家辞典》第 2 卷，第 58 页。穆罕默德·拉施德：《族谱学家辞典：自伊历一世纪至当代》，第 242 页。

阿卜杜拉·伊施比里

（‘Abd Allāh al-Ishbīlī，? ~约 1186）

（一）名号谱系

阿卜杜拉·本·尔撒·本·欧贝杜拉·穆拉迪·安达卢斯·伊施比里·马立其。

（二）生平概述

生卒地点和生平事迹有待考究。

（三）族谱著作

《阿拉伯精英古莱什族谱选粹》（*Al-Muntakhab min Nasab Quraysh Khiyār*

al-'Arab)，伊卜拉欣·本·萨尔德·胡盖勒校勘，安曼：艾尔威阁出版社，2019。

该书是著名族谱学家祖贝尔·巴卡尔的《古莱什族谱及其纪事集》的精选本。

（四）参考文献

阿里·礼萨、艾哈迈德·突兰：《世界各地图书馆藏伊斯兰遗产史辞典》第 2 卷，第 1417 页。穆罕默德·拉施德：《族谱学家辞典：自伊历一世纪至当代》，第 307～308 页。

哈齐米

(al-Hāzimī，1153～1188)

（一）名号谱系

栽努丁·艾布·伯克尔·穆罕默德·本·穆萨·本·奥斯曼·本·穆萨·本·奥斯曼·本·哈齐姆·哈齐米·哈姆达尼。

（二）生平概述

生于伊朗哈马丹。曾游学伊拉克、沙姆地区、阿塞拜疆和伊朗的各大历史文化名城，广拜名师。圣训学家、人物志编纂家和族谱学家。卒于伊拉克巴格达。

（三）族谱著作

1.《初始快餐与终结残渣：族谱》(*Kitāb 'Ujālat al-Mubtadī wa-Fudālat al-Muntahī fī al-Nasab*)，阿卜杜拉·康嫩校注，开罗：埃米利耶印刷事务总局，1973。

作者在绪论中说，阿拉伯人非常重视族谱知识，追溯部落谱系。但异族人很少追溯先辈，通常追溯到地名和职业。他把阿拉伯人的分支世系划分成以下 9 个级别（由大到小）。

世系级别	族谱学释义	汉字音译	拉丁字母转写	阿拉伯原文
1	族根	单数：拉哈	al-Rahá	الرحى
		复数：艾尔哈阿	al-Arhā'	الأرحاء
2	族裔	单数：朱姆朱玛	al-Jumjumah	الجمجمة
		复数：杰玛吉姆	al-Jamājim	الجماجم
3	部族	单数：沙尔卜	al-Sha'b	الشعب
		复数：舒欧卜	al-Shu'ūb	الشعوب
4	部落	单数：格比拉	al-Qabīlah	القبيلة
		复数：格拔伊勒	al-Qabā' il	القبائل
5	胞族	单数：易玛拉	al-'Imārah	العمارة
		复数：阿玛伊尔	al-'Amā' ir	العمائر
6	氏族	单数：巴特恩	al-Batn	البطن
		复数：布图恩	al-Butūn	البطون
7	宗族	单数：法赫兹	al-Fakhdh	الفخذ
		复数：艾弗哈兹	al-Afkhādh	الأفخاذ
8	家族	单数：法绥拉	al-Fasīlah	الفصيلة
		复数：法索伊勒	al-Fasā' il	الفصائل
9	亲族	单数：阿什拉	al-'Ashīrah	العشيرة
		复数：阿沙伊尔	al-'Ashā' ir	العشائر

正文部分主要追溯阿拉伯族谱的根系及其分支，按照阿拉伯字母顺序编录归属名，然后逐一诠释与之相关的人物谱系。比如，把阿萨迪（al-Asadī）追溯到古莱什部落的阿萨德（Asad），其谱系是阿萨德·本·阿卜杜·欧齐·本·古绥依·本·奇腊卜·本·穆拉·本·卡尔卜·本·卢埃依·本·迦里卜·本·菲赫尔·本·马立克·本·纳得尔·本·奇纳乃·本·呼栽玛·本·穆德黎卡·本·伊勒雅斯·本·穆多尔·本·尼札尔·本·马阿德·本·阿德南。他们中包括祖贝尔·本·敖沃姆家族和哈其姆·本·希札姆家族等。

2.《族谱混淆分清》（*Kitāb al-Faysal fī Mushtabih al-Nisbah*）。

（四）参考文献

塔朱丁·苏波其：《大沙斐仪学派层级传》第 7 卷，第 13～14 页。扎哈比：《群英诸贤传》第 21 卷，第 167～172 页。哈吉·哈里发：《书艺题名释疑》第 2 卷，第 391 页。齐黎克里：《名人》第 7 卷，第 117～118 页。伯克尔·艾布·栽德：《族谱学家层级传》，第 117～118 页。阿卜杜·拉札戈·康木纳：《愿者希冀：族谱学家层级传》，第 312～313 页。穆罕默德·拉施德：《族谱学家辞典：自伊历一世纪至当代》，第 535～536 页。

伊本·沙赫尔阿述卜

（Ibn Shahr' āshūb，1096～1192）

（一）名号谱系

拉施德丁·艾布·贾法尔·穆罕默德·本·阿里·本·沙赫尔阿述卜·本·艾比·纳斯尔·本·艾比·捷施·萨尔维·玛赞达拉尼。

（二）生平概述

祖籍伊朗马赞德兰。在哈里发穆戈塔斐时期（1136～1160 年）前往伊拉克巴格达，然后到摩苏尔，最后定居叙利亚阿勒颇。圣训学家和教义学家，涉猎人物志、纪事、文学和诗歌。卒于阿勒颇。

（三）族谱著作

《艾布·塔里卜家族谱系》（*Kitāb Ansāb Āl Abī Tālib*）。

（四）参考文献

索法迪：《逝者全录》第 4 卷，第 118～119 页。伊斯玛仪·帕夏·巴格达迪：《隐匿揭示：〈书艺题名释疑〉增补》第 1 卷，第 105 页。齐黎克里：《名人》第 6 卷，第 279 页。沙奇尔·穆斯塔法：《阿拉伯历史与史家》第 2 卷，第 131、289～290 页。索伊卜·阿卜杜·哈密德：《什叶派史学家辞典》第 2 卷，第 267～268 页。伯克尔·艾布·栽德：《族谱学家层级传》，第 118、220 页。阿卜杜·拉札戈·康木纳：《愿者希冀：族谱学家层级传》，第 31、306

页。穆罕默德·拉施德：《族谱学家辞典：自伊历一世纪至当代》，第 491 页。杰沃德·贝铎尼：《伊本·沙赫尔阿述卜及其学术地位》（Jawād al-Baydānī, *Ibn Shahr' āshūb wa-Makānatuhu al-'Ilmīyah*），贝鲁特：索法印刷公司，2011。

穆罕默德·焦沃尼

（Muhammad al-Jawwānī，1131～1192）

（一）名号谱系

沙利夫丁·艾布·阿里·穆罕默德·本·艾斯阿德·本·阿里·本·马俄默尔·本·欧麦尔·本·阿里·本·侯赛因·本·艾哈迈德·本·阿里·本·伊卜拉欣·本·穆罕默德·本·哈桑·本·穆罕默德·本·欧贝杜拉·本·侯赛因·本·阿里·本·侯赛因·本·阿里·本·艾比·塔里卜·侯赛尼·欧贝达里·焦沃尼·米斯利·马立其。

（二）生平概述

祖籍麦地那附近的焦瓦尼亚村。生卒于埃及。曾到访埃及亚历山大。多次担任埃及的圣裔家族联合会会长。颇受英雄萨拉丁的尊敬。以极深的族谱学造诣闻名于世。

（三）族谱著作

1.《族谱绪论》（*Al-Muqaddimah al-Fādilīyah：Tuhfah Zarīfah wa-Muqaddimah Latīfah wa-Hadīyah Munīfah fī Usūl al-Ahsāb wa-Fusūl al-Ansāb*），土尔奇·本·穆特拉戈·葛达哈·欧台比校注，利雅得：胡梅迪印书馆，2006。

穆罕默德·焦沃尼在该书中进一步阐述了上述族谱学家谢赫·沙拉夫“十分世系”的观点。主体部分从追溯先知穆罕默德家谱开始，接下来用大量篇幅诠释家谱中的人名及与这些人名相关的家族世系。全书最后记述诺亚之子闪的后裔。

2.《穆罕默德谱系树形图》（*Al-Shajarah al-Muhammadīyah*），伊斯坦布尔：桑达印书馆，1913。

该版本图谱主要由绪论和 18 幅谱系树形图构成。

3.《贵族珍品与华丽礼赠》（*Al-Tuhfah al-Sharīfah wa-al-Turfah al-Munīfah*）。

这册谱系图又名《先知谱系树与哈希米家境》（*Al-Shajarah al-Nabawīyah wa-al-Zarf al-Hāshimīyah*）。笔者收藏的手抄本（高清图片）正文共 16 页。

4.《谱系集卷》（*Darj fī Jamī‘ al-Ansāb*）。

据麦戈利齐的记载，它长约 60 阿拉伯腕尺（约等于 35.298 米）。

5.《隐匿珠宝：部落氏族》（*Kitāb al-Jawhar al-Maknūn fī al-Qabā' il wa-al-Butūn*）。该书又名《部落》（*Kitāb al-Qabā' il*），凡 10 卷。

6.《艾尔格特家谱》（*Kitāb Nasab Banī al-Arqat*）。

7.《别名艾布·伯克尔之人美德》（*Kitāb Ghayt Ūlī al-Rafd wa-al-Makr fī Fadl man kunyatuhu Abū Bakr*）。

8.《黄金：族谱揭秘》（*Kitāb al-Dhahab fī Kashf Asrār al-Nasab*）。

9. 谱系树形图《焦沃尼家谱》（*Kitāb Nasab Banī al-Jawwānī*）。

10.《精粹重要备忘：族谱世系》（*Kitāb Tadhkirat Ūlá al-Albāb li-Usūl al-Ansāb*）。

11.《穆汉纳家谱》（*Kitāb Nuzhat al-Qalb al-Muhannā fī Nasab al-Ashrāf Banī Muhannā*）。

12.《谱系冠冕与理智方法》（*Kitāb Tāj al-Ansāb wa-Minhāj al-Sawāb*）。

13.《实录族谱考证修正》（*Kitāb al-Tanqīh fī-man Thabat Nasabihi fī al-Sahīh*）。

14.《私生子或释奴子探究》（*Kitāb al-Wādih ‘an al-‘Ayb al-Fādih fī-man idda‘á ilá ghayr Abīhi aw intamá ilá ghayr Mawālīhi*）。

15.《塔里比家族层级传》（*Kitāb Tabaqāt al-Tālibīyīn*）。

16.《塔里比家族珍品：族谱学家摘要》（*Kitāb Tuhfat al-Tālibīyīn fī Ikhtisār al-Ashrāf al-Nassābīn*）。

17.《珍贵著作：伊德里斯家谱》（*Kitāb al-Musannaf al-Nafīs fī Nasab Banī Idrīs*）。

18.《族谱学家层级传》（*Kitāb Tabaqāt al-Nassābīn*）。

（四）参考文献

麦戈利齐：《大踪录》第 5 卷，第 306～308 页。索法迪：《逝者全录》

第 2 卷，第 144 页。扎哈比：《伊斯兰史与诸杰群英辞世录》第 41 卷，第 307~308 页。蒙兹利：《〈辞世追录〉增补》第 1 卷，第 177~178 页。伊本·哈杰尔：《指针》第 6 卷，第 562~565 页。伊本·易纳巴：《艾布·塔里卜家族谱系基本要义》，第 239 页。哈吉·哈里发：《书艺题名释疑》第 1 卷，第 323、595 页；第 2 卷，第 376 页；第 3 卷，第 67、406 页。齐黎克里：《名人》第 6 卷，第 31 页。卡米勒·朱布利：《文豪辞典》第 5 卷，第 145 页。埃及图书馆编：《馆藏阿拉伯图书目录》第 5 卷，第 129~130、228 页。伊哈桑·阿拔斯：《佚史金砂》，第 6 页。穆罕默德·希拉：《麦地那历史与史家》，第 73~75 页。索伊卜·阿卜杜·哈密德：《什叶派史学家辞典》第 1 卷，第 263 页。什贺布丁·麦尔阿什：《释疑：谱系、别号与后裔精粹人物志》，第 54~56 页。伯克尔·艾布·栽德：《族谱学家层级传》，第 118~119 页。阿卜杜·拉札戈·康木纳：《愿者希冀：族谱学家层级传》，第 300~305 页。穆罕默德·拉施德：《族谱学家辞典：自伊历一世纪至当代》，第 420~421 页。

阿丹·拓伊斐

（Ādam al-Tā' ifī，12 世纪）

（一）名号谱系

阿丹·本·阿里·本·穆罕默德·本·栽德·本·阿卜杜拉·本·哈桑·本·阿卜杜拉·本·哈桑·本·阿里·本·哈桑·本·哈桑·本·哈桑·本·阿里·本·艾比·塔里卜·拓伊斐。

（二）生平概述

哈桑·穆塞拉思（al-Hasan al-Muthallath）的后裔，曾与其子艾布·哈桑·阿里一起从沙特阿拉伯塔伊夫迁居伊朗巴哈尔阿巴德（Bahr Abad）。

（三）族谱著作

据著名族谱学家伊本·丰杜戈的记载，他是族谱学者，有这方面的著作。至于是什么样的著作，有待考究。

（四）参考文献

伊本·丰杜戈：《谱系、别号与后裔精粹》第 2 卷，第 532 页。什贺布丁·麦尔阿什：《释疑：谱系、别号与后裔精粹人物志》，第 60～61 页。穆罕默德·拉施德：《族谱学家辞典：自伊历一世纪至当代》，第 21 页。

阿基勒·米斯利

（'Aqīl al-Misrī，12 世纪）

（一）名号谱系

阿基勒·本·阿里·本·穆罕默德·本·哈姆扎·本·侯赛因·本·贾法尔·本·穆萨·本·阿里·本·阿里·本·侯赛因·本·艾哈迈德·本·伊斯玛仪·本·阿里·本·伊斯玛仪·本·贾法尔·本·穆罕默德·本·阿里·本·侯赛因·本·阿里·本·艾比·塔里卜·米斯利。

（二）生平概述

生卒地点有待考究。族谱学家。

（三）族谱著作

他撰写的族谱书被族谱学家阿卜杜·哈密德·阿拉维（1128～1201）援引。至于其书名和具体内容，有待考究。

（四）参考文献

伊本·易纳巴：《艾布·塔里卜家族谱系基本要义》，第 239 页。阿卜杜·拉札戈·康木纳：《愿者希冀：族谱学家层级传》，第 293 页。

阿里·穆托哈尔

（'Alī al-Mutahhar，12 世纪）

（一）名号谱系

沙姆苏丁·艾布·哈桑·阿里·本·赛义德·纳基·本·穆托哈尔·

本·哈桑·哈萨尼·贝哈基·内沙布利。

（二）生平概述

呼罗珊地区的族谱学家。把大部分时间用于族谱研究。

（三）族谱著作

《谱系》（*Kitāb al-Ansāb*）。

著名族谱学家伊本·丰杜戈的《谱系、别号与后裔精粹》大量援引该书。他说，如果没有阿里·穆托哈尔的族谱书，他无法完成这部著作。

（四）参考文献

伊本·丰杜戈：《谱系、别号与后裔精粹》第 1 卷，第 332 页。阿迦·布祖尔克：《什叶派著述门径》第 17 卷，第 268 页；第 26 卷，第 57 页。索伊卜·阿卜杜·哈密德：《什叶派史学家辞典》第 1 卷，第 584 页。什贺布丁·麦尔阿什：《释疑：谱系、别号与后裔精粹人物志》，第 155 页。阿卜杜·拉札戈·康木纳：《愿者希冀：族谱学家层级传》，第 293 页。

马吉德丁·曼克迪姆

（Majd al-Dīn Mānkdīm，12 世纪）

（一）名号谱系

马吉德丁·穆罕默德·本·穆罕默德·本·曼克迪姆·本·伊斯玛仪·本·阿基勒·本·阿卜杜拉·本·侯赛因·本·贾法尔·本·穆罕默德·本·阿卜杜拉·本·穆罕默德·本·哈桑·本·侯赛因·本·阿里·本·侯赛因·本·阿里·本·艾比·塔里卜·库米。

（二）生平概述

生卒地点有待考究。出身于学术世家，精通族谱。

（三）族谱著作

《谱系》（*Kitāb al-Ansāb*）。

（四）参考文献

伊本·拔巴韦赫：《什叶派学者名字及其著作目录》，第 178 页。阿迦·布祖尔克：《什叶派著述门径》第 2 卷，第 374 页。阿卜杜拉·阿凡迪：《学林园与德贤池》第 5 卷，第 174 页。欧麦尔·礼萨：《著述家辞典》第 3 卷，第 669 页。索伊卜·阿卜杜·哈密德：《什叶派史学家辞典》第 2 卷，第 319 页。阿卜杜·拉札戈·康木纳：《愿者希冀：族谱学家层级传》，第 311～312 页。

穆罕默德·麦佶里

（Muhammad al-Maghīlī，12 世纪）

（一）名号谱系

艾布·阿卜杜拉·穆罕默德·本·艾比·麦吉德·麦佶里。

（二）生平概述

生卒地点和生平事迹有待考究。

（三）族谱著作

《柏柏尔谱系及其列王》（*Ansāb al-Barbar wa-Mulūkuhum*）。

（四）参考文献

伊本·苏达：《远马格里布史家索引》，第 45～46 页。穆罕默德·拉施德：《族谱学家辞典：自伊历一世纪至当代》，第 514 页。

纳斯尔·瓦纳其

（Nasr al-Wanakī，1085～12 世纪）

（一）名号谱系

艾布·法特哈·纳斯尔·本·马赫迪·本·穆罕默德·本·阿里·

本·阿卜杜拉·本·尔撒·本·艾哈迈德·本·尔撒·本·阿里·本·侯赛因·本·阿里·本·侯赛因·本·阿里·本·艾比·塔里卜·瓦纳其·侯赛尼。

（二）生平概述

祖籍伊朗雷伊附近的瓦纳克（Vanak）村。生于雷伊。栽德派学者，曾到伊拉克巴格达讲学。辞世地点有待考究。

（三）族谱著作

《谱系书》（*Kitāb fī al-Ansāb*）。

（四）参考文献

伊斯玛仪·麦尔瓦齐：《荣耀：塔里比家族谱系》，第 78 页。阿卜杜·拉札戈·康木纳：《愿者希冀：族谱学家层级传》，第 269~270 页。

赞贾尼

（al-Zanjānī，12 世纪）

（一）名号谱系

艾布·塔里卜·侯赛因·本·栽德·本·穆罕默德·本·侯赛因·本·穆罕默德·本·哈桑·本·阿里·本·艾哈迈德·本·贾法尔·本·欧贝杜拉（或阿卜杜拉）·本·穆萨·本·贾法尔·本·穆罕默德·本·阿里·本·侯赛因·本·阿里·本·艾比·塔里卜·赞贾尼。

（二）生平概述

生卒地点和生平事迹有待考究。

（三）族谱著作

《谱系》（*Kitāb al-Ansāb*）。

该书又名《谱系知识》（*Al-Ma'ārif fī al-Ansāb*）。与族谱学家阿腊玛·

希里（1250~1325）同时代的艾哈迈德·本·穆罕默德·本·米赫尼·本·阿里·本·米赫尼·欧贝达里，在编写《树形谱系》、《族谱树形图》和《族谱备忘》时，大量援引该书的内容。

（四）参考文献

伊本·丰杜戈：《谱系、别号与后裔精粹》第 2 卷，第 720 页。穆哈幸·艾敏：《什叶派精英》第 2 卷，第 369 页。阿迦·布祖尔克：《什叶派著述门径》第 2 卷，第 372~373 页。索伊卜·阿卜杜·哈密德：《什叶派史学家辞典》第 1 卷，第 407 页。阿卜杜·拉札戈·康木纳：《愿者希冀：族谱学家层级传》，第 286~287 页。穆罕默德·拉施德：《族谱学家辞典：自伊历一世纪至当代》，第 150 页。

七　公元13世纪

伊本·焦齐

(Ibn al-Jawzī，1116~1200)

（一）名号谱系

杰玛路丁·艾布·法拉吉·阿卜杜·拉哈曼·本·阿里·本·穆罕默德·本·阿里·本·欧贝杜拉·本·阿卜杜拉·本·宏玛迪·本·艾哈迈德·本·穆罕默德·本·贾法尔·本·阿卜杜拉·本·伽斯姆·本·纳得尔·本·伽斯姆·本·穆罕默德·本·阿卜杜拉·本·阿卜杜·拉哈曼·本·伽斯姆·本·穆罕默德·本·艾比·伯克尔·斯迪格·古拉什·贴米·伯克利·巴格达迪·罕百里。

（二）生平概述

生卒于伊拉克巴格达。出身于一个经商家庭。3岁丧父，约7岁开始受教于当地著名的教法学家、语言学家和圣训学家。醉心于求知，曾师从80多位巴格达著名学者（包括3位女学者）。13岁开始执笔著述，涉猎圣训学、教法学、语言学、文学、经注学、诗歌和医学等学问，终成百科全书式大学者。一生撰写图书和文章约500部（篇）。其中，在历史、地理和人物志方面的图书和文章近百部（篇）。

（三）族谱著作

1.《名号面纱揭晓》(*Kashf al-Niqāb 'an al-Asmā' wa-al-Alqāb*) 第1~2

卷，阿卜杜·阿齐兹·本·拉冀·索易迪校勘，利雅得：萨拉姆出版书店，1993。

1180年10月12日，伊本·焦齐撰成这部著作。他在序言中谈论了阿拉伯人的名字和绰号的复杂性、多样性和重要性。

全书的主体部分按照阿拉伯字母顺序编录1530名圣训人物的绰号及相关的名号谱系。需要特别指出的是，穆罕默德·利雅得·玛里哈校勘本（阿治曼：古兰学基金会 & 大马士革：伊本·卡西尔出版社，1993）编录1568个绰号。其中，第一个绰号是阿比·拉哈姆（Ābī al-Lahm）。关于该绰号的主人，有三种说法：①阿卜杜拉·本·阿卜杜·麦立克；②赫拉夫·本·阿卜杜·麦立克；③艾布·阿卜杜拉·胡韦黎思。此人在前伊斯兰时期曾拒绝（ya'bá，音译"叶阿拔"）食用供奉偶像的祭肉，因而得绰号"阿比·拉哈姆"（意为"肉的拒绝者"。注：阿拉伯语中的"拉哈姆"被用来指称"肉"）。

最后一个是优优（al-Yūyū）。它是穆罕默德·本·齐雅德·本·欧贝杜拉（或阿卜杜拉）·齐雅迪的绰号。"优优"（Yūyū）是塞内加尔鹦鹉（Poicephalus senegalus）的阿拉伯语名称。

2.《族谱检验》（*Al-Muhtasib fī al-Nasab*）。

3.《阿拉伯美德》（*Fadā'il al-'Arab*）。

4.《别号》（*Kitāb al-Alqāb*）。

（四）参考文献

西波特·伊本·焦齐：《时代镜鉴：精英历史》第22卷，第93~118页。哈吉·哈里发：《书艺题名释疑》第3卷，第26页。齐黎克里：《名人》第3卷，第316~317页。沙奇尔·穆斯塔法：《阿拉伯历史与史家》第2卷，第108~110页。阿卜杜拉·涂雷基：《罕百里学派著作辞典》第2卷，第302~450页。伯克尔·艾布·栽德：《族谱学家层级传》，第119~120页。穆罕默德·拉施德：《族谱学家辞典：自伊历一世纪至当代》，第253页。伊本·焦齐：《伊本·焦齐之长老》（Ibn al-Jawzī, *Mashyakhat Ibn al-Jawzī*），贝鲁特：伊斯兰西方出版社，2006。阿卜杜·哈密德·阿勒瓦冀：《伊本·焦齐的著作》（'Abd al-Hamīd al-'Alwajī, *Mu'allafāt Ibn al-Jawzī*），巴格达：共和国出版公司，1965。

阿卜杜·哈密德·阿拉维

（‘Abd al-Hamīd al-‘Alawī，1128～1201）

（一）名号谱系

杰拉路丁·艾布·阿里·阿卜杜·哈密德·本·阿卜杜拉·本·伍撒玛·本·艾哈迈德·本·阿里·本·穆罕默德·本·欧麦尔·本·叶哈雅·本·侯赛因·本·艾哈迈德·本·欧麦尔·本·叶哈雅·本·侯赛因·本·栽德·本·阿里·本·侯赛因·本·阿里·本·艾比·塔里卜·哈希米·阿拉维·栽迪·侯赛尼。

（二）生平概述

出生地点有待考究。年少时，在呼罗珊地区居住了 5 年。之后，迁居伊拉克。多次到访伊拉克巴格达，最后一次在 1198 年。在族谱学方面的造诣颇高，享有“谱系伊玛目”和“族谱学终结者”的美誉。

（三）族谱著作

1. 《沃园繁花》（*Kitāb Azhār al-Riyād al-Marī‘ah*）。
2. 《族谱树形图集》（*Kitāb Mushajjarāt fī al-Nasab*）。

（四）参考文献

伊本·易纳巴：《艾布·塔里卜家族谱系基本要义》，第 123、276～277 页。雅孤特·哈默维：《文豪辞典》第 4 卷，第 1562 页。索法迪：《逝者全录》第 18 卷，第 44 页。索伊卜·阿卜杜·哈密德：《什叶派史学家辞典》第 1 卷，第 452 页。什贺布丁·麦尔阿什：《释疑：谱系、别号与后裔精粹人物志》，第 58～59 页。阿卜杜·拉札戈·康木纳：《愿者希冀：族谱学家层级传》，第 29、288～290、335 页。穆罕默德·拉施德：《族谱学家辞典：自伊历一世纪至当代》，第 243～244、469 页。

加兹纳维

（al-Ghaznawī，1128～1202）

（一）名号谱系

艾布·法得勒·穆罕默德·本·优素福·本·阿里·本·穆罕默德·加兹纳维·巴格达迪·米斯利·哈乃斐。

（二）生平概述

生于伊拉克巴格达。曾游历埃及开罗、亚历山大和叙利亚阿勒颇等地。圣训学家、穆斯纳德传述人、诵读家、教法学家和族谱学家。卒于开罗。

（三）族谱著作

曾为赞吉王朝（1127～1262 年）国王努尔丁（1146～1174 年在位）集录了一本族谱。

（四）参考文献

蒙兹利：《〈辞世追录〉增补》第 1 卷，第 448 页。阿卜杜·伽迪尔·古拉什：《往昔珠宝：哈乃斐学派层级传》第 3 卷，第 410～412 页。麦戈利齐：《大踪录》第 7 卷，第 502～503 页。穆罕默德·拉施德：《族谱学家辞典：自伊历一世纪至当代》，第 542 页。

伽迪·穆尔塔多

（al-Qādī al-Murtadá，1133～1202）

（一）名号谱系

艾布·阿里·哈桑·本·阿提戈·本·哈桑·葛斯托腊尼·马立其。

（二）生平概述

生卒于埃及。教法学家和族谱学家。

（三）族谱著作

《贵族功德指导》（*Al-Ishrāf ‘alá Manāqib al-Ashrāf*）。

（四）参考文献

萨哈维：《为史正名》，第 201 页。扎哈比：《伊斯兰史与诸杰群英辞世录》第 42 卷，第 345~346 页。蒙兹利：《〈辞世追录〉增补》第 1 卷，第 424 页。伯克尔·艾布·栽德：《族谱学家层级传》，第 214 页。

阿卜杜·加尼·麦格迪斯

（‘Abd al-Ghanī al-Maqdisī，1146~1203）

（一）名号谱系

塔基丁·艾布·穆罕默德·阿卜杜·加尼·本·阿卜杜·沃希德·本·阿里·本·苏鲁尔·本·拉菲俄·本·哈桑·本·贾法尔·麦格迪斯·简玛仪里·迪马什基·罕百里。

（二）生平概述

生于巴勒斯坦纳布卢斯附近的杰迈伊勒（Jammā‘īl）村。在幼年时迁居叙利亚大马士革，曾游历埃及亚历山大和伊朗伊斯法罕。圣训背诵家，精通圣训人物志。卒于埃及开罗。

（三）族谱著作

《谱系》（*Kitāb al-Ansāb*）。

（四）参考文献

扎哈比：《群英诸贤传》第 21 卷，第 443~471 页。索法迪：《逝者全录》第 19 卷，第 21~22 页。齐黎克里：《名人》第 4 卷，第 34 页。沙奇尔·穆斯塔法：《阿拉伯历史与史家》第 2 卷，第 250 页。萨拉丁·穆纳吉德：《大马士革史学家及其手稿与出版物辞典》，第 67~69 页。阿卜杜拉·

涂雷基：《罕百里学派著作辞典》第 2 卷，第 463~483 页。伯克尔·艾布·栽德：《族谱学家层级传》，第 120 页。穆罕默德·拉施德：《族谱学家辞典：自伊历一世纪至当代》，第 275 页。

艾哈迈德·艾什阿里

（Ahmad al-Ash'arī，？～约 1204）

（一）名号谱系

艾布·哈桑·艾哈迈德·本·穆罕默德·本·伊卜拉欣·艾什阿里·也默尼·古尔图比·哈乃斐。

（二）生平概述

可能生卒于也门扎比德附近的古尔图卜（al-Qurtub）村。精通教法学、算术、语言学、语法学、文学和族谱学等学问。

（三）族谱著作

1.《谱系介绍与显贵颂扬》（*Al-Ta'rīf fī al-Ansāb wa-al-Tanwīh li-dhawī al-Ahsāb*），萨尔德·阿卜杜·麦戈苏德·左腊姆校注，开罗：麦纳尔出版社，1990。

作者在绪论部分强调了族谱的重要价值，沿用本书上文提及的“六分世系”（即从部族分出部落，从部落分出胞族，从胞族分出氏族，从氏族分出宗族，从宗族分出家族），简介了全书的基本框架。

正文部分从先知穆罕默德的家谱开始记述，最后追溯到阿丹（即人祖亚当）的子嗣。

2.《谱系知识精粹》（*Kitāb al-Lubāb fī Ma'rifat al-Ansāb*）。

该书是《族谱介绍与显贵颂扬》的缩写本。

（四）参考文献

哈吉·哈里发：《书艺题名释疑》第 1 卷，第 435 页；第 3 卷，第 142 页。卡尔·布罗克尔曼：《阿拉伯文学史》第 6 册，第 42 页。齐黎克里：

《名人》第 1 卷，第 217 页。欧麦尔·礼萨：《著述家辞典》第 1 卷，第 237 页。沙奇尔·穆斯塔法：《阿拉伯历史与史家》第 3 卷，第 351～352 页。阿卜杜拉·哈巴什：《也门伊斯兰思想文献》，第 476 页。埃曼·福阿德：《伊斯兰时期也门历史文献》，第 115 页。索伊卜·阿卜杜·哈密德：《什叶派史学家辞典》第 1 卷，第 121～122 页。什贺布丁·麦尔阿什：《释疑：谱系、别号与后裔精粹人物志》，第 59～60 页。伯克尔·艾布·栽德：《族谱学家层级传》，第 113～114 页。阿卜杜·拉札戈·康木纳：《愿者希冀：族谱学家层级传》，第 278～279 页。穆罕默德·拉施德：《族谱学家辞典：自伊历一世纪至当代》，第 71～72 页。

穆巴拉克·沙赫

（Mubārak Shāh，? ～约 1206）

（一）名号谱系

穆巴拉克·沙赫·法赫鲁丁。

（二）生平概述

生卒地点和生平事迹有待考究。

（三）族谱著作

《波斯谱系树》（*Shajarat Ansāb al-Furs*）。

（四）参考文献

沙奇尔·穆斯塔法：《阿拉伯历史与史家》第 2 卷，第 401 页。穆罕默德·拉施德：《族谱学家辞典：自伊历一世纪至当代》，第 400 页。

伊本·麦勒珠姆

(Ibn al-Maljūm，1141~1208)

(一) 名号谱系

艾布·伽斯姆·阿卜杜·拉哈曼·本·优素福·本·穆罕默德·本·优素福·本·尔撒·艾兹迪·扎赫拉尼，以“伊本·麦勒珠姆”或“伊本·鲁盖耶”(Ibn Ruqayyah) 著称于世。

(二) 生平概述

祖籍摩洛哥非斯。艾布·纳斯尔·法特哈·本·穆罕默德·本·法特哈·安索利曾在西班牙科尔多瓦遇到他。喜好历史、族谱和诗歌。辞世地点有待考究。

(三) 族谱著作

《部族与谱系》(*Al-Shu'ūb wa-al-Ansāb*)。

(四) 参考文献

伊本·艾拔尔:《〈续编〉增补》第3卷，第187~188页。伊本·祖贝尔:《再续》，第156页。欧麦尔·礼萨:《著述家辞典》第2卷，第128页。伯克尔·艾布·栽德:《族谱学家层级传》，第123页。阿卜杜·拉札戈·康木纳:《愿者希冀：族谱学家层级传》，第335~336页。穆罕默德·拉施德:《族谱学家辞典：自伊历一世纪至当代》，第257页。

法赫鲁丁·拉齐

(Fakhr al-Dīn al-Rāzī，1150~1210)

(一) 名号谱系

法赫鲁丁·艾布·阿卜杜拉·穆罕默德·本·欧麦尔·本·侯赛因·

本·哈桑·本·阿里·古拉什·贴米·伯克利·泰伯里斯塔尼·拉齐·沙斐仪·艾什阿里。

（二）生平概述

生于伊朗雷伊。曾游历花剌子模、河中地区和呼罗珊地区。著名经注学家、教法学家、教义学家和族谱学家。卒于阿富汗赫拉特。

（三）族谱著作

1.《吉祥谱树：塔里比家族谱系》（*Al-Shajarah al-Mubārakah fī Ansāb al-Tālibīyah*），赛义德·马赫迪·拉贾伊校勘，库姆：大阿亚图拉麦尔阿什·纳杰斐书店，1989。

这部塔里比家族简谱撰成于 1201 年 5 月中旬，由 77 个支脉的主要人物名单构成：① 信士长官子嗣；② 伊玛目哈桑后裔；③ 哈桑·穆尚纳后裔；④ 穆萨·焦恩后裔；⑤ 伊卜拉欣·本·穆萨·焦恩后裔；⑥ 代拉姆之主叶哈雅后裔；⑦ 伊德里斯·本·阿卜杜拉后裔；⑧ 苏莱曼·本·阿卜杜拉后裔；⑨ 哈桑·穆塞拉思后裔；⑩ 伊卜拉欣·加慕尔后裔；⑪ 伽斯姆·拉斯后裔；⑫ 艾哈迈德·本·伊卜拉欣·托拔托拔后裔；⑬ 哈桑·本·伊卜拉欣·托拔托拔后裔；⑭ 哈桑·本·伊斯玛仪·迪拔吉后裔；⑮ 达乌德·本·哈桑·穆尚纳后裔；⑯ 贾法尔·本·哈桑·穆尚纳后裔；⑰ 栽德·本·哈桑后裔；⑱ 穆罕默德·白特哈尼后裔；⑲ 阿卜杜·拉哈曼·沙杰利后裔；⑳ 阿里·本·哈桑·本·栽德·本·哈桑后裔；㉑ 栽德·本·哈桑·本·栽德·本·哈桑后裔；㉒ 伊卜拉欣·本·哈桑·本·栽德·本·哈桑后裔；㉓ 伊斯哈格·本·哈桑·本·栽德·本·哈桑后裔；㉔ 伊斯玛仪·哈里卜·希贾拉后裔；㉕ 艾布·阿卜杜拉·侯赛因子嗣家谱；㉖ 伊玛目栽努·阿比丁子嗣；㉗ 伊玛目拔基尔子嗣；㉘ 伊玛目索迪戈子嗣；㉙ 伊玛目卡资姆子嗣；㉚ 伊玛目礼萨子嗣；㉛ 伊玛目杰沃德子嗣；㉜ 伊玛目哈迪子嗣；㉝ 伊玛目阿斯卡利子嗣；㉞ 贾法尔·凯扎卜后裔；㉟ 穆萨·穆巴尔格俄后裔；㊱ 伊卜拉欣·本·卡资姆后裔；㊲ 阿拔斯·本·卡资姆后裔；㊳ 穆萨·卡资姆之子伊斯玛仪与穆罕默德后裔；㊴ 穆萨·卡资姆之子阿卜杜拉与欧贝杜拉后裔；㊵ 哈桑·本·穆萨·卡资姆后裔；㊶ 贾法尔·本·穆萨·卡资姆后裔；㊷ 伊斯哈格·本·穆萨·卡资姆后裔；㊸ 哈姆扎·本·穆萨·卡资姆后裔；㊹ 存有异议之卡资姆子嗣；㊺ 卡资姆之子侯赛因与栽德；㊻ 哈伦·本·穆萨·卡资姆；㊼ 伊斯玛仪·本·索迪戈后裔；㊽ 穆罕默德·迪拔吉后裔；㊾ 伊斯哈格·穆阿塔曼后裔；㊿ 阿里·阿利荻后裔；51 阿卜杜拉·拔熙尔后裔；52 欧麦尔·艾什拉夫后裔；53 栽德·沙希德后裔；54 侯赛因·左勒易波拉后裔；55 穆罕默德·艾戈撒斯后裔；56 欧麦尔·本·叶哈雅·本·侯赛因·左勒易波拉后裔；57 哈桑·本·叶哈雅·本·侯赛因·左勒易波拉后裔；58 叶哈雅·本·侯赛因·左勒易波拉之子艾哈迈德与尔撒后裔；59 叶哈雅·本·侯赛因·左勒易波拉之子哈姆扎与伽斯姆后裔；60 叶哈雅·本·叶哈雅·本·侯赛因·左勒易波拉后裔；61 侯赛因·本·侯赛因·左勒易波拉后裔；62 穆罕默德·本·栽德·沙希德后裔；63 尔撒·本·栽德·沙希德后裔；64 侯赛因·艾斯加尔后裔；65 欧贝杜拉·艾俄拉吉后裔；66 阿卜杜拉·阿基基后裔；67 苏莱曼·本·侯赛因·艾斯加尔后裔；68 尔撒·加铎拉后裔；69 哈桑·本·侯赛因·艾斯加尔后裔；70 麦尔阿什后裔；71 阿里·艾斯加尔·本·栽努·阿比丁后裔；72 穆罕默德·伊本·哈乃斐耶子嗣家谱；73 艾布·法得勒·阿拔斯·沙希德家谱；74 欧麦尔·艾特拉夫家谱；75 贾法尔·麦立克·穆勒塔尼后裔；76 贾法尔·泰雅尔·本·艾比·塔里卜子嗣家谱；77 艾布·叶齐德·阿基勒·本·艾比·塔里卜子嗣家谱。

全书第一段话是："信士长官阿里·本·艾比·塔里卜有五子：哈桑和侯赛因，二人的母亲是安拉使者之女法蒂玛。穆罕默德，其母是灏拉·宾特·盖斯·哈娜霏娅。阿拔斯，以'萨伽阿'著称于世，其母是乌姆·白宁·宾特·希札姆·阿米莉娅。欧麦尔·艾特拉夫，其母是索赫芭·塔格丽碧娅。"

2.《谱海》（*Kitāb Bahr al-Ansāb*）。

（四）参考文献

索法迪：《逝者全录》第4卷，第175~182页。伊本·伽迪·舒赫巴：《沙斐仪学派层级传》第2卷，第81~84页。哈吉·哈里发：《书艺题名释疑》第1卷，第284页。齐黎克里：《名人》第6卷，第313页。沙奇尔·穆斯塔法：《阿拉伯历史与史家》第2卷，第402~403页。伯克尔·艾布·栽德：《族谱学家层级传》，第123页。穆罕默德·拉施德：《族谱学家辞典：自伊历一世纪至当代》，第 503 页。

古塞姆

（Qutham，1155～1210）

（一）名号谱系

艾布·伽斯姆·古塞姆·本·托勒哈·本·阿里·本·穆罕默德·本·阿里·本·哈桑·本·穆罕默德·本·阿卜杜·瓦贺卜·本·苏莱曼·本·穆罕默德·本·苏莱曼·本·阿卜杜拉·本·阿里·本·穆罕默德·本·伊卜拉欣·本·穆罕默德·本·阿里·本·阿卜杜拉·本·阿拔斯·本·阿卜杜·穆塔里卜·哈希米·宰娜比。

（二）生平概述

生卒于伊拉克巴格达。熟知历史、族谱和人物故事。

（三）族谱著作

辑录了历史、族谱与人物故事集。

（四）参考文献

蒙兹利：《〈辞世追录〉增补》第 2 卷，第 206～207 页。雅孤特·哈默维：《文豪辞典》第 5 卷，第 2234 页。齐黎克里：《名人》第 5 卷，第 190 页。欧麦尔·礼萨：《著述家辞典》第 2 卷，第 657 页。利玛·杜尔内格：《阿拉伯与穆斯林著名史学家》，第 315 页。伯克尔·艾布·栽德：《族谱学家层级传》，第 123 页。阿卜杜·拉札戈·康木纳：《愿者希冀：族谱学家层级传》，第 352 页。穆罕默德·拉施德：《族谱学家辞典：自伊历一世纪至当代》，第 391 页。

伊德里斯·伊德利斯

(Idrīs al-Idrīsī, 1150~1213)

(一) 名号谱系

艾布·哈桑·伊德里斯·本·哈桑·本·阿里·本·尔撒·本·阿里·本·尔撒·本·阿卜杜拉·本·穆罕默德·本·伽斯姆·本·叶哈雅·本·叶哈雅·本·伊德里斯·本·伊德里斯·本·阿卜杜拉·本·哈桑·本·哈桑·本·阿里·本·艾比·塔里卜·伊德利斯·哈萨尼·伊斯康达拉尼。

(二) 生平概述

生于埃及。多次前往叙利亚阿勒颇。精通文学、诗歌、历史和族谱。卒于阿勒颇。

(三) 族谱著作

《谱系与历史汇编》(*Kitāb Majāmī‘ fī al-Ansāb wa-al-Tawārīkh*)。

(四) 参考文献

伊本·阿迪姆:《诉求目标:阿勒颇史》第 3 卷,第 1324~1326 页。萨哈维:《闪光:九世纪人物》第 3 卷,第 121 页。苏尤蒂:《纯金串珠:精英名士》,第 104~105 页。穆罕默德·拉施德:《族谱学家辞典:自伊历一世纪至当代》,第 89 页。

艾布·阿卜杜拉·焦沃尼

(Abū ‘Abd Allāh al-Jawwānī,? ~1213)

(一) 名号谱系

艾布·阿卜杜拉·穆罕默德·本·穆罕默德·本·艾斯阿德·本·阿

里·本·马俄默尔·本·欧麦尔·本·阿里·本·侯赛因·本·艾哈迈德·本·阿里·本·伊卜拉欣·本·穆罕默德·本·哈桑·本·穆罕默德·本·欧贝杜拉·本·侯赛因·本·阿里·本·侯赛因·本·阿里·本·艾比·塔里卜·焦沃尼·米斯利。

（二）生平概述

生卒于埃及。著名族谱学家穆罕默德·焦沃尼的儿子。继承其父的埃及圣裔联合会领导人职位。族谱学家。

（三）族谱著作

《先知妻妾及其家族》（*Kitāb Azwāj al-Nabī wa-Ālihi*）。

（四）参考文献

阿卜杜·拉札戈·康木纳：《愿者希冀：族谱学家层级传》，第 358 页。

穆罕默德·比贾伊

（Muhammad al-Bijā'ī，? ~1215）

（一）名号谱系

艾布·阿卜杜拉·穆罕默德·本·伊卜拉欣·麦赫利·比贾伊。

（二）生平概述

生卒于阿尔及利亚贝贾亚。曾游历马什里克地区，三次担任贝贾亚法官，在西班牙穆尔西亚和摩洛哥马拉喀什担任过法官。圣训学家、教法学家和教义学家。

（三）族谱著作

《易姆拉尼贵族纪录》（*Taqyīd fī Dhikr al-Shurafā' al-'Imrānīyīn al-Adārisah*）。

该书主要记载摩洛哥本尼·布沙达德酋长辖区的人物谱系，涉及赛义德·艾布·伯克尔·沙利夫、赛义德·穆罕默德·沙利夫、赛义德·阿腊勒·沙利夫和赛义德·易姆兰·沙利夫4个贵族部落及其支系。

（四）参考文献

伊本·艾拔尔：《〈续编〉增补》第2卷，第385~386页。欧麦尔·礼萨：《著述家辞典》第3卷，第41~42页。阿迪勒·努韦熙得：《阿尔及利亚名人辞典》，第18~19页。穆罕默德·易南等编：《哈萨尼耶宝库目录》第1卷，第315~316页。伊本·苏达：《远马格里布史家索引》，第56页。穆罕默德·拉施德：《族谱学家辞典：自伊历一世纪至当代》，第404页。

伊斯玛仪·麦尔瓦齐

（Ismā‘īl al-Marwazī，1176~约1217）

（一）名号谱系

阿齐祖丁·艾布·塔里卜·伊斯玛仪·本·侯赛因·本·穆罕默德·本·侯赛因·本·艾哈迈德·本·穆罕默德·本·阿齐齐·本·侯赛因·本·穆罕默德·本·阿里·本·侯赛因·本·阿里·本·穆罕默德·本·贾法尔·本·穆罕默德·本·阿里·本·侯赛因·本·阿里·本·艾比·塔里卜·麦尔瓦齐·阿拉维·侯赛尼。

（二）生平概述

生卒于土库曼斯坦木鹿。在1196年前往伊拉克巴格达。1217年，人物志编纂家、著名族谱学家雅孤特·哈默维在木鹿见过他。涉猎语法学、教法学、圣训学、教义学、族谱学和星象学等学问，擅长作诗。

（三）族谱著作

1.《荣耀：塔里比家族谱系》（*Al-Fakhrī fī Ansāb al-Tālibīyīn*），赛义德·马赫迪·拉贾伊校勘，库姆：大阿亚图拉麦尔阿什·纳杰斐书店，1989。

作者在绪论中谈及了起这书名的原因是希望增加“阿拉维圣裔谱系学”

（'Ilm al-Ansāb al-Sādah al-'Alawīyah）的荣耀（Fakhr）。

全书由57个部分内容构成：① 绪论；② 安拉使者家谱及其子嗣纪录；③ 塔戈维和穆萨维谱系；④ 卡资姆之子阿拔斯与伊斯玛仪后裔；⑤ 卡资姆之子穆罕默德、阿卜杜拉与欧贝杜拉后裔；⑥ 卡资姆之子哈桑与伊斯哈格后裔；⑦ 哈姆扎·本·穆萨·卡资姆后裔；⑧ 卡资姆之子栽德与侯赛因后裔；⑨ 哈伦·本·穆萨·卡资姆后裔；⑩ 伊斯玛仪·本·贾法尔·索迪戈后裔；⑪ 穆罕默德·迪拔吉·本·贾法尔·索迪戈后裔；⑫ 阿里·本·贾法尔·索迪戈后裔；⑬ 阿卜杜拉·拔熙尔·本·阿里·栽努·阿比丁后裔；⑭ 欧麦尔·艾什拉夫·本·阿里·栽努·阿比丁后裔；⑮ 栽德·本·阿里·栽努·阿比丁后裔；⑯ 穆罕默德·艾戈撒斯·本·叶哈雅·本·侯赛因·本·栽德·沙希德子嗣；⑰ 欧麦尔·本·叶哈雅·本·侯赛因·本·栽德·沙希德子嗣；⑱ 尔撒·本·叶哈雅·本·侯赛因·本·栽德·沙希德子嗣；⑲ 哈桑·本·叶哈雅·本·侯赛因·本·栽德·沙希德子嗣；⑳ 叶哈雅·本·侯赛因·本·栽德·沙希德之子哈姆扎与叶哈雅子嗣；㉑ 穆罕默德·本·栽德·沙希德后裔；㉒ 尔撒·本·栽德·沙希德后裔；㉓ 侯赛因·艾斯加尔·本·阿里·栽努·阿比丁后裔；㉔ 阿卜杜拉·阿基基·本·侯赛因·艾斯加尔后裔；㉕ 阿里·艾斯加尔·本·侯赛因·艾斯加尔后裔；㉖ 苏莱曼·本·侯赛因·艾斯加尔后裔；㉗ 阿里·本·阿里·栽努·阿比丁后裔；㉘ 哈桑·穆尚纳·本·哈桑后裔；㉙ 穆萨·焦恩后裔；㉚ 叶哈雅·本·阿卜杜拉·本·哈桑·穆尚纳后裔；㉛ 伊德里斯·本·阿卜杜拉·本·哈桑·穆尚纳后裔；㉜ 苏莱曼·本·阿卜杜拉·本·哈桑·穆尚纳后裔；㉝ 伊卜拉欣·加慕尔·本·哈桑·穆尚纳后裔；㉞ 穆罕默德·本·伽斯姆·拉斯之家；㉟ 侯赛因·阿拉姆·本·伽斯姆·拉斯之家；㊱ 伊斯玛仪·本·伽斯姆·拉斯之家；㊲ 艾哈迈德·本·伊卜拉欣·托拔托拔后裔；㊳ 哈桑·本·伊斯玛仪·迪拔吉后裔；㊴ 哈桑·穆塞拉思·本·哈桑·穆尚纳后裔；㊵ 贾法尔·赫蒂卜·本·哈桑·穆尚纳后裔；㊶ 阿里·拔吉尔之家；㊷艾布·阿卜杜拉·穆罕默德·本·欧贝杜拉埃米尔之家；㊸艾布·贾法尔·穆罕默德·艾德拉俄·本·欧贝杜拉埃米尔之家；㊹ 达乌德·本·哈桑·穆尚纳后裔；㊺ 栽德·本·伊玛目·哈桑后裔；㊻ 穆罕默德·白特哈尼后裔；㊼ 阿卜杜·拉哈曼·沙杰利后裔；㊽ 阿里·本·哈桑·本·栽德·本·哈桑后裔；㊾ 伊斯玛仪·本·哈桑·

本·栽德·本·哈桑后裔；㊿ 穆罕默德·哈乃斐耶·本·伊玛目·阿里后裔；(51) 阿拔斯·沙希德·本·伊玛目·阿里后裔；(52) 欧麦尔·艾特拉夫·本·伊玛目·阿里后裔；(53) 贾法尔·马立克后裔；(54) 欧贝杜拉·本·穆罕默德·本·欧麦尔·艾特拉夫后裔；(55) 贾法尔·泰雅尔·本·艾比·塔里卜后裔；(56) 阿基勒·本·艾比·塔里卜后裔；(57) 结论。

2.《天堂》（*Kitāb Hazīrat al-Quds*）。

这部巨著约60卷。作者撰写《荣耀：塔里比家族谱系》时，大量摘抄该书中的人物谱系。

3.《高贵花园》（*Kitāb Bustān al-Sharaf*）。

这部20卷本著作是《天堂》的缩写本。

4.《得偿所觅：艾布·塔里卜家族谱系》（*Kitāb Ghunyat al-Tālib fī Nasab Āl Abī Tālib*）。

5.《族谱概要》（*Kitāb al-Mūjiz fī al-Nasab*）。

6.《塔里比家族精要》（*Kitāb Zubdat al-Tālibīyah*）。

7.《先知宗族摘要：穆萨维家谱》（*Kitāb Khulāsat al-'Itrah al-Nabawīyah fī Ansāb al-Mūsawīyah*）。

8.《三世族谱》（*Kitāb al-Muthallath fī al-Nasab*）。

9.《马拉威扎家谱》（*Kitāb Nasab al-Sādah al-Marāwizah*）。

10.《与艾布·哈桑·穆罕默德·本·伽斯姆·塔米米·伊斯法哈尼后裔有关联者》（*Kitāb man ittasala 'Aqbahu li-Abī al-Hasan Muhammad ibn al-Qāsim al-Tamīmī al-Isfahānī*）。

11. 谱系树形图《族谱数量依据》（*Kitāb Wafq al-A'dād fī al-Nasab*）。

12. 谱系树形图《艾布·加纳伊姆·迪马什基〈族谱〉》（*Kitāb al-Nasab li-Abī al-Ghanā'im al-Dimashqī*）。

13. 谱系树形图《教法学家扎卡利雅·本·艾哈迈德·白札兹·内撒布利〈层级传〉》（*Kitāb al-Tabaqāt lil-Faqīh Zakarīyā ibn Ahmad al-Bazzāz al-Naysābūrī*）。

14. 谱系树形图《沙斐仪族谱》（*Kitāb Nasab al-Shāfi'ī Khāssah*）。

15.《〈族谱世系〉批注》（*Al-Ta'līqah 'alá Sirr al-Ansāb*）。

16.《知识与别号》（*Kitāb al-Ma'ārif wa-al-Alqāb*）。

（四）参考文献

雅孤特·哈默维：《文豪辞典》第 2 卷，第 652～655 页。伊本·易纳巴：《艾布·塔里卜家族谱系基本要义》，第 247 页。齐黎克里：《名人》第 1 卷，第 312 页。欧麦尔·礼萨：《著述家辞典》第 1 卷，第 362 页。穆哈幸·艾敏：《什叶派精英》第 3 卷，第 319～320 页。索伊卜·阿卜杜·哈密德：《什叶派史学家辞典》第 1 卷，第 159～161 页。什贺布丁·麦尔阿什：《释疑：谱系、别号与后裔精粹人物志》，第 67～69 页。伯克尔·艾布·栽德：《族谱学家层级传》，第 126～127 页。阿卜杜·拉札戈·康木纳：《愿者希冀：族谱学家层级传》，第 324～327 页。穆罕默德·拉施德：《族谱学家辞典：自伊历一世纪至当代》，第 93～95 页。

伊本·巴拉璐赫

（Ibn Balalūh，? ～约 1218）

（一）名号谱系

伊卜拉欣·本·叶哈雅·本·穆罕默德·本·穆萨·本·穆罕默德·本·艾比·塔米姆·本·叶哈雅·本·伊卜拉欣·本·穆萨·本·穆罕默德·本·伊斯玛仪·本·艾哈迈德·本·伊斯玛仪·本·穆罕默德·本·伊斯玛仪·本·贾法尔·阿拉维·侯赛尼·米斯利。

（二）生平概述

生卒地点和生平事迹有待考究。

（三）族谱著作

《先知穆罕默德谱树与贾法利家谱》（*Al-Shajarah al-Nabawīyah al-Muhammadīyah wa-al-Nisbah al-Ja'farīyah*）。

伊拉克国家博物馆藏手抄本（编号：192）共 76 页。

（四）参考文献

库尔齐斯·敖沃德：《东方宝藏》第 4 册，第 244 页。穆罕默德·拉施德：《族谱学家辞典：自伊历一世纪至当代》，第 35 页。

穆罕默德·穆尔斯

(Muhammad al-Mursī, ? ~1220)

（一）名号谱系

艾布·阿卜杜拉·穆罕默德·本·阿里·本·穆罕默德·本·叶哈雅·安索利·穆尔斯。

（二）生平概述

生卒于西班牙穆尔西亚。曾东游麦加，受教于多位著名学者。圣训学家，熟知人物志。

（三）族谱著作

缩写安达卢西族谱学家鲁沙蒂的《火炬与花须：圣门谱系与遗训传述》。

（四）参考文献

伊本·艾拔尔：《〈续编〉增补》第 2 卷，第 311~312 页。伊本·阿卜杜·麦立克：《〈续编二著〉增补》第 4 卷，第 538 页。欧麦尔·礼萨：《著述家辞典》第 3 卷，第 547 页。穆罕默德·拉施德：《族谱学家辞典：自伊历一世纪至当代》，第 492 页。

穆罕默德·祖赫利

(Muhammad al-Zuhrī, ? ~1220)

（一）名号谱系

艾布·阿卜杜拉·穆罕默德·本·艾哈迈德·本·苏莱曼·本·艾哈迈德·本·伊卜拉欣·祖赫利·安达卢斯·伊施比里。

（二）生平概述

生于西班牙马拉加。曾到访埃及、沙姆地区、阿拉伯半岛、伊拉克巴格达和埃尔比勒等地，在伊拉克摩苏尔和伊朗伊斯法罕居住了一段时间。文学家、诗人、圣训学家、语言学家和语法学家。被蒙古人杀害于伊朗博鲁杰尔德（Borujerd）。

（三）族谱著作

6卷本《解释与阐明：圣训学家谱系》（*Al-Bayān wa-al-Tabyīn fī Ansāb al-Muhaddithīn*）。

（四）参考文献

雅孤特·哈默维：《文豪辞典》第6卷，第2391页。蒙兹利：《〈辞世追录〉增补》第3卷，第19页。索法迪：《逝者全录》第2卷，第75页。哈吉·哈里发：《书艺题名释疑》第1卷，第317页。齐黎克里：《名人》第5卷，第320页。欧麦尔·礼萨：《著述家辞典》第3卷，第67页。伯克尔·艾布·栽德：《族谱学家层级传》，第124页。穆罕默德·拉施德：《族谱学家辞典：自伊历一世纪至当代》，第408页。

麦腊希

（al-Mallāhī，1154~1222）

（一）名号谱系

艾布·伽斯姆·穆罕默德·本·阿卜杜·沃希德·本·伊卜拉欣·本·穆法黎吉·本·艾哈迈德·本·阿卜杜·沃希德·本·胡雷思·本·贾法尔·本·萨义德·本·穆罕默德·本·哈戈勒·本·喜雅尔·本·马尔旺·迦菲基·安达卢斯。

（二）生平概述

生于西班牙格拉纳达附近的马拉哈（al-Mallāhah）村。史学家、圣训背诵家、文学家和族谱学家。卒于格拉纳达。

（三）族谱著作

1.《埃尔维拉学林及其谱系与讯息》（*Kitāb 'Ulamā' Ilbīrah wa-Ansābihim wa-Anbā'ihim*）。

2. 谱系树形图《阿拉伯与异域民族》（*Kitāb Ansāb al-Umam min al-'Arab wa-al-'Ajam*）。

（四）参考文献

伊本·艾拔尔：《〈续编〉增补》第 2 卷，第 317～319 页。扎哈比：《群英诸贤传》第 22 卷，第 162～163 页。齐黎克里：《名人》第 6 卷，第 255 页。欧麦尔·礼萨：《著述家辞典》第 3 卷，第 468 页。利玛·杜尔内格：《阿拉伯与穆斯林著名史学家》，第 411 页。伯克尔·艾布·栽德：《族谱学家层级传》，第 124 页。阿卜杜·拉札戈·康木纳：《愿者希冀：族谱学家层级传》，第 357 页。穆罕默德·拉施德：《族谱学家辞典：自伊历一世纪至当代》，第 487 页。

穆罕默德·加尔纳蒂

（Muhammad al-Gharnātī，1173～1222）

（一）名号谱系

艾布·阿卜杜拉·穆罕默德·本·阿卜杜·拉哈曼·本·阿卜杜·萨腊姆·本·艾哈迈德·本·优素福·加萨尼·加尔纳蒂。

（二）生平概述

生于西班牙格拉纳达。抄写了大量文学作品。圣训学家、文学家和背诵家。卒于西班牙穆尔西亚。

（三）族谱著作

节略安达卢西族谱学家鲁沙蒂的《火炬与花须：圣门谱系与遗训传述》。

（四）参考文献

伊本·艾拔尔：《〈续编〉增补》第 2 卷，第 317 页。伊本·阿卜杜·麦立克：《〈续编二著〉增补》第 4 卷，第 380 页。布尔贺努丁·法尔宏：《金丝绸缎：学派精英知识》第 2 卷，第 303 页。扎哈比：《伊斯兰史与诸杰群英辞世录》第 44 卷，第 461 页。欧麦尔·礼萨：《著述家辞典》第 3 卷，第 395 页。穆罕默德·拉施德：《族谱学家辞典：自伊历一世纪至当代》，第 471 页。

阿卜杜·哈密德·穆萨维

（'Abd al-Hamīd al-Mūsawī，？～1222）

（一）名号谱系

阿拉姆丁·阿卜杜·哈密德·本·法哈尔·本·艾哈迈德·本·穆罕默德·穆萨维。

（二）生平概述

生卒地点和生平事迹有待考究。

（三）族谱著作

《塞尔拉比层级传》（*Tabaqāt al-Tha'labī*）。

该书不是一部族谱专著，但可能包含丰富的族谱知识。

（四）参考文献

哈吉·哈里发：《书艺题名释疑》第 2 卷，第 367 页。伊斯玛仪·帕夏·巴格达迪：《隐匿揭示：〈书艺题名释疑〉增补》第 2 卷，第 66 页。伊本·福瓦蒂：《别号辞典文集》第 2 卷，第 262 页，脚注 2。伯克尔·艾布·栽德：《族谱学家层级传》，第 124 页。

伊本・古达玛

（Ibn Qudāmah，1147～1223）

（一）名号谱系

穆瓦法古丁・艾布・穆罕默德・阿卜杜拉・本・艾哈迈德・本・穆罕默德・本・古达玛・本・米格达姆・本・纳斯尔・本・阿卜杜拉・麦格迪斯・简玛仪里・迪马什基・罕百里。

（二）生平概述

生于巴勒斯坦纳布卢斯附近的杰迈伊勒村。10 岁时，全家迁居叙利亚大马士革。多次前往伊拉克巴格达，曾到访麦加和伊拉克摩苏尔。罕百里派教法学家，涉猎遗产继承学、教义学、语法学、算术和星象学等学问。卒于大马士革。

（三）族谱著作

1.《阐明：古莱什族谱》（*Al-Tabyīn fī Ansāb al-Qurashīyīn*），穆罕默德・拿伊夫・杜莱米校注，巴格达：伊拉克科学院出版社，1982。

作者在该书序言中说："我在这本书里记述了安拉使者及其亲属弟子们的族谱。我记述了他们的事迹和美德及其部分著名子嗣和历代后裔。"

正文的主要内容包括：① 先知穆罕默德的家谱及其纪事；② 穆罕默德的妻妾；③ 穆罕默德的书吏；④ 穆罕默德的叔伯；⑤ 穆罕默德堂兄弟中的圣门弟子；⑥ 瑙发勒・本・哈黎思・本・阿卜杜・穆塔里卜的子嗣；⑦ 艾布・拉哈卜・本・阿卜杜・穆塔里卜的子嗣；⑧ 哈希姆子嗣的流散；⑨ 阿卜杜・沙姆斯・本・阿卜杜・马纳夫家族；⑩ 萨义德・本・阿士・本・伍麦叶・本・阿卜杜・沙姆斯的子嗣；⑪ 伍赛德・本・艾比・义斯・本・伍麦叶的子嗣；⑫ 欧戈巴・本・拉比阿・本・阿卜杜・沙姆斯的子嗣；⑬ 穆塔里卜・本・阿卜杜・马纳夫・本・古绥依家族；⑭ 瑙发勒・本・阿卜杜・马纳夫家族；⑮ 阿卜杜・达尔家族；⑯ 阿萨德・本・阿卜杜・欧札・本・古绥依家族；⑰ 祖赫拉・本・奇腊卜・本・穆拉的子嗣；⑱ 贴姆・

本·穆拉家族；⑲ 马赫祖姆·本·叶格左·本·穆拉家族；⑳ 希沙姆·本·穆佶拉家族；㉑ 伍麦叶·本·穆佶拉家族；㉒ 马赫祖姆家族的流散；㉓ 阿米尔·本·马赫祖姆家族；㉔ 卡尔卜·本·卢埃依家族的流散；㉕ 朱默哈·本·阿慕尔·本·哈隋斯·本·卡尔卜·本·卢埃依家族；㉖ 萨赫姆·本·阿慕尔·本·哈隋斯·本·卡尔卜家族；㉗ 阿米尔·本·卢埃依·本·迦里卜家族；㉘ 哈黎思·本·菲赫尔家族；㉙ 阿萨德·本·呼栽玛家族。

2.《洞悉：辅士圣门弟子族谱》（*Al-Istibsār fī Nasab al-Sahābah min al-Ansār*），阿里·努韦熙得校注，贝鲁特：思想出版社，1972。

作者在书中记述辅士圣门弟子的谱系及其纪事。他认为，“辅士来自奥斯（部落）和赫兹拉吉（部落）。他们是哈黎塞·本·塞尔拉巴·本·阿慕尔·本·阿米尔·本·哈黎塞·本·伊姆鲁·盖斯·本·塞尔拉巴·本·玛津·本·艾兹德·本·郜思·本·纳波特·本·马立克·本·栽德·本·卡赫岚·本·赛伯邑·本·叶什朱卜·本·叶尔鲁卜·本·葛哈塘的子嗣”（第 29 页）。

全书由序言、赫兹拉吉部落谱系、奥斯部落谱系、不知部落归属的男辅士和女辅士 5 个部分构成。作者最先记述赫兹拉吉部落的阿米尔·本·庚姆·本·阿迪·本·纳贾尔家族。其原因是先知穆罕默德的曾祖母来自该家族。她的名号谱系是萨乐玛·宾特·阿慕尔·本·栽德·本·拉比德·本·喜达什·本·阿米尔·本·庚姆·本·阿迪·本·纳贾尔·本·塞尔拉巴·本·哈黎思·本·赫兹拉吉。

（四）参考文献

扎哈比：《群英诸贤传》第 22 卷，第 165~173 页。哈吉·哈里发：《书艺题名释疑》第 1 卷，第 245 页。伊斯玛仪·帕夏·巴格达迪：《隐匿揭示：〈书艺题名释疑〉增补》第 1 卷，第 56 页。齐黎克里：《名人》第 4 卷，第 67 页。欧麦尔·礼萨：《著述家辞典》第 2 卷，第 227 页。萨拉丁·穆纳吉德：《大马士革史学家及其手稿与出版物辞典》，第 74~76 页。沙奇尔·穆斯塔法：《阿拉伯历史与史家》第 2 卷，第 294 页。阿卜杜拉·涂雷基：《罕百里学派著作辞典》第 3 卷，第 69~89 页。什贺布丁·麦尔阿什：《释疑：谱系、别号与后裔精粹人物志》，第 62~63 页。伯克尔·艾布·栽德：《族谱学家层级传》，第 124~125 页。阿卜杜·拉札戈·康木纳：《愿者希冀：族谱学家层级传》，第 29 页。穆罕默德·拉施德：《族谱学家辞典：自伊历一世纪至当代》，第 287 页。穆罕默德·亥尔：《穆瓦法古丁·伊本·古达玛·麦格迪斯》（Muhammad Khayr, *Muwaffaq al-Dīn Ibn Qudāmah al-Maqdisī*），贝鲁特：伊本·哈兹姆出版社，1997。

艾哈迈德·泰伯尔斯

（Ahmad al-Tabarsī，？~约 1223）

（一）名号谱系

艾布·曼苏尔·艾哈迈德·本·阿里·本·艾比·塔里卜·泰伯尔斯·什仪。

（二）生平概述

生卒地点有待考究。居住在伊朗泰伯里斯坦。什叶派教法学家和史学家。

（三）族谱著作

1. 《诞辰冠冕：谱系》（*Tāj al-Mawālīd fī al-Ansāb*）。
2. 《塔里比人荣耀》（*Mafākhir al-Tālibīyah*）。

（四）参考文献

阿迦·布祖尔克：《什叶派著述门径》第 3 卷，第 208~209 页。齐黎克里：《名人》第 1 卷，第 173 页。欧麦尔·礼萨：《著述家辞典》第 1 卷，第 203 页。索伊卜·阿卜杜·哈密德：《什叶派史学家辞典》第 1 卷，第 118 页。阿卜杜·拉札戈·康木纳：《愿者希冀：族谱学家层级传》，第 277 页。穆罕默德·拉施德：《族谱学家辞典：自伊历一世纪至当代》，第 58 页。

雅孤特·哈默维

（Yāqūt al-Hamawī，1178～1229）

（一）名号谱系

什贺布丁·艾布·阿卜杜拉·雅孤特·本·阿卜杜拉·鲁米·哈默维·巴格达迪。

（二）生平概述

生于东罗马地区。5岁左右，沦为奴隶，被贩卖到伊拉克巴格达。商人阿斯卡尔·本·艾比·纳斯尔·伊卜拉欣·哈默维买了他，让他接受教育。1200年，被主人赶出家门，为了生存，在7年里抄写了300本书来换钱。1207年，与主人言和，帮其外出经商。1210年，回到巴格达，主人已离世。根据遗嘱，他获得部分遗产，这成为他周游各地的主要资金来源。1216年，叙利亚大马士革的人们容不下他的思想观点，甚至要杀掉他。他被迫逃往阿勒颇，然后途径伊拉克摩苏尔和埃尔比勒等地。1217年，辗转到土库曼斯坦木鹿（又译梅尔夫），在那里暂住，借阅大量典籍，认识许多著名学者和派驻当地的使团。1219年，游学到花剌子模。蒙古人西征造成的战乱使他的财产几乎丧失殆尽。他后来流落到摩苏尔和阿勒颇。1224年3月20日，在阿勒颇完成传世名作《地名辞典》（*Mu'jam al-Buldān*）。“地理学家之伊玛目”、史学大家、语言学家、语法学家、文学家和族谱学家，一生写下了十几部图书。病逝于阿勒颇郊区的一个客栈。

（三）族谱著作

1.《文豪辞典》（*Mu'jam al-Udabā'*）第1～7卷，伊哈桑·阿拔斯校勘，贝鲁特：伊斯兰西方出版社，1993。

雅孤特·哈默维约从20岁开始积累这部大型人物志的材料，直到暮年还在增补。他在绪论的最后一段话中说，他把它命名为《文学知识娴熟导引》（*Irshād al-Arīb ilá Ma'rifat al-Adīb*）。但他在《地名辞典》中又把它称为《文豪辞典》或《文豪纪事》（*Akhbār al-Udabā'*），又或《文豪》（*Kitāb al-*

Udabā'）。后来有学者把该书名改为《文学伊玛目辞典》（*Mu'jam A'immat al-Adab*）或《文学知识聪慧导引》（*Irshād al-Alibbā' ilá Ma'rifat al-Adīb*）等。

他在绪论中说，该书收录了语法学家、语言学家、族谱学家、著名诵读家、纪事家、史学家、知名纸商和著名书吏等人物的事迹（第 1 卷第 7 页）。他按照阿拉伯字母顺序编录这些人物。其中，被详细介绍的族谱学家至少包括以下 58 位。

（1）艾班·本·奥斯曼·本·叶哈雅·本·扎卡利雅·卢阿卢伊·白杰里，详见本书下文的口传族谱学家艾班·艾哈默尔。

（2）艾哈迈德·本·艾比·拓熙尔，详见本书上述的族谱学家伊本·泰富尔。

（3）艾哈迈德·本·阿卜杜拉·本·阿卜杜·拉希姆·本·萨义德·本·艾比·祖尔阿·祖赫利，详见本书上述的族谱学家艾哈迈德·白尔基。

（4）艾哈迈德·本·阿里·本·瑟比特·本·艾哈迈德·本·马赫迪·赫蒂卜·巴格达迪，详见本书上述的族谱学家赫蒂卜·巴格达迪。

（5）伊斯玛仪·本·侯赛因·本·穆罕默德·本·侯赛因·本·艾哈迈德·本·穆罕默德·本·阿齐兹（注：其正确写法是“阿齐齐”）·本·哈桑（注：其正确写法是“侯赛因”）·本·艾比·贾法尔·穆罕默德·伍特鲁施·本·阿里·本·侯赛因·本·阿里·本·穆罕默德·迪拔吉·本·贾法尔·索迪戈·本·穆罕默德·拔基尔·本·阿里·栽努·阿比丁·本·侯赛因·本·阿里·本·艾比·塔里卜，详见本书上述的族谱学家伊斯玛仪·麦尔瓦齐。

（6）伊卜拉欣·本·穆罕默德·本·萨义德·本·希腊勒·本·阿斯姆·本·萨尔德·本·马斯欧德·本·阿慕尔·本·欧梅尔·本·敖弗·本·欧戈达·本·加波拉·本·敖弗·本·塞基夫·塞格斐，详见本书上述的族谱学家伊卜拉欣·塞格斐。

（7）艾哈迈德·本·哈黎思·本·穆巴拉克·赫拉兹，详见本书上述的族谱学家赫拉兹。

（8）艾哈迈德·本·哈桑·本·伊斯玛仪·萨库尼·悭迪，详见本书上述的族谱学家艾哈迈德·萨库尼。

（9）艾哈迈德·本·穆罕默德·本·胡梅德·本·苏莱曼·本·哈弗

斯·古拉什，详见本书上述的族谱学家杰赫米。

（10）艾哈迈德·本·艾比·阿卜杜拉·穆罕默德·本·哈里德·本·阿卜杜·拉哈曼·本·穆罕默德·本·阿里·白尔基·库斐，详见本书上述的族谱学家伊本·穆罕默德·白尔基。

（11）艾哈迈德·本·穆罕默德·本·阿卜杜·拉比赫·本·哈比卜·本·胡代尔·本·撒里姆，详见本书上述的族谱学家伊本·阿卜杜·拉比赫。

（12）艾哈迈德·本·穆罕默德·本·穆萨·本·巴什尔·本·韩玛德·本·拉基特·拉齐·安达卢斯，详见本书上述的族谱学家艾哈迈德·拉齐。

（13）艾哈迈德·本·叶哈雅·本·贾比尔·本·达乌德·白拉祖里，详见本书上述的族谱学家白拉祖里。

（14）杰勒德·本·杰默勒·拉威耶，详见本书下文的口传族谱学家伊本·杰默勒。

（15）哈桑·本·侯赛因·本·欧贝杜拉·本·阿卜杜·拉哈曼·本·阿腊·本·艾比·稣弗拉，详见本书上述的族谱学家苏卡利。

（16）哈桑·本·穆罕默德·塔米米·伽迪·塔哈尔提，详见本书上述的族谱学家伊本·拉毕卜·塔哈尔提。

（17）哈桑·本·艾哈迈德·本·叶尔孤卜·哈姆达尼，详见本书上述的族谱学家哈姆达尼。

（18）哈桑·本·阿里·本·穆罕默德·本·伊卜拉欣·本·艾哈迈德·葛唐·麦尔瓦齐，详见本书上述的族谱学家葛唐·麦尔瓦齐。

（19）侯赛因·本·艾哈迈德·本·哈拉韦赫·本·哈姆丹·卢加维·纳哈维，详见本书上述的族谱学家伊本·哈拉韦赫。

（20）祖贝尔·本·巴卡尔·本·阿卜杜拉·本·穆斯阿卜·本·瑟比特·本·阿卜杜拉·本·祖贝尔·本·敖沃姆·古拉什·阿萨迪，详见本书上述的族谱学家祖贝尔·巴卡尔。

（21）苏海姆·本·哈弗斯·艾赫拔利，详见本书上述的族谱学家艾布·叶格笤。

（22）萨义德·本·哈卡姆，详见本书上述的族谱学家伊本·艾比·马尔娅姆。

（23）欧贝德·本·萨尔耶（撒利耶或沙利耶）·朱尔胡米，详见本书上述的族谱学家欧贝德·沙利耶。

（24）阿腊格·本·库尔苏姆·奇腊比，详见本书上述的族谱学家阿腊格·奇腊比。

（25）阿岚·瓦拉戈·舒欧比，详见本书上述的族谱学家阿岚·舒欧比。

（26）阿里·本·伊卜拉欣·本·穆罕默德·本·伊斯哈格·卡提卜，详见本书上述的族谱学家伊本·伊斯哈格·卡提卜。

（27）阿里·本·艾哈迈德·阿基基·阿拉维，详见本书上述的族谱学家阿里·阿基基。

（28）阿里·本·艾哈迈德·本·萨义德·本·哈兹姆·本·迦里卜·本·索里哈·本·赫拉夫·本·苏弗彦·本·叶齐德·法里斯·古拉什·安达卢斯，详见本书上述的族谱学家伊本·哈兹姆。

（29）阿里·本·哈桑·本·阿萨奇尔·哈菲兹·迪马什基，详见本书上述的族谱学家伊本·阿萨奇尔。

（30）阿里·本·侯赛因·本·阿里·麦斯欧迪，详见本书上述的族谱学家麦斯欧迪。

（31）阿里·本·侯赛因·本·穆罕默德·本·海塞姆·本·阿卜杜·拉赫曼·本·马尔旺·本·阿卜杜拉·本·马尔旺·本·哈卡姆·本·艾比·阿士·本·伍麦叶·本·阿卜杜·沙姆斯·本·阿卜杜·马纳夫·艾斯法哈尼，详见本书上述的族谱学家艾布·法拉吉·艾斯法哈尼。

（32）阿里·本·栽德·贝哈基，详见本书上述的族谱学家伊本·丰杜戈。

（33）阿里·本·穆罕默德·本·阿里·本·穆罕默德·阿拉维·欧麦利，详见本书上述的族谱学家伊本·苏菲。

（34）栽德·本·阿里·本·侯赛因·本·栽德·本·阿里·本·侯赛因·本·阿里·本·艾比·塔里卜·阿拉维，详见本书上述的族谱学家栽德·沙比赫。

（35）欧麦尔·本·沙巴·本·欧贝达·本·雷塔·巴士里，详见本书上述的族谱学家伊本·沙巴。

（36）尔撒·本·叶齐德·本·达阿卜·莱西，详见本书上述的族谱学家伊本·达阿卜。

（37）伽斯姆·本·艾斯巴格·本·穆罕默德·本·优素福·本·拿斯哈·本·阿拓·白雅尼，详见本书上述的族谱学家伽斯姆·白雅尼。

（38）伽斯姆·本·萨腊姆，详见本书上述的族谱学家艾布·欧贝德。

（39）葛塔达·本·迪阿玛·萨都斯，详见本书下文的口传族谱学家葛塔达。

（40）古塞姆·本·托勒哈·本·阿里·本·穆罕默德·本·阿里·本·哈桑·宰娜比，详见本书上述的族谱学家古塞姆。

（41）凯斯·尼姆利，详见本书下文的口传族谱学家凯斯·尼姆利。

（42）穆贾里德·本·萨义德·本·欧梅尔·哈姆达尼，详见本书下文的口传族谱学家穆贾里德·哈姆达尼。

（43）穆罕默德·本·艾哈迈德·艾比瓦尔迪·库法尼，详见本书上述的族谱学家艾比瓦尔迪。

（44）穆罕默德·本·巴哈尔·鲁赫尼·谢拔尼，详见本书上述的族谱学家穆罕默德·鲁赫尼。

（45）穆罕默德·本·哈比卜，详见本书上述的族谱学家伊本·哈比卜·巴格达迪。

（46）穆罕默德·本·哈桑·本·杜雷德·本·阿塔希耶·本·韩塔姆，详见本书上述的族谱学家伊本·杜雷德。

（47）穆罕默德·本·齐雅德·艾俄拉比，详见本书上述的族谱学家伊本·艾俄拉比。

（48）穆罕默德·本·阿卜杜·麦立克·库勒苏米·纳哈维，详见本书下文的口传族谱学家库勒苏米。

（49）穆罕默德·本·阿卜杜·沃希德·本·艾比·哈希姆·札熙德·穆托黎兹·拔瓦尔迪，详见本书上述的族谱学家谷腊姆·塞尔拉卜。

（50）穆罕默德·本·易姆兰·本·穆萨·本·萨义德·本·阿卜杜拉·麦尔祖拔尼，详见本书上述的族谱学家麦尔祖拔尼。

（51）穆罕默德·本·叶齐德·本·阿卜杜·艾克伯尔·本·欧梅尔·本·加桑·本·苏莱曼·本·萨尔德·本·阿卜杜拉·本·栽德·本·马立克·本·哈黎思·本·阿米尔·本·阿卜杜拉·本·比腊勒·本·敖弗·本·艾斯拉姆·素玛里·艾兹迪·巴士里，详见本书上述的族谱学家穆巴拉德。

（52）艾布·欧贝达·马俄默尔·本·穆尚纳，详见本书上述的族谱学家艾布·欧贝达。

（53）穆阿黎吉·本·阿慕尔·本·哈黎思·本·马尼俄·本·劭尔·本·萨尔德·本·哈尔默拉·本·阿勒格玛·本·阿慕尔·本·萨都斯·巴士里，详见本书上述的族谱学家穆阿黎吉·萨都斯。

（54）瓦赫卜·本·穆纳比赫·也玛尼，详见本书上述的族谱学家瓦赫卜·穆纳比赫。

（55）瓦赫卜·本·瓦赫卜·本·卡西尔·本·阿卜杜拉·本·扎姆阿·本·艾斯瓦德·本·穆塔里卜·本·阿萨德·本·阿卜杜·欧札·本·古绥依·本·奇腊卜·古拉什·阿萨迪·麦达尼，详见本书上述的族谱学家艾布·伯赫塔利。

（56）希沙姆·本·艾哈迈德·本·哈里德·本·萨义德·齐纳尼，详见本书上述的族谱学家瓦格什。

（57）希沙姆·本·穆罕默德·本·撒伊卜·本·比施尔·本·欧麦尔·凯勒比，详见本书上述的族谱学大师伊本·凯勒比。

（58）海塞姆·本·阿迪·本·阿卜杜·拉哈曼·本·栽德·本·伍赛德（或赛义德）·本·贾比尔·本·阿迪·拓伊·库斐，详见本书上述的族谱学家海塞姆。

由上可见，《文豪辞典》虽然不是一部族谱专著，但富含族谱知识，而且在阿拉伯族谱学研究史上占有显要地位。

2.《〈族谱集〉节录》（*Al-Muqtadab min Kitāb Jamharat al-Nasab*），纳冀·哈桑，贝鲁特：阿拉伯百科全书出版社，1987。

该书是上述族谱学大师伊本·凯勒比《族谱集》的节略本，虽然大量删减了后者的内容，但其最重要的学术价值在于使后者的基本框架和主体内容能够流传至今。

（四）参考文献

雅孤特·哈默维：《地名辞典》第 5 卷，第 457 页。蒙兹利：《〈辞世追录〉增补》第 3 卷，第 249~250 页。伊本·赫里康：《精英辞世与时代名人信息录》第 6 卷，第 127~139 页。扎哈比：《群英诸贤传》第 22 卷，第

312~313页。哈吉·哈里发:《书艺题名释疑》第3卷，第347页。阿拔斯·阿札维:《蒙古与土库曼时期的史学家介绍》，第10~15页。齐黎克里:《名人》第8卷，第131页。沙奇尔·穆斯塔法:《阿拉伯历史与史家》第2卷，第250~252页。欧麦尔·礼萨:《著述家辞典》第4卷，第79页。利玛·杜尔内格:《阿拉伯与穆斯林著名史学家》，第495页。伯克尔·艾布·栽德:《族谱学家层级传》，第125页。阿卜杜·拉札戈·康木纳:《愿者希冀：族谱学家层级传》，第363~364页。穆罕默德·拉施德:《族谱学家辞典：自伊历一世纪至当代》，第578页。艾布·福突哈·塔沃尼斯:《雅孤特·哈默维：地理学家、旅行家和文学家》（Abū al-Futūh al-Tawānisī, *Yāqūt al-Hamawī: al-Jughrāfī al-Rahhālah al-Adīb*），开罗：埃及编著出版总局，1971。拿冀·哈桑:《〈文豪辞典〉中的族谱学家和族谱著作》（Nājī Hasan, "Al-Nassāb wa-Musannafāt al-Ansāb fī *Mu'jam al-Udabā'*"），《迪雅拉人文研究杂志》（*Majallat Diyālá lil-Buhūth al-Insānīyah*）2005年总第21期。

伊本·努戈泰

(Ibn Nuqtah, 1183~1231)

（一）名号谱系

穆仪努丁（穆希布丁）·艾布·伯克尔·穆罕默德·本·阿卜杜·加尼·本·艾比·伯克尔·本·舒贾俄·本·艾比·纳斯尔·本·阿卜杜拉·巴格达迪·罕百里。

（二）生平概述

生卒于伊拉克巴格达。曾游学伊拉克瓦西特、埃尔比勒和摩苏尔，伊朗伊斯法罕和呼罗珊地区，叙利亚大马士革和阿勒颇，埃及亚历山大，麦加以及土耳其哈兰（Harran）等地。圣训学家和族谱学家，一生写了多部图书。

（三）族谱著作

1.《〈大全〉增补》（*Takmilat al-Ikmāl*）第1~6卷，阿卜杜·盖优姆·

阿卜杜·拉卜·纳比校勘，麦加：乌姆古拉大学出版社，1987～1997。

该书又名《〈大全〉补全》（*Ikmāl al-Ikmāl*），或《〈大全〉续编》（*Al-Dhayl 'alá al-Ikmāl*），是著名族谱学家伊本·玛库腊《名字、别名与谱系辨正释疑大全》的续作，在编纂方法方面沿袭后者，即按照阿拉伯字母顺序分组编录相似的单名，然后逐一辨析每组名字。

2.《圣训学家谱系》（*Ansāb al-Muhaddithīn*）。

3.《谱系》（*Al-Ansāb*）。

（四）参考文献

扎哈比：《群英诸贤传》第22卷，第347～349页。索法迪：《逝者全录》第3卷，第219～220页。伊本·赫里康：《精英辞世与时代名人信息录》第4卷，第392～393页。哈吉·哈里发：《书艺题名释疑》第1卷，第245页；第3卷，第220、264页。齐黎克里：《名人》第6卷，第211页。沙奇尔·穆斯塔法：《阿拉伯历史与史家》第2卷，第133页。阿卜杜拉·涂雷基：《罕百里学派著作辞典》第3卷，第112～115页。伯克尔·艾布·栽德：《族谱学家层级传》，第125～126页。穆罕默德·拉施德：《族谱学家辞典：自伊历一世纪至当代》，第478～479页。

伊本·艾西尔

（Ibn al-Athīr，1160～1233）

（一）名号谱系

易祖丁·艾布·哈桑·阿里·穆罕默德·本·穆罕默德·本·阿卜杜·凯利姆·本·阿卜杜·沃希德·谢拔尼·杰扎利。

（二）生平概述

生于当时伊拉克摩苏尔城下辖的伊本·欧麦尔岛（Jazīrat Ibn 'Umar，今土耳其舍尔纳克省吉兹雷）。家境殷实，其父主管该岛事务，热衷经商，拥有几座花果园。在父亲的庇护下，伊本·艾西尔得以在相对安逸的环境中度过童年。1176年4月，他在伊本·欧麦尔岛上学习算术和天文。约1183

年，随家人搬迁到摩苏尔。但不满足于在摩苏尔求学，曾多次前往伊拉克巴格达，游学麦加、耶路撒冷、叙利亚阿勒颇和大马士革等地。1231 年，结束游学生涯，回到阔别多年的摩苏尔，将其毕生所学、平生所闻和收集的大部分资料整理出来，完成编年体世界通史《历史大全》（*Al-Kāmil fī al-Tārīkh*）。除了这部传世史学经典，他还编纂了人物志《莽丛群狮：圣门弟子知识》（*Usd al-Ghābah fī Ma'rifat al-Sahābah*）、《赞吉王朝辉煌史》（*Al-Tārīkh al-Bāhir fī al-Dawlah al-Atābakīyah*）以及下文介绍的《谱系修正精粹》。史学家和族谱学家。与泰伯里、杰巴尔提（al-Jabartī，1754～1825）并称为阿拉伯史学史上的"三大编年史家"。卒于摩苏尔。

（三）族谱著作

《谱系修正精粹》（*Al-Lubāb fī Tahdhīb al-Ansāb*）第 1～3 卷，贝鲁特：索迪尔出版社，1980。

1218 年 8 月 21 日，伊本·艾西尔完成这部著作。他在绪论中强调了族谱学的重要性，谈论了他在编纂过程中的 11 点具体做法。该书主要取材于上述族谱学大家萨姆阿尼的《谱系》，在某种程度上可以说是后者的精选修正本。因而，伊本·艾西尔在绪论之后，最先记述萨姆阿尼的生平事迹。

全书的主体部分按照阿拉伯字母顺序编录归属名。其中第一个是阿巴冀。它源于波斯地区的阿巴吉。比如，艾布·阿卜杜拉·穆罕默德·本·马哈默韦赫·阿巴冀。最后一个是亚思仪。它追溯到亚思俄·本·昊恩·本·呼栽玛·本·穆德黎卡·本·伊勒雅斯·本·穆多尔。

（四）参考文献

蒙兹利：《〈辞世追录〉增补》第 3 卷，第 347～349 页。伊本·赫里康：《精英辞世与时代名人信息录》第 3 卷，第 348～350 页。哈吉·哈里发：《书艺题名释疑》第 1 卷，第 244 页；第 3 卷，第 144 页。卡尔·布罗克尔曼：《阿拉伯文学史》第 6 册，第 135～138 页。阿拔斯·阿札维：《蒙古与土库曼时期的史学家介绍》，第 24～52 页。齐黎克里：《名人》第 4 卷，第 331～332 页。欧麦尔·礼萨：《著述家辞典》第 2 卷，第 523 页。沙奇尔·穆斯塔法：《阿拉伯历史与史家》第 2 卷，第 111～116 页。伯克尔·艾布·栽德：《族谱学家层级传》，第 126 页。穆罕默德·拉施德：《族谱学家辞典：自伊历一世纪至当代》，第 358～359 页。阿卜杜·伽迪尔·涂莱玛特：《史学家伊本·艾西尔·杰扎利》（'Abd al-Qādir Tulaymāt, *Ibn al-Athīr al-Jazarī al-Mu'arrikh*），开罗：阿拉伯作家出版社，1969。梁道远：《阿拉伯编年史家伊本·艾西尔及其所处的时代》，《北方论丛》2021 年第 2 期。

法哈尔·穆萨维

（Fakhār al-Mūsawī，？～1233）

（一）名号谱系

沙姆苏丁·艾布·阿里·法哈尔·本·马阿德·本·法哈尔·本·艾哈迈德·本·穆罕默德·本·穆罕默德·本·侯赛因·本·穆罕默德·本·伊卜拉欣·本·穆罕默德·本·穆萨·本·贾法尔·本·穆罕默德·本·阿里·本·侯赛因·本·阿里·本·艾比·塔里卜·哈伊利。

（二）生平概述

生于伊拉克希拉。口传族谱学家马阿德·穆萨维（约卒于 13 世纪）的儿子。教法学家、人名学家、族谱学家、文学家和诗人。卒于伊拉克哈伊尔（al-Hā'ir，即卡尔巴拉）。

（三）族谱著作

1.《名单与谱树：塔里比家谱》（*Jarā'id wa-Mushajjarāt fī Ansāb al-Tālibīyīn*）。

2.《阿拔斯人美德引证》（*Al-Miqbās fī Faḍā'il Banī al-'Abbās*）。

（四）参考文献

穆哈幸·艾敏：《什叶派精英》第 8 卷，第 393～394 页。齐黎克里：《名人》第 5 卷，第 137 页。欧麦尔·礼萨：《著述家辞典》第 2 卷，第 615 页。索伊卜·阿卜杜·哈密德：《什叶派史学家辞典》第 2 卷，第 16～17 页。什贺布丁·麦尔阿什：《释疑：谱系、别号与后裔精粹人物志》，第 71～72 页。伯克尔·艾布·栽德：《族谱学家层级传》，第 123 页。阿卜杜·拉札戈·康木纳：《愿者希冀：族谱学家层级传》，第 347~350 页。穆罕默德·拉施德：《族谱学家辞典：自伊历一世纪至当代》，第 383 页。

凯腊仪

（al-Kalāʻī，1170~1237）

（一）名号谱系

艾布·拉比阿·苏莱曼·本·穆萨·本·撒里姆·本·哈撒恩·本·苏莱曼·本·艾哈迈德·本·阿卜杜·萨腊姆·希木叶利·凯腊仪·白岚斯·安达卢斯·马立其。

（二）生平概述

生于西班牙穆尔西亚郊外。两岁时，搬迁到西班牙瓦伦西亚。曾游学西班牙塞维利亚、哈蒂瓦（Xàtiva）、格拉纳达、休达、马拉加和埃及亚历山大等城市。圣训学家、诗人、史学家和族谱学家，一生撰写图书和文章 20 多部（篇）。最后手握战旗，战死于普伊格战役（Battle of the Puig）。

（三）族谱著作

《先知谱系》（*Ansāb al-Mustafá*）。

它可能是《安拉使者与三位哈里发武功纪全录》（*Al-Iktifā' bi-mā tadammanahu min Maghāzī Rasūl Allāh wa-al-Thalāthah al-Khulafā'*）一书的主要构成部分之一。

（四）参考文献

努拔希：《安达卢西法官史》，第 119~122 页。齐黎克里：《名人》第 3 卷，第 136 页。欧麦尔·礼萨：《著述家辞典》第 1 卷，第 798 页。利玛·杜尔内格：《阿拉伯与穆斯林著名史学家》，第 172 页。凯腊仪：《安拉使者与三位哈里发武功纪全录》（al-Kalāʻī, *Al-Iktifā' bi-mā tadammanahu min Maghāzī Rasūl Allāh wa-al-Thalāthah al-Khulafā'*）第 1 卷第 1 分册，贝鲁特：图书世界，1997，“校勘序言”。素雷雅·拉希：《艾布·拉比阿·苏莱曼·

本·穆萨·本·撒里姆·凯腊仪的生平及其学术影响》(Thurayyā Lahī, *Abū al-Rabī' Sulaymān ibn Mūsá ibn Sālim al-Kalā'ī: Hayātuhu wa-Āthāruhu*),拉巴特:摩洛哥伊斯兰宗教基金事务部,1994。

伊本·鲁密耶

(Ibn al-Rūmīyah, 1165~1239)

(一) 名号谱系

艾布·阿拔斯·艾哈迈德·本·穆罕默德·本·穆法黎吉·伊施比里·伍麦维·哈兹米·扎希利·纳拔提·祖赫利·阿沙卜。

(二) 生平概述

生卒于西班牙塞维利亚。1216年,到访埃及,随后前往沙姆地区、伊拉克和希贾兹地区。精通教法学和圣训学,是阿拉伯植物学泰斗。

(三) 族谱著作

《谱系》(*Kitāb al-Ansāb*)。

(四) 参考文献

伊本·艾拔尔:《〈续编〉增补》第1卷,第228~229页。扎哈比:《群英诸贤传》第23卷,第58~59页。索法迪:《逝者全录》第8卷,第30页。齐黎克里:《名人》第1卷,第218~219页。伯克尔·艾布·栽德:《族谱学家层级传》,第127页。穆罕默德·拉施德:《族谱学家辞典:自伊历一世纪至当代》,第72页。

伊本·阿拉比

(Ibn 'Arabī, 1165~1240)

(一) 名号谱系

穆哈义丁·艾布·伯克尔·穆罕默德·本·阿里·本·穆罕默德·

本·艾哈迈德·本·阿卜杜拉·哈提米·拓伊·安达卢斯。

（二）生平概述

生于西班牙穆尔西亚。后来随父迁居塞维利亚。1200~1223年，游历埃及、沙姆、东罗马、伊拉克和希贾兹等地区。最后定居叙利亚大马士革。哲学家、百科全书式大学者，一生撰写图书和文章约400部（篇）。卒于大马士革。

（三）族谱著作

《使者家谱》（*Nasab al-Rasūl*）。

（四）参考文献

蒙兹利：《〈辞世追录〉增补》第3卷，第555页。扎哈比：《群英诸贤传》第23卷，第48~49页。齐黎克里：《名人》第6卷，第281~282页。萨拉丁·穆纳吉德：《大马士革史学家及其手稿与出版物辞典》，第79~80页。

伊本·索腊哈

（Ibn al-Salāh，1181~1245）

（一）名号谱系

塔基丁·艾布·阿慕尔·奥斯曼·本·阿卜杜·拉哈曼·本·奥斯曼·本·穆萨·本·艾比·纳斯尔·纳士利·沙赫拉祖利·库尔迪·沙拉哈尼。

（二）生平概述

生于伊拉克沙赫里佐尔（Shahrizor）附近的沙拉汗（Sharakhan）村。先后移居伊拉克摩苏尔、呼罗珊地区、耶路撒冷和叙利亚大马士革。经注学家、圣训学家、教法学家、人物志编纂家和人名学家。卒于大马士革。

（三）族谱著作

《人名辨正》（*Al-Mu'talif wa-al-Mukhtalif fī Asmā' al-Rijāl*）。

（四）参考文献

扎哈比：《群英诸贤传》第 23 卷，第 140~144 页。伊本·赫里康：《精英辞世与时代名人信息录》第 3 卷，第 243~245 页。齐黎克里：《名人》第 4 卷，第 207~208 页。沙奇尔·穆斯塔法：《阿拉伯历史与史家》第 2 卷，第 298 页。伯克尔·艾布·栽德：《族谱学家层级传》，第 128 页。萨拉丁·穆纳吉德：《大马士革史学家及其手稿与出版物辞典》，第 83~84 页。

伊本·纳贾尔·巴格达迪

（Ibn al-Najjār al-Baghdādī，1183~1245）

（一）名号谱系

穆希布丁·艾布·阿卜杜拉·穆罕默德·本·马哈茂德·本·哈桑·本·希巴图拉·本·穆哈幸·巴格达迪。

（二）生平概述

生卒于伊拉克巴格达。游学 27 年，足迹遍及伊朗伊斯法罕和内沙布尔、呼罗珊地区、沙姆地区、埃及、土耳其哈兰、土库曼斯坦木鹿（又译梅尔夫）和阿富汗赫拉特等地。圣训学家、背诵家、文学家、语法学家、诗人、诵读家、医生、史学家和族谱学家。

（三）族谱著作

1.《辨正》（*Kitāb al-Mukhtalif wa-al-Mu'talif*）。

该书是上述族谱学家伊本·玛库腊《名字、别名与谱系辨正释疑大全》的续作。

2.《追溯圣训学家之先辈与籍贯》（*Kitāb Nisbat al-Muhaddithīn ilá al-Ābā' wa-al-Buldān*），又名《圣训学家谱系》（*Ansāb al-Muhaddithīn*）。

3. 《别号》（*Kitāb al-Alqāb*）。

4. 《同与异》（*Kitāb al-Muttafiq wa-al-Muftariq*）。

（四）参考文献

伊本·卡西尔：《始末录》第 17 卷，第 283～284 页。哈吉·哈里发：《书艺题名释疑》第 1 卷，第 245 页。卡尔·布罗克尔曼：《阿拉伯文学史》第 6 册，第 58、79 页。齐黎克里：《名人》第 7 卷，第 86 页。欧麦尔·礼萨：《著述家辞典》第 3 卷，第 702、705 页。沙奇尔·穆斯塔法：《阿拉伯历史与史家》第 2 卷，第 117～118 页。穆罕默德·希拉：《麦地那历史与史家》，第 76～80 页。伯克尔·艾布·栽德：《族谱学家层级传》，第 128 页。穆罕默德·拉施德：《族谱学家辞典：自伊历一世纪至当代》，第 525 页。

赛福丁·古达玛

（Sayf al-Dīn Qudāmah，1208～1245）

（一）名号谱系

赛福丁·艾布·阿拔斯·艾哈迈德·本·尔撒·本·阿卜杜拉·本·艾哈迈德·本·穆罕默德·本·古达玛·麦格迪斯·索里希·罕百里。

（二）生平概述

生卒于叙利亚大马士革。曾游学伊拉克巴格达。圣训背诵家和族谱学家。

（三）族谱著作

《贾法尔·本·艾比·塔里卜家族及其美德纪录花丛》（*Al-Azhar fī Dhikr Āl Ja'far ibn Abī Tālib wa-Fadā'ilihim*）。

（四）参考文献

伊本·拉杰卜：《〈罕百里学派层级传〉续编》第 3 卷，第 524～526 页。扎哈比：《群英诸贤传》第 23 卷，第 118～119 页。齐黎克里：《名人》第 1

卷，第 191 页。欧麦尔·礼萨：《著述家辞典》第 1 卷，第 221~222 页。萨拉丁·穆纳吉德：《大马士革史学家及其手稿与出版物辞典》，第 87 页。阿卜杜拉·涂雷基：《罕百里学派著作辞典》第 3 卷，第 166~168 页。

伊本·卡勒奔·巴格达迪

(Ibn Kalbūn al-Baghdādī，? ~1246)

（一）名号谱系

法赫尔·撒达·艾布·拓熙尔·穆罕默德·本·阿卜杜·萨密俄·本·穆罕默德·本·卡勒奔·阿拔斯·巴格达迪。

（二）生平概述

生于族谱学世家（具体地点有待考究）。卒于伊拉克巴格达。

（三）族谱著作

《人类谱系集》(*Al-Kitāb al-Hāwī li-Ansāb al-Nās*)。

该书凡 3 卷，收录了大量谱系树形图、名号谱系和人物纪事。

（四）参考文献

伊本·第戈托格：《艾隋里：塔里比家族谱系》，第 33~34 页。伊本·福瓦蒂：《别号辞典文集》第 3 卷，第 148 页。穆哈幸·艾敏：《什叶派精英》第 9 卷，第 380 页。索伊卜·阿卜杜·哈密德：《什叶派史学家辞典》第 2 卷，第 232 页。什贺布丁·麦尔阿什：《释疑：谱系、别号与后裔精粹人物志》，第 72 页。伯克尔·艾布·栽德：《族谱学家层级传》，第 127~128 页。阿卜杜·拉札戈·康木纳：《愿者希冀：族谱学家层级传》，第 356~357 页。穆罕默德·拉施德：《族谱学家辞典：自伊历一世纪至当代》，第 475~476 页。

基弗蒂

（al-Qiftī，1172~1248）

（一）名号谱系

杰玛路丁·艾布·哈桑·阿里·本·优素福·本·伊卜拉欣·本·阿卜杜·沃希德·本·穆萨·谢拔尼·基弗蒂。

（二）生平概述

生于埃及吉夫特（Qift）。定居叙利亚阿勒颇，曾担任该城法官。官至维齐尔，享有“最可敬的维齐尔”的美誉。喜好藏书，其私人图书馆价值5万迪纳尔。除了这个图书馆，他别无所好。没有房产，不娶妻。著名史学家。卒于阿勒颇。

（三）族谱著作

1.《温存：米尔达斯家族纪事》（*Al-Isti'nās fī Akhbār Āl Mirdās*）。

2.《布韦赫家族史》（*Tārīkh Āl Buwayh*）。

3.《塞尔柱家族史》（*Tārīkh Āl Saljūq*），又名《塞尔柱王朝纪事》（*Akhbār al-Saljūqīyah*）。

4.《马哈茂德·本·萨布克塔金及其子嗣史》（*Tārīkh Mahmūd ibn Sabuktakīn wa-banīhi ilá hīna infisāla al-Amr ʻAnhum*）。

（四）参考文献

雅孤特：《文豪辞典》第5卷，第2022~2036页。哈吉·哈里发：《书艺题名释疑》第1卷，第331、332页。伊斯玛仪·帕夏·巴格达迪：《隐匿揭示：〈书艺题名释疑〉增补》第1卷，第59页。卡尔·布罗克尔曼：《阿拉伯文学史》第6册，第43~46页。齐黎克里：《名人》第5卷，第33页。沙奇尔·穆斯塔法：《阿拉伯历史与史家》第2卷，第259~261页。

哈利利

（al-Harīrī，1195～1248）

（一）名号谱系

艾布·穆罕默德·阿卜杜拉·本·伽斯姆·本·阿卜杜拉·本·穆罕默德·本·赫拉夫·拉赫米·伊施比里·哈利利。

（二）生平概述

生于西班牙塞维利亚附近的卡布提勒岛（Isla Cabtil）。圣训学家、背诵家、族谱学家、史学家、文学家、诗人和医生。卒于塞维利亚。

（三）族谱著作

《谱系知识花园》（*Hadīqat al-Anwār fī Ma'rifat al-Ansāb*）。

该书是安达卢西族谱学家鲁沙蒂《火炬与花须：圣门谱系与遗训传述》的续作。

（四）参考文献

伊本·艾拔尔：《〈续编〉增补》第 3 卷，第 105 页。扎哈比：《伊斯兰史与诸杰群英辞世录》第 47 卷，第 273～274 页。齐黎克里：《名人》第 4 卷，第 114 页。欧麦尔·礼萨：《著述家辞典》第 2 卷，第 270 页。利玛·杜尔内格：《阿拉伯与穆斯林著名史学家》，第 238 页。伯克尔·艾布·栽德：《族谱学家层级传》，第 128 页。阿卜杜·拉札戈·康木纳：《愿者希冀：族谱学家层级传》，第 338～339 页。穆罕默德·拉施德：《族谱学家辞典：自伊历一世纪至当代》，第 308 页。

伊本·穆尔塔多

（Ibn al-Murtadá，? ~1256）

（一）名号谱系

艾布·伽斯姆·阿里·本·穆罕默德·本·穆罕默德·本·阿里·本·穆罕默德·本·阿里·本·侯赛因·本·穆萨·本·穆罕默德·本·穆萨·本·伊卜拉欣·本·穆萨·本·贾法尔·本·穆罕默德·本·阿里·本·侯赛因·本·阿里·本·艾比·塔里卜。

（二）生平概述

生卒地点和生平事迹有待考究。

（三）族谱著作

3 卷本《族谱集》（*Dīwān al-Nasab*）。其中第一卷记载哈桑家族，第二卷浅谈侯赛因家族，第三卷述及艾布·塔里卜家族和阿拔斯家族的剩余支脉。

（四）参考文献

伊本·易纳巴：《艾布·塔里卜家族谱系基本要义》，第 130、206~207 页。伊本·第戈托格：《艾隋里：塔里比家族谱系》，第 46、177 页。伊本·福瓦蒂：《别号辞典文集》第 5 卷，第 184 页。哈吉·哈里发：《书艺题名释疑》第 2 卷，第 148 页。阿迦·布祖尔克：《什叶派著述门径》第 9 卷第 4 分册，第 1184~1185 页。阿卜杜·拉札戈·康木纳：《愿者希冀：族谱学家层级传》，第 340~341 页。穆罕默德·拉施德：《族谱学家辞典：自伊历一世纪至当代》，第 349~350 页。

伊本·拔蒂施

(Ibn Bātīsh，1179～1257)

(一) 名号谱系

易玛杜丁·艾布·麦吉德·伊斯玛仪·本·希巴图拉·本·萨义德·本·希巴图拉·本·穆罕默德·本·希巴图拉·本·穆罕默德·本·阿里·本·哈姆扎·本·法里斯·本·拔蒂施·摩苏里·沙斐仪。

(二) 生平概述

生于伊拉克摩苏尔。多次游历伊拉克巴格达。到过叙利亚大马士革。晚年定居叙利亚阿勒颇。一生撰写图书和文章 20 多部（篇），涉及人物志、地方志、族谱学、圣训学和教法学等领域。卒于阿勒颇。

(三) 族谱著作

1.《写法、读音与形式辨别》(*Al-Tamyīz wa-al-Fasl bayna al-Muttafaq fī al-Khatt wa-al-Naqt wa-al-Shakl*) 第 1～2 卷，阿卜杜·哈斐兹·曼苏尔校勘，利比亚的黎波里：阿拉比耶图书出版社，1983。

该书原稿凡 5 卷，仅后两卷残存至今。时至 2022 年 7 月 16 日，笔者仍然无缘得见其残卷，因而不知具体内容。

2.《谱系混淆抹消》(*Kitāb Muzīl al-Irtiyāb ʻan Mushtabih al-Ansāb*)。

3.《族谱混淆》(*Kitāb Mushtabih al-Nisbah*)。

4.《〈族谱混淆〉精粹》(*Kitāb al-Nukhbah min Mushtabih al-Nisbah*)。

5.《族谱快餐修正观止》(*Kitāb Nihāyat al-Arab fī Tahdhīb ʻUjālat al-Nasab*)。

(四) 参考文献

索法迪:《逝者全录》第 9 卷，第 140 页。扎哈比:《群英诸贤传》第 23 卷，第 319 页。齐黎克里:《名人》第 1 卷，第 328 页。沙奇尔·穆斯塔法:《阿拉伯历史与史家》第 2 卷，第 137、302～303 页；第 4 卷，第 303～

304、348 页。伯克尔·艾布·栽德:《族谱学家层级传》，第 128~129 页。穆罕默德·拉施德:《族谱学家辞典：自伊历一世纪至当代》，第 97 页。

阿里·班达尼冀

('Alī al-Bandanījī,？ ~1258)

（一）名号谱系

易玛杜丁·艾布·哈桑·阿里·本·阿卜杜·麦立克·本·艾比·加纳伊姆·本·巴索腊·班达尼冀。

（二）生平概述

生卒地点有待考究。教法学家、史学家、文学家、诗人、语言学家和族谱学家。

（三）族谱著作

拉吉兹式格律诗《先知族谱速记》（*Bughyat al-Musta'jil fī Nasab al-Nabī*）。

（四）参考文献

伊本·福瓦蒂:《别号辞典文集》第 2 卷，第 113 页。欧麦尔·礼萨:《著述家辞典》第 2 卷，第 471 页。利玛·杜尔内格:《阿拉伯与穆斯林著名史学家》，第 278 页。

伊本·利得旺

(Ibn Ridwān,？ ~1259)

（一）名号谱系

艾布·叶哈雅·穆罕默德·本·利得旺·本·穆罕默德·本·艾哈迈德·本·穆罕默德·本·伊卜拉欣·本·艾尔格姆·努梅利·沃迪·阿什。

（二）生平概述

生卒于西班牙瓜迪斯（Guadix）。先后在瓜迪斯和普尔切纳（Purchena）担任法官。曾居住在格拉纳达。会计、语言学家和族谱学家。

（三）族谱著作

《阿拉伯谱系树》（*Shajarat fī Ansāb al-‘Arab*）。

（四）参考文献

苏尤蒂：《自觉索求：语言学家与语法学家层级传》第 1 卷，第 104 页。里撒努丁·伊本·赫蒂卜：《格拉纳达纪综录》第 2 卷，第 141～143 页。哈吉·哈里发：《书艺题名释疑》第 2 卷，第 311 页。齐黎克里：《名人》第 6 卷，第 128 页。穆罕默德·拉施德：《族谱学家辞典：自伊历一世纪至当代》，第 451 页。

伊本·艾拔尔

（Ibn al-Abbār，1199～1260）

（一）名号谱系

艾布·阿卜杜拉·穆罕默德·本·阿卜杜拉·本·艾比·伯克尔·本·阿卜杜拉·本·阿卜杜·拉哈曼·本·艾哈迈德·本·艾比·伯克尔·古铎仪·安达卢斯·白岚斯。

（二）生平概述

生于西班牙瓦伦西亚。曾游历伊比利亚半岛各地，最后定居突尼斯城。著名史学家、文学家、教法学家、背诵家、诵读家、语法学家、语言学家、圣训学家、诗人和书吏。被杀害于突尼斯城。

（三）族谱著作

《匆匆赠礼：辨正》（*Hidāyat al-Mu‘tasif fī al-Mu’talif wa-al-Mukhtalif*）。

（四）参考文献

索法迪：《逝者全录》第 3 卷，第 283 ~ 285 页。伊本·沙奇尔·库图比：《精英辞世录及其补遗》第 3 卷，第 404 ~ 407 页。卡尔·布罗克尔曼：《阿拉伯文学史》第 6 册，第 113 ~ 115 页。齐黎克里：《名人》第 6 卷，第 233 页。欧麦尔·礼萨：《著述家辞典》第 3 卷，第 432 ~ 433 页。伯克尔·艾布·栽德：《族谱学家层级传》，第 129 页。穆罕默德·拉施德：《族谱学家辞典：自伊历一世纪至当代》，第 480 页。

穆巴拉克·加萨尼

(al-Mubārak al-Ghassānī, ? ~1260)

（一）名号谱系

穆赫里苏丁·艾布·亥尔·穆巴拉克·本·叶哈雅·本·穆巴拉克·本·穆戈比勒·加萨尼·希姆隋。

（二）生平概述

生于叙利亚霍姆斯。为避免蒙古人的迫害，逃进黎巴嫩山。精通文学和族谱。卒于黎巴嫩山。

（三）族谱著作

《伊本·凯勒比〈族谱集〉摘要》(*Mukhtasar Jamharat al-Nasab li-Ibn al-Kalbī*) 第 1~2 卷，阿里·穆罕默德·欧麦尔校勘，开罗：宗教文化书店，2011。

该书是族谱学大师伊本·凯勒比《族谱集》的节略注释本。最先记述阿德南·本·伍达德的子嗣，最后记艾勒汉·本·马立克的子嗣。

（四）参考文献

扎哈比：《伊斯兰史与诸杰群英辞世录》第 48 卷，第 369 ~ 370 页。优尼尼：《〈时代镜鉴〉续编》第 1 卷，第 385 ~ 386 页。索法迪：《逝者全录》第 25 卷，第 52 ~ 53 页。穆罕默德·拉施德：《族谱学家辞典：自伊历一世纪至当代》，第 401 页。

叶哈叶维

（al-Yahyawī，约 1186～1264）

（一）名号谱系

沙拉夫丁·侯赛因·本·穆罕默德·本·艾哈迈德·本·叶哈雅·本·叶哈雅·本·纳赛尔·本·哈桑·本·阿卜杜拉·本·穆罕默德·本·伽斯姆·本·艾哈迈德·本·叶哈雅·本·侯赛因·本·伽斯姆·本·伊卜拉欣·本·伊斯玛仪·本·伊卜拉欣·本·哈桑·本·哈桑·本·阿里·本·艾比·塔里卜·叶哈叶维·胡达维·哈萨尼·也默尼。

（二）生平概述

可能生于也门。栽德派大背诵家、教法学家和政客。卒于也门拉加法。

（三）族谱著作

《谱系树形图》（*Mushajjar fī al-Ansāb*）。

（四）参考文献

沙贺里：《大栽德派层级传》第 1 卷，第 383～388 页。齐黎克里：《名人》第 2 卷，第 255～256 页。阿卜杜·萨腊姆·瓦冀赫：《栽德派著述名人》，第 390～392 页。索伊卜·阿卜杜·哈密德：《什叶派史学家辞典》第 1 卷，第 298 页。穆罕默德·拉施德：《族谱学家辞典：自伊历一世纪至当代》，第 156 页。

达乌德·塔厄拉比

（Dāwūd al-Taghlibī，1207～1267）

（一）名号谱系

艾布·白拉卡特·达乌德·本·阿卜杜·瓦贺卜·本·纳贾德·本·

撒拉·塔厄拉比·沙斐仪。

（二）生平概述

出生地点有待考究。精通语法学、文学、族谱学、韵律学和教法学等学问。可能卒于伊拉克巴格达。

（三）族谱著作

学术史名家伊本·撒仪（Ibn al-Sāʻī，1197～1275）在《宝贵珠玉：著者名字》中提到，达乌德·塔厄拉比精通族谱学，但没有提及他的族谱学专著。在列出的书目中有一本《坚贞纪事》（*Kitāb Akhbār al-Hamāsah*），可能包含族谱知识。

（四）参考文献

伊本·撒仪：《宝贵珠玉：著者名字》，第368～369页。伊本·玛库腊：《名字、别名与谱系辨正释疑大全》第1卷，第206页，脚注。穆罕默德·拉施德：《族谱学家辞典：自伊历一世纪至当代》，第178页。

塔朱丁·第戈托格

（Tāj al-Dīn al-Tiqtaqá，？～1274）

（一）名号谱系

阿里·本·穆罕默德·本·拉麦丹·本·阿里·本·阿卜杜拉·本·穆法黎吉·本·穆萨·本·阿里·本·伽斯姆·本·穆罕默德·本·伽斯姆·本·伊卜拉欣·本·伊斯玛仪·本·伊卜拉欣·本·哈桑·本·哈桑·本·阿里·本·艾比·塔里卜·第戈托格·哈萨尼。

（二）生平概述

出生地点有待考究。曾担任伊拉克纳杰夫、卡尔巴拉和希拉三座城市的阿拉维家族联合会领导人。被希拉人杀害于伊拉克巴格达。

（三）族谱著作

《谱系树形图》（*Al-Mushajjar fī al-Ansāb*）。

著名学者努鲁拉·图斯塔利（Nūr Allāh al-Tustarī，1549～1610）在《信士集会》（*Majālis al-Mu'minīn*）中援引了该书的内容。

（四）参考文献

伊本·易纳巴：《艾布·塔里卜家族谱系基本要义》，第 180 页。阿迦·布祖尔克：《什叶派著述门径》第 21 卷，第 42～43 页。索伊卜·阿卜杜·哈密德：《什叶派史学家辞典》第 1 卷，第 624 页。什贺布丁·麦尔阿什：《释疑：谱系、别号与后裔精粹人物志》，第 70～71 页。阿卜杜·拉札戈·康木纳：《愿者希冀：族谱学家层级传》，第 342～344 页。努鲁拉·图斯塔利：《信士集会》（Nūr Allāh al-Tustarī, *Majālis al-Mu'minīn*）第 1～4 卷，贝鲁特：希沙姆出版社，2013。

伊斯玛仪·侯赛尼

（Ismā'īl al-Husaynī，？～约 1274）

（一）名号谱系

艾布·麦阿里·伊斯玛仪·本·哈桑·本·穆罕默德·本·侯赛因·本·达乌德·本·阿里·本·穆罕默德·本·伽斯姆·本·哈桑·本·栽德·本·哈桑·本·阿里·本·艾比·塔里卜·侯赛尼。

（二）生平概述

生卒地点有待考究。曾任伊朗内沙布尔圣裔联合会领导人。

（三）族谱著作

《艾布·塔里卜家族谱系》（*Kitāb Ansāb Āl Abī Tālib*），或名《塔里比家族谱系》（*Kitāb Ansāb al-Tālibīyah*）

（四）参考文献

欧麦尔·礼萨：《著述家辞典》第 1 卷，第 361 页。穆哈幸·艾敏：《什叶派精英》第 3 卷，第 318 页。阿迦·布祖尔克：《什叶派著述门径》第 2 卷，第 376 页。索伊卜·阿卜杜·哈密德：《什叶派史学家辞典》第 1 卷，第 158~159 页。什贺布丁·麦尔阿什：《释疑：谱系、别号与后裔精粹人物志》，第 51 页。阿卜杜·拉札戈·康木纳：《愿者希冀：族谱学家层级传》，第 31、237~238 页。穆罕默德·拉施德：《族谱学家辞典：自伊历一世纪至当代》，第 93 页。

叶厄木利

（al-Yaghmūrī，1203~1274）

（一）名号谱系

杰玛路丁·艾布·麦哈幸·优素福·本·艾哈迈德·本·马哈茂德·本·艾哈迈德·阿萨迪·迪马什基。

（二）生平概述

生于叙利亚大马士革。精通圣训学、史学、文学和诗歌，写了不少著作，但绝大部分已经失传。卒于埃及大迈哈莱（al-Mahallah al-Kubrá）。

（三）族谱著作

《谱系批注》（*Ta'līqat fī al-Ansāb*）。

（四）参考文献

扎哈比：《伊斯兰史与诸杰群英辞世录》第 50 卷，第 143~144 页。齐黎克里：《名人》第 8 卷，第 214 页。沙奇尔·穆斯塔法：《阿拉伯历史与史家》第 4 卷，第 144 页。伯克尔·艾布·栽德：《族谱学家层级传》，第 129 页。萨拉丁·穆纳吉德：《大马士革史学家及其手稿与出版物辞典》，第 109~110 页。马贺·萨义德：《艾布·麦哈幸·优素福·本·艾哈迈德·叶厄木利的生平及其学识研究》（Mahā Sa'īd，"Abū al-Mahāsin Yūsuf ibn Ahmad al-Yaghmūrī：Dirāsah fī Sīratihi wa-Thaqāfatihi"），《摩苏尔研究》（*Dirāsāt Mawsilīyah*）2010 年总第 29 期。

伊本·易玛迪耶

（Ibn al-'Imādīyah，1210～1275）

（一）名号谱系

瓦冀胡丁·艾布·穆左发尔·曼苏尔·本·萨立姆·本·曼苏尔·本·福突哈·本·叶赫拉夫·哈姆达尼·伊斯康达拉尼·沙斐仪。

（二）生平概述

生卒于埃及亚历山大。曾游历埃及开罗、伊拉克、叙利亚大马士革、阿勒颇、哈马（Hamāh）、土耳其哈兰和麦加等地。教法学家、圣训学家和史学家。

（三）族谱著作

《续〈大全增补〉》（*Dhayl Takmilat al-Ikmāl*）第 1～2 卷，阿卜杜·盖优姆·阿卜杜·拉卜·纳比校勘，麦加：乌姆古拉大学出版社，1998。

该书又名《辨正》（*Al-Mu'talif wa-al-Mukhtalif*），是著名族谱学家伊本·努戈泰《〈大全〉增补》的续作，大体上先按照阿拉伯字母顺序编录相似人名，然后对每组人名进行辨析。其中，第一组是艾班（Abān）与伊雅兹（Iyāz），列举的人物是艾布·亥尔·伊雅兹·本·阿卜杜拉·胡冀·摩苏里。最后一组是优素斐（al-Yūsufī）与布尔苏斐（al-Bursufī），列举的人物是阿卜杜·拉哈曼·本·穆罕默德·本·阿卜杜·伽迪尔·本·优素福及其子穆罕默德·本·阿卜杜·拉哈曼·本·优素福·苏菲（全书列举的第 1010 个人物）。

（四）参考文献

塔朱丁·苏波其：《大沙斐仪学派层级传》第 8 卷，第 375～376 页。哈吉·哈里发：《书艺题名释疑》第3卷，第221页。卡尔·布罗克尔曼：《阿拉伯文学史》第6册，第89页。齐黎克里：《名人》第7卷，第300页。欧麦尔·礼萨：《著述家辞典》第3卷，第915页。沙奇尔·穆斯塔法：《阿拉伯历史与史家》第3卷，第204~205页。利玛·杜尔内格：《阿拉伯与穆斯林著名史学家》，第479~480页。伯克尔·艾布·栽德：《族谱学家层级传》，第130页。穆罕默德·拉施德：《族谱学家辞典：自伊历一世纪至当代》，第558页。

伊本·胡贝施

(Ibn Hubaysh，1218~约1280)

（一）名号谱系

艾布·伯克尔·穆罕默德·本·哈桑·本·优素福·本·哈桑·本·优努斯·本·叶哈雅·本·迦里卜·本·胡贝施·拉赫米·穆尔斯。

（二）生平概述

出生地点有待考究。定居突尼斯城。文学家、诗人、语法学家、教法学家和族谱学家。

（三）族谱著作

《当前智慧与高贵媒介》（*Al-'Aqlīyah al-Hālīyah wa-al-Wasīlah al-'Ālīyah*），记述先知穆罕默德的家谱及其奇迹。

（四）参考文献

阿卜杜海·凯塔尼：《目录辞典》第1卷，第357页。齐黎克里：《名人》第6卷，第86页。穆罕默德·马哈富兹：《突尼斯著述家志》第2卷，第91~93页。穆罕默德·拉施德：《族谱学家辞典：自伊历一世纪至当代》，第434~435页。

布利

（al-Burrī，1200～1282）

（一）名号谱系

艾布·阿卜杜拉·穆罕默德·本·艾比·伯克尔·本·阿卜杜拉·本·穆萨·安索利·提里姆撒尼·安达卢斯。

（二）生平概述

生于西班牙塔拉韦拉·德拉雷纳。定居西班牙梅诺卡岛（Menorca），喜好背诵族谱，涉猎圣训及有关人物研究。卒于梅诺卡岛。

（三）族谱著作

《珠宝：先知及其十大圣门弟子族谱》（*Al-Jawharah fī Nasab al-Nabī wa-Ashābihi al-'Asharah*）第 1～2 卷，穆罕默德·图恩冀校注，利雅得：利法仪出版社，1983。

该书完稿于 1247 年 5 月 10 日。作者在绪论部分提到了他参考的 25 部著作。全书正文大体上分为 11 个部分。① 安拉使者族谱纪录。这部分比较详细，逐一追述穆罕默德谱系中包含的主要人物及其主要家族成员的谱系和生平事迹。② 哈里发艾布·伯克尔·斯迪格家族。③ 信士长官艾布·哈弗斯·欧麦尔·本·赫拓卜家族。④ 信士长官艾布·阿慕尔·奥斯曼·本·阿凡家族。⑤ 信士长官艾布·哈桑·阿里·本·艾比·塔里卜家族。⑥ 艾布·阿卜杜拉·祖贝尔·本·敖沃姆家族。⑦ 艾布·穆罕默德·托勒哈·本·欧贝杜拉家族。⑧ 艾布·穆罕默德·阿卜杜·拉哈曼·本·敖弗家族。⑨ 艾布·伊斯哈格·萨尔德·本·艾比·瓦伽斯家族。⑩ 萨义德·本·栽德家族。⑪ 艾布·欧贝达·阿米尔·本·阿卜杜拉·本·杰拉哈家族。

（四）参考文献

伊本·阿卜杜·麦立克：《〈续编二著〉增补》第 5 卷，第 160～162 页。

伊本·祖贝尔：《再续》，第 20~21 页。伯克尔·艾布·栽德：《族谱学家层级传》，第 130 页。穆罕默德·拉施德：《族谱学家辞典：自伊历一世纪至当代》，第 427~428 页。

伊本·索布尼

（Ibn al-Sābūnī，1207~1282）

（一）名号谱系

杰玛路丁·艾布·哈米德·穆罕默德·本·阿里·本·马哈茂德·本·艾哈迈德·麦哈茂迪·索布尼。

（二）生平概述

生卒于叙利亚大马士革。族谱学家和圣训背诵家，精通圣训人物志。

（三）族谱著作

《〈谱系、名字与别号大全补全〉增补》（*Takmilat Ikmāl al-Ikmāl fī al-Ansāb wa-al-Asmā' wa-al-Alqāb*），穆斯塔法·杰沃德校注，巴格达：伊拉克科学院出版社，1957。

该书是著名族谱学家伊本·努戈泰《〈大全〉增补》的续作，增补 378 个人物。其中第一个人物是伊本·艾比赫，即阿卜杜·阿齐兹·本·穆罕默德·本·阿里·索里希。第 378 个人物是艾布·穆罕默德·阿卜杜·阿齐兹·本·伊卜拉欣·本·阿卜杜拉·本·阿里·本·穆罕默德·安索利·盖拉沃尼。

（四）参考文献

扎哈比：《伊斯兰史与诸杰群英辞世录》第 50 卷，第 368~369 页。哈吉·哈里发：《书艺题名释疑》第 3 卷，第 220 页。齐黎克里：《名人》第 6 卷，第 282 页。沙奇尔·穆斯塔法：《阿拉伯历史与史家》第 4 卷，第 145 页。萨拉丁·穆纳吉德：《大马士革史学家及其手稿与出版物辞典》，第 115 页。伯克尔·艾布·栽德：《族谱学家层级传》，第 130 页。穆罕默德·拉施德：《族谱学家辞典：自伊历一世纪至当代》，第 492 页。

伊本・赫里康

(Ibn Khallikān，1211～1282)

（一）名号谱系

沙姆苏丁・艾布・阿拔斯・艾哈迈德・本・穆罕默德・本・伊卜拉欣・本・艾比・伯克尔・本・赫里康・本・拔瓦克・本・阿卜杜拉・本・沙奇勒・本・侯赛因・本・马立克・本・贾法尔・本・叶哈雅・本・哈里德・白尔默其・伊尔比里・沙斐仪。

（二）生平概述

生于伊拉克埃尔比勒。18 岁时，游历伊拉克摩苏尔，随后前往叙利亚阿勒颇。1234 年，赴叙利亚大马士革。翌年，折返阿勒颇。1238 年，去埃及，先后在亚历山大和开罗当法官。1261～1271 年，任沙姆地区大法官。随后，又到开罗当了 7 年法官。1278 年，任大马士革法官。最后病逝于大马士革。

（三）族谱著作

《精英辞世与时代名人信息录》（*Wafayāt al-A'yān wa-Anbā' Abnā' al-Zamān*）第 1～8 卷，伊哈桑・阿拔斯校勘，贝鲁特：索迪尔出版社，1977～1978。

该书不是一部族谱学专著，但伊本・赫里康在给每名人物立传时，特别重视考究其名号谱系，因而，整部著作中包含大量族谱知识。

全书共收录 855 位人物的传记。其中，第一个人物是伊卜拉欣・纳赫仪，即艾布・易姆兰（或阿玛尔）・伊卜拉欣・本・叶齐德・本・艾斯瓦德・本・阿慕尔・本・拉比阿・本・哈黎塞・本・萨尔德・本・马立克・本・纳赫俄・库斐・纳赫仪。最后一个是优努斯・穆哈黎基，即优努斯・本・优素福・本・穆撒易德・谢拔尼・穆哈黎基。

（四）参考文献

索法迪：《逝者全录》第 7 卷，第 201~207 页。卡尔·布罗克尔曼：《阿拉伯文学史》第 6 册，第 49~55 页。齐黎克里：《名人》第 1 卷，第 220 页。阿拔斯·阿札维：《蒙古与土库曼时期的史学家介绍》，第 95~102 页。沙奇尔·穆斯塔法：《阿拉伯历史与史家》第 4 卷，第 23~29 页。伯克尔·艾布·栽德：《族谱学家层级传》，第 130~131 页。穆罕默德·拉施德：《族谱学家辞典：自伊历一世纪至当代》，第 72~73 页。阿卜杜·萨腊姆·哈伦：《伊本·赫里康记录辞典》（‘Abd al-Salām Hārūn，*Mu‘jam Muqayyadāt Ibn Khallikān*），开罗：汗吉书店，1987。

伽斯姆·利法仪

（Qāsim al-Rifā‘ī，？~1282）

（一）名号谱系

伽斯姆·本·艾哈迈德·瓦西蒂·利法仪·沙斐仪。

（二）生平概述

生卒地点有待考究。沙斐仪派教法学家和族谱学家。

（三）族谱著作

《艾布·塔里卜家族谱系索觅》（*Bughyat al-Tālib fī Nasab Āl Abī Tālib*）。

（四）参考文献

伊斯玛仪·帕夏·巴格达迪：《知者惠赠：作者名讳与著者述作》第 1 卷，第 829 页。欧麦尔·礼萨：《著述家辞典》第 2 卷，第 638 页。伯克尔·艾布·栽德：《族谱学家层级传》，第 131 页。阿卜杜·拉札戈·康木纳：《愿者希冀：族谱学家层级传》，第 351 页。穆罕默德·拉施德：《族谱学家辞典：自伊历一世纪至当代》，第 387 页。

伊本·葛塔达

(Ibn Qatādah,？ ~1283)

（一）名号谱系

拉荻丁·艾布·阿卜杜拉·侯赛因（哈桑）·本·葛塔达·本·马兹鲁俄·本·阿里·本·马立克·本·艾哈迈德·本·哈姆扎·本·哈桑·本·阿卜杜·拉哈曼·本·叶哈雅·本·阿卜杜拉·本·侯赛因·本·伽斯姆·本·伊卜拉欣·本·伊斯玛仪·本·伊卜拉欣·本·哈桑·本·哈桑·本·阿里·本·艾比·塔里卜·阿拉维·哈萨尼·拉斯·麦达尼·巴格达迪。

（二）生平概述

生卒地点有待考究。精通族谱学。

（三）族谱著作

《族谱树形图》(*Mushajjar fī al-Nasab*)。

（四）参考文献

伊本·易纳巴：《艾布·塔里卜家族谱系基本要义》，第 179、246、263 页。伊本·第戈托格：《艾隋里：塔里比家族谱系》，第 120 页。扎哈比：《伊斯兰史与诸杰群英辞世录》第 51 卷，第 73 页。伊本·杰扎利：《终极目标：诵读家层级传》第 1 卷，第 224~225 页。阿卜杜·拉札戈·康木纳：《愿者希冀：族谱学家层级传》，第 332~333 页。穆罕默德·拉施德：《族谱学家辞典：自伊历一世纪至当代》，第 154 页。

伊本·穆汉纳

(Ibn al-Muhannā,？ ~1283)

（一）名号谱系

杰玛路丁·艾布·法得勒·艾哈迈德·本·穆罕默德·本·穆汉纳·本·阿里·本·穆汉纳·本·哈桑·本·穆罕默德·本·穆斯林·本·穆汉纳·本·穆斯林·本·穆罕默德·本·穆罕默德·本·乌贝德拉·本·阿里·本·乌贝德拉·本·阿里·本·乌贝德拉·本·侯赛因·本·阿里·本·侯赛因·本·阿里·本·艾比·塔里卜·阿拉维·侯赛尼·欧贝达里。

（二）生平概述

出生地点有待考究。精通族谱学和文学。卒于伊拉克巴格达。

（三）族谱著作

1.《圣洁谱系备忘》(*Al-Tadhkirah fī al-Ansāb al-Mutahharah*)，赛义德·马赫迪·拉贾伊导读，库姆：大阿亚图拉麦尔阿什·纳杰斐书店，2001。

该书由 70 组（包括作者的家族）谱系树形图构成。其中，第一组是穆罕默德·纳弗斯·扎其耶的后裔。最后一组是人类始祖阿丹（即亚当）子嗣。

2.《谱系树形图》(*Al-Mushajjar fī al-Ansāb*)。

3.《谱系大树图》(*Al-Dawhah al-Mutallibīyah fī al-Ansāb*)。

（四）参考文献

扎哈比：《伊斯兰史与诸杰群英辞世录》第 51 卷，第 95～96 页。伊本·易纳巴：《艾布·塔里卜家族谱系基本要义》，第 130 页。穆哈幸·艾敏：《什叶派精英》第 3 卷，第 155～156 页。沙奇尔·穆斯塔法：《阿拉伯历史与史家》第 4 卷，第 315～316 页。索伊卜·阿卜杜·哈密德：《什叶派史学家辞典》第 1 卷，第 141 页。什贺布丁·麦尔阿什：《释疑：谱系、别号与后裔精粹人物志》，第 78 页。伯克尔·艾布·栽德：《族谱学家层级传》，第 144 页。阿卜杜·拉札戈·康木纳：《愿者希冀：族谱学家层级传》，第 368~369 页。穆罕默德·拉施德：《族谱学家辞典：自伊历一世纪至当代》，第 73 页。

伊本·马阿德

(Ibn Ma‘add，1205~1285)

（一）名号谱系

杰拉路丁·艾布·伽斯姆·阿卜杜·哈密德·本·法哈尔·本·马阿德·本·法哈尔·本·艾哈迈德·本·穆罕默德·本·穆罕默德·本·侯赛因·本·穆罕默德·本·伊卜拉欣·本·穆罕默德·本·穆萨·本·贾法尔·本·穆罕默德·本·阿里·本·侯赛因·本·阿里·本·艾比·塔里卜·哈伊利。

（二）生平概述

出生地点有待考究。族谱学家法哈尔·穆萨维的儿子。曾任伊拉克库法的阿拉维派首领。卒于伊拉克巴格达。

（三）族谱著作

《族谱书》（*Kitāb fī al-Nasab*）。

（四）参考文献

索法迪：《逝者全录》第 18 卷，第 51 页。伊本·易纳巴：《艾布·塔里卜家族谱系基本要义》，第 229 页。阿迦·布祖尔克：《什叶派名人层级传》第 4 卷，第 87 页。穆哈幸·艾敏：《什叶派精英》第 7 卷，第 458 页。阿卜杜拉·阿凡迪：《学林园与德贤池》第 3 卷，第 80~84 页。索伊卜·阿卜杜·哈密德：《什叶派史学家辞典》第 1 卷，第 453 页。什贺布丁·麦尔阿什：《释疑：谱系、别号与后裔精粹人物志》，第 69~70 页。阿卜杜·拉札戈·康木纳：《愿者希冀：族谱学家层级传》，第 333～334 页。穆罕默德·拉施德：《族谱学家辞典：自伊历一世纪至当代》，第 244 页。

阿卜杜·凯利姆·拓悟斯

（‘Abd al-Karīm Tāwūs，1250～1294）

（一）名号谱系

纪雅素丁·艾布·穆左发尔·阿卜杜·凯利姆·本·艾哈迈德·本·穆萨·本·贾法尔·本·穆罕默德·拓悟斯·哈萨尼·侯赛尼·阿拉维。

（二）生平概述

生于伊拉克卡尔巴拉。教法学家和族谱学家，懂语法学、文学和韵律学。卒于伊拉克巴格达。

（三）族谱著作

旁注著名族谱学家伊本·苏菲的《麦吉迪：塔里比人谱系》。

（四）参考文献

伊本·福瓦蒂：《别号辞典文集》第 2 卷，第 442～443 页。伊本·第戈托格：《艾隋里：塔里比家族谱系》，第 133 页。伊本·易纳巴：《艾布·塔里卜家族谱系基本要义》，第 191 页。阿迦·布祖尔克：《什叶派名人层级传》第 4 卷，第 91～92 页。索伊卜·阿卜杜·哈密德：《什叶派史学家辞典》第 1 卷，第 501～502 页。齐黎克里：《名人》第 4 卷，第 51 页。伯克尔·艾布·栽德：《族谱学家层级传》，第 131、217 页。阿卜杜·拉札戈·康木纳：《愿者希冀：族谱学家层级传》，第 336～338 页。穆罕默德·拉施德：《族谱学家辞典：自伊历一世纪至当代》，第 281～282 页。

迪利尼

(al-Dīrīnī，1215～1295)

(一) 名号谱系

易祖丁·艾布·穆罕默德·阿卜杜·阿齐兹·本·艾哈迈德·本·萨义德·本·阿卜杜拉·达密利·迪利尼·沙斐仪。

(二) 生平概述

生卒于埃及迪林（Dīrīn）。沙斐仪派教法学家。

(三) 族谱著作

1. 三千行谱系诗《先知及其十大圣门弟子传》（*Al-Shajarah al-Manzūmah fī Sīrat al-Nabī wa-Ashābihi al-'Asharah*）。

2.《大艾哈迈德·利法仪族谱释解》（*Ghāyat al-Tahrīr fī Nasab Qutb al-'Asr Sayyidinā Ahmad al-Rifā'ī al-Kabīr*）。

(四) 参考文献

塔朱丁·苏波其:《大沙斐仪学派层级传》第 8 卷，第 199～208 页。齐黎克里:《名人》第 4 卷，第 13 页。欧麦尔·礼萨:《著述家辞典》第 2 卷，第 157 页。沙奇尔·穆斯塔法:《阿拉伯历史与史家》第 3 卷，第 206 页。阿里·礼萨、艾哈迈德·突兰:《世界各地图书馆藏伊斯兰遗产史辞典》第 3 卷，第 1752～1754 页。穆罕默德·拉施德:《族谱学家辞典：自伊历一世纪至当代》，第 268 页。

艾什拉夫·欧麦尔二世

(Al-Ashraf Umar II，?～1296)

(一) 名号谱系

穆默哈杜丁·艾布·哈弗斯·欧麦尔·本·优素福·本·欧麦尔·

本·阿里·本·拉苏勒·本·哈伦·本·努希·本·艾比·法特哈·本·努希·本·杰巴拉·本·哈黎思·本·杰巴拉·本·埃哈姆·本·杰巴拉·本·哈黎思·本·艾比·杰巴拉·本·哈黎思·本·塞尔拉巴·本·阿慕尔·土尔库玛尼·加萨尼。

（二）生平概述

出身于也门拉苏勒（Āl Rasūl）家族。该家族追溯到穆罕默德·本·哈伦·本·艾比·法特哈·本·尧希·本·鲁斯图姆。艾什拉夫·欧麦尔二世是也门拉苏勒王朝（1229~1454 年）的第 3 任国王（1295 年 3 月至 1296 年 11 月在位）。但他在继位前，是一位学者型王子，在族谱学、教法学、圣训学、语法学、语言学、天文学和医学等方面均有所造诣，而且喜好与学者交往，还创办学校。卒于也门塔伊兹（Ta'izz）。

（三）族谱著作

1.《朋友礼赠：谱系知识》（*Turfat al-Ashāb fī Ma'rifat al-Ansāb*），卡尔·维尔海姆·泽特斯泰恩校勘，大马士革：阿拉伯科学院出版社，1949。

这是一部简明族谱学著作，其主要内容包括阿拉伯族谱世系、先知穆罕默德家谱、哈里发们的谱系、伍麦叶家族、阿拔斯家族、也门拉苏勒家族以及一些名人的谱系。全书正文从人祖阿丹（即亚当）及其子嗣开始记述，最后记录的是阿贾里姆家族（al-'Ajālim）。

2.《冠冕珠宝：谱系》（*Jawāhir al-Tījān fī al-Ansāb*）。

3.《文学珍品：历史与谱系》（*Tuhfat al-Ādāb fī al-Tawārīkh wa-al-Ansāb*）。

（四）参考文献

齐黎克里：《名人》第 5 卷，第 69 页。欧麦尔·礼萨：《著述家辞典》第 2 卷，第 581~582 页。沙奇尔·穆斯塔法：《阿拉伯历史与史家》第 2 卷，第 360 页；第 4 卷，第 238~239 页。什贺布丁·麦尔阿什：《释疑：谱系、别号与后裔精粹人物志》，第 72~74 页。伯克尔·艾布·栽德：《族谱学家层级传》，第 97、132 页。阿卜杜·拉札戈·康木纳：《愿者希冀：族谱学家层级传》，第 346~347 页。穆罕默德·拉施德：《族谱学家辞典：自伊历一世纪至当代》，第 373~374 页。塔朱丁·也玛尼：《也门史》，（Tāj al-Dīn al-Yamānī, *Tārīkh al-Yaman*），萨那：凯里玛出版社，1985，第 99~100 页。

阿里·欧贝达里

（'Alī al-'Ubaydalī，13 世纪）

（一）名号谱系

易祖丁·艾布·穆罕默德·阿里·本·栽德·本·穆罕默德·本·栽德·本·穆罕默德·本·穆罕默德·本·栽德·本·艾哈迈德·本·穆罕默德·本·穆罕默德·本·阿卜杜拉·本·阿里·本·欧贝杜拉·本·阿里·本·欧贝杜拉·本·侯赛因·本·阿里·本·侯赛因·本·阿里·本·艾比·塔里卜·阿拉维·欧贝达里。

（二）生平概述

生卒地点和生平事迹有待考究。

（三）族谱著作

著名族谱学家伊本·福瓦蒂（1244~1323）提到了他的族谱著作。他在该书中记载了族谱学家们对马阿德·本·阿德南之后的谱系的不同看法。

（四）参考文献

伊本·福瓦蒂：《别号辞典文集》第 1 卷，第 259 页。阿卜杜·拉札戈·康木纳：《愿者希冀：族谱学家层级传》，第 341~342 页。穆罕默德·拉施德：《族谱学家辞典：自伊历一世纪至当代》，第 350 页。

艾布·易兹·白特哈伊

（Abū al-'Izz al-Bathā'ī，13 世纪）

（一）名号谱系

艾布·易兹·阿卜杜·阿济姆·本·哈桑·本·阿里·本·拓熙尔·

本·阿里·本·穆罕默德·本·哈桑·本·伽斯姆·本·穆罕默德·本·伽斯姆·本·哈桑·本·栽德·本·哈桑·本·阿里·本·艾比·塔里卜·哈默扎尼。

（二）生平概述

出身于麦地那贵族家庭。著名族谱学家伊本·丰杜戈把他记载为伊朗哈马丹的族谱学家。

（三）族谱著作

《树形谱系图》（*Al-Ansāb al-Mushajjarah*），又名《谱系树形图》（*Mushajjar al-Nasab*）。

与族谱学家阿腊玛·希里同时代的艾哈迈德·本·穆罕默德·本·穆汉纳·本·阿里·本·穆汉纳·欧贝达里，在《树形谱系》或《族谱备忘》中摘抄了该书的内容。

（四）参考文献

伊本·丰杜戈：《谱系、别号与后裔精粹》第 2 卷，第 633 页。法赫鲁丁·拉齐：《吉祥谱树：塔里比家族谱系》，第 61 页。伊斯玛仪·麦尔瓦齐：《荣耀：塔里比家族谱系》，第 137 页。阿迦·布祖尔克：《什叶派著述门径》第 2 卷，第 387 页；第 21 卷，第 45 页。索伊卜·阿卜杜·哈密德：《什叶派史学家辞典》第 1 卷，第 495 页。阿卜杜·拉札戈·康木纳：《愿者希冀：族谱学家层级传》，第 290～291 页。穆罕默德·拉施德：《族谱学家辞典：自伊历一世纪至当代》，第 273～274 页。

海达尔·侯赛尼

（Haydar al-Husaynī，13 世纪）

（一）名号谱系

艾布·哈桑·海达尔·本·叶哈雅·本·赛夫·本·穆罕默德·本·阿卜杜拉·本·穆罕默德·本·穆罕默德·本·欧贝杜拉·本·阿里·

本·欧贝杜拉·本·阿里·本·欧贝杜拉·本·阿里·艾俄拉吉·侯赛尼·瓦西蒂。

（二）生平概述

生卒地点和生平事迹有待考究。

（三）族谱著作

著名族谱学家伊本·福瓦蒂曾见到他画的谱系树形图，并把它抄录到自己的著作里。

（四）参考文献

伊本·福瓦蒂：《别号辞典文集》第 4 卷，第 151~152 页。穆罕默德·拉施德：《族谱学家辞典：自伊历一世纪至当代》，第 169~170 页。

穆罕默德·葛塔达

（Muhammad Qatādah，13 世纪）

（一）名号谱系

拉荻丁·穆罕默德·本·侯赛因·本·葛塔达·本·马兹鲁俄·本·阿里·本·马立克·本·艾哈迈德·本·哈姆扎·本·哈桑·本·阿卜杜·拉哈曼·本·叶哈雅·阿拉维·哈萨尼·麦达尼。

（二）生平概述

生卒地点有待考究。族谱学家伊本·葛塔达的儿子。精通族谱和诵经。

（三）族谱著作

《谱系树形图集》（*Mushajjar Jammā‘ al-Ansāb*）。

（四）参考文献

伊本·第戈托格：《艾隋里：塔里比家族谱系》，第 120 页。

土尔杰姆·纳尔杰

（Turjam al-Na'jah，13 世纪）

（一）名号谱系

法赫鲁丁·艾布·穆罕默德·土尔杰姆·本·阿里·本·穆法多勒·本·侯赛因·纳尔杰·阿拉维·侯赛尼。

（二）生平概述

生卒地点有待考究。精通纪事和族谱。

（三）族谱著作

《古莱什族谱》（*Ansāb Quraysh*）。

据著名族谱学家伊本·福瓦蒂的记载，他曾看到这本谱系树形图册的手稿。它主要汇集了祖贝尔·巴卡尔的《古莱什族谱及其纪事集》等著作的精华。

（四）参考文献

伊本·福瓦蒂：《别号辞典文集》第 2 卷，第 579 页。伊本·易纳巴：《艾布·塔里卜家族谱系基本要义》，第 322 页。阿卜杜·阿齐兹·泰拔泰拔伊：《什叶派名人辞典》，第 119 页。索伊卜·阿卜杜·哈密德：《什叶派史学家辞典》第 1 卷，第 187 页。伯克尔·艾布·栽德：《族谱学家层级传》，第 213 页。穆罕默德·拉施德：《族谱学家辞典：自伊历一世纪至当代》，第 109 页。

伊本·朱贝尔

（Ibn Jubayr，13 世纪）

（一）名号谱系

艾布·阿卜杜拉·侯赛因·本·朱贝尔（亥尔）。

（二）生平概述

生卒地点有待考究。师从族谱学家伊本·沙赫尔阿述卜。

（三）族谱著作

《艾布·塔里卜家族功德精选》（*Nukhab al-Manāqib li-Āl Abī Tālib*）。该书精选自伊本·沙赫尔阿述卜的《艾布·塔里卜家族功德》。

（四）参考文献

阿卜杜拉·阿凡迪：《学林园与德贤池》第2卷，第39~40页。穆哈幸·艾敏：《什叶派精英》第6卷，第11页。索伊卜·阿卜杜·哈密德：《什叶派史学家辞典》第1卷，第281页。

八　公元 14 世纪

伊本 · 赞玛赫

（Ibn Zammākh，1205～约 1300）

（一）名号谱系

巴德鲁丁 · 艾布 · 麦哈幸 · 优素福 · 本 · 赛夫 · 道拉 · 本 · 赞玛赫 · 本 · 巴拉卡 · 本 · 素玛玛 · 塔厄拉比 · 哈姆达尼，以“伊本 · 赞玛赫”或“伊本 · 马赫曼达尔”（Ibn Mahmandār）著称于世。

（二）生平概述

生卒地点有待考究。史学家、族谱学家和演说家。

（三）族谱著作

《族谱》（*Kitāb al-Ansāb*）。

（四）参考文献

伊本 · 哈杰尔：《隐珠：八世纪精英》第 4 卷，第 455～456 页。索法迪：《逝者全录》第 29 卷，第 96～97 页。哈吉 · 哈里发：《书艺题名释疑》第 1 卷，第 245 页。齐黎克里：《名人》第 8 卷，第 233～234 页。索伊卜 · 阿卜杜 · 哈密德：《什叶派史学家辞典》第 2 卷，第 461～462 页。伯克尔 · 艾布 · 栽德：《族谱学家层级传》，第 132 页。阿卜杜 · 拉札戈 · 康木纳：《愿者希冀：族谱学家层级传》，第 362～363 页。穆罕默德 · 拉施德：《族谱学家辞典：自伊历一世纪至当代》，第 584 页。

凯腊巴芝

(al-Kalābādhī，1246~1300)

（一）名号谱系

沙姆苏丁·艾布·阿腊·马哈茂德·本·艾比·伯克尔·本·艾比·阿腊·本·阿里·布哈里·凯腊巴芝·哈乃斐·苏菲。

（二）生平概述

生于乌兹别克斯坦布哈拉。曾游历伊拉克巴格达、沙姆地区和埃及。遗产继承学家、圣训学家和族谱学家。卒于土耳其马尔丁（Mardin）。

（三）族谱著作

《族谱混淆》（*Mushtabih al-Nisbah*）。

（四）参考文献

伊本·易玛德：《金砂：往逝纪事》第 7 卷，第 798 页。哈吉·哈里发：《书艺题名释疑》第 3 卷，第 264 页。伊斯玛仪·帕夏·巴格达迪：《知者惠赠：作者名讳与著者述作》第 2 卷，第 406 页。齐黎克里：《名人》第 7 卷，第 166 页。沙奇尔·穆斯塔法：《阿拉伯历史与史家》第 4 卷，第 361 页。伯克尔·艾布·栽德：《族谱学家层级传》，第 132 页。穆罕默德·拉施德：《族谱学家辞典：自伊历一世纪至当代》，第 544 页。

艾哈迈德·阿米利

(Ahmad al-'Āmirī,？ ~1300)

（一）名号谱系

艾布·贾法尔·艾哈迈德·本·穆罕默德·本·艾哈迈德·本·阿卜

杜·拉哈曼·本·阿里·本·穆罕默德·本·萨尔达·本·萨义德·本·马斯阿达·本·拉比阿·本·索赫尔·本·沙拉希勒·本·阿米尔·本·法得勒·本·伯克尔·本·巴卡尔·本·白德尔·本·萨义德·本·阿卜杜拉·阿米利。

（二）生平概述

生于西班牙格拉纳达。曾担任安达卢西法官。教法学家，涉猎韵律学、算术和史学等领域的知识。卒于西班牙马拉加。

（三）族谱著作

写了一本关于自身族亲的史书。

（四）参考文献

里撒努丁·伊本·赫蒂卜：《格拉纳达纪综录》第 1 卷，第 162 ~ 166 页。欧麦尔·礼萨：《著述家辞典》第 1 卷，第 244 页。利玛·杜尔内格：《阿拉伯与穆斯林著名史学家》，第 67 页。

易祖丁·伊斯纳伊

（'Izz al-Dīn al-Isnā'ī，？ ~1300）

（一）名号谱系

易祖丁·伊斯玛仪·本·希巴图拉·本·阿里·本·索尼阿·阿拉维·希木叶利·伊斯纳伊·米斯利。

（二）生平概述

生于埃及伊斯纳（Esna）。先后在埃及开罗和叙利亚阿勒颇担任法官。教法学家、教义学家和族谱学家。卒于开罗。

（三）族谱著作

《谱系》（*Kitāb al-Ansāb*）。

（四）参考文献

伍德福伟：《汇聚福星：上埃及优秀人士名字》，第 169～171 页。索法迪：《当世精英》第 1 卷，第 529～530 页。苏尤蒂：《雅美报告：埃及与开罗史》第 1 卷，第 543 页。伊斯玛仪·帕夏·巴格达迪：《知者惠赠：作者名讳与著者述作》第 1 卷，第 214 页。伯克尔·艾布·栽德：《族谱学家层级传》，第 141 页。

伊本·艾俄拉吉

（Ibn al-A‘raj，？～1303）

（一）名号谱系

法赫鲁丁·艾布·哈桑·阿里·本·穆罕默德·本·艾哈迈德·本·阿里·本·撒里姆·本·巴拉卡·本·穆罕默德·本·哈桑·本·阿里·本·哈桑·本·穆罕默德·本·马俄默尔·本·艾哈迈德·本·阿里·本·叶哈雅·本·哈桑·本·贾法尔·本·欧贝杜拉·本·侯赛因·本·阿里·本·侯赛因·本·阿里·本·艾比·塔里卜·阿拉维·欧贝达里·叶哈叶维。

（二）生平概述

生于伊拉克哈伊尔。迁居伊拉克希拉。诗人、族谱学家和文学家。卒于希拉。

（三）族谱著作

《项链宝石：葛塔达家谱》（*Jawhar al-Qilādah fī Nasab Banī Qatādah*）。

该书撰写于 1300 年，是献给易祖丁·艾布·哈黎思·栽德·本·穆罕默德·本·哈桑·本·阿里·本·葛塔达的读物。

（四）参考文献

伊本·第戈托格：《艾隋里：塔里比家族谱系》，第 307～308 页。伊本·福瓦蒂：《别号辞典文集》第3卷，第86页。伊本·易纳巴：《艾布·塔里卜家族谱系基本要义》，第212页。阿迦·布祖尔克：《什叶派名人层级传》第5卷，第146~147页。穆哈幸·艾敏：《什叶派精英》第8卷，第303、312页。伯克尔·艾布·栽德：《族谱学家层级传》，第137页。阿卜杜·拉札戈·康木纳：《愿者希冀：族谱学家层级传》，第381~382页。穆罕默德·拉施德：《族谱学家辞典：自伊历一世纪至当代》，第359~360页。

沙拉夫丁·迪姆雅蒂

（Sharaf al-Dīn al-Dimyāṭī，1217~1306）

（一）名号谱系

沙拉夫丁·艾布·穆罕默德·阿卜杜·穆敏·本·赫拉夫·本·艾比·哈桑·本·沙拉夫·迪姆雅蒂·沙斐仪。

（二）生平概述

生于埃及杜姆亚特省图万（Tūwanh）村。曾到访埃及亚历山大，麦加和麦地那，叙利亚马雷特努曼（Ma‘arrat al-Nu‘mān）、哈马、阿勒颇和大马士革，伊拉克摩苏尔、辛贾尔（Sinjar）和巴格达，土耳其马尔丁和哈兰等城市。著名圣训学家，沙斐仪派大教法学家，精通族谱和人名。猝死于埃及开罗。

（三）族谱著作

《赫兹拉吉部落纪事》（*Akhbār Qabā’il al-Khazraj*）第1~2卷，阿卜杜·阿齐兹·本·欧麦尔·本·穆罕默德·贝提研究与校勘，麦地那：麦地那伊斯兰大学出版社，2008。

该书是第一部记载赫兹拉吉·本·哈黎塞部落史事、人物和谱系的专著。其正文主要由阿慕尔·本·赫兹拉吉部落、哈黎思·本·赫兹拉吉部落、卡尔卜·本·赫兹拉吉部落、敖弗·本·赫兹拉吉部落和朱沙姆·本·赫兹拉吉部落等部分构成，共收录904位赫兹拉吉后裔的传记。

（四）参考文献

塔朱丁·苏波其：《大沙斐仪学派层级传》第 10 卷，第 102～123 页。齐黎克里：《名人》第 4 卷，第 169～170 页。欧麦尔·礼萨：《著述家辞典》第 2 卷，第 326 页。沙奇尔·穆斯塔法：《阿拉伯历史与史家》第 3 卷，第 207～208 页。利玛·杜尔内格：《阿拉伯与穆斯林著名史学家》，第 250～251 页。伯克尔·艾布·栽德：《族谱学家层级传》，第 137 页。阿卜杜·拉札戈·康木纳：《愿者希冀：族谱学家层级传》，第 373～374 页。穆罕默德·拉施德：《族谱学家辞典：自伊历一世纪至当代》，第 321～322 页。

阿里·杰纳迪

（'Alī al-Janadī，？～约 1314）

（一）名号谱系

阿里·本·艾哈迈德·本·阿里·杰纳迪·也默尼

（二）生平概述

可能生于也门。辞世地点有待考究。

（三）族谱著作

《智粹逸游：原初与谱系知识》（*Nuzhat al-'Uqūl wa-al-Albāb fī Ma'rifat al-Awā'il wa-al-Ansāb*）。

（四）参考文献

哈吉·哈里发：《书艺题名释疑》第 3 卷，第 474 页。伊斯玛仪·帕夏·巴格达迪：《知者惠赠：作者名讳与著者述作》第 1 卷，第 716 页。欧麦尔·礼萨：《著述家辞典》第 2 卷，第 397 页。阿卜杜拉·哈巴什：《也门伊斯兰思想文献》，第 483 页。沙奇尔·穆斯塔法：《阿拉伯历史与史家》第 4 卷，第 266 页。穆罕默德·拉施德：《族谱学家辞典：自伊历一世纪至当代》，第 342 页。

伊本·第戈托格

（Ibn al-Tiqtaqá，1262～约1320）

（一）名号谱系

索斐丁·艾布·阿卜杜拉·穆罕默德·本·阿里·本·阿里·本·哈桑·本·拉麦丹·本·阿里·本·阿卜杜拉·本·哈姆扎·本·穆法黎吉·本·穆萨·本·阿里·本·伽斯姆·本·穆罕默德·本·伽斯姆·拉斯·本·伊卜拉欣·托拔托拔·本·伊斯玛仪·迪拔吉·本·伊卜拉欣·加慕尔·本·哈桑·本·哈桑·本·阿里·本·艾比·塔里卜·哈萨尼·泰拔泰拔伊·希里，以伊本·第戈托格或伊本·托拔托拔（Ibn Tabātabā）著称于世。

（二）生平概述

生卒于伊拉克摩苏尔。圣裔家族领袖之一。1297年，游学伊朗马拉盖（Marāghah）。1302年，到访伊朗大不里士（Tabrīz）。诗人和文学家，特别关注历史批评和历史哲学，精通族谱。

（三）族谱著作

1.《塔里比家族与十二伊玛目派名人纪略》（*Al-Mukhtasar fī Akhbār Mashāhīr al-Tālibīyah wa-al-A'immah al-Ithná 'Ashar*），阿腊·穆萨维校注，卡尔巴拉：阿拔斯圣陵手稿书店出版社，2015。

该书约撰成于1312年8月，主要记载第四任正统哈里发阿里、什叶派十二伊玛目以及艾布·塔里卜（阿里的父亲）的其他子嗣的传记。正文部分从阿里的名号谱系开始记述：

> 信士长官阿里是指艾布·哈桑·阿里·本·艾比·塔里卜。艾布·塔里卜的名号谱系是阿卜杜·马纳夫·本·阿卜杜·穆塔里卜·本·哈希姆·本·阿卜杜·马纳夫·本·古绥依·本·奇腊卜·本·穆拉·本·卡尔卜·本·卢埃依·本·迦里卜·本·菲赫尔·本·马

立克·本·纳得尔·本·奇纳乃·本·呼栽玛·本·穆德黎卡·本·伊勒雅斯·本·穆多尔·本·尼札尔·本·马阿德·本·阿德南。

最后提到阿里的哥哥塔里卜·本·艾比·塔里卜。他的母亲是法蒂玛·宾特·阿萨德·本·哈希姆·本·阿卜杜·马纳夫。

2.《艾隋里：塔里比家族谱系》（*Al-Asīlī fī Ansāb al-Tālibīyīn*），赛义德·马赫迪·拉贾伊收集、整理与校勘，库姆：大阿亚图拉麦尔阿什·纳杰斐书店，1998。

该书是伊本·第戈托格写给维齐尔艾隋路丁·艾布·法得勒·哈桑·本·穆罕默德·本·穆罕默德·突斯的读物。因而其书名为《艾隋里》（由别号“艾隋路丁”演化而成）。

它主要记载阿拉维家族、塔里比家族、阿拔斯家族和伍麦叶家族的谱系。其中收录的一些人物传记和谱系是独一无二的，鲜见于同时代其他学者的著作中。而且，作者阐述的族谱学理论至今仍然具有重要的学术价值。

他在绪论中强调了族谱学的重要性，讲解了族谱学的一些基本原理和重要术语，介绍了族谱学家考证族谱的常用方法，罗列了衡量族谱学家优劣的一些标准，简明介绍了一些著名族谱学家，探讨了塔里比家族的世系层级划分等内容。全书正文部分从信士长官阿里·本·艾比·塔里卜开始记述，最后记载阿基勒·本·艾比·塔里的后裔。

（四）参考文献

阿拔斯·阿札维：《蒙古与土库曼时期的史学家介绍》，第 131~137 页。齐黎克里：《名人》第 6 卷，第 283~284 页。欧麦尔·礼萨：《著述家辞典》第 3 卷，第 539~540 页。沙奇尔·穆斯塔法：《阿拉伯历史与史家》第 4 卷，第 318~320 页。索伊卜·阿卜杜·哈密德：《什叶派史学家辞典》第 2 卷，第 284~285 页。什贺布丁·麦尔阿什：《释疑：谱系、别号与后裔精粹人物志》，第 79 页。伯克尔·艾布·栽德：《族谱学家层级传》，第 137 页。阿卜杜·拉札戈·康木纳：《愿者希冀：族谱学家层级传》，第 29、388~390 页。穆罕默德·拉施德：《族谱学家辞典：自伊历一世纪至当代》，第 492~493 页。

伊本·福瓦蒂

（Ibn al-Fuwatī，1244～1323）

（一）名号谱系

卡玛路丁·艾布·法得勒·阿卜杜·拉札戈·本·艾哈迈德·本·穆罕默德·本·艾哈迈德·本·欧麦尔·本·穆罕默德·本·马哈茂德·本·艾哈迈德·本·穆罕默德·本·法得勒·本·阿拔斯·本·阿卜杜拉·本·马尔恩·本·札伊达·谢拔尼·麦尔瓦齐·巴格达迪。

（二）生平概述

生卒于伊拉克巴格达。在蒙古铁骑践踏阿拔斯王朝首都巴格达时被俘虏。效忠于蒙古人的著名天文学家、数学家和哲学家纳隋鲁丁·突斯（Nasīr al-Dīn al-Tūsī，1201～1274）庇护他，让他跟随在身边。他知感恩，很努力，在天文学、史学、族谱学、圣训学、语言学、文学和诗歌等领域均有所造诣。在伊朗马拉盖居住了10年，曾负责记录该地天文台的观测数据。1280年，回到巴格达。一生撰写图书和文章十余部（篇），其中包括80卷本《〈伊本·撒仪史〉续编》（*Dhayl Tārīkh Ibn al-Sā'ī*）。

（三）族谱著作

1.《别号辞典文集》（*Majma' al-Ādāb fī Mu'jam al-Alqāb*）。

它是古代阿拉伯学术史上最大部头的别号专著，主要收录12～14世纪的人物传记，初稿50卷。作者还没有誊清所有初稿，就开始写《文集摘要》（*Talkhīs Majma' al-Ādāb*），完稿于1322年，凡6卷，仅第4卷的部分内容和第5卷幸存至今。

1996年，穆罕默德·卡资姆校勘的残卷分6册（第6册是总目录）由伊朗文化与伊斯兰指导部出版，共收录5921位人物的传记。其中第一位的名号谱系残缺不全，只剩下易祖丁·艾哈迈德·本·哈达德。最后一位是穆瓦法古丁·艾布·阿卜杜拉·穆罕默德·本·阿里·本·穆罕默德·本·哈桑（以“伊本·穆特格纳”著称）·剌哈比·法基赫·法拉获。

2.《树形谱系图》（*Kitāb al-Nasab al-Mushajjar*）。

3.《名为阿卜杜·凯利姆之人》（*Al-Durr al-Nazīm fī-man tusammá bi-‘Abd al-Karīm*）。

（四）参考文献

扎哈比：《〈往事殷鉴〉续编》，第 128 页。伊本·易玛德：《金砂：往逝纪事》第 8 卷，第 108～109 页。哈吉·哈里发：《书艺题名释疑》第 3 卷，第 187 页。齐黎克里：《名人》第 3 卷，第 349～350 页。阿拔斯·阿札维：《蒙古与土库曼时期的史学家介绍》，第 158～163 页。欧麦尔·礼萨：《著述家辞典》第 2 卷，第 138～139 页。沙奇尔·穆斯塔法：《阿拉伯历史与史家》第 4 卷，第 327～331 页。伯克尔·艾布·栽德：《族谱学家层级传》，第 137～138 页。穆罕默德·拉施德：《族谱学家辞典：自伊历一世纪至当代》，第 258～259 页。什贺布丁·麦尔阿什：《释疑：谱系、别号与后裔精粹人物志》，第 79～80 页。穆罕默德·沙比比：《伊拉克史学家伊本·福瓦蒂》（Muhammad al-Shabībī, *Mu’arrikh al-‘Irāq Ibn al-Fuwatī*）第 1～2 卷，巴格达：伊拉克科学院出版社，1950～1958。韩木德·马得安：《史学家伊本·福瓦蒂》（Hammūd Mad‘ān, *Ibn al-Fuwatī Mu’arrikhan*），安曼：约旦文化部，2014。

阿腊玛·希里

（al-‘Allāmah al-Hillī，1250～1325）

（一）名号谱系

杰玛路丁·艾布·曼苏尔·哈桑·本·优素福·本·阿里·本·穆托哈尔·阿萨迪·希里。

（二）生平概述

生卒于伊拉克希拉。什叶派大学者之一。一生撰写图书和文章 100 多部（篇），涉及教法学、教义学、经注学、圣训学、人物志、语法学和族谱学等领域。

（三）族谱著作

《传述人名字解疑》（*Īdāh al-Ishtibāh fī Asmā' al-Ruwāh*），瑟米尔·卡资姆·阿卜杜·赫法冀研究与校勘，库姆：大阿亚图拉麦尔阿什·纳杰斐书店，2004。

该书完稿于1308年5月19日，按照阿拉伯字母顺序辨析756位圣训传述人的名字和29个别名。其中第一个名字是艾布·拉菲俄，最后一个是艾布·侯赛因·易格拉尼。

（四）参考文献

阿卜杜拉·阿凡迪：《学林园与德贤池》第1卷，第358~390页。穆哈幸·艾敏：《什叶派精英》第5卷，第396~408页。齐黎克里：《名人》第2卷，第227~228页。索伊卜·阿卜杜·哈密德：《什叶派史学家辞典》第1卷，第273~274页。穆罕默德·拉施德：《族谱学家辞典：自伊历一世纪至当代》，第145~146页。

艾布·舒凯勒

（Abū Shukayl，1266~约1329）

（一）名号谱系

艾布·舒凯勒·穆罕默德·本·萨尔德·本·穆罕默德·本·阿里·本·撒里姆·安索利·赫兹拉冀。

（二）生平概述

出生地点有待考究。曾任也门扎比德的法官。曾管理也门亚丁的学校数年。到麦加朝觐后，到访也门塔伊兹和拉赫季等地。可能卒于亚丁。沙斐仪派教法学家。

（三）族谱著作

编写了一本族谱小册子，记载阿拉维家族谱系、哈德拉毛地区的悭达部落和葛哈塘部落的一些支脉等内容。

（四）参考文献

拔默赫拉玛：《雕饰项链：时代精英辞世》第 6 卷，第 233～234 页。阿里·赫兹拉冀：《豪美璎珞：也门贵族层级传》第 4 卷，第 1919～1921 页。阿卜杜·拉札戈·康木纳：《愿者希冀：族谱学家层级传》，第 385～386 页。

艾布·哈桑·瓦西蒂

（Abū al-Hasan al-Wāsitī，1256～1332）

（一）名号谱系

艾布·哈桑·阿里·本·哈桑·本·艾哈迈德·瓦西蒂·利法仪·沙斐仪。

（二）生平概述

生卒地点有待考究。禁欲主义者，沙斐仪派教法学家。

（三）族谱著作

《利法仪家谱选粹》（*Kitāb Khulāsat al-Iksīr fī Nasab Sayyidinā al-Ghawth al-Rifā'ī al-Kabīr*），开罗：亥利耶印书馆，1888。

该书主要记载大苏菲艾哈迈德·利法仪（Ahmad al-Rifā'ī，1118～1182），即穆哈义丁·艾布·阿拔斯·艾哈迈德·本·阿里·本·叶哈雅·侯赛尼·利法仪·白拓伊希·瓦西蒂·欧贝迪的家族谱系，从先知穆罕默德及其女儿法蒂玛开始记述。

（四）参考文献

伊本·哈杰尔：《隐珠：八世纪精英》第 3 卷，第 37 页。伊本·易玛德：《金砂：往逝纪事》第 8 卷，第 184 页。伊斯玛仪·帕夏·巴格达迪：《知者惠赠：作者名讳与著者述作》第 1 卷，第 726 页。齐黎克里：《名人》第 4 卷，第 274 页。沙奇尔·穆斯塔法：《阿拉伯历史与史家》第 4 卷，第

378 页。伯克尔·艾布·栽德：《族谱学家层级传》，第 143 页。阿卜杜·拉札戈·康木纳：《愿者希冀：族谱学家层级传》，第 382~383 页。穆罕默德·拉施德：《族谱学家辞典：自伊历一世纪至当代》，第 344~345 页。

努尔丁·法尔宏

（Nūr al-Dīn Farhūn，1299~1345）

（一）名号谱系

努尔丁·阿里·本·穆罕默德·本·艾比·伽斯姆·本·法尔宏·突尼斯·叶俄姆利·麦达尼·马立其。

（二）生平概述

祖籍突尼斯城。生卒于麦地那。曾游历突尼斯、叙利亚大马士革和埃及开罗。教法学家、圣训学家、文学家、诗人和语法学家。

（三）族谱著作

1.《纪事历史与先知家谱介绍》（*Tawārīkh al-Akhbār wa-al-Ta'rīf bi-Nasab al-Nabī al-Mukhtār*）。

2.《先知家谱导引》（*Irshād al-Hādī ilá Nasab Āl al-Nabī al-Hādī*）。

（四）参考文献

伊本·哈杰尔：《隐珠：八世纪精英》第 3 卷，第 115~116 页。齐黎克里：《名人》第 5 卷，第 6 页。欧麦尔·礼萨：《著述家辞典》第 2 卷，第 521 页。穆罕默德·希拉：《麦地那历史与史家》，第 90~91 页。伯克尔·艾布·栽德：《族谱学家层级传》，第 217 页。穆罕默德·拉施德：《族谱学家辞典：自伊历一世纪至当代》，第 360 页。

扎哈比

(al-Dhahabī，1274~1348)

（一）名号谱系

沙姆苏丁·艾布·阿卜杜拉·穆罕默德·本·艾哈迈德·本·奥斯曼·本·伽伊玛兹·土尔库玛尼·迪马什基·沙斐仪。

（二）生平概述

祖籍土耳其锡尔万。生卒于叙利亚大马士革。幼年时，曾沉浸在阿拉丁·阿里·本·穆罕默德·哈拉比的图书馆中嗜读 4 年。曾游历沙姆地区的 10 余个城市。1296 年，游学埃及。1299 年，到麦加和麦地那听当地著名学者们讲学。晚年失明。他的学术生涯从摘抄多门学问的大量著作开始，其知识面主要涵盖诵读学、圣训学、语法学、语言学、哲学、文学和诗歌等领域，特别重视历史和人物传记。一生摘抄和撰写了 200 多部著作，在历史方面的著作以《伊斯兰史与诸杰群英辞世录》（*Tārīkh al-Islām wa-Wafayāt al-Mashāhīr wa-al-A'lām*）最为有名。

（三）族谱著作

1.《人物名字及其谱系混淆》（*Al-Mushtabih fī al-Rijāl Asmā'ihim wa-Ansābihim*）第 1~2 卷，阿里·穆罕默德·白贾维校勘，开罗：阿拉伯图书复兴出版社 & 尔撒·巴比·哈拉比及其合伙人印书馆，1962。

该书撰成于 1323 年，按照阿拉伯字母顺序分组辨析人物名字、谱系、别名和别号。其中，第一组是艾哈迈德（Ahmad）、艾吉迈德（Ajmad）和艾哈默尔（Ahmar）。最后一组是优优（Yūyū）、布布（Būbū）、图图（Tūtū）和璐璐（Lūlū）。

2.《号之面纱》（*Dhāt al-Niqāb fī al-Alqāb*），穆罕默德·利雅得·玛里哈校注，阿治曼 & 沙迦：古兰学基金会、大马士革 & 贝鲁特：伊本·卡西尔出版社，1993。

这本小册子按照阿拉伯字母顺序编录 573 个别名、别号和绰号。其中第一个是阿比·拉哈姆（Ābī al-Lahm）。最后一个是优优（al-Yūyū）。

3.《别名引获》（*Al-Muqtaná fī Sard al-Kuná*）第1~2卷，穆罕默德·索里哈·阿卜杜·阿齐兹·穆拉德校勘，麦地那：麦地那伊斯兰大学出版社，1988。

这部名册主要收录别名及与之相关的6995个名号谱系（包括52名女性）。其中第一个别名是艾布·伽斯姆（Abū al-Qāsim），最后一个是乌姆·霍宰勒（Umm al-Hudhayl）。

4.《精英别名著称录》（*Dhikr man ishtahara bi-Kunyatihi min al-A'yān*），载《背诵家扎哈比的六篇短文》（*Sitt Rasā'il lil-Hāfiz al-Dhahabī*），贾斯姆·苏莱曼·道萨利校注，科威特：萨拉菲耶出版社，1988，第319~404页。

该短文按照人物别名的阿拉伯字母顺序编录693个名号谱系。其中，第一个是艾布·伊卜拉欣·伊斯玛仪·本·叶哈雅·穆扎尼，最后一个是艾布·优努斯·哈提姆·本·艾比·索佶拉·古谢利。

5.《别名即席发言》（*Al-Murtajal fī al-Kuná*）。

6.《萨姆阿尼〈谱系〉摘要》（*Mukhtasar al-Ansāb lil-Sam'ānī*）。

7.《蒙达赫家族知识》（*Kitāb Ma'rifat Āl Mandah*）。

（四）参考文献

伊本·哈杰尔：《隐珠：八世纪精英》第3卷，第336~338页。哈吉·哈里发：《书艺题名释疑》第3卷，第71、220、264页。齐黎克里：《名人》第5卷，第326页。阿拔斯·阿札维：《蒙古与土库曼时期的史学家介绍》，第183~187页。沙奇尔·穆斯塔法：《阿拉伯历史与史家》第4卷，第52~68页。伯克尔·艾布·栽德：《族谱学家层级传》，第139~140页。萨拉丁·穆纳吉德：《大马士革史学家及其手稿与出版物辞典》，第159~175页。穆罕默德·拉施德：《族谱学家辞典：自伊历一世纪至当代》，第409页。阿卜杜·萨塔尔·谢赫：《背诵家扎哈比》（'Abd al-Sattār al-Shaykh, *Al-Hāfiz al-Dhahabī*），大马士革：格拉姆出版社，1994。拿斯尔·萨腊玛：《伊玛目扎哈比著述辞典：沙特阿拉伯王国图书馆藏手抄本》（Nāsir Salāmah, *Mu'jam Mu'allafāt al-Imām al-Dhahabī: al-Makhtūtah bi-Maktabāt al-Mamlakah al-'Arabīyah al-Su'ūdīyah*），法尤姆：法拉哈出版社，2002。巴沙尔·敖沃德：《扎哈比及其〈伊斯兰史〉的编纂方法》（Bashshār

'Awwād, *Al-Dhahabī wa-Manhajuhu fī Kitābihi Tārīkh al-Islām*)，贝鲁特：伊斯兰西方出版社，2008。

拔波索利

(al-Bābsarī，1312~1348)

（一）名号谱系

索斐丁·艾布·阿卜杜拉·侯赛因·本·巴德兰·本·达乌德·拔波索利·巴格达迪。

（二）生平概述

生卒于伊拉克巴格达。演说家、圣训学家、教法学家、文学家、语法学家和诗人。

（三）族谱著作

缩写著名族谱学家伊本·玛库腊的《名字、别名与谱系辨正释疑大全》。

（四）参考文献

伊本·哈杰尔：《隐珠：八世纪精英》第 2 卷，第 53 页。伊本·拉杰卜：《〈罕百里学派层级传〉续编》第 5 卷，第 144~146 页。欧麦尔·礼萨：《著述家辞典》第 1 卷，第 605 页。阿卜杜拉·涂雷基：《罕百里学派著作辞典》第 4 卷，第 69~70 页。穆罕默德·拉施德：《族谱学家辞典：自伊历一世纪至当代》，第 148 页。

伊本·土尔库玛尼

(Ibn al-Turkumānī，1284~1349)

（一）名号谱系

阿拉丁·艾布·哈桑·阿里·本·奥斯曼·本·伊卜拉欣·本·穆斯

塔法·玛黎迪尼·哈乃斐。

（二）生平概述

出生地点有待考究。教法学家、语言学家、语法学家、教义学家、圣训学家和文学家。曾任埃及大法官。卒于埃及开罗。

（三）族谱著作

《辨正》（*Al-Mu'talif wa-al-Mukhtalif*）。

（四）参考文献

伊本·哈杰尔：《隐珠：八世纪精英》第3卷，第84~85页。伊本·塔厄里·比尔迪：《埃及与开罗列王明星》第10卷，第193~194页。哈吉·哈里发：《书艺题名释疑》第3卷，第221页。齐黎克里：《名人》第4卷，第311页。欧麦尔·礼萨：《著述家辞典》第2卷，第473页。穆罕默德·拉施德：《族谱学家辞典：自伊历一世纪至当代》，第356页。

阿里·阿拔斯

（'Alī al-'Abbāsī，1320~约1349）

（一）名号谱系

易玛杜丁·艾布·哈桑·阿里·本·穆罕默德·本·穆哈雅·阿拔斯。

（二）生平概述

生卒地点和生平事迹有待考究。

（三）族谱著作

《智慧逸游：使者家谱》（*Nuzhat dhawī al-'Uqūl fī Nasab Āl al-Rasūl*）。

（四）参考文献

伊斯玛仪·帕夏·巴格达迪：《知者惠赠：作者名讳与著者述作》第1

卷，第 720 页。欧麦尔·礼萨：《著述家辞典》第 2 卷，第 510 页。伯克尔·艾布·栽德：《族谱学家层级传》，第 140 页。穆罕默德·拉施德：《族谱学家辞典：自伊历一世纪至当代》，第 360 页。

欧麦利

（al-'Umarī，1301～1349）

（一）名号谱系

什贺布丁·艾布·阿拔斯·艾哈迈德·本·叶哈雅·本·法得路拉·本·穆杰里·本·达俄简·本·赫拉夫·本·纳斯尔·本·曼苏尔·本·欧贝杜拉·本·阿迪·本·穆罕默德·本·阿卜杜拉·本·艾比·伯克尔·本·欧贝杜拉·本·阿卜杜拉·本·欧贝杜拉·本·阿卜杜拉·本·欧麦尔·本·赫拓卜·古拉什·阿德维·欧麦利。

（二）生平概述

生卒于叙利亚大马士革。随其父辗转在大马士革和埃及开罗之间。对历史、地理、政治和文学的兴趣浓厚。一生撰写图书和文章十多部（篇），其中，《鉴识路途：诸城列国》（*Masālik al-Absār fī Mamālik al-Amsār*）被誉为“马穆鲁克王朝时期的三大百科全书”之一。

（三）族谱著作

《夜谈间隔：欧麦尔家族美德》（*Fawāsil al-Samar fī Fadā'il Āl 'Umar*）。该书凡 4 卷，记载作者所属的欧麦尔家族的成员及其美德。

（四）参考文献

伊本·哈杰尔：《隐珠：八世纪精英》第 1 卷，第 331～333 页。伊本·沙奇尔·库图比：《精英辞世录及其补遗》第 1 卷，第 157～161 页。哈吉·哈里发：《书艺题名释疑》第 2 卷，第 527 页。阿拔斯·阿札维：《蒙古与土库曼时期的史学家介绍》，第 187～188 页。萨拉丁·穆纳吉德：《大马士革史学家及其手稿与出版物辞典》，第 176～177 页。沙奇尔·穆斯塔法：

《阿拉伯历史与史家》第 4 卷，第 69～72 页。穆罕默德·阿卜杜拉：《伊斯兰埃及史家与埃及史料》，第 68～75 页。

贾法尔·穆萨维

(Ja'far al-Mūsawī,？～约 1349)

（一）名号谱系

塔朱丁·贾法尔·本·艾哈迈德·本·贾法尔·侯赛尼·穆萨维。

（二）生平概述

生卒地点有待考究。学者、文学家和族谱学家。

（三）族谱著作

《塔里比家谱》(*Nasab al-Ṭālibīyīn*)。

（四）参考文献

欧麦尔·礼萨：《著述家辞典》第 1 卷，第 485 页。索伊卜·阿卜杜·哈密德：《什叶派史学家辞典》第 1 卷，第 199～200 页。

大达俄赛恩

(Da'sayn al-Kabīr，1299～1351)

（一）名号谱系

古特布丁·艾布·伯克尔·本·艾哈迈德·本·阿里·本·阿卜杜拉·本·穆罕默德·达俄赛恩·古拉什·扎比迪·也默尼·沙斐仪。

（二）生平概述

出生地点有待考究。曾任也门扎比德城教长。栽德派教法学家和族谱学家。卒于扎比德。

（三）族谱著作

1.《谱系大全》（*Al-Kāmil fī al-Ansāb*）。

该书收录移居也门的扎卡利雅·本·哈里德·伍麦维及其后裔们（直到作者的时代）的传记。

2.《罕世璎珞：伍赛德人谱系》（*Al-'Iqd al-Farīd fī Ansāb Banī Usayd*）。

该书辑录哈桑与拉札姆·本·叶哈雅·本·阿卜杜拉·本·扎卡利雅家族谱系。

3.《谱系法特瓦精选》（*Muntakhab al-Fatwá fī al-Ansāb*）。

（四）参考文献

哈吉·哈里发：《书艺题名释疑》第 2 卷，第 412 页；第 3 卷，13、394~395 页。齐黎克里：《名人》第 2 卷，第 61 页。阿卜杜拉·哈巴什：《也门伊斯兰思想文献》，第 485 页。沙奇尔·穆斯塔法：《阿拉伯历史与史家》第 2 卷，第 351 页；第 4 卷，第 267 页。伯克尔·艾布·栽德：《族谱学家层级传》，第 140~141 页。阿卜杜·拉札戈·康木纳：《愿者希冀：族谱学家层级传》，第 365 页。穆罕默德·拉施德：《族谱学家辞典：自伊历一世纪至当代》，第 105 页。

艾布·阿卜杜拉·朱栽依

（Abū 'Abd Allāh Juzayy，1321~1356）

（一）名号谱系

艾布·阿卜杜拉·穆罕默德·本·穆罕默德·本·艾哈迈德·本·穆罕默德·本·阿卜杜拉·本·叶哈雅·本·阿卜杜·拉哈曼·本·优素福·本·朱栽依·本·萨义德·本·朱栽依·凯勒比·安达卢斯·加尔纳蒂，以“伊本·朱栽依”（Ibn Juzayy）著称于世。

（二）生平概述

生于西班牙格拉纳达，是下文族谱学家艾布·伯克尔·朱栽依（1315~

1383）的弟弟。因得罪格拉纳达权贵而被毒打，之后移民摩洛哥非斯，得到马林王朝素丹艾布·易南（1348~1358 年在位）的赏识。是世界名著《伊本·白图泰游记》的笔录者。卒于非斯。

（三）族谱著作

《光明：先知家谱》（*Al-Anwār fī Nasab Āl al-Nabī al-Mukhtār*），赛义德·马赫迪·拉贾伊校勘，库姆：大阿亚图拉麦尔阿什·纳杰斐书店，2010。

这本小册子主要按照地域分布和辈分先后顺序记载先知穆罕默德家族主要成员的谱系，其主要内容包括：① 自人类始祖阿丹（即亚当）至塞特的谱系；② 诺亚族谱；③ 伊卜拉欣族谱；④ 阿德南族谱；⑤ 分为三个部分的阿拉伯人；⑥ 马阿德·本·阿德南后裔；⑦ 卡尔卜·本·卢埃依后裔；⑧ 阿卜杜·马纳夫·本·古绥依后裔；⑨ 哈希姆·本·阿卜杜·马纳夫后裔；⑩ 使者生平传略；⑪ 艾布·塔里卜后裔；⑫ 信士长官阿里·本·艾比·塔里卜子嗣；⑬ 伊玛目哈桑·穆吉塔巴后裔；⑭ 栽德·本·哈桑·穆吉塔巴后裔；⑮ 穆罕默德·白特哈尼·本·伽斯姆后裔；⑯ 阿卜杜·拉哈曼·沙杰利·本·伽斯姆后裔；⑰伊卜拉欣·本·哈桑埃米尔后裔；⑱阿里·本·哈桑埃米尔后裔；⑲栽德·本·哈桑埃米尔后裔；⑳阿卜杜拉·本·哈桑埃米尔后裔；㉑伊斯哈格·考卡比·本·哈桑埃米尔后裔；㉒伊斯玛仪·哈里卜·希贾拉·本·哈桑埃米尔后裔；㉓ 哈桑·穆尚纳子嗣；㉔ 哈桑·穆塞拉思·本·哈桑·穆尚纳后裔；㉕ 达乌德·本·哈桑·穆尚纳后裔；㉖ 贾法尔·赫蒂卜·本·哈桑·穆尚纳后裔；㉗ 贾法尔·穆尚纳·本·哈桑·本·贾法尔·赫蒂卜后裔；㉘ 穆罕默德·嵇拉特·本·贾法尔后裔；㉙ 库法埃米尔欧贝杜拉后裔；㉚ 伊卜拉欣·加慕尔·本·哈桑·穆尚纳后裔；㉛ 伊卜拉欣·托拔托拔·本·伊斯玛仪·迪拔吉·本·伊卜拉欣·加慕尔后裔；㉜ 哈桑·塔吉·本·伊斯玛仪·迪拔吉；㉝ 伽斯姆·拉斯·本·伊卜拉欣·托拔托拔后裔；㉞ 赛义德·阿卜杜拉·卡米勒·麦哈得子嗣；㉟ 穆罕默德·纳弗斯·扎其耶后裔；㊱ 阿卜杜拉·艾施塔尔·本·穆罕默德·纳弗斯·扎其耶后裔；㊲ 伊卜拉欣·拔赫默拉·本·阿卜杜拉·麦哈得后裔；㊳ 叶哈雅·本·阿卜杜拉·麦哈得后裔；㊴ 穆萨·焦恩·本·阿卜杜拉·麦哈得后裔；㊵ 阿卜杜拉·礼萨·本·穆萨·焦恩后裔；㊶ 穆萨·穆尚纳·本·阿卜杜拉·礼萨后裔；㊷ 艾哈迈德·艾哈迈迪·本·阿卜杜拉·礼萨后裔；㊸ 叶哈雅·萨维基·本·阿卜杜拉·礼萨后裔；㊹ 赛义德·阿卜杜·伽迪尔·奇腊尼族谱；㊺ 伊卜拉欣·本·穆萨·焦恩后裔；㊻ 苏莱曼·本·阿卜杜拉·麦哈得后裔；㊼ 伊德里斯·本·阿卜杜拉·麦哈得后裔；㊽ 伊德里斯·塔吉·本·伊德里斯·本·阿卜杜拉·麦哈得后裔；㊾ 伊德里斯·塔吉之子阿卜杜拉、伽斯姆与尔撒后裔；㊿ 欧麦尔·本·伊德里斯·塔吉后裔；51 穆罕默德·本·伊德里斯·塔吉后裔；52 阿腊米贵族；53 易姆拉尼贵族；54 朱蒂贵族；55 伊玛目侯赛因·本·阿里·本·艾比·塔里卜子嗣；56 伊玛目穆罕默德·拔基尔后裔；57 伊玛目贾法尔·索迪戈后裔；58 伊玛目穆萨·卡资姆后裔；59 伊玛目阿里·礼萨后裔；60 伊玛目穆罕默德·杰沃德后裔；61 伊玛目阿里·哈迪后裔；62 伊玛目贾法尔·扎其后裔；63 栽德·本·穆萨·卡资姆后裔；64 哈伦·本·穆萨·卡资姆后裔；65 贾法尔·本·穆萨·卡资姆后裔；66 侯赛因·本·穆萨·卡资姆后裔；67 哈桑·本·穆萨·卡资姆后裔；68 栽德·本·穆萨·卡资姆后裔；69 哈姆扎·本·穆萨·卡资姆后裔；70 阿拔斯·本·穆萨·卡资姆后裔；71 阿卜杜拉·本·穆萨·卡资姆后裔；72 穆罕默德·阿比德·本·穆萨·卡资姆后裔；73 欧贝杜拉·本·穆萨·卡资姆后裔；74 伊斯玛仪·本·穆萨·卡资姆后裔；75 伊斯哈格·本·穆萨·卡资姆后裔；76 伊卜拉欣·本·穆萨·卡资姆后裔；77 伊斯哈格·穆阿塔曼·本·贾法尔·索迪戈后裔；78 伊斯玛仪·艾俄拉吉·本·贾法尔·索迪戈后裔；79 穆罕默德·迪拔吉·本·贾法尔·索迪戈后裔；80 阿里·阿利荻·本·贾法尔·索迪戈后裔；81 欧麦尔·艾什拉夫·本·栽努·阿比丁后裔；82 阿卜杜拉·拔熙尔·本·栽努·阿比丁后裔；83 阿里·艾斯加尔·本·栽努·阿比丁后裔；84 栽德·沙希德·本·栽努·阿比丁后裔；85 侯赛因·左勒达姆阿·本·栽德·沙希德后裔；86 穆罕默德·本·栽德·沙希德后裔；87 尔撒·穆赫塔斐·本·栽德·沙希德后裔；88 侯赛因·艾斯加尔·本·栽努·阿比丁后裔；89 欧贝杜拉·艾俄拉吉·本·侯赛因·艾斯加尔后裔；90 贾法尔·胡杰·本·欧贝杜拉·艾俄拉吉后裔；91 阿里·本·欧贝杜拉·艾俄拉吉后裔；92 哈姆扎·本·欧贝杜拉·艾俄拉吉后裔；93 阿卜杜拉·阿基基·本·侯赛因·艾斯加尔后裔；94 阿里·本·侯赛因·艾斯加尔后裔；95 哈桑·本·侯赛因·艾斯加尔后裔；96 苏莱曼·本·侯赛因·艾斯加尔后裔。

（四）参考文献

伊本·哈杰尔：《隐珠：八世纪精英》第 4 卷，第 165~166 页。齐黎克里：《名人》第 7 卷，第 37 页。欧麦尔·礼萨：《著述家辞典》第 3 卷，第 625 页。穆罕默德·拉施德：《族谱学家辞典：自伊历一世纪至当代》，第 517 页。阿里·祖贝利：《伊本·朱栽依及其经注方法》（'Alī al-Zubayrī, *Ibn Juzayy wa-Manhajuhu fī al-Tafsīr*）第 1 卷，大马士革：格拉姆出版社，1987，第 160~165 页。

穆加勒拓依

（Mughaltāy，1290~1361）

（一）名号谱系

阿拉丁·艾布·阿卜杜拉·穆加勒拓依·本·葛立吉·本·阿卜杜拉·伯克杰利·希克利·土尔奇·米斯利·哈乃斐。

（二）生平概述

生卒于埃及开罗。阿拉伯化的突厥人的后裔。少小好学，曾前往沙姆地区。一生撰写图书和文章 100 多部（篇），涉及圣训学、教法学、语言学、传记学、史学和族谱学等领域。

（三）族谱著作

1.《〈人名大全修正〉补全》（*Ikmāl Tahdhīb al-Kamāl fī Asmā' al-Rijāl*）第 1~12 卷，艾布·阿卜杜·拉哈曼·阿迪勒·本·穆罕默德、艾布·穆罕默德·伍撒玛·本·伊卜拉欣校勘，开罗：现代法鲁阁出版社，2001。

该书开始编纂于 1343 年，是对米齐（al-Mizzī，1256~1341）《〈人名大全〉修正》（*Tahdhīb al-Kamāl fī Asmā' al-Rijāl*）的精简、修正和补充。严格来说，它不是一部族谱学专著，但作者在给每个人物立传时，特别重视考究其名号谱系。因而，有些族谱学研究者把它视为族谱学著作。

该校勘本正文收录的第一个人物是艾布·阿里·艾哈迈德·本·伊卜

拉欣·本·哈里德·摩苏里，第 5228 个人物是艾布·扎卡利雅·叶哈雅·本·叶曼·易吉里·库斐。

2.《多样族谱串联》（*Al-Ittisāl fī Mukhtalif al-Nisbah*）。

（四）参考文献

伊本·哈杰尔：《隐珠：八世纪精英》第 4 卷，第 352~354 页。哈吉·哈里发：《书艺题名释疑》第 3 卷，第 221 页。齐黎克里：《名人》第 7 卷，第 275 页。沙奇尔·穆斯塔法：《阿拉伯历史与史家》第 3 卷，第 218~219 页。欧麦尔·礼萨：《著述家辞典》第 3 卷，第 903 页。利玛·杜尔内格：《阿拉伯与穆斯林著名史学家》，第 477~478 页。伯克尔·艾布·栽德：《族谱学家层级传》，第 141 页。穆罕默德·拉施德：《族谱学家辞典：自伊历一世纪至当代》，第 556~557 页。

阿依莎·泰芭莉娅（女）

（'Ā'ishah al-Tabarīyah，？ ~1363）

（一）名号谱系

乌姆·胡达·阿依莎·宾特·阿卜杜拉·本·艾哈迈德·本·阿卜杜拉·本·穆罕默德·本·艾比·伯克尔·泰伯里·麦奇·沙斐仪。

（二）生平概述

生卒于麦加。出身于著名的史学世家泰伯里家族。女圣训学家。

（三）族谱著作

《泰伯里家族史》（*Tārīkh Banī al-Tabarī*）。

（四）参考文献

萨哈维：《为史正名》，第 203 页。伊本·哈杰尔：《隐珠：八世纪精英》第 2 卷，第 236 页。纳吉姆丁·法赫德：《万物珍品：乌姆古拉纪事》第 3 卷，第 300 页。欧麦尔·礼萨：《阿拉伯伊斯兰世界的女英杰》第 3 卷，第 155 页。穆罕默德·希拉：《麦加历史与史家》，第 66 页。

伊本·哈姆扎·侯赛尼

（Ibn Hamzah al-Husaynī，1315～1364）

（一）名号谱系

沙姆苏丁·艾布·麦哈幸·穆罕默德·本·阿里·本·哈桑·本·哈姆扎·本·穆罕默德·本·拿斯尔·本·阿里·本·阿里·本·侯赛因·本·伊斯玛仪·本·侯赛因·本·艾哈迈德·本·伊斯玛仪·本·侯赛因·本·艾哈迈德·本·伊斯玛仪·本·穆罕默德·本·伊斯玛仪·本·贾法尔·本·穆罕默德·本·阿里·本·侯赛因·本·阿里·本·艾比·塔里卜·迪马什基·沙斐仪。

（二）生平概述

祖籍伊拉克瓦西特。生卒于叙利亚大马士革。自幼深受浓厚的学术氛围熏陶，非常崇拜伊斯兰史学大师、著名族谱学家扎哈比，最后如愿拜到其门下，曾游历巴勒斯坦和埃及。圣训背诵家和史学家。

（三）族谱著作

《芳香：扎其族谱》（*Al-'Arf al-Dhakī fī al-Nasab al-Zakī*）。

（四）参考文献

伊本·哈杰尔：《隐珠：八世纪精英》第 4 卷，第 61～62 页。伊本·卡西尔：《始末录》第 18 卷，第 689 页。哈吉·哈里发：《书艺题名释疑》第 2 卷，第 396 页。伊斯玛仪·帕夏·巴格达迪：《知者惠赠：作者名讳与著者述作》第 2 卷，第 163 页。齐黎克里：《名人》第 6 卷，第 286 页。沙奇尔·穆斯塔法：《阿拉伯历史与史家》第 4 卷，第 80～81 页。萨拉丁·穆纳吉德：《大马士革史学家及其手稿与出版物辞典》，第 193～194 页。什贺布丁·麦尔阿什：《释疑：谱系、别号与后裔精粹人物志》，第 81～83 页。伯克尔·艾布·栽德：《族谱学家层级传》，第 141 页。阿卜杜·拉札戈·康木纳：《愿者希冀：族谱学家层级传》，第 387 页。穆罕默德·拉施德：《族谱学家辞典：自伊历一世纪至当代》，第 493 页。

穆罕默德·缶维

(Muhammad al-Fawwī，？～1364)

（一）名号谱系

杰玛路丁·艾布·阿卜杜拉·穆罕默德·本·阿卜杜·哈迪·缶维·沙斐仪。

（二）生平概述

生卒地点有待考究。族谱学家。

（三）族谱著作

《先知谱树》（*Al-Shajarah al-Nabawīyah fī Nasab Khayr al-Barrīyah*）。

作者在书中追溯先知穆罕默德的家谱到阿德南为止，记述先知所属大家族的诸多子嗣及与他关系密切的非直系血缘人物（比如释奴和书吏），还记载了截至欧麦尔二世（717～720 年在位）的历任哈里发。

（四）参考文献

伊本·哈杰尔：《隐珠：八世纪精英》第 4 卷，第 34 页。埃及图书馆编：《馆藏阿拉伯图书目录》第 5 卷，第 228 页。齐黎克里：《名人》第 6 卷，第 253 页。穆罕默德·拉施德：《族谱学家辞典：自伊历一世纪至当代》，第 488 页。

伊本·祖赫拉

(Ibn Zuhrah，？～1365)

（一）名号谱系

沙姆苏丁·哈桑·本·穆罕默德·本·哈桑·本·穆罕默德·本·阿

里·本·哈桑·本·哈姆扎·本·阿里·本·祖赫拉·本·阿里·本·穆罕默德·本·穆罕默德·本·艾哈迈德·本·穆罕默德·本·侯赛因·本·伊斯哈格·本·贾法尔·本·穆罕默德·本·阿里·本·侯赛因·本·阿里·本·艾比·塔里卜·侯赛尼·哈拉比。

（二）生平概述

生卒于叙利亚阿勒颇。该城的圣裔领导人之一。学者、史学家和族谱学家。

（三）族谱著作

《珍贵珠玉：先知穆罕默德美德》（*Nafā'is al-Durar fī Faḍā'il Khayr al-Bashar*）。

这部先知传和圣裔家族史包含了丰富的族谱知识。作者因而被一些族谱研究者视为族谱学家。

（四）参考文献

伊本·哈杰尔：《隐珠：八世纪精英》第 2 卷，第 35 页。穆罕默德·泰拔格：《阿勒颇史上群英诸贤》第 5 卷，第 46～47 页。哈吉·哈里发：《书艺题名释疑》第 3 卷，第 491 页。索伊卜·阿卜杜·哈密德：《什叶派史学家辞典》第 1 卷，第 266 页。阿卜杜·拉札戈·康木纳：《愿者希冀：族谱学家层级传》，第 370 页。

伊本·托利夫

（Ibn Tarīf，？～1367）

（一）名号谱系

艾布·蒙兹尔·阿里·本·侯赛因·本·托利夫·白杰里·赫札兹·库斐。

（二）生平概述

生卒地点有待考究。族谱学家。

（三）族谱著作

《阿拔斯子嗣谱系树形图》（*Mushajjarat Walad al-'Abbās*）。

该书又名《阿拔斯家族树》（*Shajarat Āl al-'Abbās*）。城市史编纂家伊本·阿迪姆曾读过著名族谱学家伊本·苏菲手抄的这部著作。

（四）参考文献

伊本·苏菲：《麦吉迪：塔里比人谱系》，第 210 页。伊本·阿迪姆：《诉求目标：阿勒颇史》第 3 卷，第 1468 页。伊本·易纳巴：《艾布·塔里卜家族谱系基本要义》，第 76、83、227 页。哈吉·哈里发：《书艺题名释疑》第 2 卷，第 311 页。伯克尔·艾布·栽德：《族谱学家层级传》，第 142 页。阿卜杜·拉札戈·康木纳：《愿者希冀：族谱学家层级传》，第 253～254 页。穆罕默德·拉施德：《族谱学家辞典：自伊历一世纪至当代》，第 348 页。

伊本·拉菲俄

（Ibn Rāfi'，1305～1372）

（一）名号谱系

塔基丁·艾布·麦阿里·穆罕默德·本·拉菲俄·本·哈吉拉斯·本·穆罕默德·本·沙菲俄·本·穆罕默德·本·尼尔玛·本·菲特彦·本·穆尼尔·本·卡尔卜·萨腊米·穌梅迪·豪拉尼·米斯利。

（二）生平概述

生于埃及开罗。1314 年，随父游历叙利亚大马士革和阿勒颇，回到开罗不久后前往伊拉克巴格达。从 1339 年开始定居大马士革，直至去世。史学家、教法学家和圣训学家。

（三）族谱著作

《扎哈比〈族谱混淆〉增补》（*Dhayl Mushtabih al-Nisbah lil-Dhahabī*），

萨拉丁·穆纳吉德校勘，贝鲁特：新书出版社，1976。

这本小册子是著名族谱学家扎哈比《人物名字及其谱系混淆》的增补。其中，第一组人名是伍巴芝（即艾布·哈桑·阿里·本·穆罕默德·本·穆罕默德·本·阿卜杜·拉哈曼·呼沙尼·伍巴芝）和温迪（即优素福·本·阿里·本·穆罕默德·本·阿里·本·阿卜杜拉·本·阿里·本·穆罕默德·本·阿卜杜·拉哈曼·古铎仪·温迪）。最后一组是叶达斯（即扎其丁·艾布·阿卜杜拉·穆罕默德·本·优素福·本·穆罕默德·本·艾比·叶达斯·白尔札里·伊施比里）和埃达施（即苏莱曼·本·埃达施·本·阿卜杜·杰拔尔·阿斯卡利）。

（四）参考文献

伊本·哈杰尔：《隐珠：八世纪精英》第3卷，第439~440年。齐黎克里：《名人》第6卷，第124页。欧麦尔·礼萨：《著述家辞典》第3卷，第291页。阿拔斯·阿札维：《蒙古与土库曼时期的史学家介绍》，第200~201页。沙奇尔·穆斯塔法：《阿拉伯历史与史家》第4卷，第86~89页。萨拉丁·穆纳吉德：《大马士革史学家及其手稿与出版物辞典》，第208~209页。伯克尔·艾布·栽德：《族谱学家层级传》，第142页。穆罕默德·拉施德：《族谱学家辞典：自伊历一世纪至当代》，第449~450页。

伊本·卡西尔

（Ibn Kathīr，1302~1373）

（一）名号谱系

易玛杜丁·艾布·菲达·伊斯玛仪·本·欧麦尔·本·卡西尔·本·窦阿·本·卡西尔·本·窦阿·盖斯·古拉什·布斯拉维·迪马什基·沙斐仪。

（二）生平概述

生于叙利亚布斯拉附近的马吉达勒（Majdal）村。3岁丧父，4年后，随兄迁居叙利亚大马士革。博闻强识，在经注学、教法学、圣训学、人物志和史学等方面造诣颇深。卒于大马士革。

（三）族谱著作

《谱系导论》（*Muqaddimat fī al-Ansāb*）。

（四）参考文献

齐黎克里：《名人》第 1 卷，第 320 页。欧麦尔·礼萨：《著述家辞典》第 1 卷，第 373 页。阿拔斯·阿札维：《蒙古与土库曼时期的史学家介绍》，第 196~200 页。沙奇尔·穆斯塔法：《阿拉伯历史与史家》第 4 卷，第 83~85 页。穆罕默德·拉施德：《族谱学家辞典：自伊历一世纪至当代》，第 96 页。穆罕默德·祖海里：《伊本·卡西尔·迪马什基：背诵家、经注学家、史学家、教法学家》（Muhammad al-Zuhaylī, *Ibn Kathīr al-Dimashqī: al-Hāfiz, al-Mufassir, al-Mu'arrikh, al-Faqīh*），大马士革：格拉姆出版社，1995。

伊本·穆爱耶·迪拔冀

（Ibn Mu'ayyah al-Dībājī, ? ~1374）

（一）名号谱系

塔朱丁·艾布·阿卜杜拉·穆罕默德·本·伽斯姆·本·侯赛因·本·伽斯姆·本·哈桑·本·穆罕默德·本·哈桑·本·穆哈幸·本·侯赛因·本·穆罕默德·本·侯赛因·本·阿里·本·哈桑·本·侯赛因·本·伊斯玛仪·本·伊卜拉欣·本·哈桑·本·哈桑·本·阿里·本·艾比·塔里卜·哈萨尼·希里·迪拔冀。

（二）生平概述

生卒于伊拉克希拉。教法学家、会计、文学家、诗人和族谱学家。

（三）族谱著作

1. 12 卷本《艾布·塔里卜家族谱系探止》（*Kitāb Nihāyat al-Tālib fī*

Nasab Āl Abī Tālib）。

2.《黄金铸锭：族谱网络》（*Kitāb Sabk al-Dhahab fī Shabak al-Nasab*）。

3.《阿拔斯家谱揭晓》（*Kitāb Kashf al-Iltibās fī Nasab Banī al-‘Abbās*）。

4. 4 卷本《外表果实：圣洁谱树》（*Kitāb al-Thamarah al-Zāhirah min al-Shajarah al-Tāhirah*）。

5.《后裔增补》（*Kitāb Tadhyīl al-A‘qāb*）。

6.《满载舟穹：部落氏族谱系》（*Kitāb al-Fulk al-Mashhūn fī Ansāb al-Qabā’il wa-al-Butūn*）。

7.《民族纪事》（*Kitāb Akhbār al-Umam*）。

作者计划写 100 卷，每卷 800 页，但只完成了 21 卷。

8.《宰娜比家族根源》（*Kitāb al-Jadhwah al-Zaynabīyah*）。

（四）参考文献

伊本·易纳巴：《艾布·塔里卜家族谱系基本要义》，第 21、34、39、48、57、169～170 页。齐黎克里：《名人》第 7 卷，第 5 页。欧麦尔·礼萨：《著述家辞典》第 3 卷，第 594 页。卡米勒·朱布利：《文豪辞典》第 6 卷，第 65 页。沙奇尔·穆斯塔法：《阿拉伯历史与史家》第 4 卷，第 337～338 页。索伊卜·阿卜杜·哈密德：《什叶派史学家辞典》第 2 卷，第 303～304 页。什贺布丁·麦尔阿什：《释疑：谱系、别号与后裔精粹人物志》，第 74～77 页。伯克尔·艾布·栽德：《族谱学家层级传》，第 142 页。阿卜杜·拉札戈·康木纳：《愿者希冀：族谱学家层级传》，第 390～394 页。穆罕默德·拉施德：《族谱学家辞典：自伊历一世纪至当代》，第 509～510 页。

艾弗多勒国王

（al-Malik al-Afdal，？～1377）

（一）名号谱系

狄尔迦姆丁·艾弗多勒·阿拔斯·本·阿里·本·达乌德·本·优素福·本·欧麦尔·本·阿里·本·拉苏勒·本·哈伦·本·努希·本·艾比·法特哈·本·努希·本·杰巴拉·本·哈黎思·本·杰巴拉·本·埃

哈姆·本·杰巴拉·本·哈黎思·本·艾比·杰巴拉·本·哈黎思·本·塞尔拉巴·本·阿慕尔·本·杰弗纳·本·阿慕尔·本·阿米尔·本·哈黎塞·本·纪特利夫·本·伊姆鲁·盖斯·本·塞尔拉巴·本·白特利戈·本·玛津·本·艾兹德·本·郜思·本·纳波特·本·马立克·本·栽德·本·卡赫岚·本·赛伯邑·本·叶什朱卜·本·叶尔鲁卜·本·葛哈塘·拉苏里·加萨尼·杰弗尼·也默尼。

（二）生平概述

生于也门塔伊兹。也门拉苏勒王朝的第 6 任国王（1363～1377 年在位）。酷爱文学和历史，是中古时期也门大史学家之一。病逝于也门扎比德。

（三）族谱著作

1.《热情盼望：阿拉伯人与异族人谱系知识》（*Bughyat dhawī al-Himam fī Ma'rifat Ansāb al-'Arab wa-al-'Ajam*）。

2. 文章《谱系》（*Risālat fī al-Ansāb*）。

3.《亲眼目游：数世纪各派史》（*Nuzhat al-'Uyūn fī Tārīkh Tawā'if al-Qurūn*）。

该书按照阿拉伯字母顺序编录人物传记，末章专门记述人物谱系。

（四）参考文献

伊本·易玛德：《金砂：往逝纪事》第 8 卷，第 443 页。哈吉·哈里发：《书艺题名释疑》第 1 卷，第 305 页。齐黎克里：《名人》第 3 卷，第 262～263 页。欧麦尔·礼萨：《著述家辞典》第 2 卷，第 32 页。沙奇尔·穆斯塔法：《阿拉伯历史与史家》第 4 卷，第 245～246 页。什贺布丁·麦尔阿什：《释疑：谱系、别号与后裔精粹人物志》，第 85～86 页。伯克尔·艾布·栽德：《族谱学家层级传》，第 142～143 页。阿卜杜·拉札戈·康木纳：《愿者希冀：族谱学家层级传》，第 371～372 页。穆罕默德·拉施德：《族谱学家辞典：自伊历一世纪至当代》，第 234 页。

艾布·伯克尔·朱栽依

（Abū Bakr Juzayy，1315~1383）

（一）名号谱系

艾布·伯克尔·艾哈迈德·本·穆罕默德·本·艾哈迈德·本·穆罕默德·本·阿卜杜拉·本·叶哈雅·本·阿卜杜·拉哈曼·本·优素福·本·朱栽依·本·萨义德·本·朱栽依·凯勒比·安达卢斯·加尔纳蒂。

（二）生平概述

生卒于西班牙格拉纳达，是上文族谱学家艾布·阿卜杜拉·朱栽依的哥哥。精通教法学、阿拉伯语语言学、文学、圣训学、诗歌和族谱学。曾任西班牙贝尔哈（Berja）、安达拉克斯河畔劳哈尔（Laujar de Andarax）、瓜迪斯以及格拉纳达等市镇的法官。

（三）族谱著作

《阿德南族谱释略》（*Mukhtasar al-Bayān fī Nasab Āl ʻAdnān*）。

需要特别说明的是，摩洛哥哈萨尼耶宝库所藏手抄本的作者是艾布·阿拔斯·艾哈迈德·本·阿卜杜拉·本·朱栽依·凯勒比·突尼斯。但笔者收藏的手抄本（共 209 张高清图片）的作者是艾布·阿卜杜拉·穆罕默德·本·艾哈迈德·本·穆罕默德·本·阿卜杜拉·本·朱栽依·凯勒比。

（四）参考文献

伊斯玛仪·帕夏·巴格达迪：《知者惠赠：作者名讳与著者述作》第 1 卷，第 115 页。穆罕默德·易南等编：《哈萨尼耶宝库目录》第 1 卷，第 914~915 页。欧麦尔·礼萨：《著述家辞典》第 1 卷，第 245 页。伯克尔·艾布·栽德：《族谱学家层级传》，第 143 页。穆罕默德·拉施德：《族谱学家辞典：自伊历一世纪至当代》，第 53 页。阿里·祖贝利：《伊本·朱栽依及其经注方法》（ʻAlī al-Zubayrī，*Ibn Juzayy wa-Manhajuhu fī al-Tafsīr*）第 1 卷，大马士革：格拉姆出版社，1987，第 158~160 页。

欧贝杜拉·瓦西蒂

('Ubayd Allāh al-Wāsitī，? ~1385)

（一）名号谱系

穆埃耶杜丁·艾布·尼佐姆·欧贝杜拉·本·欧麦尔·本·穆罕默德·本·欧贝杜拉·本·欧麦尔·本·撒里姆·本·穆罕默德·本·穆罕默德·本·阿卜杜拉·本·穆罕默德·本·穆罕默德·本·欧贝杜拉·本·阿里·本·欧贝杜拉·本·阿里·本·欧贝杜拉·本·侯赛因·本·阿里·本·侯赛因·本·阿里·本·艾比·塔里卜·侯赛尼·瓦西蒂。

（二）生平概述

生卒于伊拉克瓦西特。族谱学家葛沃姆丁·瓦西蒂（14 世纪）的孙子。

（三）族谱著作

《存储索引：阿德南子嗣世系纪录》（*Al-Thabat al-Musān al-Musharraf bi-Dhikr Sulālat Sayyid Wild 'Adnān*），赛义德·马赫迪·拉贾伊校勘，库姆：大阿亚图拉麦尔阿什·纳杰斐书店，2016。

该书的主要内容包括：① 先知穆罕默德生平；② 信士长官传；③ 伊玛目侯赛因纪事；④ 伊玛目栽努·阿比丁·阿里·本·侯赛因；⑤ 伊玛目穆罕默德·拔基尔后裔；⑥ 伊玛目贾法尔·索迪戈后裔；⑦ 伊玛目穆萨·卡资姆后裔；⑧ 哈桑·本·穆萨·卡资姆后裔；⑨ 侯赛因·本·穆萨·卡资姆后裔；⑩ 伊玛目阿里·礼萨后裔；⑪ 伊玛目穆罕默德·杰沃德后裔；⑫ 伊玛目阿里·哈迪与伊玛目哈桑·阿斯卡利后裔；⑬ 贾法尔·扎其后裔；⑭ 伊卜拉欣·本·穆萨·卡资姆后裔；⑮ 栽德·本·穆萨·卡资姆后裔；⑯ 穆罕默德·阿比德·本·穆萨·卡资姆后裔；⑰ 贾法尔·本·穆萨·卡资姆后裔；⑱ 阿卜杜拉·本·穆萨·卡资姆后裔；⑲ 欧贝杜拉·本·穆萨·卡资姆后裔；⑳ 哈姆扎·本·穆萨·卡资姆后裔；㉑ 穆萨·卡资姆之子阿拔斯与哈伦后裔；㉒ 伊斯玛仪·本·穆萨·卡资姆后裔；㉓ 伊斯哈格·本·穆萨·卡资姆后裔；㉔ 伊斯玛仪·本·贾法尔·索迪戈后裔；

㉕阿里·阿利获后裔；㉖穆罕默德·麦蒙·本·贾法尔·索迪戈后裔；㉗伊斯哈格·本·贾法尔·索迪戈后裔；㉘阿卜杜拉·拔熙尔·本·栽努·阿比丁后裔；㉙栽德·沙希德·本·栽努·阿比丁后裔；㉚侯赛因·左勒达姆阿·本·栽德·沙希德后裔；㉛尔撒·穆阿塔姆·艾施拔勒后裔；㉜穆罕默德·本·栽德·沙希德后裔；㉝欧麦尔·艾什拉夫后裔；㉞侯赛因·艾斯加尔后裔；㉟欧贝杜拉·艾俄拉吉后裔；㊱贾法尔·胡杰·本·欧贝杜拉·艾俄拉吉后裔；㊲阿里·艾斯加尔·本·阿里·栽努·阿比丁后裔；㊳伊玛目哈桑·西波特后裔；㊴阿卜杜拉·麦哈得后裔；㊵穆罕默德·纳弗斯·扎其耶后裔；㊶伊卜拉欣·葛提勒·拔赫默拉后裔；㊷穆萨·焦恩后裔；㊸伊卜拉欣·本·穆萨·焦恩后裔；㊹阿卜杜拉·谢赫·索里哈·本·穆萨·焦恩后裔；㊺艾哈迈德·穆绍瓦尔后裔；㊻苏莱曼·本·阿卜杜拉·本·穆萨·焦恩后裔；㊼穆萨·穆尚纳后裔；㊽叶哈雅·索希卜·代拉姆后裔；㊾苏莱曼·本·阿卜杜拉·麦哈得后裔；㊿伊德里斯·本·阿卜杜拉·麦哈得后裔；51伊卜拉欣·加慕尔·本·哈桑·穆尚纳后裔；52伊卜拉欣·托拔托拔后裔；53哈桑·穆塞拉思·本·哈桑·穆尚纳后裔；54达乌德·本·哈桑·穆尚纳后裔；55贾法尔·本·哈桑·穆尚纳后裔；56栽德·本·哈桑·西波特后裔；57哈桑埃米尔后裔；58伊卜拉欣·本·哈桑埃米尔后裔；59阿卜杜拉·本·哈桑埃米尔后裔；60栽德·本·哈桑埃米尔后裔；61伊斯哈格·本·哈桑埃米尔后裔；62伊斯玛仪·本·哈桑埃米尔后裔；63阿里·本·哈桑埃米尔后裔；64伽斯姆·本·哈桑埃米尔后裔；65穆罕默德·白特哈尼后裔；66阿卜杜·拉哈曼·沙杰利后裔；67穆罕默德·伊本·哈乃斐耶后裔；68阿拔斯·本·阿里·本·艾比·塔里卜后裔；69欧麦尔·艾特拉夫后裔；70贾法尔·本·艾比·塔里卜后裔；71阿基勒·本·艾比·塔里卜后裔；72法蒂玛家族名人；73伊玛目马赫迪传；74伊玛目马赫迪如何降世；75伊玛目马赫迪福音。

（四）参考文献

伊斯玛仪·帕夏·巴格达迪：《知者惠赠：作者名讳与著者述作》第1卷，第650页。欧麦尔·礼萨：《著述家辞典》第2卷，第352页。阿迦·布祖尔克：《什叶派著述门径》第5卷，第6页。伯克尔·艾布·栽德：

《族谱学家层级传》，第 143 页。阿卜杜·拉札戈·康木纳：《愿者希冀：族谱学家层级传》，第 375~376 页。穆罕默德·拉施德：《族谱学家辞典：自伊历一世纪至当代》，第 325~326 页。

伊本·欧捷勒

（Ibn'Ujayl，？ ~1393）

（一）名号谱系

扎其丁·艾布·伯克尔·叶哈雅·本·艾比·伯克尔·本·艾哈迈德·本·穆萨·本·欧捷勒·也默尼。

（二）生平概述

出生地点有待考究。也门教法学家。卒于也门塔伊兹。

（三）族谱著作

《谱系释明》（*Al-Īdāh fī al-Nasab*）。

（四）参考文献

哈吉·哈里发：《书艺题名释疑》第 1 卷，第 275 页。沙奇尔·穆斯塔法：《阿拉伯历史与史家》第 4 卷，第 269 页。阿卜杜拉·哈巴什：《也门伊斯兰思想文献》，第 486~487 页。伯克尔·艾布·栽德：《族谱学家层级传》，第 221 页。阿卜杜·拉札戈·康木纳：《愿者希冀：族谱学家层级传》，第 30 页。穆罕默德·拉施德：《族谱学家辞典：自伊历一世纪至当代》，第 108 页。

比勒毕斯

（al-Bilbīsī，1328~1399）

（一）名号谱系

马吉德丁·艾布·菲达·伊斯玛仪·本·伊卜拉欣·本·穆罕默德·

本·阿里·本·穆萨·奇纳尼·比勒毕斯·土尔库玛尼·伽熙利·哈乃斐。

（二）生平概述

生于埃及古城比勒拜斯（Bilbeis）。晚年失明。涉猎教法学、文学、史学和族谱学等领域。可能卒于埃及开罗。

（三）族谱著作

1.《光明火炬》（*Qabas al-Anwār*）。

作者在摘录安达卢西族谱学家鲁沙蒂《火炬与花须：圣门谱系与遗训传述》的基础上，增添著名族谱学家伊本·艾西尔《谱系修正精粹》的精华部分。

土耳其伊斯坦布尔的书吏长图书馆收藏作者手稿3卷：第1卷，编号594，共334张纸，从开篇写到字母“吉姆”；第2卷，编号595，共340张纸，从字母“哈乌”写到字母“什努”；第3卷，编号596，共419张纸，从人名“什拉齐”写到结尾。

2.《史上阿拉伯部落》（*Qabā'il al-'Arab fī al-Tārīkh*）。

（四）参考文献

萨哈维：《闪光：九世纪人物》第2卷，第286~288页。哈吉·哈里发：《书艺题名释疑》第1卷，第203页；第2卷，第543页。阿里·礼萨、艾哈迈德·突兰：《世界各地图书馆藏伊斯兰遗产史辞典》第1卷，第644页。齐黎克里：《名人》第1卷，第307~308页。欧麦尔·礼萨：《著述家辞典》第1卷，第357页。沙奇尔·穆斯塔法：《阿拉伯历史与史家》第3卷，第232页。穆罕默德·拉施德：《族谱学家辞典：自伊历一世纪至当代》，第93页。利玛·杜尔内格：《阿拉伯与穆斯林著名史学家》，第96页。

艾布·左发尔·阿拉维

（Abū al-Zafar al-'Alawī，1278~14世纪）

（一）名号谱系

法赫鲁丁·艾布·左发尔·穆罕默德·本·阿里·本·穆罕默德·

本·贾法尔·本·希巴图拉·本·阿里·本·哈桑·本·艾比·伽斯姆·本·穆罕默德·本·阿里·本·托勒哈·本·穆罕默德·本·阿卜杜拉·本·哈桑·本·阿里·本·阿里·本·侯赛因·本·阿里·本·艾比·塔里卜·阿拉维·侯赛尼。

（二）生平概述

生于伊拉克巴格达。曾居住在伊朗大不里士。文学家、诗人和族谱学家。辞世地点有待考究。

（三）族谱著作

据著名族谱学家伊本·福瓦蒂的记载，他编修了族谱。

（四）参考文献

伊本·福瓦蒂：《别号辞典文集》第 3 卷，第 156~157 页。什贺布丁·麦尔阿什：《释疑：谱系、别号与后裔精粹人物志》，第 81 页。伯克尔·艾布·栽德：《族谱学家层级传》，第 145 页。阿卜杜·拉札戈·康木纳：《愿者希冀：族谱学家层级传》，第 384~385 页。穆罕默德·拉施德：《族谱学家辞典：自伊历一世纪至当代》，第 493 页。

葛沃姆丁·瓦西蒂

（Qawām al-Dīn al-Wāsitī，约 14 世纪）

（一）名号谱系

葛沃姆丁·艾布·尼佐姆·穆罕默德·本·欧贝杜拉·本·欧麦尔·本·撒里姆·本·穆罕默德·本·穆罕默德·本·阿卜杜拉·本·穆罕默德·本·穆罕默德·本·欧贝杜拉·本·阿里·本·欧贝杜拉·本·阿里·本·欧贝杜拉·本·侯赛因·本·阿里·本·侯赛因·本·阿里·本·艾比·塔里卜·侯赛尼·瓦西蒂。

（二）生平概述

生卒于伊拉克瓦西特。族谱学家欧贝杜拉·瓦西蒂的祖父。

（三）族谱著作

谱海《存储索引》（*Al-Thabat al-Musān*）

（四）参考文献

阿迦·布祖尔克：《什叶派著述门径》第5卷，第6页。阿卜杜·拉札戈·康木纳：《愿者希冀：族谱学家层级传》，第383~384页。

伊本·艾比·拓熙尔

（Ibn Abī Tāhir，约14世纪）

（一）名号谱系

法赫鲁丁·艾布·阿腊·叶哈雅·本·艾比·拓熙尔·希巴图拉·本·艾比·法得勒·阿拉维·侯赛尼。

（二）生平概述

生卒地点和生平事迹有待考究。

（三）族谱著作

著名族谱学家伊本·福瓦蒂曾见过他写的简谱，记载一些圣裔及其祖辈们。

（四）参考文献

伊本·福瓦蒂：《别号辞典文集》第3卷，第229页。伯克尔·艾布·栽德：《族谱学家层级传》，第222页。阿卜杜·拉札戈·康木纳：《愿者希冀：族谱学家层级传》，第359~360页。穆罕默德·拉施德：《族谱学家辞典：自伊历一世纪至当代》，第579页。

伊斯哈格·泰拔泰拔伊

（Ishāq al-Tabātabā'ī，14 世纪）

（一）名号谱系

易祖丁·伊斯哈格·本·伊卜拉欣·本·伊斯哈格·哈萨尼·胡赛尼·泰拔泰拔伊·什拉齐。

（二）生平概述

生卒地点和生平事迹有待考究。

（三）族谱著作

增补族谱学家伊本·穆汉纳的《圣洁谱系备忘》。

黎巴嫩史学家穆哈幸·艾敏（Muhsin al-Amīn，1865～1952）曾见到作者的六世孙阿卜杜·穆敏·本·侯赛因·本·穆罕默德·本·阿里·本·穆罕默德·本·伊卜拉欣·本·易祖丁·伊斯哈格在 1598 年 12 月 22 日完成的该书手抄本。

（四）参考文献

阿迦·布祖尔克：《什叶派著述门径》第 2 卷，第 383 页。穆哈幸·艾敏：《什叶派精英》第 3 卷，第 260 页。穆罕默德·拉施德：《族谱学家辞典：自伊历一世纪至当代》，第 92 页。

九　公元 15 世纪

伊本·穆拉勤

（Ibn al-Mulaqqin，1323～1401）

（一）名号谱系

西拉朱丁·艾布·哈弗斯·欧麦尔·本·阿里·本·艾哈迈德·本·穆罕默德·本·阿卜杜拉·安索利·安达卢斯·米斯利·沙斐仪。

（二）生平概述

生卒于埃及开罗。大学者，精通圣训学、教法学、语言学、语法学、人物志和史学。一生写下的著作约 300 册。

（三）族谱著作

《被混淆与读错之名字、谱系、单词、别名与别号知识理清》（*Īdāh al-Irtiyāb fī Ma'rifat mā yashtabihu wa-yatasahhifu min al-Asmā' wa-al-Ansāb wa-al-Alfāz wa-al-Kuná wa-al-Alqāb*）。笔者收藏的从麦地那伊斯兰大学图书馆复印的手抄本共 7 张纸（高清图片）。

（四）参考文献

萨哈维：《闪光：九世纪人物》第 6 卷，第 100～105 页。齐黎克里：《名人》第 5 卷，第 57 页。欧麦尔·礼萨：《著述家辞典》第 2 卷，第 566 页。沙奇尔·穆斯塔法：《阿拉伯历史与史家》第 3 卷，第 126～127 页。伯克尔·艾布·栽德：《族谱学家层级传》，第 149～150 页。穆罕默德·拉施德：《族谱学家辞典：自伊历一世纪至当代》，第 372 页。穆罕默德·卡玛路丁：《史学家伊本·穆拉勤》（Muhammad Kamāl al-Dīn, *Ibn al-Mulaqqin Mu'arrikhan*），贝鲁特：图书世界，1987。拿斯尔·萨腊玛：《杰出学者伊本·穆拉勤著述辞典：沙特阿拉伯王国图书馆藏手抄本》（Nāsir al-Salāmah, *Mu'jam Mu'allafāt al-'Allāmah Ibn al-Mulaqqin al-Makhtūtah bi-Maktabāt al-Mamlakah al-'Arabīyah al-Su'ūdīyah*），法尤姆：法拉哈出版社，2002。

伊本·艾哈默尔

（Ibn al-Ahmar，1325～1405）

（一）名号谱系

艾布·瓦立德·伊斯玛仪·本·优素福·本·穆罕默德·本·纳斯尔·赫兹拉冀·安索利·纳士利。

（二）生平概述

生于西班牙格拉纳达。定居摩洛哥非斯。精通历史和族谱。卒于非斯。

（三）族谱著作

《大非斯家族》（*Buyūtāt Fās al-Kubrá*），拉巴特：曼苏尔出版社，1972。

该书记载摩洛哥非斯城的 83 个知名家族概况。其中，第一个是法泽家族（Bayt Banī Fadhdhah）。最后一个是麦束尼家族（Bayt Banī al-Masūnīyīn）。

（四）参考文献

阿卜杜海·凯塔尼：《目录辞典》第 1 卷，第 144～145 页。齐黎克里：《名人》第 1 卷，第 329～330 页。穆罕默德·拉施德：《族谱学家辞典：自伊历一世纪至当代》，第 98 页。利玛·杜尔内格：《阿拉伯与穆斯林著名史学家》，第 102 页。

伊本·艾比·栽德

(Ibn Abī Zayd，1339~1405)

（一）名号谱系

艾布·阿卜杜拉·穆罕默德·本·阿卜杜·拉哈曼·马拉库什·古桑蒂尼·多利尔·马立其。

（二）生平概述

生于摩洛哥马拉喀什。定居阿尔及利亚君士坦丁。穆夫提、教法学家、圣训学家、语法学家和诗人。卒于阿尔及利亚邦纳（Bouna，今安纳巴）。

（三）族谱著作

《无声聆听：前母系贵族考证》（*Ismā‘ al-Summ fī Ithbāt al-Sharaf min qibal al-Umm*），马尔娅姆·拉哈璐研究与校勘，乌季达：东方印书馆，2006。

该书完稿于1399年，由绪论和6章内容构成。作者在书中对贵族权利的讨论颇具族谱学研究价值。

（四）参考文献

伊本·宫福孜：《辞世录》，第381~382页。萨哈维：《闪光：九世纪人物》第8卷，第48页。齐黎克里：《名人》第6卷，第193页。欧麦尔·礼萨：《著述家辞典》第3卷，第398、402页。利玛·杜尔内格：《阿拉伯与穆斯林著名史学家》，第395页。穆罕默德·拉施德：《族谱学家辞典：自伊历一世纪至当代》，第472页。

伊本·赫勒敦

(Ibn Khaldūn，1332~1406)

（一）名号谱系

瓦里丁·艾布·栽德·阿卜杜·拉哈曼·本·穆罕默德·本·穆罕默

德·本·穆罕默德·本·哈桑·本·穆罕默德·本·贾比尔·本·穆罕默德·本·伊卜拉欣·本·阿卜杜·拉哈曼·本·赫勒敦·本·奥斯曼·本·贺尼阿·本·赫拓卜·本·库雷卜·本·马阿迪卡黎卜·本·哈黎思·本·沃伊勒·本·胡吉尔·本·萨义德·本·马斯鲁戈·本·沃伊勒·本·努尔曼·本·拉比阿·本·哈黎思·本·敖弗·本·萨尔德·本·敖弗·本·阿迪·本·马立克·本·舒拉哈比勒·本·哈黎思·本·马立克·本·穆拉·本·希木叶利·本·栽德·本·哈德拉米·本·阿慕尔·本·阿卜杜拉·本·贺尼阿·本·敖弗·本·朱尔沙姆·本·阿卜杜·沙姆斯·本·栽德·本·卢埃·本·沙波特·本·古达玛·本·艾俄杰卜·本·马立克·本·卢埃·本·葛哈塘·本·阿比尔·本·沙拉·本·亚法撒·本·闪·本·努哈·本·拉麦·本·玛土撒拉·本·艾赫努赫·本·雅列·本·玛勒列·本·该南·本·以诺士·本·塞特·本·阿丹（亚当）·哈德拉米·伊施比里·马立其，以“伊本·赫勒敦”著称于世。

（二）生平概述

伊本·赫勒敦在《殷鉴集与始纪录：阿拉伯人、异族人、柏柏尔人及其同时代最有权势者史》（*Kitāb al-'Ibar wa-Dīwān al-Mubtada' wa-al-Khabar fī Ayyām al-'Arab wa-al-'Ajam wa-al-Barbar wa-man 'Āsarahum min dhawī al-Sultān al-Akbar*）的最后部分写了自传，即《伊本·赫勒敦介绍及其西东之旅》（*Al-Ta'rīf bi-Ibn Khaldūn wa-Rihlatuhu Gharban wa-Sharqan*）。他说，他的家族在13世纪中叶从塞维利亚迁居到突尼斯城。该家族源自也门哈德拉毛地区。他的祖先赫勒敦背井离乡，到安达卢西地区谋发展。伊本·赫勒敦把家谱追溯到了上述名号谱系中的“葛哈塘”。该家族得到哈夫斯王朝（1229～1574年）统治者的重视。

1332年6月4日，伊本·赫勒敦在突尼斯城出生。他得以在经济宽裕、文化浓郁的家境中长大，接受良好的传统教育，向精通各门学问的著名学者们请教。1352年，他离开突尼斯，前往摩洛哥，开始了奔走于马格里布地区和安达卢西地区的谋官旅程。1382年，他在海上漂泊了约40个夜晚，抵达亚历山大港，开始了定居埃及的人生阶段。

伊本·赫勒敦的自传记载到1405年6月初。1406年3月25日，复任法官的伊本·赫勒敦在埃及开罗突然去世。他在阿拉伯历史哲学方面达到登峰造极的境界，被后来学者们誉为“社会历史哲学奠基人”。

（三）族谱著作

《伊本·赫勒敦史》（*Tārīkh Ibn Khaldūn*）第 1~8 卷，赫里勒·沙哈达注，贝鲁特：思想出版社，2000。

该书原名《殷鉴集与始纪录：阿拉伯人、异族人、柏柏尔人及其同时代最有权势者史》，虽然不是一部族谱专著，但包含了大量族谱知识以及伊本·赫勒敦对族谱的见解。

比如，他在绪论卷（即《历史绪论》）中说，族谱若变得不清晰，成为一门超越人们想象的学问，人们族亲意识的亲情感就会被淡化，从而使得族谱变得毫无意义（第 1 卷第 161 页）。

紧接着绪论卷之后是《阿拉伯人及其世代与国家纪事：自创世至今》。伊本·赫勒敦在这部分内容的开头写了两节序言：序言一，讨论世界各民族总谱。序言二，探讨编订谱系的方法。显然，它们至今仍然具有阿拉伯族谱学理论研究价值。

该书提到的一些族谱学家鲜见于同时代的其他历史著作。比如，下文的族谱学家卡赫岚（Kahlān），口传族谱学家白尔札里·伊巴迪（al-Barzālī al-Ibādī）、独雷斯（al-Duraysī）、库密（al-Kūmī）、撒比戈·麦特玛蒂（Sābiq al-Matmātī）和伊本·艾比·叶齐德（Ibn Abī Yazīd）等。

（四）参考文献

伊本·艾哈默尔：《八世纪马格里布与安达卢西名人》，第 297~310 页。里撒努丁·伊本·赫蒂卜：《格拉纳达纪综录》第 3 卷，第 497~516 页。麦戈利齐：《罕世珠链：精英人物志》第 2 卷，第 383~410 页。萨哈维：《闪光：九世纪人物》第 4 卷，第 145~149 页。伊本·易玛德：《金砂：往逝纪事》第 9 卷，第 114~115 页。齐黎克里：《名人》第 3 卷，第 330 页。阿拔斯·阿札维：《蒙古与土库曼时期的史学家介绍》，第 209~214 页。伊本·哈兹姆：《阿拉伯谱系集》，第 460 页。穆罕默德·阿卜杜拉·易南：《伊本·赫勒敦的生平及其思想遗产》（Muhammad ‘Abd Allāh ‘Inān, *Ibn Khaldūn: Hayātuhu wa-Turāthuhu al-Fikrī*），开罗：埃及图书馆出版社，

1933。阿里·沃斐：《阿卜杜·拉哈曼·本·赫勒敦的生平、影响及其天才现象》（'Alī Wāfī, *'Abd al-Rahmān ibn Khaldūn: Hayātuhu wa-Āthāruhu wa-Mazāhir 'Abqarīyatihi*），开罗：埃及书店，1960。侯赛因·阿隋：《史学家伊本·赫勒敦》（Husayn 'Āsī, *Ibn Khaldūn Mu'arrikhan*），贝鲁特：学术书籍出版社，1991。福阿德·白尔里：《伊本·赫勒敦：人文社会科学的先驱?》（Fu'ād al-Ba'lī, *Ibn Khaldūn: Rā'id al-'Ulūm al-Ijtimā'īyah wa-al-Insānīyah?*），大马士革：麦达文化出版社，2006。马小鹤：《伊本·赫勒敦》，台北：东大图书公司，1993。拉比俄·赞玛姆、穆罕默德·哈姆达维：《伊本·赫勒敦所理解的族谱：它在部落社会构建中的作用》（Rabī' Zammām, Muhammad Hamdāwī, "Al-Nasab 'inda Ibn Khaldūn: Dawruhu wa-Ahammīyatuhu fī Tanzīm al-Mujtama' al-Qiblī"），《麦沃基夫社会与历史研究杂志》（*Majallat al-Mawāqif lil-Dirāsāt wa-al-Buhūth fī al-Mujtama' wa-al-Tārīkh*）2019 年第 1 期。

伊本·宫福孜

（Ibn Qunfudh，1339~1407）

（一）名号谱系

艾布·阿拔斯·艾哈迈德·本·哈桑·本·阿里·本·哈桑·本·阿里·本·赫蒂卜·古桑蒂尼，以“伊本·宫福孜”或“伊本·赫蒂卜”（Ibn al-Khatīb）著称于世。

（二）生平概述

生卒于阿尔及利亚君士坦丁。18 岁时，游历摩洛哥各大历史文化名城。直到 1374 年才回到家乡，次年到访突尼斯城。一生撰写图书和文章 30 余部（篇），涉及史学、教法学、文学、语言学、逻辑学、天文学、算术、苏菲主义、人物志、韵律学和族谱学。

（三）族谱著作

1.《村庄、城镇与阿拉伯地区之伊德里斯族谱》（*Idrīsīyah al-Nasab fī*

al-Qurá wa-al-Amsār wa-Bilād al-'Arab）。

该书先写穆罕默德传记，再讲马格里布地区的伊德里斯家族谱系。

2.《进口珍品：父系贵族范围》（*Tuhfat al-Wārid fī Ikhtisās al-Sharaf min Qabl al-Wālid*）。

作者在书中认为，母亲是贵族而父亲不是贵族的人不能被划入贵族的范围。

（四）参考文献

齐黎克里：《名人》第 1 卷，第 117 页。伊本·苏达：《远马格里布史家索引》，第 255 页。穆罕默德·拉施德：《族谱学家辞典：自伊历一世纪至当代》，第 40~41 页。穆罕默德·哈吉：《摩洛哥名人百科全书》第 2 卷，第 724~725 页。穆罕默德·古韦斯姆：《史家艾哈迈德·本·宫福孜·本·赫蒂卜·古桑蒂尼》（Muhammad Quwaysim, "Al-Mu'arrikh Ahmad Ibn Qunfudh Ibn al-Khatīb al-Qusantīnī"），《伊斯兰研究》（*Dirāsāt Islāmīyah*）2012 年第 2 期。

穆罕默德·拉施提

（Muhammad al-Rashtī, ? ~约 1407）

（一）名号谱系

艾布·阿卜杜拉·穆罕默德·本·法尔宏·拉施提·法里斯。

（二）生平概述

生卒地点有待考究。迁居麦地那。族谱学家。

（三）族谱著作

《族谱》（*Al-Ansāb*）。

（四）参考文献

欧麦尔·礼萨：《著述家辞典》第 3 卷，第 585 页。索伊卜·阿卜杜·

哈密德：《什叶派史学家辞典》第 2 卷，第 302 页。

索腊哈·也默尼

(Salāh al-Yamanī，1343～1408)

（一）名号谱系

索腊哈·本·杰拉勒·本·萨拉丁·本·穆罕默德·本·哈桑·本·马赫迪·本·阿里·本·穆哈幸·本·叶哈雅·本·叶哈雅·也默尼。

（二）生平概述

生于也门萨达与希贾兹地区之间的希吉拉·拉加法（Hijrah Raghāfah）村。栽德派大学者之一，教法学家和族谱学家。卒于萨达。

（三）族谱著作

《也门圣裔谱系树形图》（*Mushajjar fī Ansāb al-'Itrah al-Tāhirah bi-al-Yaman*）。

（四）参考文献

邵卡尼：《吉星满月：七世纪后良善》第 1 卷，第 298～299 页。沙贺里：《大栽德派层级传》第 1 册，第 523～526 页。欧麦尔·礼萨：《著述家辞典》第 1 卷，第 841 页。阿卜杜·萨腊姆·瓦冀赫：《栽德派著述名人》，第 499～500 页。阿卜杜拉·哈巴什：《也门伊斯兰思想文献》，第 488 页。索伊卜·阿卜杜·哈密德：《什叶派史学家辞典》第 1 卷，第 395～396 页。穆罕默德·拉施德：《族谱学家辞典：自伊历一世纪至当代》，第 220 页。

阿里·赫兹拉冀

('Alī al-Khazrajī，1332～1410)

（一）名号谱系

穆瓦法古丁·艾布·哈桑·阿里·本·哈桑·本·艾比·伯克尔·

本·哈桑·本·阿里·本·阿里·本·瓦贺斯·赫兹拉冀·扎比迪。

（二）生平概述

生卒于也门扎比德。文学家、史学家和族谱学家。

（三）族谱著作

1.《追溯拉苏勒人谱系》（*Al-Mahsūl fī Intisāb Banī Rasūl*），又名《也门列王拉苏勒家族史》（*Tārīkh Āl Rasūl min Mulūk al-Yaman*）。

2.《谱系树》（*Shajarat al-Nasab*）。

（四）参考文献

萨哈维：《闪光：九世纪人物》第 5 卷，第 210 页。伊本·哈杰尔：《毕生闻讯告新学小生》第 2 卷，第 441 页。哈吉·哈里发：《书艺题名释疑》第 1 卷，第 331 页。齐黎克里：《名人》第 4 卷，第 274 页。欧麦尔·礼萨：《著述家辞典》第 2 卷，第 412、418 页。沙奇尔·穆斯塔法：《阿拉伯历史与史家》第 4 卷，第 247~249 页。阿卜杜拉·哈巴什：《也门伊斯兰思想文献》，第 489~490 页。索伊卜·阿卜杜·哈密德：《什叶派史学家辞典》第 1 卷，第 582~583 页。伯克尔·艾布·栽德：《族谱学家层级传》，第 150 页。穆罕默德·拉施德：《族谱学家辞典：自伊历一世纪至当代》，第 345 页。

伊本·什哈纳父子

大伊本·什哈纳

（Ibn al-Shihnah al-Kabīr，1348~1412）

（一）名号谱系

穆希布丁·艾布·瓦立德·穆罕默德·本·穆罕默德·本·穆罕默德·本·马哈茂德·本·迦齐·本·艾尤卜·本·马哈茂德·什哈纳·本·呼特璐·本·阿卜杜拉·土尔奇·哈拉比·哈乃斐。

（二）生平概述

生卒于叙利亚阿勒颇。多次在叙利亚阿勒颇、大马士革和埃及开罗担任法官。教法学家、教义学家、语法学家、文学家和史学家。

小伊本·什哈纳

（Ibn al-Shihnah al-Saghīr，1402~1485）

（一）名号谱系

沙姆苏丁·艾布·法得勒·穆罕默德·本·穆罕默德·本·穆罕默德·本·穆罕默德·本·马哈茂德·本·迦齐·本·艾尤卜·本·马哈茂德·什哈纳·本·呼特璐·本·阿卜杜拉·土尔奇·哈拉比·哈乃斐。

（二）生平概述

生于阿勒颇。未满 10 岁就随父前往埃及开罗。1433 年，担任阿勒颇法官。1453 年，被调到埃及，但不到一年就被放逐到耶路撒冷。直到 1458 年才被允许回阿勒颇。晚年在埃及开罗度过。史学家、教法学家、教义学家和圣训学家。卒于开罗。

（三）族谱著作

《谱系》（*Al-Ansāb*）。

该书的作者可能是大伊本·什哈纳，也可能是小伊本·什哈纳。

（四）参考文献

萨哈维：《闪光：九世纪人物》第 9 卷，第 295~305 页；第 10 卷，第 3~6 页。伊本·易玛德：《金砂：往逝纪事》第 9 卷，第 169~170、524 页。齐黎克里：《名人》第 7 卷，第 44、51 页。沙奇尔·穆斯塔法：《阿拉伯历史与史家》第 4 卷，第 93~95、116~117 页。伯克尔·艾布·栽德：《族谱学家层级传》，第 155 页。利玛·杜尔内格：《阿拉伯与穆斯林著名史学家》，第 446~447、448~449 页。

伊卜拉欣·卡扎鲁尼

（Ibrāhīm al-Kāzarūnī，？～约 1413）

（一）名号谱系

艾布·伊斯哈格·伊卜拉欣·本·穆罕默德·本·伊卜拉欣·卡扎鲁尼·伯克利。

（二）生平概述

生卒地点和生平事迹有待考究。

（三）族谱著作

《轴心人物族谱》（*Al-Mīzāb fī Nasab Sayyid al-Aqtāb*）。

苏菲主义者认为，“轴心”是处于独一地位的可能的完人。

（四）参考文献

伊斯玛仪·帕夏·巴格达迪：《知者惠赠：作者名讳与著者述作》第 1 卷，第 19 页。欧麦尔·礼萨：《著述家辞典》第 1 卷，第 56 页。伯克尔·艾布·栽德：《族谱学家层级传》，第 211 页。穆罕默德·拉施德：《族谱学家辞典：自伊历一世纪至当代》，第 31 页。

伊本·迪尔拔斯

（Ibn Dirbās，？～1414）

（一）名号谱系

法赫鲁丁·艾布·伊斯哈格·艾哈迈德·本·艾哈迈德·本·阿里·本·艾比·伯克尔·本·艾尤卜·本·阿卜杜·拉希姆·本·穆罕默德·本·阿卜杜·麦立克·本·迪尔拔斯·玛札尼（玛札里或玛及尼）·库尔迪·伽熙利·罕百里。

（二）生平概述

生卒地点有待考究。史学家和族谱学家。

（三）族谱著作

1.《迪尔拔斯家族》（*Āl Banī Dirbās*）。
2.《阿杰米家族》（*Āl Ibn al-'Ajamī*）。

（四）参考文献

萨哈维：《闪光：九世纪人物》第 1 卷，第 216～217 页。欧麦尔·礼萨：《著述家辞典》第 1 卷，第 96 页。沙奇尔·穆斯塔法：《阿拉伯历史与史家》第 3 卷，第 235 页。阿卜杜拉·涂雷基：《罕百里学派著作辞典》第 4 卷，第 278～279 页。利玛·杜尔内格：《阿拉伯与穆斯林著名史学家》，第 30 页。

菲鲁扎巴迪

（al-Fīrūzābādī，1329～1415）

（一）名号谱系

马吉德丁·艾布·拓熙尔·穆罕默德·本·叶尔孤卜·本·穆罕默德·本·伊卜拉欣·本·欧麦尔·本·艾比·伯克尔·本·艾哈迈德·本·马哈茂德·本·伊德里斯·本·法得路拉·本·伊卜拉欣·本·阿里·本·优素福·本·阿卜杜拉·菲鲁扎巴迪·什拉齐·沙斐仪。

（二）生平概述

生于伊朗卡尔津（Karzin）。曾游历伊拉克、埃及、沙姆地区、希贾兹地区、东罗马地区和印度。在 1394 年 7 月抵达也门扎比德，获得拉苏勒王朝第 7 任国王、口传族谱学家艾什拉夫·伊斯玛仪一世（1376～1400 年在位）的优待。次年被任命为也门大法官。著名语言学家、文学家、教法学家、经注学家和圣训学家。卒于扎比德。

（三）族谱著作

《追溯非父系家谱》（“*Tuhfat al-Abīhi fī-man nusiba ilá ghayr Abīhi*”），载阿卜杜·萨腊姆·哈伦校勘：《珍稀手稿》（*Nawādir al-Makhtūtāt*）第1卷，贝鲁特：吉勒出版社，1991，第107~122页。

这篇文章按照阿拉伯字母顺序编录61位在谱系中使用母亲名字的人物。其中第一位是伊卜拉欣·本·妩莱娅，最后一位是优努斯·本·哈碧芭。

（四）参考文献

萨哈维：《闪光：九世纪人物》第10卷，第79~86页。齐黎克里：《名人》第7卷，第146~147页。欧麦尔·礼萨：《著述家辞典》第3卷，第776~778页。穆罕默德·希拉：《麦加历史与史家》，第90~96页。伯克尔·艾布·栽德：《族谱学家层级传》，第150页。穆罕默德·拉施德：《族谱学家辞典：自伊历一世纪至当代》，第541页。

伊本·萨卡克

（Ibn al-Sakkāk，？~1415）

（一）名号谱系

艾布·阿卜杜拉·穆罕默德·本·艾比·迦里卜·本·艾哈迈德·本·阿里·本·艾哈迈德·米克纳斯·易雅荻。

（二）生平概述

生于摩洛哥梅克内斯。在幼年时随父迁居阿尔及利亚特莱姆森，先后在西班牙休达和摩洛哥非斯担任法官。穆夫提、教法学家、教义学家、经注学家、演说家、史学家和族谱学家。卒于非斯。

（三）族谱著作

《伊斯兰列王劝谏：圣裔权利介绍》（*Kitāb Nash Mulūk al-Islām bi-al-Ta'rīf bi-mā yajibu min Huqūq Āl al-Bayt al-Kirām 'alayhim Afdal al-Salāh wa-*

Azká al-Salām），穆罕默德·拿冀·本·欧麦尔校勘，阿加迪尔：伊本·祖哈尔大学出版社，2018。

该书集谱系、历史与训诫于一体，记载圣裔家族及其支脉的部分重要史事和名人言行。

（四）参考文献

穆罕默德·凯塔尼：《灵魂慰藉与优雅交谈：葬身非斯之学者与贤德》第 2 卷，第 160~162 页。齐黎克里：《名人》第 6 卷，第 324 页。欧麦尔·礼萨：《著述家辞典》第 3 卷，第 576~577 页。穆罕默德·拉施德：《族谱学家辞典：自伊历一世纪至当代》，第 505~506 页。

葛勒格圣迪

（al-Qalqashandī，1355~1418）

（一）名号谱系

什贺布丁·艾布·阿拔斯·艾哈迈德·本·阿里（或阿卜杜拉）·本·艾哈迈德·本·阿卜杜拉·本·什贺卜·本·杰玛勒·艾比·也曼·法札利·葛勒格圣迪·伽熙利·沙斐仪。

（二）生平概述

生于埃及格勒格圣达（Qalqashandah）。他在家乡接受启蒙教育，后来前往埃及亚历山大，师从伊本·穆拉勤等著名史学家。1389~1399 年，在马穆鲁克王朝（1250~1517）的书信部（Dīwān al-Inshā'）任职。凭借职务的便利，掌握了大量一手资料，尤其是政府内部档案和一些机密文件。1410 年，最后一次到访叙利亚大马士革。马穆鲁克王朝时期的三大百科全书编纂家之一。在开罗安度晚年，直到去世。

（三）族谱著作

1.《阿拉伯谱系知识观止》（*Nihāyat al-Arab fī Ma'rifat Ansāb al-'Arab*），伊卜拉欣·伊波雅利校注，贝鲁特：黎巴嫩图书出版社，1980。

该书完稿于1409年，是作者献给艾布·麦哈幸·优素福·伍麦维·古拉什的礼物。全书由绪论、正文和结论三个部分构成。

绪论部分探讨族谱学的一些必要问题和部落知识，分为5节。第1节，论述族谱学的价值、用处及其必要需求。第2节，解释“阿拉伯人”的概念、种类及其“入群者”。第3节，介绍分支世系知识，主要讨论“六分世系”的概念（即从部族分出部落，从部落分出胞族，从胞族分出氏族，从氏族分出宗族，从宗族分出家族）。第4节，描述古阿拉伯人的居住地，即阿拉伯半岛。第5节，阐明需要注意的11个族谱常识。这部分内容具有很高的族谱学理论研究价值。

正文详述阿拉伯部落谱系知识，由两节内容构成。第1节，追述先知穆罕默德的家谱及其分支谱系。第2节，按照阿拉伯字母顺序详述各个部落家族谱系。其中，第一个是艾班人（Banū Abān）。他们是艾班·本·奥斯曼·本·阿凡·本·艾比·阿士·本·伍麦叶的子嗣。最后一个是叶格左人（Banū Yaqazah）。他们是叶格左·本·穆拉·本·卡尔卜的子嗣。

结论部分讲述了前伊斯兰时期阿拉伯人的信仰、传奇、战争、13种火和市场等内容。

2.《珍珠项链：历史部落介绍》（*Qalā'id al-Jumān fī al-Ta'rīf bi-Qabā'il 'Arab al-Zamān*），伊卜拉欣·伊波雅利校勘，开罗：埃及图书出版社 & 贝鲁特：黎巴嫩图书出版社，1982。

该书撰成于1416年9月15日，是《阿拉伯谱系知识观止》的修正本，是作者献给当时的书信部部长艾布·麦阿里·穆罕默德·朱哈尼·拔黎齐·沙斐仪·穆埃耶迪的礼物。

（四）参考文献

萨哈维：《闪光：九世纪人物》第2卷，第8页。伊本·易玛德：《金砂：往逝纪事》第9卷，第218~219页。哈吉·哈里发：《书艺题名释疑》第2卷，第572页；第3卷，第506页。齐黎克里：《名人》第1卷，第177页。沙奇尔·穆斯塔法：《阿拉伯历史与史家》第3卷，第133~137页。伯克尔·艾布·栽德：《族谱学家层级传》，第150~151页。阿卜杜·拉札戈·康木纳：《愿者希冀：族谱学家层级传》，第376、397~398页。穆罕默德·拉施德：《族谱学家辞典：自伊历一世纪至当代》，第58~59页。穆罕默德·卡玛路丁：《史学家艾布·阿拔斯·葛勒格圣迪》（Muhammad Kamāl al-Dīn, *Abū al-'Abbās al-Qalqashandī Mu'arrikhan*），贝鲁特：图书世界，1990。左姆雅·撒默拉伊：《葛勒格圣迪的历史编纂方法研究》（Zamyā' al-Sāmarrā'ī, *Al-Manhaj al-Ta'rīkhī 'inda al-Qalqashandī: Dirāsah Tahlīlīyah*），利雅得：费萨尔国王伊斯兰研究中心，2001。

穆罕默德·拿什利

（Muhammad al-Nāshirī, 1333～1419）

（一）名号谱系

艾布·阿卜杜拉（努杰拔）·穆罕默德·本·阿卜杜拉·本·欧麦尔·本·艾比·伯克尔·本·欧麦尔·本·阿卜杜·拉哈曼·本·阿卜杜拉·拿什利·也玛尼·沙斐仪。

（二）生平概述

生卒于也门。先后在也门格哈玛（al-Qahmah）、卡德拉（al-Kadrā'）和扎比德担任法官。史学家和教法学家，精通算术和测量。

（三）族谱著作

《珠玉精华：先知传记与谱系摘要》（*Ghurar al-Durar fī Mukhtasar al-Siyar wa-Ansāb al-Bashar*）。

（四）参考文献

萨哈维：《闪光：九世纪人物》第 8 卷，第 100 页。欧麦尔·礼萨：《著述家辞典》第 3 卷，第 447 页。阿卜杜拉·哈巴什：《也门伊斯兰思想文献》，第 491 页。伊斯玛仪·艾克瓦：《也门的知识迁移及其堡垒》第 4 卷，第 2172 页。伯克尔·艾布·栽德：《族谱学家层级传》，第 151 页。穆罕默德·拉施德：《族谱学家辞典：自伊历一世纪至当代》，第 480 页。

伊本·易纳巴

（Ibn ‘Inabah，1347~1425）

（一）名号谱系

杰玛路丁·艾布·阿拔斯·艾哈迈德·本·阿里·本·侯赛因·本·阿里·本·穆汉纳·本·易纳巴·本·阿里·本·阿卜杜拉·本·穆罕默德·本·叶哈雅·本·穆罕默德·本·达乌德·本·穆萨·本·阿卜杜拉·本·穆萨·本·阿卜杜拉·本·哈桑·本·哈桑·本·阿里·本·艾比·塔里卜·哈萨尼·达乌迪。

（二）生平概述

可能生于伊拉克希拉。颇有家学渊源。曾追随上述族谱学家伊本·穆爱耶·迪拔冀 12 年，学习教法、圣训、文学和族谱等知识，得后者真传并成为其女婿。一代族谱学名家。卒于伊朗克尔曼。

（三）族谱著作

1.《艾布·塔里卜家族谱系基本要义》（*‘Umdat al-Tālib fī Ansāb Āl Abī Tālib*），穆罕默德·哈桑·阿勒-塔里伽尼校对，纳杰夫：海达利耶出版社，1961。

该书约撰成于 1412 年。作者在前言中说，他应杰拉路丁·哈桑·本·阿里·本·哈桑·本·阿里·本·哈桑·本·穆罕默德·本·阿里·本·艾哈迈德·本·阿里·本·阿里·本·哈桑·本·哈桑·本·叶哈雅·本·侯赛因·本·艾哈迈德·本·欧麦尔·本·叶哈雅·本·侯赛因·本·栽德·本·阿里·本·侯赛因·本·阿里·本·艾比·塔里卜的要求而编写它。

全书由前言、正文和附文三个部分构成。正文部分从讨论艾布·塔里卜的家谱开始，记述到欧麦尔·艾特拉夫·本·阿里·本·艾比·塔里卜的后裔为止。附文解释一些族谱学术语，颇具阿拉伯族谱学理论研究价值。

2.《谱海：哈希姆人族谱》（*Bahr al-Ansāb fī Nasab Banī Hāshim*）。

埃及赫迪威图书馆（al-Kutubkhānah al-Khidīwīyah）藏该书手抄本共 138 张纸，由导论和五章内容构成。

3. 文章《艾布·阿拉维家族谱树世系》（*Risālat fī Usūl Shajarat Āl Abī ʻAlawī*）。

（四）参考文献

哈吉·哈里发：《书艺题名释疑》第 2 卷，第 425 页。齐黎克里：《名人》第 1 卷，第 177 页。欧麦尔·礼萨：《著述家辞典》第 1 卷，第 201 页。穆哈幸·艾敏：《什叶派精英》第 3 卷，第 40~41 页。沙奇尔·穆斯塔法：《阿拉伯历史与史家》第 4 卷，第 380~381 页。索伊卜·阿卜杜·哈密德：《什叶派史学家辞典》第 1 卷，第 117 页。卡尔·富勒斯、穆罕默德·比波腊维编：《赫迪威图书馆藏阿拉伯图书目录》第 5 卷，第 17 页。什贺布丁·麦尔阿什：《释疑：谱系、别号与后裔精粹人物志》，第 90~91 页。伯克尔·艾布·栽德：《族谱学家层级传》，第 151~152 页。阿卜杜·拉札戈·康木纳：《愿者希冀：族谱学家层级传》，第 398~399 页。穆罕默德·拉施德：《族谱学家辞典：自伊历一世纪至当代》，第 59~62 页。

伊本·赫蒂卜·达赫沙

（Ibn Khatīb al-Dahshah，1349~1431）

（一）名号谱系

努尔丁·艾布·塞纳·马哈茂德·本·艾哈迈德·本·穆罕默德·哈默扎尼·费优米·哈默维·沙斐仪。

（二）生平概述

祖籍埃及法尤姆。生卒于叙利亚哈马。法官、圣训学家和族谱学家，涉猎文学。

（三）族谱著作

《精巧珍品：名字与族谱问题》（*Tuhfat dhawī al-Arab fī Mushkil al-Asmā'*

wa-al-Nasab)，特劳戈特·曼恩校勘，莱顿：博睿学术出版社，1905。

作者从 1401 年 12 月 31 日开始撰写该书，半个月完稿，主要按照阿拉伯字母顺序编录和诠释人名与归属名。其中，第一个人名是艾班（Abān），最后一个是优沙俄（Yūsha‘）。第一个归属名是阿姆里（al-Āmulī），最后一个是也玛尼（al-Yamānī）。

（四）参考文献

萨哈维：《闪光：九世纪人物》第 10 卷，第 129～131 页。齐黎克里：《名人》第 7 卷，第 162 页。沙奇尔·穆斯塔法：《阿拉伯历史与史家》第 4 卷，第 188 页。伯克尔·艾布·栽德：《族谱学家层级传》，第 152 页。阿卜杜·拉札戈·康木纳：《愿者希冀：族谱学家层级传》，第 412～413 页。穆罕默德·拉施德：《族谱学家辞典：自伊历一世纪至当代》，第 544 页。

阿卜杜拉·瓦齐尔

（‘Abd Allāh al-Wazīr，？～1436）

（一）名号谱系

阿卜杜拉·本·哈迪·本·伊卜拉欣·本·阿里·本·穆尔塔多·瓦齐尔·哈萨尼·也默尼。

（二）生平概述

生于也门萨达。也门的维齐尔之一。精通阿拉伯语，懂族谱、纪事和文学，诗人。卒于也门萨那。

（三）族谱著作

《维齐尔家族史》（*Tārīkh Banī al-Wazīr*）。

该书可能是作者编撰的，也可能是誊抄的。

（四）参考文献

穆罕默德·扎拔拉：《〈吉星满月：七世纪后良善〉补遗》，第 138 页。

欧麦尔·礼萨：《著述家辞典》第2卷，第304页。阿卜杜·萨腊姆·瓦冀赫：《栽德派著述名人》，第623~624页。索伊卜·阿卜杜·哈密德：《什叶派史学家辞典》第1卷，第534页。伯克尔·艾布·栽德：《族谱学家层级传》，第152页。阿卜杜·拉札戈·康木纳：《愿者希冀：族谱学家层级传》，第405页。穆罕默德·拉施德：《族谱学家辞典：自伊历一世纪至当代》，第315页。

马赫迪·里丁拉

(al-Mahdī li-Dīn Allāh，1363~1437)

（一）名号谱系

马赫迪·里丁拉·艾哈迈德·本·叶哈雅·本·穆尔塔多·本·穆法多勒·本·曼苏尔·本·穆法多勒·本·哈贾吉·本·阿里·本·叶哈雅·本·伽斯姆·本·优素福·本·叶哈雅·本·艾哈迈德·本·叶哈雅·本·侯赛因·本·伽斯姆·本·伊卜拉欣·本·伊斯玛仪·本·伊卜拉欣·本·哈桑·本·哈桑·本·阿里·本·艾比·塔里卜·哈萨尼·也默尼。

（二）生平概述

生于也门扎玛尔。栽德派伊玛目之一，精通宗教学诸分支学问和文学。因瘟疫致死于也门萨那附近的希杰山（Jabal Hijjah）。

（三）族谱著作

《优雅珍品：伍麦叶与阿拔斯家族传》（*Tuhfat al-Akyās bi-Sīrat Āl Umayyah wa-al-‘Abbās*）。

（四）参考文献

邵卡尼：《吉星满月：七世纪后良善》第1卷，第122~126页。齐黎克里：《名人》第1卷，第269页。阿卜杜·萨腊姆·瓦冀赫：《栽德派著述名人》，第206~213页。沙奇尔·穆斯塔法：《阿拉伯历史与史家》第4卷，第 249~250 页。索伊卜·阿卜杜·哈密德：《什叶派史学家辞典》第 1 卷，第 146~147 页。

伊本·拿斯鲁丁

(Ibn Nāsir al-Dīn，1375~1438)

（一）名号谱系

沙姆苏丁·艾布·阿卜杜拉·穆罕默德·本·阿卜杜拉·本·穆罕默德·本·艾哈迈德·本·穆贾希德·本·优素福·本·穆罕默德·本·艾哈迈德·本·阿里·盖斯·哈默维·迪马什基·沙斐仪。

（二）生平概述

祖籍叙利亚哈马。生卒于叙利亚大马士革。著名圣训学家、史学家和族谱学家，被誉为“沙姆哈菲兹”（Hāfiz al-Shām）和“沙姆地区的史学家”（Mu’arrikh al-Diyār al-Shāmīyah），一生撰写图书和文章约 70 部（篇），涉及圣训学、先知传、人物志和族谱学等方面。

（三）族谱著作

1.《混淆澄清：传述人名字、谱系、别号与别名修正》（*Tawdīh al-Mushtabih fī Dabt Asmā’ al-Ruwāh wa-Ansābihim wa-Alqābihim wa-Kunāhim*）第 1~10 卷，穆罕默德·努爱姆·易尔戈苏斯校注，贝鲁特：利萨拉出版公司，1993。

该书编撰于 1420 年，是对著名族谱学家扎哈比《人物名字及其谱系混淆》的编校与解释。

2.《扎哈比〈混淆〉疑惑通告》（*Al-I‘lām bi-mā waqa‘a fī Mushtabih al-Dhahabī min al-Awhām*），阿卜杜·拉卜·纳比·穆罕默德研究与校勘，麦地那：科学与智慧书店，1987。

该书虽然是《混淆澄清：传述人名字、谱系、别号与别名修正》的节略本，但使用的参考文献多达 104 种。

（四）参考文献

麦戈利齐：《罕世珠链：精英人物志》第 3 卷，第 127 ~ 128 页。萨哈维：《闪光：九世纪人物》第 8 卷，第 103 ~ 106 页。伊本·易玛德：《金砂：往逝纪事》第 9 卷，第 354 ~ 356 页。哈吉·哈里发：《书艺题名释疑》第 3 卷，第 264 页。齐黎克里：《名人》第 6 卷，第 237 页。沙奇尔·穆斯塔法：《阿拉伯历史与史家》第 4 卷，第 101 ~ 104 页。伯克尔·艾布·栽德：《族谱学家层级传》，第 152 页。萨拉丁·穆纳吉德：《大马士革史学家及其手稿与出版物辞典》，第 234 ~ 236 页。穆罕默德·拉施德：《族谱学家辞典：自伊历一世纪至当代》，第 480 ~ 481 页。

哈斐德

（al-Hafīd，1364 ~ 1439）

（一）名号谱系

艾布·阿卜杜拉·穆罕默德·本·艾哈迈德·本·穆罕默德·本·艾哈迈德·本·穆罕默德·本·穆罕默德·本·艾比·伯克尔·本·穆罕默德·本·马尔祖戈·阿冀斯·提里姆撒尼·马立其。

（二）生平概述

生卒于阿尔及利亚特莱姆森。史学家伊本·马尔祖戈（Ibn Marzūq，1311 ~ 1379）的孙子。曾游历摩洛哥非斯、突尼斯城，在埃及开罗时得到伊本·赫勒敦和菲鲁扎巴迪等著名学者的指点，两次赴麦加朝觐。马尔祖戈家族中的大学者，教法学家、教义学家、圣训学家、经注学家、语法学家和文学家。

（三）族谱著作

《无声聆听：母系贵族考证》（*Ismā‘ al-Summ fī Ithbāt al-Sharaf lil-Umm*），马尔娅姆·拉哈璐研究与校勘，乌季达：东方印书馆，2006。

这篇文章是上述族谱学家伊本·艾比·栽德《无声聆听：前母系贵族

考证》的续作。

（四）参考文献

萨哈维：《闪光：九世纪人物》第 7 卷，第 50~51 页。齐黎克里：《名人》第 5 卷，第 331 页。阿迪勒·努韦熙得：《阿尔及利亚名人辞典》，第 290~292 页。卡米勒·朱布利：《文豪辞典》第 5 卷，第 134 页。穆罕默德·拉施德：《族谱学家辞典：自伊历一世纪至当代》，第 409 页。

小达俄赛恩

（Daʻsayn al-Saghīr，？ ~1439）

（一）名号谱系

拉获丁·艾布·伯克尔·本·艾哈迈德·本·艾比·伯克尔·本·艾哈迈德·本·阿里·本·阿卜杜拉·本·穆罕默德·达俄赛恩·古拉什·扎比迪·也默尼·沙斐仪。

（二）生平概述

生卒于也门扎比德。曾担任法官。教法学家和族谱学家。

（三）族谱著作

《排列珠玉：伍赛德人谱系》（*Al-Durr al-Nadīd fī Ansāb Banī Usayd*）。

该书是作者的祖父大达俄赛恩所著《罕世瓔珞：伍赛德人谱系》的续编。

（四）参考文献

萨哈维：《闪光：九世纪人物》第 11 卷，第 17~18 页。哈吉·哈里发：《书艺题名释疑》第 2 卷，第 86、412 页。阿卜杜拉·哈巴什：《也门伊斯兰思想文献》，第 494 页。沙奇尔·穆斯塔法：《阿拉伯历史与史家》第 4 卷，第 275 页。伯克尔·艾布·栽德：《族谱学家层级传》，第 152 页。阿卜杜·拉札戈·康木纳：《愿者希冀：族谱学家层级传》，第 397 页。穆罕默德·拉施德：《族谱学家辞典：自伊历一世纪至当代》，第 105 页。

麦戈利齐

（al-Maqrīzī，1365~1442）

（一）名号谱系

塔基丁·艾布·阿拔斯（或穆罕默德）·艾哈迈德·本·阿里·本·阿卜杜·伽迪尔·本·穆罕默德·本·伊卜拉欣·本·穆罕默德·本·塔米姆·本·阿卜杜·索默德·本·艾比·哈桑·本·阿卜杜·索默德·本·塔米姆·麦戈利齐·白尔里·米斯利。

（二）生平概述

祖籍黎巴嫩巴勒贝克（Baalbek）。生卒于埃及开罗。家学深厚，自小熏染在浓郁的学术氛围中，非常好学，求问过的学者多达 600 人，积累了广博学识，是著名史学家、族谱学家伊本·赫勒敦在埃及的得意门生。一生著作 200 余册，在历史方面的著作主要包括埃及史、伊斯兰史、其他地方史、专题史和随笔等类型。

（三）族谱著作

《埃及阿拉伯人释析》（*Al-Bayān wa-al-I'rāb 'ammā bi-Ard Misr min al-A'rāb*），伊卜拉欣·拉姆齐编印，开罗：知识印书馆，1916。

它撰成于 1438 年 5 月，记述移民埃及的塞尔拉巴（Tha'labah）、朱尔姆（Jurm）、幸比斯（Sinbis）、朱吒姆、希腊勒（Hilāl）、巴里（Balī）、朱海纳（Juhaynah）、古莱什、奇纳乃、安索尔（al-Ansār）、敖弗（'Awf）、法札拉（Fazārah）、拉瓜坦（Laguatan）、拉赫姆（Lakhm）、哈拉姆（Harām）和萨立姆（Salīm）等部落的谱系和聚居地。

（四）参考文献

萨哈维：《闪光：九世纪人物》第 2 卷，第 21~25 页。伊本·易玛德：《金砂：往逝纪事》第 9 卷，第 370~371 页。哈吉·哈里发：《书艺题名释疑》第 1 卷，第 317 页。沙奇尔·穆斯塔法：《阿拉伯历史与史家》第 3 卷，第 140~151 页。穆罕默德·卡玛路丁：《马穆鲁克布尔吉王朝时期的四大史家与四大著作》，第 155~293 页。伯克尔·艾布·栽德：《族谱学家层级传》，第 153 页。穆罕默德·拉施德：《族谱学家辞典：自伊历一世纪至当代》，第 62 页。穆罕默德·卡玛路丁：《史学家麦戈利齐》（Muhammad Kamāl al-Dīn, *Al-Maqrīzī Mu'arrikhan*），贝鲁特：图书世界，1990。

伊本·玛吉德·白哈拉尼

（Ibn Mājid al-Bahrānī, ? ~1444）

（一）名号谱系

艾布·哈桑·阿里·本·玛吉德·本·穆罕默德·麦达尼·阿卜达里·利法仪·白哈拉尼。

（二）生平概述

祖籍麦地那。辞世地点有待考究。

（三）族谱著作

1.《圣孙后裔精要》（*Al-Zubdah fī-mā 'alayhi min Dharārī al-Sibtayn al-'Umdah*）。

该谱系树形图册可能描述先知穆罕默德的外孙哈桑与侯赛因的子嗣谱系。

2.《谱系支柱》（*'Umdat al-Ahbāb fī al-Ansāb*）。

3.《精要与支柱精选》（*Al-'Uddah fī al-Mukhtār min al-Zubdah wa-al-'Umdah*）。

（四）参考文献

什贺布丁·麦尔阿什：《释疑：谱系、别号与后裔精粹人物志》，第 94~95 页。穆罕默德·拉施德：《族谱学家辞典：自伊历一世纪至当代》，第 357 页。

阿卜杜·哈密德·哈希米

('Abd al-Hamīd al-Hāshimī,？ ~1447)

(一) 名号谱系

阿卜杜·哈密德·本·艾哈迈德·本·阿里·本·穆罕默德·本·马阿德·本·哈米德·哈希米·阿拔斯·宰娜比·沙米·阿米立·凯拉其。

(二) 生平概述

生卒地点和生平事迹有待考究。

(三) 族谱著作

《谱系》(*Kitāb al-Ansāb*)。

(四) 参考文献

穆罕默德·拉施德:《族谱学家辞典:自伊历一世纪至当代》,第 243 页。

伊本·伽迪·舒赫巴

(Ibn Qādī Shuhbah, 1377~1448)

(一) 名号谱系

塔基丁·艾布·伯克尔·本·艾哈迈德·本·穆罕默德·本·欧麦尔·阿萨迪·舒赫比·迪马什基·沙斐仪。

(二) 生平概述

生卒于叙利亚大马士革。15 世纪阿拉伯的顶尖史学家之一。

(三) 族谱著作

《谱系选粹》(*Al-Muntaqá min al-Ansāb*)。

该书精选自著名族谱学家萨姆阿尼的《谱系》。

（四）参考文献

伊本·易玛德：《金砂：往逝纪事》第 9 卷，第 392~393 页。齐黎克里：《名人》第 2 卷，第 61 页。欧麦尔·礼萨：《著述家辞典》第 1 卷，第 435 页。沙奇尔·穆斯塔法：《阿拉伯历史与史家》第 4 卷，第 105~108 页。穆罕默德·拉施德：《族谱学家辞典：自伊历一世纪至当代》，第 105 页。

伊本·哈杰尔

（Ibn Hajar，1372~1449）

（一）名号谱系

什贺布丁·艾布·法得勒·艾哈迈德·本·阿里·本·穆罕默德·本·穆罕默德·本·阿里·本·马哈茂德·本·艾哈迈德·奇纳尼·阿斯格腊尼·米斯利·伽熙利·沙斐仪。

（二）生平概述

祖籍以色列阿什凯隆。生卒于埃及开罗。曾游历也门和希贾兹地区，多次担任埃及法官。大学者，涉猎史学、文学、诗歌、圣训学和族谱学等方面的学问。

（三）族谱著作

1.《别号粹览》（*Nuzhat al-Albāb fī al-Alqāb*）第 1~2 卷，阿卜杜·阿齐兹·本·穆罕默德·本·索里哈·苏代利校勘，利雅得：鲁世德书店，1989。

该书按照阿拉伯字母顺序编录 3279 个别号、别名以及与之密切相关的名号谱系。其中，第一个人物是阿比·赫斯夫·呼韦里德·本·阿萨德·本·阿卜杜·欧札·本·古绥依·本·奇腊卜。最后一个人物是艾哈迈德·本·穆罕默德·本·阿卜杜·凯利姆·朱尔贾尼·叶胡迪。

2.《混淆释醒》（*Tabsīr al-Muntabih bi-Tahrīr al-Mushtabih*）第 1~4 册，穆罕默德·阿里·纳贾尔校勘，贝鲁特：科学书店，1964。

该书按照阿拉伯字母顺序编录和辨析容易被混淆的人名。其中，第一个人名是艾哈迈德，最后一个是优努斯（al-Yūnusī）。

3.《传述人别号》（*Alqāb al-Ruwāh*）。

4.《谱系阐明赞赏》（*Al-I'jāb bi-Bayān al-Ansāb*）。

（四）参考文献

萨哈维：《闪光：九世纪人物》第 2 卷，第 36~40 页。哈吉·哈里发：《书艺题名释疑》第 1 卷，第 225 页；第 3 卷，第 220、264 页。齐黎克里：《名人》第 1 卷，第 178~179 页。阿卜杜海·凯塔尼：《目录辞典》第 1 卷，第 321~337 页；第 2 卷，第 619 页。阿拔斯·阿札维：《蒙古与土库曼时期的史学家介绍》，第 233~236 页。沙奇尔·穆斯塔法：《阿拉伯历史与史家》第 3 卷，第 152~165 页。伯克尔·艾布·栽德：《族谱学家层级传》，第 153 页。穆罕默德·卡玛路丁：《伊本·哈杰尔·阿斯格腊尼的历史与史学方法》（Muhammad Kamāl al-Dīn，*Al-Tārīkh wa-al-Manhaj al-Tārīkhī li-Ibn Hajar al-'Asqalānī*），贝鲁特：伊格拉出版社，1984。穆罕默德·卡玛路丁：《史学家伊本·哈杰尔·阿斯格腊尼》（Muhammad Kamāl al-Dīn，*Ibn Hajar al-'Asqalānī Mu'arrikhan*），贝鲁特：图书世界，1987。沙奇尔·阿卜杜·蒙易姆：《伊本·哈杰尔·阿斯格腊尼》（Shākir 'Abd al-Mun'im，*Ibn Hajar al-'Asqalānī*）第 1~2 卷，贝鲁特：利萨拉出版公司，1997。

沙利夫·纳撒巴

（al-Sharīf al-Nassābah，1366~1461）

（一）名号谱系

巴德鲁丁·艾布·穆罕默德·哈桑·本·穆罕默德·本·艾尤卜·本·穆罕默德·本·希士恩（希士尔或侯赛因）·本·伊德里斯·本·哈桑·本·阿里·本·尔撒·本·阿里·本·尔撒·本·阿卜杜拉·本·穆罕默德·本·伽斯姆·本·叶哈雅·本·叶哈雅·本·伊德里斯·本·伊

德里斯·本·阿卜杜拉·本·哈桑·本·哈桑·本·阿里·本·艾比·塔里卜·伊德利斯·哈萨尼·伽熙利·沙斐仪。

（二）生平概述

生卒于埃及开罗。曾到访大马士革、哈马、阿勒颇、耶路撒冷、希伯伦和亚历山大等城市。涉猎教法学、圣训学、语法学和史学等学问。

（三）族谱著作

《隐匿珠宝：部落氏族》（*Al-Jawhar al-Maknūn fī al-Qabā'il wa-al-Butūn*）。

（四）参考文献

萨哈维：《闪光：九世纪人物》第3卷，第121~122页。苏尤蒂：《纯金串珠：精英名士》，第104~105页。纳吉姆丁·法赫德：《长老辞典》，第354页。伊本·易玛德：《金砂：往逝纪事》第9卷，第451页。伊斯玛仪·帕夏·巴格达迪：《知者惠赠：作者名讳与著者述作》第1卷，第286页。什贺布丁·麦尔阿什：《释疑：谱系、别号与后裔精粹人物志》，第87~88页。伯克尔·艾布·栽德：《族谱学家层级传》，第153页。阿卜杜·拉札戈·康木纳：《愿者希冀：族谱学家层级传》，第401~402页。穆罕默德·拉施德：《族谱学家辞典：自伊历一世纪至当代》，第142页。

塔基丁·法赫德

（Taqī al-Dīn Fahd，1385~1466）

（一）名号谱系

塔基丁·艾布·法得勒·穆罕默德·本·穆罕默德·本·穆罕默德·本·穆罕默德·本·阿卜杜拉·本·穆罕默德·本·阿卜杜拉·本·法赫德·古拉什·哈希米·艾士富尼·麦奇·沙斐仪。

（二）生平概述

生于埃及阿斯福旺（Asfwan）。1393年，随父移民麦加。沙斐仪派教法学家、史学家和族谱学家。卒于麦加。

（三）族谱著作

《赞集：法赫德人知识及其附属近亲》（*Al-Majmū‘ah al-Mustatābah fī Ma‘rifat Banī Fahd wa-man yaltahiqu bi-him min al-Qarābah*），未完稿。

（四）参考文献

萨哈维：《闪光：九世纪人物》第 9 卷，第 281～283 页。齐黎克里：《名人》第 7 卷，第 48 页。欧麦尔·礼萨：《著述家辞典》第 3 卷，第 686 页。穆罕默德·希拉：《麦加历史与史家》，第 137～160 页。穆罕默德·拉施德：《族谱学家辞典：自伊历一世纪至当代》，第 517 页。

艾布·舒凯勒·瑟尼

（Abū Shukayl al-Thānī，1402～1467）

（一）名号谱系

杰玛路丁·艾布·舒凯勒·穆罕默德·本·马斯欧德·本·萨尔德·本·艾哈迈德·安索利·赫兹拉冀·阿达尼·沙斐仪。

（二）生平概述

生于也门什赫尔（al-Shihr）。多次担任也门亚丁法官。教法学家。卒于亚丁。

（三）族谱著作

《学林与德贤功德》（*Manāqib al-‘Ulamā’ wa-al-Sālihīn*）。

（四）参考文献

萨哈维：《闪光：九世纪人物》第 10 卷，第 50～51 页。拔默赫拉玛：《雕饰项链：时代精英辞世》第 6 卷，第 439～441 页。阿卜杜·拉札戈·康木纳：《愿者希冀：族谱学家层级传》，第 412 页。

哈姆扎·侯赛尼

（Hamzah al-Husaynī，1415~1469）

（一）名号谱系

易祖丁·艾布·塔里卜·哈姆扎·本·艾哈迈德·本·阿里·本·穆罕默德·本·阿里·本·哈桑·本·哈姆扎·本·穆罕默德·本·纳斯尔·本·阿里·本·侯赛因·本·艾哈迈德·本·伊斯玛仪·本·穆罕默德·本·伊斯玛仪·本·贾法尔·本·穆罕默德·本·阿里·本·侯赛因·本·阿里·本·艾比·塔里卜·侯赛尼·迪马什基·沙斐仪。

（二）生平概述

生于叙利亚大马士革。多次到访埃及。沙斐仪派教法学家和族谱学家。病逝于耶路撒冷。

（三）族谱著作

《〈族谱混淆〉增补》（*Dhayl ‘alá Mushtabih al-Nisbah*）。

该书是族谱学家伊本·哈杰尔《混淆释醒》的增补。人物志编纂家、族谱学家萨哈维（1427~1497）说，他曾在大马士革遇到哈姆扎·侯赛尼，后者给他看了这本书。

（四）参考文献

萨哈维：《闪光：九世纪人物》第3卷，第163~164页。齐黎克里：《名人》第2卷，第276页。欧麦尔·礼萨：《著述家辞典》第1卷，第654页。萨拉丁·穆纳吉德：《大马士革史学家及其手稿与出版物辞典》，第254~255页。什贺布丁·麦尔阿什：《释疑：谱系、别号与后裔精粹人物志》，第86~87页。伯克尔·艾布·栽德：《族谱学家层级传》，第153~154页。穆罕默德·拉施德：《族谱学家辞典：自伊历一世纪至当代》，第166页。

伊本·葛默尔

(Ibn Qamar，1400～1471)

（一）名号谱系

沙姆苏丁·艾布·阿卜杜拉·穆罕默德·本·阿里·本·贾法尔·本·穆赫塔尔·伽熙利·侯赛尼·沙斐仪。

（二）生平概述

生卒于埃及开罗。曾游历耶路撒冷、希伯伦、大马士革、阿勒颇、麦加和亚历山大等城市，曾任开罗代理法官。懂圣训、教法和族谱。

（三）族谱著作

《谱系知识索粹》（*Mu'īn al-Tullāb fī Ma'rifat al-Ansāb*）。

该书是著名族谱学家伊本·艾西尔《谱系修正精粹》的节略本。

（四）参考文献

萨哈维：《闪光：九世纪人物》第 8 卷，第 176～178 页。邵卡尼：《吉星满月：七世纪后良善》第 2 卷，第 211 页。齐黎克里：《名人》第 6 卷，第 288 页。伯克尔·艾布·栽德：《族谱学家层级传》，第 154 页。阿卜杜·拉札戈·康木纳：《愿者希冀：族谱学家层级传》，第 410～411 页。穆罕默德·拉施德：《族谱学家辞典：自伊历一世纪至当代》，第 494 页。

伊本·艾哈迈德·侯赛尼

(Ibn Ahmad al-Husaynī，1393～1478)

（一）名号谱系

鲁克努丁·哈桑·本·侯赛因·本·阿卜杜拉（欧贝杜拉）·本·艾哈迈德·侯赛尼。

（二）生平概述

生卒地点有待考究。曾居住在土耳其哈桑凯伊夫（Hasankeyf）。

（三）族谱著作

《树形谱系图》（*Kitāb al-Ansāb al-Mushajjarah*）。

该书完稿于1468年8月，分为5章：第1章，树形图与简谱之区别；第2章，族谱学家如何考证族谱；第3章，诽谤、贬损与抨击；第4章，族谱学人特征；第5章，著名族谱学家以及《麦吉迪：塔里比人谱系》的作者艾布·哈桑·欧麦利提及的族谱学家。书中包括圣裔、阿拔斯王朝哈里发、埃及法蒂玛王朝哈里发以及一些古莱什人的谱系树形图。

（四）参考文献

什贺布丁·麦尔阿什：《释疑：谱系、别号与后裔精粹人物志》，第91~92页。阿迦·布祖尔克：《什叶派名人层级传》第6卷，第34~35页。穆哈幸·艾敏：《什叶派精英》第5卷，第135页。索伊卜·阿卜杜·哈密德：《什叶派史学家辞典》第1卷，第246页。阿卜杜·拉札戈·康木纳：《愿者希冀：族谱学家层级传》，第400~401页。穆罕默德·拉施德：《族谱学家辞典：自伊历一世纪至当代》，第137页。

西拉朱丁·利法仪

（Sirāj al-Dīn al-Rifāʻī，1391~1480）

（一）名号谱系

西拉朱丁·艾布·麦阿里·穆罕默德·本·阿卜杜拉·本·穆罕默德·本·穆罕默德·本·阿卜杜·凯利姆·本·阿卜杜·拉札戈·本·穆罕默德·本·阿里·本·阿里·本·艾哈迈德·本·阿卜杜·拉希姆·本·奥斯曼·本·哈桑·本·穆罕默德·本·阿里·本·艾哈迈德·本·哈桑·本·侯赛因·本·艾哈迈德·本·穆萨·本·伊卜拉欣·本·穆萨·本·贾法尔·本·穆罕默德·本·阿里·本·侯赛因·本·阿里·

本·艾比·塔里卜·麦赫祖米·利法仪·侯赛尼·瓦西蒂·巴格达迪。

（二）生平概述

生于伊拉克瓦西特。约 20 岁时，到访伊拉克巴格达，在叙利亚大马士革居住了一段时间，曾游历埃及和也门。经注学家、圣训学家、诗人和族谱学家。卒于巴格达。

（三）族谱著作

《法蒂玛家谱正纪》（*Sihāh al-Akhbār fī Nasab al-Sādah al-Fātimīyah al-Akhyār*），阿黎夫·艾哈迈德·阿卜杜·加尼校勘，大马士革：教父出版社 & 浩兰之光出版社，2014。

作者融汇艾布·纳斯尔·布哈里《阿拉维世系秘密》、伊本·苏菲《麦吉迪：塔里比人谱系》和欧贝杜拉·瓦西蒂《存储索引：阿德南子嗣世系纪录》等族谱著作的精华，撰成这部简述阿拉维家族谱系的重要著作。

（四）参考文献

伊斯玛仪·帕夏·巴格达迪：《知者惠赠：作者名讳与著者述作》第 2 卷，第 210~211 页。齐黎克里：《名人》第 6 卷，第 238 页。欧麦尔·礼萨：《著述家辞典》第 3 卷，第 451 页。伯克尔·艾布·栽德：《族谱学家层级传》，第 154 页。阿卜杜·拉札戈·康木纳：《愿者希冀：族谱学家层级传》，第 409 页。穆罕默德·拉施德：《族谱学家辞典：自伊历一世纪至当代》，第 481 页。

纳吉姆丁·法赫德

（Najm al-Dīn Fahd，1409~1480）

（一）名号谱系

纳吉姆丁·艾布·伽斯姆·欧麦尔·本·穆罕默德·本·穆罕默德·本·穆罕默德·本·穆罕默德·本·穆罕默德·本·阿卜杜拉·本·法赫德·古拉什·哈希米·麦奇·沙斐仪。

（二）生平概述

生卒于麦加。出身于著名学术世家法赫德家族，曾到访沙姆地区和埃及。圣训学家、史学家和族谱学家，一生著述数十部。

（三）族谱著作

1.《别号精粹》（*Kitāb al-Lubāb fī al-Alqāb*）。

2.《泰伯里家族人物志阐明》（*Al-Tabyīn fī Tarājim al-Tabarīyīn*）。

3.《光耀东方：左希拉人纪录》（*Al-Mashāriq al-Munīrah fī Dhikr Banī Zahīrah*）。

4.《艾哈迈德·努韦利子嗣揭秘》（*Al-Sirr al-Zahīrī bi-Awlād Ahmad al-Nuwayrī*）。

（四）参考文献

萨哈维：《闪光：九世纪人物》第6卷，第126~131页。齐黎克里：《名人》第5卷，第63~64页。欧麦尔·礼萨：《著述家辞典》第2卷，第578页。穆罕默德·希拉：《麦加历史与史家》，第147~159页。伯克尔·艾布·栽德：《族谱学家层级传》，第154页。穆罕默德·拉施德：《族谱学家辞典：自伊历一世纪至当代》，第373页。

穆罕默德·卡资姆

（Muhammad Kāzim，？~约1486）

（一）名号谱系

艾布·福戴勒·穆罕默德·卡资姆·本·奥萨特·本·苏莱曼·本·艾哈迈德·本·贾法尔·本·侯赛因·本·阿里·本·穆罕默德·本·哈伦·本·贾法尔·本·阿卜杜·拉哈曼·本·侯赛因·本·艾哈迈德·本·伊斯哈格·本·伊卜拉欣·本·穆萨·本·伊卜拉欣·本·穆萨·本·贾法尔·本·穆罕默德·本·阿里·本·侯赛因·本·阿里·本·艾比·塔里卜·穆萨维·也玛尼。

（二）生平概述

生卒地点有待考究。居住于也门。族谱学家。

（三）族谱著作

《龙涎香郁：仁善谱系》（*Al-Nafhah al-'Anbarīyah fī Ansāb Khayr al-Barrīyah*），赛义德·马赫迪·拉贾伊校勘，库姆：大阿亚图拉麦尔阿什·纳杰斐书店，1998。

该书撰成于 1486 年，是献给当时的栽德派伊玛目穆罕默德·马赫迪·本·艾哈迈德·穆塔瓦奇勒的读物。其主要内容包括：① 作者绪论；② 族谱世系；③ 阿德南后裔；④ 穆多尔子嗣；⑤ 阿卜杜·穆塔里卜子嗣；⑥ 使者生平片段；⑦ 使者子嗣纪录；⑧ 艾布·塔里卜子嗣；⑨ 阿里·本·艾比·塔里卜子嗣；⑩ 哈桑美德；⑪ 哈桑与侯赛因子嗣；⑫ 栽努·阿比丁子嗣；⑬ 栽努·阿比丁之子后裔纪录；⑭ 伊玛目穆罕默德·拔基尔；⑮ 拔基尔之子纪录；⑯ 伊玛目贾法尔·索迪戈；⑰ 伊玛目贾法尔·索迪戈子嗣；⑱ 贾法尔·索迪戈子嗣后裔；⑲ 阿里·本·贾法尔·索迪戈子嗣；⑳ 伊斯玛仪·本·贾法尔·索迪戈子嗣；㉑ 穆罕默德·迪拔吉·本·贾法尔·索迪戈子嗣；㉒ 穆萨·卡资姆纪录；㉓ 穆萨·卡资姆子嗣；㉔ 卡资姆之子后裔；㉕ 阿里·礼萨子嗣；㉖ 礼萨之子后裔纪录；㉗ 伊玛目穆罕默德·塔基纪录；㉘ 穆罕默德·塔基之子后裔；㉙ 阿里·本·穆罕默德·塔基之子纪录；㉚ 哈桑·本·阿里·阿斯卡利之子纪录；㉛ 穆罕默德·本·哈桑·阿斯卡利纪录；㉜ 贾法尔·本·阿里·塔基之子纪录；㉝ 伊卜拉欣·本·穆萨·卡资姆后裔；㉞ 阿拔斯·本·穆萨·卡资姆后裔；㉟ 伊斯玛仪·本·穆萨·卡资姆后裔；㊱ 穆罕默德·本·穆萨·卡资姆后裔；㊲ 伊斯哈格·本·穆萨·卡资姆后裔；㊳ 哈姆扎·本·穆萨·卡资姆后裔；㊴ 阿卜杜拉·本·穆萨·卡资姆后裔；㊵ 欧贝杜拉·本·穆萨·卡资姆后裔；㊶ 贾法尔·本·穆萨·卡资姆后裔；㊷ 伊玛目哈桑后裔；㊸ 栽德·本·哈桑后裔；㊹ 哈桑·本·栽德子嗣；㊺ 哈桑·穆尚纳子嗣；㊻ 伊卜拉欣·加慕尔后裔；㊼ 伽斯姆·图尔朱玛努丁子嗣；㊽ 阿卜杜拉·哈菲兹·本·侯赛因·本·伽斯姆·图尔朱玛努丁家族；㊾ 哈姆扎·本·艾比·哈希姆子嗣；㊿ 哈姆扎·本·艾比·哈希姆之子后裔；51 瓦贺斯家族与索斐丁家族埃米尔纪录；52 伽斯姆·拉斯之子穆罕默德与艾哈迈德后裔；53 阿卜杜拉·麦哈得·本·哈桑·穆尚纳之子纪录；54 穆罕默德·本·阿卜杜拉·麦哈得之子纪录；55 伊卜拉欣·本·阿卜杜拉·麦哈得之子纪录；56 穆萨·本·阿卜杜拉·麦哈得之子纪录；57 穆萨·焦恩之子纪录；58 苏莱曼·本·穆萨·焦恩之子纪录；59 达乌德埃米尔后裔；60 达乌德·马哈茂德之子纪录；61 阿里·本·阿卜杜拉·麦哈得之子纪录；62 穆罕默德·本·哈乃斐耶之子纪录；63 阿拔斯·本·阿里·本·艾比·塔里卜之子纪录；64 贾法尔家族与阿基勒家族纪录；65 阿拔斯·本·阿卜杜·穆塔里卜后裔纪录；66 阿卜杜·马纳夫之子纪录；67 伍麦叶家族后裔；68 古莱什宗族后裔；69 奇纳乃宗族；70 穆德黎卡氏族；71 拓比赫氏族；72 阿萨德宗族；73 阿萨德家族；74 伽拉宗族；75 霍宰勒宗族；76 贴姆宗族；77 塔米姆家族；78 拉拔卜宗族；79 盖斯·爱岚家族、宗族和部落；80 阿米尔氏族；81 苏莱姆宗族；82 加特凡宗族；83 阿卜杜拉·本·加特凡家族；84 拉比阿部落纪录；85 伯克尔宗族；86 塔厄拉卜宗族；87 爱雅德·本·尼札尔·本·马阿德·本·阿德南部落纪录；88 古铎阿·本·马阿德·本·阿德南纪录；89 哈夫·本·古铎阿氏族；90 易姆兰宗族；91 艾斯拉姆家族；92 胡勒旺家族；93 阿慕尔宗族；94 浩岚家族；95 马冀德家族；96 艾兹默俄·本·浩岚胞族；97 拉斯旺·本·浩岚胞族；98 贺尼阿·本·浩岚胞族；99 萨尔德·本·浩岚胞族；100. 阿考瓦克纪录；101 沙赫德氏族；102 迦菲戈宗族；103 撒易达宗族；104 阿卜杜拉·本·阿克氏族；105 阿卜斯宗族；106布岚宗族；107 阿卜迪家族；108 拉什德宗族；109 葛哈塘部落纪录；110 希木叶尔部落；111 哈梅萨氏族；112 朱沙姆·欧兹玛宗族；113 库勒素姆宗族；114 左鲁爱英宗族；115 叶哈稣波宗族；116 卡赫岚部落；117 艾兹德氏族；118 奥斯宗族；119 赫兹拉吉宗族；120 呼札阿宗族；121 赫思阿姆氏族；122 巴冀拉氏族；123 哈姆丹氏族；124 哈什德与布其勒宗族；125 布其勒家族；126 与哈姆丹关系不明之哈姆丹家族；127 马孜希吉氏族；128 简卜宗族；129 萨尔德·阿什拉宗族；130 穆拉德宗族；131 安斯宗族；132 哈卡姆宗族；133 非哈卡姆宗族之马孜希吉家族；134 泰伊氏族；135 杰芝拉宗族；136 郜思宗族；137 艾什阿尔氏族；138 娜姬娅家族；139 哈尼克家族；140 拉克卜宗族；141 悭达氏族；142 穆阿维叶宗族；143 艾施拉斯宗族；144 悭达家族；145 拉赫姆氏族；146 胡吒姆氏族；147 吉弗纳部落；148 加桑之意义片段。

（四）参考文献

阿迦·布祖尔克：《什叶派著述门径》第24卷，第253~254页。索伊卜·阿卜杜·哈密德：《什叶派史学家辞典》第2卷，第306页。什贺布丁·麦尔阿什：《释疑：谱系、别号与后裔精粹人物志》，第92~93页。阿卜杜·拉札戈·康木纳：《愿者希冀：族谱学家层级传》，第66、408~409页。穆罕默德·拉施德：《族谱学家辞典：自伊历一世纪至当代》，第512页。

艾哈迈德·侯赛尼

（Ahmad al-Husaynī，？~约1487）

（一）名号谱系

艾哈迈德·本·穆罕默德·本·哈桑·本·欧贝杜拉·阿拉维·侯赛尼。

（二）生平概述

生卒地点有待考究。有德者，族谱学家。

（三）族谱著作

《宝贵珠玉：塔里比家族谱系》（*Al-Durr al-Thamīn fī Ansāb al-Tālibīyīn*）。

该书撰成于1487年。笔者收藏的手抄本（高清图片）共232页。

（四）参考文献

阿卜杜·拉札戈·康木纳：《愿者希冀：族谱学家层级传》，第400页。

叶哈雅·阿米利

（Yahyá al-‘Āmirī，1413～1488）

（一）名号谱系

艾布·扎卡利雅·叶哈雅·本·艾比·伯克尔·本·穆罕默德·本·叶哈雅·本·穆罕默德·本·侯赛因·阿米利·哈拉获·也玛尼·沙斐仪。

（二）生平概述

生卒于也门哈杰省的哈拉德（Harad）。当时也门的著名圣训学家、史学家、族谱学家和医生。

（三）族谱著作

《谱系解释》（*Al-Īdāh fī al-Ansāb*）。

（四）参考文献

邵卡尼：《吉星满月：七世纪后良善》第2卷，第327页。齐黎克里：《名人》第8卷，第139页。欧麦尔·礼萨：《著述家辞典》第4卷，第88～89页。索伊卜·阿卜杜·哈密德：《什叶派史学家辞典》第2卷，第446～447页。利玛·杜尔内格：《阿拉伯与穆斯林著名史学家》，第495～496页。

萨伽夫

（al-Saqqāf，1415～1489）

（一）名号谱系

沙姆苏丁·艾布·哈桑·阿里·本·艾比·伯克尔·本·阿卜杜·拉哈曼·本·穆罕默德·本·阿里·本·阿拉维·本·穆罕默德·本·阿里·本·穆罕默德·本·阿里·本·阿拉维·本·穆罕默德·本·阿拉

维·本·阿卜杜拉·本·艾哈迈德·本·尔撒·本·穆罕默德·本·阿里·本·贾法尔·拔阿拉维·侯赛尼。

（二）生平概述

生卒于也门泰里姆（Tarim）。苏菲主义者，教法学家和族谱学家。

（三）族谱著作

《华丽珠宝：侯赛尼家谱》（*Al-Jawāhir al-Sanīyah fī Nisbat al-'Itrah al-Husaynīyah*）。

（四）参考文献

阿卜杜拉·萨伽夫：《哈德拉毛诗坛史》第 1 卷，第 78~86 页。齐黎克里：《名人》第 4 卷，第 267 页。阿卜杜·拉札戈·康木纳：《愿者希冀：族谱学家层级传》，第 405~406 页。穆罕默德·拉施德：《族谱学家辞典：自伊历一世纪至当代》，第 344 页。

伊本·亥狄利

（Ibn al-Khaydirī，1418~1489）

（一）名号谱系

古特布丁·艾布·亥尔·穆罕默德·本·穆罕默德·本·阿卜杜拉·本·亥狄尔·本·苏莱曼·本·达乌德·本·法腊哈·本·独梅达·亥狄利·祖贝迪·白勒伽维·拉姆里·迪马什基·沙斐仪。

（二）生平概述

生于叙利亚大马士革附近的贝特拉希亚（Beit Lahia）村。曾在大马士革、巴勒贝克、耶路撒冷、开罗和麦加等城市诵读经文。曾任大马士革的沙斐仪教法学派大法官。人物志编纂家、族谱学家和圣训学家，一生撰写图书和文章 20 多部（篇）。卒于开罗。

（三）族谱著作

《谱系知获》（*Al-Iktisāb fī Ma'rifat al-Ansāb*）第 1～11 卷，艾布·马立克·吉贺德·本·赛义德·穆尔什迪校勘，科威特：拉托伊夫学术论著出版社 & 遗产复兴与数字服务科学公司，2019。

1442 年 6 月 23 日，伊本·亥狄利在开罗的蒙哥杜姆利耶学校（al-Madrasah al-Mankūdumurrīyah）完成这部著作。他在节略（精选内容，但不减少任何一个人物）著名族谱学家萨姆阿尼《族谱》的基础上，主要增加了鲁沙蒂《火炬与花须：圣门谱系与遗训传述》和伊本·艾西尔《谱系修正精粹》的精华部分。

全书按照阿拉伯字母顺序编录并诠释了 6142 个归属名。其中，第一个是阿巴冀。关于它的起源，有三种说法：①波斯地名阿巴吉；②伊朗伊斯法罕附近的阿巴赫（Ābah）村；③与乌尔米亚（Urmiyah）或乌尔米吉（Urmijī）有关。使用该归属名的人物，如艾布·阿卜杜拉·穆罕默德·本·马哈默韦赫·本·穆斯林·阿巴冀。

最后一个归属名是亚思仪。它追溯到亚思俄·本·昊恩·本·呼栽玛·本·穆德黎卡·本·伊勒雅斯·本·穆多尔。需要特别指出的是，有学者把“亚思俄”（Yaythi'）写成“埃塞俄”（Aytha'）。也有人把“亚思俄·本·昊恩”（Yaythi' ibn al-Hawn）记载成“亚塞俄·本·穆莱哈·本·昊恩”（Yaytha' ibn Mulayh ibn al-Hawn）。

诚然，伊本·亥狄利编纂该书的方法只是沿袭传统，缺乏创新。但该书的最大价值在于全面总结前人们对归属名的研究成果，加以考证，使前人的学术成果更好地流传至今。

（四）参考文献

萨哈维：《闪光：九世纪人物》第 9 卷，第 117～124 页。哈吉·哈里发：《书艺题名释疑》第 1 卷，第 209、244 页。齐黎克里：《名人》第 7 卷，第 51～52 页。萨拉丁·穆纳吉德：《大马士革史学家及其手稿与出版物辞典》，第 263～264 页。沙奇尔·穆斯塔法：《阿拉伯历史与史家》第 4 卷，第 200 页。伯克尔·艾布·栽德：《族谱学家层级传》，第 155 页。阿卜杜·拉札戈·康木纳：《愿者希冀：族谱学家层级传》，第 30 页。穆罕默德·拉施德：《族谱学家辞典：自伊历一世纪至当代》，第 517~518 页。

伊本·拉布迪

(Ibn al-Labūdī，1431~1490)

（一）名号谱系

什贺布丁·艾布·阿拔斯·艾哈迈德·本·赫里勒·本·艾哈迈德·本·伊卜拉欣·本·优素福·本·穆罕默德·本·艾哈迈德·迪马什基·索里希·沙斐仪，以“伊本·拉布迪”或“伊本·奥尔奥尔”(Ibn ‘Ur‘ur) 或“伊本·白拓伊尼”(Ibn al-Batā’inī) 著称于世。

（二）生平概述

生卒于叙利亚大马士革。勤奋好学，广拜良师。史学家和文学家。

（三）族谱著作

《母系族谱备忘》(*Tadhkirat al-Tālib al-Nabīh bi-man nusiba li-Ummihi dūna Abīhi*)，阿卜杜·萨腊姆·汉玛里·苏欧德校注，突尼斯：皇家出版社，2017。

笔者未能读到该书，相关出版信息详见世界书目网（网址：https://www.worldcat.org/title/tadhkirat-al-lib-al-nabh-bi-man-nusiba-li-ummihi-dna-abh/oclc/1021221580&referer=brief_results，最后访问时间：2021 年 12 月 27 日）。

（四）参考文献

萨哈维：《闪光：九世纪人物》第 1 卷，第 293~294 页。齐黎克里：《名人》第 1 卷，第 121 页。欧麦尔·礼萨：《著述家辞典》第 1 卷，第 135 页。萨拉丁·穆纳吉德：《大马士革史学家及其手稿与出版物辞典》，第 265~266 页。利玛·杜尔内格：《阿拉伯与穆斯林著名史学家》，第 35 页。

穆达赫晋

（al-Mudahjin，? ~约 1490）

（一）名号谱系

杰玛路丁·穆罕默德·本·阿里·本·艾比·伯克尔·穆达赫晋·古拉什。

（二）生平概述

生卒地点有待考究。教法学家和族谱学家。

（三）族谱著作

1.《也门部落谱系与后裔考查》（*Al-Tahqīqāt al-‘Alīyah fī Ansāb wa-A‘qāb al-Qabā’il al-Yamanīyah*），阿拉法特·哈德拉米校勘，萨那：哈里德·本·瓦立德书店，2019。

笔者未能读到该书，相关出版信息详见世界书目网（网址：https://www.worldcat.org/title/tahqiqat-al-aliyah-fi-ansab-wa-aqab-al-qabail-al-yamaniyah/oclc/1162869268&referer=brief_results，最后访问时间：2021 年 8 月 7 日）。

2. 文章《也门扎比德城居部落谱系》（“Risālat fī Ansāb al-Qabā’il allatī sakanat Madīnat Zabīd bi-al-Yaman”）。

3.《冠冕珠宝：葛哈塘与阿德南谱系》（*Jawāhir al-Tījān fī Ansāb Qahtān wa-‘Adnān*）。

（四）参考文献

哈吉·哈里发：《书艺题名释疑》第 1 卷，第 245 页。齐黎克里：《名人》第 6 卷，第 289 页。阿卜杜拉·哈巴什：《也门伊斯兰思想文献》，第 497~498 页。沙奇尔·穆斯塔法：《阿拉伯历史与史家》第 4 卷，第 279 页。伯克尔·艾布·栽德：《族谱学家层级传》，第 155 页。阿卜杜·拉札戈·康木纳：《愿者希冀：族谱学家层级传》，第 411 页。穆罕默德·拉施德：《族谱学家辞典：自伊历一世纪至当代》，第 494~495 页。

塔纳斯

（al-Tanasī，约 1421～1494）

（一）名号谱系

艾布·阿卜杜拉·穆罕默德·本·阿卜杜拉·本·阿卜杜·杰里勒·塔纳斯·提里姆撒尼·马立其。

（二）生平概述

可能生卒于阿尔及利亚提奈斯（Ténès）。定居阿尔及利亚特莱姆森。背诵家、教法学家、文学家、史学家和诗人。

（三）族谱著作

《珠串与金链：栽彦人荣贵阐释及其精英列王与往昔称王先辈纪录》（*Nazm al-Durr wa-al-ʻIqyān fī Bayān Sharaf Banī Zayyān wa-Dhikr Mulūkahum al-Aʻyān wa-man malaka min Aslāfihim fī-mā madá min al-Zamān*）。

该书是记载扎亚尼德王朝历史的唯一可靠原始文献，共由 5 篇 38 章内容构成。其中第 1 篇主要记载栽彦家族的谱系和历史，由 7 章构成。第 1 章，记述素丹穆罕默德·穆塔瓦奇勒（1462～1468 年在位）的谱系。第 2 章，讲述阿拉伯人的美德、诸先知故事、前伊斯兰时期阿拉伯人的历史故事和穆多尔部落谱系。第 3 章，描述古莱什部落美德和阿卜杜·马纳夫家族特征。第 4 章，叙述哈希姆家族的光辉事迹和塔里比家族的人物生平。第 5 章，阐述阿里及其子嗣的美德和哈桑与侯赛因的生平事迹。第 6 章，追述阿卜杜拉·卡米勒及其子嗣的谱系和伊德里斯家族的历史。第 7 章是全书最重要的、篇幅最长的一章，即《特莱姆森栽彦人列王史》（*Tārīkh Banī Zayyān*：*Mulūk Tilimsān*，阿尔及尔：穆法姆出版社，2011）。余下 4 篇 31 章是记载扎亚尼德王朝历史和相关人物传记的文史资料汇编。

（四）参考文献

萨哈维：《闪光：九世纪人物》第 8 卷，第 120 页。齐黎克里：《名人》

第6卷，第238页。欧麦尔·礼萨：《著述家辞典》第3卷，第444页。乔治·宰丹：《阿拉伯语言文学史》第3卷，第230页。伊本·苏达：《远马格里布史家索引》，第112~113页。利玛·杜尔内格：《阿拉伯与穆斯林著名史学家》，第406页。穆罕默德·拉施德：《族谱学家辞典：自伊历一世纪至当代》，第481~482页。穆罕默德·马赫达维：《塔纳斯·提里姆撒尼长老：扎亚尼德王朝史家》（Muhammad Mahdāwī，“Al-Shaykh al-Tanasī al-Tilimsānī：Mu’arrikh al-Dawlah al-Zayyānīyah”），《摩洛哥空地》（*Al-Fadā’ al-Maghāribī*）2009年第1卷第5期。

拿冀

（al-Nājī，1407~1495）

（一）名号谱系

布尔贺努丁·艾布·伊斯哈格·伊卜拉欣·本·穆罕默德·本·马哈茂德·本·巴德尔·拿冀·哈拉比·迪马什基·古贝拔提·沙斐仪。

（二）生平概述

生卒于叙利亚大马士革。精通圣训。在教法学方面，曾遵从罕百里学派，后来改从沙斐仪学派，因而得绰号“拿冀”。

（三）族谱著作

《贾法尔·本·艾比·塔里卜子孙》（*Dhurrīyat Ja‘far ibn Abī Tālib*）。该书手抄本被收藏于德国柏林国家图书馆（编号：9400）。

（四）参考文献

萨哈维：《闪光：九世纪人物》第1卷，第166页。齐黎克里：《名人》第1卷，第65页。萨拉丁·穆纳吉德：《大马士革史学家及其手稿与出版物辞典》，第268~269页。穆罕默德·拉施德：《族谱学家辞典：自伊历一世纪至当代》，第31页。

伊本·祖雷戈

(Ibn Zurayq, 1410～1495)

(一) 名号谱系

拿斯鲁丁·艾布·白伽·穆罕默德·本·艾比·伯克尔·本·阿卜杜·拉哈曼·本·穆罕默德·本·艾哈迈德·本·苏莱曼·本·哈姆扎·本·艾哈迈德·本·欧麦尔·本·谢赫·艾比·欧麦尔·麦格迪斯·迪马什基·索里希·罕百里。

(二) 生平概述

祖籍耶路撒冷，生卒于叙利亚大马士革。曾担任代理法官。精通圣训及其人物志。

(三) 族谱著作

《扎哈比〈混淆〉通告》(*Al-I'lām bi-mā fī Mushtabih al-Dhahabī min al-A'lām*)。

该书凡3卷，是著名族谱学家扎哈比《人物名字及其谱系混淆》的节略本。

(四) 参考文献

萨哈维:《闪光:九世纪人物》第7卷，第169～171页。伊本·易玛德:《金砂:往逝纪事》第9卷，第551页。齐黎克里:《名人》第6卷，第58页。欧麦尔·礼萨:《著述家辞典》第3卷，第167页。萨拉丁·穆纳吉德:《大马士革史学家及其手稿与出版物辞典》，第267页。沙奇尔·穆斯塔法:《阿拉伯历史与史家》第4卷，第206～207页。阿卜杜拉·涂雷基:《罕百里学派著作辞典》第5卷，第25～28页。

比勒雅尼

（al-Bilyānī，？～约 1495）

（一）名号谱系

奥哈杜丁·阿卜杜拉·侯赛尼，以“阿卜杜拉·奥里雅·比勒雅尼”著称于世。

（二）生平概述

生卒地点和生平事迹有待考究。

（三）族谱著作

《塔里比人园地》（*Riyād al-Tālibīyīn*）。

（四）参考文献

哈吉·哈里发：《书艺题名释疑》第 2 卷，第 244 页。阿迦·布祖尔克：《什叶派著述门径》第 11 卷，第 329 页。阿卜杜·拉札戈·康木纳：《愿者希冀：族谱学家层级传》，第 372 页。

穆罕默德·艾赞木利

（Muhammad al-Azammūrī，？～约 1495）

（一）名号谱系

艾布·阿卜杜拉·穆罕默德·本·阿卜杜·阿济姆·艾赞木利。

（二）生平概述

生卒于摩洛哥。史学家、教法学家和族谱学家。

（三）族谱著作

1.《观者愉悦与来者和蔼》（*Bahjat al-Nāzirīn wa-Uns al-Hādirīn*）。

该书主要记载居住在摩洛哥艾宰穆尔（Azemmour）附近的乌姆迦尔（Umghār）家族的重要人物及其事迹，比如，艾布·阿卜杜·哈里戈·阿卜杜·阿济姆·本·艾比·阿卜杜拉·乌姆迦尔和艾布·叶尔孤卜·优素福·本·艾比·阿卜杜拉·乌姆迦尔等。

2.《马格里布部分贵族纪录》（*Taqyīd fī ba'd Shurafā' al-Maghrib*）。

（四）参考文献

伊本·苏达：《远马格里布史家索引》，第48~49、56页。穆罕默德·达拔厄：《马林王朝时期的思想与文学名人》，第269~290页。穆罕默德·拉施德：《族谱学家辞典：自伊历一世纪至当代》，第478页。

小伊本·阿拉伯沙赫

（Ibn 'Arabshāh al-Saghīr，1411~1496）

（一）名号谱系

塔朱丁·艾布·纳斯尔·阿卜杜·瓦贺卜·本·艾哈迈德·本·穆罕默德·本·阿卜杜拉·本·伊卜拉欣·本·穆罕默德·本·阿拉伯沙赫·泰尔哈尼·迪马什基·哈乃斐。

（二）生平概述

生于俄罗斯哈吉塔尔汉（Hajji Tarkhan）。后来跟随他的父亲、史学家伊本·阿拉伯沙赫（Ibn 'Arabshāh，1389~1450）前往土耳其托卡特（Tokat），随后赴叙利亚阿勒颇，在叙利亚大马士革定居。1479年10月，被任命为大法官。翌年12月，被免职后，到埃及开罗度晚年。

（三）族谱著作

《先知族谱尊贵世系》（*Ashraf al-Ansāb Nasab Afdal al-Anbiyā' wa-A'zam al-Ahbāb*）。

该书手抄本被收藏于德国柏林国家图书馆（编号：2531）。

（四）参考文献

萨哈维：《闪光：九世纪人物》第5卷，第97~98页。伊本·易玛德：《金砂：往逝纪事》第10卷，第10页。齐黎克里：《名人》第4卷，第180页。欧麦尔·礼萨：《著述家辞典》第2卷，第340页。伯克尔·艾布·栽德：《族谱学家层级传》，第159页。穆罕默德·拉施德：《族谱学家辞典：自伊历一世纪至当代》，第323页。

萨哈维

（al-Sakhāwī，1427~1497）

（一）名号谱系

沙姆苏丁·艾布·亥尔·穆罕默德·本·阿卜杜·拉哈曼·本·穆罕默德·本·艾比·伯克尔·本·奥斯曼·本·穆罕默德·萨哈维·伽熙利·沙斐仪。

（二）生平概述

生于埃及开罗。杰出的史学家，涉猎圣训学、经注学和文学。一生撰写图书和文章200多部（篇），一说约400册。卒于麦地那。

（三）族谱著作

《别号知识基础》（*'Umdat al-Ashāb fī Ma'rifat al-Alqāb*）。

该书是族谱学家伊本·哈杰尔《别号粹览》的续作。

（四）参考文献

萨哈维：《闪光：九世纪人物》第8卷，第2~32页。齐黎克里：《名人》第6卷，第194~195页。欧麦尔·礼萨：《著述家辞典》第3卷，第169、399~400页。阿拔斯·阿札维：《蒙古与土库曼时期的史学家介绍》，第252~253页。沙奇尔·穆斯塔法：《阿拉伯历史与史家》第3卷，第177~182页。穆罕默德·希拉：《麦地那历史与史家》，第109~117页。穆罕默德·拉施德：《族谱学家辞典：自伊历一世纪至当代》，第 472~473 页。艾布·欧贝达·马什胡尔·本·哈桑·阿勒-萨勒曼、艾布·胡宰法·艾哈迈德·舒盖拉特：《萨哈维的著作》（Abū ‘Ubaydah Mashhūr ibn Hasan Āl Salmān wa-Abū Hudhayfah Ahmad al-Shuqayrāt，*Mu’allafāt al-Sakhāwī*），贝鲁特：伊本·哈兹姆出版社，1998。

侯赛因·麦尔阿什

（al-Husayn al-Mar‘ashī，15 世纪）

（一）名号谱系

阿拉丁·侯赛因·本·阿里·本·穆罕默德·本·侯赛因·本·阿里·本·穆罕默德·本·穆尔塔达·本·阿里·本·穆罕默德·本·穆尔塔达·本·阿里·本·艾哈迈德·本·阿里·本·阿卜杜拉·本·穆罕默德·本·哈希姆·本·阿里·本·穆罕默德·本·哈桑·本·阿里·本·阿卜杜拉·本·穆罕默德·本·哈桑·本·侯赛因·本·阿里·本·侯赛因·本·阿里·本·艾比·塔里卜·侯赛尼·麦尔阿什。

（二）生平概述

出生地点有待考究。精通教法与圣训的埃米尔。卒于伊朗伊斯法罕。

（三）族谱著作

写了一部族谱学巨著，未完稿。

（四）参考文献

穆哈幸·艾敏：《什叶派精英》第 6 卷，第 117 页。索伊卜·阿卜杜·哈密德：《什叶派史学家辞典》第 1 卷，第 295 页。阿卜杜·拉札戈·康木纳：《愿者希冀：族谱学家层级传》，第 402 页。

穆罕默德·达沃利

（Muhammad al-Dawārī，15 世纪）

（一）名号谱系

巴德鲁丁·穆罕默德·本·艾哈迈德·本·阿里·本·穆萨·达沃利。

（二）生平概述

可能生卒于也门萨达。教法学家、史学家和族谱学家。

（三）族谱著作

《也门萨达城定居部落谱系》（“Risālat fī Ansāb al-Qabā’il allatī sakanat Madīnat Sa‘dah bi-al-Yaman”），详见《埃及史学家杂志》（*Majallat al-Mu’arrikh al-Misrī*）1989 年第 3 期，第 11~64 页。

穆斯塔法·阿卜杜拉·什哈校勘的该文手稿虽然只有 38 行文字，但记载了作者所处时代萨达城的许多部落信息，为后来学者们研究该城的社会状况提供了不可多得的参考资料。

（四）参考文献

沙奇尔·穆斯塔法：《阿拉伯历史与史家》第 4 卷，第 279 页。埃曼·福阿德：《伊斯兰时期也门历史文献》，第 187~188 页。

伊本·法特宏

（Ibn Fathūn，约 15 世纪）

（一）名号谱系

艾布·哈桑·阿里·本·法特宏。

（二）生平概述

生卒地点和生平事迹有待考究。

（三）族谱著作

《大小伊德里斯祖先及其子嗣散居各地记录》（*Taqyīd yashtamilu 'alá Ajdād Mawlānā Idrīs al-Akbar wa-Awlād Waladihi Mawlānā Idrīs al-Asghar ilá an tafarraqū fī al-Buldān*）。

（四）参考文献

伊本·苏达：《远马格里布史家索引》，第 56 页。穆罕默德·拉施德：《族谱学家辞典：自伊历一世纪至当代》，第 356 页。

十　公元16世纪

伊本·米波拉德

（Ibn al-Mibrad，1436～1503）

（一）名号谱系

杰玛路丁·艾布·麦哈幸·优素福·本·哈桑·本·艾哈迈德·本·哈桑·本·艾哈迈德·本·阿卜杜·哈迪·本·阿卜杜·哈密德·本·阿卜杜·哈迪·本·优素福·本·穆罕默德·本·古达玛·迪马什基·索里希·罕百里。

（二）生平概述

生卒于叙利亚大马士革。家学渊源，未满20岁就开始著述，一生撰写图书和文章400多部（篇）。罕百里派教法学家、圣训学家、史学家、人物志编纂家、医生和族谱学家。

（三）族谱著作

1.《先知谱系树形图》（*Al-Shajarah al-Nabawīyah fī Nasab Khayr al-Barrīyah*），艾哈迈德·萨拉丁·艾哈迈德注解，开罗：希拉出版社，1997。

这本小册子简要记述先知穆罕默德的家谱和谱中部分人物的名号谱系。

2.《往昔宝珠、满意新娘、先知谱树与穆罕默德品性》（*Al-Durrah al-Muḍīyah wa-al-'Arūsah al-Marḍīyah wa-al-Shajarah al-Nabawīyah wa-al-Akhlāq al-Muhammadīyah*）。

3.《阿卜杜·哈迪人谱树》(*Shajarat Banī ʻAbd al-Hādī*)。

(四) 参考文献

纳吉姆丁·加齐:《行星:十世纪精英》第 1 卷,第 317 页。伊本·易玛德:《金砂:往逝纪事》第 10 卷,第 62 页。齐黎克里:《名人》第 8 卷,第 225~226 页。沙奇尔·穆斯塔法:《阿拉伯历史与史家》第 4 卷,第 121~125 页。萨拉丁·穆纳吉德:《大马士革史学家及其手稿与出版物辞典》,第 272~276 页。阿卜杜拉·涂雷基:《罕百里学派著作辞典》第 5 卷,第 41~128 页。穆罕默德·拉施德:《族谱学家辞典:自伊历一世纪至当代》,第 583 页。

苏尤蒂

(al-Suyūtī,1445~1505)

(一) 名号谱系

杰拉路丁·艾布·法得勒·阿卜杜·拉哈曼·本·艾比·伯克尔·本·穆罕默德·本·艾比·伯克尔·本·奥斯曼·本·穆罕默德·本·喜德尔·本·艾尤卜·本·穆罕默德·本·霍玛姆·霍代利·苏尤蒂·米斯利·沙斐仪。

(二) 生平概述

生卒于埃及开罗。从 3 岁开始听名家讲座。5 岁丧父。聪慧好学,重视游学,曾到访希贾兹地区、沙姆地区、也门和马格里布。百科全书式大学者,在古兰学、圣训学、教法学、教义学、语法学、修辞学和人物志方面的造诣尤为突出。勤奋治学,他的学生达乌迪(al-Dāwūdī)亲眼目睹他一日撰成 3 本小册子。

2009 年,穆罕默德·谢拔尼(Muhammad al-Shaybānī)与艾哈迈德·哈津达尔(Ahmad al-Khāzindār)合著的《苏尤蒂手稿考究及其在世界上的藏存地点》(*Dalīl Makhtūtāt al-Suytī wa-Amākin Wujūdihā fī al-ʻĀlam*)第二版问世(科威特:手稿、遗产与档案中心),提到的苏尤蒂手稿多达 1080 件。

（三）族谱著作

1.《精华粹髓：谱系释解》（*Lubb al-Lubāb fī Tahrīr al-Ansāb*）第 1～2 卷，穆罕默德·艾哈迈德·阿卜杜·阿齐兹、艾什拉夫·艾哈迈德·阿卜杜·阿齐兹校勘，贝鲁特：学术书籍出版社，1991。

该书撰成于 1468 年 9 月 15 日，主要内容摘选自伊本·艾西尔的《谱系修正精粹》，辅之以雅孤特·哈默维的《地名辞典》，按照阿拉伯字母顺序简略地编录 4323 个归属名。

2.《〈精华粹髓：谱系释解〉续编》（*Dhayl Lubb al-Lubāb fī Tahrīr al-Ansāb*）。

3.《阿拉伯谱系》（*Ansāb al-'Arab*）。

4.《揭露号之面纱》（*Kashf al-Niqāb 'an al-Alqāb*）。

（四）参考文献

萨哈维：《闪光：九世纪人物》第 4 卷，第 65～70 页。伊本·易玛德：《金砂：往逝纪事》第 10 卷，第 74～79 页。哈吉·哈里发：《书艺题名释疑》第 1 卷，第 237、244 页；第 3 卷，第 106、147 页。阿拔斯·阿杋维：《蒙古与土库曼时期的史学家介绍》，第 253～254 页。沙奇尔·穆斯塔法：《阿拉伯历史与史家》第 3 卷，第 182～195 页。齐黎克里：《名人》第 3 卷，第 301～302 页。欧麦尔·礼萨：《著述家辞典》第 2 卷，第 82～85 页。伯克尔·艾布·栽德：《族谱学家层级传》，第 159 页。阿卜杜·拉札戈·康木纳：《愿者希冀：族谱学家层级传》，第 432 页。穆罕默德·拉施德：《族谱学家辞典：自伊历一世纪至当代》，第 246～247 页。伊雅德·泰拔俄：《伊玛目哈菲兹杰拉路丁·苏尤蒂：伊斯兰学问百科全书》（Iyād al-Tabbā', *Al-Imām al-Hāfiz Jalāl al-Dīn al-Suyūtī: Ma'lamat al-'Ulūm al-Islāmīyah*），大马士革：格拉姆出版社，1996。

阿里·萨姆胡迪

（‘Alī al-Samhūdī，1440～1506）

（一）名号谱系

努尔丁·艾布·哈桑·阿里·本·阿卜杜拉·本·艾哈迈德·本·阿里·本·尔撒·本·穆罕默德·本·尔撒·本·穆罕默德·本·尔撒·本·艾比·阿勒雅·本·贾法尔·本·阿里·本·艾比·拓熙尔·本·哈桑·本·艾哈迈德·本·穆罕默德·本·哈桑·本·穆罕默德·本·伊斯哈格·本·穆罕默德·本·苏莱曼·本·达乌德·本·哈桑·本·阿里·本·艾比·塔里卜·哈希米·哈萨尼·萨姆胡迪。

（二）生平概述

生于埃及萨姆侯德（Samhoud）村。在埃及开罗长大。自 1469 年开始定居麦地那。教法学家、教义学家、圣训学家、史学家和族谱学家，一生撰写图书和文章约 20 部（篇）。卒于麦地那。

（三）族谱著作

1.《贵族美德项链珠宝：显明学问与高贵族谱》（*Jawāhir al-‘Iqdayn fī Fadl al-Sharafayn Sharaf al-‘Ilm al-Jalī wa-al-Nasab al-‘Alī*）。

该书撰成于 1492 年，凡 2 卷。1984 年，穆萨·比纳依·阿里里校勘出版（巴格达：阿尼印书馆）的第 1 卷分 3 章讨论学问与学者的可贵。第 2 卷共 15 章，记载先知穆罕默德的家族。1987 年，穆萨校勘出版（巴格达：阿尼印书馆）的该卷第 1 分册共 13 章。作者在第 2 卷的序言中介绍了本卷各章的主要内容。整体而言，这部著作不是族谱学专著，但富含族谱知识。

2.《透明宝石：贵族美德》（*Al-Jawhar al-Shaffāf fī Fadā’il al-Ashrāf*）。

（四）参考文献

阿卜杜·伽迪尔·爱达鲁斯：《旅途之光：十世纪史》，第 94～98 页。哈吉·哈里发：《书艺题名释疑》第 1 卷，第 591 页。齐黎克里：《名人》

第 4 卷，第 307 页。欧麦尔·礼萨：《著述家辞典》第 2 卷，第 463 页。穆罕默德·希拉：《麦地那历史与史家》，第 118~128 页。利玛·杜尔内格：《阿拉伯与穆斯林著名史学家》，第 263 页。伯克尔·艾布·栽德：《族谱学家层级传》，第 159 页。

侯赛因·哈伊利

（Husayn al-Hā'irī，？~约 1512）

（一）名号谱系

易祖丁·侯赛因·本·穆撒易德·本·哈桑·本·麦赫祖姆·本·突庚·本·侯赛因·本·穆罕默德·本·尔撒·本·拓熙尔·本·穆罕默德·本·阿里·本·穆罕默德·本·艾哈迈德·本·叶哈雅·本·艾哈迈德·本·阿里·本·尔撒·本·叶哈雅·本·侯赛因·本·栽德·本·阿里·本·侯赛因·本·阿里·本·艾比·塔里卜·侯赛尼·突迦尼·哈伊利。

（二）生平概述

生卒地点有待考究。有德者，诗人。

（三）族谱著作

批注著名族谱学家伊本·易纳巴的《艾布·塔里卜家族谱系基本要义》。

（四）参考文献

伊本·易纳巴：《艾布·塔里卜家族谱系基本要义》，第 267 页。阿迦·布祖尔克：《什叶派著述门径》第 3 卷，第 405 页。穆哈幸·艾敏：《什叶派精英》第 6 卷，第 171~173 页。阿卜杜拉·阿凡迪：《学林园与德贤池》第 2 卷，第 175~176 页。索伊卜·阿卜杜·哈密德：《什叶派史学家辞典》第 1 卷，第 307 页。什贺布丁·麦尔阿什：《释疑：谱系、别号与后裔精粹人物志》，第 96~98 页。阿卜杜·拉札戈·康木纳：《愿者希冀：族谱学家层级传》，第427~431页。穆罕默德·拉施德：《族谱学家辞典：自伊历一世纪至当代》，第158页。

穆罕默德·纳佐米

（Muhammad al-Nazzāmī，？~1513）

（一）名号谱系

索德鲁丁·穆罕默德·本·哈桑·纳佐米。

（二）生平概述

生卒地点和生平事迹有待考究。

（三）族谱著作

《阿拉伯功绩》（*Ma'āthir al-'Arab*）。

（四）参考文献

哈吉·哈里发：《书艺题名释疑》第3卷，第168页。欧麦尔·礼萨：《著述家辞典》第3卷，第240页。伯克尔·艾布·栽德：《族谱学家层级传》，第219页。

阿卜杜拉·拔卡西尔

（'Abd Allāh Bākathīr，1442~1519）

（一）名号谱系

阿卜杜拉·本·艾哈迈德·拔卡西尔·哈德拉米·麦奇·沙斐仪。

（二）生平概述

生于也门哈德拉毛。沙斐仪派教法学家、文学家和诗人。卒于麦加。

（三）族谱著作

《伊本·易纳巴〈艾布·塔里卜家族谱系基本要义〉摘要》（*Mukhtasar ‘Umdat al-Tālib fī Ansāb Āl Abī Tālib li-Ibn ‘Inabah*）。

（四）参考文献

阿卜杜·伽迪尔·爱达鲁斯：《旅途之光：十世纪史》，第 178～179 页。伊本·易玛德：《金砂：往逝纪事》第 10 卷，第 188～189 页。欧麦尔·礼萨：《著述家辞典》第 2 卷，第 221～222 页。穆罕默德·拉施德：《族谱学家辞典：自伊历一世纪至当代》，第 287～288 页。

伊本·祖赫拉

（Ibn Zuhrah，？～1521）

（一）名号谱系

塔朱丁·艾哈迈德·本·穆罕默德·本·哈姆扎·本·阿卜杜拉·本·穆罕默德·本·穆罕默德·本·阿卜杜·穆哈幸·本·哈桑·本·祖赫拉·本·哈桑·本·哈姆扎·本·祖赫拉·本·阿里·本·穆罕默德·本·穆罕默德·本·艾哈迈德·本·穆罕默德·本·侯赛因·本·伊斯哈格·本·贾法尔·本·穆罕默德·本·阿里·本·侯赛因·本·阿里·本·艾比·塔里卜·侯赛尼·伊斯哈基·哈拉比·富仪。

（二）生平概述

生于叙利亚阿勒颇。曾游历伊朗并在那里居住了 17 年。辞世地点有待考究。

（三）族谱著作

1.《阿拉维家族摘略》（*Ghāyat al-Ikhtisār fī al-Buyūtāt al-‘Alawīyah al-Mahfūzah min al-Ghubār*），赛义德·穆罕默德·索迪戈校勘，纳杰夫：海达利耶印书馆及其书店，1962。

作者在绪论中认为，族谱学是阿拉伯人的学问。波斯人不重视族谱。全书正文由百余个主题构成。其中，第一个是考订谱树与简谱以及二者的区别。最后一个是艾布·塔里卜的诗。

值得特别指出的是，作者在第 2 个主题中解释的分支世系包括 7 个级别：①部族；②部落；③胞族；④氏族；⑤宗族；⑥亲族；⑦家族。这和我们在上文介绍的其他族谱学家谈论的“六分世系”、“九分世系”和“十分世系”略有不同。

2.《谱海》（*Bahr al-Ansāb*）。

（四）参考文献

伊本·罕百里：《爱珠：阿勒颇精英史》第 1 卷第 1 分册，第 409~410 页。穆哈幸·艾敏：《什叶派精英》第 3 卷，第 628~631 页。穆罕默德·泰拔格：《阿勒颇史上群英诸贤》第 5 卷，第 401 页。伯克尔·艾布·裁德：《族谱学家层级传》，第 141 页。阿卜杜·拉札戈·康木纳：《愿者希冀：族谱学家层级传》，第 415 页。穆罕默德·拉施德：《族谱学家辞典：自伊历一世纪至当代》，第 122~123 页。

杰玛路丁·朱尔贾尼

（Jamāl al-Dīn al-Jurjānī，？ ~约 1523）

（一）名号谱系

杰玛路丁·本·阿卜杜拉·本·穆罕默德·本·哈桑·侯赛尼·朱尔贾尼。

（二）生平概述

生卒地点有待考究。校勘学家和族谱学家。

（三）族谱著作

旁注《谱海》（*Bahr al-Ansāb*）。

（四）参考文献

穆哈幸·艾敏：《什叶派精英》第 4 卷，第 216~217 页。阿迦·布祖尔克：《什叶派名人层级传》第 7 卷，第 42 页。什贺布丁·麦尔阿什：《释疑：谱系、别号与后裔精粹人物志》，第 104 页。穆罕默德·拉施德：《族谱学家辞典：自伊历一世纪至当代》，第 126 页。

伊本·阿密杜丁

(Ibn ‘Amīd al-Dīn，？～约 1523)

（一）名号谱系

沙姆苏丁·艾布·阿里·穆罕默德·本·艾哈迈德·本·阿里·本·哈桑·本·阿里·本·杰拉路丁·本·穆罕默德·本·阿里·本·艾哈迈德·本·阿里·本·哈桑·本·哈桑·本·叶哈雅·本·侯赛因·本·艾哈迈德·本·欧麦尔·本·叶哈雅·本·侯赛因·本·栽德·本·阿里·本·侯赛因·本·阿里·本·艾比·塔里卜·侯赛尼·纳杰斐。

（二）生平概述

生于伊朗苏扎（Suza）。1443 年，前往叙利亚大马士革收集塔里比家族谱系。1456 年，到访伊朗马什哈德。次年，赴萨卜泽瓦尔。翌年，到阿富汗赫拉特。1466 年，第二次到伊朗图斯。1494 年，再访萨卜泽瓦尔，在那里成婚。族谱学家。辞世地点有待考究。

（三）族谱著作

《探索谱树：贵族世系考究》（*Kitāb al-Mushajjar al-Kashshāf li-Tahqīq Usūl al-Sādah al-Ashrāf*）第 1～2 卷，阿黎夫·艾哈迈德·阿卜杜·加尼、阿卜杜拉·本·侯赛因·撒达校勘，大马士革：奇南出版社，2001。

该书又名《谱海》（*Bahr al-Ansāb*），收录阿拉伯贵族名人世系、伍麦叶王朝和阿拔斯王朝哈里发的谱系片段。其原稿不分章。有学者根据内容和结构的变化，把它分成 15 章：①使者生平；②伊玛目·穆罕默德·拔基尔子嗣；③栽德·沙希德·本·栽德·阿比丁子嗣；④阿卜杜·拔熙尔·本·栽努·阿比丁子嗣；⑤欧麦尔·艾什拉夫·本·栽努·阿比丁子嗣；⑥侯赛因·艾斯加尔·本·栽努·阿比丁子嗣；⑦阿里·艾斯加尔·本·

栽努·阿比丁子嗣；⑧贾法尔·赫蒂卜·本·哈桑·穆尚纳子嗣；⑨阿卜杜拉·麦哈得子嗣；⑩伊卜拉欣·加慕尔·本·哈桑·穆尚纳子嗣；⑪达乌德·本·哈桑·穆尚纳子嗣；⑫哈桑·穆塞拉思子嗣；⑬哈桑·本·栽德·本·哈桑·西波特子嗣；⑭信士长官阿里·本·艾比·塔里卜子嗣；⑮阿拔斯与艾布·塔里卜子嗣。

（四）参考文献

阿迦·布祖尔克：《什叶派名人层级传》第 7 卷，第 228 页。阿迦·布祖尔克：《什叶派著述门径》第 21 卷，第 44 页。穆哈幸·艾敏：《什叶派精英》第 9 卷，第 65 页。欧麦尔·礼萨：《著述家辞典》第 3 卷，第 84 页。什贺布丁·麦尔阿什：《释疑：谱系、别号与后裔精粹人物志》，第 101~102 页。伯克尔·艾布·栽德：《族谱学家层级传》，第 218 页。阿卜杜·拉札戈·康木纳：《愿者希冀：族谱学家层级传》，第 437~438 页。穆罕默德·拉施德：《族谱学家辞典：自伊历一世纪至当代》，第 409~410 页。

阿瓦得·杰尔戊

（‘Awad al-Jarw，16 世纪）

（一）名号谱系

阿瓦得·本·艾哈迈德·本·阿瓦得·本·阿卜杜拉·本·欧麦尔·杰尔戊·什拔米。

（二）生平概述

生卒地点有待考究。文学家、诗人和族谱学家。

（三）族谱著作

1.《谱系裨益》（*Fawā'id fī al-Ansāb*）。

2.《苦后甘甜：悭达谱系》（*Al-Faraj ba'da al-Shiddah fī Ansāb Kindah*）。

3.《苦后甘甜：悭达支系考证》（*Al-Faraj ba'da al-Shiddah fī Ithbāt Furū' Kindah*）。

（四）参考文献

阿卜杜拉·哈巴什：《也门伊斯兰思想文献》，第 506 页。伊卜拉欣·麦格哈斐：《也门地名与部落辞典》第 1 卷，第 321 页。穆罕默德·拉施德：《族谱学家辞典：自伊历一世纪至当代》，第 374~375 页。

伊本·希达耶图拉

（Ibn Hidāyat Allāh，16 世纪）

（一）名号谱系

阿里·本·希达耶图拉·本·侯赛因·本·阿里·本·穆罕默德·本·侯赛因·本·阿里·本·葛沃姆丁·本·穆罕默德·本·阿里·本·卡玛路丁·本·穆罕默德·本·穆尔塔多·本·阿里·本·卡玛路丁·本·葛沃姆丁·索迪戈·本·艾哈迈德·本·阿里·本·阿卜杜拉·本·穆罕默德·本·艾比·哈希姆·本·阿里·本·穆罕默德·本·哈桑·本·阿里·麦尔阿什·本·阿卜杜拉·本·穆罕默德·本·哈桑·本·侯赛因·本·阿里·侯赛尼·麦尔阿什。

（二）生平概述

生卒地点有待考究。教法学家、圣训学家、文学家、诗人和族谱学家。

（三）族谱著作

《族谱》（*Kitāb fī al-Nasab*）。

（四）参考文献

什贺布丁·麦尔阿什：《释疑：谱系、别号与后裔精粹人物志》，第 98 页。穆哈幸·艾敏：《什叶派精英》第 8 卷，第 369 页。索伊卜·阿卜杜·哈密德：《什叶派史学家辞典》第 1 卷，第 646 页。穆罕默德·拉施德：《族谱学家辞典：自伊历一世纪至当代》，第 366 页。

十一　生卒年不详的族谱学家及其著作

艾哈迈德·法里斯

(Ahmad al-Fārisī)

(一) 名号谱系

艾布·伯克尔·艾哈迈德·本·穆罕默德·本·法得勒·法里斯。

(二) 生平概述

生卒地点和生平事迹有待考究。

(三) 族谱著作

《沙斐仪族谱》(*Nasab al-Shāfi'ī*)

(四) 参考文献

塔朱丁·苏波其:《大沙斐仪学派层级传》第2卷,第178页。伯克尔·艾布·栽德:《族谱学家层级传》,第212页。

伽斯姆·穆萨维

(Qāsim al-Mūsawī)

(一) 名号谱系

马立克·沙拉夫·艾布·哈希姆·伽斯姆·本·穆罕默德·本·贾法

尔·穆萨维·侯赛尼。

（二）生平概述

生卒地点和生平事迹有待考究。

（三）族谱著作

《族谱学撮要》（“Mukhtasarah fī ‘Ilm al-Nasab”）。

作者在这篇文章中概要地提及了诺亚及其3个儿子闪、含和雅弗的后裔。

（四）参考文献

伊本·福瓦蒂：《别号辞典文集》第5卷，第492页。穆罕默德·拉施德：《族谱学家辞典：自伊历一世纪至当代》，第390页。

卡赫岚

（Kahlān）

（一）名号谱系

卡赫岚·本·艾比·里沃（卢埃依）·本·叶斯腊桑。

（二）生平概述

生卒地点和生平事迹有待考究。

（三）族谱著作

《柏柏尔谱系》（*Ansāb al-Barbar*）。

（四）参考文献

伊本·赫勒敦：《伊本·赫勒敦史》第6卷，第117、124、162~163页。哈玛胡拉·撒里姆：《阿马齐格与希腊勒移民史》（Hamāh Allāh al-Sālim, *Tārīkh al-Amāzīgh wa-al-Hijrah al-Hilālīyah*）第1卷，贝鲁特：学术书籍出版社，2012，第79页。穆罕默德·拉施德：《族谱学家辞典：自伊历一世纪至当代》，第 396~397 页。

穆罕默德·阿萨迪

(Muhammad al-Asadī)

（一）名号谱系

穆罕默德·本·艾哈迈德·本·阿卜杜拉·本·穆罕默德·阿萨迪。

（二）生平概述

生卒地点和生平事迹有待考究。

（三）族谱著作

《阿拉伯集、文学珠宝与族谱释明》（*Kitāb Dīwān al-'Arab wa-Jawharat al-Adab wa-Īdāh al-Nasab*）。

著名史学家伊本·阿迪姆曾读过该书，并在《诉求目标：阿勒颇史》中摘抄了一些段落。

（四）参考文献

伊本·阿迪姆：《诉求目标：阿勒颇史》第 1 卷，第 528 页；第 3 卷，第 1495~1496、1548 页。哈吉·哈里发：《书艺题名释疑》第 2 卷，第 136 页。伊哈桑·阿拔斯：《佚史金砂》，第 6 页。穆罕默德·拉施德：《族谱学家辞典：自伊历一世纪至当代》，第 408 页。

谢拔尼克·阿拉维

(Shaybānik al-'Alawī)

（一）名号谱系

艾布·法得勒·侯赛因·本·阿德南·本·穆罕默德·本·阿德南·本·阿里·本·穆罕默德·哈鲁吉，以“谢拔尼克”著称于世。

（二）生平概述

生卒地点和生平事迹有待考究。

（三）族谱著作

据著名族谱学家伊本·易纳巴的记载，他收集族谱。

（四）参考文献

伊本·易纳巴：《艾布·塔里卜家族谱系基本要义》，第 328 页。穆罕默德·拉施德：《族谱学家辞典：自伊历一世纪至当代》，第 152 页。

伊本·穆哈幸·拉多维

(Ibn al-Muhsin al-Radawī)

（一）名号谱系

艾布·法特哈·艾哈迈德·本·穆罕默德·本·穆哈幸·本·叶哈雅·本·贾法尔·本·阿里·本·穆罕默德·本·阿里·本·穆萨·拉多维·苏菲。

（二）生平概述

出生地点有待考究。最后流浪到一个名为阿米德塞加尔（Āmid al-Thaghar）的地方，并在那里去世。

（三）族谱著作

《艾布·塔里卜家族谱系树形图》（*Mushajjarat fī Ansāb Āl Abī Tālib*）。

（四）参考文献

伊本·易纳巴：《艾布·塔里卜家族谱系基本要义》，第 200、230 页。阿卜杜·拉札戈·康木纳：《愿者希冀：族谱学家层级传》，第 190 页。穆罕默德·拉施德：《族谱学家辞典：自伊历一世纪至当代》，第 71 页。

十二　无名氏的族谱著作

《努贝特家谱》

(*Kitāb Nasab al-Nubayt*)

(一) 族谱著作简介

人物志编纂家、族谱学家伊本·萨尔德在记载瑟比特的两个子嗣马立克和苏弗彦的传记时，提到了该书。但他没有找到它，也未提其作者。

(二) 参考文献

伊本·萨尔德：《大层级传》第 5 卷，第 289 页。福阿德·斯兹金：《阿拉伯遗产史》第 1 卷第 2 分册，第 16 页。

《福拉特家族传》

(*Sīrat Āl al-Furāt*)

(一) 族谱著作简介

著名人物志编纂家索法迪在《逝者全录》的绪论中把该书归入“臣卿与政客史”之列，但未写明其作者。伊斯兰学术史大师哈吉·哈里发在《书艺题名释疑》中也只是记录书名，未写作者。

(二) 参考文献

索法迪：《逝者全录》第 1 卷，第 60 页。哈吉·哈里发：《书艺题名释疑》第2卷，第301页。

《人名修正》

(*Tahdhīb al-Asmā'*)

（一）族谱著作简介

土耳其伊斯坦布尔托普卡帕宫图书馆（Topkapı Sarayı Müzesi Kütüphanesi）藏该书手抄本，它誊抄于17世纪，共170张纸，编号：6357 A. 1209。叙利亚著名史学史家沙奇尔·穆斯塔法（Shākir Mustafá，1921~1997）推测，其作者可能生活于14世纪。它的编纂方法模仿史学家纳瓦维（al-Nawawī，1233~1277）的《名字与语言修正》(*Tahdhīb al-Asmā' wa-al-Lughāt*)。

（二）参考文献

沙奇尔·穆斯塔法：《阿拉伯历史与史家》第3卷，第230~231页；第4卷，第224页。法狄勒·马赫迪·巴雅特：《伊斯坦布尔托普卡帕宫图书馆藏阿拉伯手稿（三）》（Fādil Mahdī Bayāt, "al-Makhtūtāt al-'Arabīyah fī Maktabat Tūb Qābī Sarāyi bi-Istānbūl, al-Qism al-Thālith"），《泉源》(*Al-Mawrid*) 1976年第2期，第257页。

下编

口传族谱学家及其影响概要

一　公元 6 世纪

萨蒂哈·支阿比

(Satīh al-Dhi'bī，？ ~572)

（一）名号谱系

拉比俄·本·拉比阿·本·马斯欧德·本·玛津·本·支阿卜·本·阿迪·本·玛津·加桑。

（二）生平概述

生卒地点有待考究。叙利亚沙漠地区的祭司。据一些阿拉伯故事家讲，他活了 300 年（另一种说法是 600 年），无头无脖，脸在胸膛，有体无肢，只有生气时才坐起来。他有一张用枣椰柄和叶做的床。如果他想移动到一个地方，就把双脚像卷衣服一样卷到骷髅里，然后，被放到这张床上。

（三）族谱学影响

据土耳其著名史学家福阿德·斯兹金（Fuat Sezgin，1924~2018）的记载，他是我们所知的前伊斯兰时期最早的阿拉伯族谱学家。

（四）参考文献

贾希兹：《动物志》第 3 卷，第 210 页。福阿德·斯兹金：《阿拉伯遗产史》第 1 卷第 2 分册，第 12 页。艾哈迈德·扎其：《阿拉伯繁荣时代的阿拉伯人演说集》第 1 卷，第 91~93 页。

二　公元 7 世纪

艾布·伯克尔

（Abū Bakr，约 573～634）

（一）名号谱系

艾布·伯克尔·阿卜杜拉·本·奥斯曼·本·阿米尔·本·阿慕尔·本·卡尔卜·本·萨尔德·本·贴姆·本·穆拉·本·卡尔卜·本·卢埃依·本·迦里卜·本·菲赫尔·本·马立克·本·纳得尔·本·奇纳乃·本·呼栽玛·本·穆德黎卡·本·伊勒雅斯·本·穆多尔·本·尼札尔·本·马阿德·本·阿德南·古拉什·贴米。

（二）生平概述

生于麦加。先知穆罕默德的密友和岳父。第一任正统哈里发（632～634年在位）。病逝于麦地那。

（三）族谱学影响

精通族谱，深知各部落及其支系，能与他人辩论族谱学问题。族谱学家贾希兹把他记载为族谱学家。

（四）参考文献

贾希兹：《解释与阐明》第 1 卷，第 318 页。伊本·萨尔德：《大层级传》第 3 卷，第 155～195 页。米齐：《〈人名大全〉修正》第 15 卷，第

282~285 页。伯克尔·艾布·栽德：《族谱学家层级传》，第 13 页。阿卜杜·拉札戈·康木纳：《愿者希冀：族谱学家层级传》，第 81~83 页。穆罕默德·拉施德：《族谱学家辞典：自伊历一世纪至当代》，第 303~304 页。〔埃及〕穆罕默德·侯赛因·海卡尔：《艾布·伯克尔传》，王永芳、王茂虎译，华文出版社，2015。

涂莱哈·阿萨迪

（Tulayhah al-Asadī，? ~642）

（一）名号谱系

涂莱哈·本·呼韦里德·本·瑙发勒·本·纳得拉·本·艾施塔尔·本·哈吉旺·本·法戈阿斯·本·托利夫·本·阿慕尔·本·古爱恩·本·哈黎思·本·塞尔拉巴·本·杜丹·本·阿萨德·本·呼栽玛·本·穆德黎卡·本·伊勒雅斯·本·穆多尔·阿萨迪。

（二）生平概述

出生地点有待考究。最英勇的阿拉伯人之一，号称“千人骑士”。战死于纳哈万德战役（Battle of Nahavand）。

（三）族谱学影响

族谱学家贾希兹把他记载为演说家、诗人、勇士、祭司和族谱学家。

（四）参考文献

伊本·萨尔德：《大层级传》第 6 卷，第 155~156 页。贾希兹：《解释与阐明》第 1 卷，第 359 页。扎哈比：《群英诸贤传》第 1 卷，第 316~317 页。伊本·艾西尔：《莽丛群狮：圣门弟子知识》第 3 卷，第 94~95 页。齐黎克里：《名人》第 3 卷，第 230 页。穆罕默德·拉施德：《族谱学家辞典：自伊历一世纪至当代》，第 226 页。

欧麦尔

（‘Umar，？～644）

（一）名号谱系

艾布·哈弗斯·欧麦尔·本·赫拓卜·本·努费勒·本·阿卜杜·欧札·本·利雅哈·本·阿卜杜拉·本·古尔特·本·拉札哈·本·阿迪·本·卡尔卜·本·卢埃依·本·迦里卜·古拉什·阿达维。

（二）生平概述

生于麦加。是麦加有声望的商人。先知穆罕默德的岳父。在 634 年成为第二任正统哈里发，执政 10 年。在位期间，主持制定了伊斯兰历，为后来阿拉伯编年体史书的诞生做好了历法方面的必要准备。卒于麦地那。

（三）族谱学影响

口传族谱学家。是第一位推动阿拉伯族谱研究官方化的哈里发。曾召集当时古莱什部落四大族谱学家中的三位，即伊本·瑙发勒、伊本·穆特易姆和阿基勒，命令他们根据血缘与家族关系来编订名册。它是伊斯兰时期第一本阿拉伯族谱名册。

（四）参考文献

伊本·萨尔德：《大层级传》第 3 卷，第 275 页。沙奇尔·穆斯塔法：《阿拉伯历史与史家》第 1 卷，第 190 页。伯克尔·艾布·栽德：《族谱学家层级传》，第 13 页。阿里·索腊比：《欧麦尔·本·赫拓卜的个性及其时代》（‘Alī al-Sallābī, *Fasl al-Khitāb fī Sīrat Amīr al-Mu’minīn ‘Umar ibn al-Khattāb: Shakhsīyatuhu wa-‘Asruhu*），大马士革 & 贝鲁特：伊本·卡西尔出版社，2009。〔埃及〕穆罕默德·侯赛因·海卡尔：《欧麦尔传》，王永芳译，北京：华文出版社，2015。

胡韦缇卜

（Huwaytib，约 559~674）

（一）名号谱系

艾布·穆罕默德（艾斯巴俄）·胡韦缇卜·本·阿卜杜·欧札·本·艾比·盖斯·本·阿卜杜·瓦德·本·纳斯尔·本·马立克·本·阿米尔·本·卢埃依·古拉什·阿米利。

（二）生平概述

生于麦加。曾将麦地那房产卖给穆阿维叶一世（661~680 年在位），售价 4 万第纳尔。安葬第 3 任正统哈里发奥斯曼的人员之一。卒于麦地那。

（三）族谱学影响

当时古莱什部落四大族谱学家之一。

（四）参考文献

贾希兹：《解释与阐明》第 2 卷，第 323~324 页。扎哈比：《群英诸贤传》第 2 卷，第 540~541 页。索法迪：《逝者全录》第 13 卷，第 134~135 页。米齐：《〈人名大全〉修正》第 7 卷，第 465~470 页。福阿德·斯兹金：《阿拉伯遗产史》第 1 卷第 2 分册，第 34~35 页。齐黎克里：《名人》第 2 卷，第 289 页。什贺布丁·麦尔阿什：《释疑：谱系、别号与后裔精粹人物志》，第 13~14 页。伯克尔·艾布·栽德：《族谱学家层级传》，第 13 页。阿卜杜·拉札戈·康木纳：《愿者希冀：族谱学家层级传》，第 72~73 页。穆罕默德·拉施德：《族谱学家辞典：自伊历一世纪至当代》，第 169 页。

哈其姆·阿萨迪

(Hakīm al-Asadī, 570~674)

(一) 名号谱系

艾布·哈里德·哈其姆·本·希札姆·本·呼韦里德·本·阿萨德·本·阿卜杜·欧札·本·古绥依·本·奇腊卜·本·穆拉·古拉什·阿萨迪。

(二) 生平概述

生于麦加。先知穆罕默德原配夫人赫蒂彻的侄子。古莱什部落的首领之一。卒于麦地那。

(三) 族谱学影响

精通古莱什部落谱系及其纪事。

(四) 参考文献

伊本·萨尔德:《大层级传》第6卷,第50~56页。伊本·阿萨奇尔:《大马士革史》第15卷,第93~130页。扎哈比:《伊斯兰史与诸杰群英辞世录》第4卷,第197~199页。齐黎克里:《名人》第2卷,第269页。伯克尔·艾布·栽德:《族谱学家层级传》,第14~15页。阿卜杜·拉札戈·康木纳:《愿者希冀:族谱学家层级传》,第72页。穆罕默德·拉施德:《族谱学家辞典:自伊历一世纪至当代》,第160页。

哈撒恩·瑟比特

(Hassān Thābit,? ~674)

(一) 名号谱系

艾布·瓦立德·哈撒恩·本·瑟比特·本·蒙兹尔·本·哈拉姆·

本·阿慕尔·本·栽德·马纳·本·阿迪·本·阿慕尔·本·马立克·本·纳贾尔·赫兹拉冀·安索利。

（二）生平概述

生卒于麦地那。早年成为部落诗人。青年时期在叙利亚的加萨尼王国和伊拉克的希拉王国担任宫廷诗人。后来追随先知穆罕默德，获得“先知诗人”的美誉。跨越前伊斯兰时期和伊斯兰时期的长寿老人。晚年双目失明。

（三）族谱学影响

古莱什部落口传族谱学家。他的一些诗歌颂扬部落美德和高贵门第。

（四）参考文献

伊本·萨尔德：《大层级传》第4卷，第322~327页。扎哈比：《群英诸贤传》第2卷，第512~523页。齐黎克里：《名人》第2卷，第175~176页。伯克尔·艾布·栽德：《族谱学家层级传》，第14页。《哈撒恩·本·瑟比特诗集》（*Dīwān Hassān ibn Thābit*），贝鲁特：学术书籍出版社，1994。

阿依莎（女）

（‘Ā’ishah，约613~678）

（一）名号谱系

乌姆·穆敏·阿依莎·宾特·艾比·伯克尔·阿卜杜拉·本·奥斯曼·本·阿米尔·本·阿慕尔·本·卡尔卜·本·萨尔德·本·贴姆·本·穆拉·本·卡尔卜·本·卢埃依·本·迦里卜·本·菲赫尔·本·马立克·本·纳得尔·本·奇纳乃·本·呼栽玛·本·穆德黎卡·本·伊勒雅斯·本·穆多尔·本·尼札尔·本·马阿德·本·阿德南·古拉什·贴米。

（二）生平概述

生于麦加。是哈里发艾布·伯克尔6个孩子中的第5个。约620年，与先知穆罕默德订立婚约。623 年 12 月初，两人在麦地那完婚。她聪慧好学，机敏过人，深得穆罕默德宠爱。在穆罕默德弥留之际，一直用心守护。她被奉为“信士之母”，是阿拉伯历史上很有学问的女学者，对伊斯兰思想史产生了广泛且深远的影响。深谙前伊斯兰时期阿拉伯人的社会情况、历史故事、部落族谱、诗歌文学、风俗习惯、仪式礼节和婚姻状况。传述了 2210 段圣训，在“传述圣训最多的圣门弟子”中居第 4 位。卒于麦地那。

（三）族谱学影响

著名口传族谱学家，但没有成文的族谱著作。

（四）参考文献

伯克尔·艾布·栽德：《族谱学家层级传》，第 14 页。阿卜杜·哈密德·托赫玛兹：《阿依莎女士》（‘Abd al-Hamīd Tahmāz, *Al-Sayyidah ‘Ā’ishah*），大马士革：格拉姆出版社，1994。马哈茂德·沙拉比：《信士之母阿依莎的生平》（Mahmūd Shalabī, *Hayāt ‘Ā’ishah Umm al-Mu’minīn*），贝鲁特：吉勒出版社，1998。伊本·泰米叶：《信士之母阿依莎》（Ibn Taymīyah, *Umm al-Mu’minīn ‘Ā’ishah*），开罗：伊本·泰米叶书店，1989。

纳哈尔·古铎仪

（al-Nakhkhār al-Qudā‘ī，643～约 680）

（一）名号谱系

纳哈尔（纳贾尔）·本·奥斯·本·伍贝尔·本·阿慕尔·本·阿卜杜·哈黎思·本·拉拔哈·本·卢埃依·本·阿卜杜·马纳夫·本·哈黎思·本·萨尔德·霍宰姆·古铎仪。

（二）生平概述

生卒地点有待考究。演说家、族谱学家。

（三）族谱学影响

口传《马阿德·本·阿德南家谱》（*Nasab Ma‘add ibn ‘Adnān*）。

（四）参考文献

贾希兹：《动物志》第 3 卷，第 209～210 页。伊本·纳迪姆：《目录》第 1 卷第 2 分册，第 300 页。伊本·哈兹姆：《阿拉伯谱系集》，第 448 页。伊本·玛库腊：《名字、别名与谱系辨正释疑大全》第 1 卷，第 15 页；第 7 卷，第 333～334 页。齐黎克里：《名人》第 8 卷，第 14 页。福阿德·斯兹金：《阿拉伯遗产史》第 1 卷第 2 分册，第 36～37 页。什贺布丁·麦尔阿什：《释疑：谱系、别号与后裔精粹人物志》，第 16～18 页。伯克尔·艾布·栽德：《族谱学家层级传》，第 21 页。阿卜杜·拉札戈·康木纳：《愿者希冀：族谱学家层级传》，第 99 页。穆罕默德·拉施德：《族谱学家辞典：自伊历一世纪至当代》，第 564～565 页。

达厄发勒

(Daghfal,？ ～685)

（一）名号谱系

达厄发勒·本·韩左拉·本·栽德（叶齐德）·本·阿卜达·本·阿卜杜拉·本·拉比阿·本·阿慕尔·本·谢班·本·祝赫勒·本·塞尔拉巴·本·欧卡巴·本·索尔卜·本·阿里·本·伯克尔·本·沃伊勒·本·伽斯特·本·欣卜·本·艾弗索·本·杜俄米·本·杰迪拉·本·阿萨德·本·拉比阿·本·尼札尔·本·马阿德·本·阿德南·萨都斯·祝赫里·谢拔尼。

（二）生平概述

生卒地点有待考究。伍麦叶王朝哈里发穆阿维叶一世惊叹于他的学识，请他给其子叶齐德教授阿拉伯语、族谱和占星术。

（三）族谱学影响

伊斯兰初期最负盛名的口传族谱学家，被誉为“阿拉伯的族谱学家”。

（四）参考文献

贾希兹：《解释与阐明》第1卷，第322页。伊本·古台巴：《知识》，第534页。伊本·纳迪姆：《目录》第1卷第2分册，第278页。伊本·艾西尔：《莽丛群狮：圣门弟子知识》第2卷，第200~202页。米齐：《〈人名大全〉修正》第8卷，第486~491页。齐黎克里：《名人》第2卷，第340页。福阿德·斯兹金：《阿拉伯遗产史》第1卷第2分册，第40~41页。沙奇尔·穆斯塔法：《阿拉伯历史与史家》第1卷，第133、136~137页。什贺布丁·麦尔阿什：《释疑：谱系、别号与后裔精粹人物志》，第13页。伯克尔·艾布·栽德：《族谱学家层级传》，第16~17、213页。阿卜杜·拉札戈·康木纳：《愿者希冀：族谱学家层级传》，第73~75页。穆罕默德·拉施德：《族谱学家辞典：自伊历一世纪至当代》，第178~179页。

哈黎思·艾俄瓦尔

（al-Hārith al-A'war，？~685）

（一）名号谱系

艾布·祖海尔·哈黎思·本·阿卜杜拉·本·卡尔卜·本·阿萨德·本·哈里德·本·胡思（即阿卜杜拉）·本·萨布俄·本·索尔卜·本·穆阿维叶·本·卡西尔·本·马立克·本·朱沙姆·本·哈什德·本·亥兰·本·瑙弗·本·哈姆丹·哈姆达尼·库斐。

（二）生平概述

生卒于伊拉克库法。再传圣门弟子中的大学者，教法学家，精通遗产继承学和圣训人物志。

（三）族谱学影响

当时的知名口传纪事家和口传族谱学家。

（四）参考文献

伊本·萨尔德：《大层级传》第8卷，第288~289页。伊本·哈杰尔：

《修正润饰》第 1 卷，第 612~614 页。扎哈比：《群英诸贤传》第 4 卷，第 152~155 页。什贺布丁·麦尔阿什：《释疑：谱系、别号与后裔精粹人物志》，第 17 页。伯克尔·艾布·栽德：《族谱学家层级传》，第 21 页。阿卜杜·拉札戈·康木纳：《愿者希冀：族谱学家层级传》，第 71 页。

伊本·阿拔斯

(Ibn ʻAbbās, 619~687)

（一）名号谱系

艾布·阿拔斯·阿卜杜拉·本·阿拔斯·本·阿卜杜·穆塔里卜·本·哈希姆·本·阿卜杜·马纳夫·本·古绥依·本·奇腊卜·本·穆拉·本·卡尔卜·本·卢埃依·本·迦里卜·古拉什·哈希米。

（二）生平概述

生于麦加。学识渊博，集当时阿拉伯的诸多学问于一身，被誉为“民族贤哲”。病逝于沙特阿拉伯塔伊夫。

（三）族谱学影响

著名口传族谱学家，但没有成文的族谱著作传世。

（四）参考文献

扎哈比：《群英诸贤传》第 3 卷，第 331~359 页。沙奇尔·穆斯塔法：《阿拉伯历史与史家》第 1 卷，第 150~151 页。伯克尔·艾布·栽德：《族谱学家层级传》，第 16 页。阿卜杜·拉札戈·康木纳：《愿者希冀：族谱学家层级传》，第 79~81 页。穆罕默德·拉施德：《族谱学家辞典：自伊历一世纪至当代》，第 298 页。穆斯塔法·萨义德汗：《阿卜杜拉·本·阿拔斯》(Mustafá Saʻīd al-Khan, *ʻAbd Allāh ibn ʻAbbās*)，大马士革：格拉姆出版社，1994。

艾布·杰赫姆

(Abū Jahm,? ~约690)

(一) 名号谱系

艾布·杰赫姆·阿米尔(欧梅尔,或欧贝德,或欧贝杜拉)·本·胡宰法·本·迦尼姆·本·阿米尔·本·阿卜杜拉·本·欧贝德·本·阿维吉·本·阿迪·本·卡尔卜·古拉什·阿达维。

(二) 生平概述

生于麦加。两次参加翻修天房的工作。卒于麦地那。

(三) 族谱学影响

当时古莱什部落四大族谱学家之一。

(四) 参考文献

贾希兹:《解释与阐明》第2卷,第323~324页。祖贝尔·巴卡尔:《古莱什族谱及其纪事集》第2卷,第41页。伊本·哈兹姆:《阿拉伯谱系集》,第5页。扎哈比:《群英诸贤传》第2卷,第556~557页。福阿德·斯兹金:《阿拉伯遗产史》第1卷第2分册,第38页。齐黎克里:《名人》第3卷,第250页。沙奇尔·穆斯塔法:《阿拉伯历史与史家》第1卷,第17页。什贺布丁·麦尔阿什:《释疑:谱系、别号与后裔精粹人物志》,第14页。阿卜杜·拉札戈·康木纳:《愿者希冀:族谱学家层级传》,第69页。穆罕默德·拉施德:《族谱学家辞典:自伊历一世纪至当代》,第231~232页。

撒伊卜·凯勒比

(al-Sā'ib al-Kalbī,? ~692)

(一) 名号谱系

撒伊卜·凯勒比·本·比施尔·本·阿慕尔(欧麦尔)·本·哈黎

思·本·阿卜杜·哈黎思·本·阿卜杜·欧札·本·伊姆鲁·盖斯·本·阿米尔·本·努尔曼·本·阿米尔·本·阿卜杜·吾德·本·奇纳乃·本·敖弗·本·欧孜拉·本·栽德·本·阿卜杜·拉特·本·鲁费达·本·劭尔·本·卡勒卜·本·瓦波拉·本·古铎阿·凯勒比·库斐。

（二）生平概述

可能生于伊拉克库法。被杀于代尔杰玛晋战役（Battle of Dayr al-Jamajim）。

（三）族谱学影响

口传纪事家和口传族谱学家。族谱学大师伊本·凯勒比的祖父。

（四）参考文献

伊本·萨尔德：《大层级传》第 8 卷，第 478～479 页。伊本·古台巴：《知识》，第 535～536 页。伊本·赫里康：《精英辞世与时代名人信息录》第 4 卷，第 309～311 页。伯克尔·艾布·栽德：《族谱学家层级传》，第 22 页。

奥斯曼·贴米

（'Uthmān Taymī，7 世纪）

（一）名号谱系

奥斯曼·本·欧贝杜拉·本·奥斯曼·古拉什·贴米。

（二）生平概述

可能生于麦加。迁士之一。精通族谱和武功纪。可能卒于麦地那。

（三）族谱学影响

口传族谱学家，没有成文的族谱著作。

（四）参考文献

伊本·阿卜杜·白尔：《圣门弟子知识全录》第3卷，第1037页。伊本·哈杰尔：《圣门弟子常识精要》第4卷，第376页。伊本·艾西尔：《莽丛群狮：圣门弟子知识》第3卷，第576~577页。伯克尔·艾布·栽德：《族谱学家层级传》，第25页。

韩塔夫

（al-Hantaf，7世纪）

（一）名号谱系

韩塔夫·本·叶齐德·本·杰尔瓦纳·安巴利。

（二）生平概述

生卒地点有待考究。曾在伊拉克巴士拉发表演说。

（三）族谱学影响

族谱学家贾希兹把他记载为“安巴尔人的族谱学家”。伊斯兰初期最负盛名的口传族谱学家达厄发勒曾忆起他。

（四）参考文献

贾希兹：《解释与阐明》第1卷，第18页。欧麦利：《鉴识路途：诸城列国》第13卷，第290页。穆罕默德·拉施德：《族谱学家辞典：自伊历一世纪至当代》，第169页。

凯斯·尼姆利

（al-Kays al-Nimrī，7世纪）

（一）名号谱系

栽德·本·哈黎思·本·哈黎塞·本·希腊勒·本·拉比阿·本·栽

德·马纳·本·敖弗·本·萨尔德·本·赫兹拉吉·本·贴姆拉·本·尼姆尔·本·伽斯特·本·欣卜·本·艾弗索·本·杜俄米·本·杰迪拉·尼姆利。

（二）生平概述

生卒地点和生平事迹有待考究。

（三）族谱学影响

族谱学大师伊本·凯勒比在《族谱集》中把他记载为族谱学家。

（四）参考文献

伊本·凯勒比：《族谱集》，第 580 页。贾希兹：《解释与阐明》第 1 卷，第 304 页。贾希兹：《动物志》第 3 卷，第 210 页。伊本·古台巴：《知识》，第 535 页。雅孤特·哈默维：《文豪辞典》第 5 卷，第 2248～2249 页。索法迪：《逝者全录》第 15 卷，第 16 页。福阿德·斯兹金：《阿拉伯遗产史》第 1 卷第 2 分册，第 39 页。什贺布丁·麦尔阿什：《释疑：谱系、别号与后裔精粹人物志》，第 17 页。伯克尔·艾布·栽德：《族谱学家层级传》，第 24～25 页。穆罕默德·拉施德：《族谱学家辞典：自伊历一世纪至当代》，第 189 页。

利法阿·朱尔胡米

（Rifā‘ah al-Jurhumī，7 世纪）

（一）名号谱系

利法阿·本·祖海尔·本·齐雅德·本·欧贝德·本·萨利耶·朱尔胡米。

（二）生平概述

生卒地点和生平事迹有待考究。

（三）族谱学影响

据瓦基迪在《征服沙姆》中的记载，他懂阿拉伯人的族谱、纪事与列王（传记）。

（四）参考文献

瓦基迪：《征服沙姆》第 1 卷，第 287 页。穆罕默德·拉施德：《族谱学家辞典：自伊历一世纪至当代》，第 186 页。

欧雷冀

（al-‘Urayjī，7 世纪）

（一）名号谱系

艾布·瑙发勒·阿慕尔·本·艾比·阿戈拉卜·本·呼韦里德·本·哈里德·本·叶哈雅·本·欧麦尔·本·哈玛斯·本·欧雷吉·本·伯克尔·本·阿卜杜·马纳·本·奇纳乃·伯克利·齐纳尼·欧雷冀·巴士里。

（二）生平概述

生卒地点有待考究。教法学家、圣训学家、演说家和雄辩家。

（三）族谱学影响

族谱学家贾希兹把他记载为族谱学家。

（四）参考文献

贾希兹：《解释与阐明》，第 323 页。伊本·哈杰尔：《修正润饰》第 7 卷，第 521 页。米齐：《〈人名大全〉修正》第 34 卷，第 357~358 页。萨姆阿尼：《谱系》第 8 卷，第 439 页。伊本·哈兹姆：《阿拉伯谱系集》，第 184 页。穆罕默德·拉施德：《族谱学家辞典：自伊历一世纪至当代》，第 567 页。

伊本·基勒因姆

（Ibn al-Qil'imm，7 世纪）

（一）名号谱系

舒尔巴·本·基勒因姆·本·赫法夫·本·阿卜杜·叶顾思·本·斯南·本·拉比阿·本·卡比耶·本·哈尔孤斯·玛及尼。

（二）生平概述

出生地点有待考究。伊拉克总督哈贾吉派他到叙利亚大马士革觐见伍麦叶王朝哈里发阿卜杜·麦立克（685~705 年在位）。最后丧命于沙姆地区。

（三）族谱学影响

族谱学家贾希兹把他记载为“哈尔孤斯人的族谱学家”。

（四）参考文献

贾希兹：《解释与阐明》第 1 卷，第 319 页。白拉祖里：《贵族谱系》第 13 卷，第 45 页。穆罕默德·拉施德：《族谱学家辞典：自伊历一世纪至当代》，第 213 页。

伊本·库雷兹

（Ibn Kurayz，7 世纪）

（一）名号谱系

阿卜杜·阿齐兹·本·阿卜杜拉·本·阿米尔·本·库雷兹。

（二）生平概述

生卒地点有待考究。精通纯正阿拉伯语。

（三）族谱学影响

族谱学家贾希兹把他记载为口传族谱学家。

（四）参考文献

贾希兹：《解释与阐明》第1卷，第271页。穆罕默德·拉施德：《族谱学家辞典：自伊历一世纪至当代》，第271页。

伊斯哈格·悭迪

（Ishāq al-Kindī，7世纪）

（一）名号谱系

伊斯哈格·本·伊卜拉欣·本·盖斯·本·哈杰尔·本·马阿德·叶克黎卜·悭迪。

（二）生平概述

生卒地点有待考究。

（三）族谱学影响

口传族谱学家。

（四）参考文献

伊本·哈兹姆：《阿拉伯谱系集》，第426页。伊本·哈杰尔：《圣门弟子常识精要》第1卷，第173页。穆罕默德·拉施德：《族谱学家辞典：自伊历一世纪至当代》，第92页。

三　公元8世纪

阿卜杜·麦立克

（‘Abd al-Malik，646~705）

（一）名号谱系

艾布·瓦立德·阿卜杜·麦立克·本·马尔旺·本·哈卡姆·本·艾比·阿士·本·伍麦叶·本·阿卜杜·沙姆斯·本·阿卜杜·马纳夫·古拉什·伍麦维·麦达尼·迪马什基。

（二）生平概述

生于麦地那。伍麦叶王朝第五任哈里发，教法学家，懂先知传和阿拉伯纪事。卒于叙利亚大马士革。

（三）族谱学影响

对阿拉伯族谱的兴趣浓厚，曾就古莱什部落族谱问题专门咨询族谱学家祖赫利。是伍麦叶王朝的历任哈里发中传述阿拉伯族谱知识最多者。

（四）参考文献

伊本·阿萨奇尔：《大马士革史》第55卷，第324页。扎哈比：《群英诸贤传》第5卷，第331页。侯赛因·阿特旺：《伍麦叶时期沙姆地区的历史传述》，第54页。穆罕默德·拉施德：《族谱学家辞典：自伊历一世纪至当代》，第319~320页。阿里·索腊比：《哈里发阿卜杜·麦立克·本·马尔旺及其对伊斯兰扩张的影响》（'Alī al-Sallābī, *Khilāfat 'Abd al-Malik ibn Marwān wa-Dawruhu fī al-Futūhāt al-Islāmīyah*），赛达 & 贝鲁特：现代书店，2010，第 224 页。

阿卜杜拉·欧孜利

（'Abd Allāh al-'Udhrī，629~708）

（一）名号谱系

艾布·穆罕默德（塞尔拉巴）·阿卜杜拉·本·塞尔拉巴·本·稣爱尔（艾比·稣爱尔）·本·欧麦尔·本·栽德·本·斯南·本·穆赫塔吉尔·本·萨腊曼·本·阿迪·本·索佶尔·本·赫札兹·本·卡熙勒·本·阿迪·本·沙易尔·欧孜利·麦达尼。

（二）生平概述

生卒于麦地那。诗人，圣训传述人。

（三）族谱学影响

多名人物志编纂家把他记载为族谱学家。族谱学家祖赫利的族谱学老师。

（四）参考文献

伊本·阿萨奇尔：《大马士革史》第 27 卷，第 178~190 页。艾布·努爱姆·艾斯巴哈尼：《圣门弟子知识》第 3 卷，第 1602~1603 页。伊本·艾西尔：《莽丛群狮：圣门弟子知识》第 3 卷，第 191 页。扎哈比：《群英诸贤传》第 3 卷，第 503 页。米齐：《〈人名大全〉修正》第 14 卷，第 353~355 页。什贺布丁·麦尔阿什：《释疑：谱系、别号与后裔精粹人物志》，第 18 页。伯克尔·艾布·栽德：《族谱学家层级传》，第 17 页。阿卜杜·拉札戈·康木纳：《愿者希冀：族谱学家层级传》，第 78~79 页。穆罕默德·拉施德：《族谱学家辞典：自伊历一世纪至当代》，第 289~290 页。

涂韦斯

（Tuways，632~711）

（一）名号谱系

艾布·阿卜杜·蒙易姆·尔撒·本·阿卜杜拉。

（二）生平概述

生于麦地那。马赫祖姆家族（Banū Makhzūm）的释奴。擅长手鼓，被誉为“麦地那第一歌手”。卒于叙利亚苏韦达（al-Suwaydā'）。

（三）族谱学影响

熟知麦地那历史及其居民的家谱。

（四）参考文献

艾布·法拉吉·艾斯法哈尼：《诗歌集》第3卷，第22~33页。伊本·赫里康：《精英辞世与时代名人信息录》第3卷，第506~507页。齐黎克里：《名人》第5卷，第105页。伯克尔·艾布·栽德：《族谱学家层级传》，第24页。穆罕默德·拉施德：《族谱学家辞典：自伊历一世纪至当代》，第377页。

呼贝卜·祖贝利

（Khubayb al-Zubayrī，？~711）

（一）名号谱系

呼贝卜·本·阿卜杜拉·本·祖贝尔·本·敖沃姆·本·呼韦里德·本·阿萨德·本·阿卜杜·欧札·本·古绥依·本·奇腊卜·本·穆拉·本·卡尔卜·本·卢埃依·本·迦里卜·古拉什·阿萨迪。

（二）生平概述

生于麦地那。被时任麦地那总督的欧麦尔·本·阿卜杜·阿齐兹抽打百鞭后泼冷水，第二天早晨被冻死。

（三）族谱学影响

古莱什部落口传族谱学家和口传纪事家，没有成文的族谱著作。

（四）参考文献

伊本·萨尔德：《大层级传》第 7 卷，第 405 页。索法迪：《逝者全录》第 13 卷，第 179 页。米齐：《〈人名大全〉修正》第 8 卷，第 223~227 页。福阿德·斯兹金：《阿拉伯遗产史》第 1 卷第 2 分册，第 42 页。什贺布丁·麦尔阿什：《释疑：谱系、别号与后裔精粹人物志》，第 16 页。伯克尔·艾布·栽德：《族谱学家层级传》，第 37~38 页。伊本·焦齐：《欧麦尔·本·阿卜杜·阿齐兹传》（Ibn al-Jawzī, *Sīrat ʻUmar ibn ʻAbd al-ʻAzīz*），开罗：穆埃耶德印书馆，1913，第 34 页。

伊本·穆赛耶卜

（Ibn al-Musayyab，634~713）

（一）名号谱系

艾布·穆罕默德·萨义德·本·穆赛耶卜·本·哈津·本·艾比·瓦赫卜·本·阿慕尔·本·阿伊孜·本·易姆兰·本·马赫祖姆·古拉什·麦赫祖米·麦达尼。

（二）生平概述

生卒于麦地那。“麦地那七大教法学家”之一。多名人物志编纂家把他誉为“再传圣门弟子的领袖”。

（三）族谱学影响

安达卢西著名族谱学家伊本·哈兹姆在《阿拉伯谱系集》中把他归入

“最懂族谱之人”之列。

（四）参考文献

贾希兹：《解释与阐明》第 1 卷，第 318 页。伊本·哈兹姆：《阿拉伯谱系集》，第 5 页。米齐：《〈人名大全〉修正》第 11 卷，第 66~75 页。扎哈比：《群英诸贤传》第 4 卷，第 217~246 页。福阿德·斯兹金：《阿拉伯遗产史》第 1 卷第 2 分册，第 67~68 页。沙奇尔·穆斯塔法：《阿拉伯历史与史家》第 1 卷，第 151~152 页。什贺布丁·麦尔阿什：《释疑：谱系、别号与后裔精粹人物志》，第 12~13 页。伯克尔·艾布·栽德：《族谱学家层级传》，第 24 页。阿卜杜·拉札戈·康木纳：《愿者希冀：族谱学家层级传》，第 76~78 页。穆罕默德·拉施德：《族谱学家辞典：自伊历一世纪至当代》，第 201 页。瓦赫巴·祖海里：《萨义德·本·穆赛耶卜》（Wahbah al-Zuhaylī, *Sa'īd ibn al-Musayyab*），大马士革：格拉姆出版社，1992。

伊本·欧特巴

（Ibn 'Utbah,？ ~716）

（一）名号谱系

艾布·阿卜杜拉·欧贝杜拉·本·阿卜杜拉·本·欧特巴·本·马斯欧德·本·迦菲勒·本·哈比卜·本·沙姆赫·本·法尔·本·马赫祖姆·霍泽里·麦达尼。

（二）生平概述

生卒于麦地那。是“麦地那七大教法学家”之一。

（三）族谱学影响

族谱学家贾希兹把他记载为族谱学家。

（四）参考文献

伊本·萨尔德：《大层级传》第 7 卷，第 246 页。贾希兹：《解释与阐明》第1卷，第356页。扎哈比：《群英诸贤传》第4卷，第475~479页。米齐：《〈人名大全〉修正》第19卷，第73~77页。穆罕默德·拉施德：《族谱学家辞典：自伊历一世纪至当代》，第325页。

哈卡姆·凯勒比

(al-Hakam al-Kalbī，？~约728)

（一）名号谱系

哈卡姆·本·阿沃纳·本·易雅得·本·威兹尔·本·阿卜杜·哈黎思·本·艾比·希士恩·本·塞尔拉巴·本·朱贝尔·本·阿米尔·本·努尔曼·凯勒比。

（二）生平概述

生卒地点和生平事迹有待考究。

（三）族谱学影响

据人物志编纂家基弗蒂在《语法学家提醒述知》中的记载，他懂阿拉伯日子和族谱。

（四）参考文献

基弗蒂：《语法学家提醒述知》第2卷，第361页。雅孤特·哈默维：《文豪辞典》第5卷，第2133~2134页。伊本·艾比·哈提姆：《考证》第3卷，第126页。伯克尔·艾布·栽德：《族谱学家层级传》，第43页。穆罕默德·拉施德：《族谱学家辞典：自伊历一世纪至当代》，第160页。

伊本·斯琳

(Ibn Sīrīn，653~729)

（一）名号谱系

艾布·伯克尔·穆罕默德·本·斯琳·艾纳斯·巴士里·安索利。

（二）生平概述

生卒于伊拉克巴士拉。艾纳斯·本·马立克（Anas ibn Mālik，612~712）的释奴和书吏。教法学家、圣训传述家。

（三）族谱学影响

著名史学家、族谱学家伊本·赫勒敦把他视为古莱什部落族谱学家。

（四）参考文献

伊本·萨尔德：《大层级传》第9卷，第192~205页。赫蒂卜·巴格达迪：《巴格达史》第3卷，第283~293页。扎哈比：《群英诸贤传》第4卷，第606~622页。伊本·赫勒敦：《伊本·赫勒敦史》第2卷，第4页。齐黎克里：《名人》第6卷，第154页。穆罕默德·拉施德：《族谱学家辞典：自伊历一世纪至当代》，第458页。

叶哈雅·祖贝利

（Yahyá al-Zubayrī，? ~约732）

（一）名号谱系

艾布·欧尔瓦·叶哈雅·本·欧尔瓦·本·祖贝尔·本·敖沃姆·本·呼韦里德·本·阿萨德·本·阿卜杜·欧札·本·古绥依·本·奇腊卜·本·穆拉·本·卡尔卜·本·卢埃依·本·迦里卜·古拉什·阿萨迪·祖贝利·麦达尼。

（二）生平概述

生卒于麦地那。诗人，传述少量圣训。被麦地那总督伊卜拉欣·本·希沙姆·麦赫祖米（725~733年在任）打死。

（三）族谱学影响

族谱学家贾希兹把他记载为族谱学家。

（四）参考文献

贾希兹：《解释与阐明》第 1 卷，第 320 页。伊本·阿萨奇尔：《大马士革史》第 64 卷，第 332~340 页。齐黎克里：《名人》第 8 卷，第 156 页。穆罕默德·拉施德：《族谱学家辞典：自伊历一世纪至当代》，第 580 页。

敖恩·霍泽里

（‘Awn al-Hudhalī，？~约 733）

（一）名号谱系

艾布·阿卜杜拉·敖恩·本·阿卜杜拉·本·欧特巴·本·马斯欧德·霍泽里·库斐。

（二）生平概述

可能生于麦地那。定居伊拉克库法。演说家、诗人和文学家。辞世地点有待考究。

（三）族谱学影响

族谱学家贾希兹把他记载为族谱学家。

（四）参考文献

贾希兹：《解释与阐明》第 1 卷，第 328 页。扎哈比：《群英诸贤传》第 5 卷，第 103~105 页。齐黎克里：《名人》第 5 卷，第 98 页。伯克尔·艾布·栽德：《族谱学家层级传》，第 29~30 页。穆罕默德·拉施德：《族谱学家辞典：自伊历一世纪至当代》，第 375 页。

艾俄拉吉

（al-A‘raj，？～735）

（一）名号谱系

艾布·达乌德·阿卜杜·拉哈曼·本·霍尔穆兹·麦达尼·艾俄拉吉。

（二）生平概述

生于麦地那。穆罕默德·本·拉比阿·本·哈黎思·本·阿卜杜·穆塔里卜·本·哈希姆的释奴。阿拉伯语语言学的先驱之一，背诵家、诵读家。卒于埃及亚历山大。

（三）族谱学影响

艾布·纳得尔·撒里姆·本·艾比·伍麦叶·麦达尼（？～747）认为，他是最懂语法和古莱什谱系的人之一。多名人物志编纂家引用了该评价。

（四）参考文献

祖贝迪：《语法学家与语言学家层级传》，第 26 页。伊本·纳迪姆：《目录》第 1 卷第 1 分册，第 104 页。米齐：《〈人名大全〉修正》第 17 卷，第 467～471 页。扎哈比：《群英诸贤传》第 5 卷，第 69～70 页。齐黎克里：《名人》第 3 卷，第 340 页。穆罕默德·希拉：《麦地那历史与史家》，第 31 页。伯克尔·艾布·栽德：《族谱学家层级传》，第 29 页。阿卜杜·拉札戈·康木纳：《愿者希冀：族谱学家层级传》，第 114～115 页。穆罕默德·拉施德：《族谱学家辞典：自伊历一世纪至当代》，第 257 页。

葛塔达

（Qatādah，680～737）

（一）名号谱系

艾布·赫拓卜·葛塔达·本·迪阿玛·本·葛塔达·本·阿齐兹·

本·卡利姆·本·阿慕尔·本·拉比阿·本·阿慕尔·本·哈黎思·萨都斯·巴士里。

（二）生平概述

生于伊拉克巴士拉。经注学家、圣训学家，精通阿拉伯语和阿拉伯日子。因瘟疫致死于伊拉克瓦西特。

（三）族谱学影响

多名人物志编纂家把他记载为族谱学家。

（四）参考文献

雅孤特·哈默维：《文豪辞典》第 5 卷，第 2233~2234 页。扎哈比：《群英诸贤传》第 5 卷，第 269~283 页。米齐：《〈人名大全〉修正》第 23 卷，第 498~517 页。齐黎克里：《名人》第 5 卷，第 189 页。伯克尔·艾布·栽德：《族谱学家层级传》，第 29 页。阿卜杜·拉札戈·康木纳：《愿者希冀：族谱学家层级传》，第 120~121 页。穆罕默德·拉施德：《族谱学家辞典：自伊历一世纪至当代》，第 390 页。

阿斯姆·欧麦尔

（ʻĀsim ʻUmar，？~738）

（一）名号谱系

艾布·欧麦尔（阿慕尔）·阿斯姆·本·欧麦尔·本·葛塔达·本·努尔曼·本·栽德·本·阿米尔·本·萨沃德·本·卡尔卜·安索利·左发利·麦达尼。

（二）生平概述

生卒于麦地那。圣训学家，精通武功纪。

（三）族谱学影响

伊本·阿卜杜·白尔和索法迪等人物志编纂家把他记载为族谱学家。

（四）参考文献

伊本·萨尔德：《大层级传》第 7 卷，第 415~416 页。伊本·阿卜杜·白尔：《圣门弟子知识全录》第 3 卷，第 1276 页。扎哈比：《群英诸贤传》第 5 卷，第 240~241 页。索法迪：《逝者全录》第 24 卷，第 142 页。米齐：《〈人名大全〉修正》第 13 卷，第 528~531 页。优素福·霍罗维茨：《早期武功纪及其编纂者》，第 63~65 页。福阿德·斯兹金：《阿拉伯遗产史》第 1 卷第 2 分册，第 73~74 页。沙奇尔·穆斯塔法：《阿拉伯历史与史家》第 1 卷，第 156 页。穆罕默德·希拉：《麦地那历史与史家》，第 31~32 页。穆罕默德·拉施德：《族谱学家辞典：自伊历一世纪至当代》，第 231 页。

艾布·欧贝达·安斯

（Abū ‘Ubaydah al-‘Ansī，？ ~约 738）

（一）名号谱系

艾布·欧贝达·本·穆罕默德·本·阿玛尔·本·雅斯尔·安斯。

（二）生平概述

生卒地点有待考究。圣训学家。

（三）族谱学影响

安达卢西著名族谱学家伊本·哈兹姆在《阿拉伯谱系集》中把他记载为族谱学家。

（四）参考文献

伊本·哈兹姆：《阿拉伯谱系集》，第 406 页。扎哈比：《伊斯兰史与诸杰群英辞世录》第 7 卷，第 515 页。伊本·哈杰尔：《修正润饰》第 7 卷，第 426~427 页。米齐：《〈人名大全〉修正》第 34 卷，第 61~63 页。穆罕默德·拉施德：《族谱学家辞典：自伊历一世纪至当代》，第 327 页。

拔扎姆

(Bādhām,？～约738)

（一）名号谱系

艾布·索里哈·拔扎姆。

（二）生平概述

生卒地点有待考究。乌姆·贺尼·宾特·艾比·塔里卜的释奴。圣训学家、经注学家和族谱学家。

（三）族谱学影响

口传《古莱什族谱》。

（四）参考文献

伊本·萨尔德：《大层级传》第7卷，第297页；第8卷，第413页。伊本·纳迪姆：《目录》第1卷第2分册，第300页。扎哈比：《伊斯兰史与诸杰群英辞世录》第7卷，第325页。米齐：《〈人名大全〉修正》第4卷，第6~8页。什贺布丁·麦尔阿什：《释疑：谱系、别号与后裔精粹人物志》，第21~22页。伯克尔·艾布·栽德：《族谱学家层级传》，第40页。阿卜杜·拉札戈·康木纳：《愿者希冀：族谱学家层级传》，第100~102页。穆罕默德·拉施德：《族谱学家辞典：自伊历一世纪至当代》，第102页。

穆罕默德·穆赛耶卜

(Muhammad al-Musayyab,？～约738)

（一）名号谱系

穆罕默德·本·萨义德·本·穆赛耶卜·本·哈津·本·艾比·瓦赫卜·本·阿慕尔·本·阿伊孜·本·易姆兰·本·马赫祖姆·古拉什·麦

赫祖米·麦达尼。

（二）生平概述

可能生卒于麦地那。上述口传族谱学家伊本·穆赛耶卜的儿子。

（三）族谱学影响

多名人物志编纂家把他记载为族谱学家。

（四）参考文献

贾希兹：《解释与阐明》第 1 卷，第 318~319 页。伊本·古台巴：《知识》，第 438 页。米齐：《〈人名大全〉修正》第 25 卷，第 277 页。伊本·哈杰尔：《修正润饰》第 5 卷，第 604 页。扎哈比：《伊斯兰史与诸杰群英辞世录》第 7 卷，第 461 页。伯克尔·艾布·栽德：《族谱学家层级传》，第 41 页。阿卜杜·拉札戈·康木纳：《愿者希冀：族谱学家层级传》，第 127 页。穆罕默德·拉施德：《族谱学家辞典：自伊历一世纪至当代》，第 454 页。

库梅特·阿萨迪

（al-Kumayt al-Asadī，680~744）

（一）名号谱系

库梅特·本·栽德·本·艾赫纳斯·本·穆贾里德·本·拉比阿·本·盖斯·本·哈黎思·本·阿慕尔·本·马立克·本·萨尔德·本·塞尔拉巴·本·杜丹·本·阿萨德·本·呼栽玛·本·穆德黎卡·本·伊勒雅斯·本·穆多尔·阿萨迪·库斐。

（二）生平概述

生卒于伊拉克库法。杰出的诗人，一生写下约 5000 行诗。精通阿拉伯文学、语言、纪事和族谱。

（三）族谱学影响

熟知阿拉伯人（特别是哈希姆家族）的族谱。

（四）参考文献

伊本·哈兹姆：《阿拉伯谱系集》，第193页。索法迪：《逝者全录》第24卷，第276~278页。扎哈比：《群英诸贤传》第5卷，第388~389页。齐黎克里：《名人》第5卷，第233页。什贺布丁·麦尔阿什：《释疑：谱系、别号与后裔精粹人物志》，第18~19页。阿卜杜·拉札戈·康木纳：《愿者希冀：族谱学家层级传》，第121~122页。穆罕默德·拉施德：《族谱学家辞典：自伊历一世纪至当代》，第396页。

伊本·伍宰纳

（Ibn Udhaynah，？~约747）

（一）名号谱系

艾布·阿米尔·欧尔瓦·本·叶哈雅（绰号“伍宰纳”）·本·马立克·本·哈黎思·本·阿慕尔·本·阿卜杜拉·本·利吉勒（祝赫勒）·本·叶俄姆尔·沙达赫·本·敖弗·本·卡尔卜·本·阿米尔·本·莱思·本·伯克尔·本·阿卜杜·马纳·本·奇纳乃·本·呼栽玛·本·穆德黎卡·本·伊勒雅斯·本·穆多尔·本·尼札尔·本·马阿德·本·阿德南·莱西·麦达尼·希贾齐。

（二）生平概述

生卒于麦地那。教法学家、圣训学家和著名诗人。

（三）族谱学影响

著名族谱学家伊本·丰杜戈把他记载为“最懂阿拉伯谱系的人”之一。

（四）参考文献

伊本·阿萨奇尔：《大马士革史》第40卷，第192~210页。艾布·法拉吉·艾斯法哈尼：《诗歌集》第18卷，第234~243页。伊本·丰杜戈：《谱系、别号与后裔精粹》第1卷，第196页。齐黎克里：《名人》第4卷，第227页。穆罕默德·拉施德：《族谱学家辞典：自伊历一世纪至当代》，第334页。

伊本·劳哈

(Ibn Rawh，? ~750)

（一）名号谱系

瓦立德·本·劳哈·本·瓦立德·本·阿卜杜·麦立克·本·马尔旺·本·哈卡姆·本·艾比·阿士·伍麦维。

（二）生平概述

出生地点有待考究。在艾布·福特鲁斯之日（Yawm Abī Futrus）被杀害。

（三）族谱学影响

著名族谱学家伊本·哈兹姆和人物志编纂家伊本·阿萨奇尔都把他记载为族谱学者。

（四）参考文献

伊本·哈兹姆：《阿拉伯谱系集》，第90页。伊本·阿萨奇尔：《大马士革史》第63卷，第130页。伯克尔·艾布·栽德：《族谱学家层级传》，第42页。穆罕默德·拉施德：《族谱学家辞典：自伊历一世纪至当代》，第577页。

伊本·索弗旺

(Ibn Safwān,? ~753)

(一) 名号谱系

艾布·索弗旺·哈里德·本·索弗旺·本·阿卜杜拉·本·阿慕尔·本·艾赫塔姆（即斯南）·本·逊玛·本·斯南·本·哈里德·本·敏格尔·本·阿萨德·本·穆伽易斯（即哈黎思）·本·阿慕尔·本·卡尔卜·本·萨义德·本·栽德·马纳·本·塔米姆·本·穆尔·本·伍德·本·拓比赫·本·伊勒雅斯·本·穆多尔·本·尼札尔·本·马阿德·本·阿德南·塔米米·敏格利·艾赫塔米·巴士里。

(二) 生平概述

生卒于伊拉克巴士拉。著名雄辩家，口传纪事家。

(三) 族谱学影响

与下文口传族谱学家艾波拉施（8 世纪）同为伍麦叶王朝哈里发希沙姆一世（724~743 年在位）的座上宾。他俩曾一起辩论也门人的谱系。

(四) 参考文献

伊本·阿萨奇尔:《大马士革史》第 16 卷，第 94~117 页。雅孤特·哈默维:《文豪辞典》第 3 卷，第 1231~1236 页。齐黎克里:《名人》第 2 卷，第 297 页。侯赛因·阿特旺:《伍麦叶时期沙姆地区的历史传述》，第 59 页。伯克尔·艾布·栽德:《族谱学家层级传》，第 214 页。

舒贝勒·独巴仪

(Shubayl al-Duba'ī,? ~约 757)

(一) 名号谱系

艾布·阿慕尔·舒贝勒·本·阿兹拉·本·欧梅尔·独巴仪·巴士里。

（二）生平概述

生卒于伊拉克巴士拉。哈瓦利吉派演说家，诗人和族谱学家。

（三）族谱学影响

著名族谱学家伊本·古台巴把他记载为口传族谱学家。

（四）参考文献

伊本·古台巴：《知识》，第 535 页。伊本·纳迪姆：《目录》第 1 卷第 1 分册，第 123 页。伊本·哈杰尔：《修正润饰》第 3 卷，第 137～138 页。米齐：《〈人名大全〉修正》第 12 卷，第 373～375 页。齐黎克里：《名人》第 3 卷，第 157 页。伯克尔·艾布·栽德：《族谱学家层级传》，第 31 页。阿卜杜·拉札戈·康木纳：《愿者希冀：族谱学家层级传》，第 110 页。穆罕默德·拉施德：《族谱学家辞典：自伊历一世纪至当代》，第 213 页。

穆贾里德·哈姆达尼

（Mujālid al-Hamdānī，？～762）

（一）名号谱系

艾布·欧梅尔（萨义德）·穆贾里德·本·萨义德·本·欧梅尔·本·比斯拓姆·哈姆达尼·库斐。

（二）生平概述

祖籍伊朗哈马丹。口传纪事家和圣训学家。可能卒于伊拉克库法。

（三）族谱学影响

多名人物志编纂家把他记载为族谱学家。

（四）参考文献

伊本·古台巴：《知识》，第 537 页。伊本·纳迪姆：《目录》第 1 卷第

2 分册，第 283 页。雅孤特·哈默维：《文豪辞典》第 5 卷，第 2271 页。扎哈比：《群英诸贤传》第 6 卷，第 284～287 页。伯克尔·艾布·栽德：《族谱学家层级传》，第 31 页。阿卜杜·拉札戈·康木纳：《愿者希冀：族谱学家层级传》，第 123 页。穆罕默德·拉施德：《族谱学家辞典：自伊历一世纪至当代》，第 402 页。

伊本·舒波鲁玛

(Ibn Shubrumah，？～762)

（一）名号谱系

艾布·舒波鲁玛·阿卜杜拉·本·舒波鲁玛·本·涂费勒·本·哈撒恩·本·蒙兹尔·本·狄拉尔·本·阿慕尔·本·马立克·本·栽德·本·卡尔卜·本·比贾拉·本·祝赫勒·多比·库斐。

（二）生平概述

生卒于伊拉克库法。曾任库法城法官。教法学家、诗人和演说家。

（三）族谱学影响

族谱学家贾希兹把他记载为族谱学家。

（四）参考文献

贾希兹：《解释与阐明》第 1 卷，第 336～337 页。伊本·希班：《各地学林名士》，第 199 页。扎哈比：《群英诸贤传》第 6 卷，第 347～349 页。伊本·哈杰尔：《修正润饰》第 3 卷，第 508～509 页。米齐：《〈人名大全〉修正》第 15 卷，第 76～80 页。穆罕默德·拉施德：《族谱学家辞典：自伊历一世纪至当代》，第 296 页。

伯克利

（al-Bakrī，？～约 762）

（一）名号谱系

艾布·多姆多姆·伯克利·伊本·阿慕尔·本·马立克·本·独贝阿。

（二）生平概述

生卒地点有待考究。基督教徒。

（三）族谱学影响

著名人物志编纂家索法迪把他记载为族谱学家。

（四）参考文献

伊本·古台巴：《知识》，第 534 页。伊本·纳迪姆：《目录》第 1 卷第 2 分册，第 279 页。索法迪：《逝者全录》第 16 卷，第 213～214 页。伯克尔·艾布·栽德：《族谱学家层级传》，第 42～43 页。穆罕默德·拉施德：《族谱学家辞典：自伊历一世纪至当代》，第 222 页。

伊本·撒伊卜·凯勒比

（Ibn al-Sā'ib al-Kalbī，？～763）

（一）名号谱系

艾布·纳得尔·穆罕默德·本·撒伊卜·凯勒比·本·比施尔·本·阿慕尔（欧麦尔）·本·哈黎思·本·阿卜杜·哈黎思·本·阿卜杜·欧札·本·伊姆鲁·盖斯·本·阿米尔·本·努尔曼·本·阿米尔·本·阿卜杜·吾德·本·奇纳乃·本·敖弗·本·欧孜拉·本·栽德·本·阿卜杜·拉特·本·鲁费达·本·劭尔·本·卡勒卜·本·瓦波拉·本·古铎阿·凯勒比·库斐。

（二）生平概述

生卒于伊拉克库法。上述撒伊卜·凯勒比的儿子。口传族谱学家，圣训传述人，精通经注、纪事和阿拉伯日子。

（三）族谱学影响

他的渊博族谱知识是他的儿子、族谱学大师伊本·凯勒比的主要史料来源。伊本·纳迪姆在《目录》中把他记载为“族谱学先驱”。

（四）参考文献

伊本·萨尔德：《大层级传》第 8 卷，第 478～479 页。贾希兹：《解释与阐明》第 1 卷，第 322 页。伊本·古台巴：《知识》，第 535～536 页。伊本·纳迪姆：《目录》第 1 卷第 2 分册，第 299～300 页。伊本·赫里康：《精英辞世与时代名人信息录》第 4 卷，第 309～311 页。阿卜杜·阿齐兹·杜里：《阿拉伯史学的兴起》，第 35～36 页。齐黎克里：《名人》第 6 卷，第 133 页。沙奇尔·穆斯塔法：《阿拉伯历史与史家》第 1 卷，第 133、190～193 页。什贺布丁·麦尔阿什：《释疑：谱系、别号与后裔精粹人物志》，第 20～21 页。伯克尔·艾布·栽德：《族谱学家层级传 》，第 32 页。阿卜杜·拉札戈·康木纳：《愿者希冀：族谱学家层级传》，第 125～127 页。穆罕默德·拉施德：《族谱学家辞典：自伊历一世纪至当代》，第 161、453 页。

尔撒·塞格斐

（‘Īsá al-Thaqafī，？～766）

（一）名号谱系

艾布·欧麦尔·尔撒·本·欧麦尔·塞格斐·巴士里。

（二）生平概述

生卒于伊拉克巴士拉。哈里德·本·瓦立德的释奴。能言善道，语法学家、语言学家和诵读家。

（三）族谱学影响

口传族谱学家，曾通过讲故事的方式来解释部落名称。

（四）参考文献

伊本·纳迪姆：《目录》第 1 卷第 1 分册，第 109~111 页。雅孤特·哈默维：《文豪辞典》第 5 卷，第 2141~2143 页。扎哈比：《群英诸贤传》第 7 卷，第 200 页。伊本·赫里康：《精英辞世与时代名人信息录》第 3 卷，第 486~488 页。伯克尔·艾布·栽德：《族谱学家层级传》，第 33 页。

伊本·朱雷吉

（Ibn Jurayj，699~767）

（一）名号谱系

艾布·哈里德（瓦立德）·阿卜杜·麦立克·本·阿卜杜·阿齐兹·本·朱雷吉·古拉什·伍麦维·麦奇。

（二）生平概述

祖籍罗马。生卒于麦加。古莱什部落的伍麦叶·本·哈里德的释奴。曾到访伊拉克巴士拉和巴格达。在阿拉伯学术史上占有显赫地位，属于“编纂著作的第一批人”之一。

（三）族谱学影响

曾追溯阿拉伯族谱。

（四）参考文献

赫蒂卜·巴格达迪：《巴格达史》第 12 卷，第 142~153 页。扎哈比：《群英诸贤传》第 6 卷，第 325~336 页。米齐：《〈人名大全〉修正》第 18 卷，第 338~354 页。伊本·赫里康：《精英辞世与时代名人信息录》第 3

卷，第163~164页。伯克尔·艾布·栽德：《族谱学家层级传》，第33页。穆罕默德·拉施德：《族谱学家辞典：自伊历一世纪至当代》，第319页。

艾布·阿慕尔·巴士里

（Abū ‘Amr al-Basrī，687~771）

（一）名号谱系

艾布·阿慕尔·扎班·本·阿腊·本·阿玛尔·易尔彦·本·阿卜杜拉·本·胡绥恩·本·哈黎思·本·杰勒哈玛·本·胡吉尔·本·呼札仪·本·玛津·本·马立克·本·阿慕尔·本·塔米姆·本·穆尔·本·艾德·本·拓比赫·本·伊勒雅斯·本·穆多尔·本·尼札尔·本·马阿德·本·阿德南·塔米米·玛及尼·巴士里。

（二）生平概述

生于麦加。成长于伊拉克巴士拉。下文艾布·苏弗彦·巴士里（？~782）的兄弟。曾师从麦加、麦地那、库法和巴士拉等城的多位知名学者。“七大诵读家”之一，语言学和语法学代表人物之一。精通阿拉伯日子、文学和诗歌。卒于伊拉克库法。

（三）族谱学影响

族谱学家贾希兹把他记载为“呼札仪人的族谱学家”。

（四）参考文献

贾希兹：《解释与阐明》第1卷，第320~321页。伊本·纳迪姆：《目录》第1卷第1分册，第71~72页。雅孤特·哈默维：《文豪辞典》第3卷，第1316~1321页。扎哈比：《群英诸贤传》第6卷，第407~410页。索法迪：《逝者全录》第14卷，第115~116页。齐黎克里：《名人》第3卷，第41页。沙奇尔·穆斯塔法：《阿拉伯历史与史家》第1卷，第198页。穆罕默德·拉施德：《族谱学家辞典：自伊历一世纪至当代》，第188页。

福尔古比

（al-Furqubī，? ~772）

（一）名号谱系

艾布·穆罕默德·祖海尔·本·梅蒙·福尔古比（古尔古比）·哈姆达尼·库斐。

（二）生平概述

生卒于伊拉克库法。语法学家、诵读家，懂族谱、纪事和民间历史故事。

（三）族谱学影响

多名人物志编纂家把他记载为族谱学家。

（四）参考文献

伊本·纳迪姆:《目录》第1卷第2分册，第284页。雅孤特·哈默维:《文豪辞典》第3卷，第1328页。基弗蒂:《语法学家提醒述知》第2卷，第18页。索法迪:《逝者全录》第14卷，第154页。伯克尔·艾布·栽德:《族谱学家层级传》，第34页。阿卜杜·拉札戈·康木纳:《愿者希冀：族谱学家层级传》，第109页。穆罕默德·拉施德:《族谱学家辞典：自伊历一世纪至当代》，第189页。

伊本·古拓米

（Ibn al-Quṭāmī，? ~约772）

（一）名号谱系

艾布·穆尚纳·瓦立德（即沙尔基）·本·胡绥恩（别号“古拓米”）·本·杰玛勒·本·哈比卜·本·贾比尔·本·马立克·本·欧梅

尔·本·伊姆黎·盖斯·本·努尔曼·本·阿米尔·本·阿卜杜·吾德·本·敖弗·凯勒比·库斐。

(二) 生平概述

生于伊拉克库法。圣训学家、文学家、纪事家和族谱学家。可能卒于伊拉克巴格达。

(三) 族谱学影响

多名人物志编纂家把他记载为族谱学家。

(四) 参考文献

贾希兹:《动物志》第3卷,第209页。伊本·古台巴:《知识》,第539页。伊本·纳迪姆:《目录》第1卷第2分册,第281~282页。叶厄木利:《语法学家、文豪、诗坛与学林纪举隅》,第275~276页。索法迪:《逝者全录》第16卷,第77页。齐黎克里:《名人》第8卷,第120页。伯克尔·艾布·栽德:《族谱学家层级传》,第34页。阿卜杜·拉札戈·康木纳:《愿者希冀:族谱学家层级传》,第111~112页。穆罕默德·拉施德:《族谱学家辞典:自伊历一世纪至当代》,第576~577页。

韩玛德·拉威耶

(Hammād al-Rāwiyah,约694~约772)

(一) 名号谱系

艾布·伽斯姆·韩玛德·本·撒布尔(梅萨拉)·本·穆巴拉克·本·欧贝德·代拉米。

(二) 生平概述

祖籍伊朗代拉姆地区。生于伊拉克库法。因扯谎而闻名于世。口传纪事家、诗人,精通阿拉伯日子、纪事、诗歌和族谱。卒于伊拉克巴格达。

（三）族谱学影响

多名人物志编纂家把他记载为族谱学家。

（四）参考文献

伊本·纳迪姆：《目录》第 1 卷第 2 分册，第 286~287 页。雅孤特·哈默维：《文豪辞典》第 3 卷，第 1201~1205 页。扎哈比：《群英诸贤传》第 7 卷，第 157~158 页。齐黎克里：《名人》第 2 卷，第 271~272 页。福阿德·斯兹金：《阿拉伯遗产史》第 1 卷第 2 分册，第 257~259 页。伯克尔·艾布·栽德：《族谱学家层级传》，第 34~35 页。阿卜杜·拉札戈·康木纳：《愿者希冀：族谱学家层级传》，第 105 页。穆罕默德·拉施德：《族谱学家辞典：自伊历一世纪至当代》，第 161 页。法得勒·阿玛利：《想像与现实之间的韩玛德·拉威耶》（al-Fadl al-'Ammārī, *Hammād al-Rāwiyah bayna al-Wahm wa-al-Haqīqah*），利雅得：陶巴书店，1996。

大穆斯阿卜·祖贝利

（Mus'ab al-Zubayrī al-Kabīr，704~774）

（一）名号谱系

艾布·阿卜杜拉·穆斯阿卜·本·瑟比特·本·阿卜杜拉·本·祖贝尔·本·敖沃姆·本·呼韦里德·本·阿萨德·本·阿卜杜·欧札·本·古绥依·本·奇腊卜·本·穆拉·本·卡尔卜·本·卢埃依·本·迦里卜·古拉什·阿萨迪·祖贝利·麦达尼。

（二）生平概述

生卒于麦地那。背记了大量圣训。

（三）族谱学影响

贾希兹在《解释与阐明》中把他记载为族谱学家。著名族谱学家穆斯阿卜·祖贝利的祖父。

（四）参考文献

伊本·萨尔德：《大层级传》第 7 卷，第 563~564 页。贾希兹：《解释与阐明》第 1 卷，第 320 页。伊本·哈杰尔：《修正润饰》第 6 卷，第 284~285 页。扎哈比：《群英诸贤传》第 7 卷，第 29~30 页。米齐：《〈人名大全〉修正》第 28 卷，第 18~22 页。穆罕默德·拉施德：《族谱学家辞典：自伊历一世纪至当代》，第 554 页。

曼图夫

（al-Mantūf，？ ~775）

（一）名号谱系

艾布·杰拉哈·阿卜杜拉·本·爱雅施·本·阿卜杜拉·本·阿卜杜拉·哈姆达尼·库斐。

（二）生平概述

生卒于伊拉克库法。精通阿拉伯人的缺点、纪事和诗歌。

（三）族谱学影响

口传纪事家和口传族谱学家。

（四）参考文献

伊本·古台巴：《知识》，第 539 页。雅孤特·哈默维：《文豪辞典》第 4 卷，第 1541~1543 页。赫蒂卜·巴格达迪：《巴格达史》第 11 卷，第 187~188 页。伊本·哈杰尔：《指针》第 4 卷，第 537~538 页。伯克尔·艾布·栽德：《族谱学家层级传》，第 35 页。阿卜杜·拉札戈·康木纳：《愿者希冀：族谱学家层级传》，第 114 页。

艾布·苏弗彦·巴士里

（Abū Sufyān al-Basrī，？～782）

（一）名号谱系

艾布·苏弗彦·哈黎思·本·阿腊·本·阿玛尔·本·易尔彦·本·阿卜杜拉·本·胡绥恩·本·哈黎思·本·杰勒哈玛·本·胡吉尔·本·呼札仪·本·玛津·本·马立克·本·阿慕尔·本·塔米姆·本·穆尔·本·艾德·本·拓比赫·本·伊勒雅斯·本·穆多尔·本·尼札尔·本·马阿德·本·阿德南·塔米米·玛及尼·巴士里。

（二）生平概述

生卒于伊拉克巴士拉。上述口传族谱学家艾布·阿慕尔·巴士里的兄弟。

（三）族谱学影响

族谱学家贾希兹把他记载为“呼札仪人的族谱学家”。

（四）参考文献

贾希兹：《解释与阐明》第1卷，第320～321页。雅孤特·哈默维：《文豪辞典》第3卷，第1379页。基弗蒂：《语法学家提醒述知》第4卷，第128页。伯克尔·艾布·栽德：《族谱学家层级传》，第35页。穆罕默德·拉施德：《族谱学家辞典：自伊历一世纪至当代》，第201页。

哈里德·呼札仪

（Khālid al-Khuzā‘ī，？～约785）

（一）名号谱系

哈里德·本·托立戈·本·穆罕默德·本·易姆兰·本·胡绥恩·呼

札仪。

（二）生平概述

出生地点有待考究。曾任伊拉克巴士拉法官。可能卒于巴士拉。

（三）族谱学影响

土耳其著名史学家福阿德·斯兹金认为，他是阿拔斯王朝时期资格最老的族谱学家。

（四）参考文献

雅孤特·哈默维：《文豪辞典》第 3 卷，第 1236 页。伊本·纳迪姆：《目录》第 1 卷第 2 分册，第 298～299 页。伊本·哈兹姆：《阿拉伯谱系集》，第 237 页。福阿德·斯兹金：《阿拉伯遗产史》第 1 卷第 2 分册，第 45～46 页。欧麦尔·礼萨：《著述家辞典》第 1 卷，第 668 页。什贺布丁·麦尔阿什：《释疑：谱系、别号与后裔精粹人物志》，第 20 页。伯克尔·艾布·栽德：《族谱学家层级传》，第 40 页。阿卜杜·拉札戈·康木纳：《愿者希冀：族谱学家层级传》，第 108 页。穆罕默德·拉施德：《族谱学家辞典：自伊历一世纪至当代》，第 172 页。

艾班·艾哈默尔

（Abān al-Ahmar，？～约 787）

（一）名号谱系

艾布·阿卜杜拉·艾班·本·奥斯曼·本·叶哈雅·本·扎卡利雅·卢阿卢伊·白杰里。

（二）生平概述

生于伊拉克库法。当时什叶派的大教法学家之一，深谙历史和文学。可能卒于伊拉克巴士拉。

（三）族谱学影响

精通族谱和诗坛纪事。上述族谱学家艾布·欧贝达曾师从他学习族谱和历史等方面的知识。

（四）参考文献

雅孤特·哈默维：《文豪辞典》第1卷，第39页。伊本·哈杰尔：《指针》第1卷，第226~227页。纳贾什：《纳贾什人物》，第14~15页。齐黎克里：《名人》第1卷，第27页。欧麦尔·礼萨：《著述家辞典》第1卷，第7页。索伊卜·阿卜杜·哈密德：《什叶派史学家辞典》第1卷，第58~59页。伯克尔·艾布·栽德：《族谱学家层级传》，第39页。阿卜杜·拉札戈·康木纳：《愿者希冀：族谱学家层级传》，第100页。穆罕默德·拉施德：《族谱学家辞典：自伊历一世纪至当代》，第21~22页。

艾布·敏贺勒

（Abū al-Minhāl，？~约787）

（一）名号谱系

艾布·敏贺勒·欧亚纳·本·阿卜杜·拉哈曼·本·敏贺勒·穆哈拉比。

（二）生平概述

出生地点有待考究。语言学家和诗人。卒于伊朗内沙布尔。

（三）族谱学影响

伊本·纳迪姆在《目录》中把他记载为纪事家和族谱学家。

（四）参考文献

伊本·纳迪姆：《目录》第1卷第2分册，第332页。雅孤特·哈默维：《文豪辞典》第5卷，第2150~2151页。索法迪：《逝者全录》第23卷，第

174 页。伯克尔·艾布·栽德:《族谱学家层级传》,第 41 页。阿卜杜·拉札戈·康木纳:《愿者希冀:族谱学家层级传》,第 119~120、168 页。穆罕默德·拉施德:《族谱学家辞典:自伊历一世纪至当代》,第 377 页。

伊本·达阿卜

(Ibn Da'b,? ~787)

(一) 名号谱系

艾布·瓦立德·尔撒·本·叶齐德·本·伯克尔·本·达阿卜·莱西·伯克利·奇纳尼·麦达尼。

(二) 生平概述

生于麦地那。演说家和诗人。卒于伊拉克巴格达。

(三) 族谱学影响

口传族谱学家,知晓民间历史故事,深谙人物生平事迹。

(四) 参考文献

伊本·古台巴:《知识》,第 537~538 页。伊本·纳迪姆:《目录》第 1 卷第 2 分册,第 284 页。雅孤特·哈默维:《文豪辞典》第 5 卷,第 2144~2150 页。赫蒂卜·巴格达迪:《巴格达史》第 12 卷,第 468~472 页。扎哈比:《伊斯兰史与诸杰群英辞世录》第 11 卷,第 287~288 页。齐黎克里:《名人》第 5 卷,第 111 页。索伊卜·阿卜杜·哈密德:《什叶派史学家辞典》第 1 卷,第 654~655 页。穆罕默德·希拉:《麦地那历史与史家》,第 44~45 页。伯克尔·艾布·栽德:《族谱学家层级传》,第 35 页。阿卜杜·拉札戈·康木纳:《愿者希冀:族谱学家层级传》,第 117~118 页。穆罕默德·拉施德:《族谱学家辞典:自伊历一世纪至当代》,第 377 页。

多哈克·希札米

(al-Dahhāk al-Hizāmī,？ ~796)

（一）名号谱系

多哈克·本·奥斯曼·本·多哈克·本·奥斯曼·本·阿卜杜拉·本·哈里德·本·希札姆·本·呼韦里德·本·阿萨德·本·阿卜杜·欧札·本·古绥依·希札米·麦达尼·古拉什。

（二）生平概述

生于麦地那。精通阿拉伯人的纪事、日子和诗歌。卒于麦加。

（三）族谱学影响

古莱什部落族谱学家。著名族谱学家祖贝尔·巴卡尔在《古莱什族谱及其纪事集》中提到他约60次。

（四）参考文献

祖贝尔·巴卡尔：《古莱什族谱及其纪事集》第2卷，“人名索引”，第377页。伊本·萨尔德：《大层级传》第7卷，第600页。伊本·哈杰尔：《修正润饰》第3卷，第266页。米齐：《〈人名大全〉修正》第13卷，第275页。齐黎克里：《名人》第3卷，第214页。穆罕默德·拉施德：《族谱学家辞典：自伊历一世纪至当代》，第221~222页。

古绥依

(Qusayy,？ ~约796)

（一）名号谱系

穆佶拉·本·阿卜杜·拉哈曼·本·阿卜杜拉·本·哈里德·本·希札姆·本·呼韦里德·古拉什·阿萨迪·希札米·麦达尼。

（二）生平概述

生卒于麦地那。教法学家和族谱学家。

（三）族谱学影响

多名人物志编纂家把他记载为族谱学家。

（四）参考文献

扎哈比：《群英诸贤传》第 8 卷，第 166~167 页。米齐：《〈人名大全〉修正》第 28 卷，第 387~390 页。伊本·哈杰尔：《修正润饰》第 6 卷，第 382~383 页。伯克尔·艾布·栽德：《族谱学家层级传》，第 36 页。穆罕默德·拉施德：《族谱学家辞典：自伊历一世纪至当代》，第 557 页。

穆罕默德·侯赛尼

（Muhammad al-Husaynī，732~797）

（一）名号谱系

艾布·阿卜杜拉·穆罕默德·本·侯赛因·本·阿里·本·侯赛因·本·阿里·本·艾比·塔里卜·侯赛尼·麦达尼·库斐。

（二）生平概述

生于麦地那。定居伊拉克库法。圣训学家。辞世地点有待考究。

（三）族谱学影响

口传族谱学家。

（四）参考文献

突斯：《突斯人物》，第 276 页。阿卜杜·拉札戈·康木纳：《愿者希冀：族谱学家层级传》，第 124~125 页。

阿米尔·祖贝利

（‘Āmir al-Zubayrī，？～798）

（一）名号谱系

艾布·哈黎思·阿米尔·本·索里哈·本·阿卜杜拉·本·欧尔瓦·本·祖贝尔·本·敖沃姆·本·呼韦里德·本·阿萨德·本·阿卜杜·欧札·本·古绥依·本·奇腊卜·本·穆拉·本·卡尔卜·本·卢埃依·本·迦里卜·阿萨迪·祖贝利·麦达尼。

（二）生平概述

生于麦地那。教法学家，懂圣训、族谱、阿拉伯日子和诗歌。卒于伊拉克巴格达。

（三）族谱学影响

多名人物志编纂家把他记载为族谱学家。

（四）参考文献

伊本·萨尔德：《大层级传》第7卷，第613页。赫蒂卜·巴格达迪：《巴格达史》第14卷，第151～155页。米齐：《〈人名大全〉修正》第14卷，第45～49页。齐黎克里：《名人》第3卷，第251页。穆罕默德·希拉：《麦地那历史与史家》，第45～46页。伯克尔·艾布·栽德：《族谱学家层级传》，第36、40～41页。阿卜杜·拉札戈·康木纳：《愿者希冀：族谱学家层级传》，第113页。穆罕默德·拉施德：《族谱学家辞典：自伊历一世纪至当代》，第232页。

阿卜杜拉·舒尔巴

（‘Abd Allāh Shu‘bah，8世纪）

（一）名号谱系

阿卜杜拉·本·舒尔巴·本·基勒因姆·本·赫法夫·本·阿卜杜·

叶顾思·本·斯南·本·拉比阿·本·卡比耶·本·哈尔孤斯·玛及尼。

（二）生平概述

生卒地点有待考究。上述口传族谱学家伊本·基勒因姆的儿子。

（三）族谱学影响

族谱学家贾希兹在讲述哈尔孤斯人的族谱学家时，提到他。

（四）参考文献

贾希兹：《解释与阐明》第 1 卷，第 319 页。白拉祖里：《贵族谱系》第 13 卷，第 45 页。穆罕默德·拉施德：《族谱学家辞典：自伊历一世纪至当代》，第 296 页。

艾波拉施

（al-Abrash，8 世纪）

（一）名号谱系

艾布·穆贾什俄·萨义德·本·瓦立德·本·阿慕尔·本·杰巴拉·本·沃伊勒·本·盖斯·本·伯克尔·本·朱腊哈（即阿米尔）·本·敖弗·本·伯克尔·本·卡尔卜·本·敖弗·本·阿米尔·本·敖弗·本·伯克尔·本·敖弗·本·欧孜拉·本·栽德·拉特·本·鲁费达·本·劭尔·本·卡勒卜·本·瓦波拉·本·塞尔拉卜·本·胡勒旺·本·哈夫·本·古铎阿·凯勒比。

（二）生平概述

祖籍也门。伍麦叶王朝哈里发希沙姆一世（724~743 年在位）的书吏。辞世地点有待考究。

（三）族谱学影响

族谱学家贾希兹把他记载为族谱学家。

（四）参考文献

贾希兹：《解释与阐明》第 1 卷，第 345 页。伊本·阿萨奇尔：《大马士革史》第 7 卷，第 295～298 页。索法迪：《逝者全录》第 15 卷，第 169 页。侯赛因·阿特旺：《伍麦叶时期沙姆地区的历史传述》，第 58～59 页。伯克尔·艾布·栽德：《族谱学家层级传》，第 211 页。穆罕默德·拉施德：《族谱学家辞典：自伊历一世纪至当代》，第 201 页。

艾布·比腊德

（Abū al-Bilād，8 世纪）

（一）名号谱系

艾布·比腊德·库斐。

（二）生平概述

生于伊拉克库法。阿卜杜拉·本·加特凡的释奴。口齿伶俐的盲人。辞世地点有待考究。

（三）族谱学影响

族谱学家贾希兹把他记载为口传族谱学家。

（四）参考文献

贾希兹：《解释与阐明》第 1 卷，第 354 页。伊本·古台巴：《知识》，第 541 页。穆罕默德·拉施德：《族谱学家辞典：自伊历一世纪至当代》，第 108 页。

艾布·伯克尔·阿达维

（Abū Bakr al-‘Adawī，8 世纪）

（一）名号谱系

艾布·伯克尔·本·阿卜杜拉·本·艾比·杰赫姆·欧贝德·本·胡

宰法·本·迦尼姆·本·阿米尔·本·欧贝杜拉·本·阿毕德·本·阿维吉·本·阿迪·本·卡尔卜·本·卢埃依·本·迦里卜·古拉什·阿达维。

（二）生平概述

生卒地点有待考究。教法学家，被认为是可靠的圣训传述人。

（三）族谱学影响

伊本·阿卜杜·白尔和伊本·艾西尔等著名人物志编纂家在撰写艾布·穆萨·艾什阿里的传记时提到，艾布·伯克尔·本·阿卜杜拉·本·艾比·杰赫姆是一名杰出的族谱学家。

（四）参考文献

祖贝尔·巴卡尔：《古莱什族谱及其纪事集》第 2 卷，第 50 页。伊本·阿卜杜·白尔：《圣门弟子知识全录》第 4 卷，第 1763 页。伊本·艾西尔：《莽丛群狮：圣门弟子知识》第 6 卷，第 299 页。伯克尔·艾布·栽德：《族谱学家层级传》，第 211 页。阿卜杜·拉札戈·康木纳：《愿者希冀：族谱学家层级传》，第 104 页。穆罕默德·拉施德：《族谱学家辞典：自伊历一世纪至当代》，第 106 页。

毕康迪

（al-Bīkandī，8 世纪）

（一）名号谱系

艾布·拉贾·艾哈迈德·本·叶尔孤卜·毕康迪·拓拉比，以“艾哈迈德·加拉卜”（Ahmad al-Gharāb）著称于世。

（二）生平概述

生于乌兹别克斯坦布哈拉附近的派肯特（Poykend），定居布哈拉附近的塔拉布（Tārāb）村。

（三）族谱学影响

据著名族谱学家伊本·玛库腊的记载，他懂阿拉伯族谱。

（四）参考文献

伊本·玛库腊：《名字、别名与谱系辨正释疑大全》第 7 卷，第 58～59 页。萨姆阿尼：《谱系》第 8 卷，第 172 页。穆罕默德·拉施德：《族谱学家辞典：自伊历一世纪至当代》，第 88 页。

大阿基勒·阿基里

（‘Aqīl al-‘Aqīlī al-Kabīr，8 世纪）

（一）名号谱系

阿基勒·本·穆罕默德·本·阿卜杜拉·本·穆罕默德·本·阿基勒·本·艾比·塔里卜·阿基里。

（二）生平概述

生卒地点有待考究。上述族谱学家阿基勒的玄孙。圣训学家。

（三）族谱学影响

族谱学世家阿基里家族中的口传族谱学家之一。

（四）参考文献

伊本·易纳巴：《艾布·塔里卜家族谱系基本要义》，第 32 页。阿卜杜·拉札戈·康木纳：《愿者希冀：族谱学家层级传》，第 115 页。

哈尔塞玛·安巴利

（Harthamah al-‘Anbarī，约 8 世纪）

（一）名号谱系

哈尔塞玛·本·霍宰勒·本·盖斯·安巴利。

（二）生平概述

生于伊朗伊斯法罕。精通诗歌。辞世地点有待考究。

（三）族谱学影响

据人物志编纂家艾布·谢赫（Abū al-Shaykh，887～979）的记载，他是最懂族谱的人之一。

（四）参考文献

索法迪：《逝者全录》第 27 卷，第 199 页。艾布·谢赫：《伊斯法罕圣训学家层级传》第 1 卷，第 451 页。穆罕默德·拉施德：《族谱学家辞典：自伊历一世纪至当代》，第 571 页。

哈里德·阿达维

（Khālid al-‘Adawī，8 世纪）

（一）名号谱系

艾布·海塞姆·哈里德·本·伊勒雅斯（伊雅斯）·本·索赫尔·本·艾比·杰赫姆·欧贝德·本·胡宰法·本·迦尼姆·本·阿米尔·本·阿卜杜拉·本·阿毕德·本·阿维吉·本·阿迪·本·卡尔卜·本·卢埃依·本·迦里卜·古拉什·阿达维·麦达尼。

（二）生平概述

可能生卒于麦地那。先知寺的伊玛目。许多圣训学家认为，他传述的圣训是羸弱的。

（三）族谱学影响

著名族谱学家祖贝尔·巴卡尔在《古莱什族谱及其纪事集》中把他记载为族谱学者。

（四）参考文献

祖贝尔·巴卡尔：《古莱什族谱及其纪事集》第2卷，第50页。伊本·萨尔德：《大层级传》第7卷，第563页。伊本·哈杰尔：《修正润饰》第2卷，第259~260页。伊本·阿迪：《羸弱人物大全》第4卷，第239~244页。米齐：《〈人名大全〉修正》第8卷，第29~33页。穆罕默德·拉施德：《族谱学家辞典：自伊历一世纪至当代》，第171页。

哈里德·舒尔巴

（Khālid Shu‘bah，8世纪）

（一）名号谱系

哈里德·本·舒尔巴·本·基勒因姆·本·赫法夫·本·阿卜杜·叶顾思·本·斯南·本·拉比阿·本·卡比耶·本·哈尔孤斯·玛及尼。

（二）生平概述

生卒地点有待考究。上述口传族谱学家伊本·基勒因姆的儿子。

（三）族谱学影响

族谱学家贾希兹在讲述哈尔孤斯人的族谱学家时，提到他。

（四）参考文献

贾希兹：《解释与阐明》第1卷，第319页。白拉祖里：《贵族谱系》第13卷，第45~46页。穆罕默德·拉施德：《族谱学家辞典：自伊历一世纪至当代》，第172页。

胡梅德·阿达维

（Humayd al-‘Adawī，8世纪）

（一）名号谱系

胡梅德·本·苏莱曼·本·哈弗斯·本·阿卜杜拉·本·艾比·杰赫

姆·本·胡宰法·本·迦尼姆·本·阿米尔·本·阿卜杜拉·本·欧贝德·本·阿维吉·本·阿迪·本·卡尔卜·古拉什·阿达维·杰赫米。

（二）生平概述

祖籍希贾兹地区。成长于伊拉克。辞世地点有待考究。

（三）族谱学影响

他非常重视族谱学，因而被阿拉伯学者们称为“纳撒巴”（al-Nassābah，意译“族谱学家”）。

（四）参考文献

伊本·哈杰尔：《指针》第 3 卷，第 299 页。伯克尔·艾布·栽德：《族谱学家层级传》，第 40 页。阿卜杜·拉札戈·康木纳：《愿者希冀：族谱学家层级传》，第 106 页。穆罕默德·拉施德：《族谱学家辞典：自伊历一世纪至当代》，第 168 页。

胡宰法·达阿卜

（Hudhayfah Da’b，8 世纪）

（一）名号谱系

胡宰法·本·达阿卜·莱西·麦达尼。

（二）生平概述

可能生于麦地那。辞世地点有待考究。

（三）族谱学影响

达阿卜家族中精通族谱和纪事的人。

（四）参考文献

贾希兹：《解释与阐明》第 1 卷，第 324 页。穆罕默德·拉施德：《族谱学家辞典：自伊历一世纪至当代》，第 131 页。

伽斯姆·加托法尼

（al-Qāsim al-Ghatafānī，8 世纪）

（一）名号谱系

伽斯姆·本·拉比阿·本·焦善·加托法尼·焦沙尼·巴士里。

（二）生平概述

生卒地点有待考究。可靠的圣训传述人。

（三）族谱学影响

著名学者哈桑·巴士里（al-Hasan al-Basrī，642~728）曾说："如果有谁询问族谱问题。我向你们推荐伽斯姆·本·拉比阿。"

（四）参考文献

布哈里：《大历史》第 7 册，第 161 页。伊本·哈杰尔：《修正润饰》第 5 卷，第 289~290 页。米齐：《〈人名大全〉修正》第 23 卷，第 347~348 页。伯克尔·艾布·栽德：《族谱学家层级传》，第 41 页。穆罕默德·拉施德：《族谱学家辞典：自伊历一世纪至当代》，第 388~389 页。

穆阿拉勒

（Mu‘allal，8 世纪）

（一）名号谱系

穆阿拉勒·本·哈里德·霍捷米·巴士里。

（二）生平概述

生卒地点有待考究。安玛儿·本·霍捷姆的后裔。

（三）族谱学影响

族谱学家贾希兹把他记载为“杰出的族谱学家”。

（四）参考文献

贾希兹：《解释与阐明》第 1 卷，第 319 ~ 320 页。伊本·阿萨奇尔：《大马士革史》第 59 卷，第 370 页。穆罕默德·拉施德：《族谱学家辞典：自伊历一世纪至当代》，第 556 页。

欧麦尔·舒尔巴

（‘Umar Shu‘bah，8 世纪）

（一）名号谱系

欧麦尔·本·舒尔巴·本·基勒因姆·本·赫法夫·本·阿卜杜·叶顾思·本·斯南·本·拉比阿·本·卡比耶·本·哈尔孤斯·玛及尼。

（二）生平概述

生卒地点有待考究。上述口传族谱学家伊本·基勒因姆的儿子。

（三）族谱学影响

族谱学家贾希兹在讲述哈尔孤斯人的族谱学家时，提到他。

（四）参考文献

贾希兹：《解释与阐明》第 1 卷，第 319 页。白拉祖里：《贵族谱系》第 13 卷，第 45 ~ 46 页。穆罕默德·拉施德：《族谱学家辞典：自伊历一世纪至当代》，第 371 页。

欧特巴·麦赫祖米

（‘Utbah al-Makhzūmī，8 世纪）

（一）名号谱系

欧特巴·本·欧麦尔·本·阿卜杜·拉哈曼·本·哈黎思·本·希沙姆·本·穆佶拉·本·阿卜杜拉·本·欧麦尔·本·马赫祖姆·本·叶格左·本·穆拉·本·卡尔卜·本·卢埃依·本·迦里卜·本·菲赫尔·本·马立克·本·纳得尔·本·奇纳乃·本·呼裁玛·本·穆德黎卡·本·伊勒雅斯·本·穆多尔·本·尼札尔·本·马阿德·本·阿德南·麦赫祖米。

（二）生平概述

生卒地点有待考究。定居伊拉克瓦西特。

（三）族谱学影响

族谱学家贾希兹把他记载为族谱学家。

（四）参考文献

贾希兹：《解释与阐明》第 1 卷，第 319 页。伊本·哈兹姆：《阿拉伯谱系集》，第 145 页。穆罕默德·孤瓦特里：《简明阿拉伯谱系研究》第 3 卷，第 425 页。穆罕默德·拉施德：《族谱学家辞典：自伊历一世纪至当代》，第 327 页。

萨尔德·葛隋尔

（Sa‘d al-Qasīr，8 世纪）

（一）名号谱系

萨尔德·葛隋尔·麦奇·伍麦维。

（二）生平概述

出生地点有待考究。伍麦叶家族的释奴。当时阿拉伯半岛希贾兹地区的知名纪事家。被杀害于麦加。

（三）族谱学影响

伊本·纳迪姆在《目录》中把他记载为族谱学家。

（四）参考文献

伊本·纳迪姆：《目录》第 1 卷第 2 分册，第 283 页。侯赛因·阿特旺：《伍麦叶时期沙姆地区的历史传述》，第 39 页。伯克尔·艾布·栽德：《族谱学家层级传》，第 22~23 页。阿卜杜·拉札戈·康木纳：《愿者希冀：族谱学家层级传》，第 110 页。穆罕默德·拉施德：《族谱学家辞典：自伊历一世纪至当代》，第 198 页。

索里哈·呼沃利

（Sālih al-Khuwārī，8 世纪）

（一）名号谱系

索里哈·本·穆萨·呼沃利。

（二）生平概述

生卒地点有待考究。什叶派伊玛目贾法尔·索迪戈（Ja‘far al-Sādiq）的门徒。

（三）族谱学影响

背记族谱的什叶派学者之一。

（四）参考文献

阿腊玛·希里：《人物知识概论》，第 169 页。阿卜杜·拉札戈·康木纳：《愿者希冀：族谱学家层级传》，第 112~113 页。

希沙姆·瑙发里

（Hishām al-Nawfalī，8 世纪）

（一）名号谱系

希沙姆·本·欧玛拉·本·瓦立德·本·阿迪·本·哈黎思·本·阿迪·本·瑙发勒·本·阿卜杜·马纳夫·本·古绥依·本·奇腊卜·本·穆拉·本·卡尔卜·本·卢埃依·本·迦里卜·古拉什·哈希米。

（二）生平概述

生卒地点有待考究。阿拔斯王朝第三任哈里发马赫迪（775~785 年在位）的朋友。

（三）族谱学影响

据著名族谱学家穆斯阿卜·祖贝利的记载，他精通古莱什族谱及其纪事。

（四）参考文献

穆斯阿卜·祖贝利：《古莱什族谱》，第 203 页。伯克尔·艾布·栽德：《族谱学家层级传》，第 42 页。阿卜杜·拉札戈·康木纳：《愿者希冀：族谱学家层级传》，第 130 页。

叶哈雅·达阿卜

（Yahyá Da'b，8 世纪）

（一）名号谱系

叶哈雅·本·叶齐德·本·伯克尔·本·达阿卜·莱西·伯克利·奇纳尼·麦达尼。

（二）生平概述

可能生于麦地那。上述口传族谱学家伊本·达阿卜的兄弟。辞世地点有待考究。

（三）族谱学影响

贾希兹和伊本·纳迪姆等著名学者把他归入族谱学家之列。

（四）参考文献

贾希兹：《解释与阐明》第 1 卷，第 324 页。伊本·古台巴：《知识》，第 537~538 页。伊本·纳迪姆：《目录》第 1 卷第 2 分册，第 284 页。阿卜杜·拉札戈·康木纳：《愿者希冀：族谱学家层级传》，第 130 页。穆罕默德·拉施德：《族谱学家辞典：自伊历一世纪至当代》，第 582 页。

叶齐德·达阿卜

（Yazīd Da'b，8 世纪）

（一）名号谱系

叶齐德·本·伯克尔·本·达阿卜·莱西·伯克利·奇纳尼·麦达尼。

（二）生平概述

可能生于麦地那。上述口传族谱学家伊本·达阿卜的父亲。辞世地点有待考究。

（三）族谱学影响

口传族谱学家，诗歌吟诵人。

（四）参考文献

贾希兹：《解释与阐明》第 1 卷，第 323 页。伊本·古台巴：《知识》，第 538 页。穆罕默德·拉施德：《族谱学家辞典：自伊历一世纪至当代》，第 583 页。

伊本·鲁阿巴

（Ibn Ru’bah，8 世纪）

（一）名号谱系

阿拔斯·本·鲁阿巴·本·阿贾吉·塔米米。

（二）生平概述

生卒地点和生平事迹有待考究。

（三）族谱学影响

族谱学家贾希兹把他记载为口传族谱学家。

（四）参考文献

贾希兹：《解释与阐明》第 1 卷，第 356 页。穆罕默德·拉施德：《族谱学家辞典：自伊历一世纪至当代》，第 234 页。

易雅得·凯勒比

（‘Iyād al-Kalbī，8 世纪）

（一）名号谱系

易雅得·本·阿沃纳·本·哈卡姆·本·阿沃纳·本·易雅得·本·威兹尔·本·阿卜杜·哈黎思·本·艾比·希士恩·本·塞尔拉巴·本·朱贝尔·本·阿米尔·本·努尔曼·凯勒比·库斐。

（二）生平概述

生卒于伊拉克库法。上述族谱学家阿沃纳·哈卡姆的儿子。定居突尼斯凯鲁万。语法学家、文学家和诗人。辞世地点有待考究。

（三）族谱学影响

据人物志编纂家菲鲁扎巴迪的记载，易雅得·凯勒比及其父亲阿沃纳都是熟知阿拉伯谱系和诗歌的学者。

（四）参考文献

祖贝迪：《语法学家与语言学家层级传》，第 226~227 页。基弗蒂：《语法学家提醒述知》第 2 卷，第 361~363 页。菲鲁扎巴迪：《语法与语言名家传略》，第 226 页。穆罕默德·拉施德：《族谱学家辞典：自伊历一世纪至当代》，第 376 页

四　公元9世纪

侯赛因·左勒达姆阿

（al-Husayn Dhū al-Dam‘ah，约 732～约 806）

（一）名号谱系

艾布·阿卜杜拉·侯赛因·左勒达姆阿（左勒易波拉）·本·栽德·本·阿里·本·侯赛因·本·阿里·本·艾比·塔里卜·麦达尼·库斐。

（二）生平概述

生于沙姆地区。少小丧父。圣训学家和教法学家。卒于麦地那。

（三）族谱学影响

一些什叶派学者认为，他精通族谱。

（四）参考文献

纳贾什：《纳贾什人物》，第 52 页。伊本·祖赫拉：《阿拉维家族摘略》，第 121 页。穆哈幸·艾敏：《什叶派精英》第 6 卷，第 23～26 页。阿卜杜·拉札戈·康木纳：《愿者希冀：族谱学家层级传》，第 106 页。

艾哈迈德・麦赫祖米

(Ahmad al-Makhzūmī,? ~812)

(一) 名号谱系

艾布・伯克尔・艾哈迈德・本・巴什尔・古拉什・麦赫祖米・库斐。

(二) 生平概述

生于伊拉克库法。阿慕尔・本・胡雷思・麦赫祖米的释奴。卒于伊拉克巴格达。

(三) 族谱学影响

口传族谱学家和口传纪事家。

(四) 参考文献

伊本・萨尔德:《大层级传》第 8 卷, 第 519 页。赫蒂卜・巴格达迪:《巴格达史》第 5 卷, 第 76 ~ 80 页。伊本・哈杰尔:《修正润饰》第 1 卷, 第 21 ~ 22 页。扎哈比:《群英诸贤传》第 9 卷, 第 241 ~ 242 页。伯克尔・艾布・栽德:《族谱学家层级传》, 第 38 页。

伊本・伊卜拉欣・托拔托拔

(Ibn Ibrāhīm Tabātabā, 790 ~ 815)

(一) 名号谱系

艾布・阿卜杜拉・穆罕默德・本・伊卜拉欣・本・伊斯玛仪・本・伊卜拉欣・本・哈桑・本・哈桑・本・阿里・本・艾比・塔里卜・阿拉维。

(二) 生平概述

出生地点有待考究。也门栽德派伊玛目。卒于伊拉克库法。

（三）族谱学影响

口传族谱学家。

（四）参考文献

伊本·艾西尔：《历史大全》第 5 卷，第 464 页。什贺布丁·麦尔阿什：《释疑：谱系、别号与后裔精粹人物志》，第 18 页。

伊卜拉欣·穆萨

（Ibrāhīm Mūsá，? ~约 815）

（一）名号谱系

伊卜拉欣·本·穆萨·本·苏代格·本·穆萨·本·阿卜杜拉·本·祖贝尔·本·敖沃姆·本·呼韦里德·本·阿萨德·本·阿卜杜·欧札·本·古绥依·本·奇腊卜·本·穆拉·本·卡尔卜·本·卢埃依·本·迦里卜·古拉什·阿萨迪·祖贝利。

（二）生平概述

出生地点有待考究。精通圣训、诗歌、纪事和教法。卒于沙特阿拉伯麦地那省苏维里基亚（al-Suwayriqīyah）村。

（三）族谱学影响

口传族谱学家和口传纪事家。

（四）参考文献

祖贝尔·巴卡尔：《古莱什族谱及其纪事集》第 1 卷，第 175 ~ 176 页。伊本·哈兹姆：《阿拉伯谱系集》，第 123 页。福阿德·斯兹金：《阿拉伯遗产史》第 1 卷第 2 分册，第 49 页。

欧麦尔·布凯尔

('Umar Bukayr,？～818)

(一) 名号谱系

艾布·奥斯曼·欧麦尔·本·布凯尔·本·撒布尔·巴格达迪。

(二) 生平概述

出生地点有待考究。纪事家、语法学家和教法学家。卒于伊拉克巴格达。

(三) 族谱学影响

口传族谱学家。

(四) 参考文献

伊本·纳迪姆:《目录》第1卷第2分册,第330页。雅孤特·哈默维:《文豪辞典》第5卷,第2064～2067页。沙奇尔·穆斯塔法:《阿拉伯历史与史家》第1卷,第216～217页。伯克尔·艾布·栽德:《族谱学家层级传》,第41、47、218页。阿卜杜·拉札戈·康木纳:《愿者希冀:族谱学家层级传》,第166～167页。穆罕默德·拉施德:《族谱学家辞典:自伊历一世纪至当代》,第370页。

伊本·艾比·伍韦斯

(Ibn Abī Uways,？～818)

(一) 名号谱系

艾布·伯克尔·阿卜杜·哈密德·本·阿卜杜拉·本·阿卜杜拉·本·伍韦斯·本·马立克·本·艾比·阿米尔·艾斯巴希·麦达尼·艾俄沙。

（二）生平概述

出生地点有待考究。卒于伊拉克巴格达。

（三）族谱学影响

口传族谱学家，没有成文的族谱著作。

（四）参考文献

伊本·纳迪姆：《目录》第1卷第2分册，第330页。伊本·哈杰尔：《修正润饰》第3卷，第744页。伯克尔·艾布·栽德：《族谱学家层级传》，第47页。

沙斐仪

（al-Shāfi‘ī，767～820）

（一）名号谱系

艾布·阿卜杜拉·穆罕默德·本·伊德里斯·本·阿拔斯·本·奥斯曼·本·沙菲俄·本·撒伊卜·本·乌贝德·本·阿卜杜·叶齐德·本·哈希姆·本·穆塔里卜·本·阿卜杜·马纳夫·本·古绥依·本·奇腊卜·本·穆拉·本·卡尔卜·本·卢埃依·本·迦里卜·本·菲赫尔·本·马立克·本·纳得尔·本·奇纳乃·本·呼栽玛·本·穆德黎卡·本·伊勒雅斯·本·穆多尔·本·尼札尔·本·马阿德·本·阿德南·古拉什·麦奇。

（二）生平概述

生于巴勒斯坦加沙。在麦加长大。曾游学麦地那、也门、伊拉克和埃及。逊尼派四大伊玛目之一，沙斐仪教法学派创始人，精通古兰学及其诸多分支学问，教法学家、圣训学家、教义学家、语言学家、语法学家、文学家、诗人和族谱学家。病逝于埃及。

（三）族谱学影响

深谙族谱知识，尤其是古莱什部落谱系和哈希姆家谱。

（四）参考文献

穆罕默德·拉施德：《族谱学家辞典：自伊历一世纪至当代》，第418~419页。伊本·艾比·哈提姆：《沙斐仪文学及其功德》（Ibn Abī Hātim, *Ādāb al-Shāfi'ī wa-Manāqibuhu*），贝鲁特：学术书籍出版社，2003。艾布·伯克尔·贝哈基：《沙斐仪功德》（Abū Bakr al-Bayhaqī, *Manāqib al-Shāfi'ī*）第1~2卷，开罗：遗产出版书店，1970。阿卜杜·加尼·达基尔：《伊玛目沙斐仪》（'Abd al-Ghanī al-Daqir, *Al-Imām al-Shāfi'ī*），大马士革：格拉姆出版社，1996。

达玛孜

（Damādh，? ~约824）

（一）名号谱系

艾布·加桑·鲁斐俄·本·萨拉玛·本·穆斯林·本·鲁斐俄·阿卜迪。

（二）生平概述

生卒地点有待考究。上述族谱学家艾布·欧贝达的书吏。

（三）族谱学影响

据伊本·纳迪姆的记载，他学习了艾布·欧贝达在族谱、纪事和功绩等方面的知识。

（四）参考文献

伊本·纳迪姆：《目录》第1卷第1分册，第153页。雅孤特·哈默维：《文豪辞典》第3卷，第1307~1308页。基弗蒂：《语法学家提醒述知》第

2卷，第5~6页。索法迪：《逝者全录》第14卷，第94页。伯克尔·艾布·栽德：《族谱学家层级传》，第214页。阿卜杜·拉札戈·康木纳：《愿者希冀：族谱学家层级传》，第144页。穆罕默德·拉施德：《族谱学家辞典：自伊历一世纪至当代》，第186页。

比施尔·穆尔塔齐里

(Bishr al-Mu'tazilī,? ~825)

（一）名号谱系

艾布·萨赫勒·比施尔·本·穆尔台米尔·希腊里·巴格达迪·穆尔塔齐里。

（二）生平概述

生于伊拉克库法。穆尔太齐赖派教法学家、诗人。卒于伊拉克巴格达。

（三）族谱学影响

著名人物志编纂家索法迪把他记载为族谱学家。

（四）参考文献

索法迪：《逝者全录》第10卷，第96~97页。扎哈比：《群英诸贤传》第10卷，第203页。齐黎克里：《名人》第2卷，第55页。穆罕默德·拉施德：《族谱学家辞典：自伊历一世纪至当代》，第104页。

萨赫勒·哈伦

(Sahl Hārūn,? ~830)

（一）名号谱系

艾布·阿慕尔·萨赫勒·本·哈伦·本·拉熙奔·法里斯·达斯土密撒尼。

（二）生平概述

祖籍伊朗。在伊拉克巴士拉长大。书吏、文学家、诗人和哲学家。可能卒于伊拉克巴格达。

（三）族谱学影响

阿拉伯化的口传波斯族谱学家。

（四）参考文献

雅孤特·哈默维：《文豪辞典》第3卷，第1409~1410页。齐黎克里：《名人》第3卷，第143~144页。卡米勒·朱布利：《文豪辞典》第3卷，第100~101页。福阿德·斯兹金：《阿拉伯遗产史》第1卷第2分册，第60~61页。伯克尔·艾布·栽德：《族谱学家层级传》，第52页。

艾布·穆斯熙尔

（Abū Mushir，757~833）

（一）名号谱系

艾布·穆斯熙尔·阿卜杜·艾俄拉·本·穆斯熙尔·本·阿卜杜·艾俄拉·本·穆斯熙尔·加萨尼·迪马什基。

（二）生平概述

生于叙利亚大马士革。精通圣训、武功纪和阿拉伯日子。卒于伊拉克巴格达的监狱里。

（三）族谱学影响

口传族谱学家，特别重视沙姆人谱系。

（四）参考文献

伊本·萨尔德：《大层级传》第9卷，第477~478页。伊本·阿萨奇尔：《大马士革史》第 33 卷，第 421~444 页。赫蒂卜·巴格达迪：《巴格达史》第 12 卷，第 350~355 页。齐黎克里：《名人》第 3 卷，第 269 页。沙奇尔·穆斯塔法：《阿拉伯历史与史家》第 1 卷，第 130 页。穆罕默德·索里希耶：《巴勒斯坦历史与史家》，第 317 页。伯克尔·艾布·栽德：《族谱学家层级传》，第 53 页。穆罕默德·拉施德：《族谱学家辞典：自伊历一世纪至当代》，第 237 页。

伊本·杜凯恩

（Ibn Dukayn，748~834）

（一）名号谱系

艾布·努爱姆·法得勒·本·杜凯恩（即阿慕尔）·本·韩玛德·本·祖海尔·本·迪尔哈姆·古拉什·贴米·泰勒希·穆腊伊·库斐。

（二）生平概述

生卒于伊拉克库法。托勒哈·本·欧贝杜拉家族的释奴。圣训学家和背诵家。

（三）族谱学影响

多名人物志编纂家把他记载为族谱学家。

（四）参考文献

赫蒂卜·巴格达迪：《巴格达史》第 14 卷，第 307~320 页。扎哈比：《群英诸贤传》第 10 卷，第 142~157 页。米齐：《〈人名大全〉修正》第 23 卷，第 197~220 页。齐黎克里：《名人》第 5 卷，第 148 页。伯克尔·艾布·栽德：《族谱学家层级传》，第 53 页。阿卜杜·拉札戈·康木纳：《愿者希冀：族谱学家层级传》，第 168 页。穆罕默德·拉施德：《族谱学家辞典：自伊历一世纪至当代》，第 384 页。

赫腊德·拔熙里

（Khallād al-Bāhilī，？～835）

（一）名号谱系

艾布·阿慕尔·赫腊德·本·叶齐德·艾尔格特·拔熙里·巴士里。

（二）生平概述

可能生卒于伊拉克巴士拉。巴士拉语法学派的代表人物之一优努斯·本·哈比卜（Yūnus ibn Habīb，713～798）的女婿。

（三）族谱学影响

口传族谱学家和口传纪事家。

（四）参考文献

伊本·纳迪姆：《目录》第 1 卷第 2 分册，第 329 页。伊本·哈杰尔：《修正润饰》第 2 卷，第 344 页。米齐：《〈人名大全〉修正》第 8 卷，第 363～364 页。扎哈比：《伊斯兰史与诸杰群英辞世录》第 15 卷，第 143 页。伯克尔·艾布·栽德：《族谱学家层级传》，第 73 页。穆罕默德·拉施德：《族谱学家辞典：自伊历一世纪至当代》，第 174 页。

伊本·欧费尔

（Ibn ʻUfayr，763～841）

（一）名号谱系

艾布·奥斯曼·萨义德·本·卡西尔·本·欧费尔·本·穆萨林·本·叶齐德·本·艾斯瓦德·安索利·米斯利。

（二）生平概述

生卒于埃及。教法学家、纪事家、族谱学家和诗人。

（三）族谱学影响

据史学家伊本·优努斯在《埃及人史》中的记载，他是最懂族谱的人之一。米齐（al-Mizzī，1256~1341）、扎哈比和伊本·哈杰尔等多位著名人物志编纂家引以为证。

（四）参考文献

伊本·优努斯：《埃及人史》，第210~211页。伊本·哈杰尔：《修正润饰》第2卷，第680~681页。米齐：《〈人名大全〉修正》第11卷，第36~41页。扎哈比：《群英诸贤传》第10卷，第583~586页。福阿德·斯兹金：《阿拉伯遗产史》第1卷第2分册，第247~248页。沙奇尔·穆斯塔法：《阿拉伯历史与史家》第2卷，第162~163页。伯克尔·艾布·栽德：《族谱学家层级传》，第56页。阿卜杜·拉札戈·康木纳：《愿者希冀：族谱学家层级传》，第147~148页。穆罕默德·拉施德：《族谱学家辞典：自伊历一世纪至当代》，第200页。

阿卜杜拉·叶哈稣比

（'Abd Allāh al-Yahsubī，757~842）

（一）名号谱系

阿卜杜拉·本·艾比·哈撒恩·阿卜杜·拉哈曼·本·叶齐德（叶齐德·本·阿卜杜·拉哈曼）·本·叶哈稣比·伊非里基。

（二）生平概述

生卒于马格里布地区。马立克学派教法学家，精通阿拉伯日子、伊非里基亚纪事和战史。

（三）族谱学影响

懂族谱，但没有相关专著传世。

（四）参考文献

伽迪·易雅得：《法庭整顿与道路接近：马立克学派群英知识》第3卷，第310~315页。布尔贺努丁·法尔宏：《金丝绸缎：学派精英知识》第1卷，第418~419页。扎哈比：《伊斯兰史与诸杰群英辞世录》第16卷，第218~219页。穆罕默德·拉施德：《族谱学家辞典：自伊历一世纪至当代》，第298页。

伊本·阿依莎

（Ibn 'Ā'ishah，约758~843）

（一）名号谱系

艾布·阿卜杜·拉哈曼·欧贝杜拉·本·穆罕默德·本·哈弗斯·本·欧麦尔·本·穆萨·本·欧贝杜拉·本·马俄默尔·古拉什·贴米·巴士里。

（二）生平概述

生卒于伊拉克巴士拉。曾到访伊拉克巴格达。懂圣训、传记和文学。

（三）族谱学影响

据多名人物志编纂家的记载，他精通阿拉伯族谱。

（四）参考文献

贾希兹：《解释与阐明》第1卷，第320页。赫蒂卜·巴格达迪：《巴格达史》第12卷，第17~22页。伊本·哈杰尔：《修正润饰》第4卷，第344~345页。扎哈比：《群英诸贤传》第10卷，第564~567页。齐黎克里：《名人》第4卷，第196页。伯克尔·艾布·栽德：《族谱学家层级传》，第74页。穆罕默德·拉施德：《族谱学家辞典：自伊历一世纪至当代》，第326页。

沃思戈

（al-Wāthiq，806~847）

（一）名号谱系

艾布·贾法尔（伽斯姆）·哈伦·本·穆罕默德·本·哈伦·本·穆罕默德·本·阿卜杜拉·本·穆罕默德·本·阿里·本·阿卜杜拉·本·阿拔斯·本·阿卜杜·穆塔里卜·阿拔斯·哈希米·巴格达迪。

（二）生平概述

生于伊拉克巴格达。阿拔斯王朝第九任哈里发（842~847年在位）。沉迷女色，因过度服用壮阳药而死于伊拉克萨迈拉。

（三）族谱学影响

懂文学和族谱。

（四）参考文献

赫蒂卜·巴格达迪：《巴格达史》第16卷，第22~28页。扎哈比：《群英诸贤传》第10卷，第306~314页。齐黎克里：《名人》第8卷，第62~63页。伯克尔·艾布·栽德：《族谱学家层级传》，第58页。穆罕默德·拉施德：《族谱学家辞典：自伊历一世纪至当代》，第568页。伊本·迪哈耶：《路灯：阿拔斯家族哈里发史》（Ibn Dihyah，*Kitāb al-Nibrās fī Tārīkh Khulafā' Banī al-'Abbās*），巴格达：知识印书馆，1946，第73~80页。

伊本·艾比·杜阿德

（Ibn Abī Du'ād，777~854）

（一）名号谱系

艾布·阿卜杜拉·艾哈迈德·本·艾比·杜阿德（杜沃德）·法拉

吉·本·杰利尔（哈利兹）·本·马立克·本·阿卜杜拉·本·阿拔德·本·萨腊姆·本·马立克·本·阿卜杜·欣德·本·拉赫姆·本·马立克·本·法戈斯·本·马纳阿·本·杜斯·本·代勒·伊雅迪·巴士里·巴格达迪。

（二）生平概述

生于伊拉克巴士拉。穆尔太齐赖派著名学者。在哈里发穆尔台绥姆时期（833~842年）被任命为大法官（Qādī al-Qudāh）。卒于伊拉克巴格达。

（三）族谱学影响

精通口传纪事和口传族谱。

（四）参考文献

伊本·纳迪姆：《目录》第1卷第2分册，第589页。赫蒂卜·巴格达迪：《巴格达史》第5卷，第233~252页。扎哈比：《群英诸贤传》第11卷，第169~171页。伊本·赫里康：《精英辞世与时代名人信息录》第1卷，第81~91页。齐黎克里：《名人》第1卷，第124页。伯克尔·艾布·栽德：《族谱学家层级传》，第58页。阿卜杜·拉札戈·康木纳：《愿者希冀：族谱学家层级传》，第131页。穆罕默德·拉施德：《族谱学家辞典：自伊历一世纪至当代》，第44页。

古台巴·塞格斐

（Qutaybah al-Thaqafī，766~855）

（一）名号谱系

艾布·拉贾·古台巴·本·萨义德·本·杰密勒·本·托利夫·本·阿卜杜拉·塞格斐·白勒黑·白厄腊尼。

（二）生平概述

生于阿富汗巴尔赫附近的巴格兰（Baghlan）村。哈贾吉·本·优素福的释奴。著名圣训学家、纪事家和人物志编纂家。病逝于伊拉克巴格达。

（三）族谱学影响

多名人物志编纂家把他记载为族谱学家。

（四）参考文献

扎哈比：《群英诸贤传》第 11 卷，第 13～24 页。齐黎克里：《名人》第 5 卷，第 189 页。欧麦尔·礼萨：《著述家辞典》第 2 卷，第 657 页。利玛·杜尔内格：《阿拉伯与穆斯林著名史学家》，第 314 页。伯克尔·艾布·栽德：《族谱学家层级传》，第 60 页。阿卜杜·拉札戈·康木纳：《愿者希冀：族谱学家层级传》，第 169～170 页。

伊本·艾比·谢赫

（Ibn Abī Shaykh，768～860）

（一）名号谱系

艾布·艾尤卜·苏莱曼·本·艾比·谢赫·曼苏尔·本·苏莱曼·瓦西蒂。

（二）生平概述

祖籍伊拉克瓦西特。精通族谱、历史、阿拉伯日子及其纪事。卒于伊拉克巴格达。

（三）族谱学影响

多名人物志编纂家把他记载为族谱学家。

（四）参考文献

伊本·纳迪姆：《目录》第 1 卷第 2 分册，第 352 页。赫蒂卜·巴格达迪：《巴格达史》第 10 卷，第 67～68 页。扎哈比：《伊斯兰史与诸杰群英辞世录》第 18 卷，第 288 页。沙奇尔·穆斯塔法：《阿拉伯历史与史家》第 1

卷，第214页。伯克尔·艾布·栽德：《族谱学家层级传》，第62页。穆罕默德·拉施德：《族谱学家辞典：自伊历一世纪至当代》，第207页。

伊本·穆贺吉尔

(Ibn Muhājir，787~864)

（一）名号谱系

艾布·阿卜杜拉·艾哈迈德·本·叶哈雅·本·瓦齐尔·本·苏莱曼·本·穆贺吉尔·图冀比·米斯利·沙斐仪。

（二）生平概述

生于埃及。精通教法、诗歌、文学、纪事和族谱。卒于埃及监狱。

（三）族谱学影响

口传纪事家和口传族谱学家。

（四）参考文献

雅孤特·哈默维：《文豪辞典》第2卷，第555页。伊本·哈杰尔：《修正润饰》第1卷，第85~86页。米齐：《〈人名大全〉修正》第1卷，第519~520页。索法迪：《逝者全录》第8卷，第160页。伯克尔·艾布·栽德：《族谱学家层级传》，第63页。阿卜杜·拉札戈·康木纳：《愿者希冀：族谱学家层级传》，第136~137页。穆罕默德·拉施德：《族谱学家辞典：自伊历一世纪至当代》，第87页。

伊本·艾比·哈提姆

(Ibn Abī Hātim，? ~866)

（一）名号谱系

艾布·阿卜杜拉·穆罕默德·本·叶哈雅·本·阿卜杜·凯利姆·

本·拿菲俄·艾兹迪·巴士里。

（二）生平概述

生于伊拉克巴士拉。定居伊拉克巴格达。可信的圣训学家。可能卒于巴格达。

（三）族谱学影响

伊斯兰史学大师、著名族谱学家扎哈比把他记载为“杰出的族谱学家”。

（四）参考文献

赫蒂卜·巴格达迪：《巴格达史》第4卷，第655~656页。米齐：《〈人名大全〉修正》第26卷，第633~636页。扎哈比：《伊斯兰史与诸杰群英辞世录》第19卷，第336页。伊本·哈杰尔：《修正润饰》第6卷，第111~112页。穆罕默德·拉施德：《族谱学家辞典：自伊历一世纪至当代》，第540页。

阿卜杜·麦立克·麦赫利

（‘Abd al-Malik al-Mahrī，？~870）

（一）名号谱系

艾布·瓦立德·阿卜杜·麦立克·本·葛丹·麦赫利·盖拉沃尼。

（二）生平概述

生卒于突尼斯凯鲁万。语言学家、语法学家、文学家和诗人。

（三）族谱学影响

据多名人物志编纂家的记载，他背诵其所处时代阿拉伯人的族谱、诗歌和要事。

（四）参考文献

扎哈比：《伊斯兰史与诸杰群英辞世录》第19卷，第199页。索法迪：《逝者全录》第19卷，第130页。基弗蒂：《语法学家提醒述知》第2卷，第209~211页。齐黎克里：《名人》第4卷，第162页。穆罕默德·马哈富兹：《突尼斯著述家志》第4卷，第408~409页。穆罕默德·拉施德：《族谱学家辞典：自伊历一世纪至当代》，第319页。

艾布·哈桑·杏玛尼

（Abū al-Hasan al-Himmānī，？~874）

（一）名号谱系

艾布·哈桑·阿里·本·穆罕默德·本·贾法尔·本·穆罕默德·本·栽德·本·阿里·本·侯赛因·本·阿里·本·艾比·塔里卜·库斐。

（二）生平概述

生卒于伊拉克库法。杰出的诗人、穆夫提。

（三）族谱学影响

什叶派人物志编纂家阿里汗·麦达尼（'Alī Khān al-Madanī，1642~1708）把他记载为“艾布·塔里卜家的族谱学家”。

（四）参考文献

阿里汗·麦达尼：《高级阶梯：什叶派伊玛目层级传》第2卷，第819~824页。阿卜杜·拉札戈·康木纳：《愿者希冀：族谱学家层级传》，第155~165页。

布尔耶

（Buryah，? ~约 874）

（一）名号谱系

艾布·伊斯哈格·伊卜拉欣·本·穆罕默德·本·伊斯玛仪·本·贾法尔·本·苏莱曼·本·阿里·本·阿卜杜拉·本·阿拔斯·哈希米。

（二）生平概述

生卒地点有待考究。曾任麦加和巴士拉的总督。

（三）族谱学影响

据族谱学家艾布·欧贝德的记载，他精通阿拉伯部落族谱。著名族谱学家伊本·易纳巴也把他归入族谱学家之列。

（四）参考文献

艾布·欧贝德：《族谱》，第 196 页。塔基丁·法斯：《宝贵璎珞：麦加历史》第 3 卷，第 156 页。阿卜杜·拉札戈·康木纳：《愿者希冀：族谱学家层级传》，第 234 页。穆罕默德·拉施德：《族谱学家辞典：自伊历一世纪至当代》，第 30~31 页。

达乌德·贾法利

（Dāwūd al-Ja‘farī，? ~875）

（一）名号谱系

艾布·哈希姆·达乌德·本·伽斯姆·本·伊斯哈格·本·阿卜杜拉·本·贾法尔·本·艾比·塔里卜·贾法利。

（二）生平概述

可能生长于伊拉克巴格达。精通纪事、诗人。卒于伊拉克萨迈拉。

（三）族谱学影响

一些学者把他归入“精通族谱的大学者”之列。

（四）参考文献

赫蒂卜·巴格达迪：《巴格达史》第 9 卷，第 341 页。扎哈比：《伊斯兰史与诸杰群英辞世录》第 19 卷，第 132 页。穆哈幸·艾敏：《什叶派精英》第 6 卷，第 377~381 页。阿卜杜·拉札戈·康木纳：《愿者希冀：族谱学家层级传》，第 143 页。

拓伊

（al-Tā'ī，791~879）

（一）名号谱系

艾布·哈桑·阿里·本·哈尔卜·本·穆罕默德·本·阿里·本·海彦·本·玛津·本·加笃巴·拓伊·摩苏里。

（二）生平概述

生于阿塞拜疆。圣训学家，懂阿拉伯纪事、文学和诗歌。卒于伊拉克摩苏尔。

（三）族谱学影响

熟知阿拉伯人的纪事及其谱系。

（四）参考文献

赫蒂卜·巴格达迪：《巴格达史》第 13 卷，第 363~366 页。艾布·扎卡利雅·艾兹迪：《摩苏尔史》第 2 卷，第 98~99 页。伊本·焦齐：《历代帝王与民族通史》第 12 卷，第 200~201 页。米齐：《〈人名大全〉修正》第 20 卷，第 361~365 页。扎哈比：《伊斯兰史与诸杰群英辞世录》第 20 卷，第 137~138 页。齐黎克里：《名人》第 4 卷，第 270 页。伯克尔·艾布·栽德：《族谱学家层级传》，第 66 页。阿卜杜·拉札戈·康木纳：《愿者希冀：族谱学家层级传》，第 154～155 页。穆罕默德·拉施德：《族谱学家辞典：自伊历一世纪至当代》，第 344 页。

艾哈迈德·尔撒

（Ahmad ‘Īsá，？～约 884）

（一）名号谱系

艾布·哈桑·艾哈迈德·本·尔撒·本·阿里·本·侯赛因·本·阿里·本·侯赛因·本·阿里·本·艾比·塔里卜·阿基基。

（二）生平概述

生卒地点有待考究。864 年，现身伊朗雷伊。

（三）族谱学影响

据著名族谱学家伊本·易纳巴的记载，他是一名知晓族谱的阿拉维派学者。

（四）参考文献

泰伯里：《泰伯里史》第 9 卷，第 275～276 页。伊本·易纳巴：《艾布·塔里卜家族谱系基本要义》，第 96 页。穆哈幸·艾敏：《什叶派精英》第 3 卷，第 56 页。阿卜杜·拉札戈·康木纳：《愿者希冀：族谱学家层级传》，第 134 页。穆罕默德·拉施德：《族谱学家辞典：自伊历一世纪至当代》，第 67 页。

穆瓦法格·比拉

（al-Muwaffaq billāh，844～891）

（一）名号谱系

艾布·艾哈迈德·托勒哈（即穆罕默德）·本·贾法尔·本·穆罕默

德·本·哈伦·本·穆罕默德·本·阿卜杜拉·本·穆罕默德·本·阿里·本·阿卜杜拉·本·阿拔斯·哈希米·阿拔斯。

（二）生平概述

生卒于伊拉克巴格达。阿拔斯王朝的亲王。为人勇敢、正直。

（三）族谱学影响

据著名史学家、族谱学家伊本·艾西尔的记载，他懂文学、族谱和教法。

（四）参考文献

赫蒂卜·巴格达迪：《巴格达史》第 2 卷，第 493～495 页。扎哈比：《群英诸贤传》第 13 卷，第 169～170 页。伊本·艾西尔：《历史大全》第 6 卷，第 458～460 页。齐黎克里：《名人》第 3 卷，第 229 页。穆罕默德·拉施德：《族谱学家辞典：自伊历一世纪至当代》，第 226 页。

阿拔斯·凯勒比

（‘Abbās al-Kalbī，9 世纪）

（一）名号谱系

阿拔斯·本·希沙姆·本·穆罕默德·本·撒伊卜·凯勒比·本·比施尔·本·阿慕尔（欧麦尔）·本·哈黎思·本·阿卜杜·哈黎思·本·阿卜杜·欧札·本·伊姆鲁·盖斯·本·阿米尔·本·努尔曼·本·阿米尔·本·阿卜杜·吾德·本·奇纳乃·本·敖弗·本·欧孜拉·本·栽德·本·阿卜杜·拉特·本·鲁费达·本·劭尔·本·卡勒卜·本·瓦波拉·本·古铎阿·凯勒比。

（二）生平概述

生卒地点有待考究。圣训学家和族谱学家。

（三）族谱学影响

传述其父伊本·凯勒比的族谱学知识。其中一名受益者是著名族谱学家白拉祖里。

（四）参考文献

白拉祖里：《贵族谱系》第1卷，第8、10、12、26、35页。伯克尔·艾布·栽德：《族谱学家层级传》，第74页。阿卜杜·拉札戈·康木纳：《愿者希冀：族谱学家层级传》，第149页。

阿卜杜拉·阿基里

（'Abd Allāh al-'Aqīlī，9世纪）

（一）名号谱系

艾布·贾法尔·阿卜杜拉·本·阿基勒·本·穆罕默德·本·阿卜杜拉·本·穆罕默德·本·阿基勒·本·艾比·塔里卜·阿基里。

（二）生平概述

生卒地点有待考究。精通纪事和族谱。有五个儿子，分别名为阿里、穆罕默德、哈桑、艾哈迈德和阿基勒。其中，最后两个儿子都是族谱学家。

（三）族谱学影响

伊本·苏菲和伊本·易纳巴等族谱学家都把他记载为族谱学家。

（四）参考文献

伊本·苏菲：《麦吉迪：塔里比人谱系》，第526页。伊本·易纳巴：《艾布·塔里卜家族谱系基本要义》，第33页。什贺布丁·麦尔阿什：《释疑：谱系、别号与后裔精粹人物志》，第23页。阿卜杜·拉札戈·康木纳：《愿者希冀：族谱学家层级传》，第114页。

艾哈迈德·阿基里

(Ahmad al-‘Aqīlī，9世纪)

(一) 名号谱系

艾哈迈德·本·阿卜杜拉·本·阿基勒·本·穆罕默德·本·阿卜杜拉·本·穆罕默德·本·阿基勒·本·艾比·塔里卜。

(二) 生平概述

可能生卒于土耳其努赛宾（Nusaybin）。上述口传族谱学家阿卜杜拉·阿基里之子、下文小阿基勒·阿基里（9世纪）的兄弟。

(三) 族谱学影响

伊本·托拔托拔·艾斯法哈尼、伊本·苏菲和伊本·易纳巴等族谱学家在他们的著作中都把他记载为“努赛宾族谱学家”。

(四) 参考文献

伊本·托拔托拔·艾斯法哈尼：《塔里比人移居地》，第333页。伊本·苏菲：《麦吉迪：塔里比人谱系》，第526页。伊本·易纳巴：《艾布·塔里卜家族谱系基本要义》，第33页。什贺布丁·麦尔阿什：《释疑：谱系、别号与后裔精粹人物志》，第30页。阿卜杜·拉札戈·康木纳：《愿者希冀：族谱学家层级传》，第133页。穆罕默德·拉施德：《族谱学家辞典：自伊历一世纪至当代》，第51页。

尔撒·穆巴拉克

(‘Īsá al-Mubārak，9世纪)

(一) 名号谱系

艾布·穆罕默德·尔撒·穆巴拉克·本·阿卜杜拉·本·穆罕默德·

本·欧麦尔·本·阿里·本·艾比·塔里卜·哈希米·阿拉维。

（二）生平概述

生卒地点有待考究。圣训学家、文学家和诗人。

（三）族谱学影响

一些族谱研究者和人物志编纂家把他记载为族谱学家。

（四）参考文献

伊本·苏菲：《麦吉迪：塔里比人谱系》，第 503 页。伊斯玛仪·麦尔瓦齐：《荣耀：塔里比家族谱系》，第 173 页。伊本·福瓦蒂：《别号辞典文集》第 4 卷，第 332~333 页。阿卜杜·拉札戈·康木纳：《愿者希冀：族谱学家层级传》，第 118~119 页。

侯赛因·米斯利

（al-Husayn al-Misrī，9 世纪）

（一）名号谱系

艾布·阿卜杜拉·侯赛因·本·阿里·本·阿卜杜拉·本·艾哈迈德·本·穆罕默德·本·伊斯玛仪·本·穆罕默德·本·阿卜杜拉·本·阿里·米斯利。

（二）生平概述

生卒地点有待考究。定居埃及。什叶派教义学家。

（三）族谱学影响

著名族谱学家伊斯玛仪·麦尔瓦齐把他记载为族谱学家。

（四）参考文献

纳贾什：《纳贾什人物》，第 66 页。伊斯玛仪·麦尔瓦齐：《荣耀：塔里比家族谱系》，第35页。穆哈幸·艾敏：《什叶派精英》第6卷，第130页。阿卜杜·拉札戈·康木纳：《愿者希冀：族谱学家层级传》，第200~201页。

焦沃尼

（al-Jawwānī，9世纪）

（一）名号谱系

穆罕默德·本·欧贝杜拉·本·侯赛因·本·阿里·本·侯赛因·本·阿里·本·艾比·塔里卜·侯赛尼·欧贝达里·焦沃尼。

（二）生平概述

生于麦地那附近的焦瓦尼亚村。辞世地点有待考究。

（三）族谱学影响

口传族谱学家。他的子嗣中有多名族谱学家。

（四）参考文献

伊本·易纳巴：《艾布·塔里卜家族谱系基本要义》，第319~320页。伊本·苏菲：《麦吉迪：塔里比人谱系》，第397~398页。法赫鲁丁·拉齐：《塔里卜家谱吉祥树》，第162页。什贺布丁·麦尔阿什：《释疑：谱系、别号与后裔精粹人物志》，第32页。阿卜杜·拉札戈·康木纳：《愿者希冀：族谱学家层级传》，第175~176页。

穆罕默德·穆克菲勒

（Muhammad al-Mukfil，9世纪）

（一）名号谱系

艾布·贾法尔·穆罕默德·本·艾哈迈德·本·尔撒·本·栽德·

本·阿里·本·侯赛因·本·阿里·本·艾比·塔里卜。

（二）生平概述

出生地点有待考究。曾生活于伊拉克库法。被萨义德·哈吉卜（Sa'īd al-Hājib）从巴士拉押解到巴格达，囚禁至死。

（三）族谱学影响

穆罕默德·本·扎卡利雅·阿腊伊说，他们曾听穆罕默德·本·艾哈迈德·本·尔撒·本·栽德讲纪事和家族，然后讲古莱什、奇纳乃、霍宰勒、拉比阿和穆多尔等部落。

（四）参考文献

麦斯欧迪：《黄金草原与珠玑宝藏》第 4 卷，第 429 页。伊本·易纳巴：《艾布·塔里卜家族谱系基本要义》，第 290~291 页。伊本·苏菲：《麦吉迪：塔里比人谱系》，第 387~388 页。阿卜杜·拉札戈·康木纳：《愿者希冀：族谱学家层级传》，第 170 页。

穆罕默德·纳赫里

（Muhammad al-Nakhlī，9 世纪）

（一）名号谱系

艾布·阿卜杜拉·穆罕默德·本·易姆兰·本·阿卜杜拉·本·凯桑·纳赫里·库斐。

（二）生平概述

可能生于伊拉克库法。精通人物传记。辞世地点有待考究。

（三）族谱学影响

据著名族谱学家萨姆阿尼的记载，他熟知名字、别名和谱系。

（四）参考文献

萨姆阿尼：《谱系》第12卷，第66页。伊本·玛库腊：《名字、别名与谱系辨正释疑大全》第1卷，第387页。伊本·拿斯鲁丁：《混淆澄清：传述人名字、谱系、别号与别名修正》第1卷，第377~378页。穆罕默德·拉施德：《族谱学家辞典：自伊历一世纪至当代》，第503页。

小阿基勒·阿基里

（'Aqīl al-'Aqīlī al-Saghīr，9世纪）

（一）名号谱系

艾布·伽斯姆·阿基勒·本·阿卜杜拉·本·阿基勒·本·穆罕默德·本·阿卜杜拉·本·穆罕默德·本·阿基勒·本·艾比·塔里卜·阿基里。

（二）生平概述

生卒地点有待考究。上述口传族谱学家阿卜杜拉·阿基里的儿子、艾哈迈德·阿基里的兄弟。据伊本·托拔托拔·艾斯法哈尼的记载，小阿基勒的子嗣定居叙利亚阿勒颇。

（三）族谱学影响

伊本·苏菲和伊本·易纳巴等族谱学家在他们的著作中把他记载为"深谙谱系树形图的族谱学家"。

（四）参考文献

伊本·托拔托拔·艾斯法哈尼：《塔里比人移居地》，第124页。伊本·苏菲：《麦吉迪：塔里比人谱系》，第526页。伊本·易纳巴：《艾布·塔里卜家族谱系基本要义》，第33页。穆罕默德·拉施德：《族谱学家辞典：自伊历一世纪至当代》，第337页。

伊本·齐雅德·凯勒比

（Ibn Ziyād al-Kalbī，9 世纪）

（一）名号谱系

艾布·阿卜杜拉·穆罕默德·本·齐雅德·本·扎拔尔·悭迪·凯勒比·迪马什基。

（二）生平概述

生卒地点有待考究。曾居住在叙利亚大马士革和伊拉克巴格达。纪事家和诗人。

（三）族谱学影响

据多名人物志编纂家的记载，他懂族谱。

（四）参考文献

赫蒂卜·巴格达迪：《巴格达史》第 3 卷，第 199～201 页。伊本·阿萨奇尔：《大马士革史》第 53 卷，第 48～52 页。扎哈比：《伊斯兰史与诸杰群英辞世录》第 16 卷，第 355 页。穆罕默德·拉施德：《族谱学家辞典：自伊历一世纪至当代》，第 452 页。

伊弗什拉伽尼

（al-Ifshīraqānī，9 世纪）

（一）名号谱系

艾布·法得勒·阿拔斯·本·阿卜杜·拉希姆·伊弗什拉伽尼。

（二）生平概述

生于土库曼斯坦木鹿附近的伊弗什拉甘（Ifshīraqān）村。曾到访乌兹别克斯坦撒马尔罕和土库曼斯坦尼萨。沙斐仪派教法学家，懂文学和圣训。辞世地点有待考究。

（三）族谱学影响

史学家艾布·祖尔阿·辛冀（Abū Zur'ah al-Sinjī）在《木鹿史》（已佚）中提到，他懂阿拉伯族谱。

（四）参考文献

萨姆阿尼：《谱系》第 1 卷，第 330 页。雅孤特·哈默维：《地名辞典》第 1 卷，第 232 页。穆罕默德·拉施德：《族谱学家辞典：自伊历一世纪至当代》，第 234 页。

五　公元 10 世纪

伊本·法赫姆

（Ibn Fahm，826～902）

（一）名号谱系

艾布·阿里·侯赛因·本·穆罕默德·本·阿卜杜·拉哈曼·本·法赫姆·本·穆哈黎兹·本·伊卜拉欣·巴格达迪。

（二）生平概述

生卒于伊拉克巴格达。精通诗歌、人名，背记大量圣训，懂教法和纪事。

（三）族谱学影响

曾师从著名族谱学家穆斯阿卜·祖贝利学习族谱。

（四）参考文献

赫蒂卜·巴格达迪：《巴格达史》第 8 卷，第 657～658 页。扎哈比：《群英诸贤传》第 13 卷，第 427～428 页。伊本·卡西尔：《始末录》第 14 卷，第 717～718 页。伯克尔·艾布·栽德：《族谱学家层级传》，第 71 页。穆罕默德·拉施德：《族谱学家辞典：自伊历一世纪至当代》，第 154～155 页。

福拉特·阿卜迪

(Furāt al-'Abdī,? ~905)

(一) 名号谱系

艾布·萨赫勒·福拉特·本·穆罕默德·阿卜迪·盖拉沃尼。

(二) 生平概述

可能生卒于突尼斯凯鲁万。曾游历埃及。教法学家、圣训学家和纪事家。

(三) 族谱学影响

据多名人物志编纂家的记载,他熟知族谱。

(四) 参考文献

穆罕默德·马赫璐夫:《纯洁光辉树:马立克学派层级传》第1卷,第107页。伽迪·易雅得:《法庭整顿与道路接近:马立克学派群英知识》第4卷,第410~411页。伊本·哈杰尔:《指针》第6卷,第326页。穆罕默德·拉施德:《族谱学家辞典:自伊历一世纪至当代》,第384页。

伊本·哈拔卜

(Ibn al-Habbāb, 821~917)

(一) 名号谱系

艾布·哈里发·法得勒·本·哈拔卜·本·穆罕默德·本·舒爱卜·本·索赫尔·朱默希·巴士里。

(二) 生平概述

生卒于伊拉克巴士拉。曾任巴士拉法官。圣训学家和诗人。

（三）族谱学影响

口传纪事家和口传族谱学家。

（四）参考文献

伊本·纳迪姆：《目录》第1卷第2分册，第351页。雅孤特·哈默维：《文豪辞典》第5卷，第2172~2177页。扎哈比：《群英诸贤传》第14卷，第7~11页。齐黎克里：《名人》第5卷，第148页。欧麦尔·礼萨：《著述家辞典》第2卷，第622页。沙奇尔·穆斯塔法：《阿拉伯历史与史家》第2卷，第74页。伯克尔·艾布·栽德：《族谱学家层级传》，第74、79页。阿卜杜·拉札戈·康木纳：《愿者希冀：族谱学家层级传》，第218~219页。穆罕默德·拉施德：《族谱学家辞典：自伊历一世纪至当代》，第384页。

哈桑·突斯

(al-Hasan al-Tūsī,？ ~920)

（一）名号谱系

艾布·阿里·哈桑·本·阿里·本·纳斯尔·本·曼苏尔·突斯·呼罗萨尼。

（二）生平概述

出生地点有待考究。曾游学木鹿、赫拉特、雷伊、加兹温、哈马丹、巴士拉、瓦西特、库法、巴格达、麦地那和麦加等地。大部分时间居住在伊朗内沙布尔。语法学家、圣训学家和族谱学家。

（三）族谱学影响

传述族谱学家祖贝尔·巴卡尔的《古莱什族谱及其纪事集》。

（四）参考文献

伊本·哈杰尔：《指针》第3卷，第85~88页。扎哈比：《伊斯兰史与诸杰群英辞世录》第 23 卷，第 251 页。拉菲仪：《加兹温纪集》第 2 卷，第 426~427 页。伯克尔·艾布·栽德：《族谱学家层级传》，第 86 页。阿卜杜·拉札戈·康木纳：《愿者希冀：族谱学家层级传》，第 198 页。

伊本·艾比·阿腊

（Ibn Abī al-'Alā',？~929）

（一）名号谱系

艾布·阿卜杜拉·艾哈迈德·本·穆罕默德·本·伊斯哈格·本·伊卜拉欣·本·艾比·赫密索·麦奇·巴格达迪。

（二）生平概述

祖籍麦加。定居伊拉克巴格达。书吏和族谱学家。

（三）族谱学影响

传述族谱学家祖贝尔·巴卡尔的《古莱什族谱及其纪事集》。

（四）参考文献

赫蒂卜·巴格达迪：《巴格达史》第 6 卷，第 57~58 页。扎哈比：《伊斯兰史与诸杰群英辞世录》第 23 卷，第 529 页。伯克尔·艾布·栽德：《族谱学家层级传》，第 79 页。阿卜杜·拉札戈·康木纳：《愿者希冀：族谱学家层级传》，第 189 页

祖贝尔·祖贝利

（al-Zubayr al-Zubayrī，？~929）

（一）名号谱系

艾布·阿卜杜拉·祖贝尔·本·艾哈迈德·本·苏莱曼·本·阿卜杜拉·本·阿斯姆·本·蒙兹尔·本·祖贝尔·本·敖沃姆·本·呼韦里

德·本·阿萨德·本·阿卜杜·欧札·本·古绥依·本·奇腊卜·本·穆拉·本·卡尔卜·本·卢埃依·本·迦里卜·古拉什·阿萨迪·祖贝利·巴士里·沙斐仪。

（二）生平概述

出生地点有待考究。盲人。沙斐仪派教法学家，懂文学和圣训。卒于伊拉克巴士拉。

（三）族谱学影响

著名人物志编纂家塔朱丁·苏波其（Tāj al-Dīn al-Subkī，1327～1370）把他记载为族谱学家。

（四）参考文献

塔朱丁·苏波其：《大沙斐仪学派层级传》第3卷，第295～297页。扎哈比：《群英诸贤传》第15卷，第57～58页。齐黎克里：《名人》第3卷，第42页。穆罕默德·拉施德：《族谱学家辞典：自伊历一世纪至当代》，第188页。

伊本·焦索

（Ibn Jawsā，约845～932）

（一）名号谱系

艾布·哈桑·艾哈迈德·本·欧梅尔·本·优素福·本·穆萨·本·焦索·迪马什基。

（二）生平概述

生卒于叙利亚大马士革。到访过埃及和伊拉克。精通圣训。

（三）族谱学影响

多名人物志编纂家在撰写奥札仪（al-Awzāʻī，707～774）的传记时提到，伊本·焦索精通沙姆人族谱，曾谈论奥札俄（Awzā‘）部落。

（四）参考文献

伊本·阿萨奇尔：《大马士革史》第 5 卷，第 109~117 页；第 35 卷，第 153 页。米齐：《〈人名大全〉修正》第 17 卷，第 312 页。穆罕默德·拉施德：《族谱学家辞典：自伊历一世纪至当代》，第 66 页。

伊本·突玛尔

（Ibn Tūmār，864~932）

（一）名号谱系

艾布·阿卜杜拉·穆罕默德·本·艾哈迈德·本·阿卜杜·索默德·本·索里哈·本·阿里·本·马赫迪比拉·阿拔斯·哈希米。

（二）生平概述

生卒地点有待考究。曾任阿巴斯家族与塔里比家族联合会领导人。

（三）族谱学影响

据著名人物志编纂家索法迪的记载，他非常了解族谱。

（四）参考文献

索法迪：《逝者全录》第 2 卷，第 76~77 页。伯克尔·艾布·栽德：《族谱学家层级传》，第 79~80 页。穆罕默德·拉施德：《族谱学家辞典：自伊历一世纪至当代》，第 406 页。

伊本·艾比·阿拔斯

（Ibn Abī al-‘Abbās，？~约 938）

（一）名号谱系

艾布·栽德·尔撒·本·穆罕默德·本·艾哈迈德·本·尔撒·本·

叶哈雅·本·侯赛因·本·栽德·本·阿里·本·侯赛因·本·阿里·本·艾比·塔里卜。

（二）生平概述

出生地点有待考究。栽德派学者，教法学家和教义学家。可能卒于伊朗雷伊。

（三）族谱学影响

一些族谱研究者把他记载为族谱学家。

（四）参考文献

艾布·纳斯尔·布哈里：《阿拉维世系秘密》，第 63 页。伊本·苏菲：《麦吉迪：塔里比人谱系》，第 378 页。阿卜杜·拉札戈·康木纳：《愿者希冀：族谱学家层级传》，第 218 页。

蒙兹尔·伽布斯

（al-Mundhir al-Qābūsī，？～约 942）

（一）名号谱系

艾布·伽斯姆·蒙兹尔·本·穆罕默德·本·蒙兹尔·本·萨义德·本·艾比·杰赫米·伽布斯·库斐。

（二）生平概述

生于伊拉克库法。什叶派学者，圣训学家、教法学家和史学家。辞世地点有待考究。

（三）族谱学影响

口传族谱及相关知识。

（四）参考文献

纳贾什：《纳贾什人物》，第 400～401 页。伊本·哈杰尔：《指针》第 8

卷，第 154 页。沙奇尔·穆斯塔法：《阿拉伯历史与史家》第 2 卷，第 77 页。穆罕默德·图斯塔利：《人物辞典》第 10 卷，第 246~247 页。索伊卜·阿卜杜·哈密德：《什叶派史学家辞典》第 2 卷，第 374 页。伯克尔·艾布·栽德：《族谱学家层级传》，第 91 页。穆罕默德·拉施德：《族谱学家辞典：自伊历一世纪至当代》，第 558 页。

伊斯玛仪·安拔利

(Ismā‘īl al-Anbārī，866~943)

（一）名号谱系

艾布·哈桑·伊斯玛仪·本·叶尔孤卜·本·伊斯哈格·本·布赫璐勒·本·哈撒恩·本·斯南·塔努黑·安拔利。

（二）生平概述

生卒于伊拉克安巴尔。背诵家、圣训学家、教法学家和教义学家。

（三）族谱学影响

精通也门族谱。

（四）参考文献

赫蒂卜·巴格达迪：《巴格达史》第 7 卷，第 299~300 页。扎哈比：《群英诸贤传》第 25 卷，第 51 页。阿卜杜·伽迪尔·古拉什：《往昔珠宝：哈乃斐学派层级传》第 1 卷，第 436~437 页。欧麦尔·礼萨：《著述家辞典》第 1 卷，第 384 页。伯克尔·艾布·栽德：《族谱学家层级传》，第 79 页。穆罕默德·拉施德：《族谱学家辞典：自伊历一世纪至当代》，第 97~98 页。

贾法尔·阿基里

(Ja'far al-'Aqīlī, ? ~946)

（一）名号谱系

艾布·穆罕默德·贾法尔·本·阿卜杜拉·本·阿基勒·本·阿卜杜拉·本·阿基勒·本·穆罕默德·本·阿卜杜拉·本·穆罕默德·本·阿基勒·本·艾比·塔里卜·阿基里。

（二）生平概述

生卒地点有待考究。上述族谱学家伊本·塔金的老师。

（三）族谱学影响

著名族谱学家伊本·易纳巴把他记载为族谱学家。

（四）参考文献

伊本·易纳巴：《艾布·塔里卜家族谱系基本要义》，第33页。穆哈幸·艾敏：《什叶派精英》第4卷，第118页。穆罕默德·拉施德：《族谱学家辞典：自伊历一世纪至当代》，第121页。

伊本·艾比·纪法尔

(Ibn Abī al-Ghifār, ? ~950)

（一）名号谱系

穆罕默德·本·穆法黎吉·本·纪法尔·本·艾比·纪法尔。

（二）生平概述

生于西班牙萨拉戈萨（Zaragoza）。曾居住于西班牙韦斯卡（Huesca）。知晓多门学问，诗人。卒于西班牙乌克莱斯（Uclés）。

（三）族谱学影响

安达卢西人物志编纂家伊本·法拉获把他记载为族谱学家。

（四）参考文献

伊本·法拉获：《安达卢西学林史》第2卷，第78页。穆罕默德·拉施德：《族谱学家辞典：自伊历一世纪至当代》，第530~531页。

艾布·雷雅施

（Abū Rayyāsh，？~951）

（一）名号谱系

艾布·雷雅施·艾哈迈德·本·艾比·哈希姆·伊卜拉欣·盖斯·谢拔尼。

（二）生平概述

生于叙利亚沙漠。成名于伊拉克巴士拉。能背诵1万页散文和2万行诗。

（三）族谱学影响

善于背诵阿拉伯历史故事、族谱与诗歌。

（四）参考文献

雅孤特·哈默维：《文豪辞典》第1卷，第181~185页。索法迪：《逝者全录》第6卷，第130~131页。齐黎克里：《名人》第1卷，第85页。伯克尔·艾布·栽德：《族谱学家层级传》，第82页。穆罕默德·拉施德：《族谱学家辞典：自伊历一世纪至当代》，第36页。

赫拓卜·凯勒比

（al-Khattāb al-Kalbī，？～约 952）

（一）名号谱系

艾布·法得勒·赫拓卜·本·马赫拉德·本·艾哈迈德·本·赫拓卜·本·韩玛德·凯勒比。

（二）生平概述

生卒地点和生平事迹有待考究。

（三）族谱学影响

史学家伊本·纳贾尔·巴格达迪把他记载为族谱学家。

（四）参考文献

伊本·纳贾尔·巴格达迪：《〈巴格达史〉补遗》第 2 卷，第 139 页。穆罕默德·拉施德：《族谱学家辞典：自伊历一世纪至当代》，第 174 页。

伊本·哈伦

（Ibn Hārūn，？～约 952）

（一）名号谱系

穆罕默德·本·哈伦·穆哈拉比·艾兹迪。

（二）生平概述

生卒地点有待考究。定居伊朗吉罗夫特（Jiroft）。

（三）族谱学影响

据人物志编纂家、著名族谱学家雅孤特·哈默维的记载，他精通人们的谱系及其日子。

（四）参考文献

雅孤特·哈默维：《地名辞典》第 2 卷，第 198 页。阿迦·布祖尔克：《什叶派名人层级传》第 1 卷，第 311 页。什贺布丁·麦尔阿什：《释疑：谱系、别号与后裔精粹人物志》，第 41 页。阿卜杜·拉札戈·康木纳：《愿者希冀：族谱学家层级传》，第 230～231 页。穆罕默德·拉施德：《族谱学家辞典：自伊历一世纪至当代》，第 540 页。

艾哈迈德·焦沃尼

（Ahmad al-Jawwānī，？～约 953）

（一）名号谱系

艾布·阿拔斯·艾哈迈德·本·阿里·本·伊卜拉欣·本·穆罕默德·本·哈桑·本·穆罕默德·本·欧贝杜拉·本·侯赛因·本·阿里·本·侯赛因·本·阿里·本·艾比·塔里卜·焦沃尼。

（二）生平概述

可能生于伊拉克库法（巴格达）。下文口传族谱学家阿里·焦沃尼的儿子。精通圣训和族谱。可能卒于伊拉克巴格达。

（三）族谱学影响

著名族谱学家伊本·易纳巴把他记载为族谱学家。史学家麦戈利齐把他记载为“巴格达族谱学家”。953 年，族谱学家伊本·喜达俄向他求教族谱知识。

（四）参考文献

伊本·易纳巴：《艾布·塔里卜家族谱系基本要义》，第 320 页。麦戈利齐：《大踪录》第 3 卷，第 495 页；第 5 卷，第 306 页。艾布·阿里·哈伊利：《人物情况论终》第 1 卷，第 284～285 页。阿卜杜·拉札戈·康木纳：《愿者希冀：族谱学家层级传》，第 187 页。穆罕默德·拉施德：《族谱学家辞典：自伊历一世纪至当代》，第 56 页。

艾哈迈德·哈默扎尼

(Ahmad al-Hamadhānī,? ~953)

（一）名号谱系

艾布·贾法尔·艾哈迈德·本·欧贝德（欧贝杜拉）·本·伊卜拉欣·本·穆罕默德·本·欧贝德·阿萨迪·艾斯达巴芝·哈默扎尼。

（二）生平概述

祖籍伊朗哈马丹附近的艾斯达巴兹（Asdābādh）。圣训学家和背诵家。可能卒于哈马丹。

（三）族谱学影响

据伊斯兰史学大师、著名族谱学家扎哈比在《群英诸贤传》中的记载，他懂得族谱和人物志。

（四）参考文献

扎哈比：《群英诸贤传》第 15 卷，第 380 页。扎哈比：《伊斯兰史与诸杰群英辞世录》第 25 卷，第 258 页。伊本·易玛德：《金砂：往逝纪事》第 4 卷，第 226 页。穆罕默德·拉施德：《族谱学家辞典：自伊历一世纪至当代》，第 55 页。

伊本·乌赫特·阿哈

(Ibn Ukht al-'Āhah,? ~954)

（一）名号谱系

艾布·穆罕默德·侯赛因·本·穆罕默德·塔米米·安巴利·达鲁

尼·盖拉沃尼·马格里比·伊非里基。

（二）生平概述

祖籍突尼斯凯鲁万城下辖的达伦（al-Dārūn）。语言学家、语法学家，懂诗歌。卒于凯鲁万。

（三）族谱学影响

据史学家祖贝迪（al-Zubaydī，928～989）的记载，他精通阿拉伯纪事、族谱和历史故事。

（四）参考文献

基弗蒂：《语法学家提醒述知》第 4 卷，第 143～145 页。祖贝迪：《语法学家与语言学家层级传》，第 245～247 页。伯克尔·艾布·栽德：《族谱学家层级传》，第 83 页。穆罕默德·拉施德：《族谱学家辞典：自伊历一世纪至当代》，第 155 页。

伊本·哈达德

（Ibn al-Haddād，878～955）

（一）名号谱系

艾布·伯克尔·穆罕默德·本·艾哈迈德·本·穆罕默德·本·贾法尔·奇纳尼·米斯利·沙斐仪。

（二）生平概述

生于埃及。922 年，前往伊拉克巴格达。曾任埃及法官。涉猎宗教学、人名学、韵律学、语言学、语法学、诗歌和史学等。晚年去朝觐，在归途中生病。辞世于 955 年 5 月。

（三）族谱学影响

据多名人物志编纂家的记载，他知晓人物名字、别号与族谱。

（四）参考文献

扎哈比：《伊斯兰史与诸杰群英辞世录》第 25 卷，第 302~306 页。索法迪：《逝者全录》第 2 卷，第 50~51 页。苏尤蒂：《雅美报告：埃及与开罗史》第 1 卷，第 313 页。欧麦尔·礼萨：《著述家辞典》第 3 卷，第 98~99 页。伯克尔·艾布·栽德：《族谱学家层级传》，第 83 页。穆罕默德·拉施德：《族谱学家辞典：自伊历一世纪至当代》，第 406~407 页。

贾法尔·纳哈维

（Ja‘far al-Nahwī，？~约 956）

（一）名号谱系

艾布·穆罕默德·贾法尔·本·哈伦·本·伊卜拉欣·本·赫狄尔·本·梅丹·纳哈维·迪纳瓦利。

（二）生平概述

出生地点有待考究。晚年在伊拉克巴格达度过。

（三）族谱学影响

精通阿拉伯日子、纪事、诗歌及其族谱。

（四）参考文献

雅孤特·哈默维：《文豪辞典》第 2 卷，第 798~799 页。赫蒂卜·巴格达迪：《巴格达史》第 8 卷，第 143 页。扎哈比：《伊斯兰史与诸杰群英辞世录》第 25 卷，第 297 页。

塔米姆·西尔提

（Tamīm al-Sirtī，？~957）

（一）名号谱系

艾布·穆罕默德·塔米姆·本·亥兰·本·塔米姆·西尔提·盖拉沃

尼·马立其。

（二）生平概述

生卒于突尼斯凯鲁万。马立克学派教法学家，精通北非历史故事。

（三）族谱学影响

精通伊非里基亚人的族谱，是当时凯鲁万人获取族谱知识的权威来源。

（四）参考文献

伽迪·易雅得：《法庭整顿与道路接近：马立克学派群英知识》第 6 卷，第 18~19 页。扎哈比：《伊斯兰史与诸杰群英辞世录》第 25 卷，第 348 页。穆罕默德·拉施德：《族谱学家辞典：自伊历一世纪至当代》，第 110 页。

艾布·爱施

（Abū al-'Aysh，？~959）

（一）名号谱系

艾布·爱施·艾哈迈德·本·伽斯姆·卡嫩·本·穆罕默德·本·伽斯姆·本·伊德里斯·本·伊德里斯·本·阿卜杜拉·本·哈桑·本·哈桑·本·阿里·本·艾比·塔里卜。

（二）生平概述

出生地点有待考究。948 年，继承摩洛哥伊德里斯王朝的埃米尔位。被法兰克人杀害于西班牙。

（三）族谱学影响

据摩洛哥著名史学家艾哈迈德·拿斯里（Ahmad al-Nāsirī，1835~1897）的记载，他知晓柏柏尔部落族谱。

（四）参考文献

艾哈迈德·拿斯里：《远马格里布列国纪研究》第1卷，第251~253页。齐黎克里：《名人》第1卷，第197页。穆罕默德·拉施德：《族谱学家辞典：自伊历一世纪至当代》，第67~68页。

伊本·布雷赫

（Ibn Burayh，876~961）

（一）名号谱系

艾布·贾法尔·阿卜杜拉·本·伊斯玛仪·本·伊卜拉欣·本·尔撒·本·阿卜杜拉·本·穆罕默德·本·阿里·本·阿卜杜拉·本·阿拔斯·哈希米·巴格达迪。

（二）生平概述

生卒于伊拉克巴格达。曾任曼苏尔大清真寺的演讲人。

（三）族谱学影响

口传族谱学家，没有成文族谱著作传世。

（四）参考文献

赫蒂卜·巴格达迪：《巴格达史》第11卷，第63页。扎哈比：《群英诸贤传》第15卷，第551~553页。伊本·易玛德：《金砂：往逝纪事》第4卷，第262页。伯克尔·艾布·栽德：《族谱学家层级传》，第84页。

穆罕默德·塔厄拉比

（Muhammad al-Taghlabī，？~964）

（一）名号谱系

艾布·哈桑·穆罕默德·本·穆萨·本·哈桑·本·贾法尔·塔厄拉

比·库斐。

（二）生平概述

可能生于伊拉克库法。熟知阿拉伯日子及其纪事，诗人。卒于乌兹别克斯坦布哈拉。

（三）族谱学影响

著名史学家哈奇姆·内撒布利（al-Hākim al-Naysābūrī，933～1015）把他记载为族谱学家。

（四）参考文献

哈奇姆·内撒布利：《内沙布尔史》，第 481～482 页。伊本·艾西尔：《谱系修正精粹》第 3 卷，第 307 页。索法迪：《逝者全录》第 5 卷，第 63 页。伯克尔·艾布·栽德：《族谱学家层级传》，第 220 页。穆罕默德·拉施德：《族谱学家辞典：自伊历一世纪至当代》，第 535 页。

伊本·艾班·拉赫米

（Ibn Abān al-Lakhmī，？～965）

（一）名号谱系

艾布·阿卜杜拉·穆罕默德·本·艾班·本·赛义德·本·艾班·拉赫米·古尔图比。

（二）生平概述

生卒于西班牙科尔多瓦。语言学家，背记纪事、遗训、阿拉伯日子和历史。

（三）族谱学影响

多名人物志编纂家把他记载为族谱学家。

（四）参考文献

伊本·法拉获：《安达卢西学林史》第2卷，第91页。雅孤特·哈默维：《文豪辞典》第5卷，第2294页。扎哈比：《伊斯兰史与诸杰群英辞世录》第26卷，第111页。伊斯玛仪·帕夏·巴格达迪：《知者惠赠：作者名讳与著者述作》第2卷，第44页。齐黎克里：《名人》第5卷，第293页。伯克尔·艾布·栽德：《族谱学家层级传》，第85页。阿卜杜·拉札戈·康木纳：《愿者希冀：族谱学家层级传》，第220页。穆罕默德·拉施德：《族谱学家辞典：自伊历一世纪至当代》，第403页。

穆罕默德·焦齐

（Muhammad al-Jawzī，？～970）

（一）名号谱系

艾布·伯克尔·穆罕默德·本·伊卜拉欣·本·易姆兰·本·穆萨·焦齐（珠利）。

（二）生平概述

生卒于伊朗。多次到访伊朗内沙布尔。语法学家和文学家。

（三）族谱学影响

雅孤特·哈默维和苏尤蒂等著名学者把他记载为“杰出的族谱学家”。

（四）参考文献

雅孤特·哈默维：《文豪辞典》第5卷，第2295页。伊本·艾西尔：《谱系修正精粹》第1卷，第307页。索法迪：《逝者全录》第2卷，第8页。苏尤蒂：《自觉索求：语言学家与语法学家层级传》第1卷，第12、202页。扎哈比：《伊斯兰史与诸杰群英辞世录》第26卷，第111页。伯克尔·艾布·栽德：《族谱学家层级传》，第84、86页。阿卜杜·拉札戈·康木纳：《愿者希冀：族谱学家层级传》，第228页。穆罕默德·拉施德：《族谱学家辞典：自伊历一世纪至当代》，第 403~404 页。

伊本·伊玛目

(Ibn al-Imām，917~991)

（一）名号谱系

艾布·阿卜杜拉·穆罕默德·本·艾哈迈德·本·哈姆敦·本·尔撒·本·阿里·本·撒比戈·浩腊尼·古尔图比。

（二）生平概述

生卒于西班牙科尔多瓦。语言学家和纪事家。

（三）族谱学影响

据安达卢西人物志编纂家伊本·法拉获的记载，他背记史事和族谱。

（四）参考文献

伊本·法拉获：《安达卢西学林史》第 2 卷，第 125 页。苏尤蒂：《自觉索求：语言学家与语法学家层级传》第 1 卷，第 22 页。扎哈比：《伊斯兰史与诸杰群英辞世录》第 26 卷，第 663 页。穆罕默德·拉施德：《族谱学家辞典：自伊历一世纪至当代》，第 407 页。

艾布·伯克尔·花拉子米

(Abū Bakr al-Khuwārizmī，935~993)

（一）名号谱系

艾布·伯克尔·穆罕默德·本·阿拔斯·花拉子米。

（二）生平概述

生于花剌子模。曾游历锡斯坦地区，在叙利亚大马士革居住一段时间后迁居阿勒颇。最后定居伊朗内沙布尔。书吏、诗人、文学家和语言学家。卒于内沙布尔。

（三）族谱学影响

据多名人物志编纂家的记载，他精通族谱。

（四）参考文献

雅孤特·哈默维：《文豪辞典》第 6 卷，第 2543 页。索法迪：《逝者全录》第 3 卷，第 157~161 页。伊本·赫里康：《精英辞世与时代名人信息录》第 4 卷，第 400~403 页。齐黎克里：《名人》第 6 卷，第 183 页。伯克尔·艾布·栽德：《族谱学家层级传》，第 89 页。阿卜杜·拉札戈·康木纳：《愿者希冀：族谱学家层级传》，第 223~224 页。穆罕默德·拉施德：《族谱学家辞典：自伊历一世纪至当代》，第 468 页。

阿里·鲁爱尼

（ʻAlī al-Ruʻaynī，919~999）

（一）名号谱系

艾布·哈桑·阿里·本·穆阿孜·本·萨姆安·本·艾比·谢巴·穆萨·鲁爱尼·白贾尼·安达卢斯。

（二）生平概述

生卒于西班牙佩奇纳。曾到西班牙科尔多瓦居住了一年。语言学家、诗人、出色的演说家。

（三）族谱学影响

多名人物志编纂家把他记载为族谱学家。

（四）参考文献

伊本·法拉荻：《安达卢西学林史》第 1 卷，第 410~411 页。伊本·阿卜杜·麦立克：《〈续编二著〉增补》第 3 卷，第 345 页。扎哈比：《伊斯兰史与诸杰群英辞世录》第 27 卷，第 186 页。伊本·哈杰尔：《指针》第 6 卷，第 30~31 页。穆罕默德·拉施德：《族谱学家辞典：自伊历一世纪至当代》，第 364 页。

阿里·焦沃尼

('Alī al-Jawwānī，10 世纪)

（一）名号谱系

艾布·哈桑·阿里·本·伊卜拉欣·本·穆罕默德·本·哈桑·本·穆罕默德·本·欧贝杜拉·本·侯赛因·本·阿里·本·侯赛因·本·阿里·本·艾比·塔里卜·焦沃尼。

（二）生平概述

生于麦地那。在伊拉克库法长大。卒于库法。

（三）族谱学影响

著名族谱学家伊本·易纳巴把他记载为族谱学家。史学家麦戈利齐把他记载为"库法族谱学家"。

（四）参考文献

伊本·易纳巴：《艾布·塔里卜家族谱系基本要义》，第 320 页。麦戈利齐：《大踪录》第 5 卷，第 306 页。阿卜杜·拉札戈·康木纳：《愿者希冀：族谱学家层级传》，第 152~153 页。穆罕默德·拉施德：《族谱学家辞典：自伊历一世纪至当代》，第 340 页。

阿里·塔米米

('Alī al-Tamīmī，10 世纪)

（一）名号谱系

艾布·侯赛因（哈桑）·阿里·本·艾哈迈德·本·阿萨德·塔米

米·艾赫拔利。

（二）生平概述

生于伊拉克沙赫里佐尔。定居伊朗内沙布尔。曾在伊拉克巴格达听阿拓尔（al-‘Attār，848~943）讲圣训。曾到访呼罗珊地区。文学家，喜好背诵诗歌，懂阿拉伯日子。

（三）族谱学影响

著名族谱学家萨姆阿尼把他记载为“阿拉伯谱系学者”。

（四）参考文献

萨姆阿尼：《谱系》第1卷，第152页。哈奇姆·内撒布利：《内沙布尔史》，第319页。穆罕默德·拉施德：《族谱学家辞典：自伊历一世纪至当代》，第341页。

艾布·阿卜杜拉·托拔托拔

（Abū ‘Abd Allāh Tabātabā，10世纪）

（一）名号谱系

艾布·阿卜杜拉·艾哈迈德·本·穆罕默德·本·艾哈迈德·本·伊卜拉欣·本·伊斯玛仪·本·伊卜拉欣·本·哈桑·本·哈桑·本·阿里·本·艾比·塔里卜·艾斯法哈尼。

（二）生平概述

祖籍伊拉克库法。诗人。定居伊朗伊斯法罕。辞世地点有待考究。

（三）族谱学影响

一些族谱研究者把他记载为族谱学家。

（四）参考文献

伊本·托拔托拔·艾斯法哈尼：《塔里比人移居地》，第20页。法赫鲁丁·拉齐:《吉祥谱树: 塔里比家族谱系》, 第 45 页。什贺布丁·麦尔阿什:《释疑: 谱系、别号与后裔精粹人物志》, 第 31、39 页。阿卜杜·拉札戈·康木纳:《愿者希冀: 族谱学家层级传》, 第 134~135、189~190 页。

艾布·敦雅

(Abū al-Dunyā, 约 10 世纪)

(一) 名号谱系

艾布·伽斯姆·侯赛因·本·阿里·本·艾哈迈德·本·穆罕默德·本·贾法尔·本·欧贝杜拉·本·穆萨·本·贾法尔·本·穆罕默德·本·阿里·本·侯赛因·本·阿里·本·艾比·塔里卜·赞贾尼, 以"艾布·敦雅"著称于世。

(二) 生平概述

生卒地点有待考究。其后裔被称为"艾布·敦雅家族", 大部分居住在阿拉伯半岛希贾兹地区。

(三) 族谱学影响

一些族谱研究者把他记载为族谱学家。

(四) 参考文献

伊本·易纳巴:《艾布·塔里卜家族谱系基本要义》, 第 227~228 页。阿卜杜·拉札戈·康木纳:《愿者希冀: 族谱学家层级传》, 第 202 页。

艾布·哈桑·阿拉维

(Abū al-Hasan al-'Alawī, 10 世纪)

(一) 名号谱系

艾布·哈桑·阿里·本·侯赛因·本·叶哈雅·本·穆罕默德·本·

伊斯玛仪·本·欧麦尔·本·穆罕默德·本·欧麦尔·本·阿里·本·艾比·塔里卜·阿拉维。

（二）生平概述

生卒地点和生平事迹有待考究。

（三）族谱学影响

著名族谱学家伊本·苏菲把他记载为族谱学家。

（四）参考文献

伊本·苏菲：《麦吉迪：塔里比人谱系》，第452页。穆罕默德·拉施德：《族谱学家辞典：自伊历一世纪至当代》，第348页。

艾布·伽斯姆·贾法利

（Abū al-Qāsim al-Ja'farī，约10世纪）

（一）名号谱系

艾布·伽斯姆·阿里·本·艾哈迈德·本·侯赛因·本·艾哈迈德·本·哈桑·本·栽德·本·阿卜杜拉·本·伽斯姆·本·伊斯哈格·本·阿卜杜拉·本·贾法尔·本·艾比·塔里卜·阿利荻·贾法利·朱尔贾尼。

（二）生平概述

生卒地点有待考究。长期居住在伊朗雷伊。其子嗣定居伊朗戈尔甘。

（三）族谱学影响

伊本·托拔托拔·艾斯法哈尼把他记载为族谱学家，上述族谱学家曼克迪姆的老师。

（四）参考文献

伊本·托拔托拔·艾斯法哈尼：《塔里比人移居地》，第28页。阿卜杜·拉札戈·康木纳：《愿者希冀：族谱学家层级传》，第 188、212 页。

艾布·贾法尔·穆萨伊

(Abū Ja'far al-Mūsā'ī，10 世纪)

（一）名号谱系

艾布·贾法尔·穆罕默德·本·贾法尔·本·穆罕默德·本·艾哈迈德·本·哈伦·本·穆萨·本·贾法尔·本·穆罕默德·本·阿里·本·侯赛因·本·阿里·本·艾比·塔里卜·阿拉维·穆萨伊。

（二）生平概述

生卒地点有待考究。曾在伊拉克、伊朗雷伊聆听著名学者讲学。

（三）族谱学影响

背记谱系、纪事和阿拉伯日子。

（四）参考文献

萨姆阿尼：《谱系》第 11 卷，第 519 页。穆罕默德·拉施德：《族谱学家辞典：自伊历一世纪至当代》，第 431 页。

艾布·贾法尔·纳基卜

(Abū Ja'far al-Naqīb，约 10 世纪)

（一）名号谱系

艾布·贾法尔·穆罕默德·本·阿里·本·侯赛因·本·阿里·本·叶哈雅·本·伊斯哈格·本·达乌德·本·穆罕默德·本·哈姆扎·本·伊斯哈格·本·阿里·本·阿卜杜拉·本·贾法尔·本·艾比·塔里卜·米斯利。

（二）生平概述

生卒于埃及。曾任埃及法官。

（三）族谱学影响

一些族谱研究者把他记载为族谱学家。

（四）参考文献

阿卜杜·拉札戈·康木纳：《愿者希冀：族谱学家层级传》，第 225～226 页。

法得勒·麦孜希冀

（al-Fadl al-Madhhijī，约 10 世纪）

（一）名号谱系

法得勒·本·穆法多勒·麦孜希冀。

（二）生平概述

生于西班牙阿尔赫西拉斯（Algeciras）。辞世地点有待考究。

（三）族谱学影响

熟知阿尔赫西拉斯居民的家族谱系。

（四）参考文献

伊本·艾拔尔：《〈续编〉增补》第 4 卷，第 15 页。伊本·阿卜杜·麦立克：《〈续编二著〉增补》第 3 卷，第 455 页。穆罕默德·拉施德：《族谱学家辞典：自伊历一世纪至当代》，第 385 页。

哈桑·艾俄拉吉

（al-Hasan al-A‘raj，10 世纪）

（一）名号谱系

艾布·阿里·哈桑·本·伊卜拉欣·本·阿卜杜拉·本·贾法尔·本·阿卜杜拉·本·贾法尔·本·穆罕默德（即伊本·哈乃斐耶）·本·阿里·本·艾比·塔里卜·阿拉维·哈拉尼。

（二）生平概述

可能生卒于土耳其哈兰。

（三）族谱学影响

精通族谱，是上述族谱学家穆罕默德·艾俄拉吉的兄弟。

（四）参考文献

伊本·托拔托拔·艾斯法哈尼：《塔里比人移居地》，第 121 页。什贺布丁·麦尔阿什：《释疑：谱系、别号与后裔精粹人物志》，第 32 页。阿卜杜·拉札戈·康木纳：《愿者希冀：族谱学家层级传》，第 139 页。

海达拉

（Haydarah，10 世纪）

（一）名号谱系

艾布·哈桑·海达拉·本·拿斯尔·本·哈姆扎·本·哈桑·本·苏莱曼·本·苏莱曼·本·侯赛因·本·阿里·本·侯赛因·本·阿里·本·艾比·塔里卜。

（二）生平概述

可能生于马格里布地区。卒于埃及。

（三）族谱学影响

著名族谱学家伊本·易纳巴把他记载为“族谱资料搜集者”。

（四）参考文献

伊本·易纳巴：《艾布·塔里卜家族谱系基本要义》，第 312 页。伊本·苏菲：《麦吉迪：塔里比人谱系》，第 416 页。穆哈幸·艾敏：《什叶派精英》第 6 卷，第 277 页。阿卜杜·拉札戈·康木纳：《愿者希冀：族谱学家层级传》，第 205 页。

侯赛因·焦沃尼

（al-Husayn al-Jawwānī，10 世纪）

（一）名号谱系

艾布·哈希姆·侯赛因·本·艾哈迈德·本·阿里·本·伊卜拉欣·本·穆罕默德·本·哈桑·本·穆罕默德·本·欧贝杜拉·本·侯赛因·本·阿里·本·侯赛因·本·阿里·本·艾比·塔里卜·焦沃尼。

（二）生平概述

可能生于伊拉克巴格达。上述口传族谱学家艾哈迈德·焦沃尼的儿子。辞世地点有待考究。

（三）族谱学影响

著名史学家麦戈利齐把他记载为“巴格达族谱学家”。

（四）参考文献

伊本·易纳巴：《艾布·塔里卜家族谱系基本要义》，第 320 页。麦戈利齐：《大踪录》第 5 卷，第 306 页。阿卜杜·拉札戈·康木纳：《愿者希冀：族谱学家层级传》，第 204 页。穆罕默德·拉施德：《族谱学家辞典：自伊历一世纪至当代》，第 146 页。

穆罕默德·艾克伯尔

（Muhammad al-Akbar，10 世纪）

（一）名号谱系

艾布·哈桑·穆罕默德·本·叶哈雅·本·哈桑·本·贾法尔·本·欧贝杜拉·本·侯赛因·本·阿里·本·侯赛因·本·阿里·本·艾比·塔里卜·欧贝达里·阿基基。

（二）生平概述

祖籍麦地那。著名族谱学家叶哈雅·阿基基的儿子。辞世地点有待考究。

（三）族谱学影响

著名族谱学家伊本·易纳巴把他记载为族谱学家。

（四）参考文献

伊本·易纳巴：《艾布·塔里卜家族谱系基本要义》，第 331 页。什贺布丁·麦尔阿什：《释疑：谱系、别号与后裔精粹人物志》，第 31～32 页。阿卜杜·拉札戈·康木纳：《愿者希冀：族谱学家层级传》，第 177 页。

穆罕默德·沙比赫

（Muhammad al-Shabīh，10 世纪）

（一）名号谱系

艾布·侯赛因·穆罕默德·本·侯赛因·本·阿里·本·侯赛因·本·栽德·本·阿里·本·侯赛因·本·栽德·本·阿里·本·侯赛因·本·阿里·本·艾比·塔里卜·巴格达迪。

（二）生平概述

生卒地点和生平事迹有待考究。

（三）族谱学影响

著名族谱学家伊本·玛库腊把他记载为族谱学家。

（四）参考文献

伊本·玛库腊：《名字、别名与谱系辨正释疑大全》第5卷，第87页。穆罕默德·拉施德：《族谱学家辞典：自伊历一世纪至当代》，第439页。

穆萨拉姆·阿拉维

（Musallam al-ʻAlawī，10世纪）

（一）名号谱系

艾布·贾法尔·穆罕默德·本·拓熙尔·本·叶哈雅·本·哈桑·本·贾法尔·本·欧贝杜拉·本·侯赛因·本·阿里·本·侯赛因·本·阿里·本·艾比·塔里卜·阿拉维。

（二）生平概述

可能生卒于埃及。上述族谱学家拓熙尔·阿拉维的儿子。著名圣训学家，当时埃及和希贾兹地区的艾布·塔里卜家族领袖。

（三）族谱学影响

传述上述族谱学家祖赫利的族谱著作。

（四）参考文献

伊本·易纳巴：《艾布·塔里卜家族谱系基本要义》，第335页。伊本·丰杜戈：《谱系、别号与后裔精粹》第1卷，第302页。法赫鲁丁·拉齐：《吉祥谱树：塔里比家族谱系》，第163页。伊斯玛仪·麦尔瓦齐：《荣耀：塔里比家族谱系》，第 59 页。阿卜杜·拉札戈·康木纳：《愿者希冀：族谱学家层级传》，第 231~232 页。

叶哈雅·纳撒巴

(Yahyá al-Nassābah，10 世纪)

（一）名号谱系

艾布·侯赛因·叶哈雅·本·阿卜杜拉·本·穆罕默德·本·叶哈雅·本·阿卜杜拉·本·穆萨·本·阿卜杜拉·本·哈桑·本·哈桑·本·阿里·本·艾比·塔里卜。

（二）生平概述

生卒地点和生平事迹有待考究。

（三）族谱学影响

一些族谱研究者把他记载为族谱学家。

（四）参考文献

伊斯玛仪·麦尔瓦齐：《荣耀：塔里比家族谱系》，第 94 页。阿卜杜·拉札戈·康木纳：《愿者希冀：族谱学家层级传》，第 232 页。

伊本·艾比·法提克

(Ibn Abī al-Fātik，10 世纪)

（一）名号谱系

伽斯姆·本·艾比·法提克·阿卜杜拉·本·达乌德·本·苏莱曼·本·阿卜杜拉·本·穆萨·本·阿卜杜拉·本·哈桑·本·哈桑·本·阿里·本·艾比·塔里卜。

（二）生平概述

生卒地点和生平事迹有待考究。

（三）族谱学影响

著名族谱学家伊本·易纳巴把他记载为族谱学家。

（四）参考文献

伊本·易纳巴:《艾布·塔里卜家族谱系基本要义》，第123、124页。阿卜杜·拉札戈·康木纳:《愿者希冀：族谱学家层级传》，第220页。

伊本·艾比·泰伊卜

（Ibn Abī al-Tayyib，约10世纪）

（一）名号谱系

艾布·阿卜杜拉·侯赛因·本·穆罕默德·本·艾哈迈德·本·阿里·本·穆罕默德·本·叶哈雅·本·阿卜杜拉·本·穆罕默德·本·欧麦尔·本·阿里·本·艾比·塔里卜。

（二）生平概述

生卒于埃及。

（三）族谱学影响

考证了埃及的伊玛目谱系。

（四）参考文献

伊本·易纳巴:《艾布·塔里卜家族谱系基本要义》，第368页。伊本·苏菲:《麦吉迪：塔里比人谱系》，第500页。阿卜杜·拉札戈·康木纳:《愿者希冀：族谱学家层级传》，第201页。

伊本·艾哈迈德·阿拉维

（Ibn Ahmad al-‘Alawī，10 世纪）

（一）名号谱系

艾布·哈桑·阿里·本·艾哈迈德·本·伊斯哈格·本·贾法尔·本·穆罕默德·本·阿卜杜拉·本·穆罕默德·本·欧麦尔·本·阿里·本·艾比·塔里卜·阿拉维。

（二）生平概述

生于伊拉克巴格达。曾任巴格达的塔里比家族族长。后来迁居伊拉克摩苏尔。从埃及回到摩苏尔不久后去世。

（三）族谱学影响

著名族谱学家伊本·易纳巴把他记载为族谱学家。

（四）参考文献

伊本·易纳巴：《艾布·塔里卜家族谱系基本要义》，第 367 页。伊本·苏菲：《麦吉迪：塔里比人谱系》，第 481～482 页。伊本·托拔托拔·艾斯法哈尼：《塔里比人移居地》，第 317 页。阿卜杜·拉札戈·康木纳：《愿者希冀：族谱学家层级传》，第 209～210 页。穆罕默德·拉施德：《族谱学家辞典：自伊历一世纪至当代》，第 340 页。

伊本·葛曼

（Ibn Qaman，10 世纪）

（一）名号谱系

侯赛因·本·葛曼·本·穆罕默德·本·艾哈迈德·本·苏莱曼·本·阿卜杜拉·本·穆罕默德·本·阿基勒·本·艾比·塔里卜。

（二）生平概述

生卒地点和生平事迹有待考究。

（三）族谱学影响

安达卢西著名族谱学家伊本·哈兹姆把他记载为“最懂族谱的人”。

（四）参考文献

伊本·哈兹姆：《阿拉伯谱系集》，第 69 页。伯克尔·艾布·栽德：《族谱学家层级传》，第 214 页。穆罕默德·拉施德：《族谱学家辞典：自伊历一世纪至当代》，第 154 页。

伊本·哈弗斯

（Ibn Hafs，约 10 世纪）

（一）名号谱系

艾布·欧麦尔·优素福·本·叶尔孤卜·本·哈弗斯。

（二）生平概述

生卒地点和生平事迹有待考究。

（三）族谱学影响

据安达卢西人物志编纂家伊本·法拉荻的记载，赫拉夫·本·伽斯姆（Khalaf ibn Qāsim，937~1003）把他视为族谱学家。

（四）参考文献

伊本·法拉荻：《安达卢西学林史》第 2 卷，第 200 页。穆罕默德·拉施德：《族谱学家辞典：自伊历一世纪至当代》，第 586 页。

伊本·穆罕默德·欧韦德

(Ibn Muhammad al-'Uwayd，10 世纪)

（一）名号谱系

艾布·哈桑·阿里·本·穆罕默德·欧韦德·本·阿里·本·阿卜杜拉·本·贾法尔·穆尚纳·本·阿卜杜拉·本·贾法尔·本·穆罕默德·本·哈乃斐耶·本·阿里·本·艾比·塔里卜·哈希米·穆罕默迪。

（二）生平概述

可能生卒于伊拉克巴格达。

（三）族谱学影响

著名族谱学家伊本·福瓦蒂把他记载为族谱学家。

（四）参考文献

伊本·丰杜戈：《谱系、别号与后裔精粹》第 1 卷，第 310 页。伊本·福瓦蒂：《别号辞典文集》第 5 卷，第 167 页。伊本·托拔托拔·艾斯法哈尼：《塔里比人移居地》，第 66 页。穆罕默德·拉施德：《族谱学家辞典：自伊历一世纪至当代》，第 359 页。

伊本·穆罕默德·努努

(Ibn Muhammad Nūnū，10 世纪)

（一）名号谱系

艾布·贾法尔·穆罕默德·本·尔撒·本·穆罕默德·努努·本·伽斯姆·本·叶哈雅·本·侯赛因·本·栽德·本·阿里·本·侯赛因·本·阿里·本·艾比·塔里卜。

（二）生平概述

生卒地点有待考究。其子嗣居住在伊拉克库法。

（三）族谱学影响

著名族谱学家伊本·易纳巴把他记载为族谱学家。

（四）参考文献

伊本·易纳巴：《艾布·塔里卜家族谱系基本要义》，第261页。阿卜杜·拉札戈·康木纳：《愿者希冀：族谱学家层级传》，第228页。

六　公元 11 世纪

奥斯曼·塔厄里比

（'Uthmān al-Taghlibī，？～约 1001）

（一）名号谱系

艾布·阿慕尔（欧麦尔）·奥斯曼·本·哈提姆·本·蒙塔卜·塔厄里比·库斐。

（二）生平概述

生卒地点有待考究。圣训学家。是什叶派大学者纳贾什的老师之一。

（三）族谱学影响

精通口传族谱。给纳贾什讲授族谱知识。

（四）参考文献

纳贾什：《纳贾什人物》，第 53、54、189 页。伊本·纳贾尔·巴格达迪：《〈巴格达史〉补遗》第 2 卷，第 139 页。穆哈幸·艾敏：《什叶派精英》第 8 卷，第 139 页。索伊卜·阿卜杜·哈密德：《什叶派史学家辞典》第 1 卷，第 557 页。什贺布丁·麦尔阿什：《释疑：谱系、别号与后裔精粹人物志》，第 39～40 页。阿卜杜·拉札戈·康木纳：《愿者希冀：族谱学家层级传》，第 217 页。穆罕默德·拉施德：《族谱学家辞典：自伊历一世纪至当代》，第 327～328 页。

涂波尼

（al-Tubnī，913～1004）

（一）名号谱系

艾布·阿卜杜拉·穆罕默德·本·侯赛因·本·穆罕默德·本·阿萨德·本·穆罕默德·本·伊卜拉欣·本·齐雅德·本·卡尔卜·本·马立克·塔米米·杏玛尼·涂波尼·安达卢斯。

（二）生平概述

出生地点有待考究。定居西班牙科尔多瓦。诗人、文学家。

（三）族谱学影响

懂阿拉伯人的纪事及其族谱。

（四）参考文献

伊本·法拉荻：《安达卢西学林史》第 2 卷，第 153～154 页。伊本·阿密拉：《探索目标：安达卢西人物史》第 1 卷，第 95～96 页。扎哈比：《伊斯兰史与诸杰群英辞世录》第 27 卷，第 304 页。齐黎克里：《名人》第 6 卷，第 98 页。穆罕默德·拉施德：《族谱学家辞典：自伊历一世纪至当代》，第 439～440 页。

伊本·法里斯

（Ibn Fāris，941～1004）

（一）名号谱系

艾布·侯赛因·艾哈迈德·本·法里斯·本·扎卡利雅·本·穆罕默德·本·哈比卜·葛兹维尼·拉齐。

（二）生平概述

生于伊朗加兹温。曾到访伊拉克巴格达。在伊朗哈马丹居住一段时间后，赴伊朗雷伊任法官。曾遵从沙斐仪教法学派，后改投马立克学派。卒于雷伊。

（三）族谱学影响

著名族谱学家伊本·丰杜戈把他记载为族谱学家。

（四）参考文献

伊本·丰杜戈：《谱系、别号与后裔精粹》第 1 卷，第 182 页。雅孤特·哈默维：《文豪辞典》第 1 卷，第 410～418 页。索法迪：《逝者全录》第 7 卷，第 181～183 页。扎哈比：《群英诸贤传》第 27 卷，第 309～312 页。齐黎克里：《名人》第 1 卷，第 193 页。穆罕默德·拉施德：《族谱学家辞典：自伊历一世纪至当代》，第 67 页。

伊本·马塔韦赫

（Ibn Mattawayh，936～1007）

（一）名号谱系

阿卜杜拉·本·穆罕默德·本·艾哈迈德·本·穆罕默德·本·法拉吉·本·马塔韦赫·葛兹维尼。

（二）生平概述

生于伊朗加兹温。曾到访伊朗哈马丹、迪纳瓦尔、雷伊、内沙布尔，伊拉克巴格达、巴士拉、库法、瓦西特，麦加，土库曼斯坦木鹿、尼萨和乌兹别克斯坦布哈拉等城市。曾任呼罗珊地区法官。教法学家，懂历史。辞世地点有待考究。

（三）族谱学影响

一些学者把他记载为族谱学家。

（四）参考文献

艾布·叶尔腊·赫里里：《圣训学林知识导引》第2卷，第727～728页。扎哈比：《伊斯兰史与诸杰群英辞世录》第27卷，第342页。拉菲仪：《加兹温纪集》第3卷，第236～242页。穆罕默德·拉施德：《族谱学家辞典：自伊历一世纪至当代》，第310页。

沙利夫·拉荻

（al-Sharīf al-Radī，970～1015）

（一）名号谱系

艾布·哈桑·穆罕默德·本·侯赛因·本·穆萨·本·穆罕默德·本·穆萨·本·伊卜拉欣·本·穆萨·本·贾法尔·本·穆罕默德·本·阿里·本·侯赛因·本·阿里·本·艾比·塔里卜·拉荻·阿拉维。

（二）生平概述

生卒于伊拉克巴格达。曾任该城的塔里比家族联合会领导人。教法学家、经注学家、史学家、文学家和诗人。

（三）族谱学影响

一些学者把他记载为族谱学家。

（四）参考文献

赫蒂卜·巴格达迪：《巴格达史》第3卷，第40～41页。纳贾什：《纳贾什人物》，第380～381页。齐黎克里：《名人》第6卷，第99页。欧麦尔·礼萨：《著述家辞典》第3卷，第263～264页。沙奇尔·穆斯塔法：《阿拉伯历史与史家》第2卷，第119页。索伊卜·阿卜杜·哈密德：《什叶派史学家辞典》第2卷，第188～190页。阿卜杜·拉札戈·康木纳：《愿者希冀：族谱学家层级传》，第260～266页。

韶沃夫

（al-Sawwāf，945～1019）

（一）名号谱系

艾布·伽斯姆·阿卜杜·拉哈曼·本·穆罕默德·本·哈里德·本·哈里德·本·叶齐德·桑巴里·艾兹迪·阿塔其·米斯利。

（二）生平概述

生卒于埃及。1004 年，从埃及前往伊比利亚半岛。在西班牙科尔多瓦居住到当地发生动乱后，回到埃及。马立克学派教法学家、教义学家和文学家，懂圣训、人物志和纪事，善于作诗。

（三）族谱学影响

安达卢西人物志编纂家伊本·巴施库沃勒（Ibn Bashkuwāl，1101～1183）把他记载为族谱学家。

（四）参考文献

伊本·巴施库沃勒：《〈安达卢西伊玛目、学者、圣训学家、教法学家与文学家史〉续编》第 1 卷，第 449～450 页。伽迪·易雅得：《法庭整顿与道路接近：马立克学派群英知识》第 7 卷，第 91～92 页。扎哈比：《伊斯兰史与诸杰群英辞世录》第 28 卷，第 204～205 页。穆罕默德·拉施德：《族谱学家辞典：自伊历一世纪至当代》，第 254 页。

穆罕默德·哈拉维

（Muhammad al-Harawī，？～1023）

（一）名号谱系

艾布·穆左发尔·穆罕默德·本·阿丹·本·卡玛勒·哈拉维。

（二）生平概述

生卒地点有待考究。文学家、语法学家、语言学家、经注学家、圣训学家和教义学家。

（三）族谱学影响

一些学者把他记载为族谱学家。

（四）参考文献

雅孤特·哈默维：《文豪辞典》第5卷，第2293页。欧麦尔·礼萨：《著述家辞典》第3卷，第119页。阿卜杜·拉札戈·康木纳：《愿者希冀：族谱学家层级传》，第259页。

艾布·侯赛因·侯赛尼

（Abū al-Husayn al-Husaynī，？～约1037）

（一）名号谱系

艾布·侯赛因·穆罕默德·本·欧麦尔·本·穆罕默德·本·叶哈雅·本·侯赛因·本·艾哈迈德·本·欧麦尔·本·叶哈雅·本·侯赛因·本·栽德·本·阿里·本·侯赛因·本·阿里·本·艾比·塔里卜·侯赛尼。

（二）生平概述

生卒地点有待考究。上述族谱学家侯赛因·纳撒巴的玄孙。1037年，前往埃及，然后回到伊拉克库法。

（三）族谱学影响

著名史学家麦戈利齐在《大踪录》中把他记载为族谱学家。

（四）参考文献

麦戈利齐：《大踪录》第6卷，第433页。穆罕默德·拉施德：《族谱学家辞典：自伊历一世纪至当代》，第 502 页。

欧麦尔·涂莱图里

('Umar al-Tulaytulī，？～约 1051)

（一）名号谱系

艾布·哈弗斯·欧麦尔·本·萨赫勒·本·马斯欧德·拉赫米·涂莱图里。

（二）生平概述

生于西班牙托莱多。曾游历马什里克地区。辞世地点有待考究。

（三）族谱学影响

背记大量圣训及其人物名字和谱系。

（四）参考文献

伊本·巴施库沃勒：《〈安达卢西伊玛目、学者、圣训学家、教法学家与文学家史〉续编》第 2 卷，第 40～41 页。沙其波·阿尔斯兰：《薄绸盛装：安达卢西纪遗》第 2 卷，第 16 页。穆罕默德·拉施德：《族谱学家辞典：自伊历一世纪至当代》，第 371 页。

伊斯玛仪·桑曼

(Ismā'īl al-Sammān，约 980～1053)

（一）名号谱系

艾布·萨尔德·伊斯玛仪·本·阿里·本·侯赛因·本·穆罕默德·本·哈桑·本·赞杰维赫·拉齐·桑曼·拉齐·哈乃斐。

（二）生平概述

可能生卒于伊朗雷伊。游历伊拉克、沙姆地区、希贾兹地区、埃及、马格里布和伊朗伊斯法罕等地。听过 3000 多名长老讲学。涉猎诵经学、经注学、圣训学、教法学、人物志、遗产继承学、算术和族谱学等学问。

（三）族谱学影响

优秀的口传族谱学家，但没有留下成文专著。

（四）参考文献

伊本·阿萨奇尔：《大马士革史》第 9 卷，第 21~24 页。扎哈比：《群英诸贤传》第 18 卷，第 55~60 页。欧麦尔·礼萨：《著述家辞典》第 1 卷，第 371 页。沙奇尔·穆斯塔法：《阿拉伯历史与史家》第 2 卷，第 100 页。索伊卜·阿卜杜·哈密德：《什叶派史学家辞典》第 1 卷，第 171~172 页。穆罕默德·拉施德：《族谱学家辞典：自伊历一世纪至当代》，第 95 页。

艾布·阿腊·麦阿利

（Abū al-‘Alā’ al-Ma‘arrī，973~1057）

（一）名号谱系

艾布·阿腊·艾哈迈德·本·阿卜杜拉·本·苏莱曼·本·穆罕默德·本·苏莱曼·本·艾哈迈德·本·苏莱曼·本·达乌德·本·穆托哈尔·本·齐雅德·本·拉比阿·本·哈黎思·本·拉比阿·本·艾尔格姆·本·安瓦尔·本·艾斯罕·本·努尔曼·本·阿迪·本·阿卜杜·加特凡·本·阿慕尔·本·巴利哈·本·杰芝玛·本·贴姆拉·本·阿萨德·本·瓦波拉·本·塔厄里卜·本·胡勒旺·本·易姆兰·本·哈夫·本·古铎阿·葛哈拓尼·塔努黑·麦阿利。

（二）生平概述

生卒于叙利亚马雷特努曼。幼年瘦弱。4 岁时，感染天花，导致双目失明。但性格坚韧，记忆力极强，勤思好学。11 岁时，能读诗。1007 年，历尽艰辛，跋涉到伊拉克巴格达，在那里接受了穆尔太齐赖派学说。1 年 7 个月后，回归故里，素食隐居，潜心著述。撰写图书和文章 70 多部（篇），涉及诗歌、文学、语法、哲学和伦理等方面。被誉为“诗坛哲人”。

（三）族谱学影响

知晓族谱和阿拉伯历史故事，但没有留下相关专著。

（四）参考文献

雅孤特·哈默维：《文豪辞典》第 1 卷，第 295 ~ 356 页。扎哈比：《群英诸贤传》第 18 卷，第 23 ~ 39 页。齐黎克里：《名人》第 1 卷，第 157 页。伯克尔·艾布·栽德：《族谱学家层级传》，第 99 页。穆罕默德·拉施德：《族谱学家辞典：自伊历一世纪至当代》，第 52 页。艾哈迈德·帖木儿：《艾布·阿腊·麦阿利》（Ahmad Taymūr, *Abū al-'Alā' al-Ma'arrī*），开罗：编辑翻译出版委员会，1940。

拉拔希

（al-Rabāhī，978 ~ 1057）

（一）名号谱系

艾布·欧麦尔·优素福·本·苏莱曼·本·马尔旺·安索利·安达卢斯。

（二）生平概述

生于西班牙卡拉特拉瓦（Calatrava la Vieja）。曾居住在西班牙塞维利亚。学识渊博，涉猎教法、语法、韵律、诗歌和族谱等方面的知识。卒于西班牙穆尔西亚。

（三）族谱学影响

多名人物志编纂家把他记载为族谱学家。

（四）参考文献

伊本·巴施库沃勒：《〈安达卢西伊玛目、学者、圣训学家、教法学家与文学家史〉续编》第2卷，第325页。扎哈比：《伊斯兰史与诸杰群英辞世录》第30卷，第197页。索法迪：《逝者全录》第29卷，第89页。伯克尔·艾布·栽德：《族谱学家层级传》，第99页。阿卜杜·拉札戈·康木纳：《愿者希冀：族谱学家层级传》，第275页。穆罕默德·拉施德：《族谱学家辞典：自伊历一世纪至当代》，第584页。

伊本·巴尔汉

（Ibn Barhān，？～1064）

（一）名号谱系

艾布·伽斯姆·阿卜杜·沃希德·本·阿里·本·欧麦尔·本·伊斯哈格·本·伊卜拉欣·本·伊斯玛仪·本·胡贝施·本·梅蒙·本·斯南·本·拉菲俄·本·索赫尔·本·阿卜杜拉·本·拿什拉·本·纳斯尔·本·萨沃阿特·本·萨尔德·本·马立克·本·塞尔拉巴·本·杜丹·本·阿萨德·本·呼栽玛·本·穆德黎卡·本·伊勒雅斯·本·穆多尔·本·尼札尔·本·马阿德·本·阿德南·阿萨迪·欧克巴利。

（二）生平概述

生卒于伊拉克巴格达。杰出的语言学家和语法学家，懂阿拉伯日子和先辈纪事。

（三）族谱学影响

据多名人物志编纂家的记载，他懂族谱。

（四）参考文献

伊本·玛库腊：《名字、别名与谱系辨正释疑大全》第1卷，第246～247页。基弗蒂：《语法学家提醒述知》第2卷，第213～215页。扎哈比：《群英诸贤传》第18卷，第124～127页。齐黎克里：《名人》第4卷，第176页。伯克尔·艾布·栽德：《族谱学家层级传》，第101页。阿卜杜·拉札戈·康木纳：《愿者希冀：族谱学家层级传》，第251页。穆罕默德·拉施德：《族谱学家辞典：自伊历一世纪至当代》，第 322 页。

艾布·伯克尔·贝哈基

（Abū Bakr al-Bayhaqī，994～1066）

（一）名号谱系

艾布·伯克尔·艾哈迈德·本·侯赛因·本·阿里·本·穆萨·呼斯娄吉尔迪·贝哈基·呼罗萨尼。

（二）生平概述

生于伊朗萨卜泽瓦尔附近的霍斯罗杰尔德（Khosrovjerd）村。15 岁开始师从著名学者学习各种学问。先后游学伊拉克巴格达、库法以及麦加等城市。最后定居伊朗内沙布尔。一生共接受约 230 名长老的指点，涉猎圣训学、教法学、经注学、教义学、语言学、历史传记和文学等方面的学问，撰写图书和文章约 50 部（篇）。其中以《大逊奈》（*Al-Sunan al-Kubrá*）最为著名。卒于内沙布尔。遗体被运回萨卜泽瓦尔安葬。

（三）族谱学影响

懂族谱，但没有成文的族谱专著传世。

（四）参考文献

扎哈比：《群英诸贤传》第 18 卷，第 163～170 页。塔朱丁·苏波其：《大沙斐仪学派层级传》第 4 卷，第 8～16 页。伊本·赫里康：《精英辞世与时代名人信息录》第 1 卷，第 75～76 页。齐黎克里：《名人》第 1 卷，第 116 页。伯克尔·艾布·栽德：《族谱学家层级传》，第 101 页。纳吉姆·阿卜杜·拉哈曼：《伊玛目贝哈基》（Najm ‘Abd al-Rahmān，*Al-Imām al-Bayhaqī*），大马士革：格拉姆出版社，1994。

阿里·沙杰利

（‘Alī al-Shajarī，？～1080）

（一）名号谱系

艾布·哈桑·阿里·本·艾比·塔里卜·本·艾哈迈德·本·伽斯姆·本·艾哈迈德·本·贾法尔·本·艾哈迈德·本·欧贝杜拉·本·穆罕默德·本·阿卜杜·拉哈曼·本·伽斯姆·本·哈桑·本·栽德·本·哈桑·本·阿里·本·艾比·塔里卜·哈萨尼。

（二）生平概述

生卒地点有待考究。曾任伊朗泰伯里斯坦的圣裔联合会领导人。

（三）族谱学影响

据著名族谱学家伊本·易纳巴的记载，他深谙族谱。

（四）参考文献

伊本·托拔托拔·艾斯法哈尼：《塔里比人移居地》，第 209 页。伊本·易纳巴：《艾布·塔里卜家族谱系基本要义》，第 89 页。阿迦·布祖尔克：《什叶派名人层级传》第 2 卷，第 121～122 页。什贺布丁·麦尔阿什：《释疑：谱系、别号与后裔精粹人物志》，第 49 页。阿卜杜·拉札戈·康木纳：《愿者希冀：族谱学家层级传》，第 252～253 页。穆罕默德·拉施德：《族谱学家辞典：自伊历一世纪至当代》，第 341 页。

艾布·伊斯玛仪·哈拉维

（Abū Ismā‘īl al-Harawī，1006～1089）

（一）名号谱系

艾布·伊斯玛仪·阿卜杜拉·本·穆罕默德·本·阿里·本·穆罕默

德·本·艾哈迈德·本·阿里·本·贾法尔·本·曼苏尔·本·马特·安索利·哈拉维。

（二）生平概述

生卒于阿富汗赫拉特。罕百里派著名教法学家，精通阿拉伯语言学、经注学和圣训学，懂历史。

（三）族谱学影响

懂族谱，但没有相关著作传世。

（四）参考文献

扎哈比：《群英诸贤传》第 18 卷，第 503~518 页。伊本·拉杰卜：《〈罕百里学派层级传〉续编》第 1 卷，第 113~153 页。齐黎克里：《名人》第 4 卷，第 122 页。阿卜杜拉·涂雷基：《罕百里学派著作辞典》第 2 卷，第 98~103 页。伯克尔·艾布·栽德：《族谱学家层级传》，第 103 页。穆罕默德·拉施德：《族谱学家辞典：自伊历一世纪至当代》，第 310 页。

伊本·西拉吉

（Ibn Sirāj，1009~1096）

（一）名号谱系

艾布·马尔旺·阿卜杜·麦立克·本·西拉吉·本·阿卜杜拉·本·穆罕默德·本·西拉吉·伍麦维·古尔图比。

（二）生平概述

生卒于西班牙科尔多瓦。语言学家、语法学家、经注学家、圣训学家、诗人和纪事家。

（三）族谱学影响

多名人物志编纂家把他记载为族谱学家。

（四）参考文献

伊本·巴施库沃勒：《〈安达卢西伊玛目、学者、圣训学家、教法学家与文学家史〉续编》第1卷，第459~461页。扎哈比：《伊斯兰史与诸杰群英辞世录》第33卷，第305~308页。索法迪：《逝者全录》第19卷，第111~112页。齐黎克里：《名人》第4卷，第159页。穆罕默德·拉施德：《族谱学家辞典：自伊历一世纪至当代》，第318页。

栽德·穆萨维

（Zayd al-Mūsawī，？~1099）

（一）名号谱系

艾布·穆罕默德·栽德·本·哈桑·本·栽德·本·哈桑·本·穆罕默德·本·艾哈迈德·本·穆罕默德·本·伽斯姆·本·哈姆扎·本·穆萨·本·贾法尔·本·穆罕默德·本·阿里·本·侯赛因·本·阿里·本·艾比·塔里卜·穆萨维·哈拉维。

（二）生平概述

出生地点有待考究。在阿富汗赫拉特居住了一段时间。曾游历沙姆地区、埃及和伊拉克。圣训学家。卒于伊朗内沙布尔。

（三）族谱学影响

一些族谱研究者认为，他懂族谱学。

（四）参考文献

伊本·托拔托拔·艾斯法哈尼：《塔里比人移居地》，第330页。伊本·哈杰尔：《指针》第3卷，第552~553页。阿卜杜·拉札戈·康木纳：《愿者希冀：族谱学家层级传》，第246页。

阿卜杜·杰拔尔·阿拉维

（‘Abd al-Jabbār al-‘Alawī，11 世纪）

（一）名号谱系

阿卜杜·杰拔尔·本·哈桑·本·穆罕默德·本·贾法尔·本·哈桑·本·阿里·本·哈桑·本·伊斯玛仪·本·伊卜拉欣·本·哈桑·本·哈桑·本·阿里·本·艾比·塔里卜·阿拉维·哈萨尼。

（二）生平概述

生卒于伊拉克库法。

（三）族谱学影响

著名族谱学家伊本·易纳巴把他记载为族谱学家。

（四）参考文献

伊本·易纳巴：《艾布·塔里卜家族谱系基本要义》，第 163、263 页。阿卜杜·拉札戈·康木纳：《愿者希冀：族谱学家层级传》，第 250 页。穆罕默德·拉施德：《族谱学家辞典：自伊历一世纪至当代》，第 238 页。

阿里·哈姆达尼

（‘Alī al-Hamdānī，11 世纪）

（一）名号谱系

艾布·塔里卜·阿里·本·侯赛因·本·哈桑·本·阿里·本·侯赛因·本·阿里·本·穆罕默德·本·哈桑·本·穆罕默德·本·阿卜杜拉·本·穆罕默德·本·阿卜杜拉·本·哈桑·本·哈桑·本·阿里·本·艾比·塔里卜·哈姆达尼。

（二）生平概述

生卒地点有待考究。可能长期居住在伊朗哈马丹。圣训学家。

（三）族谱学影响

曾在哈马丹收集族谱。

（四）参考文献

伊本·易纳巴：《艾布·塔里卜家族谱系基本要义》，第 107 页。阿卜杜·拉札戈·康木纳：《愿者希冀：族谱学家层级传》，第 253 页。

艾布·萨拉雅·纳隋比

（Abū al-Sarāyā al-Nasībī，11 世纪）

（一）名号谱系

艾布·萨拉雅·艾哈迈德·本·穆罕默德·本·栽德·本·阿里·本·欧贝杜拉·本·阿里·本·贾法尔·本·穆罕默德·本·艾哈迈德·本·贾法尔·本·穆罕默德·本·栽德·本·阿里·本·侯赛因·本·阿里·本·艾比·塔里卜·纳隋比·拉姆里。

（二）生平概述

可能生卒于以色列拉姆拉。

（三）族谱学影响

1051 年，著名族谱学家伊本·苏菲在拉姆拉和他一起探讨萨阿达（Sa‘ādah）家谱。

（四）参考文献

伊本·苏菲：《麦吉迪：塔里比人谱系》，第 214、385 页。阿卜杜·拉札戈·康木纳：《愿者希冀：族谱学家层级传》，第 236 页。

艾哈迈德·泰伯里斯塔尼

（Ahmad al-Tabaristānī，11 世纪）

（一）名号谱系

艾布·侯赛因·艾哈迈德·本·侯赛因·本·阿里·本·阿卜杜拉·本·穆罕默德·本·哈桑·本·侯赛因·本·阿里·本·侯赛因·本·阿里·本·艾比·塔里卜·泰伯里斯塔尼。

（二）生平概述

生卒地点有待考究。曾居住在伊朗设拉子和泰伯里斯坦。教法学家。

（三）族谱学影响

一些族谱研究者把他记载为族谱学家。

（四）参考文献

伊斯玛仪·麦尔瓦齐：《荣耀：塔里比家族谱系》，第 76 页。什贺布丁·麦尔阿什：《释疑：谱系、别号与后裔精粹人物志》，第 47 页。阿卜杜·拉札戈·康木纳：《愿者希冀：族谱学家层级传》，第 234~235 页。

哈桑·哈拉维

（al-Hasan al-Harawī，11 世纪）

（一）名号谱系

艾布·穆罕默德·哈桑·本·栽德·本·哈桑·本·艾哈迈德·本·穆罕默德·本·艾哈迈德·本·穆罕默德·本·伽斯姆·本·哈姆扎·本·穆萨·本·贾法尔·本·穆罕默德·本·阿里·本·侯赛因·本·阿里·本·艾比·塔里卜·哈拉维。

（二）生平概述

生卒地点有待考究。曾给著名族谱学家伊本·苏菲讲述一些什叶派德贤的传记。

（三）族谱学影响

一些族谱研究者把他记载为族谱学家。

（四）参考文献

伊本·苏菲：《麦吉迪：塔里比人谱系》，第 202、203 页。阿卜杜·拉札戈·康木纳：《愿者希冀：族谱学家层级传》，第 241 页。

哈桑·托拔托拔

（al-Hasan Tabātabā，11 世纪）

（一）名号谱系

哈桑·本·侯赛因·本·穆罕默德·本·伽斯姆·本·穆罕默德·本·伽斯姆·本·阿里·本·穆罕默德·本·艾哈迈德·本·伊卜拉欣·托拔托拔·本·伊斯玛仪·本·伊卜拉欣·本·哈桑·本·哈桑·本·阿里·本·艾比·塔里卜·阿拉维·哈萨尼。

（二）生平概述

出生地点有待考究。上述族谱学家伊本·托拔托拔的儿子。

（三）族谱学影响

著名人物志编纂家索法迪把他记载为族谱学家。

（四）参考文献

索法迪：《逝者全录》第 11 卷，第 323 页。穆罕默德·拉施德：《族谱学家辞典：自伊历一世纪至当代》，第 135 页。

哈桑·拓熙尔

（al-Hasan Tāhir，11 世纪）

（一）名号谱系

哈桑·本·拓熙尔·本·穆斯林·本·欧贝杜拉·本·拓熙尔·阿拉维·侯赛尼。

（二）生平概述

可能生于麦地那。迁居叙利亚大马士革。诗人。

（三）族谱学影响

一些族谱研究者把他记载为族谱学家。

（四）参考文献

伊本·苏菲：《麦吉迪：塔里比人谱系》，第 408 页。阿卜杜·拉札戈·康木纳：《愿者希冀：族谱学家层级传》，第 241~242 页。

侯赛因·阿拉维

（al-Husayn al-‘Alawī，11 世纪）

（一）名号谱系

侯赛因·本·阿里·本·穆罕默德·本·阿里·本·阿里·阿拉维。

（二）生平概述

生卒地点和生平事迹有待考究。

（三）族谱学影响

族谱学家伊本·托拔托拔·艾斯法哈尼把他记载为族谱学家。

（四）参考文献

伊本·托拔托拔·艾斯法哈尼：《塔里比人移居地》，第330页。阿卜杜·拉札戈·康木纳：《愿者希冀：族谱学家层级传》，第242~243页。

侯赛因·纳施戊

（al-Husayn al-Nashw，约11世纪）

（一）名号谱系

谢赫·欧麦利·侯赛因·纳施戊·本·阿里·本·尼尔玛（阿里·尼尔玛）·本·穆罕默德·穆哈丹基·本·侯赛因·苏赫托·本·叶哈雅·本·叶哈雅·本·侯赛因·本·栽德·本·阿里·本·侯赛因·本·阿里·本·艾比·塔里卜。

（二）生平概述

生卒地点和生平事迹有待考究。

（三）族谱学影响

著名族谱学家伊本·易纳巴把他记载为族谱学家。

（四）参考文献

伊本·易纳巴：《艾布·塔里卜家族谱系基本要义》，第269页。

贾法尔·叶哈雅

（Ja'far Yahyá，11世纪）

（一）名号谱系

贾法尔·本·叶哈雅·本·穆罕默德·本·伽斯姆·本·穆萨·本·伊卜拉欣·本·伊斯玛仪·本·贾法尔·本·伊卜拉欣·本·穆罕默德·

本·阿里·本·阿卜杜拉·本·贾法尔·本·艾比·塔里卜。

（二）生平概述

生卒地点有待考究。学识渊博的学者。

（三）族谱学影响

据族谱学家伊本·托拔托拔·艾斯法哈尼的记载，他是最了解他所属部落的情况的人。

（四）参考文献

伊本·托拔托拔·艾斯法哈尼：《塔里比人移居地》，第 28～29 页。阿卜杜·拉札戈·康木纳：《愿者希冀：族谱学家层级传》，第 238～239 页。

奇雅

（Kiyā，11 世纪）

（一）名号谱系

艾布·贾法尔·穆罕默德·本·艾哈迈德·本·伊斯玛仪·本·艾哈迈德·本·欧贝杜拉·本·穆罕默德·本·阿卜杜·拉哈曼·本·伽斯姆·本·哈桑·本·栽德·本·哈桑·本·阿里·本·艾比·塔里卜。

（二）生平概述

生卒地点有待考究。曾居住在伊朗阿莫勒，任该城圣裔联合会领导人。

（三）族谱学影响

一些族谱研究者把他记载为族谱学家。

（四）参考文献

伊本·易纳巴：《艾布·塔里卜家族谱系基本要义》，第 88 页。阿卜杜·拉札戈·康木纳：《愿者希冀：族谱学家层级传》，第 258 页。

穆罕默德·拿祖其

（Muhammad al-Nāzūkī，11 世纪）

（一）名号谱系

穆罕默德·本·哈桑·本·侯赛因·本·艾哈迈德·本·哈桑·本·阿里·本·艾哈迈德·本·阿里·本·伊斯玛仪·本·哈桑·本·栽德·本·哈桑·本·阿里·本·艾比·塔里卜·拿祖其。

（二）生平概述

生卒地点有待考究。长期生活于伊朗阿莫勒。

（三）族谱学影响

一些族谱研究者把他记载为阿莫勒族谱学家。

（四）参考文献

阿卜杜·拉札戈·康木纳：《愿者希冀：族谱学家层级传》，第 259～260 页。

穆罕默德·沙杰利

（Muhammad al-Shajarī，11 世纪）

（一）名号谱系

艾布·贾法尔·穆罕默德·本·贾法尔·本·阿里·本·阿拔斯·本·艾哈迈德·本·穆罕默德·本·贾法尔·本·阿卜杜·拉哈曼·沙杰利。

（二）生平概述

可能生卒于伊朗阿斯塔拉巴德。苏菲主义者。

（三）族谱学影响

著名族谱学家伊本·丰杜戈把他记载为“阿斯塔拉巴德族谱学家”。

（四）参考文献

伊本·丰杜戈：《谱系、别号与后裔精粹》第 2 卷，第 633 页。伊斯玛仪·麦尔瓦齐：《荣耀：塔里比家族谱系》，第 150 页。穆罕默德·拉施德：《族谱学家辞典：自伊历一世纪至当代》，第 431 页。

穆罕默德·欧贝达里

（Muhammad al-‘Ubaydalī，11 世纪）

（一）名号谱系

穆哈义丁·穆罕默德·本·艾哈迈德·本·栽德·侯赛尼·欧贝达里。

（二）生平概述

生卒地点有待考究。精通文学。

（三）族谱学影响

据著名族谱学家伊本·福瓦蒂的记载，他背记族谱。

（四）参考文献

伊本·福瓦蒂：《别号辞典文集》第 5 卷，第 85 页。穆罕默德·拉施德：《族谱学家辞典：自伊历一世纪至当代》，第 408 页。

拿斯克

（al-Nāsik，11 世纪）

（一）名号谱系

艾布·塔里卜·拿斯克·本·艾哈迈德·本·尔撒·本·艾哈迈德·

本·穆罕默德·本·伽斯姆·本·伊德里斯·本·伊德里斯·本·阿卜杜拉·本·哈桑·本·哈桑·本·阿里·本·艾比·塔里卜。

（二）生平概述

可能生卒于摩洛哥。

（三）族谱学影响

精通摩洛哥伊德利斯人的谱系。

（四）参考文献

伊本·易纳巴：《艾布·塔里卜家族谱系基本要义》，第 161 页。阿卜杜·拉札戈·康木纳：《愿者希冀：族谱学家层级传》，第 247 页。

拿熙其

（al-Nāhikī，11 世纪）

（一）名号谱系

艾布·贾法尔·穆罕默德·本·贾法尔·本·穆罕默德·本·艾哈迈德·本·哈伦·本·穆萨·本·贾法尔·本·穆罕默德·本·阿里·本·侯赛因·本·阿里·本·艾比·塔里卜·阿拉维。

（二）生平概述

生卒地点有待考究。熟知阿拉伯日子。

（三）族谱学影响

知晓族谱，大量讲述他所属家族的人物事迹。

（四）参考文献

伊本·苏菲：《麦吉迪：塔里比人谱系》，第 300 页。阿卜杜·拉札戈·康木纳：《愿者希冀：族谱学家层级传》，第 259 页。

希巴图拉·阿拉维

（Hibat Allāh al-‘Alawī，11 世纪）

（一）名号谱系

纪雅素丁·艾布·曼苏尔·希巴图拉·本·伽斯姆·本·穆罕默德·本·伽斯姆·本·阿里·本·穆罕默德·本·艾哈迈德·本·伊卜拉欣·本·伊斯玛仪·本·伊卜拉欣·本·哈桑·本·哈桑·本·阿里·本·艾比·塔里卜·阿拉维。

（二）生平概述

生卒地点有待考究。曾前往伊拉克巴格达，然后西行至沙姆地区。

（三）族谱学影响

一些族谱研究者把他记载为族谱学家。

（四）参考文献

伊本·福瓦蒂：《别号辞典文集》第 2 卷，第 468 页。伊本·苏菲：《麦吉迪：塔里比人谱系》，第 263 页。阿卜杜·拉札戈·康木纳：《愿者希冀：族谱学家层级传》，第 270~271 页。

伊本·阿卜杜·萨密俄

（Ibn ‘Abd al-Samī‘，11 世纪）

（一）名号谱系

艾布·哈桑·穆罕默德·本·阿里·本·阿卜杜·萨密俄·本·阿里·本·阿卜杜·索默德·本·阿里·本·阿拔斯·本·艾哈迈德·本·穆罕默德·本·阿卜杜拉·本·阿卜杜·索默德·本·阿里·本·阿拔斯·本·阿卜杜·穆塔里卜。

（二）生平概述

生卒地点和生平事迹有待考究。

（三）族谱学影响

一些族谱研究者把他记载为族谱学家。

（四）参考文献

阿卜杜·拉札戈·康木纳：《愿者希冀：族谱学家层级传》，第 266 页。

伊本·达仪

（Ibn al-Dā‘ī，11 世纪）

（一）名号谱系

艾布·法得勒·拿斯尔·本·伊卜拉欣·本·哈姆扎·本·达仪。

（二）生平概述

生卒地点和生平事迹有待考究。

（三）族谱学影响

著名族谱学家伊本·易纳巴曾从他那里获取族谱知识。

（四）参考文献

伊本·易纳巴：《艾布·塔里卜家族谱系基本要义》，第 79 页。阿卜杜·拉札戈·康木纳：《愿者希冀：族谱学家层级传》，第 269 页。

伊本·法米

（Ibn al-Fāmī，11 世纪）

（一）名号谱系

欧贝杜拉·本·艾哈迈德·法米·本·侯赛因·本·阿里·本·达乌

德·本·阿卜杜拉·本·穆罕默德·本·阿里·本·阿卜杜拉·本·贾法尔·本·艾比·塔里卜。

（二）生平概述

出生地点有待考究。可能卒于伊朗加兹温。

（三）族谱学影响

一些族谱研究者把他记载为族谱学家。

（四）参考文献

伊本·易纳巴：《艾布·塔里卜家族谱系基本要义》，第 52 页。阿卜杜·拉札戈·康木纳：《愿者希冀：族谱学家层级传》，第 251~252 页。

伊本·法特哈

（Ibn Fath，11 世纪）

（一）名号谱系

艾布·叶格咎·阿玛尔·本·法特哈·苏尤斐·米斯利。

（二）生平概述

生卒地点有待考究。

（三）族谱学影响

精通塔里比家族的纪事、人物名字和谱系。

（四）参考文献

伊本·苏菲：《麦吉迪：塔里比人谱系》，第 474 页。阿卜杜·拉札戈·康木纳：《愿者希冀：族谱学家层级传》，第 257~258 页。

伊本·贾法利

（Ibn al-Ja‘farī，11 世纪）

（一）名号谱系

艾布·塔里卜·穆哈幸·本·侯赛因·本·伽斯姆·本·欧贝杜拉·本·穆罕默德·本·阿里·本·伊卜拉欣·本·穆罕默德·本·阿里·本·阿卜杜拉·本·贾法尔·本·艾比·塔里卜·迪马什基。

（二）生平概述

生卒地点有待考究。有才能的政客。

（三）族谱学影响

一些族谱研究者把他记载为族谱学家。

（四）参考文献

伊本·易纳巴：《艾布·塔里卜家族谱系基本要义》，第 51 页。阿卜杜·拉札戈·康木纳：《愿者希冀：族谱学家层级传》，第 268~269 页。

伊本·马吉德·道拉

（Ibn Majd al-Dawlah，11 世纪）

（一）名号谱系

艾布·塔里卜·穆罕默德·本·艾哈迈德·本·哈姆扎·本·哈桑·本·阿拔斯·本·哈桑·本·侯赛因·本·阿里·本·穆罕默德·本·阿里·本·伊斯玛仪·本·贾法尔·本·穆罕默德·本·阿里·本·侯赛因·本·阿里·本·艾比·塔里卜。

（二）生平概述

生卒地点有待考究。言行优雅，精通文学。

（三）族谱学影响

一些族谱研究者把他记载为族谱学家。

（四）参考文献

伊本·易纳巴：《艾布·塔里卜家族谱系基本要义》，第 241 页。伊本·苏菲：《麦吉迪：塔里比人谱系》，第 185 页。阿卜杜·拉札戈·康木纳：《愿者希冀：族谱学家层级传》，第 258~259 页。

伊本·谢赫·沙拉夫

（Ibn Shaykh al-Sharaf，11 世纪）

（一）名号谱系

艾布·贾法尔·艾哈迈德·本·穆罕默德·本·穆哈幸·本·哈桑·本·阿里·本·穆罕默德·本·哈姆扎·本·阿里·本·哈桑·本·侯赛因·本·哈桑·本·阿里·本·阿里·本·侯赛因·本·阿里·本·艾比·塔里卜·阿拉维·侯赛尼。

（二）生平概述

出生地点有待考究。上述族谱学家谢赫·沙拉夫·迪纳瓦利的儿子。

（三）族谱学影响

一些族谱研究者把他记载为族谱学家。

（四）参考文献

阿卜杜·拉札戈·康木纳：《愿者希冀：族谱学家层级传》，第 237 页。

伊本·扎拔拉·艾弗托斯

（Ibn Zabārah al-Aftas，11 世纪）

（一）名号谱系

艾布·哈桑·阿里·本·艾哈迈德·本·穆罕默德·本·左发尔·本·穆罕默德·本·艾哈迈德·本·穆罕默德·本·阿卜杜拉·本·哈桑·本·哈桑·本·阿里·本·阿里·本·侯赛因·本·阿里·本·艾比·塔里卜。

（二）生平概述

生卒于伊朗萨卜泽瓦尔。萨卜泽瓦尔的圣裔领袖之一。

（三）族谱学影响

著名族谱学家伊本·丰杜戈把他记载为贝哈格族谱学家。

（四）参考文献

伊本·丰杜戈：《谱系、别号与后裔精粹》第 2 卷，第 641~642 页。伊本·丰杜戈：《贝哈格史》，第 357~358 页。穆罕默德·拉施德：《族谱学家辞典：自伊历一世纪至当代》，第 341~342 页。

优素福·伽斯姆

（Yūsuf al-Qāsim，11 世纪）

（一）名号谱系

艾布·穆罕默德·优素福·本·伽斯姆·本·阿卜杜拉·本·穆罕默德·本·阿里·本·穆罕默德·本·艾哈迈德·本·阿卜杜拉·本·穆萨·焦恩·本·阿卜杜拉·本·哈桑·本·哈桑·本·阿里·本·艾比·塔里卜·哈萨尼·阿拉维。

（二）生平概述

生卒地点有待考究。可能长期生活于伊朗伊斯法罕。

（三）族谱学影响

著名族谱学家伊本·丰杜戈把他记载为“伊斯法罕族谱学家”。

（四）参考文献

伊本·丰杜戈:《谱系、别号与后裔精粹》第 2 卷，第 633 页。穆罕默德·拉施德:《族谱学家辞典：自伊历一世纪至当代》，第 587 页。

栽德·侯赛因

（Zayd al-Husayn，11 世纪）

（一）名号谱系

艾布·穆罕默德·栽德·本·侯赛因·本·阿里·本·穆萨·本·苏莱曼·本·达乌德·本·贾法尔·本·穆罕默德·本·阿卜杜拉·本·穆罕默德·本·欧麦尔·本·阿里·本·艾比·塔里卜。

（二）生平概述

生卒地点有待考究。可能长期居住在阿富汗加兹尼（Ghazni）。

（三）族谱学影响

一些族谱研究者把他记载为“加兹尼族谱学家”。

（四）参考文献

阿卜杜·拉札戈·康木纳:《愿者希冀：族谱学家层级传》，第 246 页。

七　公元12世纪

哈迪·阿拉维

（Hādī al-‘Alawī，？～1113）

（一）名号谱系

艾布·麦哈幸·哈迪·本·伊斯玛仪·本·哈桑·本·阿里·本·哈桑·本·阿里·本·哈桑·本·阿里·本·欧麦尔·本·哈桑·本·阿里·本·侯赛因·本·阿里·本·艾比·塔里卜·阿拉维·侯赛尼·艾斯巴哈尼。

（二）生平概述

生卒地点有待考究。

（三）族谱学影响

族谱学家，精通谱系树形图。

（四）参考文献

伊本·第戈托格：《名门望族：塔里卜家谱》，第315页。伊本·焦齐：《历代帝王与民族通史》第17卷，第139页。扎哈比：《伊斯兰史与诸杰群英辞世录》第35卷，第196页。阿卜杜·拉札戈·康木纳：《愿者希冀：族谱学家层级传》，第317页。穆罕默德·拉施德：《族谱学家辞典：自伊历一世纪至今》，第568页。

穆罕默德·萨姆阿尼

(Muhammad al-Sam‘ ānī，1074~1116)

（一）名号谱系

艾布·伯克尔·穆罕默德·本·曼苏尔·本·穆罕默德·本·阿卜杜·杰拔尔·本·艾哈迈德·本·穆罕默德·本·贾法尔·本·艾哈迈德·本·阿卜杜·杰拔尔·本·法得勒·本·拉比俄·本·穆斯林·本·阿卜杜拉·本·阿卜杜·麦冀德·塔米米·萨姆阿尼·呼罗萨尼·麦尔瓦齐。

（二）生平概述

生卒于土库曼斯坦木鹿。曾游学伊拉克巴格达和库法，伊朗内沙布尔、雷伊、哈马丹和伊斯法罕，麦加和麦地那等城市。精通圣训、教法、文学、历史、人物志和训诫等。

（三）族谱学影响

多名人物志编纂家把他记载为族谱学家。

（四）参考文献

塔朱丁·苏波其：《大沙斐仪学派层级传》第 7 卷，第 5~11 页。索法迪：《逝者全录》第 5 卷，第 51 页。扎哈比：《群英诸贤传》第 19 卷，第 371~373 页。伊本·易玛德：《金砂：往逝纪事》第 6 卷，第 47~48 页。齐黎克里：《名人》第 7 卷，第 112 页。伯克尔·艾布·栽德：《族谱学家层级传》，第 110 页。穆罕默德·拉施德：《族谱学家辞典：自伊历一世纪至今》，第 531 页。

沙姆斯·阿英玛

(Shams al-A’ immah，1036~1118)

（一）名号谱系

沙姆斯·阿英玛·艾布·法得勒·伯克尔·本·穆罕默德·本·阿

里·本·法得勒·本·哈桑·本·艾哈迈德·本·伊卜拉欣·本·伊斯哈格·本·奥斯曼·本·贾法尔·本·贾比尔·本·阿卜杜拉·安索利·布哈里·扎兰杰利。

（二）生平概述

祖籍乌兹别克斯坦布哈拉附近的扎兰杰尔（Zaranjar）村。教法学家，曾任河中地区的穆夫提。辞世地点有待考究。

（三）族谱学影响

据多名人物志编纂家的记载，他懂历史和族谱。

（四）参考文献

萨姆阿尼：《谱系》第6卷，第270页。索法迪：《逝者全录》第10卷，第137页。扎哈比：《群英诸贤传》第19卷，第415～417页。伯克尔·艾布·栽德：《族谱学家层级传》，第110页。穆罕默德·拉施德：《族谱学家辞典：自伊历一世纪至今》，第107～108页。

索拔厄

（al-Sabbāgh，1060～1118）

（一）名号谱系

艾布·纳斯尔·马哈茂德·本·法得勒·本·马哈茂德·本·阿卜杜·沃希德·巴格达迪·艾斯巴哈尼·索拔厄。

（二）生平概述

出生地点有待考究。定居伊拉克巴格达。背诵家，精通传记。卒于巴格达。

（三）族谱学影响

史学家艾布·舒贾俄·代拉米（Abū Shujā‘ al-Daylamī，1053～1115）

说，他熟知人名和族谱。

（四）参考文献

扎哈比：《群英诸贤传》第 19 卷，第 374～375 页。伊本·阿卜杜·哈迪：《圣训学林层级传》第 4 卷，第 24 页。伯克尔·艾布·栽德：《族谱学家层级传》，第 110 页。

伊本·拿斯尔·穆罕默迪

（Ibn Nāsir al-Muhammadī，1051～1121）

（一）名号谱系

葛沃姆丁·艾布·法得勒·阿里·本·拿斯尔·本·穆罕默德·本·哈桑·本·艾哈迈德·本·伽斯姆·本·穆罕默德·本·阿卜杜拉·本·贾法尔·本·阿卜杜拉·本·贾法尔·本·阿卜杜拉·本·贾法尔·本·穆罕默德·本·哈乃斐耶·本·阿里·本·艾比·塔里卜·阿拉维·穆罕默迪·巴格达迪。

（二）生平概述

生卒于伊拉克巴格达。

（三）族谱学影响

据著名族谱学家萨姆阿尼的记载，他熟知族谱。

（四）参考文献

伊本·纳贾尔·巴格达迪：《〈巴格达史〉补遗》第 4 卷，第 150～151 页。萨姆阿尼：《谱系》第 11 卷，第 170 页。扎哈比：《伊斯兰史与诸杰群英辞世录》第 35 卷，第 144 页。阿卜杜·拉札戈·康木纳：《愿者希冀：族谱学家层级传》，第 295 页。穆罕默德·拉施德：《族谱学家辞典：自伊历一世纪至今》，第 364～365 页。

塔基·伍撒玛

（al-Taqī Usāmah，？～约 1128）

（一）名号谱系

艾布·塔里卜·阿卜杜拉·塔基·本·伍撒玛·本·艾哈迈德·本·阿里·本·穆罕默德·本·欧麦尔·本·叶哈雅·本·侯赛因·本·艾哈迈德·本·欧麦尔·本·叶哈雅·本·侯赛因·本·栽德·本·阿里·本·侯赛因·本·阿里·本·艾比·塔里卜·阿拉维·侯赛尼。

（二）生平概述

生卒地点和生平事迹有待考究。

（三）族谱学影响

著名族谱学家伊本·易纳巴记载的他与下述口传族谱学家伊本·艾比·白沙尔之间的故事说明，他精通贵族谱系。

（四）参考文献

伊本·易纳巴：《艾布·塔里卜家族谱系基本要义》，第 140～141、276 页。穆哈幸·艾敏：《什叶派精英》第 4 卷，第 113～114 页。阿里汗·麦达尼：《高级阶梯：什叶派伊玛目层级传》第 2 卷，第 897～898 页。穆罕默德·拉施德：《族谱学家辞典：自伊历一世纪至今》，第 289、469 页。

伊本·艾比·白沙尔

（Ibn Abī al-Bashar，？～约 1128）

（一）名号谱系

贾法尔·本·多哈克·本·侯赛因·本·苏莱曼·本·阿里·本·阿卜杜拉·本·穆罕默德·本·阿卜杜拉·本·穆罕默德·本·穆萨·本·

阿卜杜拉·本·穆萨·本·阿卜杜拉·本·哈桑·本·哈桑·本·阿里·本·艾比·塔里卜。

（二）生平概述

生卒地点和生平事迹有待考究。

（三）族谱学影响

著名族谱学家伊本·易纳巴记载的他与上述口传族谱学家塔基·伍撒玛之间的故事说明，他精通贵族谱系。

（四）参考文献

伊本·易纳巴：《艾布·塔里卜家族谱系基本要义》，第 140~141、276 页。穆哈幸·艾敏：《什叶派精英》第 4 卷，第 113~114 页。阿里汗·麦达尼：《高级阶梯：什叶派伊玛目层级传》第 2 卷，第 897~898 页。阿卜杜·拉札戈·康木纳：《愿者希冀：族谱学家层级传》，第 280~282 页。穆罕默德·拉施德：《族谱学家辞典：自伊历一世纪至今》，第 120~121 页。

奔杜卡尼

（al-Bundukānī，约 1048~1129）

（一）名号谱系

艾布·拓熙尔·穆罕默德·本·阿卜杜·阿齐兹·本·阿卜杜拉·本·艾比·萨义德·本·艾比·萨赫勒·易吉里·奔杜卡尼。

（二）生平概述

生于土库曼斯坦木鹿附近的班杜坎（Bundukan）村。1076 年，前往伊朗图斯。1091 年，赴伊朗伊斯法罕。曾到访木鹿、伊朗内沙布尔和伊拉克巴格达等地。穆夫提，懂历史、教法和圣训。可能卒于木鹿。

（三）族谱学影响

据著名族谱学家萨姆阿尼的记载，他搜集了很多族谱材料。

（四）参考文献

萨姆阿尼：《长老辞典精选》第 3 卷，第 1499～1500 页。雅孤特·哈默维：《地名辞典》第 1 卷，第 499 页。杰玛路丁·伊斯纳维：《沙斐仪学派层级传》第 1 卷，第 240～241 页。索法迪：《逝者全录》第 3 卷，第 214、216 页。穆罕默德·拉施德：《族谱学家辞典：自伊历一世纪至今》，第 476 页。

伊本·萨尔敦·阿卜达利

（Ibn Sa‘ dūn al-‘ Abdarī，？～1130）

（一）名号谱系

艾布·阿米尔·穆罕默德·本·萨尔敦·本·穆拉贾·本·萨尔敦·本·穆拉贾·古拉什·阿卜达利·麦优尔基·马格里比·扎希利。

（二）生平概述

生于西班牙科尔多瓦。1091 年，开始定居伊拉克巴格达。背诵家，涉猎文学和语法学等诸多学问。病逝于巴格达。

（三）族谱学影响

熟知谱系，特别是古莱什族谱。

（四）参考文献

伊本·焦齐：《历代帝王与民族通史》第 17 卷，第 261～262 页。扎哈比：《群英诸贤传》第 19 卷，第 579～583 页。索法迪：《逝者全录》第 3 卷，第 78～79 页。伊本·易玛德：《金砂：往逝纪事》第 6 卷，第 116 页。穆罕默德·拉施德：《族谱学家辞典：自伊历一世纪至今》，第 453 页。

叶哈雅·艾尔格蒂

(Yahyá al-Arqatī,? ~约1131)

(一) 名号谱系

艾布·侯赛因·叶哈雅·本·穆罕默德·本·海达拉·侯赛尼·艾尔格蒂。

(二) 生平概述

生卒地点和生平事迹有待考究。

(三) 族谱学影响

据多名人物志编纂家的记载，著名族谱学家穆罕默德·焦沃尼曾向他学习族谱。

(四) 参考文献

扎哈比：《伊斯兰史与诸杰群英辞世录》第41卷，第307页。蒙兹利：《〈辞世追录〉增补》第1卷，第178页。伊本·哈杰尔：《指针》第6卷，第563页。阿卜杜·拉札戈·康木纳：《愿者希冀：族谱学家层级传》，第276页。穆罕默德·拉施德：《族谱学家辞典：自伊历一世纪至今》，第581页。

穆吉塔巴·艾弗托斯

(al-Mujtabá al-Aftas,? ~约1132)

(一) 名号谱系

马吉德丁·艾布·哈希姆·穆吉塔巴·本·哈姆扎·本·栽德·本·马赫迪·本·哈姆扎·本·穆罕默德·本·阿卜杜拉·本·阿里·本·哈桑·本·侯赛因·本·哈桑·本·阿里·本·阿里·本·侯赛因·本·阿

里·本·艾比·塔里卜。

（二）生平概述

生卒地点有待考究。圣训学家和族谱学家。

（三）族谱学影响

著名族谱学家伊本·丰杜戈曾在伊朗雷伊见到他，并得到他指点族谱学方面的知识。

（四）参考文献

伊本·易纳巴：《艾布·塔里卜家族谱系基本要义》，第 345 页。伊本·丰杜戈：《谱系、别号与后裔精粹》第 2 卷，第 635 页。阿迦·布祖尔克：《什叶派名人层级传》第 2 卷，第 146 页。阿卜杜·拉札戈·康木纳：《愿者希冀：族谱学家层级传》，第 299 页。穆罕默德·拉施德：《族谱学家辞典：自伊历一世纪至今》，第 402 页。

伊本·哈吉

（Ibn al-Hājj，1066～1134）

（一）名号谱系

艾布·阿卜杜拉·穆罕默德·本·艾哈迈德·本·赫拉夫·本·伊卜拉欣·本·卢波·本·贝推尔·图冀比·古尔图比·马立其。

（二）生平概述

生于西班牙科尔多瓦。两次任该城法官。穆夫提，圣训学家、文学家，重视语言和语法、诗歌、传记和纪事。被杀害于科尔多瓦。

（三）族谱学影响

据安达卢西人物志编纂家伊本·巴施库沃勒的记载，他记述族谱。

（四）参考文献

伊本·巴施库沃勒：《〈安达卢西伊玛目、学者、圣训学家、教法学家与文学家史〉续编》第 2 卷，第 216～217 页。扎哈比：《群英诸贤传》第 19 卷，第 614～615 页。齐黎克里：《名人》第 5 卷，第 317 页。穆罕默德·拉施德：《族谱学家辞典：自伊历一世纪至今》，第 407～408 页。

伊本·穆佶思

（Ibn Mughīth，1055～1138）

（一）名号谱系

艾布·哈桑·优努斯·本·穆罕默德·本·穆佶思·本·穆罕默德·本·优努斯·本·阿卜杜拉·本·穆罕默德·本·穆佶思·本·阿卜杜拉·古尔图比·马立其。

（二）生平概述

生卒于西班牙科尔多瓦。精通阿拉伯语，涉猎文学、诗歌、哲学、历史、传记、教法和圣训等学问。

（三）族谱学影响

多名人物志编纂家把他记载为族谱学家。

（四）参考文献

伊本·巴施库沃勒：《〈安达卢西伊玛目、学者、圣训学家、教法学家与文学家史〉续编》第 2 卷，第 318～319 页。索法迪：《逝者全录》第 29 卷，第 186 页。扎哈比：《群英诸贤传》第 20 卷，第 123～124 页。伊本·易玛德：《金砂：往逝纪事》第 6 卷，第 167 页。伯克尔·艾布·栽德：《族谱学家层级传》，第 111 页。阿卜杜·拉札戈·康木纳：《愿者希冀：族谱学家层级传》，第 321 页。穆罕默德·拉施德：《族谱学家辞典：自伊历一世纪至今》，第 587 页。

马斯欧德·泰伯里

（Mas‘ ūd al-Tabarī，？～1138）

（一）名号谱系

艾布·麦阿里·马斯欧德·本·艾哈迈德·本·穆罕默德·本·艾哈迈德·阿拔斯·泰伯里。

（二）生平概述

生卒地点有待考究。定居土库曼斯坦木鹿。擅长书法。

（三）族谱学影响

熟知谱系，特别是阿拉维家族谱系树形图。

（四）参考文献

萨姆阿尼：《长老辞典精选》第 3 卷，第 1715 页。穆罕默德·拉施德：《族谱学家辞典：自伊历一世纪至今》，第 550 页。

伊本·拔杰赫

（Ibn Bājjah，？～1139）

（一）名号谱系

艾布·伯克尔·穆罕默德·本·叶哈雅·本·拔杰赫·图冀比·安达卢斯·萨拉古斯蒂，以“伊本·索伊厄”（Ibn al-Sā’ igh）著称于世。

（二）生平概述

生于西班牙萨拉戈萨。杰出的伊斯兰哲学家，涉猎自然科学、天文学、医学、音乐和诗歌。卒于摩洛哥非斯。

（三）族谱学影响

知晓族谱，但没有族谱专著传世。

（四）参考文献

扎哈比：《伊斯兰史与诸杰群英辞世录》第 36 卷，第 331~333 页。伊本·赫里康：《精英辞世与时代名人信息录》第 4 卷，第 429~431 页。齐黎克里：《名人》第 7 卷，第 137 页。伯克尔·艾布·栽德：《族谱学家层级传》，第 111 页。阿卜杜·拉札戈·康木纳：《愿者希冀：族谱学家层级传》，第 314 页。

艾哈迈德·穆尔阿什

（Ahmad al-Mur‘ashī，1069~1145）

（一）名号谱系

艾哈迈德·本·阿里·本·穆罕默德·本·哈桑·本·阿里·本·阿卜杜拉·本·穆罕默德·本·哈桑·本·侯赛因·本·阿里·本·侯赛因·本·阿里·本·艾比·塔里卜·阿拉维·侯赛尼·穆尔阿什。

（二）生平概述

生于伊朗代海斯坦（Dehestan）。在伊朗戈尔甘长大。曾游历希贾兹地区、伊拉克、呼罗珊地区、河中地区以及胡齐斯坦地区。晚年定居伊朗萨里（Sari）。

（三）族谱学影响

什叶派优秀的口传族谱学家之一。

（四）参考文献

萨姆阿尼：《谱系》第 11 卷，第 246~247 页。阿里汗·麦达尼：《高级阶梯：什叶派伊玛目层级传》第 2 卷，第 921 页。穆哈幸·艾敏：《什叶派精英》第3卷，第44~45页。阿卜杜·拉札戈·康木纳：《愿者希冀：族谱学家层级传》，第276~277页。穆罕默德·拉施德：《族谱学家辞典：自伊历一世纪至今》，第57页。

伊本·瓦齐尔

(Ibn al-Wazīr，1104~1148)

（一）名号谱系

艾布·阿里·哈桑·本·马斯欧德·本·哈桑·本·阿里·瓦齐尔·迪马什基。

（二）生平概述

祖籍中亚花剌子模地区。曾为了学习教法和圣训而游历伊拉克巴格达，伊朗伊斯法罕和内沙布尔等地。卒于土库曼斯坦木鹿。

（三）族谱学影响

据伊斯兰史学大师、著名族谱学家扎哈比的记载，他懂族谱。

（四）参考文献

伊本·阿萨奇尔：《大马士革史》第13卷，第392~393页。扎哈比：《群英诸贤传》第20卷，第177页。索法迪：《逝者全录》第12卷，第168~169页。阿卜杜·拉札戈·康木纳：《愿者希冀：族谱学家层级传》，第286页。穆罕默德·拉施德：《族谱学家辞典：自伊历一世纪至今》，第145页。

伊本·哈里士

(Ibn Khālis,？~1152)

（一）名号谱系

艾布·伯克尔·马斯欧德·本·穆罕默德·本·哈里士·乌姆鲁什

(或乌姆鲁希)。

(二) 生平概述

生于葡萄牙锡尔维什附近的乌姆鲁沙(Umrūshah)村。语法学家和语言学家。辞世地点有待考究。

(三) 族谱学影响

背记阿拉伯人的纪事、传记、谱系和柏柏尔人的谱系。

(四) 参考文献

伊本·祖贝尔:《再续》,第 37 页。苏尤蒂:《自觉索求:语言学家与语法学家层级传》第 2 卷,第 286 页。伯克尔·艾布·栽德:《族谱学家层级传》,第 113 页。穆罕默德·拉施德:《族谱学家辞典:自伊历一世纪至今》,第 550 页。

伊本·泰腊

(Ibn al-Tallā',1083~1156)

(一) 名号谱系

艾布·侯赛因·阿卜杜·麦立克·本·穆罕默德·本·希沙姆·本·萨尔德·盖斯·什勒比。

(二) 生平概述

生卒于葡萄牙锡尔维什。精通圣训学,涉猎教法学、语言学、语法学、文学和教义学等学问。

(三) 族谱学影响

据多名人物志编纂家的记载,他懂族谱。

(四) 参考文献

伊本·艾拔尔:《〈续编〉增补》第 3 卷,第 217~218 页。伊本·祖贝尔：《再续》，第 169 页。伊本·阿卜杜·麦立克：《〈续编二著〉增补》第 3 卷，第 33~34 页。扎哈比：《伊斯兰史与诸杰群英辞世录》第 38 卷，第 54~55 页。穆罕默德·拉施德：《族谱学家辞典：自伊历一世纪至今》，第 319 页。

侯赛因·阿卜迪

(al-Husayn al-‘Abdī,? ~约 1160)

（一）名号谱系

侯赛因·本·瑟比特·本·侯赛因·阿卜迪·杰孜米·塔鲁提·葛蒂斐。

（二）生平概述

生于沙特阿拉伯塔鲁特岛（Tarout Island）。诗人。卒于阿曼。

（三）族谱学影响

著名史学家易玛杜丁·艾斯法哈尼（‘Imād al-Dīn al-Asfahānī，1125~1201）把他记载为族谱学家。

（四）参考文献

易玛杜丁·艾斯法哈尼：《〈宫廷纯珠与时代清单：伊拉克诗坛部分〉增补》，第 860~861 页。卡米勒·朱布利：《诗坛辞典》第 2 卷，第 91 页。穆罕默德·拉施德：《族谱学家辞典：自伊历一世纪至今》，第 148 页。

伽迪·拉施德

(al-Qādī al-Rashīd,? ~1167)

（一）名号谱系

艾布·侯赛因·艾哈迈德·本·阿里·本·伊卜拉欣·本·穆罕默德·本·侯赛因·本·穆罕默德·本·法立塔·本·萨义德·本·伊卜拉

欣·本·哈桑·祖贝利·古拉什·阿萨迪·艾斯瓦尼。

（二）生平概述

生于埃及阿斯旺。学识广博，掌握几何学、逻辑学、教法学、语法学、语言学、词法学、教义学、医学、天文学和族谱学等学问。被杀害于埃及亚历山大。

（三）族谱学影响

据多名人物志编纂家的记载，他深谙族谱知识。

（四）参考文献

雅孤特·哈默维：《文豪辞典》第 1 卷，第 399～404 页。伍德福伟：《汇聚福星：上埃及优秀人士名字》，第 98～102 页。麦戈利齐：《大踪录》第 1 卷，第 533～536 页。伊本·赫里康：《精英辞世与时代名人信息录》第 1 卷，第 160～164 页。齐黎克里：《名人》第 1 卷，第 173 页。欧麦尔·礼萨：《著述家辞典》第 1 卷，第 195 页。沙奇尔·穆斯塔法：《阿拉伯历史与史家》第 2 卷，第 191 页。穆罕默德·拉施德：《族谱学家辞典：自伊历一世纪至今》，第 57 页。

伊本·赫沙卜

（Ibn al-Khashshāb，1099～1172）

（一）名号谱系

艾布·穆罕默德·阿卜杜拉·本·艾哈迈德·本·艾哈迈德·本·艾哈迈德·本·阿卜杜拉·本·纳斯尔·巴格达迪。

（二）生平概述

生卒于伊拉克巴格达。语言学和语法学名家，涉猎文学、经注学、圣训学、遗产继承学、哲学和算术等学问。

（三）族谱学影响

懂族谱，但没有相关著作传世。

（四）参考文献

雅孤特·哈默维：《文豪辞典》第 4 卷，第 1494～1506 年。扎哈比：《群英诸贤传》第 20 卷，第 523～528 页。伊本·赫里康：《精英辞世与时代名人信息录》第 3 卷，第 102～104 页。齐黎克里：《名人》第 4 卷，第 67 页。欧麦尔·礼萨：《著述家辞典》第 2 卷，第 221 页。伯克尔·艾布·栽德：《族谱学家层级传》，第 115～116 页。穆罕默德·拉施德：《族谱学家辞典：自伊历一世纪至今》，第 287 页。

艾布·阿腊·哈默扎尼

（Abū al-‘Alā’ al-Hamadhānī，1095～1173）

（一）名号谱系

艾布·阿腊·哈桑·本·艾哈迈德·本·哈桑·本·艾哈迈德·本·穆罕默德·本·萨赫勒·阿拓尔·哈默扎尼·罕百里。

（二）生平概述

生卒于伊朗哈马丹。哈马丹长老，经注学家和圣训学家。

（三）族谱学影响

杰出的背诵家，善于背诵族谱、历史、名字、别名、故事和传记等方面的知识。

（四）参考文献

雅孤特·哈默维：《文豪辞典》第 2 卷，第 825～840 页。扎哈比：《群英诸贤传》第 21 卷，第 40～47 页。齐黎克里：《名人》第 2 卷，第 181 页。沙奇尔·穆斯塔法：《阿拉伯历史与史家》第 2 卷，第 129 页。阿卜杜拉·

涂雷基：《罕百里学派著作辞典》第 2 卷，第 259～264 页。穆罕默德·拉施德：《族谱学家辞典：自伊历一世纪至今》，第 133 页。

伊本·穆德黎克

(Ibn Mudrik, ? ～约 1175)

（一）名号谱系

艾布·阿卜杜拉（伯克尔）·穆罕默德·本·萨义德·本·穆罕默德·本·萨义德·本·艾哈迈德·本·穆罕默德·本·穆德黎克·本·阿卜杜·阿齐兹·本·奥斯曼·本·艾哈迈德·本·尔撒·本·穆德黎克·加萨尼·玛立基。

（二）生平概述

生于西班牙马拉加。圣训传述家、书法家，喜好抄写历史书。辞世地点有待考究。

（三）族谱学影响

安达卢西人物志编纂家、族谱学家伊本·艾拔尔把他记载为族谱学家。

（四）参考文献

伊本·艾拔尔：《〈续编〉增补》第 2 卷，第 201～202 页。伊本·阿卜杜·麦立克：《〈续编二著〉增补》第 4 卷，第 231～232 页。扎哈比：《伊斯兰史与诸杰群英辞世录》第 39 卷，第 410～411 页。穆罕默德·拉施德：《族谱学家辞典：自伊历一世纪至今》，第 454 页。

叶萨俄·迦菲基

(al-Yasaʻ al-Ghāfiqī, ? ～1179)

（一）名号谱系

艾布·叶哈雅·叶萨俄·本·尔撒·本·哈兹姆·本·阿卜杜拉·

本·叶萨俄·本·欧麦尔·迦菲基·捷雅尼。

（二）生平概述

生于西班牙哈恩。随父移民西班牙阿尔梅里亚。曾居于瓦伦西亚和马拉加。游历埃及，先后居住在亚历山大和开罗。穆夫提，史学家、教法学家、诵读家、圣训学家和背诵家，精通古兰学。卒于开罗。

（三）族谱学影响

多名人物志编纂家把他记载为族谱学家。

（四）参考文献

伊本·艾拔尔：《〈续编〉增补》第 4 卷，第 218~219 页。扎哈比：《伊斯兰史与诸杰群英辞世录》第 40 卷，第 163~164 页。齐黎克里：《名人》第 8 卷，第 191 页。欧麦尔·礼萨：《著述家辞典》第 4 卷，第 121 页。卡米勒·朱布利：《文豪辞典》第 7 卷，第 27 页。伯克尔·艾布·栽德：《族谱学家层级传》，第 116 页。穆罕默德·拉施德：《族谱学家辞典：自伊历一世纪至今》，第 583 页。

萨拉丁

（Salāh al-Dīn，1137~1193）

（一）名号谱系

萨拉丁·艾布·穆左发尔·优素福·本·艾尤卜·本·沙芝·本·马尔旺·本·叶尔孤卜·杜韦尼·塔克利提。

（二）生平概述

生于伊拉克提克里特。艾尤卜王朝的建立者，抗击十字军的英雄领袖。在战争间歇，喜好研读圣训、教法和文学著作。卒于叙利亚大马士革。

（三）族谱学影响

熟知阿拉伯人的谱系、战事和传记。

（四）参考文献

扎哈比：《群英诸贤传》第 21 卷，第 278~291 页。齐黎克里：《名人》第 8 卷，第 220 页。穆罕默德·拉施德：《族谱学家辞典：自伊历一世纪至今》，第 583 页。伊本·沙达德·摩苏里：《素丹传奇与优素福家族良善》（Ibn Shaddād al-Mawsilī, *Al-Nawādir al-Sultānīyah wa-al-Mahāsin al-Yūsufīyah*），开罗：汗吉书店，1994。穆罕默德·法利德：《萨拉丁·艾尤比及其时代》（Muhammad Farīd, *Salāh al-Dīn al-Ayyūbī wa-ʻAsruhu*），开罗：埃及图书馆，1927。

阿卜杜拉·盖斯

（ʻAbd Allāh al-Qaysī，1120~1196）

（一）名号谱系

艾布·穆罕默德·阿卜杜拉·本·艾哈迈德·本·朱姆胡尔·本·萨义德·本·叶哈雅·本·朱姆胡尔·盖斯·伊施比里。

（二）生平概述

生卒于西班牙塞维利亚。为人正直、德行良善。懂阿拉伯语和教法。

（三）族谱学影响

据安达卢西人物志编纂家、族谱学家伊本·艾拔尔的记载，他喜好族谱学。

（四）参考文献

伊本·艾拔尔：《〈续编〉增补》第 3 卷，第 82~83 页。伊本·阿卜杜·麦立克：《〈续编二著〉增补》第 2 卷，第 161~163 页。扎哈比：《伊斯兰史与诸杰群英辞世录》第 42 卷，第 93 页。穆罕默德·拉施德：《族谱学家辞典：自伊历一世纪至今》，第 287 页。

阿里·瓦纳其

（‘Alī al-Wanakī，12世纪）

（一）名号谱系

艾布·伽斯姆·阿里·本·穆罕默德·本·纳斯尔·本·马赫迪·本·穆罕默德·本·阿里·本·阿卜杜拉·本·尔撒·本·艾哈迈德·本·尔撒·本·阿里·本·侯赛因·本·阿里·本·侯赛因·本·阿里·本·艾比·塔里卜·瓦纳其·侯赛尼。

（二）生平概述

祖籍伊朗雷伊附近的瓦纳克村。上述族谱学家纳斯尔·瓦纳其的孙子。辞世地点有待考究。

（三）族谱学影响

著名族谱学家伊本·丰杜戈曾在雷伊听他讲授族谱知识。

（四）参考文献

伊本·丰杜戈：《谱系、别号与后裔精粹》第1卷，第184页；第2卷，第631页。阿迦·布祖尔克：《什叶派著述门径》第24卷，第396页。什贺布丁·麦尔阿什：《释疑：谱系、别号与后裔精粹人物志》，第57～58页。阿卜杜·拉札戈·康木纳：《愿者希冀：族谱学家层级传》，第295～296页。穆罕默德·拉施德：《族谱学家辞典：自伊历一世纪至今》，第358页。

艾布·伽斯姆·阿姆里

（Abū al-Qāsim al-Āmulī，12世纪）

（一）名号谱系

艾布·伽斯姆·侯赛因·本·阿里·本·艾哈迈德·本·贾法尔·

本·穆罕默德·本·贾法尔·本·阿卜杜拉·本·侯赛因·本·阿里·本·侯赛因·本·阿里·本·艾比·塔里卜·阿姆里。

（二）生平概述

出生地点有待考究。卒于伊拉克萨迈拉的监狱中。

（三）族谱学影响

一些族谱研究者把他记载为族谱学家。

（四）参考文献

阿卜杜·拉札戈·康木纳：《愿者希冀：族谱学家层级传》，第 287 页。

哈桑·达仪

（al-Hasan al-Dā‘ī，12 世纪）

（一）名号谱系

艾布·哈希姆·哈桑·本·叶哈雅·本·哈桑·本·穆罕默德·本·叶哈雅·本·侯赛因·本·伽斯姆·本·伊卜拉欣·本·伊斯玛仪·本·伊卜拉欣·本·哈桑·本·哈桑·本·阿里·本·艾比·塔里卜·达仪。

（二）生平概述

生卒地点和生平事迹有待考究。

（三）族谱学影响

一些族谱研究者把他记载为“阿莫勒和泰伯里斯坦族谱学家”。

（四）参考文献

伊本·易纳巴：《艾布·塔里卜家族谱系基本要义》，第 178 页。阿卜杜·拉札戈·康木纳：《愿者希冀：族谱学家层级传》，第 287 页。

伽斯姆·朱尔贾尼

（al-Qāsim al-Jurjānī，12 世纪）

（一）名号谱系

艾布·穆罕默德·伽斯姆·本·穆哈幸·本·哈桑·本·栽德·本·穆罕默德·本·阿里·本·穆罕默德·本·阿里·本·阿里·本·哈桑·本·阿里·本·阿里·本·侯赛因·本·阿里·本·艾比·塔里卜·朱尔贾尼。

（二）生平概述

生卒地点有待考究。可能长期居住在伊朗戈尔甘。

（三）族谱学影响

一些族谱研究者把他记载为戈尔甘族谱学家。

（四）参考文献

阿卜杜·拉札戈·康木纳：《愿者希冀：族谱学家层级传》，第 298 页。

贾法尔·欧麦利

（Ja' far al-' Umarī，12 世纪）

（一）名号谱系

贾法尔·本·哈希姆·本·阿里·本·穆罕默德·本·阿里·本·穆罕默德·本·穆罕默德·本·艾哈迈德·本·阿里·本·穆罕默德·本·叶哈雅·本·阿卜杜拉·本·穆罕默德·本·欧麦尔·本·阿里·本·艾比·塔里卜·阿拉维·欧麦利。

（二）生平概述

生卒地点有待考究。著名族谱学家伊本·苏菲的孙子。

（三）族谱学影响

转述其祖父的族谱知识。

（四）参考文献

伊本·易纳巴：《艾布·塔里卜家族谱系基本要义》，第 368 页。什贺布丁·麦尔阿什：《释疑：谱系、别号与后裔精粹人物志》，第 53 页。阿迦·布祖尔克：《什叶派名人层级传》第 2 卷，第 44 页。阿卜杜·拉札戈·康木纳：《愿者希冀：族谱学家层级传》，第 279～280 页。穆罕默德·拉施德：《族谱学家辞典：自伊历一世纪至今》，第 125 页。

马赫迪·贾法利

（Mahdī al-Ja‘ farī，12 世纪）

（一）名号谱系

马赫迪·本·穆法多勒·本·穆罕默德·本·拓熙尔·本·穆罕默德·本·贾法尔·本·叶哈雅·本·穆罕默德·本·阿卜杜拉·本·穆罕默德·本·哈姆扎·本·伊斯哈格·本·阿里·本·阿卜杜拉·本·贾法尔·本·艾比·塔里卜。

（二）生平概述

生卒地点有待考究。下文口传族谱学家穆法多勒·贾法利的儿子。

（三）族谱学影响

目录学家伊本·拔巴韦赫（Ibn Bābawayh，1111～约 1204）把他记载为族谱学家。

（四）参考文献

伊本·拔巴韦赫：《什叶派学者名字及其著作目录》，第 177 页。阿卜杜·拉札戈·康木纳：《愿者希冀：族谱学家层级传》，第 315 页。

穆法多勒·贾法利

（al-Mufaddal al-Ja‘farī，12 世纪）

（一）名号谱系

穆法多勒·本·穆罕默德·本·拓熙尔·本·穆罕默德·本·贾法尔·本·叶哈雅·本·穆罕默德·本·阿卜杜拉·本·穆罕默德·本·哈姆扎·本·伊斯哈格·本·阿里·本·阿卜杜拉·本·贾法尔·本·艾比·塔里卜·贾法利。

（二）生平概述

生卒地点有待考究。圣训学家。

（三）族谱学影响

目录学家伊本·拔巴韦赫把他记载为族谱学家。

（四）参考文献

伊本·拔巴韦赫：《什叶派学者名字及其著作目录》，第 162 页。阿卜杜·拉札戈·康木纳：《愿者希冀：族谱学家层级传》，第 315 页。

尼札尔·麦奇

（Nizār al-Makkī，12 世纪）

（一）名号谱系

尼札尔·本·阿卜杜·麦立克·麦奇。

（二）生平概述

生卒地点有待考究。教法学家和纪事家。

（三）族谱学影响

据史学家欧玛拉·也默尼（'Umārah al-Yamanī，1121～1174）的记载，他精通阿拉伯日子、谱系及其诗歌。

（四）参考文献

欧玛拉·也默尼：《也门史》，第 38 页。塔基丁·法斯：《宝贵璎珞：麦加历史》第 6 卷，第 156 页。阿卜杜·拉札戈·康木纳：《愿者希冀：族谱学家层级传》，第 316 页。

沙拉夫·沙赫

（Sharaf Shāh，12 世纪）

（一）名号谱系

艾布·阿里·沙拉夫·沙赫·本·阿卜杜·穆塔里卜·本·贾法尔·本·侯赛尼·艾弗托斯·艾斯巴哈尼。

（二）生平概述

生卒地点有待考究。什叶派学者。

（三）族谱学影响

目录学家伊本·拔巴韦赫把他记载为族谱学家。

（四）参考文献

伊本·拔巴韦赫：《什叶派学者名字及其著作目录》，第 95 页。阿卜杜拉·阿凡迪：《学林园与德贤池》第 3 卷，第 9 页。穆哈幸·艾敏：《什叶派精英》第 7 卷，第 337 页。阿卜杜·拉札戈·康木纳：《愿者希冀：族谱学家层级传》，第 287～288 页。

坦卡尔

（Tankār，12 世纪）

（一）名号谱系

艾布·白沙伊尔·坦卡尔·本·阿里·本·栽德·本·侯赛因·本·阿里·本·穆萨·本·苏莱曼·本·达乌德·本·贾法尔·本·穆罕默德·本·阿卜杜拉·本·穆罕默德·本·欧麦尔·本·阿里·本·艾比·塔里卜。

（二）生平概述

生卒地点有待考究。上述口传族谱学家栽德·侯赛因的孙子。曾居住在阿富汗赫拉特。

（三）族谱学影响

一些族谱研究者把他记载为赫拉特族谱学家。

（四）参考文献

阿卜杜·拉札戈·康木纳：《愿者希冀：族谱学家层级传》，第 279 页。

伊本·艾比·加纳伊姆

（Ibn Abī al-Ghanā' im，12 世纪）

（一）名号谱系

艾布·麦阿里·穆罕默德·本·穆罕默德·本·穆罕默德·本·栽德·本·侯赛因·本·阿里·本·穆萨·本·苏莱曼·本·达乌德·本·贾法尔·本·穆罕默德·本·欧贝杜拉·本·穆罕默德·本·欧麦尔·本·阿里·本·艾比·塔里卜。

（二） 生平概述

可能生卒于阿富汗赫拉特。

（三） 族谱学影响

一些族谱研究者把他记载为“赫拉特族谱学家”。

（四） 参考文献

阿卜杜·拉札戈·康木纳：《愿者希冀：族谱学家层级传》，第 310～311 页。

伊本·穆尔塔多·库米

（Ibn al-Murtadá al-Qummī，12 世纪）

（一） 名号谱系

法赫鲁丁·艾布·哈桑·阿里·本·穆尔塔多·本·穆罕默德·本·穆托哈尔·本·阿里·本·穆罕默德·本·穆托哈尔·本·阿里·本·穆罕默德·本·阿里·本·穆罕默德·本·哈姆扎·本·艾哈迈德·本·穆罕默德·本·伊斯玛仪·本·穆罕默德·本·阿卜杜拉·本·阿里·本·侯赛因·本·阿里·本·艾比·塔里卜。

（二） 生平概述

生卒于伊朗库姆。

（三） 族谱学影响

著名族谱学家伊本·福瓦蒂把他记载为族谱学家。

（四） 参考文献

伊本·福瓦蒂：《别号辞典文集》第 3 卷，第 89～90 页。伊本·易纳巴：《艾布·塔里卜家族谱系基本要义》，第 254 页。穆哈幸·艾敏：《什叶派精英》第 8 卷，第 345 页。伯克尔 · 艾布 · 栽德：《族谱学家层级传》，第 144 页。阿卜杜 · 拉札戈 · 康木纳：《愿者希冀：族谱学家层级传》，第 296~297 页。穆罕默德 · 拉施德：《族谱学家辞典：自伊历一世纪至今》，第 363 页。

八　公元 13 世纪

叶赫拉夫·阿札比

（Yakhlaf al-‘Azzābī，1155～1203）

（一）名号谱系

叶赫拉夫·本·叶赫拉夫·纳富斯·提姆贾利·阿札比。

（二）生平概述

生于利比亚奈富塞山。教法学家，懂文学和宗教学各分支学问。辞世地点有待考究。

（三）族谱学影响

多名人物志编纂家把他记载为族谱学家。

（四）参考文献

艾哈迈德·达尔冀尼：《马格里布长老层级传》第 2 卷，第 513～519 页。圣玛黑：《传记》第 2 卷，第 113～114 页。穆罕默德·拔拔安米：《马格里布伊巴迪亚派名人辞典》第 2 卷，第 466 页。穆罕默德·拉施德：《族谱学家辞典：自伊历一世纪至今》，第 582 页。

舒克尔·敖斐

(Shukr al-ʻ Awfī,? ~1211)

（一）名号谱系

艾布·塞纳·舒克尔·本·索波拉·本·萨腊玛·本·哈米德·本·曼苏尔·苏拉米·敖斐·伊斯康达拉尼。

（二）生平概述

出生地点有待考究。埃及亚历山大港的优秀诵读家。

（三）族谱学影响

据多名人物志编纂家的记载，他懂族谱。

（四）参考文献

蒙兹利：《〈辞世追录〉增补》第2卷，第222~223页。扎哈比：《伊斯兰史与诸杰群英辞世录》第43卷，第294页。穆罕默德·拉施德：《族谱学家辞典：自伊历一世纪至今》，第214~215页。

伊斯玛仪·尼法利

(Ismāʻ īl al-Niffarī,? ~1212)

（一）名号谱系

艾布·穆罕默德·伊斯玛仪·本·叶哈雅·本·艾哈迈德·本·穆卡比尔·本·侯赛因·本·穆罕默德·本·阿卜杜·阿齐兹·尼里·阿纳齐·尼法利。

（二）生平概述

祖籍伊拉克古城尼普尔（Nippur）。诗人，喜好历史。

（三）族谱学影响

据人物志编纂家伊本·沙阿尔（Ibn al-Sha‘‘ār，1198~1256）的记载，他懂历史和阿拉伯族谱。

（四）参考文献

伊本·沙阿尔：《宝珠项链：当代诗坛》第1卷，第413~414页。穆罕默德·拉施德：《族谱学家辞典：自伊历一世纪至今》，第97页。

塔朱·阿腊

（Tāj al-‘Alā’，？~1213）

（一）名号谱系

艾布·哈希姆·艾什拉夫·本·艾阿兹（艾加尔）·本·哈希姆·本·伽斯姆·本·穆罕默德·本·萨尔杜拉·本·艾哈迈德·本·穆罕默德·本·欧贝杜拉·本·穆罕默德·本·欧贝杜拉·本·阿卜杜拉·本·哈桑·本·贾法尔·本·哈桑·本·哈桑·本·阿里·本·艾比·塔里卜·阿拉维·哈萨尼·哈拉比。

（二）生平概述

生于以色列拉姆拉。曾在土耳其阿米达居住。在叙利亚阿勒颇度过晚年。据多部人物志记载，他活了124岁。

（三）族谱学影响

一些人物志编纂家们把他视为族谱学家。

（四）参考文献

索法迪：《逝者全录》第9卷，第158页。齐黎克里：《名人》第1卷，第332页。伊本·阿迪姆：《诉求目标：阿勒颇史》第4卷，第1875~1884页。穆哈幸·艾敏：《什叶派精英》第3卷，第460~461页。索伊卜·阿卜杜·哈密德：《什叶派史学家辞典》第1卷，第174页。伯克尔·艾布·栽德：《族谱学家层级传》，第123~124页。阿卜杜·拉札戈·康木纳：《愿者希冀：族谱学家层级传》，第328~329页。穆罕默德·拉施德：《族谱学家辞典：自伊历一世纪至今》，第98页。

伊本·艾比·栽德·阿拉维

(Ibn Abī Zayd al-ʻAlawī，1153~1216)

(一) 名号谱系

艾布·贾法尔·叶哈雅·本·穆罕默德·本·穆罕默德·本·穆罕默德·本·穆罕默德·本·阿里·本·艾比·栽德·阿拉维·哈萨尼·巴士里。

(二) 生平概述

生于伊拉克巴士拉。曾任该城塔里比家族联合会领导人。文学家，熟知阿拉伯日子及其诗歌。卒于伊拉克巴格达。

(三) 族谱学影响

熟知阿拔斯家谱、古莱什族谱和阿拉伯谱系。

(四) 参考文献

伊本·沙奇尔·库图比：《精英辞世录及其补遗》第4卷，第296~298页。蒙兹利：《〈辞世追录〉增补》第2卷，第379页。伊本·卡西尔：《始末录》第17卷，第58~59页。齐黎克里：《名人》第8卷，第165页。阿卜杜·拉札戈·康木纳：《愿者希冀：族谱学家层级传》，第360~362页。穆罕默德·拉施德：《族谱学家辞典：自伊历一世纪至今》，第581页。

伊本·瓦吉卜

(Ibn Wājib，1142~1217)

(一) 名号谱系

艾布·赫拓卜·艾哈迈德·本·穆罕默德·本·欧麦尔·本·穆罕默

德·本·瓦吉卜·本·欧麦尔·本·瓦吉卜·本·欧麦尔·本·瓦吉卜·盖斯·安达卢斯·白岚斯。

（二）生平概述

生于西班牙瓦伦西亚。曾任瓦伦西亚和哈蒂瓦的法官。精通圣训，喜好文学。卒于摩洛哥马拉喀什。

（三）族谱学影响

据人物志编纂家布尔贺努丁·法尔宏（Burhān al-Dīn Farhūn，约 1329~1397）的记载，他懂得丰富的族谱知识。

（四）参考文献

布尔贺努丁·法尔宏：《金丝绸缎：学派精英知识》第 1 卷，第 226~228 页。扎哈比：《伊斯兰史与诸杰群英辞世录》第 44 卷，第 180~181 页。齐黎克里：《名人》第 1 卷，第 217 页。穆罕默德·拉施德：《族谱学家辞典：自伊历一世纪至今》，第 72 页。

古莱什·苏贝俄

（Quraysh al-Subay‘，1147~1224）

（一）名号谱系

艾布·穆罕默德·古莱什·本·苏贝俄·本·穆汉纳·本·苏贝俄·本·穆汉纳·本·苏贝俄·本·穆汉纳·本·达乌德·本·伽斯姆·本·欧贝杜拉·本·拓熙尔·本·叶哈雅·本·哈桑·本·贾法尔·本·欧贝杜拉·本·侯赛因·本·阿里·本·侯赛因·本·阿里·本·艾比·塔里卜·哈萨尼·麦达尼。

（二）生平概述

生于麦地那。定居伊拉克巴格达。圣训学家和史学家。卒于伊拉克巴格达

（三）族谱学影响

著名族谱学家伊本·易纳巴把他记载为族谱学家。

（四）参考文献

伊本·易纳巴：《艾布·塔里卜家族谱系基本要义》，第337页。蒙兹利：《〈辞世追录〉增补》第3卷，第111~112页。欧麦尔·礼萨：《著述家辞典》第2卷，第659页。索伊卜·阿卜杜·哈密德：《什叶派史学家辞典》第2卷，第47页。什贺布丁·麦尔阿什：《释疑：谱系、别号与后裔精粹人物志》，第64~65页。阿卜杜·拉札戈·康木纳：《愿者希冀：族谱学家层级传》，第352~353页。穆罕默德·拉施德：《族谱学家辞典：自伊历一世纪至今》，第391页。

穆罕默德·拉波里

（Muhammad al-Lablī，约1156~1225）

（一）名号谱系

艾布·阿卜杜拉·穆罕默德·本·阿卜杜·拉哈曼·本·阿卜杜拉·本·阿卜杜·拉哈曼·本·欧费尔·伍麦维·拉波里。

（二）生平概述

生于西班牙涅夫拉（Niebla）。曾游历马格里布、埃及和马什里克地区。卒于西班牙塞维利亚。

（三）族谱学影响

据著名史学家麦戈利齐的记载，他喜好语言学、文学、史学和族谱学。

（四）参考文献

伊本·阿卜杜·麦立克：《〈续编二著〉增补》第4卷，第378~379页。麦戈利齐：《大踪录》第6卷，第32页。穆罕默德·拉施德：《族谱学家辞典：自伊历一世纪至今》，第 471～472 页。

伊本·托拔托拔·阿拉维

（Ibn Tabātabā al-‘Alawī，？～约 1226）

（一）名号谱系

易玛德·沙拉夫·艾布·白拉卡特·拓熙尔·本·穆罕默德·本·尼佐姆·沙拉夫·本·托拔托拔·阿拉维。

（二）生平概述

生卒地点和生平事迹有待考究。

（三）族谱学影响

著名族谱学家伊本·福瓦蒂把他记载为族谱学家。

（四）参考文献

伊本·福瓦蒂：《别号辞典文集》第 2 卷，第 78 页。伯克尔·艾布·栽德：《族谱学家层级传》，第 132～133 页。阿卜杜·拉札戈·康木纳：《愿者希冀：族谱学家层级传》，第 333 页。穆罕默德·拉施德：《族谱学家辞典：自伊历一世纪至今》，第 225～226 页。

伊本·迪尔拔斯·米斯利

（Ibn Dirbās al-Misrī，1175～1227）

（一）名号谱系

易玛杜丁·艾布·菲达（伊卜拉欣）·伊斯玛仪·本·阿卜杜·麦立克·本·尔撒·本·迪尔拔斯·玛拉尼·米斯利·沙斐仪。

（二）生平概述

生卒于埃及开罗。继承其父的法官职位。教法学家、文学家和诗人。

（三）族谱学影响

受家族熏陶，熟知族谱。

（四）参考文献

蒙兹利：《〈辞世追录〉增补》第3卷，第208~209页。扎哈比：《伊斯兰史与诸杰群英辞世录》第45卷，第185页。伊本·福瓦蒂：《别号辞典文集》第2卷，第38~39页。阿卜杜·拉札戈·康木纳：《愿者希冀：族谱学家层级传》，第327页。

阿腊·阿米迪

（al-‘Alā’ al-Āmidī，1172~1245）

（一）名号谱系

沙拉夫·欧拉·艾布·麦卡黎姆·哈希姆·本·艾什拉夫·本·艾阿兹·本·哈希姆·本·伽斯姆·本·穆罕默德·本·萨尔杜拉·本·艾哈迈德·本·穆罕默德·本·欧贝杜拉·本·穆罕默德·本·欧贝杜拉·本·阿卜杜拉·本·哈桑·本·贾法尔·本·哈桑·本·哈桑·本·阿里·本·艾比·塔里卜·哈萨尼·阿拉维。

（二）生平概述

生于土耳其阿米达。曾游学叙利亚大马士革。在叙利亚阿勒颇任扎希利耶王朝书信部文官数年后回到家乡。文学家和诗人。卒于埃及。

（三）族谱学影响

据多名人物志编纂家的记载，他熟知纪事、历史和族谱。

（四）参考文献

易祖丁·侯赛尼：《〈辞世追录增补〉续编》第1卷，第106~107页。扎哈比：《伊斯兰史与诸杰群英辞世录》第47卷，第145页。索法迪：《逝者全录》

第 27 卷，第 128 页。穆罕默德·拉施德：《族谱学家辞典：自伊历一世纪至今》，第 569 页。

易祖丁·阿萨奇尔

('Izz al-Dīn 'Asākir，1170～1245)

（一）名号谱系

易祖丁·艾布·阿卜杜拉·穆罕默德·本·艾哈迈德·本·穆罕默德·本·哈桑·本·希巴图拉·本·阿卜杜拉·本·侯赛因·迪马什基，以“伊本·阿萨奇尔”著称于世。

（二）生平概述

生卒于叙利亚大马士革。与城市人物志巨著《大马士革史》的作者伊本·阿萨奇尔同属于一个家族。

（三）族谱学影响

多名人物志编纂家把他记载为族谱学家。

（四）参考文献

易祖丁·侯赛尼：《〈辞世追录增补〉续编》第 1 卷，第 128 页。扎哈比：《群英诸贤传》第 23 卷，第 216～217 页。伊本·易玛德：《金砂：往逝纪事》第 7 卷，第 391 页。伊本·索布尼：《〈谱系、名字与别号大全补全〉增补》，第 177～178 页。伯克尔·艾布·栽德：《族谱学家层级传》，第 127 页。穆罕默德·拉施德：《族谱学家辞典：自伊历一世纪至今》，第 408 页。

伊本·穆格拉卜

(Ibn Muqarrab，1178～1245)

（一）名号谱系

艾斯阿杜丁·艾布·伽斯姆·阿卜杜·拉哈曼·本·穆格拉卜·本·

阿卜杜·凯利姆·本·哈桑·本·阿卜杜·凯利姆·本·穆格拉卜·悭迪·图冀比·伊斯康达拉尼。

（二）生平概述

生卒于埃及亚历山大。精通圣训。

（三）族谱学影响

据伊斯兰史学大师、著名族谱学家扎哈比的记载，他知晓族谱。

（四）参考文献

扎哈比：《群英诸贤传》第 23 卷，第 215 页。易祖丁·侯赛尼：《〈辞世追录增补〉续编》第 1 卷，第 117 页。索法迪：《逝者全录》第 18 卷，第 171 页。伊本·易玛德：《金砂：往逝纪事》第 7 卷，第 382 页。伯克尔·艾布·栽德：《族谱学家层级传》，第 127 页。穆罕默德·拉施德：《族谱学家辞典：自伊历一世纪至今》，第 257 页。

伊本·拉毕卜·摩苏里

（Ibn al-Rabīb al-Mawsilī，1191～1251）

（一）名号谱系

艾布·哈弗斯·欧麦尔·本·艾斯阿德·本·阿玛尔·本·萨尔德·本·阿玛尔·本·阿里·本·艾比·法拉吉·本·艾比·麦阿里·本·霍宰勒·摩苏里。

（二）生平概述

生于伊拉克摩苏尔。曾在叙利亚大马士革讲学。卒于埃及开罗。

（三）族谱学影响

著名族谱学家伊本·索布尼把他记载为族谱学家，说他熟知族谱和历史。

（四）参考文献

伊本·索布尼：《〈谱系、名字与别号大全补全〉增补》，第 180～181 页。易祖丁·侯赛尼：《〈辞世追录增补〉续编》第 1 卷，第 231 页。穆罕默德·拉施德：《族谱学家辞典：自伊历一世纪至今》，第 369 页。

伊德利斯·法维

（al-Idrīsī al-Fāwī，1173～1251）

（一）名号谱系

艾布·阿卜杜拉（贾法尔或伽斯姆）·穆罕默德·本·阿卜杜·阿齐兹·本·阿卜杜·拉希姆·本·欧麦尔（阿慕尔）·本·萨勒曼（苏莱曼）·本·哈桑·本·伊德里斯·本·叶哈雅·本·阿里·本·韩木德·本·梅蒙·本·艾哈迈德·本·阿里·本·欧贝杜拉·本·欧麦尔·本·伊德里斯·本·阿卜杜拉·本·哈桑·本·阿里·本·艾比·塔里卜·哈希米·阿拉维·哈萨尼·伊德利斯·米斯利·法维·马格里比。

（二）生平概述

生于埃及法瓦。曾游学埃及亚历山大。定居埃及开罗。圣训学家和背诵家，懂历史和文学。卒于开罗。

（三）族谱学影响

据多名人物志编纂家的记载，他懂族谱。

（四）参考文献

伍德福伟：《汇聚福星：上埃及优秀人士名讳》，第 534～536 页。麦戈利齐：《大踪录》第 6 卷，第 84～85 页。扎哈比：《伊斯兰史与诸杰群英辞世录》第 47 卷，第 430 页。伊本·哈杰尔：《指针》第 7 卷，第 308～309 页。欧麦尔·礼萨：《著述家辞典》第 3 卷，第 414 页。穆罕默德·拉施德：《族谱学家辞典：自伊历一世纪至今》，第 476～477 页。

伊本·哈姆扎

(Ibn Hamzah, ? ～1258)

（一）名号谱系

沙姆苏丁·艾哈迈德·本·伊玛目·阿卜杜拉·本·哈姆扎。

（二）生平概述

可能出生于也门。在其父伊玛目·阿卜杜拉的庇护下长大。后来成为也门的埃米尔。依附于当时的也门之主穆左发尔王。在舒瓦巴战争（the battle of Shuwabah）中塑造了其智勇双全的形象。卒于也门萨达。

（三）族谱学影响

据一些人物志编纂家的记载，他知晓族谱和阿拉伯历史故事。

（四）参考文献

齐黎克里：《名人》第 1 卷，第 158 页。阿卜杜·萨腊姆·瓦冀赫：《栽德派著述名人》，第 132 页。穆罕默德·拉施德：《族谱学家辞典：自伊历一世纪至今》，第 52 页。

穆罕默德·加萨尼

(Muhammad al-Ghassānī, ? ～1265)

（一）名号谱系

艾布·阿卜杜拉·穆罕默德·本·伊卜拉欣·加萨尼。

（二）生平概述

生于阿尔及利亚特莱姆森。定居摩洛哥萨非。传述圣训，精通阿拉伯语，记述文学和历史，涉猎教法和语法。病逝于萨非。

（三）族谱学影响

多名人物志编纂家把他记载为族谱学家。

（四）参考文献

伊本·阿卜杜·麦立克：《〈续编二著〉增补》第5卷，第147页。叶哈雅·赫勒敦：《探查愿望：阿卜杜·瓦德家族列王纪录》第1卷，第138页。艾布·伽斯姆·哈弗纳维：《先人晚辈知》第2卷，第332页。穆罕默德·拉施德：《族谱学家辞典：自伊历一世纪至今》，第404页。

索里哈·侯赛尼

（Sālih al-Husaynī，？～约1266）

（一）名号谱系

法赫鲁丁·索里哈·本·马吉德丁·艾比·侯赛因·阿卜杜拉·本·塔朱丁·艾比·哈桑·阿里·侯赛尼。

（二）生平概述

生卒地点和生平事迹有待考究。

（三）族谱学影响

著名族谱学家伊本·易纳巴把他记载为族谱学家。

（四）参考文献

伊本·易纳巴：《艾布·塔里卜家族谱系基本要义》，第277页。穆罕默德·拉施德：《族谱学家辞典：自伊历一世纪至今》，第217页。

穆罕默德·伍撒玛

（Muhammad Usāmah，1164~1268）

（一）名号谱系

沙姆苏丁·艾布·塔里卜·穆罕默德·本·阿卜杜·哈密德·本·阿卜杜拉·塔基·本·伍撒玛·本·艾哈迈德·本·阿里·本·穆罕默德·本·欧麦尔·本·叶哈雅·本·侯赛因·本·艾哈迈德·本·欧麦尔·本·叶哈雅·本·侯赛因·本·栽德·本·阿里·本·侯赛因·本·阿里·本·艾比·塔里卜。

（二）生平概述

生于伊拉克库法。曾到访伊拉克巴格达。文学家、诗人。辞世地点有待考究。

（三）族谱学影响

多名人物志编纂家把他记载为族谱学家。

（四）参考文献

伊本·易纳巴：《艾布·塔里卜家族谱系基本要义》，第 277 页。索法迪：《逝者全录》第 3 卷，第 182 页。阿里汗·麦达尼：《高级阶梯：什叶派伊玛目层级传》第 2 卷，第 899 页。伯克尔·艾布·栽德：《族谱学家层级传》，第 114、219 页。阿卜杜·拉札戈·康木纳：《愿者希冀：族谱学家层级传》，第 354~355 页。穆罕默德·拉施德：《族谱学家辞典：自伊历一世纪至今》，第 469 页。

阿卜杜·哈密德·侯赛尼

（‘Abd al-Hamīd al-Husaynī，？ ~1268）

（一）名号谱系

杰拉路丁·艾布·阿里·阿卜杜·哈密德·本·穆罕默德·本·阿卜

杜·哈密德·本·阿卜杜拉·塔基·本·伍撒玛·本·艾哈迈德·本·阿里·本·穆罕默德·本·欧麦尔·本·叶哈雅·本·侯赛因·本·艾哈迈德·本·欧麦尔·本·叶哈雅·本·侯赛因·本·栽德·本·阿里·本·侯赛因·本·阿里·本·艾比·塔里卜·哈希米·阿拉维·栽迪·侯赛尼。

（二）生平概述

可能生卒于伊拉克库法。上述族谱学家阿卜杜·哈密德·阿拉维的孙子。

（三）族谱学影响

著名族谱学家伊本·易纳巴把他记载为族谱学家。

（四）参考文献

伊本·易纳巴：《艾布·塔里卜家族谱系基本要义》，第277页。阿迦·布祖尔克：《什叶派名人层级传》第4卷，第87~88页。穆罕默德·拉施德：《族谱学家辞典：自伊历一世纪至今》，第244页。

艾姆杰德王

（al-Malik al-Amjad，约1223~1271）

（一）名号谱系

马吉德丁·艾布·穆罕默德·哈桑·本·达乌德·本·尔撒·本·艾比·伯克尔·穆罕默德·本·艾尤卜·本·沙芝。

（二）生平概述

出生地点有待考究。艾尤卜王朝埃米尔之一，统治卡拉克地区。涉猎多门学问，常与学者们交谈，在文学方面有所造诣。卒于叙利亚大马士革。

（三）族谱学影响

据著名史学家伊本·塔厄里·比尔迪（Ibn Taghrī Birdī，1410~1470）

的记载，他懂历史和族谱。

（四）参考文献

伊本·塔厄里·比尔迪：《别世偿清碧泉》第5卷，第74~75页。索法迪：《逝者全录》第12卷，第5~6页。伊本·易玛德：《金砂：往逝纪事》第7卷，第577~578页。齐黎克里：《名人》第2卷，第190页。穆罕默德·拉施德：《族谱学家辞典：自伊历一世纪至今》，第136页。

贾法尔·伊德利斯

（Ja‘ far al-Idrīsī，1215~1277）

（一）名号谱系

艾布·阿卜杜拉·贾法尔·本·穆罕默德·本·阿卜杜·阿齐兹·本·阿卜杜·拉希姆·本·欧麦尔·本·苏莱曼·伊德利斯·麦奇·麦达尼·米斯利。

（二）生平概述

生卒于埃及开罗。史学家、族谱学家和文学家。

（三）族谱学影响

据著名史学家、族谱学家苏尤蒂的记载，他精通埃及贵族谱系。

（四）参考文献

苏尤蒂：《雅美报告：埃及与开罗史》第1卷，第554页。欧麦尔·礼萨：《著述家辞典》第1卷，第497页。沙奇尔·穆斯塔法：《阿拉伯历史与史家》第3卷，第205页。阿卜杜·拉札戈·康木纳：《愿者希冀：族谱学家层级传》，第330页。穆罕默德·拉施德：《族谱学家辞典：自伊历一世纪至今》，第121~122页。

伊本·穆奈伊尔

(Ibn al-Munayyir，1223~1284)

(一) 名号谱系

拿斯鲁丁·艾布·阿拔斯·艾哈迈德·本·穆罕默德·本·曼苏尔·本·伽斯姆·本·穆赫塔尔·朱吒米·杰剌沃尼·伊斯康达拉尼·马立其。

(二) 生平概述

生卒于埃及亚历山大。两次担任该城法官。精通文学，涉猎经注学、教法学、教义学、语言学和修辞学等。

(三) 族谱学影响

据著名史学家、族谱学家苏尤蒂的记载，他深谙族谱。

(四) 参考文献

扎哈比：《伊斯兰史与诸杰群英辞世录》第 51 卷，第 136~138 页。苏尤蒂：《雅美报告：埃及与开罗史》第 1 卷，第 316~317 页。优尼尼：《〈时代镜鉴〉续编》第 4 卷，第 206~210 页。伊本·沙奇尔·库图比：《精英辞世录及其补遗》第 1 卷，第 149~150 页。伯克尔·艾布·栽德：《族谱学家层级传》，第 131 页。

阿卜杜·拉哈曼·古桑蒂尼

(‘Abd al-Rahmān al-Qusantīnī，? ~约 1285)

(一) 名号谱系

阿卜杜·拉哈曼·本·穆罕默德·本·迦齐·古桑蒂尼。

(二) 生平概述

生卒地点有待考究。曾在阿尔及利亚贝贾亚担任书吏。

（三）族谱学影响

据族谱学家伊本·艾哈默尔的记载，他懂族谱。

（四）参考文献

伊本·艾哈默尔：《标识库藏与学者新说》，第 33~34 页。阿迪勒·努韦熙得：《阿尔及利亚名人辞典》，第 262 页。穆罕默德·拉施德：《族谱学家辞典：自伊历一世纪至今》，第 254 页。

易祖丁·侯赛尼

（‘Izz al-Dīn al-Husaynī，1239~1295）

（一）名号谱系

易祖丁·艾布·伽斯姆·艾哈迈德·本·穆罕默德·本·阿卜杜·拉哈曼·本·阿里·本·穆罕默德·本·穆罕默德·本·伽斯姆·本·穆罕默德·本·伊卜拉欣·本·穆罕默德·本·阿里·本·欧贝杜拉·本·侯赛因·本·阿里·本·侯赛因·本·阿里·本·艾比·塔里卜·阿拉维·侯赛尼·哈拉比·米斯利。

（二）生平概述

祖籍叙利亚阿勒颇，生卒于埃及开罗。史学家、文学家和背诵家。

（三）族谱学影响

多名人物志编纂家把他记载为族谱学家。

（四）参考文献

扎哈比：《伊斯兰史与诸杰群英辞世录》第 52 卷，第 245~246 页。麦戈利齐：《大踪录》第 1 卷，第 586 页。伊本·哈姆扎·侯赛尼：《扎哈比〈背诵家备忘〉续编》，第 89~94 页。齐黎克里：《名人》第 1 卷，第 221 页。沙奇尔·穆斯塔法：《阿拉伯历史与史家》第 3 卷，第 206 页。什贺布丁·麦尔阿什:《释疑:谱系、别号与后裔精粹人物志》,第 65~67 页。伯克尔·艾布·栽德:《族谱学家层级传》,第 131~132 页。阿卜杜·拉札戈·康木纳:《愿者希冀:族谱学家层级传》,第 323~324 页。

达伽戈·米斯利

(al-Daqqāq al-Misrī,? ~约 1298)

(一) 名号谱系

巴德鲁丁·艾布·穆罕默德·哈桑·本·阿里·本·苏莱曼·本·马奇·本·卡斯卜·本·巴德兰·本·优素福·本·哈桑·本·阿卜杜拉·本·穆罕默德·本·阿卜杜拉·本·阿里·本·贾法尔·本·阿里·本·穆罕默德·本·阿里·本·穆萨·本·贾法尔·本·穆罕默德·本·阿里·本·侯赛因·本·阿里·本·艾比·塔里卜·米斯利。

(二) 生平概述

生于埃及。1298 年,有人在麦加见到他。辞世地点有待考究。

(三) 族谱学影响

著名族谱学家伊本·第戈托格把他记载为“谱系树形图之长老”。

(四) 参考文献

伊本·易纳巴:《艾布·塔里卜家族谱系基本要义》,第 200 页。伊本·哈杰尔:《〈隐珠〉续编》,第 183 页。麦戈利齐:《罕世珠链:精英人物志》第 2 卷,第 6 页。伊本·第戈托格:《艾隋里:塔里比家族谱系》,第 159 页。阿卜杜·拉札戈·康木纳:《愿者希冀:族谱学家层级传》,第 331 页。穆罕默德·拉施德:《族谱学家辞典:自伊历一世纪至今》,第 140 页。

艾布·哈黎思·梅木尼

（Abuī al-Hārith al-Maymūnī，13 世纪）

（一）名号谱系

艾布·哈黎思·穆罕默德·本·穆罕默德·本·叶哈雅·本·希巴图拉·本·梅蒙·本·艾哈迈德·本·梅蒙·本·艾哈迈德·本·阿里·本·穆罕默德·本·阿里·本·伊斯玛仪·本·贾法尔·本·阿卜杜拉·本·侯赛因·本·阿里·本·侯赛因·本·阿里·本·艾比·塔里卜·瓦西蒂。

（二）生平概述

可能生卒于伊拉克瓦西特。

（三）族谱学影响

著名族谱学家伊本·第戈托格把他记载为“瓦西特族谱学家”。

（四）参考文献

伊本·第戈托格：《名门望族：塔里卜家谱》，第 284～285 页。伊本·易纳巴：《艾布·塔里卜家族谱系基本要义》，第 318 页。阿卜杜·拉札戈·康木纳：《愿者希冀：族谱学家层级传》，第 312 页。

哈桑·纳隋比

（al-Hasan al-Nasībī，13 世纪）

（一）名号谱系

艾布·穆罕默德·哈桑·本·阿里·本·穆罕默德·本·穆罕默德·本·栽德·本·艾哈迈德·本·穆罕默德·本·穆罕默德·本·欧贝杜拉·本·阿里·本·阿卜杜拉·本·阿里·本·阿卜杜拉·本·侯赛因·

本·阿里·本·侯赛因·本·阿里·本·艾比·塔里卜·纳隋比。

（二）生平概述

生卒地点有待考究。有德者，族谱学家。

（三）族谱学影响

1953 年，侯赛因·阿里·马哈富兹校勘出版了哈桑·纳隋比抄写的上述族谱学家伊本·哈比卜·巴格达迪的《先知母系》。但他似乎没有族谱专著传世。

（四）参考文献

阿卜杜·拉札戈·康木纳：《愿者希冀：族谱学家层级传》，第 331~332 页。

马阿德·穆萨维

（Ma‘ add al-Mūsawī，约 13 世纪）

（一）名号谱系

法赫尔·沙拉夫·艾布·贾法尔·马阿德·本·法哈尔·本·艾哈迈德·本·穆罕默德·本·穆罕默德·本·侯赛因·本·穆罕默德·本·伊卜拉欣·本·穆罕默德·本·穆萨·本·贾法尔·本·穆罕默德·本·阿里·本·侯赛因·本·阿里·本·艾比·塔里卜·阿拉维·穆萨维·哈伊利。

（二）生平概述

生卒地点有待考究。圣裔家族首领之一。

（三）族谱学影响

熟知谱系知识和谱系树形图。

（四）参考文献

伊本·福瓦蒂：《别号辞典文集》第3卷，第208页。阿迦·布祖尔克：《什叶派名人层级传》第3卷，第305页。伯克尔·艾布·栽德：《族谱学家层级传》，第133页。阿卜杜·拉札戈·康木纳：《愿者希冀：族谱学家层级传》，第358~359页。穆罕默德·拉施德：《族谱学家辞典：自伊历一世纪至今》，第555页。

努尔丁·梅木尼

（Nūr al-Dīn al-Maymūnī，约13世纪）

（一）名号谱系

努尔丁·阿卜杜拉·本·侯赛因·本·阿里·本·穆罕默德·本·叶哈雅·本·希巴图拉·本·梅蒙·本·艾哈迈德·本·梅蒙·本·艾哈迈德·本·阿里·本·穆罕默德·本·阿里·本·伊斯玛仪·本·贾法尔·本·阿卜杜拉·本·侯赛因·本·阿里·本·侯赛因·本·阿里·本·艾比·塔里卜。

（二）生平概述

可能生卒于伊拉克瓦西特。与上述口传族谱学家艾布·哈黎思·梅木尼同属于梅蒙家族（Banū Maymūn）。

（三）族谱学影响

著名族谱学家伊本·第戈托格把他记载为族谱学家。

（四）参考文献

伊本·第戈托格：《名门望族：塔里卜家谱》，第285页。

伊本·塔勒璐赫

（Ibn Tallūh，13世纪）

（一）名号谱系

努尔丁·伊卜拉欣·本·叶哈雅·本·穆罕默德·本·穆萨·本·穆

罕默德·本·艾比·塔米姆·本·叶哈雅·本·伊卜拉欣·本·穆萨·本·穆罕默德·本·伊斯玛仪·本·艾哈迈德·本·伊斯玛仪·本·穆罕默德·本·伊斯玛仪·本·贾法尔·本·穆罕默德·本·阿里·本·侯赛因·本·阿里·本·艾比·塔里卜。

（二）生平概述

生卒于埃及。有德者。

（三）族谱学影响

著名族谱学家伊本·易纳巴把他记载为族谱学家。

（四）参考文献

伊本·易纳巴：《艾布·塔里卜家族谱系基本要义》，第 239 页。阿卜杜·拉札戈·康木纳：《愿者希冀：族谱学家层级传》，第 362 页。

沃发基

（al-Wāfaqī，13 世纪）

（一）名号谱系

马吉德丁·阿卜杜拉·本·古塞姆·本·托勒哈·本·阿里·本·穆罕默德·本·阿里·本·哈桑·本·穆罕默德·本·阿卜杜·瓦贺卜·本·苏莱曼·本·穆罕默德·本·苏莱曼·本·阿卜杜拉·本·阿里·本·穆罕默德·本·伊卜拉欣·本·穆罕默德·本·阿里·本·阿卜杜拉·本·阿拔斯·本·阿卜杜·穆塔里卜·哈希米·沃发基·宰娜比。

（二）生平概述

生卒地点有待考究。上述族谱学家古塞姆的儿子。有德者，书法家。

（三）族谱学影响

著名族谱学家伊本·福瓦蒂把他记载为族谱学家。

（四）参考文献

雅孤特·哈默维：《文豪辞典》第 5 卷，第 2234 页。伊本·福瓦蒂：《别号辞典文集》第 4 卷，第 437 页。阿卜杜·拉札戈·康木纳：《愿者希冀：族谱学家层级传》，第 339 页。穆罕默德·拉施德：《族谱学家辞典：自伊历一世纪至今》，第 309 页。

希士恩·伊德利斯

（Hisn al-Idrīsī，13 世纪）

（一）名号谱系

希士恩（或希士尔，或侯赛因）·本·伊德里斯·本·哈桑·本·阿里·本·尔撒·本·阿里·本·尔撒·本·阿卜杜拉·本·穆罕默德·本·伽斯姆·本·叶哈雅·本·叶哈雅·本·伊德里斯·本·伊德里斯·本·阿卜杜拉·本·哈桑·本·哈桑·本·阿里·本·艾比·塔里卜·伊德利斯·哈萨尼·沙斐仪。

（二）生平概述

生卒地点和生平事迹有待考究。上述族谱学家伊德里斯·伊德利斯的儿子。

（三）族谱学影响

著名人物志编纂家萨哈维把他记载为族谱学家。

（四）参考文献

萨哈维：《闪光：九世纪人物》第 3 卷，第 121 页。苏尤蒂：《纯金串珠：精英名士》，第 104~105 页。纳吉姆丁·法赫德：《长老辞典》，第 354 页。穆罕默德·拉施德：《族谱学家辞典：自伊历一世纪至今》，第 159 页。

伊本·霍台默勒

（Ibn Hutaymal，13 世纪）

（一）名号谱系

艾布·苏丹·伽斯姆·本·阿里·本·霍台默勒·呼札仪·苏莱玛尼。

（二）生平概述

生于也门。教法学家、文学家、诗人、语言学家和语法学家，懂历史、传记和阿拉伯日子。辞世地点有待考究。

（三）族谱学影响

据人物志编纂家阿里·赫兹拉冀的记载，他熟知族谱。

（四）参考文献

阿里·赫兹拉冀：《豪美璎珞：也门贵族层级传》第 4 卷，第 1724～1740 页。拔默赫拉玛：《雕饰项链：时代精英辞世》第 5 卷，第 518～519 页。伊斯玛仪·艾克瓦：《也门的知识迁移及其堡垒》第 3 卷，第 1212～1215 页。穆罕默德·拉施德：《族谱学家辞典：自伊历一世纪至今》，第 389 页。

伊本·梅蒙

（Ibn Maymūn，13 世纪）

（一）名号谱系

艾哈迈德·本·穆罕默德·本·侯赛因·本·阿里·本·穆罕默德·本·叶哈雅·本·希巴图拉·本·梅蒙·本·艾哈迈德·本·阿里·本·穆罕默德·本·阿里·本·伊斯玛仪·本·贾法尔·本·阿卜杜拉·本·侯赛因·本·阿里·本·侯赛因·本·阿里·本·艾比·塔里卜。

（二）生平概述

生卒地点有待考究。有德者，书法家。

（三）族谱学影响

一些族谱研究者把他记载为族谱学家。

（四）参考文献

伊本·易纳巴：《艾布·塔里卜家族谱系基本要义》，第180页。阿卜杜·拉札戈·康木纳：《愿者希冀：族谱学家层级传》，第324页。

易兹·沙拉夫

（'Izz al-Sharaf，13世纪）

（一）名号谱系

易兹·沙拉夫·穆罕默德·本·阿里·本·阿里·本·哈桑·本·哈桑·本·叶哈雅·本·侯赛因·本·艾哈迈德·本·欧麦尔·本·叶哈雅·本·侯赛因·本·栽德·本·阿里·本·侯赛因·本·阿里·本·艾比·塔里卜。

（二）生平概述

生卒地点有待考究。学者、禁欲主义者。

（三）族谱学影响

著名族谱学家伊本·易纳巴把他记载为族谱学家。

（四）参考文献

伊本·易纳巴：《艾布·塔里卜家族谱系基本要义》，第282页。阿卜杜·拉札戈·康木纳：《愿者希冀：族谱学家层级传》，第357~358页。

扎兰兹·哈默扎尼

（Zaranz al-Hamadhānī，13世纪）

（一）名号谱系

阿拉·道拉·艾布·什贺卜·扎兰兹·本·栽德·哈萨尼·哈默扎尼。

（二）生平概述

生卒地点有待考究。颇受人们尊崇。

（三）族谱学影响

著名族谱学家伊本·福瓦蒂把他记载为族谱学家。

（四）参考文献

伊本·福瓦蒂：《别号辞典文集》第2卷，第301页。伯克尔·艾布·栽德：《族谱学家层级传》，第215页。阿卜杜·拉札戈·康木纳：《愿者希冀：族谱学家层级传》，第333页。穆罕默德·拉施德：《族谱学家辞典：自伊历一世纪至今》，第189页。

扎希鲁丁·葛索比

（Zahīr al-Dīn al-Qasabī，13世纪）

（一）名号谱系

扎希鲁丁·艾布·福突哈·拿斯尔·本·穆罕默德·本·伽斯姆·本·穆哈幸·本·哈桑·本·栽德·本·穆罕默德·本·阿里·本·穆罕默德·本·阿里·本·阿里·本·哈桑·本·阿里·本·阿里·本·侯赛因·本·阿里·本·艾比·塔里卜·葛索比·朱尔贾尼。

（二）生平概述

可能生卒于伊朗戈尔甘。上述口传族谱学家伽斯姆·朱尔贾尼的孙子。

（三）族谱学影响

著名族谱学家伊斯玛仪·麦尔瓦齐把他记载为族谱学家。

（四）参考文献

伊斯玛仪·麦尔瓦齐：《荣耀：塔里比家族谱系》，第 83 页。阿卜杜·拉札戈·康木纳：《愿者希冀：族谱学家层级传》，第 359 页。

九　公元 14 世纪

阿卜杜·穆塔里卜·穆赫塔尔

（‘Abd al-Muttalib al-Mukhtār，？～1308）

（一）名号谱系

阿密杜丁·艾布·哈黎思·阿卜杜·穆塔里卜·本·阿里·本·哈桑·本·阿里·本·穆罕默德·本·阿德南·本·阿卜杜拉·本·欧麦尔·本·穆斯林·本·穆罕默德·本·穆罕默德·本·欧贝杜拉·本·阿里·本·欧贝杜拉·本·阿里·本·欧贝杜拉·本·侯赛因·本·阿里·本·侯赛因·本·阿里·本·艾比·塔里卜·阿拉维·侯赛尼·库斐。

（二）生平概述

出生地点有待考究。博览群书，言行优雅。可能卒于伊拉克巴格达。

（三）族谱学影响

他喜好收藏族谱书。1282 年，著名族谱学家伊本·福瓦蒂曾到他家借阅族谱学家伊本·穆汉纳的《谱系大树图》。

（四）参考文献

伊本·福瓦蒂：《别号辞典文集》第 2 卷，第 227～228 页。穆哈幸·艾敏：《什叶派精英》第 8 卷，第 101 页。什贺布丁·麦尔阿什：《释疑：谱系、别号与后裔精粹人物志》，第 78～79 页。阿卜杜·拉札戈·康木纳：

《愿者希冀：族谱学家层级传》，第 374~375 页。穆罕默德·拉施德：《族谱学家辞典：自伊历一世纪至今》，第 317 页。

阿里·穆萨维

（‘Alī al-Mūsawī，？ ~1319）

（一）名号谱系

阿拉姆丁·艾布·哈桑·阿里·本·阿卜杜·哈密德·本·法哈尔·本·马阿德·本·法哈尔·本·艾哈迈德·本·穆罕默德·本·穆罕默德·本·侯赛因·本·穆罕默德·本·伊卜拉欣·本·穆罕默德·本·穆萨·本·贾法尔·本·穆罕默德·本·阿里·本·侯赛因·本·阿里·本·艾比·塔里卜·阿拉维·穆萨维。

（二）生平概述

生卒地点有待考究。上述族谱学家伊本·马阿德的儿子。抄写了许多著作。

（三）族谱学影响

据著名族谱学家伊本·福瓦蒂的记载，他懂族谱。

（四）参考文献

伊本·易纳巴：《艾布·塔里卜家族谱系基本要义》，第 206 页。伊本·福瓦蒂：《别号辞典文集》第 1 卷，第 538~539、556~557 页。穆哈幸·艾敏：《什叶派精英》第 8 卷，第 261、268 页。阿迦·布祖尔克：《什叶派名人层级传》第 5 卷，第 141 页。什贺布丁·麦尔阿什：《释疑：谱系、别号与后裔精粹人物志》，第 53~54、83~84 页。阿卜杜·拉札戈·康木纳：《愿者希冀：族谱学家层级传》，第 377~378 页。穆罕默德·拉施德：《族谱学家辞典：自伊历一世纪至今》，第 353 页。

阿里·斯纳尼

（‘Alī al-Sīnānī，1246～1327）

（一）名号谱系

努尔丁·艾布·哈桑·阿里·本·阿卜杜拉·本·雷彦（栽彦）·本·韩左拉·本·马立克·斯纳尼·哈德拉米·迪姆雅蒂·沙斐仪。

（二）生平概述

生于埃及杜姆亚特。懂教法、历史和文学。卒于埃及开罗。

（三）族谱学影响

据著名人物志编纂家索法迪和伊本·哈杰尔的记载，他懂族谱。

（四）参考文献

伊本·哈杰尔：《隐珠：八世纪精英》第 3 卷，第 74～75 页。索法迪：《逝者全录》第 21 卷，第 143～144 页。索法迪：《当世精英》第 3 卷，第 404～405、411 页。伯克尔·艾布·栽德：《族谱学家层级传》，第 129、138 页。阿卜杜·拉札戈·康木纳：《愿者希冀：族谱学家层级传》，第 380 页。穆罕默德·拉施德：《族谱学家辞典：自伊历一世纪至今》，第 355 页。

伊本·哈什施

（Ibn Hashīsh，1268～1329）

（一）名号谱系

穆仪努丁·希巴图拉·本·阿拉姆丁·马斯欧德·本·艾比·麦阿里·阿卜杜拉·本·艾比·法得勒·本·哈什施。

（二）生平概述

出生地点有待考究。多次往返于埃及和沙姆地区。曾在军中担任书吏和督察。语言学家、语法学家、文学家、诗人和会计。卒于埃及开罗。

（三）族谱学影响

据人物志编纂家索法迪的记载，他熟知族谱，抄写人物传记。

（四）参考文献

伊本·哈杰尔：《隐珠：八世纪精英》第 4 卷，第 403 页。索法迪：《逝者全录》第 27 卷，第 192～193 页。索法迪：《当世精英》第 5 卷，第 538～541 页。伊本·卡西尔：《始末录》第 18 卷，第 318～319 页。伊本·塔厄里·比尔迪：《闪耀群星：埃及与开罗列王》第 9 卷，第 203 页。伊本·易玛德：《金砂：往逝纪事》第 8 卷，第 160～161 页。穆罕默德·拉施德：《族谱学家辞典：自伊历一世纪至今》，第 570 页。

蒙塔斯尔·伍德福伟

（Muntasir al-Udfuwī，1251～1334）

（一）名号谱系

狄雅丁·蒙塔斯尔·本·哈桑·本·蒙塔斯尔·齐纳尼·阿斯格腊尼·伍德福伟。

（二）生平概述

生卒于埃及埃德富（Edfu）。懂圣训、教义和教法，苏菲主义者。

（三）族谱学影响

据人物志编纂家伍德福伟（al-Udfuwī，1286～1347）的记载，他背记历史、诗歌、哲理、人物传记及其谱系。

（四）参考文献

伍德福伟：《汇聚福星：上埃及优秀人士名字》，第 660～661 页。伊本·哈杰尔：《隐珠：八世纪精英》第 4 卷，第 360 页。索法迪：《当世精英》第 5

卷，第 450~451 页。穆罕默德·拉施德：《族谱学家辞典：自伊历一世纪至今》，第 558 页。

伊本·赛义德·拿斯

(Ibn Sayyid al-Nās，1273~1334)

（一）名号谱系

法特哈丁·艾布·法特哈·穆罕默德·本·穆罕默德·本·穆罕默德·本·艾哈迈德·本·赛义德·拿斯·叶俄姆利·拉巴仪。

（二）生平概述

祖籍西班牙塞维利亚。生卒于埃及开罗。史学家、文学家、圣训背诵家和诗人。

（三）族谱学影响

善于校正混乱的族谱。

（四）参考文献

伊本·易玛德：《金砂：往逝纪事》第 8 卷，第 189~190 页。齐黎克里：《名人》第 7 卷，第 34~35 页。穆罕默德·拉施德：《族谱学家辞典：自伊历一世纪至今》，第 517 页。利玛·杜尔内格：《阿拉伯与穆斯林著名史学家》，第 444 页。

艾什拉斐

(al-Ashrafī，？~1336)

（一）名号谱系

赛福丁·艾尔塔米施（或奥塔米施，或艾特米施，或艾尔特米施）·本·阿卜杜拉·艾什拉斐。

（二）生平概述

出生地点有待考究。马穆鲁克王朝埃米尔，曾任卡拉克总督。懂蒙古语，会蒙古文，了解蒙古文学。熟知成吉思汗的生平事迹。卒于以色列采法特。

（三）族谱学影响

知晓蒙古人的各大家族及其谱系、历史与战绩。

（四）参考文献

伊本·哈杰尔：《隐珠：八世纪精英》第1卷，第423~424页。索法迪：《逝者全录》第9卷，第249~250页。穆罕默德·拉施德：《族谱学家辞典：自伊历一世纪至今》，第91~92页。

艾哈迈德·祖贝利

（Ahmad al-Zubayrī，约1252~1340）

（一）名号谱系

什贺布丁·艾布·阿拔斯·艾哈迈德·本·艾比·伯克尔·本·泰伊·本·哈提姆·本·捷施·本·巴卡尔·祖贝利·米斯利。

（二）生平概述

生卒地点有待考究。精通圣训。曾游历埃及亚历山大。

（三）族谱学影响

人物志编纂家布尔贺努丁·法尔宏把他归入族谱学家之列。

（四）参考文献

布尔贺努丁·法尔宏：《金丝绸缎：学派精英知识》第2卷，第293页。伊本·哈杰尔：《隐珠：八世纪精英》第1卷，第110~111页。穆罕默德·

德·拉施德:《族谱学家辞典:自伊历一世纪至今》,第 39 页。

杰玛路丁·麦托利

(Jamāl al-Dīn al-Matarī, 1272~1340)

(一)名号谱系

杰玛路丁·艾布·阿卜杜拉·穆罕默德·本·艾哈迈德·本·赫拉夫·本·尔撒·本·阿米尔·本·优素福·本·巴德尔·本·阿里·本·欧麦尔·安索利·赫兹拉冀·萨尔迪·麦托利·麦达尼·沙斐仪。

(二)生平概述

祖籍埃及马塔里亚。生卒于麦地那。曾任该城代理法官。熟知圣训、教法和历史。

(三)族谱学影响

据人物志编纂家、族谱学家萨哈维的记载,他熟知阿拉伯族谱。

(四)参考文献

萨哈维:《雅珍:麦地那史》第 3 卷,第 466~469 页。齐黎克里:《名人》第 5 卷,第 325~326 页。穆罕默德·希拉:《麦地那历史与史家》,第 89~90 页。欧麦尔·礼萨:《著述家辞典》第 3 卷,第 62 页。穆罕默德·拉施德:《族谱学家辞典:自伊历一世纪至今》,第 408 页。

伊本·伯克尔

(Ibn Bakr, 1276~1340)

(一)名号谱系

艾布·阿卜杜拉·穆罕默德·本·叶哈雅·本·穆罕默德·本·叶哈雅·本·艾哈迈德·本·穆罕默德·本·伯克尔·本·萨尔德·艾什阿

里·玛立基·马立其。

（二）生平概述

生于西班牙。曾任格拉纳达法官。曾游历埃及和沙姆地区。博学多才，涉猎史学、教法学、圣训学、教义学、语言学和逻辑学等诸多学问。在里奥·萨拉多战役（Battle of Río Salado，又被称为塔里法战役）中被敌人杀害。

（三）族谱学影响

据多名人物志编纂家的记载，他背记谱系、名字和别名。

（四）参考文献

里撒努丁·伊本·赫蒂卜：《格拉纳达纪综录》第 2 卷，第 176～180 页。伊本·哈杰尔：《隐珠：八世纪精英》第 4 卷，第 284 页。伊本·易玛德：《金砂：往逝纪事》第 8 卷，第 231～232 页。齐黎克里：《名人》第 7 卷，第 138 页。伯克尔·艾布·栽德：《族谱学家层级传》，第 139 页。阿卜杜·拉札戈·康木纳：《愿者希冀：族谱学家层级传》，第 394 页。穆罕默德·拉施德：《族谱学家辞典：自伊历一世纪至今》，第 540 页。

艾哈迈德·杰兹纳伊

（Ahmad al-Jaznā' ī，？～1349）

（一）名号谱系

艾布·阿拔斯·艾哈迈德·本·穆罕默德·本·舒爱卜·塔齐·法斯·杰兹纳伊。

（二）生平概述

生于摩洛哥塔扎（Taza）。先迁居非斯城，后到突尼斯城学医。博学多才，涉猎文学、诗歌、教法学、算术、天文学、教育学、医学和植物学等领域。卒于突尼斯。

（三）族谱学影响

背记族谱，与族谱学家伊本·艾哈默尔有交往。

（四）参考文献

伊本·艾哈默尔：《八世纪马格里布与安达卢西名人》，第 254~255 页。阿卜杜·瓦贺卜·曼苏尔：《阿拉伯马格里布名人》第 4 卷，第 315~320 页。穆罕默德·拉施德：《族谱学家辞典：自伊历一世纪至今》，第 73 页。阿卜杜拉·康嫩：《艾哈迈德·本·舒爱卜·杰兹纳伊》（‘Abd Allāh Kannūn, *Ahmad ibn Shu‘ayb al-Jaznā’i*），开罗：埃及图书出版社 & 贝鲁特：黎巴嫩图书出版社，1994。

阿里·苏波其

（‘Alī al-Subkī，1284~1355）

（一）名号谱系

塔基丁·艾布·哈桑·阿里·本·阿卜杜·卡斐·本·阿里·本·坦玛姆·本·优素福·本·穆萨·本·坦玛姆·本·哈米德·本·叶哈雅·本·欧麦尔·本·奥斯曼·本·阿里·本·米斯沃尔·本·绍沃尔·本·苏莱姆·安索利·赫兹拉冀·苏波其·沙斐仪。

（二）生平概述

生于埃及米努夫省萨卜克（Sabk）村。曾任大法官。教法学家、圣训学家、背诵家、经注学家、诵读家、教义学家、语法学家、语言学家和文学家。卒于埃及开罗。

（三）族谱学影响

据著名人物志编纂家塔朱丁·苏波其的记载，他精通武功纪、传记和族谱。

（四）参考文献

伊本·哈杰尔：《隐珠：八世纪精英》第 3 卷，第 63~71 页。塔朱丁·

苏波其：《大沙斐仪学派层级传》第10卷，第139~338页。齐黎克里：《名人》第4卷，第302页。欧麦尔·礼萨：《著述家辞典》第2卷，第461~462页。穆罕默德·拉施德：《族谱学家辞典：自伊历一世纪至今》，第354页。

阿里·呼札仪

（‘Alī al-Khuzā‘ī，1310~1387）

（一）名号谱系

艾布·哈桑·阿里·本·穆罕默德·本·艾哈迈德·本·穆萨·本·萨欧德·呼札仪。

（二）生平概述

生于阿尔及利亚特莱姆森。史学家、文学家、语法学和语言学代表人物。卒于摩洛哥非斯。

（三）族谱学影响

族谱学家伊本·艾哈默尔把他记载为“文学和谱系的旗手”。

（四）参考文献

伊本·艾哈默尔：《八世纪马格里布与安达卢西名人》，第249~253页。齐黎克里：《名人》第5卷，第6~7页。穆罕默德·拉施德：《族谱学家辞典：自伊历一世纪至今》，第360页。

伊本·马俄丹

（Ibn Ma‘dān，？~约1398）

（一）名号谱系

什贺布丁·艾布·阿拔斯·艾哈迈德·本·艾比·伯克尔·本·马俄

丹·也玛尼。

（二）生平概述

生于也门扎比德。为了逃避政治风波，带着家人迁居扎比德附近的土雷巴（al-Turaybah）村，耕读度日。文学家、教法学家、圣训学家和族谱学家。辞世地点有待考究。

（三）族谱学影响

据多名人物志编纂家的记载，他重视阿拉伯谱系知识。

（四）参考文献

萨哈维：《闪光：九世纪人物》第 1 卷，第 263 页。阿里·赫兹拉冀：《豪美璎珞：也门贵族层级传》第 1 卷，第 264~265 页。什贺布丁·麦尔阿什：《释疑：谱系、别号与后裔精粹人物志》，第 94 页。

法赫尔·沙拉夫

（Fakhr al-Sharaf，14 世纪）

（一）名号谱系

法赫尔·沙拉夫·艾布·哈桑·阿里·本·穆罕默德·本·穆罕默德·本·阿拉维·艾尔格蒂。

（二）生平概述

生卒地点和生平事迹有待考究。

（三）族谱学影响

据著名族谱学家伊本·福瓦蒂的记载，他精通族谱。

（四）参考文献

伊本·福瓦蒂：《别号辞典文集》第 3 卷，第 88~89 页。伯克尔·艾布·栽德：《族谱学家层级传》，第 144 页。穆罕默德·拉施德：《族谱学家辞典：自伊历一世纪至今》，第 359 页。

舒爱卜·奥斯玛尼

（Shu‘ ayb al-‘ Uthmānī，14 世纪）

（一）名号谱系

艾布·马德彦·舒爱卜·本·穆罕默德·本·艾比·马德彦·舒爱卜·本·马赫璐夫·奥斯玛尼。

（二）生平概述

生卒地点有待考究。喜好文学。被马林王朝统治者长期关押在监狱里。

（三）族谱学影响

族谱学家伊本·艾哈默尔认识他，并把他记载为“酷爱族谱知识的人”。

（四）参考文献

伊本·艾哈默尔：《八世纪马格里布与安达卢西名人》，第 264~266 页。穆罕默德·拉施德：《族谱学家辞典：自伊历一世纪至今》，第 214 页。

束拉维

（al-Sūrāwī，14 世纪）

（一）名号谱系

杰拉路丁·艾布·穆罕默德·哈桑·本·阿里·本·哈桑·本·穆罕默德·本·阿里·本·艾哈迈德·本·阿里·本·阿里·本·哈桑·本·哈桑·本·叶哈雅·本·侯赛因·本·艾哈迈德·本·欧麦尔·本·叶哈雅·本·侯赛因·本·栽德·本·阿里·本·侯赛因·本·阿里·本·艾

比·塔里卜。

（二）生平概述

生卒地点有待考究。禁欲主义者，具有慷慨和勇敢的品质。

（三）族谱学影响

著名族谱学家伊本·易纳巴把他记载为族谱学家。

（四）参考文献

伊本·易纳巴：《艾布·塔里卜家族谱系基本要义》，第 282 页。穆哈幸·艾敏：《什叶派精英》第 5 卷，第 185 页。阿卜杜·拉札戈·康木纳：《愿者希冀：族谱学家层级传》，第 369~370 页。穆罕默德·拉施德：《族谱学家辞典：自伊历一世纪至今》，第 140 页。

伊本·梅蒙·瓦西蒂

（Ibn Maymūn al-Wāsitī，约 14 世纪）

（一）名号谱系

穆罕默德·本·阿卜杜拉·本·侯赛因·本·阿里·本·穆罕默德·本·叶哈雅·本·希巴图拉·本·梅蒙·本·艾哈迈德·本·梅蒙·本·艾哈迈德·本·阿里·本·穆罕默德·本·阿里·本·伊斯玛仪·本·贾法尔·本·阿卜杜拉·本·侯赛因·本·阿里·本·侯赛因·本·阿里·本·艾比·塔里卜。

（二）生平概述

可能生卒于伊拉克瓦西特。上述口传族谱学家努尔丁·梅木尼的儿子。

（三）族谱学影响

著名族谱学家伊本·第戈托格把他记载为“瓦西特族谱学家”。

（四）参考文献

伊本·第戈托格：《名门望族：塔里卜家谱》，第 285 页。穆罕默德·拉施德：《族谱学家辞典：自伊历一世纪至今》，第 485 页。

伊本·穆罕默德·阿拉维

（Ibn Muhammad al-‘Alawī，14 世纪）

（一）名号谱系

艾哈迈德·本·穆罕默德·本·阿里·阿拉维。

（二）生平概述

生卒地点有待考究。有德者，教法学家。

（三）族谱学影响

一些学者把他记载为族谱学家。

（四）参考文献

阿卜杜拉·阿凡迪：《学林园与德贤池》第 1 卷，第 63 页。阿卜杜·拉札戈·康木纳：《愿者希冀：族谱学家层级传》，第 366~367 页。

十　公元15世纪

艾什拉夫·伊斯玛仪

（al-Ashraf Ismā' il，1360～1400）

（一）名号谱系

易玛杜丁（穆默哈杜丁）·艾布·阿拔斯·伊斯玛仪·本·阿拔斯·本·阿里·本·达乌德·本·优素福·本·欧麦尔·本·阿里·本·拉苏勒·本·哈伦·本·努希·本·艾比·法特哈·本·努希·本·杰巴拉·本·哈黎思·本·杰巴拉·本·埃哈姆·本·杰巴拉·本·哈黎思·本·艾比·杰巴拉·本·哈黎思·本·塞尔拉巴·本·阿慕尔·加萨尼·土尔库玛尼·也默尼。

（二）生平概述

可能生于也门塔伊兹。1376年，登基为也门拉苏勒王朝第7任国王。在处理政务之余，喜好藏书，精通教法学、语法学、文学、史学和算术。病逝于塔伊兹。

（三）族谱学影响

精通族谱，但没有留下相关专著。

（四）参考文献

萨哈维：《闪光：九世纪人物》第2卷，第299页。伊本·易玛德：

《金砂：往逝纪事》第 9 卷，第 45 页。齐黎克里：《名人》第 1 卷，第 316~317 页。沙奇尔·穆斯塔法：《阿拉伯历史与史家》第 4 卷，第 246~247 页。穆罕默德·拉施德：《族谱学家辞典：自伊历一世纪至今》，第 95 页。

巴贺丁·尼里

（Bahā' al-Dīn al-Nīlī，约 1339~约 1401）

（一）名号谱系

巴贺丁·艾布·伽斯姆·阿里·本·阿卜杜·凯利姆·本·阿卜杜·哈密德·本·阿卜杜拉·本·艾哈迈德·本·哈桑·本·阿里·本·穆罕默德·本·阿里·本·阿卜杜·哈密德·本·阿卜杜拉·本·伍撒玛·本·艾哈迈德·本·阿里·本·穆罕默德·本·欧麦尔·本·叶哈雅·本·侯赛因·本·艾哈迈德·本·欧麦尔·本·叶哈雅·本·侯赛因·本·栽德·本·阿里·本·侯赛因·本·阿里·本·艾比·塔里卜·侯赛尼·尼里·纳杰斐。

（二）生平概述

祖籍伊拉克巴比伦附近的尼勒（al-Nīl）村。定居伊拉克纳杰夫。圣训学家和族谱学家。辞世地点有待考究。

（三）族谱学影响

什叶派族谱学家。上述族谱学家伊本·穆爱耶·迪拔冀的学生。

（四）参考文献

阿卜杜拉·阿凡迪：《学林园与德贤池》第 4 卷，第 124~129 页。齐黎克里：《名人》第 4 卷，第 302 页。欧麦尔·礼萨：《著述家辞典》第 2 卷，第 462 页。阿迦·布祖尔克：《什叶派名人层级传》第 5 卷，第 141~143 页。索伊卜·阿卜杜·哈密德：《什叶派史学家辞典》第 1 卷，第 606~607 页。什贺布丁·麦尔阿什：《释疑：谱系、别号与后裔精粹人物志》，第

89～90页。伯克尔·艾布·栽德：《族谱学家层级传》，第144页。阿卜杜·拉札戈·康木纳：《愿者希冀：族谱学家层级传》，第379～380页。穆罕默德·拉施德：《族谱学家辞典：自伊历一世纪至今》，第354页。

哈桑·伊德利斯

（Hasan al-Idrīsī，约1320～1407）

（一）名号谱系

巴德鲁丁·艾布·穆罕默德·哈桑·本·穆罕默德·本·哈桑·本·伊德里斯·本·哈桑·本·阿里·本·尔撒·本·阿里·本·尔撒·本·阿卜杜拉·本·穆罕默德·本·伽斯姆·本·叶哈雅·本·叶哈雅·本·伊德里斯·本·伊德里斯·本·阿卜杜拉·本·哈桑·本·哈桑·本·阿里·本·艾比·塔里卜·伊德利斯·哈萨尼·萨尔萨纳伊·沙斐仪。

（二）生平概述

祖籍埃及法尤姆附近的萨尔萨（Sarsah）村。上述口传族谱学家达伽戈·米斯利的外孙。儿时迁居埃及开罗。求学若渴，练得一手好书法。辞世地点有待考究。

（三）族谱学影响

精通贵族谱系。

（四）参考文献

伊本·哈杰尔：《〈隐珠〉续编》，第183～184页。萨哈维：《闪光：九世纪人物》第3卷，第123～124页。麦戈利齐：《罕世珠链：精英人物志》第2卷，第6～7页。阿卜杜·拉札戈·康木纳：《愿者希冀：族谱学家层级传》，第401页。穆罕默德·拉施德：《族谱学家辞典：自伊历一世纪至今》，第141～142页。

伊本·卡提卜·西尔

（Ibn Kātib al-Sirr，1376～1411）

（一）名号谱系

拿斯鲁丁·穆罕默德·本·阿里·本·伊卜拉欣·本·阿德南·本·贾法尔·本·穆罕默德·本·阿德南·本·哈桑·本·穆罕默德·本·哈桑·本·艾哈迈德·本·哈桑·本·艾哈迈德·本·哈桑·本·阿里·本·穆罕默德·本·伊斯玛仪·本·贾法尔·本·阿卜杜拉·本·侯赛因·本·阿里·本·侯赛因·本·阿里·本·艾比·塔里卜·侯赛尼·迪马什基·沙斐仪。

（二）生平概述

生于叙利亚大马士革。多次前往埃及开罗。辞世地点有待考究。

（三）族谱学影响

据多名人物志编纂家的记载，他精通族谱。

（四）参考文献

萨哈维：《闪光：九世纪人物》第8卷，第156页。伊本·哈杰尔：《毕生闻讯告新学小生》第2卷，第502～503页。阿卜杜·拉札戈·康木纳：《愿者希冀：族谱学家层级传》，第409～410页。穆罕默德·拉施德：《族谱学家辞典：自伊历一世纪至今》，第493～494页。

伊本·阿卜杜·葛维

（Ibn ʻAbd al-Qawī，1380～1449）

（一）名号谱系

古特布丁·艾布·亥尔·穆罕默德·本·阿卜杜·葛维·本·穆罕默默

德·本·阿卜杜·葛维·本·艾哈迈德·本·穆罕默德·本·阿里·本·马俄默尔·本·苏莱曼·本·阿卜杜·阿齐兹·本·艾尤卜·本·阿里·比贾伊·麦奇·马立其。

（二）生平概述

生卒于麦加。文学家和诗人，喜好背记历史知识。

（三）族谱学影响

据人物志编纂家、族谱学家萨哈维的记载，他背记了前伊斯兰时期的族谱。

（四）参考文献

萨哈维：《闪光：九世纪人物》第 8 卷，第 71~73 页。纳吉姆丁·法赫德：《长老辞典》，第 233~234 页。伊本·易玛德：《金砂：往逝纪事》第 9 卷，第 402 页。穆罕默德·拉施德：《族谱学家辞典：自伊历一世纪至今》，第 479 页。

穆罕默德·瓦齐尔·也默尼

（Muhammad al-Wazīr al-Yamanī，1407~1492）

（一）名号谱系

巴德鲁丁·穆罕默德·本·阿卜杜拉·本·哈迪·本·伊卜拉欣·本·阿里·本·穆尔塔多·本·穆法多勒·伊本·瓦齐尔·哈萨尼·也默尼。

（二）生平概述

生于也门萨达。曾任伊玛目纳赛尔的维齐尔。族谱学家、诗人和文学家。卒于也门哈达（Haddah）或萨那。

（三）族谱学影响

人物志编纂家沙贺里（al-Shahārī，？~约 1730）把他记载为“贵族谱系学的伊玛目”。

（四）参考文献

沙贺里：《大栽德派层级传》第3卷第2册，第993~995页。阿卜杜·萨腊姆·瓦冀赫：《栽德派著述名人》，第934~935页。伊斯玛仪·艾克瓦：《也门的知识迁移及其堡垒》第1卷，第449~450页。穆罕默德·拉施德：《族谱学家辞典：自伊历一世纪至今》，第481页。

十一　生卒年不详的口传族谱学家

阿拔斯·拉多维

(al-' Abbās al-Radawī)

（一）名号谱系

阿拔斯·本·贾法尔·本·阿里·本·穆罕默德·本·阿里·本·穆萨·本·贾法尔·本·穆罕默德·本·阿里·本·侯赛因·本·阿里·本·艾比·塔里卜。

（二）生平概述

生卒地点和生平事迹有待考究。

（三）族谱学影响

著名族谱学家伊本·托拔托拔·艾斯法哈尼把他记载为"内沙布尔族谱学家"。

（四）参考文献

伊本·托拔托拔·艾斯法哈尼:《塔里比人移居地》，第 336 页。阿卜杜·拉札戈·康木纳:《愿者希冀：族谱学家层级传》，第 149 页。穆罕默德·拉施德:《族谱学家辞典：自伊历一世纪至今》，第 233 页。

阿卜杜·阿齐兹·伊尔比里

('Abd al-'Azīz al-Irbilī)

（一）名号谱系

马吉德丁·艾布·麦哈幸·阿卜杜·阿齐兹·本·阿里·本·曼苏尔·伊尔比里。

（二）生平概述

生卒地点有待考究。教法学家。

（三）族谱学影响

著名族谱学家伊本·福瓦蒂把他记载为族谱学家。

（四）参考文献

伊本·福瓦蒂：《别号辞典文集》第 4 卷，第 450 页。穆罕默德·拉施德：《族谱学家辞典：自伊历一世纪至今》，第 271 页。

阿卜杜·凯利姆·侯赛尼

('Abd al-Karīm al-Husaynī)

（一）名号谱系

纪雅素丁·艾布·穆左发尔·阿卜杜·凯利姆·本·沙姆苏丁·穆罕默德·本·杰拉路丁·阿卜杜·哈密德·侯赛尼·纳杰斐。

（二）生平概述

可能生于伊拉克纳杰夫。出身于一个注重族谱、功勋、德行和礼节的家庭。外貌帅气，品行端正，非常勇敢。被杀害于伊拉克希拉。

（三）族谱学影响

著名族谱学家伊本·福瓦蒂把他记载为族谱学家。

（四）参考文献

伊本·福瓦蒂：《别号辞典文集》第 2 卷，第 443 页。穆哈幸·艾敏：《什叶派精英》第 8 卷，第 32、42 页。穆罕默德·拉施德：《族谱学家辞典：自伊历一世纪至今》，第 283 页。

阿米尔·杰哈达利

（‘Āmir al-Jahdarī）

（一）名号谱系

阿米尔·本·阿卜杜·麦立克·本·米斯默俄·本·马立克·本·米斯默俄·杰哈达利。

（二）生平概述

生卒地点和生平事迹有待考究。

（三）族谱学影响

安达卢西著名族谱学家伊本·哈兹姆把他记载为族谱学家。

（四）参考文献

伊本·哈兹姆：《阿拉伯谱系集》，第 320 页。齐黎克里：《名人》第 2 卷，第 113 页。穆罕默德·拉施德：《族谱学家辞典：自伊历一世纪至今》，第 232 页。

艾布·翰撒

（Abū al-Khansā’）

（一）名号谱系

艾布·翰撒·阿拔德·本·库赛卜。

（二）生平概述

生卒地点有待考究。阿慕尔·本·君达卜的后裔。优秀诗人，懂阿拉伯纪事。

（三）族谱学影响

族谱学家贾希兹把他记载为口传族谱学家。

（四）参考文献

贾希兹：《解释与阐明》第 1 卷，第 320 页。伊本·古台巴：《知识》，第 541 页。伊本·纳迪姆：《目录》第 1 卷第 1 分册，第 136 页。穆罕默德·拉施德：《族谱学家辞典：自伊历一世纪至今》，第 233 页。

艾布·该思·阿拉维

（Abū al-Ghayth al-‘Alawī）

（一）名号谱系

艾布·该思·艾哈迈德·本·穆罕默德·本·穆罕默德·本·尔撒·本·穆罕默德·本·穆罕默德·本·伊卜拉欣·欧捷尔·本·哈桑·本·穆罕默德·本·苏莱曼·本·达乌德·本·哈桑·本·哈桑·本·阿里·本·艾比·塔里卜·阿拉维。

（二）生平概述

生卒地点有待考究。可能居住在伊朗加延。

（三）族谱学影响

著名族谱学家伊本·丰杜戈把他记载为“加延族谱学家”。

（四）参考文献

伊本·丰杜戈：《谱系、别号与后裔精粹》第 2 卷，第 632 页。穆罕默德·拉施德:《族谱学家辞典:自伊历一世纪至今》,第 71 页。

艾布·索戈阿卜

(Abū al-Saq‘ab)

(一) 名号谱系

艾布·索戈阿卜·杰赫达卜·本·杰尔阿波·贴米·库斐。

(二) 生平概述

生卒地点和生平事迹有待考究。

(三) 族谱学影响

多名人物志编纂家把他记载为族谱学家。

(四) 参考文献

伊本·玛库腊:《名字、别名与谱系辨正释疑大全》第 2 卷,第 52 页。伊本·拿斯鲁丁:《混淆澄清:传述人名字、谱系、别号与别名修正》第 2 卷,第 232 页。穆罕默德·拉施德:《族谱学家辞典:自伊历一世纪至今》,第 117 页。

艾哈迈德·艾斯巴格

(Ahmad al-Asbagh)

(一) 名号谱系

艾哈迈德·本·阿卜杜·麦立克·本·曼苏尔·本·马尔旺·本·艾斯巴格·本·阿卜杜·阿齐兹·本·马尔旺·本·哈卡姆·本·艾比·阿士·本·伍麦维·本·阿卜杜·沙姆斯·古拉什。

(二) 生平概述

生卒地点与生平事迹有待考究。

（三）族谱学影响

安达卢西著名族谱学家伊本·哈兹姆把他记载为阿拉伯族谱学家。

（四）参考文献

伊本·哈兹姆:《阿拉伯谱系集》，第105页。穆罕默德·拉施德:《族谱学家辞典：自伊历一世纪至今》，第54页。

艾哈迈德·伊德利斯

(Ahmad al-Idrīsī)

（一）名号谱系

艾布·加纳伊姆·艾哈迈德·本·阿卜杜·穆塔里卜·本·穆哈拉卜·本·穆罕默德·本·叶哈雅（伊德里斯）·本·伊德里斯·本·阿卜杜拉·本·哈桑·本·哈桑·本·阿里·本·艾比·塔里卜。

（二）生平概述

生卒地点有待考究。可能居住于叙利亚大马士革。

（三）族谱学影响

著名族谱学家伊本·丰杜戈把他记载为“大马士革族谱学家”。

（四）参考文献

伊本·丰杜戈:《谱系、别号与后裔精粹》第2卷，第631页。穆罕默德·拉施德:《族谱学家辞典：自伊历一世纪至今》，第54页。

艾赫扎勒

(al-Akhzal)

（一）名号谱系

马立克·本·阿卜杜·本·朱沙姆·本·胡贝卜·本·阿慕尔·本·

庚姆·本·塔厄里卜·本·沃伊勒。

（二）生平概述

生卒地点和生平事迹有待考究。

（三）族谱学影响

安达卢西著名族谱学家伊本·哈兹姆把他记载为族谱学家。

（四）参考文献

伊本·哈兹姆：《阿拉伯谱系集》，第 304 页。穆罕默德·拉施德：《族谱学家辞典：自伊历一世纪至今》，第 400 页。

白尔札里·伊巴迪

（al-Barzālī al-Ibādī）

（一）名号谱系

艾布·穆罕默德·巴瓦尤康尼（伯克尔·本·尤康尼）·白尔札里·伊巴迪。

（二）生平概述

生卒地点有待考究。伊巴迪亚派禁欲主义者。

（三）族谱学影响

精通巴尔札勒人（Banū Barzāl）族谱。

（四）参考文献

伊本·哈兹姆：《阿拉伯谱系集》，第 498 页。伊本·赫勒敦：《伊本·赫勒敦史》第 7 卷，第 8 页。穆罕默德·拉施德：《族谱学家辞典：自伊历一世纪至今》，第 108 页。

伯克尔·穆贺吉尔

(Bakr al-Muhājir)

（一）名号谱系

艾布·阿卜杜·哈密德·伯克尔·本·阿卜杜·阿齐兹·本·伊斯玛仪·本·欧贝杜拉·本·艾比·穆贺吉尔·古拉什·麦赫祖米。

（二）生平概述

生卒地点和生平事迹有待考究。

（三）族谱学影响

据多名人物志编纂家的记载，他知晓族谱。

（四）参考文献

伊本·阿萨奇尔：《大马士革史》第 10 卷，第 382~383 页。伊本·哈杰尔：《指针》第 2 卷，第 350~351 页。栽努丁·易拉基：《〈中庸标准〉增补》，第 112~113 页。穆罕默德·拉施德：《族谱学家辞典：自伊历一世纪至今》，第 106 页。

达乌德·白特哈尼

(Dāwūd al-Bathānī)

（一）名号谱系

艾布·阿里·达乌德·本·艾哈迈德·本·达乌德·本·阿里·本·尔撒·本·穆罕默德·白特哈尼·本·伽斯姆·本·哈桑·本·栽德·本·哈桑·本·阿里·本·艾比·塔里卜。

（二）生平概述

生卒地点和生平事迹有待考究。

（三）族谱学影响

著名族谱学家伊本·托拔托拔·艾斯法哈尼和伊本·丰杜戈都把他记载为“阿莫勒的族谱学家”。

（四）参考文献

伊本·托拔托拔·艾斯法哈尼:《塔里比人移居地》，第 37 页。伊本·丰杜戈:《谱系、别号与后裔精粹》第 2 卷，第 630~631 页。伊斯玛仪·麦尔瓦齐:《荣耀：塔里比家族谱系》，第 138 页。穆罕默德·拉施德:《族谱学家辞典：自伊历一世纪至今》，第 178 页。

独雷斯

（al-Duraysī）

（一）名号谱系

贺尼阿·本·巴库尔·独雷斯。

（二）生平概述

生卒地点有待考究。生活于阿尔及利亚。

（三）族谱学影响

著名史学家、族谱学家伊本·赫勒敦把他记载为柏柏尔族谱学家，并引用了他讲述的扎纳塔部落史事。

（四）参考文献

伊本·赫勒敦:《伊本·赫勒敦史》第 6 卷，第 124 页；第 7 卷，第 12~13 页。穆罕默德·拉施德:《族谱学家辞典：自伊历一世纪至今》，第

570 页。伊斯玛仪·撒米仪：《史学：方法与史料研究》（Ismā‘īl Sāmi‘ī, *‘Ilm al-Tārīkh：Dirāsah fī al-Manāhij wa-al-Masādir*），安曼：学术图书中心，2016，第 218 页。

哈桑·艾尔格蒂

（al-Hasan al-Arqatī）

（一）名号谱系

哈桑·本·阿里·本·欧贝杜拉·本·艾哈迈德·本·阿里·本·穆罕默德·本·伊斯玛仪·本·穆罕默德·艾尔格特·本·阿卜杜拉·本·阿里·本·侯赛因·本·阿里·本·艾比·塔里卜·艾尔格蒂。

（二）生平概述

生卒地点和生平事迹有待考究。

（三）族谱学影响

著名族谱学家伊本·丰杜戈把他记载为“大马士革族谱学家”。

（四）参考文献

伊本·丰杜戈：《谱系、别号与后裔精粹》第 2 卷，第 631 页。穆罕默德·拉施德：《族谱学家辞典：自伊历一世纪至今》，第 139 页。

哈桑·纳索比

（al-Hasan al-Nasabī）

（一）名号谱系

艾布·阿里·哈桑·本·艾哈迈德·本·栽德·本·艾哈迈德·本·伊斯玛仪·本·贾法尔·本·阿卜杜拉·本·穆罕默德·本·哈桑·本·阿卜杜拉·本·哈桑·本·阿里·本·哈桑·本·哈桑·本·哈桑·本·

阿里·本·艾比·塔里卜。

（二）生平概述

生卒地点有待考究。

（三）族谱学影响

著名族谱学家伊本·丰杜戈把他记载为“木鹿族谱学家”。

（四）参考文献

伊本·丰杜戈：《谱系、别号与后裔精粹》第2卷，第632~633页。法赫鲁丁·拉齐：《吉祥谱树：塔里比家族谱系》，第36~37页。穆罕默德·拉施德：《族谱学家辞典：自伊历一世纪至今》，第133页。

侯赛因·伊德里斯

(al-Husayn Idrīs)

（一）名号谱系

侯赛因·本·伊德里斯·本·达乌德·本·艾哈迈德·本·阿卜杜拉·本·穆萨·本·阿卜杜拉·本·哈桑·本·哈桑·本·阿里·本·艾比·塔里卜·阿拉维。

（二）生平概述

生卒于希贾兹地区。精通族谱的圣裔。

（三）族谱学影响

著名族谱学家伊本·易纳巴把他记载为族谱学家。

（四）参考文献

伊本·易纳巴：《艾布·塔里卜家族谱系基本要义》，第121页。阿卜杜·拉札戈·康木纳：《愿者希冀：族谱学家层级传》，第204页。穆罕默德·拉施德：《族谱学家辞典：自伊历一世纪至今》，第 148 页。

库勒苏米

(al-Kulthūmī)

（一）名号谱系

艾布·阿卜杜拉·穆罕默德·本·阿卜杜·麦立克·库勒苏米·纳哈维。

（二）生平概述

生卒地点有待考究。因无法忍受呼罗珊地区统治者的压迫而与一些文学家和诗人逃往花剌子模。懂语言学、语法学、句法学、星象学和算术。

（三）族谱学影响

据人物志编纂家、著名族谱学家雅孤特·哈默维的记载，他熟知阿拉伯日子和族谱。

（四）参考文献

雅孤特·哈默维：《文豪辞典》第 6 卷，第 2555~2556 页。索法迪：《逝者全录》第 4 卷，第 29 页。苏尤蒂《自觉索求：语言学家与语法学家层级传》第 1 卷，第 163~164 页。伯克尔·艾布·栽德：《族谱学家层级传》，第 220 页。穆罕默德·拉施德：《族谱学家辞典：自伊历一世纪至今》，第 486 页。

库　密

(al-Kūmī)

（一）名号谱系

瓦索比·本·马斯鲁尔·库密。

（三）族谱学影响

族谱学大师伊本·凯勒比把他记载为族谱学家。

（四）参考文献

伊本·凯勒比：《族谱集》，第580页。雅孤特·哈默维：《文豪辞典》第5卷，第2248~2249页。索法迪：《逝者全录》第15卷，第16页。

穆罕默德·图尔突斯

（Muhammad al-Turtūsī）

（一）名号谱系

艾布·伯克尔·穆罕默德·本·阿卜杜拉·阿卜斯·图尔突斯。

（二）生平概述

生卒地点和生平事迹有待考究。

（三）族谱学影响

著名族谱学家伊本·易纳巴在《艾布·塔里卜家族谱系基本要义》的绪论中把他记载为族谱学家。

（四）参考文献

伊本·易纳巴：《艾布·塔里卜家族谱系基本要义》，第20页。

纳斯尔·伊尔比里

（Nasr al-Irbilī）

（一）名号谱系

穆希布丁·艾布·穆左发尔·纳斯尔·本·阿卜杜·阿齐兹·本·阿卜杜·拉哈曼·伊尔比里。

（二）生平概述

生卒地点有待考究。教法学家、背诵家和书法研究者。

（三）族谱学影响

据著名族谱学家伊本·福瓦蒂的记载，他熟知族谱、哲学、历史和文学。

（四）参考文献

伊本·福瓦蒂：《别号辞典文集》第5卷，第32~33页。穆罕默德·拉施德：《族谱学家辞典：自伊历一世纪至今》，第565页。

撒比戈·麦特玛蒂

（Sābiq al-Matmātī）

（一）名号谱系

撒比戈·本·苏莱曼·本·哈拉思·本·毛拉特·本·杜雅斯尔·麦特玛蒂。

（二）生平概述

生卒地点和生平事迹有待考究。

（三）族谱学影响

著名史学家、族谱学家伊本·赫勒敦说："他是我们所知的柏柏尔大族谱学家。"

（四）参考文献

伊本·赫勒敦：《伊本·赫勒敦史》第6卷，第163页。艾哈迈德·拿斯里：《远马格里布列国纪研究》第1卷，第121页。穆罕默德·马赫璐夫：《纯洁光辉树：马立克学派层级传》第2卷，第124页。穆罕默德·拉施德：《族谱学家辞典：自伊历一世纪至今》，第 194 页。

索里哈·哈乃斐

(Sālih al-Hanafī)

（一）名号谱系

索里哈·哈乃斐，或稣波哈·拓伊。

（二）生平概述

生卒地点和生平事迹有待考究。

（三）族谱学影响

著名族谱学家贾希兹和伊本·古台巴都把他记载为族谱学家。

（四）参考文献

贾希兹：《解释与阐明》第 1 卷，第 304 页。贾希兹：《动物志》第 3 卷，第 210 页。伊本·古台巴：《知识》，第 535 页。伊本·纳迪姆：《目录》第 1 卷第 2 分册，第 282 页。穆罕默德·拉施德：《族谱学家辞典：自伊历一世纪至今》，第 217 页。

伊本·艾比·法得勒

(Ibn Abī al-Fadl)

（一）名号谱系

易祖丁·艾布·阿卜杜拉·哈桑·本·穆罕默德·本·阿里·本·阿里·本·哈桑·本·哈桑·本·叶哈雅·本·侯赛因·本·艾哈迈德·本·欧麦尔·本·叶哈雅·本·侯赛因·本·栽德·本·阿里·本·侯赛因·本·阿里·本·艾比·塔里卜。

（二）生平概述

生卒地点和生平事迹有待考究。

（三）族谱学影响

著名族谱学家伊本·易纳巴把他记载为族谱学家。

（四）参考文献

伊本·易纳巴：《艾布·塔里卜家族谱系基本要义》，第 282 页。穆哈幸·艾敏：《什叶派精英》第 5 卷，第 263 页。穆罕默德·拉施德：《族谱学家辞典：自伊历一世纪至今》，第 156 页。

伊本·艾比·福突哈

（Ibn Abī al-Futūh）

（一）名号谱系

法赫鲁丁·艾布·贾法尔·阿里·本·艾比·福突哈·本·艾比·贾法尔·阿拉维。

（二）生平概述

生卒地点和生平事迹有待考究。

（三）族谱学影响

著名族谱学家伊本·福瓦蒂把他记载为族谱学家。

（四）参考文献

伊本·福瓦蒂：《别号辞典文集》第 3 卷，第 85 页。伯克尔·艾布·栽德：《族谱学家层级传》，第 217 页。穆罕默德·拉施德：《族谱学家辞典：自伊历一世纪至今》，第 356 页。

伊本·艾比·麦阿里

(Ibn Abī al-Maʿālī)

(一) 名号谱系

哈桑·本·阿里·本·艾比·麦阿里·哈萨尼。

(二) 生平概述

生卒地点和生平事迹有待考究。

(三) 族谱学影响

著名族谱学家伊本·福瓦蒂把他记载为族谱学家。

(四) 参考文献

伊本·福瓦蒂:《别号辞典文集》第4卷,第415~416页。穆罕默德·拉施德:《族谱学家辞典:自伊历一世纪至今》,第139页。

伊本·艾比·叶齐德

(Ibn Abī Yazīd)

(一) 名号谱系

艾尤卜·本·艾比·叶齐德。

(二) 生平概述

生卒地点和生平事迹有待考究。

(三) 族谱学影响

著名史学家、族谱学家伊本·赫勒敦把他记载为柏柏尔族谱学家。

（四）参考文献

伊本·赫勒敦：《伊本·赫勒敦史》第6卷，第117页。穆罕默德·拉施德：《族谱学家辞典：自伊历一世纪至今》，第101页。

伊本·敖弗兄弟

(Ibn ‘Awf)

（一）名号谱系

伊斯玛仪 & 哈兹姆·本·叶仪施·本·伊斯玛仪·本·扎卡利雅·本·穆罕默德·本·尔撒·本·穆罕默德·本·哈比卜·本·伊斯哈格·本·伊卜拉欣·本·阿卜杜·杰拔尔·本·艾比·萨拉玛·本·阿卜杜·拉哈曼·本·敖弗。

（二）生平概述

伊斯玛仪和哈兹姆兄弟生于西班牙巴达霍斯。辞世地点有待考究。

（三）族谱学影响

兄弟俩都善于背记口传族谱。

（四）参考文献

伊本·艾拔尔：《〈续编〉增补》第1卷，第301页。穆罕默德·拉施德：《族谱学家辞典：自伊历一世纪至今》，第98、131页。

伊本·多姆多姆

(Ibn Damdam)

（一）名号谱系

欧梅尔·本·多姆多姆。

（二）生平概述

生卒地点和生平事迹有待考究。

（三）族谱学影响

著名族谱学家伊本·古台巴把他记载为族谱学家。

（四）参考文献

伊本·古台巴：《知识》，第 535 页。穆罕默德·拉施德：《族谱学家辞典：自伊历一世纪至今》，第 374 页。

伊本·哈卡姆

(Ibn al-Hakam)

（一）名号谱系

艾布·伯克尔·本·哈卡姆。

（二）生平概述

生卒地点有待考究。伍赛德·本·阿慕尔·本·塔米姆的后裔。善于传诵诗歌。

（三）族谱学影响

族谱学家贾希兹把他记载为伍赛德家族的口传族谱学家。

（四）参考文献

贾希兹：《解释与阐明》第 1 卷，第 319 页。穆罕默德·拉施德：《族谱学家辞典：自伊历一世纪至今》，第 105 页。

伊本·浩拉

(Ibn Khawlah)

（一）名号谱系

阿慕尔·本·浩拉。

（二）生平概述

生卒地点有待考究。萨义德·本·阿士的后裔。演说家和传述人。

（三）族谱学影响

族谱学家贾希兹把他记载为族谱学家。

（四）参考文献

贾希兹：《解释与阐明》第 1 卷，第 320 页。穆罕默德·拉施德：《族谱学家辞典：自伊历一世纪至今》，第 374 页。

伊本·吉姆哈

(Ibn Jimh)

（一）名号谱系

阿卜杜拉·本·吉姆哈。

（二）生平概述

生卒地点有待考究。诗人阿卜杜·盖斯的后裔。

（三）族谱学影响

著名族谱学家伊本·玛库腊把他记载为族谱学家。

（四）参考文献

伊本·玛库腊：《名字、别名与谱系辨正释疑大全》第 2 卷，第 133 页。伯克尔·艾布·栽德：《族谱学家层级传》，第 215 页。

伊本·杰默勒

(Ibn Jamal)

（一）名号谱系

杰勒德·本·杰默勒·拉威耶。

（二）生平概述

生卒地点有待考究。人物志编纂家、著名族谱学家雅孤特·哈默维说："我没见任何著述家和传述人在人物志中提到他。"

（三）族谱学影响

传述阿拉伯纪事、诗歌、日子和族谱。

（四）参考文献

雅孤特·哈默维：《文豪辞典》第 2 卷，第 799 页。伯克尔·艾布·栽德：《族谱学家层级传》，第 213 页。穆罕默德·拉施德：《族谱学家辞典：自伊历一世纪至今》，第 125 页。

伊本·卡提拉

(Ibn Katīlah)

（一）名号谱系

艾布·哈桑（侯赛因）·栽德·本·穆罕默德·本·伽斯姆·本·阿里·卡提拉·本·叶哈雅·本·叶哈雅·本·侯赛因·本·栽德·本·阿里·本·侯赛因·本·阿里·本·艾比·塔里卜·艾拉贾尼。

（二）生平概述

生卒地点有待考究。曾在伊朗阿拉简（Arrajan）任法官。曾管理伊拉克巴士拉圣裔联合会。

（三）族谱学影响

著名族谱学家伊本·易纳巴把他记载为族谱学家。

（四）参考文献

伊本·苏菲：《麦吉迪：塔里比人谱系》，第 383 页。伊本·易纳巴：《艾布·塔里卜家族谱系基本要义》，第 269 页。穆哈幸·艾敏：《什叶派精英》第 7 卷，第 127 页。穆罕默德·拉施德：《族谱学家辞典：自伊历一世纪至今》，第 191 页。

伊本·塔里德

(Ibn Talīd)

（一）名号谱系

苏莱曼·本·穆罕默德·本·塔里德。

（二）生平概述

生于西班牙萨拉戈萨。曾游历西亚地区。辞世地点有待考究。

（三）族谱学影响

据安达卢西著名人物志编纂家伊本·法拉荻的记载，他懂族谱。

（四）参考文献

伊本·法拉荻：《安达卢西学林史》第 1 卷，第 257 页。穆罕默德·拉施德：《族谱学家辞典：自伊历一世纪至今》，第 205 页。

伊本·穆罕默德·艾俄拉吉

（Ibn Muhammad al-A‘ raj）

（一）名号谱系

艾布·加纳伊姆·穆罕默德·本·艾哈迈德·本·穆罕默德·艾俄拉吉。

（二）生平概述

可能生卒于叙利亚大马士革。

（三）族谱学影响

著名族谱学家伊本·丰杜戈把他记载为大马士革族谱学家。

（四）参考文献

伊本·丰杜戈：《谱系、别号与后裔精粹》第 2 卷，第 631 页。穆罕默德·拉施德：《族谱学家辞典：自伊历一世纪至今》，第 404 页。

伊本·苏勒推恩

（Ibn Sultayn）

（一）名号谱系

伊本·沙尔拉尼·欧麦利，以“伊本·苏勒推恩”著称于世。

（二）生平概述

生卒地点和生平事迹有待考究。

（三）族谱学影响

著名族谱学家伊本·苏菲和伊本·易纳巴都在他们的著作中把他记载

为族谱学家，并引用他的言论。

（四）参考文献

伊本·苏菲：《麦吉迪：塔里比人谱系》，第 225 页。伊本·易纳巴：《艾布·塔里卜家族谱系基本要义》，第 107 页。

伊斯玛仪·朱尔贾尼

(Ismā‘ īl al-Jurjānī)

（一）名号谱系

法赫鲁丁·伊斯玛仪·本·穆罕默德·本·穆罕默德·阿拉维·朱尔贾尼。

（二）生平概述

生卒地点有待考究。雄辩家、文学家和族谱学家。

（三）族谱学影响

著名族谱学家伊本·福瓦蒂把他记载为族谱学家。

（四）参考文献

伊本·福瓦蒂：《别号辞典文集》第 2 卷，第 564 页。伯克尔·艾布·栽德：《族谱学家层级传》，第 212 页。穆罕默德·拉施德：《族谱学家辞典：自伊历一世纪至今》，第 97 页。

优素福·阿拉维

(Yūsuf al-‘ Alawī)

（一）名号谱系

葛沃姆丁·艾布·福突哈·优素福·本·穆罕默德·本·穆罕默德·

本·艾哈迈德·本·阿里·本·拿斯尔·本·穆罕默德·本·侯赛因·本·穆罕默德·本·叶哈雅·本·艾哈迈德·本·拓熙尔·本·叶哈雅·阿拉维·哈萨尼。

（二）生平概述

生卒地点和生平事迹有待考究。

（三）族谱学影响

著名族谱学家伊本·福瓦蒂把他记载为族谱学家。

（四）参考文献

伊本·福瓦蒂：《别号辞典文集》第3卷，第568页。穆罕默德·拉施德：《族谱学家辞典：自伊历一世纪至今》，第586页。

2018年度国家社科基金青年项目“古代阿拉伯史学史研究”
（批准号：18CSS012）的阶段性成果
“宁夏大学民族学一流学科建设经费资助出版”（NXYLXK2017A02）
“2022年度中央财政支持地方高校改革发展资金项目”资助出版

古代阿拉伯史学文献提要丛书

The Summary of Biographies of Ancient Arab Genealogists and Their Works

古代阿拉伯族谱学家及其著作提要（下册）

梁道远　洪　娟——编著

社会科学文献出版社
SOCIAL SCIENCES ACADEMIC PRESS (CHINA)

梁道远，先后就读于西北民族大学阿拉伯语专业、西北大学中东研究所国际关系专业和世界史专业，现就职于宁夏大学阿拉伯学院（中国阿拉伯国家研究院），主要研究方向为中东史学理论与史学史。代表性论文为《古代阿拉伯史学史的分期及其特点》（《史学理论研究》2017年第1期）、《阿拉伯通史编纂的形成、发展与特点》（《光明日报》2022年2月21日理论版），博士论文《阿拉伯史学的起源》被评为“2019年陕西省优秀博士学位论文”，代表性著作为《古代阿拉伯史学家及其著作目录》（社会科学文献出版社2021年版），主编“古代阿拉伯史学文献提要丛书”，主持国家社会科学基金青年项目1项，参与国家社会科学基金项目6项（5项重大，1项重点）。

洪娟，2014年获得西北民族大学阿拉伯语语言文学学士学位；2016年获得（苏丹）喀土穆国际语言学院对外阿拉伯语教学硕士学位；2019年至今，就读于宁夏大学民族与历史学院民族社会学专业，主要研究方向为阿拉伯社会文化与中阿关系。2015～2016年，曾参与（苏丹）“沙漠驼铃”公益项目，调研苏丹的村庄和部落文化。2019年至今参与国家社会科学基金青年项目“古代阿拉伯史学史研究”。

附录 1　阿拉伯字母-拉丁字母转写与汉字音译参照表

表 1　一般用表

合口鼻音		齐齿鼻音		开口鼻音		软音				合口长音		齐齿长音		开口长音		合口短音		齐齿短音		开口短音		静音		阿拉伯字母
汉字音译	拉丁转写	汉字音译	拉丁转写	汉字音译	拉丁转写	汉字音译	拉丁转写	汉字音译	拉丁转写	汉字音译	拉丁转写	汉字音译	拉丁转写	汉字音译	拉丁转写	汉字音译	拉丁转写	汉字音译	拉丁转写	汉字音译	拉丁转写	汉字音译	拉丁转写	
温	un	英	in	安	an	奥	aw	埃/艾	ay	乌	ū/’ū	伊	ī/’ī	阿	ā/’ā	伍/乌	u/’u	伊	i/’i	艾/阿/埃	a/’a	阿	’	أ
奔	bun	宾	bin	班	ban	包	baw	拜/贝	bay	布/步	bū	毕/比	bī	拔/巴	bā/bá	布	bu	比/毕	bi	巴/伯/白	ba	波/卜/伯	b	ب
屯	tun	廷	tin	坦	tan	陶	taw	帖/台	tay	突/图	tū	提	tī	塔/沓	tā/tá	土/图	tu	提/梯	ti	塔/台	ta	特	t	ت
训	thun	鑫	thin	尚	than	劭	thaw	筛/塞	thay	枢	thū	西	thī	瑟	thā/thá	素/苏	thu	思	thi	塞	tha	思/斯	th	ث

续表

合口鼻音		齐齿鼻音		开口鼻音		软音				合口长音		齐齿长音		开口长音		合口短音		齐齿短音		开口短音		静音		阿拉伯字母
汉字音译	拉丁转写	汉字音译	拉丁转写	汉字音译	拉丁转写	汉字音译	拉丁转写	汉字音译	拉丁转写	汉字音译	拉丁转写	汉字音译	拉丁转写	汉字音译	拉丁转写	汉字音译	拉丁转写	汉字音译	拉丁转写	汉字音译	拉丁转写	汉字音译	拉丁转写	
君	jun	晋	jin	简	jan	焦	jaw	捷	jay	珠/朱	jū	冀/吉	jī	贾	jā/já	朱	ju	吉	ji	杰/贾	ja	吉	j	ج
宏	hun/ḥun	杏	hin/ḥin	韩/罕	han/ḥan	豪	haw/ḥaw	海	hay/ḥay	胡	hū/ḥū	希	hī/ḥī	哈	hā/há/ḥā/ḥá	胡	hu/ḥu	希	hi/ḥi	哈	ha/ḥa	哈	h/ḥ	ح
弘	khun	兴	khin	翰/汗	khan	浩	khaw	亥	khay	忽	khū	黑/熹	khī	哈/赫	khā/khá	呼	khu	喜	khi	赫/哈	kha	赫	kh	خ
敦	dun	丁	din	丹	dan	道	daw	代	day	都/杜	dū	迪	dī	达	dā/dá	杜	du	迪	di	鞑/达	da	德	d	د
准	dhun	敬	dhin	詹	dhan	造	dhaw	宰	dhay	祖/左	dhū	支/芝/兹	dhī	吒/扎	dhā/dhá	祝/祖	dhu	支/兹	dhi	泽	dha	孜	dh	ذ
伦	run	琳	rin	兰	ran	娄/劳	raw	雷/莱	ray	鲁	rū	利/里	rī	拉/剌	rā/rá	鲁/陆	ru	黎/利/里	ri	剌/拉	ra	尔/儿	r	ر
尊	zun	津	zin	赞	zan	召	zaw	栽/宰	zay	祖	zū	齐	zī	札/扎	zā/zá	祖	zu	及/齐	zi	扎	za	兹	z	ز
逊	sun	幸	sin	桑	san	绍	saw	赛	say	束/苏	sū	斯/细	sī	撒/萨	sā/sá	苏/素	su	西/斯	si	萨	sa	斯	s	س
顺	shun	辛	shin	圣/善	shan	邵	shaw	谢	shay	述	shū	什/施	shī	沙	shā/shá	舒	shu	什/希	shi	沙	sha	施/什	sh	ش

续表

合口鼻音		齐齿鼻音		开口鼻音		软音				合口长音		齐齿长音		开口长音		合口短音		齐齿短音		开口短音		静音		阿拉伯字母
汉字音译	拉丁转写	汉字音译	拉丁转写	汉字音译	拉丁转写	汉字音译	拉丁转写	汉字音译	拉丁转写	汉字音译	拉丁转写	汉字音译	拉丁转写	汉字音译	拉丁转写	汉字音译	拉丁转写	汉字音译	拉丁转写	汉字音译	拉丁转写	汉字音译	拉丁转写	
荀	sun/ṣun	馨	sin/ṣin	桑	san/ṣan	韶	saw/ṣaw	绥	say/ṣay	宿/苏	sū/ṣū	隋	sī/ṣī	索/萨	sā/sá/ṣā/ṣá	稣/苏	su/ṣu	斯	si/ṣi	索/萨	sa/ṣa	斯/士	s/ṣ	ص
遁	dun/ḍun	定	din/ḍin	旦	dan/ḍan	窦	daw/ḍaw	戴	day/ḍay	笃	dū/ḍū	荻/迪	dī/ḍī	铎	dā/dá/ḍā/ḍá	独	du/ḍu	狄/迪	di/ḍi	多	da/ḍa	得/德	d/ḍ	ض
通	tun/ṭun	庭	tin/ṭin	唐/丹	tan/ṭan	匋	taw/ṭaw	泰/推	tay/ṭay	突/图	tū/ṭū	蒂	tī/ṭī	拓/塔	tā/tá/ṭā/ṭá	涂/图	tu/ṭu	第/缇/蒂	ti/ṭi	托/泰	ta/ṭa	特/托	t/ṭ	ط
遵	zun/ẓun	进	zin/ẓin	昝	zan/ẓan	兆	zaw/ẓaw	哉	zay/ẓay	祖	zū/ẓū	济	zī/ẓī	佐/扎	zā/zá/ẓā/ẓá	诸	zu/ẓu	资	zi/ẓi	左/扎	za/ẓa	兹	z/ẓ	ظ
翁	‘un	因	‘in	安	‘an	敖	‘aw	爱	‘ay	欧	‘ū	仪/义/尔	‘ī	阿	‘ā/‘á	欧/奥	‘u	易	‘i	阿	‘a	俄/尔	‘	ع
贡	ghun	青	ghin	庚	ghan	部	ghaw	该/盖	ghay	顾	ghū	稽/佶	ghī	迦	ghā/ghá	谷	ghu	纪/吉	ghi	加	gha	厄/格	gh	غ
丰	fun	芬	fin	凡	fan	缶	faw	费	fay	富	fū	斐/菲	fī	法	fā/fá	福/夫	fu	菲/斐	fi	发/法	fa	弗/夫	f	ف
宫/恭	qun	钦/勤	qin	甘	qan	高	qaw	盖/该	qay	孤/古	qū	嵇/基	qī	伽/格	qā/qá	古/库	qu	基	qi	葛/格/盖	qa	戈/格	q	ق

续表

阿拉伯字母	静音		开口短音		齐齿短音		合口短音		开口长音		齐齿长音		合口长音		软音				开口鼻音		齐齿鼻音		合口鼻音	
	拉丁转写	汉字音译	拉丁转写	汉字音译	拉丁转写	汉字音译	拉丁转写	汉字音译	拉丁转写	汉字音译	拉丁转写	汉字音译	拉丁转写	汉字音译	拉丁转写	汉字音译	拉丁转写	汉字音译	拉丁转写	汉字音译	拉丁转写	汉字音译	拉丁转写	汉字音译
ك	k	克	ka	卡/凯	ki	奇	ku	库	kā/ká	卡	kī	奇/其	kū	库	kay	凯	kaw	考	kan	康	kin	悭/金	kun	昆
ل	l	勒/尔	la	拉/腊	li	里/立	lu	卢/路	lā/lá	腊/拉	lī	立/里	lū	璐	lay	莱	law	劳	lan	岚/兰	lin	林	lun	仑/伦
م	m	姆/慕/木	ma	马/麦/默/迈	mi	米	mu	穆/姆	mā/má	玛/马	mī	密/米	mū	穆/木	may	梅	maw	毛/茂	man	曼/满	min	敏	mun	蒙
ن	n	恩/英	na	纳/乃	ni	尼	nu	努	nā/ná	拿/纳	nī	尼/伲	nū	努	nay	内/奈	naw	瑙	nan	南	nin	宁	nun	嫩
ه	h	赫	ha	哈/何	hi	熙/希	hu	霍/胡	hā/há	贺/哈	hī	司/希	hū	呼/胡	hay	海/骇	haw	昊	han	汉	hin	欣	hun	鸿
و	w	戊	wa	瓦/娃	wi	威/维	wu	吾	wā/wá	沃/瓦	wī	维/伟	wū	悟/乌	way	韦	waw	渥	wan	万/旺	win	文	wun	温
ي	y	依	ya	叶/耶/也	yi	伊/义	yu	尤	yā/yá	雅/亚	yī	义/益	yū	优/尤	yay	亚	yaw	尧	yan	彦	yin	应	yun	云

表 2　女性人名音译专用表

合口鼻音		齐齿鼻音		开口鼻音		软音				合口长音		齐齿长音		开口长音		合口短音		齐齿短音		开口短音		静音		阿拉伯字母
汉字音译	拉丁转写	汉字音译	拉丁转写	汉字音译	拉丁转写	汉字音译	拉丁转写	汉字音译	拉丁转写	汉字音译	拉丁转写	汉字音译	拉丁转写	汉字音译	拉丁转写	汉字音译	拉丁转写	汉字音译	拉丁转写	汉字音译	拉丁转写	汉字音译	拉丁转写	
玟	un	樱	in	安	an	媪	aw	嫒	ay	乌	ū/' ū	怡	ī/' ī	阿	ā/' ā	乌/伍	u/' u	依	i/' i	爱	a/' a	阿/娥	'	أ
奔	bun	冰	bin	瓣	ban	苞	baw	蓓	bay	菩	bū	碧	bī	琶	bā/bá	菩	bu	碧	bi	芭	ba	菠	b	ب
吞	tun	婷	tin	坦	tan	桃	taw	太	tay	图	tū	提	tī	塔	tā/tá	图	tu	提	ti	塔	ta	特	t	ت
薰	thun	心	thin	珊	than	劭	thaw	筛	thay	素	thū	思	thī	瑟	thā/thá	素	thu	思	thi	塞	tha	思	th	ث
君	jun	瑾	jin	简	jan	娇	jaw	捷	jay	茱	jū	姬	jī	佳	jā/já	茱	ju	姬	ji	洁	ja	姬	j	ج
红	hun/ ḥun	杏	hin/ ḥin	含	han/ ḥan	好/豪	haw/ ḥaw	海	hay/ ḥay	胡	hū/ ḥū	浠	hī/ ḥī	哈	hā/há /ḥā/ḥá	胡	hu/ ḥu	浠	hi/ ḥi	哈	ha/ ḥa	哈	h/ ḥ	ح
弘	khun	星	khin	寒	khan	灏	khaw	亥	khay	呼	khū	嬉	khī	荷	khā/khá	呼	khu	喜	khi	赫	kha	赫	kh	خ
顿	dun	叮	din	丹	dan	豆	daw	黛	day	杜	dū	迪	dī	妲	dā/dá	杜	du	迪	di	妲	da	德	d	د
珺	dhun	婧	dhin	贞	dhan	昭	dhaw	栽	dhay	竺	dhū	芝	dhī	泽	dhā/dhá	竺	dhu	芝	dhi	泽	dha	孜	dh	ذ
纶	run	玲	rin	兰	ran	劳/姥	raw	蕾	ray	露	rū	莉	rī	拉/喇	rā/rá	露	ru	莉	ri	拉/喇	ra	娥/尔	r	ر
尊	zun	静	zin	占	zan	昭	zaw	宰	zay	珠	zū	滋	zī	扎	zā/zá	珠	zu	滋	zi	扎	za	兹	z	ز
荀	sun	芯	sin	杉	san	绍	saw	赛	say	苏	sū	丝	sī	萨	sā/sá	苏	su	丝	si	萨	sa	丝	s	س
顺	shun	昕	shin	姗	shan	邵	shaw	雯	shay	舒	shū	诗	shī	莎	shā/shá	舒	shu	诗	shi	莎	sha	诗	sh	ش
荨	sun/ ṣun	馨	sin/ ṣin	桑	san/ ṣan	韶	saw/ ṣaw	水	say/ ṣay	淑	sū/ ṣū	茜	sī/ ṣī	娑	sā/ sá/ṣā/ṣá	淑	su/ ṣu	茜	si/ ṣi	娑	sa/ ṣa	茜	s/ ṣ	ص
遁	dun/ ḍun	叮	din/ ḍin	当	dan/ ḍan	窦	daw/ ḍaw	带	day/ ḍay	都	dū/ ḍū	娣	dī/ ḍī	朵	dā/ dá/ḍā/ḍá	都	du/ ḍu	娣	di/ ḍi	朵	da/ ḍa	多	d/ ḍ	ض

续表

合口鼻音		齐齿鼻音		开口鼻音		软音				合口长音		齐齿长音		开口长音		合口短音		齐齿短音		开口短音		静音		阿拉伯字母
汉字音译	拉丁转写	汉字音译	拉丁转写	汉字音译	拉丁转写	汉字音译	拉丁转写	汉字音译	拉丁转写	汉字音译	拉丁转写	汉字音译	拉丁转写	汉字音译	拉丁转写	汉字音译	拉丁转写	汉字音译	拉丁转写	汉字音译	拉丁转写	汉字音译	拉丁转写	
彤	tun/ ṭun	婷	tin/ ṭin	棠	tan/ ṭan	淘	taw/ ṭaw	泰	tay/ ṭay	图	tū/ ṭū	蒂	tī/ ṭī	妥	tā/tá/ ṭā/ṭá	图	tu/ ṭu	蒂	ti/ ṭi	托/泰	ta/ ṭa	特	t/ ṭ	ط
遵	zun/ ẓun	菁	zin/ ẓin	珍	zan/ ẓan	妱	zaw/ ẓaw	哉	zay/ ẓay	洙	zū/ ẓū	姿	zī/ ẓī	佐	zā/zá/ ẓā/ẓá	洙	zu/ ẓu	姿	zi/ ẓi	佐	za/ ẓa	姿	z/ ẓ	ظ
雯	‘un	茵	‘in	安	‘an	媪	‘aw	嫒	‘ay	妩	‘ū	怡	‘ī	阿	‘ā/‘á	妩	‘u	依	‘i	阿/娥	‘a	娥	‘	ع
贡	ghun	琴	ghin	庚	ghan	羔	ghaw	该	ghay	菇	ghū	姞	ghī	嘉	ghā/ghá	菇	ghu	姞	ghi	嘉	gha	格	gh	غ
凤	fun	芬	fin	芳	fan	缶	faw	妃	fay	芙	fū	霏	fī	法	fā/fá	芙	fu	菲	fi	法	fa	芙	f	ف
宫	qun	情	qin	甘	qan	高	qaw	盖	qay	姑	qū	雰	qī	格	qā/qá	姑	qu	雰	qi	格	qa	格	q	ق
昆	kun	晶	kin	伉	kan	蔻	kaw	凯	kay	库	kū	琪	kī	珂	kā/ká	库	ku	琪	ki	珂	ka	可	k	ك
纶	lun	灵	lin	蓝	lan	劳/姥	law	莱	lay	璐	lū	丽	lī	拉/剌	lā/lá	璐	lu	丽	li	拉/剌	la	乐	l	ل
梦	mun	敏	min	嫚	man	茂	maw	梅/美	may	穆/木	mū	蜜	mī	玛	mā/má	穆	mu	米	mi	马/麦/玛	ma	姆	m	م
嫩	nun	凝	nin	楠	nan	闹	naw	奈	nay	努	nū	妮	nī	娜	nā/ná	努	nu	妮	ni	娜	na	恩	n	ن
虹	hun	欣	hin	涵	han	颢	haw	海	hay	胡	hū	晞	hī	哈	hā/há	胡	hu	晞	hi	哈	ha	哈	h	ه
纹	wun	文	win	婉	wan	娃	waw	唯	way	舞	wū	薇	wī	娲	wā/wá	舞	wu	薇	wi	娲	wa	舞	w	و
芸	yun	盈	yin	妍	yan	窈	yaw	姚	yay	悠	yū	意	yī	雅/娅	yā/yá	攸	yu	宜	yi	娅/叶	ya	衣	y	ي

附录2　印刷、出版、发行阿拉伯文图书的外国机构及相关组织

一　机构及相关组织

出版地：阿布扎比

中文译名	拉丁字母转写	阿拉伯文或波斯文
阿布扎比国家图书馆	Dār al-Kutub al-Waṭanīyah	دار الكتب الوطنية
阿布扎比旅游文化委员会	Hay' at Abū Ẓaby lil-Siyāḥah wa-al-Thaqāfah	هيئة أبو ظبي للسياحة والثقافة
阿布扎比文化遗产委员会	Hay' at Abū Ẓaby lil-Thaqāfah wa-al-Turāth	هيئة أبو ظبي للثقافة والتراث
阿拉伯读者出版发行中心	Markaz al-Qāri' al-'Arabī lil-Nashr wa-al-Tawzī'	مركز القارئ العربي للنشر والتوزيع
阿联酋战略研究中心	Markaz al-Imārāt lil-Dirāsāt wa-al-Buḥūth al-Istirātījīyah	مركز الإمارات للدراسات والبحوث الإستراتيجية
贝努纳出版发行公司	Mu' assasat Baynūnah lil-Nashr wa-al-Tawzī'	مؤسسة بينونة للنشر والتوزيع
高校书店	Maktabat al-Jāmi' ah	مكتبة الجامعة
哈玛里勒出版社	Dār Hamālīl lil-Ṭibā' ah wa-al-Nashr wa-al-Tawzī'	دار هماليل للطباعة والنشر والتوزيع
里程碑出版社	Ma' ālim lil-Ṭibā' ah wa-al-Nashr wa-al-Tawzī'	معالم للطباعة والنشر والتوزيع

续表

中文译名	拉丁字母转写	阿拉伯文或波斯文
马撒尔出版社	Masār lil-Ṭibā‘ ah wa-al-Nashr	مسار للطباعة والنشر
穆塔纳比出版社	Dār al-Mutanabbī lil-Ṭibā‘ ah wa-al-Nashr	دار المتنبي للطباعة والنشر
人民遗产出版社	Dār al-Turāth al-Sha‘ bī lil-Nashr wa-al-Tawzī‘	دار التراث الشعبي للنشر والتوزيع
苏韦迪出版社	Dār al-Suwaydī lil-Nashr wa al-Tawzī‘	دار السويدي للنشر والتوزيع
索法书店	Maktabat al-Ṣafā’ Nāshirūn wa-Muwazzi‘ ūn	مكتبة الصفاء ناشرون وموزعون
文化出版社	Thaqāfah lil-Nashr wa-al-Tawzī‘	ثقافة للنشر والتوزيع
文化基金会	Cultural Foundation （英文）； al-Majma ‘ al-Thaqāfī	المجمع الثقافي
伊玛目马立克书店与档案馆	Maktabat wa-Tasjīlāt Dār al-Imām Mālik	مكتبة وتسجيلات دار الإمام مالك
伊玛目提尔米芝出版社	Dār al-Imām al-Tirmidhī	دار الإمام الترمذي
伊曼出版社	Dār al-Īmān lil-Dirāsāt wa-al-Ṭibā‘ ah wa-al-Nashr	دار الإيمان للدراسات والطباعة والنشر
作家出版社	Dār Kuttāb lil-Nashr wa-al-Tawzī‘	دار كتاب للنشر والتوزيع

出版地：阿尔及尔

中文译名	拉丁字母转写	阿拉伯文或波斯文
阿尔及利亚出版社	al-Dār al-Jazā’ irīyah lil-Nashr wa-al-Tawzī‘； Manshūrāt al-Dār al-Jazā’ irīyah	الدار الجزائرية للنشر والتوزيع؛ منشورات الدار الجزائرية
阿尔及利亚国家图书馆	al-Maktabah al-Waṭanīyah al-Jazā’ irīyah	المكتبة الوطنية الجزائرية
阿拉伯徽章出版社	Dār al-Wisām al-‘ Arabī lil-Nashr wa-al-Tawzī‘	دار الوسام العربي للنشر والتوزيع
阿拉伯圣地出版社	Dār al-Quds al-‘ Arabī lil-Nashr wa-al-Tawzī‘	دار القدس العربي للنشر والتوزيع
阿拉伯图书出版社	Dār al-Kitāb al-‘ Arabī lil-Ṭibā‘ ah wa-al-Tarjamah wa-al-Nashr wa-al-Tawzī‘	دار الكتاب العربي للطباعة والترجمة والنشر والتوزيع

续表

中文译名	拉丁字母转写	阿拉伯文或波斯文
艾比克出版社	Manshūrāt Abīk	منشورات أبيك
艾勒法文献出版社	Alfā lil-Wathā' iq lil-Nashr wa-al-Tawzī'	ألفا للوثائق للنشر والتوزيع
艾特法路纳出版社	Aṭfālunā lil-Nashr wa-al-Tawzī'	أطفالنا للنشر والتوزيع
奥斯曼出版社	al-Dār al-' Uthmānīyah lil-Nashr wa-al-Tawzī'	الدار العثمانية للنشر والتوزيع
巴格达迪出版社	Dār Baghdādī lil-Ṭibā' ah wa-al-Nashr wa-al-Tawzī'	دار بغدادي للطباعة والنشر والتوزيع
赫勒都尼耶出版社	Dār al-Khaldūnīyah lil-Nashr wa-al-Tawzī'	دار الخلدونية للنشر والتوزيع
赫里勒·伽斯米出版社	Dār al-Khalīl al-Qāsimī lil-Nashr wa-al-Tawzī'	دار الخليل القاسمي للنشر والتوزيع
赫里勒出版社	Dār al-Khalīl lil-Nashr wa-al-Tawzī'	دار الخليل للنشر والتوزيع
赫拓卜出版社	Dār Khaṭṭāb lil-Nashr wa-al-Tawzī'	دار خطاب للنشر والتوزيع
呼玛出版社	Dār Hūmah lil-Ṭibā' ah wa-al-Nashr wa-al-Tawzī'	دار هومة للطباعة والنشر والتوزيع
杰迪德出版社	Dār al-Jadīd lil-Nashr wa-al-Tawzī'	دار الجديد للنشر والتوزيع
科尔多瓦出版社	Dār Qurṭubah lil-Nashr wa-al-Tawzī' ; Manshūrāt Dār Qurṭubah	دار قرطبة للنشر والتوزيع؛ منشورات دار قرطبة
科学群星出版社	Dār Kawkab al-' Ulūm lil-Nashr wa-al-Ṭibā' ah wa-al-Tawzī'	دار كوكب العلوم للنشر والطباعة والتوزيع
玛熙尔出版社	Dār al-Māhir lil-Ṭibā' ah wa-al-Nashr wa-al-Tawzī'	دار الماهر للطباعة والنشر والتوزيع
麦纳尔公司	Mu' assasat al-Manār	مؤسسة المنار
密姆出版社	Dār Mīm lil-Nashr	دار ميم للنشر
民族出版社	Dār al-Ummah lil-Ṭibā' ah wa-al-Nashr wa-al-Tawzī'	دار الأمة للطباعة والنشر والتوزيع
明日图书出版社	Dār Kitāb al-Ghadd lil-Nashr wa-al-Tawzī'	دار كتاب الغد للنشر والتوزيع
穆法姆出版社	Mūfam lil-Nashr wa-al-Tawzī'	موفم للنشر والتوزيع

续表

中文译名	拉丁字母转写	阿拉伯文或波斯文
努尔曼出版社	Dār al-Nu‘ mān lil-Ṭibā‘ ah wa-al-Nashr	دار النعمان للطباعة والنشر
皮埃尔·冯塔纳东方出版社	Maṭba‘ at Pīyīr Fūntānah al-Sharafīyah	مطبعة پيير فونتانة الشرقية
文明出版社	Dār al-Ḥaḍārah lil-Nashr wa-al-Tawzī‘	دار الحضارة للنشر والتوزيع
先知遗产出版社	Dār al-Mīrāth al-Nabawī lil-Nashr wa-al-Tawzī‘	دار الميراث النبوي للنشر والتوزيع
伊本·纳迪姆出版社	Ibn al-Nadīm lil-Nashr wa-al-Tawzī‘	ابن النديم للنشر والتوزيع
伊赫提拉夫出版社	Manshūrāt al-Ikhtilāf	منشورات الإختلاف
伊玛目马立克出版社	Dār al-Imām Mālik lil-Ṭibā‘ ah wa-al-Nashr wa-al-Tawzī‘	دار الإمام مالك للطباعة والنشر والتوزيع
伊玛目塞阿里比研究与遗产出版中心	Markaz al-Imām al-Tha ‘ ālibī lil-Dirāsāt wa-Nashr al-Turāth	مركز الإمام الثعالبي للدراسات ونشر التراث
遗产出版社	Dār al-Turāth	دار التراث
意识出版社	Dār al-Wa‘ y lil-Nashr wa-al-Tawzī‘	دار الوعى للنشر والتوزيع
扎穆拉出版社	Dār Zamūrah lil-Nashr wa-al-Tawzī‘	دار زمورة للنشر والتوزيع
知识世界	‘ Ālam al-Ma‘ rifah lil-Nashr wa-al-Tawzī‘	عالم المعرفة للنشر والتوزيع

出版地：阿加迪尔

中文译名	拉丁字母转写	阿拉伯文或波斯文
阿加迪尔地方学术委员会	al-Majlis al-‘ Ilmī al-Maḥallī bi-Akādīr	المجلس العلمي المحلي بأكادير
阿马齐格、历史与环境研究中心	Markaz al-Dirāsāt wa-al-Amāzīghīyah wa-al-Tārīkhīyah wa-al-Bī’ īyah	مركز الدراسات الأمازيغية والتاريخية والبيئية
格索巴出版社	Manshūrāt al-Qaṣabah	منشورات القصبة
格索巴中心	Markaz al-Qaṣabah	مركز القصبة

续表

中文译名	拉丁字母转写	阿拉伯文或波斯文
卡鲁因大学出版社	Jāmi' at al-Qarawīyīn	جامعة القرويين
拉伊斯耶印书馆	al-Maṭba' ah al-Ra' īsīyah	المطبعة الرئيسية
全民阅读书店	Maktabat al-Qirā' ah lil-Jamī'	مكتبة القراءة للجميع
苏斯出版社	Ṭibā' ah wa-Nashr Sūs	طباعة ونشر سوس
未来世界书店	Maktabat ' Ālam al-Mustaqbal	مكتبة عالم المستقبل
吾鲁德印书馆	Maṭba' at al-Wurūd	مطبعة الورود
伊本·祖哈尔大学出版社	Jāmi' at Ibn Zuhr	جامعة ابن زهر
易尔凡出版社	Dār al-' Irfān lil-Ṭibā' ah wa-al-Nashr	دار العرفان للطباعة والنشر
易尔凡出版书店	Maktabat Dār al-' Irfān	مكتبة دار العرفان

出版地：阿勒颇

中文译名	拉丁字母转写	阿拉伯文或波斯文
阿拉伯高校书店	Maktabat al-Jāmi' ah al-' Arabīyah	مكتبة الجامعة العربية
阿拉伯国家出版社	Maṭba' at al-Waṭan al-' Arabī	مطبعة الوطن العربي
阿拉伯意识出版社	Dār al-Wa' y al-' Arabī	دار الوعى العربي
阿拉伯之笔出版社	Dār al-Qalam al-' Arabī lil-Nashr wa-al-Tawzī'	دار القلم العربي للنشر والتوزيع
阿勒颇大学出版社	Manshūrāt Jāmi' at Ḥalab	منشورات جامعة حلب
艾斯默仪出版社	Dār al-Aṣma' ī	دار الأصمعي
奥札仪出版社	Dār al-Awzā' ī lil-Ṭibā' ah wa-al-Nashr wa-al-Tawzī'	دار الأوزاعي للطباعة والنشر والتوزيع

续表

中文译名	拉丁字母转写	阿拉伯文或波斯文
毕鲁尼出版社	Dār al-Bīrūnī lil-Ṭibā' ah wa-al-Nashr wa-al-Tawzī'	دار البيروني للطباعة والنشر والتوزيع
东方印书馆	Maṭba' at al-Sharq	مطبعة الشرق
铎德印书馆	Maṭba' at al-Ḍād	مطبعة الضاد
法拉哈出版书店	Maktabat Dār al-Falāḥ	مكتبة دار الفلاح
哈迪斯出版中心	al-Markaz al-Ḥadīth lil-Ṭibā' ah	المركز الحديث للطباعة
胡达书店	Maktabat al-Hudá	مكتبة الهدى
经济印书馆	Maṭba' at al-Iqtiṣād	مطبعة الاقتصاد
凯沙夫书店	Maktabat al-Kashshāf	مكتبة الكشاف
拉比俄书店	Maktabat Rabī'	مكتبة ربيع
利得旺出版社	Dār Riḍwān	دار رضوان
利法仪出版社	Dār al-Rifā' ī lil-Nashr wa-al-Ṭibā' ah wa-al-Tawzī'	دار الرفاعي للنشر والطباعة والتوزيع
利萨拉书店	Maktabat al-Risālah	مكتبة الرسالة
玛尔丁出版社	Dār Mārdīn	دار ماردين
穆勒塔伽出版社	Dār al-Multaqá lil-Ṭibā' ah wa-al-Nashr	دار الملتقى للطباعة والنشر
纳斐斯图书出版社	Dār al-Kitāb al-Nafīs	دار الكتاب النفيس
纳赫吉出版社	Dār al-Nahj lil-Dirāsāt wa-al-Nashr wa-al-Tawzī'	دار النهج للدراسات والنشر والتوزيع
纳卡赫米出版社	Dār Nakahmī	دار نكهمي
努恩 4 出版社	Dār Nūn 4 lil-Nashr wa-al-Ṭibā' ah wa-al-Tawzī'	دار نون 4 للنشر والطباعة والتوزيع
萨拉姆出版社	Dār al-Salām	دار السلام
沙赫巴书店	Maktabat al-Shahbā'	مكتبة الشهباء
舒阿俄出版社	Dār Shu' ā' lil-Nashr wa-al-' Ulūm	دار شعاع للنشر والعلوم

续表

中文译名	拉丁字母转写	阿拉伯文或波斯文
索布尼出版社	Dār al-Ṣābūnī lil-Ṭibā' ah wa-al-Nashr wa-al-Tawzī'	دار الصابوني للطباعة والنشر والتوزيع
陶菲阁书店	Maktabat al-Tawfīq	مكتبة التوفيق
瓦法书店	Maktabat al-Wafā'	مكتبة الوفاء
未来出版书店	Maktabat Dār al-Mustaqbal	مكتبة دار المستقبل
文学家印书馆	Maṭba' at al-Adīb	مطبعة الأديب
现代科学印书馆	al-Maṭba' ah al-' Ilmīyah al-' Aṣrīyah	المطبعة العلمية العصرية
伊哈桑印书馆	Maṭba' at al-Iḥsān lil-Rūm al-Kāthūlīk	مطبعة الإحسان للروم الكاثوليك
伊斯兰图书出版社	Dār al-Kitāb al-Islāmī	دار الكتاب الإسلامي
伊斯兰印书局	Maktab al-Maṭbū' āt al-Islāmīyah	مكتب المطبوعات الإسلامية
易尔凡出版社	Dār al-' Irfān	دار العرفان
意识出版社	Dār al-Wa' y lil-Nashr wa-al-Tawzī'	دار الوعى للنشر والتوزيع
友谊出版社	Dār al-Ṣadāqah	دار الصداقة
阅读源泉	Manhal al-Qurrā'	منهل القراء
知识出版社	Dār al-Ma' ārif	دار المعارف
知识印书馆	Maṭba' at al-Ma' ārif	مطبعة المعارف

出版地：阿雷亚

中文译名	拉丁字母转写	阿拉伯文或波斯文
天主教会印刷所	al-Maṭba' ah al-Kāthūlīkīyah	المطبعة الكاثوليكية

出版地：阿治曼

中文译名	拉丁字母转写	阿拉伯文或波斯文
福尔甘书店	Maktabat al-Furqān	مكتبة الفرقان
古兰学基金会	Mu' assasat ' Ulūm al-Qur' ān	مؤسسة علوم القرآن

续表

中文译名	拉丁字母转写	阿拉伯文或波斯文
阿联酋国家文化艺术论坛	al-Nādī al-Waṭanī lil-Thaqāfah wa-al-Funūn	النادي الوطني للثقافة والفنون
海湾图书出版社	Dār al-Kitāb al-Khalījī lil-Ṭibā' ah wa-al-Nashr	دار الكتاب الخليجي للطباعة والنشر
斯玛尔特·敏德出版公司	Smārt Māyind lil-Nashr wa-al-Tawzī ' wa-Khidmāt al-Abḥāth	سمارت مايند للنشر والتوزيع وخدمات الأبحاث
谢赫阿卜杜拉·本·穆罕默德·谢巴·沙尔义耶书店	Maktabat al-Shaykh ' Abd Allāh ibn Muḥammad al-Shaybah al-Shar' īyah	مكتبة الشيخ عبد الله بن محمد الشيبة الشرعية
信士之母妇女联合会	Jam' īyat Umm al-Mu' minīn al-Nisā' īyah	جمعية أم المؤمنين النسائية
伊本·阿里·本·拉什德出版公司	Mu' assasat ibn ' Alī ibn Rāshid lil-Tawzī' wa-al-Nashr wa-al-Ma' lūmāt	مؤسسة بن علي بن راشد للتوزيع والنشر والمعلومات

出版地：埃尔比勒

中文译名	拉丁字母转写	阿拉伯文或波斯文
阿迪·什尔出版社	Dār Ādī Shīr lil-Nashr wa-al-I' lām	دار آدي شير للنشر والإعلام
阿卡德印刷中心	Markaz Akkad lil-Ṭibā' ah	مركز أكد للطباعة
阿拉斯出版社	Dār Ārās lil-Ṭibā' ah wa-al-Nashr	دار آراس للطباعة والنشر
埃尔比勒土耳其研究中心	Markaz al-Dirāsāt al-Turkīyah fī Irbīl	مركز الدراسات التركية في اربيل
法律文化印刷出版组织	Munaẓẓamat Ṭab' wa-Nashr al-Thaqāfah al-Qānūnīyah	منظمة طبع ونشر الثقافة القانونية
古叙利亚文化艺术总局	al-Mudīrīyah al-' Āmmah lil-Thaqāfah wa-al-Funūn al-Suryānīyah	المديرية العامة للثقافة والفنون السريانية
古叙利亚文人与作家联盟	Ittiḥād al-Udabā' wa-al-Kuttāb al-Suryān	اتحاد الأدباء والكتاب السريان

续表

中文译名	拉丁字母转写	阿拉伯文或波斯文
哈吉·哈希姆印书馆	Maṭba' at al-Ḥājj Hāshim	مطبعة الحاج هاشم
经注书局	al-Tafsīr lil-Nashr wa-al-I' lān; Maktab al-Tafsīr lil-Nashr wa-al-I' lān	التفسير للنشر والإعلان؛ مكتب التفسير للنشر والإعلان
卡尔旺印书馆	Maṭba' at Kārwān	مطبعة كاروان
卡沃出版社	Kāwā lil-Nashr wa-al-Tawzī'	كاوا للنشر والتوزيع
库尔德斯坦地区伊斯兰思想论坛	Muntadá al-Fikr al-Islāmī fī Iqlīm Kūrdistān	منتدى الفكر الإسلامي في إقليم كوردستان
库尔德斯坦遗产研究院	Ma' had al-Turāth al-Kūrdistānī	معهد التراث الكوردستاني
库尔德文学家联盟	Ittiḥād al-Udabā' al-Kurd	اتحاد الأدباء الكرد
库尔德学术出版社	al-Akādīmīyah al-Kūrdīyah; Manshūrāt al-Akādīmīyah al-Kurdīyah	الأكاديمية الكوردية؛ منشورات الأكاديمية الكردية
马纳拉印书馆	Maṭba' at Manārah	مطبعة منارة
米底亚印书馆	Maṭba' at Mīdiyā	مطبعة ميديا
穆奇尔雅尼出版公司	Mu' assasat Mūkiryānī lil-Ṭibā' ah wa-al-Nashr	مؤسسة موكرياني للطباعة والنشر
穆奇尔雅尼出版社	Dār Mūkiryānī lil-Ṭibā' ah wa-al-Nashr	دار موكرياني للطباعة والنشر
纳扎印书馆	Maṭba' at Nāzah	مطبعة نازة
萨拉丁大学出版社	Maṭba' at Jāmi' at Ṣalāḥ al-Dīn	مطبعة جامعة صلاح الدين
什贺卜印书馆	Maṭba' at Shihāb	مطبعة شهاب
索伊阁书店与印书馆	Maktabat wa-Maṭba' at al-Ṣā' igh	مكتبة ومطبعة الصائغ
文化出版局	Mudīrīyat Maṭba' at al-Thaqāfah	مديرية مطبعة الثقافة
伊斯兰思想论坛	Muntadá al-Fikr al-Islāmī	منتدى الفكر الإسلامي

出版地：艾哈撒

中文译名	拉丁字母转写	阿拉伯文或波斯文
艾卜哈文学论坛	Nādī Abhā al-Adabī	نادي أبها الأدبي
艾哈撒文学论坛	Nādī al-Aḥsā' al-Adabī	نادي الأحساء الأدبي
费萨尔国王大学出版社	Jāmi' at al-Malik Fayṣal	جامعة الملك فيصل
缶沃兹出版社	Dār Fawwāz lil-Nashr	دار فواز للنشر
杰沃德印刷包装公司	al-Jawād lil-Ṭibā' ah wa-al-Taghlīf	الجواد للطباعة والتغليف
资拉勒书店	Maktabat al-Ẓilāl	مكتبة الظلال
奇法哈印书馆	Maṭābi' al-Kifāḥ	مطابع الكفاح
文化里程碑出版社	Dār al-Ma' ālim al-Thaqāfīyah lil-Nashr wa-al-Tawzī'	دار المعالم الثقافية للنشر والتوزيع
文化里程碑出版书店	Maktabat Dār al-Ma' ālim al-Thaqāfīyah	مكتبة دار المعالم الثقافية
现代艾哈撒印书馆	Maṭba' at al-Aḥsā' al-Ḥadīthah	مطبعة الأحساء الحديثة

出版地：艾斯尤特

中文译名	拉丁字母转写	阿拉伯文或波斯文
艾赫里耶印书馆	al-Maṭba' ah al-Ahlīyah	المطبعة الأهلية
艾勒斐法律图书发行社	Dār al-Alfī li-Tawzī' al-Kutub al-Qānūnīyah	دار الألفي لتوزيع الكتب القانونية
爱资哈尔大学图书馆	Maktabat al-Jāmi' ah al-Azharīyah	مكتبة الجامعة الأزهرية
格特尔·娜姐出版社	Dār Qaṭr al-Nadá lil-Nashr wa-al-Tawzī'	دار قطر الندى للنشر والتوزيع
吉哈德印书馆	Maṭba' at al-Jihād	مطبعة الجهاد
穆尼尔印书馆	Maṭba' at al-Munīr	مطبعة المنير

续表

中文译名	拉丁字母转写	阿拉伯文或波斯文
萨拉姆印刷公司	Sharikat Maṭba‘ at al-Salām	شركة مطبعة السلام
瓦姆多出版社	Dār Wamḍah lil-Nashr wa-Tawzī	دار ومضة للنشر والتوزيع
先锋书店	Maktabat al-Ṭalī‘ ah	مكتبة الطليعة

出版地：艾西拉

中文译名	拉丁字母转写	阿拉伯文或波斯文
艾西拉论坛基金会	Mu’ assasat Muntadá Aṣīlah	مؤسسة منتدى أصيلة
伊本·赫勒敦历史与社会研究学会	Jam‘ īyat Ibn Khaldūn lil-Baḥth al-Tārīkhī wa-al-Ijtimā‘ ī	جمعية ابن خلدون للبحث التاريخي والإجتماعي

出版地：艾因

中文译名	拉丁字母转写	阿拉伯文或波斯文
艾因传媒与文献中心	Markaz ‘ Ayn lil-I‘ lām wa-al-Tawthīq	مركز عين للإعلام والتوثيق
艾因广告出版公司	Mu’ assasat al-‘ Ayn lil-I‘ lān wa-al-Tawzī‘ wa-al-Nashr	مؤسسة العين للإعلان والتوزيع والنشر
高校图书出版社	Dār al-Kitāb al-Jāmi‘ ī	دار الكتاب الجامعي
哈迪塞书店	al-Maktabah al-Ḥadīthah	المكتبة الحديثة
萨斐尔印书馆	Maṭba‘ at al-Safīr	مطبعة السفير
现代艾因印书馆	Maṭba‘ at al-‘ Ayn al-Ḥadīthah	مطبعة العين الحديثة
谢赫穆罕默德·本·哈里德·阿勒-纳海彦文化宗教中心	Markaz al-Shaykh Muḥammad ibn Khālid Āl Nahayyān al-Thaqāfī al-Dīnī	مركز الشيخ محمد بن خالد آل نهيان الثقافي الديني

续表

中文译名	拉丁字母转写	阿拉伯文或波斯文
伊玛目马立克书店	Maktabat al-Imām Mālik	مكتبة الإمام مالك
优素福·本·塔什芬出版社	Dār Yūsuf ibn Tāshfīn	دار يوسف بن تاشفين
扎耶德伊斯兰文化院	Zayed House For Islamic Culture（英文）；Dār Zāyid lil-Thaqāfah al-Islāmīyah	دار زايد للثقافة الإسلامية

出版地：艾因姆利拉

中文译名	拉丁字母转写	阿拉伯文或波斯文
胡达出版社	Dār al-Hudá lil-Ṭibā‘ah wa-al-Nashr wa-al-Tawzī‘	دار الهدى للطباعة والنشر والتوزيع

出版地：安曼

中文译名	拉丁字母转写	阿拉伯文或波斯文
ABC 出版社	ABC Publishers（英文）；Alif Bā’ Tā’ Nāshirūn	ألف باء تاء ناشرون
阿卜杜·哈密德·舒曼公司	Mu’assasat ‘Abd al-ḥamīd Shūmān	مؤسسة عبد الحميد شومان
阿恩出版社	al-Ān Nāshirūn wa-Muwazzi‘ūn	الآن ناشرون وموزعون
阿克萨书店	Maktabat al-Aqṣá	مكتبة الأقصى
阿拉伯社会书店	Maktabat al-Mujtama‘ al-‘Arabī lil-Nashr wa-al-Tawzī‘	مكتبة المجتمع العربي للنشر والتوزيع
阿拉伯思想论坛	Arab Thought Forum（英文）；Muntadá al-Fikr al-‘Arabī	منتدى الفكر العربي
阿拉伯小说出版社	Dār al-Riwāyah al-‘Arabīyah lil-Nashr wa-al-Tawzī‘	دار الرواية العربية للنشر والتوزيع
阿玛尔出版社	Dār ‘Ammār lil-Nashr wa-al-Tawzī‘	دار عمار للنشر والتوزيع
阿蒙研究与出版公司	Mu’assasat ‘Amūn lil-Dirāsāt wa-al-Nashr	مؤسسة عمون للدراسات والنشر
阿米娜出版社	Dār Āminah lil-Nashr wa-al-Tawzī‘	دار آمنة للنشر والتوزيع

续表

中文译名	拉丁字母转写	阿拉伯文或波斯文
埃雅姆出版社	Dār al-Ayyām lil-Nashr wa-al-Tawzī‘	دار الأيام للنشر والتوزيع
艾尔威阁出版社	Arwiqah lil-Dirāsāt wa-al-Nashr; Dār Arwiqah lil-Dirāsāt wa-al-Nashr	أروقة للدراسات والنشر؛ دار أروقة للدراسات والنشر
艾赫里耶出版社	al-Ahlīyah lil-Nashr wa-al-Tawzī‘	الأهلية للنشر والتوزيع
艾塞利耶出版社	al-Dār al-Atharīyah lil-Ṭibā‘ah wa-al-Nashr wa-al-Tawzī‘	الدار الأثرية للطباعة والنشر والتوزيع
艾斯迪伽快速复印中心	Markaz al-Aṣdiqā’ lil-Naskh al-Sarī‘	مركز الأصدقاء للنسخ السريع
艾兹米纳出版社	Azminah lil-Nashr wa al-Tawzī‘	أزمنة للنشر والتوزيع
安杰德出版社	Dār Amjad lil-Nashr wa-al-Tawzī‘	دار أمجد للنشر والتوزيع
安曼阿拉伯大学出版社	Jāmi‘at ‘Ammān al-‘Arabīyah lil-Dirāsāt al-‘Ulyā	جامعة عمان العربية للدراسات العليا
安沃吉出版社	Amwāj lil-Ṭibā‘ah wa-al-Nashr wa-al-Tawzī‘	أمواج للطباعة والنشر والتوزيع
奥拉阁出版社	Awrāq lil-Nashr wa-al-Tawzī‘	أوراق للنشر والتوزيع
奥斯曼出版社	al-Dār al-‘Uthmānīyah lil-Nashr wa-al-Tawzī‘	الدار العثمانية للنشر والتوزيع
巴拉卡出版社	Dār al-Barakah lil-Nashr wa-al-Tawzī‘	دار البركة للنشر والتوزيع
白什尔出版社	Dār al-Bashīr lil-Nashr wa-al-Tawzī‘	دار البشير للنشر والتوزيع
白雅利阁出版社	Dār al-Bayāriq lil-Ṭibā‘ah wa-al-Nashr wa-al-Tawzī‘	دار البيارق للطباعة والنشر والتوزيع
贝依纳出版社	Dār al-Bayyinah lil-Ṭibā‘ah wa-al-Nashr	دار البينة للطباعة والنشر
比达耶出版社	Dār al-Bidāyah Nāshirūn wa-Muwazzi‘ūn	دار البداية ناشرون وموزعون
笔盒出版社	Dār Khazā’in al-Qalam lil-Nashr wa-al-Tawzī‘	دار خزائن القلم للنشر والتوزيع
毕鲁尼出版发行公司	al-Bīrūnī Nāshirūn wa-Muwazzi‘ūn; Sharikat al-Baryūnī Nāshirūn wa-Muwazzi‘ūn	البيروني ناشرون وموزعون؛ شركة البيروني ناشرون وموزعون
创新出版社	Dār al-Ibtikār lil-Nashr wa-al-Tawzī‘	دار الإبتكار للنشر والتوزيع
大西洋海湾出版社	Dār Min al-Muḥīṭ ilá al-Khalīj lil-Nashr wa-al-Tawzī‘	دار من المحيط إلى الخليج للنشر والتوزيع
狄雅出版社	Dār al-Ḍiyā’ lil-Nashr wa-al-Tawzī‘	دار الضياء للنشر والتوزيع

续表

中文译名	拉丁字母转写	阿拉伯文或波斯文
底格里斯出版社	Dār Dijlah Nāshirūn wa-Muwazzi' ūn	دار دجلة ناشرون وموزعون
东方前景出版社	al-Āfāq al-Mushriqah Nāshirūn	الآفاق المشرقة ناشرون
法迪拉出版社	Dār al-Faḍīlah lil-Nashr wa-al-Tawzī'	دار الفضيلة للنشر والتوزيع
法铎阿特出版社	Faḍā' āt lil-Nashr wa-al-Tawzī'; Dār Faḍā' āt lil-Nashr wa-al-Tawzī'	فضاءات للنشر والتوزيع؛ دار فضاءات للنشر والتوزيع
法拉哈出版社	Dār al-Falāḥ lil-Nashr wa-al-Tawzī'	دار الفلاح للنشر والتوزيع
法里斯出版社	Dār al-Fāris lil-Nashr wa al-Tawzī'	دار الفارس للنشر والتوزيع
法鲁阁出版社	Dār al-Fārūq lil-Nashr wa-al-Tawzī'	دار الفاروق للنشر والتوزيع
法特哈出版社	Dār al-Fatḥ lil-Dirāsāt wa-al-Nashr	دار الفتح للدراسات والنشر
费哈出版社	al-Fayḥā' Nāshirūn wa-Muwazzi' ūn	الفيحاء ناشرون وموزعون
费拉德尔菲亚出版社	Manshūrāt Dār Fīlādilfīyā	منشورات دار فيلادلفيا
福尔甘出版社	Dār al-Furqān lil-Nashr wa-al-Tawzī'	دار الفرقان للنشر والتوزيع
福尔桑出版公司	Mu' assasat al-Fursān lil-Nashr wa-al-Tawzī'	مؤسسة الفرسان للنشر والتوزيع
盖达出版社	Dār Ghaydā' lil-Nashr wa-al-Tawzī'	دار غيداء للنشر والتوزيع
盖铎出版社	Dār Ghayḍā' lil-Nashr wa-al-Tawzī'	دار غيضاء للنشر والتوزيع
高校论文出版社	Dār al-Rasā' il al-Jāmi' īyah lil-Nashr wa-al-Tawzī'	دار الرسائل الجامعية للنشر والتوزيع
国际思想之家出版社	Bayt al-Afkār al-Dawlīyah	بيت الأفكار الدولية للنشر والتوزيع
国际学术出版社	al-Dār al-' Ilmīyah al-Dawlīyah lil-Nashr wa-al-Tawzī'	الدار العلمية الدولية للنشر والتوزيع
国际伊斯兰思想研究所	International Institute of Islamic Thought（英文）；al-Ma' had al-' Ālamī lil-Fikr al-Islāmī	المعهد العالمي للفكر الإسلامي
哈米德出版社	Dār al-Ḥāmid lil-Nashr wa-al-Tawzī'	دار الحامد للنشر والتوزيع
哈宁出版社	DārḤanīn lil-Nashr wa-al-Tawzī'	دار حنين للنشر والتوزيع
海湾出版社	Dār al-Khalīj lil-Nashr wa-al-Tawzī'	دار الخليج للنشر والتوزيع

续表

中文译名	拉丁字母转写	阿拉伯文或波斯文
呼图特与资拉勒出版社	Khuṭūṭ wa-Ẓilāl lil-Nashr wa-al-Tawzī‘	خطوط وظلال للنشر والتوزيع
吉南出版社	Dār al-Jinān lil-Nashr wa-al-Tawzī‘	دار الجنان للنشر والتوزيع
杰里斯・扎曼出版社	Dār Jalīs al-Zamān lil-Nashr wa-al-Tawzī‘	دار جليس الزمان للنشر والتوزيع
杰利尔出版社	Dār Jarīr lil-Nashr wa-al-Tawzī‘	دار جرير للنشر والتوزيع
杰纳迪利耶出版社	Dār al-Janādirīyah lil-Nashr wa-al-Tawzī‘	دار الجنادرية للنشر والتوزيع
经济印书馆	al-Maṭba‘ ah al-Iqti ṣādīyah	المطبعة الإقتصادية
凯尔默勒出版社	Dār al-Karmal lil-Nashr wa-al-Tawzī‘	دار الكرمل للنشر والتوزيع
科学风暴出版社	Dār al-I‘ ṣār al-‘ Ilmī lil-Nashr wa-al-Tawzī‘	دار الإعصار العلمي للنشر والتوزيع
科学启蒙出版社	Dār al-Tanwīr al-‘ Ilmī lil-Nashr wa-al-Tawzī‘	دار التنوير العلمي للنشر والتوزيع
科学先锋书店	Maktabat al-Ṭalī‘ ah al-‘ Ilmīyah	مكتبة الطليعة العلمية
科学先驱书店	Maktabat al-Rā’ id al-‘ Ilmīyah	مكتبة الرائد العلمية
科学雅法出版社	Dār Yāfā al-‘ Ilmīyah lil-Nashr wa-al-Tawzī‘	دار يافا العلمية للنشر والتوزيع
科学雅祖利出版社	Dār al-Yāzūrī al-‘ Ilmīyah lil-Nashr wa-al-Tawzī‘	دار اليازوري العلمية للنشر والتوزيع
科学知识宝藏出版社	Dār Kunūz al-Ma‘ rifah al-‘ Ilmīyah lil-Nashr wa-al-Tawzī‘	دار كنوز المعرفة العلمية للنشر والتوزيع
科研人员出版公司	Sharikat Dār al-Akādīmīyūn lil-Nashr wa-al-Tawzī‘	شركة دار الأكاديميون للنشر والتوزيع
拉耶出版社	Dār al-Rāyah lil-Nashr wa-al-Tawzī‘	دار الراية للنشر والتوزيع
里沃出版社	Dār al-Liwā’ lil-Ṣiḥāfah wa-al-Nashr	دار اللواء للصحافة والنشر
利得旺出版社	Dār al-Riḍwān lil-Nashr wa-al-Tawzī‘	دار الرضوان للنشر والتوزيع
鲁阿出版社	Dār Ru’ á lil-Nashr wa-al-Tawzī‘	دار رؤى للنشر والتوزيع
马吉达拉维出版社	Dār Majdalāwī lil-Nashr wa-al-Tawzī‘	دار مجدلاوي للنشر والتوزيع

续表

中文译名	拉丁字母转写	阿拉伯文或波斯文
马吉达拉维名著出版社	Majdalawi Masterpieces Books（英文）；Dār Rawā' i' Majdalāwī lil-Nashr	دار روائع مجدلاوي للنشر
麦赫德出版社	Dār al-Mahd	دار المهد
麦蒙出版社	Dār al-Ma' mūn lil-Nashr wa-al-Tawzī'	دار المأمون للنشر والتوزيع
麦纳熙吉出版社	Dār al-Manāhij lil-Nashr wa-al-Tawzī'	دار المناهج للنشر والتوزيع
麦斯拉出版社	Dār al-Massīrah lil-Nashr wa-al-Tawzī'	دار المسيرة للنشر والتوزيع
曼哈勒出版社	Dār al-Manhal Nāshirūn wa-Muwazzi' ūn	دار المنهل ناشرون وموزعون
曼哈勒电子出版社	al-Manhal lil-Nashr al-Iliktirūnī	المنهل للنشر الإلكتروني
明日出版社	Dār al-Ghad lil-Nashr	دار الغد للنشر
茉莉出版社	Dār al-Yāsamīn lil-Nashr wa-al-Tawzī'	دار الياسمين للنشر والتوزيع
穆尔塔兹出版社	Dār al-Mu' tazz lil-Nashr wa-al-Tawzī'	دار المعتز للنشر والتوزيع
穆斐德出版社	Dār al-Mufīd lil-Ṭibā' ah wa-al-Nashr	دار المفيد للطباعة والنشر
穆塔格迪玛出版社	Dār al-Mutaqaddimah lil-Nashr wa-al-Tawzī'	دار المتقدمة للنشر والتوزيع
穆塔纳比出版社	Dār al-Mutanabbī lil-Ṭibā' ah wa-Nashr wa-al-Tawzī'	دار المتنبي للطباعة ونشر والتوزيع
纳法伊斯出版社	Dār al-Nafā' is lil-Nashr wa-al-Tawzī'	دار النفائس للنشر والتوزيع
纳拉出版社	Dār Nārah lil-Nashr wa-al-Tawzī'	دار نارة للنشر والتوزيع
纳斯尔出版社	Dār al-Nasr lil-Nashr wa-al-Tawzī'	دار النسر للنشر والتوزيع
努巴拉出版社	Nubalā' Nāshirūn wa-Muwazzi' ūn	نبلاء ناشرون وموزعون
努尔·穆宾出版社	Dār al-Nūr al-Mubīn lil-Nashr wa-al-Tawzī'; Dār al-Nūr al-Mubīn lil-Dirāsāt wa-al-Nashr	دار النور المبين للنشر والتوزيع؛ دار النور المبين للدراسات والنشر
悭迪书店	Maktabat al-Kindī lil-Nashr wa-al-Tawzī'	مكتبة الكندي للنشر والتوزيع
人民出版社	Maṭābi' Dār al-Sha' b	مطابع دار الشعب
萨勒沃出版社	al-Salwá lil-Dirāsāt wa-al-Nashr	السلوى للدراسات والنشر
渗渗泉出版社	Zamzam Nāshirūn wa-Muwazzi' ūn	زمزم ناشرون وموزعون

续表

中文译名	拉丁字母转写	阿拉伯文或波斯文
舒鲁阁出版社	Dār al-Shurūq lil-Nashr wa-al-Tawzī‘	دار الشروق للنشر والتوزيع
思想出版社	Dār al-Fikr Nāshirūn wa-Muwazzi‘ ūn	دار الفكر ناشرون وموزعون
索法出版社	Dār Ṣafā’ lil-Nashr wa-al-Tawzī‘	دار صفاء للنشر والتوزيع
天主教会印刷所	al-Maṭba‘ ah al-Kāthūlīkīyah	المطبعة الكاثوليكية
瓦铎哈出版社	Dār al-Waḍḍāḥ lil-Nashr wa-al-Tawzī‘	دار الوضاح للنشر والتوزيع
瓦尔德出版社	Ward Book House for Publishing and Distribution（英文）; Dār Ward lil-Nashr wa-al-Tawzī‘	دار ورد للنشر والتوزيع
瓦拉阁出版社	Dār al-Warrāq lil-Nashr wa-al-Tawzī‘	دار الوراق للنشر والتوزيع
瓦拉恭出版社	al-Warrāqūn lil-Nashr	الوراقون للنشر
威法阁出版社	Dār al-Wifāq lil-Nashr wa-al-Tawzī‘	دار الوفاق للنشر والتوزيع
未来出版社	Dār al-Mustaqbal lil-Nashr wa-al-Tawzī‘	دار المستقبل للنشر والتوزيع
文化出版社	Dār al-Thaqāfah lil-Nashr wa-al-Tawzī‘	دار الثقافة للنشر والتوزيع
文化出版书店	Maktabat Dār al-Thaqāfah lil-Nashr wa-al-Tawzī‘	مكتبة دار الثقافة للنشر والتوزيع
文化世界出版社	Dār ‘ Ālam al-Thaqāfah lil-Nashr wa-al-Tawzī‘	دار عالم الثقافة للنشر والتوزيع
沃伊勒出版社	Dār Wā’ il lil-Ṭibā‘ ah wa-al-Nashr wa-al-Tawzī‘	دار وائل للطباعة والنشر والتوزيع
伍撒玛出版社	Dār Usāmah lil-Nashr wa-al-Tawzī‘	دار أسامة للنشر والتوزيع
伍斯拉出版社	Dār al-Usrah lil-Nashr wa-al-Tawzī‘	دار الأسرة للنشر والتوزيع
新约旦研究中心	Markaz al-Urdun al-Jadīd lil-Dirāsāt	مركز الأردن الجديد للدراسات
学术图书中心	Academic Book Center（英文）; Markaz al-Kitāb al-Akādīmī	مركز الكتاب الأكاديمي
雅法出版社	Dār Yāfā lil-Nashr wa-al-Tawzī‘	دار يافا للنشر والتوزيع
叶纳比俄出版社	Dār al-Yanābī‘ lil-Nashr wa-al-Tawzī‘	دار الينابيع للنشر والتوزيع
伊本·赫勒敦出版社	Dār Ibn Khaldūn lil-Nashr wa-al-Tawzī‘	دار ابن خلدون للنشر والتوزيع

续表

中文译名	拉丁字母转写	阿拉伯文或波斯文
伊本·鲁世德出版社	Dār Ibn Rushd lil-Nashr wa-al-Tawzī‘	دار ابن رشد للنشر والتوزيع
伊本·纳斐斯出版社	Dār Ibn al-Nafīs lil-Nashr wa-al-Tawzī‘	دار ابن النفيس للنشر والتوزيع
伊波索尔出版社	Ib ṣār Nāshirūn wa-Muwazzi‘ ūn	إبصار ناشرون وموزعون
伊玛目栽德·本·阿里文化基金会	Mu’ assasat al-Imām Zayd ibn ‘ Alī al-Thaqāfīyah	مؤسسة الإمام زيد بن علي الثقافية
伊思拉出版社	Ithrā’ lil-Nashr wa-al-Tawzī‘	إثراء للنشر والتوزيع
伊斯兰书局	al-Maktab al-Islāmī lil-Ṭibā‘ ah wa-al-Nashr	المكتب الإسلامي للطباعة والنشر
遗产复兴出版社	Dār Iḥyā’ al-Turāth lil-Nashr wa-al-Tawzī‘	دار إحياء التراث للنشر والتوزيع
艺术出版社	Dār al-Funūn	دار الفنون
易玛杜丁出版社	‘ Imād al-Dīn lil-Nashr wa-al-Tawzī ‘ ; Dār ‘ Imād al-Dīn lil-Nashr wa-al-Tawzī‘	عماد الدين للنشر والتوزيع؛ دار عماد الدين للنشر والتوزيع
约旦大学出版社	al-Jāmi‘ ah al-Urdunīyah; Maṭba‘ at al-Jāmi‘ ah al-Urdunīyah	الجامعة الأردنية؛ مطبعة الجامعة الأردنية
约旦国家图书馆	al-Maktabah al-Waṭanīyah	المكتبة الوطنية
约旦国家文献中心	al-Mu’ assasah al-Tawthīqīyah al-Waṭanīyah	المؤسسة التوثيقية الوطنية
约旦哈希姆皇家档案中心	Markaz al-Tawthīq al-Malakī al-Urdunī al-Hāshimī	مركز التوثيق الملكي الأردني الهاشمي
约旦玫瑰出版社	Dār Ward al-Urdunīyah lil-Nashr wa-al-Tawzī‘	دار ورد الأردنية للنشر والتوزيع
约旦文化部	Wizārat al-Thaqāfah fī al-Mamlakah al-Urdunīyah al-Hāshimīyah	وزارة الثقافة في المملكة الأردنية الهاشمية
扎赫兰出版社	Dār Zahrān lil-Nashr wa-al-Tawzī‘	دار زهران للنشر والتوزيع
知识宝藏出版社	Dār Kunūz al-Ma‘ rifah lil-Nashr wa-al-Tawzī‘	دار كنوز المعرفة للنشر والتوزيع
珠宝出版社	al-Jawharah lil-Nashr wa-al-Tawzī‘	الجوهرة للنشر والتوزيع

出版地：安纳巴

中文译名	拉丁字母转写	阿拉伯文或波斯文
阿拉伯徽章出版社	Dār al-Wisām al-‘ Arabī lil-Nashr wa-al-Tawzī‘	دار الوسام العربي للنشر والتوزيع
科学出版社	Dār al-‘ Ulūm lil-Nashr wa-al-Tawzī‘	دار العلوم للنشر والتوزيع
知识印书馆	Maṭba‘ at al-Ma‘ ārif	مطبعة المعارف

出版地：巴比伦

中文译名	拉丁字母转写	阿拉伯文或波斯文
艾波杰德出版公司	Mu’assasat Abjad lil-Tarjamah wa-al-Nashr wa-al-Tawzī‘	مؤسسة أبجد للترجمة والنشر والتوزيع
索迪阁出版社	Dār al-Ṣādiq lil-Nashr wa-al-Tawzī‘	دار الصادق للنشر والتوزيع
索迪阁书店出版社	Manshūrāt Maktabat al-Ṣādiq	منشورات مكتبة الصادق
幼发拉底出版社	Dār al-Furāt lil-Thaqāfah wa-al-I‘ lām	دار الفرات للثقافة والإعلام

出版地：巴卜达

中文译名	拉丁字母转写	阿拉伯文或波斯文
安东尼大学出版社	Antonine University Press（英文）; Manshūrāt al-Jāmi‘ ah al-Anṭūnīyah	منشورات الجامعة الأنطونية
奥斯曼印书馆	al-Maṭba‘ ah al-‘ Uthmānīyah	المطبعة العثمانية
杰玛勒商务公司	Mu’ assasat Jamāl al-Tijārīyah	مؤسسة جمال التجارية
黎巴嫩印书馆	al-Maṭba‘ ah al-Lubnānīyah	المطبعة اللبنانية
艺术出版社	Manshūrāt Dār al-Funūn	منشورات دار الفنون

出版地：巴尔卡

中文译名	拉丁字母转写	阿拉伯文或波斯文
文物宝藏书店	Maktabat Khazā’ in al-Āthār	مكتبة خزائن الآثار

出版地：巴格达

中文译名	拉丁字母转写	阿拉伯文或波斯文
阿德南出版书店	Dār wa-Maktabat ‘Adnān lil-Ṭibā‘ah wa-al-Nashr wa-al-Tawzī‘	دار ومكتبة عدنان للطباعة والنشر والتوزيع
阿拉伯出版社	al-Dār al-‘Arabīyah	الدار العربية
阿拉伯复兴书店	Maktabat al-Nahḍah al-‘Arabīyah lil-Ṭibā‘ah wa-al-Nashr wa-al-Tawzī‘	مكتبة النهضة العربية للطباعة والنشر والتوزيع
阿拉伯觉醒书店	Maktabat al-Yaqẓah al-‘Arabīyah	مكتبة اليقظة العربية
阿拉伯前景出版社	Dār Āfāq ‘Arabīyah lil-Ṣiḥāfah wa-al-Nashr	دار آفاق عربية للصحافة والنشر
阿尼印书馆	Maṭba‘at al-‘Ānī	مطبعة العاني
艾赫里耶书店	al-Maktabah al-Ahlīyah	المكتبة الأهلية
艾斯阿德印书馆	Maṭba‘at As‘ad	مطبعة أسعد
安巴尔出版社	Dār al-Anbār lil-Ṭibā‘ah wa-al-Nashr	دار الأنبار للطباعة والنشر
巴比伦出版社	Dār Bābil lil-Ṭibā‘ah wa-al-Nashr wa-al-Tawzī‘	دار بابل للطباعة والنشر والتوزيع
巴格达出版社	Dār Baghdād lil-Ṭibā‘ah wa-al-Nashr wa-al-Tawzī‘	دار بغداد للطباعة والنشر والتوزيع
巴格达大学出版社	Jāmi‘at Baghdād；Maṭba‘at Jāmi‘at Baghdād	جامعة بغداد؛ مطبعة جامعة بغداد
巴格达省出版社	Manshūrāt Muḥāfaẓat Baghdād	منشورات محافظة بغداد
巴格达图书出版社	Dār Baghdād lil-Kitāb	دار بغداد للكتاب
巴格达印书馆	Maṭba‘at Baghdād	مطبعة بغداد
巴士里出版社	Maṭba‘at Dār al-Baṣrī	مطبعة دار البصري
迪万印刷公司	Sharikat al-Dīwān lil-Ṭibā‘ah	شركة ديوان للطباعة
迪沃尼印书馆	Maṭba‘at al-Dīwānī	مطبعة الديواني

续表

中文译名	拉丁字母转写	阿拉伯文或波斯文
东方之星出版社	Dār Najm al-Mashriq lil-Nashr wa-al-Tawzī‘	دار نجم المشرق للنشر والتوزيع
法兰书店	Maktabat Fārān	مكتبة فاران
高校出版社	al-Dār al-Jāmi‘īyah lil-Ṭibā‘ah wa-al-Nashr wa-al-Tarjamah	الدار الجامعية للطباعة والنشر والترجمة
革命新闻出版社	Dār al-Thawrah lil-Ṣiḥāfah wa-al-Nashr	دار الثورة للصحافة والنشر
革命印书馆	Maṭābi‘ al-Thawrah	مطابع الثورة
格纳迪勒出版社	Dār Qanādīl lil-Nashr wa-al-Tawzī‘	دار قناديل للنشر والتوزيع
共和国出版公司	Sharikat Dār al-Jumhūrīyah lil-Nashr wa-al-Ṭibā‘ah	شركة دار الجمهورية للنشر والطباعة
共和国出版公司	Maṭba‘at Sharikat Dār al-Jumhūrīyah	مطبعة شركة دار الجمهورية
古德斯书店	Maktabat al-Quds	مكتبة القدس
哈沃迪思印书馆	Maṭba‘at al-Ḥawādith	مطبعة الحوادث
贾希兹出版社	Maṭba‘at Dār al-Jāḥiẓ lil-Ṭibā‘ah wa-al-Nashr	مطبعة دار الجاحظ للطباعة والنشر
杰默勒出版社	Manshūrāt al-Jamal	منشورات الجمل
杰沃熙利出版社	Dār al-Jawāhirī lil-Ṭibā‘ah wa-al-Nashr wa-al-Tawzī‘	دار الجواهري للطباعة والنشر والتوزيع
库维提出版社	Dār al-Kūwaytī	دار الكويتي
拉比托印书馆	Maṭābi‘ al-Rābiṭah	مطابع الرابطة
拉菲德胶印厂	Maṭba‘at wa-Ūfsīt Rāfid	مطبعة واوفسيت رافد
拉耶·贝铎出版社	Dār al-Rāyah al-Bayḍā’ lil-Ṭibā‘ah wa-al-Nashr wa-al-Tawzī‘	دار الراية البيضاء للطباعة والنشر والتوزيع
两河流域出版社	Dār al-Rāfidayn lil-Ṭibā‘ah wa-al-Nashr wa-al-Tawzī‘	دار الرافدين للطباعة والنشر والتوزيع
麦达传媒与文化艺术公司	al-Madá lil-I‘lām wa-al-Thaqāfah wa-al-Funūn	المدى للإعلام والثقافة والفنون
曼苏尔出版社	Dār al-Manṣūr	دار المنصور

续表

中文译名	拉丁字母转写	阿拉伯文或波斯文
美索不达米亚出版社	Dār Mīzūbūtāmyā lil-Ṭibā‘ ah wa-al-Nashr wa-al-Tawzī‘	دار ميزوبوتاميا للطباعة والنشر والتوزيع
米纳胶印厂	Maṭba‘ at Ūfsīt al-Mīnā’	مطبعة اوفسيت الميناء
明日出版社	Dār al-Ghad lil-Nashr	دار الغد للنشر
穆尔塔多出版社	Dār al-Murta ḍá lil-Nashr	دار المرتضى للنشر
穆尚纳书店	Maktabat al-Muthanná	مكتبة المثنى
瑙拉斯·巴格达印刷公司	Maṭābi‘ Sharikat Nawras Baghdād lil-Ṭibā‘ ah	مطابع شركة نورس بغداد للطباعة
悭迪出版书店	Maktabat Dār al-Kindī	مكتبة دار الكندي
桑胡利法律与政治科学出版社	Dār al-Sanhūrī al-Qānūnīyah wa-al-‘ Ulūm al-Siyāsīyah	دار السنهوري القانونية والعلوم السياسية
桑胡利书店	Maktabat al-Sanhūrī	مكتبة السنهوري
沙斐阁印书馆	Maṭba‘ at Shafīq	مطبعة شفيق
商务出版有限公司	Sharikat al-Tijārah wa-al-Ṭibā‘ ah al-Maḥdūdah	شركة التجارة والطباعة المحدودة
世界书店	al-Maktabah al-‘ Ālamīyah	المكتبة العالمية
苏图尔出版社	Dār Suṭūr lil-Nashr wa-al-Tawzī‘	دار سطور للنشر والتوزيع
塔斐尤德印书馆	Maṭba‘ at al-Tafayyud	مطبعة التفيد
塔默敦出版社	Dār Maṭba‘ at al-Tamaddun	دار مطبعة التمدن
泰晤士出版公司	Sharikat al-Tāyims lil-Ṭab‘ wa-al-Nashr al-Musāhimah	شركة التايمس للطبع والنشر المساهمة
泰雅尔出版社	Dār al-Tayyār lil-Dirāsāt wa-al-Nashr	دار التيار للدراسات والنشر
瓦法印书馆	Maṭba‘ at al-Wafā’	مطبعة الوفاء
瓦西特出版社	Dār Wāsiṭ lil-Dirāsāt wa-al-Nashr wa-al-Tawzī‘	دار واسط للدراسات والنشر والتوزيع
文化事务与出版局	Dā’ irat al-Shu’ ūn al-Thaqāfīyah wa-al-Nashr	دائرة الشؤون الثقافية والنشر
文化事务总局	Dār al-Shu’ ūn al-Thaqāfīyah al-‘ Āmmah	دار الشؤون الثقافية العامة

续表

中文译名	拉丁字母转写	阿拉伯文或波斯文
现代印书馆	al-Maṭba' ah al-' A ṣrīyah	المطبعة العصرية
新书出版社	Dār al-Kitāb al-Jadīd	دار الكتاب الجديد
新月印书馆	Maṭba' at al-Hilāl	مطبعة الهلال
学术书籍出版社	Dār al-Kutub al-' Ilmīyah lil-Ṭibā' ah wa-al-Nashr wa-al-Tawzī'	دار الكتب العلمية للطباعة والنشر والتوزيع
亚述巴尼拔出版社	Dār Āshūr Bānībāl lil-Ṭibā' ah wa-al-Nashr wa-al-Tawzī'	دار آشور بانيبال للطباعة والنشر والتوزيع
亚述巴尼拔图书	Āshūr Bānībāl lil-Kitāb	آشور بانيبال للكتاب
伊本·艾西尔出版社	Dār Ibn al-Athīr lil-Ṭibā' ah wa-al-Nashr	دار ابن الأثير للطباعة والنشر
伊尔沙德印书馆	Maṭba' at al-Irshād	مطبعة الإرشاد
伊拉克出版有限公司	Sharikat al-Nashr wa-al-Ṭibā' ah al-' Irāqīyah al-Maḥdūdah	شركة النشر والطباعة العراقية المحدودة
伊拉克国家图书档案馆	Dār al-Kutub wa-al-Wathā' iq al-Waṭanīyah	دار الكتب والوثائق الوطنية
伊拉克国家图书馆	al-Maktabah al-Waṭanīyah	المكتبة الوطنية
伊拉克科学院出版社	Maṭba' at al-Majma' al-' Ilmī al-' Irāqī; Maṭbū' at al-Majma' al-' Ilmī al-' Irāqī	مطبعة المجمع العلمي العراقي؛ مطبوعات المجمع العلمي العراقي
伊拉克宣传出版公司	al-Mu' assasah al-' Irāqīyah lil-Di ' āyah wa-al-Ṭibā' ah	المؤسسة العراقية للدعاية والطباعة
伊斯兰出版社	Dār al-Islām lil-Ṭibā' ah wa-al-Nashr	دار الإسلام للطباعة والنشر
英提索尔印书馆	Maṭba' at al-Inti ṣār	مطبعة الانتصار
幼发拉底印书馆	Maṭba' at al-Furāt	مطبعة الفرات
扎曼出版社	Maṭba' at Dār al-Zamān	مطبعة دار الزمان
政府印务处	Maṭba' at al-Ḥukūmah	مطبعة الحكومة
知识印书馆	Maṭba' at al-Ma' ārif	مطبعة المعارف

续表

中文译名	拉丁字母转写	阿拉伯文或波斯文
智慧宫	Bayt al-Ḥikmah	بيت الحكمة
自由出版社	Dār al-Ḥurrīyah lil-Ṭibā' ah	دار الحرية للطباعة

出版地：巴卡加比耶

中文译名	拉丁字母转写	阿拉伯文或波斯文
白彦印书馆	Maṭba' at al-Bayān	مطبعة البيان
创意出版社	Ibdā' lil-Nashr wa-al-Tawzī'	إبداع للنشر والتوزيع
沙姆斯出版社	Manshūrāt Shams	منشورات شمس
沃迪出版社	Maṭba' at al-Wādī lil-Ṭibā' ah wa-al-Nashr	مطبعة الوادي للطباعة والنشر
叶撒尔出版社	Manshūrāt al-Yasār	منشورات اليسار

出版地：巴黎

中文译名	拉丁字母转写	阿拉伯文或波斯文
阿拉伯出版社	Dār al-' Arab	دار العرب
阿拉伯欧洲出版公司	al-Mu' assasah al-' Arabīyah al-ūrūbīyah lil-Nashr	المؤسسة العربية الأوروبية للنشر
阿拉伯欧洲研究中心	Euro Arab Center for Studies（英文）；Markaz al-Dirāsāt al-' Arabī al-ūrūbbī	مركز الدراسات العربي الأوروبي
阿拉伯世界研究所	L' Institut du Monde Arabe（法文）；Ma' had al-' Ālam al-' Arabī	معهد العالم العربي
艾斯玛尔出版社	Manshūrāt Asmār	منشورات أسمار
安巴尔出版社	Dār al-Anbār	دار الأنبار
安米·艾什拉夫印刷厂	al-Maṭba' al-' Āmmī al-Ashraf	المطبع العامي الأشرف
巴黎中东研究中心	Markaz Dirāsāt al-Sharq al-Awsaṭ bi-Bārīs	مركز دراسات الشرق الأوسط بباريس
碧波里安出版社	Dar Byblion（英文）；Dār Bībliyūn	دار بيبليون

续表

中文译名	拉丁字母转写	阿拉伯文或波斯文
东方报业出版公司	al-Sharikah al-Sharqīyah al-ʻAmalīyah lil-Ṣiḥāfah wa-al-Nashr	الشركة الشرقية العملية للصحافة والنشر
东方出版社	al-Manshūrāt al-Sharqīyah	المنشورات الشرقية
东方书店	Maktabat al-Sharq	مكتبة الشرق
菲尔曼·迪多兄弟出版社	Typographie de Firmin Didot Frères（法文）；Maṭbaʻ al-Akhwayn Fīrmān Dīdūh	مطبع الأخوين فيرمان ديدوه
复兴研究与文献中心	Markaz al-Nahḍah lil-Dirāsāt wa-al-Tawthīq	مركز النهضة للدراسات والتوثيق
皇家印刷厂	L' Imprimerie Royale（法文）；Dār al-Ṭibāʻ ah al-Sulṭānīyah	دار الطباعة السلطانية
杰特尼尔世界出版社	Dār al-Nashr al-ʻĀlamīyah Jatnīr	دار النشر العالمية جتنير
凯拉旺出版社	Dār al-Karawān	دار الكروان
拉玛棠出版社	L' Harmattan（法文）；Lārmātān；Manshūrāt Lārmatān	لارماتان؛ منشورات لارمتان
利雅得·雷伊斯图书	Riad El-Rayyes Books（英文）；Riyāḍ al-Rayyis lil-Kutub wa-al-Nashr	رياض الريس للكتب والنشر
穆塔纳比出版社	Dār al-Mutanabbī	دار المتنبي
欧韦达特出版社	Manshūrāt ʻUwaydāt	منشورات عويدات
世界文化中心	Dār Thaqāfāt al-ʻĀlam	دار ثقافات العالم
思想出版社	Dār al-Fikr lil-Dirāsāt wa-al-Nashr wa-al-Tawzīʻ	دار الفكر للدراسات والنشر والتوزيع
乌拉波出版社	Manshūrāt Ūrāb	منشورات أوراب
艺术与设计出版社	Dār al-Funūn wa-al-Ṣināʻ āt al-Khaṭṭīyah	دار الفنون والصناعات الخطية

出版地：巴士拉

中文译名	拉丁字母转写	阿拉伯文或波斯文
艾赫里耶书店出版社	Dār al-Maktabah al-Ahlīyah	دار المكتبة الأهلية

续表

中文译名	拉丁字母转写	阿拉伯文或波斯文
巴士拉大学出版社	Jāmi‘ at al-Baṣrah; Maṭba‘ at Jāmi‘ at al-Baṣrah	جامعة البصرة؛ مطبعة جامعة البصرة
巴士拉文化图书公司	Mu’ assasat al-Baṣrah lil-Kitāb al-Thaqāfī	مؤسسة البصرة للكتاب الثقافي
巴士拉文人与作家联盟	Ittiḥād al-Udabā’ wa-al-Kuttāb fī al-Baṣrah	اتحاد الأدباء والكتاب في البصرة
巴士拉印书馆	Maṭba‘ at al-Baṣrah	مطبعة البصرة
费哈出版社	Dār al-Fayḥā’ lil-Ṭibā‘ ah wa-al-Nashr wa-al-Tawzī‘	دار الفيحاء للطباعة والنشر والتوزيع
哈达德印书馆	Maṭba‘ at Ḥaddād	مطبعة حداد
加迪尔印书馆	Maṭba‘ at al-Ghadīr	مطبعة الغدير
加迪尔印刷出版有限公司	Sharikat al-Ghadīr lil-Ṭibā‘ ah wa-al-Nashr al-Maḥdūdah	شركة الغدير للطباعة والنشر المحدودة
麦哈茂迪耶印书馆	al-Maṭba‘ ah al-Maḥmūdīyah	المطبعة المحمودية
穆阿格丁出版社	al-Mu‘ aqqadīn lil-Nashr wa-al-Tawzī‘	المعقدين للنشر والتوزيع
塞厄尔印书馆	Maṭba‘ ah al-Thaghr	مطبعة الثغر
沙赫拉雅尔出版社	Dār Shahrayār	دار شهريار
沙希德基金会	Mu’ assasat al-Shahīd	مؤسسة الشهيد
思想出版社	Dār al-Fikr lil-Nashr wa-al-Tawzī‘	دار الفكر للنشر والتوزيع
瓦拉恭出版社	Dār Warrāqūn lil-Nashr wa-al-Tawzī‘	دار وراقون للنشر والتوزيع
现代印刷出版社	Dār al-Ṭibā‘ ah al-Ḥadīthah	دار الطباعة الحديثة
艺术文学出版社	Dār al-Funūn wa-al-Ādāb lil-Ṭibā‘ ah wa-al-Nashr wa-al-Tawzī‘	دار الفنون والآداب للطباعة والنشر والتوزيع
扎赫拉出版社	Dār al-Zahrā’	دار الزهراء

出版地：班加西

中文译名	拉丁字母转写	阿拉伯文或波斯文
安达卢西书店出版社	Dār Maktabat al-Andalus	دار مكتبة الأندلس
白尔伽维书店	Maktabat al-Barqāwī	مكتبة البرقاوي
白彦出版社	Dār al-Bayān lil-Nashr wa-al-Tawzī‘ wa-al-I‘ lān	دار البيان للنشر والتوزيع والإعلان
班加西大学出版社	Jāmi‘ at Banghāzī	جامعة بنغازي
比尔尼特什图书出版社	Dār Birnītshī lil-Kitāb	دار برنيتشي للكتاب
法迪勒出版书店	Dār wa-Maktabat al-Faḍīl lil-Nashr wa-al-Tawzī‘	دار ومكتبة الفضيل للنشر والتوزيع
革命印书馆	Maṭābi‘ al-Thawrah	مطابع الثورة
共和国思想学术界	Akādīmīyat al-Fikr al-Jamāhīrī	أكاديمية الفكر الجماهيري
古利纳书店	Maktabat Qūrīnā	مكتبة قورينا
汉尼拔出版社	Dār Hānībāl lil-Nashr wa-al-Tawzī‘	دار هانيبال للنشر والتوزيع
胡撒姆出版社	Dār al-ḥusām lil-Nashr wa-al-Tawzī‘	دار الحسام للنشر والتوزيع
吉恩出版社	Dār Jīn lil-Ṭibā‘ ah wa-al-Nashr wa-al-Tawzī‘	دار جين للطباعة والنشر والتوزيع
加里欧尼斯大学出版社	Manshūrāt Jāmi‘ at Qāryūnis	منشورات جامعة قاريونس
经济科学研究中心	Markaz Buḥūth al-‘ Ulūm al-Iqtiṣādīyah	مركز بحوث العلوم الإقتصادية
利比亚出版社	Dār Lībīyā lil-Nashr wa-al-Tawzī‘	دار ليبيا للنشر والتوزيع
利比亚大学出版社	Manshūrāt al-Jāmi‘ ah al-Lībīyah	منشورات الجامعة الليبية
利比亚国家图书馆	al-Maktabah al-Waṭanīyah; Dār al-Kutub al-Waṭanīyah	المكتبة الوطنية؛ دار الكتب الوطنية
利比亚吉哈德历史研究中心	Markaz Jihād al-Lībīyīn lil-Dirāsāt al-Tārīkhīyah	مركز جهاد الليبيين للدراسات التاريخية
骆驼出版社	Dār al-Ibl lil-Nashr wa-al-Tawzī‘	دار الإبل للنشر والتوزيع

续表

中文译名	拉丁字母转写	阿拉伯文或波斯文
绿皮书世界研究中心	al-Markaz al-ʻĀlamī li-Dirāsāt wa-Abḥāth al-Kitāb al-Akhḍar	المركز العالمي لدراسات وأبحاث الكتاب الأخضر
麦纳尔出版社	Dār al-Manār lil-Ṭibāʻah wa-al-Nashr	دار المنار للطباعة والنشر
努恩培训咨询中心	Dār Nūn lil-Tadrīb wa-al-Istishārāt	دار نون للتدريب والإستشارات
人民出版社	Dār al-Shaʻb lil-Ṭibāʻah wa-al-Nashr	دار الشعب للطباعة والنشر
撒基耶出版社	Dār al-Sāqīyah lil-Nashr	دار الساقية للنشر
世界伊斯兰宣教协会	World Islamic Call Society（英文）；Jamʻīyat al-Daʻwah al-Islāmīyah al-ʻĀlamīyah	جمعية الدعوة الإسلامية العالمية
未来先锋出版公司	Sharikat Rūwād al-Mustaqbal lil-Nashr wa-al-Tawzīʻ wa-al-Iʻlān	شركة رواد المستقبل للنشر والتوزيع والإعلان
文化总局	al-Hay'ah al-ʻĀmmah lil-Thaqāfah	الهيئة العامة للثقافة
伊斯兰轴心出版社	Dār al-Madār al-Islāmī	دار المدار الإسلامي

出版地：贝鲁特

中文译名	拉丁字母转写	阿拉伯文或波斯文
阿拉比耶科学出版社	al-Dār al-ʻArabīyah lil-ʻUlūm Nāshirūn	الدار العربية للعلوم ناشرون
阿拉伯百科全书出版社	al-Dār al-ʻArabīyah lil-Mawsūʻāt	الدار العربية للموسوعات
阿拉伯出版社	Dār al-Arabīyah lil-Ṭibāʻah wa-al-Nashr	دار العربية للطباعة والنشر والتوزيع
阿拉伯传播基金会	Mu'assasat al-Intishār al-ʻArabī	مؤسسة الإنتشار العربي
阿拉伯翻译组织	Arab Organization for Translation（英文）；al-Munaẓẓamah al-ʻArabīyah lil-Tarjamah	المنظمة العربية للترجمة
阿拉伯复兴出版社	Dār al-Nahḍah al-ʻArabīyah lil-Ṭibāʻah wa-al-Nashr wa-al-Tawzīʻ	دار النهضة العربية للطباعة والنشر والتوزيع
阿拉伯进步出版公司	Sharikat al-Taqaddum al-ʻArabī lil-Ṣiḥāfah wa-al-Ṭibāʻah wa-al-Nashr	شركة التقدم العربي للصحافة والطباعة والنشر

续表

中文译名	拉丁字母转写	阿拉伯文或波斯文
阿拉伯进步出版社	Dār al-Taqaddum al-' Arabī	دار التقدم العربي
阿拉伯进程出版社	Dār al-Masār al-' Arabīyah	دار المسار العربية
阿拉伯科学出版社	Dār al-' Ulūm al-' Arabīyah lil-Ṭibā' ah wa-al-Nashr	دار العلوم العربية للطباعة والنشر
阿拉伯历史出版公司	Mu' assasat al-Tārīkh al-' Arabī lil-Ṭibā' ah wa-al-Nashr wa-al-Tawzī'	مؤسسة التاريخ العربي للطباعة والنشر والتوزيع
阿拉伯思想出版社	Dār al-Fikr al-' Arabī lil-Ṭibā' ah wa-al-Nashr wa-al-Tawzī'	دار الفكر العربي للطباعة والنشر والتوزيع
阿拉伯统一研究中心	Markaz Dirāsāt al-Waḥdah al-' Arabīyah	مركز دراسات الوحدة العربية
阿拉伯图书出版社	Dār al-Kitāb al-' Arabī lil-Ṭibā' ah wa-al-Nashr wa-al-Tawzī'	دار الكتاب العربي للطباعة والنشر والتوزيع
阿拉伯文化联合出版社	Dār al-Ittiḥād al-Thaqāfī al-' Arabī	دار الاتحد الثقافي العربي
阿拉伯文化中心	al-Markaz al-Thaqāfī al-' Arabī	المركز الثقافي العربي
阿拉伯文明出版社	Dār al-Ḥaḍārah al-' Arabīyah	دار الحضارة العربية
阿拉伯文选出版社	Dār al-Muntakhab al-' Arabī lil-Dirāsāt wa-al-Nashr wa-al-Tawzī'	دار المنتخب العربي للدراسات والنشر والتوزيع
阿拉伯先驱出版社	Dār al-Rā' id al-' Arabī	دار الرائد العربي
阿拉伯新闻出版传媒公司	al-Sharikah al-' Arabīyah lil-Ṣiḥāfah wa-al-Nashr wa-al-I' lām	الشركة العربية للصحافة والنشر والإعلام
阿拉伯信息中心	al-Markaz al-' Arabī lil-Ma' lūmāt	المركز العربي للمعلومات
阿拉伯研究与出版公司	al-Mu' assasah al-' Arabīyah lil-Dirāsāt wa-al-Nashr	المؤسسة العربية للدراسات والنشر
阿拉伯研究与出版网	Arab Network for Research and Publishing（英文）；al-Shabakah al-' Arabīyah lil-Abḥāth wa-al-Nashr	الشبكة العربية للأبحاث والنشر

续表

中文译名	拉丁字母转写	阿拉伯文或波斯文
阿拉伯遗产复兴出版社	Dār Iḥyā' al-Turāth al-' Arabī lil-Ṭibā' ah wa-al-Nashr wa-al-Tawzī'	دار إحياء التراث العربي للطباعة والنشر والتوزيع
阿拉伯意识出版社	Dār al-Wa' y al-' Arabī	دار الوعى العربي
阿拉伯友谊出版社	Dār al-Ṣadāqah al-' Arabīyah	دار الصداقة العربية
阿拉伯政策研究中心	al-Markaz al-' Arabī lil-Abḥāth wa-Dirāsat al-Siyāsāt	المركز العربي للأبحاث ودراسة السياسات
阿拉伯字母出版社	Dār al-Ḥarf al-' Arabī lil-Ṭibā' ah wa-al-Nashr wa-al-Tawzī'	دار الحرف العربي للطباعة والنشر والتوزيع
阿利夫印刷公司	Mu' assasat al-' Ārif lil-Maṭbū' āt	مؤسسة العارف للمطبوعات
阿施塔尔出版社	' Ashtār lil-Ṭibā' ah wa-al-Nashr wa-al-Tawzī'	عشتار للطباعة والنشر والتوزيع
阿特拉斯出版翻译文化产品公司	Aṭlas lil-Nashr wa-al-Tarjamah wa-al-Intāj al-Thaqāfī	أطلس للنشر والترجمة والإنتاج الثقافي
阿谢特·安东尼出版公司	Hachette Antoine（英文）；Hāshīt Anṭwān	هاشيت أنطوان
阿雅出版社	Dār Āyah	دار آية
阿札勒出版社	Dār Āzāl lil-Ṭibā' ah wa-al-Nashr wa-al-Tawzī'	دار آزال للطباعة والنشر والتوزيع
艾得沃出版社	Dār al-Aḍwā' lil-Ṭibā' ah wa-al-Nashr wa-al-Tawzī'	دار الأضواء للطباعة والنشر والتوزيع
艾尔格姆·本·艾比·艾尔格姆出版公司	Sharikat Dār al-Arqam ibn Abī al-Arqam lil-Ṭibā' ah wa-al-Nashr wa-al-Tawzī'	شركة دار الأرقم بن أبي الأرقم للطباعة والنشر والتوزيع
艾俄拉米印刷公司	Sharikat al-A' lamī lil-Maṭbū' āt; Mu' assasat al-A' lamī lil-Maṭbū' āt	شركة الأعلمي للمطبوعات؛ مؤسسة الأعلمي للمطبوعات
艾哈拔波出版社	Dār al-Aḥbāb lil-Ṭibā' ah wa-Nashr wa-al-Tawzī'	دار الأحباب للطباعة والنشر والتوزيع

续表

中文译名	拉丁字母转写	阿拉伯文或波斯文
艾赫里耶出版社	al-Ahlīyah lil-Nashr wa-al-Tawzī‘	الأهلية للنشر والتوزيع
艾赫里耶书店	al-Maktabah al-Ahlīyah	المكتبة الأهلية
艾赫里耶书店出版社	Dār al-Maktabah al-Ahlīyah lil-Ṭibā‘ah wa-al-Nashr	دار المكتبة الأهلية للطباعة والنشر
艾吉雅勒编辑翻译出版公司	Mu’assasat al-Ajyāl lil-Ta’līf wa-al-Tarjamah wa-al-Nashr	مؤسسة الأجيال للتأليف والترجمة والنشر
艾斯蒂凡书店	Maktabat Asṭifān	مكتبة أسطفان
艾索拉出版社	Aṣālah lil-Nashr wa-al-Tawzī‘; Dār Aṣālah lil-Nashr wa-al-Tawzī‘	أصالة للنشر والتوزيع؛ دار أصالة للنشر والتوزيع
安达卢西出版社	Dār al-Andalus lil-Ṭibā‘ah wa-al-Nashr wa-al-Tawzī‘	دار الأندلس للطباعة والنشر والتوزيع
敖达出版社	Dār al-‘Awdah lil-Ṣiḥāfah wa-al-Ṭibā‘ah wa-al-Nashr	دار العودة للصحافة والطباعة والنشر
奥里雅出版社	Dār al-Awliyā’ lil-Ṭibā‘ah wa-al-Nashr wa-al-Tawzī‘	دار الأولياء للطباعة والنشر والتوزيع
奥札仪出版社	Dār al-Awzā‘ī lil-Ṭibā‘ah wa-al-Nashr wa-al-Tawzī‘	دار الأوزاعي للطباعة والنشر والتوزيع
巴勒斯坦百科全书委员会	Hay’at al-Mawsū‘ah al-Filastīnīyah	هيئة الموسوعة الفلسطينية
巴勒斯坦研究基金会	Mu’assasat al-Dirāsāt al-Filasṭīnīyah	مؤسسة الدراسات الفلسطينية
拔鲁迪出版社	Dār al-Bārūdī lil-Ṭibā‘ah wa-al-Nashr	دار البارودي للطباعة والنشر
白拉阁出版公司	Mu’assasat al-Balāgh lil-Ṭibā‘ah wa-al-Nashr wa-al-Tawzī‘	مؤسسة البلاغ للطباعة والنشر والتوزيع
白纳恩出版社	Dār al-Banān lil-Ṭibā‘ah wa-al-Tasjīl wa-al-Nashr wa-al-Tawzī‘	دار البنان للطباعة والتسجيل والنشر والتوزيع
白索伊尔出版书店	Dār wa-Maktabat al-Baṣā’ir lil-Ṭibā‘ah wa-al-Nashr wa-al-Tawzī‘	دار ومكتبة البصائر للطباعة والنشر والتوزيع
白雅利阁出版社	Dār al-Bayāriq lil-Ṭibā‘ah wa-al-Nashr wa-al-Tawzī‘	دار البيارق للطباعة والنشر والتوزيع

续表

中文译名	拉丁字母转写	阿拉伯文或波斯文
贝鲁特阿拉伯大学出版社	Jāmi' at Bayrūt al-' Arabīyah	جامعة بيروت العربية
贝鲁特出版社	Dār Bayrūt lil-Ṭibā' ah wa-al-Nashr	دار بيروت للطباعة والنشر
贝依纳出版社	Dār al-Bayyinah lil-Ṭibā' ah wa-al-Nashr	دار البينة للطباعة والنشر
比哈尔出版社	Dār al-Biḥār lil-Ṭabā' ah wa-al-Nashr	دار البحار للطباعة والنشر
比桑出版社	Bīsān lil-Nashr wa-al-Tawzī'	بيسان للنشر والتوزيع
比桑书店	Maktabat Bīsān lil-Nashr wa-al-Tawzī' wa-al-I ' lām	مكتبة بيسان للنشر والتوزيع والإعلام
毕鲁尼出版社	Dār al-Bīrūnī lil-Ṭibā' ah wa-al-Nashr wa-al-Tawzī'	دار البيروني للطباعة والنشر والتوزيع
船帆出版公司	Mu' assasat al-Shirā' lil-Nashr wa-al-Tawzī'	مؤسسة الشراع للنشر والتوزيع
创意出版社	Dār al-Ibdā'	دار الإبداع
创意研究与出版社	Ibdā' lil-Dirāsāt wa-al-Nashr	إبداع للدراسات والنشر
大众知识出版社	Dār al-' Ilm lil-Malāyīn	دار العلم للملايين
当代思想出版社	Dār al-Fikr al-Mu' āṣir lil-Ṭibā' ah wa-al-Nashr wa-al-Tawzī'	دار الفكر المعاصر للطباعة والنشر والتوزيع
德国东方研究所	Das Orient-Institut Beirut（德文）; al-Ma' had al-Almānī lil-Abḥāth al-Sharqīyah	المعهد الألماني للأبحاث الشرقية
地中海出版社	Manshūrāt Baḥr al-Mutawassiṭ	منشورات بحر المتوسط
狄法夫出版社	Manshūrāt Ḍifāf	منشورات ضفاف
狄雅出版社	Dār al-Ḍiyā' lil-Ṭibā' ah wa-al-Nashr wa-al-Tawzī'	دار الضياء للطباعة والنشر والتوزيع
东方书店	al-Maktabah al-Sharqīyah	المكتبة الشرقية
东西出版社	Sharq Gharb lil-Nashr	شرق غرب للنشر
读者出版社	Dār al-Qāri' lil-Ṭibā' ah wa-al-Nashr wa-al-Tawzī'	دار القارئ للطباعة والنشر والتوزيع

续表

中文译名	拉丁字母转写	阿拉伯文或波斯文
法拉比出版社	Dār al-Fārābī lil-Nashr wa-al-Tawzī‘	دار الفارابي للنشر والتوزيع
法拉迪斯出版社	Farādīs lil-Nashr wa-al-Tawzī‘	فراديس للنشر والتوزيع
法拉沙出版公司	Sharikat Dār al-Farāshah lil-Ṭibā‘ah wa-al-Nashr wa-al-Tawzī‘	شركة دار الفراشة للطباعة والنشر والتوزيع
法特哈出版社	Dār al-Fatḥ lil-Ṭibā‘ah wa-al-Nashr	دار الفتح للطباعة والنشر
非洲阿拉伯出版社	al-Dār al-Afrīqīyah al-‘Arabīyah	الدار الأفريقية العربية
费哈出版社	Dār al-Fayḥā’ lil-Ṭibā‘ah wa-al-Nashr wa-al-Tawzī‘	دار الفيحاء للطباعة والنشر والتوزيع
弗朗兹·施泰纳出版社	Franz Steiner Verlag（德文）; Dār al-Nashr Frāntis Shitāyinir	دار النشر فرانتس شتاينر
高校书店	Maktabat al-Jāmi‘ah	مكتبة الجامعة
高校薪金出版社	Dār al-Rātib al-Jāmi‘īyah	دار الراتب الجامعية
高校研究与出版公司	al-Mu’assasah al-Jāmi‘īyah lil-Dirāsāt wa-al-Nashr wa-al-Tawzī‘	المؤسسة الجامعية للدراسات والنشر والتوزيع
格拉姆出版社	Dār al-Qalam lil-Nashr wa-al-Tawzī‘	دار القلم للنشر والتوزيع
公共图书馆	al-Maktabah al-‘Umūmīyah	المكتبة العمومية
古德斯出版社	Dār al-Quds	دار القدس
古兰学基金会	Mu’assasat ‘Ulūm al-Qur’ān	مؤسسة علوم القرآن
国际学术界	Academia International（英文）; Akādīmiyā Intirnāshyūnāl	أكاديميا انترناشيونال
国际伊斯兰思想研究所	International Institute of Islamic Thought（英文）; al-Ma‘had al-‘Ālamī lil-Fikr al-Islāmī	المعهد العالمي للفكر الإسلامي
国家研究与出版发行中心	Markaz al-Waṭanī lil-Dirāsāt wa-al-Ṭibā‘ah wa-al-Nashr wa-al-Tawzī‘	المركز الوطني للدراسات والطباعة والنشر والتوزيع
哈达塞出版社	Dār al-Ḥadāthah lil-Ṭibā‘ah wa-al-Nashr wa-al-Tawzī‘	دار الحداثة للطباعة والنشر والتوزيع

续表

中文译名	拉丁字母转写	阿拉伯文或波斯文
哈达伊阁出版社	Dār al-Ḥadā' iq lil-Ṭibā' ah wa-al-Nashr wa-al-Tawzī'	دار الحدائق للطباعة والنشر والتوزيع
哈迪出版社	Dār al-Hādī lil-Ṭibā' ah wa-al-Nashr wa-al-Tawzī'	دار الهادي للطباعة والنشر والتوزيع
哈迪塞书店	al-Maktabah al-Ḥadīthah lil-Ṭibā' ah wa-al-Nashr	المكتبة الحديثة للطباعة والنشر
哈迪斯出版社	Dār al-Ḥadīth lil-Ṭibā' ah wa-al-Nashr wa-al-Tawzī'	دار الحديث للطباعة والنشر والتوزيع
哈拉比法律出版社	Manshūrāt al-Ḥalabī al-ḥuqūqīyah	منشورات الحلبي الحقوقية
哈姆拉出版社	Dār al-Ḥamrā' lil-Ṭibā' ah wa-al-Nashr	دار الحمراء للطباعة والنشر
亥雅勒出版社	Dār al-Khayyāl lil-Ṭibā' ah wa-al-Nashr wa-al-Tawzī'	دار الخيال للطباعة والنشر والتوزيع
徽章出版社	Dār al-Wisām lil-Ṭibā' ah wa-al-Nashr wa-al-Tawzī'	دار الوسام للطباعة والنشر والتوزيع
吉勒出版社	Dār al-Jīl lil-Ṭibā' ah wa-al-Nashr wa-al-Tawzī'	دار الجيل للطباعة والنشر والتوزيع
加迪尔研究与出版发行中心	Markaz al-Ghadīr lil-Dirāsāt wa-al-Nashr wa-al-Tawzī'	مركز الغدير للدراسات والنشر والتوزيع
迦问出版社	Dār al-Ghāwūn lil-Nashr wa-al-Tawzī'	دار الغاوون للنشر والتوزيع
杰达威勒出版社	Jadāwil lil-Nashr wa-al-Tarjamah wa-al-Tawzī'	جداول للنشر والترجمة والتوزيع
杰迪德出版公司	Mu' assasat Dār al-Jadīd	مؤسسة دار الجديد
杰迪德出版社	Dār al-Jadīd	دار الجديد
杰鲁斯出版社	Jarrous Press（英文）；Jarrūs Briss	جروس برس
杰玛勒出版公司	Mu' assasat Jamāl lil-Ṭibā' ah wa-al-Nashr	مؤسسة جمال للطباعة والنشر
杰密拉艺术咨询出版公司	Dār al-Funūn al-Jamīlah lil-Istishārāt wa-al-Nashr	دار الفنون الجميلة للاستشارات والنشر
杰默勒出版社	Manshūrāt al-Jamal	منشورات الجمل

续表

中文译名	拉丁字母转写	阿拉伯文或波斯文
杰沃德·艾伊玛出版社	Dār Jawād al-A' immah	دار جواد الأئمة
经济印书馆	Maṭba' at al-Iqtiṣād	مطبعة الاقتصاد
凯里玛出版社	Dār al-Kalimah	دار الكلمة
凯沙夫出版社	Dār al-Kashshāf lil-Nashr wa-al-Ṭibā' ah wa-al-Tawzī'	دار الكشاف للنشر والطباعة والتوزيع
凯沙夫书店及其印书馆	Maktabat al-Kashshūf wa-Maṭba' tuhā	مكتبة الكشاف ومطبعتها
康安出版社	Dār Kan ' ān lil-Dirāsāt wa-al-Nashr wa-al-Tawzī'	دار كنعان للدراسات والنشر والتوزيع
科尔多瓦出版社	Dār Qurṭubah	دار قرطبة
科学出版社	Dār al-' Ilm lil-Ṭibā' ah wa-al-Nashr wa-al-Tawzī'	دار العلم للطباعة والنشر والتوزيع
科学书店	al-Maktabah al-' Ilmīyah	المكتبة العلمية
科学校勘与出版发行社	Dār al-' Ulūm lil-Taḥqīq wa-al-Ṭibā' ah wa-al-Nashr wa-al-Tawzī'	دار العلوم للتحقيق والطباعة والنشر والتوزيع
库凡出版社	Dār Kūfān lil-Nashr	دار كوفان للنشر
拉默克出版社	Dār al-Ramak lil-Nashr	دار الرمك للنشر
拉沙德出版公司	Sharikat Rashād Briss lil-Ṭibā' ah wa-al-Nashr wa-al-Tawzī'	شركة رشاد برس للطباعة والنشر والتوزيع
拉沙德出版社	Rashād Briss lil-Ṭibā' ah wa-al-Nashr wa-al-Tawzī'	رشاد برس للطباعة والنشر والتوزيع
拉什德出版社	Dār al-Rāshid lil-Ṭibā' ah wa-al-Nashr wa-al-Tawzī'	دار الراشد للطباعة والنشر والتوزيع
拉苏勒·艾克拉姆出版社	Dār al-Rasūl al-Akram	دار الرسول الأكرم
拉提波出版社	Dār al-Rātib Nāshirūn	دار الراتب ناشرون
拉沃菲德出版社	Dār Rawāfid lil-Ṭibā' ah wa-al-Nashr wa-al-Tawzī'	دار روافد للطباعة والنشر والتوزيع

续表

中文译名	拉丁字母转写	阿拉伯文或波斯文
拉雅希恩出版社	Dār al-Rayāḥīn lil-Nashr wa-al-Tawzī‘	دار الرياحين للنشر والتوزيع
雷彦出版公司	Mu' assasat al-Rayyān lil-Ṭibā' ah wa-al-Nashr wa-al-Tawzī‘	مؤسسة الريان للطباعة والنشر والتوزيع
黎巴嫩书店	Maktabat Lubnān Nāshirūn	مكتبة لبنان ناشرون
黎巴嫩水源出版社	Dār al-Manhal al-Lubnānī lil-Ṭibā' ah wa-al-Nashr	دار المنهل اللبناني للطباعة والنشر
黎巴嫩思想出版社	Dār al-Fikr al-Lubnānī lil-Ṭibā' ah wa-al-Nashr wa-al-Tawzī‘	دار الفكر اللبناني للطباعة والنشر والتوزيع
黎巴嫩图书出版社	Dār al-Kitāb al-Lubnānī lil-Ṭibā' ah wa-al-Nashr wa-al-Tawzī‘	دار الكتاب اللبناني للطباعة والنشر والتوزيع
黎巴嫩印书馆	al-Maṭba' ah al-Lubnānīyah	المطبعة اللبنانية
黎巴嫩珍奇出版社	Dār al-Nawādir al-Lubnānīyah	دار النوادر اللبنانية
里程碑出版社	Dār al-Ma' ālim lil-Ṭibā' ah wa-al-Nashr	دار المعالم للطباعة والنشر
里沃出版社	Dār al-Liwā' lil-Ṣiḥāfah wa-al-Nashr	دار اللواء للصحافة والنشر
利萨拉出版公司	Mu' assasat al-Risālah lil-Ṭibā' ah wa-al-Nashr wa-al-Tawzī‘	مؤسسة الرسالة للطباعة والنشر والتوزيع
利雅得·雷伊斯图书	Riad El-Rayyes Books（英文）; Riyāḍ al-Rayyis lil-Kutub wa-al-Nashr	رياض الريس للكتب والنشر
联合新书出版社	Dār al-Kitāb al-Jadīd al-Muttaḥidah	دار الكتاب الجديد المتحدة
两河流域出版社	Dār al-Rāfidayn lil-Ṭibā' ah wa-al-Nashr wa-al-Tawzī‘	دار الرافدين للطباعة والنشر والتوزيع
鲁阿出版公司	Sharikat Dār Ru' á	شركة دار رؤى
鲁阿出版社	Dār Ru' á lil-Ṭibā' ah wa-al-Nashr	دار رؤى للطباعة والنشر
鲁基出版社	Dār al-Ruqī lil-Ṭibā' ah wa-al-Nashr wa-al-Tawzī‘	دار الرقي للطباعة والنشر والتوزيع
鲁克恩出版社	Dār al-Rukn lil-Ṭibā' ah wa-al-Nashr	دار الركن للطباعة والنشر

续表

中文译名	拉丁字母转写	阿拉伯文或波斯文
鲁世德出版社	Dār al-Rushd	دار الرشد
马纳熙勒·易尔凡基金会	Mu' assasat Manāhil al-' Irfān	مؤسسة مناهل العرفان
马什里克出版社	Dār al-Mashriq lil-Nashr	دار المشرق للنشر
马沃基夫出版社	Manshūrāt Mawāqif	منشورات مواقف
麦达出版社	Dār al-Madá lil-Ṭibā' ah wa-al-Nashr	دار المدى للطباعة والنشر
麦达传媒与文化艺术出版社	Dār al-Madá lil-I ' lām wa-al-Thaqāfah wa-al-Funūn	دار المدى للإعلام والثقافة والفنون
麦伽斯德出版社	Dār al-Maqāṣid lil-Ta' līf wa-al-Ṭibā' ah wa-al-Nashr	دار المقاصد للتأليف والطباعة والنشر
麦哈杰·贝铎出版社	Dār al-Maḥajjah al-Bayḍā' lil-Ṭibā' ah wa-al-Nashr wa-al-Tawzī'	دار المحجة البيضاء للطباعة والنشر والتوزيع
麦吉德出版社	Dār al-Majd lil-Nashr wa-al-Tawzī'	دار المجد للنشر والتوزيع
麦克舒夫出版社	Dār al-Makshūf	دار المكشوف
麦纳尔公司	Mu' assasat al-Manār	مؤسسة المنار
麦纳熙勒出版社	Dār al-Manāhil lil-Ṭibā' ah wa-al-Nashr wa-al-Tawzī'	دار المناهل للطباعة والنشر والتوزيع
麦撒尔出版社	Dār al-Masār lil-Nashr wa-al-Abḥāth wa-al-Tawthīq	دار المسار للنشر والبحاث والتوثيق
麦特布阿特出版公司	Sharikat al-Maṭbū' āt lil-Tawzī' wa-al-Nashr	شركة المطبوعات للتوزيع والنشر
麦瓦达翻译校勘出版社	Dār al-Mawaddah lil-Tarjamah wa-al-Taḥqīq wa-al-Nashr	دار المودة للترجمة والتحقيق والنشر
麦沃熙波出版公司	Mu' assasat al-Mawāhib lil-Ṭibā' ah wa-al-Nashr	مؤسسة المواهب للطباعة والنشر
蒙塔左尔出版社	Dār al-Muntaẓar	دار المنتظر
米尔札出版社	Dār Mīrzā lil-Ṭibā' ah wa-al-Nashr wa-al-Tawzī'	دار ميرزا للطباعة والنشر والتوزيع

续表

中文译名	拉丁字母转写	阿拉伯文或波斯文
米优兹克新闻出版发行社	Dār Miyūzīk lil-Ṣiḥāfah wa-al-Ṭibā' ah wa-al-Nashr wa-al-Tawzī'	دار ميوزيك للصحافة والطباعة والنشر والتوزيع
民族发展中心	Markaz al-Inmā' al-Qawmī	مركز الإنماء القومي
敏贺吉出版社	Dār al-Minhāj lil-Nashr wa-al-Tawzī'	دار المنهاج للنشر والتوزيع
明日出版社	Dār al-Ghad lil-Ṭibā' ah wa-al-Nashr	دار الغد للطباعة والنشر
穆达里克出版社	Dār Madārik lil-Nashr wa-al-Tawzī'	دار مدارك للنشر والتوزيع
穆尔塔多出版社	Dār al-Murta ḍá lil-Ṭibā' ah wa-al-Nashr wa-al-Tawzī'	دار المرتضى للطباعة والنشر والتوزيع
穆格塔巴斯出版社	Dār al-Muqtabas lil-Ṭibā' ah wa-al-Nashr wa-al-Tawzī'	دار المقتبس للطباعة والنشر والتوزيع
穆勒塔伽出版社	Dār al-Multaqá lil-Ṭibā' ah wa-al-Nashr	دار الملتقى للطباعة والنشر
穆纳出版社	Dār al-Muná	دار المنى
穆塞拉思出版社	Dār al-Muthallath lil-Taṣmīm wa-al-Ṭibā' ah wa-al-Nashr	دار المثلث للتصميم والطباعة والنشر
穆斯塔法遗产复兴出版公司	Sharikat Dār al-Muṣṭafá li-Iḥyā' al-Turāth	شركة دار المصطفى لإحياء التراث
穆塔纳比出版社	Dār al-Mutanabbī lil-Ṭibā' ah wa-al-Nashr	دار المتنبي للطباعة والنشر
穆塔钦文化科学出版社	Dār al-Muttaqīn lil-Thaqāfah wa-al-' Ulūm wa-al-Nashr wa-al-Tawzī'	دار المتقين للثقافة والعلوم والنشر والتوزيع
穆塔瓦斯特出版社	Manshūrāt al-Mutawassiṭ	منشورات المتوسط
纳法伊斯出版社	Dār al-Nafā' is lil-Ṭibā' ah wa-al-Nashr wa-al-Tawzī'	دار النفائس للطباعة والنشر والتوزيع
纳贺尔出版社	Dār al-Nahār lil-Nashr wa-al-Tawzī'	دار النهار للنشر والتوزيع
纳吉玛印书馆	Maṭba' at al-Najmah	مطبعة النجمة
纳玛研究中心	Markaz Namā' lil-Buḥūth wa-al-Dirāsāt	مركز نماء للبحوث والدراسات

续表

中文译名	拉丁字母转写	阿拉伯文或波斯文
南黎巴嫩文化委员会	al-Majlis al-Thaqāfī li-Lubnān al-Janūbī	المجلس الثقافي للبنان الجنوبي
瑙发勒出版公司	Mu' assasat Nawfal lil-Ṭibā' ah wa-al-Nashr	مؤسسة نوفل للطباعة والنشر
尼勒逊出版社	Dār Nilsun lil-Nashr	دار نلسن للنشر
尼札尔・格拔尼出版社	Manshūrāt Nizār Qabbānī	منشورات نزار قباني
努波里斯出版社	Dār Nūblīs	دار نوبليس
努赫巴编辑翻译出版社	Dār al-Nukhbah lil-Ta' līf wa-al-Tarjamah wa-al-Nashr	دار النخبة للتأليف والترجمة والنشر
努韦熙得文化编辑翻译出版公司	Mu' assasat Nuwayhiḍ al-Thaqāfīyah lil-Ta' līf wa-al-Tarjamah wa-al-Nashr	مؤسسة نويهض الثقافية للتأليف والترجمة والنشر
欧麦尔・艾布・纳斯尔及其合伙人出版公司	Dār ' Umar Abū al-Naṣr wa-Shurakāhu lil-Ṭibā' ah wa-al-Nashr wa-al-Tawzī' wa-al-Ṣiḥāfah	دار عمر أبو النصر وشركاه للطباعة والنشر والتوزيع والصحافة
欧韦达特出版社	Editions Oueidat（英文）；' Uwaydāt lil-Nashr wa-al-Ṭibā' ah；Manshūrāt ' Uwaydāt	عويدات للنشر والطباعة؛ منشورات عويدات
奇塔巴出版社	Manshūrāt Kitābah	منشورات كتابة
奇塔尼耶现代出版社	Dār al-Ḥadīth al-Kittānīyah	دار الحديث الكتانية
清晨出版公司	Mu' assasat al-Ḍuḥá lil-Ṭibā' ah wa-al-Nashr-wa-al-Tawzī'	مؤسسة الضحى للطباعة والنشر والتوزيع
萨尔德出版社	Sard lil-Nashr	سرد للنشر
萨基出版社	Dār al-Sāqī lil-Nashr wa-al-Tawzī'	دار الساقي للنشر والتوزيع
萨拉姆出版社	Dār al-Salām lil-Ṭibā' ah wa-al-Nashr wa-al-Tawzī'	دار السلام للطباعة والنشر والتوزيع
沙法阁出版社	Dār al-Shafaq	دار الشفق
沙利夫・安索利后裔出版发行公司	Sharikat Abnā' Sharīf al-Anṣārī lil-Ṭibā' ah wa-al-Nashr wa-al-Tawzī'	شركة ابناء شريف الأنصاري للطباعة والنشر والتوزيع

续表

中文译名	拉丁字母转写	阿拉伯文或波斯文
商务书局	al-Maktab al-Tijārī lil-Ṭibā‘ ah wa-al-Nashr wa-al-Tawzī‘	المكتب التجاري للطباعة والنشر والتوزيع
生活书店出版社	Dār Maktabat al-Ḥayāh lil-Ṭibā‘ ah wa-al-Nashr	دار مكتبة الحياة للطباعة والنشر
圣裔遗产复兴基金会	Mu’ assasat Āl al-Bayt li-Iḥyā’ al-Turāth	مؤسسة آل البيت لإحياء التراث
圣约瑟夫大学出版社	Jāmi‘ at al-Qiddīs Yūsuf	جامعة القديس يوسف
世界编辑翻译书局	al-Maktab al-‘ Ālamī lil-Ta’ līf wa-al-Tarjamah	المكتب العالمي للتأليف والترجمة
世界出版社	al-Dār al-‘ Ālamīyah lil-Ṭibā‘ ah wa-al-Nashr wa-al-Tawzī‘	الدار العالمية للطباعة والنشر والتوزيع
世界使命出版社	Dār al-Risālah al-‘ Ālamīyah	دار الرسالة العالمية
世界书局	al-Maktab al-‘ Ālamī lil-Ṭibā‘ ah wa-al-Nashr wa-al-Tawzī‘	المكتب العالمي للطباعة والنشر والتوزيع
世界图书公司	al-Sharikah al-‘ Ālamīyah lil-Kitāb	الشركة العالمية للكتاب
舒鲁阁出版社	Dār al-Shurūq lil-Nashr wa-al-Tawzī‘	دار الشروق للنشر والتوزيع
数字未来出版公司	Sharikat al-Mustaqbal al-Raqmī lil-Nashr wa-al-Tawzī‘	شركة المستقبل الرقمي للنشر والتوزيع
数字未来出版社	Dār al-Mustaqbal al-Raqmī lil-Nashr wa-al-Tawzī‘	دار المستقبل الرقمي للنشر والتوزيع
思想产业研究中心	Markaz Ṣinā‘ at al-Fikr lil-Dirāsāt wa-al-Abḥāth	مركز صناعة الفكر للدراسات و الأبحاث
思想出版社	Dār al-Fikr lil-Ṭibā‘ ah wa-al-Nashr wa-al-Tawzī‘	دار الفكر للطباعة والنشر والتوزيع
思想里程碑出版社	Manshūrāt Ma‘ ālim al-Fikr lil-Ṭibā‘ ah wa-al-Tawzī‘ wa-al-Nashr	منشورات معالم الفكر للطباعة والتوزيع والنشر
苏阿勒出版社	Dār Su’ āl lil-Nashr	دار سؤال للنشر
苏波哈出版社	Dār Ṣubḥ lil-Ṭibā‘ ah wa-al-Nashr wa-al-Tawzī‘	دار صبح للطباعة والنشر والتوزيع

续表

中文译名	拉丁字母转写	阿拉伯文或波斯文
索迪尔·雷哈尼印书馆	Maṭābi‘ Ṣādir Rayḥānī	مطابع صادر ريحاني
索迪尔出版社	Dār Ṣādir lil-Ṭibā‘ ah wa-al-Nashr	دار صادر للطباعة والنشر
索迪尔法律出版社	al-Manshūrāt al-ḥuqūqīyah Ṣādir	المنشورات الحقوقية صادر
索迪尔书店	Maktabat Ṣādir Nāshirūn	مكتبة صادر ناشرون
索法印刷公司	Mu’ assasat al-Ṣafā’ lil-Maṭbū‘ āt	مؤسسة الصفاء للمطبوعات
塔阿鲁夫出版社	Dār al-Ta‘ āruf lil-Maṭbū‘ āt	دار التعارف للمطبوعات
坦维尔出版社	Dār al-Tanwīr lil-Ṭibā‘ ah wa-al-Nashr wa-al-Tawzī‘	دار التنوير للطباعة والنشر والتوزيع
旬阁·纳贾出版社	Dār Ṭawq al-Najāh lil-Ṭibā‘ ah wa-al-Nashr wa-al-Tawzī‘	دار طوق النجاة للطباعة والنشر والتوزيع
天使出版社	Dār al-Malāk lil-Ṭibā‘ ah wa-al-Nashr wa-al-Tawzī‘	دار الملاك للطباعة والنشر والتوزيع
天文学书店	al-Maktabah al-‘ Ilmīyah al-Falakīyah	المكتبة العلمية الفلكية
天主教会印刷所	al-Maṭba‘ ah al-Kāthūlīkīyah	المطبعة الكاثوليكية
图书出版社	Dār al-Kitāb; Maṭba‘ at Dār al-Kutub	دار الكتاب؛ مطبعة دار الكتب
图书世界	‘ Ālam al-Kutub lil-Ṭibā‘ ah wa-al-Nashr wa-al-Tawzī‘	عالم الكتب للطباعة والنشر والتوزيع
图书文化出版中心	al-Markaz al-Thaqāfī lil-Kitāb lil-Nashr wa-al-Tawzī‘	المركز الثقافي للكتاب للنشر والتوزيع
图书之家	Bayt al-Kitāb	بيت الكتاب
瓦法印书馆	Maṭba‘ at al-Wafā’	مطبعة الوفاء
瓦哈达出版社	Dār al-Waḥdah lil-Ṭibā‘ ah wa-al-Nashr	دار الوحدة للطباعة والنشر
瓦拉出版社	Dār al-Walā’ lil-Ṭibā‘ ah wa-al-Nashr wa-al-Tawzī‘	دار الولاء للطباعة والنشر والتوزيع

续表

中文译名	拉丁字母转写	阿拉伯文或波斯文
瓦拉阁出版社	Dār al-Warrāq lil-Nashr wa-al-Tawzī‘	دار الوراق للنشر والتوزيع
文化出版社	Dār al-Thaqāfah lil-Nashr wa-al-Tawzī‘	دار الثقافة للنشر والتوزيع
文化服务与研究中心	Markaz al-Khidmāt wa-al-Abḥāth al-Thaqāfīyah	مركز الخدمات والأبحاث الثقافية
文化图书公司	Mu’ assasat al-Kutub al-Thaqāfīyah	مؤسسة الكتب الثقافية
文化支柱出版社	Dār al-Rawāfid al-Thaqāfīyah Nāshirūn	دار الروافد الثقافية ناشرون
文明出版社	Dār al-Ḥaḍārah lil-Ṭibā‘ ah wa-al-Nashr	دار الحضارة للطباعة والنشر
文学宝藏出版社	Dār al-Kunūz al-Adabīyah	دار الكنوز الأدبية
文学出版社	Dār al-Ādāb lil-Nashr wa-al-Tawzī‘	دار الآداب للنشر والتوزيع
文学书店	Maktabat al-Ādāb	مكتبة الآداب
翁旺出版社	al-‘ Unwān lil-Ṭibā‘ ah wa-al-Nashr wa-al-Tawzī‘	العنوان للطباعة والنشر والتوزيع
沃哈文化服务社	Dār al-Wāḥah lil-Khidmāt al-Thaqāfīyah	دار الواحة للخدمات الثقافية
乌姆古拉校勘与出版基金会	Mu’ assasat Umm al-Qurá lil-Taḥqīq wa-al-Nashr	مؤسسة أم القرى للتحقيق والنشر
乌姆古拉遗产复兴基金会	Mu’ assasat Umm al-Qurá li-Iḥyā’ al-Turāth	مؤسسة أم القرى لإحياء التراث
希沙姆出版社	Dār Hishām	دار هشام
先锋出版社	Dār al-Ṭalī‘ ah lil-Ṭibā‘ ah wa-al-Nashr	دار الطليعة للطباعة والنشر
现代广场出版公司	Mu’ asassat al-Riḥāb al-Ḥadīthah lil-Ṭibā‘ ah wa-al-Nashr wa-al-Tawzī‘	مؤسسة الرحاب الحديثة للطباعة والنشر والتوزيع
现代书店	al-Maktabah al-‘ Aṣrīyah lil-Ṭibā‘ ah wa-al-Nashr	المكتبة العصرية للطباعة والنشر
现代图书出版社	Dār al-Kitāb al-Ḥadīth lil-Ṭibā‘ ah wa-al-Nashr wa-al-Tawzī‘	دار الكتاب الحديث للطباعة والنشر والتوزيع

续表

中文译名	拉丁字母转写	阿拉伯文或波斯文
现代图书翻译出版公司	Mu' assast Dār al-Kitāb al-Ḥadīth lil-Ṭibā' ah wa-al-Tarjamah wa-al-Nashr wa-al-Tawzī'	مؤسسة دار الكتاب الحديث للطباعة والترجمة والنشر والتوزيع
现代图书公司	al-Mu' assasah al-Ḥadīthah lil-Kitāb	المؤسسة الحديثة للكتاب
现代印书馆	al-Maṭba' ah al-' Aṣrīyah	المطبعة العصرية
新东方出版社	Dār al-Sharq al-Jadīd	دار الشرق الجديد
新格拉姆出版社	Dār al-Qalam al-Jadīd	دار القلم الجديد
新纳德瓦出版社	Dār al-Nadwah al-Jadīdah	دار الندوة الجديدة
新前景出版社	Dār al-Āfāq al-Jadīdah	دار الآفاق الجديدة
新书出版社	Dār al-Kitāb al-Jadīd	دار الكتاب الجديد
新思想出版社	Dār al-Fikr al-Jadīd	دار الفكر الجديد
新泰雅尔出版社	Dār al-Tayyār al-Jadīd	دار التيار الجديد
新未来出版社	Dār al-Mustaqbal al-Jadīd	دار المستقبل الجديد
新文明出版社	Dār al-Ḥaḍārah al-Jadīdah lil-Nashr wa-al-Dirāsāt wa-al-Tawzī'	دار الحضارة الجديدة للنشر والدراسات والتوزيع
新希沃尔出版社	Dār al-Ḥiwār al-Jadīd	دار الحوار الجديد
新月出版社	Dār al-Hilāl lil-Ṭibā' ah wa-al-Nashr wa-al-Tawzī'	دار الهلال للطباعة والنشر والتوزيع
新月出版书店	Dār wa-Maktabat al-Hilāl lil-Ṭibā' ah wa-al-Nashr	دار ومكتبة الهلال للطباعة والنشر
新月书店	Maktabat al-Hilāl	مكتبة الهلال
学术书籍出版社	Dār al-Kutub al-' Ilmīyah lil-Ṭibā' ah wa-al-Nashr wa-al-Tawzī'	دار الكتب العلمية للطباعة والنشر والتوزيع
耶稣会神父印书馆	Maṭba' at al-Ābā' al-Yasū' īyīn	مطبعة الآباء اليسوعيين
也门出版社	al-Dār al-Yamanīyah lil-Nashr wa-al-Tawzī'	الدار اليمنية للنشر والتوزيع

续表

中文译名	拉丁字母转写	阿拉伯文或波斯文
叶玛麦出版社	Dār al-Yamāmah; al-Yamāmah lil-Ṭibā' ah wa-al-Nashr wa-al-Tawzī'	دار اليمامة؛ اليمامة للطباعة والنشر والتوزيع
伊本·艾西尔出版社	Dār Ibn al-Athīr	دار ابن الأثير
伊本·哈兹姆出版社	Dār Ibn Ḥazm lil-Ṭibā' ah wa-al-Nashr wa-al-Tawzī'	دار ابن حزم للطباعة والنشر والتوزيع
伊本·赫勒敦出版社	Dār Ibn Khaldūn lil-Ṭibā' ah wa-al-Nashr wa-al-Tawzī'	دار ابن خلدون للطباعة والنشر والتوزيع
伊本·卡西尔出版社	Dār Ibn Kathīr lil-Ṭibā' ah wa-al-Nashr wa-al-Tawzī'	دار ابن كثير للطباعة والنشر والتوزيع
伊本·易玛德出版社	Dār Ibn al-' Imād lil-Nashr wa-al-Tawzī'	دار ابن العماد للنشر والتوزيع
伊本·宰敦出版社	Dār Ibn Zaydūn	دار ابن زيدون
伊格拉出版社	Manshūrāt Iqra'; Dār Iqra' lil-Ṭibā' ah wa-al-Nashr wa-al-Tawzī'	منشورات إقرأ؛ دار اقرأ للطباعة والنشر والتوزيع
伊玛目劳沃斯出版社	Dār al-Imām al-Rawwās	دار الإمام الرواس
伊玛目穆斯林出版社	Dār al-Imām Muslim lil-Nashr wa-al-Tawzī'	دار الإمام مسلم للنشر والتوزيع
伊玛目纳瓦维出版社	Dār al-Imām al-Nawawī	دار الإمام النووي
伊玛目塞阿里比研究与遗产出版中心	Markaz al-Imām al-Tha' ālibī lil-Dirāsāt wa-Nashr al-Turāth	مركز الإمام الثعالبي للدراسات ونشر التراث
伊玛目沙姆苏丁对话基金会	Mu' assasat al-Imām Shams al-Dīn lil-Ḥiwār	مؤسسة الإمام شمس الدين للحوار
伊玛目优素福·纳波贺尼出版社	Dār al-Imām Yūsuf al-Nabhānī lil-Nashr wa-al-Tawzī' wa-al-Tarjamah	دار الإمام يوسف النبهاني للنشر والتوزيع والترجمة
伊斯兰出版社	al-Dār al-Islāmīyah lil-Ṭibā' ah wa-al-Nashr wa-al-Tawzī'	الدار الإسلامية للطباعة والنشر والتوزيع

续表

中文译名	拉丁字母转写	阿拉伯文或波斯文
伊斯兰福音出版公司	Sharikat Dār al-Bashā' ir al-Islāmīyah lil-Ṭibā' ah wa-al-Nashr wa-al-Tawzī'	شركة دار البشائر الإسلامية للطباعة والنشر والتوزيع
伊斯兰福音出版社	Dār al-Bashā' ir al-Islāmīyah lil-Ṭibā' ah wa-al-Nashr wa-al-Tawzī'	دار البشائر الإسلامية للطباعة والنشر والتوزيع
伊斯兰书局	al-Maktab al-Islāmī lil-Ṭibā' ah wa-al-Nashr	المكتب الإسلامي للطباعة والنشر
伊斯兰思想发展文明中心	Markaz al-Ḥaḍārah li-Tanmiyat al-Fikr al-Islāmī	مركز الحضارة لتنمية الفكر الإسلامي
伊斯兰图书出版社	Dār al-Kitāb al-Islāmī	دار الكتاب الإسلامي
伊斯兰文明出版社	Dār al-Ḥaḍārah al-Islāmīyah lil-Ṭibā' ah wa-al-Nashr wa-al-Tawzī'	دار الحضارة الإسلامية للطباعة والنشر والتوزيع
伊斯兰西方出版社	Dār al-Gharb al-Islāmī	دار الغرب الإسلامي
伊斯兰遗产出版社	Dār al-Turāth al-Islāmī	دار التراث الإسلامية
伊斯兰意识出版社	Dār al-Wa' y al-Islāmī	دار الوعى الإسلامي
伊斯兰印书局	Maktab al-Maṭbū' āt al-Islāmīyah	مكتب المطبوعات الإسلامية
伊斯兰轴心出版社	Dār al-Madār al-Islāmī	دار المدار الإسلامي
遗产出版社	Dār al-Turāth	دار التراث
艺术出版社	Dār al-Funūn lil-Ṭibā' ah wa-al-Nashr wa-al-Tawzī'	دار الفنون للطباعة والنشر والتوزيع
易祖丁公司	Mu' assasat ' Izz al-Dīn lil-Ṭibā' ah wa-al-Nashr	مؤسسة عز الدين للطباعة والنشر
优素福与菲利普·朱梅伊勒印书馆	Maṭba' at Yūsuf wa-Fīlīb al-Jumayyil	مطبعة يوسف وفيليب الجميل
友谊出版社	Dār al-Ṣadāqah	دار الصداقة

续表

中文译名	拉丁字母转写	阿拉伯文或波斯文
幼发拉底出版社	Al-Furāt lil-Nashr wa-al-Tawzī‘	الفرات للنشر والتوزيع
栽恩法律出版社	Manshūrāt Zayn al-Ḥuqūqīyah	منشورات زين الحقوقية
栽恩法律与文学书店	Maktabat Zayn al-Ḥuqūqīyah wa-al-Adabīyah	مكتبة زين الحقوقية والأدبية
扎赫拉出版社	Dār al-Zahrā’ lil-Ṭibā‘ah wa-al-Nashr wa-al-Tawzī‘	دار الزهراء للطباعة والنشر والتوزيع
扎曼出版社	Dār al-Zamān lil-Ṭibā‘ah wa-al-Nashr wa-al-Tawzī‘	دار الزمان للطباعة والنشر والتوزيع
扎奇拉出版社	Dār al-Dhākirah lil-Ṭibā‘ah wa-al-Nashr wa-al-Tawzī‘	دار الذاكرة للطباعة والنشر والتوزيع
珍奇出版社	Dār al-Nawādir lil-Ṭibā‘ah wa-al-Nashr wa-al-Tawzī‘	دار النوادر للطباعة والنشر والتوزيع
真理出版社	Dār al-Ḥaqā’iq lil-Ṭibā‘ah wa-al-Nashr wa-al-Tawzī‘	دار الحقائق للطباعة والنشر والتوزيع
知识出版社	Dār al-Ma‘rifah lil-Ṭibā‘ah wa-al-Nashr	دار المعرفة للطباعة والنشر
知识基金会	Mu’assasat al-Ma‘ārif lil-Ṭibā‘ah wa-al-Nashr	مؤسسة المعارف للطباعة والنشر
知识论坛	Muntadá al-Ma‘ārif	منتدى المعارف
知识书店出版公司	Sharikat Dār Maktabat al-Ma‘ārif Nāshirūn	شركة دار مكتبة المعارف ناشرون
知识印书馆	Maṭba‘at al-Ma‘ārif	مطبعة المعارف
智慧知识出版社	Dār al-Ma‘ārif al-Ḥikmīyah	دار المعارف الحكمية
智慧知识宗教哲学研究院	Ma‘had al-Ma‘ārif al-Ḥikmīyah lil-Dirāsāt al-Dīnīyah wa-al-Falsafīyah	معهد المعارف الحكمية للدراسات الدينية والفلسفية
著作者出版社	Dār al-Mu’allif lil-Tibā‘ah wa-al-Nashr wa-al-Tawzī‘	دار المؤلف للطباعة والنشر والتوزيع

出版地：贝尼苏韦夫

中文译名	拉丁字母转写	阿拉伯文或波斯文
高校书店	Maktabat al-Jāmi‘ ah lil-Ṭibā‘ ah wa-al-Nashr	مكتبة الجامعة للطباعة والنشر

出版地：布莱格

中文译名	拉丁字母转写	阿拉伯文或波斯文
阿米拉印刷厂	Dār al-Ṭibā‘ ah al-‘ Āmirah	دار الطباعة العامرة
埃及米利耶印刷厂	Dār al-Ṭibā‘ ah al-Mīrīyah al-Miṣrīyah	دار الطباعة الميرية المصرية
埃米利耶大印书馆	Maṭba‘ at al-Kubrá al-Amīrīyah	مطبعة الكبرى الأميرية
埃米利耶印书馆	al-Maṭba‘ ah al-Amīrīyah	المطبعة الأميرية
艾赫里耶印书馆	al-Maṭba‘ ah al-Ahlīyah	المطبعة الأهلية
布莱格埃米利耶印书馆	al-Maṭba‘ ah al-Amīrīyah bi-Būlāq	المطبعة الأميرية ببولاق
布莱格印书馆	Maṭba‘ at Būlāq	مطبعة بولاق
古兰经书店	Maktabat al-Qur’ ān	مكتبة القرآن
赫迪威印刷厂	Dār al-Ṭibā‘ ah al-Khidīwīyah	دار الطباعة الخديوية
米利耶印书馆	al-Maṭba‘ ah al-Mīrīyah	المطبعة الميرية

出版地：布赖代

中文译名	拉丁字母转写	阿拉伯文或波斯文
艾斯达·穆吉塔玛俄出版社	Dār Aṣdā’ al-Mujtama‘	دار أصداء المجتمع
布哈里书店	Maktabat al-Bukhārī	مكتبة البخاري
布赖代珍品与手稿出版社	Dār al-Nafā’ is wa-al-Makhṭūṭāt bi-Buraydah	دار النفائس والمخطوطات ببريدة

续表

中文译名	拉丁字母转写	阿拉伯文或波斯文
大学角书店	Maktabat Rukn al-Jāmi' ah	مكتبة ركن الجامعة
盖西姆文学论坛	Nādī al-Qa ṣīm al-Adabī	نادي القصيم الأدبي
伊斯兰召唤出版社	Dār Nidā' al-Islām lil-Nashr wa-al-Tawzī'	دار نداء الإسلام للنشر والتوزيع
著作者出版社	Dār al-Mu' allif lil-Ṭibā' ah wa-al-Nashr wa-al-Tawzī'	دار المؤلف للطباعة والنشر والتوزيع

出版地：达里亚·卡尔马勒

中文译名	拉丁字母转写	阿拉伯文或波斯文
凯里玛印书馆	Maṭba' at al-Kalimah	مطبعة الكلمة
亚洲与图书俱乐部出版社	Dār Āsiyā wa-Nādī al-Kitāb	دار آسيا ونادي الكتاب
易玛德出版社	Dār al-' Imād	دار العماد

出版地：达曼

中文译名	拉丁字母转写	阿拉伯文或波斯文
阿拉伯思想出版社	Dār al-Fikr al-' Arabī lil-Nashr wa-al-Tawzī'	دار الفكر العربي للنشر والتوزيع
阿拉伯文学出版发行中心	Markaz al-Adab al-' Arabī lil-Nashr wa-al-Tawzī'	مركز الأدب العربي للنشر والتوزيع
艾塞尔出版社	Dār Athar lil-Nashr wa-al-Tawzī'	دار أثر للنشر والتوزيع
穆塔纳比书店	Maktabat al-Mutanabbī lil-Ṭibā' ah wa-al-Nashr wa-al-Tawzī'	مكتبة المتنبي للطباعة والنشر والتوزيع
奇法哈出版社	Dār al-Kifāḥ lil-Nashr wa-al-Tawzī'	دار الكفاح للنشر والتوزيع
伊本·盖伊姆出版社	Dār Ibn al-Qayyim lil-Nashr wa-al-Tawzī'	دار ابن القيم للنشر والتوزيع
伊本·焦齐出版社	Dār Ibn al-Jawzī lil-Nashr wa-al-Tawzī'	دار ابن الجوزي للنشر والتوزيع
扎哈伊尔出版社	Dār al-Dhakhā' ir lil-Nashr wa-al-Tawzī'	دار الذخائر للنشر والتوزيع

出版地：大马士革

中文译名	拉丁字母转写	阿拉伯文或波斯文
阿克拉玛出版社	Dār ‘ Akramah; Maṭba‘ at Dār ‘ Akramah	دار عكرمة؛ مطبعة دار عكرمة
阿克萨书店	Maktabat al-Aqṣá	مكتبة الأقصى
阿拉伯百科全书委员会	Hay’ at al-Mawsū‘ ah al-‘ Arabīyah	هيئة الموسوعة العربية
阿拉伯进步出版社	Dār al-Taqaddum al-‘ Arabī	دار التقدم العربي
阿拉伯觉醒编辑翻译出版社	Dār al-Yaqẓah al-‘ Arabīyah lil-Ta’ līf wa-al-Tarjamah wa-al-Nashr	دار اليقظة العربية للتأليف والترجمة والنشر
阿拉伯觉醒书店	Maktabat al-Yaqẓah al-‘ Arabīyah	مكتبة اليقظة العربية
阿拉伯科学院出版社	Maṭbū‘ āt al-Majma‘ al-‘ Ilmī al-‘ Arabī	مطبوعات المجمع العلمي العربي
阿拉伯意识出版社	Dār al-Wa‘ y al-‘ Arabī	دار الوعى العربي
阿拉伯战略研究中心	al-Markaz al-‘ Arabī lil-Dirāsāt al-Istirātījīyah	المركز العربي للدراسات الإستراتيجية
阿拉伯作家联盟出版社	Manshūrāt Ittiḥād al-Kuttāb al-‘ Arab	منشورات اتحاد الكتاب العرب
阿拉丁出版社	Dār ‘ Alā’ al-Dīn lil-Nashr wa-al-Tawzī‘ wa-al-Tarjamah	دار علاء الدين للنشر والتوزيع والترجمة
阿剌姆出版社	Dār Ārām lil-Dirāsāt wa-al-Nashr wa-al-Tawzī‘	دار آرام للدراسات والنشر والتوزيع
阿士玛出版社	Dār al-‘ Aṣmā’ lil-Ṭibā‘ ah wa-al-Nashr wa-al-Tawzī‘	دار العصماء للطباعة والنشر والتوزيع
阿特拉斯出版社	Dār Aṭlas lil-Nashr wa-al-Tawzī‘	دار أطلس للنشر والتوزيع
艾沃伊勒出版社	al-Awā’ il lil-Nashr wa-al-Tawzī‘ wa-al-Khidmāt al-Ṭibā‘ īyah; Dār al-Awā’ il lil-Nashr wa-al-Tawzī‘ wa-al-Khidmāt al-Ṭibā‘ īyah	الأوائل للنشر والتوزيع والخدمات الطباعية؛ دار الأوائل للنشر والتوزيع والخدمات الطباعية
安萨里书店	Maktabat al-Ghazālī	مكتبة الغزالي

续表

中文译名	拉丁字母转写	阿拉伯文或波斯文
安索尔出版社	Dār al-Anṣār	دار الأنصار
敖沃姆出版社	Dār al-' Awwām lil-Ṭibā' ah wa-al-Nashr wa-al-Tawzī'	دار العوام للطباعة والنشر والتوزيع
巴比伦出版社	Dār Bābil lil-Dirāsāt wa-al-I' lām	دار بابل للدراسات والإعلام
贝鲁提出版社	Dār al-Bayrūtī lil-Ṭibā' ah wa-al-Nashr	دار البيروتي للطباعة والنشر
贝依纳出版社	Dār al-Bayyinah lil-Ṭibā' ah wa-al-Nashr	دار البينة للطباعة والنشر
大马士革出版社	Dār Dimashq lil-Ṭibā' ah wa-al-Nashr wa-al-Tawzī'	دار دمشق للطباعة والنشر والتوزيع
大马士革大学出版社	Jāmi' at Dimashq	جامعة دمشق
多元文化出版社	House of Cultural Diversity（英文）；Dār al-Tanawwu' al-Thaqāfī	دار التنوع الثقافي
法尔格德出版社	Dār al-Farqad lil-Ṭibā' ah wa-al-Nashr wa-al-Tawzī'	دار الفرقد للطباعة والنشر والتوزيع
法特哈出版书店	Maktabat Dār al-Fatḥ	مكتبة دار الفتح
菲里斯提纳出版社	Dār Filistīnā lil-Nashr wa al-Tawzī'	دار فلستينا للنشر والتوزيع
费哈出版社	Dār al-Fayḥā' lil-Ṭibā' ah wa-al-Nashr wa-al-Tawzī'	دار الفيحاء للطباعة والنشر والتوزيع
福音出版社	Dār al-Bashā' ir lil-Ṭibā' ah wa-al-Nashr wa-al-Tawzī'	دار البشائر للطباعة والنشر والتوزيع
伽迪利出版社	Dār al-Qādirī lil-Ṭibā' ah wa-al-Nashr wa-al-Tawzī'	دار القادري للطباعة والنشر والتوزيع
高瑟尼古兰经研究出版社	Dār al-Ghawthānī lil-Dirāsāt al-Qur' ānīyah	دار الغوثاني للدراسات القرآنية
格拉姆出版社	Dār al-Qalam lil-Ṭibā' ah wa-al-Nashr wa-al-Tawzī'	دار القلم للطباعة والنشر والتوزيع
古兰学基金会	Mu' assasat ' Ulūm al-Qur' ān	مؤسسة علوم القرآن
古台巴出版社	Dār Qutaybah lil-Ṭibā' ah wa-al-Nashr wa-al-Tawzī'	دار قتيبة للطباعة والنشر والتوزيع

续表

中文译名	拉丁字母转写	阿拉伯文或波斯文
国民之家出版社	Bayt al-Muwāṭin lil-Nashr wa-al-Tawzī‘	بيت المواطن للنشر والتوزيع
哈索德出版社	Dār al-Ḥaṣād lil-Ṭibā‘ah wa-al-Nashr wa-al-Tawzī‘	دار الحصاد للطباعة والنشر والتوزيع
哈希米耶书店	al-Maktabah al-Hāshimīyah	المكتبة الهاشمية
浩兰出版社	Dār Ḥawrān lil-Ṭibā‘ah wa-al-Nashr wa-al-Tawzī‘	دار حوران للطباعة والنشر والتوزيع
浩兰之光出版社	Dār Nūr Ḥawrān lil-Dirāsāt wa-al-Nashr wa-al-Tarjamah	دار نور حوران للدراسات والنشر والترجمة
吉祥之光出版社	Dār Nūr al-Bashīr	دار نور البشير
教父出版社	Dār al-‘Arrāb lil-Dirāsāt wa-al-Nashr wa-al-Tarjamah	دار العراب للدراسات والنشر والترجمة
杰里勒出版社	Dār al-Jalīl lil-Nashr wa-al-Tarjamah wa-al-Tawzī‘	دار الجليل للنشر والترجمة والتوزيع
君迪出版社	Dār al-Jundī lil-Ṭibā‘ah wa-al-Nashr wa-al-Tawzī‘	دار الجندي للطباعة والنشر والتوزيع
凯里玛出版社	Dār al-Kalimah lil-Nashr wa-al-Tawzī‘	دار الكلمة للنشر والتوزيع
凯里姆·泰伊波出版社	Dār al-Kalim al-Ṭayyib lil-Ṭibā‘ah wa-al-Nashr wa-al-Tawzī‘	دار الكلم الطيب للطباعة والنشر والتوزيع
康安出版社	Dār Kan‘ān lil-Dirāsāt wa-al-Nashr wa-al-Khidmāt al-I‘lāmīyah	دار كنعان للدراسات والنشر والخدمات الإعلامية
科学印书馆	Maṭba‘at Dār al-‘Ilm	مطبعة دار العلم
科学与文学印书馆	Maṭba‘at al-‘Ulūm wa-al-Ādāb	مطبعة العلوم والآداب
拉斯兰出版公司	Dār wa-Mu’assasat Raslān lil-Ṭibā‘ah wa-al-Nashr wa-al-Tawzī‘	دار ومؤسسة رسلان للطباعة والنشر والتوزيع
拉斯兰出版社	Dār Raslān lil-Ṭibā‘ah wa-al-Nashr wa-al-Tawzī‘	دار رسلان للطباعة والنشر والتوزيع
拉耶思想发展中心	Markaz al-Rāyah lil-Tanmiyah al-Fikrīyah	مركز الراية للتنمية الفكرية
礼萨出版社	Dār al-Riḍā lil-Nashr	دار الرضا للنشر

续表

中文译名	拉丁字母转写	阿拉伯文或波斯文
利法仪出版社	Dār al-Rifā' ī lil-Nashr wa-al-Ṭibā' ah wa-al-Tawzī'	دار الرفاعي للنشر والطباعة والتوزيع
两河流域艺术文化品公司	Mu' assasat bayna al-Nahrayn lil-Intāj al-Fannī wa-al-Thaqāfī	مؤسسة بين النهرين للإنتاج الفني والثقافي
马尔德出版社	Dār Ma' d lil-Ṭibā' ah wa-al-Nashr wa-al-Tawzī'	دار معد للطباعة والنشر والتوزيع
麦达出版社	Dār al-Madá lil-Ṭibā' ah wa-al-Nashr	دار المدى للطباعة والنشر
麦达文化出版社	Dār al-Madá lil-Thaqāfah wa-al-Nashr	دار المدى للثقافة والنشر
麦克塔比出版社	Dār al-Maktabī lil-Ṭibā' ah wa-al-Nashr wa-al-Tawzī'	دار المكتبي للطباعة والنشر والتوزيع
麦拉哈出版社	Dār al-Mallāḥ lil-Ṭibā' ah wa-al-Nashr	دار الملاح للطباعة والنشر
麦蒙遗产出版社	Dār al-Ma' mūn lil-Turāth	دار المأمون للتراث
麦纳熙勒出版社	Dār al-Manāhil	دار المناهل
满都哈·阿德旺出版社	Dār Mamdūḥ ' Adwān lil-Nashr wa-al-Tawzī'	دار ممدوح عدوان للنشر والتوزيع
毛利德出版社	Dār al-Mawrid lil-Ṭibā' ah wa-al-Nashr wa-al-Tawzī'	دار المورد للطباعة والنشر والتوزيع
米尔拉吉出版社	Dār al-Mi' rāj lil-Ṭibā' ah wa-al-Nashr wa-al-Tawzī'	دار المعراج للطباعة والنشر والتوزيع
民族领袖印书馆	Maṭba' at al-Qiyādah al-Qawmīyah	مطبعة القيادة القومية
穆纳出版社	Dār al-Muná	دار المنى
穆塔纳比出版社	Dār al-Mutanabbī	دار المتنبي
尼尼微研究与出版发行社	Dār Nīnawá lil-Dirāsāt wa-al-Nashr wa-al-Tawzī'	دار نينوى للدراسات والنشر والتوزيع
努恩4出版社	Dār Nūn 4 lil-Nashr wa-al-Ṭibā' ah wa-al-Tawzī'	دار نون 4 للنشر والطباعة والتوزيع

续表

中文译名	拉丁字母转写	阿拉伯文或波斯文
努尔曼科学出版社	Dār al-Nu‘ mān lil-‘ Ulūm	دار النعمان للعلوم
努梅尔出版社	Dār al-Numayr lil-Ṭibā‘ ah wa-al-Nashr wa-al-Tawzī‘	دار النمير للطباعة والنشر والتوزيع
佩特拉出版社	Bitrā lil-Ṭibā‘ ah wa-al-Nashr wa-al-Tawzī ‘ ; Dār Bitrā lil-Nashr wa-al-Tawzī‘	بترا للطباعة والنشر والتوزيع؛ دار بترا للنشر والتوزيع
奇南出版社	Dār Kinān lil-Ṭibā‘ ah wa-al-Nashr wa-al-Tawzī‘	دار كنان للطباعة والنشر والتوزيع
奇旺出版社	Dār Kīwān lil-Ṭibā‘ ah wa-al-Nashr wa-al-Tawzī‘	دار كيوان للطباعة والنشر والتوزيع
萨尔杜丁出版社	Dār Sa‘ d al-Dīn lil-Ṭibā‘ ah wa-al-Nashr wa-al-Tawzī‘	دار سعد الدين للطباعة والنشر والتوزيع
萨拉菲耶书店出版社	Maṭba‘ at al-Maktabah al-Salafīyah	مطبعة المكتبة السلفية
萨拉姆出版社	Dār al-Salām lil-Ṭibā‘ ah wa-al-Nashr wa-al-Tawzī‘	دار السلام للطباعة والنشر والتوزيع
沙杰拉出版社	Dār al-Shajarah lil-Nashr wa-al-Tawzī‘	دار الشجرة للنشر والتوزيع
生活出版社	Maṭba‘ at Dār al-Ḥayāh	مطبعة دار الحياة
世界使命出版社	Dār al-Risālah al-‘ Ālamīyah	دار الرسالة العالمية
舒木斯出版社	Dār al-Shumūs lil-Dirāsāt wa-al-Nashr wa-al-Tawzī‘	دار الشموس للدراسات والنشر والتوزيع
思想出版社	Dār al-Fikr lil-Ṭibā‘ ah wa-al-Nashr wa-al-Tawzī‘	دار الفكر للطباعة والنشر والتوزيع
思想研究与出版发行社	Afkār lil-Dirāsāt wa-al-Nashr wa-al-Tawzī‘	أفكار للدراسات والنشر والتوزيع
苏阿勒出版社	Dār al-Su’ āl lil-Ṭibā‘ ah wa-al-Nashr bi-Dimashq	دار السؤال للطباعة والنشر
索法哈特出版社	Ṣafaḥāt lil-Dirāsāt wa-al-Nashr wa-al-Tawzī ‘ ; Dār Ṣafaḥāt lil-Dirāsāt wa-al-Nashr	صفحات للدراسات والنشر والتوزيع؛ دار صفحات للدراسات والنشر
塔克文出版社	Dār al-Takwīn lil-Ṭibā‘ ah wa-al-Nashr wa-al-Tawzī‘	دار التكوين للطباعة والنشر والتوزيع

续表

中文译名	拉丁字母转写	阿拉伯文或波斯文
塔拉基印书馆	Maṭba‘ at al-Taraqqī	مطبعة الترقي
泰巴出版社	Dār Ṭaybah lil-Ṭibā‘ ah wa-al-Nashr wa-al-Tawzī‘	دار طيبة للطباعة والنشر والتوزيع
坦木兹出版社	Tammūz lil-Ṭibā‘ ah wa-al-Nashr wa-al-Tawzī‘	تموز للطباعة والنشر والتوزيع
托拉斯出版社	Dār Ṭalās lil-Dirāsāt wa-al-Tarjamah wa-al-Nashr	دار طلاس للدراسات والترجمة والنشر
瓦尔德出版社	Ward Book House for Publishing and Distribution（英文）；Dār Ward lil-Nashr wa-al-Tawzī‘	دار ورد للنشر والتوزيع
瓦立德出版社	Dār al-Walīd lil-Dirāsāt wa-al-Nashr wa-al-Tarjamah	دار الوليد للدراسات والنشر والترجمة
希拉出版社	Dār Ḥirā’	دار حراء
希拉山洞出版社	Dār GhārḤirā’ lil-Ṭibā‘ ah wa-al-Nashr wa-al-Tawzī‘	دار غار حراء للطباعة والنشر والتوزيع
现代图书出版社	Dār al-Kitāb al-Ḥadīth	دار الكتاب الحديث
现代印书馆	al-Maṭba‘ ah al-‘ Aṣrīyah	المطبعة العصرية
新迪尔蒙出版社	Dār Dalmūn al-Jadīdah lil-Nashr wa-al-Tawzī‘	دار دلمون الجديدة للنشر والتوزيع
新国家出版社	al-Dār al-Waṭanīyah al-Jadīdah lil-Nashr wa-al-Tawzī‘	الدار الوطنية الجديدة للنشر والتوزيع
新希望出版社	Amal al-Jadīdah lil-Ṭibā‘ ah wa-al-Nashr wa-al-Tawzī‘；Dār Amal al-Jadīdah	أمل الجديدة للطباعة والنشر والتوزيع؛ دار أمل الجديدة
新先锋出版社	Dār al-Ṭalī‘ ah al-Jadīdah	دار الطليعة الجديدة
新月出版社	Dār al-Hilāl lil-Ṭibā‘ ah wa-al-Nashr wa-al-Tawzī‘；Maṭba‘ at Dār al-Hilāl	دار الهلال للطباعة والنشر والتوزيع؛ مطبعة دار الهلال
叙利亚图书总局	al-Hay’ ah al-‘ Āmmah al-Sūrīyah lil-Kitāb	الهيئة العامة السورية للكتاب
叙利亚文化部	Wizārat al-Thaqāfah fī al-Jumhūrīyah al-‘ Arabīyah al-Sūrīyah	وزارة الثقافة في الجمهورية العربية السورية
叶玛麦出版社	al-Yamāmah lil-Ṭibā‘ ah wa-al-Nashr wa-al-Tawzī‘	اليمامة للطباعة والنشر والتوزيع

续表

中文译名	拉丁字母转写	阿拉伯文或波斯文
叶纳比俄出版社	Dār al-Yanābī‘ lil-Ṭibā‘ah wa-al-Nashr wa-al-Tawzī‘	دار الينابيع للطباعة والنشر والتوزيع
伊本・卡西尔出版社	Dār Ibn Kathīr lil-Ṭibā‘ah wa-al-Nashr wa-al-Tawzī‘	دار ابن كثير للطباعة والنشر والتوزيع
伊本・宰敦印书馆	Maṭba‘at Ibn Zaydūn	مطبعة ابن زيدون
伊格拉出版社	Dār Iqra’ lil-Ṭibā‘ah wa-al-Nashr wa-al-Tawzī‘	دار اقرأ للطباعة والنشر والتوزيع
伊玛目安萨里出版社	Dār al-Imām al-Ghazzālī	دار الإمام الغزالي
伊玛目奥札仪书店	Maktabat al-Imām al-Awzā‘ī	مكتبة الإمام الأوزاعي
伊玛目布哈里出版社	Dār al-Imām al-Bukhārī	دار الإمام البخاري
伊曼出版社	Dār al-Īmān lil-Ṭibā‘ah wa-al-Nashr wa-al-Tawzī‘	دار الإيمان للطباعة والنشر والتوزيع
伊斯兰书局	al-Maktab al-Islāmī lil-Ṭibā‘ah wa-al-Nashr	المكتب الإسلامي للطباعة والنشر
遗产出版社	Dār al-Turāth	دار التراث
扎曼出版社	Dār al-Zamān lil-Ṭibā‘ah wa-al-Nashr wa-al-Tawzī‘	دار الزمان للطباعة والنشر والتوزيع
珍奇出版社	Dār al-Nawādir lil-Ṭibā‘ah wa-al-Nashr wa-al-Tawzī‘	دار النوادر للطباعة والنشر والتوزيع
知识出版社	Dār al-Ma‘rifah lil-Nashr wa-al-Tawzī‘ wa-al-Intāj al-Fannī	دار المعرفة للنشر والتوزيع والإنتاج الفني
知识印书馆	Maṭba‘at al-Ma‘ārif	مطبعة المعارف

出版地：大迈哈莱

中文译名	拉丁字母转写	阿拉伯文或波斯文
艾纳斯・本・马立克书店	Maktabat Anas ibn Mālik lil-Nashr wa-al-Tawzī‘	مكتبة أنس بن مالك للنشر والتوزيع

续表

中文译名	拉丁字母转写	阿拉伯文或波斯文
法律图书出版社	Dār al-Kutub al-Qānūnīyah	دار الكتب القانونية
觉醒出版社	Dār al-Ṣaḥwah lil-Nashr	دار الصحوة للنشر
伊本·扎耶德出版社	Dār Ibn Zāyid	دار ابن زايد

出版地：丹佛

中文译名	拉丁字母转写	阿拉伯文或波斯文
阿达勒研究与文化出版社	Dār Ādāl lil-Dirāsāt wa-al-Thaqāfah wa-al-Nashr	دار آدال للدراسات والثقافة والنشر

出版地：丹吉尔

中文译名	拉丁字母转写	阿拉伯文或波斯文
阿卜杜·麦立克·萨尔迪大学出版社	Jāmiʻat ʻAbd al-Mālik al-Saʻdī; Manshūrāt Jāmiʻat ʻAbd al-Mālik al-Saʻdī	جامعة عبد المالك السعدي؛ منشورات جامعة عبد المالك السعدي
阿卜杜拉·康嫩文化与科学研究基金会	Muʼassasat ʻAbd Allāh Kannūn lil-Thaqāfah wa-al-Baḥth al-ʻIlmī	مؤسسة عبد الله كنون للثقافة والبحث العلمي
艾勒图波利斯出版社	Maṭbaʻat Alṭūbrīs lil-Ṭibāʻah wa-al-Nashr	مطبعة ألطوبريس للطباعة والنشر
地中海研究中心	al-Markaz al-Mutawassiṭī lil-Dirāsāt wa-al-Abḥāth	المركز المتوسطي للدراسات والأبحاث
法里耶出版社	Fālīyah lil-Ṭibāʻah wa-al-Nashr wa-al-Tawzīʻ	فالية للطباعة والنشر والتوزيع
法斯拉出版社	Dār al-Fāṣilah lil-Nashr	دار الفاصلة للنشر
福尔杰国际研究中心	al-Markaz al-Duwalī li-Dirāsāt al-Furjah	المركز الدولي لدراسات الفرجة
国家观察者出版社	al-Rāṣid al-Waṭanī lil-Nashr wa-al-Qirāʼah	الراصد الوطني للنشر والقراءة
哈瓦那印书馆	Maṭbaʻat Hāfānā	مطبعة هافانا

续表

中文译名	拉丁字母转写	阿拉伯文或波斯文
库拉依出版社	Dār al-Nashr Kūrāy	دار النشر كوراي
马拉雅出版社	Manshūrāt Marāyā	منشورات مرايا
摩洛哥思想出版社	Dār al-Fikr al-Maghribī	دار الفكر المغربي
摩洛哥印书馆	al-Maṭba' ah al-Maghribīyah	المطبعة المغربية
摩洛哥与国际印书馆	al-Maṭābi' al-Maghribīyah wa-al-Dawlīyah	المطابع المغربية والدولية
欧戈巴·本·拿菲俄圣门弟子与再传圣门弟子研究中心	Markaz 'Uqbah ibn Nāfi' lil-Dirāsāt wa-al-Abḥāth ḥawl al-Ṣaḥābah wa-al-Tābi' īn	مركز عقبة بن نافع للدراسات والأبحاث حول الصحابة والتابعين
奇塔尼耶现代出版社	Dār al-Ḥadīth al-Kittānīyah	دار الحديث الكتانية
萨里奇兄弟出版社	Manshūrāt Salīkī（or Silīkī, or Slaykī）Ikhwān	منشورات سليكي إخوان
萨里奇兄弟印书馆	Maṭba' at Salīkī Ikhwān	مطبعة سليكي اخوان
苏莱曼·本·海云印书馆	Maṭba' at Sulaymān ibn Ḥayyūn	مطبعة سليمان بن حيون
陶希迪出版社	Manshūrāt Dār al-Tawḥīdī	منشورات دار التوحيدي
伊斯拔尔蒂勒印书馆	Maṭba' at Isbārṭīl	مطبعة اسبارطيل

出版地：得土安

中文译名	拉丁字母转写	阿拉伯文或波斯文
阿卜杜·麦立克·萨尔迪大学出版社	Jāmi' at ' Abd al-Mālik al-Sa' dī; Manshūrāt Jāmi' at ' Abd al-Mālik al-Sa' dī	جامعة عبد المالك السعدي؛ منشورات جامعة عبد المالك السعدي
阿拉伯湾印书馆	Maṭba' at al-Khalīj al-' Arabī	مطبعة الخليج العربي
艾布·哈桑·艾什阿里教义研究中心	Markaz Abī al-Ḥasan al-Ash' arī lil-Dirāsāt wa-al-Buḥūth al-' Aqadīyah	مركز أبي الحسن الأشعري للدراسات والبحوث العقدية

续表

中文译名	拉丁字母转写	阿拉伯文或波斯文
得土安艾斯密尔协会	Jam' īyat Tiṭāwin Asmīr	جمعية تطاون أسمير
得土安印书馆	Maṭba' at Tiṭwān	مطبعة تطوان
克雷马德斯出版社	Dār Karīmādīs lil-Ṭibā' ah	دار كريماديس للطباعة
马赫迪耶印书馆	al-Maṭba' ah al-Mahdīyah	المطبعة المهدية
摩洛哥安达卢西亚研究会	al-Jam' īyah al-Maghribīyah lil-Dirāsāt al-Andalusīyah	الجمعية المغربية للدراسات الأندلسية
摩洛哥出版社	Dār al-Ṭibā' ah al-Maghribīyah	دار الطباعة المغربية
努尔印书馆	Maṭba' at al-Nūr	مطبعة النور
萨勒玛文化书店	Maktabat Salmá al-Thaqāfīyah	مكتبة سلمى الثقافية
舒韦赫印书馆	Maṭābi' al-Shuwaykh	مطابع الشويخ
塔沃苏勒书店	Maktabat al-Tawāṣul	مكتبة التواصل
伊德里斯书店	Maktabat al-Idrīsī lil-Nashr wa-al-Tawzī'	مكتبة الإدريسي للنشر والتوزيع
优素福兄弟印书馆	Maṭba' at al-Ḥaddād Yūsuf Ikhwān	مطبعة الحداد يوسف إخوان
智慧门出版社	Manshūrāt Bāb al-Ḥikmah	منشورات باب الحكمة

出版地：德黑兰

中文译名	拉丁字母转写	阿拉伯文或波斯文
阿尔什研究出版社	Dār al-' Arsh lil-Abḥāth	دار العرش للأبحاث
阿萨迪书店	Maktabat al-Asadī	مكتبة الأسدي
布斯坦图书公司	Mu' assasat Būstān Kitāb	مؤسسة بوستان كتاب
布泽尔朱米赫利·穆斯塔法维书店	Maktabat al-Būdharjumihrī al-Muṣṭafawī	مكتبة البوذرجمهري المصطفوي

续表

中文译名	拉丁字母转写	阿拉伯文或波斯文
朝阳基金会	Mu' assasat Shams al-Ḍuḥá	مؤسسة شمس الضحى
法尔丁印书馆	Maṭba' at Fardīn	مطبعة فردين
法尔索德出版社	Manshūrāt Farṣād	منشورات فرصاد
法拉贺尼出版公司	Mu' assasat Intishārāt al-Farāhānī	مؤسسة انتشارات الفراهاني
国际出版公司	al-Sharikah al-Dawlīyah lil-Ṭibā' ah wa-al-Nashr	الشركة الدولية للطباعة والنشر
海达利印书馆	Maṭba' at al-Ḥaydarī	مطبعة الحيدري
马什里克文化出版社	al-Mashriq lil-Thaqāfah wa-al-Nashr	المشرق للثقافة والنشر
麦瓦达出版社	Dār al-Mawaddah	دار المودة
穆尔塔多维耶书店	al-Maktabah al-Murtaḍawīyah li-Iḥyā' al-Āthār al-Ja' farīyah	المكتبة المرتضوية لإحياء الآثار الجعفرية
穆希比·侯赛因出版社	Dār Muḥibbī al-Ḥusayn	دار محبي الحسين
拿斯尔·呼斯娄出版社	Manshūrāt Nāṣir Khusraw	منشورات ناصر خسرو
欧鲁吉出版社	Dār al-' Urūj lil-Nashr wa-al-Ṭibā' ah	دار العروج للنشر والطباعة
圣裔世界大会印刷出版中心	Markaz al-Ṭibā' ah wa-al-Nashr lil-Majma' al-' Ālamī li-Ahl al-Bayt	مركز الطباعة والنشر للمجمع العالمي لأهل البيت
世界伊斯兰教派亲善协会	al-Majma' al-' Ālamī lil-Taqrīb bayna al-Madhāhib al-Islāmīyah	المجمع العالمي للتقريب بين المذاهب الإسلامية
手稿遗产研究中心	Markaz al-Buḥūth wa-al-Dirāsāt lil-Turāth al-Makhṭūṭ	مركز البحوث والدراسات للتراث المخطوط
索迪阁印刷出版公司	Mu' assasat al-Ṣādiq lil-Ṭibā' ah wa-al-Nashr	مؤسسة الصادق للطباعة والنشر
索都阁书店	Maktabat al-Ṣadūq	مكتبة الصدوق
文化朝阳基金会	Mu' assasat Shams al-Ḍuḥá al-Thaqāfīyah	مؤسسة شمس الضحى الثقافية
伍斯瓦出版社	Dār al-Uswah lil-Ṭibā' ah wa-al-Nashr	دار الأسوة للطباعة والنشر

续表

中文译名	拉丁字母转写	阿拉伯文或波斯文
现代尼尼微书店	Maktabat Nīnawá al-Ḥadīthah	مكتبة نينوى الحديثة
伊朗文化与伊斯兰指导部	Wizārat al-Thaqāfah wa-al-Irshād al-Islāmī	وزارة الثقافة والإرشاد الإسلامي
伊朗文化与伊斯兰指导部印刷出版管理局	Mu' assasat al-Ṭibā' ah wa-al-Nashr al-Tābi' ah li-Wizārat al-Thaqāfah wa-al-Irshād al-Islāmī	مؤسسة الطباعة والنشر التابعة لوزارة الثقافة والإرشاد الإسلامي
伊玛目霍梅尼遗产整理与出版基金会	Mu' assasat Tanẓīm wa-Nashr Turāth al-Imām al-Khumaynī	مؤسسة تنظيم ونشر تراث الإمام الخميني
伊斯兰科学书店	al-Maktabah al-' Ilmīyah al-Islāmīyah	المكتبة العلمية الإسلامية
伊斯兰图书出版社	Dār al-Kitāb al-Islāmī; Dār al-Kutub al-Islāmīyah	دار الكتاب الإسلامي؛ دار الكتب الإسلامية
伊斯兰协商会议图书馆、博物馆与文献中心	Maktabat wa-Matḥaf wa-Markaz Wathā' iq Majlis al-Shūrá al-Islāmī	مكتبة ومتحف ومركز وثائق مجلس الشورى الإسلامي
伊斯兰宣教组织国际关系合作处	Mu' āwanīyat al-' Alāqāt al-Dawlīyah fī Munaẓẓamat al-I' lām al-Islāmī	معاونية العلاقات الدولية في منظمة الإعلام الإسلامي
伊斯兰印书馆	Maṭba' at al-Islāmīyah	مطبعة الإسلامية
伊斯兰哲学出版基金会	Mu' assasat Ṣadrā lil-Ḥikmah al-Islāmīyah	مؤسسة صدرا للحكمة الإسلامية
艺术印书馆	Maṭba' at Dār al-Funūn	مطبعة دار الفنون
宗教印刷公司	Mu' assasat al-Maṭbū' āt al-Dīnīyah	مؤسسة المطبوعات الدينية

出版地：迪拜

中文译名	拉丁字母转写	阿拉伯文或波斯文
阿拉伯世界出版社	Dār al-' Ālam al-' Arabī lil-Nashr wa-al-Tawzī'	دار العالم العربي للنشر والتوزيع
阿曼印书馆	al-Maṭba' ah al-' Umānīyah	المطبعة العمانية
艾吉沃德出版社	Dār al-Ajwād lil-Nashr wa-al-Tawzī'	دار الأجواد للنشر والتوزيع

续表

中文译名	拉丁字母转写	阿拉伯文或波斯文
艾施贾尔出版社	Dār Ashjār lil-Nashr wa-al-Tawzīʻ	دار أشجار للنشر والتوزيع
爱达鲁斯现代图书出版社	Dār al-ʻAydarūs lil-Kitāb al-Ḥadīth	دار العيدروس للكتاب الحديث
白拉阁书店	Maktabat al-Balāgh	مكتبة البلاغ
白彦新闻出版公司	Muʼassasat al-Bayān lil-Ṣiḥāfah wa-al-Ṭibāʻah wa-al-Nashr	مؤسسة البيان للصحافة والطباعة والنشر
创新思想中心	Markaz al-Tafkīr al-Ibdāʻī	مركز التفكير الإبداعي
迪拜图书馆发行部	Maktabat Dubayy lil-Tawzīʻ	مكتبة دبي للتوزيع
迪拜印书馆	Maṭbaʻat Dubayy	مطبعة دبي
迪拉研究与决策咨询中心	Markaz al-Dīrah lil-Dirāsāt wa-Istiṭlāʻ al-Raʼy	مركز الديرة للدراسات وإستطلاع الرأي
法律指南出版社	Legal Guide For Publishing and Distribution（英文）；al-Dalīl al-Qānūnī lil-Nashr wa-al-Tawzīʻ	الدليل القانوني للنشر والتوزيع
福尔甘书店	Maktabat al-Furqān	مكتبة الفرقان
格拉姆出版社	Dār al-Qalam lil-Nashr wa-al-Tawzīʻ	دار القلم للنشر والتوزيع
谷莱尔出版社	Dār al-Ghurayr lil-Ṭibāʻah wa-al-Nashr	دار الغرير للطباعة والنشر
哈菲兹出版社	Dār al-Ḥāfiẓ lil-Nashr wa-al-Tawzīʻ	دار الحافظ للنشر والتوزيع
哈菲兹出版书店	Maktabat Dār al-Ḥāfiẓ	مكتبة دار الحافظ
哈姆丹·本·穆罕默德遗产复兴中心	Markaz Ḥamdān ibn Muḥammad li-Iḥyāʼ al-Turāth	مركز حمدان بن محمد لإحياء التراث
海湾图书中心	Markaz al-Khalīj lil-Kutub	مركز الخليج للكتب
海湾研究中心	Gulf Research Center（英文）；Markaz al-Khalīj lil-Abḥāth	مركز الخليج للأبحاث
黄金图书	Golden Book（英文）；Jūldin Būk	جولدن بوك
霍德霍德出版社	Dār al-Hudhud lil-Nashr wa-al-Tawzīʻ	دار الهدهد للنشر والتوزيع

续表

中文译名	拉丁字母转写	阿拉伯文或波斯文
杰玛勒·本·胡韦利卜研究中心	Markaz Jamāl ibn Ḥuwayrib lil-Dirāsāt	مركز جمال بن حويرب للدراسات
咖啡出版社	Qahwah lil-Nashr	قهوة للنشر
科学复兴出版社	Dār al-Nahḍah al-ʻIlmīyah lil-Nashr wa-al-Tawzīʻ	دار النهضة العلمية للنشر والتوزيع
拉沃辛出版社	Rawāshin lil-Nashr	رواشن للنشر
璐哈出版社	Dār al-Lūhah lil-Nashr	دار اللوهة للنشر
马达尔出版社	Madār lil-Nashr wa-al-Tawzīʻ	مدار للنشر والتوزيع
马拉雅出版社	Marāyā lil-Ṭibāʻah wa-al-Nashr wa-al-Tawzīʻ	مرايا للطباعة والنشر والتوزيع
麦纳尔发行公司	Muʼassasat al-Manār lil-Tawzīʻ	مؤسسة المنار للتوزيع
蒙塔拉阁出版社	Dār al-Munṭalaq	دار المنطلق
米达德出版社	Midād lil-Nashr wa-al-Tawzīʻ	مداد للنشر والتوزيع
米斯巴尔研究中心	Markaz al-Misbār lil-Dirāsāt wa-al-Buḥūth	مركز المسبار للدراسات والبحوث
米兹玛研究中心	Markaz al-Mizmāh lil-Dirāsāt wa-al-Buḥūth	مركز المزماة للدراسات والبحوث
穆达里克出版社	Dār Madārik lil-Nashr wa-al-Tawzīʻ	دار مدارك للنشر والتوزيع
穆罕默德·本·拉什德·阿勒-马克图姆基金会	Muʼassasat Muḥammad ibn Rāshid Āl Maktūm	مؤسسة محمد بن راشد آل مكتوم
穆勒熙蒙出版社	Dār Mulhimūn lil-Nashr wa-al-Tawzīʻ	دار ملهمون للنشر والتوزيع
穆提斐特出版社	Motivate Publishing（英文）；Mūtīfīt lil-Nashr	موتيفيت للنشر
欧姆拉尼遗产协会	Jamʻīyat al-Turāth al-ʻUmrānī	جمعية التراث العمراني

续表

中文译名	拉丁字母转写	阿拉伯文或波斯文
欧莎·宾特·侯赛因文化中心	Riwāq ' Awshah bint Ḥusayn al-Thaqāfī	رواق عوشة بنت حسين الثقافي
钦迪勒出版社	Qindīl lil-Ṭibā' ah wa-al-Nashr wa-al-Tawzī'	قنديل للطباعة والنشر والتوزيع
全民阅读出版社	Dār al-Qirā' ah lil-Jamī' lil-Nashr wa-al-Tawzī'	دار القراءة للجميع للنشر والتوزيع
萨波汉出版社	Dār al-Sabhān lil-Nashr wa-al-Tawzī'	دار السبهان للنشر والتوزيع
萨斐尔出版广告公司	Mu' assasat al-Safīr lil-Nashr wa-al-I' lān	مؤسسة السفير للنشر والإعلان
赛夫·贾比利出版社	Dār Sayf al-Jābirī lil-Ṭibā' ah wa-al-Nashr wa-al-Tawzī'	دار سيف الجابري للطباعة والنشر والتوزيع
商业数据印制馆	Maṭābi' al-Bayān al-Tijārīyah	مطابع البيان التجارية
圣训派书店	Maktabat Ahl al-Ḥadīth	مكتبة أهل الحديث
斯玛文化艺术公司	Mu' assasat Simā lil-Thaqāfah wa-al-Funūn	مؤسسة سما للثقافة والفنون
苏丹·本·阿里·欧韦斯文化公司	Mu' assasat Sulṭān ibn ' Alī al-' Uways al-Thaqāfīyah	مؤسسة سلطان بن علي العويس الثقافية
索达新闻出版社	Dār al-Ṣadá lil-Ṣiḥāfah wa-al-Nashr wa-al-Tawzī'	دار الصدى للصحافة والنشر والتوزيع
瓦拉阁出版社	Dār Waraq lil-Nashr wa-al-Tawzī'	دار ورق للنشر والتوزيع
未来书店	Maktabat al-Mustaqbal	مكتبة المستقبل
文化与科学论坛	Nadwat al-Thaqāfah wa-al-' Ulūm	ندوة الثقافة والعلوم
沃迪哈出版社	Dār al-Wāḍiḥ li-Nashr wa-Tawzī' al-Kutub wa-al-Matbū' āt	دار الواضح لنشر وتوزيع الكتب والمطبوعات
沃哈出版社	Dār al-Wāḥah lil-Nashr wa-al-Tawzī'	دار الواحة للنشر والتوزيع
叶尔布俄出版社	al-Yarbū' lil-Nashr wa al-Tawzī'	اليربوع للنشر والتوزيع
伊本·达斯玛勒印书馆及其书店	Maṭba' at Ibn Dasmāl wa-Maktabatuhā	مطبعة بن دسمال ومكتبتها

续表

中文译名	拉丁字母转写	阿拉伯文或波斯文
伊曼出版社	Dār al-Īmān	دار الإيمان
伊斯兰研究与遗产复兴出版社	Dār al-Buḥūth lil-Dirāsāt al-Islāmīyah wa-Iḥyā' al-Turāth	دار البحوث للدراسات الإسلامية وإحياء التراث
珍珠出版社	Lu' lu' lil-Nashr wa-al-Tawzī'	لؤلؤ للنشر والتوزيع
朱玛·马吉德文化与遗产中心	Markaz Juma ' ah al-Mājid lil-Thaqāfah wa-al-Turāth	مركز جمعة الماجد للثقافة والتراث
朱梅拉出版社	Jumayrā lil-Nashr wa-al-Tawzī'	جميرا للنشر والتوزيع
珠宝出版社	al-Jawharah lil-Nashr wa-al-Tawzī'	الجوهرة للنشر والتوزيع
作家出版社	Dār Kuttāb lil-Nashr wa-al-Tawzī'	دار كتاب للنشر والتوزيع

出版地：迪斯沃克

中文译名	拉丁字母转写	阿拉伯文或波斯文
科学与信仰出版社	Dār al-' Ilm wa-al-Īmān lil-Nashr wa-al-Tawzī'	دار العلم والإيمان للنشر والتوزيع

出版地：杜姆亚特

中文译名	拉丁字母转写	阿拉伯文或波斯文
南斯书店	Maktabat Nānsī	مكتبة نانسي
伊本·拉杰卜出版社	Dār Ibn Rajab lil-Nashr wa-al-Tawzī'	دار ابن رجب للنشر والتوزيع
伊玛目达拉古特尼出版社	Dār al-Imām al-Dāraquṭnī lil-Ṭab' wa-al-Nashr wa-al-Tawzī'	دار الإمام الدارقطني للطبع والنشر والتوزيع

出版地：多哈

中文译名	拉丁字母转写	阿拉伯文或波斯文
阿克萨书店	Maktabat al-Aqṣá	مكتبة الأقصى
阿拉伯政策研究中心	al-Markaz al-' Arabī lil-Abḥāth wa-Dirāsat al-Siyāsāt	المركز العربي للأبحاث ودراسة السياسات

续表

中文译名	拉丁字母转写	阿拉伯文或波斯文
格托利·本·福贾阿出版社	Dār Qaṭarī ibn al-Fujā' ah lil-Nashr wa-al-Tawzī‘	دار قطري بن الفجاءة للنشر والتوزيع
国家出版社	Dār al-Waṭan lil-Ṭibā‘ ah wa-al-Nashr wa-al-Ṭawzī‘	دار الوطن للطباعة والنشر والتوزيع
哈迈德·本·哈里发大学出版社	Dār Jāmi‘ at Ḥamad ibn Khalīfah lil-Nashr	دار جامعة حمد بن خليفة للنشر
卡塔尔国家出版社	Maṭābi‘ Qaṭar al-Waṭanīyah	مطابع قطر الوطنية
卡塔尔国家图书馆	Maktabat Qaṭar al-Waṭanīyah	مكتبة قطر الوطنية
卡塔尔内政部印务处	Maṭābi‘ Wizārat al-Dākhilīyah	مطابع وزارة الداخلية
两圣地出版社	Dār al-Ḥaramayn lil-Nashr	دار الحرمين للنشر
璐赛勒出版社	Dār Lūsayl lil-Nashr wa-al-Tawzī‘	دار لوسيل للنشر والتوزيع
文化出版社	Dār al-Thaqāfah lil-Ṭiba‘ ah wa-al-Ṣiḥāfah wa-al-Nashr wa-al-Tawzī‘	دار الثقافة للطباعة والصحافة والنشر والتوزيع
伊玛目布哈里出版社	Dār al-Imām al-Bukhārī lil-Nashr wa-al-Tawzī‘	دار الإمام البخاري للنشر والتوزيع

出版地：恩图曼（又译“乌姆杜尔曼”）

中文译名	拉丁字母转写	阿拉伯文或波斯文
阿卜杜·卡利姆·米尔加尼文化中心	Markaz ‘ Abd al-Karīm Mīrghanī al-Thaqāfī	مركز عبد الكريم ميرغني الثقافي
艾巴努斯出版社	Dār Abanūs lil-Nashr wa-al-Tawzī‘	دار أبنوس للنشر والتوزيع
艾哈法德女子大学出版社	Jāmi‘ at al-Aḥfād lil-Banāt	جامعة الأحفاد للبنات
艾斯巴特传媒出版中心	Markaz al-Asbāṭ lil-Intāj al-I‘ lāmī wa-al-Nashr	مركز الأسباط للإنتاج الإعلامي والنشر

续表

中文译名	拉丁字母转写	阿拉伯文或波斯文
第三世界研究院	Ma' had Buḥūth wa-Dirāsāt al-' Ālam al-Thālith	معهد بحوث ودراسات العالم الثالث
恩图曼伊斯兰大学出版社	Dār Jāmi ' at Umm Durmān al-Islāmīyah lil-Ṭibā' ah wa-al-Nashr	دار جامعة أم درمان الإسلامية للطباعة والنشر
古兰经大学出版社	Dār Jāmi' at al-Qur' ān al-Karīm lil-Nashr	دار جامعة القرآن الكريم للنشر
杰迪达书店	al-Maktabah al-Jadīdah	المكتبة الجديدة
科学书店	al-Maktabah al-' Ilmīyah	المكتبة العلمية
利哈波印书馆	Maṭba' at Riḥāb	مطبعة رحاب
利姆出版社	Dār al-Rīm lil-Nashr wa-al-Tawzī'	دار الريم للنشر والتوزيع
穆罕默德·欧麦尔·巴什尔苏丹研究中心	Markaz Muḥammad ' Umar Bashīr lil-Dirāsāt al-Sūdānīyah	مركز محمد عمر بشير للدراسات السودانية
陶菲阁文学印书馆	Maṭba' at al-Tawfīq al-Adabīyah	مطبعة التوفيق الأدبية
图书世界	' Ālam al-Kutub	عالم الكتب
自由印书馆	Maṭba' at al-Ḥurrīyah	مطبعة الحرية

出版地：法尤姆

中文译名	拉丁字母转写	阿拉伯文或波斯文
法拉哈出版社	Dār al-Falāḥ	دار الفلاح
法拉哈科学研究与遗产校勘翻译出版社	Dār al-Falāḥ lil-Baḥth al-' Ilmī wa-Taḥqīq al-Turāth wa-al-Tarjamah	دار الفلاح للبحث العلمي وتحقيق التراث والترجمة
科学出版社	Dār al-' Ilm lil-Nashr wa-al-Tawzī'	دار العلم للنشر والتوزيع
苏布勒·萨拉姆出版社	Dār Subul al-Salām	دار سبل السلام
伊本·韩左勒出版社	Dār Ibn Ḥanẓal lil-Ṭibā' ah wa-al-Nashr	دار ابن حنظل للطباعة والنشر
伊斯兰巴德尔出版社	Dār Badr al-Islāmīyah lil-Nashr wa-al-Tawzī'	دار بدر الإسلامية للنشر والتوزيع

续表

中文译名	拉丁字母转写	阿拉伯文或波斯文
有德者花园出版社	Dār Riyāḍ al-Ṣāliḥīn	دار رياض الصالحين

出版地：非斯

中文译名	拉丁字母转写	阿拉伯文或波斯文
阿拉比耶出版社	Manshūrāt ʻ Arabīyah	منشورات عربية
安达卢西研究与遗产服务中心	Markaz al-Andalus lil-Dirāsāt wa-Khidmat al-Turāth	مركز الأندلس للدراسات وخدمة التراث
安富·布兰特印书馆	Maṭbaʻ at Ānfū Brānt	مطبعة أنفو برانت
非斯巴黎印书馆	Maṭbaʻ at Fās Bārīs	مطبعة فاس باريس
复兴印书馆	Maṭbaʻ at al-Nahḍah	مطبعة النهضة
后现代出版社	Dār mā baʻ da al-Ḥadāthah; Manshūrāt mā baʻ da al-ḥadāthah	دار ما بعد الحداثة؛ منشورات ما بعد الحداثة
科学研究基金会	Mu' assasat al-Buḥūth wa-al-Dirāsāt al-ʻ Ilmīyah	مؤسسة البحوث والدراسات العلمية
摩洛哥、中东与海湾文化研究学术中心	al-Markaz al-Akādīmī lil-Thaqāfah wa-al-Dirāsāt al-Maghāribīyah wa-al-Sharq Awsaṭīyah wa-al-Khalījīyah	المركز الأكاديمي للثقافة والدراسات المغاربية والشرق أوسطية والخليجية
穆伽拉巴特文化传播与创作基金会	Muqārabāt lil-Nashr wa-al-Ṣināʻ āt al-Thaqāfīyah	مقاربات للنشر والصناعات الثقافية
穆格拉巴特出版社	Manshūrāt Muqārabāt	منشورات مقاربات
穆罕默德·哈桑·瓦札尼基金会	Mu' assasat Muḥammad Ḥasan al-Wazzānī	مؤسسة محمد حسن الوزاني
纳斯尔印书馆	Maṭbaʻ at al-Naṣr	مطبعة النصر
人民书店	al-Maktabah al-Shaʻ bīyah	المكتبة الشعبية
乌梅玛印书馆	Maṭbaʻ at Umaymah	مطبعة أميمة

出版地：富查伊拉

中文译名	拉丁字母转写	阿拉伯文或波斯文
富查伊拉国家出版社	Maṭba‘ at al-Fujayrah al-Waṭanīyah	مطبعة الفجيرة الوطنية
拉什德出版社	Dār Rāshid lil-Nashr wa-al-Tawzī‘	دار راشد للنشر والتوزيع
索戈尔出版社	Dār al-Ṣaqr lil-Nashr wa-al-Tawzī‘	دار الصقر للنشر والتوزيع

出版地：盖卢比尤

中文译名	拉丁字母转写	阿拉伯文或波斯文
白彦出版社	Dār al-Bayān lil-Nashr wa-al-Tawzī‘ wa-al-Tarjamah	دار البيان للنشر والتوزيع والترجمة
国际荣耀出版社	Amjād al-Duwalīyah lil-Nashr	أمجاد الدولية للنشر
塔波隋尔出版社	Tabṣīr lil-Nashr wa-al-Tawzī‘	تبصير للنشر والتوزيع

出版地：盖提夫

中文译名	拉丁字母转写	阿拉伯文或波斯文
艾特雅夫出版社	Aṭyāf lil-Nashr wa-al-Tawzī‘	أطياف للنشر والتوزيع

出版地：哥德堡

中文译名	拉丁字母转写	阿拉伯文或波斯文
瑞典伊斯兰研究中心	Markaz al-Buḥūth al-Islāmīyah fī al-Suwīd	مركز البحوث الإسلامية في السويد

出版地：哈伊勒

中文译名	拉丁字母转写	阿拉伯文或波斯文
安达卢西出版社	Dār al-Andalus lil-Nashr wa-al-Tawzī‘	دار الأندلس للنشر والتوزيع

续表

中文译名	拉丁字母转写	阿拉伯文或波斯文
法赫德·阿利斐书店	Maktabat Fahd al-‘ Arīfī	مكتبة فهد العريفي
哈伊勒文学文化论坛	al-Nādī al-Adabī al-Thaqāfī bi-Ḥā’ il;Nādī Ḥā’ il al-Adabī al-Thaqāfī	النادي الأدبي الثقافي بحائل؛ نادي حائل الأدبي الثقافي

出版地：海得拉巴

中文译名	拉丁字母转写	阿拉伯文或波斯文
奥斯曼百科全书委员会印务部	Maṭba‘ at Majlis Dā’ irat al-Ma‘ ārif al-‘ Uthmānīyah	مطبعة مجلس دائرة المعارف العثمانية
科学宝藏印书馆	Maṭba‘ at Kanz al-‘ Ulūm	مطبعة كنز العلوم

出版地：海法

中文译名	拉丁字母转写	阿拉伯文或波斯文
胡达出版社	Dār al-Hudá	دار الهدى
杰里勒印刷装订厂	al-Jalīl lil-Ṭibā‘ ah wa-al-Tajlīd	الجليل للطباعة والتجليد
拉耶出版社	Dār al-Rāyah lil-Nashr	دار الراية للنشر
鲁阿出版社	Dār Ru’ á lil-Tarjamah wa-al-Nashr	دار رؤى للترجمة والنشر
努尔出版社	Nūr lil-Ṭibā‘ ah wa-al-Nashr	نور للطباعة والنشر
萨拉玛·宰丹出版社	Manshūrāt Salāmah Zaydān	منشورات سلامة زيدان
社会发展协会	Jam‘ īyat al-Taṭwīr al-Ijtimā‘ ī	جمعية التطوير الإجتماعي
瓦迪印书馆	Maṭba‘ at al-Wādī lil-Ṭibā‘ ah wa-al-Nashr	مطبعة الوادي للطباعة والنشر
万事书店	Maktabat Kull Shay’ lil-Nashr wa-al-Tawzī‘	مكتبة كل شيء للنشر والتوزيع
伍福阁出版公司	Manshūrāt Mu’ assasat al-Ufuq	منشورات مؤسسة الأفق

续表

中文译名	拉丁字母转写	阿拉伯文或波斯文
以色列阿拉伯儿童文学中心	Markaz Adab al-Aṭfāl al-ʻArabī fī Isrā'īl	مركز أدب الأطفال العربي في اسرائيل
以色列阿拉伯教育学院	Arab Academic College for Education in Israel（英文）; al-Kullīyah al-ʻArabīyah lil-Tarbiyah fī Isrā'īl	الكلية العربية للتربية في اسرائيل

出版地：赫恩登

中文译名	拉丁字母转写	阿拉伯文或波斯文
国际伊斯兰思想研究所	International Institute of Islamic Thought（英文）; al-Maʻhad al-ʻĀlamī lil-Fikr al-Islāmī	المعهد العالمي للفكر الإسلامي

出版地：霍姆斯

中文译名	拉丁字母转写	阿拉伯文或波斯文
安达卢西印书馆	Maṭbaʻat al-Andalus	مطبعة الأندلس
白拉齐出版书店	Maktabat Dār al-Barāzī	مكتبة دار البرازي
哈拉梅恩出版社	Dār Ḥaramayn	دار حرمين
赫蒂卜印书馆	Maṭbaʻat al-Khaṭīb	مطبعة الخطيب
霍姆斯知识出版社	Dār al-Maʻārif bi-Ḥimṣ	دار المعارف بحمص
穆赫拉特科学出版社	Dār Muhrāt lil-ʻUlūm	دار مهرات للعلوم
悭迪出版社	Dār al-Kindī lil-Tarjamah wa-al-Nashr wa-al-Tawzīʻ	دار الكندي للترجمة والنشر والتوزيع
萨拉玛印书馆	Maṭbaʻat al-Salāmah	مطبعة السلامة
陶希迪出版社	Dār al-Tawḥīdī lil-Nashr	دار التوحيدي للنشر
瓦立德出版社	Dār al-Walīd	دار الوليد
现代黎明印书馆	Maṭbaʻat al-Fajr al-Ḥadīthah	مطبعة الفجر الحديثة

续表

中文译名	拉丁字母转写	阿拉伯文或波斯文
现代印书馆	al-Maṭba' ah al-Ḥadīthah	المطبعة الحديثة
叶玛麦印书馆	Maṭba' at al-Yamāmah	مطبعة اليمامة
伊尔沙德出版社	Dār al-Irshād lil-Nashr	دار الإرشاد للنشر
扎奇拉出版社	Dar al-Dhākirah	دار الذاكرة
真理出版社	Dār al-Ḥaqā' iq lil-Ṭibā' ah wa-al-Nashr wa-al-Tawzī'	دار الحقائق للطباعة والنشر والتوزيع
知识出版社	Manshūrāt Dār al-Ma' ārif	منشورات دار المعارف

出版地：基纳

中文译名	拉丁字母转写	阿拉伯文或波斯文
伊玛目阿吉利书店	Maktabat al-Imām al-Ājirī	مكتبة الإمام الآجري

出版地：吉达

中文译名	拉丁字母转写	阿拉伯文或波斯文
阿拉伯印刷公司	al-Mu' assasah al-' Arabīyah lil-Ṭibā' ah	المؤسسة العربية للطباعة
奥拉阁出版社	Dār al-Awrāq lil-Nashr wa-al-Tawzī'	دار الأوراق للنشر والتوزيع
白什尔出版社	Dār al-Bashīr	دار البشير
白彦·阿拉比出版社	Dār al-Bayān al-' Arabī lil-Ṭibā' ah wa-al-Nashr wa-al-Tawzī'	دار البيان العربي للطباعة والنشر والتوزيع
翠绿安达卢西出版社	Dār al-Andalus al-Khaḍrā' lil-Nashr wa-al-Tawzī'	دار الأندلس الخضراء للنشر والتوزيع
狄雅出版社	Dār al-Ḍiyā' lil-Nashr wa-al-Tawzī'	دار الضياء للنشر والتوزيع
古兰学基金会	Mu' assasat ' Ulūm al-Qur' ān	مؤسسة علوم القرآن
吉达书店	Maktabat Jiddah	مكتبة جدة
科学花剌子模出版社	Khawārizm al-' Ilmīyah lil-Nashr wa-al-Tawzī'	خوارزم العلمية للنشر والتوزيع

续表

中文译名	拉丁字母转写	阿拉伯文或波斯文
科学花剌子模出版书店	Khawārizm al-' Ilmīyah Nāshirūn wa-Maktabāt	خوارزم العلمية ناشرون ومكتبات
拉默克出版社	Dār al-Ramak lil-Nashr	دار الرمك للنشر
拉耶思想发展中心	Markaz al-Rāyah lil-Tanmiyah al-Fikrīyah	مركز الراية للتنمية الفكرية
马吉德·阿斯利出版社	Dār Mājid ' Asīrī lil-Nashr wa-al-Tawzī'	دار ماجد عسيري للنشر والتوزيع
麦达尼出版社	Dār al-Madanī lil-Ṭibā' ah wa-al-Nashr wa-al-Tawzī'	دار المدني للطباعة والنشر والتوزيع
麦纳拉出版社	Dār al-Manārah lil-Nashr wa-al-Tawzī'	دار المنارة للنشر والتوزيع
民族出版社	Dār al-Ummah lil-Nashr wa-al-Tawzī'	دار الأمة للنشر والتوزيع
敏贺吉出版社	Dār al-Minhāj lil-Nashr wa-al-Tawzī'	دار المنهاج للنشر والتوزيع
穆阿里米出版社	Dār al-Mu' allimī lil-Nashr	دار المعلمي للنشر
欧卡兹书库公司	Sharikat Maktabāt ' Ukāẓ lil-Nashr wa-al-Tawzī'	شركة مكتبات عكاظ للنشر والتوزيع
塞厄尔印书馆	Maṭba' at al-Thaghr	مطبعة الثغر
沙特出版社	al-Dār al-Sa' ūdīyah lil-Nashr wa-al-Tawzī'	الدار السعودية للنشر والتوزيع
社会出版社	Dār al-Mujtama' lil-Nashr wa-al-Tawzī'	دار المجتمع للنشر والتوزيع
舒鲁阁出版社	Dār al-Shurūq lil-Nashr wa-al-Tawzī'	دار الشروق للنشر والتوزيع
塔克文出版公司	Sharikat Takwīn lil-Nashr wa-al-Tawzī'	شركة تكوين للنشر والتوزيع
伊斯兰文化方向出版社	Dār al-Qiblah lil-Thaqāfah al-Islāmīyah	دار القبلة للثقافة الإسلامية
艺术出版社	Dār al-Funūn lil-Ṭibā' ah wa-al-Nashr wa-al-Tawzī'	دار الفنون للطباعة والنشر والتوزيع
知识世界	' Ālam al-Ma' rifah lil-Nashr wa-al-Tawzī'	عالم المعرفة للنشر والتوزيع

出版地：吉萨

中文译名	拉丁字母转写	阿拉伯文或波斯文
阿拉伯传媒中心	Markaz al-I' lām al-' Arabī	مركز الإعلام العربي

续表

中文译名	拉丁字母转写	阿拉伯文或波斯文
阿拉伯书店	al-Maktabah al-‘Arabīyah lil-Nashr wa-al-Tawzī‘	المكتبة العربية للنشر والتوزيع
阿拉伯思想出版社	Dār al-Fikr al-‘Arabī lil-Nashr wa-al-Tawzī‘	دار الفكر العربي للنشر والتوزيع
阿拉伯文明传媒出版研究中心	Markaz al-Ḥaḍārah al-‘Arabīyah lil-I‘lām wa-al-Nashr wa-al-Dirāsāt	مركز الحضارة العربية للإعلام والنشر والدراسات
阿拉伯项链出版社	Dār al-Qilādah al-‘Arabīyah lil-Nashr wa-al-Tawzī‘	دار القلادة العربية للنشر والتوزيع
阿拉伯新闻社	Arab Press Agency（英文）；Wakālat al-Ṣaḥāfah al-‘Arabīyah Nāshirūn	وكالة الصحافة العربية ناشرون
阿特拉斯出版社	Dār Aṭlas lil-Nashr wa-al-Intāj al-I‘lāmī	دار أطلس للنشر والإنتاج الإعلامي
埃及复兴出版社	Dār Nahḍat Miṣr lil-Nashr	دار نهضة مصر للنشر
艾因人文社会研究所	Dār ‘Ayn lil-Dirāsāt wa-al-Buḥūth al-Insānīyah wa-al-Ijtimā‘īyah	دار عين للدراسات والبحوث الإنسانية والإجتماعية
奥拉阁出版社	Awrāq lil-Nashr wa-al-Tawzī‘	أوراق للنشر والتوزيع
创意出版社	Ibdā‘ lil-Nashr wa-al-Tawzī‘	إبداع للنشر والتوزيع
创意翻译出版社	Ibdā‘ lil-Tarjamah wa-al-Nashr wa-al-Tawzī‘	إبداع للترجمة والنشر والتوزيع
德善出版社	Dār al-Ṣāliḥ	دار الصالح
法鲁阁文化投资出版社	Dār al-Fārūq lil-Istithmārāt al-Thaqāfīyah	دار الفاروق للإستثمارات الثقافية
福音出版销售公司	Sharikat al-Bashā’ir lil-Nashr wa-al-Taswīq	شركة البشائر للنشر والتسويق
哈杰尔出版发行广告公司	Hajar lil-Ṭibā‘ah wa-al-Nashr wa-al-Tawzī‘ wa-al-I‘lān	هجر للطباعة والنشر والتوزيع والإعلان
哈拉出版社	Dār Halā lil-Nashr wa-al-Tawzī‘	دار هلا للنشر والتوزيع
卡彦·库鲁布出版社	Kayān Kūrub lil-Nashr wa-al-Tawzī‘	كيان كورب للنشر والتوزيع
卡彦出版社	Kayan Publishing（英文）；Kayān lil-Nashr wa-al-Tawzī‘	كيان للنشر والتوزيع
拉沃伊俄出版公司	Mu‘assasat Rawā’i‘ lil-Ṭibā‘ah wa-al-Nashr	مؤسسة روائع للطباعة والنشر

续表

中文译名	拉丁字母转写	阿拉伯文或波斯文
莱拉出版社	Dār Laylá lil-Nashr wa-al-Tawzī‘	دار ليلى للنشر والتوزيع
里彦出版社	Dār Liyān lil-Nashr wa-al-Tawzī‘	دار ليان للنشر والتوزيع
茉莉出版社	Dār al-Yāsamīn lil-Nashr wa-al-Tawzī‘	دار الياسمين للنشر والتوزيع
纳菲泽书店	Maktabat al-Nāfidhah	مكتبة النافذة
努恩出版社	Nūn lil-Nashr wa-al-Tawzī ‘; Dār Nūn lil-Nashr wa-al-Tawzī‘	ن للنشر والتوزيع؛ دار نون للنشر والتوزيع
努赫巴出版社	Dār al-Nukhbah lil-Ṭibā‘ ah wa-al-Nashr wa-al-Tawzī‘	دار النخبة للطباعة والنشر والتوزيع
欧姆拉尼耶胶印厂	Maṭba‘ at al-‘ Umrānīyah lil-Ūfsit	مطبعة العمرانية للأوفست
世界出版社	al-Dār al-‘ Ālamīyah lil-Nashr wa-al-Tawzī‘	الدار العالمية للنشر والتوزيع
世界书店	al-Maktabah al-‘ Ālamīyah lil-Nashr wa-al-Tawzī‘	المكتبة العالمية للنشر والتوزيع
斯弗索法出版社	Dār Ṣif ṣāfah lil-Nashr wa-al-Tawzī‘ wa-al-Dirāsāt	دار صفصافة للنشر والتوزيع والدراسات
塔拉基图书出版社	Dār al-Talāqī lil-Kitāb	دار التلاقي للكتاب
谢赫子嗣遗产书店	Maktabat Awlād al-Shaykh lil-Turāth	مكتبة أولاد الشيخ للتراث
新时代出版社	Dār al-‘ Aṣr al-Jadīd lil-Nashr wa-al-Tawzī‘	دار العصر الجديد للنشر والتوزيع
学术书店	al-Maktabah al-Akādīmīyah	المكتبة الأكاديمية
叶斯图伦出版发行公司	Mu’ assasat Yasṭurūn lil-Ṭibā‘ ah wa-al-Nashr wa-al-Tawzī‘	مؤسسة يسطرون للطباعة والنشر والتوزيع
伊本·泰米叶书店	Maktabat Ibn Taymīyah	مكتبة ابن تيمية

出版地：加沙

中文译名	拉丁字母转写	阿拉伯文或波斯文
阿卜杜拉·胡拉尼研究与文献中心	Markaz ‘ Abd Allāh al-Ḥūrānī lil-Dirāsāt wa-al-Tawthīq	مركز عبد الله الحوراني للدراسات والتوثيق

续表

中文译名	拉丁字母转写	阿拉伯文或波斯文
阿特拉斯以色列研究中心	Markaz Aṭlas lil-Dirāsāt al-Isrā' īlīyah	مركز أطلس للدراسات الإسرائيلية
爱资哈尔书店与印书馆	Maktabat wa-Maṭba' at al-Azhar	مكتبة ومطبعة الأزهر
巴勒斯坦历史与文献中心	Markaz al-Ta' rīkh wa-al-Tawthīq al-Filasṭīnī	مركز التأريخ والتوثيق الفلسطيني
巴勒斯坦出版社	Dār Filasṭīn lil-Ṭibā' ah wa-al-Nashr	دار فلسطين للطباعة والنشر
巴勒斯坦法律与案件研究中心	Markaz Filasṭīn lil-Dirāsāt al-Qānūnīyah wa-al-Qaḍā' īyah	مركز فلسطين للدراسات القانونية والقضائية
巴勒斯坦人权中心	al-Markaz al-Filasṭīnī li-Ḥuqūq al-Insān	المركز الفلسطيني لحقوق الإنسان
巴勒斯坦政策与战略研究中心	al-Markaz al-Filasṭīnī li-Abḥāth al-Siyāsāt wa-al-Dirāsāt al-Istirātījīyah	المركز الفلسطيني لأبحاث السياسات والدراسات الإستراتيجية
巴勒斯坦作家与文人协会	Rābiṭat al-Kuttāb wa-al-Udabā' al-Filasṭīnīyīn	رابطة الكتاب والأدباء الفلسطينيين
海鸥出版社	Dār al-Nawras lil-Nashr	دار النورس للنشر
凯里玛出版社	Dār al-Kalimah lil-Nashr wa-al-Tawzī'	دار الكلمة للنشر والتوزيع
麦纳拉书店与印书馆	Maktabat wa-Maṭba' at Dār al-Manārah	مكتبة ومطبعة دار المنارة
曼苏尔出版社	Dār al-Manṣūr lil-Ṭibā' ah wa-al-Nashr wa-al-Tawzī'	دار المنصور للطباعة والنشر والتوزيع
米格达德出版社	Dār al-Miqdād lil-Ṭibā' ah	دار المقداد للطباعة
民族研究与文献中心	al-Markaz al-Qawmī lil-Dirāsāt wa-al-Tawthīq	المركز القومي للدراسات والتوثيق
前景书店	Maktabat Āfāq li-Ṭibā' ah wa-al-Nashr wa-al-Tawzī'	مكتبة آفاق للطباعة والنشر والتوزيع
人文与社会发展研究中心	Markaz al-BuḤūth al-Insānīyah wa-al-Tanmiyah al-Ijtimā' īyah	مركز البحوث الإنسانية والتنمية الإجتماعية
萨密尔·曼苏尔书店	Maktabat Samīr Manṣūr lil-Ṭibā' ah wa-al-Nashr wa-al-Tawzī'	مكتبة سمير منصور للطباعة والنشر والتوزيع

续表

中文译名	拉丁字母转写	阿拉伯文或波斯文
商务希望书店	Maktabat al-Amal al-Tijārīyah	مكتبة الأمل التجارية
希望出版社	Dār al-Amal lil-Ṭibā' ah wa-al-Nashr	دار الأمل للطباعة والنشر
雅兹吉出版社	Dār al-Yāzijī lil-Ṭibā' ah wa-al-Nashr wa-al-Tawzī'	دار اليازجي للطباعة والنشر والتوزيع
耶路撒冷书店	Maktabat al-Quds	مكتبة القدس
耶路撒冷研究与传媒出版中心	Markaz al-Quds lil-Dirāsāt wa-al-I ' lām wa-al-Nashr	مركز القدس للدراسات والإعلام والنشر
伊本·赫勒敦出版社	Dār Ibn Khaldūn lil-Nashr wa-al-Tawzī'	دار ابن خلدون للنشر والتوزيع

出版地：君士坦丁

中文译名	拉丁字母转写	阿拉伯文或波斯文
艾勒默仪耶出版社	al-Alma' īyah lil-Nashr wa-al-Tawzī'	الألمعية للنشر والتوزيع
巴贺丁出版社	Dār Bahā' al-Dīn lil-Nashr wa-al-Tawzī'	دار بهاء الدين للنشر والتوزيع
伯尔思出版社	Dār al-Ba' th lil-Ṭibā' ah wa-al-Nashr	دار البعث للطباعة والنشر
伯尔思印书馆	Maṭba' at al-Ba' th	مطبعة البعث
拉贾出版公司	Mu' assasat al-Rajā' lil-Ṭibā' ah wa-al-Nashr	مؤسسة الرجاء للطباعة والنشر
努米底亚出版社	Nūmīdiyā lil-Ṭibā' ah wa-al-Nashr wa-al-Tawzī'	نوميديا للطباعة والنشر والتوزيع
伍撒玛出版社	Dār Usāmah lil-Ṭibā' ah wa-al-Nashr wa-al-Tawzī'	دار أسامة للطباعة والنشر والتوزيع
尤姆恩出版社	Dār al-Yumn lil-Nashr wa-al-Tawzī' wa-al-I' lām	دار اليمن للنشر والتوزيع والإعلام

出版地：君士坦丁堡

中文译名	拉丁字母转写	阿拉伯文或波斯文
阿米拉·沙贺尼耶印书馆	Dār al-Ṭibā' ah al-' Āmirah al-Shāhānīyah	دار الطباعة العامرة الشاهانية

续表

中文译名	拉丁字母转写	阿拉伯文或波斯文
奥斯曼印书馆	al-Maṭba' ah al-' Uthmānīyah	المطبعة العثمانية
杰沃伊波印书馆	Maṭba' at al-Jawā' ib	مطبعة الجوائب
麦尔木拉出版社	Dār al-Ṭibā' ah al-Ma' mūrah	دار الطباعة المعمورة

出版地：喀布尔

中文译名	拉丁字母转写	阿拉伯文或波斯文
伊斯兰出版社	Dār al-Islām	دار الإسلام

出版地：喀土穆

中文译名	拉丁字母转写	阿拉伯文或波斯文
阿扎出版社	Dār ' Azzah lil-Nashr wa-al-Tawzī'	دار عزة للنشر والتوزيع
艾索拉新闻出版传媒社	Dār al-A ṣ ālah lil-Ṣiḥāfah wa-al-Nashr wa-al-Intāj al-I' lāmī	دار الأصالة للصحافة والنشر والإنتاج الإعلامي
高校书店	Maktabat al-Jāmi' ah	مكتبة الجامعة
焦达印书馆	Maṭba' at al-Jawdah	مطبعة الجودة
喀土穆出版社	Dār al-Kharṭūm lil-Ṭibā' ah wa-al-Nashr wa-al-Tawzī'	دار الخرطوم للطباعة والنشر والتوزيع
喀土穆大学出版社	Dār Jāmi ' at al-Khar ṭ ūm lil-Nashr; Maṭba ' at Jāmi' at al-Kharṭūm	دار جامعة الخرطوم للطباعة والنشر؛ مطبعة جامعة الخرطوم
喀土穆文化出版委员会	Hay' at al-Kharṭūm lil-Thaqāfah wa-al-Nashr	هيئة الخرطوم للثقافة والنشر
利姆出版社	Dār al-Rīm lil-Nashr wa-al-Tawzī'	دار الريم للنشر والتوزيع
穆韶瓦拉特出版社	Dār al-Muṣawwarāt lil-Nashr wa-al-Ṭibā' ah wa-al-Tawzī'	دار المصورات للنشر والطباعة والتوزيع
苏丹国家图书馆	al-Maktabah al-Waṭanīyah	المكتبة الوطنية

续表

中文译名	拉丁字母转写	阿拉伯文或波斯文
苏丹货币印刷有限公司	Sharikat Maṭābi‘ al-Sūdān lil-‘Umlah al-Maḥdūdah	شركة مطابع السودان للعملة المحدودة
苏丹图书出版社	The Sudanese House of Books（英文）；al-Dār al-Sūdānīyah lil-Kutub	الدار السودانية للكتب
塔默敦印书馆	Maṭba‘at al-Tamaddun	مطبعة التمدن
新喀土穆新闻出版委员会	Hay’at al-Kharṭūm al-Jadīdah lil-Ṣiḥāfah wa-al-Nashr	هيئة الخرطوم الجديدة للصحافة والنشر
新生活印书馆	Maṭba‘at al-Ḥayāh al-Jadīdah	مطبعة الحياة الجديدة
伊本·鲁世德书店	Maktabat Ibn Rushd	مكتبة ابن رشد

出版地：卡尔巴拉

中文译名	拉丁字母转写	阿拉伯文或波斯文
阿拔斯圣陵手稿出版社	Dār Makhṭūṭāt al-‘Atabah al-‘Abbāsīyah al-Muqaddasah	دار مخطوطات العتبة العباسية المقدسة
阿拔斯圣陵手稿书店出版社	Maktabat wa-Dār Makhṭūṭāt al-‘Atabah al-‘Abbāsīyah al-Muqaddasah	مكتبة ودار مخطوطات العتبة العباسية المقدسة
阿拔斯圣陵思想文化事务部	Qism al-Shu’ūn al-Fikrīyah wa-al-Thaqāfīyah fī al-‘Atabah al-‘Abbāsīyah al-Muqaddasah	قسم الشؤون الفكرية والثقافية في العتبة العباسية المقدسة
艾俄拉米印刷公司	Mu’assasat al-A‘lamī lil-Maṭbū‘āt	مؤسسة الأعلمي للمطبوعات
古兰学出版书店	Maktabat Dār ‘Ulūm al-Qur’ān	مكتبة دار علوم القرآن
侯赛因圣陵	al-‘Atabah al-Ḥusaynīyah al-Muqaddasah	العتبة الحسينية المقدسة
侯赛因圣陵思想文化事务部	Qism al-Shu’ūn al-Fikrīyah wa-al-Thaqāfīyah fī al-‘Atabah al-Ḥusaynīyah al-Muqaddasah	قسم الشؤون الفكرية والثقافية في العتبة الحسينية المقدسة
卡尔巴拉研究中心	Markaz Karbalā’ lil-Dirāsāt wa-al-Buḥūth	مركز كربلاء للدراسات والبحوث
凯斐勒出版社	Dār al-Kafīl lil-Ṭibā‘ah wa-al-Nashr wa-al-Tawzī‘	دار الكفيل للطباعة والنشر والتوزيع

续表

中文译名	拉丁字母转写	阿拉伯文或波斯文
圣裔印书馆	Maṭba‘ at Ahl al-Bayt	مطبعة أهل البيت
图书出版社	Dār al-Kutub	دار الكتب
伊本·法赫德·希里书店	Maktabat al-‘ Allāmah Ibn Fahd al-Ḥillī	مكتبة العلامة ابن فهد الحلي

出版地：卡夫卡拉

中文译名	拉丁字母转写	阿拉伯文或波斯文
胡达出版社	Dār al-Hudá lil-Ṭibā‘ ah wa-al-Nashr	دار الهدى للطباعة والنشر
沙法阁出版社	Dār al-Shafaq	دار الشفق

出版地：卡济米耶

中文译名	拉丁字母转写	阿拉伯文或波斯文
卡济米耶圣陵	al-‘ Atabah al-Kāẓimīyah al-Muqaddasah	العتبة الكاظمية المقدسة
伊玛目索希卜·扎曼公共书店	Maktabat al-Imām Ṣāḥib al-Zamān al-‘ Āmmah	مكتبة الإمام صاحب الزمان العامة

出版地：卡拉克

中文译名	拉丁字母转写	阿拉伯文或波斯文
兰德出版社	Dār Rand lil-Nashr wa-al-Tawzī‘	دار رند للنشر والتوزيع
穆塔大学出版社	Jāmi‘ at Mu’ tah；Manshūrāt Jāmi‘ at Mu’ tah	جامعة مؤتة؛ منشورات جامعة مؤتة
叶齐德出版中心	Markaz Yazīd lil-Nashr	مركز يزيد للنشر

出版地：卡萨布兰卡

中文译名	拉丁字母转写	阿拉伯文或波斯文
阿佛洛狄忒出版社	Aphrodite Press（英文）；Afrūdīt；Manshūrāt Afrūdīt	أفروديت؛ منشورات أفروديت

续表

中文译名	拉丁字母转写	阿拉伯文或波斯文
阿拉伯文化中心	al-Markaz al-Thaqāfī al-‘ Arabī	المركز الثقافي العربي
成功印书馆	Maṭba‘ at al-Najāḥ	مطبعة النجاح
东部非洲出版社	Afrīqiyā al-Sharq lil-Nashr wa al-Tawzī‘	أفريقيا الشرق للنشر والتوزيع
格特尔·娜妲文化传媒出版社	Dār Qaṭr al-Nadá lil-Thaqāfah wa-al-I‘ lām wa-al-Nashr	دار قطر الندى للثقافة والإعلام والنشر
科尔多瓦出版社	Dār Qurṭubah lil-Ṭibā‘ ah wa-al-Nashr	دار قرطبة للطباعة والنشر
拉比托公司	Sharikat al-Rābiṭah	شركة الرابطة
马格里布前景出版社	Dār al-Āfāq al-Maghribīyah lil-Nashr wa-al-Tawzī‘	دار الآفاق المغربية للنشر والتوزيع
麦兹哈波出版社	Dār al-Madhhab lil-Ṭibā‘ ah wa-al-Nashr wa-al-Tawzī‘	دار المذهب للطباعة والنشر والتوزيع
民族书店	Maktabat al-Ummah	مكتبة الأمة
摩洛哥文化遗产中心	Markaz al-Turāth al-Thaqāfī al-Maghribī	مركز التراث الثقافي المغربي
摩洛哥之笔出版社	Manshūrāt al-Qalam al-Maghribī	منشورات القلم المغربي
萨拉菲耶书店	al-Maktabah al-Salafīyah	المكتبة السلفية
世界图书出版社	al-Dār al-‘ Ālamīyah lil-Kitāb lil-Ṭibā‘ ah wa-al-Nashr wa-al-Tawzī‘	الدار العالمية للكتاب للطباعة والنشر والتوزيع
舒尔拉出版社	Manshūrāt al-Shu‘ lah	منشورات الشعلة
图卜卡勒出版社	Dār Tūbqāl lil-Nashr	دار توبقال للنشر
图书文化出版中心	al-Markaz al-Thaqāfī lil-Kitāb lil-Nashr wa-al-Tawzī‘	المركز الثقافي للكتاب للنشر والتوزيع
图书印制厂	Maṭba‘ at Ṣinā‘ at al-Kitāb	مطبعة صناعة الكتاب
文化出版社	Dār al-Thaqāfah lil-Nashr wa-al-Tawzī‘	دار الثقافة للنشر والتوزيع
乌纳公司	Mu’ assasat Ūnā	مؤسسة أونا

续表

中文译名	拉丁字母转写	阿拉伯文或波斯文
现代觉醒出版社	Dār al-Rashād al-Ḥadīthah	دار الرشاد الحديثة
新成功印书馆	Maṭba' at al-Najāḥ al-Jadīdah	مطبعة النجاح الجديدة
易尔凡出版社	Dār al-' Irfān	دار العرفان
知识世界出版社	Dār ' Ālam al-Ma' rifah	دار عالم المعرفة

出版地：卡斯里克

中文译名	拉丁字母转写	阿拉伯文或波斯文
圣灵大学出版社	Manshūrāt Jāmi' at al-Rūḥ al-Qudus	منشورات جامعة الروح القدس

出版地：开罗

中文译名	拉丁字母转写	阿拉伯文或波斯文
阿拉比出版社	al-' Arabī lil-Nashr wa-al-Tawzī'	العربي للنشر والتوزيع
阿拉伯出版公司	al-Mu' assasah al-' Arabīyah lil-Ṭibā' ah wa-al-Nashr	المؤسسة العربية للطباعة والنشر
阿拉伯出版中心	al-Markaz al-' Arabī lil-Nashr wa-al-Tawzī'	المركز العربي للنشر والتوزيع
阿拉伯单词出版社	Dār Kalimāt ' Arabīyah lil-Nashr wa-al-Tawzī'	دار كلمات عربية للنشر والتوزيع
阿拉伯单词翻译出版社	Kalimāt ' Arabīyah lil-Nashr wa-al-Tawzī'	كلمات عربية للترجمة والنشر
阿拉伯复兴出版社	Dār al-Nah ḍah al-' Arabīyah lil-Ṭibā' ah wa-al-Nashr wa-al-Tawzī'	دار النهضة العربية للطباعة والنشر والتوزيع
阿拉伯国际传媒中心	al-Markaz al-' Arabī al-Duwalī lil-I' lām	المركز العربي الدولي للإعلام
阿拉伯国家联盟	Jāmi' at al-Duwal al-' Arabīyah	جامعة الدول العربية
阿拉伯联邦出版社	Dār al-Ittiḥād al-' Arabī lil-Ṭibā' ah	دار الاتحاد العربي للطباعة

续表

中文译名	拉丁字母转写	阿拉伯文或波斯文
阿拉伯联盟教育、文化及科学组织	al-Munaẓẓamah al-ʻArabīyah lil-Tarbiyah wa-al-Thaqāfah wa-al-ʻUlūm	المنظمة العربية للتربية والثقافة والعلوم
阿拉伯明日出版社	Dar al-Ghad al-ʻArabī	دار الغد العربي
阿拉伯尼罗河共同体	Arab Nile Group（英文）；Majmūʻat al-Nīl al-ʻArabīyah	مجموعة النيل العربية
阿拉伯培训出版集团	al-Majmūʻah al-ʻArabīyah lil-Tadrīb wa-al-Nashr	المجموعة العربية للتدريب والنشر
阿拉伯前景出版社	Dār al-Āfāq al-ʻArabīyah	دار الآفاق العربية
阿拉伯青年出版社	Dār al-Shabāb al-ʻArabī	دار الشباب العربي
阿拉伯人文研究中心	al-Markaz al-ʻArabī lil-Dirāsāt al-Insānīyah	المركز العربي للدراسات الإنسانية
阿拉伯世界出版社	Dār al-ʻĀlam al-ʻArabī lil-Ṭibāʻah wa-al-Nashr wa-al-Tawzīʻ	دار العالم العربي للطباعة والنشر والتوزيع
阿拉伯手稿研究院	Maʻhad al-Makhṭūṭāt al-ʻArabīyah	معهد المخطوطات العربية
阿拉伯书店	al-Maktabah al-ʻArabīyah lil-Nashr wa-al-Tawzīʻ	المكتبة العربية للنشر والتوزيع
阿拉伯思想出版社	Dār al-Fikr al-ʻArabī lil-Ṭibāʻah wa-al-Nashr wa-al-Tawzīʻ	دار الفكر العربي للطباعة والنشر والتوزيع
阿拉伯图书出版书店	Maktabat al-Dār al-ʻArabīyah lil-Kitāb	مكتبة الدار العربية للكتاب
阿拉伯图书复兴出版社	Dār Iḥyā' al-Kutub al-ʻArabīyah；Maṭbaʻat Dār Iḥyā' al-Kutub al-ʻArabīyah bi-Miṣr	دار إحياء الكتب العربية؛ مطبعة دار إحياء الكتب العربية
阿拉伯未来出版社	Dār al-Mustaqbal al-ʻArabī lil-Nashr	دار المستقبل العربي للنشر
阿拉伯文化出版社	Dār al-Thaqāfah al-ʻArabīyah	دار الثقافة العربية
阿拉伯文明传媒出版研究中心	Markaz al-Ḥaḍārah al-ʻArabīyah lil-Iʻlām wa-al-Nashr wa-al-Dirāsāt	مركز الحضارة العربية للإعلام والنشر والدراسات

续表

中文译名	拉丁字母转写	阿拉伯文或波斯文
阿拉伯新闻中心	al-Markaz al-' Arabī lil-Ṣiḥāfah	المركز العربي للصحافة
阿拉伯形势出版社	Dār al-Mawqif al-' Arabī lil-Ṣiḥāfah wa-al-Nashr wa-al-Tawzī'	دار الموقف العربي للصحافة والنشر والتوزيع
阿拉伯遗产出版社	Dār al-Turāth al-' Arabī lil-Ṭibā' ah wa-al-Nashr	دار التراث العربى للطباعة والنشر
阿拉伯意识出版社	Dār al-Wa' y al-' Arabī	دار الوعى العربي
阿拉伯之笔出版社	Aqlām ' Arabīyah lil-Nashr wa-al-Tawzī'	أقلام عربية للنشر والتوزيع
阿拉伯之春出版社	Dār al-Rabī' al-' Arabī lil-Ṭibā' ah wa-al-Nashr wa-al-Di' āyah wa-al-I' lān	دار الربيع العربي للطباعة والنشر والدعاية والإعلان
阿拉伯知识书局	al-Maktab al-' Arabī lil-Ma' ārif	المكتب العربي للمعارف
阿拉伯作家出版社	Dār al-Kātib al-' Arabī lil-Ṭibā' ah wa-al-Nashr	دار الكاتب العربي للطباعة والنشر
阿勒雅出版公司	Mu' assasat al-' Alyā' lil-Nashr wa-al-Tawzī'	مؤسسة العلياء للنشر والتوزيع
阿米拉·沙拉菲耶印书馆	al-Maṭba' ah al-' Āmirah al-Sharafīyah	المطبعة العامرة الشرفية
阿施塔尔出版社	Dār ' Ashtār lil-Nashr	دار عشتار للنشر
阿特拉斯出版传媒公司	Aṭlas lil-Nashr wa-al-Intāj al-I' lāmī	أطلس للنشر والإنتاج الإعلامي
埃及奥斯曼印书馆	al-Maṭba' ah al-' Uthmānīyah al-Miṣrīyah	المطبعة العثمانية المصرية
埃及编辑翻译出版社	al-Dār al-Miṣrīyah lil-Ta' līf wa-al-Tarjamah	الدار المصرية للتأليف والترجمة
埃及编著出版总局	al-Hay' ah al-Miṣrīyah al-' Āmmah lil-Ta' līf wa-al-Nashr	الهيئة المصرية العامة للتأليف والنشر
埃及出版社	Dār al-Miṣrī lil-Nashr wa-al-Tawzī'	دار المصري للنشر والتوزيع
埃及复兴出版社	Dār Nahḍat Miṣr lil-Ṭibā' ah wa-al-Nashr	دار نهضة مصر للطباعة والنشر

续表

中文译名	拉丁字母转写	阿拉伯文或波斯文
埃及复兴书店	Maktabat al-Nah ḍah al-Miṣrīyah	مكتبة النهضة المصرية
埃及国家图书档案馆	Dār al-Kutub wa-al-Wathā' iq al-Qawmīyah	دار الكتب والوثائق القومية
埃及黎巴嫩出版社	Egyptian-Lebanese Publishing House（英文）；al-Dār al-Miṣrīyah al-Lubnānīyah	الدار المصرية اللبنانية
埃及历史研究学会	al-Jam' īyah al-Miṣrīyah lil-Dirāsāt al-Tārīkhīyah	الجمعية المصرية للدراسات التاريخية
埃及沙特出版社	al-Dār al-Miṣrīyah al-Sa ' ūdīyah lil-Ṭibā' ah wa-al-Nashr wa-al-Tawzī'	الدار المصرية السعودية للطباعة والنشر والتوزيع
埃及书店	Maktabat Miṣr lil-Maṭbū' āt	مكتبة مصر للمطبوعات
埃及书局	al-Maktab al-Miṣrī lil-Maṭbū' āt	المكتب المصري للمطبوعات
埃及图书出版社	Dār al-Kitāb al-Miṣrī	دار الكتاب المصري
埃及图书馆	Dūr al-Kutub al-Miṣrīyah	دار الكتب المصرية
埃及图书馆出版社	Maṭba' at Dār al-Kutub al-Miṣrīyah	مطبعة دار الكتب المصرية
埃及图书总局	al-Hay' ah al-Miṣrīyah al-' Āmmah lil-Kitāb	الهيئة المصرية العامة للكتاب
埃及文化集团	al-Majma' al-Thaqāfī al-Miṣrī lil-Nashr wa-al-Tawzī' wa-al-Tarjamah	المجمع الثقافي المصري للنشر والتوزيع والترجمة
埃及先辈光辉出版社	Dār Aḍwā' al-Salaf al-Miṣrīyah lil-Nashr wa-al-Tawzī'	دار أضواء السلف المصرية للنشر والتوزيع
埃及印刷出版社	Dār Miṣr lil-Ṭibā' ah wa-al-Nashr	دار مصر للطباعة والنشر
埃及知识出版社	Dār al-Ma' ārif bi-Miṣr	دار المعارف بمصر
埃及知识印书馆	Maṭba' at al-Ma' ārif al-Miṣrīyah	مطبعة المعارف المصرية
埃及最高文化委员会	al-Majlis al-A' lá lil-Thaqāfah	المجلس الأعلى للثقافة
埃及作家出版社	Dār al-Kātib al-Misrī	دار الكاتب المصري

续表

中文译名	拉丁字母转写	阿拉伯文或波斯文
埃及作家联盟	Ittiḥād Kuttāb Miṣr	اتحاد كتاب مصر
埃米利耶印刷事务总局	al-Hay' ah al-' Āmmah li-Shu' ūn al-Amīrīyah	الهيئة العامة لشؤون المطابع الأميرية
艾德哈姆出版社	Dār al-Adham lil-Nashr wa-al-Tawzī'	دار الأدهم للنشر والتوزيع
艾尔威阁研究与翻译出版公司	Mu' assasat Arwiqah lil-Dirāsāt wa-al-Tarjamah wa-al-Nashr	مؤسسة أروقة للدراسات والترجمة والنشر
艾玛纳印书馆	Maṭba' at al-Amānah	مطبعة الأمانة
艾曼出版社	Dār al-Amān lil-Nashr wa-al-Tawzī'	دار الأمان للنشر والتوزيع
艾敏出版社	Dār al-Amīn lil-Nashr wa-al-Tawzī'	دار الأمين للنشر والتوزيع
艾塞利耶出版社	al-Dār al-Atharīyah lil-Nashr wa-al-Tawzī'	الدار الأثرية للنشر والتوزيع
艾因·沙姆斯书店	Maktabat ' Ayn Shams	مكتبة عين شمس
艾因出版社	Dār al-' Ayn lil-Nashr	دار العين للنشر
艾因人文社会研究所	Dār ' Ayn lil-Dirāsāt wa-al-Buḥūth al-Insānīyah wa-al-Ijtimā' īyah	دار عين للدراسات والبحوث الإنسانية والإجتماعية
艾因沙姆斯大学出版社	Maṭba' at Jāmi' at ' Ayn Shams	مطبعة جامعة عين شمس
爱资哈尔大学图书馆	Maktabat Jāmi' at al-Azharīyah	مكتبة جامعة الأزهرية
爱资哈尔学院图书馆	Maktabat al-Kullīyāt al-Azharīyah	مكتبة الكليات الأزهرية
爱资哈尔遗产书店	al-Maktabah al-Azharīyah lil-Turāth	المكتبة الأزهرية للتراث
安达卢西出版社	Dār al-Andalus lil-I' lām	دار الأندلس للإعلام
安索尔出版社	Dār al-Anṣār lil-Ṭibā' ah wa-al-Nashr wa-al-Tawzī'	دار الأنصار للطباعة والنشر والتوزيع
安索尔书店	Maktabat al-Anṣār lil-Nashr wa-al-Tawzī'	مكتبة الأنصار للنشر والتوزيع

续表

中文译名	拉丁字母转写	阿拉伯文或波斯文
安瓦尔·穆罕默迪耶印书馆	Maṭba' at al-Anwār al-Muḥammadīyah	مطبعة الأنوار المحمدية
安瓦尔印书馆	Maṭba' at al-Anwār	مطبعة الأنوار
安沃吉出版社	Dār Amwāj lil-Ṭibā' ah wa-al-Nashr wa-al-Tawzī'	دار أمواج للطباعة والنشر والتوزيع
盎格鲁埃及书店	The Anglo Egyptian Bookshop（英文）；Maktabat al-Anjlū al-Miṣrīyah	مكتبة الأنجلو المصرية
奥拉阁出版社	Awrāq lil-Nashr wa-al-Tawzī'	أوراق للنشر والتوزيع
奥斯曼印书馆	al-Maṭba' ah al-' Uthmānīyah	المطبعة العثمانية
巴伦西亚出版社	Balansīyah lil-Nashr wa-al-Tawzī'	بلنسية للنشر والتوزيع
巴士玛出版社	Baṣmah lil-Nashr wa-al-Tawzī'	بصمة للنشر والتوزيع
巴塔纳公司	Mu' assasat Battānah	مؤسسة بتانة
白什尔出版社	Dār al-Bashīr lil-Ṭibā' ah wa-al-Nashr wa-al-Tawzī'	دار البشير للطباعة والنشر والتوزيع
白什尔文化科学出版社	Dār al-Bashīr lil-Thaqāfah wa-al-' Ulūm	دار البشير للثقافة والعلوم
白彦出版社	Dār al-Bayān lil-Nashr wa-al-Tawzī'	دار البيان للنشر والتوزيع
宝藏出版社	Kunūz lil-Nashr wa-al-Tawzī'	كنوز للنشر والتوزيع
贝依纳出版社	Dār al-Bayyinah lil-Ṭibā' ah wa-al-Nashr	دار البينة للطباعة والنشر
比波璐玛尼雅出版社	Biblūmānīyā lil-Nashr wa-al-Tawzī'	ببلومانيا للنشر والتوزيع
编辑翻译出版委员会	Lajnat al-Ta' līf wa-al-Tarjamah wa-al-Nashr	لجنة التأليف والترجمة والنشر
布斯塔尼出版社	Dār al-Bustānī lil-Nashr wa-al-Tawzī'	دار البستاني للنشر والتوزيع
创新与创意出版社	Ibtikār wa-Ibdā' lil-Nashr wa-al-Tawzī'	إبتكار وإبداع للنشر والتوزيع
创意出版社	Dār al-Ibdā' lil-Nashr wa-al-Tawzī'	دار الإبداع للنشر والتوزيع
创意翻译出版社	Ibdā' lil-Tarjamah wa-al-Nashr wa-al-Tawzī'	إبداع للترجمة والنشر والتوزيع

续表

中文译名	拉丁字母转写	阿拉伯文或波斯文
创意翻译与出版发行公司	Mu' assasat Ibdā' lil-Tarjamah wa-al-Nashr wa-al-Tawzī'	مؤسسة إبداع للترجمة والنشر والتوزيع
创意新闻出版社	Dār al-Ibdā' lil-Ṣiḥāfah wa-al-Nashr wa-al-Tawzī'	دار الإبداع للصحافة والنشر والتوزيع
达尔出版社	al-Dār lil-Nashr wa-al-Tawzī'	الدار للنشر والتوزيع
达勒研究与传媒中心	Markaz Dāl lil-Abḥāth wa-al-Intāj al-I' lāmī	مركز دال للأبحاث والإنتاج الإعلامي
道文出版社	Dār Dawwin lil-Nashr wa-al-Tawzī'	دار دون للنشر والتوزيع
德善出版社	Dār al-Ṣāliḥ	دار الصالح
德善先贤出版社	Dār al-Salaf al-Ṣāliḥ	دار السلف الصالح
迪依尔发行公司	Sharikat Dīyr lil-Tawzī'	شركة دبير للتوزيع
蒂巴出版发行公司	Mu' assasat Ṭībah lil-Nashr wa-al-Tawzī'	مؤسسة طيبة للنشر والتوزيع
东方广告公司	Sharikat al-I' lānāt al-Sharqīyah	شركة الإعلانات الشرقية
东方闪耀书店	Maktabat Zahrā' al-Sharq	مكتبة زهراء الشرق
尔撒·巴比·哈拉比及其合伙人印书馆	Maṭba' at ' Īsá al-Bābī al-Ḥalabī wa-Shurakāhu	مطبعة عيسى البابي الحلبي وشركاه
法迪拉出版社	Dār al-Faḍīlah lil-Nashr wa-al-Tawzī'	دار الفضيلة للنشر والتوزيع
法兰西东方考古研究院	Institut Français d' Archéologie Orientale（法文）; al-Ma' had al-' Ilmī al-Faransī lil-Āthār al-Sharqīyah	المعهد العلمي الفرنسي للآثار الشرقية
法鲁阁出版社	Dār al-Fārūq lil-Ṭibā' ah wa-al-Nashr wa-al-Tawzī'	دار الفاروق للطباعة والنشر والتوزيع
法鲁阁文化投资出版社	Dār al-Fārūq lil-Istithmārāt al-Thaqāfīyah	دار الفاروق للإستثمارات الثقافية
法律图书出版社	Dār al-Kutub al-Qānūnīyah	دار الكتب القانونية
法律研究出版社	Dār al-Buḥūth al-Qānūnīyah lil-Nashr wa-al-Tawzī'	دار البحوث القانونية للنشر والتوزيع

续表

中文译名	拉丁字母转写	阿拉伯文或波斯文
法特哈出版社	Dār al-Fatḥ lil-I‘lām al-‘Arabī	دار الفتح للإعلام العربي
泛阿拉伯主义出版书店	Maktabat Dār al-‘Urūbah	مكتبة دار العروبة
菲尔贾尼出版社	Dār al-Firjānī lil-Nashr wa-al-Tawzī‘	دار الفرجاني للنشر والتوزيع
浮云出版社	Dār al-Saḥāb lil-Nashr wa-al-Tawzī‘	دار السحاب للنشر والتوزيع
福尔桑出版公司	Mu’assasat Dār al-Fursān lil-Nashr wa-al-Tawzī‘	مؤسسة دار الفرسان للنشر والتوزيع
富兰克林公司	Mu’assasat Frānklīn lil-Ṭibā‘ah wa-al-Nashr	مؤسسة فرانكلين للطباعة والنشر
高校出版社	Dār al-Nashr lil-Jāmi‘āt	دار النشر للجامعات
高校书店	Maktabat al-Jāmi‘ah	مكتبة الجامعة
高校思想出版社	Dār al-Fikr al-Jāmi‘ī lil-Ṭibā‘ah wa-al-Nashr wa-al-Tawzī‘	دار الفكر الجامعي للطباعة والنشر والتوزيع
高校图书出版社	Dār al-Kitāb al-Jāmi‘ī lil-Ṭibā‘ah wa-al-Nashr wa-al-Tawzī‘	دار الكتاب الجامعي للطباعة والنشر والتوزيع
格拉姆出版社	Dār al-Qalam lil-Nashr wa-al-Tawzī‘	دار القلم للنشر والتوزيع
共和国新闻出版社	Dār al-Jumhūrīyah lil-Ṣiḥāfah	دار الجمهورية للصحافة
古德斯出版社	Dār al-Quds	دار القدس
古德斯书店	Maktabat al-Qudsī	مكتبة القدسي
国际舒鲁阁书店	Shorouk International Bookshop（英文）; Maktabat al-Shurūq al-Dawlīyah	مكتبة الشروق الدولية
国际思想家出版社	Mufakkirūn al-Duwalīyah lil-Nashr wa-al-Tawzī‘	مفكرون الدولية للنشر والتوزيع
国际思想之家出版社	Bayt al-Afkār al-Dawlīyah lil-Nashr wa-al-Tawzī‘	بيت الأفكار الدولية للنشر والتوزيع
国际未来与战略研究中心	International Center for Future and Strategic Studies（英文）; al-Markaz al-Dawlī lil-Dirāsāt al-Mustaqbalīyah wa-al-Istirātījīyah	المركز الدولي للدراسات المستقبلية والإستراتيجية
国际伊斯兰思想研究所	International Institute of Islamic Thought（英文）; al-Ma‘had al-‘Ālamī lil-Fikr al-Islāmī	المعهد العالمي للفكر الإسلامي

续表

中文译名	拉丁字母转写	阿拉伯文或波斯文
国家法律发布中心	al-Markaz al-Qawmī lil-Iṣdārāt al-Qānūnīyah	المركز القومي للإصدارات القانونية
国家翻译中心	al-Markaz al-Qawmī lil-Tarjamah	المركز القومي للترجمة
国家图书档案馆出版社	Maṭba' at Dār al-Kutub wa-al-Wathā' iq al-Qawmīyah	مطبعة دار الكتب والوثائق القومية
哈迪斯出版社	Dār al-Ḥ adīth lil-Ṭibā' ah wa-al-Nashr wa-al-Tawzī'	دار الحديث للطباعة والنشر والتوزيع
哈伽尼耶法律图书发行社	Dār al-Ḥaqqānīyah li-Tawzī' al-Kutub al-Qānūnīyah	دار الحقانية لتوزيع الكتب القانونية
哈撒恩印书馆	Maṭba' at Ḥassān	مطبعة حسان
海湾战略研究中心	Markaz al-Khalīj lil-Dirāsāt al-Istirātījīyah	مركز الخليج للدراسات الإستراتيجية
亥利耶印书馆	al-Maṭba' ah al-Khayrīyah	المطبعة الخيرية
汗出版社	Dār al-Khān lil-Nashr wa-al-Tawzī'	دار الخان للنشر والتوزيع
汗吉书店	Maktabat al-Khānjī lil-Ṭibā' ah wa-al-Nashr wa-al-Tawzī'	مكتبة الخانجي للطباعة والنشر والتوزيع
贺尼出版社	Dār al-Hānī lil-Ṭibā' ah wa-al-Nashr	دار الهاني للطباعة والنشر
胡拉出版社	Dār al-Ṭibā' ah al-Ḥurrah lil-Ṭibā' ah wa-al-Nashr	دار الطباعة الحرة للطباعة والنشر
胡勒姆出版社	Dār al-Ḥulm lil-Nashr wa-al-Tawzī'	دار الحلم للنشر والتوزيع
胡撒姆出版社	Dār al-Ḥusām lil-Nashr wa-al-Tawzī'	دار الحسام للنشر والتوزيع
皇家知识印书馆	Maṭba' at al-Ma' ārif al-Malakīyah	مطبعة المعارف الملكية
基拔出版社	Dār Qibā ' lil-Ṭibā' ah wa-al-Nashr wa-al-Tawzī'	دار قباء للطباعة والنشر والتوزيع
基默利出版社	Dār al-Qimarī lil-Nashr wa-al-Tawzī'	دار القمري للنشر والتوزيع
加利波出版社	Dār Gharīb lil-Ṭibā' ah wa-al-Nashr wa-al-Tawzī'	دار غريب للطباعة والنشر والتوزيع
杰波拉维印书馆	Maṭba' at al-Jablāwī	مطبعة الجبلاوي

续表

中文译名	拉丁字母转写	阿拉伯文或波斯文
解放出版公司	Mu' assasat Dār al-Taḥrīr lil-Ṭab' wa-al-Nashr	مؤسسة دار التحرير للطبع والنشر
金字塔出版翻译发行中心	Markaz al-Ahrām lil-Nashr wa-al-Tarjamah wa-al-Tawzī'	مركز الأهرام للنشر والترجمة والتوزيع
金字塔翻译出版中心	Markaz al-Ahrām lil-Tarjamah wa-al-Nashr	مركز الأهرام للترجمة والنشر
金字塔政治与战略研究中心	Markaz al-Ahrām lil-Dirāsāt al-Siyāsīyah wa-al-Istirājīyah	مركز الأهرام للدراسات السياسية والاستراتيجية
卡里姆出版社	Dār Kalīm lil-Nashr wa-al-Tawzī'	دار كليم للنشر والتوزيع
开罗出版社	Dār al-Qāhirah lil-Ṭibā' ah wa-al-Nashr	دار القاهرة للطباعة والنشر
开罗大学出版社	Maṭba' at Jāmi' at al-Qāhirah	مطبعة جامعة القاهرة
开罗美国大学出版社	American University in Cairo Press（英文）；Qism al-Nashr bi-al-Jāmi' ah al-Amrīkīyah bi-al-Qāhirah	قسم النشر بالجامعة الأمريكية بالقاهرة
凯尔玛·哈基基耶出版社	Dār al-Karmah al-Ḥaqīqīyah lil-Nashr wa-al-Tarjamah wa-al-Tawzī'	دار الكرمة الحقيقية للنشر والترجمة والتوزيع
凯尔玛出版社	Dār al-Karmah lil-Nashr	دار الكرمة للنشر
凯里玛出版社	Dār al-Kalimah lil-Nashr wa-al-Tawzī'	دار الكلمة للنشر والتوزيع
凯彦书店	Maktabat al-Kayān lil-Abḥāth al-' Ilmīyah al-Shar' īyah	مكتبة الكيان للأبحاث العلمية الشرعية
科学出版社	Dār al-' Ulūm lil-Nashr wa-al-Tawzī'	دار العلوم للنشر والتوزيع
科学书店	Maktabat al-' Ilm	مكتبة العلم
科学书店及其印书馆	al-Maktabah al-' Ilmīyah wa-Maṭba' atuhā	المكتبة العلمية ومطبعتها
科学印书馆	Maṭba' at al-' Ulūm	مطبعة العلوم
科学与信仰出版社	al-' Ilm wa-al-Īmān lil-Nashr wa-al-Tawzī'	العلم والإيمان للنشر والتوزيع
科学与知识出版社	Dār al-' Ilm wa-al-Ma' rifah	دار العلم والمعرفة
库密特书店	Maktabat Kūmīt	مكتبة كوميت
拉比俄出版社	Manshūrāt al-Rabī'	منشورات الربيع

续表

中文译名	拉丁字母转写	阿拉伯文或波斯文
拉菲仪出版社	Dār al-Rāfi‘ī lil-Nashr wa-al-Tawzī‘	دار الرافعي للنشر والتوزيع
拉迦伊波印书馆	Maṭba‘at al-Raghā’ib	مطبعة الرغائب
拉沃比特出版与信息技术公司	Rawabt for Publishing and Information Technology（英文）; Rawābiṭ lil-Nashr wa-Taqniyat al-Ma‘lūmāt	روابط للنشر وتقنية المعلومات
拉沃菲德出版社	Rawāfid lil-Nashr wa-al-Tawzī‘; Dār Rawāfid lil-Nashr wa-al-Tawzī‘	روافد للنشر والتوزيع؛ دار روافد للنشر والتوزيع
拉沃伊俄文化艺术出版公司	Mu’assasat Rawā’i‘ lil-Thaqāfah wa-al-Funūn wa-al-Nashr	مؤسسة روائع للثقافة والفنون والنشر
拉耶中心	Markaz al-Rāyah lil-Nashr wa-al-I‘lām	مركز الراية للنشر والإعلام
劳阿出版社	Dār Raw‘ah lil-Ṭab‘ wa-al-Nashr wa-al-Tawzī‘	دار روعة للطبع والنشر والتوزيع
黎明出版社	Dār al-Fajr lil-Nashr wa-al-Tawzī‘	دار الفجر للنشر والتوزيع
礼萨出版社	Dār al-Riḍā lil-Nashr wa-al-Tawzī‘	دار الرضا للنشر والتوزيع
利法仪出版社	Dār al-Rifā‘ī lil-Nashr wa-al-Ṭibā‘ah wa-al-Tawzī‘	دار الرفاعي للنشر والطباعة والتوزيع
利萨拉印书馆	Maṭba‘at al-Risālah	مطبعة الرسالة
利沃耶出版社	Dār Riwāyah lil-Nashr wa-al-Tawzī‘	دار رواية للنشر والتوزيع
两圣地出版社	Dār al-Ḥaramayn	دار الحرمين
鲁阿耶出版社	Dār Ru’yah lil-Nashr wa-al-Tawzī‘	دار رؤية للنشر والتوزيع
鲁兹·优素福印书馆	Maṭābi‘ Rūz al-Yūsuf	مطابع روز اليوسف
马德布里公司	Sharikat Madbūlī	شركة مدبولي
马德布里书店	Maktabat Madbūlī	مكتبة مدبولي
马哈茂德出版社	Dār Maḥmūd lil-Nashr wa-al-Tawzī‘	دار محمود للنشر والتوزيع
马贾兹文化公司	Mu’assasat Majāz al-Thaqāfīyah lil-Tarjamah wa-al-Nashr wa-al-Tawzī‘	مؤسسة مجاز الثقافية للترجمة والنشر والتوزيع
马拉米哈出版社	Dār Malāmiḥ lil-Nashr	دار ملامح للنشر

续表

中文译名	拉丁字母转写	阿拉伯文或波斯文
麦达尼印书馆	Matābi‘ al-Madanī; Maṭba‘ at al-Madanī	مطابع المدني؛ مطبعة المدني
麦地那出版社	Dār al-Madīnah al-Munawwarah lil-Ṭab‘ wa-al-Nashr	دار المدينة المنورة للطبع والنشر
麦哈鲁萨出版与新闻信息服务中心	Markaz al-Maḥrūsah lil-Nashr wa-al-Khidmāt al-Ṣuḥufīyah wa-al-Ma‘ lūmāt	مركز المحروسة للنشر والخدمات الصحفية والمعلومات
麦纳尔出版社	Dār al-Manār	دار المنار
麦沙里克书店	Maktabat al-Mashāriq lil-Nashr wa-al-Tawzī‘	مكتبة المشارق للنشر والتوزيع
麦兹哈波出版社	Dār al-Madhhab lil-Ṭibā‘ ah wa-al-Nashr wa-al-Tawzī‘	دار المذهب للطباعة والنشر والتوزيع
梅丹出版社	Dār al-Maydān lil-Nashr wa-al-Tawzī‘	دار الميدان للنشر والتوزيع
梦幻笔出版社	Dream Pen for Translation and Publishing（英文）; Drīm Bin lil-Tarjamah wa-al-Nashr wa-al-Tawzī‘ wa-al-Ṭibā‘ ah; Dār Drīm Bin lil-Ṭibā‘ ah wa-al-Nashr	دريم بن للترجمة والنشر والتوزيع والطباعة؛ دار دريم بن للطباعة والنشر
米达德出版社	Dār Midād lil-Ṭibā‘ ah wa-al-Nashr	دار مداد للطباعة والنشر
米利特出版社	Dār Mīrīt lil-Nashr	دار ميريت للنشر
民族意识出版社	Dār al-Wa‘ y al-Qawmī	دار الوعى القومي
民族主义出版社	al-Dār al-Qawmīyah lil-Ṭibā‘ ah wa-al-Nashr	الدار القومية للطباعة والنشر
明日出版宣传广告社	Dār al-Ghad lil-Nashr wa-al-Di‘ āyah wa-al-I‘ lān	دار الغد للنشر والدعاية والإعلان
明日前景出版社	Dār Āfāq al-Ghad	دار آفاق الغد
明日文化出版社	Dār al-Ghad lil-Thaqāfah wa-al-Nashr	دار الغد للثقافة والنشر
茉莉出版社	Dār al-Yāsamīn lil-Nashr wa-al-Tawzī‘	دار الياسمين للنشر والتوزيع
穆埃耶德印书馆	Maṭba‘ at al-Mu’ ayyid （or al-Mu’ ayyad）	مطبعة المؤيد
穆尔出版社	Dār Mūr lil-Nashr wa-al-Tawzī‘	دار مور للنشر والتوزيع

续表

中文译名	拉丁字母转写	阿拉伯文或波斯文
穆罕默德·阿里·索比哈及其后裔书店与印书馆	Maktabat wa-Maṭba‘ at Muḥammad ‘ Alī Ṣabīḥ wa-Awlādihi	مكتبة ومطبعة محمد على صبيح وأولاده
穆罕默迪耶出版社	Dār al-Ṭibā‘ ah al-Muḥammadīyah	دار الطباعة المحمدية
穆汉迪斯汗赫迪威学校印刷厂	Maṭba‘ at Madrasat al-Muhandis khānah al-Khidīwīyah	مطبعة مدرسة المهندسخانة الخديوية
穆赫塔尔出版公司	Mu’ assasat al-Mukhtār lil-Nashr wa-al-Tawzī‘	مؤسسة المختار للنشر والتوزيع
穆杰迪德·阿拉比书店	Maktabat al-Mujaddid al-‘ Arabī	مكتبة المجدد العربي
穆斯塔法·巴比·哈拉比及其后裔书店与出版公司	Sharikat Maktabat wa-Maṭba ‘ at Muṣṭafá al-Bābī al-ḥalabī wa-Awlādihi	شركة مكتبة ومطبعة مصطفى البابي الحلبي وأولاده
穆塔纳比书店	Maktabat al-Mutanabbī lil-Ṭibā‘ ah wa-al-Nashr wa-al-Tawzī‘	مكتبة المتنبي للطباعة والنشر والتوزيع
纳德瓦出版社	Dār al-Nadwah Nāshirūn	دار الندوة ناشرون
纳迪姆出版社	Dār al-Nadīm lil-Ṭibā‘ ah wa-al-Nashr	دار النديم للطباعة والنشر
纳吉巴韦赫手稿与遗产服务中心	Markaz Najībawayh lil-Makhṭūṭāt wa-Khidmat al-Turāth	مركز نجيبويه للمخطوطات وخدمة التراث
纳斯出版社	Dār al-Nās lil-Nashr wa-al-Tawzī‘	دار الناس للنشر والتوزيع
纳斯尔出版社	Dār al-Naṣr lil-Ṭibā‘ ah al-Islāmīyah	دار النصر للطباعة الإسلامية
尼弗鲁出版社	Dār Nifrū lil-Nashr wa-al-Tawzī‘	دار نفرو للنشر والتوزيع
尼罗河出版社	Dār al-Nīl lil-Ṭabā‘ ah wa-al-Nashr	دار النيل للطباعة والنشر
努恩出版社	Dār Nūn lil-Nashr wa-al-Tawzī‘	دار نون للنشر والتوزيع
努恩文化与翻译出版社	Dār Nūn lil-Thaqāfah wa-al-Tarjamah	دار نون للثقافة والترجمة
努尔出版社	Nūr lil-Nashr wa-al-Tawzī‘	نور للنشر والتوزيع

续表

中文译名	拉丁字母转写	阿拉伯文或波斯文
努苏斯出版社	Dār Nuṣūṣ lil-Nashr	دار نصوص للنشر
欧麦利耶书店	al-Maktabah al-'Umarīyah	المكتبة العمرية
奇塔比出版社	Dār Kitābī lil-Ṭibā'ah wa-al-Nashr wa-al-Tawzī'	دار كتابي للطباعة والنشر والتوزيع
前景出版社	Āfāq lil-Nashr wa-al-Tawzī'	آفاق للنشر والتوزيع
人民出版社	Dār wa-Maṭābi' al-Sha'b	دار مطابع الشعب
人民新闻出版公司	Maṭābi' Mu'assasat Dār al-Sha'b lil-Ṣiḥāfah wa-al-Ṭibā'ah wa-al-Nashr wa-al-Tawzī'	مطابع مؤسسة دار الشعب للصحافة والطباعة والنشر والتوزيع
人民印书馆	Maṭābi' Dār al-Sha'b	مطابع دار الشعب
日报出版社	Dār Akhbār al-Yawm	دار أخبار اليوم
萨阿达印书馆	Maṭba'at al-Sa'ādah	مطبعة السعادة
萨拉菲耶科学传播出版社	al-Dār al-Salafīyah li-Nashr al-'Ilm	الدار السلفية لنشر العلم
萨拉菲耶书店及其印书馆	al-Maktabah al-Salafīyah wa-Maṭba'atuhā	المكتبة السلفية ومطبعتها
萨拉菲耶印书馆及其书店	al-Maṭba'ah al-Salafīyah wa-Maktabatuhā	المطبعة السلفية ومكتبتها
萨拉姆出版社	Dār al-Salām lil-Ṭibā'ah wa-al-Nashr wa-al-Tawzī' wa-al-Tarjamah	دار السلام للطباعة والنشر والتوزيع والترجمة
萨勒萨比勒书店	Maktabat Salsabīl	مكتبة سلسبيل
萨玛出版社	Dār Samā lil-Nashr wa-al-Tawzī'	دار سما للنشر والتوزيع
萨义德·拉阿法特书店	Maktabat Sa'īd Ra'fat	مكتبة سعيد رأفت
萨义德出版社	al-Sa'īd lil-Nashr wa-al-Tawzī'	السعيد للنشر والتوزيع
桑胡利中心	Markaz al-Sanhūrī	مركز السنهوري
沙尔基雅特出版社	Dār Sharqīyāt lil-Nashr wa-al-Tawzī'	دار شرقيات للنشر والتوزيع
沙姆斯出版传媒公司	Shams lil-Nashr wa-al-I'lām	شمس للنشر والإعلام

续表

中文译名	拉丁字母转写	阿拉伯文或波斯文
沙塔特出版社	Dār Shatāt lil-Nashr wa-al-Barmajīyāt	دار شتات للنشر والبرمجيات
圣地书店	Maktabat al-Quds	مكتبة القدس
圣训印书馆	Maṭba' at al-Sunnah al-Muḥammadīyah	مطبعة السنة المحمدية
世界出版社	al-Dār al-' Ālamīyah lil-Nashr wa-al-Tawzī'	الدار العالمية للنشر والتوزيع
世界书店	al-Maktabah al-' Ālamīyah lil-Nashr wa-al-Tawzī'	المكتبة العالمية للنشر والتوزيع
书屋出版传媒	Book House for Publishing and Media（英文）；Būk Hāwis lil-Nashr wa-al-I' lām	بوك هاوس للنشر والإعلام
舒鲁阁出版社	Dār al-Shurūq lil-Nashr wa-al-Tawzī'	دار الشروق للنشر والتوزيع
思想出版社	Dār al-Fikr lil-Ṭibā' ah wa-al-Nashr wa-al-Tawzī'	دار الفكر للطباعة والنشر والتوزيع
斯芬克斯通讯社	Sphinx Agency for Publishing & Translation and Distribution（英文）；Wakālat Sfinks lil-Tarjamah wa-al-Nashr wa-al-Tawzī'	وكالة سفنكس للترجمة والنشر والتوزيع
斯弗索法出版社	Dār Ṣifṣāfah lil-Nashr wa-al-Tawzī' wa-al-Dirāsāt	دار صفصافة للنشر والتوزيع والدراسات
斯拉传媒广告公司	Sharikat Sīrah lil-I' lām wa-al-I' lān	شركة سيرة للإعلام والإعلان
苏菲图书出版社	Dār al-Kitāb al-Ṣūfī	دار الكتاب الصوفي
苏兹里尔出版公司	Sharikat Sūzlir lil-Nashr	شركة سوزلر للنشر
索布尼出版社	Dār al-Ṣābūnī lil-Ṭibā' ah wa-al-Nashr wa-al-Tawzī'	دار الصابوني للطباعة والنشر والتوزيع
索夫瓦出版社	Dār al-Ṣafwah lil-Nashr wa-al-Tawzī'	دار الصفوة للنشر والتوزيع
索哈拉印刷公司	Sharikat Ṣaḥārā lil-Ṭibā' ah	شركة صحارا للطباعة
索维印书馆	Maṭba' at al-Ṣāwī	مطبعة الصاوي
塔铎蒙·艾赫维印书馆	Maṭba' at al-Taḍāmun al-Akhawī	مطبعة التضامن الأخوي
塔赫芝波书店	Maktabat al-Tahdhīb	مكتبة التهذيب

续表

中文译名	拉丁字母转写	阿拉伯文或波斯文
塔拉基图书出版社	Dār al-Talāqī lil-Kitāb	دار التلاقي للكتاب
塔默敦印书馆	Maṭba‘ at al-Tamaddun	مطبعة التمدن
塔施奇勒出版社	Dār Tashkīl lil-Nashr wa-al-Tawzī‘	دار تشكيل للنشر والتوزيع
帖木儿著作出版委员会	Lajnat Nashr al-Mu' allafāt al-Taymūrīyah	لجنة نشر المؤلفات التيمورية
突雅出版社	Dār Tūyā lil-Nashr wa-al-Tawzī‘	دار تويا للنشر والتوزيع
图书出版社	Maṭba‘ at Dār al-Kutub	مطبعة دار الكتب
图书出版中心	Markaz al-Kitāb lil-Nashr	مركز الكتاب للنشر
图书交易书店	Maktabat Būrṣat al-Kutub lil-Nashr wa-al-Tawzī‘	مكتبة بورصة الكتب للنشر والتوزيع
图书世界	‘ Ālam al-Kutub	عالم الكتب
瓦尔德岛书店	Maktabat Jazīrat al-Ward	مكتبة جزيرة الورد
瓦赫巴书店	Maktabat Wahbah lil-Ṭibā‘ ah wa-al-Nashr wa-al-Tawzī‘	مكتبة وهبة للطباعة والنشر والتوزيع
瓦立德出版社	Dār al-Walīd lil-Nashr wa-al-Tawzī‘	دار الوليد للنشر والتوزيع
文化出版发行社	Dār al-Thaqāfah lil-Nashr wa-al-Tawzī‘	دار الثقافة للنشر والتوزيع
文化出版社	al-Dār al-Thaqāfīyah lil-Nashr	الدار الثقافية للنشر
文化传播出版社	Maṭba‘ at Dār Nashr al-Thaqāfah	مطبعة دار نشر الثقافة
文化宫总局	al-Hay' ah al-‘ Āmmah li-Quṣūr al-Thaqāfah	الهيئة العامة لقصور الثقافة
文物出版社	Dār al-Āthār lil-Nashr wa-al-Tawzī‘	دار الآثار للنشر والتوزيع
文学书店	Maktabat al-Ādāb lil-Ṭiba‘ ah wa-al-Nashr wa-al-Tawzī‘	مكتبة الآداب للطباعة والنشر والتوزيع
文学书店及其印书馆	Maktabat al-Ādāb wa-Maṭba‘ atuhā	مكتبة الآداب ومطبعتها
沃比勒·绥伊波出版公司	Sharikat al-Wābil al-Ṣayyib lil-Intāj wa-al-Tawzī‘ wa-al-Nashr; al-Wābil al-Ṣayyib lil-Nashr wa-al-Tawzī‘	شركة الوابل الصيب للإنتاج والتوزيع والنشر؛ الوابل الصيب للنشر والتوزيع

续表

中文译名	拉丁字母转写	阿拉伯文或波斯文
乌克图布出版社	Dār Uktub lil-Nashr wa-al-Tawzī‘	دار أكتب للنشر والتوزيع
无限出版公司	Unlimited Press Company（英文）	أن ليمتد بريس
伍麦叶战略研究中心	Markaz Umayyah lil-Buḥūth wa-al-Dirāsāt al-Istirātījīyah	مركز أمية للبحوث والدراسات الاستراتيجية
希达雅出版社	Dār al-Hidāyah lil-Ṭibā‘ ah wa-al-Nashr wa-al-Tawzī‘	دار الهداية للطباعة والنشر والتوزيع
希贾齐印书馆	Maṭba‘ at Ḥijāzī	مطبعة حجازي
希贾兹出版书店	Maktabat Dār al-Ḥijāz lil-Nashr wa-al-Tawzī‘	مكتبة دار الحجاز للنشر والتوزيع
希拉出版社	Dār Ḥirā’	دار حراء
希拉图书出版社	Dār Ḥarā’ lil-Kitāb	دار حراء للكتاب
现代阿拉伯出版公司	al-Mu’ assasah al-‘ Arabīyah al-Ḥadīthah lil-Ṭibā‘ ah wa-al-Nashr	المؤسسة العربية الحديثة للطباعة والنشر
现代阿拉伯印书馆	al-Maṭba‘ ah al-‘ Arabīyah al-Ḥadīthah	المطبعة العربية الحديثة
现代埃及书店	al-Maktabah al-Miṣrīyah al-Ḥadīthah	المكتبة المصرية الحديثة
现代创意出版社	Dār al-Ibdā‘ al-Ḥadīth	دار الإبداع الحديث
现代法鲁阁出版社	al-Fārūq al-Ḥadīthah lil-Ṭibā‘ ah wa-al-Nashr	الفاروق الحديثة للطباعة والنشر
现代开罗书店	Maktabat al-Qāhirah al-Ḥadīthah	مكتبة القاهرة الحديثة
现代麦纳拉出版社	Dār al-Manārah al-Ḥadīthah	دار المنارة الحديثة
现代商务印书馆	al-Maṭba‘ ah al-Tijārīyah al-Ḥadīthah	المطبعة التجارية الحديثة
现代书店	al-Maktabah al-‘ Aṣrīyah lil-Nashr wa-al-Tawzī‘	المكتبة العصرية للنشر والتوزيع
现代书籍出版社	Dār al-Kutub al-Ḥadīthah	دار الكتب الحديثة

续表

中文译名	拉丁字母转写	阿拉伯文或波斯文
现代图书出版社	Dār al-Kitāb al-Ḥadīth	دار الكتاب الحديث
现代伊勒雅斯出版社	Dār Ilyās al-' Aṣrīyah lil-Ṭibā' ah wa-al-Nashr	دار إلياس العصرية للطباعة والنشر
现代伊斯兰印书馆	al-Maṭba' ah al-Islāmīyah al-ḥadīthah	المطبعة الإسلامية الحديثة
现代艺术书店	al-Maṭba' ah al-Fannīyah al-Ḥadīthah	المكتبة الفنية الحديثة
现代印书馆	al-Maṭba' ah al-' Aṣrīyah	المطبعة العصرية
谢赫艾哈迈德·阿里·米立冀·库图比·沙希尔书店	Maktabat al-Shaykh Aḥmad ' Alī al-Milījī al-Kutubī al-Shahīr	مكتبة الشيخ أحمد علي المليجي الكتبي الشهير
谢赫奥斯曼·阿卜杜·拉及戈印书馆	Maṭba' at al-Shaykh ' Uthmān ' Abd al-Rāziq	مطبعة الشيخ عثمان عبد الرازق
谢赫穆罕默德·米立冀·库图比书店	Maktabat al-Shaykh Muḥammad al-Mulayjī al-Kutubī	مكتبة الشيخ محمد المليجي الكتبي
辛迪巴出版传媒公司	Mu' assasat Sindibād lil-Nashr wa-al-I' lām	مؤسسة سندباد للنشر والإعلام
欣达维教育文化基金会	Mu' assasat Hindāwī	مؤسسة هنداوي للتعليم والثقافة
新明日出版社	Dār al-Ghadd al-Jadīd lil-Nashr wa al-Tawzī'	دار الغد الجديد للنشر والتوزيع
新时代出版社	Dār al-' Aṣr al-Jadīd lil-Nashr wa-al-Tawzī'	دار العصر الجديد للنشر والتوزيع
新书出版社	Nyū Būk lil-Nashr wa-al-Tawzī'	نيو بوك للنشر والتوزيع
新图书出版社	Dār al-Kitāb al-Jadīd	دار الكتاب الجديد
新瓦法印书馆及其书店	Maṭba' at al-Wafā' al-Jadīdah wa-Maktabatuhā	مطبعة الوفاء الجديدة ومكتبتها
新文化出版社	Dār al-Thaqāfah al-Jadīdah	دار الثقافة الجديدة
新月出版公司	Mu' assasat Dār al-Hilāl	مؤسسة دار الهلال

续表

中文译名	拉丁字母转写	阿拉伯文或波斯文
新月出版社	Dār al-Hilāl	دار الهلال
新月书店	Maktabat al-Hilāl	مكتبة الهلال
新月印书馆	Maṭba' at al-Hilāl; Maṭba' at Dār al-Hilāl	مطبعة الهلال؛ مطبعة دار الهلال
信士之路出版社	Dār Sabīl al-Mu' minīn lil-Nashr wa-al-Tawzī'	دار سبيل المؤمنين للنشر والتوزيع
信仰与生活出版社	Dār al-Īmān wa-al-Ḥayāh	دار الإيمان والحياة
学术书店	al-Maktabah al-Akādīmīyah	المكتبة الأكاديمية
逊奈·穆罕默迪耶书店	Maktabat al-Sunnah al-Muḥammadīyah	مكتبة السنة المحمدية
逊奈书店	Maktabat al-Sunnah	مكتبة السنة
也勤出版社	Dūr al-Yaqīn lil-Nashr wa-al-Tawzī'	دار اليقين للنشر والتوزيع
伊本·阿拔斯出版书店	Maktabat Dār Ibn ' Abbās lil-Ṭibā' ah wa-al-Nashr wa-al-Tawzī'	مكتبة دار ابن عباس للطباعة والنشر والتوزيع
伊本·阿凡出版社	Dār Ibn ' Affān lil-Nashr wa-al-Tawzī'	دار ابن عفان للنشر والتوزيع
伊本·阿拉比研究与出版公司	Mu' assasat Ibn al-' Arabī lil-Buḥūth wa-al-Nashr	مؤسسة ابن العربي للبحوث والنشر
伊本·阿拓尔遗产中心	Markaz Ibn al-' Aṭṭār lil-Turāth	مركز ابن العطار للتراث
伊本·艾比·哈提姆出版社	Dār Ibn AbīḤātim lil-Nashr wa-al-Tawzī'	دار ابن أبي حاتم للنشر والتوزيع
伊本·赫勒敦出版社	Dār Ibn Khaldūn lil-Nashr wa-al-Tawzī'	دار ابن خلدون للنشر والتوزيع
伊本·赫勒敦发展研究中心	Markaz Ibn Khaldūn lil-Dirāsāt al-Inmā' īyah	مركز ابن خلدون للدراسات الإنمائية
伊本·泰米叶书店	Maktabat Ibn Taymīyah lil-Nashr wa-al-Tawzī'	مكتبة ابن تيمية للنشر والتوزيع
伊尔提索姆出版社	Dār al-I' tiṣām lil-Ṭibā' ah wa-al-Nashr wa-al-Tawzī'	دار الاعتصام للطباعة والنشر والتوزيع

续表

中文译名	拉丁字母转写	阿拉伯文或波斯文
伊哈桑出版社	Dār al-Iḥsān lil-Nashr wa-al-Tawzīʻ	دار الإحسان للنشر والتوزيع
伊吉埃及出版社	Dār Ījī Miṣr lil-Ṭibāʻah wa-al-Nashr	دار ايجي مصر للطباعة والنشر
伊玛目艾哈迈德出版社	Dār al-Imām Aḥmad	دار الإمام أحمد
伊玛目白尔巴贺利出版社	Dār al-Imām al-Barbahārī lil-Nashr wa-al-Tawzīʻ	دار الإمام البربهاري للنشر والتوزيع
伊玛目布尔汉出版社	Dār al-Imām al-Burhān	دار الإمام البرهان
伊玛目布哈里书店	Maktabat al-Imām al-Bukhārī lil-Nashr wa-al-Tawzīʻ	مكتبة الإمام البخاري للنشر والتوزيع
伊玛目拉齐出版社	Dār al-Imām al-Rāzī lil-Nashr wa-al-Tawzīʻ	دار الإمام الرازي للنشر والتوزيع
伊玛目马立克出版社	Dār al-Imām Mālik li-Iḥyā' al-Turāth al-Azharī	دار الإمام مالك لإحياء التراث الأزهري
伊玛目穆斯林出版社	Dār al-Imām Muslim lil-Ṭibāʻah wa-al-Nashr wa-al-Tawzīʻ	دار الإمام مسلم للطباعة والنشر والتوزيع
伊玛目沙缇比出版社	Dār al-Imām al-Shāṭibī lil-Ṭibāʻah wa-al-Nashr wa-al-Tawzīʻ	دار الإمام الشاطبي للطباعة والنشر والتوزيع
伊曼出版社	Dār al-Īmān lil-Ṭibāʻah wa-al-Nashr wa-al-Tawzīʻ	دار الإيمان للطباعة والنشر والتوزيع
伊曼书店	Maktabat al-Īmān lil-Ṭibāʻah wa-al-Nashr wa-al-Tawzīʻ	مكتبة الإيمان للطباعة والنشر والتوزيع
伊曼知识出版发行社	Dār al-Īmān lil-Maʻrifah lil-Nashr wa-al-Tawzīʻ	دار الإيمان للمعرفة والنشر والتوزيع
伊纳拉传媒公司	Sharikat Inārah lil-Iʻlām	شركة إنارة للإعلام
伊斯兰巴德尔书店	Maktabat Badr al-Islāmīyah	مكتبة بدر الإسلامية
伊斯兰出版社	Dār al-Islām lil-Ṭibāʻah wa-al-Nashr	دار الإسلام للطباعة والنشر
伊斯兰尖塔出版社	Manārat al-Islām lil-Nashr wa-al-Tawzīʻ	منارة الإسلام للنشر والتوزيع

续表

中文译名	拉丁字母转写	阿拉伯文或波斯文
伊斯兰荣耀出版社	Dār Majd al-Islām lil-Nashr wa-al-Tawzī‘	دار مجد الإسلام للنشر والتوزيع
伊斯兰荣耀书店	Maktabat Majd al-Islām	مكتبة مجد الإسلام
伊斯兰图书出版社	Dār al-Kitāb al-Islāmī; Dār al-Kutub al-Islāmīyah	دار الكتاب الإسلامي؛ دار الكتب الإسلامية
伊斯兰遗产复兴书局	al-Maktab al-Islāmī li-Iḥyā’ al-Turāth	المكتب الإسلامي لإحياء التراث
伊斯兰遗产复兴委员会	Lajnat Iḥyā’ al-Turāth al-Islāmī	لجنة إحياء التراث الإسلامي
伊斯兰遗产书店	Maktabat al-Turāth al-Islāmī	مكتبة التراث الإسلامي
伊斯兰印刷出版社	Dār al-Ṭibā‘ah wa-al-Nashr al-Islāmīyah	دار الطباعة والنشر الإسلامية
伊斯提伽玛印书馆	Maṭba‘at al-Istiqāmah	مطبعة الإستقامة
伊特拉克出版社	Dār Ītrāk lil-Ṭibā‘ah wa-al-Nashr wa-al-Tawzī‘	دار إيتراك للطباعة والنشر والتوزيع
遗产出版社	Dār al-Turāth	دار التراث
遗产出版书店	Maktabat Dār al-Turāth	مكتبة دار التراث
遗产复兴与数字服务科学公司	‘Ilm li-Iḥyā’ al-Turāth wa-al-Khidmāt al-Raqmīyah	علم لإحياء التراث والخدمات الرقمية
遗产圣地出版社	Dār al-Ḥaram lil-Turāth	دار الحرم للتراث
艺术出版公司	al-Mu’assasah al-Fannīyah lil-Ṭibā‘ah wa-al-Nashr	المؤسسة الفنية للطباعة والنشر
艺术与工程出版社	Dār al-Funūn wa-al-Handasah	دار الفنون والهندسة
易拔德·拉哈曼出版社	Dār ‘Ibād al-Raḥmān	دار عباد الرحمن
易拔德·拉哈曼书店	Maktabat ‘Ibād al-Raḥmān	مكتبة عباد الرحمن

续表

中文译名	拉丁字母转写	阿拉伯文或波斯文
易扎特·赫拓卜出版社	Dār ‘ Izzat Khaṭṭāb lil-Ṭab‘ wa-al-Nashr	دار عزت خطاب للطبع والنشر
优素福印书馆	Maṭba‘ at Yūsuf	مطبعة يوسف
扎哈玛图书出版社	Dār Zaḥmat Kuttāb lil-Nashr wa-al-Tawzī‘	دار زحمة كتاب للنشر والتوزيع
扎哈伊尔出版社	Dār al-Dhakhā’ ir	دار الذخائر
扎赫拉阿拉伯传媒公司	al-Zahrā’ lil-I‘ lām al-‘ Arabī	الزهراء للإعلام العربي
扎赫拉书店	Maktabat al-Zahrā’	مكتبة الزهراء
珍珠出版社	Dār al-Lu’ lu’ ah lil-Nashr wa-al-Tawzī‘	دار اللؤلؤة للنشر والتوزيع
知识出版社	Dār al-Ma‘ ārif	دار المعارف
知识分子出版社	al-Muthaqqaf lil-Nashr wa-al-Tawzī‘	دار المثقف للنشر والتوزيع
知识太阳出版社	Shams al-Ma‘ ārif lil-Nashr wa-al-Tawzī‘	شمس المعارف للنشر والتوزيع
知识协会印书馆	Maṭba‘ at Jam‘ īyat al-Ma‘ ārif	مطبعة جمعية المعارف
知识印书馆	Maṭba‘ at al-Ma‘ ārif	مطبعة المعارف
知识印书馆及其书店	Maṭba‘ at al-Ma‘ ārif wa-Maktabatuhā	مطبعة المعارف ومكتبتها
知识之光出版社	Nūr al-Ma‘ ārif lil-Nashr wa-al-Tawzī‘	نور المعارف للنشر والتوزيع
智慧宫出版社	Dār al-Ḥikmah lil-Ṭibā‘ ah wa-al-Nashr wa-al-Tawzī‘	دار الحكمة للطباعة والنشر والتوزيع
珠宝出版社	Dār al-Jawharah lil-Nashr wa-al-Tawzī‘	دار الجوهرة للنشر والتوزيع
自由新闻出版社	Dār al-Ḥurrīyah lil-Ṣiḥāfah wa-al-Ṭibā‘ ah wa-al-Nashr	دار الحرية للصحافة والطباعة والنشر
宗教文化书店	Maktabat al-Thaqāfah al-Dīnīyah lil-Nashr wa-al-Tawzī‘ wa-al-Taṣdīr	مكتبة الثقافة الدينية للنشر والتوزيع والتصدير
左波耶印刷品店	Maṭbū‘ āt al-Ẓabyah	مطبوعات الظبية
作家出版社	Dār Kuttāb lil-Nashr wa-al-Tawzī‘	دار كتاب للنشر والتوزيع

出版地：开塞利

中文译名	拉丁字母转写	阿拉伯文或波斯文
阿格巴出版社	Dār al-' Aqabah	دار العقبة

出版地：科威特

中文译名	拉丁字母转写	阿拉伯文或波斯文
阿拉伯帆出版公司	Mu' asassat al-Shirā' al-' Arabī	مؤسسة الشراع العربي
阿拉伯联盟教育、文化及科学组织	al-Munaẓẓamah al-' Arabīyah lil-Tarbiyah wa-al-Thaqāfah wa-al-' Ulūm	المنظمة العربية للتربية والثقافة والعلوم
阿拉伯手稿研究院	Ma' had al-Makhṭūṭāt al-' Arabīyah	معهد المخطوطات العربية
铂金图书出版社	Blātīniyūm Būk lil-Nashr wa-al-Tawzī'	بلاتينيوم بوك للنشر والتوزيع
船帆出版社	Dār al-Shirā' lil-Nashr	دار الشراع للنشر
狄雅出版社	Dār al-Ḍiyā' lil-Nashr wa-al-Tawzī'	دار الضياء للنشر والتوزيع
法拉哈书店	Maktabat al-Falāḥ lil-Nashr wa-al-Tawzī'	مكتبة الفلاح للنشر والتوزيع
法拉沙出版社	Dār al-Farāshah lil-Ṭibā' ah wa-al-Nashr wa-al-Tawzī'	دار الفراشة للطباعة والنشر والتوزيع
泛阿拉伯主义出版书店	Maktabat Dār al-' Urūbah lil-Nashr wa-al-Tawzī'	مكتبة دار العروبة للنشر والتوزيع
格拉姆出版社	Dār al-Qalam lil-Nashr wa-al-Tawzī'	دار القلم للنشر والتوزيع
国家出版社	Dār al-Waṭan lil-Ṭibā' ah wa-al-Nashr	دار الوطن للطباعة والنشر
呼特瓦出版社	Dār Khuṭwah lil-Nashr wa-al-Tawzī'	دار خطوة للنشر والتوزيع
胡鲁夫出版社	Dārḥurūf lil-Nashr wa-al-Tawzī'	دار حروف للنشر والتوزيع
加拉斯出版发行与宣传广告公司	Gharās lil-Nashr wa-al-Tawzī' wa-al-Di' āyah wa-al-I' lān	غراس للنشر والتوزيع والدعاية والإعلان
觉醒书店	Maktabat al-Ṣaḥwah	مكتبة الصحوة
卡里玛特出版社	Dār Kalimāt lil-Nashr wa-al-Tawzī'	دار كلمات للنشر والتوزيع

续表

中文译名	拉丁字母转写	阿拉伯文或波斯文
卡资玛出版翻译发行公司书店	Maktabat Sharikat Kāẓimah lil-Nashr wa-al-Tarjamah wa-al-Tawzī‘	مكتبة شركة كاظمة للنشر والترجمة والتوزيع
凯密勒基金会	Mu’ assasat al-Kamīl	مؤسسة الكميل
科威特国家文化艺术与文学委员会	al-Majlis al-Waṭanī lil-Thaqāfah wa-al-Funūn wa-al-Ādāb	المجلس الوطني للثقافة والفنون والآداب
科威特研究中心	Markaz al-Buḥūth wa-al-Dirāsāt al-Kuwaytīyah	مركز البحوث والدراسات الكويتية
科威特政府印务处	Maṭba‘ at Ḥukūmat al-Kuwayt	مطبعة حكومة الكويت
拉托伊夫学术论著出版社	Laṭā’ if li-Nashr al-Kutub wa-al-Rasā’ il al-‘ Ilmīyah	لطائف لنشر الكتب والرسائل العلمية
兰德图书出版社	Būk Lānd lil-Nashr wa-al-Tawzī‘	بوك لاند للنشر والتوزيع
鲁贝安出版公司	Sharikat al-Rubay‘ ān lil-Nashr wa-al-Tawzī‘	شركة الربيعان للنشر والتوزيع
麦波达阿出版发行与艺术产品公司	al-Mabda’ lil-Nashr wa-al-Tawzī‘ wa-al-Intāj al-Fannī	المبدأ للنشر والتوزيع والإنتاج الفني
曼什特宣传广告出版发行与艺术产品公司	Sharikat Mānshīt lil-Di‘ āyah wa-al-I‘ lān wa-al-Nashr wa-al-Tawzī‘ wa-al-Intāj al-Fannī	شركة مانشيت للدعاية والإعلان والنشر والتوزيع والإنتاج الفني
曼苏尔出版社	Dār al-Manṣūr lil-Ṭibā‘ ah wa-al-Nashr wa-al-Tawzī‘	دار المنصور للطباعة والنشر والتوزيع
曼苏尔书店	Maktabat al-Manṣūr lil-Nashr wa-al-Tawzī‘	مكتبة المنصور للنشر والتوزيع
梦之书出版社	Dream Book Publishing（英文）; Dār Drīm Būk lil-Nashr wa-al-Tawzī‘	دار دريم بوك للنشر والتوزيع
穆阿拉书店	Maktabat al-Mu‘ allā	مكتبة المعلا
穆罕默德·拉斐俄·侯赛因·马尔黎斐文化公司	Mu’ assasat al-Marḥūm Muḥammad Rafī‘ Ḥusayn Ma‘ rifī al-Thaqāfīyah al-Khayrīyah	مؤسسة المرحوم محمد رفيع حسين معرفي الثقافية الخيرية

续表

中文译名	拉丁字母转写	阿拉伯文或波斯文
努瓦·布鲁斯出版社	Nova Plus for Publishing and Distribution（英文）；Nūfā Bluss lil-Nashr wa-al-Tawzī’	نوفا بلس للنشر والتوزيع
前景书店	Maktabat Āfāq lil-Nashr wa-al-Tawzī‘	مكتبة آفاق للنشر والتوزيع
萨拉菲耶出版社	al-Dār al-Salafīyah	الدار السلفية
萨拉姆传媒出版集团	Majmū‘ at al-Salām al-I‘ lāmīyah lil-Nashr wa-al-Tawzī‘	مجموعة السلام الإعلامية للنشر والتوزيع
萨玛出版社	Dār Samā lil-Nashr wa-al-Tawzī‘	دار سما للنشر والتوزيع
圣训派书店	Maktabat Ahl al-Athar lil-Nashr wa-al-Tawzī‘	مكتبة أهل الأثر للنشر والتوزيع
世界成就出版社	Injāz al-‘ Ālamīyah lil-Nashr wa-al-Tawzī‘	إنجاز العالمية للنشر والتوزيع
手稿、遗产与档案中心	Markaz al-Makhṭūṭāt wa-al-Turāth wa-al-Wathā’ iq	مركز المخطوطات والتراث والوثائق
思想创意公司	Sharikat al-Ibdā‘ al-Fikrī	شركة الإبداع الفكري
苏阿德·索拔哈出版社	Dār Su‘ ād al-Ṣabāḥ lil-Nashr wa-al-Tawzī‘	دار سعاد الصباح للنشر والتوزيع
塔克文出版社	Manshūrāt Takwīn lil-Nashr wa-al-Tawzī‘	منشورات تكوين للنشر والتوزيع
图书出版公司	Mu’ assasat Dār al-Kutub lil-Ṭibā‘ ah wa-al-Nashr wa-al-Tawzī‘	مؤسسة دار الكتب للطباعة والنشر والتوزيع
文学书店	Maktabat al-Ādāb	مكتبة الآداب
现代图书出版社	Dār al-Kitāb al-Ḥadīth	دار الكتاب الحديث
现代印书馆	al-Maṭba‘ ah al-‘ Aṣrīyah	المطبعة العصرية
新纳赫吉出版社	Dār al-Nahj al-Jadīd	دار النهج الجديد
伊本·艾西尔出版社	Dār Ibn al-Athīr	دار ابن الأثير
伊本·纳迪姆出版社	Dār Ibn al-Nadīm lil-Nashr wa-al-Tawzī‘	دار ابن النديم للنشر والتوزيع
伊本·泰米叶书店	Maktabat Ibn Taymīyah	مكتبة ابن تيمية

续表

中文译名	拉丁字母转写	阿拉伯文或波斯文
伊拉夫国际出版社	Dār Īlāf al-Duwalīyah lil-Nashr wa-al-Tawzī‘	دار إيلاف الدولية للنشر والتوزيع
伊玛目索迪阁书店	Maktabat al-Imām al-Ṣādiq al-‘ Āmmah	مكتبة الإمام الصادق العامة
伊玛目扎哈比出版社	Dār al-Imām al-Dhahabī lil-Nashr wa-al-Tawzī‘	دار الإمام الذهبي للنشر والتوزيع
伊玛目扎哈比书店	Maktabat al-Imām al-Dhahabī lil-Nashr wa-al-Tawzī‘	مكتبة الإمام الذهبي للنشر والتوزيع
伊斯兰觉醒书店	Maktabat al-Ṣaḥwah al-Islāmīyah	مكتبة الصحوة الإسلامية
伊斯兰遗产复兴协会	Jam‘ īyat Iḥyā’ al-Turāth al-Islāmī	جمعية إحياء التراث الإسلامي
伊斯兰烛台书店	Maktabat al-Manār al-Islāmīyah	مكتبة المنار الإسلامية
易尔凡书店	Maktabat al-‘ Irfān	مكتبة العرفان
扎特·萨拉斯勒出版社	Dhāt al-Salāsil	ذات السلاسل
珍奇出版社	Dār al-Nawādir lil-Ṭibā‘ ah wa-al-Nashr wa-al-Tawzī‘	دار النوادر للطباعة والنشر والتوزيع

出版地：寇巴尔

中文译名	拉丁字母转写	阿拉伯文或波斯文
哈巴尔迪出版社	Dār al-Ḥabardī lil-Nashr wa-al-Tawzī‘	دار الحبردي للنشر والتوزيع
豪沃之家基金会	Mu’ assasat Bayt Ḥawwā’	مؤسسة بيت حواء
塔克文研究中心	Takwīn lil-Dirāsāt wa-al-Abḥāth	تكوين للدراسات والأبحاث
新国家出版社	al-Dār al-Waṭanīyah al-Jadīdah lil-Nashr wa-al-Tawzī‘	الدار الوطنية الجديدة للنشر والتوزيع
伊本·阿凡出版社	Dār Ibn ‘ Affān lil-Nashr wa-al-Tawzī‘	دار ابن عفان للنشر والتوزيع

续表

中文译名	拉丁字母转写	阿拉伯文或波斯文
伊本·穆巴拉克出版社	Dār Ibn al-Mubārak lil-Nashr wa-al-Tawzī‘	دار ابن المبارك للنشر والتوزيع
扎哈伊尔出版社	Dār al-Dhakhā’ ir lil-Nashr wa-al-Tawzī‘	دار الذخائر للنشر والتوزيع

出版地：库姆

中文译名	拉丁字母转写	阿拉伯文或波斯文
阿舒拉基金会	Mu’ assasat ‘ Āshūrā’	مؤسسة عاشوراء
安索尔出版社	Dār al-Anṣār	دار الأنصار
巴基尔科学研究院出版社	Maṭba‘ at Ma‘ had Bāqir al-‘ Ulūm	مطبعة معهد باقر العلوم
白什尔出版社	Dār al-Bashīr	دار البشير
布斯坦图书公司	Mu’ assasat Būstān Kitāb	مؤسسة بوستان كتاب
大阿亚图拉麦尔阿什·纳杰斐书店	Maktabat Āyat Allāh al-‘ Uẓmá al-Mar‘ ashī al-Najafī al-Kubrá	مكتبة آية الله العظمى المرعشي النجفي الكبرى
法伽哈出版公司	Mu’ assasat Nashr al-Faqāhah	مؤسسة نشر الفقاهة
哈迪斯出版社	Dār al-Ḥadīth lil-Ṭibā‘ ah wa-al-Nashr wa-al-Tawzī‘	دار الحديث للطباعة والنشر والتوزيع
海雅姆印书馆	Maṭba‘ at al-Khayyām	مطبعة الخيام
拉荻出版社	Manshūrāt al-Raḍī	منشورات الرضي
麦纳尔公司	Mu’ assasat al-Manār	مؤسسة المنار
麦瓦达出版社	Dār al-Mawaddah	دار المودة
蒙塔左尔索德尔家族遗产复兴基金会	Mu’ assasat al-Muntaẓar li-Iḥyā’ Turāth Āl al-Ṣadr	مؤسسة المنتظر لإحياء تراث آل الصدر
穆尔塔多维耶书店	al-Maktabah al-Murtaḍawīyah li-Iḥyā’ al-Āthār al-Ja‘ farīyah	المكتبة المرتضوية لإحياء الآثار الجعفرية

续表

中文译名	拉丁字母转写	阿拉伯文或波斯文
萨义德·本·朱贝尔出版社	Manshūrāt Sa‘ īd ibn Jubayr	منشورات سعيد بن جبير
什叶派遗产基金会	Mu’ assasat Turāth al-Shī‘ ah	مؤسسة تراث الشيعة
圣裔遗产复兴基金会	Mu’ assasat Āl al-Bayt li-Iḥyā’ al-Turāth	مؤسسة آل البيت لإحياء التراث
伊玛目阿里·本·艾比·塔里卜出版社	Dār al-Imām ‘ Alī ibn Abī Ṭālib lil-Nashr	دار الإمام علي بن أبي طالب للنشر
伊玛目阿里·本·侯赛因书店出版社	Manshūrāt Maktabat al-Imām ‘ Alī ibn al-Ḥusayn	منشورات مكتبة الإمام علي بن الحسين
伊玛目侯赛因专属书店	Maktabat al-Imām al-Ḥusayn ‘ alayhi al-Salām al-Takhaṣṣuṣīyah	مكتبة الإمام الحسين عليه السلام التخصصية
伊玛目忽伊书店	Maktabat al-Imām al-Khū’ ī	مكتبة الإمام الخوئي
伊玛目礼萨出版社	Dār al-Imām al-Riḍā	دار الإمام الرضا
伊玛目马赫迪书店	Maktabat al-Imām al-Mahdī	مكتبة الإمام المهدي
伊斯兰出版基金会	Mu’ assasat al-Nashr al-Islāmī	مؤسسة النشر الإسلامي
伊斯兰教法百科全书基金会	Mu’ assasat Dā’ irat Ma‘ ārif al-Fiqh al-Islāmī	مؤسسة دائرة معارف الفقه الإسلامي
伊斯兰图书出版公司	Mu’ assasat Dār al-Kitāb al-Islāmī	مؤسسة دار الكتاب الإسلامي
伊斯兰图书出版社	Dār al-Kitāb al-Islāmī	دار الكتاب الإسلامي
伊斯兰图书复兴基金会	Mu’ assasat Iḥyā’ al-Kutub al-Islāmīyah	مؤسسة إحياء الكتب الإسلامية
伊斯兰文化复兴会	Majma‘ Iḥyā’ al-Thaqāfah al-Islāmīyah	مجمع إحياء الثقافة الإسلامية
伊斯兰研究与校勘中心	Markaz al-Buḥūth wa-al-Taḥqīqāt al-Islāmīyah	مركز البحوث والتحقيقات الإسلامية

续表

中文译名	拉丁字母转写	阿拉伯文或波斯文
伊斯兰知识基金会	Mu' assasat al-Ma' ārif al-Islāmīyah	مؤسسة المعارف الإسلامية
易尔凡出版社	Dār al-' Irfān	دار العرفان
栽努·阿比丁出版社	Dār Zayn al-' Ābidīn	دار زين العابدين
扎哈伊尔印刷出版社	Dār al-Dhakhā' ir lil-Maṭbū' āt	دار الذخائر للمطبوعات

出版地：库奈特拉

中文译名	拉丁字母转写	阿拉伯文或波斯文
阿拉伯之笔出版社	Dār al-Qalam al-' Arabī lil-Nashr wa-al-Tawzī'	دار القلم العربي للنشر والتوزيع
布奇里出版社	al-Būkīlī lil-Ṭibā' ah wa-al-Nashr wa-al-Tawzī'	البوكيلي للطباعة والنشر والتوزيع
哈桑·瓦赞历史知识学会	Jam ' īyat al-Ḥasan al-Wazzān lil-Ma ' rifah al-Tārīkhīyah	جمعية الحسن الوزان للمعرفة التاريخية
萨利阿印书馆	al-Maṭba' ah al-Sarī' ah	المطبعة السريعة
赛义迪·马什施科学基金会	Mu' assasat Sayyidī Mashīsh al-' Alamī	مؤسسة سيدي مشيش العلمي
伊本·图斐勒大学出版社	Jāmi' at Ibn Ṭufayl	جامعة ابن طفيل
字母出版社	Dār al-Ḥarf lil-Nashr wa-al-Tawzī'	دار الحرف للنشر والتوزيع

出版地：拉巴特

中文译名	拉丁字母转写	阿拉伯文或波斯文
阿佛洛狄忒出版社	Aphrodite Press（英文）；Manshūrāt Afrūdīt	منشورات أفروديت
阿拉伯化研究院	Ma' had al-Dirāsāt wa-al-Abḥāth lil-Ta' rīb	معهد الدراسات والأبحاث للتعريب
阿拉伯之笔出版社	Dār al-Qalam al-' Arabī lil-Nashr wa-al-Tawzī'	دار القلم العربي للنشر والتوزيع

续表

中文译名	拉丁字母转写	阿拉伯文或波斯文
艾布·拉格拉格出版社	Dār Abī Raqrāq lil-Ṭibā' ah wa-al-Nashr	دار أبي رقراق للطباعة والنشر
艾曼出版社	Dār al-Amān lil-Nashr wa-al-Tawzī'	دار الأمان للنشر والتوزيع
艾曼出版书店	Maktabat Dār al-Amān lil-Nashr wa al-Tawzī'	مكتبة دار الأمان للنشر والتوزيع
巴比伦出版公司	Sharikat Bābil lil-Ṭibā' ah wa-al-Nashr wa-al-Tawzī'	شركة بابل للطباعة والنشر والتوزيع
菲克尔出版社	Manshūrāt Fikr	منشورات فكر
格拉姆出版社	Dār al-Qalam lil-Nashr wa-al-Tawzī'	دار القلم للنشر والتوزيع
国家出版社	Dār al-Waṭan lil-Ṭibā' ah wa-al-Nashr	دار الوطن للطباعة والنشر
国家新闻出版社	Dār al-Waṭan lil-Ṣiḥāfah wa-al-Ṭibā' ah wa-al-Nashr	دار الوطن للصحافة والطباعة والنشر
海鸥出版社	Dār al-Nawras	دار النورس
皇家阿马齐格文化研究所	al-Ma' had al-Malakī lil-Thaqāfah al-Amazīghīyah	المعهد الملكي للثقافة الأمازيغية
皇家印书馆	al-Maṭba' ah al-Malakīyah	المطبعة الملكية
经济印书馆	al-Maṭba' ah al-Iqtiṣādīyah	المطبعة الإقتصادية
卡里玛特出版社	Kalimāt lil-Nashr wa-al-Ṭibā' ah wa-al-Tawzī'	كلمات للنشر والطباعة والتوزيع
麦纳熙勒出版社	Dār al-Manāhil	دار المناهل
麦纳熙勒印书馆	Maṭba' at Dār al-Manāhil	مطبعة دار المناهل
曼苏尔出版社	Dār al-Manṣūr	دار المنصور
摩洛哥王国与阿拉伯联合酋长国伊斯兰遗产复兴联合基金	Ṣundūq Iḥyā' al-Turāth al-Islāmī al-Mushtarak bayna al-Mamlakah al-Maghribīyah wa-al-Imārāt al-' Arabīyah al-Muttaḥidah	صندوق إحياء التراث الإسلامي المشترك بين المملكة المغربية والإمارات العربية المتحدة
摩洛哥伊斯兰宗教基金事务部	Wizārat al-Awqāf wa-al-Shu' ūn al-Islāmīyah al-Maghribīyah	وزارة الأوقاف والشؤون الإسلامية المغربية

续表

中文译名	拉丁字母转写	阿拉伯文或波斯文
摩洛哥作家联盟	Ittiḥād Kuttāb al-Maghrib	اتحاد كتاب المغرب
穆罕默德五世大学出版社	Jāmi' at Muḥammad al-Khāmis	جامعة محمد الخامس
纳吉玛印书馆	Maṭba' at al-Najmah	مطبعة النجمة
欧卡兹出版社	Manshūrāt ' Ukāẓ	منشورات عكاظ
萨拉姆出版社	Dār al-Salām lil-Ṭibā' ah wa-al-Nashr wa-al-Tawzī'	دار السلام للطباعة والنشر والتوزيع
陶希迪出版社	Dār al-Tawḥīdī lil-Nashr wa-al-Tawzī ' wa-Wasā' iṭ al-Ittiṣāl; Manshūrāt Dār al-Tawḥīdī	دار التوحيدي للنشر والتوزيع ووسائط الاتصال؛ منشورات دار التوحيدي
无国界信士研究基金会	Mu' assasat Mu' minūn bi-lā Ḥudūd lil-Dirāsāt wa-al-Abḥāth	مؤسسة مؤمنون بلا حدود للدراسات والأبحاث
伍撒玛·本·栽德书店	Maktabat Usāmah ibn Zayd	مكتبة أسامة بن زيد
新前景出版社	Dār al-Āfāq al-Jadīdah	دار الآفاق الجديدة
新知识印书馆	Maṭba' at al-Ma' ārif al-Jadīdah	مطبعة المعارف الجديدة
遗产出版书店	Maktabat Dār al-Turāth	مكتبة دار التراث
扎曼出版社	Manshūrāt al-Zaman	منشورات الزمن
知识出版社	Manshūrāt al-Ma' ārif	منشورات المعارف
知识传播出版社	Dār Nashr al-Ma' rifah lil-Nashr wa-al-Tawzī'	دار نشر المعرفة للنشر والتوزيع

出版地：拉合尔

中文译名	拉丁字母转写	阿拉伯文或波斯文
安达卢西出版社	Dār al-Andalus	دار الأندلس
科学书店及其印书馆	al-Maktabah al-' Ilmīyah wa-Maṭba' atuhā	المكتبة العلمية ومطبعتها
萨拉菲耶书店	al-Maktabah al-Salafīyah	المكتبة السلفية
珍奇出版社	Dār al-Nawādir	دار النوادر

出版地：拉马迪

中文译名	拉丁字母转写	阿拉伯文或波斯文
安巴尔出版书店	Maktabat Dār al-Anbār	مكتبة دار الأنبار

出版地：拉姆安拉

中文译名	拉丁字母转写	阿拉伯文或波斯文
阿丹印书馆	Maṭba‘ at Ādam	مطبعة آدم
阿拉伯旗帜出版社	Dār al-Bayraq al-‘ Arabī lil-Nashr wa-al-Tawzī‘	دار البيرق العربي للنشر والتوزيع
艾敏出版社	al-Amīn Nāshirūn wa-Muwazzi ‘ ūn; Dār al-Amīn lil-Nashr wa-al-Tawzī‘	الأمين ناشرون وموزعون؛ دار الأمين للنشر والتوزيع
巴勒斯坦研究与出版中心	Markaz Filasṭīn lil-Dirāsāt wa-al-Nashr	مركز فلسطين للدراسات والنشر
葛唐研究与教育发展中心	Markaz al-Qaṭṭān lil-Baḥth wa-al-Taṭwīr al-Tarbawī	مركز القطان للبحث والتطوير التربوي
教师创意中心	Markaz Ibdā‘ al-Mu‘ allim	مركز إبداع المعلم
拉姆安拉人权研究中心	Markaz Rām Allāh li-Dirāsāt Ḥuqūq al-Insān	مركز رام الله لدراسات حقوق الإنسان
鲁阿出版社	al-Ru‘ āh lil-Nashar wa al-Tawzī‘	الرعاة للنشر والتوزيع
鲁阿研究与出版社	Dār al-Ru‘ āh lil-Dirāsāt wa-al-Nashr	دار الرعاة للدراسات والنشر
马哈茂德·达尔维什基金会	Mu’ assasat Maḥmūd Darwīsh	مؤسسة محمود درويش
马吉德出版社	Dār al-Mājid lil-Ṭibā‘ ah wa-al-Nashr	دار الماجد للطباعة والنشر
舒鲁阁出版社	Dār al-Shurūq lil-Nashr wa-al-Tawzī‘	دار الشروق للنشر
坦维尔出版社	Dār al-Tanwīr lil-Nashr wa-al-Tarjamah wa-al-Tawzī‘	دار التنوير للنشر والترجمة والتوزيع
乌加里特文化中心	Markaz Ūghārīt al-Thaqāfī lil-Nashr wa-al-Tarjamah	مركز أوغاريت الثقافي للنشر والترجمة
谢玛出版社	Dār al-Shaymā’ lil-Nashr wa-al-Tawzī‘	دار الشيماء للنشر والتوزيع
札熙拉出版社	Dār al-Zāhirah lil-Nashr wa-al-Tawzī‘	دار الزاهرة للنشر والتوزيع

出版地：拉斯海玛

中文译名	拉丁字母转写	阿拉伯文或波斯文
拉斯海玛国家印书馆	Maṭba'at Ra's al-Khaymah al-Waṭanīyah	مطبعة رأس الخيمة الوطنية
麦撒尔经济研究出版社	al-Masār lil-Dirāsāt al-Iqtiṣādīyah wa-al-Nashr	المسار للدراسات الإقتصادية والنشر
纳熹勒印书馆	Maṭba' at al-Nakhīl	مطبعة النخيل
努恩出版社	Dār Nūn lil-Nashr	دار نون للنشر
文化麦加书店	Maktabat Makkah al-Thaqāfīyah	مكتبة مكة الثقافية
研究与档案中心	Markaz al-Dirāsāt wa-al-Wathā' iq	قئاثولاو تاساردلا زكرم

出版地：拉塔基亚

中文译名	拉丁字母转写	阿拉伯文或波斯文
艾因·祖胡尔出版社	Dār ' Ayn al-Zuhūr lil-Nashr wa-al-Tawzī'	دار عين الزهور للنشر والتوزيع
法沃斯勒出版社	Fawāṣil lil-Nashr wa-al-Tawzī'	فواصل للنشر والتوزيع
迦尼姆出版社	Dār Ghānim	دار غانم
凯沙夫印书馆	Maṭba' at al-Kashshāf	مطبعة الكشاف
库敏印书馆	Maṭba' at Kūmīn	مطبعة كومين
马吉达出版社	Dār Mājdah	دار ماجدة
马吉德出版社	Dār Majd	دار مجد
麦纳拉研究与翻译出版社	Dār al-Manārah lil-Dirāsāt wa-al-Tarjamah wa-al-Nashr	دار المنارة للدراسات والترجمة والنشر
米尔撒出版社	Dār al-Mirsāh lil-Ṭibā' ah al-Nashr wa-al-Tawzī'	دار المرساة للطباعة والنشر والتوزيع
穆尼尔出版社	Dār al-Munīr lil-Nashr wa-al-Tarjamah wa-al-Tawzī'	دار المنير للنشر والترجمة والتوزيع
尼纳尔书店	Maktabat Nīnār lil-Dirāsāt wa-al-Tarjamah wa-al-Nashr wa-al-Tawzī'	مكتبة نينار للدراسات والترجمة والنشر والتوزيع

续表

中文译名	拉丁字母转写	阿拉伯文或波斯文
努恩研究与出版社	Dār Nūn lil-Dirāsāt wa-al-Nashr	دار نون للدراسات والنشر
帕尔米拉书店	Maktabat Bālmīrā	مكتبة بالميرا
苏阿勒出版社	Dār al-Su' āl lil-Nashr	دار السؤال للنشر
塔拉基印书馆	Maṭba' at al-Taraqqī	مطبعة الترقي
希沃尔出版社	Dār al-Ḥiwār lil-Ṭibā' ah wa-al-Nashr wa-al-Tawzī'	دار الحوار للطباعة والنشر والتوزيع
叶纳比俄出版社	Dār al-Yanābī'	دار الينابيع
伊尔沙德印书馆	Maṭba' at al-Irshād	مطبعة الإرشاد
易玛德出版社	Dār al-' Imād lil-Ṭibā' ah wa-al-Nashr	دار العماد للطباعة والنشر
左勒菲伽尔出版社	Dār Dhū al-Fiqār lil-Ṭibā' ah wa-al-Nashr wa-al-Tawzī'	دار ذو الفقار للطباعة والنشر والتوزيع

出版地：莱顿

中文译名	拉丁字母转写	阿拉伯文或波斯文
博睿学术出版社	E. J. Brill（英文）；Maṭba' at Brīll；Dār Brīll	مطبعة بريل؛ دار بريل

出版地：黎巴嫩的黎波里

中文译名	拉丁字母转写	阿拉伯文或波斯文
北方出版社	Dār al-Shamāl lil-Ṭibā' ah wa-al-Nashr wa-al-Tawzī'	دار الشمال للطباعة والنشر والتوزيع
费哈出版社	Dār al-Fayḥā' lil-Ṭibā' ah wa-al-Nashr wa-al-Tawzī'	دار الفيحاء للطباعة والنشر والتوزيع
和平与人权研究出版社	Dār Buḥūth al-Salām wa-Ḥuqūq al-Insān	دار بحوث السلام وحقوق الإنسان
杰鲁斯出版社	Jarrous Press Publishers（英文）；Jarrūs Briss	جروس برس

续表

中文译名	拉丁字母转写	阿拉伯文或波斯文
黎巴嫩高校书店	Maktabat al-Jāmi‘ ah al-Lubnānīyah	مكتبة الجامعة اللبنانية
马哈茂德·艾德哈米文化文献研究与信息中心	Markaz Maḥmūd al-Adhamī al-Thaqāfī lil-Tawthīq wa-al-Abḥāth wa-al-Ma‘ lūmāt	مركز محمود الأدهمي الثقافي للتوثيق والأبحاث والمعلومات
曼苏尔出版社	Dār al-Manṣūr	دار المنصور
撒伊哈书店	Maktabat al-Sā’ iḥ	مكتبة السائح
世界伊斯兰宣教协会	World Islamic Call Society（英文）；Jam‘ īyat al-Da‘ wah al-Islāmīyah al-‘ Ālamīyah	جمعية الدعوة الإسلامية العالمية
希望与和平出版社	Dār al-Amal wa-al-Salām lil-Nashr wa-al-Tawzī‘	دار الأمل والسلام للنشر والتوزيع
现代图书公司	al-Mu’ assasah al-Ḥadīthah lil-Kitāb Nāshirūn	المؤسسة الحديثة للكتاب ناشرون
伊玛目艾布·哈尼法出版社	Dār al-Imām Abī Ḥanīfah	دار الإمام أبي حنيفة
伊玛目出版社	Dār al-Imām lil-Ṭibā‘ ah wa-al-Nashr wa-al-Tawzī‘	دار الإمام للطباعة والنشر والتوزيع
伊玛目出版书店	Maktabat Dār al-Imām lil-Ṭibā‘ ah wa-al-Nashr wa-al-Tawzī‘	مكتبة دار الإمام للطباعة والنشر والتوزيع
伊曼书店出版社	Dār Maktabat al-Īmān lil-Ṭibā‘ ah wa-al-Nashr wa-al-Tawzī‘	دار مكتبة الإيمان للطباعة والنشر والتوزيع
艺术印书馆	Maṭba‘ at Dār al-Funūn	مطبعة دار الفنون
英沙新闻出版社	Dār al-Inshā’ lil-Ṣiḥāfah wa-al-Ṭibā‘ ah wa-al-Nashr	دار الإنشاء للصحافة والطباعة والنشر

出版地：里法

中文译名	拉丁字母转写	阿拉伯文或波斯文
伊玛目纳撒伊书店	Maktabat al-Imām al-Nasā’ ī	مكتبة الإمام النسائي

出版地：利比亚的黎波里

中文译名	拉丁字母转写	阿拉伯文或波斯文
阿拉比耶图书出版社	al-Dār al-ʻ Arabīyah lil-Kitāb	الدار العربية للكتاب
阿拉伯图书出版社	Dār al-Kitāb al-ʻ Arabī	دار الكتاب العربي
艾索拉出版社	Dār al-Aṣālah lil-Ṭibāʻ ah wa-al-Nashr	دار الأصالة للطباعة والنشر
出版发行宣传总局	al-Munshaʼ ah al-ʻ Āmmah lil-Nashr wa-al-Tawzīʻ wa-al-Iʻ lān	المنشأة العامة للنشر والتوزيع والإعلان
菲尔贾尼出版社	Dār al-Firjānī lil-Nashr wa-al-Tawzīʻ	دار الفرجاني للنشر والتوزيع
菲尔贾尼书店	Maktabat al-Firjānī	مكتبة الفرجاني
凯里玛出版社	Dār al-Kalimah lil-Ṭibāʻ ah wa-al-Nashr wa-al-Tawzīʻ	دار الكلمة للطباعة والنشر والتوزيع
利比亚抵抗意大利入侵研究中心	Markaz Dirāsat Jihād al-Lībīyīn ḍidda al-Ghazw al-Īṭālī	مركز دراسة جهاد الليبيين ضد الغزو الإيطالي
利比亚吉哈德历史研究中心	Markaz Jihād al-Lībīyīn lil-Dirāsāt al-Tārīkhīyah	مركز جهاد الليبيين للدراسات التاريخية
联合新书出版社	Dār al-Kitāb al-Jadīd al-Muttaḥidah	دار الكتاب الجديد المتحدة
米达德出版社	Dār Midād lil-Ṭibāʻ ah wa-al-Nashr wa-al-Tawzīʻ	دار مداد للطباعة والنشر والتوزيع
瓦立德出版社	Dār al-Walīd lil-Ṭibāʻ ah wa-al-Nashr wa-al-Tawzīʻ	دار الوليد للطباعة والنشر والتوزيع

出版地：利马索尔

中文译名	拉丁字母转写	阿拉伯文或波斯文
杰凡与贾比出版社	al-Jaffān wa-al-Jābī lil-Ṭibāʻ ah wa-al-Nashr	الجفان والجابي للطباعة والنشر
米克出版社	Dār Mīk lil-Nashr	دار ميك للنشر
穆勒塔伽出版社	Dār al-Multaqá lil-Ṭibāʻ ah wa-al-Nashr	دار الملتقى للطباعة والنشر

出版地：利雅得

中文译名	拉丁字母转写	阿拉伯文或波斯文
阿勒彦出版社	Dār al-‘ Alyān lil-Nashr wa-al-Tawzī‘	دار العليان للنشر والتوزيع
阿特拉斯出版社	Dār Aṭlas lil-Nashr wa-al-Tawzī‘	دار أطلس للنشر والتوزيع
艾赫雅尔出版社	Dār al-Akhyār lil-Nashr wa-al-Tawzī‘	دار الأخيار للنشر والتوزيع
艾斯达·穆吉塔玛俄出版社	Dār Aṣdā’ al-Mujtama‘	دار أصداء المجتمع
艾索拉文化出版传媒公司	Mu’ assasat Dār al-Aṣālah lil-Thaqāfah wa-al-Nashr wa-al-I‘ lām	مؤسسة دار الأصالة للثقافة والنشر والإعلام
安索尔出版社	Dār al-Anṣār lil-Ṭibā‘ ah wa-al-Nashr wa-al-Tawzī‘	دار الأنصار للطباعة والنشر والتوزيع
巴伦西亚出版社	Dār Balansīyah lil-Nashr wa-al-Tawzī‘	دار بلنسية للنشر والتوزيع
白德拉尼出版社	Dār al-Badrānī lil-Nashr wa-al-Tawzī‘	دار البدراني للنشر والتوزيع
贝依纳出版社	Dār al-Bayyinah lil-Ṭibā‘ ah wa-al-Nashr	دار البينة للطباعة والنشر
笔与书出版社	Dār al-Qalam wa-al-Kitāb	دار القلم والكتاب
笔与书出版书店	Maktabat Dār al-Qalam wa-al-Kitāb	مكتبة دار القلم والكتاب
创意黎明出版社	Dār Fajr al-Ibdā‘	دار فجر الإبداع
翠绿阿特拉斯出版社	Dār Aṭlas al-Khaḍrā’ lil-Nashr wa-al-Tawzī‘	دار أطلس الخضراء للنشر والتوزيع
翠绿安达卢西出版社	Dār al-Andalus al-Khaḍrā’ lil-Nashr wa-al-Tawzī‘	دار الأندلس الخضراء للنشر والتوزيع
达里勒·艾塞利耶出版发行社	Dār al-Dalīl al-Atharīyah lil-Nashr wa-al-Tawzī‘	دار الدليل الأثرية للنشر والتوزيع
狄法夫出版社	Manshūrāt Ḍifāf	منشورات ضفاف
法迪拉出版社	Dār al-Faḍīlah lil-Nashr wa-al-Tawzī‘	دار الفضيلة للنشر والتوزيع

续表

中文译名	拉丁字母转写	阿拉伯文或波斯文
法赫德国王国家图书馆	Maktabat al-Malik Fahd al-Waṭanīyah	مكتبة الملك فهد الوطنية
费萨尔国王伊斯兰研究中心	Markaz al-Malik Fayṣal lil-Buḥūth wa-al-Dirāsāt al-Islāmīyah	مركز الملك فيصل للبحوث والدراسات الإسلامية
福尔甘伊斯兰遗产基金会	Mu' assasat al-Furqān lil-Turāth al-Islāmī	مؤسسة الفرقان للتراث الإسلامي
伽斯姆出版社	Dār al-Qāsim lil-Nashr wa-al-Tawzī‘	دار القاسم للنشر والتوزيع
高校图书出版社	Dār al-Kitāb al-Jāmi‘ ī lil-Nashr wa-al-Tawzī‘	دار الكتاب الجامعي للنشر والتوزيع
国际米尔拉吉出版社	Dār al-Mi‘ rāj al-Dawlīyah lil-Nashr	دار المعراج الدولية للنشر
国际思想之家出版社	Bayt al-Afkār al-Dawlīyah lil-Nashr wa-al-Tawzī‘	بيت الأفكار الدولية للنشر والتوزيع
国家出版社	Dār al-Waṭan lil-Ṭibā‘ ah wa-al-Nashr	دار الوطن للطباعة والنشر
赫尼出版社	Dār al-Khānī lil-Nashr wa-al-Tawzī‘	دار الخاني للنشر والتوزيع
基卜拉台恩出版社	Dār al-Qiblatayn lil-Nashr wa-al-Tawzī‘	دار القبلتين للنشر والتوزيع
凯彦出版社	Dār al-Kayān lil-Ṭibā‘ ah wa-al-Nashr wa-al-Tawzī‘	دار الكيان للطباعة والنشر والتوزيع
科尔多瓦出版社	Dār Qurṭubah lil-Nashr wa-al-Tawzī‘	دار قرطبة للنشر والتوزيع
拉施德出版社	Dār al-Rashīd lil-Ṭibā‘ ah wa-al-Nashr	دار الرشيد للطباعة والنشر
拉耶出版社	Dār al-Rāyah lil-Nashr wa-al-Tawzī‘	دار الراية للنشر والتوزيع
里沃出版社	Dār al-Liwā' lil-Nashr wa-al-Tawzī‘	دار اللواء للنشر والتوزيع
利法仪出版社	Dār al-Rifā‘ ī lil-Nashr wa-al-Ṭibā‘ ah wa-al-Tawzī‘	دار الرفاعي للنشر والطباعة والتوزيع
利萨拉·白彦出版公司	Sharikat Dār Risālat al-Bayān lil-Nashr wa-al-Tawzī‘	شركة دار رسالة البيان للنشر والتوزيع
利萨拉·白彦出版社	Dār Risālat al-Bayān lil-Nashr wa-al-Tawzī‘	دار رسالة البيان للنشر والتوزيع
利雅得出版公司	Sharikat al-Riyāḍ lil-Nashr wa-al-Tawzī‘	شركة الرياض للنشر والتوزيع

续表

中文译名	拉丁字母转写	阿拉伯文或波斯文
利雅得伊本·盖伊姆公共书店	Maktabat Ibn al-Qayyim al-ʻĀmmah bi-Riyāḍ	مكتبة ابن القيم العامة برياض
鲁世德出版社	Dār al-Rushd	دار الرشد
鲁世德书店	Maktabat al-Rushd lil-Nashr wa-al-Tawzīʻ	مكتبة الرشد للنشر والتوزيع
马索迪尔出版公司	Sharikat Maṣādir lil-Nashr wa-al-Tawzīʻ	شركة مصادر للنشر والتوزيع
麦阿枢尔出版社	Dār al-Ma'thūr lil-Ṭibāʻah wa-al-Nashr wa-al-Tawzīʻ	دار المأثور للطباعة والنشر والتوزيع
麦利赫出版社	Dār al-Marrīkh lil-Nashr	دار المريخ للنشر
蒙塔拉阁出版社	Dār al-Munṭalaq lil-Nashr wa-al-Tawzīʻ	دار المنطلق للنشر والتوزيع
米拉德出版社	Dār Mīlād	دار ميلاد
民族出版社	Dār al-Ummah lil-Nashr wa-al-Tawzīʻ	دار الأمة للنشر والتوزيع
敏贺吉出版书店	Maktabat Dār al-Minhāj lil-Nashr wa-al-Tawzīʻ	مكتبة دار المنهاج للنشر والتوزيع
穆埃耶德出版社	Dār al-Mu'ayyad lil-Nashr wa-al-Tawzīʻ	دار المؤيد للنشر والتوزيع
穆达里克出版社	Dār Madārik lil-Nashr wa-al-Tawzīʻ	دار مدارك للنشر والتوزيع
穆弗拉达特出版社	Dār al-Mufradāt lil-Nashr wa-al-Tawzīʻ wa-al-Dirāsāt	دار المفردات للنشر والتوزيع والدراسات
纳哈维出版发行有限公司	Sharikat Dār al-Naḥwī lil-Nashr wa-al-Tawzīʻ al-Maḥdūdah	شركة دار النحوي للنشر والتوزيع المحدودة
欧贝康出版公司	Sharikat al-ʻUbaykān lil-Nashr wa-al-Tawzīʻ	شركة العبيكان للنشر والتوزيع
欧贝康书店	Maktabat al-ʻUbaykān	مكتبة العبيكان
欧拉出版社	Dār al-ʻUlā lil-Nashr wa-al-Tawzīʻ	دار العلا للنشر والتوزيع
萨拉夫出版社	Dār Salaf lil-Nashr wa-al-Tawzīʻ	دار سلف للنشر والتوزيع
萨拉姆出版书店	Maktabat Dār al-Salām	مكتبة دار السلام

续表

中文译名	拉丁字母转写	阿拉伯文或波斯文
塞璐西耶出版社	Dār al-Thalūthīyah lil-Nashr wa-al-Tawzī‘	دار الثلوثية للنشر والتوزيع
圣训学家出版社	Dār al-Muḥaddith lil-Nashr wa-al-Tawzī‘	دار المحدث للنشر والتوزيع
世界论坛出版社	Dār al-Nadwah al-‘Ālamīyah lil-Ṭibā‘ah wa-al-Nashr wa-al-Tawzī‘	دار الندوة العالمية للطباعة والنشر والتوزيع
首都出版社	Dār al-‘Āṣimah lil-Nashr wa-al-Tawzī‘	دار العاصمة للنشر والتوزيع
苏梅仪出版社	Dār al-Ṣumay‘ī lil-Nashr wa-al-Tawzī‘	دار الصميعي للنشر والتوزيع
苏韦达出版社	Dār al-Suwaydā’ lil-Nashr wa-al-Tawzī‘	دار السويداء للنشر والتوزيع
素雷雅出版社	Dār al-Thurayyā lil-Nashr wa-al-Tawzī‘	دار الثريا للنشر والتوزيع
塔德穆利耶出版社	Dār al-Tadmurīyah lil-Nashr wa-al-Tawzī‘	دار التدمرية للنشر والتوزيع
塔哈比尔出版社	Dār al-Taḥbīr lil-Nashr wa-al-Tawzī‘	دار التحبير للنشر والتوزيع
泰巴出版社	Dār Ṭaybah lil-Nashr wa-al-Tawzī‘	دار طيبة للنشر والتوزيع
陶巴书店	Maktabat al-Tawbah	مكتبة التوبة
陶希德出版社	Dār al-Tawḥīd lil-Nashr wa-al-Tawzī‘	دار التوحيد للنشر والتوزيع
图书世界出版社	Dār ‘Ālam al-Kutub lil-Ṭibā‘ah wa-al-Nashr wa-al-Tawzī‘	دار عالم الكتب للطباعة والنشر والتوزيع
图书世界书店	Maktabat ‘Ālam al-Kutub lil-Ṭibā‘ah wa-al-Nashr wa-al-Tawzī‘	مكتبة عالم الكتب للطباعة والنشر والتوزيع
图韦阁出版社	Dār Ṭuwayq lil-Nashr wa-al-Tawzī‘	دار طويق للنشر والتوزيع
文化创意出版社	Dār al-Ibdā‘ al-Thaqāfī	دار الإبداع الثقافي
文明出版社	Dār al-Ḥaḍārah lil-Nashr wa-al-Tawzī‘	دار الحضارة للنشر والتوزيع
吾珠赫出版社	Dār Wujūh lil-Nashr wa-al-Tawzī‘	دار وجوه للنشر والتوزيع
希吉莱出版社	Dār al-Hijrah lil-Nashr wa-al-Tawzī‘	دار الهجرة للنشر والتوزيع

续表

中文译名	拉丁字母转写	阿拉伯文或波斯文
希贾兹出版书店	Maktabat Dār al-Ḥijāz lil-Nashr wa-al-Tawzī‘	مكتبة دار الحجاز للنشر والتوزيع
先辈光辉出版社	Dār Aḍwā’ al-Salaf lil-Nashr wa-al-Tawzī‘	دار أضواء السلف للنشر والتوزيع
现代和解出版社	Dār al-Wifāq al-Ḥadīthah lil-Nashr wa-al-Tawzī‘	دار الوفاق الحديثة للنشر والتوزيع
叶玛麦研究与翻译出版社	Dār al-Yamāmah lil-Baḥth wa-al-Tarjamah wa-al-Nashr	دار اليمامة للبحث والترجمة والنشر
伊本·艾西尔出版社	Dār Ibn al-Athīr lil-Nashr wa-al-Tawzī‘	دار ابن الأثير للنشر والتوزيع
伊本·盖伊姆出版社	Dār Ibn al-Qayyim lil-Nashr wa-al-Tawzī‘	دار ابن القيم للنشر والتوزيع
伊贾达出版社	Dār al-Ijādah	دار الإجادة
伊玛目布哈里出版社	Dār al-Imām al-Bukhārī lil-Nashr wa-al-Tawzī‘	دار الإمام البخاري للنشر والتوزيع
伊玛目穆罕默德·本·沙特伊斯兰大学出版社	Jāmi‘ at al-Imām Muḥammad ibn Sa‘ ūd al-Islāmīyah	جامعة الإمام محمد بن سعود الإسلامية
伊玛目穆斯林出版社	Dār al-Imām Muslim lil-Nashr wa-al-Tawzī‘	دار الإمام مسلم للنشر والتوزيع
伊玛目沙斐仪出版社	Dār al-Imān al-Shāfi‘ ī	دار الإمام الشافعي
伊玛目沙斐仪书店	Maktabat al-Imām al-Shāfi‘ ī	مكتبة الإمام الشافعي
伊施比里亚宝藏出版社	Dār Kunūz Ishbīliyā lil-Nashr wa-al-Tawzī‘	دار كنوز اشبيليا للنشر والتوزيع
意识出版社	Dār al-Wa‘ y lil-Nashr wa-al-Tawzī‘	دار الوعى للنشر والتوزيع
扎哈伊尔出版社	Dār al-Dhakhā’ ir lil-Nashr wa-al-Tawzī‘	دار الذخائر للنشر والتوزيع
扎曼出版书店	Maktabat Dār al-Zamān lil-Nashr wa-al-Tawzī‘	مكتبة دار الزمان للنشر والتوزيع

续表

中文译名	拉丁字母转写	阿拉伯文或波斯文
知识天际出版公司	Sharikat Āfāq al-Ma‘rifah lil-Nashr wa-al-Tawzī‘	شركة آفاق المعرفة للنشر والتوزيع
朱勒·麦尔利法书店	Maktabat Jull al-Ma‘rifah	مكتبة جل المعرفة
朱雷斯公司	Mu’assasat al-Juraysī lil-Nashr wa-al-Tawzī‘	مؤسسة الجريسي للنشر والتوزيع
卓越出版社	al-Nāshir al-Mutamayyiz lil-Ṭibā‘ah wa-al-Nashr wa-al-Tawzī‘	الناشر المتميز للطباعة والنشر والتوزيع

出版地：鲁斯塔格

中文译名	拉丁字母转写	阿拉伯文或波斯文
伊斯兰新月书店与档案馆	Maktabat wa-Tasjilāt al-Hilāl al-Islāmīyah	مكتبة وتسجيلات الهلال الإسلامية

出版地：伦敦

中文译名	拉丁字母转写	阿拉伯文或波斯文
阿拉伯意识出版社	Dār al-Wa‘y al-‘Arabī	دار الوعى العربي
阿联酋研究与传媒中心	Markaz al-Imārāt lil-Dirāsāt wa-al-I‘lām	مركز الإمارات للدراسات والإعلام
敖达研究与出版社	Dār al-‘Awdah lil-Dirāsāt wa-al-Nashr	دار العودة للدراسات والنشر
大英博物馆股份有限公司	Sharikat al-Matḥaf al-Barīṭānī	شركة المتحف البريطاني
福尔甘伊斯兰遗产基金会	Mu’assasat al-Furqān lil-Turāth al-Islāmī	مؤسسة الفرقان للتراث الإسلامي
海湾战略研究中心	Markaz al-Khalīj lil-Dirāsāt al-Istirātījīyah	مركز الخليج للدراسات الإستراتيجية
伦敦阿拉伯研究中心	Markaz Landan lil-Dirāsāt al-‘Arabīyah	مركز لندن للدراسات العربية
麦纳尔公司	Mu’assasat al-Manār	مؤسسة المنار

续表

中文译名	拉丁字母转写	阿拉伯文或波斯文
塔克文研究中心	Takwīn lil-Dirāsāt wa-al-Abḥāth	تكوين للدراسات والأبحاث
特利丹特出版有限公司	Trident Press Ltd. （英文）	ترايدنت برس المحدودة
图沃出版传媒	Ṭuwá lil-Nashr wa-al-I‘lām	طوى للنشر والإعلام
瓦拉阁出版社	Dār al-Warrāq lil-Nashr	دار الوراق للنشر
瓦拉恭出版社	al-Warrāqūn lil-Nashr wa-al-Tawzī‘	الوراقون للنشر والتوزيع
智慧宫出版社	Dār al-Ḥikmah lil-Ṭibā‘ah wa-al-Nashr wa-al-Tawzī‘	دار الحكمة للطباعة والنشر والتوزيع

出版地：马德里

中文译名	拉丁字母转写	阿拉伯文或波斯文
马德里埃及伊斯兰研究所	Instituto Egipcio de Estudios Islámicos en Madrid（西班牙文）；al-Ma‘had al-Miṣrī lil-Dirāsāt al-Islāmīyah fī Madrīd	المعهد المصري للدراسات الإسلامية في مدريد
西班牙阿拉伯文化研究院	Ma‘had al-Isbānī al-‘Arabī lil-Thaqāfah	معهد الإسباني العربي للثقافة
西班牙高等学术研究委员会	Consejo Superior de Investigaciones Cienti’ficas（西班牙文）；al-Majlis al-A‘lá lil-Abḥāth al-‘Ilmīyah	المجلس الأعلى للأبحاث العلمية

出版地：马弗拉克

中文译名	拉丁字母转写	阿拉伯文或波斯文
阿勒贝特大学出版社	Jāmi‘at Āl al-Bayt	جامعة آل البيت
福代恩出版社	Dār al-Fudayn	دار الفدين
复兴印书馆	Maṭābi‘ al-Nahḍah	مطابع النهضة
麦撒尔出版社	Dār al-Masār lil-Nashr wa-al-Tawzī‘	دار المسار للنشر والتوزيع

出版地：马拉喀什

中文译名	拉丁字母转写	阿拉伯文或波斯文
阿佛洛狄忒出版社	Aphrodite Press（英文）；Afrūdīt；Manshūrāt Afrūdīt	أفروديت؛ منشورات أفروديت
阿斯斐宗教遗产研究会	Jam' īyat Āsfī lil-Baḥth fī al-Turāth al-Dīnī	جمعية آسفي للبحث في التراث الديني
国家印刷与造纸厂	al-Maṭba' ah wa-al-Wirāqah al-Waṭanīyah	المطبعة والوراقة الوطنية
库拉斯·穆塔瓦希德出版社	Kurrās al-Mutawaḥḥid	كراس المتوحد
马拉喀什文学论坛	al-Nādī al-Adabī bi-Marrākush	النادي الأدبي بمراكش
马拉喀什研究中心	Markaz al-Dirāsāt wa-al-Abḥāth ḥawla Marrākush	مركز الدراسات والأبحاث حول مراكش
马拉喀什之星书店	Maktabat Najm Marrākush lil-Turāth al-' Arabī	مكتبة نجم مراكش للتراث العربي
穆罕默迪耶学者联盟	al-Rābiṭah al-Muḥammadīyah lil-' Ulamā'	الرابطة المحمدية للعلماء
前景研究与出版通讯公司	Mu' assasat Āfāq lil-Dirāsāt wa-al-Nashr wa-al-Itiṣāl	مؤسسة آفاق للدراسات والنشر والاتصال
坦斯弗特印书馆	Maṭba' at Tānsīft	مطبعة تانسيفت
廷米勒出版社	Dār Tīnmil lil-Ṭibā' ah wa-al-Nashr	دار تينمل للطباعة والنشر
瓦里里出版社	Dār Walīlī lil-Ṭibā' ah wa-al-Nashr	دار وليلي للطباعة والنشر
乌尔克·毕鲁印书馆	Maṭba' at Wūrk Bīrū	مطبعة وورك بيرو
希沙瓦文化艺术论坛	Muntadá Shīshāwah lil-Thaqāfah wa-al-Funūn	منتدى شيشاوة للثقافة والفنون
伊本·塔什芬论坛	Muntadá Ibn Tāshfīn	منتدى ابن تاشفين
伊玛目艾布·阿慕尔·达尼研究中心	Markaz al-Imām Abī ' Amr al-Dānī lil-Dirāsāt wa-al-Buḥūth al-Qirā' īyah al-Mutakhaṣṣiṣah	مركز الإمام أبي عمرو الداني للدراسات والبحوث القرائية المتخصصة

续表

中文译名	拉丁字母转写	阿拉伯文或波斯文
伊提索拉特·萨布出版社	Ittiṣālāt Sabū	اتصالات سبو
扎尔伽陵出版社	Dār al-Qubbah al-Zarqā' lil-Nashr	دار القبة الزرقاء للنشر
知识书店	Maktabat al-Ma' rifah	مكتبة المعرفة

出版地：马努巴

中文译名	拉丁字母转写	阿拉伯文或波斯文
高校出版中心	Markaz al-Nashr al-Jāmi' ī	مركز النشر الجامعي
马努巴大学出版社	Jāmi' at Mannūbah	جامعة منوبة
马努巴高校出版社	al-Manshūrāt al-Jāmi' īyah bi-Mannūbah	المنشورات الجامعية بمنوبة

出版地：马什哈德

中文译名	拉丁字母转写	阿拉伯文或波斯文
阿斯坦·古德斯·拉多维出版公司	Mu' assasah-' i Chāp va Intishārāt-i Āstān-i Quds-i Raẕavī	موسسه چاپ وانتشارات آستان قدس رضوى
马什哈德大学出版社	Matba' at Jami' at Mashhad	مطبعة جامعة مشهد
穆尔塔多出版社	Dār al-Murtaḍá lil-Nashr	دار المرتضى للنشر
圣裔遗产复兴基金会	Mu' assasat Āl al-Bayt li-Iḥyā' al-Turāth	مؤسسة آل البيت لإحياء التراث
世界《辞章之道》基金会	Mu' assasat Nahj al-Balāghah al-' Ālamīyah	مؤسسة نهج البلاغة العالمية
泰拔泰拔伊出版社	Intishārāt ' Allāmah Ṭabāṭabā' ī	انتشارات علامة طباطباني
威拉耶出版社	Dār al-Wilāyah lil-Nashr	دار الولاية للنشر
信士长官阿里专属书店	al-Maktabah al-Mutakhaṣṣiṣah bi-Amīr al-Mu' minīn ' Alī ' alayhi al-Salām	المكتبة المتخصصة بأمير المؤمنين علي عليه السلام
荀菩拉出版社	Sunbulah	سنبلة

续表

中文译名	拉丁字母转写	阿拉伯文或波斯文
伊玛目索希卜·扎曼基金会	Mu' assasat al-Imām Ṣāḥib al-Zamān	مؤسسة الإمام صاحب الزمان
伊斯兰科学知识翻译出版基金会	Mu' assasat Tarijmah wa-Nashr Dawrah ' Ulūm wa-Ma' ārif al-Islām	مؤسسة ترجمة ونشر دورة علوم ومعارف الإسلام
伊斯兰书店	al-Maktabah al-Islāmīyah	المكتبة الإسلامية
伊斯兰研究会	Majma' al-Buḥūth al-Islāmīyah	مجمع البحوث الإسلامية

出版地：马斯喀特

中文译名	拉丁字母转写	阿拉伯文或波斯文
阿曼记忆	Dhākirat ' Umān	ذاكرة عمان
阿曼民族遗产与文化部	Wizārat al-Turāth al-Qawmī wa-al-Thaqāfah bi-Salṭanat ' Umān	وزارة التراث القومي والثقافة بسلطنة عمان
阿曼作家与文人协会	al-Jam ' īyah al-' Umānīyah lil-Kuttāb wa-al-Udabā'	الجمعية العمانية للكتاب والأدباء
安法勒书店	Maktabat al-Anfāl	مكتبة الأنفال
贝鲁特书店	Maktabat Bayrūt	مكتبة بيروت
崇高素丹专职顾问办公室宗教与历史事务处	Maktab al-Mustashār al-Khāṣṣ li-Jalālat al-Sulṭān lil-Shu' ūn al-Dīnīyah wa-al-Tārīkhīyah	مكتب المستشار الخاص لجلالة السلطان للشؤون الدينية والتاريخية
法尔格德出版社	Dār al-Farqad lil-Ṭibā' ah wa-al-Nashr wa-al-Tawzī'	دار الفرقد للطباعة والنشر والتوزيع
卡布斯苏丹大学出版社	Jāmi' at al-Sulṭān Qābūs	جامعة السلطان قابوس
马贾恩出版社	Dār Majān lil-Nashr wa-al-I' lān wa-al-Tawzī'	دار مجان للنشر والإعلان والتوزيع
马斯喀特书店	Maktabat Masqaṭ	مكتبة مسقط
散文出版社	Dār Nathr	دار نثر
思想观念基金会	Mu' assasat Ru' á al-Fikrīyah	مؤسسة رؤى الفكرية

续表

中文译名	拉丁字母转写	阿拉伯文或波斯文
文物宝藏书店	Maktabat Khazā' in al-Āthār	مكتبة خزائن الآثار
希望世代书店	Maktabat al-Jīl al-Wā' id	مكتبة الجيل الواعد
现代颜色印书馆	Maṭba' at al-Alwān al-Ḥadīthah	مطبعة الألوان الحديثة
谢赫穆罕默德·本·沙米斯·比拓什书店	Maktabat al-Shaykh Muḥammad ibn Shāmis al-Biṭāshī lil-Nashr wa-al-Tawzī'	مكتبة الشيخ محمد بن شامس البطاشي للنشر والتوزيع
新世代书店	Maktabat al-Jīl al-Jadīd	مكتبة الجيل الجديد
伊斯提伽玛书店	Maktabat al-Istiqāmah	مكتبة الإستقامة

出版地：麦地那

中文译名	拉丁字母转写	阿拉伯文或波斯文
阿基达出版社	Dār al-' Aqīdah lil-Nashr wa-al-Tawzī'	دار العقيدة للنشر والتوزيع
布哈里出版社	Dār al-Bukhārī lil-Nashr wa-al-Tawzī'	دار البخاري للنشر والتوزيع
翠绿泰巴出版社	Dār Ṭaybah al-Khaḍrā' lil-Nashr wa-al-Tawzī'	دار طيبة الخضراء للنشر والتوزيع
福尔甘伊斯兰遗产基金会	Mu' assasat al-Furqān lil-Turāth al-Islāmī	مؤسسة الفرقان للتراث الإسلامي
呼戴利出版社	Dār al-Khuḍayrī lil-Nashr wa-al-Tawzī'	دار الخضيري للنشر والتوزيع
科学书店	al-Maktabah al-' Ilmīyah	المكتبة العلمية
科学书店出版社	Manshūrāt al-Maktabah al-' Ilmīyah	منشورات المكتبة العلمية
科学印书馆	al-Maṭba' ah al-' Ilmīyah	المطبعة العلمية
科学与智慧书店	Maktabat al-' Ulūm wa-al-Ḥikam	مكتبة العلوم والحكم
麦阿思尔出版社	Dār al-Ma' āthir lil-Nashr wa-al-Tawzī'	دار المآثر للنشر والتوزيع
麦地那文学论坛	Nādī al-Madīnah al-Munawwarah al-Adabī	نادي المدينة المنورة الأدبي

续表

中文译名	拉丁字母转写	阿拉伯文或波斯文
麦地那研究中心	Markaz Buḥūth wa-Dirāsāt al-Madīnah al-Munawwarah	مركز بحوث ودراسات المدينة المنورة
麦地那伊斯兰大学出版社	al-Jāmi' ah al-Islāmīyah bi-al-Madīnah al-Munawwarah	الجامعة الإسلامية بالمدينة المنورة
梅默纳·麦达尼耶书店	Maktabat al-Maymanah al-Madanīyah	مكتبة الميمنة المدنية
纳隋哈出版社	Dār al-Naṣīḥah	دار النصيحة
纳隋哈出版书店	Maktabat Dār al-Naṣīḥah	مكتبة دار النصيحة
萨拉菲耶书店	al-Maktabah al-Salafīyah	المكتبة السلفية
萨勒曼·本·阿卜杜·阿齐兹国王麦地那历史研究室	Kursī al-Malik Salmān ibn ' Abd al-' Azīz li-Dirāsāt Tārīkh al-Madīnah al-Munawwarah	كرسي الملك سلمان بن عبد العزيز لدراسات تاريخ المدينة المنورة
社会出版社	Dār al-Mujtama' lil-Nashr wa-al-Tawzī'	دار المجتمع للنشر والتوزيع
稀奇文物出版社	Dār al-Ghurabā' al-Atharīyah	دار الغرباء الأثرية
信仰与宗教学术研究书店	Maktabat al-' Aqīdah wa-al-Adyān lil-Buḥūth wa-al-Dirāsāt al-' Ilmīyah	مكتبة العقيدة والأديان للبحوث والدراسات العلمية
伊本·拉杰卜出版社	Dār Ibn Rajab lil-Intāj wa-al-Tawzī'	دار ابن رجب للإنتاج والتوزيع
伊卜拉欣·哈拉比书店	Maktabat Ibrāhīm al-Ḥalabī	مكتبة إبراهيم الحلبي
伊玛目穆斯林出版社	Dār al-Imām Muslim lil-Nashr wa-al-Tawzī'	دار الإمام مسلم للنشر والتوزيع
伊斯兰黎明出版社	Dār al-Fajr al-Islāmīyah	دار الفجر الإسلامية
伊斯兰黎明出版书店	Maktabat Dār al-Fajr al-Islāmīyah	مكتبة دار الفجر الإسلامية
遗产出版书店	Maktabat Dār al-Turāth	مكتبة دار التراث
扎曼出版社	Dār al-Zamān lil-Nashr wa-al-Tawzī'	دار الزمان للنشر والتوزيع
扎曼出版书店	Maktabat Dār al-Zamān lil-Nashr wa-al-Tawzī'	مكتبة دار الزمان للنشر والتوزيع

出版地：麦加

中文译名	拉丁字母转写	阿拉伯文或波斯文
阿卜杜·阿齐兹国王达拉基金会	King Abdulaziz Foundation for Research and Archives (Darah); Dārat al-Malik ‘ Abd al-‘ Azīz	دارة الملك عبد العزيز
阿勒与索哈波出版社	Dār al-Āl wa-al-Ṣaḥb lil-Nashr wa-al-Tawzī‘	دار الآل والصحب للنشر والتوزيع
白索伊尔科学研究中心	Markaz al-Baṣā’ ir lil-Baḥth al-‘ Ilmī	مركز البصائر للبحث العلمي
大学生书店	Maktabat al-Ṭālib al-Jāmi‘ ī	مكتبة الطالب الجامعي
法赫德国王古兰经印刷厂	Mujamma‘ al-Malik Fahd li-Ṭibā‘ at al-Muṣḥaf al-Sharīf	مجمع الملك فهد لطباعة المصحف الشريف
福尔甘书店	Maktabat al-Furqān	مكتبة الفرقان
福尔甘伊斯兰遗产基金会	Mu’ assasat al-Furqān lil-Turāth al-Islāmī	مؤسسة الفرقان للتراث الإسلامي
利益世界出版社	Dār ‘ Ālam al-Fawā’ id lil-Nashr wa-al-Tawzī‘	دار عالم الفوائد للنشر والتوزيع
马纳尔·陶希德出版社	Dār Manār al-Tawḥīd lil-Nashr	دار منار التوحيد للنشر
麦阿枢尔出版社	Dār al-Ma’ thūr lil-Ṭibā‘ ah wa-al-Nashr wa-al-Tawzī‘	دار المأثور للطباعة والنشر والتوزيع
麦地那出版公司	Sharikat al-Madīnah al-Munawwarah lil-Ṭibā‘ ah wa-al-Nashr	شركة المدينة المنورة للطباعة والنشر
麦加出版社	Dār Makkah lil-Ṭibā‘ ah wa-al-Nashr wa-al-Tawzī‘	دار مكة للطباعة والنشر والتوزيع
麦加书店	al-Maktabah al-Makkīyah	المكتبة المكية
穆勒塔扎姆出版社	Dār al-Multazam lil-Ṭibā‘ ah wa-al-Nashr wa-al-Tawzī‘	دار الملتزم للطباعة والنشر والتوزيع
萨拉菲耶书店	al-Maktabah al-Salafīyah	المكتبة السلفية
苏图尔学术研究中心	Markaz Suṭūr lil-Baḥth al-‘ Ilmī	مركز سطور للبحث العلمي
乌姆古拉大学出版社	Jāmi‘ at Umm al-Qurá	جامعة أم القرى
希拉出版社	Dār Ḥirā’	دار حراء

续表

中文译名	拉丁字母转写	阿拉伯文或波斯文
伊本·杰扎利出版社	Dār Ibn al-Jazarī lil-Nashr wa-al-Tawzī‘	دار ابن الجزري للنشر والتوزيع
伊玛目穆斯林出版社	Dār al-Imām Muslim lil-Nashr wa-al-Tawzī‘	دار الإمام مسلم للنشر والتوزيع
伊斯提伽玛出版书店	Maktabat Dār al-Istiqāmah	مكتبة دار الإستقامة
卓越出版社	al-Nāshir al-Mutamayyiz lil-Ṭibā‘ah wa-al-Nashr wa-al-Tawzī‘	الناشر المتميز للطباعة والنشر والتوزيع

出版地：麦纳麦

中文译名	拉丁字母转写	阿拉伯文或波斯文
阿德南书店	al-Maktabah al-‘Adnānīyah	المكتبة العدنانية
阿德南书店出版社	Manshūrāt al-Maktabah al-‘Adnānīyah	منشورات المكتبة العدنانية
阿拉伯出版公司	al-Mu’assasah al-‘Arabīyah lil-Ṭibā‘ah wa-al-Nashr	المؤسسة العربية للطباعة والنشر
阿拉伯通讯发行公司	al-Sharikah al-‘Arabīyah lil-Wakālāt wa-al-Tawzī‘	الشركة العربية للوكالات والتوزيع
埃雅姆出版社	al-Ayyām lil-Nashr	الأيام للنشر
埃雅姆新闻出版公司	Mu’assasat al-Ayyām lil-Ṣiḥāfah wa-al-Nashr wa-al-Tawzī‘	مؤسسة الأيام للصحافة والنشر والتوزيع
巴林国家图书馆	al-Maktabah al-Waṭanīyah	المكتبة الوطنية
巴林文化研究会	Majma‘ al-Baḥrayn al-Thaqāfī lil-Dirāsāt wa-al-Buḥūth	مجمع البحرين الثقافي للدراسات والبحوث
巴林文化与文物局	Hay’at al-Baḥrayn lil-Thaqāfah wa-al-Āthār	هيئة البحرين للثقافة والآثار
巴林文人与作家协会	Usrat al-Udabā’ wa-al-Kuttāb fī al-Baḥrayn	أسرة الأدباء والكتاب في البحرين
巴林研究中心	Markaz al-Baḥrayn lil-Dirāsāt wa-al-Buḥūth	مركز البحرين للدراسات والبحوث

续表

中文译名	拉丁字母转写	阿拉伯文或波斯文
巴林战略、国际合作与能源研究中心	Markaz al-Baḥrayn lil-Dirāsāt al-Istirātījīyah wa-al-Duwalīyah wa-al-Ṭāqah	مركز البحرين للدراسات الإستراتيجية والدولية والطاقة
道萨利文化创意公司	Mu' assasat al-Dawsarī lil-Thaqāfah wa-al-Ibdā'	مؤسسة الدوسري للثقافة والإبداع
法赫拉维书店	Maktabat Fakhrāwī	مكتبة فخراوي
法拉迪斯出版社	Farādīs lil-Nashr wa-al-Tawzī'	فراديس للنشر والتوزيع
古兰之家	Bayt al-Qur' ān	بيت القرآن
国家出版公司	Sharikat al-Waṭan lil-Ṭibā' ah wa-al-Nashr wa-al-Tawzī'	شركة الوطن للطباعة والنشر والتوزيع
国家研究中心	Markaz al-Waṭanī lil-Dirāsāt	مركز الوطني للدراسات
海湾国际咨询公司	al-Khalījīyah al-' Ālamīyah lil-Istishārāt	الخليجية العالمية للاستشارات
海湾通讯社	Wakālat al-Khalīj lil-I' lān wa-al-Khidmāt	وكالة الخليج للإعلان والخدمات
杰腊维研究中心	Markaz al-Jallāwī lil-Dirāsāt wa-al-Buḥūth	مركز الجلاوي للدراسات والبحوث
杰齐拉出版社	Dār al-Jazīrah lil-Ṭibā' ah wa-al-I' lānāt	دار الجزيرة للطباعة والإعلانات
玛胡齐书店	Maktabat al-Māḥūzī	مكتبة الماحوزي
麦哈杰·贝铎出版社	Dār al-Maḥajjah al-Bayḍā'	دار المحجة البيضاء
麦斯阿出版社	Mas' á lil-Nashr wa-al-Tawzī'	مسعى للنشر والتوزيع
麦斯拉出版公司	Sharikat Dār al-Masīrah lil-Ṭibā' ah wa-al-Nashr	شركة دار المسيرة للطباعة والنشر
明日出版社	Dār al-Ghad	دار الغد
穆斯塔法文化服务公司	Sharikat al-Muṣṭafá lil-Khidmāt al-Thaqāfīyah	شركة المصطفى للخدمات الثقافية
尼扎姆·叶尔孤比专属书店	Maktabat Niẓām Ya' qūbī al-Khāṣṣāh	مكتبة نظام يعقوبي الخاصة
人民文化研究与出版社	al-Thaqāfah al-Sha' bīyah lil-Dirāsāt wa-al-Buḥūth wa-al-Nashr	الثقافة الشعبية للدراسات والبحوث والنشر

续表

中文译名	拉丁字母转写	阿拉伯文或波斯文
陶希德书店	Maktabat al-Tawḥīd	مكتبة التوحيد
瓦格特文化出版社	Dār al-Waqt lil-Thaqāfah wa-al-Nashr	دار الوقت للثقافة والنشر
瓦拉恭出版社	al-Warrāqūn	الوراقون
瓦萨特出版公司	Sharikat Dār al-Wasaṭ lil-Nashr wa-al-Tawzī‘	شركة دار الوسط للنشر والتوزيع
谢赫伊卜拉欣·本·穆罕默德·阿勒-哈里发文化与研究中心	Markaz al-Shaykh Ibrāhīm ibn Muḥammad Āl Khalīfah lil-Thaqāfah wa-al-Buḥūth	مركز الشيخ إبراهيم بن محمد آل خليفة للثقافة والبحوث
易斯玛出版社	Dār al-‘ Iṣmah	دار العصمة

出版地：曼苏拉

中文译名	拉丁字母转写	阿拉伯文或波斯文
阿米尔出版社	‘ Āmir lil-Ṭibā‘ ah wa-al-Nashr	عامر للطباعة والنشر
白德尔出版社	al-Badr lil-Nashr wa-al-Tawzī‘ ; Dār al-Badr lil-Nashr wa-al-Tawzī‘ wa-al-Tarjamah	البدر للنشر والتوزيع؛ دار البدر للنشر والتوزيع والترجمة
达里勒出版社	Dār al-Dalīl	دار الدليل
德善先贤出版社	Dār al-Salaf al-Ṣāliḥ	دار السلف الصالح
法鲁阁出版社	Dār al-Fārūq	دار الفاروق
国家出版社	al-Maṭba‘ ah al-Waṭanīyah	المطبعة الوطنية
呼拉法出版社	Dār al-Khulafā’	دار الخلفاء
胡都德出版社	al-ḥudūd lil-Nashr wa-al-Tawzī‘ ; Dār al-Ḥudūd lil-Nashr wa-al-Tawzī‘	الحدود للنشر والتوزيع؛ دار الحدود للنشر والتوزيع
吉哈德书店与印书馆	Maktabat wa-Maṭba‘ at al-Jihād	مكتبة ومطبعة الجهاد
杰拉书店	Maktabat al-Jalā’	مكتبة الجلاء
凯里玛出版社	Dār al-Kalimah lil-Nashr wa-al-Tawzī‘	دار الكلمة للنشر والتوزيع

续表

中文译名	拉丁字母转写	阿拉伯文或波斯文
曼苏拉大学出版社	Maṭba' at Jāmi' at al-Manṣūrah	مطبعة جامعة المنصورة
曼苏拉圣门弟子书店	Maktabat al-Ṣaḥābah bi-al-Manṣūrah	مكتبة الصحابة بالمنصورة
萨纳比勒出版社	Dār Sanābil lil-Nashr wa-al-Tawzī'	دار سنابل للنشر والتوزيع
沙米书店	Maktabat al-Shāmī	مكتبة الشامي
舒鲁阁出版社	Shurūq lil-Nashr wa-al-Tawzī'	شروق للنشر والتوزيع
舒鲁阁翻译发行公司	Mu' assasat Shurūq lil-Tarjamah wa-al-Tawzī'	مؤسسة شروق للترجمة والتوزيع
思想与法律出版社	Dār al-Fikr wa-al-Qānūn lil-Nashr wa-al-Tawzī'	دار الفكر والقانون للنشر والتوزيع
拓巴出版社	Dār Ṭābah lil-Nashr wa-al-Tawzī'	دار طابة للنشر والتوزيع
陶希德书店	Maktabat al-Tawḥīd	مكتبة التوحيد
托尔曼印书馆	Maṭba' at Ṭarmān	مطبعة طرمان
瓦尔德岛书店	Maktabat Jazīrat al-Ward	مكتبة جزيرة الورد
瓦法出版社	Dār al-Wafā' lil-Ṭibā' ah wa-al-Nashr wa-al-Tawzī'	دار الوفاء للطباعة والنشر والتوزيع
乌姆古拉翻译与出版发行基金会	Mu' assasat Umm al-Qurá lil-Tarjamah wa-al-Nashr wa-al-Tawzī'	مؤسسة أم القرى للترجمة والنشر والتوزيع
现代书店	al-Maktabah al-' Aṣrīyah lil-Nashr wa-al-Tawzī'	المكتبة العصرية للنشر والتوزيع
也勤出版社	Dār al-Yaqīn lil-Nashr wa-al-Tawzī'	دار اليقين للنشر والتوزيع
伊本·拉杰卜出版社	Dār Ibn Rajab lil-Nashr wa-al-Tawzī'	دار ابن رجب للنشر والتوزيع
伊曼书店	Maktabat al-Īmān	مكتبة الإيمان
语言文化出版社	Dār al-Thaqāfah al-Lughawīyah lil-Nashr wa-al-Tawzī'	دار الثقافة اللغوية للنشر والتوزيع
珍珠出版社	Dār al-Lu' lu' ah lil-Nashr wa-al-Tawzī'	دار اللؤلؤة للنشر والتوزيع

出版地：孟买

中文译名	拉丁字母转写	阿拉伯文或波斯文
达都米彦印书馆	Matba‘ Dādūmiyān	مطبع دادوميان
伽夫印书馆	Maṭba‘ at Qāf	مطبعة قاف
盖伊玛印书馆	al-Maṭba‘ ah al-Qayyimah	المطبعة القيمة
穆斯塔法维印书馆	al-Maṭba‘ ah al-Muṣṭafawīyah	المطبعة المصطفوية
萨拉菲耶出版社	al-Dār al-Salafīyah	الدار السلفية
萨拉菲耶书店	al-Maktabah al-Salafīyah	المكتبة السلفية
索法德利印书馆	al-Maṭba‘ al-Ṣafadrī	المطبع الصفدري

出版地：米兰

中文译名	拉丁字母转写	阿拉伯文或波斯文
穆塔瓦斯特出版社	Manshūrāt al-Mutawassiṭ	منشورات المتوسط

出版地：米努夫

中文译名	拉丁字母转写	阿拉伯文或波斯文
阿拉伯民族出版公司	Mu’ assasat al-Ummah al-‘ Arabīyah lil-Nashr wa-al-Tawzī‘	مؤسسة الأمة العربية للنشر والتوزيع
埃及福尔甘出版社	Dār al-Furqān al-Miṣrīyah lil-Nashr wa-al-Tawzī‘	دار الفرقان المصرية للنشر والتوزيع
巴伦西亚出版社	Balansīyah lil-Nashr wa-al-Tawzī‘	بلنسية للنشر والتوزيع
米努夫大学出版社	Maṭābi‘ Jāmi‘ at al-Minūfīyah	مطابع جامعة المنوفية
沙伊波后裔书店	Maktabat Awlād al-Shāyib	مكتبة أولاد الشايب

出版地：米苏拉塔

中文译名	拉丁字母转写	阿拉伯文或波斯文
艾尼斯出版公司	Sharikat al-Anīs lil-Ṭibā‘ah wa-al-Nashr wa-al-Tawzī‘	شركة الأنيس للطباعة والنشر والتوزيع
艾尼斯出版社	Dār al-Anīs lil-Ṭibā‘ah wa-al-Nashr wa-al-Tawzī‘	دار الأنيس للطباعة والنشر والتوزيع
法提哈印书馆	Maṭābi‘ al-Fātiḥ	مطابع الفاتح
共和国出版社	al-Dār al-Jamāhīrīyah lil-Nashr wa-al-Tawzī‘ wa-al-I‘lān	الدار الجماهيرية للنشر والتوزيع والإعلان
明日出版社	Dār al-Ghad lil-Ṭibā‘ah wa-al-I‘lān	دار الغد للطباعة والإعلان
人民出版书店	Dār wa-Maktabat al-Sha‘b lil-I‘lām wa-al-Nashr	دار ومكتبة الشعب للإعلام والنشر

出版地：明亚

中文译名	拉丁字母转写	阿拉伯文或波斯文
艾布·希拉勒印书馆	Maṭba‘at Abū Hilāl	مطبعة أبو هلال
艾哈迈迪出版社	Dār al-Aḥmadī lil-Nashr	دار الأحمدي للنشر
艾勒斐出版社	Dār al-Alfī	دار الألفي
艾勒斐法律书店	Maktabat al-Alfī al-Qānūnīyah	مكتبة الألفي القانونية
法尔哈出版社	Farḥah lil-Nashr wa-al-Tawzī‘; Dār Farḥah lil-Nashr wa-al-Tawzī‘	فرحة للنشر والتوزيع؛ دار فرحة للنشر والتوزيع
胡达出版社	Dār al-Hudá lil-Nashr wa-al-Tawzī‘	دار الهدى للنشر والتوزيع
明亚大学出版社	Maṭābi‘ Jāmi‘at al-Minyā	مطابع جامعة المنيا
索迪阁印书馆	Maṭba‘at Ṣādiq	مطبعة صادق
希拉出版社	Dār Ḥirā’	دار حراء
知识出版社	Dār al-Ma‘rifah lil-Ṭibā‘ah	دار المعرفة للطباعة
知识世界书店	Maktabat ‘Ālam al-Ma‘rifah lil-Nashr wa-al-Tawzī‘	مكتبة عالم المعرفة للنشر والتوزيع

出版地：摩苏尔

中文译名	拉丁字母转写	阿拉伯文或波斯文
7月30日书店	Maktabat 30 Tammūz	مكتبة 30 تموز
巴撒姆书店	Maktabat Bassām	مكتبة بسام
迪雅尔印书馆	Maṭābi‘ al-Diyār	مطابع الديار
哈达夫印书馆	Maṭba‘ at al-Hadaf	مطبعة الهدف
迦勒底星印书馆	Maṭba‘ at al-Najm al-Kaldānīyah	مطبعة النجم الكلدانية
迦勒底印书馆	al-Maṭba‘ ah al-Kaldānīyah	المطبعة الكلدانية
玛尔丁出版社	Dār Mārdīn	دار ماردين
摩苏尔大学出版社	Maṭābi‘ Jāmi‘ at al-Mawṣil	مطابع جامعة الموصل
摩苏尔州印书馆	Maṭba‘ at Wilāyat al-Mawṣil	مطبعة ولاية الموصل
努恩出版社	Dār Nūn lil-Nashr wa-al-Tawzī‘	دار نون للنشر والتوزيع
群众出版社	Maṭba‘ at al-Jumhūr	مطبعة الجمهور
斯尔斯姆印书馆	Maṭba‘ at al-Sirsim	مطبعة السرسم
图书出版公司	Mu’ assasat Dār al-Kutub lil-Ṭibā‘ ah wa-al-Nashr	مؤسسة دار الكتب للطباعة والنشر
图书研究中心	Markaz al-Dirāsāt al-Kitābīyah	مركز الدراسات الكتابية
乌姆·拉比因印书馆	Maṭba‘ at Umm al-Rabī‘ īn	مطبعة أم الربيعين
现代扎赫拉印书馆	Maṭba‘ at al-Zahrā’ al-Ḥadīthah	مطبعة الزهراء الحديثة
新联合印书馆	Maṭba‘ at al-Ittiḥād al-Jadīdah	مطبعة الإتحاد الجديدة
星辰印书馆	Maṭba‘ at al-Najm	مطبعة النجم
伊本·艾西尔出版社	Dār Ibn al-Athīr lil-Ṭibā‘ ah wa-al-Nashr	دار ابن الأثير للطباعة والنشر
英提索尔印书馆	Maṭba‘ at al-Intiṣār	مطبعة الانتصار

出版地：木尔坦

中文译名	拉丁字母转写	阿拉伯文或波斯文
萨拉菲耶书店	al-Maktabah al-Salafīyah	المكتبة السلفية

出版地：穆哈拉格

中文译名	拉丁字母转写	阿拉伯文或波斯文
阿尔·米底亚公司	Sharikat Ār Mīdiyā	شركة آر ميديا
圣训派书店	Maktabat Ahl al-Ḥadīth	مكتبة أهل الحديث
谢赫伊卜拉欣·本·穆罕默德·阿勒-哈里发文化与研究中心	Markaz al-Shaykh Ibrāhīm ibn Muḥammad Āl Khalīfah lil-Thaqāfah wa-al-Buḥūth	مركز الشيخ ابراهيم بن محمد آل خليفة للثقافة والبحوث

出版地：穆罕默迪耶

中文译名	拉丁字母转写	阿拉伯文或波斯文
法铎拉印书馆	Maṭba' at Faḍālah	مطبعة فضالة
哈桑二世大学出版社	Jāmi' at al-Ḥasan al-Thānī	جامعة الحسن الثاني

出版地：纳布卢斯

中文译名	拉丁字母转写	阿拉伯文或波斯文
艾俄拉姆出版书店	Maktabat Dār al-A' lām lil-Nashr wa-al-Tawzī'	مكتبة دار الأعلام للنشر والتوزيع
法鲁阁文化出版社	Dār al-Fārūq lil-Thaqāfah wa-al-Nashr	دار الفاروق للثقافة والنشر
现代印书馆	al-Maṭba' ah al-' Aṣrīyah	المطبعة العصرية

出版地：纳杰夫

中文译名	拉丁字母转写	阿拉伯文或波斯文
埃米尔伊斯兰遗产复兴中心	Markaz al-Amīr li-Iḥyā' al-Turāth al-Islāmī	مركز الأمير لإحياء التراث الإسلامي
艾因当代研究中心	Markaz ' Ayn lil-Dirāsāt wa-al-Buḥūth al-Mu' āṣirah	مركز عين للدراسات والبحوث المعاصرة
海达利耶出版社	Manshūrat al-Maṭba' ah al-Ḥaydarīyah	منشورات المطبعة الحيدرية
海达利耶书店出版社	Manshūrāt al-Maktabah al-Ḥaydarīyah; Manshūrāt al-Maktabah al-Ḥaydarīyah wa-Maṭba' atuhā	منشورات المكتبة الحيدرية؛ منشورات المكتبة الحيدرية ومطبعتها
海达利耶印书馆及其书店	al-Maṭba' ah al-Ḥaydarīyah wa-Maktabatuhā	المطبعة الحيدرية ومكتبتها
穆尔塔多维耶书店及其印书馆	al-Maktabah al-Murtaḍawīyah wa-Maṭba ' atuhā al-Ḥaydarīyah	المكتبة المرتضوية ومطبعتها الحيدرية
努尔曼印书馆	Matba' at al-Nu' mān	مطبعة النعمان
索迪钦出版社	Dār al-Ṣ ādiqīn lil-Ṭibā' ah wa-al-Nashr wa-al-Tawzī'	دار الصادقين للطباعة والنشر والتوزيع
信仰研究中心	Markaz al-Abḥāth al-' Aqā' idīyah	مركز الأبحاث العقائدية
伊玛目哈桑公共书店	Maktabah al-Imām al-Ḥasan al-' Āmmah	مكتبة الإمام الحسن العامة
伊玛目卡什夫·吉拓公共书店	Maktabat al-Imām Kāshif al-Ghiṭā' al-' Āmmah	مكتبة الإمام كاشف الغطاء العامة
伊玛目信士长官公共书店	Maktabat al-Imām Amīr al-Mu' minīn al-' Āmmah	مكتبة الإمام أمير المؤمنين العامة
遗产出版社	Dār al-Turāth	دار التراث

出版地：尼科西亚

中文译名	拉丁字母转写	阿拉伯文或波斯文
阿拉伯世界社会主义研究中心	Markaz al-Abḥāth wa-al-Dirāsāt al-Ishtirākīyah fī al-' Ālam al-' Arabī	مركز الأبحاث والدراسات الاشتراكية في العالم العربي

续表

中文译名	拉丁字母转写	阿拉伯文或波斯文
阿拉伯苏木德出版社	Dār al-Ṣumūd al-‘ Arabī	دار الصمود العربي
阿拉伯形势出版社	Dār al-Mawqif al-‘ Arabī	دار الموقف العربي
比桑出版公司	Bisan Press and Publication Institute（英文）；Mu’ assasat Bīsān lil-Ṣiḥāfah wa-al-Nashr wa-al-Tawzī‘	مؤسسة بيسان للصحافة والنشر والتوزيع
迪尔蒙出版社	Dalmūn lil-Nashr	دلمون للنشر
尔巴勒研究与出版公司	Mu’ assasat ‘ Iībāl lil-Dirāsāt wa-al-Nashr	مؤسسة عيبال للدراسات والنشر
凯里玛出版社	Dār al-Kalimah	دار الكلمة
利玛勒出版社	Manshūrāt al-Rimāl	منشورات الرمال
麦达文化出版社	Dār al-Madá lil-Thaqāfah wa-al-Nashr	دار المدى للثقافة والنشر
穆纳出版社	Dār al-Muná	دار المنى
青年出版社	Dār al-Shabāb lil-Nashr wa-al-Tarjamah wa-al-Tawzī‘	دار الشباب للنشر والترجمة والتوزيع
萨纳比勒基金会	Mu’ assasat Sanābil	مؤسسة سنابل
苏美尔研究与出版发行社	Sūmir lil-Dirāsāt wa-al-Nashr wa-al-Tawzī‘	سومر للدراسات والنشر والتوزيع

出版地：纽约

中文译名	拉丁字母转写	阿拉伯文或波斯文
叙利亚美国出版社	Syrian-American Press（英文）；al-Maṭba ‘ ah al-Tijārīyah al-Sūrīyah al-Amrīkīyah	المطبعة التجارية السورية الأمريكية

出版地：努瓦克肖特

中文译名	拉丁字母转写	阿拉伯文或波斯文
阿拉伯非洲传媒与发展中心	al-Markaz al-‘ Arabī al-Ifrīqī lil-I ‘ lām wa-al-Tanmiyah	المركز العربي الإفريقي للإعلام والتنمية

续表

中文译名	拉丁字母转写	阿拉伯文或波斯文
麦兹哈波出版社	Dār al-Madhhab	دار المذهب
沃达出版社	Dār Wādā	دار وادا
现代印书馆	al-Maṭba' ah al-' Aṣrīyah	المطبعة العصرية
伊斯拉出版社	Dār al-Isrā' lil-Ṭibā' ah wa-al-Nashr wa-al-Tawzī'	دار الإسراء للطباعة والنشر والتوزيع
优素福·本·塔什芬出版社	Dār Yūsuf ibn Tāshfīn	دار يوسف بن تاشفين

出版地：萨那

中文译名	拉丁字母转写	阿拉伯文或波斯文
阿拔迪研究与出版中心	Markaz ' Abbādī lil-Dirāsāt wa-al-Nashr	مركز عبادي للدراسات والنشر
阿拉伯图书出版社	Dār al-Kitāb al-' Arabī lil-Ṭibā' ah wa-al-Nashr wa-al-Tawzī'	دار الكتاب العربي للطباعة والنشر والتوزيع
艾波拉尔出版公司	Mu' assasat Abrār Nāshirūn wa-Muwazzi' ūn	مؤسسة أبرار ناشرون وموزعون
创意文化与文学艺术公司	Mu' assasat al-Ibdā' lil-Thaqāfah wa-al-Ādāb wa-al-Funūn	مؤسسة الإبداع للثقافة والآداب والفنون
革命新闻出版公司	Mu' assasat al-Thawrah lil-Ṣiḥāfah wa-al-Ṭibā' ah wa-al-Nashr	مؤسسة الثورة للصحافة والطباعة والنشر
古德斯出版社	Dār al-Quds lil-Nashr wa-al-Tawzī'	دار القدس للنشر والتوزيع
古德斯出版书店	Maktabat Dār al-Quds	مكتبة دار القدس
哈里德·本·瓦立德书店	Maktabat Khālid ibn al-Walīd lil-Ṭibā' ah wa-al-Nashr wa-al-Tawzī'	مكتبة خالد بن الوليد للطباعة والنشر والتوزيع
霍德霍德出版书店	Maktabat Dār al-Hudhud	مكتبة دار الهدهد
凯里玛出版社	Dār al-Kalimah lil-Ṭibā' ah wa-al-Nashr wa-al-Tawzī'	دار الكلمة للطباعة والنشر والتوزيع
纳施旺·希木叶利研究与传媒中心	Markaz Nashwān al-Ḥimyarī lil-Dirāsāt wa-al-I' lām	مركز نشوان الحميري للدراسات والإعلام

续表

中文译名	拉丁字母转写	阿拉伯文或波斯文
努尔曼出版社	Dār al-Nu‘ mān lil-Nashr wa-al-Tawzī‘	دار النعمان للنشر والتوزيع
萨那大学出版社	Jāmi‘ at Ṣan‘ ā’	جامعة صنعاء
萨那文物书店	Maktabat Ṣan‘ ā’ al-Atharīyah	مكتبة صنعاء الأثرية
新世代书店	Maktabat al-Jīl al-Jadīd	مكتبة الجيل الجديد
也门出版社	al-Dār al-Yamanīyah lil-Nashr wa-al-Tawzī‘	الدار اليمنية للنشر والتوزيع
也门国家图书馆	Dār al-Kutub al-Waṭanīyah	دار الكتب الوطنية
也门图书出版社	Dār al-Kutub al-Yamanīyah lil-Ṭibā‘ ah wa-al-Nashr wa-al-Tawzī‘	دار الكتب اليمنية للطباعة والنشر والتوزيع
也门图书世界	‘ Ālam al-Kutub al-Yamanīyah	عالم الكتب اليمنية
也门文化与旅游部	Wizārat al-Thaqāfah wa-al-Siyāḥah fī al-Jumhūrīyah al-Yamanīyah	وزارة الثقافة والسياحة في الجمهورية اليمنية
也门文人与作家联盟	Ittiḥād al-Udabā’ wa-al-Kuttāb al-Yamanīyīn	اتحاد الأدباء والكتاب اليمنيين
也门研究中心	Markaz al-Dirāsāt wa-al-Buḥūth al-Yamanī	مركز الدراسات والبحوث اليمني
伊玛目艾勒拔尼书店	Maktabat al-Imām al-Albānī	مكتبة الإمام الألباني
伊玛目沃迪仪书店	Maktabat al-Imām al-Wādi‘ ī lil-Nashr wa-al-Tawzī‘	مكتبة الإمام الوادعي للنشر والتوزيع
伊玛目栽德·本·阿里文化出版社	Dār al-Imām Zayd ibn ‘ Alī al-Thaqāfīyah lil-Ṭibā‘ ah wa-al-Nashr	دار الإمام زيد بن علي الثقافية للطباعة والنشر
伊玛目栽德·本·阿里文化基金会	Mu’ assasat al-Imām Zayd ibn ‘ Alī al-Thaqāfīyah	مؤسسة الإمام زيد بن علي الثقافية

出版地：塞得港

中文译名	拉丁字母转写	阿拉伯文或波斯文
阿拉伯迪万出版社	Dār Dīwān al-‘ Arab lil-Nashr wa-al-Tawzī‘	دار ديوان العرب للنشر والتوزيع
格纳勒印书馆	Maṭba‘ at al-Qanāl	مطبعة القنال

续表

中文译名	拉丁字母转写	阿拉伯文或波斯文
马赫璐夫印书馆	Maṭba' at Makhlūf	مطبعة مخلوف
穆阿迪波印书馆	Maṭba' at al-Mu' addib	مطبعة المؤدب
希望之光印书馆	Maṭba' at Nūr al-Amal	مطبعة نور الأمل

出版地：塞拉

中文译名	拉丁字母转写	阿拉伯文或波斯文
卡里玛特出版社	Kalimāt lil-Nashr wa-al-Ṭibā' ah wa-al-Tawzī'	كلمات للنشر والطباعة والتوزيع

出版地：塞莱米耶

中文译名	拉丁字母转写	阿拉伯文或波斯文
加迪尔出版社	Dār al-Ghadīr lil-Ṭibā' ah wa-al-Nashr wa-al-Tawzī'	دار الغدير للطباعة والنشر والتوزيع
研究者出版社	Dār al-Bāḥith	دار الباحث

出版地：赛达

中文译名	拉丁字母转写	阿拉伯文或波斯文
现代印书馆	al-Maṭba' ah al-' Aṣrīyah	المطبعة العصرية
现代书店	al-Maktabah al-' Aṣrīyah lil-Ṭibā' ah wa-al-Nashr	المكتبة العصرية للطباعة والنشر
易尔凡出版社	Dār al-' Irfān	دار العرفان

出版地：沙迦

中文译名	拉丁字母转写	阿拉伯文或波斯文
阿拉伯图书中心	al-Markaz al-' Arabī lil-Kitāb	المركز العربي للكتاب

续表

中文译名	拉丁字母转写	阿拉伯文或波斯文
阿拉伯文化出版社	Dār al-Thaqāfah al-ʻ Arabīyah lil-Nashr wa-al-Tarjamah wa-al-Tawzīʻ	دار الثقافة العربية للنشر والترجمة والتوزيع
阿联酋发展与战略研究中心	Markaz al-Imārāt lil-Buḥūth al-Inmā' īyah wa-al-Istirātījīyah	مركز الإمارات للبحوث الإنمائية والإستراتيجية
埃米尔阿卜杜·穆哈幸·本·杰拉维伊斯兰研究中心	Markaz al-Amīr ʻ Abd al-Muḥsin ibn Jalawī lil-Buḥūth wa-al-Dirāsāt al-Islāmīyah	مركز الأمير عبد المحسن بن جلوي للبحوث والدراسات الإسلامية
艾索拉与图拉思书店	Maktabat al-Aṣālah wa-al-Turāth	مكتبة الأصالة والتراث
奥拉阁出版社	Awrāq lil-Nashr wa-al-Tawzīʻ	أوراق للنشر والتوزيع
布莱特·霍里逊印书馆及其书店	Maṭbaʻ at Bright Horizon wa-Maktabatuhā	مطبعة برايتر هورايزون ومكتبتها
东方前景出版社	al-Āfāq al-Mushriqah Nāshirūn	الآفاق المشرقة ناشرون
杜鲁斯书店与档案馆	Maktabat wa-Tasjīlāt Durūs al-Dār	مكتبة وتسجيلات دروس الدار
法律图书出版社	Dār al-Kutub al-Qānūnīyah	دار الكتب القانونية
伽斯米出版社	Manshūrāt al-Qāsimī	منشورات القاسمي
高校书店	Maktabat al-Jāmiʻ ah	مكتبة الجامعة
海湾新闻出版社	Dār al-Khalīj lil-Ṣaḥāfah wa-al-Ṭibāʻ ah wa-al-Nashr	دار الخليج للصحافة والطباعة والنشر
徽章出版社	Dār al-Wisām	دار الوسام
卡里玛特出版社	Kalimāt lil-Nashr wa-al-Tawzīʻ	كلمات للنشر والتوزيع
库米克斯出版社	Kūmiks	كومكس
拉比托出版社	Dār al-Rābiṭah lil-Nashr wa-al-Tawzīʻ	دار الرابطة للنشر والتوزيع
两圣地出版社	Dār al-Ḥaramayn	دار الحرمين
马拉米哈出版社	Malāmiḥ lil-Nashr wa-al-Tawzīʻ	ملامح للنشر والتوزيع

续表

中文译名	拉丁字母转写	阿拉伯文或波斯文
麦克塔比出版社	Dār al-Maktabī lil-Ṭibā' ah wa-al-Nashr wa-al-Tawzī'	دار المكتبي للطباعة والنشر والتوزيع
茉莉出版社	Dār al-Yāsamīn lil-Nashr wa-al-Tawzī'	دار الياسمين للنشر والتوزيع
赛夫出版社	Dār al-Sayf lil-Nashr	دار السيف للنشر
沙迦遗产研究院	Ma' had al-Shāriqah lil-Turāth	معهد الشارقة للتراث
沙迦印书馆	Maṭba' at al-Shāriqah	مطبعة الشارقة
索迪伽特出版社	Ṣadīqāt lil-Nashr wa-al-Tawzī'	صديقات للنشر والتوزيع
塔亥尤勒出版社	Dār al-Takhayyul lil-Nashr wa-al-Tawzī'	دار التخيل للنشر والتوزيع
文化信息局	Dā' irat al-Thaqāfah wa-al-I' lām	دائرة الثقافة والإعلام
翁旺出版社	al-' Unwān lil-Nashr wa-al-Tawzī'	العنوان للنشر والتوزيع
伊本·泰米叶书店	Maktabat Ibn Taymīyah	مكتبة ابن تيمية
印刷与图书产业公司	al-Ṣinā' āt al-Maṭba' īyah wa-al-Maktabīyah	الصناعات المطبعية والمكتبية
知识宝藏书店	Maktabat Kunūz al-Ma' rifah lil-Nashr wa-al-Tawzī'	مكتبة كنوز المعرفة للنشر والتوزيع
知识印书馆	Maṭba' at al-Ma' ārif	مطبعة المعارف

出版地：斯法克斯

中文译名	拉丁字母转写	阿拉伯文或波斯文
穆罕默德·阿里出版社	Dār Muḥammad ' Alī lil-Nashr	دار محمد علي للنشر
穆纳出版公司	Sharikat al-Muná lil-Nashr	شركة المنى للنشر

出版地：苏塞

中文译名	拉丁字母转写	阿拉伯文或波斯文
知识出版社	Dār al-Ma' ārif lil-Ṭibā' ah wa-al-Nashr	دار المعارف للطباعة والنشر

出版地：苏韦达

中文译名	拉丁字母转写	阿拉伯文或波斯文
白拉德出版社	Dār al-Balad lil-Ṭibā‘ah wa-al-Nashr wa-al-Tawzī‘	دار البلد للطباعة والنشر والتوزيع

出版地：塔尔图斯

中文译名	拉丁字母转写	阿拉伯文或波斯文
伊雅斯出版社	Dār Īyās lil-Ṭibā‘ah wa-al-Nashr wa-al-Tawzī‘	دار إياس للطباعة والنشر والتوزيع

出版地：塔伊夫

中文译名	拉丁字母转写	阿拉伯文或波斯文
哈黎西出版社	Dār al-Ḥārithī lil-Ṭibā‘ah wa-al-Nashr	دار الحارثي للطباعة والنشر
泰拉芬出版社	Dār al-Ṭarafīn lil-Nashr wa-al-Tawzī‘	دار الطرفين للنشر والتوزيع

出版地：塔伊兹

中文译名	拉丁字母转写	阿拉伯文或波斯文
纳斯尔·拿斯利耶印书馆	Maṭba‘at al-Naṣr al-Nāṣirīyah	مطبعة النصر الناصرية
尼罗现代印刷厂	al-Nīl lil-Ṭibā‘ah al-Ḥadīthah	النيل للطباعة الحديثة
萨义德科学文化基金会	Mu’assasat al-Sa‘īd lil-‘Ulūm wa-al-Thaqāfah	مؤسسة السعيد للعلوم والثقافة
思想出版社	Dār al-Fikr	دار الفكر
伍撒玛书店	Maktabat Usāmah	مكتبة أسامة
现代出版社	al-Dār al-Ḥadīthah	الدار الحديثة
亚丁出版社	‘Adan lil-Ṭibā‘ah wa-al-Nashr	عدن للطباعة والنشر
也门文化艺术基金会	al-Mu’assasah al-Yamanīyah lil-Thaqāfah wa-al-Funūn	المؤسسة اليمنية للثقافة والفنون

续表

中文译名	拉丁字母转写	阿拉伯文或波斯文
伊玛目艾哈迈德·本·欧勒旺出版社	Dār al-Imām Aḥmad ibn ‘Ulwān	دار الإمام أحمد بن علوان
伊斯兰思想论坛	Muntadá al-Fikr al-Islāmī	منتدى الفكر الإسلامي

出版地：坦塔

中文译名	拉丁字母转写	阿拉伯文或波斯文
白什尔文化科学出版社	Dār al-Bashīr lil-Thaqāfah wa-al-‘Ulūm	دار البشير للثقافة والعلوم
纳比加出版社	Dār al-Nābighah lil-Nashr wa-al-Tawzī‘	دار النابغة للنشر والتوزيع
人类出版社	Dār Insān lil-Nashr wa-al-Tawzī‘	دار إنسان للنشر والتوزيع
坦塔大学出版社	Jāmi‘at Ṭanṭā	جامعة طنطا
坦塔大学图书馆	Maktabat Jāmi‘at Ṭanṭā	مكتبة جامعة طنطا
文明出版社	Dār al-Ḥaḍārah lil-Ṭibā‘ah wa-al-Nashr wa-al-Tawzī‘	دار الحضارة للطباعة والنشر والتوزيع
现代民族书店	al-Maktabah al-Qawmīyah al-Ḥadīthah	المكتبة القومية الحديثة

出版地：提济乌祖

中文译名	拉丁字母转写	阿拉伯文或波斯文
希望出版社	Dār al-Amal lil-Ṭibā‘ah wa-al-Nashr wa-al-Tawzī‘	دار الأمل للطباعة والنشر والتوزيع

出版地：突尼斯

中文译名	拉丁字母转写	阿拉伯文或波斯文
阿拉伯联邦出版社	Dār al-Ittiḥād lil-Nashr wa-al-Tawzī‘	دار الاتحاد العربي للنشر والتوزيع

续表

中文译名	拉丁字母转写	阿拉伯文或波斯文
阿拉伯联盟教育、文化及科学组织	al-Munaẓẓamah al-‘ Arabīyah lil-Tarbiyah wa-al-Thaqāfah wa-al-‘ Ulūm	المنظمة العربية للتربية والثقافة والعلوم
阿拉伯手稿研究院	Ma‘ had al-Makhṭūṭāt al-‘ Arabīyah	معهد المخطوطات العربية
阿米拉官方印书馆	al-Maṭba‘ ah al-Rasmīyah al-‘ Āmirah	المطبعة الرسمية العامرة
艾里夫地中海出版社	Alif - Les Editions de la Méditerranée（法文）; Alīf - Manshūrāt al-Baḥr al-Abyaḍ al-Mutawassiṭ	أليف - منشورات البحر الأبيض المتوسط
布斯拉玛出版社	Dār Būslāmah lil-Ṭibā‘ ah wa-al-Nashr wa-al-Tawzī‘	دار بوسلامة للطباعة والنشر والتوزيع
出版艺术印书馆	Maṭba‘ at Fann al-Ṭibā‘ ah	مطبعة فن الطباعة
地中海出版社	al-Dār al-Mutawassiṭīyah lil-Nashr	الدار المتوسطية للنشر
东方图书出版社	Dār al-Kutub al-Sharqīyah	دار الكتب الشرقية
格拉姆出版社	Dār al-Qalam lil-Nashr wa-al-Tawzī‘	دار القلم للنشر والتوزيع
海鸥出版社	Dār al-Nawras	دار النورس
皇家出版社	al-Dār al-Mālikīyah lil-Ṭibā‘ ah wa-al-Nashr wa-al-Tawzī‘	الدار المالكية للطباعة والنشر والتوزيع
迦太基出版社	Dār Qarṭāj lil-Nashr wa-al-Tawzī‘	دار قرطاج للنشر والتوزيع
进步出版社	Dār al-Taqaddum lil-Nashr wa-al-Tawzī‘	دار التقدم للنشر والتوزيع
卡里玛出版社	Kalimah lil-Nashr wa-al-Tawzī‘	كلمة للنشر والتوزيع
卡里姆・沙利夫出版社	Manshūrāt Kārim al-Sharīf	منشورات كارم الشريف
卡熙耶出版公司	Sharikat Kāhiyah lil-Nashr	شركة كاهية للنشر
科学书店	al-Maktabah al-‘ Ilmīyah	المكتبة العلمية
鲁阿出版社	Dār Ru’ á lil-Nashr wa-al-Tawzī‘	دار رؤى للنشر والتوزيع
逻各斯出版社	Dār Lūghūs lil-Nashr wa-al-Tawzī‘	دار لوغوس للنشر والتوزيع
马西尼萨出版社	Dār Māssīnīssā lil-Nashr	دار ماسينيسا للنشر

续表

中文译名	拉丁字母转写	阿拉伯文或波斯文
麦撒尔出版社	Dār al-Masār lil-Nashr wa-al-Tawzī‘	دار المسار للنشر والتوزيع
梅雅拉出版社	Dār Mayyārah lil-Nashr wa-al-Tawzī‘	دار ميارة للنشر والتوزيع
米斯奇勒雅尼出版社	Meskiliani Publishing（英文）；Miskīlyānī lil-Nashr wa-al-Tawzī‘	مسكيلياني للنشر والتوزيع
南方出版社	Dār al-Janūb lil-Nashr wa-al-Tawzī‘	دار الجنوب للنشر والتوزيع
奇拉尼斯出版社	Dār Kīrānīs lil-Ṭibā‘ah wa-al-Nashr wa-al-Tawzī‘	دار كيرانيس للطباعة والنشر والتوزيع
萨哈嫩出版社	Dār Saḥnūn lil-Nashr wa-al-Tawzī‘	دار سحنون للنشر والتوزيع
萨纳比勒出版社	Dār Sanābil lil-Nashr wa-al-Tawzī‘	دار سنابل للنشر والتوزيع
四面清风出版社	Dār al-Riyāḥ al-Arba‘ lil-Nashr	دار الرياح الأربع للنشر
塔拉基印书馆	Maṭba‘at al-Taraqqī	مطبعة الترقي
塔米米科学研究与信息基金会	Mu’assasat al-Tamīmī lil-Baḥth al-‘Ilmī wa-al-Ma‘lūmāt	مؤسسة التميمي للبحث العلمي والمعلومات
突尼斯出版公司	al-Sharikah al-Tūnisīyah lil-Nashr wa-Tanmiyat Funūn al-Rasm	الشركة التونسية للنشر وتنمية فنون الرسم
突尼斯大学出版社	Jāmi‘at Tūnis	جامعة تونس
突尼斯发行公司	al-Sharikah al-Tūnisīyah lil-Tawzī‘	الشركة التونسية للتوزيع
突尼斯共和国官方印书馆	al-Maṭba‘ah al-Rasmīyah lil-Jumhūrīyah al-Tūnisīyah	المطبعة الرسمية للجمهورية التونسية
突尼斯国家图书馆	al-Maktabah al-Waṭanīyah；Dār al-Kutub al-Waṭanīyah	المكتبة الوطنية؛ دار الكتب الوطنية
突尼斯国家印书馆	Maṭba‘at al-Dawlah al-Tūnisīyah	مطبعة الدولة التونسية
突尼斯图书出版社	al-Dār al-Tūnisīyah lil-Kitāb	الدار التونسية للكتاب
突尼斯遗产出版社	Dār al-Turāth al-Tūnisī lil-Nashr wa-Tawzī‘	دار التراث التونسي للنشر والتوزيع

续表

中文译名	拉丁字母转写	阿拉伯文或波斯文
突尼斯作家联盟	Ittiḥād al-Kuttāb al-Tūnisīyīn	اتحاد الكتاب التونسيين
瓦法印书馆	Maṭba' at al-Wafā'	مطبعة الوفاء
瓦拉阁出版社	Dār Waraqah lil-Nashr wa-al-Tawzī'	دار ورقة للنشر والتوزيع
文学书店	Maktabat al-Ādāb	مكتبة الآداب
现代印书馆	al-Maṭba' ah al-' Aṣrīyah	المطبعة العصرية
谢玛出版社	Dār al-Shaymā' lil-Nashr wa-al-Tawzī'	دار الشيماء للنشر والتوزيع
新穆塔瓦斯特出版社	Dār al-Mutawassiṭ al-Jadīd	دار المتوسط الجديد
雅辛出版社	Dār Yāsīn lil-Nashr wa-al-Tawzī'	دار ياسين للنشر والتوزيع
叶玛麦出版社	Dār al-Yamāmah lil-Nashr wa-al-Tawzī'	دار اليمامة للنشر والتوزيع
伊玛目伊本·阿拉法出版社	Dār al-Imām Ibn ' Arafah	دار الإمام ابن عرفة
伊斯兰西方出版社	Dār al-Gharb al-Islāmī	دار الغرب الإسلامي
伊特哈夫出版社	Dār al-Itḥāf lil-Nashr	دار الإتحاف للنشر
艺术出版社	Manshūrāt Dār al-Funūn	منشورات دار الفنون
宰娜卜出版社	Dār Zaynab lil-Nashr wa-al-Tawzī'	دار زينب للنشر والتوزيع
知识出版社	Dār al-Ma' rifah lil-Nashr	دار المعرفة للنشر
中世纪阿拉伯伊斯兰世界实验室出版社	Manshūrāt Makhbar al-' Ālam al-' Arabī al-Islāmī al-Wasīṭ	منشورات مخبر العالم العربي الإسلامي الوسيط
自由公司	Sharikat al-Ḥurrīyah	شركة الحرية

出版地：瓦德迈达尼

中文译名	拉丁字母转写	阿拉伯文或波斯文
杰齐拉大学出版社	Dār Jāmi' at al-Jazīrah lil-Ṭibā' ah wa-al-Nashr	دار جامعة الجزيرة للطباعة والنشر
瓦拉阁出版社	Dār Waraqah	دار ورقة

出版地：瓦赫兰

中文译名	拉丁字母转写	阿拉伯文或波斯文
阿拉伯圣地出版社	Dār al-Quds al-' Arabī lil-Nashr wa-al-Tawzī'	دار القدس العربي للنشر والتوزيع
文学家出版社	Dār al-Adīb lil-Nashr wa-al-Tawzī'	دار الأديب للنشر والتوزيع
西方出版社	Dār al-Gharb lil-Nashr wa-al-Tawzī'	دار الغرب للنشر والتوزيع

出版地：威斯巴登

中文译名	拉丁字母转写	阿拉伯文或波斯文
弗朗兹·施泰纳出版社	Franz Steiner Verlag（德文）；Dār al-Nashr Frāntis Shitāyinir	دار النشر فرانتس شتاينر
哈拉索维茨出版社	Harrassowitz Verlag（德文）；Hārāsūfītiz lil-Nashr	هاراسوفيتز للنشر

出版地：维拉耶特·巴迪耶

中文译名	拉丁字母转写	阿拉伯文或波斯文
伊玛目努尔丁·撒里米书店	Maktabat al-Imām Nūr al-Dīn al-Sālimī	مكتبة الإمام نور الدين السالمي
伊玛目撒里米书店	Maktabat al-Imām al-Sālimī	مكتبة الإمام السالمي

出版地：乌季达

中文译名	拉丁字母转写	阿拉伯文或波斯文
艾因印书馆	Maṭba' at ' Ayn	مطبعة عين
东方印书馆	Maṭba' at al-Sharq	مطبعة الشرق
科尔多瓦书店	Maktabat Qurṭubah	مكتبة قرطبة
希拉印书馆	Maṭba' at Ḥirā'	مطبعة حراء
学生书店	Maktabat al-Ṭālib	مكتبة الطالب

出版地：西迪布济德

中文译名	拉丁字母转写	阿拉伯文或波斯文
格拉姆出版社	Dār al-Qalam lil-Nashr wa-al-Tawzī‘	دار القلم للنشر والتوزيع

出版地：希伯仑

中文译名	拉丁字母转写	阿拉伯文或波斯文
大学生联盟研究中心	Markaz Abḥāth Rābiṭat al-Jāmi‘ īyīn	مركز الأبحاث رابطة الجامعيين
丹迪斯书店	Maktabat Dandīs	مكتبة دنديس
哈桑出版社	Dār al-Ḥasan lil-Ṭibā‘ ah wa-al-Nashr	دار الحسن للطباعة والنشر
胡达印书馆	Maṭba‘ at al-Hudá	مطبعة الهدى
萨纳比勒研究与人民遗产中心	Markaz al-Sanābil lil-Dirāsāt wa-al-Turāth al-Sha‘ bī	مركز السنابل للدراسات والتراث الشعبي
文学出版社	al-Adabīyah lil-Ṭibā‘ ah wa-al-Nashr	الأدبية للطباعة والنشر
伍撒玛出版社	Dār Usāmah	دار أسامة
希伯仑大学出版社	Jāmi‘ at al-Khalīl	جامعة الخليل
伊尔提索姆出版社	Dār al-I‘ tiṣām	دار الاعتصام
伊斯拉出版社	Dār al-Isrā’ lil-Ṭibā‘ ah wa al-Nashr	دار الإسراء للطباعة والنشر
伊斯兰未来研究中心	Markaz Dirāsāt al-Mustaqbal al-Islāmī	مركز دراسات المستقبل الإسلامي
易玛德出版社	Dār al-‘ Imād lil-Nashr wa-al-Tawzī‘	دار العماد للنشر والتوزيع

出版地：希拉

中文译名	拉丁字母转写	阿拉伯文或波斯文
数字出版社	Dār al-Arqam lil-Ṭibā‘ ah	دار الأرقم للطباعة
文化友好出版公司	Mu’ assasat Dār al-Ṣādiq al-Thaqāfīyah	مؤسسة دار الصادق الثقافية
幼发拉底文化传媒出版社	Dār al-Furāt lil-Thaqāfah wa-al-I‘ lām	دار الفرات للثقافة والإعلام

出版地：锡卜

中文译名	拉丁字母转写	阿拉伯文或波斯文
多米利书店	Maktabat al-Ḍāmirī lil-Nashr wa-al-Tawzī‘	مكتبة الضامري للنشر والتوزيع

出版地：锡勒亚奈

中文译名	拉丁字母转写	阿拉伯文或波斯文
萨纳比勒出版社	Dār Sanābil lil-Nashr wa-al-Tawzī‘	دار سنابل للنشر والتوزيع
伊特哈夫出版社	Dār al-Itḥāf	دار الإتحاف

出版地：谢赫村

中文译名	拉丁字母转写	阿拉伯文或波斯文
胡达出版社	Dār al-Hudá lil-Nashr wa-al-Tawzī‘	دار الهدى للنشر والتوزيع
科学与信仰书店	Maktabat al-‘ Ilm wa-al-Īmān	مكتبة العلم والإيمان

出版地：新德里

中文译名	拉丁字母转写	阿拉伯文或波斯文
米里出版社	Dār al-Millī	دار الملي
伊法出版公司	Mu’ assasat Īfā lil-Ṭibā‘ ah wa al-Nashr	مؤسسة إيفا للطباعة والنشر
印度文化中心	al-Markaz al-Thaqāfī al-Hindī	المركز الثقافي الهندي

出版地：亚丁

中文译名	拉丁字母转写	阿拉伯文或波斯文
10 月 14 日新闻出版公司	Mu’ assasat 14 Uktūbir lil-Ṣiḥāfah wa-al-Ṭibā‘ ah wa-al-Nashr	مؤسسة 14 أكتوبر للصحافة والطباعة والنشر

续表

中文译名	拉丁字母转写	阿拉伯文或波斯文
艾戈雅勒出版社	Dār al-Aqyāl lil-Nashr wa-al-Tawzī‘	دار الأقيال للنشر والتوزيع
哈姆达尼出版社	Dār al-Hamdānī lil-Ṭibā‘ ah wa-al-Nashr wa-al-Tawzī‘	دار الهمداني للطباعة والنشر والتوزيع
瓦拉阁书店	Maktabat al-Warrāq	مكتبة الوراق
威法阁研究与出版社	Dār al-Wifāq lil-Dirāsāt wa-al-Nashr	دار الوفاق للدراسات والنشر
文化创意研究与遗产服务中心	Markaz al-Ibdā ‘ al-Thaqāfī lil-Dirāsāt wa-Khidmat al-Turāth	مركز الإبداع الثقافي للدراسات وخدمة التراث
文化书店	Maktabat al-Thaqāfah	مكتبة الثقافة
新伊克里勒书店	Maktabat al-Iklīl al-Jadīd	مكتبة الإكليل الجديد
雅菲仪百科全书文化传媒公司	Mu’ assasat al-Mawsū ‘ ah al-Yāfi ‘ īyah lil-Thaqāfah wa-al-I‘ lām	مؤسسة الموسوعة اليافعية للثقافة والإعلام
亚丁大学出版社	Dār Jāmi‘ at ‘ Adan lil-Ṭibā‘ ah wa-al-Nashr	دار جامعة عدن للطباعة والنشر
亚丁历史研究与出版中心	Markaz ‘ Adan lil-Dirāsāt wa-al-Buḥūth al-Tārīkhīyah wa-al-Nashr	مركز عدن للدراسات والبحوث التاريخية والنشر
亚丁战略研究中心	Markaz ‘ Adan lil-Buḥūth wa-al-Dirāsāt al-Istirātījīyah	مركز عدن للبحوث والدراسات الإستراتيجية

出版地：亚历山大

中文译名	拉丁字母转写	阿拉伯文或波斯文
阿拉伯图书与研究出版社	Dār al-Kutub wa-al-Dirāsāt al-‘ Arabīyah	دار الكتب والدراسات العربية
白隋拉出版社	Dār al-Baṣīrah lil-Nashr wa-al-Tawzī‘	دار البصيرة للنشر والتوزيع
尘世圆满出版社	Dār al-Wafā’ li-Dunyā al-Ṭibā‘ ah wa-al-Nashr	دار الوفاء لدنيا الطباعة والنشر
创意出版社	Dār al-Ibdā‘	دار الإبداع

续表

中文译名	拉丁字母转写	阿拉伯文或波斯文
法律承诺书店	Maktabat al-Wafā' al-Qānūnīyah	مكتبة الوفاء القانونية
高等教育出版社	Dār al-Ta'līm al-Jāmi'ī lil-Ṭibā'ah wa-al-Nashr wa-al-Tawzī'	دار التعليم الجامعي للطباعة والنشر والتوزيع
高校青年出版公司	Mu'assasat Shabāb al-Jāmi'ah lil-Ṭibā'ah wa-al-Nashr	مؤسسة شباب الجامعة للطباعة والنشر
高校思想出版社	Dār al-Fikr al-Jāmi'ī lil-Ṭibā'ah wa-al-Nashr wa-al-Tawzī'	دار الفكر الجامعي للطباعة والنشر والتوزيع
高校印刷出版社	Dār al-Maṭbū'āt al-Jāmi'īyah	دار المطبوعات الجامعية
高校知识出版社	Dār al-Ma'rifah al-Jāmi'īyah	دار المعرفة الجامعية
古埃及图书出版社	Dār Kitāb Miṣr al-Qadīmah lil-Nashr wa-al-Tawzī'	دار كتاب مصر القديمة للنشر والتوزيع
胡拉出版社	Dār al-Ṭibā'ah al-Ḥurrah	دار الطباعة الحرة
胡拉斯出版书店	Maktabat Dār Ḥūras lil-Nashr wa-al-Tawzī'	مكتبة دار حورس للنشر والتوزيع
卡里玛出版社	Kalimah lil-Nashr wa-al-Tawzī'; Dār Kalimah lil-Nashr wa-al-Tawzī'	كلمة للنشر والتوزيع؛ دار كلمة للنشر والتوزيع
凯里玛出版社	Dār al-Kalimah lil-Nashr wa-al-Tawzī'	دار الكلمة للنشر والتوزيع
卢兰出版社	Dār Lūrān lil-Ṭibā'ah wa-al-Nashr	دار لوران للطباعة والنشر
鲁什迪亚特印书馆	Matba'at al-Rushdīyāt	مطبعة الرشديات
商务印书馆	al-Maṭba'ah al-Tijārīyah	المطبعة التجارية
世界出版社	al-Dār al-'Ālamīyah lil-Nashr wa-al-Tawzī'	الدار العالمية للنشر والتوزيع
世界书店	al-Maktabah al-'Ālamīyah	المكتبة العالمية
体育世界出版公司	Mu'assasat 'Ālam al-Riyāḍah lil-Nashr	مؤسسة عالم الرياضة للنشر
瓦法出版社	Dār al-Wafā' lil-Ṭibā'ah wa-al-Nashr wa-al-Tawzī'	دار الوفاء للطباعة والنشر والتوزيع
现代埃及书局	al-Maktab al-Miṣrī al-Ḥadīth lil-Ṭibā'ah wa-al-Nashr	المكتب المصري الحديث للطباعة والنشر

续表

中文译名	拉丁字母转写	阿拉伯文或波斯文
现代高校书坊	al-Maktab al-Jāmiʻ ī al-Ḥadīth	المكتب الجامعي الحديث
新高校出版社	Dār al-Jāmiʻah al-Jadīdah lil-Ṭibāʻah wa-al-Nashr wa-al-Tawzīʻ	دار الجامعة الجديدة للطباعة والنشر والتوزيع
亚历山大图书馆	Maktabat al-Iskandarīyah	مكتبة الإسكندرية
伊曼出版社	Dār al-Īmān lil-Ṭibāʻah wa-al-Nashr wa-al-Tawzīʻ	دار الإيمان للطباعة والنشر والتوزيع
伊斯兰征服出版社	Dār al-Fatḥ al-Islāmī	دار الفتح الإسلامي
艺术光芒书店与印书馆	Maktabat wa-Maṭbaʻat al-Ishʻāʻ al-Fannīyah	مكتبة ومطبعة الإشعاع الفنية
正统哈里发出版社	Dār al-Khulafāʼ al-Rāshidīn lil-Nashr wa-al-Tawzīʻ	دار الخلفاء الراشدين للنشر والتوزيع
知识实业公司	Munshaʼ at al-Maʻārif	منشأة المعارف

出版地：耶路撒冷

中文译名	拉丁字母转写	阿拉伯文或波斯文
阿拉伯东方印书馆	Maṭbaʻat al-Sharq al-ʻArabīyah	مطبعة الشرق العربية
艾布·阿拉法通讯社	Wakālat Abū ʻArafah lil-Ṣiḥāfah wa-al-Nashr	وكالة أبو عرفة للصحافة والنشر
敖达研究与出版社	Dār al-ʻAwdah lil-Dirāsāt wa-al-Nashr	دار العودة للدراسات والنشر
巴勒斯坦海鸥新闻出版社	Dār al-Nawras al-Filasṭīnīyah lil-Ṣiḥāfah wa-al-Nashr wa-al-Tawzīʻ	دار النورس الفلسطينية للصحافة والنشر والتوزيع
白雅迪尔出版社	Manshūrāt al-Bayādir	منشورات البيادر
国际圣地巴勒斯坦研究中心	Markaz al-Quds al-ʻĀlamī lil-Dirāsāt al-Filasṭīnīyah	مركز القدس العالمي للدراسات الفلسطينية
君迪出版社	Dār al-Jundī lil-Nashr wa-al-Tawzīʻ	دار الجندي للنشر والتوزيع
科学书店	al-Maktabah al-ʻIlmīyah	المكتبة العلمية

续表

中文译名	拉丁字母转写	阿拉伯文或波斯文
沙剌拉出版社	Dār al-Sharārah lil-Nashr	دار الشرارة للنشر
商务印书馆	al-Maṭba‘ ah al-Tijārīyah	المطبعة التجارية
现代阿拉伯印书馆	al-Maṭba‘ ah al-‘ Arabīyah al-Ḥadīthah	المطبعة العربية الحديثة
现代印书馆	al-Maṭba‘ ah al-‘ Aṣrīyah	المطبعة العصرية
叙利亚孤儿院出版社	Syrian Orphanage Press（英文）; Maṭba‘ at Dār al-Aytām al-Sūrīyah	مطبعة دار الأيتام السورية
耶路撒冷医学与翻译出版社	Dār al-Quds lil-‘ Ulūm al-Ṭibbīyah wa-al-Tarjamah	دار القدس للعلوم الطبية والترجمة
耶路撒冷印书馆	Maṭba‘ at al-Quds	مطبعة القدس
知识印书馆	Maṭba‘ at al-Ma‘ ārif	مطبعة المعارف

出版地：伊尔比德

中文译名	拉丁字母转写	阿拉伯文或波斯文
哈玛达高校研究与出版公司	Mu’ assasat Ḥamādah lil-Dirāsāt al-Jāmi‘ īyah wa-al-Nashr wa-al-Tawzī‘	مؤسسة حمادة للدراسات الجامعية والنشر والتوزيع
穆塔纳比出版社	Dār al-Mutanabbī lil-Ṭibā‘ ah wa-lil-Nashr wa-al-Tawzī‘	دار المتنبي للطباعة وللنشر والتوزيع
慳迪出版社	Dār al-Kindī lil-Nashr wa-al-Tawzī‘	دار الكندي للنشر والتوزيع
文化图书出版社	Dār al-Kitāb al-Thaqāfī lil-Ṭibā‘ ah wa-al-Nashr wa-al-Tawzī‘	دار الكتاب الثقافي للطباعة والنشر والتوزيع
现代图书出版社	Dār al-Kitāb al-Ḥadīth	دار الكتاب الحديث
现代图书世界	‘ Ālam al-Kutub al-Ḥadīth lil-Nashr wa-al-Tawzī‘	عالم الكتب الحديث للنشر والتوزيع
雅尔穆克大学出版社	Jāmi‘ at al-Yarmūk	جامعة اليرموك

出版地：伊斯法罕

中文译名	拉丁字母转写	阿拉伯文或波斯文
穆罕默迪耶印书馆	Maṭba‘ at al-Muḥammadīyah	مطبعة المحمدية
伊玛目信士长官阿里公共书店	Maktabat al-Imām Amīr al-Mu' minīn ‘ Alī al-‘ Āmmah	مكتبة الإمام أمير المؤمنين علي العامة

出版地：伊斯梅利亚

中文译名	拉丁字母转写	阿拉伯文或波斯文
伊玛目布哈里书店	Maktabat al-Imām al-Bukhārī lil-Nashr wa-al-Tawzī‘	مكتبة الإمام البخاري للنشر والتوزيع

出版地：伊斯坦布尔

中文译名	拉丁字母转写	阿拉伯文或波斯文
阿米拉印刷厂	Dār al-Ṭibā‘ ah al-‘ Āmirah	دار الطباعة العامرة
奥斯曼印书馆	al-Maṭba‘ ah al-‘ Uthmānīyah	المطبعة العثمانية
哈吉·穆哈拉姆·阿凡迪·布萨纳维印书馆	Maṭba‘ at al-Ḥājj Muḥarram Afandī al-Būsanawī	مطبعة الحاج محرم أفندي البوسنوي
哈希米耶书店	al-Maktabah al-Hāshimīyah	المكتبة الهاشمية
劳多出版社	Dār al-Rawḍah lil-Ṭibā‘ ah wa-al-Nashr wa-al-Tawzī‘	دار الروضة للطباعة والنشر والتوزيع
桑达印书馆	Matba‘ at Sandah	مطبعة سندة
沙米耶出版社	al-Dār al-Shāmīyah lil-Ṭibā‘ ah wa-al-Nashr wa-al-Tawzī‘	الدار الشامية للطباعة والنشر والتوزيع
伊尔沙德书店	Maktabat al-Irshād lil-Ṭibā‘ ah wa-al-Nashr wa-al-Tawzī‘	مكتبة الإرشاد للطباعة والنشر والتوزيع
知识通讯社	Wikālat al-Ma‘ ārif	وكالة المعارف

出版地：宰格万

中文译名	拉丁字母转写	阿拉伯文或波斯文
塔米米科学研究与信息基金会	Mu' assasat al-Tamīmī lil-Baḥth al-' Ilmī wa-al-Ma' lūmāt	مؤسسة التميمي للبحث العلمي والمعلومات

出版地：扎尔卡

中文译名	拉丁字母转写	阿拉伯文或波斯文
萨拉姆出版社	Dār al-Salām	دار السلام
伊玛目阿里书店	Maktabat al-Imām ' Alī lil-Nashr wa-al-Tawzī'	مكتبة الإمام علي للنشر والتوزيع
麦纳尔书店	Maktabat al-Manār	مكتبة المنار

出版地：朱代德

中文译名	拉丁字母转写	阿拉伯文或波斯文
撒伊尔·马什里克出版社	Dār Sā' ir al-Mashriq lil-Nashr wa-al-Tawzī'	دار سائر المشرق للنشر والتوزيع

出版地：朱尼耶

中文译名	拉丁字母转写	阿拉伯文或波斯文
复兴先驱出版社	Dār Rūwād al-Nahḍah lil-Ṭibā' ah wa-al-Nashr wa-al-Tawzī'	دار رواد النهضة للطباعة والنشر والتوزيع
康安出版社	Dār Kan' ān lil-Dirāsāt wa-al-Nashr wa-al-Tawzī'	دار كنعان للدراسات والنشر والتوزيع
圣保罗书店	Saint Paul Library（英文）；al-Maktabah al-Būlusīyah	المكتبة البولسية
圣保罗书店出版社	Manshūrāt al-Maktabah al-Būlusīyah	منشورات المكتبة البولسية

出版地：祖格·穆斯比哈

中文译名	拉丁字母转写	阿拉伯文或波斯文
巴黎圣母院大学卢瓦兹分校出版社	Manshūrāt Jāmi‘ at Sayyidat al-Luwayzah	منشورات جامعة سيدة اللويزة
马龙派文献与研究中心出版社	Manshūrāt al-Markaz al-Mārūnī lil-Tawthīq wa-al-Abḥāth	منشورات المركز الماروني للتوثيق والأبحاث

二　阿拉伯世界的出版商联合组织

汉译名称	拉丁字母转写	组织网站	阿拉伯文
阿拉伯出版商联盟	Ittiḥād al-Nāshirīn al-‘ Arab	www. arab-pa. org	اتحاد الناشرين العرب
阿尔及利亚出版商联合会	Niqābat Ittiḥād al-Nāshirīn al-Jazā' irīyīn		نقابة اتحاد الناشرين الجزائريين
阿联酋出版商协会	Jam‘ īyat al-Nāshirīn al-Imārātīyīn	www. epa. org. ae	جمعية الناشرين الإماراتيين
埃及出版商联盟	Ittiḥād al-Nāshirīn al-Miṣrīyīn	www. egyptianpublishers. org	اتحاد الناشرين المصريين
巴勒斯坦出版商联盟	Ittiḥād al-Nāshirīn al-Filasṭīnīyīn		اتحاد الناشرين الفلسطينيين
卡塔尔出版商与销售商论坛	Multaqá al-Nāshirīn wa-al-Muwazzi‘ īn al-Qaṭarīyīn	www. qataripublishers. com	ملتقى الناشرين والموزعين القطريين
科威特出版商联盟	Ittiḥād al-Nāshirīn al-Kuwaytīyīn		اتحاد الناشرين الكويتيين
黎巴嫩出版商联合会	Niqābat Ittiḥād al-Nāshirīn fī Lubnān	www. publishersunionlb. com	نقابة اتحاد الناشرين في لبنان
利比亚出版商联盟	Ittiḥād al-Nāshirīn al-Lībīyīn		اتحاد الناشرين الليبيين
毛里塔尼亚出版商联盟	Ittiḥād al-Nāshirīn al-Mūrītānīyīn		اتحاد الناشرين الموريتانيين

续表

汉译名称	拉丁字母转写	组织网站	阿拉伯文
摩洛哥出版商联盟	Union des Éditeurs Marocains（法文）；Ittiḥād al-Nāshirīn al-Maghāribah		اتحاد الناشرين المغاربة
沙特出版商协会	Jam' īyat al-Nāshirīn al-Sa' ūdīyīn	www. saudipublishers. com. sa	جمعية الناشرين السعوديين
苏丹出版商联盟	Ittiḥād al-Nāshirīn al-Sūdānīyīn		اتحاد الناشرين السودانيين
索马里出版商联盟	Ittiḥād al-Nāshirīn al-Ṣūmālīyīn		اتحاد الناشرين الصوماليين
突尼斯出版商联盟	Union des Éditeurs Tunisiens（法文）；Ittiḥād al-Nāshirīn al-Tūnisīyīn		اتحاد الناشرين التونسيين
叙利亚出版商联盟	Ittiḥād al-Nāshirīn al-Sūrīyīn	www. syrianpublishers. com	اتحاد الناشرين السوريين
也门出版商联盟	Ittiḥād al-Nāshirīn al-Yamanīyīn		اتحاد الناشرين اليمنيين
伊拉克出版商联盟	Ittiḥād al-Nāshirīn al-' Irāqīyīn		اتحاد الناشرين العراقيين
约旦出版商联盟	Ittiḥād al-Nāshirīn al-Urdunīyīn	www. unionjp. com	اتحاد الناشرين الأردنيين
尚未建立出版商联合组织的阿拉伯国家：阿曼、巴林、吉布提、科摩罗			

三　出版地音译表

地名汉译	拉丁字母转写	阿拉伯文或波斯文
阿布扎比	Abū Ẓaby	أبو ظبي
阿尔及尔	al-Jazā' ir	الجزائر
阿加迪尔	Akādīr	أكادير
阿勒颇	Ḥalab	حلب
阿雷亚	' Ārayyā	عاريا
阿治曼	' Ajmān	عجمان

续表

中文译名	拉丁字母转写	阿拉伯文或波斯文
埃尔比勒	Irbīl；Arbīl	اربيل
艾哈撒	al-Aḥsā'	الأحساء
艾斯尤特	Asyūṭ	أسيوط
艾西拉	Aṣīlā；Aṣīlah	أصيلا؛ أصيلة
艾因	al-' Ayn	العين
艾因姆利拉	' Ayn Malīlah	عين مليلة
安曼	' Ammān	عمان
安纳巴	' Annābah	عنابة
巴比伦	Bābil	بابل
巴卜达	Ba' bdā	بعبدا
巴尔卡	Barkā'	بركاء
巴格达	Baghdād	بغداد
巴卡加比耶	Bāqat al-Gharbīyah	باقة الغربية
巴黎	Paris；Bārīs	باريس
巴士拉	al-Baṣrah	البصرة
班加西	Banghāzī	بنغازي
贝鲁特	Bayrūt	بيروت
贝尼苏韦夫	Banī Suwayf	بني سويف
布莱格	Būlāq	بولاق
布赖代	Buraydah	بريدة
达里亚·卡尔马勒	Dālīyah al-Karmal	دالية الكرمل
达曼	al-Dammām	الدمام
大马士革	Dimashq	دمشق
大迈哈莱	al-Maḥallah al-Kubrá	المحلة الكبرى
丹佛	Denver；Dinfir	دنفر
丹吉尔	Ṭanjah	طنجة
得土安	Tiṭwān	تطوان
德黑兰	Tihrān	طهران
迪拜	Dubayy	دبي
迪斯沃克	Dasūq	دسوق

续表

中文译名	拉丁字母转写	阿拉伯文或波斯文
杜姆亚特	Dimyāṭ	دمياط
多哈	al-Dawḥah	الدوحة
恩图曼（又译“乌姆杜尔曼”）	Umm Durmān	أم درمان
法尤姆	al-Fayyūm	الفيوم
非斯	Fās	فاس
富查伊拉	al-Fujayrah	الفجيرة
盖卢比尤	al-Qalyūbīyah	القليوبية
盖提夫	al-Qaṭīf	القطيف
哥德堡	Göteborg；Gothenburg	غوتنبرغ
哈伊勒	Ḥā' il	حائل
海得拉巴	Ḥaydarābād	حيدراباد
海法	Ḥayfā	حيفا
赫恩登	Herndon；Hirandan	هرندن
霍姆斯	Ḥimṣ	حمص
基纳	Qinā	قنا
吉达	Jiddah	جدة
吉萨	al-Jīzah	الجيزة
加沙	Ghazzah	غزة
君士坦丁	Qusanṭīnah	قسنطينة
君士坦丁堡	Qusṭanṭīnīyah	قسطنطينية
喀布尔	Kābul	كابل
喀土穆	al-Kharṭūm	الخرطوم
卡尔巴拉	Karbalā'	كربلاء
卡夫卡拉	Kafr Qar'	كفر قرع
卡济米耶	al-Kāẓimīyah	الكاظمية
卡拉克	al-Karak	الكرك
卡萨布兰卡	al-Dār al-Bayḍā'	الدار البيضاء
卡斯里克	al-Kaslīk	الكسليك
开罗	al-Qāhirah	القاهرة
开塞利	Kayseri	قيصري

续表

中文译名	拉丁字母转写	阿拉伯文或波斯文
科威特	al-Kuwayt	الكويت
寇巴尔	al-Khubar	الخبر
库姆	Qum	قم
库奈特拉	al-Qunayṭirah	القنيطرة
拉巴特	al-Rabāṭ	الرباط
拉合尔	Lāhaur	لاهور
拉马迪	al-Ramādī	الرمادي
拉姆安拉	Rām Allāh	رام الله
拉斯海玛	Ra' s al-Khaymah	رأس الخيمة
拉塔基亚	al-Lādhiqīyah	اللاذقية
莱顿	Leiden；Laydan	ليدن
黎巴嫩的黎波里	Ṭarābulus	طرابلس
里法	al-Rifā'	الرفاع
利比亚的黎波里	Ṭarābulus	طرابلس
利马索尔	Līmāsūl	ليماسول
利雅得	al-Riyāḍ	الرياض
鲁斯塔格	al-Rustāq	الرستاق
伦敦	London；Landan	لندن
马德里	Madrīd	مدريد
马弗拉克	al-Mafraq	المفرق
马拉喀什	Marrākush	مراكش
马努巴	Mannūbah	منوبة
马什哈德	Mashhad	مشهد
马斯喀特	Masqaṭ	مسقط
麦地那	al-Madīnah al-Munawwarah	المدينة المنورة
麦加	Makkah	مكة
麦纳麦	al-Manāmah	المنامة
曼苏拉	al-Manṣūrah	المنصورة
孟买	Būmbāy；Bumbā' ī	بومباي؛ بمبئي
米兰	Milano；Mīlānū	ميلانو

续表

中文译名	拉丁字母转写	阿拉伯文或波斯文
米努夫	al-Minūfīyah	المنوفية
米苏拉塔	Miṣrātah	مصراتة
明亚	al-Minyā	المنيا
摩苏尔	al-Mawṣil	الموصل
木尔坦	Multān	ملتان
穆哈拉格	al-Muḥarraq	المحرق
穆罕默迪耶	al-Muḥammadīyah	المحمدية
纳布卢斯	Nāblus	نابلس
纳杰夫	al-Najaf	النجف
尼科西亚	Nīqūsiyā	نيقوسيا
纽约	New York	نيويورك
努瓦克肖特	Nawākshūṭ	نواكشوط
萨那	Ṣan‘ ā’	صنعاء
塞得港	Būr Sa‘ īd	بور سعيد
塞拉	Salā	سلا
塞莱米耶	Salamīyah	سلمية
赛达	Ṣaydā	صيدا
沙迦	al-Shāriqah	الشارقة
斯法克斯	Ṣafāqis	صفاقس
苏塞	Sūsah	سوسة
苏韦达	al-Suwaydā’	السويداء
塔尔图斯	Ṭarṭūs	طرطوس
塔伊夫	al-Ṭā’ if	الطائف
塔伊兹	Ta‘ zz	تعز
坦塔	Ṭanṭā	طنطا
提济乌祖	Tīzī ūzū	تيزي وزو
突尼斯	Tūnis	تونس
瓦德迈达尼	Wad Madanī	ود مدني
瓦赫兰	Wahrūn	وهران
威斯巴登	Wiesbaden	فيسبادن

续表

中文译名	拉丁字母转写	阿拉伯文或波斯文
维拉耶特·巴迪耶	Wilāyat Badīyah	ولاية بدية
乌季达	Wujdah	وجدة
西迪布济德	Sīdī Būzayd	سيدي بوزيد
希伯仑	al-Khalīl	الخليل
希拉	al-Ḥillah	الحلة
锡卜	al-Sīb	السيب
锡勒亚奈	Silyānah	سليانة
谢赫村	Kafr al-Shaykh	كفر الشيخ
新德里	Niyū Dilhī	نيو دلهي
亚丁	‘ Adan	عدن
亚历山大	al-Iskandarīyah	الإسكندرية
耶路撒冷	al-Quds	القدس
伊尔比德	Irbid	إربد
伊斯法罕	Iṣfahān	اصفهان
伊斯梅利亚	al-Ismā‘ īlīyah	الإسماعيلية
伊斯坦布尔	Isṭanbūl	اسطنبول
宰格万	Zaghwān	زغوان
扎尔卡	al-Zarqā’	الزرقاء
朱代德	Judaydat al-Matn	جديدة المتن
朱尼耶	Jūniyah	جونيه
祖格·穆斯比哈	Zūq Muṣbiḥ	زوق مصبح

附录3　人名音译表

该音译表中的人名主要来自以下几个方面：

1. 阿拉伯文文献。比如，伊本·玛库腊（Ibn Mākūlā，1030～约1093）的《名字、别名与谱系辨正释疑大全》（*Al-Ikmāl fī Raf' al-Irtiyāb 'an al-Mu'talif wa-al-Mukhtalif fī al-Asmā' wa-al-Kuná wa-al-Ansāb*），萨姆阿尼（al-Sam'ānī，1113～1167）的《谱系》（*Al-Ansāb*），伊本·阿萨奇尔（Ibn 'Asākir，1105～1176）的《大马士革史》（*Tārīkh Madīnat Dimashq*），伊本·艾西尔（Ibn al-Athīr，1160～1233）的《谱系修正精粹》（*Al-Lubāb fī Tahdhīb al-Ansāb*），米齐（al-Mizzī，1256～1341）的《〈人名大全〉修正》（*Tahdhīb al-Kamāl fī Asmā' al-Rijāl*），扎哈比（al-Dhahabī，1274～1348）的《伊斯兰史与诸杰群英辞世录》（*Tārīkh al-Islām wa-Wafayāt al-Mashāhīr wa-al-A'lām*）和《群英诸贤传》（*Siyar A'lām al-Nubalā'*），伊本·亥狄利（Ibn al-Khaydirī，1418～1489）的《谱系知获》（*Al-Iktisāb fī Ma'rifat al-Ansāb*），哈吉·哈里发（Hājjī Khalīfah，1609～1657）的《杰才层级通梯》（*Sullam al-Wusūl ilá Tabaqāt al-Fuhūl*）以及欧麦尔·礼萨（'Umar Ridā，1905～1987）的《阿拉伯伊斯兰世界的女英杰》（*A'lām al-Nisā' fī 'Ālamay al-'Arab wa-al-Islām*）等。

2. 前期的相关研究成果。主要是《古代阿拉伯史学家及其著作目录》（社会科学文献出版社，2021）的附录3《人名音译表》。

3. 笔者在研究阿拉伯史学史的过程中遇到的一些人名。

需要特别说明的几点内容有：

1. 部分习惯译名和特殊译名选用的汉字不遵循本书附录1《阿拉伯字母-拉丁字母转写与汉字音译参照表》的规则。

2. 一些拉丁字母转写的人名中有两个上单引号。它们不是写错，也不是一个左双引号，而是由阿拉伯字母【ع】的叠音转写成的。

3. 此表中以“Dhū”（ذو）开头的组合型人名均为特殊译名。

一 男性人名音译表

A

汉译	拉丁字母转写	阿拉伯文或波斯文
阿巴达	‘Abadah	عبدة
阿巴迪	al-‘Abadī	العبدي
阿巴尔	‘Abar	عبر
阿巴基	al-‘Abaqī	العبقي
阿巴冀	al-Ābajjī	الآبجي
阿巴里	al-‘Abalī	العبلي
阿巴尼	al-‘Abanī	العبني
阿巴努斯	al-Ābanūsī	الآبنوسي
阿巴斯	‘Abas	عبس
阿拔比	al-‘Abbābī	العبابي
阿拔卜	‘Abbāb; al-‘Abbāb	عباب؛ العباب
阿拔达	‘Abādah; ‘Abbādah	عبادة
阿拔达尼	al-‘Abbādānī	العباداني
阿拔德	‘Abbād	عباد
阿拔迪	al-‘Abādī; al-‘Abbādī	العبادي
阿拔勒	al-‘Abbāl	العبال
阿拔斯	‘Abbās; al-‘Abbās; al-‘Abbāsī	عباس؛ العباس؛ العباسي
阿拔伊	al-‘Abā’ī	العبائي
阿班都尼	al-Ābandūnī	الآبندوني
阿贝迪	al-‘Abaydī	العبيدي
阿比	’Ābī; Ābī; al-Ābī	عابي؛ آبي؛ الآبي

续表

汉译	拉丁字母转写	阿拉伯文或波斯文
阿比德	‘Ābid; al-‘Ābid	عابد؛ العابد
阿比迪	al-‘Ābidī	العابدي
阿比丁	al-‘Ābidīn	العابدين
阿比尔	‘Ābir	عابر
阿比里	al-Ābilī	الآبلي
阿比利	al-‘Ābirī	العابري
阿比斯	‘Ābis; al-‘Ābisī	عابس؛ العابسي
阿毕德	‘Abīd	عبيد
阿卜达	‘Abdah	عبدة
阿卜达卡尼	al-‘Abdakānī	العبدكاني
阿卜达克	‘Abdak	عبدك
阿卜达里	al-‘Abdalī	العبدلي
阿卜达里雅尼	al-‘Abdalīyānī	العبدلياني
阿卜达利	al-‘Abdarī	العبدري
阿卜达尼	al-‘Abdānī	العبداني
阿卜达其	al-‘Abdakī	العبدكي
阿卜达什	al-‘Abdashī	العبدشي
阿卜达韦赫	‘Abdawayh	عبدويه
阿卜达维	al-‘Abdawī	العبدوي
阿卜代勒	‘Abdayl	عبديل
阿卜丹	‘Abdān	عبدان
阿卜迪	al-‘Abdī	العبدي
阿卜都尼	al-‘Abdūnī	العبدوني
阿卜都斯	‘Abdūs; al-‘Abdūsī	عبدوس؛ العبدوسي
阿卜杜	‘Abd	عبد
阿卜杜海	‘Abd al-Hayy	عبد الحي
阿卜杜拉	‘Abd Allāh	عبد الله
阿卜杜勒	‘Abdul	عبدل

续表

汉译	拉丁字母转写	阿拉伯文或波斯文
阿卜敦	‘Abdūn	عبدون
阿卜格尔	‘Abqar	عبقر
阿卜格利	al-‘Abqarī	العبقري
阿卜格斯	al-‘Abqasī	العبقسي
阿卜拉	‘Abrah	عبرة
阿卜拉塔伊	al-‘Abratā’ī	العبرتائي
阿卜勒	‘Abl	عبل
阿卜里	al-‘Ablī	العبلي
阿卜利	al-‘Abrī	العبري
阿卜萨伽尼	al-‘Absaqānī	العبسقاني
阿卜塞尔	‘Abthar	عبثر
阿卜沙米	al-‘Abshamī	العبشمي
阿卜沙姆施	‘Abshamsh	عبشمش
阿卜斯	‘Abs; ‘Absī; al-‘Absī	عبس؛ عبسي؛ العبسي
阿卜逊	‘Absūn	عبسون
阿布德	‘Abbūd	عبود
阿布迪	al-‘Abbūdī	العبودي
阿布利	al-Āburī	الآبري
阿布尼	al-‘Ābūnī	العابوني
阿布斯库尼	al-Ābuskūnī	الآبسكوني
阿达	‘Adā’; al-‘Adā’; al-‘Addā’	عداء؛ العداء
阿达巴斯	‘Adabbas; al-‘Adabbasī	عدبس؛ العدبسي
阿达米	al-Ādamī	الآدمي
阿达纳	‘Adanah	عدنة
阿达尼	al-‘Adanī	العدني
阿达斯	‘Addās; al-‘Addās	عداس؛ العداس
阿达维	al-‘Adawī	العدوي
阿达沃尼	al-‘Adawānī	العدواني

续表

汉译	拉丁字母转写	阿拉伯文或波斯文
阿达伊	al-' Ādā' ī	العادائي
阿沓比	al-' Attābī	العتابي
阿鞑斯	' Adas; al-' Adasī	عدس؛ العدسي
阿丹	Ādam	آدم
阿得	al-' Ād	العاض
阿德岚	' Adlān	عدلان
阿德勒	al-' Adl	العدل
阿德里	al-' Adlī	العدلي
阿德纳尼	al-' Adnānī	العدناني
阿德南	' Adnān	عدنان
阿德尼	al-' Adnī	العدني
阿德斯兹	Ādsiz	آدسز
阿德旺	' Adwān	عدوان
阿德维	al-' Adwī	العدوي
阿德沃尼	al-' Adwānī	العدواني
阿迪	' Adī; al-' Ādī	عدي؛ العادي
阿迪勒	' Ādil	عادل
阿迪里	al-' Ādilī	العادلي
阿迪米	al-' Adīmī	العديمي
阿迪姆	al-' Adīm	العديم
阿荻	al-' Ādī	العاضي
阿都里	al-' Adūlī	العدولي
阿多勒	al-' Adal	العضل
阿多里	al-' Adalī	العضلي
阿尔阿拉	' Ar' arah	عرعرة
阿尔阿利	al-' Ar' arī	العرعري
阿尔荻	al-' Ardī	العرضي
阿尔法杰	' Arfajah	عرفجة

续表

汉译	拉丁字母转写	阿拉伯文或波斯文
阿尔戈	‘Arq	عرق
阿尔格勒	‘Arqal	عرقل
阿尔哈尼	al-Ārhanī	الآرهني
阿尔冀	al-‘Arjī	العرجي
阿尔贾	al-‘Arjā’	العرجاء
阿尔卡兹	‘Arkaz	عركز
阿尔昆	Arkūn	أركون
阿尔拉姆	‘Arrām	عرام
阿尔玛尼	al-‘Armānī	العرماني
阿尔普（习惯译名）	Alb	ألب
阿尔其	‘Arkī	عركي
阿尔善	‘Arshān	عرشان
阿尔什	al-‘Arshī	العرشي
阿尔斯兰（习惯译名）	Arslān	أرسلان
阿尔旺	‘Arwān	عروان
阿尔沃尼	al-‘Arwānī	العرواني
阿尔扎比	al-‘Arzabī	العرزبي
阿尔扎卜	‘Arzab	عرزب
阿尔扎米	al-‘Arzamī	العرزمي
阿法夫	‘Afāf	عفاف
阿凡	‘Affān	عفان
阿凡迪	Afandī	أفندي
阿菲耶	‘Āfiyah；al-‘Āfiyah	عافية؛ العافية
阿斐斐	al-‘Afīfī	العفيفي
阿斐夫	‘Afīf	عفيف
阿斐夫丁	‘Afīf al-Dīn	عفيف الدين
阿弗隋	al-‘Afsī	العفصي
阿伽卜	‘Aqqāb	عقاب

续表

汉译	拉丁字母转写	阿拉伯文或波斯文
阿伽尔	‘Aqqār	عقار
阿伽勒	‘Aqqāl	عقال
阿戈拉	al-‘Aqrah	العقرة
阿戈拉拔伊	al-‘Aqrabā’ī	العقربائي
阿戈拉卜	‘Aqrab	عقرب
阿戈利	al-‘Aqrī	العقري
阿戈什赫利	al-Āqshihrī	الآقشهري
阿格比	al-‘Aqabī	العقبي
阿格迪	al-‘Aqadī	العقدي
阿格尔孤斐	al-‘Aqarqūfī	العقرقوفي
阿格利	al-‘Aqarī	العقري
阿孤里	al-‘Āqūlī	العاقولي
阿哈	al-‘Āhah	العاهة
阿呼利	al-Ākhurī	الآخري
阿基比	al-‘Aqibī	العقبي
阿基尔	‘Āqir	عاقر
阿基戈	al-‘Aqīq	العقيق
阿基基	al-‘Aqīqī	العقيقي
阿基勒	‘Āqil；al-‘Āqil；‘Aqīl	عاقل؛ العاقل؛ عقيل
阿基里	al-‘Āqilī；al-‘Aqīlī	العاقلي؛ العقيلي
阿基利	al-‘Āqirī	العاقري
阿基米	al-‘Aqīmī	العقيمي
阿基姆	al-‘Aqīm	العقيم
阿及姆	‘Āzim	عازم
阿吉卜	‘Ajb	عجب
阿吉法	al-‘Ajfā’	العجفاء
阿吉拉德	‘Ajrad	عجرد
阿吉拉迪	al-‘Ajradī	العجردي

续表

汉译	拉丁字母转写	阿拉伯文或波斯文
阿吉拉米	al-‘ Ajramī	العجرمي
阿吉拉姆	‘ Ajram	عجرم
阿吉腊尼	al-‘ Ajlānī	العجلاني
阿吉岚	‘ Ajlān; al-‘ Ajlān	عجلان؛ العجلان
阿吉里	al-‘ Ājilī	العاجلي
阿吉伦	‘ Ajlūn	عجلون
阿吉玛	al-‘ Ajmā’	العجماء
阿吉彦	‘ Ajyān	عجيان
阿济玛	‘ Azīmah	عظيمة
阿济米	al-‘ Azīmī	العظيمي
阿济姆	al-‘ Azīm	العظيم
阿冀	al-‘ Ājī	العاجي
阿冀斯	al-‘ Ajīsī	العجيسي
阿迦（习惯译名）	Āghā	آغا
阿迦比优斯	Aghābiyūs	أغابيوس
阿贾吉	al-‘ Ajjāj	العجاج
阿贾伊兹	al-‘ Ajā’ iz	العجائز
阿简纳斯	al-‘ Ajannas; al-‘ Ajannasī	العجنس؛ العجنسي
阿杰比	al-‘ Ajabī	العجبي
阿杰卜	‘ Ajab	عجب
阿杰里	al-‘ Ajalī	العجلي
阿杰米	al-‘ Ajamī	العجمي
阿杰姆	al-‘ Ajam	العجم
阿杰斯	al-‘ Ajjasī	العجسي
阿晋伽尼	al-Ājinqānī	الآجنقاني
阿敬	’ Ādhīn	ءاذين
阿卡波利	al-‘ Akabrī	العكبري
阿卡维	al-‘ Akkāwī	العكاوي

续表

汉译	拉丁字母转写	阿拉伯文或波斯文
阿凯维	al-‘ Akkawī	العكوي
阿考瓦克	al-‘ Akawwak	العكوك
阿克	‘ Akk	عك
阿克巴尔	‘ Akbar	عكبر
阿克巴利	al-‘ Akbarī	العكبري
阿拉·道拉	‘ Alā’ al-Dawlah	علاء الدولة
阿拉巴	‘ Arābah	عرابة
阿拉拔尼	al-‘ Arabānī	العرباني
阿拉比	‘ Arabī; al-‘ Arabī	عربي؛ العربي
阿拉伯	al-‘ Arab	العرب
阿拉伯沙赫	‘ Arabshāh	عربشاه
阿拉达	‘ Arādah	عرادة
阿拉德	‘ Arrād; al-‘ Arrād	عراد؛ العراد
阿拉丁	‘ Alā’ al-Dīn	علاء الدين
阿拉尔	‘ Arār	عرار
阿拉法	‘ Arafah	عرفة
阿拉法特	‘ Arafāt	عرفات
阿拉斐	al-‘ Arafī	العرفي
阿拉格	‘ Alaqah	علقة
阿拉基	al-‘ Alaqī	العلقي
阿拉杰	‘ Alajah	علجة
阿拉康	‘ Allakān	علكان
阿拉拉	‘ alá Allāh	على الله
阿拉米	al-‘ Alamī	العلمي
阿拉姆	al-‘ Ālam; ‘ Alam	العالم؛ علم
阿拉姆丁	‘ Alam al-Dīn	علم الدين
阿拉纳	‘ Arrānah	عرانة
阿拉尼	al-Ārānī	الأراني

续表

汉译	拉丁字母转写	阿拉伯文或波斯文
阿拉其	‘ Arakī; al-‘ Arakī; al-‘ Allakī	عركي؛ العركي؛ العلكي
阿拉沙尼	al-‘ Arashānī	العرشاني
阿拉什	Ārash	آرش
阿拉斯	‘ Alas	علس
阿拉韦赫	‘ Alawayh	علويه
阿拉维	al-‘ Alawī	العلوي
阿剌比	‘ Arrābī; al-‘ Arābī; al-‘ Arrābī	عرابي؛ العرابي
阿剌斐	al-‘ Arrāfī	العرافي
阿剌斯	‘ Arās	عراس
阿剌维	al-‘ Arawī	العروي
阿腊	‘ Alā’ ; al-‘ Alā’	علاء؛ العلاء
阿腊蒂	al-‘ Alātī	العلاطي
阿腊夫	al-‘ Allāf	العلاف
阿腊戈	‘ Allāq	علاق
阿腊格	‘ Alāqah	علاقة
阿腊勒	‘ Allāl	علال
阿腊玛	al-‘ Allāmah	العلامة
阿腊米	al-‘ Alāmī	العلامي
阿腊纳	‘ Allānah	علانة
阿腊尼	al-‘ Allānī	العلاني
阿腊伊	al-‘ Alā’ ī	العلائي
阿岚	‘ Allān	علان
阿勒	al-‘ Āl	العال
阿勒伽尼	al-‘ Alqānī	العلقاني
阿勒甘	‘ Alqān	علقان
阿勒格玛	‘ Alqamah	علقمة
阿勒格米	al-‘ Alqamī	العلقمي
阿勒默维	al-‘ Almawī	العلموي

续表

汉译	拉丁字母转写	阿拉伯文或波斯文
阿勒塞姆	‘ Altham	علثم
阿勒瓦冀	al-‘ Alwajī	العلوجي
阿勒维	‘ Alwī；al-‘ Alwī	علوي؛ العلوي
阿勒西	al-‘ Althī	العلثي
阿勒雅	al-‘ Alyā’	العلياء
阿勒雅尼	al-‘ Alyānī	العلياني
阿勒彦	‘ Alyān	عليان
阿黎得	al-‘ Ārid	العارض
阿黎夫	‘ Ārif；al-‘ Ārif	عارف؛ العارف
阿黎姆	‘ Ārim	عارم
阿里	‘ Alī；al-‘ Alī	علي؛ العلي
阿里汗	‘ Alī Khān	علي خان
阿里里	al-‘ Alīlī	العليلي
阿里玛	al-‘ Ālimah	العالمة
阿里耶克	‘ Alīyak	عليك
阿立	al-Ālī；al-‘ Ālī	الآلي؛ العالي
阿立冀	al-‘ Alījī	العليجي
阿立杰	‘ Alījah	عليجة
阿立姆	al-‘ Alīm	العليم
阿立尼	al-Ālīnī	الآليني
阿利巴	‘ Arībah	عريبة
阿利卜	‘ Arīb	عريب
阿利得	al-‘ Arīd	العريض
阿利荻	al-‘ Arīdī	العريضي
阿利斐	al-‘ Arīfī	العريفي
阿利夫	‘ Arīf；al-‘ Arīf	عريف؛ العريف
阿利基	al-‘ Arīqī	العريقي
阿利杰	‘ Arījah	عريجة

续表

汉译	拉丁字母转写	阿拉伯文或波斯文
阿利尼	al-‘ Arīnī	العريني
阿利什	al-‘ Arīshī	العريشي
阿琳	‘ Arīn	عرين
阿鲁巴	‘ Arūbah	عروبة
阿鲁荻	al-‘ Arūḍī	العروضي
阿鲁浑（习惯译名）	Arghūn	أرغون
阿鲁斯	‘ Arūs	عروس
阿路沃札尼	al-Āluwāzānī	الألوازاني
阿璐耶	‘ Allūyah	علوية
阿璐益	al-‘ Allūyī	العلويي
阿伦	‘ Allūn	علون
阿玛尔	‘ Ammār	عمار
阿玛拉	‘ Ammārah	عمارة
阿玛利	al-‘ Ammārī	العماري
阿玛伊米	al-‘ Amā’ imī	العمائمي
阿米迪	al-Āmidī	الآمدي
阿米尔	‘ Āmir	عامر
阿米里	al-Āmirī	الآمري
阿米立	‘ Āmilī；al-‘ Āmilī	عاملي؛ العاملي
阿米利	al-‘ Āmirī	العامري
阿密德	‘ Amīd；al-‘ Amīd	عميد؛ العميد
阿密迪	al-‘ Amīdī	العميدي
阿密杜丁	‘ Amīd al-Dīn	عميد الدين
阿密尔	al-‘ Amīr	العمير
阿密拉	‘ Amīrah	عميرة
阿密利	al-‘ Amīrī	العميري
阿敏	’ Āmīn	ءامين
阿默拉德	‘ Amarrad	عمرد

续表

汉译	拉丁字母转写	阿拉伯文或波斯文
阿默拉迪	al-ʻ Amarradī	العمردي
阿默米	al-ʻ Amamī	العممي
阿姆拉基	al-ʻ Amlaqī	العملقي
阿姆拉其	al-ʻ Amrakī	العمركي
阿姆里	al-Āmulī	الأملي
阿木德	ʻ Amūd	عمود
阿木迪	al-ʻ Amūdī	العمودي
阿慕尔	ʻ Amr	عمرو
阿慕拉	ʻ Amrah	عمرة
阿慕拉韦赫	ʻ Amrawayh	عمرويه
阿慕拉维	al-ʻ Amrawī	العمروي
阿慕利	al-ʻ Amrī	العمري
阿慕鲁阿拔迪	al-ʻ Amrūābādī	العمروآبادي
阿慕鲁尼	al-ʻ Amrūnī	العمروني
阿慕鲁斯	ʻ Amrūs；al-ʻ Amrūsī	عمروس؛ العمروسي
阿慕鲁韦赫	ʻ Amruwayh	عمرويه
阿慕鲁维	al-ʻ Amruwī	العمروي
阿慕伦	ʻ Amrūn	عمرون
阿穆维	al-Āmuwī	الأموي
阿纳波塔维	al-ʻ Anabtāwī	العنبتاوي
阿纳布斯	al-ʻ Anabūs	العنبوسي
阿纳德	ʻ Anād	عناد
阿纳玛	ʻ Anamah	عنمة
阿纳尼	al-ʻ Anānī	العناني
阿纳齐	al-ʻ Anazī	العنزي
阿纳扎	ʻ Anazah	عنزة
阿南	ʻ Anān	عنان
阿尼	al-ʻ Ānī	العاني

续表

汉译	拉丁字母转写	阿拉伯文或波斯文
阿齐齐	‘Azīzī; al-‘Azīzī	عزيزي؛ العزيزي
阿齐兹	‘Azīz; al-‘Azīz	عزيز؛ العزيز
阿齐祖丁	‘Azīz al-Dīn	عزيز الدين
阿其	al-‘Akkī	العكي
阿奇勒	Ākil	آكل
阿撒勒	‘Assāl; al-‘Assāl	عسال؛ العسال
阿撒玛	‘Assāmah	عسامة
阿撒尼	al-‘Assānī	العساني
阿撒斯	al-‘Assāsī	العساسي
阿萨比	al-‘Asabī	العصبي
阿萨卜	‘Asab; al-‘Asab	عصب؛ العصب
阿萨德	Asad; al-Asad	أسد؛ الأسد
阿萨迪	al-Asadī	الأسدي
阿萨杜拉	Asad Allāh	أسد الله
阿萨尔	‘Asar	عصر
阿萨勒	‘Asal	عسل
阿萨利	al-‘Asarī	العصري
阿萨奇尔	‘Asākir	عساكر
阿塞利	al-‘Atharī; al-‘Aththarī	العثري
阿桑	‘Assān	عسان
阿瑟利	al-Āthārī	الآثاري
阿瑟姆	‘Aththām	عثام
阿沙卜	al-‘Ashshāb	العشاب
阿沙戈	‘Ashāq	عشاق
阿沙伊尔	‘Ashā’ir	عشائر
阿什	Āshī; al-Āshī; al-‘Ashshī	آشي؛ الآشي؛ العشي
阿什拉	al-‘Ashīrah	العشيرة
阿士	al-‘Ās	العاص

续表

汉译	拉丁字母转写	阿拉伯文或波斯文
阿士卜	‘Asb	عصب
阿士尔	‘Asr	عصر
阿士利	al-‘Asrī	العصري
阿士伦	‘Asrūn	عصرون
阿思利	al-‘Athrī	العثري
阿思玛	‘Athmah	عثمة
阿思米	al-‘Athmī	العثمي
阿思姆	‘Athm	عثم
阿斯	al-Āsī	الأسي
阿斯德	al-Asd	الأسد
阿斯迪	al-Asdī	الأسدي
阿斯格腊尼	al-‘Asqalānī	العسقلاني
阿斯杰迪	al-‘Asjadī	العسجدي
阿斯卡尔	‘Askar	عسكر
阿斯卡利	al-‘Askarī	العسكري
阿斯拉	al-‘Asrā’	العسراء
阿斯拉基	al-‘Asilaqī	العسلقي
阿斯利	‘Asīrī	عسيري
阿斯璐尼	al-‘Aslūnī	العسلوني
阿斯米	al-‘Āsimī	العاصمي
阿斯姆	‘Āsim	عاصم
阿斯坦	Āstān	آستان
阿隋	‘Āsī；al-‘Āsī	عاصي؛ العاصي
阿隋达	‘Asīdah	عصيدة
阿索巴	‘Asabah	عصبة
阿索卜	al-‘Assāb	العصاب
阿索尔	al-‘Assār	العصار
阿索利	al-‘Assārī	العصاري

续表

汉译	拉丁字母转写	阿拉伯文或波斯文
阿索玛	‘ Asamah	عصمة
阿索米	al-‘ Asamī	العصمي
阿索伊迪	al-‘ Asā’ idī	العصائدي
阿塔巴	‘ Atabah	عتبة
阿塔比	al-‘ Atabī	العتبي
阿塔卜	‘ Attāb	عتاب
阿塔尔	‘ Atar	عتر
阿塔拉	‘ Atalah	عتلة
阿塔利	al-‘ Atarī	العتري
阿塔其	al-‘ Atakī	العتكي
阿塔斯	‘ Attās	عتاس
阿塔希耶	‘ Atāhīyah； al-‘ Atāhīyah	عتاهية؛ العتاهية
阿塔伊迪	al-‘ Atā’ idī	العتائدي
阿塔伊基	al-‘ Atā’ iqī	العتائقي
阿拓	‘ Atā’	عطاء
阿拓尔	al-‘ Attār	العطار
阿拓拉	‘ Atā’ Allāh	عطاء الله
阿拓沙	‘ Atāshá	عطاشي
阿拓伊	al-‘ Atā’ ī	العطائي
阿陶德	‘ Atawd	عتود
阿特拉	‘ Atrah	عترة
阿特利	al-‘ Atrī	العتري
阿特斯兹	Ātsiz	آتسز
阿特旺	‘ Atwān	عطوان
阿梯拉	‘ Ātirah	عاترة
阿梯利	al-‘ Ātirī	العاتري
阿提德	‘ Atīd	عتيد
阿提戈	‘ Atīq； al-‘ Atīq	عتيق؛ العتيق

续表

汉译	拉丁字母转写	阿拉伯文或波斯文
阿提基	al-‘ Atīqī	العتيقي
阿提克	‘ Atīk	عتيك
阿提拉	‘ Atīrah	عتيرة
阿提其	al-‘ Ātikī	العاتكي
阿提耶	‘ Atīyah	عتية
阿图德	‘ Atūd	عتود
阿图斐	al-‘ Atūfī	العطوفي
阿托什	al-‘ Atashī	العطشي
阿托维	al-‘ Atawī	العطوي
阿瓦得	‘ Awad	عوض
阿瓦基	al-‘ Awaqī	العوقي
阿瓦隋	al-‘ Awasī	العوصي
阿维吉	‘ Awīj	عويج
阿维齐	al-Āwīzī	الأويزي
阿维士	‘ Awīs; al-‘ Awīs	عويص؛ العويص
阿沃迪	al-‘ Awādī	العوادي
阿沃冀	al-‘ Awājī	العواجي
阿沃纳	‘ Awānah	عوانة
阿沃尼	al-‘ Awānī	العواني
阿熙里	al-Āhilī	الآهلي
阿喜利	al-Ākhirī	الآخري
阿细姆	‘ Asīm	عسيم
阿雅巴	‘ Ayābah	عيابة
阿雅比	al-‘ Ayābī	العيابي
阿伊什	al-‘ Ā’ ishī	العائشي
阿伊施	‘ Ā’ ish	عائش
阿伊泽	‘ Ā’ idhah	عائذة
阿伊芝	al-‘ Ā’ idhī	العائذي

续表

汉译	拉丁字母转写	阿拉伯文或波斯文
阿伊孜	‘Ā’ idh	عائذ
阿依丁	Āydin	آيدن
阿英玛	al-A’ immah	الأئمة
阿赞	‘Azzān	عزان
阿泽巴	‘Adhabah	عذبة
阿泽尔	‘Adhar	عذر
阿泽利	al-‘ Adharī	العذري
阿扎波	‘Azab	عزب
阿扎尔	Āzar	آزر
阿扎法	‘Azafah	عزفة
阿扎斐	al-‘ Azafī	العزفي
阿扎姆	‘Azam	عزم
阿札比	al-‘ Azzābī	العزابي
阿札尔	‘Azzār	عزار
阿札夫	al-‘ Azzāf	العزاف
阿札基尔	al-‘ Azāqir	العزاقر
阿札基利	al-‘ Azāqirī	العزاقري
阿札姆	al-‘ Azzām	العزام
阿札齐	al-‘ Azāzī	العزازي
阿札维	al-‘ Azzāwī	العزاوي
阿札伊米	al-‘ Azā’ imī	العزائمي
阿札伊姆	al-‘ Azā’ im	العزائم
阿札扎	‘Azāzah	عزازة
阿札吒尼	al-Āzādhānī	الآزاذاني
阿朱利	al-Ājurrī	الآجري
阿珠齐	al-‘ Ajūzī	العجوزي
阿珠兹	al-‘ Ajūz	العجوز
阿兹拉	‘Azrah	عزرة

续表

汉译	拉丁字母转写	阿拉伯文或波斯文
阿兹拉米	al-Āzramī	الأزرمي
阿兹利	al-ʿAzrī	العزري
阿兹姆	al-ʿAzm	العظم
阿兹瓦尔	ʿAzwar	عزور
阿兹瓦利	al-ʿAzwarī	العزوري
阿兹旺	ʿAzwūn	عزوان
阿祖勒	al-ʿAdhūl	العذول
阿尊	ʿAzzūn	عزون
埃达阿尼	al-Aydaʿānī	الأيدعاني
埃达施	Aydāsh	أيداش
埃杜厄姆施	Āydughmush	آيدغمش
埃哈姆	al-Ayham	الأيهم
埃里	al-Aylī	الأيلي
埃曼	Ayman	أيمن
埃萨尔	Aysar	ايسر
埃塞俄	Aythaʿ	أيثع
埃雅	Ayyā	أيا
埃益	al-Ayyī	الأيي
艾阿兹	al-Aʿazz	الأعز
艾巴	Abbah	أبة
艾巴尔孤希	al-Abarqūhī	الأبرقوهي
艾巴哈	al-Abahh	الأبح
艾巴克	Aybak	ايبك
艾拔	Abbā	أبا
艾拔阿	Abbāʾ	أباء
艾拔尔	al-Abbār	الأبار
艾拔瓦尔迪	al-Abāwardī	الأباوردي

续表

汉译	拉丁字母转写	阿拉伯文或波斯文
艾班	Abān	أبان
艾贝依	Abayy	أبي
艾比	Abī; al-Abbī	أبي؛ الأبي
艾比赫	Abīh	أبيه
艾比瓦尔迪	al-Abīwardī	الأبيوردي
艾比依	Abīy	أبي
艾波哈利	al-Abharī	الأبهري
艾波加利	al-Abgharī	الأبغري
艾波杰尔	Abjar	أبجر
艾波拉德	Abrad; al-Abrad	أبرد؛ الأبرد
艾波拉迪	al-Abrādī	الأبرادي
艾波拉哈	Abrahah	أبرهة
艾波拉冀	al-Abrajī	الأبرجي
艾波拉施	al-Abrash	الأبرش
艾波拉士	al-Abras	الأبرص
艾波拉希	al-Abrahī	الأبرهي
艾波拉维	al-Abrawī	الأبروي
艾波里	al-Ablī	الأبلي
艾波利萨米	al-Abrīsamī	الأبريسمي
艾波鲁迪	al-Abrudī	الأبردي
艾波纳斯	al-Abnāsī	الأبناسي
艾波纳维	al-Abnāwī	الأبناوي
艾波尼	al-Abnī	الأبني
艾波什希	al-Abshīhī	الأبشيهي
艾波托希	al-Abtahī	الأبطحي
艾波沃比	al-Abwābī	الأبوابي
艾波雅利	al-Abyārī	الأبياري

续表

汉译	拉丁字母转写	阿拉伯文或波斯文
艾波彦	Abyan	أبين
艾波耶荻	al-Abyaḍī	الأبيضي
艾波耶尼	al-Abyanī	الأبيني
艾波泽维	al-Abdhawī	الأبذوي
艾波扎	Abdhá	أبذى
艾波札	Abzá	أبزى
艾波札利	al-Abzārī	الأبزاري
艾布德	Abbūd	أبود
艾布利	al-Aburī	الأبري
艾布芝	al-Abūdhī	الأبوذي
艾达	Addá	أدى
艾达尔纳维	al-Adarnawī	الأدرنوي
艾达米	al-Adamī	الأدمي
艾达默尔	Aydamar	أيدمر
艾得巴蒂	al-Aḍbaṭī	الأضبطي
艾德	Add	أد
艾德巴尔	Adbar；al-Adbar	أدبر؛ الأدبر
艾德哈姆	Adham；al-Adham	أدهم؛ الأدهم
艾德赫	Adh	أده
艾德拉俄	al-Adra‘	الأدرع
艾德拉米	al-Adramī	الأدرمي
艾德拉尼	al-Adrānī	الأدراني
艾德拉仪	al-Adra‘ī	الأدرعي
艾迪	Addī	أدي
艾迪米	al-Adīmī	الأديمي
艾都米	al-Adūmī	الأدومي
艾杜厄姆施	Aydughmush	أيدغمش

续表

汉译	拉丁字母转写	阿拉伯文或波斯文
艾俄格里	al-A‘ qalī	الأعقلي
艾俄杰卜	A‘ jab	أعجب
艾俄杰米	al-A‘ jamī	الأعجمي
艾俄拉	A‘ lá；al-A‘ lá	أعلى؛ الأعلى
艾俄拉比	al-A‘ rābī	الأعرابي
艾俄拉吉	al-A‘ raj	الأعرج
艾俄拉冀	al-A‘ rajī	الأعرجي
艾俄拉米	al-A‘ lamī	الأعلمي
艾俄拉姆	al-A‘ lam	الأعلم
艾俄拉维	al-A‘ lawī	الأعلوي
艾俄玛	al-A‘ má	الأعمى
艾俄默什	al-A‘ mashī	الأعمشي
艾俄纳戈	A‘ naq	أعنق
艾俄纳基	al-A‘ nāqī	الأعناقي
艾俄纳斯	al-A‘ nas	الأعنس
艾俄萨尔	al-A‘ sar	الأعسر
艾俄塞姆	A‘ tham	أعثم
艾俄沙	al-A‘ shá	الأعشى
艾俄沙姆	al-A‘ sham	الأعشم
艾俄稣尔	A‘ sur	أعصر
艾俄稣利	al-A‘ surī	الأعصري
艾俄瓦尔	al-A‘ war	الأعور
艾俄瓦隋	al-A‘ wasī	الأعوصي
艾俄雅	A‘ yā	أعيا
艾俄彦	A‘ yan；al-A‘ yan	أعين؛ الأعين
艾俄耶尼	al-A‘ yanī	الأعيني
艾俄耶斯	al-A‘ yas	الأعيس

续表

汉译	拉丁字母转写	阿拉伯文或波斯文
艾俄耶维	al-A‘ yawī	الأعيوي
艾俄左米	al-A‘ zamī	الأعظمي
艾尔安齐	al-Ar‘ anzī	الأرعنزي
艾尔巴德	Arbad	أربد
艾尔巴基	al-Arbaqī	الأربقي
艾尔巴仪	al-Arba‘ ī	الأربعي
艾尔宾冀	al-Arbinjī	الأربنجي
艾尔宾杰尼	al-Arbinjanī	الأربنجني
艾尔达比里	al-Ardabīlī	الأردبيلي
艾尔达什尔	Ardashīr	أردشير
艾尔达斯塔尼	al-Ardastānī	الأردستاني
艾尔达旺	Ardawān	أردوان
艾尔迪	al-Ardī	الأردي
艾尔荻蒂	al-Ardītī	الأرضيطي
艾尔法迪	al-Arfādī	الأرفادي
艾尔富迪	al-Arfūdī	الأرفودي
艾尔格蒂	al-Arqatī	الأرقطي
艾尔格米	al-Arqamī	الأرقمي
艾尔格姆	Arqam； al-Arqam	أرقم؛ الأرقم
艾尔格特	al-Arqat	الأرقط
艾尔哈比	al-Arhabī	الأرحبي
艾尔哈伊	al-Arhā’ ī	الأرحائي
艾尔吉什	al-Arjīshī	الأرجيشي
艾尔吉雅尼	al-Arghiyānī	الأرغياني
艾尔杰尼	al-Arjanī	الأرجني
艾尔玛尼	al-Armānī	الأرماني
艾尔曼提	al-Armantī	الأرمنتي

续表

汉译	拉丁字母转写	阿拉伯文或波斯文
艾尔米	al-Armī	الأرمي
艾尔米尼	Armīnī; al-Armīnī	أرميني؛ الأرميني
艾尔默纳齐	al-Armanāzī	الأرمنازي
艾尔默尼	al-Armanī	الأرمني
艾尔纳巴维	al-Arnabawī	الأرنبوي
艾尔纳乌特	al-Arnā' ūt	الأرناؤوط
艾尔撒班迪	al-Arsābandī	الأرسابندي
艾尔塔比勒	Artabīl	أرتبيل
艾尔塔米施	Artāmish	أرتامش
艾尔塔姆	Artam	أرتم
艾尔塔希	al-Artāhī	الأرتاحي
艾尔拓特	Artāt	أرطاة
艾尔特米施	Artmish	ارتمش
艾尔提雅尼	al-Artiyānī	الأرتياني
艾尔图戈	Artuq	أرتق
艾尔图基	al-Artuqī	الأرتقي
艾尔托拔尼	al-Artabānī	الأرطباني
艾尔托维	al-Artawī	الأرطوي
艾尔瓦什	al-Arwashī	الأروشي
艾尔沃伊	al-Arwā' ī	الأروائي
艾尔优里	al-Aryūlī	الأريولي
艾尔扎卡尼	al-Arzakānī	الأرزكاني
艾尔扎尼	al-Arzanī	الأرزني
艾尔扎奇雅尼	al-Arzakiyānī	الأرزكياني
艾尔珠尼	al-Arjūnī	الأرجوني
艾尔祖纳尼	al-Arzunānī	الأرزناني
艾尔祖尼	al-Arzūnī	الأرزوني

续表

汉译	拉丁字母转写	阿拉伯文或波斯文
艾弗阿	Af‘ á	أفعى
艾弗多勒	al-Afdal	الأفضل
艾弗多路丁	Afdal al-Dīn	أفضل الدين
艾弗拉俄	al-Afra‘	الأفرع
艾弗拉哈	Aflah	أفلح
艾弗拉赫什	al-Afrakhshī	الأفرخشي
艾弗拉吉	Aflaj	أفلج
艾弗拉冀	al-Afrajī	الأفرجي
艾弗拉姆	Afram	أفرم
艾弗拉尼	al-Afrānī	الأفراني
艾弗拉其	al-Afrakī	الأفركي
艾弗拉希	al-Afrāhī	الأفراهي
艾弗沙沃尼	al-Afshawānī	الأفشواني
艾弗索	Afsá	أفصى
艾弗托斯	al-Aftas; al-Aftasī	الأفطس؛ الأفطسي
艾弗辛	al-Afshīn	الأفشين
艾戈阿斯	al-Aq‘ asī	الأقعسي
艾戈法俄	al-Aqfa‘	الأقفع
艾戈法赫斯	al-Aqfahsī	الأقفهسي
艾戈拉俄	al-Aqra‘	الأقرع
艾戈拉哈	Aqlah	أقلح
艾戈拉姆	Aqram	أقرم
艾戈拉尼	al-Aqrānī	الأقراني
艾戈利缇什	al-Aqrītishī	الأقريطشي
艾戈撒斯	al-Aqsāsī	الأقساسي
艾戈萨拉伊	al-Aqsarā’ ī	الأقسرائي
艾戈什廷	al-Aqshitīn	الأقشتين

续表

汉译	拉丁字母转写	阿拉伯文或波斯文
艾戈托俄	al-Aqta‘	الأقطع
艾戈希索利	al-Aqhisārī	الأقحصاري
艾格巴斯	al-Aghbas	الأغبس
艾格班	Aghban	أغبن
艾格拉比	al-Aghlabī	الأغلبي
艾格拉卜	al-Aghlab	الأغلب
艾格腊基	al-Aghlāqī	الأغلاقي
艾格玛提	al-Aghmātī	الأغماتي
艾格瓦兹	al-Aghwaz	الأغوز
艾格祖尼	al-Aghzūnī	الأغزوني
艾格左尼	al-Aghdhūnī	الأغذوني
艾庚	al-Aghann	الأغن
艾哈巴施	Ahbash	أحبش
艾哈卜	al-Ahabb	الأحب
艾哈达卜	Ahdab；al-Ahdab	أحدب؛ الأحدب
艾哈杜比	al-Ahdubī	الأحدبي
艾哈杜卜	Ahdub	أحدب
艾哈简	Ahjan	أحجن
艾哈杰尼	al-Ahjanī	الأحجني
艾哈卡姆	Ahkam	أحكم
艾哈拉姆	Ahram	أحرم
艾哈拉施	Ahrash	أحرش
艾哈拉兹	al-Ahraz	الأحرز
艾哈腊斐	al-Ahlāfī	الأحلافي
艾哈路姆	Ahlum	أحلم
艾哈伦	Aharūn	أهرون
艾哈迈德	Ahmad	أحمد

续表

汉译	拉丁字母转写	阿拉伯文或波斯文
艾哈迈迪	Ahmadī；al-Ahmadī	أحمدي؛ الأحمدي
艾哈默尔	Ahmar；al-Ahmar	أحمر؛ الأحمر
艾哈默利	al-Ahmarī	الأحمري
艾哈默斯	Ahmas；al-Ahmasī	أحمس؛ الأحمسي
艾哈纳斐	al-Ahnafī	الأحنفي
艾哈纳夫	Ahnaf；al-Ahnaf	أحنف؛ الأحنف
艾哈纳维	al-Ahnawī	الأحنوي
艾哈撒伊	al-Ahsā' ī	الأحسائي
艾哈萨贝恩	Ahsabayn	أحسبين
艾哈萨贝尼	al-Ahsabaynī	الأحسبيني
艾哈隋	al-Ahassī	الأحصي
艾哈索比	al-Ahsabī	الأحصبي
艾哈瓦尔	Ahwar	أحور
艾哈瓦勒	al-Ahwal	الأحول
艾哈瓦斯	al-Ahwas	الأحوص
艾哈瓦隋	al-Ahwasī	الأحوصي
艾哈瓦兹	Ahwaz	أحوز
艾哈维	al-Ahawī	الأحوي
艾哈耶德	Ahyad	أحيد
艾哈扎姆	Ahzam	أحزم
艾赫拔利	al-Akhbārī	الأخباري
艾赫达勒	al-Ahdal	الأهدل
艾赫达利	Akhdarī	أخدري
艾赫多尔	al-Akhdar	الأخضر
艾赫多利	al-Akhdarī	الأخضري
艾赫法施	al-Akhfash	الأخفش
艾赫拉姆	Akhram；al-Akhram	أخرم؛ الأخرم

续表

汉译	拉丁字母转写	阿拉伯文或波斯文
艾赫拉斯	Akhras	أخرس
艾赫拿斯	al-Ahnāsī	الأهناسي
艾赫纳斯	Akhnas; al-Akhnas; al-Akhnasī	أخنس؛ الأخنس؛ الأخنسي
艾赫纳伊	al-Akhnā'ī	الأخنائي
艾赫努赫	Akhnūkh	أخنوخ
艾赫塞米	al-Akhthamī	الأختمي
艾赫善	Akhshan	أخشن
艾赫斯卡西	al-Akhsīkathī	الأخسيكثي
艾赫塔米	al-Ahtamī	الأهتمي
艾赫塔姆	Ahtam; al-Ahtam	أهتم؛ الأهتم
艾赫瓦斯	al-Akhwas	الأخوص
艾赫沃尼	al-Ahwānī	الأهواني
艾赫沃齐	al-Ahwāzī	الأهوازي
艾赫耶夫	Akhyaf	أخيف
艾赫耶勒	Akhyal	أخيل
艾赫耶里	al-Akhyalī	الأخيلي
艾赫耶姆	al-Ahyam	الأهيم
艾赫扎尔	al-Akhzar	الأخزر
艾赫扎勒	al-Akhzal	الأخزل
艾赫扎姆	Akhzam	أخزم
艾吉阿齐	al-Aj'azī	الأجعزي
艾吉卜	al-Ajb	الأجب
艾吉达比	al-Ajdābī	الأجدابي
艾吉达俄	al-Ajda'	الأجدع
艾吉达利	al-Ajdārī	الأجداري
艾吉都米	al-Ajdūmī	الأجدومي
艾吉哈姆	Ajham	أجحم

续表

汉译	拉丁字母转写	阿拉伯文或波斯文
艾吉拉卜	Ajrab; al-Ajrab	أجرب؛ الأجرب
艾吉拉迪	al-Ajradī	الأجردي
艾吉拉姆	Ajram	أجرم
艾吉迈德	Ajmad	أجمد
艾吉纳夫	Ajnaf	أجنف
艾吉耶德	Ajyad	أجيد
艾吉泽俄	al-Ajdha‘	الأجذع
艾吉泽米	al-Ajdhamī	الأجذمي
艾吉泽姆	Ajdham; al-Ajdham	أجذم؛ الأجذم
艾吉吒比	al-Ajdhābī	الأجذابي
艾冀尔	al-Ajīr	الأجير
艾加尔	al-Agharr	الأغر
艾加兹	al-Aghazz	الأغز
艾贾	Ajā	أجا
艾贾伊	al-Ajā’ī	الأجائي
艾杰利	al-Ajjarī	الأجري
艾敬	Adhīn	أذين
艾卡夫	al-Akkāf	الأكاف
艾卡黎仪	al-Akāri‘ī	الأكارعي
艾克伯尔	Akbar; al-Akbar	أكبر؛ الأكبر
艾克法尼	al-Akfānī	الأكفاني
艾克拉卜	Aklab	أكلب
艾克拉姆	Akram	أكرم
艾克路比	al-Aklubī	الأكلبي
艾克路卜	Aklub	أكلب
艾克默路丁	Akmal al-Dīn	أكمل الدين
艾克塔勒	Aktal	أكتل

续表

汉译	拉丁字母转写	阿拉伯文或波斯文
艾克瓦	al-Akwa‘	الأكوع
艾拉贾尼	al-Arrajānī	الأرجاني
艾拉尼	al-Arrānī	الأراني
艾拉什	Arāsh	أراش
艾拉特	al-Arat	الأرت
艾腊阿	Alā’ ah	ألاءة
艾勒比利	al-Albīrī	الألبيري
艾勒汉	Alhān	ألهان
艾勒贺尼	al-Alhānī	الألهاني
艾勒卡尼	al-Alkānī	الألكاني
艾勒沃希	al-Alwāhī	الألواحي
艾勒希	al-Alhī	الألحي
艾利施	Arīsh	أريش
艾鲁齐	al-Aruzzī	الأرزي
艾玛纳	al-Amānah	الأمانة
艾麦维	al-Amawī	الأموي
艾米尔	Amīr	أمير
艾米努丁	Amīn al-Dīn	أمين الدين
艾密拉杰	Amīrajah	أميرجة
艾密拉卡	Amīrakā	أميركا
艾密拉克	al-Amīrak	الأميرك
艾密尼	al-Amīnī	الأميني
艾敏	Amīn； al-Amīn	أمين؛ الأمين
艾默冀	al-Amajī	الأمجي
艾默纳	Amanah	أمنة
艾姆迪齐	al-Amdīzī	الأمديزي
艾姆杰德	al-Amjad	الأمجد

续表

汉译	拉丁字母转写	阿拉伯文或波斯文
艾姆拉利	al-Amrārī	الأمراري
艾姆鲁拉	Amr Allāh	أمر الله
艾姆沙蒂	al-Amshāṭī	الأمشاطي
艾姆沃利	al-Amwārī	الأمواري
艾纳萨	Anasah	أنسة
艾纳斯	Anas；al-Anasī	أنس؛ الأنسي
艾乃	Annah	أنة
艾尼束尼	al-Anīsūnī	الأنيسوني
艾尼斯	Anīs	أنيس
艾努什尔旺	Anūshirwān	أنوشروان
艾萨达巴迪	al-Asadābādī	الأسدآبادي
艾萨里	al-Asalī	الأسلي
艾塞利	al-Atharī	الأثري
艾塞特	al-Athatt	الأثط
艾瑟黎比	al-Athāribī	الأثاربي
艾沙德	al-Ashadd	الأشد
艾沙吉	al-Ashajj	الأشج
艾沙冀	al-Ashajjī	الأشجي
艾沙迦尼	al-Ashaghānī	الأشغاني
艾什阿尔	Ash‘ar；al-Ash‘ar	أشعر؛ الأشعر
艾什阿里	al-Ash‘arī	الأشعري
艾什拉斐	al-Ashrafī	الأشرفي
艾什拉夫	Ashraf；al-Ashraf	أشرف؛ الأشرف
艾什利	al-Ashīrī	الأشيري
艾施阿卜	Ash‘ab	أشعب
艾施阿思	Ash‘ath；al-Ash‘ath	أشعث؛ الأشعث
艾施阿西	al-Ash‘athī	الأشعثي

续表

汉译	拉丁字母转写	阿拉伯文或波斯文
艾施巴蒂	al-Ashbatī	الأشبطي
艾施拔勒	al-Ashbāl	الأشبال
艾施拔维	al-Ashbāwī	الأشباوي
艾施布尼	al-Ashbūnī	الأشبوني
艾施格尔	al-Ashqar	الأشقر
艾施格利	al-Ashqarī	الأشقري
艾施哈比	al-Ashhabī	الأشهبي
艾施哈卜	Ashhab；al-Ashhab	أشهب؛ الأشهب
艾施哈里	al-Ashhalī	الأشهلي
艾施杰仪	al-Ashja' ī	الأشجعي
艾施卡利	al-Ashkarī	الأشكري
艾施拉姆	al-Ashram	الأشرم
艾施拉斯	Ashras；al-Ashras	أشرس؛ الأشرس
艾施鲁萨尼	al-Ashrūsanī	الأشروسني
艾施鲁斯	al-Ashrūsī	الأشروسي
艾施木尼	al-Ashmūnī	الأشموني
艾施纳迪	al-Ashnadī	الأشندي
艾施纳斯	al-Ashnāsī	الأشناسي
艾施纳仪	al-Ashna' ī	الأشنعي
艾施塔	Ashtah	أشتة
艾施塔尔	Ashtar；al-Ashtar	أشتر؛ الأشتر
艾施塔利	al-Ashtarī	الأشتري
艾施提	al-Ashtī	الأشتي
艾施图尔	al-Ashturr	الأشتر
艾施瓦孜	Ashwadh	أشوذ
艾施耶卜	al-Ashyab	الأشيب

续表

汉译	拉丁字母转写	阿拉伯文或波斯文
艾士阿尔	As‘ ar	أصعر
艾士发尔	Asfar; al-Asfar	أصفر؛ الأصفر
艾士富尼	al-Asfūnī	الأصفوني
艾士格俄	Asqa‘ ; al-Asqa‘	أصقع؛ الأصقع
艾思巴吉	al-Athbaj	الأثبج
艾思巴冀	al-Athbajī	الأثبجي
艾思拉姆	al-Athram	الأثرم
艾思瓦卜	Athwab	أثوب
艾思瓦利	al-Athwarī	الأثوري
艾思耶比	al-Athyabī	الأثيبي
艾斯阿德	As‘ ad	أسعد
艾斯阿迪	al-As‘ adī	الأسعدي
艾斯阿杜丁	As‘ ad al-Dīn	أسعد الدين
艾斯阿尔	As‘ ar	أسعر
艾斯巴俄	Asba‘ ; al-Asba‘	أصبع؛ الأصبع
艾斯巴格	Asbagh; al-Asbagh	أصبغ؛ الأصبغ
艾斯巴哈	Asbah	أصبح
艾斯巴哈尼	al-Asbahānī	الأصبهاني
艾斯巴希	al-Asbahī	الأصبحي
艾斯巴芝	al-Asbadhī	الأسبذي
艾斯拔蒂	al-Asbātī	الأسباطي
艾斯拔利	al-Asbārī	الأسباري
艾斯比贾比	al-Asbījābī	الأسبيجابي
艾斯布俄	al-Asbu‘	الأسبع
艾斯达巴芝	al-Asdābādhī	الأسداباذي
艾斯德	Asīd	أسيد

续表

汉译	拉丁字母转写	阿拉伯文或波斯文
艾斯迪	al-Asīdī	الأسيدي
艾斯尔	Asīr	أسير
艾斯发尔	al-Asfar	الأسفر
艾斯发哈	Asfah； al-Asfah	أصفح؛ الأصفح
艾斯法蒂	al-Asfātī	الأسفاطي
艾斯法俄	al-Asfa‘	الأسفع
艾斯法哈尼	al-Asfahānī	الأصفهاني
艾斯法仪	al-Asfa‘ ī	الأسفعي
艾斯斐泽拔尼	al-Asfīdhabānī	الأسفيذباني
艾斯格俄	al-Asqa‘	الأسقع
艾斯哈比	al-Ashabī	الأصهبي
艾斯哈姆	Asham	أسهم
艾斯罕	Asham	أسحم
艾斯加尔	al-Asghar	الأصغر
艾斯卡利	al-Askarī	الأسكري
艾斯拉	Asīrah	أسيرة
艾斯拉米	al-Aslamī	الأسلمي
艾斯拉姆	‘ Aslam	أسلم
艾斯立姆	Aslīm	أسليم
艾斯路姆	Aslum	أسلم
艾斯玛	Asmā’	أسماء
艾斯梅发俄	Asmayfa‘	أسميفع
艾斯默俄	Asma‘	أصمع
艾斯默仪	al-Asma‘ ī	الأصمعي
艾斯奇勒康迪	al-Askilkandī	الأسكلكندي
艾斯塔尔萨尼	al-Astarsanī	الأسترسني

续表

汉译	拉丁字母转写	阿拉伯文或波斯文
艾斯塔拉巴迪	al-Astarābādī	الأسترآبادي
艾斯图尔腊比	al-Asturlābī	الأصطرلابي
艾斯瓦德	Aswad；al-Aswad	أسود؛ الأسود
艾斯瓦迪	al-Aswadī	الأسودي
艾斯沃利	al-Aswārī	الأسواري
艾斯沃尼	al-Aswānī	الأسواني
艾斯尤蒂	al-Asyūtī	الأسيوطي
艾隋里	al-Asīlī	الأصيلي
艾隋路丁	Asīl al-Dīn	أصيل الدين
艾索姆	al-Asamm	الأصم
艾塔巴克	Atābak	أتابك
艾塔施	Atash	أتش
艾特伽尼	al-Atqānī	الأتقاني
艾特哈利	al-Atharī	الأطهري
艾特拉布路斯	al-Atrābulusī	الأطرابلسي
艾特拉夫	al-Atraf	الأطرف
艾特米施	Aytmish	أيتمش
艾沃尼	al-Awānī	الأواني
艾西尔	al-Athīr	الأثير
艾希德	Ahīd	أحيد
艾熹	Akhī	أخي
艾雅思璐佶	al-Ayāthlūghī	الأياثلوغي
艾尤比	al-Ayyūbī	الأيوبي
艾尤卜	Ayyūb	أيوب
艾尤尼	al-Ayyūnī	الأيوني
艾赞木利	al-Azammūrī	الأزموري

续表

汉译	拉丁字母转写	阿拉伯文或波斯文
艾泽利	al-Adharī	الأذري
艾泽尼	al-Adhanī	الأذني
艾扎卜	al-Azab	الأزب
艾扎迪	al-Azadī	الأزدي
艾扎冀	al-Azajī	الأزجي
艾扎米	al-Azamī	الأزمي
艾扎孜	Azadh	أزذ
艾札黎格	al-Azāriqah	الأزارقة
艾札孜沃利	al-Azādhwārī	الأزاذواري
艾孜拉比	al-Adhrabī	الأذربي
艾孜拉米	al-Adhramī	الأذرمي
艾孜拉仪	al-Adhra' ī	الأذرعي
艾孜木利	al-Adhmūrī	الأذموري
艾兹巴尔	Azbar	أزبر
艾兹德	Azd； al-Azd	أزد؛ الأزد
艾兹迪	al-Azdī	الأزدي
艾兹都拉伽尼	al-Azdūraqānī	الأزدورقاني
艾兹哈尔	Azhar	أزهر
艾兹贾希	al-Azjāhī	الأزجاهي
艾兹拉戈	al-Azraq	الأزرق
艾兹拉基	al-Azraqī	الأزرقي
艾兹拉卡尼	al-Azrakānī	الأزركاني
艾兹拉克雅尼	al-Azrakyānī	الأزركياني
艾兹米	al-Azmī	الأزمي
艾兹默俄	al-Azma'	الأزمع
艾兹纳米	al-Aznāmī	الأزنمي

续表

汉译	拉丁字母转写	阿拉伯文或波斯文
艾兹纳姆	Aznam	أزنم
艾兹纳维	al-Aznāwī	الأزناوي
艾兹尼基	al-Aznīqī	الأزنيقي
爱达鲁斯	al-‘ Aydarūs	العيدروس
爱达尼	al-‘ Aydānī	العيداني
爱丹	‘ Aydān	عيدان
爱拉	‘ Aylah；al-‘ Aylah	عيلة؛ العيلة
爱腊尼	al-‘ Aylānī	العيلاني
爱岚	‘ Aylān	عيلان
爱纳	al-‘ Aynā’	العيناء
爱纳塞尔米	al-‘ Aynatharmī	العينثرمي
爱纳塔比	al-‘ Aynatābī	العينتابي
爱纳扎尔比	al-‘ Aynazarbī	العينزربي
爱南	‘ Aynān	عينان
爱尼	al-‘ Aynī	العيني
爱努尼	al-‘ Aynūnī	العينوني
爱塞姆	‘ Aytham	عيثم
爱沙尼	al-‘ Ayshānī	العيشاني
爱什	al-‘ Ayshī	العيشي
爱施	al-‘ Aysh	العيش
爱述尼	al-‘ Ayshūnī	العيشوني
爱顺	‘ Ayshūn	عيشون
爱逊	‘ Aysūn	عيسون
爱雅比	al-‘ Ayyābī	العيابي
爱雅德	‘ Ayyād	عياد
爱雅尔	al-‘ Ayyār	العيار
爱雅尼	al-‘ Ayyānī	العياني

续表

汉译	拉丁字母转写	阿拉伯文或波斯文
爱雅什	al-‘ Ayyāshī	العياشي
爱雅施	‘ Ayyāsh	عياش
爱雅斯	‘ Ayyās	عياس
爱扎利	al-‘ Ayzarī	العيزري
爱札尔	al-‘ Ayzār	العيزار
爱芝	al-‘ Aydhī	العيذي
爱准	‘ Aydhūn	عيذون
爱资哈尔（习惯译名）	al-Azhar	الأزهر
爱资哈里	al-Azharī	الأزهري
爱祖拉	‘ Aydh Allāh	عيذ الله
安巴尔	‘ Anbar	عنبر
安巴尔杜沃尼	al-Anbarduwānī	الأنبردواني
安巴利	al-‘ Anbarī	العنبري
安巴萨	‘ Anbasah	عنبسة
安巴斯	‘ Anbas; al-‘ Anbas	عنبس؛ العنبس
安拔利	al-Anbārī	الأنباري
安达迪	al-Andadī	الأنددي
安达厄尼	al-Andaghnī	الأندغني
安达尔什	al-Andarshī	الأندرشي
安达忽芝	al-Andakhūdhī	الأندخوذي
安达基	al-Andāqī	الأنداقي
安达拉比	al-Andarābī	الأندرابي
安达利	al-Andārī	الأنداري
安达卢斯	al-Andalusī	الأندلسي
安达伊	al-Andā’ ī	الأندائي
安鞑基	al-Andaqī	الأندقي
安迪	al-‘ Andī	العندي

续表

汉译	拉丁字母转写	阿拉伯文或波斯文
安杜卡尼	al-Andukānī	الأندكاني
安多纳维	al-Andanāwī	الأنضناوي
安斐	al-Anfī	الأنفي
安格齐	al-‘ Anqazī	العنقزي
安格兹	al-‘ Anqaz	العنقز
安古勒伽尼	al-Anqulqānī	الأنقلقاني
安贾法利尼	al-Anjāfarīnī	الأنجافريني
安杰卜	Anjab	أنجب
安卡什	al-‘ Ankashī	العنكشي
安玛蒂	al-Anmātī	الأنماطي
安玛儿	Anmār	أنمار
安玛利	al-Anmārī	الأنماري
安玛尼	al-‘ Ammānī	العماني
安玛斯	‘ Ammās	عماس
安米	al-‘ Ammī	العمي
安木利	al-‘ Ammūrī	العموري
安纳比	‘ Annābī	عنابي
安纳卜	‘ Annāb；al-‘ Annāb	عناب؛ العناب
安纳斯	‘ Annās	عناس
安欧米	al-An‘ umī	الأنعمي
安欧姆	An‘ um	أنعم
安齐	al-‘ Anzī	العنزي
安撒尼	al-Ansānī	الأنساني
安萨里（习惯译名）	al-Ghazzālī	الغزالي
安萨利	al-Ansarī	الأنسري
安沙密塞尼	al-Anshamīthanī	الأنشميثني
安沙尼基	al-‘ Anshanīqī	العنشنيقي

续表

汉译	拉丁字母转写	阿拉伯文或波斯文
安斯	‘Ans; al-‘Ansī	عنس؛ العنسي
安索尔	al-Ansār	الأنصار
安索利	al-Ansārī	الأنصاري
安塔尔	‘Antar	عنتر
安塔拉	‘Antarah	عنترة
安塔利	al-‘Antarī	العنتري
安塔其	al-Antākī	الأنطاكي
安托尔突斯	al-Antartūsī	الأنطرطوسي
安瓦尔	Anwar	أنور
安朱法利尼	al-Anjufārīnī	الأنجفاريني
安朱吒尼	al-Anjudhānī	الأنجذاني
安兹	‘Anz	عنز
敖得	‘Awd	عوض
敖德	al-‘Awd	العود
敖迪	al-‘Awdī	العودي
敖荻	al-‘Awdī	العوضي
敖恩	‘Awn	عون
敖斐	al-‘Awfī	العوفي
敖弗	‘Awf	عوف
敖戈	‘Awq	عوق
敖基	al-‘Awqī	العوقي
敖尼	al-‘Awnī	العوني
敖萨冀	al-‘Awsajī	العوسجي
敖萨杰	‘Awsajah	عوسجة
敖希	al-‘Awhī	العوهي
敖斯	‘Aws	عوص
敖隋	al-‘Awsī	العوصي

续表

汉译	拉丁字母转写	阿拉伯文或波斯文
敖塔比	al-‘Awtabī	العوتبي
敖瓦	‘Awwah	عوة
敖维	al-‘Awwī	العوي
敖沃德	‘Awwād; al-‘Awwād	عواد؛ العواد
敖沃里	al-‘Awwālī	العوالي
敖沃米	al-‘Awwāmī	العوامي
敖沃姆	‘Awwām; al-‘Awwām	عوام؛ العوام
敖芝	al-‘Awdhī	العوذي
敖孜	‘Awdh	عوذ
奥巴尔	Awbar; al-Awbar	أوبر؛ الأوبر
奥巴希	al-Awbahī	الأوبهي
奥达尼	al-Awdanī	الأودني
奥迪	al-Awdī	الأودي
奥尔奥尔	‘Ur‘ur	عرعر
奥法获	al-Awfādī	الأوفاضي
奥哈迪	al-Awhadī	الأوحدي
奥哈杜丁	Awhad al-Dīn	أوحد الدين
奥腊斯	al-Awlāsī	الأولاسي
奥黎优里	al-Awriyūlī	الأوريولي
奥里雅	Awliyā’	أولياء
奥里雅拉	Awliyā’ Allāh	أولياء الله
奥璐米	al-Awlūmī	الأولومي
奥纳比	al-Awnabī	الأونبي
奥撒尼	al-Awsānī	الأوساني
奥萨特	al-Awsat	الأوسط
奥沙迪	al-Awshadī	الأوشدي
奥什	al-Awshī	الأوشي

续表

汉译	拉丁字母转写	阿拉伯文或波斯文
奥斯	Aws; al-Awsī	أوس؛ الأوسي
奥斯玛尼	al-‘ Uthmānī	العثماني
奥斯曼	‘ Uthmān	عثمان
奥索比	al-Awsābī	الأوصابي
奥塔米施	Awtāmish	أوتامش
奥瓦勒	al-Awwal	الأول
奥沃比	al-Awwābī	الأوابي
奥札仪	al-Awzā‘ ī	الأوزاعي

B

汉译	拉丁字母转写	阿拉伯文或波斯文
巴巴赫	Babbah	ببه
巴波拉韦赫	Babrawayh	ببرويه
巴达	Badā	بدا
巴达勒	Badal	بدل
巴达维	Badawī	بدوي
巴丹	Badan	بدن
巴德恩	Badn	بدن
巴德尔	Badr	بدر
巴德兰	Badrān	بدران
巴德鲁丁	Badr al-Dīn	بدر الدين
巴德伦	Badrūn	بدرون
巴迪俄	Badī‘	بديع
巴迪勒	Badīl	بديل
巴迪欧丁	Badī‘ al-Dīn	بديع الدين
巴俄杰	Ba‘ jah	بعجة
巴俄塞尔	Ba‘ thar	بعثر

续表

汉译	拉丁字母转写	阿拉伯文或波斯文
巴尔	Barr	بر
巴尔达德	Bardād	برداد
巴尔德	Bard	برد
巴尔迪斯	Bardis	بردس
巴尔迪兹巴赫	Bardizbah	بردزبه
巴尔汉	Barhān	برهان
巴尔默克	Barmak	برمك
巴尔尼耶	Barnīyah	برنية
巴尔塔	Bartā	برتا
巴尔泽俄	Bardha‘	برذع
巴尔扎	Barzah	برزة
巴尔扎韦赫	Barzawayh	برزويه
巴尔兹	Barz	برز
巴伽	Baqā’	بقاء
巴甘纳	Baqannah	بقنة
巴格达迪	al-Baghdādī	البغدادي
巴格达赫扎尔甘迪	al-Baghdakhazarqandī	البغدخزرقندي
巴格达芝	al-Baghdādhī	البغداذي
巴格塞尔	Baghthar	بغثر
巴哈巴哈	Bahbah	بحبح
巴哈达勒	Bahdal	بحدل
巴哈尔	Bahr	بحر
巴哈拉	Bahrah	بحرة
巴哈沙勒	Bahshal	بحشل
巴哈特	Baht	بحت
巴贺丁	Bahā’ al-Dīn	بهاء الدين
巴贺杜尔	Bahādur	بهادر
巴赫巴什米	al-Bahbashīmī	البهبشيمي

续表

汉译	拉丁字母转写	阿拉伯文或波斯文
巴赫德	Bahd	بهد
巴赫拉姆	Bahrām	بهرام
巴赫兰	Bahrān	بهران
巴赫曼	Bahman	بهمن
巴赫纳斯	Bahnas	بهنس
巴赫塔	Bahtah	بهتة
巴赫塔韦赫	Bakhtawayh	بختويه
巴赫提雅尔	Bakhtiyār	بختيار
巴赫瓦施	Bahwash	بهوش
巴赫札孜	Bahzādh	بهزاذ
巴赫兹	Bahz	بهز
巴黑特	Bakhīt	بخيت
巴基	Baqī	بقي
巴基耶	Baqīyah	بقية
巴吉拉	Bajrah	بجرة
巴吉里	Bajlī	بجلي
巴佶得	Baghīd	بغيض
巴冀拉	Bajīlah	بجيلة
巴杰拉	Bajarah	بجرة
巴卡尔	Bakkār	بكار
巴克塔施	Baktāsh	بكتاش
巴库尔	Bakkūr	بكور
巴拉丹	Baradān	بردان
巴拉德	Barād	براد
巴拉卡	Barakah；Baraká	بركة؛ بركى
巴拉卡特	Barakāt	بركات
巴拉克	Barāk	براك
巴拉璐赫	Balalūh	بللوه

续表

汉译	拉丁字母转写	阿拉伯文或波斯文
巴拉其	Barakī	بركي
巴拉兹	Barāz	براز
巴剌	Barā'；Barrā'	براء
巴腊勒	Ballāl	بلال
巴腊什	Balāsh	بلاش
巴岚杰尔	Balanjar	بلنجر
巴岚朱尔	Balanjur	بلنجر
巴勒黑	Balkhī	بلخي
巴勒吉	Balj	بلج
巴勒思	Balth	بلث
巴里	Balī	بلي
巴利德	Barīd	بريد
巴利哈	Barīh	بريح
巴利耶赫	Barīyah	بريه
巴纳乃	Banānah	بنانة
巴南	Banān	بنان
巴宁	Banīn	بنين
巴齐俄	Bazī‘	بزيع
巴齐厄	Bazīgh	بزيغ
巴其勒	Bakīl	بكيل
巴撒玛	Bassāmah	بسامة
巴撒姆	Bassām	بسام
巴萨尔	Basar	بصر
巴沙	Bashshah	بشة
巴沙尔	Bashshār	بشار
巴沙拉	Bashārah	بشارة
巴沙玛	Bashāmah	بشامة
巴什尔	Bashīr	بشير

续表

汉译	拉丁字母转写	阿拉伯文或波斯文
巴什拉	Bashīrah	بشيرة
巴什利	Bashīrī	بشيري
巴施库沃勒	Bashkuwāl	بشكوال
巴施兰	Bashrān	بشران
巴施伦	Bashrūn	بشرون
巴士里	al-Basrī	البصري
巴希勒	Bahīl	بهيل
巴斯巴斯	Basbas	بسبس
巴斯库哈利	Baskūharī	بسكوهري
巴斯拉	Basrah	بصرة
巴斯勒	Basl	بسل
巴隋尔	Basīr	بصير
巴隋拉	Basīrah	بصيرة
巴索腊	Basalā	بصلا
巴拓	Battah	بطة
巴台拉	Batayrah	بتيرة
巴特利	Batrī	بتري
巴托耶	Batayah	بطية
巴瓦尤康尼	Bawayukannī	بويكني
巴西拉	Bathīrah	بثيرة
巴希尔	Bahīr	بحير
巴细勒	Basīl	بسيل
巴雅特	Bayāt	بيات
巴彦	Bayān	بيان
巴耶齐德	Bāyazīd	بايزيد
巴仪施	Ba' īsh	بعيش
巴易兹	Bā' iz	باعز
巴泽勒	Badhal	بذل

续表

汉译	拉丁字母转写	阿拉伯文或波斯文
巴扎	Bazzah	بزة
巴扎吉	Bazaj	بزج
巴扎旺	Bazawān	بزوان
巴吒勒	Badhāl	بذال
巴札兹	Bazzāz	بزاز
巴兹达维	Bazdawī	بزدوي
巴兹拉韦赫	Bazrawayh	بزرويه
巴兹旺	Bazwān	بزوان
巴祖尔吉	Bazurj	بزرج
拔阿拉维	Bā‘ alawī	باعلوي
拔巴达斯塔尼	al-Bābadastānī	البابدستاني
拔巴尔提	al-Bābartī	البابرتي
拔巴格拉尼	al-Bābaqarānī	البابقراني
拔巴赫	Bābah	بابه
拔巴克	Bābak	بابك
拔巴纳伊	al-Bābanā’ ī	البابنائي
拔巴其	al-Bābakī	البابكي
拔巴奇斯	al-Bābakissī	البابكسي
拔巴沙米	al-Bābashāmī	البابشامي
拔巴什利	al-Bābashīrī	البابشيري
拔巴斯利	al-Bābasīrī	البابسيري
拔巴提	Bābatī	بابتي
拔巴韦赫	Bābawayh	بابويه
拔拔	Bābā；Bābá	بابا؛ بابى
拔拔安米	Bābā‘ ammī	باباعمي
拔拔赫	Bābāh	باباه
拔拔吉	Bābāj	باباج
拔拔尼	al-Bābānī	البابانى

续表

汉译	拉丁字母转写	阿拉伯文或波斯文
拔比	al-Bābī	البابي
拔比什	al-Bābishī	البابشي
拔比特	Bābit	بابط
拔波拉提	al-Bāblattī	البابلتي
拔波路迪	al-Bābluddī	البابلدي
拔波索利	al-Bābsarī	البابصري
拔卜	Bāb	باب
拔布库施其	al-Bābukūshkī	البابكوشكي
拔布韦益	al-Bābuwayyī	البابويي
拔达	al-Bādā	البادا
拔达拉尼	al-Bādarānī	البادراني
拔达拉伊	al-Bādarā' ī	البادرائي
拔迪	Bādī；al-Bādī	بادي؛ البادي
拔迪尔	Bādir	بادر
拔迪尼	al-Bādinī	البادني
拔迪斯	Bādīs；al-Bādisī	باديس؛ البادسي
拔蒂施	Bātīsh	باطيش
拔杜韦	al-Bāduway	البادوي
拔厄班	al-Bāghbān	الباغبان
拔尔迪齐	al-Bārdīzī	الbارديزي
拔尔孤比	al-Bā‘ qūbī	الباعقوبي
拔斐	al-Bāfī	البافي
拔弗迪	al-Bāfdī	البافدي
拔格尔希	al-Bāqarhī	الباقرحي
拔格什施	Bāqashīsh	باقشيش
拔庚迪	al-Bāghandī	الباغندي
拔哈	Bāh	باح
拔哈默拉	Bākhamará	باخمرى

续表

汉译	拉丁字母转写	阿拉伯文或波斯文
拔赫尔齐	al-Bākharzī	الباخرزي
拔赫默拉	Bākhmarā	باخمرا
拔基尔	Bāqir；al-Bāqir	باقر؛ الباقر
拔基腊尼	al-Bāqilānī	الباقلاني
拔基勒	Bāqil	باقل
拔基利	al-Bāqirī	الباقري
拔吉尔	Bājir；Bāghir	باجر؛ باغر
拔吉忽斯提	al-Bājkhūstī	الباجخوستي
拔吉斯拉伊	al-Bājisrā' ī	الباجسرائي
拔佶	al-Bāghī	الباغي
拔冀	al-Bājī	الباجي
拔加其	al-Bāghakī	الباغكي
拔加什	al-Bāghashī	الباغشي
拔简玛勒	Bājammāl	باجمال
拔杰赫	Bājjah	باجه
拔杰拉伊	al-Bājarā' ī	الباجرائي
拔卡西尔	Bākathīr	باكثير
拔库撒伊	al-Bākusā' ī	الباكسائي
拔库韦赫	Bākuwayh	باكويه
拔库维	al-Bākuwī	الباكوي
拔拉伽尼	al-Bālaqānī	البالقاني
拔拉卡西	al-Bārakathī	الباركثي
拔拉尼	al-Bārānī	الباراني
拔拉其	Bālakī；al-Bālakī	بالكي؛ البالكي
拔拉维	al-Bālawī	البالوي
拔腊伊	al-Bālā' ī	البالائي
拔黎德	al-Bārid	البارد
拔黎俄	al-Bāri'	البارع

续表

汉译	拉丁字母转写	阿拉伯文或波斯文
拔黎哈	Bārih	بارح
拔黎基	al-Bāriqī	البارقي
拔黎齐	al-Bārizī	البارزي
拔黎斯卡西	al-Bāriskathī	البارسكثي
拔黎雅巴芝	al-Bāriyābādhī	البارياباذي
拔里	Bālī	بالي
拔里斯	al-Bālisī	البالسي
拔利	Bārī; al-Bārī	باري؛ الباري
拔鲁尼	al-Bārūnī	الباروني
拔鲁斯	al-Bārūsī	الباروسي
拔鲁芝	al-Bārūdhī	الباروذي
拔路韦赫	Bāluwayh	بالويه
拔璐冀	al-Bālūjī	البالوجي
拔璐齐	al-Bālūzī	البالوزي
拔米雅尼	al-Bāmiyānī	الباميانى
拔敏冀	al-Bāminjī	البامنجي
拔默赫拉玛	Bāmakhramah	بامخرمة
拔纳	Bānah	بانة
拔纳比	al-Bānabī	البانبي
拔纳克	Bānak	بانك
拔尼	al-Bānī	الباني
拔尼雅斯	al-Bāniyāsī	البانياسي
拔欧尼	al-Bā' ūnī	الباعوني
拔齐	al-Bāzī	البازي
拔撒尼	al-Bāsānī	الباساني
拔萨雅尼	al-Bāsayānī	الباسياني
拔沙尼	al-Bāshānī	الباشاني
拔什尔	Bāshir	باشر

续表

汉译	拉丁字母转写	阿拉伯文或波斯文
拔什纳尼	al-Bāshīnānī	الباشيناني
拔施塔尼	al-Bāshtānī	الباشتاني
拔斯拔俄	Bāsbā‘	باسباع
拔斯姆	Bāsim	باسم
拔斯特	al-Bāsit	الباسط
拔斯雅尼	al-Bāsīyānī	الباسياني
拔缇尔伽尼	al-Bādirqānī	الباطرقاني
拔缇尼	al-Bādinī	الباطني
拔瓦尔迪	al-Bāwardī	الباوردي
拔瓦克	Bāwak	باوك
拔熙尔	al-Bāhir	الباهر
拔熙拉	Bāhilah	باهلة
拔熙里	al-Bāhilī	الباهلي
拔谢班	Bāshaybān	باشيبان
拔雅尼	al-Bāyānī	البایاني
拔伊	Bāy	باي
拔泽佶斯	al-Bādhaghīsī	الباذغيسي
拔泽尼	al-Bādhanī	الباذني
拔扎波达伊	al-Bāzabdā' ī	البازبدائي
拔吒姆	Bādhām	باذام
拔詹	Bādhān	باذان
拔芝	Bādhī	باذي
拔朱达伊	al-Bājuddā' ī	الباجدائي
拔兹	Bāz; al-Bāz	باز؛ الباز
拔兹库里	al-Bāzkullī	البازكلي
拔兹施	al-Bādhish	الباذش
拔兹雅尔	al-Bāzyār	البازيار
拔兹雅利	al-Bāzyārī	البازياري

续表

汉译	拉丁字母转写	阿拉伯文或波斯文
白阿尔	al-Ba' ār	البئار
白巴迦	al-Babbaghā'	الببغاء
白波尼	al-Babnī	اليبني
白达尼	al-Badanī	البدني
白达奇利	al-Badākirī	البداكري
白达维	al-Badawī	البدوي
白达伊	al-Badā' ī	البدائي
白德尔	al-Badr	البدر
白德利	al-Badrī	البدري
白德雅纳维	al-Badyānawī	البديانوي
白迪	al-Baddī	البدي
白迪希	al-Badīhī	البديهي
白蒂	al-Battī	البطي
白俄达尼	al-Ba' dānī	البعداني
白俄拉巴其	al-Ba' labakkī	البعلبكي
白俄拉尼	al-Ba' rānī	البعراني
白厄达里	al-Baghdalī	البغدلي
白厄拉斯	al-Baghrāsī	البغراسي
白厄腊尼	al-Baghlānī	البغلاني
白厄里	al-Baghlī	البغلي
白厄图利	al-Baghtūrī	البغطوري
白厄雅尼	al-Baghyānī	البغياني
白尔	al-Barr	البر
白尔巴贺利	al-Barbahārī	البربهاري
白尔达迪	al-Bardādī	البردادي
白尔达斯利	al-Bardasīrī	البردسيري
白尔达仪	al-Barda' ī	البردعي
白尔迪冀	al-Bardījī	البرديجي

续表

汉译	拉丁字母转写	阿拉伯文或波斯文
白尔法施黑	al-Barfashkhī	البرفشخي
白尔伽尼	al-Barqānī	البرقاني
白尔伽维	al-Barqāwī	البرقاوي
白尔孤比	al-Ba‘ qūbī	البعقوبي
白尔基	al-Barqī	البرقي
白尔加姆维	al-Barghamuwī	البرغموي
白尔卡迪	al-Barkadī	البركدي
白尔克	al-Bark	البرك
白尔库提	al-Barkūtī	البركوتي
白尔里	al-Ba‘ lī	البعلي
白尔默其	al-Barmakī	البرمكي
白尔穆维	al-Barmuwī	البرموي
白尔瑙斯	al-Barnawssī	البرنوسي
白尔尼	al-Barnī	البرني
白尔尼里	al-Barnīlī	البرنيلي
白尔努斯	al-Barnusī	البرنسي
白尔齐	al-Barzī	البرزي
白尔其	al-Barkī	البركي
白尔萨黑	al-Barsakhī	البرسخي
白尔斯米	al-Barsīmī	البرسيمي
白尔塔里	al-Bartallī	البرتلي
白尔提	al-Bartī	البرتي
白尔托基	al-Bartaqī	البرطقي
白尔旺吉尔迪	al-Barwanjirdī	البرونجردي
白尔维齐	al-Barwīzī	البرويزي
白尔希	al-Barhī	البرحي
白尔赞迪	al-Barzandī	البرزندي
白尔泽仪	al-Bardha‘ ī	البرذعي

续表

汉译	拉丁字母转写	阿拉伯文或波斯文
白尔扎比尼	al-Barzabīnī	البرزبيني
白尔扎尼	al-Barzanī	البرزني
白尔札里	al-Barzālī	البرزالي
白伽	al-Baqā’	البقاء
白伽尔	al-Baqqār	البقار
白伽勒	al-Baqqāl	البقال
白戈里	al-Baqlī	البقلي
白戈利	al-Baqrī	البقري
白戈沙腊米	al-Baqshalāmī	البقشلامي
白格利	al-Baqarī	البقري
白格维	al-Baqawī	البقوي
白顾拉尼	al-Baghūlanī	البغولني
白哈达里	al-Bahdalī	البحدلي
白哈拉尼	al-Bahrānī	البحراني
白哈利	al-Bahrī	البحري
白哈鲁维	al-Bahruwī	البحروي
白哈索里	al-Bahsalī	البحصلي
白哈西	al-Bahhāthī	البحاثي
白贺迪里	al-Bahādilī	البهادلي
白贺黎齐	al-Bahārizī	البهارزي
白贺利	al-Bahārī	البهاري
白吉达里	al-Bajdalī	البجدلي
白吉里	al-Bajlī	البجلي
白吉沃利	al-Bajwārī	البجواري
白加维	al-Baghawī	البغوي
白贾尼	al-Bajjānī	البجاني
白贾维	al-Bajāwī	البجاوي
白杰里	al-Bajalī	البجلي

续表

汉译	拉丁字母转写	阿拉伯文或波斯文
白卡	al-Bakkā’	البكاء
白卡利	al-Bakkārī	البكاري
白卡伊	al-Bakkā’ ī	البكائي
白拉达尼	al-Baradānī	البرداني
白拉德	al-Barrād	البراد
白拉迪	al-Baladī	البلدي
白拉蒂	al-Balātī	البلاطي
白拉戈斯	al-Balaqsī	البلقسي
白拉基	al-Balaqī	البلقي
白拉吉姆	al-Barājim	البراجم
白拉佶	al-Balaghī	البلغي
白拉卡迪	al-Barākadī	البراكدي
白拉卡尼	al-Barrakānī	البركاني
白拉卡特	al-Barakāt	البركات
白拉尼	al-Barrānī	البراني
白拉其	al-Barakī	البركي
白拉撒顾尼	al-Balāsāghūnī	البلاساغوني
白拉什	al-Ballashī	البلشي
白拉瓦斯塔尼	al-Barāwastānī	البراوستاني
白拉维	al-Balawī	البلوي
白拉西	al-Barāthī	البراثي
白拉希	al-Balahī	البلحي
白拉扎贾尼	al-Barāzajānī	البرازجاني
白拉兹仪	al-Barādhi‘ ī	البراذعي
白拉祖基	al-Barādhuqī	البراذقي
白拉祖里	al-Balādhurī	البلاذري
白剌	al-Barā’； al-Barrā’	البراء
白剌迪	al-Barrādī	البرادي

续表

汉译	拉丁字母转写	阿拉伯文或波斯文
白剌基	al-Baraqī	البرقي
白剌希	al-Barahī	البرحي
白腊里	al-Ballālī	البلالي
白岚杰利	al-Balanjarī	البلنجري
白岚斯	al-Balansī	البلنسي
白岚朱利	al-Balanjurī	البلنجري
白勒阿米	al-Bal‘ amī	البلعمي
白勒迪	al-Baldī	البلدي
白勒斐基	al-Balfīqī	البلفيقي
白勒伽维	al-Balqāwī	البلقاوي
白勒伽伊	al-Balqā’ ī	البلقائي
白勒黑	al-Balkhī	البلخي
白勒冀	al-Baljī	البلجي
白勒贾尼	al-Baljānī	البلجاني
白勒奇雅尼	al-Balkiyānī	البلكياني
白勒祖芝	al-Baldhūdhī	البلذوذي
白里	al-Balī	البلي
白里斯	al-Balisī	البلسي
白利德	al-Barīd	البريد
白利迪	al-Barīdī	البريدي
白鲁韦益	al-Barruwayyī	البروبي
白璐蒂	al-Balūtī	البلوطي
白璐米	al-Balūmī	البلومي
白米吉卡西	al-Bamijkathī	البمجكثي
白姆腊尼	al-Bamlānī	البملاني
白纳维	al-Banawī	البنوي
白尼拉伽尼	al-Banīraqānī	البنيرقاني
白宁	al-Banīn	البنين

续表

汉译	拉丁字母转写	阿拉伯文或波斯文
白努冀	al-Banujī	البنجي
白齐	al-Bazzī	البزي
白齐仪	al-Bazī‘ ī	البزيعي
白其里	al-Bakīlī	البكيلي
白奇尔迪	al-Bakirdī	البكردي
白撒米	al-Bassāmī	البسامي
白撒尼	al-Bassānī	البساني
白撒斯利	al-Basāsīrī	البساسيري
白沙尔	al-Bashar	البشر
白沙利	al-Bashārī；al-Bashshārī	البشاري
白沙伊尔	al-Bashā’ ir	البشائر
白什尔	al-Bashīr	البشير
白什利	al-Bashīrī	البشيري
白什尼	al-Bashīnī	البشيني
白什提	al-Bashītī	البشيتي
白施巴基	al-Bashbaqī	البشبقي
白施纳维	al-Bashnawī	البشنوي
白施塔尼	al-Bashtānī	البشتاني
白施台尼	al-Bashtanī	البشتني
白希	al-Bahī	البهي
白希里	al-Bahīlī	البهيلي
白思鲁尼	al-Bathrūnī	البثروني
白斯	al-Bassī	البسي
白斯比	al-Basbī	البسبي
白斯蒂	al-Bastī	البسطي
白斯卡斯	al-Baskāsī	البسكاسي
白斯卡伊利	al-Baskāyirī	البسكايري
白斯拉维	al-Basrāwī	البصراوي

续表

汉译	拉丁字母转写	阿拉伯文或波斯文
白斯勒	al-Basl	البسل
白斯里	al-Baslī	البسلي
白斯尼	al-Basīnī	البسيني
白斯拓米	al-Bastāmī	البسطامي
白斯提	al-Bastī	البستي
白斯提佶	al-Bastīghī	البستيغي
白隋达伊	al-Basīdā' ī	البصيدائي
白隋利	al-Basīrī	البصيري
白索腊尼	al-Basalānī	البصلاني
白塔勒希	al-Batalhī	البتلهي
白拓里	al-Battālī	البطالي
白拓伊尼	al-Batā' inī	البطائني
白拓伊希	al-Batā' ihī	البطائحي
白特哈尼	al-Bathānī	البطحاني
白特哈伊	al-Bathā' ī	البطحائي
白特呼达尼	al-Batkhudānī	البتخداني
白特拉希	al-Batlahī	البتلهي
白特利	al-Batrī	البتري
白特利戈	al-Batrīq	البطريق
白提	al-Battī	البتي
白廷玛利	al-Batimmārī	البتماري
白庭	al-Batīn	البطين
白图泰	Batūtah	بطوطة
白托勒尧斯	al-Batalyawsī	البطليوسي
白托维	al-Batawī	البطوي
白沃齐冀	al-Bawāzījī	البوازيجي
白希利	al-Bahīrī	البحيري
白雅班其	al-Bayābānkī	البيابانكي

续表

汉译	拉丁字母转写	阿拉伯文或波斯文
白雅荻	al-Bayāḍī	البياضي
白雅尼	al-Bayānī	البياني
白雅齐	al-Bayāzī	البيازي
白仪思	al-Ba' īth	البعيث
白泽赫沙尼	al-Badhakhshānī	البذخشاني
白泽什	al-Badhashī	البذشي
白扎利	al-Bazarī	البزري
白吒勒	al-Badhāl	البذال
白札尔	al-Bazzār	البزار
白札兹	al-Bazzāz	البزاز
白召法利	al-Bazawfarī	البزوفري
白芝忽尼	al-Badhīkhūnī	البذيخوني
白芝斯	al-Badhīsī	البذيسي
白兹达维	al-Bazdawī	البزدوي
白兹迪	al-Bazdī	البزدي
白兹利	al-Bazrī	البزري
白兹纳齐	al-Baznazī	البزنزي
柏柏尔（习惯译名）	Barbar	بربر
柏柏里（习惯译名）	Barbarī；al-Barbarī	بربري؛ البربري
拜珠利	al-Bayjūrī	البيجوري
班巴里	al-Banbalī	البنبلي
班达尔	Bandar	بندر
班达尼冀	al-Bandanījī	البندنيجي
班迪默什	al-Bandīmashī	البنديمشي
班都耶赫	Bandūyah	بندويه
班敦	Bandūn	بندون
班冀尔	Banjīr	بنجير
班杰黑尼	al-Banjakhīnī	البنجخيني

续表

汉译	拉丁字母转写	阿拉伯文或波斯文
班杰尼	al-Banjanī	البنجني
班杰希利	al-Banjahīrī	البنجهيري
班米	al-Bammī	البمي
班纳	al-Bannā；al-Bannā'	البنا؛ البناء
班纳赫	Bannah	بنه
班纳克	Bannak	بنك
班纳尼	Bannānī；al-Bannānī	بناني؛ البناني
班南	Bannān	بنان
班撒拉伽尼	al-Bansāraqānī	البنسارقاني
包拉尼	al-Bawrānī	البوراني
包腊	Bawlā	بولا
包岚	Bawlān	بولان
包尼	al-Bawnī	البوني
包斯	al-Bawsī	البوسي
包沃卜	Bawwāb；al-Bawwāb	بواب؛ البواب
包沃尼	al-Bawwānī	البواني
贝巴	Baybah	بيبة
贝伯尔斯	Baybars	بيبرس
贝达利	al-Baydarī	البيدري
贝达孜	Baydādh	بيداذ
贝遁	Baydūn	بيضون
贝铎尼	al-Baydānī	البيضاني
贝铎维	al-Baydāwī	البيضاوي
贝法利尼	al-Bayfārīnī	البيفاريني
贝哈基	al-Bayhaqī	البيهقي
贝哈斯	Bayhas；al-Bayhasī	بيهس؛ البيهسي
贝贾奈尼	al-Bayjānaynī	البيجانيني
贝康迪	al-Baykandī	البيكندي

续表

汉译	拉丁字母转写	阿拉伯文或波斯文
贝拉伽尼	al-Baylaqānī	البيلقاني
贝拉甘	Baylaqān	بيلقان
贝拉玛尼	al-Baylamānī	البيلماني
贝拉姆	Bayram	بيرم
贝立克	Baylīk	بيليك
贝鲁提	al-Bayrūtī	البيروتي
贝鲁芝	al-Bayrūdhī	البيروذي
贝玛尼	al-Baymānī	البيماني
贝尼	al-Baynī	البيني
贝努尼	al-Baynūnī	البينوني
贝撒尼	al-Baysānī	البيساني
贝塔米	al-Baytamī	البيتمي
贝拓利	al-Baytārī	البيطاري
贝提	al-Baytī	البيتي
贝推尔	Baytayr	بيطير
贝雅俄	al-Bayyā‘	البياع
贝雅厄	al-Bayyāgh	البياغ
贝雅尼	al-Bayyānī	البياني
贝雅斯	al-Bayyāsī	البياسي
贝雅仪	al-Bayyā‘ ī	البياعي
贝彦	Bayyān	بيان
贝耶赫	Bayyah	بيه
贝伊俄	al-Bayi‘	البيع
贝泽戈	al-Baydhaq	البيذق
奔达尔	Bundār；al-Bundār	بندار؛ البندار
奔达里	al-Bundārī	البنداري
奔杜卡尼	al-Bundukānī	البندكاني
奔冀卡西	al-Bunjīkathī	البنجيكثي

续表

汉译	拉丁字母转写	阿拉伯文或波斯文
奔尼	al-Bunnī	البني
比波腊维	al-Biblāwī	الببلاوي
比德立斯	al-Bidlīsī	البدليسي
比蒂黑	al-Bittīkhī	البطيخي
比尔迪	Birdī	بردي
比尔哈	Birh	برح
比尔基施	Birqish	برقش
比尔简迪	al-Birjandī	البرجندي
比尔纳兹	Birnāz	برناز
比尔特	Birt	برت
比尔提	al-Birtī	البرتي
比伽仪	al-Biqā‘ ī	البقاعي
比汉	Bihān	بهان
比贺米芝	al-Bihāmidhī	البهامذي
比吉斯塔尼	al-Bijistānī	البجستاني
比贾德	Bijād	بجاد
比贾迪	al-Bijādī	البجادي
比贾拉	Bijālah	بجالة
比贾利	al-Bijālī	البجالي
比贾维	al-Bijāwī	البجاوي
比贾伊	al-Bijā’ ī	البجائي
比卡里	al-Bikālī	البكالي
比拉	Billāh	بالله
比拉其	al-Birakī	البركي
比腊德	al-Bilād	البلاد
比腊迪	al-Bilādī	البلادي
比腊勒	Bilāl	بلال
比腊里	al-Bilālī	البلالي

续表

汉译	拉丁字母转写	阿拉伯文或波斯文
比勒毕斯	al-Bilbīsī	البلبيسي
比勒雅尼	al-Bilyānī	البلياني
比里	al-Billī	البلي
比里斐基	al-Billifīqī	البلفيقي
比琳德	al-Birind	البرند
比纳依	Bināy	بناي
比尼尔迪	al-Binirdī	البنردي
比齐芝	al-Bizīdhī	البزيذي
比施尔	Bishr	بشر
比施卡尼	al-Bishkānī	البشكاني
比施拉韦赫	Bishrawayh	بشرويه
比施利	Bishrī；al-Bishrī	بشري؛ البشري
比斯卡利	al-Biskarī	البسكري
比斯卡提	al-Biskatī	البسكتي
比斯拓米	al-Bistāmī	البسطامي
比斯拓姆	Bistām	بسطام
比索尔	Bisār	بصار
比索利	al-Bisārī	البصاري
比塔尼	al-Bitānī	البتاني
比拓什	al-Bitāshī	البطاشي
比唐	Bitān	بطان
比特纳	Bitnah	بطنة
比雅利	al-Biyārī	البياري
比耶里	Biyalī	بيلي
比兹卡尼	al-Bizkānī	البزكاني
比兹勒雅尼	al-Bizlyānī	البزلياني
毕汉	Bīhān	بيهان
毕简	Bījān	بيجان

续表

汉译	拉丁字母转写	阿拉伯文或波斯文
毕康迪	al-Bīkandī	البيكندي
毕拉布尔迪	al-Bīlaburdī	البيلبردي
毕拉默斯	al-Bīramasī	البيرمسي
毕里	Bīlī；al-Bīlī	بيلي؛ البيلي
毕利	Bīrī；al-Bīrī	بيري؛ البيري
毕鲁巴赫	Bīrūbah	بيروبه
毕鲁尼	al-Bīrūnī	البيروني
毕萨提	al-Bīsatī	البيستي
毕瓦尔迪	al-Bīwardī	البيوردي
毕优伽尼	al-Bīyūqānī	البيوقاني
毕札尼	al-Bīzānī	البيزاني
宾卡提	al-Binkatī	البنكتي
宾卡西	al-Binkathī	البنكثي
宾尼	al-Binnī	البني
伯汉斯	al-Bahansī	البهنسي
伯赫达里	al-Bahdalī	البهدلي
伯赫迪	al-Bahdī	البهدي
伯赫杰尔玛尼	al-Bakhjarmānī	البخجرماني
伯赫拉尼	al-Bahrānī	البهراني
伯赫纳斯	al-Bahnassī	البهنسي
伯赫齐	al-Bahzī	البهزي
伯赫沙米	al-Bahshāmī	البهشمي
伯赫塔利	al-Bakhtarī	البختري
伯赫提	al-Bahtī	البهتي
伯克尔	Bakr	بكر
伯克法璐尼	al-Bakfālūnī	البكفالوني
伯克杰利	al-Bakjarī	البكجري
伯克拉	Bakrah	بكرة

续表

汉译	拉丁字母转写	阿拉伯文或波斯文
伯克拉巴芝	al-Bakrābādhī	البكراباذي
伯克拉维	al-Bakrāwī	البكراوي
伯克兰	Bakrān	بكران
伯克利	al-Bakrī	البكري
伯克优尼	al-Bakyūnī	البكيوني
伯利	al-Barrī	البري
布爱雅德	Bū ‘Ayyād	بو عياد
布达赫卡西	al-Budakhkathī	البدخكثي
布代德	Budayd	بديد
布代尔	Budayr	بدير
布代哈	Budayh	بديح
布代勒	Budayl	بديل
布代里	al-Budaylī	البديلي
布代希	al-Budayhī	البديحي
布蒂	al-Buttī	البطي
布俄杰	Bu‘jah	بعجة
布俄素姆	Bu‘thum	بعثم
布厄素尔	Bughthur	بغثر
布恩	al-Bunn	البن
布恩提	al-Būntī	البونتي
布尔	Būr	بور
布尔达	Burdah	بردة
布尔德	Burd	برد
布尔迪	al-Burdī	البردي
布尔汉	al-Burhān	البرهان
布尔汉	Burhān	برهان
布尔贺努丁	Burhān al-Dīn	برهان الدين
布尔赫沃利	al-Burkhawārī	البرخواري

续表

汉译	拉丁字母转写	阿拉伯文或波斯文
布尔冀	al-Burjī	البرجي
布尔卡	Burkah	بركة
布尔克	al-Burk	البرك
布尔玛	Burmah	برمة
布尔纳默芝	al-Būrnamadhī	البورنمذي
布尔纳瓦芝	al-Burnawadhī	البرنوذي
布尔齐	al-Burzī	البرزي
布尔撒尼	al-Bursānī	البرساني
布尔萨维	al-Bursawī	البرسوي
布尔桑吉尔迪	al-Bursānjirdī	البرسانجردي
布尔苏斐	al-Bursufī	البرسفي
布尔苏米	al-Bursumī	البرسمي
布尔素姆	Burthum	برثم
布尔塔	Burtā	برتا
布尔训	Burthun	برثن
布尔雅尼	al-Buryānī	البرياني
布尔耶	Buryah	برية
布尔扎	Burzah	برزة
布尔札拔吒尼	al-Burzābādhānī	البرزاباذاني
布尔札蒂	al-Burzātī	البرزاطي
布尔朱腊尼	al-Burjulānī	البرجلاني
布尔朱米	al-Burjumī	البرجمي
布尔朱米尼	al-Burjumīnī	البرجميني
布尔祖克	Burzuk	برزك
布伽缇利	al-Buqātirī	البقاطري
布该勒	Bughayl	بغيل
布盖尔	Buqayr	بقير
布盖拉	Buqaylah	بقيلة

续表

汉译	拉丁字母转写	阿拉伯文或波斯文
布盖勒	Buqayl	بقيل
布戈图尔	Buqtur	بقطر
布戈图利	al-Buqturī	البقطري
布戈耶里	al-Buqyalī	البقيلي
布格利	al-Buqarī	البقري
布古利	al-Buqurī	البقري
布顾赫其	al-Bughūkhakī	البغوخكي
布哈尔	Bukhār	بخار
布哈兰	Buhrān	بحران
布哈里	al-Bukhārī	البخاري
布哈图尔	Buhtur	بحتر
布哈图里	al-Buhturī	البحتري
布海尔	Buhayr	بحير
布海里	Buhayrī；al-Buhayrī	بحيري؛ البحيري
布海什	al-Buhayshī	البهيشي
布海施	Buhaysh	بهيش
布海斯	Buhays；al-Buhaysī	بهيس؛ البهيسي
布亥特	Bukhayt	بخيت
布亥提	al-Bukhaytī	البخيتي
布赫璐勒	Buhlūl；al-Buhlūl	بهلول؛ البهلول
布赫塞	Buhthah	بهثة
布赫特	Bukht	بخت
布赫提	Bukhtī；al-Bukhtī	بختي؛ البختي
布赫西	al-Buhthī	البهثي
布胡尔	Buhur	بحر
布基	Būqī；al-Būqī	بوقي؛ البوقي
布吉布吉	Bujbuj	بجبج
布吉杜德	Bujdud	بجدد

续表

汉译	拉丁字母转写	阿拉伯文或波斯文
布吉拉	Bujrah	بجرة
布佶	al-Būghī	البوغي
布佶思	al-Bughīth	البغيث
布迦	Būghā	بوغا
布迦尼赫芝	al-Bughānikhadhī	البغانخذي
布迦威扎贾尼	al-Bughāwizajānī	البغاوزجاني
布捷德	Bujayd	بجيد
布捷尔	Bujayr	بجير
布捷赫	Bujayh	بجيه
布捷利	Bujayrī; al-Bujayrī	بجيري؛ البجيري
布卡	Būkā	بوكا
布凯尔	Bukayr	بكير
布凯里	al-Bukaylī	البكيلي
布凯利	al-Bukayrī	البكيري
布拉	Burrah	برة
布拉基	al-Būraqī	البورقي
布拉吉	al-Buraj	البرج
布拉其	al-Burakī	البركي
布拉维	al-Būlawī	البولوي
布拉希	al-Burahī	البرحي
布拉依	al-Būrāy	البوراي
布腊	Bulá	بلى
布腊尼	al-Būlānī	البولاني
布莱哈	Bulayh	بليح
布莱勒	Bulayl	بليل
布岚	Būlān	بولان
布勒布勒	Bulbul	بلبل
布勒布里	al-Bulbulī	البلبلي

续表

汉译	拉丁字母转写	阿拉伯文或波斯文
布雷达	Buraydah	بريدة
布雷德	Burayd	بريد
布雷迪	al-Buraydī	البريدي
布雷尔	Burayr	برير
布雷赫	Burayh	بريه
布雷克	Burayk	بريك
布雷希	al-Burayhī	البريهي
布里	al-Bullī	البلي
布利	al-Burrī	البري
布琳	Būrīn	بورين
布鲁伽尼	al-Burūqānī	البروقاني
布鲁吉尔迪	al-Burūjirdī	البروجردي
布鲁路斯	al-Burullusī	البرلسي
布鲁兹吉	Buruzj	برزج
布路悭	Bulukkīn	بلكين
布路勤	Buluqqīn	بلقين
布玛	Būmah	بومة
布纳	Būnah	بونة
布纳阿玛	Būna' āmah	بونعامة
布纳尼	al-Bunānī	البناني
布奈恩	Bunayn	بنين
布南	Bunān	بنان
布尼	al-Būnī	البوني
布其勒	Bukīl	بكيل
布赛尔	Busayr	بسير
布桑冀	al-Būsanjī	البوسنجي
布沙尼	al-Bushānī	البشاني
布筛尔	Buthayr	بثير

续表

汉译	拉丁字母转写	阿拉伯文或波斯文
布尚	Buththān	بثان
布什	al-Būshī	البوشي
布圣冀	al-Būshanjī	البوشنجي
布施库腊里	al-Bushkulārī	البشكلاري
布施拉	Bushrá	بشرى
布施鲁耶赫	Bushrūyah	بشرويه
布施塔尼伽尼	al-Bushtaniqānī	البشتنقاني
布施提	al-Bushtī	البشتي
布施沃泽基	al-Bushwādhaqī	البشواذقي
布舒爱波	Būshu' ayb	بوشعيب
布斯尔	Busr	بسر
布斯拉维	al-Busrawī	البصروي
布斯拉伊	al-Busrā' ī	البصرائي
布斯利	al-Busrī	البسري
布斯纳维	al-Busnawī	البسنوي
布斯塔尼	al-Bustānī	البستاني
布斯坦班	al-Bustanbān	البستنبان
布斯提	al-Bustī	البستي
布绥比士	Busaybis	بصيبص
布绥拉	Busaylah	بصيلة
布隋利	al-Būsīrī	البوصيري
布索拉伊	al-Būsarā' ī	البوصرائي
布塔尼	al-Butānī	البتاني
布塔尼尼	al-Butanīnī	البتنيني
布台拉	Butayrah	بتيرة
布台利	al-Butayrī	البتيري
布台提尼	al-Butaytinī	البتيتني
布泰	Buttah	بطة

续表

汉译	拉丁字母转写	阿拉伯文或波斯文
布特岚	Butlān	بطلان
布特利	Butrī; al-Butrī	بتري؛ البتري
布特鲁斯	Butrus	بطرس
布特鲁韦利	al-Butruwayrī	البطرويري
布庭	al-Butīn	البطين
布韦比	al-Buwaybī	البويبي
布韦卜	Buwayb	بويب
布韦蒂	al-Buwaytī	البويطي
布韦赫	Buwayh	بويه
布韦益	Buwayyī; al-Buwayyī	بويي؛ البويي
布吾比	al-Buwubī	البوبي
布吾塔基	al-Buwutaqī	البوتقي
布戊耶赫	Buwyah	بويه
布谢尔	Bushayr	بشير
布雅尼	al-Būyānī	البوياني
布彦	Būyān	بويان
布彦冀	al-Būyanjī	البوينجي
布耶赫	Būyah	بويه
布栽俄	Buzay'	بزيع
布栽恩	Buzayn	بزين
布栽勒	Buzayl	بزيل
布宰勒	Budhayl	بذيل
布宰里	al-Budhaylī	البذيلي
布宰耶	Budhayyah	بذية
布赞吉尔迪	al-Būzanjirdī	البوزنجردي
布赞沙希	al-Būzanshāhī	البوزنشاهي
布泽尔朱米赫利	al-Būdharjumihrī	البوذرجمهري
布扎纳吉尔迪	al-Būzanajirdī	البوزنجردي

续表

汉译	拉丁字母转写	阿拉伯文或波斯文
布札利	al-Buzārī	البزاري
布札尼	al-Buzzānī	البزاني
布朱姆阿	Bū Jum‘ ah	بوجمعة
布兹	Buzz；al-Buzz	بز؛ البز
布兹达尼	al-Buzdānī	البزداني
布兹迪加利	al-Buzdīgharī	البزديغري
布兹迦米	al-Buzghāmī	البزغامي
布兹贾尼	al-Būzjānī	البوزجاني
布兹玛伽尼	al-Buzmāqānī	البزماقاني
布兹拿尼	al-Buznānī	البزناني
布兹雅尼	al-Buzyānī	البزياني
布祖尔克	Buzurk	بزرك
布祖迦尼	al-Buzūghānī	البزوغاني
布祖里	al-Buzūrī	البزوري
步腊	Būlā	بولا
步利	al-Būrī	البوري
步札尼	al-Būzānī	البوزاني

C

汉译	拉丁字母转写	阿拉伯文或波斯文
成吉齐（特殊译名）	al-Jinkīzī	الجنكيزي
成吉思汗（习惯译名）	Jinkīz Khān	جنكيز خان

D

汉译	拉丁字母转写	阿拉伯文或波斯文
达阿	al-Da‘ ā’	الدعاء
达阿卜	Da’ b	دأب

续表

汉译	拉丁字母转写	阿拉伯文或波斯文
达阿尼姆	Da' anim	دعنم
达阿斯	al-Da' ' ās	الدعاس
达巴里	al-Dabalī	الدبلي
达巴利	al-Dabarī	الدبري
达巴希	al-Dabahī	الدبهي
达拔比斯	al-Dabābīsī	الدبابيسي
达拔厄	al-Dabbāgh	الدباغ
达拔腊拔齐	al-Dabālābāzī	الدبالابازي
达拔希	al-Dabāhī	الدباهي
达拔斯	al-Dabbās	الدباس
达比	al-Dābī	الدابي
达比尔	Dabīr	دبير
达比基	al-Dabīqī	الدبيقي
达比里	al-Dabīlī	الدبيلي
达比利	Dabīrī；al-Dabīrī	دبيري؛ الدبيري
达布伽	Dabūqā	دبوقا
达布斯	al-Dabbūsī	الدبوسي
达布韦赫	Dābuwayh	دابويه
达达赫	Dadah	دده
达迪巴黑	al-Dādibakhī	الدادبخي
达俄巴里	al-Da' balī	الدعبلي
达俄贾尼	al-Da' jānī	الدعجاني
达俄简	Da' jān	دعجان
达俄拉冀	al-Da' lajī	الدعلجي
达俄米	Da' mī	دعمي
达俄木恩	Da' mūn	دعمون
达俄赛恩	Da' sayn	دعسين
达厄发勒	Daghfal	دغفل

续表

汉译	拉丁字母转写	阿拉伯文或波斯文
达厄里	al-Daghlī	الدغلي
达厄什	al-Daghshī	الدغشي
达厄施	Daghsh	دغش
达尔	al-Dār	الدار
达尔巴其	al-Darbakī	الدربكي
达尔班迪	al-Darbandī	الدربندي
达尔比	al-Darbī	الدربي
达尔比雅尼	al-Darbiyānī	الدربياني
达尔达比什	al-Dardabīshī	الدردبيشي
达尔俄	al-Dar‘	الدرع
达尔格齐	al-Darqazzī	الدرقزي
达尔基	Darqī；al-Darqī	درقي؛ الدرقي
达尔冀尼	al-Darjīnī	الدرجيني
达尔加米	al-Darghamī	الدرغمي
达尔迦尼	al-Darghānī	الدرغاني
达尔卡冀尼	al-Darkajīnī	الدركجيني
达尔卡齐尼	al-Darkazīnī	الدركزيني
达尔玛维	al-Darmāwī	الدرماوي
达尔默其	al-Darmakī	الدرمكي
达尔齐贾尼	al-Darzījānī	الدرزيجاني
达尔齐维	al-Darzīwī	الدرزيوي
达尔斯纳尼	al-Darsīnānī	الدرسيناني
达尔维什	Darwīsh；al-Darwīsh	درويش؛ الدرويش
达尔沃扎基	al-Darwāzaqī	الدروازقي
达尔仪	al-Dar‘ī	الدرعي
达法俄	al-Daffā‘	الدفاع
达法利	al-Dafarī	الدفري
达法尼	al-Dafanī	الدفني

续表

汉译	拉丁字母转写	阿拉伯文或波斯文
达斐斐	al-Dafīfī	الدفيفي
达弗塔尔	Daftar	دفتر
达弗雅伊	al-Dafyā' ī	الدفيائي
达伽戈	al-Daqqāq	الدقاق
达伽尼	al-Dāqānī	الداقاني
达格都斯	al-Daqadūsī	الدقدوسي
达格努斯	al-Daqanūsī	الدقنوسي
达孤基	al-Daqūqī	الدقوقي
达顾里	al-Daghūlī	الدغولي
达顾尼	al-Dāghūnī	الداغوني
达哈冀	al-Dahajī	الدهجي
达哈曼	Dahmān	دحمان
达哈纳	Dahnah；Dahanah	دحنة
达哈尼	al-Dahnī	الدحني
达哈其	al-Dahakī	الدهكي
达汉	al-Dahhān	الدهان
达赫巴勒	Dahbal	دهبل
达赫凡都尼	al-Dakhfandūnī	الدخفندوني
达赫甘	al-Dahqān	الدهقان
达赫格勒	Dahqal	دهقل
达赫格里	al-Dahqalī	الدهقلي
达赫拉尼	al-Dahrānī	الدهراني
达赫利	al-Dahrī	الدهري
达赫鲁蒂	al-Dahrūtī	الدهروطي
达赫密斯	al-Dakhmīsī	الدخميسي
达赫默拉维	al-Dahmarāwī	الدهمراوي
达赫沙	al-Dahshah	الدهشة
达赫旺冀	al-Dahwanjī	الدهونجي

续表

汉译	拉丁字母转写	阿拉伯文或波斯文
达黑勒	Dakhīl	دخيل
达基尔	al-Daqir	الدقر
达基基	Daqīqī； al-Daqīqī	دقيقي؛ الدقيقي
达吉尔贾伊	al-Dajirjā' ī	الدجرجائي
达吉耶	Dājiyah	داجية
达冀	al-Dājī	الداجي
达贾冀	al-Dajājī	الدجاجي
达简	Dajan； al-Dajan	دجن؛ الدجن
达卡	Dakkah	دكة
达卡尔尼斯	al-Dakarnisī	الدكرنسي
达卡里	al-Dakkālī	الدكالي
达卡米	al-Dakamī	الدكمي
达拉巴尔迪	al-Dārabardī	الداربردي
达拉巴吉尔迪	al-Darābajirdī	الدرابجردي
达拉波吉尔迪	al-Dārābjirdī	الدارابجردي
达拉格齐	al-Dāraqazzī	الدارقزي
达拉古特尼	al-Dāraqutnī	الدارقطني
达拉吉	Darrāj； al-Darrāj	دراج؛ الدراج
达拉冀	al-Darrājī	الدراجي
达拉杰	Dalajah	دلجة
达拉卡尼	al-Dārakānī	الداركاني
达拉勒	Dalāl； al-Dalāl	دلال؛ الدلال
达拉尼	al-Dārānī	الداراني
达拉其	al-Dārakī	الداركي
达拉斯塔韦赫	Darastawayh	درستويه
达拉斯特	Dārast	دارست
达拉瓦尔迪	al-Darāwardī	الدراوردي
达拉赞冀	al-Dārazanjī	الدارزنجي

续表

汉译	拉丁字母转写	阿拉伯文或波斯文
达腊勒	Dallāl；al-Dallāl	دلال؛ الدلال
达腊里米	al-Dalālimī	الدلالمي
达腊尼	al-Dālānī	الدالاني
达腊伊	al-Dalā’ī	الدلائي
达腊益	al-Dalāyī	الدلايي
达岚	Dālān	دالان
达勒伽拓尼	al-Dalghāṭānī	الدلغاطاني
达勒甘迪	al-Dalqandī	الدلقندي
达勒冀	al-Daljī	الدلجي
达勒沙德	Dalshād	دلشاد
达勒沙芝	al-Dalshādhī	الدلشاذي
达勒维	al-Dalwī	الدلوي
达雷雅	Dārayyā	داريا
达黎米	al-Dārimī	الدارمي
达黎姆	Dārim	دارم
达黎斯	al-Dārisī	الدارسي
达立勒	Dalīl	دليل
达利	al-Dārī	الداري
达利杰基	al-Darījaqī	الدريجقي
达娄基	al-Darawqī	الدروقي
达鲁尼	al-Dārūnī	الداروني
达玛密尼	al-Damāmīnī	الدماميني
达玛尼	al-Dāmānī	الداماني
达玛隋	al-Damāṣī	الدماصي
达玛伊	al-Damā’ī	الدمائي
达玛孜	Damādh	دماذ
达曼胡利	al-Damanhūrī	الدمنهوري
达曼什	al-Damanshī	الدمنشي

续表

汉译	拉丁字母转写	阿拉伯文或波斯文
达米尔达施	Damirdāsh	دمرداش
达密利	al-Damīrī	الدميري
达默尔达什	al-Damardāshī	الدمرداشي
达默尔达施	Damardāsh	دمرداش
达默迦尼	al-Dāmaghānī	الدامغاني
达默拉尼	al-Damarānī	الدمراني
达默拉维	al-Damarāwī	الدمراوي
达姆	al-Dam	الدم
达姆胡冀	al-Damhūjī	الدمهوجي
达姆卡尼	al-Damkānī	الدمكاني
达木什	al-Damūshī	الدموشي
达木斯	al-Dāmūsī	الداموسي
达纳戈什	al-Danaqshī	الدنقشي
达纳吉	Dānāj；al-Dānāj	داناج؛ الداناج
达纳冀	al-Danajī	الدنجي
达瑙沙利	al-Danawsharī	الدنوشري
达尼	al-Dānī	الداني
达尼什曼德	Dānishmand；al-Dānishmand	دانشمند؛ الدانشمند
达努基	al-Danūqī	الدنوقي
达努韦赫	Dānuwayh	دانويه
达努韦益	al-Dānuwayyī	الدانويي
达欧尼	al-Dā' ūnī	الداعوني
达其	al-Dakkī	الدكي
达施	al-Dashsh	الدش
达施塔其	al-Dashtakī	الدشتكي
达施提	al-Dashtī	الدشتي
达希	Dahī；al-Dahī	دهي؛ الدهي
达希尔	Dahīr	دهير

续表

汉译	拉丁字母转写	阿拉伯文或波斯文
达希利	al-Dahīrī	الدهيري
达斯	al-Dāsī	الداسي
达斯卡利	al-Daskarī	الدسكري
达斯玛勒	Dasmāl	دسمال
达斯提吉尔迪	al-Dastijirdī	الدستجردي
达斯土密撒尼	al-Dastumīsānī	الدستميساني
达斯土沃伊	al-Dastuwā' ī	الدستوائي
达素基	Dasūqī；al-Dasūqī	دسوقي؛ الدسوقي
达瓦达尼	al-Dāwadānī	الداوداني
达瓦尔达尼	al-Dāwardānī	الداورداني
达瓦拉尼	al-Dawarānī	الدوراني
达瓦利	al-Dāwarī	الداوري
达沃达尔	al-Dawādār	الدوادار
达沃达利	al-Dawādārī	الدواداري
达沃立比	al-Dawālībī	الدواليبي
达沃利	al-Dawārī	الدواري
达沃米	al-Dawāmī	الدوامي
达沃尼	al-Dāwānī	الداواني
达沃尼基	al-Dawānīqī	الدوانيقي
达沃提	al-Dawātī	الدواتي
达乌德	Dāwūd	داود
达乌迪	al-Dāwūdī	الداودي
达西尼	al-Dathīnī	الدثيني
达熙尔	Dāhir	داهر
达熙利	al-Dāhirī	الداهري
达喜勒	al-Dākhil	الداخل
达耶	al-Dāyah	الداية
达伊姆	al-Dā' im	الدائم

续表

汉译	拉丁字母转写	阿拉伯文或波斯文
达仪	al-Dā‘ī	الداعي
达珠尼	al-Dājūnī	الداجوني
达兹玛利	al-Dazmārī	الدزماري
鞑伽尼	al-Daqānī	الدقاني
鞑哈达哈	Dahdāh；al-Dahdāh	دحداح؛ الدحداح
鞑赫达赫	Dakhdākh；al-Dakhdākh	دخداخ؛ الدخداخ
鞑冀	Dajī；al-Dajī	دجي؛ الدجي
鞑拉吉	al-Darajī	الدرجي
鞑黎姆	Darim	درم
代巴俄	al-Dayba‘	الديبع
代布里	al-Daybulī	الديبلي
代拉阿孤里	al-Dayra‘āqūlī	الديرعاقولي
代拉伽努尼	al-Dayraqānūnī	الديرقانوني
代拉玛尼	al-Daylamānī	الديلماني
代拉米	al-Daylamī	الديلمي
代拉姆	al-Daylam	الديلم
代拉木戈黎尼	al-Dayramuqrinī	الديرمقرني
代拉木戈利	al-Dayramuqrī	الديرمقري
代勒	al-Dayl	الديل
代里	al-Daylī	الديلي
代利	al-Dayrī	الديري
代鲁蒂	al-Dayrūtī	الديروطي
代努益	al-Daynūyī	الدينويي
代齐勒	Dayzīl	ديزيل
代齐里	al-Dayzīlī	الديزيلي
代彦	Dayyān	ديان
代扎其	al-Dayzakī	الديزكي
戴丰	Dayfūn	ضيفون

续表

汉译	拉丁字母转写	阿拉伯文或波斯文
戴弗拉	Dayf Allāh	ضيف الله
戴基	al-Dayqī	الضيقي
戴雅哈	Dayyāh	ضياح
丹达恩	Dandān	دندان
丹达利	al-Dandarī	الدندري
丹达纳伽尼	al-Dandānaqānī	الدندانقاني
丹达尼	al-Dandānī	الدنداني
丹丹伽尼	al-Dāndānqānī	الداندانقاني
丹迪里	al-Dandīlī	الدنديلي
丹恩	Dann	دن
丹卡	Dānkā	دانكا
丹默利	al-Dammarī	الدمري
丹雅勒	Dānyāl	دانيال
道罕	Dawhān	دوحان
道拉	al-Dawlah	الدولة
道拉基	Dawraqī；al-Dawraqī	دورقي؛ الدورقي
道拉塔巴迪	al-Dawlatābādī	الدولت آبادي
道拉仪	al-Dawla‘ ī	الدولعي
道姆	Dawm	دوم
道萨利	al-Dawsarī	الدوسري
道斯	Daws；al-Dawsī	دوس؛ الدوسي
道沃斯	Dawwās	دواس
狄拔比	al-Dibābī	الضبابي
狄拔卜	Dibāb；al-Dibāb	ضباب؛ الضباب
狄拔利	Dibārī；al-Dibārī	ضباري؛ الضباري
狄尔迦姆	Dirghām	ضرغام
狄尔迦姆丁	Dirghām al-Dīn	ضرغام الدين
狄法齐	al-Difāzī	الضفازي

续表

汉译	拉丁字母转写	阿拉伯文或波斯文
狄拉尔	Dirār	ضرار
狄拉利	al-Dirārī	الضراري
狄拉米	al-Dirāmī	الضرامي
狄拉姆	Dirām	ضرام
狄拉斯	al-Dirāsī	الضراسي
狄玛德	Dimād	ضماد
狄玛迪	al-Dimādī	الضمادي
狄玛尔	Dimār	ضمار
狄玛姆	Dimām	ضمام
狄雅	Diyā'；al-Diyā'	ضياء؛ الضياء
狄雅丁	Diyā' al-Dīn	ضياء الدين
迪阿玛	Di' āmah	دعامة
迪拔吉	al-Dībāj	الديباج
迪拔冀	al-Dībājī	الديباجي
迪波撒尼	al-Dibsānī	الدبساني
迪波萨伊	al-Dibthā' ī	الدبثائي
迪尔拔斯	Dirbās	درباس
迪尔比勒	Di' bil	دعبل
迪尔俄	al-Dir'	الدرع
迪尔俄	Dir'	درع
迪尔哈米	al-Dirhamī	الدرهمي
迪尔哈姆	Dirham	درهم
迪尔塞姆	Di' tham	دعثم
迪尔沙比	al-Dirshābī	الدرشابي
迪尔沃里	al-Dirwālī	الدروالي
迪戈拉	Diqrah	دقرة
迪哈尼	al-Dihanī	الدهني
迪哈耶	Dihyah	دحية

续表

汉译	拉丁字母转写	阿拉伯文或波斯文
迪赫恩	Dihn	دهن
迪赫甘	al-Dihqān	الدهقان
迪赫拉维	al-Dihlawī	الدهلوي
迪赫里	al-Dihlī	الدهلي
迪赫纳	Dihnah	دهنة
迪赫尼	al-Dihnī	الدهني
迪赫舒利	al-Dihshūrī	الدهشوري
迪基	al-Dīqī	الديقي
迪吉维	al-Dijwī	الدجوي
迪克孤兹	Dīkqūz	ديكقوز
迪剌	Dirā’	دراء
迪腊尼	al-Dillānī	الدلاني
迪腊隋	al-Dilāsī	الدلاصي
迪岚	Dillān	دلان
迪勒	al-Dīl	الديل
迪勒贺西	al-Dilhāthī	الدلهاثي
迪黎兹达希	al-Dirizdahī	الدرزدهي
迪里	al-Dīlī	الديلي
迪立尔	Dillīr	دلير
迪利尼	al-Dīrīnī	الديريني
迪路韦赫	Dilluwayh	دلويه
迪路韦益	al-Dilluwayyī	الدلويي
迪马什基	al-Dimashqī	الدمشقي
迪玛斯	al-Dīmāsī	الديماسي
迪米	al-Dīmī	الديمي
迪米尔提	al-Dīmirtī	الديمرتي
迪米尔提雅尼	al-Dīmirtiyānī	الديمرتياني
迪默斯	al-Dīmasī	الديمسي

续表

汉译	拉丁字母转写	阿拉伯文或波斯文
迪姆雅蒂	al-Dimyātī	الدمياطي
迪姆雅尼	al-Dimyānī	الدمياني
迪纳尔	Dīnār	دينار
迪纳利	al-Dīnārī	الديناري
迪纳默兹达尼	al-Dīnamazdānī	الدينمزداني
迪纳瓦利	al-Dīnawarī	الدينوري
迪齐勒	Dīzīl	ديزيل
迪瑟尔	Dithār	دثار
迪施纳维	al-Dishnāwī	الدشناوي
迪施突熹	al-Dishtūkhī	الدشطوخي
迪思	Dīth	ديث
迪斯	al-Dīsī	الديسي
迪索尼耶	al-Dīsānīyah	الديصانية
迪瓦库施	al-Dīwakush	الديوكش
迪瓦利	al-Dīwarī	الديوري
迪旺冀	al-Dīwānjī	الديوانجي
迪沃尼	al-Dīwānī	الديواني
迪熙斯塔尼	al-Dihistānī	الدهستاني
迪雅尔伯克利	al-Diyārbakrī	الدياربكري
迪雅斐	al-Diyāfī	الديافي
迪耶斯蒂	al-Diyastī	الديصطي
迪优伽尼	al-Diyūqānī	الديوقاني
迪扎基	al-Dizaqī	الدزقي
第拔伊	al-Tibā' ī	الطبائي
第波尔	al-Tibr	الطبر
第戈托格	al-Tiqtaqá	الطقطقى
第赫法	Tikhfah	طخفة
第赫拉尼	al-Tihrānī	الطهراني

续表

汉译	拉丁字母转写	阿拉伯文或波斯文
第赫玛	Tikhmah	طخمة
第拉德	Tirād	طراد
第拉齐	al-Tirāzī	الطرازي
第琳玛哈	Tirimmāh	طرماح
第琳玛希	al-Tirimmāhī	الطرماحي
蒂比	Tībī；al-Tībī	طيبي؛ الطيبي
蒂拉伊	al-Tīrā' ī	الطيرائي
蒂利	al-Tīrī	الطيري
蒂尼	al-Tīnī	الطيني
丁默米	al-Dimmamī	الدممي
定纳	Dinnah	ضنة
定尼	al-Dinnī	الضني
都迦尼	al-Dūghānī	الدوغاني
窦阿	Daw'；al-Daw'	ضوء؛ الضوء
独巴仪	al-Duba' ī	الضبعي
独拔哈	Dubāh	ضباح
独拔思	Dubāth	ضباث
独拔西	al-Dubāthī	الضباثي
独贝阿	Dubay' ah	ضبيعة
独贝俄	Dubay'	ضبيع
独贝哈	Dubayh	ضبيح
独雷卜	Durayb	ضريب
独雷尔	al-Durayr	الضرير
独雷哈	Durayh	ضريح
独雷斯	Durays；al-Durays；al-Duraysī	ضريس؛ الضريس؛ الضريسي
独梅达	Dumaydah	ضميدة
独梅利	al-Dumayrī	الضميري

续表

汉译	拉丁字母转写	阿拉伯文或波斯文
独奈	Dunay	ضني
独亚米	al-Duyaymī	الضييمي
独亚姆	Duyaym	ضييم
笃尔	Dūr	ضور
笃利	al-Dūrī	الضوري
杜阿德	Du' ād	دؤاد
杜阿迪	al-Du' ādī	الدؤادي
杜阿勒	al-Du' al	الدؤل
杜阿里	al-Du' alī	الدؤلي
杜阿姆	Du' ām	دعام
杜拔比	al-Dubābī	الدبابي
杜拔卜	Dubbāb；al-Dubbāb	دباب؛ الدباب
杜拔尼	al-Dūbānī	الدوباني
杜拔旺迪	al-Dubāwandī	الدباوندي
杜贝尔	Dubayr	دبير
杜贝里	al-Dubaylī	الدبيلي
杜贝利	al-Dubayrī	الدبيري
杜贝西	al-Dubaythī	الدبيثي
杜贝耶	Dubayyah	دبية
杜波耶	Dubyah	دبية
杜波扎尼	al-Dubzanī	الدبزني
杜达尼	al-Dūdānī	الدوداني
杜丹	Dūdān	دودان
杜俄迪	al-Du' dī	الدعدي
杜俄米	Du' mī	دعمي
杜尔	Durr	در
杜尔比伽尼	al-Durbīqānī	الدربيقاني
杜尔比什	al-Durbīshī	الدربيشي

续表

汉译	拉丁字母转写	阿拉伯文或波斯文
杜尔达伊	al-Durdā' ī	الدردائي
杜尔内格	Durnayqah	درنيقة
杜尔齐	al-Durzī	الدرزي
杜尔塔伊	al-Durtā' ī	الدرتائي
杜尔耶斯提	al-Dūryastī	الدوريستي
杜尔扎比尼	al-Durzabīnī	الدرزبيني
杜富斐	al-Dufūfī	الدفوفي
杜盖姆	Duqaym	دقيم
杜戈玛戈	Duqmāq	دقماق
杜哈里	al-Duhalī	الدهلي
杜哈鲁吉	Duhrūj	دحروج
杜哈鲁冀	al-Duhrūjī	الدحروجي
杜哈尼	al-Dukhānī	الدخاني
杜海恩	Duhayn	دحين
杜海尔	Duhayr	دهير
杜海米	al-Duhaymī	الدحيمي
杜海姆	Duhaym	دحيم
杜海耶	Duhayyah	دهية
杜亥恩	Dukhayn；al-Dukhayn	دخين؛ الدخين
杜亥勒	Dukhayl	دخيل
杜汉	Duhan	دهن
杜汗斯尼	al-Dukhansīnī	الدخمسيني
杜贺斯	al-Duhāsī	الدهاسي
杜赫利	al-Duhrī	الدهري
杜赫玛	Duhmah	دهمة
杜赫玛尼	al-Duhmānī	الدهماني
杜赫曼	Duhmān	دهمان
杜赫米	al-Duhmī	الدهمي

续表

汉译	拉丁字母转写	阿拉伯文或波斯文
杜赫尼	Duhnī；al-Duhnī	دهني؛ الدهني
杜基	al-Duqqī	الدقي
杜佶	al-Dūghī	الدوغي
杜迦巴迪	al-Dūghābādī	الدوغابادي
杜迦尼	al-Dughānī	الدغاني
杜贾卡尼	al-Dujākanī	الدجاكني
杜捷恩	al-Dujayn	الدجين
杜捷里	al-Dujaylī	الدجيلي
杜凯恩	Dukayn	دكين
杜凯姆	al-Dukaym	الدكيم
杜凯尼耶	al-Dukaynīyah	الدكينية
杜克利	al-Dukrī	الدكري
杜拉达纳	al-Durradānah	الدردانة
杜拉斐	al-Dulafī	الدلفي
杜拉夫	Dulaf	دلف
杜拉弗斯	al-Durafsī	الدرفسي
杜拉吉	Durrāj	دراج
杜拉杰	Dulajah	دلجة
杜拉克	Durrak	درك
杜拉姆	al-Dulam	الدلم
杜拉其	al-Durrakī	الدركي
杜腊比	al-Dūlābī	الدولابي
杜莱勒	Dulayl	دليل
杜莱里	al-Dulaylī	الدليلي
杜莱米	al-Dulaymī	الدليمي
杜莱姆	Dulaym	دليم
杜勒	Dūl；al-Dūl	دول؛ الدول
杜雷德	Durayd	دريد

续表

汉译	拉丁字母转写	阿拉伯文或波斯文
杜雷迪	al-Duraydī	الدريدي
杜雷吉	Durayj	دريج
杜雷克	Durayk	دريك
杜雷尼	al-Duraynī	الدريني
杜黎其	al-Dūrikī	الدوركي
杜里	al-Dūrī	الدوري
杜立贾尼	al-Dulījānī	الدليجاني
杜利	Durrī	دري
杜鲁基	Durūqī；al-Durūqī	دروقي؛ الدروقي
杜鲁斯塔韦赫	Durustawayh	درستويه
杜鲁斯特	Durust	درست
杜鲁斯图韦赫	Durustuwayh	درستويه
杜鲁斯图维	al-Durustuwī	الدرستوي
杜玛尼	al-Dūmānī	الدوماني
杜玛尼斯	al-Dumānīsī	الدمانيسي
杜玛旺迪	al-Dumāwandī	الدماوندي
杜曼	Dūmān	دومان
杜梅其	al-Dumaykī	الدميكي
杜米	al-Dūmī	الدومي
杜默	Dūmah	دومة
杜木希	al-Dumūhī	الدموهي
杜纳基	al-Dūnaqī	الدونقي
杜内恩	Dunayn	دنين
杜内尼尔	Dunaynīr	دنينير
杜内萨利	al-Dunaysarī	الدنيسري
杜内斯利	al-Dunaysirī	الدنيسري
杜尼	al-Dūnī	الدوني
杜沙比	al-Dūshābī	الدوشابي

续表

汉译	拉丁字母转写	阿拉伯文或波斯文
杜施曼	Dushman	دشمن
杜斯	Dūs; al-Dūsī	دوس؛ الدوسي
杜斯塔加尼	al-Dustaghanī	الدستغني
杜斯塔克	Dūstak	دوستك
杜斯塔其	al-Dūstakī	الدوستكي
杜斯塔韦赫	Dūstawayh	دوستويه
杜斯特	Dūst	دوست
杜素基	al-Dusūqī	الدسوقي
杜塔益	al-Dūtāyī	الدوتايي
杜韦波	Duwayb	دويب
杜韦达利	al-Duwaydārī	الدويداري
杜韦德	Duwayd	دويد
杜韦迪	al-Duwaydī	الدويدي
杜韦利	al-Duwayrī	الدويري
杜韦利	Duwayrī	دويري
杜韦尼	al-Duwaynī	الدويني
杜韦斯	al-Duwaysī	الدويسي
杜维尼	al-Duwīnī	الدويني
杜沃德	Duwād	دواد
杜雅斯尔	Dūyāsir	دوياسر
杜伊勒	al-Du' il	الدئل
敦拔旺迪	al-Dunbāwandī	الدنباوندي
敦布里	al-Dunbulī	الدنبلي
敦雅	al-Dunyā	الدنيا
多巴	Dabbah	ضبة
多拔	Dabbā'	ضباء
多拔比	al-Dabābī	الضبابي
多拔卜	Dabāb; al-Dabāb	ضباب؛ الضباب

续表

汉译	拉丁字母转写	阿拉伯文或波斯文
多拔哈	Dabbāh	ضباح
多拔利	Dabārī；al-Dabārī	ضباري؛ الضباري
多比	al-Dabbī	الضبي
多比尼	al-Dabīnī	الضبيني
多比斯	Dabīs；al-Dabīsī	ضبيس؛ الضبيسي
多波塞姆	Dabtham	ضبثم
多卜	Dabb	ضب
多法迪仪	al-Dafādi' ī	الضفادعي
多哈克	al-Dahhāk	الضحاك
多贺巴	Dahābah	ضهابة
多赫尔	Dahr	ضهر
多赫利	al-Dahrī	الضهري
多赫米	al-Dakhmī	الضخمي
多赫姆	al-Dakhm	الضخم
多吉尔	Dajr	ضجر
多冀俄	al-Dajī'	الضجيع
多冀仪	al-Dajī' ī	الضجيعي
多拉卜	Darrāb；al-Darrāb	ضراب؛ الضراب
多拉玛	Daramah	ضرمة
多利尔	al-Darīr	الضرير
多姆多姆	Damdam	ضمضم
多姆拉	Damrah	ضمرة
多姆利	al-Damrī	الضمري
多穆尔	al-Damūr	الضمور
多义夫	al-Da' īf	الضعيف
铎比	Dābī'	ضابئ
铎比尔	Dābir	ضابر
铎勒	al-Dāl	الضال

续表

汉译	拉丁字母转写	阿拉伯文或波斯文
铎敏	al-Dāmin	الضامن
铎尼	al-Dānī	الضاني
铎缇尔	Dātir	ضاطر
铎缇利	al-Dātirī	الضاطري
铎希	Dāhī	ضاحي
铎伊俄	al-Dā' i'	الضائع

E

汉译	拉丁字母转写	阿拉伯文或波斯文
尔迪	al-' Īdī	العيدي
尔撒	' Īsá	عيسى
尔什	al-' Īshī	العيشي
尔施	' Īsh	عيش
尔士	al-' Īs	العيص
尔斯	al-' Īsī	العيسي
尔隋	al-' Īsī	العيصي

F

汉译	拉丁字母转写	阿拉伯文或波斯文
发阿法阿	al-Fa' fā'	الفافاء
发里	al-Falī	الفلي
法阿拉	Fa' rah	فارة
法巴贾尼	al-Fābajānī	الفابجاني
法巴札尼	al-Fābazānī	الفابزاني
法比	al-Fabbī	الفبي
法达利	al-Fādārī	الفاداري
法达其	al-Fadakī	الفدكي

续表

汉译	拉丁字母转写	阿拉伯文或波斯文
法达韦赫	Faddawayh	فدويه
法达维	al-Faddawī	الفدوي
法得勒	al-Fadl	الفضل
法得里	al-Fadlī	الفضلي
法得路拉	Fadl Allāh	فضل الله
法狄勒	Fādil；al-Fādil	فاضل؛ الفاضل
法蒂米	al-Fatīmī	الفطيمي
法蒂斯	Fatīs	فطيس
法铎	Fadā’	فضاء
法铎拉	Fadālah	فضالة
法铎勒	Faddāl	فضال
法铎伊勒	al-Fadā’ il	الفضائل
法厄迪利	al-Faghdīrī	الفغديري
法厄迪尼	al-Faghdīnī	الفغديني
法尔	Fārr	فار
法尔达迪	al-Fardadī	الفرددي
法尔达米	al-Fardamī	الفردمي
法尔恩	Farn	فرن
法尔法尔	Farfar	فرفر
法尔法尼	al-Fārfānī	الفارفاني
法尔格德	Farqad	فرقد
法尔格迪	al-Farqadī	الفرقدي
法尔庚	Farghān	فرغان
法尔顾里	al-Farghūlī	الفرغولي
法尔贺吒尼	al-Farhādhānī	الفرهاذاني
法尔贺孜吉尔迪	al-Farhādhjirdī	الفرهاذجردي
法尔赫	Farkh；al-Farkh	فرخ؛ الفرخ
法尔赫札芝	al-Farkhazādhī	الفرخزاذي

续表

汉译	拉丁字母转写	阿拉伯文或波斯文
法尔黑	al-Farkhī	الفرخي
法尔宏	Farhūn	فرحون
法尔呼德	Farhūd	فرهود
法尔呼迪	al-Farhūdī	الفرهودي
法尔忽兹迪扎冀	al-Farkhūzdīzajī	الفرخوزديزجي
法尔吉	al-Farjī	الفرجي
法尔冀	al-Fārjī	الفارجي
法尔迦尼	al-Farghānī	الفرغاني
法尔杰雅尼	al-Farjayānī	الفرجياني
法尔卡哈	al-Farkāh	الفركاح
法尔玛尼	Farmānī	فرماني
法尔曼克	Farmank	فرمنك
法尔曼其	al-Farmankī	الفرمنكي
法尔纳巴芝	al-Farnabādhī	الفرنباذي
法尔尼法瑟尼	al-Farnīfathānī	الفرنيفثاني
法尔撒尼	al-Farsānī	الفرساني
法尔瓦	Farwah	فروة
法尔维	al-Farwī	الفروي
法尔沃贾尼	al-Farwājānī	الفرواجاني
法尔沃尼	al-Farwānī	الفرواني
法尔熙雅尼	al-Farhiyānī	الفرهياني
法尔札密塞尼	al-Farzūmīthanī	الفرزاميثني
法法	al-Fāfā	الفافا
法法赫	Fāfāh	فافاه
法伽仪	al-Faqqā' ī	الفقاعي
法戈阿斯	Faq' as；al-Faq' asī	فقعس؛ الفقعسي
法戈斯	Faqs	فقص
法庚迪齐	al-Faghāndīzī	الفغانديزي

续表

汉译	拉丁字母转写	阿拉伯文或波斯文
法哈尔	Fakhār	فخار
法哈勒	al-Fahl	الفحل
法哈姆	al-Fahhām	الفحام
法赫德	Fahd	فهد
法赫迪	al-Fahdī	الفهدي
法赫尔	Fakhr	فخر
法赫鲁丁	Fakhr al-Dīn	فخر الدين
法赫米	al-Fahmī	الفهمي
法赫姆	Fahm；al-Fahm	فهم؛ الفهم
法忽利	al-Fākhūrī	الفاخوري
法基尔	Faqīr；al-Faqīr	فقير؛ الفقير
法基赫	Faqīh；al-Faqīh	فقيه؛ الفقيه
法基利	al-Faqīrī	الفقيري
法基米	al-Faqīmī	الفقيمي
法基姆	Faqīm；al-Faqīm	فقيم؛ الفقيم
法吉施特	Faghisht	فغشت
法吉施提	al-Faghishtī	الفغشتي
法佶	al-Fāghī	الفاغي
法佶迪齐	al-Faghīdizī	الفغيدزي
法佶图斯尼	al-Faghītūsīnī	الفغيطوسيني
法拉	Farah	فرة
法拉比	al-Farābī；al-Fārābī	الفرابي؛ الفارابي
法拉波利	al-Farabrī	الفربري
法拉迪斯	al-Farādīsī	الفراديسي
法拉荻	al-Faradī	الفرضي
法拉菲索	Farāfisah；al-Farāfisah	فرافصة؛ الفرافصة
法拉哈	Farah；al-Farah	فرح؛ الفرح
法拉赫什	al-Farakhshī	الفرخشي

续表

汉译	拉丁字母转写	阿拉伯文或波斯文
法拉基	al-Falaqī	الفلقي
法拉吉	Faraj；al-Faraj	فرج؛ الفرج
法拉冀	al-Farajī	الفرجي
法拉玛维	al-Faramāwī	الفرماوي
法拉米	al-Faramī	الفرمي
法拉姆芝	al-Fāramdhī	الفارمذي
法拉尼	al-Faranī；al-Farrānī	الفراني
法拉其	al-Falakī	الفلكي
法拉撒尼	al-Farasānī	الفرساني
法拉沙	Farāshah	فراشة
法拉什	al-Farāshī	الفراشي
法拉斯	Faras；al-Faras；al-Farasī	فرس؛ الفرس؛ الفرسي
法拉坦	al-Falatān	الفلتان
法拉维	al-Farawī	الفروي
法拉希德	Farāhīd	فراهيد
法拉希迪	al-Farāhīdī	الفراهيدي
法拉雅比	al-Fārayābī	الفاريابي
法拉伊荻	al-Farā' idī	الفرائضي
法拉兹达戈	al-Farazdaq	الفرزدق
法拉兹达基	al-Farazdaqī	الفرزدقي
法剌	al-Farrā'	الفراء
法剌尼	al-Fārānī	الفاراني
法剌其	al-Farakī	الفركي
法剌斯	Farrās	فراس
法腊哈	Falāh；Fallāh	فلاح
法腊其	al-Fallākī	الفلاكي
法腊斯	al-Fallās	الفلاس
法腊塔	Fallātah	فلاتة

续表

汉译	拉丁字母转写	阿拉伯文或波斯文
法腊希	al-Falāhī	الفلاحي
法兰	Farrān	فران
法兰达巴芝	al-Farandābādhī	الفرنداباذي
法兰吉	Faranj	فرنج
法兰冀	al-Faranjī	الفرنجي
法兰杰	Faranjah	فرنجة
法兰卡迪	al-Farankadī	الفرنكدي
法兰西斯	al-Faransīsī	الفرنسيسي
法里赫	Fālikh	فالخ
法勒哈利	al-Falkhārī	الفلخاري
法勒冀	al-Faljī	الفلجي
法勒其	al-Falkī	الفلكي
法勒维	al-Falwī	الفلوي
法勒戊	al-Falw	الفلو
法雷尔	Farayr	فرير
法黎得	al-Fārid	الفارض
法黎俄	Fāri‘ ; al-Fāri‘	فارع؛ الفارع
法黎戈	Fāriq	فارق
法黎基	al-Fāriqī	الفارقي
法黎基尼	al-Fāriqīnī	الفارقيني
法黎吉	Fārij	فارج
法黎冀	al-Fārijī	الفارجي
法黎齐	al-Fārizī	الفارزي
法黎斯	al-Fāris	الفارص
法里	al-Fālī	الفالي
法里斯	Fāris; al-Fāris; al-Fārisī	فارس؛ الفارس؛ الفارسي
法里斯吉尼	al-Fārisjīnī	الفارسجيني
法立塔	Falītah	فليتة

续表

汉译	拉丁字母转写	阿拉伯文或波斯文
法利德	Farīd	فريد
法利尔	Farīr；al-Farīr	فرير؛ الفرير
法利贡	Farīghūn	فريغون
法利利	al-Farīrī	الفريري
法利什	al-Farīshī	الفريشي
法利施	Farīsh	فريش
法利斯	Farīs	فريس
法利扎尼	al-Farīzanī	الفريزني
法鲁戈	Fārūq；al-Fārūq	فاروق؛ الفاروق
法鲁哈尼	al-Farrukhānī	الفرخاني
法鲁汗	Farrukhān；al-Farrukhān	فرخان؛ الفرخان
法鲁赫	Farrūkh	فروخ
法鲁齐	al-Fārūzī	الفاروزي
法鲁维	al-Fāruwī	الفاروي
法鲁西	al-Fārūthī	الفاروثي
法陆赫	Farrukh	فرخ
法璐维	al-Falūwī	الفلوي
法米	al-Fāmī	الفامي
法密尼	al-Fāmīnī	الفاميني
法纳呼斯鲁	Fanākhusrū	فناخسرو
法纳其	al-Fanakī	الفنكي
法南	Fanan	فنن
法齐	al-Fāzī	الفازي
法奇赫	al-Fākih	الفاكه
法奇希	al-Fākihī	الفاكهي
法撒蒂蒂	al-Fasātītī	الفساطيطي
法萨维	al-Fasawī	الفسوي
法桑吉斯	Fasānjis	فسانجس

续表

汉译	拉丁字母转写	阿拉伯文或波斯文
法沙尼	al-Fāshānī	الفاشاني
法沙施	al-Fashshāsh	الفشاش
法什迪扎冀	al-Fashīdīzajī	الفشيديزجي
法施尼	al-Fashnī	الفشني
法士勒	al-Fasl	الفصل
法述基	al-Fāshūqī	الفاشوقي
法斯	al-Fāsī	الفاسي
法斯塔贾尼	al-Fastajānī	الفستجاني
法隋勒	Fasīl；al-Fasīl	فصيل؛ الفصيل
法隋里	al-Fasīlī	الفصيلي
法塔维	al-Fatawī	الفتوي
法特哈	Fath；al-Fath	فتح؛ الفتح
法特宏	Fathūn	فتحون
法特胡丁	Fath al-Dīn	فتح الدين
法特胡拉	Fath Allāh	فتح الله
法特希	Fathī	فتحي
法提	al-Fatī	الفتي
法提克	Fātik；al-Fātik	فاتك؛ الفاتك
法提尼	al-Fātinī	الفاتني
法缇米	al-Fātimī	الفاطمي
法廷	Fātin	فاتن
法托希	al-Fathī	الفطحي
法维	al-Fāwī	الفاوي
法沃黎斯	al-Fawāris	الفوارس
法喜拉尼	al-Fākhirānī	الفاخراني
法喜利	al-Fākhirī	الفاخري
法伊德	Fāyid	فايد
法伊迪	al-Fāyidī	الفايدي

续表

汉译	拉丁字母转写	阿拉伯文或波斯文
法伊戈	Fā' iq	فائق
法伊什	al-Fā' ishī	الفائشي
法伊特	Fāyit	فايت
法泽	Fadhdhah	فذة
法泽贾尼	al-Fādhajānī	الفاذجاني
法扎俄	Faza‘; al-Faza‘	فزع؛ الفزع
法扎仪	al-Faza‘ī	الفزعي
法札拉	Fazārah	فزارة
法札利	al-Fazārī	الفزاري
法札瓦	Fazāwah	فزاوة
法札维	al-Fazāwī	الفزاوي
法芝	al-Fādhī	الفاذي
法兹俄	Faz‘; al-Faz‘	فزع؛ الفزع
法兹尔	al-Fazr	الفزر
法兹利	al-Fazrī	الفزري
法兹仪	al-Faz‘ī	الفزعي
法祖韦赫	Fādhuwayh	فاذويه
法祖维	al-Fādhuwī	الفاذوي
凡德	Fand	فند
凡卡迪	al-Fankadī	الفنكدي
凡纳呼斯鲁	Fannākhusrū	فناخسرو
凡纳吉	Fannaj	فنج
凡纳其	al-Fannākī	الفناكي
凡尼尼	al-Fannīnī	الفنيني
凡努韦赫	Fannuwayh	فنويه
凡努韦益	al-Fannuwayyī	الفنويي
凡朱奇尔迪	al-Fanjukirdī	الفنجكردي
凡朱韦赫	Fanjuwayh	فنجويه

续表

汉译	拉丁字母转写	阿拉伯文或波斯文
凡朱韦益	al-Fanjuwayyī	الفنجويي
菲达	al-Fidā’	الفداء
菲尔敖恩	Fir‘ awn	فرعون
菲尔达冀	al-Firdājī	الفرداجي
菲尔卡哈	al-Firkāh	الفركاح
菲尔利什	al-Firrīshī	الفريشي
菲尔其	al-Firkī	الفركي
菲尔撒尼	al-Firsānī	الفرساني
菲尔雅比	al-Firyābī	الفريابي
菲尔雅纳尼	al-Firyānānī	الفرياناني
菲尔雅尼	al-Firyānī	الفرياني
菲哈里	al-Fihlī	الفحلي
菲赫尔	Fihr	فهر
菲赫利	al-Fihrī	الفهري
菲赫鲁韦赫	Fihruwayh	فهرويه
菲赫鲁韦益	al-Fihruwayyī	الفهرويي
菲拉波利	al-Firabrī	الفربري
菲拉俄	Fira‘；al-Fira‘	فرع؛ الفرع
菲拉基	al-Filaqī	الفلقي
菲拉其	al-Filakī	الفلكي
菲拉斯	Firās；al-Firāsī	فراس؛ الفراسي
菲拉斯蒂尼	al-Filastīnī	الفلسطيني
菲拉仪	al-Fira‘ ī	الفرعي
菲勒菲腊尼	al-Filfilānī	الفلفلاني
菲勒戈	al-Filq	الفلق
菲鲁齐	al-Fīrūzī	الفيروزي
菲鲁扎巴迪	al-Fīrūzābādī	الفيروزآبادي
菲鲁扎巴芝	al-Fīrūzābādhī	الفيروزآباذي

续表

汉译	拉丁字母转写	阿拉伯文或波斯文
菲鲁扎纳赫吉利	al-Fīrūzanakhjīrī	الفيروزنخجيري
菲鲁兹	Fīrūz	فيروز
菲鲁兹沙赫	Fīrūzshāh	فيروزشاه
菲特尔	Fitr	فطر
菲特利	al-Fitrī	الفطري
菲特雅尼	al-Fityānī	الفتياني
菲特彦	Fityān; al-Fityān	فتيان؛ الفتيان
菲特尧尼	al-Fityawnī	الفطيوني
菲特优尼	al-Fityūnī	الفطيوني
菲幸贾尼	al-Fisinjānī	الفسنجاني
菲雅孜束尼	al-Fiyādhsūnī	الفياذسوني
菲兹俄	Fiz‘ ; al-Fiz‘	فزع؛ الفزع
菲兹尔	al-Fizr	الفزر
斐尔道斯	Firdaws	فردوس
斐尔雅比	al-Fīryābī	الفيريابي
斐杰卡西	al-Fījakathī	الفيجكثي
斐勒	Fīl; al-Fīl	فيل؛ الفيل
斐里	al-Fīlī	الفيلي
斐利	al-Fīrī	الفيري
斐鲁赫	Fīrruh	فيره
斐尼	al-Fīnī	الفيني
斐什	al-Fīshī	الفيشي
费得	al-Fayd	الفيض
费德	Fayd	فيد
费迪	al-Faydī	الفيدي
费荻	Faydī	فيضي
费吉	al-Fayj	الفيج
费鲁赞	al-Fayruzān	الفيرزان

续表

汉译	拉丁字母转写	阿拉伯文或波斯文
费鲁札尼	al-Fayruzānī	الفيرزاني
费鲁兹	Fayrūz	فيروز
费萨尔	Faysal	فيصل
费雅得	Fayyād；al-Fayyād	فياض؛ الفياض
费雅荻	al-Fayyādī	الفياضي
费雅尔	Fayyār	فيار
费雅利	al-Fayyārī	الفياري
费益	al-Fayyī	الفيي
费优米	al-Fayyūmī	الفيومي
芬达腊维	al-Findalāwī	الفندلاوي
芬德	Find；al-Find	فند؛ الفند
芬图利	al-Fintūrī	الفنتوري
丰迪尼	al-Fundīnī	الفنديني
丰都拉冀	al-Fundūrajī	الفندورجي
丰杜戈	Funduq	فندق
丰朱卡尼	al-Funjukānī	الفنجكاني
缶拉	Fawrah	فورة
缶利	Fawrī	فوري
缶齐	Fawzī；al-Fawzī	فوزي؛ الفوزي
缶维	Fawwī；al-Fawwī	فوي؛ الفوي
缶兹	Fawz	فوز
福阿德	Fu' ād	فؤاد
福代克	Fudayk	فديك
福代其	al-Fudaykī	الفديكي
福戴勒	Fudayl；al-Fudayl	فضيل؛ الفضيل
福戴里	al-Fudaylī	الفضيلي
福尔安	Fur‘ ān	فرعان
福尔古比	al-Furqubī	الفرقبي

续表

汉译	拉丁字母转写	阿拉伯文或波斯文
福尔谷里济	al-Furghulīzī	الفرغليظي
福尔纳	Furnah	فرنة
福尔尼	al-Furnī	الفرني
福尔撒巴芝	al-Fursābādhī	الفرساباذي
福尔什	al-Furshī	الفرشي
福尔扎克	Furzak	فرزك
福尔扎其	al-Furzakī	الفرزكي
福盖米	al-Fuqaymī	الفقيمي
福盖姆	Fuqaym; al-Fuqaym	فقيم؛ الفقيم
福海尔	Fuhayr	فهير
福拉菲索	al-Furāfisah	الفرافصة
福拉希纳尼	al-Furāhīnānī	الفراهيناني
福拉特	Furāt; al-Furāt	فرات؛ الفرات
福拉提	al-Furātī	الفراتي
福拉维	al-Furāwī	الفراوي
福莱哈	Fulayh	فليح
福莱特	Fulayt	فليت
福勒福勒	Fulful	فلفل
福雷俄	Furay‘	فريع
福雷赫	Furaykh	فريخ
福雷吉	Furayj	فريج
福雷斯	Furays; al-Furaysī	فريس؛ الفريسي
福雷耶	Furayyah	فرية
福雷仪	al-Furay‘ ī	الفريعي
福纳斯	Funās	فناس
福齐	al-Fuzzī	الفزي
福斯胡米	al-Fushumī	الفسحمي
福斯胡姆	Fushum	فسحم

续表

汉译	拉丁字母转写	阿拉伯文或波斯文
福斯塔蒂	al-Fustātī	الفسطاطي
福台恩	Futayn	فتين
福台提	al-Futaytī	الفتيتي
福特鲁斯	Futrus	فطرس
福突哈	Futūh；al-Futūh	فتوح؛ الفتوح
福推米	al-Futaymī	الفطيمي
福推斯	Futays	فطيس
福瓦蒂	al-Fuwatī	الفوطي
富尔	Fūr	فور
富尔法利	al-Fūrfārī	الفورفاري
富格	Fūqah	فوقة
富拉克	Fūrak	فورك
富拉黎迪	al-Fūrāridī	الفواردي
富拉尼	al-Fūrānī	الفوراني
富拉其	al-Fūrakī	الفوركي
富拉斯	al-Fūrasī	الفورسي
富兰	Fūrān	فوران
富利	al-Fūrī	الفوري
富奇尔迪	al-Fūkirdī	الفوكردي
富善吉	al-Fūshanjī	الفوشنجي
富维	al-Fūwī	الفوي
富仪	al-Fū' ī	الفوعي
富吒尼	al-Fūdhānī	الفوذاني

G

汉译	拉丁字母转写	阿拉伯文或波斯文
伽比斯	al-Qābisī	القابسي

续表

汉译	拉丁字母转写	阿拉伯文或波斯文
伽布斯	Qābūs；al-Qābūsī	قابوس؛ القابوسي
伽迪	Qādī；al-Qādī	قاضي؛ القاضي
伽迪尔	al-Qādir	القادر
伽迪哈	al-Qādih	القادح
伽迪利	al-Qādirī	القادري
伽迪姆	Qādim	قادم
伽迪斯	al-Qādisī	القادسي
伽迪希	al-Qādihī	القادحي
伽菲勒	Qāfil	قافل
伽弗腊尼	al-Qāflānī	القافلاني
伽吉	Qāj	قاج
伽拉	al-Qārah	القارة
伽拉尼	al-Qārānī	القاراني
伽兰	Qārān	قاران
伽黎济	al-Qārizī	القارظي
伽黎齐	al-Qārizī	القارزي
伽黎斯	al-Qārisī	القارسي
伽黎兹	Qāriz	قارظ
伽里	al-Qālī	القالي
伽利	al-Qārī	القاري
伽利阿	al-Qāri’	القارئ
伽琳	Qārin	قارن
伽路韦赫	Qāluwayh	قالويه
伽璐斯	Qālūs；al-Qālūsī	قالوس؛ القالوسي
伽仑	Qālūn	قالون
伽尼俄	Qāni‘	قانع
伽尼斐	al-Qānifī	القانفي
伽尼夫	Qānif	قانف

续表

汉译	拉丁字母转写	阿拉伯文或波斯文
伽撒尼	al-Qāsānī	القاساني
伽沙尼	al-Qāshānī	القاشاني
伽什	al-Qāshī	القاشي
伽士	al-Qās；al-Qāss	القاص
伽斯	Qās；al-Qāsī	قاس؛ القاسي
伽斯蒂	al-Qāsitī	القاسطي
伽斯拉	al-Ghāsilah	الغاسلة
伽斯米	al-Qāsimī	القاسمي
伽斯姆	Qāsim；al-Qāsim	قاسم؛ القاسم
伽斯特	Qāsit	قاسط
伽特法利	al-Ghātfarī	الغاتفري
伽熙尔	al-Qāhir	القاهر
伽熙利	al-Qāhirī	القاهري
伽伊德	Qā' id；al-Qā' id	قائد؛ القائد
伽伊斐	al-Qā' ifī	القائفي
伽伊夫	Qā' if	قائف
伽伊玛兹	Qāymāz	قايماز
伽伊米	al-Qā' imī	القائمي
伽伊尼	al-Qā' inī	القائني
伽伊特贝	Qāyitbāy	قايتباي
伽应	Qāyin	قاين
该丹	Ghaydān	غيدان
该都尼	al-Ghaydūnī	الغيدوني
该斐	al-Ghayfī	الغيفي
该腊尼	al-Ghaylānī	الغيلاني
该岚	Ghaylān	غيلان
该利尼	al-Ghayrīnī	الغيريني
该玛尼	al-Ghaymānī	الغيماني

续表

汉译	拉丁字母转写	阿拉伯文或波斯文
该曼	Ghaymān	غيمان
该南	Qaynān；Qaynan	قينان؛ قينن
该思	Ghayth；al-Ghayth	غيث؛ الغيث
该西	al-Ghaythī	الغيثي
该雅尼	al-Ghayyānī	الغياني
该彦	Ghayyān	غيان
该也思	Ghayyath	غيث
该伊思	Ghayyith	غيث
该伊西	al-Ghayyithī	الغيثي
盖荻	al-Qaydī	القيضي
盖恩	al-Qayn	القين
盖济	Qayzī；al-Qayzī	قيظي؛ القيظي
盖拉温	Qalāwun；Qalāwūn	قلاون؛ قلاوون
盖拉沃尼	al-Qayrawānī	القيرواني
盖勒	Qayl；al-Qayl	قيل؛ القيل
盖路韦	al-Qayluway	القيلوي
盖玛兹	Qaymāz	قيماز
盖纳尼	al-Qaynānī	القيناني
盖尼	al-Qaynī	القيني
盖尼伽仪	al-Qayniqā‘ī	القينقاعي
盖萨拉尼	al-Qaysarānī	القيسراني
盖斯	Qays；al-Qays；al-Qaysī	قيس؛ القيس؛ القيسي
盖索尔	Qaysar	قيصر
盖索利	al-Qaysarī	القيصري
盖雅尔	Qayyār；al-Qayyār	قيار؛ القيار
盖伊姆	Qayyim；al-Qayyim	قيم؛ القيم
盖优玛	Qayyūmā	قيوما
盖优米	al-Qayyūmī	القيومي

续表

汉译	拉丁字母转写	阿拉伯文或波斯文
盖优姆	al-Qayyūm	القيوم
甘巴尔	Qanbar	قنبر
甘巴利	al-Qanbarī	القنبري
甘德	Qand	قند
甘迪	al-Qandī	القندي
甘迪里	al-Qandīlī	القنديلي
甘迪施塔尼	al-Qandīshtanī	القنديشتني
甘古勒	Qanqul	قنقل
甘古里	al-Qanqulī	القنقلي
甘玛哈	al-Qammāh	القماح
甘玛士	Qammās	قماص
甘玛隋	al-Qammāsī	القماصي
甘玛特	al-Qammāt	القماط
甘纳德	al-Qannād	القناد
甘纳尼	al-Qannānī	القناني
甘南	Qannān	قنان
甘宿赫	Qansūh	قنصوه
甘托利	al-Qantarī	القنطري
高格勒	Qawqal	قوقل
高格里	al-Qawqalī	القوقلي
高沃斯	al-Qawwās	القواس
郜拉伽尼	al-Ghawlaqānī	الغولقاني
郜利	al-Ghawrī	الغوري
郜思	Ghawth；al-Ghawth	غوث؛ الغوث
郜西	al-Ghawthī	الغوثي
格里高利	Gregory（英文）	غريغوريوس
葛阿德	Qa‘ ad	قعد
葛巴荻	al-Qabadī	القبضي

续表

汉译	拉丁字母转写	阿拉伯文或波斯文
葛巴里	al-Qabalī	القبلي
葛巴斯	Qabas	قبس
葛巴维	al-Qabawī	القبوي
葛拔卜	al-Qabbāb	القباب
葛拔基比	al-Qabāqibī	القباقبي
葛拔尼	al-Qabbānī	القباني
葛拔思	Qabāth	قباث
葛拔特	Qabāt；al-Qabāt	قبات؛ القبات
葛拔西	al-Qabāthī	القباثي
葛拔伊里	al-Qabā' ilī	القبائلي
葛班	Qabbān	قبان
葛比	al-Qabbī	القبي
葛比勒	Qabīl	قبيل
葛比索	Qabīsah	قبيصة
葛波荻	al-Qabdī	القبضي
葛波拉	Qabrah	قبرة
葛波利	al-Qabrī	القبري
葛达哈	al-Qaddāh	القداح
葛达利	al-Qadarī	القدري
葛达希	al-Qaddāhī	القداحي
葛丹	Qatan	قطن
葛蒂法	Qatīfah	قطيفة
葛蒂斐	al-Qatīfī	القطيفي
葛蒂尼	al-Qatīnī	القطيني
葛蒂仪	al-Qatī' ī	القطيعي
葛都利	Qaddūrī	قدوري
葛都斯	al-Qaddūs	القدوس
葛铎	Qadā'	قضاء

续表

汉译	拉丁字母转写	阿拉伯文或波斯文
葛俄蒂	al-Qa‘ tī	القعطي
葛俄恩	Qa‘ n	قعن
葛俄纳比	al-Qa‘ nabī	القعنبي
葛俄纳波	Qa‘ nab	قعنب
葛俄特	Qa‘ t	قعط
葛尔达米	al-Qardamī	القردمي
葛尔达姆	Qardam	قردم
葛尔俄	Qar‘	قرع
葛尔恩	Qarn	قرن
葛尔格尔	Qarqar	قرقر
葛尔格拉	Qarqarah	قرقرة
葛尔格利	al-Qarqarī	القرقري
葛尔格撒尼	al-Qarqasānī	القرقساني
葛尔格圣迪	al-Qarqashāndī	القرقشندي
葛尔基斯	al-Qarqīsī	القرقيسي
葛尔杰	Qarjah	قرجة
葛尔杰尼	al-Qarjanī	القرجني
葛尔姆	Qarm	قرم
葛尔木尼	al-Qarmūnī	القرموني
葛尔纳尼	al-Qarnānī	القرناني
葛尔纳伊	al-Qarnā’ ī	القرنائي
葛尔尼	al-Qarnī	القرني
葛尔塞阿	Qartha‘ ah	قرثعة
葛尔塞俄	Qartha‘	قرثع
葛尔塞仪	al-Qartha‘ ī	القرثعي
葛尔雅尼斯	Qaryūnis	قريانس
葛法勒	al-Qaffāl	القفال
葛法里	al-Qafalī	القفلي

续表

汉译	拉丁字母转写	阿拉伯文或波斯文
葛斐兹	Qafīz	قفيز
葛弗隋	al-Qafsī	القفصي
葛哈勒	al-Qahl	القحل
葛哈拓尼	al-Qahtānī	القحطاني
葛哈塘	Qahtān	قحطان
葛哈托巴	Qahtabah	قحطبة
葛哈托比	al-Qahtabī	القحطبي
葛哈泽米	al-Qahdhamī	القحذمي
葛哈泽姆	Qahdham	قحذم
葛哈扎姆	Qahzam	قحزم
葛赫德	Qahd	قهد
葛赫米	al-Qahmī	القهمي
葛赫姆	Qahm	قهم
葛拉	Qarā	قرا
葛拉拔佶	al-Qarabāghī	القراباغي
葛拉卜	al-Qarrāb	القراب
葛拉蒂	al-Qarātī	القراطي
葛拉蒂斯	al-Qarātīsī	القراطيسي
葛拉尔	Qarār	قرار
葛拉斐	al-Qarāfī	القرافي
葛拉赫	Qarah	قره
葛拉济	al-Qarazī	القرظي
葛拉冀	al-Qalajī	القلجي
葛拉贾	Qarājā	قراجا
葛拉杰	Qarajah	قرجة
葛拉利	al-Qarārī	القراري
葛拉玛尼	Qaramānī；al-Qarāmānī	قرماني؛ القراماني
葛拉尼	al-Qaranī	القرني

续表

汉译	拉丁字母转写	阿拉伯文或波斯文
葛拉索迪	al-Qalasādī	القلصادي
葛拉塔伊	al-Qarattā' ī	القرتائي
葛拉拓伊	Qaratāy	قرطاي
葛拉维	al-Qarawī	القروي
葛拉仪	al-Qala' ī	القلعي
葛拉兹	Qaraz；al-Qaraz	قرظ؛ القرظ
葛剌兹	al-Qarrāz	القراظ
葛腊	al-Qallā'	القلاء
葛腊尼斯	al-Qalānisī	القلانسي
葛腊斯	al-Qallās	القلاس
葛兰	Qaran	قرن
葛兰朱里	al-Qaranjulī	القرنجلي
葛岚都什	al-Qalandūshī	القلندوشي
葛劳瓦拉	Qalawwarah	قلورة
葛劳瓦利	al-Qalawwarī	القلوري
葛勒格圣迪	al-Qalqashandī	القلقشندي
葛勒腊斯	al-Qallāsī	القلاسي
葛勒撒尼	al-Qalsānī	القلساني
葛勒仪	al-Qal' ī	القلعي
葛勒优比	al-Qalyūbī	القليوبي
葛勒祖米	al-Qalzumī	القلزمي
葛雷卜	Qarayb	قريب
葛立吉	Qalīj	قليج
葛利巴	Qarībah	قريبة
葛利比	al-Qarībī	القريبي
葛利俄	Qarī'	قريع
葛利哈	Qarīh	قريح
葛利纳	Qarīnah	قرينة

续表

汉译	拉丁字母转写	阿拉伯文或波斯文
葛利奈尼	al-Qarīnaynī	القرينيني
葛利尼	al-Qarīnī	القريني
葛利特	Qarīt	قريط
葛利希	al-Qarīhī	القريحي
葛琳	Qarīn	قرين
葛璐希	al-Qallūhī	القلوحي
葛玛舒韦赫	Qamāshuwayh	قماشويه
葛玛舒韦益	al-Qamāshuwayyī	القماشويي
葛玛缇利	al-Qamātirī	القماطري
葛曼	Qaman	قمن
葛密利	al-Qamīrī	القميري
葛默尔	Qamar	قمر
葛默利	Qamarī；al-Qamarī	قمري؛ القمري
葛姆巴尔	Qambar	قمبر
葛姆拉蒂	al-Qamrātī	القمراطي
葛姆索	Qamsah	قمصة
葛木迪	al-Qamūdī	القمودي
葛木里	al-Qamūlī	القمولي
葛纳迪利	al-Qanādirī	القنادري
葛纳黎齐	al-Qanārizī	القنارزي
葛纳尼	al-Qanānī	القناني
葛纳维	al-Qanawī	القنوي
葛尼努	Qanīnū	قنينوا
葛尼突	Qanītū	قنيتو
葛撒玛	Qasāmah	قسامة
葛撒姆	al- Qassām	القسام
葛瑟思	Qathāth	قثاث
葛瑟西	al-Qathāthī	القثاثي

续表

汉译	拉丁字母转写	阿拉伯文或波斯文
葛什比	al-Qashībī	القشيبي
葛什卜	al-Qashīb	القشيب
葛什施	Qashīsh	قشيش
葛施俄	Qash‘	قشع
葛施格利	al-Qashqarī	القشقري
葛士拉尼	al-Qasrānī	القصراني
葛士利	al-Qasrī	القصري
葛斯	al-Qass	القس
葛斯尔	Qasr	قسر
葛斯利	al-Qasrī	القسري
葛斯米	al-Qasīmī	القسيمي
葛斯默里	al-Qasmalī	القسملي
葛斯姆	Qasīm	قسيم
葛斯托腊尼	al-Qastalānī；al-Qastallānī	القسطلاني
葛斯托里	al-Qastalī	القسطلي
葛隋尔	al-Qasīr	القصير
葛索拔尼	al-Qasabānī	القصباني
葛索比	al-Qasabī	القصبي
葛索卜	al-Qassāb	القصاب
葛索尔	al-Qassār	القصار
葛索斐	al-Qasāfī	القصافي
葛索夫	al-Qasāf	القصاف
葛索利	al-Qassārī	القصاري
葛塔卜	Qatāb；Qattāb；al-Qattāb	قتاب؛ القتاب
葛塔达	Qatādah	قتادة
葛塔勒	Qattāl；al-Qattāl	قتال؛ القتال
葛塔特	al-Qattāt	القتات
葛拓俄	al-Qattā‘	القطاع

续表

汉译	拉丁字母转写	阿拉伯文或波斯文
葛拓米	al-Qatāmī	القطامي
葛拓姆	Qatām	قطام
葛拓伊仪	al-Qatā' i' ī	القطائعي
葛唐	Qattān； al-Qattān	قطان؛ القطان
葛特拉尼	al-Qatrānī	القطراني
葛特利	al-Qatrī	القطري
葛特瓦蒂	al-Qatwatī	القطوطي
葛特沃尼	al-Qatwānī	القطواني
葛提拉	Qatīrah	قتيرة
葛提勒	Qatīl	قتيل
葛提利	al-Qatīrī	القتيري
葛图拓伊	al-Qatūtā' ī	القطوطائي
葛托尼	al-Qatanī	القطني
葛托沃尼	al-Qatawānī	القطواني
葛维	al-Qawī	القوي
葛沃斐	al-Qawāfī	القوافي
葛沃利利	al-Qawārīrī	القواريري
葛沃姆	Qawām	قوام
葛沃姆丁	Qawām al-Dīn	قوام الدين
葛沃芝	al-Qawādhī	القواذي
葛雅斐	al-Qayāfī	القيافي
葛札齐	al-Qazzāzī	القزازي
葛札兹	al-Qazzāz	القزاز
葛兹维尼	al-Qazwīnī	القزويني
庚达比	al-Ghandābī	الغندابي
庚达贾尼	al-Ghandajānī	الغندجاني
庚达鲁芝	al-Ghandarūdhī	الغندروذي
庚法尔	Ghanfar	غنفر

续表

汉译	拉丁字母转写	阿拉伯文或波斯文
庚法利	al-Ghanfarī	الغنفري
庚玛斯	Ghammās	غماس
庚玛兹	al- Ghammāz	الغماز
庚米	al-Ghanmī	الغنمي
庚姆	Ghanm	غنم
庚纳冀	al-Ghannājī	الغناجي
庚纳姆	Ghannām	غنام
庚努米	al-Ghannūmī	الغنومي
庚思	Ghanth	غنث
庚西	al-Ghanthī	الغنثي
宫布尔	al-Qunbur	القنبر
宫布勒	Qunbul	قنبل
宫布里	al-Qunbulī	القنبلي
宫达贺利	al-Qundahārī	القندهاري
宫福芝	al-Qunfudhī	القنفذي
宫福孜	Qunfudh	قنفذ
宫纳贝蒂	al-Qunnabaytī	القنبيطي
宫纳伊	al-Qunnā' ī	القنائي
宫尼	al-Qunnī	القني
贡达里	al-Ghundalī	الغندلي
贡迪贾尼	al-Ghundijānī	الغندجاني
贡冀利	al-Ghunjīrī	الغنجيري
贡贾尔	Ghunjār	غنجار
贡塞尔	Ghunthar	غنثر
贡图姆	Ghuntum	غنتم
孤蒂	al-Qūtī	القوطي
孤蒂耶	al-Qūtīyah	القوطية
孤胡斯塔尼	al-Qūhustānī	القوهستاني

续表

汉译	拉丁字母转写	阿拉伯文或波斯文
孤利尼	al-Qūrīnī	القوريني
孤鲁斯	al-Qūrusī	القورسي
孤璐耶赫	Qūlūyah	قولويه
孤米斯	al-Qūmisī	القومسي
孤纳维	al-Qūnawī	القونوي
孤希	al-Qūhī	القوهي
孤隋	al-Qūsī	القوصي
孤特	Qūt	قوط
孤瓦	Qūwah	قوة
孤瓦特里	al-Qūwatlī	القوتلي
孤熙雅尔	Qūhiyār	قوهيار
孤熙雅利	al-Qūhiyārī	القوهياري
孤荀	Qūsūn	قوصون
古爱恩	Qu‘ ayn	قعين
古爱尔	Qu‘ ayr	قعير
古爱尼	al-Qu‘ aynī	القعيني
古巴什	al-Qubbashī	القبشي
古拔思	Qubāth	قباث
古拔维	al-Qubāwī	القباوي
古拔伊	al-Qubā’ ī	القبائي
古拔兹雅尼	al-Qubādhiyānī	القباذياني
古贝拔提	al-Qubaybātī	القبيباتي
古贝斯	Qubays	قبيس
古比	al-Qubbī	القبي
古波黎雅尼	al-Qubriyānī	القبرياني
古波鲁斯	al-Qubrusī	القبرسي
古达德	Qudād	قداد
古达迪	al-Qudādī	القدادي

续表

汉译	拉丁字母转写	阿拉伯文或波斯文
古达尔	Qudār	قدار
古达玛	Qudāmah	قدامة
古达米	al-Qudāmī	القدامي
古达姆	Qudām	قدام
古达斯	Qudās	قداس
古代德	Qudayd	قديد
古代迪	al-Qudaydī	القديدي
古代斯	al-Qudaysī	القديسي
古丹伽尼	al-Qutānqānī	القطانقاني
古德斯	al-Qudsī	القدسي
古都利	al-Qudūrī	القدوري
古铎阿	Qudā' ah	قضاعة
古铎仪	al-Qudā' ī	القضاعي
古尔蒂	al-Qurtī	القرطي
古尔都斯	Qurdūs； al-Qurdūsī	قردوس؛ القردوسي
古尔杜沃尼	al-Qurduwānī	القردواني
古尔孤比	al-Qurqūbī	القرقوبي
古尔孤勒	Qurqūl	قرقول
古尔古比	al-Qurqubī	القرقبي
古尔古尔	Qurqur	قرقر
古尔古利	al-Qurqurī	القرقري
古尔冀	al-Qurjī	القرجي
古尔杰尼	al-Qurjanī	القرجني
古尔穆勒	Qurmul	قرمل
古尔纳尼	al-Qurnānī	القرناني
古尔纳斯	Qurnās	قرناص
古尔索	Qurrsah	قرصة
古尔特	Qurt	قرط

续表

汉译	拉丁字母转写	阿拉伯文或波斯文
古尔图比	al-Qurtubī	القرطبي
古斐	al-Quffī	القفي
古夫	al-Quff	القف
古弗隋	al-Qufsī	القفصي
古哈法	Quhāfah	قحافة
古哈斐	al-Quhāfī	القحافي
古海德	Quhayd	قهيد
古赫比	al-Quhbī	القهبي
古赫札孜	Quhzādh	قهزاذ
古鸿杜齐	al-Quhunduzī	القهندزي
古胡斯塔尼	al-Quhustānī	القهستاني
古拉	al-Qurrā’	القراء
古拉德	Qurād	قراد
古拉迪	al-Qurādī	القرادي
古拉济	al-Qurazī	القرظي
古拉什	al-Qurashī	القرشي
古拉特	Qurrat	قرة
古拉伊	al-Qurrā’ ī	القرائي
古莱比	al-Qulaybī	القليبي
古莱卜	Qulayb；al-Qulayb	قليب؛ القليب
古莱什	Quraysh	قريش
古兰	Qurrān	قران
古勒哈尼	al-Qulhānī	القلحاني
古雷阿	Quray‘ ah	قريعة
古雷比	al-Quraybī	القريبي
古雷卜	Qurayb	قريب
古雷俄	Quray‘	قريع
古雷恩	Qurayn	قرين

续表

汉译	拉丁字母转写	阿拉伯文或波斯文
古雷尔	Qurayr	قرير
古雷济	al-Qurayzī	القريظي
古雷米	al-Quraymī	القريمي
古雷尼	al-Quraynī	القريني
古雷什	al-Qurayshī	القريشي
古雷特	Qurayt	قريط
古雷仪	al-Quray' ī	القريعي
古雷左	Qurayzah	قريظة
古利	al-Qurrī	القري
古璐斯	al-Qulūsī	القلوسي
古玛玛	Qumāmah	قمامة
古梅尔	Qumayr	قمير
古梅利	al-Qumayrī	القميري
古姆利	al-Qumrī	القمري
古奈尼	al-Qunaynī	القنيني
古塞姆	Qutham	قثم
古赛姆	Qusaym	قسيم
古赛特	Qusayt	قسيط
古桑蒂尼	al-Qusantīnī	القسنطيني
古沙尔	Qushar	قشر
古沙利	al-Qusharī	القشري
古施	Qush	قش
古士达利	al-Qusdārī	القصداري
古斯	Quss	قس
古斯胡米	al-Qushumī	القسحمي
古斯胡姆	Qushum	قسحم
古斯拓尔	al-Qustār	القسطار
古斯拓尼	al-Qustānī	القسطاني

续表

汉译	拉丁字母转写	阿拉伯文或波斯文
古绥依	Qusayy	قصي
古索勒	al-Qusal	القصل
古索维	al-Qusawī	القصوي
古塔比	al-Qutabī	القتبي
古塔勒	Qutal	قتل
古拓比	al-Qutābī	القطابي
古拓米	al-Qutāmī	القطامي
古台巴	Qutaybah	قتيبة
古台尔	Qutayr	قتير
古台利	al-Qutayrī	القتيري
古特巴	Qutbah	قطبة
古特比	al-Qutbī	القطبي
古特布丁	Qutb al-Dīn	قطب الدين
古特斐	al-Qutfī	القطفي
古特鲁布里	al-Qutrubulī；al-Qutrubullī	القطربلي
古特鲁斯	al-Qutrusī	القطرسي
古特璐布迦	Qutlūbughā	قطلوبغا
古图弗提	al-Qutuftī	القطفتي
古图勒米施	Qutulmish	قطلمش
古推阿	Qutay‘ ah	قطيعة
古推蒂	al-Qutaytī	القطيطي
古托仪	al-Quta‘ ī	القطعي
古韦德	Quwayd	قويد
古韦斯姆	Quwaysim	قويسم
古谢尔	Qushayr	قشير
古谢利	al-Qushayrī	القشيري
古栽俄	Quzay‘	قزيع
古栽仪	al-Quzay‘ ī	القزيعي

续表

汉译	拉丁字母转写	阿拉伯文或波斯文
古哉斐	al-Quzayfī	القظيفي
古扎尔	Qudhār	قذار
古兹·乌厄里	Quz Ūghlī	قز أوغلي
古兹达利	al-Quzdārī	القزداري
古兹恭迪	al-Quzghundī	القزغندي
古兹古兹	Quzquz	قزقز
谷巴尔	Ghubar	غبر
谷巴利	al- Ghubarī	الغبري
谷拔比	al-Ghubābī	الغبابي
谷拔卜	Ghubāb	غباب
谷贝利	al-Ghubayrī	الغبيري
谷波沙尼	al-Ghubshānī	الغبشاني
谷达尼	al-Ghudānī	الغداني
谷戴恩	Ghudayn	غضين
谷尔拔勒	Ghurbāl	غربال
谷尔密纳维	al-Ghurmīnawī	الغرمينوي
谷尔穆勒	Ghurmul	غرمل
谷尔图吉	Ghurtūj	غرطوج
谷费尔	Ghufayr	غفير
谷费拉	Ghufaylah	غفيلة
谷费勒	Ghufayl	غفيل
谷费里	al-Ghufaylī	الغفيلي
谷吉达沃尼	al-Ghujdawānī	الغجدواني
谷拉	al-Ghurrah	الغرة
谷拉比	al-Ghurābī	الغرابي
谷拉卜	Ghurāb；al-Ghurāb	غراب؛ الغراب
谷拉斐	al-Ghurafī	الغرفي
谷腊米	al-Ghulāmī	الغلامي

续表

汉译	拉丁字母转写	阿拉伯文或波斯文
谷腊姆	Ghulām；al-Ghulām	غلام؛ الغلام
谷莱米	al-Ghulaymī	الغليمي
谷莱姆	Ghulaym	غليم
谷勒拔	al-Ghulbā’	الغلباء
谷勒法尼	al-Ghulfānī	الغلفاني
谷勒斐	al-Ghulfī	الغلفي
谷勒密尼	al-Ghulmīnī	الغلميني
谷勒拓尼	al-Ghultānī	الغلطاني
谷雷卜	Ghurayb	غريب
谷雷尔	Ghurayr	غرير
谷雷利	al-Ghurayrī	الغريري
谷里	al-Ghullī	الغلي
谷玛利	al-Ghumārī	الغماري
谷纳	Ghuná	غنى
谷奈米	al-Ghunaymī	الغنيمي
谷奈姆	Ghunaym	غنيم
谷奈施	Ghunaysh	غنيش
谷萨尼	al-Ghussānī	الغساني
谷桑	Ghussān	غسان
谷施达尼	al-Ghushdānī	الغشداني
谷士恩	Ghusn；al-Ghusn	غصن؛ الغصن
谷绥恩	Ghusayn	غصين
谷推斐	al-Ghutayfī	الغطيفي
谷推夫	Ghutayf	غطيف
谷韦迪尼	al-Ghuwaydīnī	الغويديني
谷韦利	al-Ghuwayrī	الغويري
谷韦思	Ghuwayth	غويث
谷韦西	al-Ghuwaythī	الغويثي

续表

汉译	拉丁字母转写	阿拉伯文或波斯文
谷谢姆	Ghushaym	غشيم
谷栽勒	al-Ghuzayl	الغزيل
谷栽里	al-Ghuzaylī	الغزيلي
谷栽依	Ghuzayy	غزي
谷扎利	al-Ghuzarī	الغزري
谷扎施法尔达利	al-Ghudhashfardarī	الغذشفردري
谷吒	Ghudhá	غذى
谷吒威芝	al-Ghudhāwidhī	الغذاوذي
谷祖里	al-Ghuzūlī	الغزولي
顾蒂	al-Ghūtī	الغوطي
顾拉吉其	al-Ghūrajkī	الغورجكي
顾拉冀	al-Ghūrajī	الغورجي
顾拉施其	al-Ghūrashkī	الغورشكي
顾里	al-Ghūlī	الغولي
顾利	al-Ghūrī	الغوري
顾斯纳尼	al-Ghūsnānī	الغوسناني
顾扎米	al-Ghūzamī	الغوزمي

H

汉译	拉丁字母转写	阿拉伯文或波斯文
哈巴	Habbah	حبة
哈巴丹	al-Habadān	الهبدان
哈巴蒂	al-Habatī	الحبطي
哈巴拉尼	al-Khābarānī	الخابراني
哈巴沙	Habashah	حبشة
哈巴善	Habashān	حبشان
哈巴什	Habashī；al-Habashī	حبشي؛ الحبشي

续表

汉译	拉丁字母转写	阿拉伯文或波斯文
哈巴施	Habash	حبش
哈拔比	al-Habābī	الحبابي
哈拔卜	Habbāb；al-Habbāb	حباب؛ الحباب
哈拔尔	al-Habbār	الحبار
哈拔勒	Habbāl；al-Habbāl	حبال؛ الحبال
哈拔利	al-Habbārī	الهباري
哈拔尼	al-Habānī；al-Habbānī	الحباني
哈拔萨	Habāsah	حباسة
哈拔斯	al-Habāsī	الحباسي
哈班	Habbān	حبان
哈比比	Habībī；al-Habībī	حبيبي؛ الحبيبي
哈比卜	Habīb；al-Habīb	حبيب؛ الحبيب
哈比蒂	al-Khābitī	الخابطي
哈比尔	Habīr	حبير
哈比利	al-Habīrī	الحبيري
哈比斯	Hābis；al-Hābisī	حابس؛ الحابسي
哈比特	Khābit	خابط
哈毕斯	Habīs	حبيس
哈波丹	Habdan	حبدن
哈波尔	al-Habr	الحبر
哈波格	Habqah	حبقة
哈波哈比	al-Habhābī	الحبحابي
哈波哈波	al-Habhāb	الحبحاب
哈波拉韦赫	Habrawayh	حبرويه
哈波伦	Habrūn	حبرون
哈波顺	Habshūn	حبشون
哈波塔尔	Habtar	حبتر
哈波塔利	al-Habtarī	الحبتري

续表

汉译	拉丁字母转写	阿拉伯文或波斯文
哈卜	Habb	حب
哈布利	al-Khābūrī	الخابوري
哈布施	Habbūsh	حبوش
哈布斯	Habbūs	حبوس
哈布韦赫	Habbuwayh	حبويه
哈达	al-Hadā	الحدا
哈达阿	Haddā'；al-Haddā'	حداء؛ الحداء
哈达卜	Haddāb	هداب
哈达德	Haddād；al-Haddād	حداد؛ الحداد
哈达迪	al-Haddādī	الحدادي
哈达尔	Haddār	هدار
哈达吉	al-Haddāj	الهداج
哈达尼	al-Haddānī	الحداني
哈达瑟尼	al-Hadathānī	الحدثاني
哈达尚	Hadathān	حدثان
哈达斯	al-Hadasī	الحدسي
哈达维	al-Hadawī	الهدوي
哈达西	al-Hadathī	الحدثي
哈达伊	al-Hadā' ī	الحدائي
哈丹	Haddān	حدان
哈旦	Hadan	حضن
哈德贺德	al-Had' hād	الهدهاد
哈德贺迪	al-Had' hādī	الهدهادي
哈德拉贾尼	al-Hadrajānī	الحدرجاني
哈德拉茂特	Hadramawt	حضرموت
哈德拉米	al-Hadramī	الحضرمي
哈德里	al-Hadlī	الهدلي
哈德利	al-Hadrī	الحضري

续表

汉译	拉丁字母转写	阿拉伯文或波斯文
哈德伊	al-Had' ī	الحداي
哈狄德	Khādid	خاضد
哈狄尔	Hādir	حاضر
哈狄利	al-Hādirī	الحاضري
哈迪	Hādī；al-Hādī	هادي؛ الهادي
哈迪德	Hadīd；al-Hadīd	حديد؛ الحديد
哈迪格	Hadīqah	حديقة
哈迪基	al-Hadīqī	الحديقي
哈迪勒	Hadīl	هديل
哈迪姆	Hadim	هدم
哈迪西	al-Hadīthī	الحديثي
哈迪耶	Hadīyah	هدية
哈荻利	al-Hadīrī	الحضيري
哈蒂	al-Hattī	الحطي
哈笃尔	Hadūr	حضور
哈笃利	al-Hadūrī	الحضوري
哈多利	al-Hadarī	الحضري
哈多尼	al-Hadanī	الحضني
哈尔比	al-Harbī	الحربي
哈尔卜	Harb	حرب
哈尔布韦赫	Harbuwayh	حربويه
哈尔布韦益	al-Harbuwayyī	الحربويي
哈尔德	al-Hard	الحرد
哈尔法	Harfah	هرفة
哈尔斐	al-Harfī	الهرفي
哈尔富施	al-Harfūsh	الحرفوش
哈尔伽	Harqā'	حرقاء
哈尔伽尼	al-Harqānī	الحرقاني

续表

汉译	拉丁字母转写	阿拉伯文或波斯文
哈尔孤斯	Harqūs	حرقوص
哈尔哈尼	al-Harhānī	الحرحاني
哈尔玛	Harmah	هرمة
哈尔玛斯	Harmās	هرماس
哈尔米	al-Harmī	الهرمي
哈尔默拉	Harmalah	حرملة
哈尔默勒	Harmal	حرمل
哈尔默里	al-Harmalī	الحرملي
哈尔塞玛	Harthamah	هرثمة
哈尔塞姆	Hartham	هرثم
哈尔沙	al-Harshā	الحرشا
哈尔什	Harshī；al-Harshī	حرشي؛ الحرشي
哈尔斯	al-Harsī	الحرسي
哈尔西	al-Harthī	الحرثي
哈尔赞冀	al-Khārzanjī	الخارزنجي
哈尔赞其	al-Khārzankī	الخارزنكي
哈法尔	al-Haffār	الحفار
哈法利	al-Hafarī	الحفري
哈菲济	al-Hāfizī	الحافظي
哈菲兹	Hāfiz；al-Hāfiz	حافظ؛ الحافظ
哈斐	al-Hāfī	الحافي
哈斐德	Hafīd；al-Hafīd	حفيد؛ الحفيد
哈斐兹	al-Hafīz	الحفيظ
哈夫	al-Hāf	الحاف
哈弗利	Hafrī；al-Hafrī	حفري؛ الحفري
哈弗纳维	al-Hafnāwī	الحفناوي
哈弗斯	Hafs	حفص
哈弗稣韦赫	Hafsuwayh	حفصويه

续表

汉译	拉丁字母转写	阿拉伯文或波斯文
哈弗稣维	al-Hafsuwī	الحفصوي
哈弗隋	al-Hafsī	الحفصي
哈弗索巴芝	al-Hafsābādhī	الحفصاباذي
哈伽尼	al-Khāqānī	الخاقاني
哈伽伊基	al-Haqā' iqī	الحقايقي
哈甘	Khāqān; al-Khāqān	خاقان؛ الخاقان
哈戈腊	Haqlā	حقلا
哈戈腊维	al-Haqlāwī	الحقلاوي
哈戈勒	Haql	حقل
哈戈里	al-Haqlī	الحقلي
哈格	al-Haqq	الحق
哈赫萨利	al-Khākhsarī	الخاخسري
哈基	al-Haqqī	الحقي
哈吉	Hāj; Hājī; al-Hājī	حاج؛ حاجي؛ الحاجي
哈吉比	al-Hājibī	الحاجبي
哈吉卜	Hājib; al-Hājib	حاجب؛ الحاجب
哈吉恩	Hajn	حجن
哈吉尔	Hajr	حجر
哈吉拉	Hajrah	حجرة
哈吉拉斯	Hajras	هجرس
哈吉勒	Hajl	حجل
哈吉里	al-Hājirī	الحاجري
哈吉利	al-Hajrī	الحجري
哈吉纳	Hajnah	حجنة
哈吉瓦	Hajwah	حجوة
哈吉瓦尔	Hajwar	حجور
哈吉旺	Hajwān	حجوان
哈吉兹	Hājiz	حاجز

续表

汉译	拉丁字母转写	阿拉伯文或波斯文
哈济利	al-Hazīrī	الحظيري
哈冀	Hajjī；al-Hajjī	حجي؛ الحجي
哈贾吉	Hajjāj；al-Hajjāj	حجاج؛ الحجاج
哈贾冀	al-Hajjājī	الحجاجي
哈贾姆	al-Hajjām	الحجام
哈杰比	al-Hajabī	الحجبي
哈杰尔	Hajar	حجر
哈杰拉	Hajalah	حجلة
哈杰勒	Hajal	حجل
哈杰里	al-Hajarī	الحجري
哈杰利	al-Hajarī	الهجري
哈杰旺	Hajawān	حجوان
哈津	al-Khāzin	الخازن
哈卡利	al-Hakkārī	الهكاري
哈卡米	al-Hakamī	الحكمي
哈卡姆	Hakam；al-Hakam	حكم؛ الحكم
哈卡尼	al-Hakkānī	الحكاني
哈克蒙	Hakmūn	حكمون
哈拉巴尔扎尼	al-Khālabarzanī	الخالبرزني
哈拉比	al-Halabī	الحلبي
哈拉得	al-Harrād	الحراض
哈拉荻	al-Haradī	الحرضي
哈拉尔	al-Harrār	الحرار
哈拉戈	Harrāq	حراق
哈拉赫	Harah	حره
哈拉冀	al-Halajī	الهلجي
哈拉杰	Halajah	هلجة
哈拉勒	Halal	هلل

续表

汉译	拉丁字母转写	阿拉伯文或波斯文
哈拉米	al-Halamī	الحلمي
哈拉米；哈剌米	al-Haramī	الحرمي
哈拉米；哈剌密	al-Harāmī	الحرامي
哈拉米；何剌米	Haramī	هرمي
哈拉姆	Harām；al-Harām	حرام؛ الحرام
哈拉姆；何剌姆	Haram	هرم
哈拉姆拉米	al-Halamlamī	الحلملمي
哈拉姆拉姆	Halamlam	حلملم
哈拉尼	al-Harrānī	الحراني
哈拉齐	al-Harāzī；al-Harrāzī	الحرازي
哈拉什	al-Harashī	الحرشي
哈拉思	Harrāth	حراث
哈拉斯	Haras；al-Harasī	حرس؛ الحرسي
哈拉斯塔尼	al-Harastānī	الحرستاني
哈拉斯提	al-Harastī	الحرستي
哈拉维	al-Harawī	الهروي
哈拉沃尼	Halawānī；al-Halawānī	حلواني؛ الحلواني
哈剌卜	Harrāb	حراب
哈剌吉	Harrāj	هراج
哈剌拉	Harārah	حرارة
哈剌斯	Harrās	حراس
哈剌沃尼	al-Harawānī	الهرواني
哈剌兹	Harāz；Harrāz	حراز
哈腊比	al-Hallābī	الحلابي
哈腊吉	al-Hallāj	الحلاج
哈腊勒	Hallāl；al-Halāl；al-Hallāl	حلال؛ الحلال
哈腊姆	Hallām	حلام
哈腊维	al-Halāwī	الحلاوي

续表

汉译	拉丁字母转写	阿拉伯文或波斯文
哈兰	al-Harrān	الحران
哈勒巴斯	Halbas; al-Halbasī	حلبس؛ الحلبسي
哈勒斐	al-Halfī	الحلفي
哈勒夫	Half	حلف
哈勒吉	Halj	هلج
哈勒瓦冀	al-Halwajī	الحلوجي
哈勒沃尼	al-Halwānī	الحلواني
哈勒沃伊	Halwā' ī; al-Halwā' ī	حلوائي؛ الحلوائي
哈黎斐	al-Khārifī	الخارفي
哈黎冀	al-Khārijī	الخارجي
哈黎贾	Khārijah	خارجة
哈黎姆	Harim	هرم
哈黎塞	Hārithah	حارثة
哈黎思	Hārith; al-Hārith	حارث؛ الحارث
哈黎思；哈里思	al-Harith	الحرث
哈黎西	al-Hārithī	الحارثي
哈黎西；哈里西	Harithī; al-Harithī	حرثي؛ الحرثي
哈里	Harrī	حري
哈里卜	Hālib	حالب
哈里达阿拔迪	al-Khālidaābādī	الخالدآبادي
哈里德	Khālid	خالد
哈里迪	al-Khālidī	الخالدي
哈里俄	al-Khāli'	الخالع
哈里发	Khalīfah	خليفة
哈里戈	al-Khāliq	الخالق
哈里士	Khālis	خالص
哈里索	Khālisah	خالصة
哈立米	al-Halīmī	الحليمي

续表

汉译	拉丁字母转写	阿拉伯文或波斯文
哈立姆	Halīm；al-Halīm	حليم؛ الحليم
哈利	al-Hārī	الحاري
哈利尔	Harīr	حرير
哈利吉	Harīj	حريج
哈利冀	al-Harījī	الحريجي
哈利利	al-Harīrī	الحريري
哈利米	al-Harīmī	الحريمي
哈利姆	Harīm	حريم
哈利齐	al-Harīzī	الحريزي
哈利什	al-Harīshī	الحريشي
哈利施	Harīsh；al-Harīsh	حريش؛ الحريش
哈利士	al-Harīs	الحريص
哈利思	Harīth	حريث
哈利斯	Harīs	حريس
哈利隋	al-Harīsī	الحريصي
哈利兹	Harīz	حريز
哈鲁恩	Harūn	هرون
哈鲁吉	al-Hārūj	الحاروج
哈鲁利	al-Harūrī	الحروري
哈鲁尼	al-Hārūnī	الهاروني
哈鲁提	al-Hārūtī	الهاروتي
哈伦	al-Harūn	الحرون
哈伦；贺伦	Hārūn	هارون
哈玛达	Hamādah	حمادة
哈玛胡拉	Hamāh Allāh	حماه الله
哈玛玛	Hamāmah；al-Hamāmah	حمامة؛ الحمامة
哈玛米	Hamāmī；al-Hamāmī	حمامي؛ الحمامي
哈玛施	Hamāsh	حماش

续表

汉译	拉丁字母转写	阿拉伯文或波斯文
哈玛斯	Hamās	حماس
哈玛伊	al-Hamā' ī	الحمائي
哈梅萨	al-Hamaysa‘	الهميسع
哈米	al-Hamī	الحمي
哈米达	Hamīdah	حميدة
哈米得	al-Hāmid	الحامض
哈米德	Hāmid	حامد
哈米迪	al-Hāmidī	الحامدي
哈米荻	al-Hāmidī	الحامضي
哈米杜丁	Hamīd al-Dīn	حميد الدين
哈米杜拉	Hamīd Allāh	حميد الله
哈米勒	Hāmil	حامل
哈米利	al-Khāmirī	الخامري
哈密德	Hamīd；al-Hamīd	حميد؛ الحميد
哈密迪	al-Hamīdī	الحميدي
哈密多	Hamīdah	حميضة
哈密勒	Hamīl	حميل
哈密耶	Hamīyah	حمية
哈默德	Hamad	حمد
哈默丁	Hamadīn	حمدين
哈默卡尼	al-Hamakānī	الحمكاني
哈默康	Hamakan	حمكان
哈默克	Hamak	حمك
哈默勒	Hamal	حمل
哈默里	al-Hamalī	الحملي
哈默其	al-Hamakī	الحمكي
哈默维	Hamawī；al-Hamawī	حموي؛ الحموي
哈默扎尼	al-Hamadhānī	الهمذاني

续表

汉译	拉丁字母转写	阿拉伯文或波斯文
哈姆达尼	al-Hamdānī	الهمداني
哈姆达尼；韩达尼	al-Hamdānī	الحمداني
哈姆达韦赫	Hamdawayh	حمدويه
哈姆丹	Hamdān	همدان
哈姆丹；韩丹	Hamdān；al-Hamdān	حمدان؛ الحمدان
哈姆德	Hamd	حمد
哈姆迪	Hamdī；al-Hamdī	حمدي؛ الحمدي
哈姆迪斯	Hamdīs	حمديس
哈姆都尼	al-Hamdūnī	الحمدوني
哈姆杜韦赫	Hamduwayh	حمدويه
哈姆杜韦益	al-Hamduwayyī	الحمدويي
哈姆敦	Hamdūn	حمدون
哈姆拉维	al-Hamrāwī	الحمراوي
哈姆兰	Hamrān	حمران
哈姆纳尼	al-Hamnanī	الحمنني
哈姆南	Hamnan	حمنن
哈姆齐	al-Hamzī	الحمزي
哈姆沙芝	al-Hamshādhī	الحمشاذي
哈姆扎	Hamzah	حمزة
哈纳伽希	al-Khānaqāhī	الخانقاهي
哈纳克	Hanak	حنك
哈纳尼	al-Hanānī	الحناني
哈纳什	al-Hanashī	الحنشي
哈纳施	Hanash	حنش
哈纳维	al-Hanawī	الحنوي
哈乃斐	al-Hanafī	الحنفي
哈乃斐耶	al-Hanafīyah	الحنفية
哈南	Hanān	حنان

续表

汉译	拉丁字母转写	阿拉伯文或波斯文
哈嫩	Hanūn	حنون
哈尼	Hanī	هني
哈尼法	Hanīfah	حنيفة
哈尼斐	al-Hanīfī	الحنيفي
哈尼夫	al-Hanif	الهنف
哈尼伽伲	al-Khāniqānī	الخانقاني
哈尼基伲	al-Khāniqīnī	الخانقيني
哈尼克	al-Hanīk	الحنيك
哈伲夫	Hanīf	حنيف
哈努蒂	al-Hanūtī	الحنوطي
哈努基	al-Khānūqī	الخانوقي
哈齐恩	Hazīn	حزين
哈齐玛	Hazīmah	حزيمة
哈齐米	al-Hazīmī	الحزيمي
哈齐米；哈及米	Hāzimī； al-Hāzimī	حازمي؛ الحازمي
哈齐姆；哈及姆	Hāzim	حازم
哈齐齐	al-Hazīzī	الحزيزي
哈其玛	Hakīmah	حكيمة
哈其米	al-Hakīmī	الحكيمي
哈其姆	Hakīm； al-Hakīm	حكيم؛ الحكيم
哈奇米	al-Hākimī	الحاكمي
哈奇姆	al-Hākim	الحاكم
哈撒卜	al-Hassāb	الحساب
哈撒恩	Hassān	حسان
哈撒尼	al-Hassānī	الحساني
哈萨纳巴芝	al-Hasanābādhī	الحسناباذي
哈萨尼	al-Hasanī	الحسني
哈萨思	Haththāth	حثاث

续表

汉译	拉丁字母转写	阿拉伯文或波斯文
哈桑	Hasan；Hassan；al-Hasan；al-Hassan	حسن؛ الحسن
哈桑巴斯	Hasanbas	حسنبس
哈沙尔	Hashar	حشر
哈沙夫	Khāshaf	خاشف
哈什德	Hāshid	حاشد
哈什迪	al-Hāshidī	الحاشدي
哈什尔	al-Hāshir	الحاشر
哈什沙	Hashīshah	حشيشة
哈什施	Hashīsh	حشيش
哈施尔	al-Hashr	الحشر
哈施米	al-Hashmī	الحشمي
哈施提	al-Khāshtī	الخاشتي
哈士卡斐	al-Haskafī	الحصكفي
哈束勒	Hassūl	حسول
哈思尔	Khāthir	خاثر
哈思玛	Hathmah	حثمة
哈斯拔尼	al-Hasbānī	الحسباني
哈斯卜	al-Hāsib	الحاسب
哈斯恩	Hasn	حسن
哈斯尔	al-Khāsir	الخاسر
哈斯哈斯	al-Hashās；al-Hashāsī	الحسحاس؛ الحسحاسي
哈斯纳	al-Hasnā'	الحسناء
哈斯嫩	Hasnūn	حسنون
哈斯尼	al-Hasīnī	الحسيني
哈斯提	al-Khāstī	الخاستي
哈隋尼	Hasīnī	حصيني
哈隋斯	Hasīs	هصيص
哈隋索	Hasīsah	حصيصة

续表

汉译	拉丁字母转写	阿拉伯文或波斯文
哈塔尼	al-Hattānī	الهتاني
哈塔维	al-Hattāwī	الحتاوي
哈拓比	al-Hattābī	الحطابي
哈拓卜	Hattāb；al-Hattāb	حطاب؛ الحطاب
哈唐	Hattān	حطان
哈提米	al-Hātimī	الحاتمي
哈提姆	Hātim	حاتم
哈缇比	al-Hādibī	الحاطبي
哈缇卜	Hādib	حاطب
哈托玛	Hatamah	حطمة
哈托米	al-Hatamī	الحطمي
哈瓦拉尼	al-Khāwarānī	الخاوراني
哈瓦斯	al-Khāwasī	الخاوسي
哈韦耶	Hawayyah	حوية
哈维齐	al-Hawīzī	الحويزي
哈沃	al-Hawā'	الهواء
哈沃斐	al-Hawāfī	الحوافي
哈沃及尼	al-Hawāzinī	الهوازني
哈沃津	Hawāzin	هوازن
哈沃拉	Hawālah	حوالة
哈沃里	al-Hawālī	الحوالي
哈沃利	al-Hawārī	الحواري
哈吾隋	al-Khāwusī	الخاوصي
哈希	al-Hāhī	الحاحي
哈希米	al-Hāshimī	الهاشمي
哈希姆	Hāshim	هاشم
哈馨	Hasīn	حصين
哈幸	Hasīn	حسين

续表

汉译	拉丁字母转写	阿拉伯文或波斯文
哈雅维	al-Hayāwī	الحياوي
哈耶克	Hayak	حيك
哈耶维	al-Hayawī	الحيوي
哈耶沃尼	al-Hayawānī	الحيواني
哈伊克	al-Hā’ ik	الحائك
哈伊利	al-Hā’ irī	الحائري
哈赞巴勒	Hazanbal	حزنبل
哈泽玛	Hadhamah	هذمة
哈泽米	al-Hadhamī	الهذمي
哈吒	al-Hadhdhā’	الحذاء
哈札巴	Hazābah	حزابة
哈札尔	al-Hazzār	الحزار
哈札拉	Hazārah	حزارة
哈札拉斯比	al-Hazārasbī	الهزارسبي
哈札敏	al-Hazzāmīn	الحزامين
哈札姆	al-Hazzām	الحزام
哈札齐	al-Hazzāzī	الحزازي
哈札扎	Hazāzah	حزازة
哈札兹	Hazāz；Hazzāz；al-Hazzāz	حزاز؛ الحزاز
哈召瓦尔	Hazawwar	حزور
哈召瓦里	al-Hazawwarī	الحزوري
哈珠利	al-Hajūrī	الحجوري
哈孜拔尼	al-Hadhbānī	الهذباني
哈孜拉米	al-Hadhlamī	الحذلمي
哈孜拉姆	Hadhlam	حذلم
哈兹恩	Hazn	حزن
哈兹拉	Hazrah	حزرة
哈兹玛	Hazmah	هزمة

续表

汉译	拉丁字母转写	阿拉伯文或波斯文
哈兹米	al-Hazmī	الحزمي
哈兹姆	Hazm	حزم
哈兹尼	al-Haznī	الحزني
哈兹瓦尔	Hazwar	حزور
哈左拉	Hazarah	حظرة
海	Hay	حي
海阿	al-Hay‘ ah	الهيعة
海达	Haydah	حيدة
海达恩	Haydān	حيدان
海达尔	Haydār	حيدار
海达尔；海鲑尔	Haydar	حيدر
海达拉	Haydarah	حيدرة
海达利	al-Haydarī	الحيدري
海丹	Haydan	حيدن
海迪	al-Haydī	الحيدي
海敦	Haydūn	حيدون
海贾	al-Hayjā’	الهيجاء
海卡尼	al-Haykānī	الحيكاني
海康	Haykān	حيكان
海努俄	Haynū‘	هينوع
海撒尼	al-Haysānī	الهيساني
海塞姆	Haytham；al-Haytham	هيثم؛ الهيثم
海沙米	al-Hayshamī	الحيشمي
海沙姆	Haysham	حيشم
海塔米	al-Haytamī	الهيتمي
海瓦	Haywah	حيوة
海旺	Haywān	حيوان
海维勒	Haywīl	حيويل

续表

汉译	拉丁字母转写	阿拉伯文或波斯文
海雅尼	al-Hayyānī	الحياني
海雅施	Hayyāsh	حياش
海彦	Hayyān	حيان
海耶	Hayyah	حية
海耶韦赫	Hayyawayh	حيويه
海耶韦益	al-Hayyawayyī	الحيويي
海益	Hayyī	حيي
海优斯	Hayyūs	حيوس
海云	Hayyūn	حيون
海吒米	al-Haydhāmī	الهيذامي
海吒姆	Haydhām；al-Haydhām	هيذام؛ الهيذام
亥巴利	al-Khaybarī	الخيبري
亥达姆	Khaydam	خيدم
亥达施塔利	al-Khaydashtarī	الخيدشتري
亥狄尔	Khaydir	خيضر
亥狄利	al-Khaydirī	الخيضري
亥蒂	al-Khaytī	الخيطي
亥尔	Khayr；al-Khayr	خير؛ الخير
亥拉尼	al-Khayrānī	الخيراني
亥腊米	al-Khaylāmī	الخيلامي
亥兰	Khayrān	خيران
亥里	al-Khaylī	الخيلي
亥里里	al-Khaylīlī	الخيليلي
亥鲁丁	Khayr al-Dīn	خير الدين
亥伦	Khayrūn	خيرون
亥塞玛	Khaythamah	خيثمة
亥塞米	al-Khaythamī	الخيثمي
亥沙纳	Khayshanah	خيشنة

续表

汉译	拉丁字母转写	阿拉伯文或波斯文
亥沙尼	al-Khayshānī	الخيشاني
亥什	al-Khayshī	الخيشي
亥旺	Khaywān	خيوان
亥沃尼	al-Khaywānī	الخيواني
亥雅蒂	al-Khayyātī	الخياطي
亥雅姆	al-Khayyām	الخيام
亥雅施	Khayyāsh； al-Khayyāsh	خياش؛ الخياش
亥雅特	Khayyāt； al-Khayyāt	خياط؛ الخياط
亥伊尔	Khayyir； al-Khayyir	خير؛ الخير
亥札赫齐	al-Khayzākhazī	الخيزاخزي
亥祖拉尼	al-Khayzurānī	الخيزراني
骇雅尼	al-Hayyānī	الهياني
含	Hām	حام
韩巴斯	Hanbas	حنبص
韩巴隋	al-Hanbasī	الحنبصي
韩卡斯	Hankās	حنكاس
韩玛	Hammah	حمة
韩玛德	Hammād	حماد
韩玛迪	al-Hammādī	الحمادي
韩玛尔	Hammār； al-Hammār	حمار؛ الحمار
韩玛勒	Hammāl； al-Hammāl	حمال؛ الحمال
韩玛里	al-Hammālī	الحمالي
韩玛米	Hammāmī； al-Hammāmī	حمامي؛ الحمامي
韩米	al-Hammī	الحمي
韩默多	Hammadah	حمضة
韩默韦赫	Hammawayh	حمويه
韩姆韦赫	Hammuwayh	حمويه
韩姆维	al-Hammuwī	الحموي

续表

汉译	拉丁字母转写	阿拉伯文或波斯文
韩木德	Hammūd	حمود
韩木克	Hammūk	حموك
韩木耶赫	Hammūyah	حمويه
韩纳	Hannah	حنة
韩纳蒂	al-Hannātī	الحناطي
韩纳特	al-Hannāt	الحناط
韩纳维	al-Hannāwī	الحناوي
韩南	Hannān	حنان
韩努斯	Hannūs	حنوس
韩塞尔	Hanthar	حنثر
韩塔夫	Hantaf; al-Hantaf	حنتف؛ الحنتف
韩塔勒	Hantal	حنتل
韩塔姆	Hantam	حنتم
韩托比	al-Hantabī	الحنطبي
韩托卜	Hantab	حنطب
韩珠利	al-Hanjūrī	الحنجوري
韩左拉	Hanzalah	حنظلة
韩左里	al-Hanzalī	الحنظلي
罕百勒	Hanbal	حنبل
罕百里	al-Hanbalī	الحنبلي
汉巴勒	Hanbal	هنبل
汉玛尔	Hammār	همار
汉玛里	al-Hammālī	الهمالي
汉玛姆	Hammām	همام
汉纳德	Hannād	هناد
汉南	Hannān	هنان
翰巴什	Khanbashī; al-Khanbashī	خنبشي؛ الخنبشي
翰巴施	Khanbash; al-Khanbash	خنبش؛ الخنبش

续表

汉译	拉丁字母转写	阿拉伯文或波斯文
翰拔冀	al-Khanbājī	الخنباجي
翰比	al-Khanbī	الخنبي
翰比斯	Khanbis； al-Khanbisī	خنبس؛ الخنبسي
翰卜	Khanb	خنب
翰达斐	al-Khandafī	الخندفي
翰达基	al-Khandaqī	الخندقي
翰法尔	Khanfar	خنفر
翰法利	al-Khanfarī	الخنفري
翰吉	al-Khānjī	الخانجي
翰玛尔	Khammār	خمار
翰纳	Khannah	خنة
翰纳戈	al-Khannāq	الخناق
翰纳施	Khannāsh	خناش
翰撒	al-Khansā’	الخنساء
翰撒利	al-Khānsārī	الخانساري
豪荻	al-Hawdī	الحوضي
豪蒂	al-Hawtī	الحوطي
豪斐	al-Hawfī	الحوفي
豪格勒	Hawqal	حوقل
豪拉	al-Hawrā’	الحوراء
豪拉尼	al-Hawrānī	الحوراني
豪里	Hawlī； al-Hawlī	حولي؛ الحولي
豪利	al-Hawrī	الحوري
豪默勒	Hawmal	حومل
豪齐	al-Hawzī	الحوزي
豪撒	al-Hawsā； al-Hawsā’	الحوسا؛ الحوساء
豪塞拉	Hawtharah	حوثرة
豪塞利	al-Hawtharī	الحوثري

续表

汉译	拉丁字母转写	阿拉伯文或波斯文
豪沙比	Hawshabī；al-Hawshabī	حوشبي؛ الحوشبي
豪沙卜	Hawshab	حوشب
豪什	al-Hawshī	الحوشي
豪索拉	Hawsalah	حوصلة
豪索里	al-Hawsalī	الحوصلي
豪塔卡	Hawtakah	حوتكة
豪塔其	al-Hawtakī	الحوتكي
豪特	Hawt	حوط
豪沃拉	Hawwālah	حوالة
昊恩	al-Hawn	الهون
昊勒	al-Hawl	الهول
昊沃利	al-Hawwārī	الهواري
昊赞	Hawzan	هوزن
昊泽	Hawdhah	هوذة
昊扎尼	al-Hawzanī	الهوزني
昊芝	al-Hawdhī	الهوذي
浩拉	Khawlah	خولة
浩腊尼	al-Khawlānī	الخولاني
浩岚	Khawlān	خولان
浩里	al-Khawlī	الخولي
浩里	Khawlī	خولي
浩隋	al-Khawsī	الخوصي
浩索	al-Khawsā’	الخوصاء
浩沃士	al-Khawwās	الخواص
浩沃特	Khawwāt	خوات
何拔尔	Habbār	هبار
何达迪	al-Hadādī	الهدادي
何尔什	al-Harshī	الهرشي

续表

汉译	拉丁字母转写	阿拉伯文或波斯文
何剌比；哈拉比	al-Harrābī	الهرابي
何剌卜；哈拉卜	Harrāb	هراب
何剌尔	Harrār	هرار
何纳维	al-Hanawī	الهنوي
何札尔	Hazār	هزار
何兹米	al-Hazmī	الهزمي
贺吉尔	Hājir	هاجر
贺吉利	al-Hājirī	الهاجري
贺杰尔	Hājar	هاجر
贺拉	Hālah	هالة
贺里	al-Hālī	الهالي
贺里克	al-Hālik	الهالك
贺里其	al-Hālikī	الهالكي
贺米里	al-Hāmilī	الهاملي
贺尼	Hānī	هاني
贺尼阿	Hānī'	هانئ
贺伊姆	al-Hā' im	الهائم
赫巴克	Khabak	خبك
赫巴什	al-Khabashī	الخبشي
赫拔卜	Khabbāb	خباب
赫拔基	al-Khabāqī	الخباقي
赫拔齐	al-Khabbāzī	الخبازي
赫拔特	al-Khabbāt	الخباط
赫拔伊尔	Khabā' ir	خبائر
赫拔伊利	al-Khabā' irī	الخبائري
赫拔兹	Khabbāz；al-Khabbāz	خباز ؛ الخباز
赫比尔	Khabīr	خبير
赫比隋	al-Khabīsī	الخبيصي

续表

汉译	拉丁字母转写	阿拉伯文或波斯文
赫比耶	Khabīyah	خبية
赫波利	al-Khabrī	الخبري
赫波利尼	al-Khabrīnī	الخبريني
赫波泽仪	al-Khabdha‘ ī	الخبذعي
赫达尼	al-Khaddānī	الخداني
赫达什	Khaddāsh	خداش
赫丹	Khaddān	خدان
赫狄尔	al-Khadir	الخضر
赫迪吉	Khadīj	خديج
赫迪冀	al-Khadījī	الخديجي
赫迪姆	al-Khādim	الخادم
赫荻卜	al-Khadīb	الخضيب
赫荻利	Khadīrī	خضيري
赫蒂比	al-Khatībī	الخطيبي
赫蒂卜	al-Khatīb	الخطيب
赫蒂米	al-Khatīmī	الخطيمي
赫蒂姆	al-Khatīm	الخطيم
赫杜韦赫	Khaduwayh	خدويه
赫杜韦益	al-Khaduwayyī	الخدويي
赫尔安卡西	al-Khar‘ ānkathī	الخرعانكثي
赫尔巴戈	Kharbaq	خربق
赫尔拔尼	al-Kharbānī	الخرباني
赫尔班	Kharbān	خربان
赫尔达里	al-Khardalī	الخردلي
赫尔德	Khard	خرد
赫尔伽尼	al-Kharqānī	الخرقاني
赫尔格尼	al-Kharqanī	الخرقني
赫尔哈尼	al-Kharkhānī	الخرخاني

续表

汉译	拉丁字母转写	阿拉伯文或波斯文
赫尔赫桑	Kharkhasan	خرخسن
赫尔吉尔迪	al-Kharjirdī	الخرجردي
赫尔贾尼	al-Kharjānī	الخرجاني
赫尔卡尼	al-Kharkanī	الخركني
赫尔库什	al-Kharkūshī	الخركوشي
赫尔欧尼	al-Khar' ūnī	الخرعوني
赫尔桑	al-Kharsān	الخرسان
赫尔沙尼	al-Kharshanī	الخرشني
赫尔坦其	al-Khartankī	الخرتنكي
赫尔提齐	al-Khartīkī	الخرتيزي
赫尔托蒂	al-Khartatī	الخرطي
赫尔希	al-Kharhī	الخرهي
赫尔珠什	al-Kharjūshī	الخرجوشي
赫法斐	al-Khaffāfī	الخفافي
赫法夫	Khaffāf；al-Khaffāf	خفاف؛ الخفاف
赫法冀	Khafājī；al-Khafājī	خفاجي؛ الخفاجي
赫法杰	Khafājah	خفاجة
赫斐夫	Khafīf	خفيف
赫弗坦	Khaftān	خفتان
赫及米	Khāzimī；al-Khāzimī	خازمي؛ الخازمي
赫及姆	Khāzim	خازم
赫津达里	al-Khazindārī	الخزنداري
赫拉比	al-Kharrābī	الخرابي
赫拉卜	Kharāb	خراب
赫拉迪尼	al-Kharādīnī	الخراديني
赫拉斐	al-Khalafī	الخلفي
赫拉夫	Khalaf	خلف
赫拉伽尼	al-Kharaqānī	الخرقاني

续表

汉译	拉丁字母转写	阿拉伯文或波斯文
赫拉基	al-Kharaqī；al-Kharraqī	الخرقي
赫拉吉	al-Kharāj	الخراج
赫拉杰利	al-Kharājarī	الخراجري
赫拉里	al-Khalalī	الخللي
赫拉齐	al-Kharazī	الخرزي
赫拉其	al-Khārakī	الخاركي
赫拉沙	Kharashah	خرشة
赫拉什	al-Kharashī	الخرشي
赫拉施	Kharāsh	خراش
赫拉斯卡尼	al-Kharāskānī	الخراسكاني
赫拉斯卡提	al-Kharaskatī	الخرسكتي
赫拉隋	al-Khalasī	الخلصي
赫拉特	al-Kharrāt	الخراط
赫拉伊蒂	al-Kharā' itī	الخرائطي
赫拉兹	al-Kharrāz	الخراز
赫腊德	Khallād	خلاد
赫腊迪	al-Khallādī	الخلادي
赫腊勒	al-Khallāl	الخلال
赫腊里	al-Khallālī	الخلالي
赫腊斯	Khallās；al-Khallāsī	خلاس؛ الخلاسي
赫腊瓦	Khalāwah	خلاوة
赫腊维	al-Khalāwī	الخلاوي
赫莱依	Khalayy	خلي
赫岚冀	al-Khalanjī	الخلنجي
赫勒达	Khaldah	خلدة
赫勒敦	Khaldūn	خلدون
赫勒丰	Khalfūn	خلفون
赫黎比	al-Kharibī	الخربي

续表

汉译	拉丁字母转写	阿拉伯文或波斯文
赫黎卜	Kharib； al-Kharib	خرب؛ الخرب
赫黎德	Kharid	خرد
赫里	Khalī	خلي
赫里俄	al-Khalī‘	الخليع
赫里吉	al-Khalij	الخلج
赫里康	Khallikān	خلكان
赫里勒	Khalīl； al-Khalīl	خليل؛ الخليل
赫里里	al-Khalīlī	الخليلي
赫里路拉	Khalīl Allāh	خليل الله
赫立吉	al-Khalīj	الخليج
赫鲁斐	al-Kharūfī	الخروفي
赫鲁夫	Kharūf	خروف
赫鲁利	al-Kharūrī	الخروري
赫鲁赞冀	al-Kharūzanjī	الخروزنجي
赫路韦赫	Khalluwayh	خلويه
赫路维	al-Khalluwī	الخلوي
赫璐基	al-Khalūjī	الخلوقي
赫玛纳	Khamānah	خمانة
赫玛尼	al-Khamānī	الخماني
赫密拉韦赫	Khamīrawayh	خميرويه
赫密拉维	al-Khamīrawī	الخميروي
赫密勒	Khamīl	خميل
赫密斯	Khamīs	خميس
赫密索	Khamīsah	خميصة
赫默尔	Khamar	خمر
赫默吉	Khamaj	خمج
赫默利	al-Khamarī	الخمري
赫姆尔	Khamr	خمر

续表

汉译	拉丁字母转写	阿拉伯文或波斯文
赫姆格利	al-Khamqarī	الخمقري
赫姆拉其	al-Khamrakī	الخمركي
赫纳齐利	al-Khanāzīrī	الخنازيري
赫尼	al-Khānī	الخاني
赫沙巴	Khashabah	خشبة
赫沙比	al-Khashabī	الخشبي
赫沙卜	al-Khashshāb	الخشاب
赫沙恩	Khashān	خشان
赫沙夫	Khashāf	خشاف
赫沙尼	al-Khashānī	الخشاني
赫沙威利	al-Khashāwirī	الخشاوري
赫什纳尼	al-Khashīnānī	الخشيناني
赫什尼	al-Khashinī	الخشني
赫施哈什	al-Khashkhāshī	الخشخاشي
赫施哈施	al-Khashkhāsh	الخشخاش
赫施拉米	al-Khashramī	الخشرمي
赫施拉姆	Khashram	خشرم
赫施提雅利	al-Khashtiyārī	الخشتياري
赫施彦迪齐	al-Khashyandīqī	الخشينديزي
赫思阿米	al-Khath‘ amī	الخثعمي
赫思阿姆	Khath‘ am	خثعم
赫斯夫	al-Khasf	الخسف
赫隋	al-Khasī	الخصي
赫隋比	al-Khasībī	الخصيبي
赫隋卜	al-Khasīb	الخصيب
赫索法	Khasafah	خصفة
赫索斐	al-Khasafī	الخصفي
赫索夫	Khassāf； al-Khassāf	خصاف؛ الخصاف

续表

汉译	拉丁字母转写	阿拉伯文或波斯文
赫索斯	al-Khassās	الخصاص
赫索隋	al-Khassāsī	الخصاصي
赫拓比	al-Khattābī	الخطابي
赫拓卜	Khattāb；al-Khattāb	خطاب؛ الخطاب
赫拓尔	al-Khatār	الخطار
赫拓夫	Khatāf	خطاف
赫坦	al-Khatan	الختن
赫特	Khat	خت
赫特里	al-Khatlī	الختلي
赫特玛	Khatmah	خطمة
赫特米	al-Khatmī	الخطمي
赫提	al-Khattī	الختي
赫缇拉	Khatirah	خطرة
赫托斐	al-Khatafī	الخطفي
赫托勒	Khatal	خطل
赫瓦尔纳基	al-Khawarnaqī	الخورنقي
赫瓦贾尼	al-Khawajjānī	الخوجاني
赫旺	Khawān	خوان
赫沃斐	al-Khawāfī	الخوافي
赫沃沙提	al-Khawāshatī	الخواشتي
赫沃提米	al-Khawātīmī	الخواتيمي
赫辛	al-Khashin	الخشن
赫雅里	al-Khayālī	الخيالي
赫扎尔	Khazar	خزر
赫扎法	Khazafah	خزفة
赫扎斐	al-Khazafī	الخزفي
赫扎冀	al-Khazajī	الخزجي
赫扎利	al-Khazarī	الخزري

续表

汉译	拉丁字母转写	阿拉伯文或波斯文
赫扎玛	Khazamah	خزمة
赫札尔	al-Khazār	الخزار
赫札夫	al-Khazzāf	الخزاف
赫札姆	Khazzām	خزام
赫札兹	al-Khazzāz	الخزاز
赫兹阿里	al-Khaz' alī	الخزعلي
赫兹吉	Khazj；al-Khazj	خزج؛ الخزج
赫兹拉吉	Khazraj；al-Khazraj	خزرج؛ الخزرج
赫兹拉冀	al-Khazrajī	الخزرجي
赫兹玛	Khazmah	خزمة
赫兹沃尼	al-Khazwānī	الخزواني
黑卜	Khīb	خيب
黑蒂	al-Khīṭī	الخيطي
黑拉	Khīrah	خيرة
黑利	al-Khīrī	الخيري
黑尼	al-Khīnī	الخيني
黑提	al-Khītī	الخيتي
黑瓦基	al-Khīwaqī	الخيوقي
弘布尼	al-Khunbūnī	الخنبوني
弘冀	al-Khunjī	الخنجي
弘玛尼	al-Khummānī	الخماني
弘米	al-Khummī	الخمي
弘纳拉	Khunnarah	خنرة
弘祖俄	Khundhu'；al-Khundhu'	خنذع؛ الخنذع
弘祖仪	al-Khundhu' ī	الخنذعي
宏杜吉	Hunduj	حندج
宏杜利	al-Hundurī	الحندري
宏恩	Hunn	حن

续表

汉译	拉丁字母转写	阿拉伯文或波斯文
宏玛	Hummá	حمى
宏玛迪	Hummādī	حمادي
宏曼	Hummān	حمان
宏默拉	Hummarah；al-Hummarah	حمرة؛ الحمرة
宏尼	al-Hunnī	الحني
宏努韦赫	Hunnuwayh	حنويه
侯赛尼	al-Husaynī	الحسيني
侯赛因	Husayn；al-Husayn	حسين؛ الحسين
呼拔沙	Khubāshah	خباشة
呼拔什	al-Khubāshī	الخباشي
呼贝比	al-Khubaybī	الخبيبي
呼贝卜	Khubayb	خبيب
呼贝利	Khubayrī；al-Khubayrī	خبيري؛ الخبيري
呼波齐	al-Khubzī	الخبزي
呼波扎	Khubzah	خبزة
呼波札尔齐	al-Khubzārzī	الخبزارزي
呼达巴芝	al-Khudābādhī	الخداباذي
呼达班达赫	Khudābandah	خدابنده
呼代萨利	al-Khudaysarī	الخديسري
呼戴尔	Khudayr	خضير
呼戴利	Khudayrī；al-Khudayrī	خضيري؛ الخضيري
呼得尔	al-Khudr	الخضر
呼得利	al-Khudrī	الخضري
呼德	Hūd	هود
呼德菲拉尼	al-Khudfirānī	الخدفراني
呼德拉	Khudrah	خدرة
呼德利	al-Khudrī	الخدري
呼迪耶曼卡尼	al-Khudiyamankanī	الخديمنكني

续表

汉译	拉丁字母转写	阿拉伯文或波斯文
呼多利	Khudarī；al-Khudarī	خضري؛ الخضري
呼尔巴	Khurbah	خربة
呼尔比	al-Khurbī	الخربي
呼尔冀	al-Khurjī	الخرجي
呼尔杰	Khurjah	خرجة
呼尔密塞尼	al-Khurmīthanī	الخرميثني
呼尔斯	al-Khursī	الخرسي
呼法斐	al-Khufāfī	الخفافي
呼费斐	al-Khufayfī	الخفيفي
呼费夫	Khufayf	خفيف
呼弗	Khuf	خف
呼贾迪	al-Khujādī	الخجادي
呼简迪	al-Khujandī	الخجندي
呼捷姆	Khujaym	خجيم
呼拉比	al-Khullabī	الخلبي
呼拉斐	al-Khurafī	الخرفي
呼拉伽尼	al-Hūraqānī	الهورقاني
呼拉吉	Khullaj	خلج
呼拉玛巴芝	al-Khurramābādhī	الخرماباذي
呼拉米	al-Khurramī	الخرمي
呼拉姆	Khurram	خرم
呼拉沙	Khurāshah	خراشة
呼剌姆	Khurrām	خرام
呼莱德	Khulayd	خليد
呼莱俄	Khulay‘	خليع
呼莱斐	al-Khulayfī	الخليفي
呼莱夫	Khulayf	خليف
呼莱斯	Khulays	خليس

续表

汉译	拉丁字母转写	阿拉伯文或波斯文
呼莱仪	al-Khulay' ī	الخليعي
呼勒德	Khuld	خلد
呼勒迪	al-Khuldī	الخلدي
呼勒伽尼	al-Khulqānī	الخلقاني
呼勒吉	al-Khulj	الخلج
呼勒冀	al-Khuljī	الخلجي
呼勒米	al-Khulmī	الخلمي
呼雷比	Khuraybī; al-Khuraybī	خريبي؛ الخريبي
呼雷恩	Khurrayn	خرين
呼雷戈	Khurayq	خريق
呼雷米	Khuraymī; al-Khuraymī	خريمي؛ الخريمي
呼雷姆	Khuraym	خريم
呼利	al-Khurrī	الخري
呼罗萨尼	al-Khurāsānī	الخراساني
呼玛尔	Khumār	خمار
呼玛拉韦赫	Khumārawayh	خمارويه
呼玛米	al-Khumāmī	الخمامي
呼玛姆	Khumām	خمام
呼玛沙	Khumāshah	خماشة
呼玛什	al-Khumāshī	الخماشي
呼梅尔	Khumayr	خمير
呼梅贾尼	al-Khumāyjānī	الخمايجاني
呼梅勒	Khumayl	خميل
呼梅伊尔	Khumayyir	خمير
呼密塞尼	al-Khumīthanī	الخميثني
呼姆黑萨利	al-Khumkhīsarī	الخمخيسري
呼姆勒	Khuml	خمل
呼姆里	al-Khumlī	الخملي

续表

汉译	拉丁字母转写	阿拉伯文或波斯文
呼姆利	al-Khumrī	الخمري
呼纳阿	Khunā' ah	خناعة
呼纳吉尼	al-Khunājinī	الخناجني
呼纳立基	al-Khunalīqī	الخنليقي
呼纳默提	al-Khunāmatī	الخنامتي
呼纳施	Khunāsh	خناش
呼纳斯	Khunās；al-Khunāsī	خناس؛ الخناسي
呼纳斯利	al-Khunāsirī	الخناصري
呼纳仪	al-Khunā' ī	الخناعي
呼奈斯	Khunays；Khunaysī；al-Khunaysī	خنيس؛ خنيسي؛ الخنيسي
呼塞米	al-Khuthamī	الخثمي
呼沙	Khushshah	خشة
呼沙比	al-Khushābī	الخشابي
呼沙夫	Khushshāf	خشاف
呼沙姆	al-Khushām	الخشام
呼沙尼	al-Khushanī	الخشني
呼筛勒	Khuthayl	خثيل
呼筛米	Khuthaymī	الخثيمي
呼筛姆	Khuthaym	خثيم
呼什	al-Khushshī	الخشي
呼施克	Khushk	خشك
呼施敏杰克西	al-Khushminjakthī	الخشمنجكثي
呼施纳米	al-Khushnāmī	الخشنامي
呼施纳姆	Khushnām	خشنام
呼施其	al-Khushkī	الخشكي
呼施坦	Khushtan	خشتن
呼述法格尼	al-Khushūfaghnī	الخشوفغني
呼述南杰卡西	al-Khushūnanjakathī	الخشوننجكثي

续表

汉译	拉丁字母转写	阿拉伯文或波斯文
呼斯克	Khusk	خسك
呼斯娄吉尔迪	al-Khusrawjirdī	الخسروجردي
呼斯娄沙希	al-Khusrawshāhī	الخسروشاهي
呼斯鲁	Khusrū	خسرو
呼绥比	Khusaybī；al-Khusaybī	خصيبي؛ الخصيبي
呼绥斐	al-Khusayfī	الخصيفي
呼隋	al-Khussī	الخصي
呼索	Khusá；al-Khusá	خصى؛ الخصى
呼塔腊尼	al-Khutalānī	الختلاني
呼塔里	Khuttalī；al-Khuttalī	ختلي؛ الختلي
呼塔尼	al-Khutanī	الختني
呼拓夫	Khutāf	خطاف
呼特璐	al-Khutlū	الختلو
呼图里	al-Khuttulī	الختلي
呼图施	Khuttush	ختش
呼推姆	Khutaym	خطيم
呼托比	al-Khutabī	الخطبي
呼韦里德	Khuwaylid	خويلد
呼韦里迪	al-Khuwaylidī	الخويلدي
呼韦缇尔	al-Khuwaytir	الخويطر
呼韦益	Khuwayyī；al-Khuwayyī	خويي؛ الخويي
呼文贾尼	al-Khuwinjānī	الخونجاني
呼沃尔	Khuwār；al-Khuwār	خوار؛ الخوار
呼沃甘迪	al-Khuwāqandī	الخواقندي
呼沃利	al-Khuwārī	الخواري
呼谢恩	Khushayn	خشين
呼谢纳	Khushaynah	خشينة
呼谢什	al-Khushayshī	الخشيشي

续表

汉译	拉丁字母转写	阿拉伯文或波斯文
呼谢施	Khushaysh	خشيش
呼优蒂	al-Khuyūṭī	الخيوطي
呼栽尔	Khuzayr	خزير
呼栽玛	Khuzaymah	خزيمة
呼栽米	Khuzaymī；al-Khuzaymī	خزيمي؛ الخزيمي
呼栽姆	Khuzaym	خزيم
呼宰姆	Khudhaym	خذيم
呼赞迪	al-Khuzāndī	الخزاندي
呼扎齐	al-Khuzazī	الخززي
呼扎兹	Khuzaz	خزز
呼吒达孜	Khudhādādh	خذاداذ
呼札阿	Khuzā' ah	خزاعة
呼札利	al-Khuzārī	الخزاري
呼札仪	Khuzā' ī；al-Khuzā' ī	خزاعي؛ الخزاعي
呼詹迪	al-Khudhāndī	الخذاندي
呼芝	al-Hūdhī	الهوذي
呼朱斯塔尼	al-Khujustānī	الخجستاني
呼孜	Hūdh	هوذ
呼孜彦	Khudhyān	خذيان
忽恩	Khūn	خون
忽尔萨弗拉基	al-Khūrsaflaqī	الخورسفلقي
忽尔什德	Khūrshīd	خورشيد
忽及雅尼	al-Khūziyānī	الخوزياني
忽贾尼	al-Khūjānī	الخوجاني
忽里	Khūlī	خولي
忽利	al-Khūrī	الخوري
忽密尼	al-Khūmīnī	الخوميني
忽齐	al-Khūzī	الخوزي

续表

汉译	拉丁字母转写	阿拉伯文或波斯文
忽什	al-Khūshī	الخوشي
忽斯提	al-Khūstī	الخوستي
忽特	Khūt	خوط
忽伊	al-Khū' ī	الخوئي
忽札尼	al-Khūzānī	الخوزاني
胡巴里	al-Hubalī	الحبلي
胡拔卜	Hubāb	حباب
胡拔尼	al-Hubbānī	الحباني
胡拔沙	Hubāshah	حباشة
胡拔什	al-Hubāshī	الحباشي
胡拔施	Hubāsh	حباش
胡班	Hubbān	حبان
胡贝拔特	Hubaybāt	حبيبات
胡贝比	al-Hubaybī	الحبيبي
胡贝卜	Hubayb	حبيب
胡贝恩	Hubayn	حبين
胡贝勒	Hubayl	حبيل
胡贝纳	Hubaynah	حبينة
胡贝什	al-Hubayshī	الحبيشي
胡贝施	Hubaysh	حبيش
胡贝伊卜	Hubayyib	حبيب
胡比	Hubbī	حبي
胡比尼	al-Hubbīnī	الحبيني
胡波	Hūb	حوب
胡波拉尼	al-Hubrānī	الحبراني
胡波腊尼	al-Hublānī	الحبلاني
胡波兰	Hubrān	حبران
胡波里	al-Hublī	الحبلي

续表

汉译	拉丁字母转写	阿拉伯文或波斯文
胡波什	Hubshī；al-Hubshī	حبشي؛ الحبشي
胡波什耶	Hubshīyah	حبشية
胡波提	al-Hubtī	الحبتي
胡布勒	Hubul	حبل
胡布里	al-Hubulī	الحبلي
胡布沙尼	al-Khubūshānī	الخبوشاني
胡达	Hudá；al-Hudá	حدى؛ الهدى
胡达德	Hudād	حداد
胡达迪	al-Hudādī	الحدادي
胡达尼	al-Huddānī	الحداني
胡达维	al-Hudawī	الهدوي
胡达伟	al-Hudawī	الحدوي
胡代德	Hudayd	حديد
胡代尔	Hudayr	حدير
胡代吉	Hudayj	حديج
胡代拉	Hudaylah	حديلة
胡代耶	Hudayyah	هدية
胡戴恩	Hudayn	حضين
胡戴尔	Hudayr；al-Hudayr	حضير؛ الحضير
胡戴尼	al-Hudaynī	الحضيني
胡丹	Huddān	حدان
胡德拔尼	al-Hudbānī	الحدباني
胡德班	Hudbān	حدبان
胡德斯	Huds	حدس
胡杜里	al-Hudulī	الحدلي
胡多荻	al-Hudadī	الحضضي
胡恩	Hun	حن
胡尔	Hur；Hūr	حر؛ حور

续表

汉译	拉丁字母转写	阿拉伯文或波斯文
胡尔布塞	Hurbuthah	حربثة
胡尔达兹比赫	Khurdādhbih	خرداذبه
胡尔法	Hurfah	حرفة
胡尔斐	al-Hurfī	الحرفي
胡尔格	Hurqah	حرقة
胡尔瑟尼	al-Hurthānī	الحرثاني
胡尔尚	Hurthān	حرثان
胡斐	al-Hūfī	الحوفي
胡斐德	Hufīd	حفيد
胡弗利	Hufrī； al-Hufrī	حفري؛ الحفري
胡盖勒	al-Huqayl	الحقيل
胡吉尔	Hujr	حجر
胡吉利	al-Hujrī	الحجري
胡冀	al-Hujjī	الحجي
胡杰	al-Hujjah	الحجة
胡杰利	al-Hujarī	الحجري
胡杰图丁	Hujjat al-Dīn	حجة الدين
胡杰维	al-Hujawī	الحجوي
胡捷恩	Hujayn	حجين
胡捷尔	Hujayr	حجير
胡捷耶	Hujayyah	حجية
胡凯玛	Hukaymah	حكيمة
胡凯姆	Hukaym	حكيم
胡克利	al-Hukrī	الحكري
胡拉	Hurrah	حرة
胡拉比	al-Hurabī	الحربي
胡拉卜	Hurab	حرب
胡拉达兹比赫	Khurradādhbih	خرداذبه

续表

汉译	拉丁字母转写	阿拉伯文或波斯文
胡拉戈	Hurrāq	حراق
胡拉格	Huraqah	حرقة
胡拉基	al-Huraqī	الحرقي
胡拉里	al-Hulalī	الحللي
胡拉尼	al-Hurrānī	الحراني
胡拉思	Hurath	حرث
胡腊斯	Hulās	حلاس
胡莱斐	al-Hulayfī	الحليفي
胡莱夫	Hulayf	حليف
胡莱格	Hulayqah	حليقة
胡莱勒	Hulayl	حليل
胡莱里	al-Hulaylī	الحليلي
胡莱斯	Hulays	حليس
胡勒米	al-Hulmī	الحلمي
胡勒旺	Hulwān	حلوان
胡勒沃尼	al-Hulwānī	الحلواني
胡雷德	Hurayd	حريد
胡雷迪	al-Huraydī	الحريدي
胡雷荻	al-Huraydī	الحريضي
胡雷尔	Hurayr	حرير
胡雷米	al-Huraymī	الحريمي
胡雷姆	Huraym	حريم
胡雷思	Hurayth	حريث
胡雷斯	Hurays	حريس
胡雷西	al-Huraythī	الحريثي
胡里	al-Hulī	الحلي
胡利	al-Hurī	الحري
胡璐里	al-Hulūlī	الحلولي

续表

汉译	拉丁字母转写	阿拉伯文或波斯文
胡玛	Humah	حمة
胡玛米	Humāmī; al-Humāmī	حمامي؛ الحمامي
胡玛姆	Humām; al-Humām	حمام؛ الحمام
胡梅德	Humayd	حميد
胡梅迪	al-Humaydī	الحميدي
胡梅恩	Humayn	حمين
胡梅尔	Humayr	حمير
胡梅勒	Humayl	حميل
胡梅里	al-Humaylī	الحميلي
胡梅尼	al-Humaynī	الحميني
胡梅斯	Humays; al-Humaysī	حميس؛ الحميسي
胡梅伊尔	Humayyir	حمير
胡默尔	Humar	حمر
胡姆	Hum	حم
胡姆拉	Humrah	حمرة
胡姆拉尼	al-Humrānī	الحمراني
胡姆兰	Humrān	حمران
胡姆里	al-Humlī	الحملي
胡姆利	al-Humrī	الحمري
胡姆施	Hamsh	حمش
胡奈恩	Hunayn	حنين
胡奈斐	al-Hunayfī	الحنيفي
胡奈夫	Hunayf	حنيف
胡奈纳	Hunaynah	حنينة
胡奈尼	al-Hunaynī	الحنيني
胡奈依	Hunayy	حني
胡尼	al-Hunī	الحني
胡齐	al-Huzzī	الحزي

续表

汉译	拉丁字母转写	阿拉伯文或波斯文
胡撒姆	al-Husām	الحسام
胡撒姆丁	Husām al-Dīn	حسام الدين
胡萨米	al-Husāmī	الحسامي
胡萨姆	Husam	حسم
胡赛勒	Husayl	حسيل
胡沙	Hushshah	حشة
胡士利	al-Husrī	الحصري
胡舒尔提	al-Khushurtī	الخشرتي
胡思	Hūth	حوث
胡斯拔尼	al-Husbānī	الحسباني
胡斯努斯	Husnus	حسنس
胡斯努韦赫	Hasnuwayh	حسنويه
胡斯努维	al-Hasanuwī	الحسنوي
胡绥比	al-Husaybī	الحصيبي
胡绥卜	al-Husayb	الحصيب
胡绥恩	Husayn；al-Husayn	حصين؛ الحصين
胡绥利	al-Husayrī	الحصيري
胡绥尼	al-Husaynī	الحصيني
胡隋尼	al-Husīnī	الحصيني
胡索米	al-Husāmī	الحصامي
胡塔斐	al-Hutafī	الحتفي
胡塔特	al-Hutāt	الحتات
胡台夫	Hutayf；al-Hutayf	حتيف؛ الحتيف
胡特	Hūt；al-Hūt	حوت؛ الحوت
胡特利	al-Hutrī	الحتري
胡提	al-Hūtī	الحوتي
胡推阿	al-Hutay' ah	الحطيئة
胡推姆	Hutaym	حطيم

续表

汉译	拉丁字母转写	阿拉伯文或波斯文
胡托玛	Hutamah	حطمة
胡托米	al-Hutamī	الحطمي
胡韦黎塞	al-Huwayrithah	الحويرثة
胡韦黎思	al-Huwayrith	الحويرث
胡韦利卜	Huwayrib	حويرب
胡韦齐	Huwayzī； al-Huwayzī	حويزي؛ الحويزي
胡韦特	Huwayt	حويت
胡韦缇卜	Huwaytib	حويطب
胡韦扎	Huwayzah	حويزة
胡沃	Hūwá	حوى
胡沃利尼	al-Huwārīnī	الحواريني
胡西	al-Hūthī	الحوثي
胡谢什	al-Hushayshī	الحشيشي
胡谢施	Hushaysh	حشيش
胡亚	Huyay	حيي
胡栽比	al-Huzaybī	الحزيبي
胡栽卜	Huzayb	حزيب
胡栽尔	Huzayr	حزير
胡宰法	Hudhayfah	حذيفة
胡宰斐	al-Hudhayfī	الحذيفي
胡吒尔	Hudhār	حذار
胡吒法	Hudhāfah	حذافة
胡吒斐	al-Hudhāfī	الحذافي
胡吒格	Hudhāqah	حذاقة
胡吒基	al-Hudhāqī	الحذاقي
胡吒利	al-Hudhārī	الحذاري
胡吒姆	Hudhām	حذام
胡札巴	Huzābah	حزابة

续表

汉译	拉丁字母转写	阿拉伯文或波斯文
胡札纳	Huzānah	حزانة
胡朱利	al-Hujurī	الحجري
胡珠利	al-Hujūrī	الحجوري
胡孜兰	Hudhrān	حذران
胡兹戈	Huzq	حزق
花拉子米	al-Khuwārizmī	الخوارزمي
霍贝卜	Hubayb	هبيب
霍贝拉	Hubayrah	هبيرة
霍贝勒	Hubayl	هبيل
霍贝利	al-Hubayrī	الهبيري
霍达	Huddah	هدة
霍代尔	Hudayr；al-Hudayr	هدير؛ الهدير
霍代利	al-Hudayrī	الهديري
霍代姆	Hudaym	هديم
霍德巴	Hudbah	هدبة
霍迪	al-Huddī	الهدي
霍尔穆兹	Hurmuz	هرمز
霍尔穆兹法尔希	al-Hurmuzfarhī	الهرمزفرهي
霍尔穆兹庚迪	al-Hurmuzghandī	الهرمزغندي
霍尔西	al-Hurthī	الهرثي
霍捷米	al-Hujaymī	الهجيمي
霍捷姆	al-Hujaym	الهجيم
霍雷尔	Hurayr	هرير
霍雷拉	Hurayrah	هريرة
霍雷姆	Huraym	هريم
霍玛姆	al-Humām	الهمام
霍玛姆丁	Humām al-Dīn	همام الدين

续表

汉译	拉丁字母转写	阿拉伯文或波斯文
霍玛尼	al-Humānī	الهماني
霍梅米	al-Humaymī	الهميمي
霍梅姆	Humaym	هميم
霍纳阿	Hunā' ah	هناءة
霍纳伊	al-Hunā' ī	الهنائي
霍奈依	Hunayy	هني
霍台默勒	Hutaymal	هتيمل
霍台姆	Hutaym	هتيم
霍栽勒	Huzayl	هزيل
霍栽里	al-Huzaylī	الهزيلي
霍栽米	al-Huzaymī	الهزيمي
霍栽姆	Huzaym; al-Huzaym	هزيم؛ الهزيم
霍栽齐耶	al-Huzayzīyah	الهزيزية
霍栽兹	Huzayz	هزيز
霍宰勒	Hudhayl; al-Hudhayl	هذيل؛ الهذيل
霍宰里	al-Hudhaylī	الهذيلي
霍宰米	al-Hudhaymī	الهذيمي
霍宰姆	Hudhaym	هذيم
霍泽里	al-Hudhalī	الهذلي
霍泽米	al-Hudhamī	الهذمي
霍扎米	al-Huzamī	الهزمي
霍扎姆	Huzam; al-Huzam	هزم؛ الهزم
霍孜玛	Hudhmah	هذمة

I

无

J

汉译	拉丁字母转写	阿拉伯文或波斯文
基阿士	Qi‘ās	قعاص
基阿隋	al-Qi‘āsī	القعاصي
基拔比	al-Qibābī	القبابي
基拔勒	Qibāl	قبال
基波蒂	Qibtī；al-Qibtī	قبطي؛ القبطي
基波黎斯	Qibris；al-Qibrisī	قبرس؛ القبرسي
基波黎雅伊	al-Qibriyā’ī	القبرياني
基波特	Qibt	قبط
基尔巴	Qirbah	قربة
基尔德	Qird	قرد
基尔迪	al-Qirdī	القردي
基尔法	Qirfah	قرفة
基尔米蒂	al-Qirmitī	القرمطي
基尔米斯尼	al-Qirmīsīnī	القرميسيني
基尔米特	Qirmit	قرمط
基尔缇米	al-Qirtimī	القرطمي
基尔耶	al-Qiryah	القرية
基弗蒂	al-Qiftī	القفطي
基及里	Qizil	قزل
基拉比	al-Qirabī	القربي
基拉尔	Qirār	قرار
基拉利	al-Qirārī	القراري
基拉斯	Qirās	قراس
基腊仪	al-Qilā‘ī	القلاعي
基勒沙尼	al-Qilshānī	القلشاني
基勒因姆	al-Qil‘imm	القلعم
基利	al-Qirrī	القري

续表

汉译	拉丁字母转写	阿拉伯文或波斯文
基利耶	al-Qirrīyah	القرية
基玛尔	al-Qimār	القمار
基什什	al-Qishīshī	القشيشي
基索仪	al-Qisā‘ ī	القصاعي
基塔卜	Qitāb	قتاب
基塔勒	Qitāl	قتال
基特阿	Qit‘ ah	قطعة
基特拔尼	al-Qitbānī	القتباني
基特班	Qitbān	قتبان
基特利	al-Qitrī	القطري
基托仪	al-Qita‘ ī	القطعي
基谢什	al-Qishayshī	القشيشي
基雅尼	al-Qiyānī	القياني
基亚斯	Qiyays	قييس
嵇拉蒂	al-Qīrātī	القيراطي
嵇拉特	Qīrāt	قيراط
嵇勒	al-Qīl	القيل
嵇拓兹	Qītāz	قيطاز
稽沙提	al-Ghīshatī	الغيشتي
稽雅西	al-Ghīyāthī	الغياثي
稽札尼	al-Ghīzānī	الغيزاني
吉阿比	al-Ji‘ ābī	الجعابي
吉阿里	al-Ji‘ ālī	الجعالي
吉安	al-Jī‘ ān	الجيعان
吉拔比	al-Jibābī	الجبابي
吉拔拉	Jibārah	جبارة
吉拔利	al-Jibārī	الجباري
吉拔尼	al-Jibbānī	الجباني

续表

汉译	拉丁字母转写	阿拉伯文或波斯文
吉波里	al-Jiblī	الجبلي
吉波利里	al-Jibrīlī	الجبريلي
吉波特	Jibt	جبت
吉达尔	Jidār	جدار
吉达利	al-Jidārī	الجداري
吉尔法斯	al-Jirfāsī	الجرفاسي
吉尔吉利	al-Jirjīrī	الجرجيري
吉尔吉斯	Jirjīs	جرجيس
吉尔米	al-Jirmī	الجرمي
吉尔特	Jirt	جرت
吉弗利	Jifrī；al-Jifrī	جفري؛ الجفري
吉弗纳	Jifnah	جفنة
吉哈德	Jihād	جهاد
吉哈斐	al-Jihāfī	الجحافي
吉赫比孜	al-Jihbidh	الجهبذ
吉贾利	al-Jijārī	الججاري
吉康	Jīkan	جيكان
吉克里	al-Jiklī	الجكلي
吉拉	Jirrah	جرة
吉拉比	al-Jirābī	الجرابي
吉拉卜	Jirāb；al-Jirāb	جراب؛ الجراب
吉拉赫施提	al-Jīrākhashtī	الجيراخشتي
吉拉基	al-Jillaqī	الجلقي
吉拉默兹达尼	al-Jīramazdānī	الجيرمزداني
吉拉瓦	Jirawah	جروة
吉拉维	al-Jirawī	الجروي
吉拉仪	al-Jirā‘ī	الجراعي
吉剌尼	al-Jirānī	الجراني

续表

汉译	拉丁字母转写	阿拉伯文或波斯文
吉腊尼	al-Jillānī	الجلاني
吉兰	Jirān	جران
吉兰吉	al-Jīranjī	الجيرنجي
吉岚	Jīlān	جيلان
吉勒	Jīl	جيل
吉勒达	Jildah	جلدة
吉勒斯	Jils；al-Jilsī	جلس؛ الجلسي
吉勒旺	Jilwān	جلوان
吉里	Jillī；al-Jillī	جلي؛ الجلي
吉里；冀里	al-Jīlī	الجيلي
吉立基	al-Jillīqī	الجليقي
吉鲁	Jirū	جرو
吉鲁弗提	al-Jīruftī	الجيرفتي
吉玛德	Jimād	جماد
吉玛俄	Jimā‘	جماع
吉姆哈	Jimh	جمح
吉纳德	Jinād	جناد
吉纳利	al-Jinārī	الجناري
吉南	Jinān	جنان
吉齐	Jizī	جزي
吉撒斯	Jisās	جساس
吉沙布利	al-Jīshaburī	الجيشبري
吉施尼斯	Jishnis；al-Jishnisī	جشنس؛ الجشنسي
吉斯尔	Jisr	جسر
吉斯利尼	al-Jisrīnī	الجسريني
吉雅哈	Jiyāh	جياح
吉雅斯利	al-Jiyāsirī	الجياسري
吉泽	Jīdhah	جيذة

续表

汉译	拉丁字母转写	阿拉伯文或波斯文
吉泽勒	Jidhal	جذل
吉芝	al-Jīdhī	الجيذي
吉孜拉	Jidhrah	جذرة
吉孜利	al-Jidhrī	الجذري
纪波利尼	al-Ghibrīnī	الغبريني
纪法尔	Ghifār; al-Ghifār	غفار؛ الغفار
纪法利	al-Ghifārī	الغفاري
纪剌拉	Ghirārah	غرارة
纪腊济	al-Ghilāzī	الغلاظي
纪腊思	Ghilāth	غلاث
纪立	Ghilī	غلي
纪纳都斯提	al-Ghinādūstī	الغنادوستي
纪齐	Ghizzī	غزي
纪特利斐	al-Ghitrīfī	الغطريفي
纪特利夫	al-Ghitrīf	الغطريف
纪雅思	Ghiyāth	غياث
纪雅素丁	Ghiyāth al-Dīn	غياث الدين
纪耶拉	Ghiyarah	غيرة
纪耶利	al-Ghiyarī	الغيري
冀赫尼	al-Jīkhanī	الجيخني
冀腊尼	al-Jīlānī	الجيلاني
冀腊伊	al-Jīlā' ī	الجيلائي
冀齐	al-Jīzī	الجيزي
加巴斯	Ghabas	غبس
加拔卜	Ghabāb	غباب
加拔加比	al-Ghabāghabī	الغباغبي
加拔利	al-Ghabārī	الغباري
加拔施	Ghabbāsh	غباش

续表

汉译	拉丁字母转写	阿拉伯文或波斯文
加百列（习惯译名）	Jibrā' īl；Jibrīl	جبرائيل؛ جبريل
加波拉	Ghabrah	غبرة
加达	al-Ghadā'	الغداء
加达尼	al-Ghadānī	الغداني
加旦法利	al-Ghadanfarī	الغضنفري
加得班	Ghadbān	غضبان
加得比	al-Ghadbī	الغضبي
加得卜	Ghadb	غضب
加德戈	Ghadq	غدق
加迪尔	Ghadīr	غدير
加荻荻	al-Ghadīdī	الغضيضي
加笃巴	al-Ghadūbah	الغضوبة
加铎拉	Ghadārah	غضارة
加铎利	al-Ghadārī	الغضاري
加铎伊利	al-Ghadā' irī	الغضائري
加尔巴	Gharbah	غربة
加尔比	al-Gharbī	الغربي
加尔卜	al-Gharb	الغرب
加尔基	al-Gharqī	الغرقي
加尔纳蒂	al-Gharnātī	الغرناطي
加尔齐	al-Gharzī	الغرزي
加尔斯	Ghars	غرس
加尔苏丁	Ghars al-Dīn	غرس الدين
加尔雅尼	al-Gharyānī	الغرياني
加法尔	al-Ghaffār	الغفار
加夫杰木尼	al-Ghafjamūnī	الغفجموني
加弗拉	Ghaflah	غفلة
加富尔	al-Ghafūr	الغفور

续表

汉译	拉丁字母转写	阿拉伯文或波斯文
加拉	al-Gharrā’	الغراء
加拉比里	al-Gharābīlī	الغرابيلي
加拉卜	al-Gharāb	الغراب
加拉德	al-Gharrād	الغراد
加拉德雅尼	al-Gharadyānī	الغردياني
加拉法	Gharafah	غرفة
加拉斐	al-Gharrāfī	الغرافي
加拉夫	al-Gharrāf	الغراف
加拉基	al-Gharrāqī	الغراقي
加拉玛	Gharāmah	غرامة
加拉齐	al-Gharazī	الغرزي
加拉维	al-Ghalawī	الغلوي
加拉扎	Gharazah	غرزة
加剌拉	Gharārah	غرارة
加剌维	al-Gharawī	الغروي
加腊比	al-Ghalābī；al-Ghallābī	الغلابي
加腊卜	Ghallāb	غلاب
加腊戈	Ghallāq	غلاق
加勒拔	Ghalbā’	غلباء
加勒布恩	Ghalbūn	غلبون
加勒布尼	al-Ghalbūnī	الغلبوني
加黎戈	al-Ghariq	الغرق
加利卜	Gharīb；al-Gharīb	غريب؛ الغريب
加利得	al-Gharīd	الغريض
加利尔	Gharīr	غرير
加利夫	Gharīf；al-Gharīf	غريف؛ الغريف
加利尼	al-Gharīnī	الغريني
加伦	Gharūn	غرون

续表

汉译	拉丁字母转写	阿拉伯文或波斯文
加慕尔	Ghamr; al-Ghamr	غمر؛ الغمر
加慕利	Ghamrī; al-Ghamrī	غمري؛ الغمري
加慕齐	al-Ghamzī	الغمزي
加纳玛	Ghanamah	غنمة
加纳维	al-Ghanawī	الغنوي
加纳维赫	Ghanawīh	غنويه
加纳伊姆	Ghanā' im; al-Ghanā' im	غنائم؛ الغنائم
加尼	Ghanī; al-Ghanī	غني؛ الغني
加尼耶	Ghanīyah	غنية
加齐	Ghazzī; al-Ghazzī	غزي؛ الغزي
加齐纳齐	al-Ghazīnazī	الغزينزي
加齐耶	Ghazzīyah	غزية
加撒勒	al-Ghassāl	الغسال
加撒里	al-Ghassālī	الغسالي
加萨尼	al-Ghassānī	الغساني
加塞维	al-Ghathawī	الغثوي
加桑	Ghassān	غسان
加什迪	al-Ghashīdī	الغشيدي
加施提	al-Ghashtī	الغشتي
加束里	al-Ghassūlī	الغسولي
加斯勒	Ghasīl; al-Ghasīl	غسيل؛ الغسيل
加斯里	al-Ghasīlī	الغسيلي
加索斯	Ghasas	غصص
加特凡	Ghatfān	غطفان
加托法尼	al-Ghatafānī	الغطفاني
加托凡	Ghatafān	غطفان
加沃尼	Ghawānī; al-Ghawānī	غواني؛ الغواني
加沃维	al-Ghawāwī	الغواوي

续表

汉译	拉丁字母转写	阿拉伯文或波斯文
加扎基	al-Ghazaqī	الغزقي
加扎里	al-Ghazalī	الغزلي
加扎维	al-Ghazawī	الغزوي
加吒尼	al-Ghadhānī	الغذاني
加札	al-Ghazzā’	الغزاء
加札勒	Ghazāl；Ghazzāl；al-Ghazāl；al-Ghazzāl	غزال؛ الغزال
加札维	al-Ghazāwī	الغزاوي
加兹密尼	al-Ghazmīnī	الغزميني
加兹纳维	al-Ghaznawī	الغزنوي
加兹纳雅尼	al-Ghaznayānī	الغزنياني
加兹旺	Ghazwān	غزوان
加兹戊	Ghazw	غزو
迦比	al-Ghābī	الغابي
迦比尔	Ghābir	غابر
迦狄拉	Ghādirah	غاضرة
迦狄利	al-Ghādirī	الغاضري
迦迪	al-Ghādī	الغادي
迦迪利	al-Ghādirī	الغادري
迦迪耶	al-Ghādīyah	الغادية
迦尔	al-Ghār	الغار
迦菲尔	Ghāfir；al-Ghāfir	غافر؛ الغافر
迦菲戈	Ghāfiq	غافق
迦菲基	al-Ghāfiqī	الغافقي
迦菲勒	Ghāfil	غافل
迦菲利	al-Ghāfirī	الغافري
迦拉特	al-Ghārāt	الغارات
迦黎姆	Ghārim	غارم
迦里	Ghālī；al-Ghālī	غالي؛ الغالي

续表

汉译	拉丁字母转写	阿拉伯文或波斯文
迦里比	al-Ghālibī	الغالبي
迦里卜	Ghālib	غالب
迦鲁西	al-Ghārūthī	الغاروثي
迦米德	Ghāmid	غامد
迦米迪	al-Ghāmidī	الغامدي
迦尼	al-Ghānī	الغاني
迦尼米	al-Ghānimī	الغانمي
迦尼姆	Ghānim	غانم
迦齐	Ghāzī；al-Ghāzī	غازي؛ الغازي
迦齐耶	Ghāzīyah	غازية
迦兹	al-Ghāz	الغاز
贾拔尔	Jābār	جابار
贾班	Jābān	جابان
贾比尔	Jābir；al-Jābir	جابر؛ الجابر
贾比利	al-Jābirī	الجابري
贾达	al-Jāddah	الجادة
贾尔巴尔迪	al-Jārbardī	الجاربردي
贾法尔（习惯译名）	Ja‘ far	جعفر
贾法黎彦	Ja‘ fariyān	جعفريان
贾法利	al-Ja‘ farī	الجعفري
贾及利	al-Jāzirī	الجازري
贾杰尔米	al-Jājarmī	الجاجرمي
贾杰尼	al-Jājanī	الجاجني
贾卡尔迪齐	al-Jākardīzī	الجاكرديزي
贾拉斯特	al-Jārast	الجارست
贾拉斯提	al-Jārastī	الجارستي
贾剌维	al-Jarāwī	الجراوي
贾黎米	al-Jārimī	الجارمي

续表

汉译	拉丁字母转写	阿拉伯文或波斯文
贾黎姆	Jārim	جارم
贾黎耶	Jāriyah；al-Jāriyah	جارية؛ الجارية
贾里蒂	al-Jālitī	الجالطي
贾利	al-Jārī	الجاري
贾鲁德	al-Jārūd	الجارود
贾鲁迪	al-Jārūdī	الجارودي
贾鲁拉	Jār Allāh	جار الله
贾米	al-Jāmī	الجامي
贾米迪	al-Jāmidī	الجامدي
贾米俄	Jāmi‘；al-Jāmi‘	جامع؛ الجامع
贾米仪	al-Jāmi‘ī	الجامعي
贾齐	al-Jāzī	الجازي
贾思尔	Jāthir	جاثر
贾思姆	Jāthim	جاثم
贾斯	al-Jāsī	الجاسي
贾斯尔	al-Jāsir	الجاسر
贾斯姆	Jāsim	جاسم
贾瓦尔撒尼	al-Jāwarsānī	الجاورساني
贾瓦尔斯	al-Jāwarsī	الجاورسي
贾旺	Jāwān	جاوان
贾威里	Jāwilī	جاولي
贾维	al-Jāwī	الجاوي
贾希济	al-Jāhizī	الجاحظي
贾希兹	al-Jāhiz	الجاحظ
贾熙玛	Jāhimah	جاهمة
贾泽利	al-Jādharī	الجاذري
贾扎利	al-Jāzarī	الجازري
简巴	Janbah	جنبة

续表

汉译	拉丁字母转写	阿拉伯文或波斯文
简比	al-Janbī	الجنبي
简卜	Janb	جنب
简达拉	Jandarah	جندرة
简迪	al-Jandī	الجندي
简杰鲁芝	al-Janjarūdhī	الجنجروذي
简克	Jank	جنك
简玛勒	Jammāl; al-Jammāl	جمال؛ الجمال
简玛姆	Jammām	جمام
简玛齐	al-Jammāzī	الجمازي
简玛仪里	al-Jammā' īlī	الجماعيلي
简玛兹	Jammāz; al-Jammāz	جماز؛ الجماز
简曼	Jammān	جمان
简纳	Jannah	جنة
简纳比	al-Jannābī	الجنابي
简纳德	Jannād	جناد
简纳提	al-Jannātī	الجناتي
简努恩	Jannūn	جنون
简努纳	Jannūnah	جنونة
简齐	al-Janzī	الجنزي
简扎	Janzah	جنزة
焦巴基	al-Jawbaqī	الجوبقي
焦巴利	al-Jawbarī	الجوبري
焦比	al-Jawbī	الجوبي
焦卜	Jawb	جوب
焦恩	Jawn; al-Jawn	جون؛ الجون
焦斐	al-Jawfī	الجوفي
焦哈尔	Jawhar	جوهر
焦哈利	al-Jawharī	الجوهري

续表

汉译	拉丁字母转写	阿拉伯文或波斯文
焦基	al-Jawqī	الجوقي
焦拉比	al-Jawrabī	الجوربي
焦纳	Jawnah	جونة
焦尼	al-Jawnī	الجوني
焦齐	al-Jawzī	الجوزي
焦齐耶	al-Jawzīyah	الجوزية
焦其	Jawkī	جوكي
焦萨伽尼	al-Jawsaqānī	الجوسقاني
焦萨戈	al-Jawsaq	الجوسق
焦萨基	al-Jawsaqī	الجوسقي
焦沙尼	al-Jawshanī	الجوشني
焦善	Jawshan; al-Jawshan	جوشن؛ الجوشن
焦斯	Jaws	جوس
焦隋	al-Jawsī	الجوصي
焦索	Jawsā	جوصا
焦维西	al-Jawwīthī	الجويثي
焦沃卜	Jawwāb	جواب
焦沃德	Jawwād	جواد
焦沃迪	al-Jawwādī	الجوادي
焦沃拉	al-Jawwālah	الجوالة
焦沃勒	al-Jawwāl	الجوال
焦沃尼	al-Jawwānī	الجواني
焦沃斯	Jawwās	جواس
焦沃兹	Jawwāz; al-Jawwāz	جواز؛ الجواز
焦扎基	al-Jawzaqī	الجوزقي
焦扎拉尼	al-Jawzarānī	الجوزراني
焦札	al-Jawzā'	الجوزاء
杰阿卜	al-Ja' ' āb	الجعاب

续表

汉译	拉丁字母转写	阿拉伯文或波斯文
杰阿瓦	Ja' wah	جاوة
杰巴埃	al-Jabaay	الجبأي
杰巴尔	Jabbar	جبر
杰巴拉	Jabalah	جبلة
杰巴勒	Jabal	جبل
杰巴里	al-Jabalī；al-Jabbalī	الجبلي
杰巴利	al-Jabbarī	الجبري
杰巴希	al-Jabahī	الجبهي
杰拔卜	al-Jabbāb	الجباب
杰拔尔	Jabbār；al-Jabbār	جبار؛ الجبار
杰拔哈尼	al-Jabākhānī	الجباخاني
杰拔利	al-Jabbārī	الجباري
杰拔施	Jabbāsh	جباش
杰拔伊	al-Jabbā' ī	الجبائي
杰班	Jabbān；al-Jabbān	جبان؛ الجبان
杰班雅尼	al-Jabanyānī	الجبنياني
杰波尔	Jabr；al-Jabr	جبر؛ الجبر
杰波谷韦赫	Jabghuwayh	جبغويه
杰波谷维	al-Jabghuwī	الجبغوي
杰波拉	Jabrah	جبرة
杰波拉尼	al-Jabrānī	الجبراني
杰波利	Jabrī	جبري
杰波利尼	al-Jabrīnī	الجبريني
杰波鲁韦赫	Jabruwayh	جبرويه
杰波鲁耶赫	Jabrūyah	جبرويه
杰波伦	Jabrūn	جبرون
杰布里	al-Jabbulī	الجبلي
杰布韦赫	Jabbuwayh	جبويه

续表

汉译	拉丁字母转写	阿拉伯文或波斯文
杰达拉	Jadarah	جدرة
杰达里	al-Jadalī	الجدلي
杰达利	al-Jadarī	الجدري
杰达尼	al-Jaddānī	الجداني
杰达斯	Jadas； al-Jadasī	جدس؛ الجدسي
杰达雅尼	al-Jadayānī	الجدياني
杰韃尼	al-Jadanī	الجدني
杰丹	Jaddān	جدان
杰德	Jadd； al-Jadd	جد؛ الجد
杰迪	Jaddī； al-Jaddī	جدي؛ الجدي
杰迪迪	al-Jadīdī	الجديدي
杰迪尔	Jadīr	جدير
杰迪拉	Jadīlah	جديلة
杰迪里	al-Jadīlī	الجديلي
杰迪斯	Jadīs	جديس
杰俄勒	Ja‘ l	جعل
杰俄里	al-Ja‘ lī	الجعلي
杰尔阿波	Jar‘ ab	جرعب
杰尔巴利	al-Ja‘ barī	الجعبري
杰尔拔孜伽尼	al-Jarbādhqānī	الجرباذقاني
杰尔班	Ja‘ bān	جعبان
杰尔比	Jarbī； al-Jarbī	جربي؛ الجربي
杰尔德	al-Ja‘ d	الجعد
杰尔迪	al-Ja‘ dī	الجعدي
杰尔杰拉伊	al-Jarjarā’ ī	الجرجرائي
杰尔卡尼	al-Jarkānī	الجركاني
杰尔卡斯	al-Jarkasī	الجركسي
杰尔玛蒂	al-Ja‘ mātī	الجعماطي

续表

汉译	拉丁字母转写	阿拉伯文或波斯文
杰尔米	al-Jarmī	الجرمي
杰尔默基	al-Jarmaqī	الجرمقي
杰尔姆	Jarm	جرم
杰尔什	al-Jarshī	الجرشي
杰尔素姆	Ja' thum	جعثم
杰尔瓦纳	Ja' wanah	جعونة
杰尔沃阿尼	al-Jarwā' ānī	الجرواآني
杰尔沃提其尼	al-Jarwātikīnī	الجرواتكيني
杰尔戊	Jarw； al-Jarw	جرو؛ الجرو
杰尔希	al-Jarhī	الجرحي
杰弗利	Jafrī； al-Jafrī	جفري؛ الجفري
杰弗纳	Jafnah	جفنة
杰弗尼	al-Jafnī	الجفني
杰顾米	al-Jaghūmī	الجغومي
杰哈达卜	Jahdab	جحدب
杰哈达尔	Jahdar	جحدر
杰哈达利	al-Jahdarī	الجحدري
杰哈德	Jahd	جحد
杰哈斐	al-Jahāfī； al-Jahhāfī	الجحافي
杰哈夫	al-Jahhāf	الجحاف
杰哈勒	Jahl	جحل
杰哈什	al-Jahshī	الجحشي
杰哈旺	Jahwān； Jahawān	جحوان
杰哈沃尼	al-Jahwānī	الجحواني
杰哈左	Jahzah	جحظة
杰贺玛	Jahāmah	جهامة
杰赫巴勒	Jahbal	جهبل
杰赫达卜	Jakhdab	جخدب

续表

汉译	拉丁字母转写	阿拉伯文或波斯文
杰赫多米	al-Jahdamī	الجهضمي
杰赫多姆	Jahdam	جهضم
杰赫拉比	al-Jakhrabī	الجخربي
杰赫拉米	al-Jahramī	الجهرمي
杰赫拉尼	al-Jahrānī	الجهراني
杰赫拉什	al-Jakhrashī	الجخرشي
杰赫米	al-Jahmī	الجهمي
杰赫姆	al-Jahm	الجهم
杰赫沙雅利	al-Jahshayārī	الجهشياري
杰赫瓦尔	Jahwar	جهور
杰赫扎尼	al-Jakhzanī	الجخزني
杰拉比	al-Jarabbī	الجربي
杰拉卜	Jalab	جلب
杰拉德	Jarūd	جراد
杰拉迪	Jarādī； al-Jarādī	جرادي؛ الجرادي
杰拉尔	al-Jarrār	الجرار
杰拉斐	al-Jarāfī	الجرافي
杰拉哈	al-Jarrāh	الجراح
杰拉赫提	al-Jalakhtī	الجلختي
杰拉杰	Jarajah	جرجة
杰拉勒	Jalāl； al-Jalāl	جلال؛ الجلال
杰拉路丁	Jalāl al-Dīn	جلال الدين
杰拉什	al-Jarashī	الجرشي
杰拉施	Jarash	جرش
杰拉斯	Jaras； al-Jarasī	جرس؛ الجرسي
杰拉维	Jalawī	جلوي
杰拉希	al-Jarrāhī	الجراحي
杰剌维	al-Jarawī	الجروي

续表

汉译	拉丁字母转写	阿拉伯文或波斯文
杰剌沃尼	al-Jarawānī	الجرواني
杰腊	al-Jallā’	الجلاء
杰腊比	al-Jallābī	الجلابي
杰腊卜	al-Jallāb	الجلاب
杰腊吉里	al-Jalājilī	الجلاجلي
杰腊伊利	al-Jalāyirī	الجلايري
杰岚克	Jalank	جلنك
杰勒德	Jald； al-Jald	جلد؛ الجلد
杰勒迪	al-Jaldī	الجلدي
杰勒哈玛	Jalhamah	جلهمة
杰勒瓦迪	al-Jalwadī	الجلودي
杰勒旺	Jalwān	جلوان
杰勒沃巴芝	al-Jalwābādī	الجلواباذي
杰勒希	al-Jalhī	الجلحي
杰雷依	Jarayy	جري
杰黎卜	Jarib	جرب
杰里德	Jalīd	جليد
杰里哈	Jalīhah	جليحة
杰里吉	Jarīj	جريج
杰里勒	al-Jalīl	الجليل
杰里里	al-Jalīlī	الجليلي
杰立哈	Jalīh	جليح
杰利尔	Jarīr	جرير
杰利拉伊	al-Jarīra’ ī	الجريراني
杰利利	al-Jarīrī	الجريري
杰利施	Jarīsh	جريش
杰璐拉台尼	al-Jalūlataynī	الجلولتيني
杰璐里	al-Jalūlī	الجلولي

续表

汉译	拉丁字母转写	阿拉伯文或波斯文
杰玛阿	Jamā‘ ah	جماعة
杰玛吉米	al-Jamājimī	الجماجمي
杰玛勒	Jamāl；al-Jamāl	جمال؛ الجمال
杰玛里	al-Jamālī	الجمالي
杰玛路丁	Jamāl al-Dīn	جمال الدين
杰玛米	al-Jamāmī	الجمامي
杰玛姆	Jamām	جمام
杰玛熙利	al-Jamāhirī	الجماهري
杰玛兹	al-Jamāz	الجماز
杰密俄	Jamī‘	جميع
杰密勒	Jamīl	جميل
杰密里	al-Jamīlī	الجميلي
杰默德	Jamad	جمد
杰默勒	Jamal；al-Jamal	جمل؛ الجمل
杰默里	Jamalī；al-Jamalī	جملي؛ الجملي
杰姆	Jam	جم
杰姆迪	al-Jamdī	الجمدي
杰姆拉	Jamrah	جمرة
杰姆利	Jamrī；al-Jamrī	جمري؛ الجمري
杰木哈	al-Jamūh	الجموح
杰木克	Jamūk	جموك
杰拿德	Janād	جناد
杰纳比	al-Janabī	الجنبي
杰纳卜	Janāb	جناب
杰纳德	Janad	جند
杰纳迪	al-Janadī	الجندي
杰纳哈	Janāh	جناح
杰纳希	al-Janāhī	الجناحي

续表

汉译	拉丁字母转写	阿拉伯文或波斯文
杰纳伊齐	al-Janā' izī	الجنائزي
杰尼基	al-Janīqī	الجنيقي
杰努卜	al-Janūb	الجنوب
杰欧纳	Ja' ūnah	جعونة
杰欧尼	al-Ja' ūnī	الجعوني
杰齐	Jazī; al-Jazzī	جزي؛ الجزي
杰齐拉	Jazīlah	جزيلة
杰齐利	al-Jazīrī	الجزيري
杰撒尔	al-Jassār	الجسار
杰撒斯	Jassās	جساس
杰瑟玛	Jaththāmah	جثامة
杰沙尔	Jashār	جشار
杰什巴	Jashībah	جشيبة
杰什比	al-Jashībī	الجشيبي
杰什卜	Jashīb	جشيب
杰施尔	al-Jashr	الجشر
杰施提	al-Jashtī	الجشتي
杰希利	al-Jahīrī	الجهيري
杰斯尔	Jasr	جسر
杰斯利	al-Jasrī	الجسري
杰隋尼	al-Jassīnī	الجصيني
杰索斯	al-Jassās	الجصاص
杰旺卡尼	al-Jawānkānī	الجوانكاني
杰沃比拉	Jawābirah	الجوابرة
杰沃德	Jawād; al-Jawād	جواد؛ الجواد
杰沃黎比	al-Jawāribī	الجواربي
杰沃立基	al-Jawālīqī	الجواليقي
杰希米	al-Jahīmī	الجحيمي

续表

汉译	拉丁字母转写	阿拉伯文或波斯文
杰希姆	Jahīm	جحيم
杰扎拉	Jazarah	جزرة
杰扎利	al-Jazarī	الجزري
杰扎尼	al-Jazanī	الجزني
杰吒俄	al-Jadhdhā‘	الجذاع
杰札尔	al-Jazzūr	الجزار
杰札伊利	al-Jazā’ irī	الجزائري
杰札兹	al-Jazzūz	الجزاز
杰芝拉	Jadhīlah	جذيلة
杰芝玛	Jadhīmah	جذيمة
杰孜米	al-Jadhmī	الجذمي
杰兹	Jazz	جز
杰兹阿	Jaz’	جزء
杰兹勒	Jazl	جزل
杰兹里	al-Jazlī	الجزلي
杰兹纳伊	al-Jaznā’ ī	الجزنائي
杰祖尔	Jazūr	جزور
杰祖利	al-Jazūrī	الجزوري
捷达	Jaydā	جيدا
捷贺尼	al-Jayhūnī	الجيهاني
捷拉尼	al-Jayrānī	الجيراني
捷拉韦赫	Jayrawayh	جيرويه
捷腊尼	al-Jaylānī	الجيلاني
捷鲁尼	al-Jayrūnī	الجيروني
捷沙尼	al-Jayshānī	الجيشاني
捷善	Jayshān	جيشان
捷什	al-Jayshī	الجيشي
捷施	Jaysh； al-Jaysh	جيش؛ الجيش

续表

汉译	拉丁字母转写	阿拉伯文或波斯文
捷束尔	Jaysūr	جيسور
捷斯塔利	al-Jaystarī	الجيستري
捷雅尼	al-Jayyānī	الجياني
捷雅施	Jayyāsh	جياش
捷彦	Jayyān	جيان
津达尼	al-Zindanī	الزندني
津迪	Zindī；al-Zindī	زندي؛ الزندي
津杰弗利	al-Zinjafrī	الزنجفري
津玛尼	al-Zimmānī	الزماني
津曼	Zimmān	زمان
晋	Jin	جن
晋迪	al-Jindī	الجندي
晋哈	Jinh	جنح
晋尼	Jinnī；al-Jinnī	جني؛ الجني
晋尼耶	Jinnīyah	جنية
敬纳比	al-Dhinnābī	الذنابي
君布芝	al-Junbudhī	الجنبذي
君布孜	Junbudh	جنبذ
君达	Jundah	جندة
君达卜	Jundab	جندب
君达俄	Junda‘	جندع
君达法尔伽尼	al-Jundafarqānī	الجندفرقاني
君达法尔冀	al-Jundafarjī	الجندفرجي
君达仪	al-Junda‘ ī	الجندعي
君代撒布利	al-Jundaysābūrī	الجنديسابوري
君迪	al-Jundī	الجندي
君杜比	al-Jundubī	الجندبي
君杜卜	Jundub	جندب

续表

汉译	拉丁字母转写	阿拉伯文或波斯文
君玛	Jummá	جمى
君玛尼	al-Jummānī	الجماني
君曼	Jummān	جمان
君梅恩	Jummayn	جمين
君默	Jummah	جمة
君士坦蒂尼	al-Qustantīnī	القسطنطيني
君士坦丁（习惯译名）	Qustantīn	قسطنطين

K

汉译	拉丁字母转写	阿拉伯文或波斯文
卡拔利	Kabārī	كباري
卡拔塞	Kabāthah	كباثة
卡拔思	Kabāth	كباث
卡比	Kābī	كابي
卡比尔	Kabīr	كبير
卡比斯	Kābis	كابس
卡比耶	Kābiyah	كابية
卡波德	Kabd	كبد
卡波尔	Kabr	كبر
卡波岚	Kablān	كبلان
卡波沙	Kabshah	كبشة
卡布里	al-Kābulī	الكابلي
卡尔卜	Ka‘ b	كعب
卡尔达施	Kardash	كردش
卡尔塞玛	Karthamah	كرثمة
卡尔扎尼	al-Kārzanī	الكارزني
卡菲耶冀	al-Kāfiyajī	الكافيجي

续表

汉译	拉丁字母转写	阿拉伯文或波斯文
卡斐	al-Kāfī	الكافي
卡富尔	Kāfūr	كافور
卡富利	al-Kāfūrī	الكافوري
卡哈璐施	Kahlūsh	كحلوش
卡赫岚	Kahlān	كهلان
卡赫默斯	Kahmas	كهمس
卡赫塔维	al-Kakhtāwī	الكختاوي
卡呼施土沃尼	al-Kākhushtuwānī	الكاخشتواني
卡吉	Kaj	كج
卡加芝	al-Kāghadhī	الكاغذي
卡杰厄利	al-Kājaghrī	الكاجغري
卡杰利	al-Kājarī	الكاجري
卡凯尼	al-Kākanī	الكاكني
卡库韦益	al-Kākuwayyī	الكاكويي
卡拉达	Kaladah	كلدة
卡拉尔	Karrār	كرار
卡拉玛	Karrāmah	كرامة
卡拉姆	Karam	كرم
卡拉齐尼	al-Kārazīnī	الكارزيني
卡拉提	al-Kārātī	الكاراتي
卡拉兹	Karrāz	كراز
卡拉祖丁	Karaz al-Dīn	كرز الدين
卡剌姆	Karrām	كرام
卡腊卜	Kallāb	كلاب
卡腊拉	Kalālah	كلالة
卡勒	Kāl	كال
卡勒奔	Kalbūn	كلبون
卡勒卜	Kalb	كلب

续表

汉译	拉丁字母转写	阿拉伯文或波斯文
卡勒沙尼	Kalshanī	كلشني
卡黎卜	Karib	كرب
卡黎齐	al-Kārizī	الكارزي
卡黎兹雅提	al-Kārizyātī	الكارزياتي
卡里	al-Kālī	الكالي
卡里斐	al-Kālifī	الكالفي
卡利	al-Kārī	الكاري
卡利姆	Karīm	كريم
卡利兹	Karīz	كريز
卡玛勒	Kamāl	كمال
卡玛里	al-Kamālī	الكمالي
卡玛利	Kamārī	كماري
卡玛路丁	Kamāl al-Dīn	كمال الدين
卡米	Kāmī	كامي
卡米勒	Kāmil	كامل
卡米里	al-Kāmilī	الكاملي
卡米里耶	al-Kāmilīyah	الكاملية
卡密施	Kamīsh	كميش
卡敏	Kāmin	كامن
卡默达迪	al-Kāmadadī	الكامددي
卡姆杰尔	Kāmjar	كامجر
卡姆杰利	al-Kāmjarī	الكامجري
卡纳法尼	Kanafānī; al-Kanafānī	كنفاني؛ الكنفاني
卡嫩	Kānūn	كانون
卡尼	Kānī	كاني
卡尼兹	Kanīz	كنيز
卡撒尼	al-Kāsānī	الكاساني
卡萨卡尼	al-Kāsakānī	الكاسكاني

续表

汉译	拉丁字母转写	阿拉伯文或波斯文
卡萨尼	al-Kāsanī	الكاسني
卡沙	Kashshah	كشة
卡施	Kashsh	كش
卡施加利	al-Kāshgharī	الكاشغري
卡施卡拉雅	Kashkarāyā	كشكرايا
卡施密利	al-Kashmīrī	الكشميري
卡施纳	Kashnah	كشنة
卡舒韦赫	Kashuwayh	كشويه
卡斯	Kās；al-Kāsī	كاس؛ الكاسي
卡斯卜	Kāsib	كاسب
卡斯金	Kāskīn	كاسكين
卡斯拉	Kasīlah	كسيلة
卡斯拉维	Kasrawī	كسروي
卡斯其尼	Kāskīnī	كاسكيني
卡提卜	Kātib；al-Kātib	كاتب؛ الكاتب
卡提拉	Katīlah	كتيلة
卡瓦尔达尼	al-Kāwardānī	الكاورداني
卡戊达尼	al-Kāwdānī	الكاوداني
卡西尔	Kathīr	كثير
卡西夫	Kathīf	كثيف
卡西拉	Kathīrah	كثيرة
卡熙勒	Kāhil；al-Kāhil	كاهل؛ الكاهل
卡熙里	al-Kāhilī	الكاهلي
卡欣	al-Kāhin	الكاهن
卡耶施凯尼	al-Kāyashkanī	الكايشكني
卡扎斐	al-Kāzaqī	الكازقي
卡扎鲁尼	al-Kāzarūnī	الكازروني
卡芝	al-Kādhī	الكاذي

续表

汉译	拉丁字母转写	阿拉伯文或波斯文
卡兹鲁尼	al-Kāzrūnī	الكازروني
卡兹纳	Kaznah	كزنة
卡资姆	Kāzim； al-Kāzim	كاظم؛ الكاظم
凯拔施	al-Kabbāsh	الكباش
凯比利	al-Kabīrī	الكبيري
凯波腊尼	al-Kablānī	الكبلاني
凯波利	al-Kabrī	الكبري
凯波什	al-Kabshī	الكبشي
凯波施	al-Kabsh	الكبش
凯布詹杰卡西	al-Kabūdhanjakathī	الكبوذنجكثي
凯布芝	al-Kabūdhī	الكبوذي
凯达尼	al-Kadanī	الكدني
凯达其	al-Kadakī	الكدكي
凯尔比	al-Ka‘ bī	الكعبي
凯尔达布斯	al-Kardabūs	الكردبوس
凯尔迪	al-Kardī	الكردي
凯尔黑	al-Karkhī	الكرخي
凯尔米	al-Karmī	الكرمي
凯尔米雅尼	al-Karmiyānī	الكرمياني
凯尔密尼	al-Karmīnī	الكرميني
凯尔姆冀尼	al-Karmujīnī	الكرمجيني
凯尔沃尼	al-Karwānī	الكرواني
凯法尔杰迪	al-Kafarjadī	الكفرجدي
凯法尔塔其斯	al-Kafartakīsī	الكفرتكيسي
凯法尔拓比	al-Kafartābī	الكفرطابي
凯法尔伊	al-Kafar’ ī	الكفريي
凯弗阿米	al-Kaf‘ amī	الكفعمي
凯弗拉巴特纳伊	al-Kafrabatnā’ ī	الكفربطنائي

续表

汉译	拉丁字母转写	阿拉伯文或波斯文
凯弗拉苏斯	al-Kafrasūsī	الكفرسوسي
凯弗拉图西	al-Kafratūthī	الكفرتوثي
凯弗斯萨沃尼	al-Kafsīsawānī	الكفسيسواني
凯哈拉尼	al-Kahranī	الكحرني
凯哈勒	al-Kahhāl	الكحال
凯赫剌尼	al-Kaykhārānī	الكيخاراني
凯赫默斯	al-Kahmasī	الكهمسي
凯冀	al-Kajjī	الكجي
凯卡勒迪	Kaykaldī	كيكلدي
凯拉比斯	al-Karābīsī	الكرابيسي
凯拉迪	al-Kaladī	الكلدي
凯拉冀	al-Karajī	الكرجي
凯拉杰其	al-Karājakī	الكراجكي
凯拉玛提	al-Kalamātī	الكلماتي
凯拉米	al-Karrāmī	الكرامي
凯拉姆	al-Karam	الكرم
凯拉尼	al-Karrānī	الكراني
凯拉齐	al-Karrāzī	الكرازي
凯拉其	al-Karakī	الكركي
凯拉朱其	al-Karājukī	الكراجكي
凯腊巴芝	al-Kalābādhī	الكلاباذي
凯腊比齐	al-Kalābizī	الكلابزي
凯腊里	al-Kalālī	الكلالي
凯腊斯	al-Kallās	الكلاس
凯腊伊	al-Kallā' ī	الكلائي
凯腊仪	al-Kalā' ī	الكلاعي
凯勒比	al-Kalbī	الكلبي
凯勒沃吒尼	al-Kalwādhānī	الكلواذاني

续表

汉译	拉丁字母转写	阿拉伯文或波斯文
凯黎比	al-Karibī	الكربي
凯利姆	al-Karīm	الكريم
凯利齐	al-Karīzī	الكريزي
凯娄瓦斯	al-Karawwas	الكروس
凯鲁黑	al-Karūkhī	الكروخي
凯玛利	al-Kamārī	الكماري
凯默尔迪	al-Kamardī	الكمردي
凯默尔冀	al-Kamarjī	الكمرجي
凯默利	al-Kamarī	الكمري
凯姆撒尼	al-Kamsānī	الكمساني
凯纳拉其	al-Kanārakī	الكناركي
凯努尼	al-Kanūnī	الكنوني
凯撒达尼	al-Kasādanī	الكسادني
凯撒尼	al-Kaysānī	الكيساني
凯萨巴	Kaysabah	كيسبة
凯塞维	al-Kaththawī	الكثوي
凯桑	Kaysān	كيسان
凯沙米	al-Kayshamī	الكيشمي
凯沙姆	Kaysham	كيشم
凯什	al-Kashshī	الكشي
凯施瓦利	al-Kashwarī	الكشوري
凯舒韦益	al-Kashuwayyī	الكشويي
凯斯	al-Kays	الكيس
凯斯巴维	al-Kasbawī	الكسبوي
凯斯卡利	al-Kaskarī	الكسكري
凯塔卡尼	al-Kattakānī	الكتكاني
凯塔尼	al-Kattānī	الكتاني
凯图卜	al-Kaytūb	الكيتوب

续表

汉译	拉丁字母转写	阿拉伯文或波斯文
凯文贾尼	al-Kawinjānī	الكونجاني
凯沃什	al-Kawāshī	الكواشي
凯西	al-Kaththī	الكثي
凯西利	al-Kathīrī	الكثيري
凯雅勒	al-Kayyāl	الكيال
凯耶斯	Kayyas	كيس
凯泽拔尼	al-Kaydhabānī	الكيذباني
凯泽班	Kaydhabān	كيذبان
凯扎卜	al-Kadhdhāb	الكذاب
凯孜拉伊	al-Kadhrā' ī	الكذرائي
凯兹尼	al-Kaznī	الكزني
康达萨尔沃尼	al-Kandasarwānī	الكندسرواني
康迪	al-Kandī	الكندي
康杜其尼	al-Kandukīnī	الكندكيني
康冀	al-Kanjī	الكنجي
康杰鲁芝	al-Kanjarūdhī	الكنجروذي
康卡什	al-Kankashī	الكنكشي
康木纳	Kammūnah	كمونة
康木尼	al-Kammūnī	الكموني
康纳德	Kannād	كناد
康纳斯	al-Kannās	الكناس
康纳特	Kannāt	كنات
康纳兹	Kannāz	كناز
康嫩	Kannūn	كنون
康扎	Kanzah	كنزة
康朱卡尼	al-Kanjukānī	الكنجكاني
康兹	Kanz	كنز
考卡拔尼	al-Kawkabānī	الكوكباني

续表

汉译	拉丁字母转写	阿拉伯文或波斯文
考卡比	al-Kawkabī	الكوكبي
考萨吉	al-Kawsaj	الكوسج
考塞尔	Kawthar	كوثر
考塞拉尼	Kawtharānī	كوثراني
考塞里	al-Kawtharī	الكوثري
考沃	al-Kawwā’	الكواء
考沃兹	Kawwāz；al-Kawwāz	كواز؛ الكواز
库阿比	al-Ku‘ abī	الكعبي
库爱卜	Ku‘ ayb	كعيب
库拔尔	Kubār	كبار
库拔利	al-Kubārī	الكباري
库拔施	Kubāsh	كباش
库拔斯	Kubās	كباس
库班	Kubbān	كبان
库贝巴	Kubaybah	كبيبة
库贝斯	al-Kubaysī	الكبيسي
库宾达维	al-Kubindawī	الكبندوي
库达�	Kudādah	كدادة
库达迪	al-Kudādī	الكدادي
库代尔	Kudayr	كدير
库代拉	Kudayrah	كديرة
库代利	al-Kudayrī	الكديري
库代米	al-Kudaymī	الكديمي
库代姆	Kudaym	كديم
库都什	al-Kudūshī	الكدوشي
库都施	al-Kudūsh	الكدوش
库尔布赞	Kurbuzān	كربزان
库尔德	Kurd	كرد

续表

汉译	拉丁字母转写	阿拉伯文或波斯文
库尔迪	al-Kurdī	الكردي
库尔丁	Kurdīn	كردين
库尔冀	al-Kurjī	الكرجي
库尔卡纳冀	al-Kurkānajī	الكركانجي
库尔康	Kūrkān	كوركان
库尔齐	al-Kurzī	الكرزي
库尔齐斯	Kūrkīs	كوركيس
库尔舒姆	Kurshum	كرشم
库尔苏姆	Kursum	كرسم
库尔兹	Kurz	كرز
库法尼	al-Kūfanī	الكوفني
库菲雅孜伽尼	al-Kūfiyādhqānī	الكوفياذقاني
库斐	Kūfī; al-Kūfī	كوفي؛ الكوفي
库斐尼	al-Kufīnī	الكفيني
库哈腊尼	al-Kuhlānī	الكحلاني
库哈岚	Kuhlān	كحلان
库哈里	al-Kuhlī	الكحلي
库海勒	Kuhayl	كهيل
库海里	al-Kuhaylī	الكهيلي
库吉	Kuj	كج
库冀	al-Kūjī	الكوجي
库卡腊	Kūkalā	كوكلا
库卡里	al-Kūkalī	الكوكلي
库拉卜	Kurab	كرب
库拉法	Kulafah	كلفة
库拉斐	al-Kulafī	الكلفي
库拉赫什	al-Kūlakhshī	الكولخشي
库拉赫施	Kūlakhsh	كولخش

续表

汉译	拉丁字母转写	阿拉伯文或波斯文
库拉赫图贾尼	al-Kulakhtujānī	الكلختجاني
库拉尼	al-Kūrānī	الكوراني
库拉希	al-Kulahī	الكلهي
库拉依	al-Kūrāy	الكوراي
库拉仪	al-Kurā‘ ī	الكراعي
库腊比	al-Kullābī	الكلابي
库腊卜	Kullāb	كلاب
库腊勒	Kulāl	كلال
库腊里	al-Kulālī	الكلالي
库腊施奇尔迪	al-Kulāshkirdī	الكلاشكردي
库莱比	al-Kulaybī	الكليبي
库莱卜	Kulayb	كليب
库莱尼	al-Kulaynī	الكليني
库岚其	al-Kulankī	الكلنكي
库勒赫拔伽尼	al-Kulkhabāqānī	الكلخباقاني
库勒苏米	al-Kulthūmī	الكلثومي
库勒素姆	Kulthum	كلثم
库雷卜	Kurayb	كريب
库雷德	Kurayd	كريد
库雷迪	al-Kuraydī	الكريدي
库雷姆	Kuraym	كريم
库雷齐	al-Kurayzī	الكريزي
库雷兹	Kurayz	كريز
库里尼	al-Kulīnī	الكليني
库利尼	al-Kurrīnī	الكريني
库琳	Kūrīn	كورين
库璐塔提	al-Kulūtātī	الكلوتاتي
库梅勒	Kumayl	كميل

续表

汉译	拉丁字母转写	阿拉伯文或波斯文
库梅特	al-Kumayt	الكميت
库米	al-Qummī	القمي
库密	al-Kūmī	الكومي
库姆腊巴芝	al-Kūmulābādhī	الكوملاباذي
库纳萨	Kunāsah	كناسة
库纳斯	al-Kunāsī	الكناسي
库奈夫	Kunayf	كنيف
库奈兹	Kunayz	كنيز
库齐	al-Kūzī	الكوزي
库萨仪	al-Kusa' ī	الكسعي
库赛卜	Kusayb	كسيب
库沙尼	al-Kushānī	الكشاني
库沙孜	Kūshādh	كوشاذ
库筛夫	Kuthayf	كثيف
库筛伊尔	Kuthayyir	كثير
库什芝	al-Kūshīdhī	الكوشيذي
库什孜	Kūshīdh	كوشيذ
库施福里	al-Kushfulī	الكشفلي
库施昆雅尼	al-Kushkunyānī	الكشكنياني
库施密哈尼	al-Kushmīhanī	الكشميهني
库施塔斯卜	Kushtāsb	كشتاسب
库舒克	al-Kushuk	الكشك
库斯达尼	al-Kusdānī	الكسداني
库塔赫	Kūtāh	كوتاه
库塔米	al-Kutāmī	الكتامي
库图比	al-Kutubī	الكتبي
库瓦里	al-Kuwalī	الكولي
库沃黎尼	al-Kuwārinī	الكوارني

续表

汉译	拉丁字母转写	阿拉伯文或波斯文
库沃利	al-Kuwārī	الكواري
库熙雅利	al-Kūhiyārī	الكوهياري
库札兹	Kuzāz	كزاز
库兹	Kūz	كوز
库兹布拉尼	al-Kuzburānī	الكزبراني
库兹布兰	Kuzburān	كزبران
库兹玛尼	al-Kuzmānī	الكزماني
库兹曼	Kuzmān	كزمان
昆达	Kundah	كندة
昆达伊冀	al-Kundāyijī	الكندايجي
昆迪	al-Kundī	الكندي
昆迪卡西	al-Kundīkathī	الكنديكثي
昆杜尔	Kundur	كندر
昆杜加迪	Kundughadī	كندغدي
昆杜拉尼	al-Kundurānī	الكندراني
昆杜腊尼	al-Kundulānī	الكندلاني
昆杜利	al-Kundurī	الكندري

L

汉译	拉丁字母转写	阿拉伯文或波斯文
拉阿德	al-Ra‘ ‘ ād	الرعاد
拉阿勒	al-Laāl	اللآل
拉阿姆	La’ m	لأم
拉阿斯	al-Ra’ ās	الرءاس
拉阿维	al-Ra‘ āwī	الرعاوي
拉阿彦	Ra’ yān	رأيان
拉阿依	La’ y； al-Ra’ y	لأي؛ الرأي

续表

汉译	拉丁字母转写	阿拉伯文或波斯文
拉巴得	al-Rabad	الربض
拉巴荻	al-Rabadī	الربضي
拉巴哈	Rabah	ربح
拉巴基	al-Labaqī	اللبقي
拉巴施木尼	al-Labashmūnī	اللبشموني
拉巴仪	al-Raba‘ ī	الربعي
拉巴芝	al-Rabadhī	الربذي
拉拔	Labā	لبا
拉拔卜	Rabāb； Rabbāb； al-Rabāb； al-Rabbāb	رباب؛ الرباب
拉拔德	al-Labbād	اللباد
拉拔迪	al-Labbādī	اللبادي
拉拔哈	Rabāh	رباح
拉拔勒	Rabāl	ربال
拉拔里	al-Rabālī	الربالي
拉拔尼	al-Rabbānī	الرباني
拉拔希	al-Rabāhī	الرباحي
拉班	Labbān； al-Labbān	لبان؛ اللبان
拉贝德	Labayd	لبيد
拉比阿	Rabī‘ ah	ربيعة
拉比比	al-Labībī	اللبيبي
拉比卜	Labīb	لبيب
拉比德	Labīd	لبيد
拉比迪	al-Labīdī	اللبيدي
拉比蒂	al-Rābitī	الرابطي
拉比俄	Rabī‘ ； al-Rabī‘	ربيع؛ الربيع
拉比赫	Rabbih	ربه
拉比利	al-Labīrī	اللبيري
拉比仪	al-Rabī‘ ī	الربيعي

续表

汉译	拉丁字母转写	阿拉伯文或波斯文
拉毕卜	al-Rabīb	الربيب
拉宾杰尼	al-Rabinjanī	الربنجني
拉波里	al-Lablī	اللبلي
拉波塔斯	al-Rabtas	الربتس
拉波沃尼	al-Labwānī	اللبواني
拉卜	Rabb	رب
拉布迪	al-Labūdī	اللبودي
拉达德	al-Raddād	الرداد
拉达迪	al-Raddādī	الردادي
拉达俄	Raddā‘	رداع
拉达姆	Radām	ردام
拉达仪	al-Raddā‘ ī	الرداعي
拉得剌荻	al-Radrādī	الرضراضي
拉得旺	Radwān	رضوان
拉得沃尼	al-Radwānī	الرضواني
拉德玛利	al-Radmārī	الردماري
拉德玛尼	al-Radmānī	الردماني
拉德曼	Radmān	ردمان
拉德米	al-Radmī	الردمي
拉荻；拉迪	Radī；al-Radī	رضي؛ الرضي
拉荻丁	Radī al-Dīn	رضي الدين
拉蒂夫	al-Latīf	اللطيف
拉多维	Radawī；al-Radawī	رضوى؛ الرضوي
拉多沃尼	al-Radawānī	الرضواني
拉铎	Radā；Radá	رضا؛ رضى
拉厄萨尔萨尼	al-Rāghsarsanī	الراغسرسني
拉尔巴勒	Ra‘ bal；al-Ra‘ bal	رعبل؛ الرعبل
拉尔迪	al-Ra‘ dī	الرعدي

续表

汉译	拉丁字母转写	阿拉伯文或波斯文
拉尔拉仪	al-Ra‘ra‘ī	الرعرعي
拉尔善	Ra‘shan	رعشن
拉法	al-Raffā’	الرفاء
拉法尼	al-Rafanī	الرفني
拉菲荻	al-Rāfiḍī	الرافضي
拉菲俄	Rāfi‘	رافع
拉菲基	Rāfiqī；al-Rāfiqī	رافقي؛ الرافقي
拉菲仪	Rāfi‘ī；al-Rāfi‘ī	رافعي؛ الرافعي
拉斐阿	Rafī‘ah	رفيعة
拉斐俄	Rafī‘；al-Rafī‘	رفيع؛ الرفيع
拉斐戈	Rafīq	رفيق
拉弗土沃尼	al-Laftuwānī	اللفتواني
拉伽德	al-Raqqād	الرقاد
拉伽姆	al-Raqqām	الرقام
拉伽尼	al-Laqqānī	اللقاني
拉伽什	al-Raqāshī；al-Raqqāshī	الرقاشي
拉伽伊基	al-Raqā’iqī	الرقائقي
拉戈班	al-Raqbān	الرقبان
拉戈拉戈	al-Raqrāq	الرقراق
拉格巴	Raqabah	رقبة
拉格尔默戈	al-Raqa‘maq	الرقعمق
拉孤蒂	al-Raqūṭī	الرقوطي
拉孤基	al-Raqūqī	الرقوقي
拉瓜坦（特殊译名）	Laguatan（英文）	لواتة
拉哈	al-Rahā	الرحا
拉哈比	al-Lahabī	اللهبي
拉哈卜	Lahab	لهب
拉哈多	Rahadah	رحضة

续表

汉译	拉丁字母转写	阿拉伯文或波斯文
拉哈吉	Lahj	لحج
拉哈冀	al-Lahjī	اللحجي
拉哈勒	al-Rahhāl	الرحال
拉哈璐	Lahlū	لحلوا
拉哈玛	Rahmah	رحمة
拉哈玛尼	al-Rahmānī	الرحماني
拉哈曼	Rahmān； al-Rahmān	رحمان؛ الرحمن
拉哈默图拉	Rahmat Allāh	رحمة الله
拉哈默韦赫	Rahmawayh	رحمويه
拉哈姆	al-Lahhām； al-Lahm	اللحام؛ اللحم
拉哈尼	al-Rakhānī	الرخاني
拉哈韦赫	Rāhawayh	راهويه
拉哈伊	al-Rahā' ī	الرحائي
拉哈依	al-Rahāy	الرحاي
拉贺齐米	al-Lahāzimī	اللهازمي
拉贺维	al-Rahāwī	الرهاوي
拉赫卜	Rahb	رهب
拉赫玛	Rakhamah	رخمة
拉赫米	al-Lakhmī	اللخمي
拉赫姆	Lakhm	لخم
拉赫什	al-Rakhshī	الرخشي
拉赫施	Rakhsh	رخش
拉赫斯	Rakhs	رخس
拉赫瓦	Lakhwah	لخوة
拉赫韦赫	Rāhwayh	راهويه
拉呼利	al-Lāhūrī	اللاهوري
拉呼尼	al-Rahūnī	الرهوني
拉胡维	al-Rahuwī	الرحوي

续表

汉译	拉丁字母转写	阿拉伯文或波斯文
拉霍韦赫	Rāhuwayh	راهويه
拉霍韦益	al-Rāhuwayyī	الراهويي
拉基	Raqqī；al-Raqqī	رقي؛ الرقي
拉基阿	al-Raqī‘ ah	الرقيعة
拉基蒂	al-Laqīṭī	اللقيطي
拉基俄	Raqī‘	رقيع
拉基戈	al-Raqīq	الرقيق
拉基基	Raqīqī；al-Raqīqī	رقيقي؛ الرقيقي
拉基特	Laqīt	لقيط
拉及戈	al-Rāziq	الرازق
拉及基	al-Rāziqī	الرازقي
拉吉库提	al-Rājkūtī	الراجكوتي
拉吉腊吉	Lajlāj；al-Lajlāj	لجلاج؛ اللجلاج
拉吉腊冀	al-Lajlājī	اللجلاجي
拉吉里	al-Rāghilī	الراغلي
拉吉姆	Rajm	رجم
拉吉尼	al-Rāghinī	الراغني
拉吉雅尼	al-Rājiyānī	الراجياني
拉吉仪耶	al-Raj‘ īyah	الرجعية
拉吉兹	al-Rājiz	الراجز
拉冀	Rājī；al-Rājī	راجي؛ الراجي
拉加迪	al-Rughadī	الرغدي
拉贾	Rajā’；al-Rajā’	رجاء؛ الرجاء
拉贾勒	al-Rajjāl	الرجال
拉贾姆	al-Lajjām	اللجام
拉贾尼	al-Rajānī	الرجاني
拉贾伊	al-Rajā’ ī	الرجائي
拉贾兹	Rajāz	رجاز

续表

汉译	拉丁字母转写	阿拉伯文或波斯文
拉杰卜	Rajab	رجب
拉津	Razīn	رزين
拉卡夫	al-Lakkāf	اللكاف
拉克巴利	al-Lakbarī	اللكبري
拉克卜	al-Rakb	الركب
拉克剌迪	al-Rakrādī	الركرادي
拉克齐	al-Lakzī	اللكزي
拉昆迪	al-Rakundī	الركندي
拉剌	Larrah	لرة
拉腊尼	al-Rālānī	الرالاني
拉岚	Rālān	رالان
拉里	Lālī	لالي
拉利	al-Larrī	اللري
拉玛	Lamá	لمى
拉玛迪	al-Ramādī	الرمادي
拉玛纳	Ramānah	رمانة
拉玛尼	al-Ramānī	الرماني
拉玛斯	al-Ramās	الرماس
拉玛伊	al-Lamā' ī	اللمائي
拉麦（习惯译名）	Lamk	لمك
拉麦丹	Ramadān	رمضان
拉曼	Ramān	رمان
拉米	al-Rāmī	الرامي
拉密里	al-Ramīlī	الرميلي
拉密尼	al-Rāmīnī	الراميني
拉密塞尼	al-Rāmīthanī	الراميثني
拉默哈	Ramah	رمح
拉默基	al-Ramaqī	الرمقي

续表

汉译	拉丁字母转写	阿拉伯文或波斯文
拉默拉尼	al-Rāmarānī	الرامراني
拉默尼	al-Rāmanī	الرامني
拉默其	al-Rāmaqī	الرامكي
拉默什尼	al-Rāmashīnī	الرامشيني
拉姆达	al-Ramdā’	الرمداء
拉姆霍尔穆齐	al-Rāmhurmuzī	الرامهرمزي
拉姆迦尼	al-Lamghānī	اللمغاني
拉姆贾利	al-Ramjārī	الرمجاري
拉姆里	al-Ramlī	الرملي
拉姆齐	Ramzī	رمزي
拉姆什	al-Rāmushī	الرامشي
拉姆施	al-Lamsh	اللمش
拉姆图尼	al-Lamtūnī	اللمتوني
拉纳维	al-Ranawī	الرنوي
拉尼	al-Rānī	الراني
拉欧	Rā‘ ū	راعو
拉齐	al-Rāzī	الرازي
拉齐戈	Razīq	رزيق
拉齐基	al-Razīqī	الرزيقي
拉撒尼	al-Rāsānī	الراساني
拉桑	Rasan	رسن
拉沙德	Rashād	رشاد
拉沙迪	al-Rashādī	الرشادي
拉什	al-Rashshī	الرشي
拉什德	Rāshid; al-Rāshid	راشد؛ الراشد
拉什迪	al-Rāshidī	الراشدي
拉什戈	Rashīq	رشيق
拉什基	al-Rashīqī	الرشيقي

续表

汉译	拉丁字母转写	阿拉伯文或波斯文
拉什尼	al-Rāshinī	الراشني
拉什提纳尼	al-Rāshitīnānī	الراشتيناني
拉施丹	Rashdān	رشدان
拉施德；拉希德	Rashīd；al-Rashīd	رشيد؛ الرشيد
拉施德丁（习惯译名）	Rashīd al-Dīn	رشيد الدين
拉施迪	Rashīdī；al-Rashīdī	رشيدي؛ الرشيدي
拉施提	al-Rashtī	الرشتي
拉希尼	al-Rahīnī	الرهيني
拉思米	al-Rāthimī	الراثمي
拉思姆	Rāthim	راثم
拉斯	al-Rassī	الرسي
拉斯阿尼	al-Ras‘ anī	الرسعني
拉斯比	al-Rāsibī	الراسبي
拉斯德	al-Rāsid	الراصد
拉斯恩	Rasn	رسن
拉斯岚	Raslān	رسلان
拉斯姆	Rasm	رسم
拉斯塔厄菲利	al-Rastaghfirī	الرستغفري
拉斯塔尼	al-Rastanī	الرستني
拉斯坦	Rastān	رستان
拉斯旺	Raswān	رسوان
拉苏勒	Rasūl	رسول
拉苏里	al-Rasūlī	الرسولي
拉索迪	al-Rasadī	الرصدي
拉索俄	al-Rassā‘	الرصاع
拉索斯	al-Rassās	الرصاص
拉索隋	al-Rasāsī；al-Rassāsī	الرصاصي
拉特	al-Lāt	اللات

续表

汉译	拉丁字母转写	阿拉伯文或波斯文
拉瓦尼	al-Rāwanī	الراوني
拉瓦撒尼	al-Rāwasānī	الراوساني
拉旺迪	al-Rawandī	الروندي
拉旺萨利	al-Rāwansarī	الراونسري
拉旺耶利	al-Rāwanyarī	الراونيري
拉威耶	al-Rāwiyah	الراوية
拉沃哈	Rawāhah	رواحة
拉沃吉	Rawāj	رواج
拉沃吉尼	al-Rawājinī	الرواجني
拉乌夫	Ra' ūf	رؤوف
拉希丹	Lahīdān	لحيدان
拉希姆	Rahīm；al-Rahīm	رحيم؛ الرحيم
拉熙奔	Rāhibūn	راهبون
拉熙比	al-Rāhibī	الراهبي
拉熙卜	Rāhib；al-Rāhib	راهب؛ الراهب
拉熹姆	Rakhīm	رخيم
拉熹纳维	al- Rakhīnawī	الرخينوي
拉细姆	Rasīm	رسيم
拉辛	Lāshīn	لاشين
拉欣	Rahīn	رهين
拉雅尼	al-Rāyānī	الراياني
拉伊得	al-Rā' id	الرائض
拉伊格	al-Rā' iqah	الرائقة
拉伊什	al-Rāyishī	الرايشي
拉伊斯	Ra' īs	رئيس
拉仪	al-Rā' ī	الراعي
拉益	al-Rāyī	الرايي
拉泽卡尼	al-Rādhakānī	الراذكاني

续表

汉译	拉丁字母转写	阿拉伯文或波斯文
拉扎尼	al-Rādhānī	الراذاني
拉札巴芝	al-Razābādhī	الرزاباذي
拉札戈	al-Razzāq	الرزاق
拉札哈	Razāh	رزاح
拉札姆	Razām	رزام
拉札尼	al-Rāzānī	الرازاني
拉札兹	al-Razzāz	الرزاز
拉詹	Rādhān	راذان
拉朱维	al-Rājuwī	الراجوي
拉珠尼	al-Lajūnī	اللجوني
拉兹巴利	al-Razbarī	الرزبري
拉兹贾希	al-Razjāhī	الرزجاهي
拉兹玛纳黑	al-Razmānākhī	الرزماناخي
拉兹玛齐	al-Razmāzī	الرزمازي
剌拔恩	Rabbān	ربان
剌班	Rabban	ربن
剌比比	al-Rabībī	الربيبي
剌哈比	al-Rahbī；al-Rahabī	الرحبي
剌哈卜	Rahb	رحب
剌剌尼	al-Rārānī	الراراني
剌斯	al-Rāsī	الراسي
剌旺迪	al-Rāwandī	الراوندي
腊比	Lābī	لابي
腊库玛腊尼	al-Lākumālānī	اللاكمالاني
腊拉贾尼	al-Lārajānī	اللارجاني
腊勒	Lāl	لال
腊勒卡伊	al-Lālkā’ī	اللالكائي
腊黎齐	al-Lārizī	اللارزي

续表

汉译	拉丁字母转写	阿拉伯文或波斯文
腊利	al-Lārī	اللاري
腊路瓦益	al-Lāluwayī	اللالويي
腊路韦赫	Lāluwayh	لالويه
腊米	al-Lāmī	اللامي
腊米什	al-Lāmishī	اللامشي
腊姆斯	al-Lāmusī	اللامسي
腊尼	Lānī; al-Lānī	لاني؛ اللاني
腊萨其	al-Lāsakī	اللاسكي
腊希	Lāhī	لاحي
腊希戈	Lāhiq	لاحق
腊希基	al-Lāhiqī	اللاحقي
腊熙齐	al-Lāhizī	اللاهزي
腊熙兹	Lāhiz	لاهز
腊易比	al-Lā‘ ibī	اللاعبي
腊易卜	al-Lā‘ ib	اللاعب
腊兹基	al-Lādhiqī	اللاذقي
莱勒	al-Layl	الليل
莱思	Layth; al-Layth	ليث؛ الليث
莱西	al-Laythī	الليثي
兰贾尼	al-Ranjānī	الرنجاني
兰玛哈	al-Rammāh	الرماح
兰玛希	al-Rammāhī	الرماحي
岚蒂	Lantī	لنطي
劳戈	Rawq	روق
劳哈	Rawh	روح
劳哈悟利	al-Lawhawūrī	اللوهووري
劳基	Rawqī; al-Rawqī	روقي؛ الروقي
劳齐	al-Lawzī	اللوزي

续表

汉译	拉丁字母转写	阿拉伯文或波斯文
劳沃卜	Lawwāb	لواب
劳沃德	Rawwād	رواد
劳沃迪	al-Rawwādī	الروادي
劳沃厄	al-Rawwāgh	الرواغ
劳沃斯	Rawwās；Rawwāsī；al-Rawwās；al-Rawwāsī	رواس؛ رواسي؛ الرواس؛ الرواسي
劳沃兹	al-Lawwāz	اللواز
劳希	al-Rawhī	الروحي
劳吒尼	al-Lawdhānī	اللوذاني
劳詹	Lawdhān	لوذان
雷比	al-Raybī	الريبي
雷卜	Rayb	ريب
雷达尼耶	al-Raydānīyah	الريدانية
雷哈尼	al-Rayhānī	الريحاني
雷罕	Rayhān；al-Rayhān	ريحان؛ الريحان
雷黑	al-Raykhī	الريخي
雷米	al-Raymī	الريمي
雷桑	Raysān	ريسان
雷思	Rayth	ريث
雷塔	Raytah	ريطة
雷雅尼	al-Rayyānī	الرياني
雷雅施	Rayyāsh；al-Rayyāsh	رياش؛ الرياش
雷彦	Rayyān；al-Rayyān	ريان؛ الريان
雷伊斯	Rayyis	ريس
雷益	al-Rayyī	الريي
里丁拉	li-Dīn Allāh	لدين الله
里斐	al-Līfī	الليفي
里哈斐	al-Lihāfī	اللحافي

续表

汉译	拉丁字母转写	阿拉伯文或波斯文
里哈雅尼	al-Lihyānī	اللحياني
里哈彦	Lihyān	لحيان
里哈耶	Lihyah	لحية
里赫比	al-Lihbī	اللهبي
里赫卜	Lihb	لهب
里木斯其	al-Līmūskī	الليموسكي
里纳	Līnah	لينة
里尼	al-Līnī	الليني
里撒努丁	Lisān al-Dīn	لسان الدين
里桑	Lisān	لسان
里沃	Liwā	لوا
里札兹	Lizāz	لزاز
利阿卜	Ri' āb	رئاب
利拔比	al-Ribābī	الربابي
利拔卜	al-Ribāb	الرباب
利拔蒂	al-Ribātī	الرباطي
利比	al-Ribbī	الربي
利比勒	Ribbīl	ربيل
利波思	Ribth	ربث
利得旺	Ridwān	رضوان
利得沃尼	al-Ridwānī	الرضواني
礼萨	Ridā；al-Ridā	رضاء؛ الرضا
利尔勒	Ri‘ l	رعل
利尔里	al-Ra‘ lī	الرعلي
利尔耶	Ri‘ yah	رعية
利法阿	Rifā‘ ah	رفاعة
利法俄	al-Rifā‘	الرفاع
利法俄	Rifā‘	رفاع

续表

汉译	拉丁字母转写	阿拉伯文或波斯文
利法仪	Rifā‘ ī；al-Rifā‘ ī	رفاعي؛ الرفاعي
利弗阿	al-Rif‘ ah	الرفعة
利伽俄	Riqā‘；al-Riqā‘	رقاع؛ الرقاع
利伽仪	al-Riqā‘ ī	الرقاعي
利赫施尼	al- Rīkhashnī	الريخشني
利吉勒	Rijl	رجل
利佶	al-Rīghī	الريغي
利加达木尼	al-Rīghadamūnī	الريغدموني
利贾勒	al-Rijāl	الرجال
利贾里	al-Rijālī	الرجالي
利康齐	al-Rīkanzī	الريكنزي
利克拉其	al-Rikrākī	الركراكي
利克腊维	al-Riklāwī	الركلاوي
利克里	al-Riklī	الركلي
利玛	Rīmā	ريما
利玛哈	al-Rimāh	الرماح
利姆	Rīm	ريم
利撒尼	al-Rīsānī	الريساني
利萨思	Rithāth	رثاث
利桑	Rīsān	ريسان
利施达尼	al-Rishdānī	الرشداني
利施迪尼	al-Rishdīnī	الرشديني
利施丁	Rishdīn	رشدين
利施克	al-Rishk	الرشك
利施塔尼	al-Rishtānī	الرشتاني
利瓦达迪	al-Rīwadadī	الريوددي
利瓦尔枢尼	al-Rīwarthūnī	الريورثوني
利瓦伽尼	al-Rīwaqānī	الريوقاني

续表

汉译	拉丁字母转写	阿拉伯文或波斯文
利旺迪	al-Rīwandī	الريوندي
利旺冀	al-Rīwanjī	الريونجي
利维	al-Rīwī	الريوي
利沃戈	al-Riwāq	الرواق
利雅得	Riyād	رياض
利雅哈	Riyāh	رياح
利雅什	Riyāshī；al-Riyāshī	رياشي؛ الرياشي
利雅希	al-Rīyāhī	الرياحي
利优迪	al-Riyūdī	الريودي
利优芝	al-Riyūdhī	الريوذي
利泽	Rīdhah	ريذة
利札哈	Rizāh	رزاح
利札米	al-Rizāmī	الرزامي
利札姆	Rizām	رزام
利兹甘	Rizqān	رزقان
利兹戈	Rizq	رزق
利兹古拉	Rizq Allāh	رزق الله
利兹古韦赫	Rizquwayh	رزقويه
利兹玛	Rizmah	رزمة
利兹纳	Riznah	رزنة
利兹尼	al-Riznī	الرزني
卢阿卢阿	Lu' lu'	لؤلؤ
卢阿卢伊	al-Lu' lu' ī	اللؤلؤي
卢埃	Lu' ay	لأى
卢埃依	Lu' ayy	لؤي
卢拨	Lubá	لبى
卢贝	Lubay	لبي
卢贝德	Lubayd	لبيد

续表

汉译	拉丁字母转写	阿拉伯文或波斯文
卢贝迪	al-Lubaydī	اللبيدي
卢贝尼	al-Lubaynī	اللبيني
卢波	Lubb	لب
卢波纳尼	al-Lubnānī	اللبناني
卢代恩	Ludayn	لدين
卢迪	al-Luddī	اللدي
卢厄达	Lughdah	لغدة
卢尔基	al-Lurqī	اللرقي
卢海	Luhay	لحي
卢海波	Luhayb	لهيب
卢加维	al-Lughawī	اللغوي
卢杰姆	Lujam	لجم
卢捷姆	Lujaym	لجيم
卢凯齐	al-Lukayzī	اللكيزي
卢凯兹	Lukayz	لكيز
卢克泽	Lukdhah	لكذة
卢拉斯塔尼	al-Lurastānī	اللرستاني
卢利	al-Lurrī	اللري
卢玛扎	Lumāzah	لمازة
卢梅	Lumay	لمي
卢奇	al-Lukkī	اللكي
卢特比	al-Lutbī	اللتبي
卢韦恩	Luwayn	لوين
卢沃提	al-Luwātī	اللواتي
卢栽姆	Luzaym	لزيم
鲁阿巴	Ru' bah	رؤبة
鲁阿比	al-Ru' bī	الرؤبي
鲁阿米	al-Ru' āmī	الرعامي

续表

汉译	拉丁字母转写	阿拉伯文或波斯文
鲁阿尼	al-Rū‘ ānī	الروعاني
鲁阿斯	Ru’ ās； al-Ru’ āsī	رؤاس؛ الرؤاسي
鲁爱恩	Ru‘ ayn	رعين
鲁爱勒	al-Ru‘ ayl	الرعيل
鲁爱里	al-Ru‘ aylī	الرعيلي
鲁爱尼	al-Ru‘ aynī	الرعيني
鲁巴冀	al-Rūbajī	الروبجي
鲁巴思	Rubath	ربث
鲁巴提	al-Rūbatī	الروبتي
鲁拔尼	al-Rubānī	الروباني
鲁拔特	al-Rubāt	الرباط
鲁班贾希	al-Rūbānjāhī	الروبانجاهي
鲁贝迪	al-Rubaydī	الربيدي
鲁贝哈	Rubayh	ربيح
鲁贝斯	al-Rubays	الربيس
鲁贝耶阿	Rubayya‘ ah	ربيعة
鲁贝耶赫	Rubayyah	ربيه
鲁贝伊俄	Rubayyi‘ ； al-Rubayyi‘	ربيع؛ الربيع
鲁比	al-Rubbī	الربي
鲁波瓦	al-Rubwah	الربوة
鲁达阿瓦尔迪	al-Rūdaāwardī	الرودآوردي
鲁达尼	al-Rūdānī	الروداني
鲁代哈	Rudayh	رديح
鲁代尼	al-Rudaynī	الرديني
鲁铎	Rudā	رضا
鲁铎伊	al-Rudā’ ī	الرضائي
鲁厄拔尼	al-Rughbānī	الرغباني
鲁法	Rufá	رفى

续表

汉译	拉丁字母转写	阿拉伯文或波斯文
鲁法希	al-Rufahī	الرفحي
鲁斐俄	Rufī‘	رفيع
鲁斐戈	Rufīq	رفيق
鲁斐勒	al-Rufīl	الرفيل
鲁斐里	al-Rufīlī	الرفيلي
鲁费达	Rufaydah	رفيدة
鲁费德	Rufayd	رفيد
鲁费俄	Rufay‘	رفيع
鲁费勒	Rufayl	رفيل
鲁富尼	al-Rufūnī	الرفوني
鲁伽德	Ruqqād；al-Ruqqād	رقاد؛ الرقاد
鲁伽迪	al-Ruqqādī	الرقادي
鲁盖雅特	al-Ruqayyāt	الرقيات
鲁盖耶	Ruqayyah	رقية
鲁盖依	Ruqayy	رقي
鲁戈	Rūq	روق
鲁哈	Rūh；Ruhá；al-Rūh	روح؛ رحى؛ الروح
鲁哈米	al-Rukhāmī	الرخامي
鲁哈其	al-Rūhakī	الروحكي
鲁哈伊	al-Rūhā’ ī	الروحاني
鲁海里	al-Ruhaylī	الرحيلي
鲁海米	al-Ruhaymī	الرحيمي
鲁海姆	Ruhaym	رحيم
鲁海伊勒	al-Ruhayyil	الرحيل
鲁亥姆	Rukhaym	رخيم
鲁贺蒂	al-Ruhātī	الرهاطي
鲁贺米	al-Ruhāmī	الرهامي
鲁贺姆	Ruhām	رهام

续表

汉译	拉丁字母转写	阿拉伯文或波斯文
鲁贺维	al-Ruhāwī	الرهاوي
鲁赫冀	al-Rukhkhajī	الرخجي
鲁赫米	al-Ruhmī	الرهمي
鲁赫姆	Ruhm	رهم
鲁赫尼	al-Ruhnī	الرهني
鲁赫沙布芝	al-Rukhshabūdhī	الرخشبوذي
鲁黑	al-Rukhī	الرخي
鲁胡拉	Rūh Allāh	روح الله
鲁基	Rūqī；al-Rūqī	روقي؛ الروقي
鲁卡尼	al-Rukānī	الركاني
鲁凯恩	Rukayn	ركين
鲁克努丁	Rukn al-Dīn	ركن الدين
鲁库比	al-Rukubī	الركبي
鲁玛哈	al-Rumāh	الرماح
鲁玛尼	al-Rumānī	الرماني
鲁玛希斯	al-Rumāhisī	الرماحسي
鲁曼	Rūmān	رومان
鲁梅勒	Rumayl	رميل
鲁梅里	al-Rumaylī	الرميلي
鲁梅塞	Rumaythah	رميثة
鲁梅希	al-Rumayhī	الرميحي
鲁米	Rūmī；al-Rūmī	رومي؛ الرومي
鲁密耶	al-Rūmīyah	الرومية
鲁纳尼	al-Runānī	الرناني
鲁尼	al-Rūnī	الروني
鲁齐	al-Ruzzī	الرزي
鲁沙蒂	al-Rushātī	الرشاطي
鲁施纳伊	al-Rūshnā’ī	الروشنائي

续表

汉译	拉丁字母转写	阿拉伯文或波斯文
鲁世德	Rushd	رشد
鲁斯卡西	al-Rūsīkathī	الروسيكثي
鲁斯塔	Rustah	رستة
鲁斯塔赫	Rustah	رسته
鲁斯塔基	al-Rustāqī	الرستاقي
鲁斯提	al-Rustī	الرستي
鲁斯图厄法尼	al-Rustughfanī	الرستغفني
鲁斯图米	al-Rustumī	الرستمي
鲁斯图姆	Rustum	رستم
鲁索斐	al-Rusāfī	الرصافي
鲁托比	al-Rutabī	الرطبي
鲁威耶西	al-Ruwiyathī	الرويثي
鲁韦巴	Ruwaybah	رويبة
鲁韦比	al-Ruwaybī	الرويبي
鲁韦达	Ruwaydah	رويدة
鲁韦达施提	al-Ruwaydashtī	الرويدشتي
鲁韦蒂	al-Ruwaytī	الرويطي
鲁韦菲俄	Ruwayfi‘	رويفع
鲁韦菲仪	al-Ruwayfi‘ ī	الرويفعي
鲁韦姆	Ruwaym	رويم
鲁韦斯	al-Ruways	الرويس
鲁韦特	Ruwayt	رويط
鲁韦兹	Ruwayz	رويز
鲁沃俄	al-Ruwā‘	الرواع
鲁希	al-Rūhī	الروحي
鲁希尼	al-Rūhīnī	الروحيني

续表

汉译	拉丁字母转写	阿拉伯文或波斯文
鲁谢德	Rushayd；al-Rushayd	رشيد؛ الرشيد
鲁谢迪	Rushaydī；al-Rushaydī	رشيدي؛ الرشيدي
鲁谢耶	Rushayyah；al-Rushayyah	رشية؛ الرشية
鲁雅尼	al-Rūyānī	الروياني
鲁泽拔利	al-Rūdhabārī	الروذباري
鲁泽达施提	al-Rūdhadashtī	الروذدشتي
鲁泽法厄卡迪	al-Rūdhafaghkadī	الروذفغكدي
鲁泽其	al-Rūdhakī	الروذكي
鲁芝	al-Rūdhī	الروذي
鲁珠仪	al-Rujū' ī	الرجوعي
鲁孜拉瓦利	al-Rūdhrāwarī	الروذراوري
鲁兹贾利	al-Rūzjārī	الروزجاري
鲁兹玛巴芝	al-Ruzmābādhī	الرزماباذي
鲁祖韦赫	Rūzuwayh	روزويه
鲁祖韦益	al-Rūzuwayyī	الروزويي
陆希尼	al-Ruhīnī	الرحيني
璐比	al-Lūbī	اللوبي
璐比雅巴芝	al-Lūbiyābādhī	اللوبياباذي
璐卡利	al-Lūkarī	اللوكري
璐拉基	al-Lūraqī	اللورقي
璐利	al-Lūrī	اللوري
璐特	Lūt	لوط
伦拔尼	al-Lunbānī	اللنباني
伦达格	Rundaqah	رندقة
伦迪	al-Rundī	الرندي
伦玛尼	al-Rummānī	الرماني

M

汉译	拉丁字母转写	阿拉伯文或波斯文
马阿德	Ma‘ add	معد
马阿迪卡黎卜	Ma‘ dīkarib	معديكرب
马阿里	Ma‘ ālī	معالي
马敖瓦德	Ma‘ awwad	معوض
马波鲁尔	Mabrūr	مبرور
马波鲁克	Mabrūk	مبروك
马波祖勒	Mabdhūl	مبذول
马得安	Mad‘ ān	مضعان
马德彦	Madyan	مدين
马迪纳	Madīnah	مدينة
马都耶赫	Maddūyah	مدويه
马铎	Madā’	مضاء
马俄巴德	Ma‘ bad	معبد
马俄巴迪	al-Ma‘ badī	المعبدي
马俄丹	Ma‘ dān	معدان
马俄迪勒	Ma‘ dil	معدل
马俄基勒	Ma‘ qil	معقل
马俄鲁尔	Ma‘ rūr	معرور
马俄默尔	Ma‘ mar	معمر
马俄沙尔	Ma‘ shar	معشر
马俄图戈	Ma‘ tūq	معتوق
马俄威叶	Ma‘ wiyah	معوية
马俄优夫	Ma‘ yūf	معيوف
马俄珠尔	Ma‘ jūr	معجور
马尔	Marr	مر
马尔达弗康	Mardāfkan	مردافكن
马尔达姆	Mardam	مردم

续表

汉译	拉丁字母转写	阿拉伯文或波斯文
马尔达韦赫	Mardawayh	مردويه
马尔丹	Mardān	مردان
马尔荻	Mardī	مرضي
马尔都韦赫	Mardūwayh	مردويه
马尔都耶赫	Mardūyah	مردويه
马尔恩	Ma' n	معن
马尔格斯	Marqas	مرقس
马尔呼卜	Marhūb	مرهوب
马尔胡姆	Marhūm	مرحوم
马尔鲁夫	Ma' rūf	معروف
马尔塞德	Marthad	مرثد
马尔宿姆	al-Ma' sūm	المعصوم
马尔瓦拉	Ma' walah	معولة
马尔旺	Marwān	مروان
马尔珠姆	Marjūm	مرجوم
马尔祖班	Marzubān	مرزبان
马尔祖戈	Marzūq	مرزوق
马尔祖兹	Ma' zūz	معزوز
马戈恩	Maqn	مقن
马格里比	al-Maghribī	المغربي
马格纳姆	Maghnam	مغنم
马格威叶	Maghwiyah	مغوية
马哈布比	al-Mahbūbī	المحبوبي
马哈布卜	Mahbūb	محبوب
马哈布尔	Mahbūr	محبور
马哈都吉	Mahdūj	محدوج
马哈富兹	Mahfūz	محفوظ
马哈勒	Mahal	مهل

续表

汉译	拉丁字母转写	阿拉伯文或波斯文
马哈茂德（习惯译名）	Mahmūd	محمود
马哈默韦赫	Mahmawayh	محمويه
马哈幸	Mahāsin	محاسن
马贺	Mahā	مها
马贺纳	Mahānah	مهانة
马赫达维	Mahdāwī	مهداوي
马赫迪	Mahdī；al-Mahdī	مهدي؛ المهدي
马赫都吉	Makhdūj	مخدوج
马赫拉	Mahrah	مهرة
马赫拉巴	Makhrabah	مخربة
马赫拉德	Makhlad	مخلد
马赫拉法	Makhrafah	مخرفة
马赫拉玛	Makhramah	مخرمة
马赫利	Mahrī	مهري
马赫鲁韦赫	Mahruwayh	مهرويه
马赫璐夫	Makhlūf	مخلوف
马赫马特	Mahmat	مهمت
马赫曼达尔	Mahmandār	مهمندار
马赫默尔	Makhmar	مخمر
马赫什	Makhshī	مخشي
马赫施	Makhashsh	مخش
马赫祖姆	Makhzūm	مخزوم
马吉达阿	Majda‘ ah	مجدعة
马吉德	Majd	مجد
马吉德丁（习惯译名）	Majd al-Dīn	مجد الدين
马吉拉巴	Majrabah	مجربة
马吉瓦贾	Majwajā	مجوجا
马冀德	Majīd	مجيد

续表

汉译	拉丁字母转写	阿拉伯文或波斯文
马简达尼	al-Mājandanī	الماجندني
马金	Makīn	مكين
马卡黎姆	Makārim	مكارم
马克胡勒	Makhūl	مكحول
马克拉	Makr	مكر
马克里	Makrī	مكري
马克图姆	Maktūm	مكتوم
马拉恩	Marrān	مران
马拉康	Malakān	ملكان
马拉库什	al-Marrākushī	المراكشي
马拉昆	Malakūn	ملكون
马剌尔	Marrār	مرار
马立哈	Malīh; al-Malīh	مليح؛ المليح
马立克	Mālik; Malik	مالك؛ ملك
马立克沙赫	Malikshāh	ملكشاه
马立其	al-Mālikī	المالكي
马利扎	Marīzah	مريزة
马鲁达	Marūdah	مرودة
马璐勒	Mallūl	ملول
马姆韦赫	Mamwayh	ممويه
马纳	Manāh	مناة
马纳阿	Mana‘ ah	منعة
马纳夫	Manāf	مناف
马纳赫	Manākh	مناخ
马纳齐勒	Manāzil	منازل
马纳斯	Manās	مناس
马尼俄	Manī‘	منيع
马尼哈	Manīh	منيح

续表

汉译	拉丁字母转写	阿拉伯文或波斯文
马尼耶	Manīyah	منية
马齐兹	Mazīz	مزيز
马其思	Makīth	مكيث
马奇	Makkī	مكي
马奇耶	Makkīyah	مكية
马萨尔吉斯	Māsarjis	ماسرجس
马沙	Mashshā’	مشاء
马什胡尔	Mashhūr	مشهور
马施安	Mash‘ ān	مشعان
马施杰阿	Mashja‘ ah	مشجعة
马施努	Mashnū	مشنو
马士拉夫	Masraf	مصرف
马思鲁德	Mathrūd	مثرود
马思珠尔	Mathjūr	مثجور
马斯阿达	Mas‘ adah	مسعدة
马斯巴尔	Masbar	مصبر
马斯波	Masīb	مسيب
马斯迪	Masdī	مسدي
马斯格拉	Masqalah	مصقلة
马斯哈	Masīh	مسيح
马斯康	Maskan	مسكن
马斯拉玛	Maslamah	مسلمة
马斯鲁尔	Masrūr	مسرور
马斯鲁戈	Masrūq	مسروق
马斯欧德	Mas‘ ūd	مسعود
马斯斯	Masīs	مسيس
马斯图尔	Mastūr	مستور
马索德	Masād	مصاد

续表

汉译	拉丁字母转写	阿拉伯文或波斯文
马塔	Mattá	متى
马塔韦赫	Mattawayh	متويه
马特	Matt	مت
马特克	Matk	متك
马特鲁德	Matrūd	مطرود
马特鲁哈	Matrūh	مطروح
马图耶赫	Mattūyah	متويه
马托尔	Matar	مطر
马义得	Ma‘ īd	معيض
马义斯	Ma‘ īs	معيص
马义特	Ma‘ īt	معيط
马因	Ma‘ īn	معين
马孜欧尔	Madh‘ ūr	مذعور
马孜希吉	Madhhij	مذحج
马兹鲁俄	Mazrū‘	مزروع
马兹翁	Maz‘ ūn	مظعون
马兹耶德	Mazyad	مزيد
玛巴	Mābah	مابة
玛比	al-Mābī	المابي
玛比尔撒米	al-Mābirsāmī	المابرسامي
玛达拉	Mādarah	مادرة
玛达拉伊	al-Mādarā’ ī	المادرائي
玛达利	al-Mādarī	المادري
玛发鲁赫	Māfarrūk	مافروخ
玛发鲁黑	al-Māfarrūkhī	المافروخي
玛格腊索尼	al-Māqalāsānī	الماقلاصاني
玛哈	Māh	ماح
玛哈韦赫	Māhawayh	ماهويه

续表

汉译	拉丁字母转写	阿拉伯文或波斯文
玛汉	Māhān	ماهان
玛贺尼	al-Māhānī	الماهاني
玛赫	Mākh	ماخ
玛赫克	Mākhak	ماخك
玛赫其	al-Mākhakī	الماخكي
玛黑	al-Mākhī	الماخي
玛呼沃尼	al-Mākhuwānī	الماخواني
玛胡齐	al-Māhūzī	الماحوزي
玛及利	al-Māzirī	المازري
玛及尼	al-Māzinī	المازني
玛及雅尔	Māziyār	مازيار
玛及雅利	al-Māziyārī	المازياري
玛吉德；马吉德	Mājid	ماجد
玛杰尔米	al-Mājarmī	الماجرمي
玛杰赫	Mājah	ماجه
玛津	Māzin	مازن
玛克雅尼	al-Mākyānī	الماكياني
玛库腊	Mākūlā	ماكولا
玛拉	Mālah	مالة
玛拉拔尼	al-Mārabānī	المارباني
玛拉吉	Mālaj	مالج
玛拉冀	al-Mālajī	المالجي
玛拉尼	al-Mārānī	الماراني
玛勒列（习惯译名）	Mihlāyīl；Mihlīl	مهلاييل؛ مهليل
玛黎比	al-Mā' ribī	المأربي
玛黎迪	al-Māridī	الماردي
玛黎迪尼	al-Māridīnī	الماريديني
玛黎玛	Mārimah	مارمة

续表

汉译	拉丁字母转写	阿拉伯文或波斯文
玛黎姆里	al-Mārimulī	المارملي
玛黎施其	al-Mārishkī	المارشكي
玛里	al-Mālī	المالي
玛里哈	al-Mālih	المالح
玛里哈尼	al-Mālihānī	المالحاني
玛里尼	al-Mālīnī	الماليني
玛立基	al-Māliqī	المالقي
玛利	Mārī	ماري
玛利斯塔尼	al-Māristānī	المارستاني
玛利斯坦	al-Māristān	المارستان
玛琳米	Mārimmī; al-Mārimmī	مارمي؛ المارمي
玛鲁尼	al-Mārūnī	الماروني
玛玛	Māmā	ماما
玛玛尼	al-Māmānī	المامانی
玛玛伊	al-Māmā' ī	المامائي
玛默蒂利	al-Māmatīrī	المامطيري
玛默斯提尼	al-Māmastīnī	المامستيني
玛纳克	Mūnak	مانك
玛尼	Mānī	ماني
玛尼俄	al-Māni‘	المانع
玛努斯	Mānūs	مانوس
玛其纳	Mākīnah	ماكينة
玛其尼	al-Mākīnī	الماكيني
玛奇斯尼	al-Mākisīnī	الماكسيني
玛奇雅尼	al-Mākiyānī	الماكياني
玛奇彦	al-Mākiyān	الماكيان
玛萨尔吉斯	al-Māsarjisī	الماسرجسي
玛萨卡尼	al-Māsakānī	الماسكاني

续表

汉译	拉丁字母转写	阿拉伯文或波斯文
玛萨克	Māsak	ماسك
玛萨其	al-Māsakī	الماسكي
玛沙尼	al-Māshānī	الماشاني
玛善	Māshān	ماشان
玛什	al-Māshī	الماشي
玛什塔	al-Māshitah	الماشطة
玛斯	Māsī	ماسي
玛斯赫	Māsikhah	ماسخة
玛斯黑	al-Māsikhī	الماسخي
玛斯利	al-Māsirī	الماصري
玛斯提尼	al-Māsitīnī	الماستيني
玛苏拉巴芝	al-Māsūrābādhī	الماسوراباذي
玛提	Mātī	ماتي
玛提俄	Māti‘	ماتع
玛图利提	al-Māturītī	الماتريتي
玛土撒拉（习惯译名）	Mattūshalakh	متوشلخ
玛瓦尔迪	Māwardī; al-Māwardī	ماوردي؛ الماوردي
玛希	al-Māhī	الماهي
玛熙雅巴芝	al-Māhiyābādhī	الماهياباذي
玛熙雅尼	al-Māhiyānī	الماهياني
玛幸	Māssin	ماسن
玛伊基	al-Māyiqī	المايقي
玛伊尼	al-Māyinī	المايني
玛依默尔佶	al-Māymarghī	المايمرغي
玛易兹	Mā‘ iz	ماعز
玛优斯	al-Māyūsī	المايوسي
玛赞达拉尼	al-Māzandarānī	المازندراني
玛泽克	Mādhak	ماذك

续表

汉译	拉丁字母转写	阿拉伯文或波斯文
玛泽拉	Mādharā	ماذرا
玛泽拉伊	al-Mādharā' ī	المادرائي
玛札里	al-Māzārī	المازاري
玛札尼	al-Māzānī	المازاني
玛朱顺	al-Mājushūn	الماجشون
玛祖里	al-Māzulī	المازلي
麦阿菲利	al-Ma‘ āfirī	المعافري
麦阿里	al-Ma‘ ālī	المعالي
麦阿利	al-Ma‘ arrī	المعري
麦阿兹	al-Ma‘ ‘ āz	المعاز
麦拔黎迪	al-Mabāridī	المباردي
麦拔黎米	al-Mabārimī	المبارمي
麦波祖里	al-Mabdhūlī	المبذولي
麦达利	al-Madarī	المدري
麦达尼	al-Madanī	المدني
麦达伊尼	al-Madā' inī	المدائني
麦丹	al-Madān	المدان
麦得利	al-Madrī	المضري
麦得鲁卜	al-Madrūb	المضروب
麦得木利	al-Madmūrī	المضموري
麦德都益	al-Maddūyī	المدويي
麦德加利	al-Madgharī	المدغري
麦德雅尼	al-Madyanī	المديني
麦迪尼	al-Madīnī	المديني
麦蒂利	al-Matīrī	المطيري
麦都益	al-Madūyī	المدويي
麦多利	al-Madarī	المضري
麦铎	al-Madā'	المضاء

续表

汉译	拉丁字母转写	阿拉伯文或波斯文
麦俄达尼	al-Ma' dānī	المعداني
麦俄默拉尼	al-Ma' marānī	المعمراني
麦俄默利	al-Ma' marī	المعمري
麦俄沙利	al-Ma' sharī	المعشري
麦俄维	al-Ma' wī	المعوي
麦尔阿什	al-Mar' ashī	المرعشي
麦尔阿施	al-Mar' ash	المرعش
麦尔达尼	al-Ma' danī	المعدني
麦尔达维	al-Mardāwī	المرداوي
麦尔格斯	al-Marqasī	المرقسي
麦尔哈比	al-Marhabī	المرحبي
麦尔基里	al-Ma' qilī	المعقلي
麦尔基利	al-Ma' qirī	المعقري
麦尔佶纳尼	al-Marghīnānī	المرغيناني
麦尔冀	al-Marjī	المرجي
麦尔加拔尼	al-Marghabānī	المرغباني
麦尔加布尼	al-Marghabūnī	المرغبوني
麦尔加尼	al-Marghanī	المرغني
麦尔贾尼	al-Marjānī	المرجاني
麦尔拉利	al-Marrārī	المراري
麦尔拉瑟尼	al-Ma' lathānī	المعلثاني
麦尔鲁斐	al-Ma' rūfī	المعروفي
麦尔尼	al-Ma' nī	المعني
麦尔塞迪	al-Marthadī	المرثدي
麦尔沙尼	al-Marshānī	المرشاني
麦尔斯	al-Marsī	المرسي
麦尔瓦里	al-Ma' walī	المعولي
麦尔瓦鲁芝	al-Marwarūdhī	المرورذي

续表

汉译	拉丁字母转写	阿拉伯文或波斯文
麦尔瓦齐	al-Marwazī	المروزي
麦尔瓦提	al-Marwatī	المروتي
麦尔维	al-Marwī	المروي
麦尔沃鲁芝	al-Marwarrūdhī（特殊转写）	المرو الروذي
麦尔沃尼	al-Marwānī	المرواني
麦尔优斐	al-Ma‘ yūfī	المعيوفي
麦尔祖拔尼	al-Marzubānī	المرزباني
麦尔祖班	al-Marzubān	المرزبان
麦尔祖基	al-Marzūqī	المرزوقي
麦法喜尔	al-Mafākhir	المفاخر
麦弗图里	al-Maftūlī	المفتولي
麦伽比	al-Maqābī	المقابي
麦伽比利	al-Maqābirī	المقابري
麦伽尼仪	al-Maqāni‘ ī	المقانعي
麦戈布利	al-Maqburī	المقبري
麦戈利	al-Maqrī’	المقريء
麦戈利齐	al-Maqrīzī	المقريزي
麦戈苏德	al-Maqsūd	المقصود
麦格迪	al-Maqaddī	المقدي
麦格迪斯	al-Maqdisī	المقدسي
麦格哈斐	al-Maqhafī	المقحفي
麦格黎雅尼	al-Maghriyānī	المغرياني
麦格利	al-Maqqarī	المقري
麦格鲁尔	al-Maghrūr	المغرور
麦格维	al-Maghwī	المغوي
麦哈得	al-Mahd	المحض
麦哈富济	al-Mahfūzī	المحفوظي
麦哈里	al-Mahallī	المحلي

续表

汉译	拉丁字母转写	阿拉伯文或波斯文
麦哈鲁姆	al-Mahrūm	المحروم
麦哈茂迪（特殊译名）	al-Mahmūdī	المحمودي
麦哈米	al-Mahmī	المحمي
麦哈米德	al-Mahāmid	المحامد
麦哈米里	al-Mahāmilī	المحاملي
麦哈默韦伊	al-Mahmawayyī	المحمويي
麦哈奇米	al-Mahakkimī	المحكمي
麦哈斯	al-Mahāsī	المحاسي
麦哈斯尼	al-Mahāsinī	المحاسني
麦哈幸	al-Mahāsin	المحاسن
麦贺巴芝	al-Mahābādhī	المهاباذي
麦贺里巴	al-Mahālibah	المهالبة
麦赫巴齐	al-Makhbazī	المخبزي
麦赫达维	al-Mahdawī	المهدوي
麦赫都冀	al-Makhdūjī	المخدوجي
麦赫斐鲁齐	al-Mahfīrūzī	المهفيروزي
麦赫拉拔纳尼	al-Mahrābānānī	المهراباناني
麦赫拉迪	al-Makhladī	المخلدي
麦赫拉米	al-Makhramī	المخرمي
麦赫利	al-Mahrī	المهري
麦赫璐斯	al-Mahlūs	المهلوس
麦赫默提	al-Mahmatī	المهمتي
麦赫沙拉比	al-Makhshalabī	المخشلبي
麦赫祖米	al-Makhzūmī	المخزومي
麦赫祖姆	al-Makhzūm	المخزوم
麦黑	al-Makhkhī	المخي
麦吉达巴芝	al-Majdābādhī	المجداباذي
麦吉达里	al-Majdalī	المجدلي

续表

汉译	拉丁字母转写	阿拉伯文或波斯文
麦吉德	al-Majd	المجد
麦吉拉比	al-Majrabī	المجربي
麦吉拉迪	al-Majladī	المجلدي
麦吉里斯	al-Majlisī	المجلسي
麦吉利蒂	al-Majrītī	المجريطي
麦吉嫩	al-Majnūn	المجنون
麦吉瓦冀	al-Majwajī	المجوجي
麦佶里	al-Maghīlī	المغيلي
麦冀德	al-Majīd	المجيد
麦冀迪	al-Majīdī	المجيدي
麦迦里	al-Maghālī	المغالي
麦迦米	al-Maghāmī	المغامي
麦迦齐里	al-Maghāzilī	المغازلي
麦贾什	al-Majāshī	المجاشي
麦金	al-Makīn	المكين
麦卡黎姆	al-Makārim	المكارم
麦卡利	al-Makārī	المكاري
麦克富夫	al-Makfūf	المكفوف
麦克胡里	al-Makhūlī	المكحولي
麦克述斐	al-Makshūfī	المكشوفي
麦克图米	al-Maktūmī	المكتومي
麦库迪	al-Makkūdī	المكودي
麦拉蒂	al-Malatī	الملطي
麦拉尔	al-Marrār	المرار
麦拉吉里	al-Marājilī	المراجلي
麦拉佶	al-Marāghī	المراغي
麦拉卡尼	al-Malakānī	الملكاني
麦拉利	al-Marārī	المراري

续表

汉译	拉丁字母转写	阿拉伯文或波斯文
麦拉尼	al-Marrānī	المراني
麦拉威希	al-Marāwihī	المراوحي
麦拉维	al-Marawī	المروي
麦拉伊	al-Mara' ī	المرئي
麦腊希	al-Mallāhī	الملاحي
麦腊希米	al-Malāhimī	الملاحمي
麦兰迪	al-Marandī	المرندي
麦勒珠姆	al-Maljūm	الملجوم
麦勒祖齐	al-Malzūzī	الملزوزي
麦立冀	al-Malījī	المليجي
麦立克	al-Malik	الملك
麦立希	al-Malīhī	المليحي
麦利	al-Marrī	المري
麦利得	al-Marīd	المريض
麦利荻	al-Marīdī	المريضي
麦利齐	al-Marīzī	المريزي
麦利斯	al-Marīsī	المريسي
麦鲁迪	al-Marūdī	المرودي
麦鲁芝	al-Marūdhī	المروذي
麦蒙	al-Ma' mūn	المأمون
麦木尼	al-Ma' mūnī	المأموني
麦纳迪里	al-Manādīlī	المناديلي
麦纳基卜	al-Manāqib	المناقب
麦纳利	al-Manārī	المناري
麦纳齐	al-Manāzī	المنازي
麦纳什其	al-Manāshikī	المناشكي
麦纳缇基	al-Manātiqī	المناطقي
麦尼哈	al-Manīh	المنيح

续表

汉译	拉丁字母转写	阿拉伯文或波斯文
麦尼尼	al-Manīnī	المنيني
麦尼希	al-Manīhī	المنيحي
麦尼仪	al-Manī‘ ī	المنيعي
麦齐迪	al-Mazīdī	المزيدي
麦齐纳尼	al-Mazīnānī	المزيناني
麦齐齐	al-Mazīzī	المزيزي
麦奇	al-Makkī	المكي
麦撒伊里	al-Masā’ ilī	المسائلي
麦瑟米纳	al-Mathāminah	المثامنة
麦瑟米尼	al-Mathāminī	المثامني
麦沙蒂	al-Mashshātī	المشاطي
麦沙尼	al-Mashānī	المشاني
麦沙特	al-Mashshāt	المشاط
麦什哈迪	al-Mashhadī	المشهدي
麦施加拉伊	al-Mashgharā’ ī	المشغرائي
麦施杰仪	al-Mashja‘ ī	المشجعي
麦施拉斐	al-Mashrafī	المشرفي
麦施拉基	al-Mashraqī	المشرقي
麦施黎基	al-Mashriqī	المشرقي
麦施鲁基	al-Mashrūqī	المشروقي
麦施塔里	al-Mashtalī	المشتلي
麦束尼	al-Masūnī	المسوني
麦束斯	al-Masūsī	المسوسي
麦斯格里	al-Masqalī	المصقلي
麦斯哈	al-Masīh	المسيح
麦斯鲁基	al-Masrūqī	المسروقي
麦斯鲁里	al-Masrūrī	المسروري
麦斯木迪	al-Masmūdī	المصمودي

续表

汉译	拉丁字母转写	阿拉伯文或波斯文
麦斯欧德	al-Mas‘ ūd	المسعود
麦斯欧迪	al-Mas‘ ūdī	المسعودي
麦斯提纳尼	al-Mastīnānī	المستيناني
麦斯希	al-Masīhī	المسيحي
麦索米迪	al-Masāmidī	المصامدي
麦索希斐	al-Masāhifī	المصاحفي
麦拓密利	al-Matāmīrī	المطاميري
麦特巴黑	al-Matbakhī	المطبخي
麦特布勒	al-Matbūl	المتبول
麦特布里	al-Matbūlī	المتبولي
麦特鲁迪	al-Matrūdī	المطرودي
麦特玛蒂	al-Matmātī	المطماطي
麦特其	al-Matkī	المتكي
麦提	al-Mattī	المتي
麦图斯	al-Mattūthī	المتوثي
麦图益	al-Mattūyī	المتويي
麦托利	al-Matarī	المطري
麦沃基提	al-Mawāqītī	المواقيتي
麦沃熙卜	al-Mawāhib	المواهب
麦雅尼冀	al-Mayānijī	الميانجي
麦优尔基	al-Mayūrqī	الميورقي
麦尤尔基	al-Mayurqī	الميرقي
麦吒利	al-Madhārī	المذاري
麦札提	al-Mazūtī	المزاتي
麦朱波萨提	al-Majubsatī	المجبستي
麦朱波斯	al-Majubsī	المجبسي
麦珠斯	al-Majūsī	المجوسي
麦孜欧利	al-Madh‘ ūrī	المذعوري

续表

汉译	拉丁字母转写	阿拉伯文或波斯文
麦孜希冀	al-Madhhijī	المذحجي
麦兹拉斐	al-Mazrafī	المزرفي
麦兹兰卡尼	al-Mazrankanī	المزرنكني
麦佐里米	al-Mazālimī	المظالمي
满都哈	Mamdūh	ممدوح
曼比冀	al-Manbijī	المنبجي
曼达赫	Mandah	منده
曼达韦赫	Mandawayh	مندويه
曼达伊	al-Mandā' ī	المندائي
曼蒂基	al-Mantiqī	المنطقي
曼伽尼	al-Mānqānī	المانقاني
曼贾尼	al-Manjānī	المنجاني
曼杰尼基	al-Manjanīqī	المنجنيقي
曼卡腊提	al-Mankallātī	المنكلاتي
曼卡里	Mankalī	منكلي
曼克迪姆	Mānkdīm	مانكديم
曼玛提	Mammātī	مماتي
曼默斯	al-Mammasī	المممسي
曼纳哈	Mannāh	مناح
曼纳希	al-Mannāhī	المناحي
曼南	Mannān	منان
曼尼	Mannī	مني
曼努瓦伊	al-Mannuwayī	المنويي
曼努韦赫	Mannuwayh	منويه
曼努耶赫	Mannūyah	منويه
曼枢尔	al-Manthūr	المنثور
曼枢利	al-Manthūrī	المنثوري
曼斯	al-Mamsī	الممسي

续表

汉译	拉丁字母转写	阿拉伯文或波斯文
曼苏尔	Mansūr; al-Mansūr	منصور؛ المنصور
曼苏利	al-Mansūrī	المنصوري
曼图夫	al-Mantūf	المنتوف
曼沃西	al-Manwāthī	المنواثي
曼朱瓦伊	al-Manjuwayī	المنجويي
曼朱韦赫	Manjuwayh	منجويه
曼珠斐	al-Manjūfī	المنجوفي
曼珠弗	Manjūf	منجوف
曼珠拉尼	al-Manjūrānī	المنجوراني
曼珠利	al-Manjūrī	المنجوري
曼祖尔	Manzūr	منظور
曼祖利	al-Manzūrī	المنظوري
毛都德	Mawdūd	مودود
毛呼卜	Mawhūb	موهوب
毛基斐	al-Mawqifī	الموقفي
毛津	Mawzin	موزن
毛拉	al-Mawlá	المولى
毛拉戈	Mawraq	مورق
毛拉特	Mawlāt	مولات
毛拉维	al-Mawlawī	المولوي
毛尼	al-Mawnī	الموني
毛奇斐	al-Mawkifī	الموكفي
毛奇夫	Mawkif	موكف
毛沃斯	Mawwās	مواس
毛沃兹	al-Mawwāz	المواز
毛熙比	al-Mawhibī	الموهبي
毛伊拉	Maw' ilah	موئلة
毛扎仪	al-Mawza' ī	الموزعي

续表

汉译	拉丁字母转写	阿拉伯文或波斯文
毛珠德	al-Mawjūd	الموجود
梅布芝	al-Maybūdhī	الميبذي
梅达尼	al-Maydānī	الميداني
梅丹	Maydān	ميدان
梅发俄	Mayfa‘	ميفع
梅腊	al-Maylā’	الميلاء
梅曼迪	al-Maymandī	الميمندي
梅蒙	Maymūn	ميمون
梅默尼	al-Maymanī	الميمني
梅木尼	al-Maymūnī	الميموني
梅撒尼	al-Maysānī	الميساني
梅萨拉	Maysarah	ميسرة
梅瑟	al-Maythā	الميثا
梅束尔	Maysūr	ميسور
梅塔米	al-Maytamī	الميتمي
梅塔姆	Maytam	ميتم
梅雅达	Mayyādah	ميادة
梅雅法黎基	al-Mayyāfāriqī	الميافارقي
梅雅哈	Mayyāh	مياح
梅雅斯	Mayyās	مياس
梅雅希	al-Mayyāhī	المياحي
梅伊塔	Mayyitah	ميتة
梅伊提	al-Mayyitī	الميتي
蒙巴什尔	Munbashir	منبشر
蒙布齐	al-Munbūzī	المنبوزي
蒙基芝	al-Munqidhī	المنقذي
蒙基孜	Munqidh	منقذ
蒙吉卜	Munjib	منجب

续表

汉译	拉丁字母转写	阿拉伯文或波斯文
蒙卡迪尔	al-Munkadir	المنكدر
蒙卡迪利	al-Munkadirī	المنكدري
蒙什阿	al-Munshī’	المنشئ
蒙斯夫	al-Munsif	المنصف
蒙塔卜	al-Muntāb	المنتاب
蒙塔菲戈	al-Muntafiq	المنتفق
蒙塔菲基	al-Muntafiqī	المنتفقي
蒙塔冀里	al-Muntajīlī	المنتجيلي
蒙塔杰布丁	Muntajab al-Dīn	منتجب الدين
蒙塔什尔	Muntashir；al-Muntashir	منتشر؛ المنتشر
蒙塔斯尔	Muntasir；al-Muntasir	منتصر؛ المنتصر
蒙易姆	al-Mun‘ im	المنعم
蒙益	al-Munyī	المنيي
蒙兹尔	Mundhir；al-Mundhir	منذر؛ المنذر
蒙兹利	al-Mundhirī	المنذري
米波拉德	al-Mibrad	المبرد
米德腊吉	Midlāj	مدلاج
米俄沙利	al-Mi‘ shārī	المعشاري
米尔巴迪	al-Mirbadī	المربدي
米尔巴俄	Mirba‘	مربع
米尔达斯	Mirdās；al-Mirdāsī	مرداس؛ المرداسي
米尔加尼	al-Mīrghanī	الميرغني
米尔玛贺尼	al-Mīrmāhānī	الميرماهاني
米尔塔儿	Mi‘ tar	معتر
米尔塔利	al-Mi‘ tarī	المعتري
米尔叶儿	Mi‘ yar	معير
米尔叶利	al-Mi‘ yarī	المعيري
米戈拔斯	Miqbās；al-Miqbāsī	مقباس؛ المقباسي

续表

汉译	拉丁字母转写	阿拉伯文或波斯文
米戈达姆	Mihdam	مهدم
米戈达斯	Miqdās	مقداس
米戈拉德	Miqrād	مقراض
米戈拉荻	al-Miqrādī	المقراضي
米戈腊隋	al-Miqlāsī	المقلاصي
米戈纳仪	al-Miqna‘ī	المقنعي
米戈沙尔	Miqshar	مقشر
米戈雅斯	Miqyās; al-Miqyāsī	مقياس؛ المقياسي
米格达姆	Miqdām; al-Miqdām	مقدام؛ المقدام
米哈凡	Mihfan	محفن
米哈尼	al-Mīhanī	الميهني
米赫巴尔	Mikhbar	مخبر
米赫巴特	Mikhbat	مخبط
米赫拉	Mihrah	مهرة
米赫拉班达戈沙尼	al-Mihrabandaqshānī	المهربندقشاني
米赫拉伽尼	al-Mihraqānī	المهرقاني
米赫拉戈	Mikhrāq	مخراق
米赫拉基	al-Mikhrāqī	المخراقي
米赫拉贾尼	al-Mihrajānī	المهرجاني
米赫拉尼	al-Mihrānī	المهراني
米赫拉沃尼	al-Mihrawānī	المهرواني
米赫兰	Mihrān	مهران
米赫利吉密尼	al-Mihrījimīnī	المهريجميني
米赫利贾尼	al-Mihrījānī	المهريجاني
米赫默尔	Mikhmar	مخمر
米赫纳夫	Mikhnaf	مخنف
米赫尼	al-Mihnī	المهنى
米赫瓦斯	Mikhwas	مخوس

续表

汉译	拉丁字母转写	阿拉伯文或波斯文
米赫耶斯	Mikhyas	مخيس
米赫耶特	Mikhyat	مخيط
米赫扎密	al-Mihzamī	المهزمي
米赫扎姆	Mihzam；al-Mihzam	مهزم؛ المهزم
米吉都尼	al-Mijdūnī	المجدوني
米吉扎密	al-Mijzamī	المجزمي
米吉扎姆	Mijzam；al-Mijzam	مجزم؛ المجزم
米佶	al-Mīghī	الميغي
米加尼	al-Mīghanī	الميغني
米贾	Mījā	ميجا
米卡勒	Mīkāl	ميكال
米卡里	al-Mīkālī	الميكالي
米卡伊勒	Mīkā' īl	ميكائيل
米克纳斯	al-Miknāsī	المكناسي
米克塔勒	Miktal	مكتل
米克耶斯	Mikyas	مكيس
米拉	Mirrah	مرة
米拉尔	Mirār	مرار
米腊伽尼	al-Mīlāqānī	الميلاقاني
米腊士	Millās	ملاص
米腊隋	al-Millāsī	الملاصي
米兰沙赫	Mīrānshāh	ميرانشاه
米岚冀	al-Milanjī	الملنجي
米勒巴迪	al-Milbadī	الملبدي
米勒康	Milkān	ملكان
米勒希	al-Milhī	الملحي
米立冀	al-Milījī	المليجي
米玛斯	al-Mīmāsī	الميماسي

续表

汉译	拉丁字母转写	阿拉伯文或波斯文
米默芝	al-Mīmadhī	الميمذي
米纳	Mīnā	مينا
米齐	al-Mizzī	المزي
米塞米	al-Mīthamī	الميثمي
米塞姆	Mītham	ميثم
米沙基	al-Mīshaqī	الميشقي
米沙济	al-Mishazzī	المشظي
米沙贾尼	al-Mīshajānī	الميشجاني
米沙兹	al-Mishazz	المشظ
米施法尔	Mishfar	مشفر
米施哈勒	Mishhal	مشحل
米施拉斐	al-Mishrafī	المشرفي
米施拉夫	Mishraf	مشرف
米施拉哈	Mashrah	مشرح
米施拓希	al-Mishtāhī	المشطاحي
米思阿卜	Mith‘ ab	مثعب
米思勒	al-Mithl	المثل
米斯阿尔	Mis‘ ar	مسعر
米斯阿利	al-Mis‘ arī	المسعري
米斯尔	Misr	مصر
米斯哈勒	Mishal	مسحل
米斯杰哈	Misjah	مسجح
米斯金	Miskīn	مسكين
米斯凯韦（又译米斯卡韦赫）	Miskawayh	مسكويه
米斯克	al-Misk	المسك
米斯拉德	Misrad	مسرد
米斯拉哈	Misrah	مسرح
米斯拉瑟伊	al-Misrāthā’ ī	المصراثائي

续表

汉译	拉丁字母转写	阿拉伯文或波斯文
米斯利	al-Misrī	المصري
米斯默俄	Misma‘	مسمع
米斯默仪	al-Misma‘ ī	المسمعي
米斯纳尼	al-Misnānī	المسناني
米斯其	al-Miskī	المسكي
米斯其尼	al-Miskīnī	المسكيني
米斯瓦尔	al-Miswar	المسور
米斯瓦利	al-Miswarī	المسوري
米斯沃尔	Miswār	مسوار
米斯希腊尼	al-Mishilānī	المسحلاني
米隋隋	al-Missīsī	المصيصي
米特拉戈	Mitraq	مطرق
米特拉基	al-Mitraqī	المطرقي
米特兰	al-Mitrān	المطران
米特玛蒂	al-Mitmātī	المطماطي
米彦冀	al-Miyānjī	الميانجي
米孜雅默吉卡西	al-Midhyāmajkathī	المذيامجكثي
敏法赫	al-Minfākh	المنفاخ
敏格阿	Minqa‘ ah	منقعة
敏格尔	Minqar	منقر
敏格利	al-Minqarī	المنقري
敏贺冀	al-Minhājī	المنهاجي
敏贺勒	al-Minhāl	المنهال
敏贾卜	Minjāb	منجاب
敏杰勒	Minjal	منجل
敏尼	Minnī	مني
摩苏里（习惯译名）	al-Mawsilī	الموصلي
穆阿比尔	Mu‘ abbir；al-Mu‘ abbir	معبر؛ المعبر

续表

汉译	拉丁字母转写	阿拉伯文或波斯文
穆阿比利	al-Mu‘abbirī	المعبري
穆阿达勒	Mu‘addal	معدل
穆阿迪卜	al-Mu’addib	المؤدب
穆阿迪勒	al-Mu‘addil	المعدل
穆阿斐	Mu‘āfī; al-Mu‘āfī	معافي؛ المعافي
穆阿格勒	al-Mu‘aqqal	المعقل
穆阿格利	al-Mu‘aqarī	المعقري
穆阿敬	al-Mu’adhdhin	المؤذن
穆阿拉	Mu‘allá; al-Mu‘allá	معلى؛ المعلى
穆阿拉勒	Mu‘allal	معلل
穆阿黎得	Mu‘arrid	معرض
穆阿黎吉	Mu’arrij	مؤرج
穆阿黎克	Mu‘ārik	معارك
穆阿黎其	al-Mu‘ārikī	المعاركي
穆阿里	al-Mu‘allī	المعلي
穆阿里米	al-Mu‘allimī	المعلمي
穆阿米尼	al-Mu’minī	المؤمني
穆阿尼斯	Mu’nis	مؤنس
穆阿塔曼	al-Mu’taman	المؤتمن
穆阿塔姆	Mu’tam	مؤتم
穆阿提卜	Mu‘attib	معتب
穆阿威达	al-Mu‘āwidah	المعاودة
穆阿威里	al-Mu‘āwilī	المعاولي
穆阿维	al-Mu‘āwī	المعاوي
穆阿维叶	Mu‘āwiyah	معاوية
穆阿泽勒	al-Mu‘adhdhal	المعذل
穆阿芝	al-Mu‘ādhī	المعاذي
穆阿孜	Mu‘ādh	معاذ

续表

汉译	拉丁字母转写	阿拉伯文或波斯文
穆阿兹	Mu‘ āz	معاز
穆阿兹尼	al-Mu’ adhdhinī	المؤذني
穆埃耶德	al-Mu’ ayyad	المؤيد
穆埃耶德·比拉	al-Mu’ ayyad billāh	المؤيد بالله
穆埃耶德·斐丁	al-Mu’ ayyad fīddīn	المؤيد في الدين
穆埃耶迪	al-Mu’ ayyadī	المؤيدي
穆埃耶杜丁	Mu’ ayyad al-Dīn	مؤيد الدين
穆爱德	Mu‘ ayd	معيد
穆爱迪	al-Mu‘ aydī	المعيدي
穆爱蒂	al-Mu‘ aytī	المعيطي
穆爱特	Mu‘ ayt	معيط
穆爱耶	Mu‘ ayyah	معية
穆爱伊尔	al-Mu‘ ayyir	المعير
穆爱兹	Mu‘ ayz	معيز
穆安	Mu‘ ān	معان
穆安默尔	Mu‘ ammar; al-Mu‘ ammar	معمر؛ المعمر
穆安默勒	al-Mu’ ammal	المؤمل
穆安默利	al-Mu‘ ammarī	المعمري
穆安纳	al-Mu‘ anná	المعنى
穆巴尔格俄	al-Mubarqa‘	المبرقع
穆巴格特	Mubaqqat	مبقت
穆巴拉德	Mubarrad; al-Mubarrad	مبرد؛ المبرد
穆巴拉戈	al-Muballaq	المبلق
穆巴拉克	Mubārak; al-Mubārak	مبارك؛ المبارك
穆巴拉克沙赫	Mubārakshāh	مباركشاه
穆巴拉其	al-Mubārakī	المباركي
穆巴黎哈	Mubarrih	مبرح
穆巴里特	al-Muballit	المبلط

续表

汉译	拉丁字母转写	阿拉伯文或波斯文
穆巴什尔	Mubashshir；al-Mubashshir	مبشر؛ المبشر
穆拔迪尔	Mubādir	مبادر
穆贝恩	Mubayn	مبين
穆达赫晋	al-Mudahjin	المدهجن
穆达黎斯	al-Mudarris	المدرس
穆达里	al-Mudallī	المدلي
穆达里吉	Muddalij	مدلج
穆达尼	al-Muddānī	المداني
穆达维	al-Mūdawī	المودوي
穆丹	al-Muddān	المدان
穆道瓦尔	al-Mudawwar	المدور
穆道瓦利	al-Mudawwarī	المدوري
穆德黎卡	Mudrikah	مدركة
穆德黎克	Mudrik	مدرك
穆德黎其	al-Mudrikī	المدركي
穆德里吉	Mudlij	مدلج
穆德里冀	al-Mudlijī	المدلجي
穆德彦卡西	al-Mudyānkathī	المديانكثي
穆迪尔	al-Mudīr	المدير
穆蒂俄	Mutī‘	مطيع
穆多尔	Mudar	مضر
穆多拉卜	Mudarrab；al-Mudarrab	مضرب؛ المضرب
穆多利	al-Mudarī	المضري
穆俄巴尔	al-Mu‘ bar	المعبر
穆尔	Murr	مر
穆尔阿夫	al-Mur‘ af	المرعف
穆尔阿什	al-Mur‘ ashī	المرعشي
穆尔达利	al-Murdārī	المرداري

续表

汉译	拉丁字母转写	阿拉伯文或波斯文
穆尔达桑冀	al-Murdāsanjī	المرداسنجي
穆尔达桑杰	Murdāsanjah	مرداسنجة
穆尔达什尔	Murdashīr	مردشير
穆尔黎得	Mu‘ rid	معرض
穆尔尼格	al-Mu‘ niq	المعنق
穆尔齐尼	al-Murzīnī	المرزيني
穆尔什德	Murshid；al-Murshid	مرشد؛ المرشد
穆尔什迪	al-Murshidī	المرشدي
穆尔斯	al-Mursī	المرسي
穆尔塔德	al-Mu‘ tadd	المعتد
穆尔塔迪德	al-Mu‘ tadid	المعتضد
穆尔塔多	Murtadá；al-Murtadá	مرتضى؛ المرتضى
穆尔塔菲俄	Murtafi‘	مرتفع
穆尔塔格	al-Mu‘ taq	المعتق
穆尔塔黎夫	al-Mu‘ tarif	المعترف
穆尔塔里	al-Mu‘ talī	المعتلي
穆尔塔齐里	al-Mu‘ tazilī	المعتزلي
穆尔塔斯姆	al-Mu‘ tasim	المعتصم
穆尔塔易施	al-Murta‘ ish	المرتعش
穆尔塔兹	al-Mu‘ tazz	المعتز
穆尔台米德	al-Mu‘ tamid	المعتمد
穆尔台米尔	al-Mu‘ tamir	المعتمر
穆尔坦姆	Mu‘ tamm	معتم
穆尔提卜	Mu‘ tib	معتب
穆尔提俄	Murti‘	مرتع
穆尔提仪	al-Murti‘ ī	المرتعي
穆尔熙巴	Murhibah	مرهبة
穆尔熙比	al-Murhibī	المرهبي

续表

汉译	拉丁字母转写	阿拉伯文或波斯文
穆法多勒	Mufaddal；al-Mufaddal	مفضل؛ المفضل
穆法及尔	Mufazzir	مفزر
穆法黎得	al-Mufarrid	المفرض
穆法黎格	Mufarrigh	مفرغ
穆法黎哈	Mufarrih	مفرح
穆法黎吉	Mufarrij；al-Mufarrij	مفرج؛ المفرج
穆法里斯	al-Mufallis	المفلس
穆法斯尔	Mufassir	مفسر
穆法索里	al-Mufassalī	المفصلي
穆斐德	al-Mufīd	المفيد
穆缶瓦兹	Mufawwaz	مفوز
穆夫黎得	al-Mufrid	المفرض
穆夫里哈	Muflih	مفلح
穆夫里希	al-Muflihī	المفلحي
穆夫提	al-Muftī	المفتي
穆伽尼	al-Mūqānī	الموقاني
穆伽提勒	Muqātil	مقاتل
穆伽提里	al-Muqātilī	المقاتلي
穆伽易斯	Muqā‘ is；al-Muqā‘ isī	مقاعس؛ المقاعسي
穆盖齐勒	al-Mughayzil	المغيزل
穆盖耶尔	Muqayyar	مقير
穆甘纳仪	al-Muqanna‘ ī	المقنعي
穆甘尼	al-Muqannī	المقني
穆高威米	al-Muqawwimī	المقومي
穆高威姆	Muqawwim	مقوم
穆戈阿德	al-Muq‘ ad	المقعد
穆戈比勒	Muqbil	مقبل
穆戈拉伊	al-Muqrā’ ī	المقرائي

续表

汉译	拉丁字母转写	阿拉伯文或波斯文
穆戈利	al-Muqrī；al-Muqrī’	المقري؛ المقريء
穆戈琳	Muqrīn	مقرين
穆戈塔迪尔	al-Muqtadir	المقتدر
穆戈塔迪利	al-Muqtadirī	المقتدري
穆戈塔斐	al-Muqtafī	المقتفي
穆格达米	al-Muqaddamī	المقدمي
穆格达姆	Muqaddam	مقدم
穆格迪尔	al-Muqaddir	المقدر
穆格发	al-Muqaffa‘	المقفع
穆格菲勒	Mughfil	مغفل
穆格卡尼	al-Mughkānī	المغكاني
穆格拉卜	Muqarrab	مقرب
穆格拉德	Muqallad；al-Muqallad	مقلد؛ المقلد
穆格琳	Muqarrin	مقرن
穆格纳尼	al-Mughnānī	المغناني
穆格塔黎斐	al-Mughtarifī	المغترفي
穆格塔黎夫	al-Mughtarif	المغترف
穆格维叶	Mughwiyah	مغوية
穆庚尼	al-Mughannī	المغني
穆顾尼	al-Mughūnī	المغوني
穆哈巴卜	Muhabbab	محبب
穆哈巴尔	Muhabbar；al-Muhabbar	محبر؛ المحبر
穆哈巴戈	al-Muhabbaq	المحبق
穆哈巴基	al-Muhabbaqī	المحبقي
穆哈巴利	al-Muhabbarī	المحبري
穆哈比尔	Muhabbir	محبر
穆哈比戈	al-Muhabbiq	المحبق
穆哈卜	al-Muhabb	المحب

续表

汉译	拉丁字母转写	阿拉伯文或波斯文
穆哈丹基	al-Muhādanqī	المحادنقي
穆哈法兹	Muhaffaz	محفز
穆哈拉比	al-Muhallabī	المهلبي
穆哈拉卜	al-Muhallab	المهلب
穆哈拉姆	Muharram	محرم
穆哈勒熙勒	Muhalhil	مهلهل
穆哈黎巴	Mukharribah	مخربة
穆哈黎比	al-Muhāribī	المحاربي
穆哈黎卜	Muhārib	محارب
穆哈黎尔	Muharir	محرر
穆哈黎戈	Muharriq	محرق
穆哈黎基	al-Mukhāriqī	المخارقي
穆哈黎米	al-Muhrimī	المحرمي
穆哈黎姆	al-Muhrim	المحرم
穆哈黎施	Muharrish	محرش
穆哈黎兹	Muhriz	محرز
穆哈里	al-Muhālī	المحالي
穆哈里米	al-Muhallimī	المحلمي
穆哈里姆	Muhallim	محلم
穆哈利	al-Muhrī	المحري
穆哈默达巴芝	al-Muhmadābādhī	المحمداباذي
穆哈萨尔	Muhassar；al-Muhassar	محسر؛ المحسر
穆哈塞勒	al-Muhthal	المحثل
穆哈塞里	al-Muhthalī	المحثلي
穆哈桑	Muhassan	محصن
穆哈斯比	al-Muhāsibī	المحاسبي
穆哈斯尼	al-Muhsinī	المحسني
穆哈塔斯卜	al-Muhtasib	المحتسب

续表

汉译	拉丁字母转写	阿拉伯文或波斯文
穆哈幸	Muhāsin；al-Muhāsin；Muhsin；Muhassin；al-Muhsin；al-Muhassin	محاسن؛ المحاسن؛ محسن؛ المحسن؛
穆哈雅	al-Muhyā	المحيا
穆哈义丁	Muhyī al-Dīn	محيي الدين
穆哈泽比	al-Muhadhdhabī	المهذبي
穆哈泽卜	Muhadhdhab；al-Muhadhdhab	مهذب؛ المهذب
穆哈扎姆	Muhazzam；al-Muhazzam	مهزم؛ المهزم
穆海尔	Muhayr	مهير
穆海雅	Muhayyā	مهيا
穆海耶	Muhayya’	مهيأ
穆亥耶勒	al-Mukhayyal	المخيل
穆亥耶斯	Mukhayyas；al-Mukhayyas	مخيس؛ المخيس
穆亥伊尔	Mukhayyir；al-Mukhayyir	مخير؛ المخير
穆罕默代恩	Muhammadayn；al-Muhammadayn	محمدين؛ المحمدين
穆罕默德	Muhammad	محمد
穆罕默迪	al-Muhammadī	المحمدي
穆罕纳克	al-Muhannak	المحنك
穆汉迪斯	al-Muhandis	المهندس
穆汉纳	Muhannā；al-Muhannā	مهنا؛ المهنا
穆汉纳德	al-Muhannad	المهند
穆豪瓦里	al-Muhawwalī	المحولي
穆豪威尔	al-Muhawwir	المحور
穆浩瓦里	al-Mukhawwalī	المخولي
穆何黎姆	Muharrim	مهرم
穆贺吉尔	Muhājir；al-Muhājir	مهاجر؛ المهاجر
穆贺吉利	al-Muhājirī	المهاجري
穆贺斯尔	al-Muhāsir	المهاصر
穆贺伊尼	al-Muhāyinī	المهايني

续表

汉译	拉丁字母转写	阿拉伯文或波斯文
穆赫	al-Mukhkh	المخ
穆赫巴勒	al-Mukhabbal	المخبل
穆赫巴里	al-Mukhabbalī	المخبلي
穆赫拉德	Mukhallad	مخلد
穆赫拉蒂	al-Mukhallatī	المخلطي
穆赫拉姆	Mukharram	مخرم
穆赫黎比	al-Mukharribī	المخربي
穆赫黎戈	al-Mukharriq	المخرق
穆赫黎米	al-Mukharrimī	المخرمي
穆赫黎姆	Mukharrim	مخرم
穆赫里勒	al-Mukhallil	المخلل
穆赫里士	al-Mukhallis	المخلص
穆赫里苏丁	Mukhlis al-Dīn	مخلص الدين
穆赫施尼	al-Mukhāshinī	المخاشني
穆赫塔迪	al-Muhtadī	المهتدي
穆赫塔尔	Mukhtār; al-Mukhtār	مختار؛ المختار
穆赫塔斐	al-Mukhtafī	المختفي
穆赫塔吉尔	al-Muhtajir	المهتجر
穆赫塔利	al-Mukhtārī	المختاري
穆赫辛	Mukhāshin; al-Mukhāshin	مخاشن؛ المخاشن
穆赫泽俄	al-Mukhadhdha‘	المخذع
穆赫扎姆	Mukhazzam	مخزم
穆吉	Mujj	مج
穆吉杜沃尼	al-Mujduwānī	المجدواني
穆吉菲尔	Mujfir	مجفر
穆吉黎姆	Mujrim	مجرم
穆吉米尔	al-Mujmir	المجمر
穆吉塔巴	al-Mujtabá	المجتبى

续表

汉译	拉丁字母转写	阿拉伯文或波斯文
穆佶拉	Mughīrah；al-Mughīrah	مغيرة؛ المغيرة
穆佶利	al-Mughīrī	المغيري
穆佶思	Mughīth；al-Mughīth	مغيث؛ المغيث
穆佶西	al-Mughīthī	المغيثي
穆冀卜	Mujīb	مجيب
穆冀鲁丁	Mujīr al-Dīn	مجير الدين
穆加巴尔	al-Mughabbar	المغبر
穆加法勒	Mughaffal	مغفل
穆加法里	al-Mughaffalī	المغفلي
穆加勒拓依	Mughaltāy	مغلطاي
穆加里斯	al-Mughallis	المغلس
穆加施加施	Mughashghash	مغشغش
穆迦米	al-Mughāmī	المغامي
穆贾里德	Mujālid	مجالد
穆贾什俄	Mujāshi‘	مجاشع
穆贾什仪	al-Mujāshi‘ī	المجاشعي
穆贾斯尔	Mujāsir	مجاسر
穆贾斯利	al-Mujāsirī	المجاسري
穆贾威尔	al-Mujāwir	المجاور
穆贾希德	Mujāhid	مجاهد
穆贾希迪	al-Mujāhidī	المجاهدي
穆简迪尔	al-Mujandir	المجندر
穆简米俄	Mujammi‘；al-Mujammi‘	مجمع؛ المجمع
穆简米仪	al-Mujammi‘ī	المجمعي
穆焦威兹	al-Mujawwiz	المجوز
穆杰巴尔	al-Mujabbar	المجبر
穆杰巴利	al-Mujabbarī	المجبري
穆杰比尔	al-Mujabbir	المجبر

续表

汉译	拉丁字母转写	阿拉伯文或波斯文
穆杰比利	al-Mujabbirī	المجبري
穆杰达俄	Mujadda‘	مجدع
穆杰达尔	al-Mujaddar	المجدر
穆杰菲尔	Mujaffir	مجفر
穆杰菲利	al-Mujaffirī	المجفري
穆杰及兹	Mujazziz	مجزز
穆杰里	Mujallī；al-Mujallī	مجلي؛ المجلي
穆杰里勒	al-Mujallil	المجلل
穆杰什尔	Mujashshir；al-Mujashshir	مجشر؛ المجشر
穆杰熙兹	al-Mujahhiz	المجهز
穆杰泽俄	al-Mujadhdha‘	المجذع
穆杰泽尔	al-Mujadhdhar	المجذر
穆杰泽仪	al-Mujadhdha‘ī	المجذعي
穆杰扎姆	Mujazzam	مجزم
穆卡比尔	Mukābir	مكابر
穆卡达姆	Mukaddam；al-Mukaddam	مكدم؛ المكدم
穆卡俄比尔	Muka‘bir	مكعبر
穆卡拉米	al-Mukarramī	المكرمي
穆卡拉姆	Mukarram；al-Mukarram	مكرم؛ المكرم
穆卡利	al-Mukārī	المكاري
穆卡斯尔	Mukassir	مكسر
穆卡塔卜	al-Mukātab	المكاتب
穆凯比尔	al-Mukabbir	المكبر
穆凯比利	al-Mukabbirī	المكبري
穆克拉姆	Mukram	مكرم
穆克拉尼	al-Mukrānī	المكراني
穆克默勒	Mukmal	مكمل
穆克尼夫	Muknif	مكنف

续表

汉译	拉丁字母转写	阿拉伯文或波斯文
穆克提卜	al-Muktib	المكتب
穆克易特	Muk‘ it	مكعت
穆拉	Murrah	مرة
穆拉阿思	al-Mura‘ ‘ ath	المرعث
穆拉巴俄	Murabba‘ ; al-Murabba‘	مربع؛ المربع
穆拉巴仪	al-Murabba‘ ī	المربعي
穆拉比蒂	al-Murābitī	المرابطي
穆拉比特	al-Murābit	المرابط
穆拉德	Murād	مراد
穆拉迪	al-Murādī	المرادي
穆拉尔	Murār; al-Murār	مرار؛ المرار
穆拉伽巴芝	al-Mūlaqābādhī	المولقاباذي
穆拉格俄	Muraqqa‘	مرقع
穆拉哈勒	al-Murahhal	المرحل
穆拉基	al-Murāqī	المراقي
穆拉基施	Muraqqish	مرقش
穆拉吉姆	Murājim	مراجم
穆拉贾	Murajjá; al-Murajjá	مرجى؛ المرجى
穆拉里	al-Mulalī	المللي
穆拉利	al-Murārī	المراري
穆拉尼	al-Murrānī	المراني
穆拉奇卜	al-Murakkib	المركب
穆拉勤	al-Mulaqqin	الملقن
穆拉提卜	al-Murattib	المرتب
穆拉希	al-Mulahī	الملحي
穆腊米斯	al-Mulāmis; al-Mulāmisī	الملامس؛ الملامسي
穆腊伊	al-Mullā’ ī	الملائي
穆莱哈	Mulayh	مليح

续表

汉译	拉丁字母转写	阿拉伯文或波斯文
穆莱卡	Mulaykah	مليكة
穆莱克	Mulayk	مليك
穆莱勒	Mulayl	مليل
穆莱其	al-Mulaykī	المليكي
穆莱希	al-Mulayhī	المليحي
穆勒比拉尼	al-Mulbirānī	الملبراني
穆勒哈米	al-Mulhamī	الملحمي
穆勒基	al-Mulqī	الملقي
穆勒杰米	al-Muljamī	الملجمي
穆勒杰姆	al-Muljam	الملجم
穆勒塔尼	al-Multānī；al-Mūltānī	الملتاني؛ المولتاني
穆勒朱卡尼	al-Muljukānī	الملجكاني
穆雷德	Murayd	مريد
穆雷迪	al-Muraydī	المريدي
穆雷哈	Murayh	مريح
穆雷托	Muraytah	مريطة
穆雷希	al-Murayhī	المريحي
穆黎雅尼	al-Mūriyānī	الموریاني
穆利	Murrī；al-Murrī	مري؛ المري
穆利德	Murīd	مريد
穆利哈	Murīh	مريح
穆利基	al-Murrīqī	المريقي
穆利尼	al-Murīnī	المريني
穆鲁利	al-Mūrūrī	الموروري
穆璐克	Mulūk	ملوك
穆梅伊兹	al-Mumayyiz	المميز
穆敏（习惯译名）	al-Mu' min	المؤمن
穆默哈杜丁	Mumahhad al-Dīn	ممهد الدين

续表

汉译	拉丁字母转写	阿拉伯文或波斯文
穆默及戈	al-Mumazziq	الممزق
穆默勒	Mūmmal	مومل
穆默扎戈	al-Mumazzaq	الممزق
穆纳比赫	Munabbih	منبه
穆纳比希	al-Munabbihī	المنبهي
穆纳德	Munād	مناد
穆纳迪	al-Munādī	المنادي
穆纳法尔	Munaffar	منفر
穆纳菲尔	Munaffir	منفر
穆纳菲利	al-Munaffirī	المنفري
穆纳格俄	al-Munaqqa‘	المنقع
穆纳赫勒	Munakhkhal	منخل
穆纳赫里	al-Munakhkhalī	المنخلي
穆纳基	al-Munaqqī	المنقي
穆纳及勒	Munāzil	منازل
穆纳吉德	Munajjid; al-Munajjid	منجد؛ المنجد
穆纳吉姆	al-Munajjim	المنجم
穆纳贾	Munajjā	منجا
穆纳沙尔	Munashshar	منشر
穆纳什尔	al-Munāshir	المناشر
穆纳兹尔	Munādhir	مناذر
穆奈恩	Munayn	منين
穆奈伊尔	al-Munayyir	المنير
穆内尼	al-Munaynī	المنيني
穆尼卜	Munīb	منيب
穆尼尔	Munīr	منير
穆尼利	al-Munīrī	المنيري
穆尼纳	Munīnah	منينة

续表

汉译	拉丁字母转写	阿拉伯文或波斯文
穆尼尼	al-Munīnī	المنيني
穆尼斯	Mūnis	مونس
穆努斐	al-Munūfī	المنوفي
穆撒菲俄	Musāfi‘	مسافع
穆撒菲尔	Musāfir	مسافر
穆撒菲利	al-Musāfirī	المسافري
穆撒威尔	Musāwir	مساور
穆撒希戈	Musāhiq	مساحق
穆撒希基	al-Musāhiqī	المساحقي
穆撒易德	Musā‘ id	مساعد
穆萨	Mūsá	موسى
穆萨比哈	Musabbih； al-Musabbih	مسبح؛ المسبح
穆萨比希	al-Musabbihī	المسبحي
穆萨达德	Musaddad	مسدد
穆萨迪	al-Musaddī	المسدي
穆萨拉德	Musarrad	مسرد
穆萨拉哈	Musarrah	مسرح
穆萨拉姆	Musallam	مسلم
穆萨林	Musalim	مسلم
穆萨维	al-Mūsawī	الموسوي
穆萨伊	al-Mūsā’ ī	الموسائي
穆塞基卜	Muthaqqib	مثقب
穆塞拉思	al-Muthallath	المثلث
穆赛哈	Musayh	مسيح
穆赛耶比	al-Musayyabī	المسيبي
穆赛耶卜	al-Musayyab	المسيب
穆赛耶尔	al-Musayyar	المسير
穆沙阿尔	Musha‘ ‘ ar	مشعر

续表

汉译	拉丁字母转写	阿拉伯文或波斯文
穆沙比尔	Mushabbir	مشبر
穆沙尔沙仪	al-Musha' sha' ī	المشعشعي
穆沙哈尔	Mushahhar	مشهر
穆善纳吉	Mushannaj; al-Mushannaj	مشنج؛ المشنج
穆尚纳	Muthanná; al-Muthanná	مثنى؛ المثنى
穆绍瓦尔	al-Musawwar	المسور
穆什腊	Mūshīlā	موشيلا
穆什里	al-Mūshīlī	الموشيلي
穆施卡尼	al-Mushkānī	المشكاني
穆施康	Mushkān	مشكان
穆施黎基	al-Mushriqī	المشرقي
穆施图里	al-Mushtūlī	المشتولي
穆施图维	al-Mushtuwī	المشتوبي
穆束希	al-Musūhī	المسوحي
穆斯阿比	al-Mus' abī	المصعبي
穆斯阿卜	Mus' ab	مصعب
穆斯菲尔	Musfir	مسفر
穆斯哈	Musīh	مسيح
穆斯金	Muskin	مسكن
穆斯康	Muskān	مسكان
穆斯里	al-Muslī	المسلي
穆斯里胡丁	Muslih al-Dīn	مصلح الدين
穆斯里玛	Muslimah; al-Muslimah	مسلمة؛ المسلمة
穆斯里米	al-Muslimī	المسلمي
穆斯里耶	Musliyah	مسلية
穆斯林	Muslim	مسلم
穆斯纳迪	al-Musnadī	المسندي
穆斯塔德黎其	al-Mustadrikī	المستدركي

续表

汉译	拉丁字母转写	阿拉伯文或波斯文
穆斯塔厄菲尔	al-Mustaghfir	المستغفر
穆斯塔厄菲利	al-Mustaghfirī	المستغفري
穆斯塔尔里	al-Musta‘ lī	المستعلي
穆斯塔尔什德	al-Mustarshid	المسترشد
穆斯塔尔缇夫	al-Musta‘ tif	المستعطف
穆斯塔法	Mustafá	مصطفى
穆斯塔里戈	al-Mustaliq	المصطلق
穆斯塔里基	al-Mustaliqī	المصطلقي
穆斯塔姆里	al-Mustamlī	المستملي
穆斯塔尼尔	Mustanīr	مستنير
穆斯塔仪尼	al-Musta‘ īnī	المستعيني
穆斯塔因	al-Musta‘ īn	المستعين
穆斯塔兹希尔	al-Mustazhir	المستظهر
穆斯坦吉德	al-Mustanjid	المستنجد
穆斯坦斯尔	al-Mustansir	المستنصر
穆斯陶斐	al-Mustawfī	المستوفي
穆斯陶拉德	al-Mustawrad	المستورد
穆斯熙尔	Mushir	مسهر
穆斯雅巴芝	al-Mūsiyābādhī	الموسياباذي
穆索比哈	Musabbih	مصبح
穆索德	Musād	مصاد
穆索菲尔	al-Musaffir	المصفر
穆索腊雅	Mūsalāyā	موصلايا
穆索腊伊	al-Mūsalā’ ī	الموصلائي
穆索黎夫	Musarrif	مصرف
穆塔基	al-Muttaqī	المتقي
穆塔卡里姆	al-Mutakallim	المتكلم
穆塔拉卜	Muttalab	مطلب

续表

汉译	拉丁字母转写	阿拉伯文或波斯文
穆塔里比	al-Mutallibī	المطلبي
穆塔里卜	al-Muttalib	المطلب
穆塔纳比	al-Mutanabbī	المتنبي
穆塔托比卜	al-Mutatabbib	المتطبب
穆塔瓦法	al-Mutawaffá	المتوفى
穆塔瓦里	al-Mutawallī	المتولي
穆塔瓦奇勒	al-Mutawakkil	المتوكل
穆塔瓦奇里	al-Mutawakkilī	المتوكلي
穆拓俄	Mutā‘	مطاع
穆拓熙尔	Mutāhir	مطاهر
穆拓仪	al-Mutā‘ ī	المطاعي
穆台耶姆	Mutayyam	متيم
穆匋瓦戈	al-Mutawwaq	المطوق
穆匋威仪	al-Muttawwi‘ ī	المطوعي
穆陶瓦吉	al-Mutawwaj	المتوج
穆特格纳	al-Mutqanah	المتقنة
穆特拉斐	al- Mutrafī	المطرفي
穆特拉夫	al-Mutraf	المطرف
穆特拉戈	Mutlaq	مطلق
穆特里卜	Mutlib	مطلب
穆图仪	al-Mutu‘ ī	المتعي
穆推尔	Mutayr	مطير
穆推彦	Mutayyan	مطين
穆推耶比	al-Mutayyabī	المطيبي
穆推耶卜	al-Mutayyab	المطيب
穆托哈尔	Mutahhar；al-Mutahhar	مطهر؛ المطهر
穆托哈利	al-Mutahharī	المطهري
穆托黎斐	al-Mutarrifī	المطرفي

续表

汉译	拉丁字母转写	阿拉伯文或波斯文
穆托黎夫	Mutarrif	مطرف
穆托黎兹	al-Mutarriz	المطرز
穆托里卜	Muttalib	مطلب
穆瓦巴勒	al-Muwabbal	الموبل
穆瓦狄哈	al-Muwaddih	الموضح
穆瓦法格	Muwaffaq；al-Muwaffaq	موفق؛ الموفق
穆瓦法古丁	Muwaffaq al-Dīn	موفق الدين
穆瓦法基	al-Muwaffaqī	الموفقي
穆瓦格利	al-Muwaqqarī	الموقري
穆瓦基俄	al-Muwaqqi‘	الموقع
穆瓦敬	Muwadhdhin	موذن
穆瓦黎戈	Muwarriq	مورق
穆瓦索勒	Muwassal	موصل
穆旺尼斯	Muwannis	مونس
穆韦斯	Muways	مويس
穆沃尼	al-Muwānī	المواني
穆希卜	al-Muhibb	المحب
穆希布丁	Muhibb al-Dīn	محب الدين
穆希布拉	Muhibb Allāh	محب الله
穆熙勒	Muhill	مهل
穆熙里	al-Muhillī	المهلي
穆熹	al-Mukhkhī	المخي
穆谢施	Mushaysh	مشيش
穆耶萨尔	Muyassar	ميسر
穆耶斯尔	Muyassir	ميسر
穆仪努丁	Mu‘ īn al-Dīn	معين الدين
穆易兹	al-Mu‘ izz	المعز
穆栽恩	Muzayn；al-Muzayn	مزين؛ المزين

续表

汉译	拉丁字母转写	阿拉伯文或波斯文
穆栽基雅	Muzayqiyā	مزيقيا
穆栽尼	al-Muzaynī	المزيني
穆栽希斐	al-Muzayhifī	المزيحفي
穆栽应	al-Muzayyin	المزين
穆泽奇尔	al-Madhakkir	المذكر
穆扎比德	Muzabbid	مزبد
穆扎杰德	al-Muzajjad	المزجد
穆扎里戈	al-Muzalliq	المزلق
穆扎里吉	Muzallij	مزلج
穆扎尼	al-Muzanī	المزني
穆扎其	al-Muzakkī	المزكي
穆札希米	al-Muzāhimī	المزاحمي
穆札希姆	Muzāhim	مزاحم
穆詹默姆	al-Mudhammam	المذمم
穆召威戈	al-Muzawwiq	المزوق
穆孜熙比	al-Mudhhibī	المذهبي
穆孜熙卜	al-Mudhhib	المذهب
穆孜雅纳克尼	al-Mudhyānaknī	المذيانكني
穆兹尼	al-Muznī	المزني
穆兹努维	al-Muznuwī	المزنويي
穆兹熙鲁丁	Muzhir al-Dīn	مظهر الدين
穆左发尔	Muzaffar；al-Muzaffar	مظفر؛ المظفر
穆左发鲁丁	Muzaffar al-Dīn	مظفر الدين
穆左哈尔	Muzahhar	مظهر
穆左哈利	al-Muzahharī	المظهري
穆左熙尔	Muzahhir	مظهر

N

汉译	拉丁字母转写	阿拉伯文或波斯文
拿拔吉	Nābāj	ناباج
拿比	Nābī	نابي
拿比佶	al-Nābighī	النابغي
拿比加	Nābighah	نابغة
拿比勒	Nābil	نابل
拿比特	Nābit	نابت
拿比提	al-Nābitī	النابتي
拿卜	Nāb	ناب
拿布卢斯	al-Nābulusī	النابلسي
拿狄尔	Nādir	ناضر
拿狄拉	Nādirah	ناضرة
拿狄利	al-Nādirī	الناضري
拿迪尔	Nādir	نادر
拿尔	al-Nār	النار
拿法赫斯	al-Nāfakhsī	النافخسي
拿菲俄	Nāfi‘	نافع
拿菲尔	al-Nāfir	النافر
拿菲仪	al-Nāfi‘ ī	النافعي
拿菲孜	al-Nāfidh	النافذ
拿弗伽尼	al-Nāfqānī	النافقاني
拿格赫	Nāqah	ناقه
拿鹤（习惯译名）	Nāhūr	ناحور
拿基波	Nāqib	ناقب
拿基德	al-Nāqid	الناقد
拿基迪	al-Nāqidī	الناقدي
拿基勒	Nāqil	ناقل
拿基米	al-Nāqimī	الناقمي

续表

汉译	拉丁字母转写	阿拉伯文或波斯文
拿基姆	al-Nāqim	الناقم
拿基士	al-Nāqis	الناقص
拿基特	al-Nāqit	الناقط
拿吉	Nāj	ناج
拿吉耶	Nājiyah	ناجية
拿吉孜	Nājidh	ناجذ
拿冀	Nājī；al-Nājī	ناجي؛ الناجي
拿拉拿巴芝	al-Nāranābādhī	النارنابادي
拿利	al-Nārī	الناري
拿米基	al-Nāmiqī	النامقي
拿密	al-Nāmī	النامي
拿纳克	Nānak	نانك
拿齐哈	Nāzih	نازح
拿什	al-Nāshī	الناشي
拿什比	al-Nāshibī	الناشبي
拿什卜	Nāshib	ناشب
拿什尔	Nāshir	ناشر
拿什拉	Nāshirah	ناشرة
拿什利	al-Nāshirī	الناشري
拿斯	al-Nās；al-Nāsī	الناس؛ الناسي
拿斯阿	al-Nāsī'	الناسئ
拿斯尔	Nāsir	ناصر
拿斯哈	Nāsih；al-Nāsih	ناصح؛ الناصح
拿斯赫	al-Nāsikh	الناسخ
拿斯胡丁	Nāsih al-Dīn	ناصح الدين
拿斯克	al-Nāsik	الناسك
拿斯里	al-Nāsirī	الناصري
拿斯里耶	al-Nāsirīyah	الناصرية

续表

汉译	拉丁字母转写	阿拉伯文或波斯文
拿斯利	al-Nāsirī	الناسري
拿斯鲁丁	Nāsir al-Dīn	ناصر الدين
拿斯希	al-Nāsihī	الناصحي
拿提勒	Nātil	ناتل
拿提里	al-Nātilī	الناتلي
拿缇斐	al-Nātifī	الناطفي
拿瓦克	Nāwak	ناوك
拿悟斯	al-Nāwūsī	الناووسي
拿熙得	Nāhid	ناهض
拿熙其	al-Nāhikī	الناهكي
拿喜里	al-Nākhilī	الناخلي
拿彦冀	al-Nāyanjī	الناينجي
拿伊波	al-Nā' ib	النائب
拿伊夫	Nāyif	نايف
拿伊勒	Nā' il	نائل
拿伊里	al-Nāyilī	النايلي
拿伊提	al-Nāyitī	النايتي
拿易蒂	al-Nā' itī	الناعطي
拿易特	Nā' it	ناعط
拿祖其	al-Nāzūkī	النازوكي
纳阿米	al-Na' āmī	النعامي
纳巴蒂	al-Nabatī	النبطي
纳巴仪	al-Naba' ī	النبعي
纳拔哈	al-Nabbāh	النباح
纳拔冀	al-Nabājī	النباجي
纳拔勒	al-Nabbāl	النبال
纳拔施	al-Nabbāsh	النباش
纳拔特	Nabāt	نبات

续表

汉译	拉丁字母转写	阿拉伯文或波斯文
纳拔提	al-Nabātī	النباتي
纳比	al-Nabī	النبي
纳比勒	Nabīl；al-Nabīl	نبيل؛ النبيل
纳比特	Nabīt；al-Nabīt	نبيت؛ النبيت
纳比提	al-Nabītī	النبيتي
纳波格	Nabqah	نبقة
纳波汉	Nabhān	نبهان
纳波贺尼	al-Nabhānī	النبهاني
纳波基	al-Nabqī	النبقي
纳波里	al-Nablī	النبلي
纳波塔勒	Nabtal	نبتل
纳波特	Nabt	نبت
纳达	Nadá	ندى
纳达比	al-Nadabī	الندبي
纳达卜	Nadab	ندب
纳达玛	al-Nadāmá	الندامى
纳丹齐	al-Natanzī	النطنزي
纳得尔	Nadr；al-Nadr	نضر؛ النضر
纳得拉	Nadlah	نضلة
纳得剌	Nadrah	نضرة
纳得剌维	al-Nadrawī	النضروي
纳得利	al-Nadrī	النضري
纳得鲁韦赫	Nadruwayh	نضرويه
纳德巴	Nadbah	ندبة
纳德维	al-Nadwī	الندوي
纳迪姆	al-Nadīm	النديم
纳荻尔	Nadīr；al-Nadīr	نضير؛ النضير
纳荻拉	Nadīrah	نضيرة

续表

汉译	拉丁字母转写	阿拉伯文或波斯文
纳荻利	al-Nadīrī	النضيري
纳多拉	Nadalah	نضلة
纳多利	al-Nadarī	النضري
纳铎哈	Naddāh	نضاح
纳尔杰	Na‘ jah；al-Na‘ jah	نعجة؛ النعجة
纳尔曼	Na‘ mān；al-Na‘ mān	نعمان؛ النعمان
纳尔默基	al-Narmaqī	النرمقي
纳尔塞勒	Na‘ thal	نعثل
纳尔沙黑	al-Narshakhī	النرشخى
纳尔斯	al-Narsī	النرسي
纳尔雅尼	al-Naryānī	النرياني
纳法达	Nafādah	نفادة
纳法哈	al-Naffāh	النفاح
纳法特	al-Naffāt	النفاط
纳法希	al-Naffāhī	النفاحي
纳斐俄	Nafī‘	نفيع
纳斐斯	al-Nafīs	النفيس
纳斐斯	Nafīs	نفيس
纳弗蒂	al-Naftī	النفطي
纳弗纳弗	Nafnaf	نفنف
纳弗齐	al-Nafzī	النفزي
纳弗斯	al-Nafs	النفس
纳富斯	al-Nafūsī	النفوسي
纳伽得	al-Naqqād	النقاض
纳伽勒	al-Naqqāl	النقال
纳伽施	al-Naqqāsh	النقاش
纳伽特	al-Naqqāt	النقاط
纳戈布尼	al-Naqbūnī	النقبوني

续表

汉译	拉丁字母转写	阿拉伯文或波斯文
纳格卜	Naqab	نقب
纳格沙班迪	al-Naqshabandī	النقشبندي
纳格维	al-Naqawī	النقوي
纳顾拔	Naghūbā	نغوبا
纳顾比	al-Naghūbī	النغوبي
纳哈尔	al-Nakhkhār	النخار
纳哈里	al-Nahlī	النحلي
纳哈姆	al-Nahhām	النحام
纳哈尼	al-Nakhānī	النخاني
纳哈斯	al-Nahhās	النحاس
纳哈特	al-Nahhāt	النحات
纳哈维	al-Nahwī	النحوي
纳哈兹	Nahhāz	نحاز
纳贺尔	Nahār; Nahhār	نهار
纳贺利	al-Nahārī	النهاري
纳赫德	Nahd; al-Nahd	نهد؛ النهد
纳赫迪	Nahdī; al-Nahdī	نهدي؛ النهدي
纳赫俄	al-Nakha‘	النخع
纳赫拉代利	al-Nahradayrī	النهرديري
纳赫拉撒布斯	al-Nahrasābusī	النهرسابسي
纳赫拉沃里	al-Nahrawālī	النهروالي
纳赫拉沃尼	al-Nahrawānī	النهرواني
纳赫腊尼	al-Nakhlānī	النخلاني
纳赫岚	Nakhlān	نخلان
纳赫黎提利	al-Nahritīrī	النهرتيري
纳赫里	al-Nakhlī	النخلي
纳赫利	al-Nahrī	النهري
纳赫鲁比尼	al-Nahrubīnī	النهربيني

续表

汉译	拉丁字母转写	阿拉伯文或波斯文
纳赫沙比	al-Nakhshabī	النخشبي
纳赫沙勒	Nahshal	نهشل
纳赫沙里	al-Nahshalī	النهشلي
纳赫斯	al-Nakhkhās	النخاس
纳赫仪	al-Nakha‘ī	النخعي
纳赫芝	al-Nakhdhī	النخذي
纳黑勒	Nakhīl	نخيل
纳呼芝	al-Nahūdhī	النهوذي
纳基	al-Naqī	النقي
纳基卜	al-Naqīb	النقيب
纳基俄	Naqī‘	نقيع
纳基雅益	al-Naqiyāyī	النقيايي
纳吉达	Najdah	نجدة
纳吉德	Najd	نجد
纳吉迪	al-Najdī	النجدي
纳吉剌尼	al-Najrānī	النجراني
纳吉兰	Najrān	نجران
纳吉姆	Najm；al-Najm	نجم؛ النجم
纳吉姆丁	Najm al-Dīn	نجم الدين
纳吉瓦	Najwah	نجوة
纳济尔	Nazīr	نظير
纳济夫	Nazīf	نظيف
纳冀卜	Najīb；al-Najīb	نجيب؛ النجيب
纳冀布丁	Najīb al-Dīn	نجيب الدين
纳冀哈	Najīh	نجيح
纳冀拉米	al-Najīramī	النجيرمي
纳冀希	al-Najīhī	النجيحي
纳加施	Naghash	نغش

续表

汉译	拉丁字母转写	阿拉伯文或波斯文
纳贾	al-Najā	النجا
纳贾德	Najjād； al-Najjād	نجاد؛ النجاد
纳贾迪	Najādī； al-Najjādī	نجادي؛ النجادي
纳贾尔	al-Najjār	النجار
纳贾哈	Najāh	نجاح
纳贾利	al-Najjārī	النجاري
纳贾什	al-Najāshī	النجاشي
纳贾提	al-Najātī	النجاتي
纳贾希	al-Najāhī	النجاحي
纳杰巴	Najabah	نجبة
纳杰达	Najadah	نجدة
纳杰斐	al-Najafī	النجفي
纳卡布尼	al-Nakabūnī	النكبوني
纳克	Nakk	نك
纳利齐	al-Narīzī	النريزي
纳玛	Namā	نما
纳玛齐	al-Namāzī	النمازي
纳米尔	Namir； al-Namir	نمر؛ النمر
纳米利	al-Namirī	النمري
纳默蒂	al-Namatī	النمطي
纳默克拔尼	al-Namakbānī	النمكباني
纳默利	al-Namarī	النمري
纳默特	al-Namat	النمط
纳默吒巴芝	al-Namadhābādhī	النمذاباذي
纳默兹雅尼	al-Namadhiyānī	النمذياني
纳姆拉	Namlah	نملة
纳齐俄	Nazī‘	نزيع
纳齐齐	al-Nazīzī	النزيزي

续表

汉译	拉丁字母转写	阿拉伯文或波斯文
纳撒巴	al-Nassābah	النسابة
纳撒卜	al-Nassāb	النساب
纳撒吉	al-Nassāj	النساج
纳撒伊	al-Nasā' ī	النسائي
纳萨尔	Nasar	نصر
纳萨斐	al-Nasafī	النسفي
纳萨维	al-Nasawī	النسوي
纳赛尔（习惯译名）	al-Nāsir	الناصر
纳沙	al-Nashā	النشا
纳沙尔	Nashar	نشر
纳沙利	al-Nasharī	النشري
纳沙斯塔冀	al-Nashāstajī	النشاستجي
纳沙维	al-Nashawī	النشوي
纳沙伊	al-Nashā' ī	النشائي
纳什蒂	al-Nashītī	النشيطي
纳什特	Nashīt	نشيط
纳施尔	Nashr	نشر
纳施佶	al-Nashghī	النشغي
纳施加	Nashghah	نشغة
纳施其	al-Nashkī	النشكي
纳施旺	Nashwān	نشوان
纳施戊	al-Nashw	النشو
纳士利	al-Nasrī	النصري
纳希克	Nahīk	نهيك
纳希其	al-Nahīkī	النهيكي
纳斯阿	Nas' ah	نسعة
纳斯卜	Nasīb	نسيب
纳斯尔	Nasr; Naṣr; al-Naṣr	نسر؛ نصر؛ النصر

续表

汉译	拉丁字母转写	阿拉伯文或波斯文
纳斯拉巴芝	al-Naṣrābādhī	النصراباذي
纳斯拉尼	al-Naṣrānī	النصراني
纳斯拉瓦益	al-Naṣrawayī	النصرويي
纳斯拉韦赫	Naṣrawayh	نصرويه
纳斯拉维	al-Naṣrawī	النصروي
纳斯利	al-Nasrī	النسري
纳斯鲁拉	Naṣr Allāh	نصر الله
纳斯塔尔	Nastar	نستر
纳隋比	al-Naṣībī	النصيبي
纳隋尔	Nasīr	نصير
纳索比	al-Nasabī	النصبي
纳索尔	Nassār	نصار
纳拓哈	Nattāhah; al-Nattāh	نطاحة؛ النطاح
纳拓希	al-Nattāhī	النطاحي
纳瓦维	al-Nawawī	النووي
纳沃	Nawá	نوى
纳沃尔	Nawār; al-Nawār	نوار؛ النوار
纳沃冀	al-Nawājī	النواجي
纳沃伊	al-Nawā' ī	النوائي
纳仪米	al-Na' īmī	النعيمي
纳仪姆	al-Na' īm	النعيم
纳仪特	al-Na' īt	النعيت
纳仪提	al-Na' ītī	النعيتي
纳札勒	Nazzāl; al-Nazzāl	نزال؛ النزال
纳芝尔	Nadhīr	نذير
纳芝利	al-Nadhīrī	النذيري
纳左尔	Nazar	نظر

续表

汉译	拉丁字母转写	阿拉伯文或波斯文
纳佐尔	Nazzār	نظار
纳佐米	al-Nazzāmī	النظامي
纳佐姆	al-Nazzām	النظام
奈特	Nayt	نيت
南纳克	Nannak	ننك
瑙巴赫特	Nawbakht	نوبخت
瑙巴赫提	al-Nawbakhtī	النوبختي
瑙班达贾尼	al-Nawbandajānī	النوبندجاني
瑙发勒	Nawfal	نوفل
瑙发里	al-Nawfalī	النوفلي
瑙弗	Nawf	نوف
瑙伽尼	al-Nawqānī	النوقاني
瑙格迪	al-Nawqadī	النوقدي
瑙格芝	al-Nawqadhī	النوقذي
瑙赫斯	al-Nawkhasī	النوخسي
瑙卡德其	al-Nawkadkī	النوكدكي
瑙康迪	al-Nawkandī	النوكندي
瑙玛胡维	al-Nawmāhuwī	النوماهوي
瑙默尔德	Nawmard	نومرد
瑙默尔迪	al-Nawmardī	النومردي
瑙斯	al-Nawsī	النوسي
瑙维	al-Nawwī	النوي
瑙沃	al-Nawwā	النوا
瑙沃斯	al-Nawwās	النواس
瑙札巴芝	al-Nawzābādhī	النوزاباذي
内拉比	al-Nayrabī	النيربي
内利齐	al-Nayrīzī	النيريزي
内撒布利	al-Naysābūrī	النيسابوري

续表

汉译	拉丁字母转写	阿拉伯文或波斯文
内沙布利	al-Nayshābūrī	النيشابوري
内雅尔	Nayyār	نيار
内扎克	Nayzak	نيزك
内扎其	al-Nayzakī	النيزكي
内左尔	Nayzar	نيظر
内左利	al-Nayzarī	النيظري
尼阿里	al-Ni‘ ālī	النعالي
尼巴利	al-Nibbarī	النبري
尼拔冀	al-Nibājī	النباجي
尼铎尔	Nidār	نضار
尼尔玛	Ni‘ mah； al-Ni‘ mah	نعمة؛ النعمة
尼尔默赫	Ni‘ mah	نعمه
尼法利	al-Niffarī	النفري
尼弗托韦赫	Niftawayh	نفطويه
尼古拉	Nīqūlā	نيقولا
尼哈里	al-Nihlī	النحلي
尼赫波	Nīkhāb	نيخاب
尼赫黎施	Nihrish	نهرش
尼赫米	al-Nihmī	النهمي
尼赫姆	Nihm	نهم
尼拉玛尼	al-Nīramānī	النيرماني
尼里	al-Nīlī	النيلي
尼利	al-Nīrī	النيري
尼玛尔	Nimār	نمار
尼姆尔	al-Nimr	النمر
尼姆兰	Nimrān	نمران
尼姆利	al-Nimrī	النمري
尼善冀	Nishānjī	نشانجي

续表

汉译	拉丁字母转写	阿拉伯文或波斯文
尼施戈	Nishq	نشق
尼施基	al-Nishqī	النشقي
尼希	al-Nīhī	النيهي
尼斯阿	Nis‘ ah	نسعة
尼斯拓斯	Nistās； al-Nistāsī	نسطاس؛ النسطاسي
尼斯仪	al-Nis‘ ī	النسعي
尼隋比尼	al-Nisībīnī	النصيبيني
尼索哈	Nisāh	نصاح
尼雅尔	Niyār	نيار
尼雅及维	al-Niyāziwī	النيازوي
尼雅齐	al-Niyāzī	النيازي
尼雅扎其	al-Niyāzakī	النيازكي
尼札尔	Nizār	نزار
尼札利	al-Nizārī	النزاري
尼佐姆	Nizām； al-Nizām	نظام؛ النظام
尼佐姆丁	Nizām al-Dīn	نظام الدين
努阿米	al-Nu‘ āmī	النعامي
努爱尔	Nu‘ ayr	نعير
努爱拉	Nu‘ aylah	نعيلة
努爱里	al-Nu‘ aylī	النعيلي
努爱米	al-Nu‘ aymī	النعيمي
努爱姆	Nu‘ aym	نعيم
努巴赫特	Nūbakht	نوبخت
努巴赫提	al-Nūbakhtī	النوبختي
努拔	Nubá	نبى
努拔俄	Nubā‘	نباع
努拔希	al-Nubāhī	النباهي
努拔塔	Nubātah	نباتة

续表

汉译	拉丁字母转写	阿拉伯文或波斯文
努拔提	al-Nubātī	النباتي
努拔仪	al-Nubā‘ ī	النباعي
努贝哈	Nubayh	نبيح
努贝赫	Nubayh	نبيه
努贝勒	Nubayl	نبيل
努贝沙	Nubayshah	نبيشة
努贝什	al-Nubayshī	النبيشي
努贝塔	Nubaytah	نبيتة
努贝特	Nubayt	نبيت
努比	al-Nūbī	النوبي
努达尔	Nuddar；al-Nuddar	ندر؛ الندر
努戴尔	Nudayr	نضير
努铎尔	Nudār	نضار
努铎利	al-Nudārī	النضاري
努恩	Nūn；al-Nūn	نون؛ النون
努恩迪	al-Nūndī	النوندي
努尔	al-Nūr	النور
努尔迪	al-Nūrdī	النوردي
努尔丁	Nūr al-Dīn	نور الدين
努尔玛尼	al-Nu‘ mānī	النعماني
努尔曼	al-Nu‘ mān	النعمان
努法塞	Nufāthah	نفاثة
努法西	al-Nufāthī	النفاثي
努费俄	Nufay‘	نفيع
努费尔	Nufayr	نفير
努费勒	Nufayl	نفيل
努费里	al-Nufaylī	النفيلي
努费斯	Nufays	نفيس

续表

汉译	拉丁字母转写	阿拉伯文或波斯文
努富斯	al-Nufūsī	النفوسي
努伽达	Nuqādah	نقادة
努伽迪	al-Nuqādī	النقادي
努该尔	Nughayr	نغير
努该勒	Nughayl	نغيل
努盖达	Nuqaydah	نقيدة
努盖尔	Nuqayr	نقير
努盖拉	Nuqayrah	نقيرة
努盖利	al-Nuqayrī	النقيري
努盖什	al-Nuqayshī	النقيشي
努盖施	Nuqaysh	نقيش
努戈泰	Nuqtah	نقطة
努古尔	Nuqur	نقر
努古利	al-Nuqurī	النقري
努哈（即诺亚）	Nūh	نوح
努哈里	al-Nukhālī	النخالي
努哈利	al-Nukhārī	النخاري
努哈米	al-Nuhamī	النهمي
努哈姆	Nuham	نهم
努海哈	Nuhayh	نحيح
努海拉	Nuhaylah	نحيلة
努海斯	Nuhays	نهيس
努亥特	Nukhayt	نخيت
努贺旺迪	al-Nuhāwandī	النهاوندي
努赫拉	Nukhrah	نخرة
努赫利	al-Nukhrī	النخري
努赫米	al-Nuhmī	النهمي
努赫姆	Nuhm	نهم

续表

汉译	拉丁字母转写	阿拉伯文或波斯文
努基	al-Nūqī	النوقي
努吉哈	Nujh	نجح
努迦尔	Nughār	نغار
努贾巴芝	al-Nūjābādhī	النوجاباذي
努贾尼卡西	al-Nujānīkathī	النجانيكثي
努杰拔	al-Nujabā'	النجباء
努捷	Nujay	نجي
努捷德	Nujayd	نجيد
努捷利	al-Nujayrī	النجيري
努克拉	Nukrah	نكرة
努克利	al-Nukrī	النكري
努雷恩	al-Nūrayn	النورين
努利	al-Nūrī	النوري
努鲁拉	Nūr Allāh	نور الله
努玛拉	Numārah	نمارة
努玛利	al-Numārī	النماري
努梅尔	Numayr	نمير
努梅拉	Numaylah	نميلة
努梅勒	Numayl	نميل
努梅里	al-Numaylī	النميلي
努梅利	al-Numayrī	النميري
努纳	Nūnah	نونة
努努	Nūnū	نونو
努赛卜	Nusayb	نسيب
努赛尔	Nusayr	نسير
努赛戊	Nusayw	نسيو
努沙冀	al-Nūshajī	النوشجي
努沙贾尼	al-Nūshajānī	النوشجاني

续表

汉译	拉丁字母转写	阿拉伯文或波斯文
努沙利	al-Nūshārī；al-Nusharī	النوشاري؛ النوشري
努沙尼	al-Nūshānī	النوشاني
努善	Nūshān	نوشان
努施巴	Nushbah	نشبة
努斯	al-Nuss	النص
努斯卜	Nusīb	نسيب
努绥尔	Nusayr	نصير
努绥拉	Nusayrah	نصيرة
努绥利	al-Nusayrī	النصيري
努台拉	Nutaylah	نتيلة
努韦迪利	al-Nuwaydirī	النويدري
努韦拉	Nuwayrah	نويرة
努韦利	al-Nuwayrī	النويري
努韦齐	al-Nuwayzī	النويزي
努韦熙得	Nuwayhid	نويهض
努维	Nuwwī	نوي
努沃斯	Nuwās；al-Nuwāsī	نواس؛ النواسي
努戊巴	Nuwbah	نوبة
努希	al-Nūhī	النوحي
努栽勒	Nuzayl	نزيل
努宰尔	Nudhayr	نذير
努宰利	al-Nudhayrī	النذيري

O

汉译	拉丁字母转写	阿拉伯文或波斯文
欧巴达	‘Ubbadah	عبدة
欧拔达	‘Ubādah	عبادة

续表

汉译	拉丁字母转写	阿拉伯文或波斯文
欧拔德	‘ Ubād	عباد
欧拔迪	al-‘ Ubādī; al-‘ Ubbādī	العبادي
欧贝达	‘ Ubaydah	عبيدة
欧贝达里	al-‘ Ubaydalī	العبيدلي
欧贝德	‘ Ubayd	عبيد
欧贝迪	al-‘ Ubaydī	العبيدي
欧贝杜拉	‘ Ubayd Allāh	عبيد الله
欧贝塞尔	‘ Ubaythar	عبيثر
欧贝斯	‘ Ubays	عبيس
欧波达	‘ Ubdah	عبدة
欧波迪	al-‘ Ubdī	العبدي
欧波拉	‘ Ublah	عبلة
欧波剌	‘ Ubrah	عبرة
欧波依	al-‘ Uby	العبي
欧达	‘ Udá	عدى
欧达斯	‘ Udas	عدس
欧达伊	al-‘ Udā’ ī	العدائي
欧代勒	al-‘ Udayl	العديل
欧代斯	‘ Udays; al-‘ Udaysī	عديس؛ العديسي
欧代耶	‘ Udayyah	عدية
欧戴达	‘ Udaydah	عضيدة
欧德瑟尼	al-‘ Udthānī	العدثاني
欧德尚	‘ Udthān	عدثان
欧德维	al-‘ Udwī	العدوي
欧迪	al-‘ Ūdī	العودي
欧杜斯	‘ Udus; al-‘ Udusī	عدس؛ العدسي
欧尔荻	al-‘ Urdī	العرضي
欧尔凡	‘ Urfān	عرفان

续表

汉译	拉丁字母转写	阿拉伯文或波斯文
欧尔福蒂	al-‘ Urfutī	العرفطي
欧尔福托	‘ Urfutah	عرفطة
欧尔贾尼	al-‘ Urjānī	العرجاني
欧尔卡兹	‘ Urkaz	عركز
欧尔纳	‘ Urnah	عرنة
欧尔斯	‘ Urs	عرس
欧尔匋哈	‘ Urtawh	عرطوح
欧尔瓦	‘ Urwah	عروة
欧尔旺	‘ Urwān	عروان
欧尔维	al-‘ Urwī	العروي
欧尔雅尼	al-‘ Uryānī	العرياني
欧尔彦	‘ Uryān; al-‘ Uryān	عريان؛ العريان
欧费尔	‘ Ufayr	عفير
欧费夫	‘ Ufayf	عفيف
欧费利	al-‘ Ufayrī	العفيري
欧费耶夫	‘ Ufayyaf	عفيف
欧伽比	al-‘ Uqābī	العقابي
欧伽卜	‘ Uqāb; al-‘ Uqāb	عقاب؛ العقاب
欧盖达	‘ Uqaydah	عقيدة
欧盖勒	‘ Uqayl	عقيل
欧盖里	al-‘ Uqaylī	العقيلي
欧戈巴	‘ Uqbah	عقبة
欧戈拔尼	al-‘ Uqbānī	العقباني
欧戈比	al-‘ Uqbī	العقبي
欧戈达	‘ Uqdah	عقدة
欧戈迪	al-‘ Uqdī	العقدي
欧戈法尼	al-‘ Uqfānī	العقفاني
欧戈凡	‘ Uqfān	عقفان

续表

汉译	拉丁字母转写	阿拉伯文或波斯文
欧格比	al-' Uqabī	العقبي
欧格卜	' Uqab	عقب
欧格迪	al-' Uqadī	العقدي
欧格维	al-' Uqawī	العقوي
欧捷巴	' Ujaybah	عجيبة
欧捷尔	' Ujayr	عجير
欧捷斐	al-' Ujayfī	العجيفي
欧捷夫	al-' Ujayf	العجيف
欧捷勒	' Ujayl	عجيل
欧捷里	al-' Ujaylī	العجيلي
欧捷米	al-' Ujaymī	العجيمي
欧卡巴	' Ukābah	عكابة
欧卡济	al-' Ukāẓī	العكاظي
欧卡黎玛	' Ukārimah	عكارمة
欧卡黎米	al-' Ukārimī	العكارمي
欧卡沙	' Ukāshah; ' Ukkāshah	عكاشة
欧卡什	al-' Ukkāshī	العكاشي
欧凯尔	' Ukayr; al-' Ukayr	عكير؛ العكير
欧凯姆	' Ukaym	عكيم
欧克巴利	al-' Ukbarī	العكبري
欧克布尔	' Ukbur	عكبر
欧克布利	al-' Ukburī	العكبري
欧克里	al-' Uklī	العكلي
欧拉	' Ulah; ' Ulá; al-' Ulá	علة؛ على؛ العلى
欧拉巴	' Urābah	عرابة
欧拉比	' Urābī	عرابي
欧拉卜	' Urāb	عراب
欧拉法	' Ullafah	علفة

续表

汉译	拉丁字母转写	阿拉伯文或波斯文
欧拉斐	al-‘ Ullafī	العلفي
欧拉赫	‘ Ulah	عله
欧拉基	al-‘ Ulaqī	العلقي
欧拉姆	‘ Urām	عرام
欧拉尼	al-‘ Uranī	العرني
欧剌维	al-‘ Urawī	العروي
欧腊里	al-‘ Ulālī	العلالي
欧腊塞	‘ Ulāthah	علاثة
欧腊西	al-‘ Ulāthī	العلاثي
欧莱夫	al-‘ Ulayf	العليف
欧莱戈	‘ Ulayq	عليق
欧莱勒	‘ Ulayl	عليل
欧莱米	al-‘ Ulaymī	العليمي
欧莱姆	‘ Ulaym	عليم
欧莱士	‘ Ulays	عليص
欧莱斯	al-‘ Ulaysī	العليصي
欧莱彦	‘ Ulayyān	عليان
欧勒巴	‘ Ulbah	علبة
欧勒比	al-‘ Ulbī	العلبي
欧勒旺	‘ Ulwān	علوان
欧勒希	al-‘ Ulhī	العلهي
欧雷比	al-‘ Uraybī	العريبي
欧雷荻	al-‘ Uraydī	العريضي
欧雷恩	‘ Urayn	عرين
欧雷斐	al-‘ Urayfī	العريفي
欧雷夫	‘ Urayf	عريف
欧雷吉	‘ Urayj	عريج
欧雷冀	al-‘ Urayjī	العريجي

续表

汉译	拉丁字母转写	阿拉伯文或波斯文
欧雷纳	‘ Uraynah	عرينة
欧雷尼	al-‘ Uraynī	العريني
欧雷耶	‘ Urayyah	عرية
欧鲁基	al-‘ Urūqī	العروقي
欧鲁玛利	al-‘ Urumārī	العرماري
欧玛拉	‘ Umārah	عمارة
欧玛尼	al-‘ Umānī	العماني
欧麦尔	‘ Umar	عمر
欧麦利	al-‘ Umarī	العمري
欧梅尔	‘ Umayr	عمير
欧梅拉	‘ Umayrah	عميرة
欧梅拉特	‘ Umayrāt	عميرات
欧梅利	al-‘ Umayrī	العميري
欧梅斯	‘ Umays	عميس
欧姆	al-‘ Ūm	العوم
欧姆兰	al-‘ Umrān	العمران
欧奈恩	‘ Unayn	عنين
欧奈尼	al-‘ Unaynī	العنيني
欧奈扎	‘ Unayzah	عنيزة
欧努基	al-‘ Unuqī	العنقي
欧齐	al-‘ Uzzī	العزي
欧齐兹	‘ Uzīz	عزيز
欧撒里	al-‘ Usālī	العسالي
欧撒尼	al-‘ Usānī	العساني
欧赛拉	‘ Usaylah	عسيلة
欧赛勒	‘ Usayl	عسيل
欧赛里	al-‘ Usaylī	العسيلي
欧桑	‘ Usān	عسان

续表

汉译	拉丁字母转写	阿拉伯文或波斯文
欧瑟利	al-‘ Uthārī	العثاري
欧沙拉	al-‘ Usharā’	العشراء
欧沙利	al-‘ Ushārī	العشاري
欧筛姆	‘ Uthaym	عثيم
欧什	‘ Ushshī；al-‘ Ushshī	عشي؛ العشي
欧施	‘ Ushsh	عش
欧斯法尼	al-‘ Usfānī	العسفاني
欧斯福利	al-‘ Usfurī	العصفري
欧斯富尔	‘ Usfūr	عصفور
欧斯富利	al-‘ Usfūrī	العصفوري
欧斯米	al-‘ Usmī	العصمي
欧斯姆	‘ Usm	عصم
欧绥米	al-‘ Usaymī	العصيمي
欧绥姆	‘ Usaym	عصيم
欧绥耶	‘ Usayyah	عصية
欧索维	al-‘ Usawī	العصوي
欧索雅提	al-‘ Usayātī	العصياتي
欧塔比	al-‘ Utabī	العتبي
欧塔尔	‘ Utar	عتر
欧塔基	al-‘ Utaqī	العتقي
欧塔利	al-‘ Utarī	العتري
欧拓黎德	‘ Utārid	عطارد
欧拓黎迪	al-‘ Utāridī	العطاردي
欧台巴	‘ Utaybah	عتيبة
欧台比	al-‘ Utaybī	العتيبي
欧台尔	‘ Utayr	عتير
欧台戈	‘ Utayq	عتيق
欧特巴	‘ Utbah	عتبة

续表

汉译	拉丁字母转写	阿拉伯文或波斯文
欧特比	al-' Utbī	العتبي
欧特拉	' Utrah	عترة
欧特利	al-' Utrī	العتري
欧特沃拉	' Utwārah	عتوارة
欧特沃利	al-' Utwārī	العتواري
欧提	' Utī	عتي
欧韦德	al-' Uwayd	العويد
欧韦夫	' Uwayf	عويف
欧韦姆	' Uwaym； al-' Uwaym	عويم؛ العويم
欧韦斯	al-' Uways	العويس
欧韦斯	' Uways	عويس
欧韦耶	' Uwayyah	عوية
欧沃勒	' Ūwāl	عوال
欧沃利	al-' Uwārī	العواري
欧亚纳	' Uyaynah	عيينة
欧栽尔	' Uzayr	عزير
欧栽利	al-' Uzayrī	العزيري
欧宰巴	' Udhaybah	عذيبة
欧宰尼	al-' Udhaynī	العذيني
欧泽尔	' Udhar	عذر
欧泽利	al-' Udharī	العذري
欧泽米	al-' Udhamī	العذمي
欧札	al-' Uzzá	العزى
欧孜拉	' Udhrah	عذرة
欧孜利	al-' Udhrī	العذري
欧兹玛	al-' Uzmá	العظمى

P

无

Q

汉译	拉丁字母转写	阿拉伯文或波斯文
齐巴戈	al-Zībaq	الزيبق
齐巴基	al-Zībaqī	الزيبقي
齐班	Zibān	زبان
齐比波雅	Zibibyā	زببيا
齐比波益	al-Zibibyī	الزببيي
齐波黎伽尼	al-Zibriqānī	الزبرقاني
齐波黎甘	al-Zibriqān	الزبرقان
齐波利基	al-Zibrīqī	الزبريقي
齐俄巴勒	Zi‘ bal	زعبل
齐俄巴里	al-Zi‘ balī	الزعبلي
齐俄比	al-Zi‘ bī	الزعبي
齐俄卜	Zi‘ b	زعب
齐俄勒	al-Zi‘ l	الزعل
齐俄里	al-Zi‘ lī	الزعلي
齐尔	Zir；Zirr	زر
齐尔阿里	al-Zir‘ ālī	الزرعالي
齐尔札利	al-Zirzārī	الزرزاري
齐尔札伊	al-Zirzā’ ī	الزرزائي
齐弗塔维	al-Ziftāwī	الزفتاوي
齐弗提	al-Ziftī	الزفتي
齐基	al-Zīqī	الزيقي
齐克利	Zikrī	زكري
齐库尼	al-Zīkūnī	الزيكوني
齐拉拔吉	al-Zīrabāj	الزيرباج

续表

汉译	拉丁字母转写	阿拉伯文或波斯文
齐黎克里	Ziriklī；al-Ziriklī	زركلي؛ الزركلي
齐里	Zīrī	زيري
齐利	al-Zirrī	الزري
齐璐什	al-Zīlūshī	الزيلوشي
齐姆里基	al-Zimliqī	الزملقي
齐纳德	Zinād；al-Zinād	زناد؛ الزناد
齐雅达巴芝	al-Ziyādābādhī	الزيادابادي
齐雅达图拉	Ziyādat Allāh	زيادة الله
齐雅德	Ziyād	زياد
齐雅迪	al-Ziyādī	الزيادي
齐雅尔	Ziyār	زيار
奇拔尔	Kibār	كبار
奇拔利	al-Kibārī	الكباري
奇拔施	Kibāsh	كباش
奇达姆	Kidām	كدام
奇尔金提	al-Kirkintī	الكركنتي
奇尔玛尼	al-Kirmānī	الكرماني
奇尔玛尼	Kirmānī	كرماني
奇尔曼沙希	al-Kirmānshāhī	الكرمانشاهي
奇拉姆	Kirām；al-Kirām	كرام؛ الكرام
奇腊比	al-Kilābī	الكلابي
奇腊卜	Kilāb	كلاب
奇腊尼	al-Kīlānī	الكيلاني
奇腊仪	al-Kilā‘ī	الكلاعي
奇纳乃	Kinānah	كنانة
奇纳尼	al-Kinānī	الكناني
奇撒伊	al-Kisā’ī	الكسائي
奇萨	Kīsah	كيسة

续表

汉译	拉丁字母转写	阿拉伯文或波斯文
奇沙默尔德	Kishamard	كشمرد
奇沙默尔迪	al-Kishamardī	الكشمردي
奇什	al-Kīshī	الكيشي
奇施瓦利	al-Kishwarī	الكشوري
奇斯	al-Kissī	الكسي
奇斯尔	Kisr	كسر
奇旺	Kīwān	كيوان
奇雅	Kiyā	كيا
奇扎达巴芝	al-Kīzadābādhī	الكيزداباذي
奇札尼	al-Kīzānī	الكيزاني
悭达	Kindah	كندة
悭迪	al-Kindī	الكندي
钦拔利	al-Qinbārī	القنباري
钦迪里	al-Qindīlī	القنديلي
钦默尼	al-Qimmanī	القمني
钦纳斯利	al-Qinnasrī	القنسري
钦纳斯利尼	al-Qinnasrīnī	القنسريني

R

无

S

汉译	拉丁字母转写	阿拉伯文或波斯文
撒阿提	al-Sā‘ ātī	الساعاتي
撒巴利	al-Sābarī	السابري
撒拔蒂	al-Sābātī	الساباطي
撒比戈	Sābiq； al-Sābiq	سابق؛ السابق

续表

汉译	拉丁字母转写	阿拉伯文或波斯文
撒比哈	al-Sābih	السابح
撒比里	al-Sābilī	السابلي
撒比特	Sābit	سابط
撒布尔	Sābūr	سابور
撒布利	al-Sābūrī	السابوري
撒达	al-Sādah	السادة
撒丁	Sādin	سادن
撒法尔达利	al-Sāfardarī	السافردري
撒菲利	al-Sāfirī	السافري
撒冀	al-Sājī	الساجي
撒加尔冀	al-Sāgharjī	الساغرجي
撒卡波迪雅扎维	al-Sākabdiyāzawī	الساكبديازوي
撒拉	Sārah	سارة
撒拉班	al-Sārabān	الساربان
撒拉库尼	al-Sārakūnī	الساركوني
撒拉希尼	al-Sālahīnī	السالحيني
撒腊利	al-Sālārī	السالاري
撒里米	al-Sālimī	السالمي
撒里姆	Sālim	سالم
撒立尼	al-Sālīnī	الساليني
撒利	al-Sārī	الساري
撒利耶	Sārīyah	سارية
撒玛	Sāmah	سامة
撒玛尼	al-Sāmānī	الساماني
撒米利	al-Sāmirī	السامري
撒米仪	Sāmi‘ ī	سامعي
撒默拉伊	al-Sāmarrā’ ī	السامرائي
撒默利	al-Sāmarī；al-Sāmarrī	السامري

续表

汉译	拉丁字母转写	阿拉伯文或波斯文
撒尼哈	Sānih	سانح
撒尼赫	Sānikh	سانخ
撒萨库尼	al-Sāsakūnī	الساسكوني
撒斯	al-Sāsī	الساسي
撒斯雅尼	al-Sāsiyānī	الساسياني
撒苏吉尔迪	al-Sāsujirdī	الساسجردي
撒缇俄	Sāti‘ ; al-Sāti‘	ساطع؛ الساطع
撒缇仪	al-Sāti‘ ī	الساطعي
撒图尔	Sātūr	ساتور
撒瓦冀	al-Sāwajī	الساوجي
撒戊卡尼	al-Sāwkānī	الساوكاني
撒希里	al-Sāhilī	الساحلي
撒熙利	al-Sāhirī	الساهري
撒伊卜	al-Sā’ ib	السائب
撒伊哈	al-Sāyih ; al-Sā’ ih	السايح؛ السائح
撒伊里	al-Sāyilī	السايلي
撒仪	al-Sā‘ ī	الساعي
撒易达	Sā‘ idah	ساعدة
撒易德	Sā‘ id	ساعد
撒易迪	al-Sā‘ idī	الساعدي
萨阿达	Sa‘ ādah	سعادة
萨阿达特	al-Sa‘ ādāt	السعادات
萨巴	Sabbah	سبة
萨巴黑	al-Sabakhī	السبخي
萨巴岚	Sabalān	سبلان
萨巴勒	Sabal	سبل
萨巴尼	al-Sabanī	السبني
萨巴伊	al-Saba’ ī	السباي

续表

汉译	拉丁字母转写	阿拉伯文或波斯文
萨拔克	al-Sabbāk	السباك
萨拔拉	Sabālah	سبالة
萨拔勒	Sabbāl	سبال
萨拔里	al-Sabālī	السبالي
萨拔伊	al-Sabā' ī	السبائي
萨班克	Sabank	سبنك
萨比比	al-Sabībī	السبيبي
萨比俄	Sabī‘；al-Sabī‘	سبيع؛ السبيع
萨比利	al-Sabīrī	السبيري
萨比依	al-Sabīy	السبي
萨比仪	al-Sabī‘ ī	السبيعي
萨波阿	Sab‘ ah	سبعة
萨波俄	Sab‘	سبع
萨波拉	Sabrah	سبرة
萨波利	al-Sabrī	السبري
萨波欧恩	Sab‘ ūn	سبعون
萨波提	al-Sabtī	السبتي
萨波仪	Sab‘ ī；al-Sab‘ ī	سبعي؛ السبعي
萨布俄	Sabu‘	سبع
萨布赫提	al-Sabukhtī	السبختي
萨布克塔金	Sabuktakīn	سبكتكين
萨达阿巴迪	al-Sadaābādī	السدآبادي
萨达德	Sadād	سداد
萨迪德	Sadīd	سديد
萨迪杜丁	Sadīd al-Dīn	سديد الدين
萨迪瓦利	al-Sadīwarī	السديوري
萨蒂	al-Sattī	السطي
萨蒂哈	Satīh	سطيح

续表

汉译	拉丁字母转写	阿拉伯文或波斯文
萨都斯	Sadūs；al-Sadūsī	سدوس؛ السدوسي
萨尔阿德	Sa‘ ‘ ād	سعاد
萨尔达	Sa‘ dah	سعدة
萨尔达利	al-Sardarī	السردري
萨尔达尼	al-Sa‘ dānī	السعداني
萨尔丹	Sa‘ dān	سعدان
萨尔达维	Sa‘ dāwī	سعداوي
萨尔德	Sa‘ d	سعد
萨尔迪	al-Sa‘ dī	السعدي
萨尔迪	al-Sardī	السردي
萨尔杜丁	Sa‘ d al-Dīn	سعد الدين
萨尔杜拉	Sa‘ d Allāh	سعد الله
萨尔杜尼	al-Sa‘ dūnī	السعدوني
萨尔敦	Sa‘ dūn	سعدون
萨尔哈	Sarh；al-Sarh；Sarhah	سرح؛ السرح؛ سرحة
萨尔吉	Sarj	سرج
萨尔吉斯	Sarjis；al-Sarjisī	سرجس؛ السرجسي
萨尔密尼	al-Sarmīnī	السرميني
萨尔默迪	al-Sarmadī	السرمدي
萨尔纳	Sa‘ nah	سعنة
萨尔其	al-Sarkī	السركي
萨尔其斯	Sarkīs	سركيس
萨尔萨纳伊	al-Sarsanā’ ī	السرسنائي
萨尔善	Sarshān	سرشان
萨尔塔利	al-Sa‘ tarī	السعتري
萨尔瓦	Sa‘ wah	سعوة
萨尔维	Sarwī；al-Sarwī	سروي؛ السروي
萨尔戊	Sarw	سرو

续表

汉译	拉丁字母转写	阿拉伯文或波斯文
萨尔希	al-Sarhī	السرحي
萨尔雅孤斯	al-Saryāqūsī	السرياقوسي
萨尔耶	Saryah	سرية
萨法蒂	Safatī；al-Safatī	سفطي؛ السفطي
萨法尔	Safar	سفر
萨法尔杰拉	Safarjalah	سفرجلة
萨法尔杰里	al-Safarjalī	السفرجلي
萨法尔默尔蒂	al-Safarmartī	السفرمرطي
萨法古斯	al-Safāqusī	السفاقسي
萨法哈	al-Saffāh	السفاح
萨法利	al-Safārī	السفاري
萨斐利	al-Safīrī	السفيري
萨芬	Safīn	سفين
萨弗蒂	Saftī；al-Saftī	سفطي؛ السفطي
萨弗尔	Safr	سفر
萨弗卡尔达利	al-Safkardarī	السفكردري
萨弗萨斐尼	al-Safsafīnī	السفسفيني
萨弗雅尼	al-Safyānī	السفياني
萨伽	al-Saqqā	السقا
萨伽阿	al-Saqqā'	السقاء
萨伽尔	Saqqār	سقار
萨伽夫	al-Saqqāf	السقاف
萨戈拔尼	al-Saqbānī	السقباني
萨戈尔	Saqr	سقر
萨戈腊突尼	al-Saqlātūnī	السقلاطوني
萨戈斯尼	al-Saqsīnī	السقسيني
萨格蒂	al-Saqatī	السقطي
萨哈班	Sahbān	سحبان

续表

汉译	拉丁字母转写	阿拉伯文或波斯文
萨哈恭	Sahqūn	سحقون
萨哈基	al-Sahqī	السحقي
萨哈嫩	Sahnūn	سحنون
萨哈塔尼	al-Sahtanī	السحتني
萨哈坦	al-Sahtan	السحتن
萨哈维	al-Sakhāwī	السخاوي
萨赫巴利	al-Sakhbarī	السخبري
萨赫比	al-Sahbī	السهبي
萨赫拉	Sakhlah	سخلة
萨赫拉悭迪	al-Sahrakindī	السهركندي
萨赫拉祖利	al-Sahrazūrī	السهرزوري
萨赫勒	Sahl	سهل
萨赫里	al-Sakhlī；al-Sahlī	السخلي؛ السهلي
萨赫路韦赫	Sahluwayh	سهلويه
萨赫路维	al-Sahluwī	السهلوي
萨赫米	al-Sahmī	السهمي
萨赫姆	Sahm	سهم
萨赫塔尼	al-Sakhtānī	السختاني
萨赫塔韦赫	Sakhtawayh	سختويه
萨赫坦	Sakhtān	سختان
萨赫特	Sakht	سخت
萨赫提雅尼	al-Sakhtiyānī	السختياني
萨赫图韦赫	Sakhtuwayh	سختويه
萨赫图韦益	al-Sakhtuwayyī	السختويي
萨赫维	al-Sakhawī	السخوي
萨赫沃冀	al-Sahwājī	السهواجي
萨胡勒	al-Sahūl	السحول
萨胡里	al-Sahūlī	السحولي

续表

汉译	拉丁字母转写	阿拉伯文或波斯文
萨基敦冀	al-Saqīdunjī	السقيدنجي
萨贾	Sajá	سجى
萨贾德	al-Sajjād	السجاد
萨贾旺迪	al-Sajāwandī	السجاوندي
萨金	Sākin	ساكن
萨卡巴	Sakabah	سكبة
萨卡克	al-Sakkāk	السكاك
萨卡尼	al-Sakkānī	السكاني
萨卡其	al-Sakkākī	السكاكي
萨卡其尼	al-Sakākīnī	السكاكيني
萨卡奇利	al-Sakākirī	السكاكري
萨卡斯克	al-Sakāsik	السكاسك
萨凯尼	al-Sakanī	السكني
萨康达尼	al-Sakandānī	السكنداني
萨克比雅尼	al-Sakbiyānī	السكبياني
萨克拉	Sakrah	سكرة
萨克兰	al-Sakrān	السكران
萨克纳	Saknah	سكنة
萨克纳波撒尼	al-Saknābsānī	السكنابساني
萨克萨克	Saksak； al-Saksak	سكسك؛ السكسك
萨克萨其	Saksakī； al-Saksakī	سكسكي؛ السكسكي
萨库尼	al-Sakūnī	السكوني
萨昆	al-Sakūn	السكون
萨拉丁	Salāh al-Dīn	صلاح الدين
萨拉尔	Sarār	سرار
萨拉斐	al-Salafī	السلفي
萨拉夫	al-Saraf	السرف
萨拉孤斯	al-Sarāqūsī	السراقوسي

续表

汉译	拉丁字母转写	阿拉伯文或波斯文
萨拉古斯蒂	al-Saraqustī	السرقسطي
萨拉哈	Sarāh	سراح
萨拉赫斯	al-Sarakhsī	السرخسي
萨拉吉	al-Sarrāj	السراج
萨拉里	al-Sarārī	السراري
萨拉玛	Salamah	سلمة
萨拉玛斯	al-Salamāsī	السلماسي
萨拉米	al-Salamī	السلمي
萨拉姆	Salam	سلم
萨拉姆斯尼	al-Salamsīnī	السلمسيني
萨拉木尼	al-Salamūnī	السلموني
萨拉维	Sarawī；al-Sarawī	سروي؛ السروي
萨拉维里	al-Sarāwīlī	السراويلي
萨拉雅	al-Sarāyā	السرايا
萨腊巴杰尔迪	al-Salābajardī	السلابجردي
萨腊尔	al-Sallār	السلار
萨腊吉	Salāj	سلاج
萨腊勒	al-Sallāl	السلال
萨腊里冀	al-Salālijī	السلالجي
萨腊玛	Salāmah；Sallāmah	سلامة
萨腊玛尼	al-Salāmānī	السلاماني
萨腊曼	Salāmān	سلامان
萨腊米	al-Salāmī；al-Sallāmī	السلامي
萨腊米施	Salāmish	سلامش
萨腊姆	Salām；Sallām；al-Salām；al-Sallām	سلام؛ السلام
萨腊维	al-Salāwī；al-Sallāwī	السلاوي
萨莱希	al-Salayhī	السليحي
萨兰迪比	al-Sarandībī	السرنديبي

续表

汉译	拉丁字母转写	阿拉伯文或波斯文
萨兰冀	al-Saranjī	السرنجي
萨岚冀	al-Salānjī	السلانجي
萨勒蒂斯	al-Saltīsī	السلطيسي
萨勒哈米	al-Salhamī	السلهمي
萨勒哈姆	Salham	سلهم
萨勒玛	Salmá	سلمى
萨勒玛纳尼	al-Salmānānī	السلمانانى
萨勒玛尼	al-Salmānī	السلماني
萨勒玛斯	al-Salmāsī	السلماسي
萨勒玛维	al-Salmāwī	السلماوي
萨勒曼	Salmān	سلمان
萨勒米	al-Salmī	السلمي
萨勒默伽尼	al-Salmaqānī	السلمقاني
萨勒默其	al-Salmakī	السلمكي
萨勒默韦赫	Salmawayh	سلمويه
萨勒姆	Salm	سلم
萨勒姆韦赫	Salmuwayh	سلمويه
萨勒姆韦益	al-Salmuwayyī	السلمويي
萨勒欧斯	al-Sal‘ ūs	السلعوس
萨勒萨比里	al-Salsabīlī	السلسبيلي
萨勒斯里	Salsīlī；al-Salsīlī	سلسيلي؛ السلسيلي
萨勒仪	al-Sal‘ ī	السلعي
萨里	Sallī；al-Sallī	سلي؛ السلي
萨里哈	Salih	صلح
萨里勒	Salīl；al-Salīl	سليل؛ السليل
萨里里	al-Salīlī	السليلي
萨里玛	Salimah	سلمة
萨里依	Sarīy；al-Sarīy	سرى؛ السرى

续表

汉译	拉丁字母转写	阿拉伯文或波斯文
萨立蒂	al-Salīṭī	السليطي
萨立玛	Salīmah	سليمة
萨立米	al-Salīmī	السليمي
萨立姆	Salīm	سليم
萨立姆汗	Salīm Khān	سليم خان
萨立特	Salīṭ	سليط
萨利	al-Sarī	السري
萨利	Sarī	سري
萨利贾	Sarījā	سريجا
萨利耶	Sarīyah	سرية
萨利仪	al-Sarī‘ ī	السريعي
萨鲁冀	al-Sarūjī	السروجي
萨璐基	al-Salūqī	السلوقي
萨璐勒	Salūl	سلول
萨璐里	al-Salūlī	السلولي
萨璐米	al-Sallūmī	السلومي
萨璐姆	Sallūm	سلوم
萨马尔甘迪	al-Samarqandī	السمرقندي
萨玛阿	Samā‘ ah	سماعة
萨玛尼	al-Samānī	السماني
萨玛仪	al-Samā‘ ī	السماعي
萨曼伽尼	al-Samanqānī	السمنقاني
萨茂艾勒	Samaw’ al；al-Samaw’ al	سموءل؛ السموءل
萨米	Sāmī；al-Sāmī	سامي؛ السامي
萨密俄	al-Samī‘	السميع
萨密尔	Samīr	سمير
萨密杰尼	al-Samījanī	السميجني
萨密拉	Samīrah	سميرة

续表

汉译	拉丁字母转写	阿拉伯文或波斯文
萨密撒蒂	al-Samīsūtī	السميساطي
萨密特	Samīt	سميط
萨密仪	al-Samī‘ ī	السميعي
萨敏	al-Samīn	السمين
萨默哈	Samahah	سمحة
萨默卡	Samakah	سمكة
萨默璐蒂	al-Samallūtī	السملوطي
萨默努迪	al-Samanūdī	السمنودي
萨默希	al-Samahī	السمحي
萨默仪	al-Sama‘ ī	السمعي
萨姆阿尼	al-Sam‘ ānī	السمعاني
萨姆安	Sam‘ ān	سمعان
萨姆代斯	al-Samdaysī	السمديسي
萨姆哈	Samh；al-Samh；Samhah	سمح؛ السمح؛ سمحة
萨姆哈利	al-Samharī	السمهري
萨姆胡迪	al-Samhūdī	السمهودي
萨姆卡韦赫	Samkawayh	سمكويه
萨姆卡维	al-Samkawī	السمكوي
萨姆库利	al-Samkūrī	السمكوري
萨姆拉	Samurah	سمرة
萨姆利	al-Samurī	السمري
萨姆欧恩	Sam‘ ūn	سمعون
萨姆欧尼	al-Sam‘ ūnī	السمعوني
萨姆索米	al-Samsāmī	الصمصامي
萨姆提	al-Samtī	السمتي
萨姆希	al-Samhī	السمحي
萨那尼	al-San‘ ānī	الصنعاني
萨纳巴芝	al-Sanābādhī	السنابادي

续表

汉译	拉丁字母转写	阿拉伯文或波斯文
萨纳德	Sanad	سند
萨纳迪	al-Sanadī	السندي
萨纳冀	al-Sanājī	السناجي
萨纳其	al-Sanakī	السنكي
萨纳维	al-Sanawī	السنوي
萨尼冀	al-Sanījī	السنيجي
萨努瓦吉尔迪	al-Sānuwajirdī	السانوجردي
萨欧德	Sa‘ ūd	سعود
萨其纳	Sakīnah	سكينة
萨萨尼	al-Sāsānī	الساساني
萨珊（习惯译名）	Sāsān	ساسان
萨塔尔	al-Sattār	الستار
萨特希	al-Sathī	السطحي
萨韦耶	Sawayyah	سوية
萨维	al-Sāwī	الساوي
萨维基	al-Sawīqī	السويقي
萨维鲁斯	Sāwīrus	ساويرس
萨沃阿特	Sawā’ at	سواءة
萨沃德	Sawād	سواد
萨沃迪	al-Sawādī	السوادي
萨沃黎基	al-Sawāriqī	السوارقي
萨沃米里	al-Sawāmilī	السواملي
萨希格	Sahīqah	سحيقة
萨雅巴	Sayābah	سيابة
萨雅利	al-Sayārī	السياري
萨耶吉	Sayaj	سيج
萨耶勒	Sayal	سيل
萨义达尼	al-Sa‘ īdānī	السعيداني

续表

汉译	拉丁字母转写	阿拉伯文或波斯文
萨义德	Sa‘ īd； al-Sa‘ īd	سعيد؛ السعيد
萨义德汗	Sa‘ īd al-Khan	سعيد الخن
萨义迪	al-Sa‘ īdī	السعيدي
萨义都尼	Sa‘ īdūnī	سعيدوني
萨吒比	al-Sadhābī	السذابي
塞阿里比	al-Tha‘ ālibī	الثعالبي
塞拔特	Thabāt	ثبات
塞比尔	Thabīr	ثبير
塞比利	al-Thabīrī	الثبيري
塞厄利	al-Thaghrī	الثغري
塞尔拉巴	Tha‘ labah	ثعلبة
塞尔拉比	al-Tha‘ labī	الثعلبي
塞尔拉卜	Tha‘ lab	ثعلب
塞尔里	al-Tha‘ lī	الثعلي
塞尔瓦特	Tharwat	ثروت
塞尔旺	Tharwān	ثروان
塞尔沃尼	al-Tharwānī	الثرواني
塞尔柱（习惯译名）	Saljūq	سلجوق
塞尔柱基	al-Saljūqī	السلجوقي
塞非纳	Thafinah	ثفنة
塞伽卜	al-Thaqqāb	الثقاب
塞伽斐	al-Thaqāfī	الثقافي
塞格卜	Thaqab	ثقب
塞格斐	al-Thaqafī	الثقفي
塞基斐	al-Thaqīfī	الثقيفي
塞基夫	Thaqīf	ثقيف
塞拉德	Tharād	ثراد
塞腊吉	al-Thallāj	الثلاج

续表

汉译	拉丁字母转写	阿拉伯文或波斯文
塞勒吉	Thalj；al-Thalj	ثلج؛ الثلج
塞勒冀	al-Thaljī	الثلجي
塞玛尼尼	al-Thamānīnī	الثمانيني
塞姆塞姆	Thamtham	ثمثم
塞纳	al-Thanā'	الثناء
塞特（习惯译名）	Shayth	شيث
塞沃比	al-Thawābī	الثوابي
塞沃卜	Thawāb	ثواب
赛拔尼	al-Saybānī	السيباني
赛班	Saybān	سيبان
赛伯邑	Saba'	سبأ
赛斐	al-Sayfī	السيفي
赛夫	Sayf	سيف
赛夫·道拉	Sayf al-Dawlah	سيف الدولة
赛福丁	Sayf al-Dīn	سيف الدين
赛罕	Sayhān	سيحان
赛拉基	al-Saylaqī	السيلقي
赛拉希尼	al-Saylahīnī	السيلحيني
赛腊尼	al-Saylānī	السيلاني
赛岚	Saylān	سيلان
赛萨尔	Saysar	سيسر
赛萨利	al-Saysarī	السيسري
赛雅卜	al-Sayyāb	السياب
赛雅尔	Sayyār	سيار
赛雅夫	al-Sayyāf	السياف
赛雅拉	al-Sayyālah	السيالة
赛雅勒	Sayyāl	سيال
赛雅里	al-Sayyālī	السيالي

续表

汉译	拉丁字母转写	阿拉伯文或波斯文
赛雅利	Sayyārī; al-Sayyārī	سياري؛ السياري
赛义德	Sayyid; al-Sayyid	سيد؛ السيد
赛义迪	al-Sayyidī	السيدي
赛尤韦益	al-Sayyuwayyī	السيويي
桑巴尔	Sanbar	سنبر
桑巴里	al-Sanbarī	السنبري
桑达巴斯蒂	al-Sandabastī	السندبسطي
桑达勒	Sandal	سندل
桑达里	al-Sandalī	الصندلي
桑丹	Sandān	سندان
桑迪米	al-Sandīmī	السنديمي
桑杜韦赫	Sanduwayh	سندويه
桑伽尼	al-Sānqānī	السانقاني
桑格	Sanqah	سنقة
桑哈吉	al-Sanhājī	الصنهاجي
桑胡利	al-Sanhūrī	السنهوري
桑基	al-Sanqī	السنقي
桑冀	al-Sānjī	السانجي
桑贾尼	al-Sanjānī	السنجاني
桑杰	Sanjah	سنجة
桑杰巴斯提	al-Sanjabastī	السنجبستي
桑杰代扎其	al-Sanjadayzakī	السنجديزكي
桑杰尔	Sanjar	سنجر
桑杰尼	al-Sānjanī	السانجني
桑卡拔西	al-Sankabāthī	السنكباثي
桑卡拔伊	al-Sankabā' ī	السنكبائي
桑卡迪扎其	al-Sankadīzakī	السنكديزكي
桑卡璐米	al-Sankalūmī	السنكلومي

续表

汉译	拉丁字母转写	阿拉伯文或波斯文
桑玛克	Sammāk；al-Sammāk	سماك؛ السماك
桑玛勒	Sammāl	سمال
桑玛里	al-Sammālī	السمالي
桑曼	al-Sammān	السمان
桑默格	Sammaqah	سمقة
桑默韦赫	Sammawayh	سمويه
桑默韦益	al-Sammawayyī	السمويي
桑纳	Sannah	سنة
桑纳米	al-Sannāmī	الصنامي
桑纳姆	al-Sannām	الصنام
桑塔利	al-Santarī	السنتري
桑仪	al-San‘ ī	الصنعي
桑朱费尼	al-Sanjufaynī	السنجفيني
桑朱瓦尔迪	al-Sanjuwardī	السنجوردي
瑟比特	Thābit	ثابت
瑟比提	al-Thābitī	الثابتي
瑟菲勒	Thāfil	ثافل
瑟米尔	Thāmir	ثامر
瑟米利	al-Thāmirī	الثامري
瑟尼	al-Thānī	الثاني
瑟特	Thāt	ثات
瑟提	al-Thātī	الثاتي
沙阿卜	al-Sha‘ ‘ āb	الشعاب
沙阿尔	Sha‘ ‘ ār；al-Sha‘ ‘ ār	شعار؛ الشعار
沙爱塞	Sha‘ aythah	شعيثة
沙巴	Shabbah	شبة
沙巴尔	Shabbar	شبر
沙巴拉巴芝	al-Shābarābādhī	الشابراباذي

续表

汉译	拉丁字母转写	阿拉伯文或波斯文
沙巴思	Shabath	شبث
沙巴希	al-Shabahī	الشبهي
沙拔巴	Shabābah	شبابة
沙拔比	al-Shabābī	الشبابي
沙拔卜	Shabāb	شباب
沙拔克	Shabbāk	شباك
沙拔纳	Shabānah	شبانة
沙拔斯	al-Shabāsī	الشباسي
沙拔特	al-Shabbāt	الشباط
沙拔依	al-Shābāy	الشاباي
沙班	Shabbān	شبان
沙比	al-Shabbī	الشبي
沙比比	al-Shabībī	الشبيبي
沙比卜	Shabīb	شبيب
沙比尔	Shabīr	شبير
沙比赫	al-Shabīh	الشبيه
沙比尼	al-Shabīnī	الشبيني
沙比斯提	al-Shābistī	الشابستي
沙波尔	Shabr	شبر
沙波杰尼	al-Shābjanī	الشابجني
沙波拉格	Shabraqah	شبرقة
沙波拉尼	al-Shabrānī	الشبراني
沙波拉维	al-Shabrāwī	الشبراوي
沙波拉维什	al-Shabrawīshī	الشبرويشي
沙波琳冀	al-Shābrinjī	الشابرنجي
沙波鲁利尼	al-Shabrūrīnī	الشبروريني
沙波什利	al-Shabshīrī	الشبشيري
沙波特	Shabt	شبت

续表

汉译	拉丁字母转写	阿拉伯文或波斯文
沙波瓦	Shabwah	شبوة
沙布尔	Shābūr	شابور
沙布尔呼沃斯提	al-Shāburkhuwāstī	الشابرخواستي
沙布尔塔齐	al-Shābūrtazī	الشابورتزي
沙布贺利	al-Shābuhārī	الشابهاري
沙布利	al-Shābūrī	الشابوري
沙布纳尼	al-Shabūnanī	الشبونني
沙布韦赫	Shabbuwayh	شبويه
沙布韦益	al-Shabbuwayyī	الشبوي
沙达德	Shaddād	شداد
沙达迪	al-Shaddādī	الشدادي
沙达赫	al-Shaddākh	الشداخ
沙德基尼	al-Shadqīnī	الشدقيني
沙迪德	Shadīd	شديد
沙迪勒	Shādil	شادل
沙蒂	al-Shattī	الشطي
沙厄比	al-Shaghbī	الشغبي
沙厄纳卜	Shaghnab	شغنب
沙尔阿比	al-Shar‘ abī	الشرعبي
沙尔巴韦赫	Sha‘ bawayh	شعبويه
沙尔巴维	al-Sha‘ bawī	الشعبوي
沙尔拔尼	al-Sha‘ bānī	الشعباني
沙尔班	Sha‘ bān	شعبان
沙尔比	al-Sha‘ bī	الشعبي
沙尔斐	Sharfī	شرفي
沙尔富儿	Sha‘ fūr	شعفور
沙尔伽巴迪	al-Sharqābādī	الشرقابادي
沙尔伽维	al-Sharqāwī	الشرقاوي

续表

汉译	拉丁字母转写	阿拉伯文或波斯文
沙尔基	Sharqī；al-Sharqī	شرقي؛ الشرقي
沙尔吉雅尼	al-Sharghiyānī	الشرغياني
沙尔佶	al-Sharghī	الشرغي
沙尔冀	al-Sharjī	الشرجي
沙尔拉尼	al-Sha‘ rānī	الشعراني
沙尔拉瑟伊	al-Sha‘ rathā’ ī	الشعرثاني
沙尔拉维	al-Sha‘ rāwī	الشعراوي
沙尔兰	Sha‘ rān	شعران
沙尔利	al-Sha‘ rī	الشعري
沙尔米撒希	al-Shārmisāhī	الشارمساحي
沙尔默伽尼	al-Sharmaqānī	الشرمقاني
沙尔默顾里	al-Sharmaghūlī	الشرمغولي
沙尔塞	Sha‘ thah	شعثة
沙尔塞姆	Sha‘ tham	شعثم
沙尔瑟	Sha‘ thā’；al-Sha‘ thā’	شعثاء؛ الشعثاء
沙尔瓦孜	Sha‘ wadh	شعوذ
沙尔维	al-Sharwī	الشروي
沙尔沃尼	al-Sharwānī	الشرواني
沙尔希	al-Sharhī	الشرحي
沙尔雅	Sha‘ yā	شعيا
沙尔耶	Sharyah	شرية
沙法戈	al-Shafaq	الشفق
沙法基	al-Shafaqī	الشفقي
沙法拓尼	al-Shafatānī	الشفطاني
沙菲俄	Shāfi‘	شافع
沙菲雅依	al-Shāfiyāy	الشافياي
沙斐	Shafī	شفى
沙斐俄	Shafī‘	شفيع

续表

汉译	拉丁字母转写	阿拉伯文或波斯文
沙斐格	Shafīq	شفيق
沙斐基	al-Shafīqī	الشفيقي
沙斐仪	al-Shāfi‘ī	الشافعي
沙弗萨基	al-Shāfsaqī	الشافسقي
沙弗唐	Shaftān	شفطان
沙伽戈	al-Shaqqāq	الشقاق
沙伽尼	al-Shaqqānī	الشقاني
沙戈拉	Shaqrah	شقرة
沙戈拉维	al-Shaqrāwī	الشقراوي
沙戈腊伊	al-Shāqlā’ī	الشاقلائي
沙戈兰	Shaqrān	شقران
沙戈利	al-Shaqrī	الشقري
沙格利	al-Shaqarī	الشقري
沙孤利	al-Shaqūrī	الشقوري
沙顾利	al-Shāghūrī	الشاغوري
沙哈比	al-Shahbī	الشحبي
沙哈卜	Shahb	شحب
沙哈达	Shahādah	شحادة
沙哈黑	al-Shakhākhī	الشخاخي
沙哈玛	Shahmah	شحمة
沙哈米	al-Shahhāmī	الشحامي
沙哈姆	al-Shahhām	الشحام
沙哈提里	al-Shahtīlī	الشحتيلي
沙汉巴利	al-Shāhanbarī	الشاهنبري
沙汉沙赫	Shāhanshāh	شاهنشاه
沙贺里	al-Shahārī	الشهاري
沙赫	Shāh; al-Shāh; Shakhkh	شاه؛ الشاه؛ شخ
沙赫达里	al-Shahdalī	الشهدلي

续表

汉译	拉丁字母转写	阿拉伯文或波斯文
沙赫德	al-Shahd	الشهد
沙赫尔	Shahr	شهر
沙赫尔阿述卜	Shahrāshūb	شهرآشوب
沙赫拉拔尼	al-Shahrābānī	الشهراباني
沙赫拉达尔	Shahradār	شهردار
沙赫拉尼	al-Shahrānī	الشهراني
沙赫拉斯塔尼	al-Shahrastānī	الشهرستاني
沙赫拉雅尔	Shahrayār	شهريار
沙赫拉札德	Shahrazād	شهرزاد
沙赫拉祖利	al-Shahrazūrī	الشهرزوري
沙赫兰	Shahrān	شهران
沙赫勒	Shahl	شهل
沙赫黎雅尔	Shahriyār	شهريار
沙赫利	al-Shahrī	الشهري
沙赫默尔丹	Shahmardān	شهمردان
沙赫姆	Shahm	شهم
沙赫塔尼	al-Shakhtanī	الشختني
沙霍韦赫	Shāhuwayh	شاهويه
沙霍韦益	al-Shāhuwayyī	الشاهويي
沙基	al-Shāqī	الشاقي
沙基尔	Shaqir	شقر
沙基戈	Shaqīq	شقيق
沙基基	al-Shaqīqī	الشقيقي
沙基拉	Shaqirah	شقرة
沙吉卜	al-Shajb	الشجب
沙吉尔冀	al-Shāghirjī	الشاغرجي
沙冀	Shājī；al-Shājī；al-Shajī	شاجي؛ الشاجي؛ الشجي
沙冀阿	Shajī‘ah	شجيعة

续表

汉译	拉丁字母转写	阿拉伯文或波斯文
沙加巴	Shaghabah	شغبة
沙迦斐	al-Shaghāfī	الشغافي
沙迦里	al-Shaghālī	الشغالي
沙贾尔	Shajjār	شجار
沙杰比	al-Shajabī	الشجبي
沙杰利	al-Shajarī	الشجري
沙卡尔	Shakar；Shakkar	شكر
沙卡拉	Shakarah	شكرة
沙卡腊尼	al-Shakalānī	الشكلاني
沙卡里	al-Shakalī	الشكلي
沙克齐	al-Shakzī	الشكزي
沙拉	Shālikh	شالخ
沙拉拔隋	al-Sharabāsī	الشرباصي
沙拉比	al-Sharābī	الشرابي
沙拉斐	Sharafī；al-Sharafī	شرفي؛ الشرفي
沙拉夫	Sharaf；al-Sharaf	شرف؛ الشرف
沙拉夫丁	Sharaf al-Dīn	شرف الدين
沙拉夫沙赫	Sharafshāh	شرفشاه
沙拉弗达尼	al-Sharafdānī	الشرفدني
沙拉哈	Sharahah	شرحة
沙拉哈尼	al-Sharakhānī	الشرخاني
沙拉贾	Sharājah	شراجة
沙拉利	al-Sharārī	الشراري
沙拉尼	al-Sharrānī	الشراني
沙拉韦耶	Sharawayyah	شروية
沙拉维	al-Sharawī	الشروي
沙拉希	al-Sharāhī	الشراحي
沙拉希比勒	Sharāhibil	شراحبل

续表

汉译	拉丁字母转写	阿拉伯文或波斯文
沙拉希勒	Sharāhīl	شراحيل
沙拉伊希	al-Sharā' ihī	الشرائحي
沙拉祖利	al-Shārazūrī	الشارزوري
沙剌比	al-Sharabī	الشربي
沙剌斐	al-Sharāfī	الشرافي
沙剌夫	al-Sharāf	الشراف
沙剌哈	Sharāh	شراح
沙剌拉	Sharārah	شرارة
沙腊冀	al-Shallājī	الشلاجي
沙岚冀	al-Shālanjī	الشالنجي
沙勒伽米	al-Shalqāmī	الشلقامي
沙勒冀	al-Shaljī	الشلجي
沙勒冀卡西	al-Shaljīkathī	الشلجيكثي
沙勒默伽尼	al-Shalmaghānī	الشلمغاني
沙黎比	al-Shāribī	الشاربي
沙黎卜	al-Shārib	الشارب
沙黎戈	Shāriq；al-Shāriq	شارق؛ الشارق
沙黎基	al-Shāriqī	الشارقي
沙黎佶	al-Shārighī	الشارغي
沙黎克	Shārik	شارك
沙黎其	al-Shārikī	الشاركي
沙黎希	al-Shārihī	الشارحي
沙黎仪	al-Shāri' ī	الشارعي
沙里	al-Shālī	الشالي
沙利	al-Shārī	الشاري
沙利德	Sharīd；al-Sharīd	شريد؛ الشريد
沙利迪	al-Sharīdī	الشريدي
沙利蒂	al-Sharītī	الشريطي

续表

汉译	拉丁字母转写	阿拉伯文或波斯文
沙利斐	al-Sharīfī	الشريفي
沙利夫	Sharīf; al-Sharīf	شريف؛ الشريف
沙利夫丁	Sharīf al-Dīn	شريف الدين
沙利冀	al-Sharījī	الشريجي
沙利克	Sharīk	شريك
沙利其	al-Sharīkī	الشريكي
沙利什	al-Sharīshī	الشريشي
沙利特	Sharīt	شريط
沙利耶	Sharīyah; Shārīyah	شرية؛ شارية
沙琳拔比里	al-Sharinbābilī	الشرنبابلي
沙琳拔利	al-Shārinbārī	الشارنباري
沙鲁迪（习惯译名）	Shāhrūdī; al-Shāhrūdī	شاهرودي؛ الشاهرودي
沙鲁赫（习惯译名）	Shāhrukh	شاهرخ
沙鲁尼	al-Sharūnī	الشرواني
沙璐伽尼	al-Shalūqānī	الشلوقاني
沙璐尼	al-Shalūnī	الشلوني
沙璐斯	al-Shālūsī	الشالوسي
沙玛	Shāmah; al-Shāmah	شامة؛ الشامة
沙玛黑	al-Shamākhī	الشماخي
沙玛提	al-Shāmātī	الشاماتي
沙玛维	al-Shamāwī	الشماوي
沙玛伊勒	Shamā' il	شمائل
沙米	al-Shāmī	الشامي
沙米斯	al-Shāmisī	الشامسي
沙米斯	Shāmis	شامس
沙米特	Shāmit	شامط
沙密迪扎其	al-Shamīdīzakī	الشميديزكي
沙密尔	Shamīr	شمير

续表

汉译	拉丁字母转写	阿拉伯文或波斯文
沙密哈尼	al-Shamīhanī	الشميهني
沙密拉尼	al-Shamīrānī	الشميراني
沙密利	al-Shamīrī	الشميري
沙默贺尼	al-Shāmahānī	الشامهاني
沙默黑	al-Shamakhī	الشمخي
沙默冀	Shamajī；al-Shamajī	شمجي؛ الشمجي
沙默卡尼	al-Shāmakānī	الشامكاني
沙默尼	al-Shamanī	الشمني
沙姆	Shām	شام
沙姆阿	al-Sham' ah	الشمعة
沙姆安	Sham' ān	شمعان
沙姆赫	Shamkh	شمخ
沙姆吉	Shamj	شمج
沙姆库利	al-Shamkūrī	الشمكوري
沙姆兰	Shamrān	شمران
沙姆纳塔尼	al-Shamnatānī	الشمنتاني
沙姆欧恩	Sham' ūn	شمعون
沙姆撒尼	al-Shamsānī	الشمساني
沙姆斯	Shams	شمس
沙姆苏丁	Shams al-Dīn	شمس الدين
沙姆塔纳尼	al-Shamtanānī	الشمتناني
沙姆仪	al-Sham' ī	الشمعي
沙木熹	al-Shāmūkhī	الشاموخي
沙纳巴	Shanabah	شنبة
沙纳布芝	al-Shanabūdhī	الشنبوذي
沙纳布孜	Shanabūdh	شنبوذ
沙纳什	al-Shanashī	الشنشي
沙纳维	al-Shanawī	الشنوي

续表

汉译	拉丁字母转写	阿拉伯文或波斯文
沙纳沃尼	al-Shanawānī	الشنواني
沙纳伊	al-Shanā' ī	الشنائي
沙尼耶	al-Shanīyah	الشنية
沙努阿	Shanū' ah	شنوءة
沙努伊	al-Shanū' ī	الشنوءي
沙其波	Shakīb	شكيب
沙奇尔	Shākir	شاكر
沙奇勒	Shākil	شاكل
沙奇利	al-Shākirī	الشاكري
沙什	al-Shāshī	الشاشي
沙施迪戊	Shashdīw	ششديو
沙施玛尼	al-Shashmānī	الششماني
沙施塔利	al-Shashtarī	الششتري
沙斯吉尔迪	al-Shāsjirdī	الشاسجردي
沙宿纳	Shāsūnah	شاصونة
沙宿尼	al-Shāsūnī	الشاصوني
沙塔尔	Shattar	شتر
沙塔利	al-Shattarī	الشتري
沙塔尼	al-Shātānī	الشاتاني
沙唐	al-Shatan	الشطن
沙缇比	al-Shatibī; al-Shātibī	الشطبي؛ الشاطبي
沙缇尔	al-Shātir	الشاطر
沙缇利	al-Shātirī	الشاطري
沙图韦赫	Shattuwayh	شتويه
沙图韦益	al-Shattuwayyī	الشتويي
沙托努斐	al-Shattanūfī	الشطنوفي
沙托维	al-Shatawī	الشطوي
沙瓦冀	al-Shāwajī	الشاوجي

续表

汉译	拉丁字母转写	阿拉伯文或波斯文
沙瓦吒利	al-Shāwadhārī	الشاوذاري
沙威里	al-Shāwilī	الشاولي
沙维	al-Shāwī	الشاوي
沙沃比蒂	al-Shawābitī	الشوابطي
沙沃达其	al-Shawādakī	الشوادكي
沙沃黎比	al-Shawāribī	الشواربي
沙沃黎卜	al-Shawārib	الشوارب
沙沃米	al-Shawāmī	الشوامي
沙沃尼	al-Shāwānī	الشاواني
沙沃伊	al-Shawā' ī	الشوائي
沙戊赫拉尼	al-Shāwkharānī	الشاوخراني
沙戊加利	al-Shāwgharī	الشاوغري
沙戊卡西	al-Shāwkathī	الشاوكثي
沙希德	al-Shahīd	الشهيد
沙希迪	al-Shahīdī	الشهيدي
沙希尼	al-Shāhīnī	الشاهيني
沙熙德	Shāhid; al-Shāhid	شاهد؛ الشاهد
沙熙迪	al-Shāhidī	الشاهدي
沙熙尔	Shāhir	شاهر
沙熙克	Shāhik	شاهك
沙欣	Shāhīn	شاهين
沙伊基	al-Shāyiqī	الشايقي
沙义利	al-Sha' īrī	الشعيري
沙易尔	al-Shā' ir	الشاعر
沙泽克	Shādhak	شاذك
沙泽库尼	al-Shādhakūnī	الشاذكوني
沙泽库希	al-Shādhakūhī	الشاذكوهي
沙泽韦赫	Shādhawayh	شاذويه

续表

汉译	拉丁字母转写	阿拉伯文或波斯文
沙吒尼	al-Shādhānī	الشاذاني
沙吒伊	al-Shadhā' ī	الشذائي
沙詹	Shādhān	شاذان
沙芝	Shādhī	شاذي
沙孜	Shādhdh	شاذ
沙孜拉	Shadhrah	شذرة
沙孜玛尼	al-Shādhmānī	الشاذماني
沙孜瓦尼	al-Shadhwanī	الشذوني
沙孜雅黑	al-Shādhyākhī	الشاذياخي
沙兹勒	Shādhil	شاذل
沙兹里	al-Shādhilī	الشاذلي
沙祖尼	al-Shazūnī	الشزوني
沙左尼	al-Shadhūnī	الشذوني
闪（习惯译名）	Sām	سام
善恩	Shann	شن
善吉	Shanj	شنج
善冀	al-Shanjī	الشنجي
善纳	Shannah	شنة
善尼	al-Shannī	الشني
善希	al-Shanhī	الشنحي
韶拉	Sawlah	صولة
韶里	al-Sawlī	الصولي
韶默仪	al-Sawma' ī	الصومعي
韶沃斐	al-Sawwāfī	الصوافي
韶沃夫	Sawwāf；al-Sawwāf	صواف؛ الصواف
邵尔	Shawr	شور
邵卡尔	Shawkar	شوكر
邵卡利	al-Shawkarī	الشوكري

续表

汉译	拉丁字母转写	阿拉伯文或波斯文
邵卡尼	al-Shawkānī	الشوكاني
邵其	al-Shawkī	الشوكي
邵沃	al-Shawwā；al-Shawwā'	الشواء الشواء
邵沃夫	al-Shawwāf	الشواف
邵沃勒	Shawwāl	شوال
邵沃里	al-Shawwālī	الشوالي
邵沃什	al-Shawwāshī	الشواشي
邵沃施	al-Shawwāsh	الشواش
邵沃特	Shawwāt	شواط
邵沃熙纳	al-Shawwāhinah	الشواهنة
邵泽拔尼	al-Shawdhabānī	الشوذباني
邵泽比	al-Shawdhabī	الشوذبي
邵泽卜	Shawdhab	شوذب
邵泽利	al-Shawdharī	الشوذري
邵芝	al-Shawdhī	الشوذي
劭拔尼	al-Thawbānī	الثوباني
劭班	Thawbān	ثوبان
劭卜	Thawb	ثوب
劭尔	Thawr	ثور
劭腊	al-Thawlā'	الثولاء
劭雷恩	al-Thawrayn	الثورين
劭利	al-Thawrī	الثوري
劭沃卜	Thawwāb	ثواب
绍蒂	al-Sawdī	السوطي
绍拉	Sawrah	سورة
绍拉维	al-Sawlawī	السولوي
绍米	al-Sawmī	السومي
绍萨伽尼	al-Sawsaqānī	السوسقاني

续表

汉译	拉丁字母转写	阿拉伯文或波斯文
绍沃德	Sawwād	سواد
绍沃尔	Sawwār	سوار
绍沃戈	al-Sawwāq	السواق
绍沃利	al-Sawwārī	السواري
什拔克	Shibāk	شباك
什拔米	al-Shibāmī	الشبامي
什拔姆	Shibām	شبام
什波尔	Shibr	شبر
什波勒	Shibl	شبل
什波里	al-Shiblī	الشبلي
什俄尔	al-Shi' r	الشعر
什尔	Shīr；al-Shīr	شير؛ الشير
什尔比尼	al-Shirbīnī	الشربيني
什尔迦戊述尼	al-Shīrghāwshūnī	الشيرغاوشوني
什法尼	al-Shīfānī	الشيفاني
什戈隋	al-Shiqsī	الشقصي
什哈	Shīhah	شيحة
什哈利	al-Shihrī	الشحري
什哈纳	al-Shihnah	الشحنة
什哈维	al-Shīkhāwī	الشيخاوي
什贺比	al-Shihābī	الشهابي
什贺卜	Shihāb；al-Shihāb	شهاب؛ الشهاب
什贺布丁	Shihāb al-Dīn	شهاب الدين
什贺布拉	Shihāb Allāh	شهاب الله
什贺里	al-Shihālī	الشهالي
什黑尔	al-Shikhkhīr	الشخير
什黑利	al-Shikhkhīrī	الشخيري
什基	al-Shiqqī	الشقي

续表

汉译	拉丁字母转写	阿拉伯文或波斯文
什吉	Shīj	شيج
什吉纳	Shijnah	شجنة
什吉齐	al-Shijzī	الشجزي
什吉仪	al-Shij' ī	الشجعي
什冀	al-Shījī	الشيجي
什贾尔	Shijār	شجار
什贾斯	al-Shijāsī	الشجاسي
什卡尼	al-Shikānī	الشكاني
什克里	al-Shiklī	الشكلي
什拉凡赫	Shīraffanh	شيرفنه
什拉冀	al-Shīrajī	الشيرجي
什拉卡西	al-Shīrakathī	الشيركثي
什拉纳赫什利	al-Shīranakhshīrī	الشيرنخشيري
什拉齐	al-Shīrazī；al-Shīrāzī	الشيرزي؛ الشيرازي
什拉韦赫	Shīrawayh	شيرويه
什拉韦益	al-Shīrawayyī	الشيرويي
什拉沃尼	al-Shīrawānī	الشيرواني
什拉札芝	al-Shīrazādhī	الشيرزاذي
什拉札孜	Shīrazādh	شيرزاذ
什兰	Shīrān	شيران
什勒比	Shilbī；al-Shilbī	شلبي؛ الشلبي
什勒希	al-Shilhī	الشلحي
什里	al-Shillī	الشلي
什利尼	al-Shīrīnī	الشيريني
什琳	Shīrīn	شيرين
什鲁韦赫	Shīruwayh	شيرويه
什鲁韦益	al-Shīruwayyī	الشيرويي
什鲁耶赫	Shīrūyah	شيرويه

续表

汉译	拉丁字母转写	阿拉伯文或波斯文
什玛勒	Shimāl	شمال
什姆利	al-Shimrī	الشمري
什纳巴芝	al-Shinābādhī	الشناباذي
什尼	al-Shīnī	الشيني
什奇斯塔尼	al-Shikistānī	الشكستاني
什什尼	al-Shīshīnī	الشيشيني
什斯坦	Shistān	شستان
什拓	Shītā	شيطا
什拓尼	al-Shītānī	الشيطاني
什特兰冀	al-Shitranjī	الشطرنجي
什希	al-Shīhī	الشيحي
什雅尼	al-Shiyānī	الشياني
什雅伊	al-Shiyā' ī	الشيائي
什亚姆	Shiyaym	شييم
什亚特	Shiyayt	شييط
什仪	al-Shī‘ ī	الشيعي
圣巴克	Shanbak	شنبك
圣巴勒	Shanbal	شنبل
圣巴孜	Shanbadh	شنبذ
圣布韦赫	Shanbuwayh	شنبويه
圣法斯	al-Shanfāsī	الشنفاسي
圣胡利	al-Shanhūrī	الشنهوري
圣卡提	al-Shankātī	الشنكاتي
圣玛	al-Shammāsī	الشماسي
圣玛俄	al-Shammā‘	الشماع
圣玛黑	al-Shammākhī	الشماخي
圣曼提	al-Shammantī	الشمنتي
圣默尔	Shammar	شمر

续表

汉译	拉丁字母转写	阿拉伯文或波斯文
圣默利	al-Shammarī	الشمري
圣塔里尼	al-Shantarīnī	الشنتريني
圣塔默利	al-Shantamarī	الشنتمري
圣塔姆	Shantam	شنتم
枢杰米	al-Thūjamī	الثوجمي
枢玛	Thūmah	ثومة
枢米	al-Thūmī	الثومي
舒爱比	al-Shu' aybī	الشعيبي
舒爱卜	Shu' ayb	شعيب
舒爱利	al-Shu' ayrī	الشعيري
舒爱思	Shu' ayth	شعيث
舒爱西	al-Shu' aythī	الشعيثي
舒爱耶	Shu' ayyah	شعية
舒拔纳	Shubānah	شبانة
舒拔尼	al-Shubānī	الشباني
舒拔思	Shubāth	شباث
舒班	Shubbān	شبان
舒贝勒	Shubayl	شبيل
舒贝里	al-Shubaylī	الشبيلي
舒贝其	al-Shubaykī	الشبيكي
舒贝思	Shubayth	شبيث
舒贝西	al-Shubaythī	الشبيثي
舒波鲁比	al-Shubrubī	الشبربي
舒波鲁玛	Shubrumah	شبرمة
舒代德	Shudayd	شديد
舒厄利	al-Shughrī	الشغري
舒尔巴	Shu' bah	شعبة
舒尔比	al-Shu' bī	الشعبي

续表

汉译	拉丁字母转写	阿拉伯文或波斯文
舒尔卜	Shu' b	شعب
舒尔拉	Shu' lah	شعلة
舒尔勒	Shu' l	شعل
舒尔里	al-Shu' lī	الشعلي
舒斐	al-Shufī	الشفي
舒斐俄	Shufī'	شفيع
舒费依	Shufayy	شفى
舒弗尼尼	al-Shufnīnī	الشفنيني
舒盖尔	Shuqayr	شقير
舒盖拉特	al-Shuqayrāt	الشقيرات
舒盖利	al-Shuqayrī	الشقيري
舒戈	Shuqq	شق
舒戈拉	Shuqrah	شقرة
舒戈利	al-Shuqrī	الشقري
舒戈伦	Shuqrūn	شقرون
舒海卜	Shuhayb	شحيب
舒海德	Shuhayd	شهيد
舒海勒	Shuhayl	شهيل
舒赫巴	Shuhbah	شهبة
舒赫比	al-Shuhbī	الشهبي
舒胡利	al-Shuhūrī	الشهوري
舒贾俄	Shujā'	شجاع
舒贾仪	Shujā' ī	الشجاعي
舒凯尔	Shukayr	شكير
舒凯勒	Shukayl	شكيل
舒克尔	Shukr	شكر
舒拉卜	Shurrāb	شراب
舒拉哈比勒	Shurahbīl	شرحبيل

续表

汉译	拉丁字母转写	阿拉伯文或波斯文
舒拉哈比里	al-Shurahbīlī	الشرحبيلي
舒拉希	al-Shurāhī	الشراحي
舒腊瑟尼	al-Shulāthānī	الشلاثاني
舒莱勒	Shulayl	شليل
舒岚吉尔迪	al-Shulānjirdī	الشلانجردي
舒雷斐	al-Shurayfī	الشريفي
舒雷夫	Shurayf	شريف
舒雷戈	Shurayq	شريق
舒雷哈	Shurayh	شريح
舒雷克	Shurayk	شريك
舒雷其	al-Shuraykī	الشريكي
舒雷希	al-Shurayhī	الشريحي
舒利优尼	al-Shurīyūnī	الشريوني
舒鲁蒂	al-Shurūtī	الشروطي
舒曼	Shūmān	شومان
舒梅蒂	al-Shumaytī	الشميطي
舒梅尔	Shumayr	شمير
舒梅卡尼	al-Shumaykānī	الشميكاني
舒梅勒	Shumayl	شميل
舒梅特	Shumayt	شميط
舒蒙尼	al-Shumunnī	الشمني
舒姆斯	Shums；al-Shumsī	شمس؛ الشمسي
舒奈夫	Shunayf	شنيف
舒奈纳	Shunaynah	شنينة
舒欧比	al-Shu‘ ūbī	الشعوبي
舒什	al-Shushī	الششي
舒施塔利	al-Shushtarī	الششتري
舒台尔	Shutayr	شتير

续表

汉译	拉丁字母转写	阿拉伯文或波斯文
舒台米	al-Shutaymī	الشتيمي
舒台姆	Shutaym；al-Shutaym	شتيم؛ الشتيم
舒韦其	al-Shuwaykī	الشويكي
舒亚姆	Shuyaym	شييم
舒仪拉维	al-Shu‘ īrāwī	الشعيراوي
舒栽卜	Shuzayb	شزيب
束巴黑	al-Sūbakhī	السوبخي
束比尼	al-Sūbīnī	السوبيني
束达尼	al-Sūdānī	السوداني
束德	Sūd	سود
束都尼	al-Sūdūnī	السودوني
束尔	Sūr	سور
束尔雅勒	Sūryāl	سوريال
束贺伊	al-Sūhā’ ī	السوهائي
束基	al-Sūqī	السوقي
束杰尔迪	al-Sūjardī	السوجردي
束拉比	al-Sūrābī	السورابي
束拉尼	al-Sūrānī	السوراني
束拉维	al-Sūrāwī	السوراوي
束黎雅尼	al-Sūriyānī	السورياني
束利	al-Sūrī	السوري
束利尼	al-Sūrīnī	السوريني
束纳冀	al-Sūnajī	السونجي
束桑吉尔迪	al-Sūsanjirdī	السوسنجردي
束斯	al-Sūsī	السوسي
束塔赫尼	al-Sūtakhanī	السوتخني
束吒尔贾尼	al-Sūdharjānī	السوذرجاني
束吒尼	al-Sūdhānī	السوذاني

续表

汉译	拉丁字母转写	阿拉伯文或波斯文
述巴其	al-Shūbakī	الشوبكي
述拔什	al-Shūbāshī	الشوباشي
述尔拔尼	al-Shūrbānī	الشورباني
述赫纳其	al-Shūkhnākī	الشوخناكي
述利	al-Shūrī	الشوري
述玛尼	al-Shūmānī	الشوماني
述尼	al-Shūnī	الشوني
述尼齐	al-Shūnīzī	الشونيزي
述沙利	al-Shūshārī	الشوشاري
顺拔利	al-Shunbārī	الشنباري
顺布韦赫	Shunbuwayh	شنبويه
司特	Hīt	هيت
思格图丁	Thiqat al-Dīn	ثقة الدين
斯班	Sībān	سيبان
斯班纳赫	Sībannah	سيبنه
斯比	al-Sībī	السيبي
斯波信	al-Sibghī	الصبغي
斯波加	Sibghah	صبغة
斯波特	Sibt	سبت
斯布赫特	Sībukht	سيبخت
斯丹	Sīdān	سيدان
斯丹布里	al-Stanbūlī	السطنبولي
斯德	al-Sīd	السيد
斯迪	al-Sīdī	السيدي
斯迪格	Siddīq；al-Siddīq	صديق؛ الصديق
斯迪基	al-Siddīqī	الصديقي
斯尔贾尼	al-Sīrjānī	السيرجاني
斯尔玛	Sirmah	صرمة

续表

汉译	拉丁字母转写	阿拉伯文或波斯文
斯尔米	al-Sirmī	الصرمي
斯法韦赫	Sīfawayh	سيفويه
斯格詹冀	al-Sīqadhanjī	السيقذنجي
斯哈尼	al-Sīhānī	السيحاني
斯赫优尼	al-Sihyūnī	الصهيوني
斯基里	al-Siqillī	الصقلي
斯吉	Sīj	سيج
斯佶	al-Sīghī	السيغي
斯冀	al-Sījī	السيجي
斯简	Sījān	سيجان
斯克凡	Skfān	سكفان
斯克杰卡西	al-Sikjakathī	السكجكثي
斯拉斐	al-Sīrāfī	السيرافي
斯拉贾尼	al-Sīrajānī	السيرجاني
斯拉利	al-Sirārī	الصراري
斯拉米	al-Sīrāmī	السيرامي
斯拉旺迪	al-Sīrāwandī	السيراوندي
斯拉沃尼	al-Sīrawānī	السيرواني
斯腊维	al-Sīlāwī	السيلاوي
斯勒希	al-Silhī	الصلحي
斯利尼	al-Sīrīnī	السيريني
斯琳	Sīrīn	سيرين
斯默韦赫	Sīmawayh	سيمويه
斯默珠利	al-Sīmajūrī	السيمجوري
斯纳	Sīnā	سينا
斯纳恩	Sīnān	سينان
斯纳尼	al-Sīnānī	السيناني
斯南	Sinān	سنان

续表

汉译	拉丁字母转写	阿拉伯文或波斯文
斯尼	al-Sīnī	السيني
斯尼齐	al-Sīnīzī	السينيزي
斯萨默拉巴芝	al-Sīsamarābādhī	السيسمرابادي
斯萨尼	al-Sīsanī	السيسني
斯桑	Sīsan	سيسن
斯沃斯	al-Sīwāsī	السيواسي
斯雅希	al-Siyahī	الصيحي
斯义利	al-Sī‘ īrī	السيعيري
斯扎冀	al-Sīzajī	السيزجي
斯兹金	Sizkīn	سزكين
苏阿迪	al-Su‘ dī	السعدي
苏阿尔	Su‘ ar	سعر
苏爱德	Su‘ ayd	سعيد
苏爱尔	Su‘ ayr	سعير
苏爱姆	Su‘ aym	سعيم
苏巴德	Subad	سبد
苏巴迪	al-Subadī	السبدي
苏巴希	al-Subahī	السبحي
苏巴孜木尼	al-Subadhmūnī	السبذموني
苏拔特	Subāt	سبات
苏贝俄	Subay‘ ; al-Subay‘	سبيع؛ السبيع
苏贝拉	Subaylah	سبيلة
苏贝里	al-Subaylī	السبيلي
苏贝利	Subayrī; al-Subayrī	سبيري؛ السبيري
苏贝泽谷其	al-Subaydhaghukī	السبيذغكي
苏比阿	Subī‘ ah	سبيعة
苏比仪	al-Subī‘ ī	السبيعي
苏波哈	Subhah	سبحة

续表

汉译	拉丁字母转写	阿拉伯文或波斯文
苏波哈尼	al-Subhānī	السبحاني
苏波罕	Subhān	سبحان
苏波克	al-Subk	السبك
苏波其	al-Subkī	السبكي
苏波仪	al-Sub' ī	السبعي
苏布克	Subuk	سبك
苏达	Sūdah	سودة
苏代格	Sudayq	صديق
苏代利	al-Sudayrī	السديري
苏丹（又译素丹）	Sultān	سلطان
苏迪	al-Suddī	السدي
苏都斯	Sudūs；al-Sudūsī	سدوس؛ السدوسي
苏厄迪	al-Sughdī	السغدي
苏尔达迪	al-Surdadī	السرددي
苏尔福伽尼	al-Surfuqānī	السرفقاني
苏尔赫卡提	al-Surkhakatī	السرخكتي
苏尔赫其	al-Surkhakī	السرخكي
苏尔玛利	al-Surmārī	السرماري
苏尔纳维	al-Surnawī	السرنوي
苏尔尼	al-Surnī	السرني
苏尔提	al-Surtī	السرتي
苏菲	al-Sūfī	الصوفي
苏弗拉达尼	al-Sufrādanī	السفرادني
苏弗雅尼	Sufyānī；al-Sufyānī	سفياني؛ السفياني
苏弗彦	Sufyān	سفيان
苏盖尔	Suqayr；al-Suqayr	سقير؛ السقير
苏盖夫	Suqayf	سقيف
苏哈玛	Suhmah	سحمة

续表

汉译	拉丁字母转写	阿拉伯文或波斯文
苏哈米	al-Suhmī	السحمي
苏海拔尼	al-Suhaybānī	السحيباني
苏海勒	Suhayl	سهيل
苏海里	Suhaylī；al-Suhaylī	سهيلي؛ السهيلي
苏海米	al-Suhaymī	السحيمي
苏海姆	Suhaym	سحيم
苏海特	Suhayt	سحيت
苏海提	al-Suhaytī	السحيتي
苏亥米	al-Sukhaymī	السخيمي
苏亥特	Sukhayt	سخيت
苏赫蒂	al-Sukhtī	السخطي
苏赫拉瓦尔迪	al-Suhrawardī	السهروردي
苏赫鲁比	al-Suhrubī	السهربي
苏赫鲁尔	Sukhrūr	سخرور
苏赫鲁冀	al-Suhrujī	السهرجي
苏赫路其	al-Suhlukī	السهلكي
苏赫特	Sukht	سخط
苏赫屯尼	al-Sukhtunnī	السختني
苏赫托	Sukhtah	سخطة
苏忽尼	al-Sukhūnī	السخوني
苏卡利	al-Sukkarī	السكري
苏凯恩	Sukayn	سكين
苏拉斐	al-Sulafī	السلفي
苏拉戈	Surraq	سرق
苏拉格	Surāqah	سراقة
苏拉基	al-Surāqī	السراقي
苏拉米	al-Sulamī	السلمي
苏拉默利	al-Surramarrī	السرمري

续表

汉译	拉丁字母转写	阿拉伯文或波斯文
苏腊格	Sulāqah	سلاقة
苏腊基	al-Sulāqī	السلاقي
苏莱俄	Sulay‘	سليع
苏莱克	Sulayk; al-Sulayk	سليك؛ السليك
苏莱玛	Sulaymah	سليمة
苏莱玛纳巴芝	al-Sulaymānābādhī	السليمانابادي
苏莱玛尼	al-Sulaymānī	السليماني
苏莱曼	Sulaymān	سليمان
苏莱米	al-Sulaymī	السليمي
苏莱姆	Sulaym	سليم
苏莱仪	al-Sulay‘ī	السليعي
苏兰贾尼	al-Suranjānī	السرنجاني
苏勒玛	Sulmá	سلمى
苏勒米	Sulmī; al-Sulmī	سلمي؛ السلمي
苏勒拓尼	Sultānī	سلطاني
苏勒推恩	Sultayn	سلطين
苏雷吉	Surayj	سريج
苏雷冀	al-Surayjī	السريجي
苏雷拉	Surayrah	سريرة
苏雷依	Surayy	سرى
苏利	al-Surrī	السري
苏鲁尔	Surūr; al-Surūr	سرور؛ السرور
苏鲁冀	al-Surūjī	السروجي
苏鲁利	al-Surūrī	السروري
苏鲁沙泽拉尼	al-Surūshādharānī	السروشاذراني
苏玛基	al-Sumāqī	السماقي
苏梅俄	Sumay‘	سميع
苏梅尔	Sumayr	سمير

续表

汉译	拉丁字母转写	阿拉伯文或波斯文
苏梅菲俄	Sumayfi‘	سميفع
苏梅卡	Sumaykah	سميكة
苏梅拉米	al-Sumayramī	السميرمي
苏梅其	al-Sumaykī	السميكي
苏梅撒蒂	al-Sumaysātī	السميساطي
苏梅特	Sumayt； al-Sumayt	سميط؛ السميط
苏梅彦	al-Sumayyan	السمين
苏姆哈	Sumh	سمح
苏姆希	al-Sumhī	السمحي
苏穆克	Sumuk	سمك
苏奈德	Sunayd	سنيد
苏奈恩	Sunayn	سنين
苏奈其	al-Sunaykī	السنيكي
苏奈斯	Sunays	سنيس
苏奈熙利	al-Sunayhirī	السنيهري
苏欧德	Su‘ ūd； al-Su‘ ūd	سعود؛ السعود
苏欧迪	al-Su‘ ūdī	السعودي
苏斯	Sus	سس
苏台法厄尼	al-Sutayfaghnī	الستيفغني
苏台卡尼	al-Sutaykanī	الستيكني
苏台提	al-Sutaytī	الستيتي
苏突利	al-Sutūrī	الستوري
苏旺	Suwan	سون
苏韦达维	al-Suwaydāwī	السويداوي
苏韦达伊	al-Suwaydā’ ī	السويدائي
苏韦德	Suwayd	سويد
苏韦迪	al-Suwaydī	السويدي
苏韦斐	al-Suwayfī	السويفي

续表

汉译	拉丁字母转写	阿拉伯文或波斯文
苏韦基	al-Suwayqī	السويقي
苏韦拉	Suwayrah	سويرة
苏沃德	Suwād	سواد
苏沃迪	al-Suwādī	السوادي
苏沃利	al-Suwārī	السواري
苏沃伊	al-Suwā' ī	السوائي
苏尤蒂	al-Suyūtī	السيوطي
苏尤斐	al-Suyūfī	السيوفي
苏尤利	al-Suyūrī	السيوري
稣爱尔	Su' ayr	صعير
稣巴尔	Subar	صبر
稣巴利	al-Subarī	الصبري
稣巴希	al-Subahī	الصبحي
稣拔卜	Subāb	صباب
稣拔哈	Subāh	صباح
稣拔黎希	al-Subārihī	الصبارحي
稣拔希	al-Subāhī	الصباحي
稣贝	Subay	صبي
稣贝比	al-Subaybī	الصبيبي
稣贝尔	Subayr	صبير
稣贝格	Subaygh；al-Subaygh	صبيغ؛ الصبيغ
稣贝哈	Subayh	صبيح
稣贝利	al-Subayrī	الصبيري
稣贝希	al-Subayhī	الصبيحي
稣贝依	al-Subayy	الصبي
稣波哈	Subh	صبح
稣达利	al-Sudārī	الصداري
稣达伊	al-Sudā' ī	الصدائي

续表

汉译	拉丁字母转写	阿拉伯文或波斯文
稣杜夫	al-Suduf	الصدف
稣厄迪	al-Sughdī	الصغدي
稣厄纳冀	al-Sughnājī	الصغناجي
稣尔璐其	al-Su' lūkī	الصعلوكي
稣尔喜雅尼	al-Surkhiyānī	الصرخياني
稣弗拉	Sufrah	صفرة
稣弗利	al-Sufrī	الصفري
稣伽仪	al-Suqā' ī	الصقاعي
稣盖耶尔	al-Sughayyar	الصغير
稣哈比	al-Suhbī	الصحبي
稣哈卜	Suhb	صحب
稣哈尔	Suhār	صحار
稣哈利	al-Suhārī	الصحاري
稣海巴	Suhaybah	صهيبة
稣海比	al-Suhaybī	الصهيبي
稣海卜	Suhayb	صهيب
稣拉德	Surad	صرد
稣拉迪	al-Suradī	الصردي
稣剌德	Surād	صراد
稣莱哈	Sulayh	صليح
稣莱希	al-Sulayhī	الصليحي
稣莱仪	al-Sulay' ī	الصليعي
稣勒比	al-Sulbī	الصلبي
稣勒卜	al-Sulb	الصلب
稣勒哈	Sulh	صلح
稣雷米	al-Suraymī	الصريمي
稣雷姆	Suraym	صريم
稣玛迪希	al-Sumādihī	الصمادحي

续表

汉译	拉丁字母转写	阿拉伯文或波斯文
稣梅迪	al-Sumaydī	الصميدي
稣默阿	Suma‘ ah	صمعة
稣纳比哈	Sunābih；al-Sunābih	صنابح؛ الصنابح
稣纳比希	al-Sunābihī	الصنابحي
稣奈	Sunay	صني
稣韦尼	al-Suwaynī	الصويني
稣韦提	al-Suwaytī	الصويتي
素阿勒	Thu‘ al	ثعل
素阿里	al-Thu‘ alī	الثعلي
素拔	Thubá	ثبى
素贝塔	Thubaytah	ثبيتة
素贝特	Thubayt	ثبيت
素贝提	al-Thubaytī	الثبيتي
素雷雅	Thurayyā	ثريا
素雷耶	Thurayyah	ثرية
素玛拉	Thumālah	ثمالة
素玛里	al-Thumālī	الثمالي
素玛玛	Thumāmah	ثمامة
素玛米	al-Thumāmī	الثمامي
素梅尔	Thumayr	ثمير
素梅勒	Thumayl	ثميل
素梅利	al-Thumayrī	الثميري
素瓦卜	Thuwab	ثوب
素韦卜	Thuwayb	ثويب
素韦拉	Thuwayrah	ثويرة
素韦利	al-Thuwayrī	الثويري
宿法	Sūfah	صوفة
宿哈尼	al-Sūhānī	الصوحاني

续表

汉译	拉丁字母转写	阿拉伯文或波斯文
宿罕	Sūhān	صوحان
宿拉尼	al-Sūrānī	الصوراني
宿勒	Sūl	صول
宿里	al-Sūlī	الصولي
宿利	al-Sūrī	الصوري
宿纳黑	al-Sūnākhī	الصوناخي
绥达腊尼	al-Saydalānī	الصيدلاني
绥达纳尼	al-Saydanānī	الصيدناني
绥达尼	al-Saydānī	الصيداني
绥达维	al-Saydāwī	الصيداوي
绥德	al-Sayd	الصيد
绥非雅尼	al-Sayfiyānī	الصيفياني
绥斐	al-Sayfī	الصيفي
绥夫	al-Sayf	الصيف
绥格勒	al-Sayqal	الصيقل
绥贡	Sayghūn	صيغون
绥顾尼	al-Sayghūnī	الصيغوني
绥拉斐	al-Sayrafī	الصيرفي
绥默利	al-Saymarī	الصيمري
绥雅德	al-Sayyād	الصياد
绥雅哈	Sayyāh； al-Sayyāh	صياح؛ الصياح
隋戈	al-Sīq	الصيق
隋基	al-Sīqī	الصيقي
隋腊	Sīlā	صيلا
隋利	al-Sīrī	الصيري
隋尼	al-Sīnī	الصيني
索巴维	al-Sabawī	الصبوي
索拔卜	al-Sabāb	الصباب

续表

汉译	拉丁字母转写	阿拉伯文或波斯文
索拔厄	al-Sabbāgh	الصباغ
索拔尔	Sabbār	صبار
索拔哈	Sabāh；Sabbāh；al-Sabbāh	صباح؛ الصباح
索拔佶	al-Sabbāghī	الصباغي
索拔希	al-Sabbāhī	الصباحي
索比	Sabī；al-Sābī	صبي؛ الصابي
索比阿	Sābī'；al-Sābī'	صابئ؛ الصابئ
索比尔	Sābir	صابر
索比哈	Sabīh	صبيح
索比利	al-Sābirī；al-Sabirī	الصابري؛ الصبري
索比希	al-Sabīhī	الصبيحي
索波拉	Sabrah	صبرة
索布里	al-Sabulī	الصبلي
索布尼	al-Sābūnī	الصابوني
索达斐	al-Sadafī	الصدفي
索达夫	Sadaf	صدف
索达格	Sadaqah	صدقة
索达基	al-Sadaqī	الصدقي
索达利	al-Sadārī	الصدري
索德鲁丁	Sadr al-Dīn	صدر الدين
索迪夫	al-Sadif	الصدف
索迪戈	Sādiq；al-Sādiq	صادق؛ الصادق
索迪格	Sadīq；al-Sadīq	صديق؛ الصديق
索迪基	al-Sadīqī	الصديقي
索迪尼	al-Sadīnī	الصديني
索都戈	al-Sadūq	الصدوق
索尔巴	al-Sa' bah	الصعبة
索尔比	al-Sa' bī	الصعبي

续表

汉译	拉丁字母转写	阿拉伯文或波斯文
索尔卜	Sa‘ b	صعب
索尔达斐	al-Sardafī	الصردفي
索尔达夫	Sardaf; al-Sardaf	صردف؛ الصردف
索尔迪	Sa‘ dī; al-Sa‘ dī	صعدي؛ الصعدي
索尔斐	al-Sarfī	الصرفي
索尔戈	al-Sa‘ q	الصعق
索尔赫迪	al-Sarkhadī	الصرخدي
索尔基	al-Sa‘ qī	الصعقي
索尔玛	Sarmā	صرما
索尔敏冀尼	al-Sarminjīnī	الصرمنجيني
索尔默冀	al-Sarmajī	الصرمجي
索尔索阿	Sa‘ sa‘ ah	صعصعة
索尔索利	al-Sarsarī	الصرصري
索尔瓦	Sa‘ wah	صعوة
索尔维	al-Sa‘ wī	الصعوي
索尔戊	al-Sa‘ w	الصعو
索发尔	Safar	صفر
索法	Safā; Safā’; al-Safā	صفا؛ صفاء؛ الصفا
索法德	Safad	صفد
索法迪	al-Safadī	الصفدي
索法尔	Safār; Saffār; al-Safār; al-Saffār	صفار؛ الصفار
索法利	al-Saffārī	الصفاري
索法提	al-Safatī	الصفتي
索斐	al-Saffī	الصفي
索斐丁	Safī al-Dīn	صفي الدين
索斐耶	Safīyah	صفية
索弗拉维	al-Safrāwī	الصفراوي
索弗兰	Safrān	صفران

续表

汉译	拉丁字母转写	阿拉伯文或波斯文
索弗旺	Safwān	صفوان
索富利	al-Saffūrī	الصفوري
索伽尔	al-Saqqār	الصقار
索戈阿卜	al-Saq‘ ab	الصقعب
索戈比	al-Saqbī	الصقبي
索戈卜	al-Saqb	الصقب
索戈尔	Saqr；al-Saqr	صقر؛ الصقر
索戈拉比	al-Saqlabī	الصقلبي
索戈利	al-Saqrī	الصقري
索格里	al-Saqallī	الصقلي
索哈比	al-Sahbī	الصحبي
索哈卜	Sahb	صحب
索哈尔	Sahhār	صحار
索哈斐	al-Sahāfī	الصحافي
索哈夫	al-Sahhāf	الصحاف
索哈拉维	al-Saharāwī	الصحراوي
索哈米	al-Sahmī	الصحمي
索哈索希	al-Sahsahī	الصحصحي
索赫芭	al-Sahbā’	الصهباء
索赫拔尼	al-Sahbānī	الصهباني
索赫班	Sahbān	صهبان
索赫卜	Sakhāb	صخاب
索赫尔	Sakhr；al-Sakhr	صخر؛ الصخر
索赫拉巴芝	al-Sakhrābādhī	الصخراباذي
索赫拉吉提	al-Sahrajtī	الصهرجتي
索赫利	al-Sakhrī	الصخري
索基尔	Saqīr	صقير
索基里	al-Saqīlī	الصقيلي

续表

汉译	拉丁字母转写	阿拉伯文或波斯文
索基利	al-Sāqirī	الصاقري
索信尔	Saghīr；al-Saghīr	صغير؛ الصغير
索信拉	Saghīrah	صغيرة
索信利	al-Saghīrī	الصغيري
索加尔冀	al-Sāgharjī	الصاغرجي
索迦尼	al-Sāghānī；al-Saghānī；al-Saghghānī	الصاغاني؛ الصغاني
索卡	Sakkā	صكا
索卡克	al-Sakkāk	الصكاك
索拉凡迪	al-Sarafandī	الصرفندي
索拉夫	Sarrāf；al-Sarrāf	صراف؛ الصراف
索拉利	al-Sarrārī	الصراري
索拉米	al-Sarāmī	الصرامي
索拉姆	al-Sarrām	الصرام
索拉坦	al-Salatān	الصلتان
索拉提	al-Sallatī	الصلتي
索拉维	al-Sarawī	الصروي
索拉沃提	al-Salawātī	الصلواتي
索拉伊	al-Sarā' ī	الصرائي
索拉伊利	al-Sarā' irī	الصرائري
索拉益	al-Sarāyī	الصرايي
索腊阿	Sallā' ah	صلاءة
索腊比	al-Sallābī	الصلابي
索腊哈	Salāh；al-Salāh	صلاح؛ الصلاح
索腊伊	al-Sallā' ī	الصلائي
索勒伽尼	al-Sālqānī	الصالقاني
索勒哈巴芝	al-Sālhābādhī	الصالحاباذي
索勒哈尼	al-Sālhānī	الصالحاني
索勒赫迪	al-Salkhadī	الصلخدي

续表

汉译	拉丁字母转写	阿拉伯文或波斯文
索勒特	al-Salt	الصلت
索勒提	al-Saltī	الصلتي
索勒仪耶	al-Sal‘īyah	الصلعية
索黎德	al-Sārid	الصارد
索黎迪	al-Sāridī	الصاردي
索黎斐	al-Sārifī	الصارفي
索黎姆丁	Sārim al-Dīn	صارم الدين
索里哈	Sālih；al-Sālih	صالح؛ الصالح
索里希	Sālihī；al-Sālihī	صالحي؛ الصالحي
索里希耶	Sālihīyah	صالحية
索立比	al-Salībī	الصليبي
索立基	al-Salīqī	الصليقي
索利俄	al-Sarī‘	الصريع
索利斐尼	al-Sarīfīnī	الصريفيني
索利米	al-Sarīmī	الصريمي
索利姆	Sarīm	صريم
索利欧贝恩	Sarī‘ al-Bayn	صريع البين
索鲁黑	al-Sārūkhī	الصاروخي
索玛迪	al-Samādī	الصمادي
索米特	al-Sāmit	الصامت
索米提	al-Sāmitī	الصامتي
索密迪	al-Samīdī	الصميدي
索默德	al-Samad	الصمد
索木特	al-Samūt	الصموت
索纳俄	al-Sanā‘	الصناع
索纳斐	al-Sanāfī	الصنافي
索纳斐利	al-Sanāfīrī	الصنافيري

续表

汉译	拉丁字母转写	阿拉伯文或波斯文
索纳夫	Sanāf	صناف
索纳伽尼	al-Sānaqānī	الصانقاني
索纳米	al-Sanamī	الصنمي
索瑙巴利	al-Sanawbarī	الصنوبري
索尼	al-Sānī	الصاني
索尼阿	al-Sanī‘ ah	الصنيعة
索尼迪	al-Sanīdī	الصنيدي
索尼俄	al-Sāni‘	الصانع
索斯拉	Sasrá	صصرى
索斯利	al-Sasrī	الصصري
索沃比	al-Sawābī	الصوابي
索沃尼	al-Sawānī	الصواني
索希卜	Sāhib; al-Sāhib	صاحب؛ الصاحب
索熙拉	Sāhilah	صاهلة
索熙里	al-Sāhilī	الصاهلي
索伊卜	Sā’ ib	صائب
索伊德	Sā’ id; al-Sā’ id	صائد؛ الصائد
索伊迪	al-Sā’ idī	الصائدي
索伊厄	al-Sā’ igh	الصائغ
索伊佶	al-Sā’ ighī	الصائغي
索伊利	al-Sā’ irī	الصائري
索伊努丁	Sā’ in al-Dīn	صائن الدين
索义迪	al-Sa‘ īdī	الصعيدي
索易德	Sā‘ id	صاعد
索易迪	al-Sā‘ idī	الصاعدي
索易格	Sā‘ iqah	صاعقة

T

汉译	拉丁字母转写	阿拉伯文或波斯文
他拉（习惯译名）	Tārih	تارح
塔阿巴特	Ta' abbat	تأبط
塔阿尔	Ta' ār	تعار
塔阿利	al-Ta' ārī	التعاري
塔阿维芝	al-Ta' āwīdhī	التعاويذي
塔拔里	al-Tabālī	التبالي
塔拔尼	al-Tabānī	التباني
塔班	al-Tabbān	التبان
塔比俄	Tabī'	تبيع
塔比克	Tābik	تابك
塔比什	al-Tābishī	التابشي
塔波利及彦	Tabrīziyān	تبريزيان
塔波利齐	al-Tabrīzī	التبريزي
塔波尼尼	al-Tabnīnī	التبنيني
塔波提	al-Tabtī	التبتي
塔布提	al-Tābūtī	التابوتي
塔布泽其	al-Tabūdhakī	التبوذكي
塔德里	al-Tādlī	التادلي
塔德米利	al-Tadmīrī	التدميري
塔德穆利	Tadmurī; al-Tadmurī	تدمري؛ التدمري
塔德乌里	al-Tad' ulī	التدؤلي
塔德雅尼	al-Tadyānī	التدياني
塔迪勒	Tadīl	تديل
塔迪齐	al-Tādīzī	التاديزي
塔都勒	Tadūl	تدول
塔厄拉比	al-Taghlabī	التغلبي
塔厄里	Taghrī	تغري

续表

汉译	拉丁字母转写	阿拉伯文或波斯文
塔厄里比	al-Taghlibī	التغلبي
塔厄里卜	Taghlib	تغلب
塔尔古斐	al-Tarqufī	الترقفي
塔尔呼米	al-Tarkhumī	الترخمي
塔尔贾里	al-Tarjālī	الترجالي
塔尔卡提	al-Tarkātī	التركاتي
塔尔里米	al-Ta‘ līmī	التعليمي
塔尔希尼	al-Tarhīnī	الترحيني
塔尔朱玛尼	al-Tarjumānī	الترجماني
塔菲赫	Tāfih	تافه
塔弗沓札尼	al-Taftāzānī	التفتازاني
塔弗立斯	al-Taflīsī	التفليسي
塔戈斯拔维	al-Taqsbāwī	التقصباوي
塔哈	Tāhā	طه
塔哈尔提	al-Tāhartī	التاهرتي
塔哈利	al-Takhārī	التخاري
塔哈维	al-Takhāwī	التخاوي
塔赫里	Takhalī; al-Takhalī	تخلي؛ التخلي
塔赫斯冀	al-Takhsījī	التخسيجي
塔赫维	al-Takhawī	التخوي
塔基	Taqī; al-Taqī	تقي؛ التقي
塔基丁	Taqī al-Dīn	تقي الدين
塔吉	al-Tajj	التج
塔吉尔	Tājir; al-Tājir	تاجر؛ التاجر
塔金	Takīn	تكين
塔克利提	al-Takrītī	التكريتي
塔库伦尼	al-Tākurunnī	التاكرني
塔拉尔法利	al-Talla‘ farī	التلعفري

续表

汉译	拉丁字母转写	阿拉伯文或波斯文
塔拉谷米	al-Tarāghumī	التراغمي
塔拉斯	al-Tarrūsī	التراسي
塔拉熹	al-Tarākhī	التراخي
塔勒	Tall；al-Tall	تل؛ التل
塔勒伽尼	al-Tālqānī	الطالقاني
塔勒哈沃利	al-Talhawārī	التلهواري
塔勒冀	al-Taljī	التلجي
塔勒璐赫	Tallūh	تلوه
塔勒欧克巴利	al-Tal' ukbarī	التلعكبري
塔勒瓦希	al-Talwahī	التلوحي
塔里	al-Tallī	التلي
塔里拔尼	al-Tālibānī	الطالباني
塔里比	al-Tālibī	الطالبي
塔里卜	Tālib	طالب
塔里德	Talīd	تليد
塔里迪	al-Talīdī	التليدي
塔里伽尼	al-Tāliqānī	الطالقاني
塔里黑	al-Tārīkhī	التاريخي
塔里基	al-Tāliqī	الطالقي
塔立忽尼	al-Tālīkhūnī	الطاليخوني
塔利克	al-Tarīk	تريك
塔鲁提	al-Tārūtī	التاروتي
塔玛姆	Tamām	تمام
塔米米	al-Tamīmī	التميمي
塔米姆	Tamīm	تميم
塔默尔塔什	al-Tamartāshī	التمرتاشي
塔默尔塔施	Tamartāsh	تمرتاش
塔默克鲁提	al-Tāmakrūtī	التامكروتي

续表

汉译	拉丁字母转写	阿拉伯文或波斯文
塔姆沓米	al-Tamtāmī	التمتامي
塔姆耶利	al-Tamyarī	التميري
塔纳比	al-Tanabī	التنبي
塔纳斯	al-Tanasī	التنسي
塔纳吾提	al-Tanāwutī	التناوتي
塔尼	al-Tānī	التاني
塔努黑	al-Tanūkhī	التنوخي
塔齐	al-Tāzī	التازي
塔齐德	Tazīd	تزيد
塔齐迪	al-Tazīdī	التزيدي
塔什芬	Tāshfīn	تاشفين
塔什库伯利	Tāshkubrī	طاشكبري
塔施康迪	al-Tāshkandī	التاشكندي
塔斯尼	al-Tāsnī	التاسني
塔维勒	Tawīl	تويل
塔沃尼斯	al-Tawānisī	التوانسي
塔雅巴芝	al-Tāyābādhī	التاياباذي
塔耶米	al-Tayamī	التيمي
塔依巴迪	al-Tāybādī	التايبادي
塔易齐	al-Ta‘ izzī	التعزي
塔泽尼	al-Tādhanī	التاذني
塔朱·阿腊	Tāj al-‘ Alā’	تاج العلاء
塔朱·穆勒克	Tāj al-Mulk	تاج الملك
塔朱·伍默纳	Tāj al-Umanā’	تاج الأمناء
塔朱丁	Tāj al-Dīn	تاج الدين
塔珠比	al-Tajūbī	التجوبي
拓巴拉尼	al-Tābarānī	الطابراني
拓比赫	Tābikhah	طابخة

续表

汉译	拉丁字母转写	阿拉伯文或波斯文
拓比黑	al-Tābikhī	الطابخي
拓比基	al-Tābiqī	الطابقي
拓比西	al-Tābithī	الطابثي
拓胡尼	al-Tāhūnī	الطاحوني
拓基	al-Tāqī	الطاقي
拓佶	al-Tāghī	الطاغي
拓拉比	al-Tārābī	الطارابي
拓黎斐	al-Tārifī	الطارفي
拓黎戈	Tāriq	طارق
拓黎米	al-Tārimī	الطارمي
拓路维	al-Tāluwī	الطالوي
拓璐提	al-Tālūtī	الطالوتي
拓米	al-Tāmī	الطامي
拓默芝	al-Tāmadhī	الطامذي
拓萨班迪	al-Tāsabandī	الطاسبندي
拓托里	al-Tātarī	الطاطري
拓旺	Tāwān	طاوان
拓沃尼	al-Tāwānī	الطاواني
拓吾斯	al-Tāwusī	الطاوسي
拓戊	Tāw	طاو
拓悟斯	Tāwūs；al-Tāwūsī	طاووس؛ الطاووسي
拓希	al-Tāhī	الطاحي
拓希耶	Tāhiyah	طاحية
拓熙尔	Tāhir；al-Tāhir	طاهر؛ الطاهر
拓熙利	al-Tāhirī	الطاهري
拓喜耶	Tākhiyah	طاخية
拓伊	al-Tā’ ī	الطائي
拓伊斐	al-Tā’ ifī	الطائفي

续表

汉译	拉丁字母转写	阿拉伯文或波斯文
拓伊什	al-Tāyishī	الطايشي
拓依卡尼	al-Tāykānī	الطايكاني
拓易里	al-Tā‘ ilī	الطاعلي
拓芝	al-Tādhī	الطاذي
台里卜	Talib	تلب
泰阿米	al-Ta‘ āmī	الطعامي
泰巴	Taybah	طيبة
泰拔俄	al-Tabbā‘	الطباع
泰拔格	al-Tabāgh	الطباغ
泰拔赫	al-Tabbākh	الطباخ
泰拔勒	al-Tabbāl	الطبال
泰拔斯	al-Tabbās	الطباس
泰拔泰拔伊	al-Tabātabā’ ī	الطباطبائي
泰拔熹	al-Tabbākhī	الطباخي
泰比	al-Taybī	الطيبي
泰比里	al-Tabīrī	الطبيري
泰波拉赫	al-Tabrākh	الطبراخ
泰波拉熹	al-Tabrākhī	الطبراخي
泰波腊维	al-Tablāwī	الطبلاوي
泰波纳熹	al-Tabnakhī	الطبنخي
泰伯尔赫齐	al-Tabarkhazī	الطبرخزي
泰伯尔其	al-Tabarkī	الطبركي
泰伯尔斯	al-Tabarsī	الطبرسي
泰伯基	al-Tabaqī	الطبقي
泰伯拉尼	al-Tabarānī	الطبراني
泰伯里	al-Tabarī	الطبري
泰伯里斯塔尼	al-Tabaristānī	الطبرستاني
泰伯纳维	al-Tabanāwī	الطبناوي

续表

汉译	拉丁字母转写	阿拉伯文或波斯文
泰伯斯	al-Tabasī	الطبسي
泰尔哈巴芝	al-Tarkhābādhī	الطرخاباذي
泰尔哈尼	al-Tarkhānī	الطرخاني
泰尔忽尼	al-Tarkhūnī	الطرخوني
泰尔基	al-Tarqī	الطرقي
泰尔佶	al-Targhī	الطرغي
泰尔米斯	al-Tarmīsī	الطرميسي
泰尔苏斯	al-Tarsūsī	الطرسوسي
泰尔雅尼	al-Taryānī	الطرياني
泰法勒	al-Taffāl	الطفال
泰法利	al-Tafārī	الطفاري
泰法尼	al-Tayfānī	الطيفاني
泰凡	al-Tayfān	الطيفان
泰斐斯	al-Tafīsī	الطفيسي
泰弗拉巴芝	al-Tafrābādhī	الطفراباذي
泰弗苏纳冀	al-Tafsūnajī	الطفسونجي
泰富尔	Tayfūr	طيفور
泰富拉巴芝	al-Tayfūrābādhī	الطيفوراباذي
泰富利	al-Tayfūrī	الطيفوري
泰哈里	al-Takhārī	الطخاري
泰哈维	al-Tahāwī	الطحاوي
泰罕	al-Tahhān	الطحان
泰赫拉斯塔尼	al-Takhārastānī	الطخارستاني
泰赫拉维	al-Tahrāwī	الطهراوي
泰赫鲁芝	al-Takhrūdhī	الطخروذي
泰赫玛尼	al-Tahmānī	الطهماني
泰赫什	al-Takhshī	الطخشي
泰迦米	al-Taghāmī	الطغامي

续表

汉译	拉丁字母转写	阿拉伯文或波斯文
泰拉比利	al-Talabīrī	الطلبيري
泰拉布勒斯	al-Tarābulsī	الطرابلسي
泰拉布路斯	al-Tarābulusī	الطرابلسي
泰拉布努什	al-Tarābunushī	الطرابنشي
泰拉斐	al-Tarafī	الطرفي
泰拉哈	al-Tarrāh	الطراح
泰拉基	al-Talaqī	الطلقي
泰拉吉希里	al-Tarrājihīlī	الطراجهيلي
泰拉曼其	al-Talamankī	الطلمنكي
泰拉齐	al-Tarazī	الطرزي
泰拉苏尼	al-Tarasūnī	الطرسوني
泰拉伊斐	al-Tarā' ifī	الطرائفي
泰剌齐	al-Tarāzī	الطرازي
泰腊	al-Tallā'	الطلاء
泰腊蒂	al-Talātī	الطلاطي
泰腊俄	al-Tallā'	الطلاع
泰腊斯	al-Tallās	الطلاس
泰腊耶	al-Tallāyah	الطلاية
泰腊仪	al-Tallā' ī	الطلاعي
泰勒哈维	al-Talhāwī	الطلحاوي
泰勒赫维	al-Talkhāwī	الطلخاوي
泰勒曼其	al-Talmankī	الطلمنكي
泰勒希	al-Talhī	الطلحي
泰勒雅蒂	al-Talyātī	الطلياطي
泰勒雅维	al-Talyāwī	الطلياوي
泰里	al-Talī	الطلي
泰立比	al-Talībī	الطليبي
泰利	Tayrī; al-Tayrī	طيري؛ الطيري

续表

汉译	拉丁字母转写	阿拉伯文或波斯文
泰利斐	al-Tarīfī	الطريفي
泰利基	al-Tarīqī	الطريقي
泰玛尼	al-Taymānī	الطيماني
泰玛维	al-Tamāwī	الطماوي
泰曼	Taymān	طيمان
泰米斯	al-Tamīsī	الطميسي
泰米叶	Taymīyah	تيمية
泰姆拓维	al-Tamtāwī	الطمطاوي
泰纳菲斯	al-Tanāfisī	الطنافسي
泰纳吉利	al-Tanājīrī	الطناجيري
泰纳维	al-Tanāwī	الطناوي
泰纳希	al-Tanāhī	الطناحي
泰努比	al-Tanūbī	الطنوبي
泰撒斯	al-Tassās	الطساس
泰萨富尼	al-Taysafūnī	الطيسفوني
泰沙	Tayshah	طيشة
泰什	al-Tayshī	الطيشي
泰施腊基	al-Tashlāqī	الطشلاقي
泰思里	al-Tathrī	الطثري
泰斯米	al-Tasmī	الطسمي
泰斯提	al-Tastī	الطستي
泰维勒	al-Tawīl	الطويل
泰维里	al-Tawīlī	الطويلي
泰沃比基	al-Tawābīqī	الطوابيقي
泰沃维斯	al-Tawāwīsī	الطواويسي
泰雅尔	al-Tayyār	الطيار
泰雅拉斯	al-Tayālasī	الطيالسي
泰雅利	al-Tayyārī	الطياري

续表

汉译	拉丁字母转写	阿拉伯文或波斯文
泰彦	Tayyān；al-Tayyān	طيان؛ الطيان
泰伊	Tayyi’	طيء
泰伊比	Tayyibī；al-Tayyibī	طيبي؛ الطيبي
泰伊卜	al-Tayyib	الطيب
泰依	Tayy	طي
坦布其	al-Tanbūkī	التنبوكي
坦卡尔	Tankār	تنكار
坦玛尔	al-Tammār	التمار
坦玛姆	Tammām	تمام
坦纳赫	Tannah	تنه
坦奈恩	al-Tannayn	التنين
坦努利	al-Tannūrī	التنوري
唐巴迪	al-Tanbadī	الطنبدي
唐迪塔伊	al-Tanditā’ī	الطندتائي
唐冀	al-Tanjī	الطنجي
唐贾里	al-Tanjālī	الطنجالي
唐玛希	al-Tammāhī	الطماحي
唐齐	al-Tanzī	الطنزي
唐塔伊	al-Tantā’ī	الطنتائي
唐托拉尼	al-Tantarānī	الطنطراني
唐托沃尼	al-Tantawānī	الطنطواني
匋戈	Tawq	طوق
匋拉基	al-Tawlaqī	الطولقي
匋沃卜	al-Tawwāb	الطواب
匋沃哈	al-Tawwāh	الطواح
陶阿玛	Taw’amah	توءمة
陶巴	Tawbah	توبة
陶巴尼	al-Tawbanī	التوبني

续表

汉译	拉丁字母转写	阿拉伯文或波斯文
陶菲格（习惯译名）	Tawfīq	توفيق
陶腊	Tawlā	تولا
陶瓦冀	al-Tawwajī	التوجي
陶瓦齐	al-Tawwazī	التوزي
陶希迪	al-Tawhīdī	التوحيدي
陶扎利	al-Tawzarī	التوزري
梯弗立斯	al-Tiflīsī	التفليسي
梯克利提	al-Tikrītī	التكريتي
提波利齐	al-Tibrīzī	التبريزي
提尔腊	Ti‘ lá	تعلى
提尔米芝	al-Tirmidhī	الترمذي
提尔雅基	al-Tiryāqī	الترياقي
提法什	al-Tīfāshī	التيفاشي
提哈雅	Tihyá	تحيى
提贺米	al-Tihāmī	التهامي
提贾尼	al-Tijānī	التجاني
提杰尼	al-Tījanī	التيجني
提卡其	al-Tikakī	التككي
提拉卡尼	al-Tīrakānī	التيركاني
提拉尼	al-Tīrānī	التيراني
提勒拨比	al-Tilbābī	التلبابي
提勒雅尼	al-Tilyānī	التلياني
提里	Tīrī	تيري
提里姆撒尼	al-Tilimsānī	التلمساني
提姆贾利	al-Timjārī	التمجاري
提纳	Tīnah	تينة
提纳提	al-Tīnātī	التيناتي
提尼	al-Tīnī	التيني

续表

汉译	拉丁字母转写	阿拉伯文或波斯文
提特沃尼	al-Titwānī	التطاوني
提提	al-Tītī	التيتي
提雅斯	al-Tiyās	التياس
提札尼	al-Tīzānī	التيزاني
帖木儿（习惯译名）	Taymūr	تيمور
贴拉哈	Tayrah	تيرح
贴拉韦赫	Tayrawayh	تيرويه
贴玛维	al-Taymāwī	التيماوي
贴米	al-Taymī	التيمي
贴默里	Taymallī；al-Taymallī	تيملي؛ التيملي
贴默其	al-Taymakī	التيمكي
贴姆	Taym	تيم
贴姆拉	Taym Allāh	تيم الله
贴姆里	al-Taymulī	التيملي
贴雅尔	al-Tayyār	التيار
贴雅哈	al-Tayyāh	التياح
贴雅尼	al-Tayyānī	التياني
贴伊汉	al-Tayyihān	التيهان
廷尼尼	al-Tinnīnī	التنيني
廷尼斯	al-Tinnīsī	التنيسي
廷仪	al-Tin‘ ī	التنعي
庭布迦	Tinbughā	طنبغا
通比	al-Tunbī	الطنبي
通布芝	al-Tunbudhī	الطنبذي
突拔斯	al-Tūbāsī	الطوباسي
突比	al-Tūbī	الطوبي
突波里	al-Tūblī	التوبلي
突尔哈尔	Tūrkhār	طورخار

续表

汉译	拉丁字母转写	阿拉伯文或波斯文
突尔哈利	al-Ṭūrkhārī	الطورخاري
突斐	al-Ṭūfī	الطوفي
突庚	Ṭūghān	طوغان
突迦尼	al-Ṭūghānī	الطوغاني
突拉基	al-Ṭūraqī	الطورقي
突拉尼	al-Ṭūrānī	الطوراني
突拉其	al-Ṭūrakī	الطوركي
突兰	Ṭūrān	طوران
突利	al-Ṭūrī	الطوري
突利尼	al-Ṭūrīnī	الطوريني
突璐尼	al-Ṭūlūnī	الطولوني
突伦	Ṭūlūn	طولون
突玛	Tūmā	توما
突玛尔	Ṭūmār	طومار
突玛利	al-Ṭūmārī	الطوماري
突玛西	al-Tūmāthī	التوماثي
突曼	Ṭūmān	طومان
突默尔特	Tūmart	تومرت
突默尼	al-Tūmanī	التومني
突尼	al-Tūnī	التوني
突尼斯	al-Tūnisī	التونسي
突努斯	al-Tūnusī	التونسي
突齐	al-Tūzī	التوزي
突撒尼	al-Ṭūsānī	الطوساني
突萨	Ṭūsá	طوسى
突萨卡斯	al-Tūsakāsī	التوسكاسي
突萨尼	al-Ṭūsanī	الطوسني
突斯	Ṭūsī；al-Ṭūsī	طوسي؛ الطوسي

续表

汉译	拉丁字母转写	阿拉伯文或波斯文
突拓里基	al-Ṭūṭāliqī	الطوطالقي
突西	al-Tūthī	التوثي
突熹	al-Ṭūkhī	الطوخي
突芝	al-Tūdhī	التوذي
突芝冀	al-Tūdhījī	التوذيجي
图巴俄	Tubba‘	تبع
图巴仪	al-Tubba‘ ī	التبعي
图拔尼	al-Tubānī	التباني
图班	Tubbān；al-Tubbān	تبان؛ التبان
图贝俄	Tubay‘	تبيع
图蒂里	al-Tuṭīlī	التطيلي
图恩冀	al-Tūnjī	التونجي
图尔拔尼	al-Turbānī	الترباني
图尔福勒	Turful	ترفل
图尔萨黑	al-Tursakhī	الترسخي
图尔朱玛努丁	Turjumān al-Dīn	ترجمان الدين
图法希	al-Tuffāḥī	التفاحي
图格鲁勒	Ṭughrul	طغرل
图哈利	al-Tukhārī	التخاري
图哈雅	Tuḥyá	تحيى
图海	Tuḥay	تحي
图赫桑吉卡西	al-Tukhsānjkathī	التخسانجكثي
图冀比	al-Tujībī	التجيبي
图拉比	al-Turabī	التربي
图拉尼	al-Turanī	الترني
图拉其	al-Tūrakī	التوركي
图拉伊	al-Tura’ ī	الترئي
图里	al-Tullī	التلي

续表

汉译	拉丁字母转写	阿拉伯文或波斯文
图梅拉	Tumaylah	تميلة
图斯塔利	al-Tustarī	التستري
图图里	Tūtūlī	توتولي
图图施	Tutush	تتش
图瓦伊	al-Tuwa’ ī	التوبي
图韦蒂	al-Tuwaytī	الطويطي
图韦勒	Tuwayl	تويل
图韦里	al-Tuwaylī	التويلي
图韦其	al-Tuwaykī	التويكي
图韦特	Tuwayt	تويت
图韦提	al-Tuwaytī	التويتي
图维	al-Tuwī	التوي
涂贝尔	al-Tubayr	الطبير
涂波腊蒂	al-Tublātī	الطبلاطي
涂波尼	al-Tubnī	الطبني
涂厄吉	Tughj	طغج
涂尔贝恩	Turbayn	طربين
涂尔突什	al-Turtūshī	الطرطوشي
涂尔突斯	al-Turtūsī	الطرطوسي
涂尔沃希	al-Turwāhī	الطرواحي
涂法维	al-Tufāwī	الطفاوي
涂费勒	Tufayl；al-Tufayl	طفيل؛ الطفيل
涂费里	al-Tufaylī	الطفيلي
涂哈维	al-Tuhawī	الطهوي
涂赫鲁斯塔尼	al-Tukhārustānī	الطخارستاني
涂霍尔姆斯	al-Tuhurmusī	الطهرمسي
涂吉利勒	Tughirīl	طغريل
涂拉维	al-Turāwī	الطراوي

续表

汉译	拉丁字母转写	阿拉伯文或波斯文
涂莱哈	Tulayhah	طليحة
涂莱玛特	Tulaymāt	طليمات
涂莱缇里	al-Tulaytilī	الطليطلي
涂莱图里	al-Tulaytulī	الطليطلي
涂莱希	al-Tulayhī	الطليحي
涂雷法	Turayfah	طريفة
涂雷基	al-Turayqī	الطريقي
涂雷西西	al-Turaythīthī	الطريثيثي
涂利尼	al-Turīnī	الطريني
涂玛蒂	al-Tumātī	الطماطي
涂韦尔	al-Tuwayr	الطوير
涂韦斯	Tuways	طويس
涂韦特	Tuwayt	طويط
涂韦特	Tuwayt	طويت
涂韦提	al-Tuwaytī	الطويتي
涂优尔	al-Tuyūr	الطيور
涂优利	al-Tuyūrī	الطيوري
涂兹雅尼	al-Tuzyānī	الطزياني
土尔巴	al-Turbah	التربة
土尔杰姆	Turjam	ترجم
土尔卡尼	al-Turkānī	التركاني
土尔康	Turkān	تركان
土尔克	Turk；al-Turk	ترك؛ الترك
土尔库玛尼	al-Turkumānī	التركماني
土尔姆基	al-Turmuqī	الترمقي
土尔姆撒尼	al-Turmusānī	الترمساني
土尔纳瓦芝	al-Turnāwadhī	الترناوذي
土尔奇	Turkī；al-Turkī	تركي؛ التركي

续表

汉译	拉丁字母转写	阿拉伯文或波斯文
土尔奇斯塔尼	al-Turkistānī	التركستاني
土伽	Tuqā	تقا
土哈姆	Tuham	تهم
土拉比	al-Turābī	الترابي
土拉卜	Turāb	تراب
土雷其	al-Turaykī	التريكي
土雷斯	Turays	تريس
土鲁加巴芝	al-Turūghabadhī	التروغبذي
土沃斯	al-Tuwāsī	التواسي
屯冀	al-Tunjī	التنجي
屯卡提	al-Tunkatī	التنكتي
屯卡西	al-Tūnkathī	التونكثي
屯其	al-Tūnkī	التونكي
托拔纳	Tabānah	طبانة
托拔缇拔	Tabātibā	طباطبا
托拔托拔	Tabātabā	طباطبا
托尔汗	Tarkhān	طرخان
托尔突尔	Tartūr	طرطور
托弗迦吉	Tafghāj	طفغاج
托哈玛	Tahmah	طحمة
托赫玛兹	Tahmāz	طهماز
托赫曼	Tahmān	طهمان
托拉比祖尼	Tarābizūnī	طرابزوني
托拉戈	Talaq	طلق
托拉兹	Tarrāz	طراز
托腊卜	Tallāb	طلاب
托腊勒	Talāl	طلال
托勒哈	Talhah	طلحة

续表

汉译	拉丁字母转写	阿拉伯文或波斯文
托立戈	Talīq	طليق
托利夫	Tarīf	طريف
托姆迦吉	Tamghāj	طمغاج
托斯姆	Tasm	طسم
托也班	Tayabān	طيبان
拖雷（习惯译名）	Tūlay	تولي

U

无

V

无

W

汉译	拉丁字母转写	阿拉伯文或波斯文
瓦阿岚	Wa‘ allān	وعلان
瓦巴尔	Wabar	وبر
瓦巴拉	Wabarah	وبرة
瓦巴利	Wabarī；al-Wabarī	وبري؛ الوبري
瓦波尔	Wabr	وبر
瓦波拉	Wabrah	وبرة
瓦波利	al-Wabrī	الوبري
瓦达阿	Wadā‘ ah	وداعة
瓦达德	Wadād	وداد
瓦达俄	Wadā‘	وداع
瓦达格	Wadaqah	ودقة
瓦达姆	Wadam	ودم

续表

汉译	拉丁字母转写	阿拉伯文或波斯文
瓦达尼	al-Waddānī	الوداني
瓦达仪	al-Wadā‘ ī	الوداعي
瓦德	Wad；Wadd	ود
瓦德阿尼	al-Wad‘ ānī	الودعاني
瓦德安	Wad‘ ān	ودعان
瓦荻	al-Wadī	الوضي
瓦迪阿	Wadī‘ ah	وديعة
瓦蒂斯	al-Watīsī	الوطيسي
瓦铎哈	Waddāh；al-Waddāh	وضاح؛ الوضاح
瓦铎希	al-Waddāhī	الوضاحي
瓦俄拉	Wa‘ rā’	وعراء
瓦尔达尼	al-Wardānī	الورداني
瓦尔丹	Wardān	وردان
瓦尔德	Ward	ورد
瓦尔迪	al-Wardī	الوردي
瓦尔伽	Warqā’	ورقاء
瓦尔孤迪	al-Warqūdī	الورقودي
瓦尔卡尼	al-Warkānī	الوركاني
瓦尔拉	Wa‘ lah	وعلة
瓦尔岚	Wa‘ lān	وعلان
瓦尔其	al-Warkī	الوركي
瓦尔瑟尼	al-Warthānī	الورثاني
瓦尔什	al-Warshī	الورشي
瓦尔施	Warsh	ورش
瓦尔斯	al-Wars	الورس
瓦尔斯纳尼	al-Warsinānī	الورسناني
瓦尔塔尼斯	al-Wartanīs；al-Wartanīsī	الورتنيس؛ الورتنيسي
瓦尔西尼	al-Warthīnī	الورثيني

续表

汉译	拉丁字母转写	阿拉伯文或波斯文
瓦尔扎	Warzah	ورزة
瓦尔扎纳尼	al-Warzanānī	الورزناني
瓦尔扎尼	al-Wardhānī	الورذاني
瓦尔兹	Warz	ورز
瓦法	Wafā'；al-Wafā'	وفاء؛ الوفاء
瓦法伊	al-Wafā'ī	الوفائي
瓦伽尔	al-Waqār	الوقار
瓦伽斯	Waqqās	وقاص
瓦伽隋	al-Waqqāsī	الوقاصي
瓦戈达尼	al-Waqdānī	الوقداني
瓦戈丹	Waqdān	وقدان
瓦戈伽尔	Waqqār	وقار
瓦戈施	Waqsh	وقش
瓦格什	al-Waqqashī	الوقشي
瓦哈拉	Wahrah	وحرة
瓦哈利	al-Waharī	الوحري
瓦哈什	Wahshī	وحشي
瓦哈瓦哈	Wahwah	وحوح
瓦哈瓦希	al-Wahwahī	الوحوحي
瓦贺卜	al-Wahhāb	الوهاب
瓦贺斯	Wahhās	وهاس
瓦赫巴	Wahbah	وهبة
瓦赫巴尼	al-Wahbanī	الوهبني
瓦赫班	Wahbān	وهبان
瓦赫比	al-Wahbī	الوهبي
瓦赫比勒	Wahbīl	وهبيل
瓦赫比里	al-Wahbīlī	الوهبيلي
瓦赫卜	Wahb	وهب

续表

汉译	拉丁字母转写	阿拉伯文或波斯文
瓦赫蒂	al-Wahtī	الوهطي
瓦赫拉尼	al-Wahrānī	الوهراني
瓦赫什	Wakhshī; al-Wakhshī	وخشي؛ الوخشي
瓦赫舒玛里	al-Wakhshumālī	الوخشمالي
瓦赫述詹	Wahshūdhān	وهشوذان
瓦基德	Wāqid	واقد
瓦基迪	al-Wāqidī	الواقدي
瓦吉卜	Wājib	واجب
瓦吉扎	Wajzah	وجزة
瓦冀赫	Wajīh; al-Wajīh	وجيه؛ الوجيه
瓦冀胡丁	Wajīh al-Dīn	وجيه الدين
瓦冀希	al-Wajīhī	الوجيهي
瓦杰兹	Wajaz	وجز
瓦拉厄杰尼	al-Waraghjanī	الورغجني
瓦拉厄萨利	al-Waraghsarī	الورغسري
瓦拉戈	Waraq; al-Warrāq	ورق؛ الوراق
瓦拉格	Waraqah	ورقة
瓦拉冀	al-Walajī	الولجي
瓦拉冀尼	al-Warajīnī	الورجيني
瓦拉杰	Walajah	ولجة
瓦拉密尼	al-Warāmīnī	الوراميني
瓦拉斯尼尼	al-Warasnīnī	الورسنيني
瓦拉益	al-Warayī	الوريي
瓦拉札尼	al-Warāzānī	الورازاني
瓦腊德	Wallād	ولاد
瓦腊迪	al-Wallādī	الولادي
瓦腊施吉尔迪	al-Walāshjirdī	الولاشجردي
瓦兰冀	al-Waranjī	الورنجي

续表

汉译	拉丁字母转写	阿拉伯文或波斯文
瓦勒沃勒冀	al-Walwāljī	الولوالجي
瓦里	al-Walī	الولي
瓦里丁	Walī al-Dīn	ولي الدين
瓦里拉	Walī Allāh	ولي الله
瓦立德	al-Walīd	الوليد
瓦立迪	al-Walīdī	الوليدي
瓦利扎	Warīzah	وريزة
瓦纳冀	al-Wanajī	الونجي
瓦纳其	al-Wanakī	الونكي
瓦南德	Wanand	ونند
瓦南都尼	al-Wanandūnī	الونندوني
瓦尼比	al-Wanibī	الونبي
瓦努发熹	al-Wanūfakhī	الونوفخي
瓦努法佶	al-Wanūfāghī	الونوفاغي
瓦努撒恩	Wanūsān	ونوسان
瓦努撒尼	al-Wanūsānī	الونوساني
瓦齐尔	Wazīr; al-Wazīr	وزير؛ الوزير
瓦齐利	al-Wazīrī	الوزيري
瓦其俄	Wakī‘	وكيع
瓦其勒	al-Wakīl	الوكيل
瓦其仪	al-Wakī‘ ī	الوكيعي
瓦撒吉	Wassāj	وساج
瓦撒威斯	al-Wasāwisī	الوساوسي
瓦萨斯卡利	al-Wasaskarī	الوسسكري
瓦瑟比	al-Waththābī	الوثابي
瓦瑟卜	Waththāb	وثاب
瓦沙	al-Washshā’	الوشاء
瓦尚	Wathan	وثن

续表

汉译	拉丁字母转写	阿拉伯文或波斯文
瓦施基	al-Washqī	الوشقي
瓦希卜	Wahīb	وهيب
瓦斯基	al-Wasqī	الوسقي
瓦斯冀	al-Wasījī	الوسيجي
瓦斯腊提	al-Waslātī	الوسلاتي
瓦斯姆	Wasīm	وسيم
瓦斯雅尼	al-Wasyānī	الوسياني
瓦隋	al-Wasī	الوصي
瓦隋夫	Wasīf	وصيف
瓦索比	Wassābī；al-Wassābī	وصابي؛ الوصابي
瓦索卜	Wassāb	وصاب
瓦索斐	al-Wassāfī	الوصافي
瓦索夫	Wassāf；al-Wassāf	وصاف؛ الوصاف
瓦塔尔	al-Wattār	الوتار
瓦特沃特	al-Watwāt	الوطواط
瓦特尤特	Watyūt	وطيوط
瓦西蒂（特殊译名）	al-Wāsitī	الواسطي
瓦西玛	Wathīmah	وثيمة
瓦希德	Wahīd；al-Wahīd	وحيد؛ الوحيد
瓦赞	al-Wazzān	الوزان
瓦泽姆	Wadham	وذم
瓦吒利	al-Wadhārī	الوذاري
瓦札加利	al-Wazāgharī	الوزاغري
瓦詹卡巴芝	al-Wadhankābādhī	الوذنكاباذي
瓦兹都里	al-Wazdūlī	الوزدولي
瓦兹加吉尼	al-Wazghajnī	الوزغجني
瓦兹维尼	al-Wazwīnī	الوزويني
万沙利斯	al-Wansharīsī	الونشريسي

续表

汉译	拉丁字母转写	阿拉伯文或波斯文
万雅尔	Wanyār	ونيار
旺比	al-Wanbī	الونبي
旺尼	Wannī；al-Wannī	وني؛ الوني
威伽	Wiqā’	وقاء
威伽雅提	al-Wiqāyātī	الوقاياتي
威沙哈	Wishāh	وشاح
威索比	al-Wisābī	الوصابي
威塔尔	Witār	وتار
威塔利	al-Witārī	الوتاري
威兹尔	Wizr	وزر
威兹腊尼	al-Widhlānī	الوذلاني
维包迪	al-Wībawdī	الويبودي
维米	al-Wīmī	الويمي
维吒巴芝	al-Wīdhābādhī	الويذاباذي
温迪	al-Undī	الأندي
温尼	al-Unnī	الأني
温耶斐	al-Unyafī	الأنيفي
翁纳比	al-‘ Unnābī	العنابي
沃比勒	Wābil	وابل
沃比里	al-Wābilī	الوابلي
沃比什	al-Wābishī	الوابشي
沃比施	Wābish	وابش
沃比隋	al-Wābisī	الوابصي
沃比索	Wābisah	وابصة
沃波卡尼	al-Wābkanī	الوابكني
沃狄哈	Wādih	واضح
沃狄希	al-Wādihī	الواضحي
沃迪	al-Wādī	الوادي

续表

汉译	拉丁字母转写	阿拉伯文或波斯文
沃迪・阿什	al-Wādī Āshī	الوادي آشي
沃迪阿	Wādi‘ ah	وادعة
沃迪俄	Wādi‘	وادع
沃迪雅什	al-Wādiyāshī	الوادياشي
沃迪亚尼	al-Wādiyaynī	الواديينى
沃迪仪	al-Wādi‘ ī	الوادعي
沃尔杰腊尼	al-Wārjalānī	الوارجلاني
沃发基	al-Wāfaqī	الوافقي
沃菲德	Wāfid	وافد
沃菲迪	al-Wāfidī	الوافدي
沃斐	Wāfī；al-Wāfī	وافي؛ الوافي
沃赫卡尼	al-Wāhkānī	الواهكاني
沃基斐	Wāqifī；al-Wāqifī	واقفي؛ الواقفي
沃基夫	Wāqif	واقف
沃基仪	al-Wāqi‘ ī	الواقعي
沃及俄	Wāzi‘；al-Wāzi‘	وازع؛ الوازع
沃及仪	al-Wāzi‘ ī	الوازعي
沃拉	Wārah	وارة
沃岚	Wālān	والان
沃黎思	Wārith；al-Wārith	وارث؛ الوارث
沃黎西	al-Wārithī	الوارثي
沃里巴	Wālibah	والبة
沃里比	al-Wālibī	الوالبي
沃利	al-Wārī	الواري
沃撒纳	Wāsānah	واسانة
沃撒尼	al-Wāsānī	الواساني
沃什哈	Wāshih	واشح
沃什希	al-Wāshihī	الواشحي

续表

汉译	拉丁字母转写	阿拉伯文或波斯文
沃施吉尔迪	al-Wāshjirdī	الواشجردي
沃思戈	al-Wāthiq	الواثق
沃思戈	Wāthiq	واثق
沃思基	al-Wāthiqī	الواثقي
沃思拉	Wāthilah	واثلة
沃思里	al-Wāthilī	الواثلي
沃斯俄	Wāsi‘	واسع
沃斯勒	Wāsil	واصل
沃斯里	al-Wāsilī	الواصلي
沃希德	al-Wāhid	الواحد
沃熙卜	Wāhib	واهب
沃伊勒	Wā’ il	وائل
沃伊里	al-Wāyilī； al-Wā’ ilī	الوايلي؛ الوائلي
沃仪拉	Wāyilah	وايلة
沃仪勒	Wāyil	وايل
沃易济	al-Wā‘ izī	الواعظي
沃易兹	al-Wā‘ iz	الواعظ
沃泽纳尼	al-Wādhanānī	الواذناني
沃吒利	al-Wādhārī	الواذاري
沃兹芝	al-Wāzdhī	الوازذي
乌巴利	al-Ūbarī	الأوبري
乌达尼	al-Ūdanī	الأودني
乌顾兹	Ūghūz	أوغوز
乌姆迦尔	Umghār	أمغار
乌姆鲁什	al-Umrūshī	الأمروشي
乌姆鲁希	al-Umrūhī	الأمروحي
乌姆璐其	al-Umlūkī	الأملوكي
乌施纳尼	al-Ushnānī	الأشناني

续表

汉译	拉丁字母转写	阿拉伯文或波斯文
乌施纳伊	al-Ushnā' ī	الأشنائي
乌施南达尼	al-Ushnāndānī	الأشناندانی
乌施努希	al-Ushnuhī	الأشنهي
吾贝尔	Wubayr	وبير
吾德	Wudd	ود
吾哈济	al-Wuhāzī	الوحاظي
吾哈左	Wuhāzah	وحاظة
吾海卜	Wuhayb	وهيب
吾赫班	Wuhbān	وهبان
吾勒德	Wuld	ولد
吾筛尔	Wuthayr	وثير
吾索比	al-Wusābī	الوصابي
吾宰哈	Wudhayh	وذيح
伍巴迪	al-Ubbadī	الأبدي
伍巴益	al-Ubayī	الأبيي
伍巴芝	al-Ubbadhī	الأبذي
伍贝恩	Ubayn	أبين
伍贝尔	Ubayr	أبير
伍贝黎德	Ubayrid； al-Ubayrid	أبيرد؛ الأبيرد
伍贝黎戈	Ubayriq	أبيرق
伍贝依	Ubayy	أبي
伍比	al-Ubbī	الأبي
伍布里	al-Ubullī	الأبلي
伍达德	Udad	أدد
伍达迪	al-Udadī	الأددي
伍达维	al-Udawī	الأدوي
伍代耶	Udayyah	أدية

续表

汉译	拉丁字母转写	阿拉伯文或波斯文
伍代依	Udayy	أدى
伍德	Udd	أد
伍德福伟	al-Udfuwī	الأدفوي
伍尔布德	al-U' būd	الأعبود
伍尔布迪	al-U' būdī	الأعبودي
伍尔布斯	al-Urbusī	الأربسي
伍尔迪	al-Urdī	الأردي
伍尔都里	al-U' dūlī	الأعدولي
伍尔敦尼	al-Urdunnī	الأردني
伍尔麦维	al-Urmawī	الأرموي
伍尔木基	al-U' mūqī	الأعموقي
伍尔束斐	al-Ursūfī	الأرسوفي
伍盖什尔	al-Uqayshir	الأقيشر
伍盖施	Uqaysh	أقيش
伍盖斯尔	Uqaysir	اقيسر
伍戈里什	al-Uqlīshī	الأقليشي
伍哈都西	al-Uhdūthī	الأحدوثي
伍哈鲁冀	al-Uhrūjī	الأحروجي
伍哈木斯	al-Uhmūsī	الأحموسي
伍海希	al-Uhayhī	الأحيحي
伍亥夫	Ukhayf	أخيف
伍赫木利	al-Ukhmūrī	الأخموري
伍赫珠利	al-Uhjūrī	الأهجوري
伍捷勒	Ujayl	أجيل
伍凯勒	Ukayl	أكيل
伍凯里	al-Ukaylī	الأكيلي
伍凯玛	Ukaymah	أكيمة

续表

汉译	拉丁字母转写	阿拉伯文或波斯文
伍凯纳	Ukaynah	أكينة
伍鲁赫斯	al-Urukhsī	الأرخسي
伍璐斯	al-Ulūsī	الألوسي
伍玛米	al-Umāmī	الأمامي
伍麦维	al-Umawī	الأموي
伍麦叶	Umayyah	أمية
伍梅	Umay	أمي
伍梅恩	Umayn	أمين
伍梅尔	Umayr	أمير
伍梅勒	Umayl	أميل
伍纳利	al-Unarī	الأنري
伍纳斯	Unās	أناس
伍奈斯	Unays	أنيس
伍撒玛	Usāmah	أسامة
伍撒米	al-Usāmī	الأسامي
伍赛德	Usayd	أسيد
伍赛迪	al-Usaydī	الأسيدي
伍赛尔	Usayr	أسير
伍赛菲俄	Usayfi‘	أسيفع
伍赛拉	Usayrah	أسيرة
伍赛伊德	Usayyid	أسيد
伍赛伊迪	al-Usayyidī	الأسيدي
伍劭俄	Uthaw‘	أثيع
伍筛尔	Uthayr	أثير
伍尚	Uthān	أثان
伍施凡迪	al-Ushfandī	الأشفندي
伍施米优尼	al-Ushmiyūnī	الأشميوني

续表

汉译	拉丁字母转写	阿拉伯文或波斯文
伍施木尼	al-Ushmūnī	الأشموني
伍施木斯	al-Ushmūsī	الأشموسي
伍施塔波迪扎其	al-Ushtābdīzakī	الأشتابديزكي
伍施塔赫瓦斯提	al-Ushtākhawastī	الأشتاخوستي
伍施图尔冀	al-Ushturjī	الأشترجي
伍希卜	Uhīb	أهيب
伍斯拔尼卡西	al-Usbānīkathī	الأسبانيكثي
伍斯冀	al-Usjī	الأسجي
伍斯库比	al-Uskūbī	الأسكوبي
伍斯鲁圣尼	al-Usrūshannī	الأسروشني
伍斯曼迪	al-Usmandī	الأسمندي
伍斯纳尼	al-Usnānī	الأسناني
伍斯塔拉基尼	al-Ustāraqīnī	الأستارقيني
伍斯塔尼	al-Ustānī	الأستاني
伍斯塔孜	al-Ustādh	الأستاذ
伍斯塔孜雅拉尼	al-Ustādhyarānī	الأستاذيراني
伍斯图格达迪齐	al-Ustughdādīzī	الأستغداديزي
伍斯图沃伊	al-Ustuwā' ī	الأستوائي
伍斯沃利	al-Uswārī	الأسواري
伍斯沃尼	al-Uswānī	الأسواني
伍斯尤蒂	al-Usyūtī	الأسيوطي
伍宿里	al-Usūlī	الأصولي
伍绥比阿	Usaybi' ah	أصيبعة
伍绥勒	Usayl	أصيل
伍塔	Uttah	أتة
伍特富伟	al-Utfūwī	الأتفوي
伍特拉利	al-Utrārī	الأتراري

续表

汉译	拉丁字母转写	阿拉伯文或波斯文
伍特鲁施	al-Utrūsh	الأطروش
伍特顺迪	al-Utshundī	الأتشندي
伍韦斯	Uways；al-Uwaysī	أويس؛ الأويسي
伍沃斯	al-Uwāsī	الأواسي
伍宰纳	Udhaynah	أذينة
伍宰尼	al-Udhaynī	الأذيني
伍孜富伟	al-Udhfūwī	الأذفوي
伍兹利	al-Uzrī	الأزري
伍兹沃利	al-Uzwārī	الأزواري

X

汉译	拉丁字母转写	阿拉伯文或波斯文
西巴韦赫	Sibawayh	سبويه
西拔俄	Sibā‘	سباع
西拔利	al-Sibārī	السباري
西拔其	al-Sibākī	السباكي
西拔特	Sibāt	سباط
西拔伊	al-Sibā’ī	السبائي
西拔仪	al-Sibā‘ī	السباعي
西波特	Sibt；al-Sibt	سبط؛ السبط
西波益	al-Sibyī	السبيي
西伯威（又译斯巴韦赫）	Sībawayh	سيبويه
西达德	Sidād	سداد
西德利	al-Sidrī	السدري
西厄纳基	al-Sighnāqī	السغناقي
西尔	al-Sirr	السر
西尔儿	Si‘r	سعر

续表

汉译	拉丁字母转写	阿拉伯文或波斯文
西尔卡尼	al-Sirkānī	السركاني
西尔斯	al-Sirsī	السرسي
西尔提	al-Sirtī	السرتي
西尔维	al-Sirwī	السروي
西法里	al-Sifālī	السفالي
西弗里	al-Siflī	السفلي
西弗雅尼	al-Sifyānī	السفياني
西哈利	al-Sihrī	السحري
西哈玛维	al-Sihmāwī	السحماوي
西吉勒玛斯	al-Sijilmāsī	السجلماسي
西吉里尼	al-Sijilīnī	السجليني
西吉尼	al-Sijīnī	السجيني
西吉齐	al-Sijzī	السجزي
西吉斯塔尼	al-Sijistānī	السجستاني
西贾利	al-Sijārī	السجاري
西贾旺迪	al-Sijāwandī	السجاوندي
西凯纳	Sikkaynah	سكينة
西克利	al-Sikrī	السكري
西克齐	al-Sikzī	السكزي
西克什	al-Sikshī	السكشي
西拉斐	al-Silafī	السلفي
西拉吉	Sirāj	سراج
西拉冀	al-Sirājī	السراجي
西拉朱丁	Sirāj al-Dīn	سراج الدين
西腊希	al-Silāhī	السلاحي
西劳利	al-Sillawrī	السلوري
西勒法	Silfah	سلفة
西勒斐	al-Silfī	السلفي

续表

汉译	拉丁字母转写	阿拉伯文或波斯文
西勒基	al-Silqī	السلقي
西勒姆	Silm	سلم
西勒西勒	Silsil	سلسل
西勒西里	al-Silsilī	السلسلي
西雷尼	al-Sirraynī	السريني
西利	Sirrī；al-Sirrī	سري؛ السري
西鹿（习惯译名）	Sārūgh	ساروغ
西玛克	Simāk	سماك
西玛其	al-Simākī	السماكي
西米赫拉蒂	al-Simikhrātī	السمخراطي
西米斯拓维	al-Simistāwī	السمسطاوي
西米斯拓仪	al-Simistā' ī	السمسطايي
西敏贾尼	al-Siminjānī	السمنجاني
西敏纳维	al-Siminnāwī	السمناوي
西敏拓利	al-Simintārī	السمنطاري
西默俄	al-Sima‘	السمع
西默纳尼	al-Simanānī	السمناني
西默仪	al-Sima‘ ī	السمعي
西姆拉里	al-Simlālī	السملالي
西姆纳尼	al-Simnānī	السمناني
西姆纳其	al-Simnakī	السمنكي
西姆纳伊	al-Simnā' ī	السمنائي
西姆撒蒂	al-Simsātī	السمساطي
西姆撒尔	al-Simsār	السمسار
西姆特	al-Simt	السمط
西姆西米	al-Simsimī	السمسمي
西纳尼	al-Sinānī	السناني
西纳特	Sināt	سناط

续表

汉译	拉丁字母转写	阿拉伯文或波斯文
西其特	al-Sikkīt	السكيت
西奇里康迪	al-Sikilikandī	السكلكندي
西塔利	al-Sitarī	الستري
西特	Sitt	ست
西廷	Sittīn	ستين
西沃尔	Siwār	سوار
西沃克	Siwāk	سواك
西雅巴	Siyābah	سيابة
西雅达	al-Siyādah	السيادة
西雅齐	al-Siyāzī	السيازي
西雅特	Siyāt	سياط
希巴拉	Hibarah	حبرة
希巴利	al-Hibarī	الحبري
希巴图拉	Hibat Allāh	هبة الله
希拔勒	Hibāl	حبال
希拔尼	al-Hibbānī	الحباني
希班	Hibbān	حبان
希比	Hibbī	حبي
希波拉瑟尼	al-Hibrāthānī	الهبراثاني
希波兰	Hibrān	حبران
希波利	al-Hibrī	الحبري
希伯	' Aybar	عيبر
希达德	Hidād	حداد
希达迪	al-Hidādī	الحدادي
希达耶图拉	Hidāyat Allāh	هداية الله
希德	Hīd	حيد
希德姆	Hidm	هدم
希迪	al-Hīdī	الحيدي

续表

汉译	拉丁字母转写	阿拉伯文或波斯文
希蒂尼	al-Hittīnī	الحطيني
希恩	Hin	حن
希尔比施	Hirbish	حربش
希尔吉	Hirj	حرج
希尔玛齐	al-Hirmāzī	الحرمازي
希尔米	al-Hirmī	الهرمي
希尔姆	Hirm	هرم
希法尼	al-Hiffānī	الهفاني
希凡	Hiffān	هفان
希吉尔	Hijr	حجر
希吉剌尼	al-Hijrānī	الهجراني
希冀	al-Hijjī	الحجي
希贾卜	al-Hijāb	الحجاب
希贾拉	al-Hijārah	الحجارة
希贾利	al-Hijārī	الحجاري
希贾齐	al-Hijāzī	الحجازي
希克利	al-Hikrī	الحكري
希拉	al-Hīlah	الهيلة
希拉比	al-Hirābī	الحرابي
希拉吉	Hirāj；al-Hirāj	هراج؛ الهراج
希拉施	Hirāsh	حراش
希拉提	al-Hīlātī	الحيلاتي
希腊勒	Hilāl	هلال
希腊里	al-Hilālī	الهلالي
希腊维	Hillāwī；al-Hillāwī	حلاوي؛ الحلاوي
希勒甘	al-Hilqām	الهلقام
希勒斯	Hils；al-Hilsī	حلس؛ الحلسي
希里	al-Hillī	الحلي

续表

汉译	拉丁字母转写	阿拉伯文或波斯文
希利	al-Hīrī	الحيري
希琳伽什	al-Shirinqāshī	الشرنقاشي
希玛尔	Himār；al-Himār	حمار؛ الحمار
希玛齐	al-Himāzī	الحمازي
希玛斯	Himās；al-Himāsī	حماس؛ الحماسي
希玛耶	Himāyah	حماية
希玛兹	Himāz	حماز
希姆沙蒂	al-Shimshātī	الشمشاطي
希姆沙特	Shimshāt	شمشاط
希姆隋	al-Himsī	الحمصي
希木叶尔	Himyar	حمير
希木叶利	Himyarī；al-Himyarī	حميري؛ الحميري
希纳克	Hināk	حناك
希尼	Hinī	هني
希撒卜	Hisāb	حساب
希沙恩	Hishshān	حشان
希沙米	al-Hishāmī	الهشامي
希沙姆	Hishām	هشام
希沙尼	al-Hishshānī	الحشاني
希施姆	Hishm	حشم
希士恩	Hisn	حصن
希士尔	Hisr	حصر
希士拉米	al-Hisramī	الحصرمي
希士拉姆	al-Hisram	الحصرم
希士纳凯斐	al-Hisnakayfī	الحصنكيفي
希士尼	al-Hisnī	الحصني
希斯巴	Hisbah	حسبة
希斯勒	Hisl；al-Hisl	حسل؛ الحسل

续表

汉译	拉丁字母转写	阿拉伯文或波斯文
希斯里	al-Hislī	الحسلي
希特	Hīt	حيت
希特拉尼	al-Hitrānī	الحطراني
希提	al-Hītī	الهيتي
希沃里	al-Hiwālī	الحوالي
希幸贾尼	al-Hisinjānī	الهسنجاني
希雅达	Hiyādah	حيادة
希雅吉	Hiyāj	هياج
希赞	Hizzān	هزان
希札米	al-Hizāmī	الحزامي
希札姆	Hizām	حزام
希札尼	al-Hīzānī	الحيزاني
希孜默尔	Hidhmar	حذمر
希孜默利	al-Hidhmarī	الحذمري
希孜耶姆	Hidhyam	حذيم
希兹基勒	Hizqil	حزقل
希兹耶齐	al-Hizyazī	الحزيزي
熙札尼	al-Hizzānī	الهزاني
熹拉	Khīlah	خيلة
喜波兹俄	Khibdhi‘	خبذع
喜达俄	Khidā‘	خداع
喜达米	al-Khidāmī	الخدامي
喜达什	Khidāsh；al-Khidāshī	خداش؛ الخداشي
喜德尔	Khidr；al-Khidr	خضر؛ الخضر
喜德拉	Khidrah	خدرة
喜德拉米	al-Khidramī	الخضرمي
喜德拉韦赫	al-Khidrawayh	خضرويه
喜德利	al-Khidrī	الخضري

续表

汉译	拉丁字母转写	阿拉伯文或波斯文
喜德利	al-Khidrī	الخدري
喜多利	al-Khidarī	الخضري
喜尔比勒	Khirbīl	خربيل
喜尔格	Khirqah	خرقة
喜尔米勒	Khirmil	خرمل
喜尔尼戈	al-Khirniq	الخرنق
喜拉基	al-Khiraqī	الخرقي
喜拉沙	Khirāshah	خراشة
喜拉施	Khirāsh	خراش
喜拉仪	al-Khila‘ ī	الخلعي
喜腊蒂	al-Khilātī	الخلاطي
喜腊勒	al-Khilāl	الخلال
喜腊斯	Khilās	خلاس
喜勒吉	al-Khilj	الخلج
喜雷特	Khirrayt	خريت
喜玛尔	al-Khimār	الخمار
喜姆伽巴芝	al-Khimqābādhī	الخمقاباذي
喜沙恩	Khishān；al-Khishān	خشان؛ الخشان
喜沙尼	al-Khishānī	الخشاني
喜士耶	Khisyah	خصية
喜索斐	al-Khisāfī	الخصافي
喜索夫	Khisāf	خصاف
喜索勒	al-Khisāl	الخصال
喜拓米	al-Khitāmī	الخطامي
喜拓伊	al-Khitā’ ī	الخطائي
喜雅尔	Khiyār；al-Khiyār	خيار؛ الخيار
喜雅利	al-Khiyārī	الخياري
喜也拉	Khiyarah	خيرة

续表

汉译	拉丁字母转写	阿拉伯文或波斯文
喜尤维	al-Khiyuwī	الخيوي
喜扎姆	Khidhām	خذام
谢奥拉	Shay' Allāh	شيع الله
谢巴	Shaybah	شيبة
谢拔尼	al-Shaybānī	الشيباني
谢拔尼克	Shaybānik	شيبانك
谢班	Shaybān	شيبان
谢比	Shaybī; al-Shaybī	شيبي؛ الشيبي
谢汗	Shaykhān	شيخان
谢赫	Shaykh; al-Shaykh	شيخ؛ الشيخ
谢拉玛	Shaylamah	شيلمة
谢拉玛尼	al-Shaylamānī	الشيلماني
谢索班	al-Shaysabān	الشيصبان
谢拓尼	al-Shaytānī	الشيطاني
谢希	Shayhī; al-Shayhī	شيحي؛ الشيحي
谢熹	Shaykhī; al-Shaykhī	شيخي؛ الشيخي
谢雅卜	Shayyāb	شياب
谢雅勒	al-Shayyāl	الشيال
谢扎利	al-Shayzarī	الشيزري
谢左米	al-Shayzamī	الشيظمي
辛	Shīn	شين
辛基蒂	al-Shinqītī	الشنقيطي
辛济尔	Shinzīr	شنظير
辛默齐	al-Shimmazī	الشمزي
辛提贾里	al-Shintijālī	الشنتجالي
欣比	al-Hinbī	الهنبي
欣卜	Hinb	هنب
欣达沃尼	al-Hindawānī	الهندواني

续表

汉译	拉丁字母转写	阿拉伯文或波斯文
欣德	Hind	هند
欣迪	al-Hindī	الهندي
欣尼	al-Hinnī	الهني
欣塔提	al-Hintātī	الهنتاتي
兴比斯	Khinbis；al-Khinbisī	خنبس؛ الخنبسي
兴迪斐	al-Khindifī	الخندفي
兴迪夫	Khindif；al-Khindif	خندف؛ الخندف
兴纳巴	Khinnābah	خنابة
兴瑙特	al-Khinnawt	الخنوت
杏玛尼	al-Himmānī	الحماني
杏曼	Himmān	حمان
杏默隋	al-Himmasī	الحمصي
杏默索	Himmasah	حمصة
杏纳伊	al-Hinnā'ī	الحنائي
杏尼	Hinnī；al-Hinnī	حني؛ الحني
杏提夫	Hintif	حنتف
杏札巴	Hinzābah	حنزابة
幸	Sīn	سين
幸比腊维尼	al-Sinbillāwīnī	السنبلاويني
幸比斯	Sinbis；al-Sinbisī	سنبس؛ السنبسي
幸迪	al-Sindī	السندي
幸迪沃尼	al-Sindiwānī	السندواني
幸冀	al-Sinjī	السنجي
幸贾巴芝	al-Sinjābādhī	السنجاباذي
幸贾利	al-Sinjārī	السنجاري
幸贾尼	al-Sinjānī	السنجاني
幸贾维	al-Sinjāwī	السنجاوي
幸简	Sinjān	سنجان

续表

汉译	拉丁字母转写	阿拉伯文或波斯文
幸米芝	al-Simmidhī	السمذي
幸默利	al-Simmarī	السمري
幸尼	al-Sinnī	السني
旭烈兀（习惯译名）	Hulākū；Hūlākū	هلاكو؛ هولاكو
荀都基	al-Sundūqī	الصندوقي
荀哈吉	al-Sunhājī	الصنهاجي
荀欧拉	Sun‘ Allāh	صنع الله
逊拔蒂	al-Sunbātī	السنباطي
逊拔孜	Sunbādh	سنباذ
逊布赫特	Sunbukht	سنبخت
逊布腊尼	al-Sunbulānī	السنبلاني
逊布勒	Sunbul	سنبل
逊玛	Summá	سمي
逊玛基	al-Summāqī	السماقي
逊纳	Sunnah	سنة
逊尼	al-Sunnī	السني
逊希	al-Sunhī	السنحي
逊逊	Sunsun	سنسن

Y

汉译	拉丁字母转写	阿拉伯文或波斯文
雅比	al-Yābī	اليابي
雅比斯	al-Yābis；al-Yābisī	اليابس؛ اليابسي
雅布利	al-Yāburī	اليابري
雅尔卡西	al-Yārkathī	الياركثي
雅菲俄	Yāfi‘	يافع
雅菲仪	al-Yāfi‘ī	اليافعي

续表

汉译	拉丁字母转写	阿拉伯文或波斯文
雅弗（习惯译名）	Yāfith	يافث
雅富尼	al-Yāfūnī	اليافوني
雅孤特	Yāqūt	ياقوت
雅孤提	al-Yāqūtī	الياقوتي
雅佶	Yāghī	ياغي
雅列（习惯译名）	Yarid	يرد
雅米	al-Yāmī	اليامي
雅敏	Yāmin	يامن
雅姆	Yām	يام
雅木利	al-Yāmūrī	اليامور ي
雅纳	Yānah	يانة
雅尼	al-Yānī	الياني
雅斯尔	Yāsir；al-Yāsir	ياسر؛ الياسر
雅斯利	al-Yāsirī	الياسري
雅幸	Yāsīn	ياسين
亚当（即阿丹）	Ādam	آدم
亚法撒（习惯译名）	Arfakhshadh	أرفخشذ
亚塞俄	Yaytha‘	ييثع
亚思俄	Yaythi‘	ييثع
亚思仪	al-Yaythi‘ ī	الييثعي
彦布仪	al-Yanbu‘ ī	الينبعي
彦丹	Yandān	يندان
彦富尔	Yanfūr	ينفور
彦富利	al-Yanfūrī	الينفوري
彦贾卜	Yanjāb	ينجاب
彦纳尔	Yannār	ينار
彦纳戈	Yannaq	ينق
彦纳赫	Yannah	ينه

续表

汉译	拉丁字母转写	阿拉伯文或波斯文
尧巴卜	Yawbab	يوبب
尧纳尼	al-Yawnānī	اليوناني
尧南	Yawnān	يونان
尧希	Yawhī	يوحي
也玛尼	al-Yamānī	اليماني
也曼	Yaman； al-Yaman	يمن؛ اليمن
也米尼	al-Yamīnī	اليميني
也敏	Yamīn	يمين
也默尼	al-Yamanī	اليمني
叶达斯	Yaddās	يداس
叶德伊里	al-Yad' ilī	اليدئلي
叶俄布卜	Ya' būb； al-Ya' būb	يعبوب؛ اليعبوب
叶俄福尔	Ya' fur	يعفر
叶俄福利	Ya' furī； al-Ya' furī	يعفري؛ اليعفري
叶俄富尔	Ya' fūr	يعفور
叶俄默尔	Ya' mar	يعمر
叶俄默利	al-Ya' marī	اليعمري
叶俄姆尔	Ya' mur	يعمر
叶俄姆利	al-Ya' murī	اليعمري
叶俄束卜	Ya' sūb	يعسوب
叶厄拉比	al-Yaghlabī	اليغلبي
叶厄拉卜	Yaghlab	يغلب
叶厄里卜	Yaghlib	يغلب
叶厄木利	al-Yaghmūrī	اليغموري
叶厄纳姆	Yaghnam	يغنم
叶厄纳维	al-Yaghnawī	اليغنوي
叶尔布俄	Yarbū'	يربوع
叶尔布仪	al-Yarbū' ī	اليربوعي

续表

汉译	拉丁字母转写	阿拉伯文或波斯文
叶尔德	Yard	يرد
叶尔孤比	al-Ya‘ qūbī	اليعقوبي
叶尔孤卜	Ya‘ qūb	يعقوب
叶尔迦恩	Yarghān	يرغان
叶尔迦尼	al-Yarghānī	اليرغاني
叶尔腊	Ya‘ lá	يعلى
叶尔鲁比	al-Ya‘ rubī	اليعربي
叶尔鲁卜	Ya‘ rub	يعرب
叶尔木其	al-Yarmūkī	اليرموكي
叶尔特	Yart	يرت
叶弗拉尼	al-Yafranī	اليفرني
叶弗塔里	al-Yaftalī	اليفتلي
叶戈达米	al-Yaqdamī	اليقدمي
叶戈蒂尼	al-Yaqtīnī	اليقطيني
叶戈黎米	al-Yaqrimī	اليقرمي
叶戈庭	Yaqtīn	يقطين
叶戈通	Yaqtun	يقطن
叶格昝	al-Yaqzān	اليقظان
叶格左	Yaqazah	يقظة
叶顾思	Yaghūth	يغوث
叶哈独比	al-Yahdubī	اليحضبي
叶哈独波	Yahdub	يحضب
叶哈利	al-Yaharī	اليهري
叶哈默德	Yahmad	يحمد
叶哈默迪	al-Yahmadī	اليحمدي
叶哈斯比	al-Yahsibī	اليحصبي
叶哈斯波	Yahsib	يحصب
叶哈稣比	al-Yahsubī	اليحصبي

续表

汉译	拉丁字母转写	阿拉伯文或波斯文
叶哈稣波	Yahsub	يحصب
叶哈雅	Yahyá	يحيى
叶哈叶韦赫	Yahyawayh	يحيويه
叶哈叶维	al-Yahyawī	اليحيوي
叶赫拉夫	Yakhlaf	يخلف
叶赫路德	Yakhlud	يخلد
叶胡迪	al-Yahūdī	اليهودي
叶胡吉	Yahuj	يحج
叶克黎卜	Yakrib	يكرب
叶利姆	Yarīm	يريم
叶璐勒	Yalūl	يلول
叶玛巴尔提	al-Yamābartī	اليمابرتي
叶玛米	al-Yamāmī	اليمامي
叶曼	Yamān	يمان
叶纳俄	Yanā‘	يناع
叶纳仪	al-Yanā‘ ī	اليناعي
叶齐德	Yazīd	يزيد
叶齐迪	al-Yazīdī	اليزيدي
叶勤	Yaqīn	يقين
叶撒尔	Yasār	يسار
叶撒黎佶	al-Yasārighī	اليسارغي
叶撒利	al-Yasārī	اليساري
叶萨俄	Yasa‘; al-Yasa‘	يسع؛ اليسع
叶萨尔	Yasar	يسر
叶萨拉	Yasarah	يسرة
叶萨维	al-Yasawī	اليسوي
叶什尼	al-Yashīnī	اليشيني
叶什朱卜	Yashjub	يشجب

续表

汉译	拉丁字母转写	阿拉伯文或波斯文
叶施巴克	Yashbak	يشبك
叶施库尔	Yashkur	يشكر
叶施库利	al-Yashkurī	اليشكري
叶思黎比	al-Yathribī	اليثربي
叶斯昆	Yaskun	يسكن
叶斯腊桑	Yaslāsan	يصلاصن
叶斯勒	Yasl；al-Yasl	يسل؛ اليسل
叶斯利	al-Yasrī	اليسري
叶隋哈	Yasīh	يصيح
叶塔熹	al-Yatākhī	اليتاخي
叶沃尼	al-Yawānī	اليواني
叶希德	Yahīd	يحيد
叶细尔	Yasīr	يسير
叶细利	al-Yasīrī	اليسيري
叶仪施	Ya‘ īsh	يعيش
叶赞	Yazan	يزن
叶扎尼	al-Yazanī	اليزني
叶兹达德	Yazdād	يزداد
叶兹达赫	Yazdah	يزده
叶兹达芝	al-Yazdādhī	اليزداذي
叶兹达孜	Yazdādh	يزداذ
叶兹迪	al-Yazdī	اليزدي
叶兹拉提尼	al-Yazlatīnī	اليزلتيني
叶祖赫库西	al-Yadhukhkuthī	اليذخكثي
伊巴迪	al-Ibādī	الإباضي
伊巴里	al-Ibalī	الإبلي
伊巴利	al-Ibarī	الإبري
伊巴萨尼	al-Ībasanī	الإيبسني

续表

汉译	拉丁字母转写	阿拉伯文或波斯文
伊拔哈提	al-Ibāhatī	الإباحتي
伊波利基	al-Ibrīqī	الإبريقي
伊波利纳基	al-Ibrīnaqī	الإبرينقي
伊波什蒂	al-Ibshītī	الإبشيطي
伊波提撒姆	Ibtisām	ابتسام
伊波雅利	al-Ibyārī	الإبياري
伊波雅尼	al-Ibyānī	الإبياني
伊卜拉希米	al-Ibrāhīmī	الإبراهيمي
伊卜拉欣	Ibrāhīm	إبراهيم
伊达冀	al-Īdajī	الإيدجي
伊德里斯	Idrīs	إدريس
伊德利斯	al-Idrīsī	الإدريسي
伊尔比里	al-Irbilī	الإربلي
伊非里基	al-Ifrīqī	الإفريقي
伊弗里里	al-Iflīlī	الإفليلي
伊弗什拉伽尼	al-Ifshīraqānī	الإفشيرقاني
伊戈拔勒	Iqbāl	إقبال
伊戈里迪斯	al-Iqlīdisī	الإقليدسي
伊哈桑	Ihsān	إحسان
伊哈提雅蒂	al-Ihtiyātī	الاحتياطي
伊汉	Īhan	إيهن
伊赫拔利	al-Ikhbārī	الإخباري
伊赫米米	al-Ikhmīmī	الإخميمي
伊赫什德	al-Ikhshīd	الإخشيد
伊赫什迪	al-Ikhshīdī	الإخشيدي
伊冀	al-Ījī	الإيجي
伊克拉姆拉	Ikrām Allāh	إكرام الله
伊拉什	al-Irāshī	الإراشي

续表

汉译	拉丁字母转写	阿拉伯文或波斯文
伊腊阿	Ilā' ah	إلاءة
伊腊斐	al-' Ilāfī	العلافي
伊腊基	al-Īlāqī	الإيلاقي
伊勒比利	al-Ilbīrī	الإلبيري
伊勒迪库兹	Īldikuz	إيلدكز
伊勒迦齐	Īlghāzī	إيلغازي
伊勒雅斯	Ilyās	إلياس
伊玛	Īmā'	إيماء
伊玛米	al-Imāmī	الإمامي
伊玛目	al-Imām	الإمام
伊曼	Īmān	إيمان
伊姆黎	Imri'	امرئ
伊姆里	al-Imlī	الإملي
伊姆鲁	Imru'	امرؤ
伊纳勒	Īnāl	إينال
伊施比里	al-Ishbīlī	الإشبيلي
伊施卡尔比	al-Ishkarbī	الإشكربي
伊施拉基	al-Ishrāqī	الإشراقي
伊施提赫尼	al-Ishtīkhanī	الإشتيخني
伊斯巴俄	Isba‘; al-Isba‘	إصبع؛ الإصبع
伊斯比斯卡西	al-Isbiskathī	الإسبسكثي
伊斯法拉益尼	al-Isfarāyīnī	الإسفرابيني
伊斯法兰冀	al-Isfaranjī	الإسفرنجي
伊斯法斯	al-Isfasī	الإسفسي
伊斯法泽尼	al-Isfadhanī	الإسفذني
伊斯凡冀	al-Isfanjī	الإسفنجي
伊斯菲札利	al-Isfizārī	الإسفزاري
伊斯斐贾比	al-Isfījābī	الإسفيجابي

续表

汉译	拉丁字母转写	阿拉伯文或波斯文
伊斯斐纳伽尼	al-Isfīnaqānī	الإسفينقاني
伊斯斐泽达施提	al-Isfīdhadashtī	الإسفيذدشتي
伊斯哈格	Ishāq	إسحاق
伊斯哈基	al-Ishāqī	الإسحاقي
伊斯卡斐	al-Iskāfī	الإسكافي
伊斯卡夫	al-Iskāf	الإسكاف
伊斯卡拉尼	al-Iskāranī	الإسكارني
伊斯康达拉尼	al-Iskandarānī	الإسكندراني
伊斯拉卜	Israb	إسرب
伊斯拉伊里	al-Isrā' īlī	الإسرائيلي
伊斯腊米	al-Islāmī	الإسلامي
伊斯玛仪	Ismā' īl	اسماعيل
伊斯玛仪里	al-Ismā' īlī	الإسماعيلي
伊斯梅塞尼	al-Ismaythanī	الإسميثني
伊斯纳维	al-Isnawī	الإسنوي
伊斯纳伊	al-Isnā' ī	الإسنائي
伊斯奇里比	al-Iskilībī	الإسكليبي
伊斯塔尼	al-Istānī	الإستاني
伊斯提冀	al-Istijī	الإستجي
伊斯提拉巴芝	al-Istirābādhī	الإسترابادي
伊斯托赫里	al-Istakhrī	الإصطخري
伊斯沃利	al-Iswārī	الإسواري
伊塔熹	al-Ītākhī	الإيتاخي
伊沃斯	al-Iwāsī	الإواسي
伊雅德	Iyād	إياد
伊雅迪	al-Iyādī	الإيادي
伊雅米	al-Iyāmī	الإيامي
伊雅斯	Iyās	إياس

续表

汉译	拉丁字母转写	阿拉伯文或波斯文
伊雅兹	Iyāz	إياز
伊泽冀	al-Īdhajī	الإيذجي
伊吒	Idhāh	إذاة
伊祖熹	al-Īdhūkhī	الإيذوخي
仪丹	‘ Īdān	عيدان
以诺士（习惯译名）	Yānish	يانش
易巴尔	al-‘ Ibar	العبر
易拔达	‘ Ibādah	عبادة
易拔德	‘ Ibād	عباد
易拔迪	al-‘ Ibādī	العبادي
易波丹	‘ Ibdān	عبدان
易波拉尼	al-‘ Ibrānī	العبراني
易波利	al-‘ Ibrī	العبري
易达维	al-‘ Iddāwī	العداوي
易德依	‘ Idy	عدى
易尔凡	‘ Irfān	عرفان
易尔戈	al-‘ Irq	العرق
易尔戈苏斯	al-‘ Irqsūsī	العرقسوسي
易尔基	al-‘ Irqī	العرقي
易尔斯	‘ Irs	عرس
易尔彦	al-‘ Iryān	العريان
易伽勒	‘ Iqāl	عقال
易伽里	al-‘ Iqālī	العقالي
易格拉尼	al-‘ Iqrānī	العقراني
易吉勒	‘ Ijl； al-‘ Ijl	عجل؛ العجل
易吉里	al-‘ Ijlī	العجلي
易卡比	al-‘ Ikabbī	العكبي
易卡卜	‘ Ikabb	عكب

续表

汉译	拉丁字母转写	阿拉伯文或波斯文
易克黎玛	‘Ikrimah	عكرمة
易拉	‘Illah	علة
易拉尔	‘Irār	عرار
易拉戈	‘Irāq	عراق
易拉基	al-‘Irāqī	العراقي
易拉克	‘Irāk	عراك
易拉利	al-‘Irārī	العراري
易腊蒂	al-‘Ilāṭī	العلاطي
易腊基	al-‘Ilāqī	العلاقي
易腊特	‘Ilāṭ	علاط
易勒拔	‘Ilbā’；al-‘Ilbā’	علباء؛ العلباء
易勒格	‘Ilqah	علقة
易里	al-‘Illī	العلي
易玛德	‘Imād；al-‘Imād	عماد؛ العماد
易玛迪	al-‘Imādī	العمادي
易玛迪耶	al-‘Imādīyah	العمادية
易玛杜丁	‘Imād al-Dīn	عماد الدين
易玛拉	‘Imārah	عمارة
易玛玛	‘Imāmah	عمامة
易姆拉尼	al-‘Imrānī	العمراني
易姆兰	‘Imrān	عمران
易姆立戈	‘Imlīq	عمليق
易纳巴	‘Inabah	عنبة
易纳比	al-‘Inabī	العنبي
易纳尼	al-‘Inānī	العناني
易纳雅提	al-‘Ināyātī	العناياتي
易南	‘Inān	عنان
易齐	al-‘Izzī	العزي

续表

汉译	拉丁字母转写	阿拉伯文或波斯文
易什	al-‘ Ish	العش
易士尔	‘ Isr	عصر
易士利	al-‘ Isrī	العصري
易斯勒	‘ Isl	عسل
易索姆丁	‘ Isām al-Dīn	عصام الدين
易特班	‘ Itbān	عتبان
易特尔	‘ Itr	عتر
易特拉	‘ Itrah	عترة
易特利	al-‘ Itrī	العتري
易托利	al-‘ Itrī	العطري
易瓦得	‘ Iwad	عوض
易雅得	‘ Iyād	عياض
易雅荻	al-‘ Iyādī	العياضي
易雅孜	‘ Iyādh	عياذ
易赞	‘ Izzān	عزان
易扎	al-‘ Izzah	العزة
易吒尔	‘ Idhār	عذار
易吒利	‘ Idhārī; al-‘ Idhārī	عذاري؛ العذاري
易兹	‘ Izz; al-‘ Izz	عز؛ العز
易祖丁	‘ Izz al-Dīn	عز الدين
因纳卜	‘ Innāb; al-‘ Innāb	عناب؛ العناب
英拔利	al-Inbārī	الإنباري
英撒恩	Insān	إنسان
英撒尼	al-Insānī	الإنساني
优卜	Yūb	يوب
优庚其	al-Yūghankī	اليوغنكي
优罕纳	Yūhannā	يوحنا
优赫束尼	al-Yūkhasūnī	اليوخسوني

续表

汉译	拉丁字母转写	阿拉伯文或波斯文
优佶	al-Yūghī	اليوغي
优加	Yūghah	يوغة
优拉	Yūrā	يورا
优利	al-Yūrī	اليوري
优纳尔提	al-Yūnārtī	اليونارتي
优南	Yūnān	يونان
优尼尼	al-Yūnīnī	اليونيني
优努斯	Yūnus; al-Yūnusī	يونس؛ اليونسي
优沙俄	Yūsha‘	يوشع
优素斐	al-Yūsufī	اليوسفي
优素福	Yūsuf	يوسف
优益	al-Yūyī	اليويي
优泽维	al-Yūdhawī	اليوذوي
优札	Yūzā	يوزا
优芝	al-Yūdhī	اليوذي
尤阿尤阿	al-Yu’ yu’	اليؤيؤ
尤哈米德	Yuhmid	يحمد
尤哈米尔	Yukhāmir	يخامر
尤哈米利	al-Yukhāmirī	اليخامري
尤哈默德	Yuhmad	يحمد
尤罕纳	Yuhannah	يحنة
尤康尼	Yukannī	يكني
尤梅恩	Yumayn	يمين
尤姆恩	Yumn; al-Yumn	يمن؛ اليمن
尤赛俄	Yusay‘	يسيع
尤赛尔	Yusayr	يسير
尤赛拉	Yusayrah	يسيرة
尤筛俄	Yuthay‘	يثيع

续表

汉译	拉丁字母转写	阿拉伯文或波斯文
尤筛仪	al-Yuthay' ī	اليثيعي
尤斯尔	Yusr；al-Yusr	يسر؛ اليسر
尤斯利	Yusrī	يسري

Z

汉译	拉丁字母转写	阿拉伯文或波斯文
哉基	al-Zayqī	الظيقي
栽巴戈	Zaybaq；al-Zaybaq	زيبق؛ الزيبق
栽巴基	al-Zaybaqī	الزيبقي
栽比	al-Zaybī	الزيبي
栽达克	Zaydak	زيدك
栽达勒	Zaydal	زيدل
栽德	Zayd	زيد
栽迪	al-Zaydī	الزيدي
栽都尔	Zaydūr	زيدور
栽恩	Zayn	زين
栽拉仪	al-Zayla' ī	الزيلعي
栽纳鸿	Zaynahum	زينهم
栽尼	al-Zaynī	الزيني
栽努・阿比丁	Zayn al-' Ābidīn	زين العابدين
栽努丁	Zayn al-Dīn	زين الدين
栽图尼	al-Zaytūnī	الزيتوني
栽屯	Zaytūn	زيتون
栽雅达	Zayyādah	زيادة
栽雅德	Zayyād	زياد
栽雅特	Zayyāt；al-Zayyāt	زيات؛ الزيات
栽彦	Zayyān	زيان

续表

汉译	拉丁字母转写	阿拉伯文或波斯文
宰达尼	al-Zaydānī	الزيداني
宰达瓦尼	al-Zaydāwanī	الزيداوني
宰丹	Zaydān	زيدان
宰敦	Zaydūn	زيدون
宰木尼	al-Dhaymūnī	الذيموني
宰娜比（习惯译名）	al-Zaynabī	الزينبي
宰雅里	al-Dhayyālī	الذيالي
昝尼	al-Zannī	الظني
赞巴尔	Zanbar	زنبر
赞巴格	Zanbaqah	زنبقة
赞巴基	al-Zanbaqī	الزنبقي
赞巴拉	Zanbarah	زنبرة
赞巴利	al-Zanbarī	الزنبري
赞比	al-Zanbī	الزنبي
赞达尔瓦迪	al-Zandarwadī	الزندرودي
赞达哈尼	al-Zandakhānī	الزندخاني
赞达拉米什	al-Zandarāmishī	الزندرامشي
赞达黎密塞尼	al-Zandarimīthanī	الزندرميثني
赞达尼	al-Zandanī	الزندني
赞达瓦尔迪	al-Zandawardī	الزندوردي
赞达维萨尼	al-Zandawīsanī	الزندويسني
赞丹雅尼	al-Zandanyānī	الزندنياني
赞德	Zand	زند
赞迪	Zandī；al-Zandī	زندي؛ الزندي
赞夫	al-Zanf	الزنف
赞贺利	al-Zanhārī	الزنهاري
赞冀	Zanjī；al-Zanjī	زنجي؛ الزنجي
赞冀里	al-Zanjīlī	الزنجيلي

续表

汉译	拉丁字母转写	阿拉伯文或波斯文
赞贾利	al-Zanjārī	الزنجاري
赞贾尼	al-Zanjānī	الزنجاني
赞杰韦赫	Zanjawayh	زنجويه
赞卡韦	al-Zankaway	الزنكوي
赞克	Zank	زنك
赞玛赫	Zammākh	زماخ
赞玛姆	Zammām	زمام
赞米	al-Zammī	الزمي
赞纳德	Zannād	زناد
赞珠纳	Zanjūnah	زنجونة
赞珠尼	al-Zanjūnī	الزنجوني
造达米	al-Dhawdamī	الذودمي
造达姆	Dhawdam	ذودم
造沃德	Dhawwād	ذواد
泽尔	Dhar；Dharr	ذر
泽尔仪尼	al-Dhar‘ īnī	الذرعيني
泽弗拉	Dhafrah	ذفرة
泽赫班	Dhahban	ذهبن
泽赫卡提	al-Dhakhkatī	الذخكتي
泽黑纳维	al-Dhakhīnawī	الذخينوي
泽克旺	Dhakwān	ذكوان
泽克沃尼	al-Dhakwānī	الذكواني
泽拉	Dharrah	ذرة
泽拉维	al-Dharawī	الذروي
泽拉仪	al-Dharrā‘ ī	الذراعي
泽剌	Dhará	ذرى
泽利哈	Dharīh	ذريح
泽利仪	al-Dharī‘ ī	الذريعي

续表

汉译	拉丁字母转写	阿拉伯文或波斯文
泽玛利	al-Dhamārī	الذماري
泽纳比	al-Dhanabī	الذنبي
泽纳卜	Dhanab	ذنب
泽其	al-Dhakī	الذكي
扎阿菲利	al-Za‘ āfirī	الزعافري
扎巴达尼	al-Zabadānī	الزبداني
扎巴格杜沃尼	al-Zabaghduwānī	الزبغدواني
扎巴希	al-Zabahī	الزبحي
扎拔卜	Zabbāb	زباب
扎拔德	Zabād	زباد
扎拔迪	Zabādī；al-Zabādī	زبادي؛ الزبادي
扎拔尔	Zabbār	زبار
扎拔拉	Zabārah	زبارة
扎拔腊	Zabālah	زبالة
扎拔勒	al-Zabbāl	الزبال
扎拔里	Zabālī；al-Zabālī	زبالي؛ الزبالي
扎拔利	al-Zabbārī	الزباري
扎拔尼	al-Zabānī	الزباني
扎拔缇尔	Zabātir	زباطر
扎班	Zabbān；al-Zabbān	زبان؛ الزبان
扎班纳吉	Zabannaj	زبنج
扎比巴	Zabībah	زبيبة
扎比比	Zabībī；al-Zabībī	زبيبي؛ الزبيبي
扎比卜	Zabīb	زبيب
扎比德	Zabīd	زبيد
扎比迪	al-Zabīdī	الزبيدي
扎比尔	Zabīr；al-Zabīr	زبير؛ الزبير
扎比纳	Zabīnah	زبينة

续表

汉译	拉丁字母转写	阿拉伯文或波斯文
扎比尼	al-Zabīnī	الزبيني
扎波达	Zabdā'	زبداء
扎波达伽尼	al-Zabdaqānī	الزبدقاني
扎波德	Zabd	زبد
扎波尔	Zabr	زبر
扎波拉尼	al-Zabrānī	الزبراني
扎波利	al-Zabrī	الزبري
扎布尔	Zabūr	زبور
扎布利	al-Zabūrī	الزبوري
扎布益	al-Zabūyī	الزبويي
扎俄鲁尔	Za' rūr	زعرور
扎厄巴	Zaghbah	زغبة
扎厄拔	al-Zaghbā'	الزغباء
扎厄比	al-Zaghbī	الزغبي
扎厄卜	Zaghb	زغب
扎厄丹	Zaghdān	زغدان
扎厄拉比	al-Zaghlabī	الزغلبي
扎厄拉卜	Zaghlab	زغلب
扎厄拉塔尼	al-Zaghratānī	الزغرتاني
扎厄利玛什	al-Zaghrīmāshī	الزغريماشي
扎厄璐勒	Zaghlūl	زغلول
扎尔	Zar	زر
扎尔巴勒	Za' bal	زعبل
扎尔巴里	al-Za' balī	الزعبلي
扎尔比	Zarbī	زربي
扎尔达基	al-Zardaqī	الزردقي
扎尔德	al-Zard	الزرد
扎尔迪	al-Zardī	الزردي

续表

汉译	拉丁字母转写	阿拉伯文或波斯文
扎尔俄	Zar‘	زرع
扎尔法拉尼	al-Za‘ farānī	الزعفراني
扎尔伽	Zarqā’	زرقاء
扎尔伽尼	al-Zarqānī	الزرقاني
扎尔甘	Zarqān	زرقان
扎尔胡尼	al-Zarhūnī	الزرهوني
扎尔基	Zarqī；al-Zarqī	زرقي؛ الزرقي
扎尔贾希	al-Zarjāhī	الزرجاهي
扎尔捷尼	al-Zarjaynī	الزرجيني
扎尔卡拉尼	al-Zarkarānī	الزركراني
扎尔卡什	al-Zarkashī	الزركشي
扎尔拉	al-Za‘ rā’	الزعراء
扎尔拉蒂	al-Za‘ rātī	الزعراطي
扎尔腊尼	al-Za‘ lānī	الزعلاني
扎尔岚	Za‘ lān	زعلان
扎尔勒	al-Za‘ l	الزعل
扎尔里	al-Za‘ lī	الزعلي
扎尔玛尼	al-Zarmānī	الزرماني
扎尔纳	Za‘ nah	زعنة
扎尔努冀	al-Zarnūjī	الزرنوجي
扎尔旺	Zarwān	زروان
扎尔沃尼	al-Zarwānī	الزرواني
扎尔仪	al-Zar‘ ī	الزرعي
扎尔札里	al-Zarzālī	الزرزالي
扎发彦	al-Zafayān	الزفيان
扎伽戈	al-Zaqqāq	الزقاق
扎伽仪	al-Zaqā‘ ī	الزقاعي
扎戈扎戈	Zaqzaq	زقزق

续表

汉译	拉丁字母转写	阿拉伯文或波斯文
扎庚达尼	al-Zaghandānī	الزغنداني
扎孤米	al-Zaqqūmī	الزقومي
扎顾利	al-Zaghūrī	الزغوري
扎哈比	al-Dhahabī	الذهبي
扎哈尔	Zahar	زحر
扎哈默韦赫	Zahmawayh	زحمويه
扎赫达姆	Zahdam	زهدم
扎赫拉尼	al-Zahrānī	الزهراني
扎赫拉维	al-Zahrāwī	الزهراوي
扎赫兰	Zahrān	زهران
扎赫伦	Zahrūn	زهرون
扎赫姆韦赫	Zahmuwayh	زهمويه
扎赫姆韦益	al-Zahmuwayyī	الزهمويي
扎赫维	Zahwī	زهوي
扎贾吉	al-Zajjāj	الزجاج
扎贾吉里	al-Zajājilī	الزجاجلي
扎贾冀	Zajjājī；al-Zajjājī	زجاجي؛ الزجاجي
扎卡尔	Zakkār	زكار
扎卡利	al-Zakkārī	الزكاري
扎卡利雅	Zakarīyā；Zakarīyā'	زكريا؛ زكرياء
扎卡尼	al-Zakkānī	الزكاني
扎康达利	al-Zakandarī	الزكندري
扎克嫩	Zaknūn	زكنون
扎克扎米	al-Zakzamī	الزكزمي
扎拉拔尼	al-Zalabānī	الزلباني
扎拉波利	al-Zarabrī	الزربري
扎拉德	al-Zarrād	الزراد
扎拉俄	Zarrā‘	زراع

续表

汉译	拉丁字母转写	阿拉伯文或波斯文
扎拉赫什	al-Zarakhshī	الزرخشي
扎拉基	Zaraqī; al-Zaraqī	زرقي؛ الزرقي
扎拉提提	al-Zarātītī	الزراتيتي
扎拉兹米	al-Zarazmī	الزرزمي
扎兰迪	al-Zarandī	الزرندي
扎兰冀	al-Zaranjī	الزرنجي
扎兰杰利	al-Zaranjarī	الزرنجري
扎兰克	Zarank	زرنك
扎兰兹	Zaranz	زرنز
扎勒代维	al-Zaldaywī	الزلديوي
扎黎俄	Dhāri‘; al-Dhāri‘	ذارع؛ الذارع
扎利	al-Zarrī	الزري
扎利尔	Zarīr	زرير
扎利拉尼	al-Zarīrānī	الزريراني
扎琳	Zarrīn	زرين
扎鲁迪扎其	al-Zarūdīzakī	الزروديزكي
扎鲁戈	Zarrūq	زروق
扎玛纳	Zamānah	زمانة
扎玛尼	al-Zamānī	الزماني
扎密里	al-Zamīlī	الزميلي
扎敏	al-Zamin	الزمن
扎默赫沙利	al-Zamakhsharī	الزمخشري
扎默勒卡尼	al-Zamalkānī	الزملكاني
扎姆阿	Zam‘ah	زمعة
扎姆拉卡尼	al-Zamlakānī	الزملكاني
扎姆勒	Zamal	زمل
扎姆仪	al-Zam‘ī	الزمعي
扎姆扎玛	Zamzamah	زمزمة

续表

汉译	拉丁字母转写	阿拉伯文或波斯文
扎姆扎米	al-Zamzamī	الزمزمي
扎纳卜	Zanāb	زناب
扎纳塔	Zanātah	زناتة
扎纳提	al-Zanātī	الزناتي
扎纳维	al-Zanawī	الزنوي
扎宁	Zanīn	زنين
扎欧利	al-Za' ūrī	الزعوري
扎齐	al-Zazzī	الززي
扎其	al-Zakī	الزكي
扎其丁	Zakī al-Dīn	زكي الدين
扎其尔	Zakīr	زكير
扎其耶	al-Zakīyah	الزكية
扎奇尔	Dhākir	ذاكر
扎托尼	al-Zattanī	الزطني
扎维齐	al-Zawīzī	الزويزي
扎维耶	Zawīyah	زوية
扎沃黑	al-Zawākhī	الزواخي
扎沃利	Zawārī	زواري
扎沃维	al-Zawāwī	الزواوي
扎希尔	Zāhir; al-Zāhir	ظاهر؛ الظاهر
扎希利	al-Zāhirī	الظاهري
扎希鲁丁	Zahīr al-Dīn	ظهير الدين
扎喜尔	Dhākhir	ذاخر
扎耶德；札伊德	Zāyid	زايد
扎仪米	al-Za' īmī	الزعيمي
扎易勒	al-Za' il	الزعل
扎云迪	al-Zayūndī	الزيوندي
札比	al-Zābī	الزابي

续表

汉译	拉丁字母转写	阿拉伯文或波斯文
札比尔	Zābir	زابر
札达赫	Zādah	زاده
札丹	Zādān	زادان
札蒂	al-Zātī	الزاطي
札菲尔	Zāfir	زافر
札菲利	al-Zāfirī	الزافري
札顾里	al-Zāghūlī	الزاغولي
札顾尼	al-Zāghūnī	الزاغوني
札基斐	al-Zāqifī	الزاقفي
札吉尔	Zājir	زاجر
札纪比	al-Zāghibī	الزاغبي
札加尔萨尔萨尼	al-Zāgharsarsanī	الزاغرسرسني
札卡尼	al-Zākānī	الزاكاني
札黎俄	al-Zāri‘	الزارع
札黎贾尼	al-Zārijānī	الزارجاني
札黎雅尼	al-Zāriyānī	الزارياني
札利	al-Zārī	الزاري
札米	al-Zāmī	الزامي
札米拉尼	al-Zāmirānī	الزامراني
札密尼	al-Zāmīnī	الزاميني
札努佶	al-Zānūghī	الزانوغي
札齐	al-Zāzī	الزازي
札瓦蒂	al-Zāwatī	الزاوطي
札瓦利	al-Zāwarī	الزاوري
札瓦希	al-Zāwahī	الزاوهي
札希	al-Zāhī	الزاهي
札熙德	Zāhid；al-Zāhid	زاهد؛ الزاهد
札熙尔	Zāhir；al-Zāhir	زاهر؛ الزاهر

续表

汉译	拉丁字母转写	阿拉伯文或波斯文
札熙利	al-Zāhirī	الزاهري
札伊达	Zā' idah	زائدة
札伊迪	al-Zāyidī	الزايدي
札泽巴希	al-Zādhabahī	الزاذبهي
札泽伽尼	al-Zādhaqānī	الزاذقاني
札泽其	al-Zādhakī	الزاذكي
札扎尼	al-Zādhānī	الزاذاني
札詹	Zādhān	زاذان
札兹	al-Zāz	الزاز
詹米	al-Dhammī	الذمي
詹嫩	Dhannūn	ذنون
召斐	al-Zawfī	الزوفي
召弗	Zawf	زوف
召格利	al-Zawqarī	الزوقري
召沃德	Zawwād	زواد
召扎尼	al-Zawzanī	الزوزني
召札尼	al-Zawzānī	الزوزاني
支阿巴	Dhi' bah	ذئبة
支阿比	al-Dhi' bī	الذئبي
支阿卜	Dhi' b	ذئب
支巴德沃尼	al-Dhībadwānī	الذيبدواني
支比	al-Dhībī	الذيبي
支卜	Dhīb	ذيب
支拉俄	Dhirā'	ذراع
支玛利	al-Dhimārī	الذماري
支姆雅蒂	al-Dhimyātī	الذمياطي
支雅德	Dhiyād	ذياد
志费尼（又译朱韦尼）	al-Juwaynī	الجويني

续表

汉译	拉丁字母转写	阿拉伯文或波斯文
朱爱德	Ju‘ ayd	جعيد
朱爱勒	Ju‘ ayl	جعيل
朱巴基	al-Jūbaqī	الجوبقي
朱拔巴	Jubābah	جبابة
朱拔拉	Jubārah	جبارة
朱拔利	al-Jūbārī	الجوباري
朱拔尼	al-Jūbānī	الجوباني
朱拔伊	al-Jubbā’ ī	الجبائي
朱贝卜	Jubayb	جبيب
朱贝尔	Jubayr	جبير
朱贝勒	Jubayl	جبيل
朱贝里	Jubaylī； al-Jubaylī	جبيلي؛ الجبيلي
朱贝利	Jubayrī； al-Jubayrī	جبيري؛ الجبيري
朱比	Jubbī； al-Jubbī； al-Jūbī	جبي؛ الجبي؛ الجوبي
朱比纳巴芝	al-Jūbīnābādhī	الجوبينابادي
朱波拉尼	al-Jubrānī	الجبراني
朱波腊尼	al-Jublānī	الجبلاني
朱波兰	Jubrān	جبران
朱波岚	Jublān	جبلان
朱波尼	al-Jubnī	الجبني
朱波雅利	al-Jūbyārī	الجوبياري
朱波札	al-Jubzā	الجبزا
朱布勒	Jubul	جبل
朱布利	Jubūrī	الجبوري
朱达	Judá	جدى
朱达迪	al-Judādī	الجدادي
朱达尼	al-Jūdānī	الجوداني
朱达仪	al-Judā’ ī	الجداعي

续表

汉译	拉丁字母转写	阿拉伯文或波斯文
朱代德	Judayd	جديد
朱代迪	al-Judaydī	الجديدي
朱代依	al-Judayy	الجدي
朱德阿尼	al-Jud' ānī	الجدعاني
朱德安	Jud' ān	جدعان
朱德拉	al-Judrah	الجدرة
朱德维	al-Judwī	الجدوي
朱迪	al-Juddī	الجدي
朱蒂	al-Jūtī	الجوطي
朱俄斐	al-Ju' fī	الجعفي
朱俄里	al-Ju' lī	الجعلي
朱尔	Jūr	جور
朱尔比	al-Jurbī	الجربي
朱尔比兹	Jurbiz	جربز
朱尔恩	Jurn	جرن
朱尔斐	al-Jurfī	الجرفي
朱尔伽尼	al-Jūrqānī	الجورقاني
朱尔哈尼	al-Jurkhānī	الجرخاني
朱尔胡米	al-Jurhumī	الجرهمي
朱尔胡姆	Jurhum	جرهم
朱尔吉	Jurj	جرج
朱尔冀	al-Jurjī	الجرجي
朱尔冀利	al-Jūrjīrī	الجورجيري
朱尔贾尼	al-Jurjānī	الجرجاني
朱尔杰	Jurjah	جرجة
朱尔米	Jurmī	جرمي
朱尔米哈尼	al-Jurmīhanī	الجرميهني
朱尔姆	Jurm	جرم

续表

汉译	拉丁字母转写	阿拉伯文或波斯文
朱尔木齐	al-Jurmūzī	الجرموزي
朱尔沙姆	Jursham	جرشم
朱尔素勒	Ju‘ thul	جعثل
朱尔素玛	Jurthumah	جرثمة
朱尔素米	al-Jurthumī	الجرثمي
朱尔提	al-Jurtī	الجرتي
朱尔朱撒利	al-Jurjusārī	الجرجساري
朱尔朱斯	al-Jurjusī	الجرجسي
朱弗	Juf	جف
朱弗利	Jufrī； al-Jufrī	جفري؛ الجفري
朱格腊尼	al-Jughlānī	الجغلاني
朱哈尼	al-Juhanī	الجهني
朱海勒	Juhayl	جهيل
朱海姆	al-Juhaym	الجهيم
朱海纳	Juhaynah	جهينة
朱赫迪	al-Jukhādī	الجخادي
朱赫尼	al-Jūkhānī	الجوخاني
朱赫伊	al-Jūkhā’ ī	الجوخائي
朱吉	Juj	جج
朱迦尼	al-Jūghānī	الجوغاني
朱克沃尼	al-Jukwānī	الجكواني
朱拉	Jurrah	جرة
朱拉巴芝	al-Jūrabadhī	الجوربذي
朱拉比	al-Jurabī	الجربي
朱拉卜	Jurab	جرب
朱拉赫图贾尼	al-Julakhtujānī	الجلختجاني
朱拉其	al-Julakī	الجلكي
朱拉沙	Jurāshah	جراشة

续表

汉译	拉丁字母转写	阿拉伯文或波斯文
朱拉什	al-Jurashī	الجرشي
朱拉施	Jurash	جرش
朱拉扎其	al-Jūrazakī	الجورزكي
朱剌	Jurá	جرى
朱剌巴芝	al-Jurābādhī	الجراباذي
朱腊巴芝	al-Julābādhī	الجلاباذي
朱腊比	al-Jullābī	الجلابي
朱腊哈	al-Julāh	الجلاح
朱腊斯	al-Julās	الجلاس
朱腊希	al-Julāhī	الجلاحي
朱莱德	Julayd	جليد
朱勒法利	al-Julfarī	الجلفري
朱勒胡玛	Julhumah	جلهمة
朱勒胡米	al-Julhumī	الجلهمي
朱勒胡姆	Julhum	جلهم
朱勒朱勒	Juljul	جلجل
朱雷巴	Juraybah	جريبة
朱雷比	al-Juraybī	الجريبي
朱雷卜	Jurayb	جريب
朱雷得	al-Jurayd	الجريض
朱雷尔	Jurayr	جرير
朱雷吉	Jurayj	جريج
朱雷冀	al-Jurayjī	الجريجي
朱雷利	al-Jurayrī	الجريري
朱雷斯	Jurays；al-Juraysī	جريس؛ الجريسي
朱里	Jullī	جلي
朱里尼	al-Jullīnī	الجليني
朱利	al-Jurrī	الجري

续表

汉译	拉丁字母转写	阿拉伯文或波斯文
朱鲁	Jurū	جرو
朱鲁韦益	al-Jūruwayyī	الجورويي
朱璐迪	al-Julūdī	الجلودي
朱玛阿	Jumā‘ ah	جماعة
朱玛仪	al-Jumā‘ ī	الجماعي
朱曼	Jumān	جمان
朱梅俄	Jumay‘	جميع
朱梅勒	Jumayl	جميل
朱梅斯	Jumays；al-Jumaysī	جميس؛ الجميسي
朱梅伊俄	Jumayyi‘	جميع
朱梅伊勒	al-Jumayyil	الجميل
朱默阿；朱玛	Juma‘ ah	جمعة
朱默尔德	al-Jūmard	الجومرد
朱默哈	Jumah	جمح
朱默勒	Jumal	جمل
朱默希	al-Jumahī	الجمحي
朱姆汉	Jumhān	جمهان
朱姆胡尔	Jumhūr	جمهور
朱姆勒	Juml	جمل
朱纳巴芝	al-Junūbadhī	الجنابذي
朱纳比芝	al-Junābidhī	الجنابذي
朱纳达	Junādah	جنادة
朱奈德	Junayd；al-Junayd	جنيد؛ الجنيد
朱奈迪	al-Junaydī	الجنيدي
朱奈迪勒	al-Junaydil	الجنيدل
朱尼	al-Jūnī	الجوني
朱努吉尔迪	al-Junūjirdī	الجنوجردي
朱齐	al-Jūzī	الجوزي

续表

汉译	拉丁字母转写	阿拉伯文或波斯文
朱塞	Jūthah	جوثة
朱塞尔	Juthayr	جثير
朱赛尔	al-Jusayr	الجسير
朱沙米	al-Jushamī	الجشمي
朱沙姆	Jusham	جشم
朱提	Jūtī； al-Jūtī	جوتي؛ الجوتي
朱旺	Juwān	جوان
朱韦拔利	al-Juwaybārī	الجويباري
朱韦比尔	Juwaybir	جويبر
朱韦恩	Juwayn	جوين
朱韦利耶	Juwayrīyah； al-Juwayrīyah	جويرية؛ الجويرية
朱韦米	al-Juwaymī	الجويمي
朱韦耶	Juwayyah	جوية
朱韦益	al-Juwayyī	الجويي
朱维	al-Jūwī	الجوي
朱维哈尼	al-Juwīkhānī	الجويخاني
朱维其	al-Juwīkī	الجويكي
朱沃里基	al-Juwāliqī	الجوالقي
朱沃尼	al-Juwānī	الجواني
朱谢什	al-Jushayshī	الجشيشي
朱谢施	Jushaysh	جشيش
朱仪	al-Jū‘ī	الجوعي
朱栽依	Juzayy	جزي
朱泽伽尼	al-Jūdhaqānī	الجوذقاني
朱泽利	al-Jūdharī	الجوذري
朱扎达尼	al-Jūzadānī	الجوزداني
朱扎法拉基	al-Jūzafalaqī	الجوزفلقي
朱扎贾尼	al-Jūzajānī	الجوزجاني

续表

汉译	拉丁字母转写	阿拉伯文或波斯文
朱吒阿	Judhā‘ ah	جذاعة
朱吒比	al-Jūdhābī	الجوذابي
朱吒米	al-Judhāmī	الجذامي
朱吒姆	Judhām	جذام
朱吒仪	al-Judhā‘ ī	الجذاعي
朱札	Juzá	جزى
朱孜拉	Judhrah	جذرة
朱孜拉尼	al-Judhrānī	الجذراني
朱兹贾尼	al-Jūzjānī	الجوزجاني
朱祖仪	al-Judhū‘ ī	الجذوعي
珠拉其	al-Jūlakī	الجولكي
珠利	al-Jūrī	الجوري
诸波彦	Zubyān	ظبيان
诸海尔	Zuhayr	ظهير
诸莱米	al-Zulaymī	الظليمي
诸莱姆	Zulaym	ظليم
祝阿巴	Dhu’ ābah	ذؤابة
祝阿卜	Dhu’ āb	ذؤاب
祝阿拉	Dhu’ ālah	ذؤالة
祝埃巴	Dhuaybah	ذؤيبة
祝埃卜	Dhu’ ayb	ذؤيب
祝拔比	al-Dhubābī	الذبابي
祝拔卜	Dhubāb；al-Dhubāb	ذباب؛ الذباب
祝波哈尼	al-Dhubhānī	الذبحاني
祝波罕	Dhubhān	ذبحان
祝波雅尼	al-Dhubyānī	الذبياني
祝波彦	Dhubyān	ذبيان
祝哈里	al-Dhuhalī	الذهلي

续表

汉译	拉丁字母转写	阿拉伯文或波斯文
祝海勒	Dhuhayl	ذهيل
祝亥尔	Dhukhayr	ذخير
祝亥利	al-Dhukhayrī	الذخيري
祝赫拔尼	al-Dhuhbānī	الذهباني
祝赫勒	Dhuhl	ذهل
祝赫里	Dhuhlī；al-Dhuhlī	ذهلي؛ الذهلي
祝拉	Dhurah	ذرة
祝雷哈	Dhurayh	ذريح
祝雷依	Dhurayy	ذرى
祝韦德	Dhuwayd	ذويد
祝韦迪	al-Dhuwaydī	الذويدي
祝沃里	al-Dhuwālī	الذوالي
祝亚姆	Dhuyaym	ذييم
资波彦	Zibyān	ظبيان
资希尔	Zihīr	ظهير
祖爱法利尼	al-Zu‘ ayfarīnī	الزعيفريني
祖巴尔	Zubar	زبر
祖巴利	al-Zubarī	الزبري
祖拔迪	al-Zubādī；al-Zubbādī	الزبادي
祖拔拉	Zubārah	زبارة
祖拔腊	Zubālah；Zubbālah	زبالة
祖拔里	Zubālī；al-Zubālī；al-Zubbālī	زبالي؛ الزبالي
祖拔利	Zubārī；al-Zubārī	زباري؛ الزباري
祖贝卜	Zubayb	زبيب
祖贝德	Zubayd	زبيد
祖贝迪	al-Zubaydī	الزبيدي
祖贝尔	Zubayr；al-Zubayr	زبير؛ الزبير
祖贝腊扎尼	al-Zubaylādhānī	الزبيلاذاني

续表

汉译	拉丁字母转写	阿拉伯文或波斯文
祖贝里	al-Zubaylī	الزبيلي
祖贝利	al-Zubayrī	الزبيري
祖波德	al-Zubd	الزبد
祖尔阿	Zur' ah	زرعة
祖尔比	Zu' bī; al-Zu' bī	زعبي؛ الزعبي
祖尔基	Zurqī; al-Zurqī	زرقي؛ الزرقي
祖尔仪	al-Zur' ī	الزرعي
祖发尔	Zufar	زفر
祖斐	Zūfī; al-Zūfī	زوفي؛ الزوفي
祖伽阿	Zuqqā' ah	زقاعة
祖盖比	al-Zughaybī	الزغيبي
祖盖卜	Zughayb	زغيب
祖盖戈	Zuqayq	زقيق
祖盖基	al-Zuqayqī	الزقيقي
祖盖拉姆	Zuqaylam	زقيلم
祖盖勒	Zughayl	زغيل
祖盖里	al-Zuqaylī	الزقيلي
祖盖西	al-Zughaythī	الزغيثي
祖格巴	Zughbah	زغبة
祖格卜	Zughb	زغب
祖哈	Zukhá	زخى
祖哈勒	Juhal	زحل
祖哈里	al-Juhalī	الزحلي
祖哈玛	Zuhmah	زحمة
祖哈纳	Zuhanah	زحنة
祖海尔	Zuhayr	زهير
祖海里	al-Zuhaylī	الزحيلي
祖海利	al-Zuhayrī	الزهيري

续表

汉译	拉丁字母转写	阿拉伯文或波斯文
祖海米	al-Zuhaymī	الزحيمي
祖赫拉	Zuhrah	زهرة
祖赫拉迪	al-Zukhrādī	الزخرادي
祖赫利	Zuhrī；al-Zuhrī	زهري؛ الزهري
祖贾冀	al-Zujājī	الزجاجي
祖拉巴芝	al-Zūrābadhī	الزورابذي
祖拉俄	Zurrā‘；al-Zurrā‘	زراع؛ الزراع
祖拉甘	Zuraqān	زرقان
祖拉基	al-Zuraqī	الزرقي
祖拉希	al-Zūlahī	الزولهي
祖拉仪	al-Zura‘ī	الزرعي
祖剌拉	Zurārah	زرارة
祖剌利	al-Zurārī	الزراري
祖腊比	al-Zūlābī	الزولابي
祖腊戈	Zūlāq	زولاق
祖腊基	al-Zūlāqī	الزولاقي
祖莱法	Zulayfah	زليفة
祖莱基	al-Zulayqī	الزليقي
祖兰	Zūrān	زوران
祖雷尔	Zurayr	زرير
祖雷戈	Zurayq	زريق
祖雷基	al-Zurayqī	الزريقي
祖雷基	Zurayqī	زريقي
祖雷克	Zurayk	زريك
祖玛尼	al-Zūmānī	الزوماني
祖梅拉	Zumaylah	زميلة
祖梅勒	Zumayl	زميل
祖梅里	al-Zumaylī	الزميلي

续表

汉译	拉丁字母转写	阿拉伯文或波斯文
祖纳卜	Zunāb	زناب
祖奈卜	Zunayb	زنيب
祖奈尔	Zunayr	زنير
祖奈米	al-Zunaymī	الزنيمي
祖奈姆	Zunaym	زنيم
祖奈兹	Zunayj	زنيج
祖南	Zūnān	زونان
祖其	al-Zūkī	الزوكي
祖什	al-Zūshī	الزوشي
祖韦里	al-Zuwaylī	الزويلي
祖沃佶	al-Zuwāghī	الزواغي
祖沃勒甘冀	al-Zuwālqanjī	الزوالقنجي
祖赞	Zūzān	زوزان
祖扎尼	al-Zūzanī	الزوزني
祖札尼	al-Zūzānī	الزوزاني
尊布尔	Zunbūr	زنبور
尊冀	al-Zunjī	الزنجي
尊玛	Zunmah	زنمة
尊米	al-Zunmī	الزنمي
左波雅尼	al-Zabyānī	الظبياني
左波彦	Zabyān	ظبيان
左发尔	Zafar; al-Zafar	ظفر؛ الظفر
左发利	al-Zafarī	الظفري
左法利	al-Zafārī	الظفاري
左亥旺	Dhū Khaywān	ذو خيوان
左赫尔	Zahr	ظهر
左赫拉尼	al-Zahrānī	الظهراني
左赫利	al-Zahrī	الظهري

续表

汉译	拉丁字母转写	阿拉伯文或波斯文
左库拔尔	Dhū Kubār	ذو كبار
左腊姆	Zalām	ظلام
左勒艾索比俄	Dhū al-Asābi‘	ذو الأصابع
左勒艾孜阿尔	Dhū al-Adh‘ ār	ذو الأذعار
左勒安夫	Dhū al-Anf	ذو الأنف
左勒巴雅奈英	Dhū al-Bayānayn	ذو البيانين
左勒比贾代英	Dhū al-Bijādayn	ذو البجادين
左勒伯剌阿台英	Dhū al-Barā‘ atayn	ذو البراعتين
左勒布推英	Dhū al-Butayn	ذو البطين
左勒达贾吉	Dhū al-Dajāj	ذو الدجاج
左勒达姆阿	Dhū al-Dam‘ ah	ذو الدمعة
左勒法伽尔	Dhū al-Faqār	ذو الفقار
左勒盖尔奈英	Dhū al-Qarnayn	ذو القرنين
左勒盖拉梅英	Dhū al-Qalamayn	ذو القلمين
左勒盖勒贝英	Dhū al-Qalbayn	ذو القلبين
左勒谷拉	Dhū al-Ghurrah	ذو الغرة
左勒哈隋雷英	Dhū al-Hasīrayn	ذو الحصيرين
左勒赫雅尔	Dhū al-Khayār	ذو الخيار
左勒呼尔格	Dhū al-Khurq	ذو الخرق
左勒呼韦斯拉	Dhū al-Khuwaysirah	ذو الخويصرة
左勒基福勒	Dhū al-Kifl	ذو الكفل
左勒焦善	Dhū al-Jawshan	ذو الجوشن
左勒卡拉	Dhū al-Kalā‘	ذو الكلاع
左勒卡勒卜	Dhū al-Kalb	ذو الكلب
左勒里哈耶	Dhū al-Lihyah	ذو اللحية
左勒里撒奈英	Dhū al-Lisānayn	ذو اللسانين
左勒利雅萨台英	Dhū al-Riyāsatayn	ذو الرياستين
左勒伦玛	Dhū al-Rummah	ذو الرمة

续表

汉译	拉丁字母转写	阿拉伯文或波斯文
左勒麦纳尔	Dhū al-Manār	ذو المنار
左勒麦纳基卜	Dhū al-Manāqib	ذو المناقب
左勒纳萨贝英	Dhū al-Nasabayn	ذو النسبين
左勒努尔	Dhū al-Nūr	ذو النور
左勒努雷英	Dhū al-Nūrayn	ذو النورين
左勒努尼米斯利	Dhū al-Nūn al-Misrī	ذو النون المصري
左勒努英	Dhū al-Nūn	ذو النون
左勒沙拉费英	Dhū al-Sharafayn	ذو الشرفين
左勒沙纳提尔	Dhū al-Shanātir	ذو الشناتر
左勒什尔贝英	Dhū al-Shirbayn	ذو الشربين
左勒什玛莱英	Dhū al-Shimālayn	ذو الشمالين
左勒斯阿达台英	Dhū al-Si‘ ādatayn	ذو السعادتين
左勒威札拉台英	Dhū al-Wizāratayn	ذو الوزارتين
左勒伍祖奈英	Dhū al-Udhunayn	ذو الأذنين
左勒耶代英	Dhū al-Yadayn	ذو اليدين
左勒耶米奈英	Dhū al-Yamīnayn	ذو اليمينين
左勒伊达沃	Dhū al-Idawāh	ذو الإدواة
左勒伊斯巴	Dhū al-Isba‘	ذو الإصبع
左勒易波拉	Dhū al-‘ Ibrah	ذو العبرة
左勒易扎	Dhū al-‘ Izzah	ذو العزة
左立姆	Zalīm	ظليم
左利夫	Zarīf; al-Zarīf	ظريف؛ الظريف
左鲁爱英	Dhū Ru‘ ayn	ذو رعين
左米赫巴尔	Dhū Mikhbar	ذو مخبر
左米勒巴德	Dhū Milbad	ذو ملبد
左姆雅	Zamyā’	ظمياء
左穆尔	Dhū Murr	ذو مر
左穆兰	Dhū Murrān	ذو مران

续表

汉译	拉丁字母转写	阿拉伯文或波斯文
左纳巴俄	Dhū Naba‘	ذو نبع
左努阿玛	Dhū Nu‘ āmah	ذو نعامة
左奇拔尔	Dhū Kibār	ذو كبار
左希尔	Zahīr；al-Zahīr	ظهير؛ الظهير
左希拉	Zahīrah	ظهيرة
左希利	al-Zahīrī	الظهيري
左耶戈达姆	Dhū Yaqdam	ذو يقدم
左耶哈尔	Dhū Yahar	ذو يهر
左耶赞	Dhū Yazan	ذو يزن
左扎立姆	Dhū Zalīm	ذو ظليم
佐菲尔	Zāfir	ظافر
佐里米	al-Zālimī	الظالمي
佐里姆	Zālim	ظالم
佐易尼	al-Zā‘ inī	الظاعني

二　女性人名音译表

汉译	拉丁字母转写	阿拉伯文或波斯文
阿芭迪娅	al-‘ Abadīyah	العبدية
阿碧妲	‘ Ābidah；al-‘ Ābidah；‘ Abīdah	عابدة؛ العابدة؛ عبيدة
阿菠阿芭	‘ Ab‘ abah	عبعبة
阿菠妲	‘ Abdah	عبدة
阿菠妲莉娅	al-‘ Abdarīyah	العبدرية
阿菠拉	‘ Ablah	عبلة
阿菠莎蜜娅	al-‘ Abshamīyah	العبشمية
阿菠丝娅	al-‘ Absīyah	العبسية
阿妲萨	‘ Adasah	عدسة

续表

汉译	拉丁字母转写	阿拉伯文或波斯文
阿妲薇娅	al-' Adawīyah	العدوية
阿德娜妮娅	al-' Adnānīyah	العدنانية
阿德娲妮娅	al-' Adwānīyah	العدوانية
阿迪丽娅	al-' Ādilīyah	العادلية
阿迪娅	' Ādīyah	عادية
阿蒂娅	' Aṭīyah	عطية
阿杜娥	al-Ādur	الأدر
阿娥法洁	' Arfajah	عرفجة
阿法芙	' Afāf	عفاف
阿菲娅	' Āfiyah	عافية
阿霏霏娅	al-' Afīfīyah	العفيفية
阿霏娅	' Āfīyah	عافية
阿芙拉	' Afrā'	عفراء
阿姬芭	' Ajībah	عجيبة
阿姬法	al-' Ajfā'	العجفاء
阿姬拉妲	' Ajradah	عجردة
阿姬玛	al-' Ajmā'	العجماء
阿霁拉	' Aqīlah	عقيلة
阿洁蜜娅	al-' Ajamīyah	العجمية
阿拉碧娅	' Arabīyah	عربية
阿拉姆	' Alam	علم
阿乐雅	' Alyā	عليا
阿丽姬	' Ālij	عالج
阿丽玛	al-' Ālimah	العالمة
阿丽姆	' Ālim	عالم
阿丽娅	' Alīyah； al-' Alīyah	عالية؛ العالية
阿莉娅	' Ārīyah	عارية
阿露迪娅	al-' Arū ḍīyah	العروضية

续表

汉译	拉丁字母转写	阿拉伯文或波斯文
阿玛拉托	‘ Amarraṭah	عمرطة
阿米拉	‘ Āmilah	عاملة
阿米莉娅	al-Āmirīyah； al-‘ Āmirīyah	الأمرية؛ العامرية
阿米娜	Āminah	آمنة
阿姆拉	‘ Amrah	عمرة
阿妮	Ānī	آني
阿琶萨	‘ Abbāsah； al-‘ Abbāsah	عباسة؛ العباسة
阿茜玛	‘ Aṣmā’	عصماء
阿茜玛特	‘ Aṣmat	عصمت
阿茜玛提	‘ Aṣmatī	عصمتي
阿茜娅	‘ Āṣiyah	عاصية
阿瑟玛	‘ Aththāmah	عثامة
阿舒拉	‘ Āshūrá	عاشورى
阿丝格拉妮娅	al-‘ Asqalānīyah	العسقلانية
阿丝娅	Āsīyah	آسية
阿思阿思	‘ Ath‘ ath	عثعث
阿思玛	‘ Athmah	عثمة
阿塔芭	‘ Atābah	عتابة
阿塔菠	‘ Atab	عتب
阿塔琪娅	al-‘ Atakīyah	العتكية
阿提珂	‘ Ātikah	عاتكة
阿妥拉	al-‘ Aṭṭārah	العطارة
阿娲娜	‘ Awānah	عوانة
阿依莎	‘ Ā’ ishah	عائشة
阿依诗娅	al-‘ Ā’ ishīyah	العائشية
阿依泽	‘ Ā’ idhah	عائذة
阿悠芙	al-‘ Ayūf	العيوف

续表

汉译	拉丁字母转写	阿拉伯文或波斯文
阿扎	‘ Azzah	عزة
阿兹拉蜜娅	Āzramīyah	آزرمية
阿滋扎	‘ Azīzah	عزيزة
艾尤碧娅（特殊译名）	al-Ayyūbīyah	الأيوبية
爱菠娜	Abnah	أبنة
爱娥格婉	Arghwān	أرغوان
爱娥拉碧娅	al-A‘ rābīyah	الأعرابية
爱娥娜菠	Arnab	أرنب
爱娥娲	Arwá	أروى
爱哈玛丝娅	al-Aḥmasīyah	الأحمسية
爱赫娅丽娅	al-Akhyalīyah	الأخيلية
爱拉珂	al-Arākah	الأراكة
爱丽芙	Alif	ألف
爱璐芙	Alūf	ألوف
爱玛	Amah	أمة
爱玛图拉	Amat Allāh	أمة الله
爱嫚	Amān	أمان
爱蜜娜	Amīnah	أمينة
爱娜丝	Anas	أنس
爱妮萨	Anīsah	أنيسة
爱茜芭哈妮娅	al-Aṣbahānīyah	الأصبهانية
爱茜法哈妮娅	al-Aṣfahānīyah	الأصفهانية
爱茜法涵	Aṣfahān	أصفهان
爱萨迪娅	al-Asadīyah	الأسدية
爱诗哈丽娅	al-Ashhalīyah	الأشهلية
爱诗洁怡娅	al-Ashja‘ īyah	الأشجعية
爱丝拉蜜娅	al-Aslamīyah	الأسلمية

续表

汉译	拉丁字母转写	阿拉伯文或波斯文
爱丝玛	Asmā’	أسماء
爱丝悠蒂娅	al-Asyūṭīyah	الأسيوطية
爱扎姬娅	al-Azajīyah	الأزجية
爱兹妲	Azdah	أزدة
爱兹迪娅	al-Azadīyah	الأزدية
爱资哈莉娅（特殊译名）	al-Azharīyah	الأزهرية
嫒依拉	al-‘ Ayyilah	العيلة
安芭莉娅	al-‘ Anbarīyah	العنبرية
安达卢丝娅（特殊译名）	al-Andalusīyah	الأندلسية
安妲	‘ Andah	عندة
安玛拉	‘ Ammārah	عمارة
安玛莉娅	al-Anmārīyah	الأنمارية
安蜜娅	al-‘ Ammīyah	العمية
安娜芭	‘ Annābah	عنابة
安琶莉娅	al-Anbārīyah	الأنبارية
安娑莉娅	al-Anṣārīyah	الأنصارية
安塔琪娅（特殊译名）	al-Anṭākīyah	الأنطاكية
媪拉	al-‘ Awrā’	العوراء
媪丝娅	al-Awsīyah	الأوسية
媪娲妲	al-‘ Awwādah	العوادة
奥斯玛娜（特殊译名）	‘ Uthmānah	عثمانة
芭娥拉芭琪娅	al-Ba‘ labakkīyah	البعلبكية
芭娥丽娅	al-Ba‘ līyah	البعلية
芭娥扎	Barzah	برزة
芭尔娲娥	Barwa‘	بروع
芭格妲德	Baghdād	بغداد
芭格妲迪娅	al-Baghdādīyah	البغدادية
芭菇姆	al-Baghūm	البغوم

续表

汉译	拉丁字母转写	阿拉伯文或波斯文
芭哈莉娅	Baḥrīyah	بحرية
芭哈扎	Bahzah	بهزة
芭哈滋娅	al-Bahzīyah	البهزية
芭姬拉	Bajlah	بجلة
芭姬丽娅	al-Bajlīyah；al-Bajīlīyah	البجلية؛ البجيلية
芭霁娅	Baqīyah	بقية
芭佳妮娅	al-Bajjānīyah	البجانية
芭珂拉	Bakkārah	بكارة
芭可拉	Bakrah	بكرة
芭可莉娅	al-Bakrīyah	البكرية
芭拉	Barrah	برة
芭拉妲	Baradah	بردة
芭拉珂	Barakah	بركة
芭拉思娅	al-Barāthīyah	البراثية
芭拉薇娅	al-Balawīyah	البلوية
芭剌姞娅	al-Balāghīyah	القاهرية
芭剌拉	Ballārah	بلارة
芭乐霁丝	Balqīs	بلقيس
芭乐佳	al-Baljā'	البلجاء
芭娜芙莎	Banafshā	بنفشا
芭茜莉娅	al-Baṣrīyah	البصرية
芭萨	Bassah	بسة
芭丝芭丝	Baṣbaṣ	بصبص
芭托娜薇娅	Baṭanāwīyah	بطناوية
芭晞玛	Bahīmah	بهيمة
芭扎扎	al-Bazāzah	البزازة
芭扎滋娅	al-Bazāzīyah	البزازية

续表

汉译	拉丁字母转写	阿拉伯文或波斯文
柏柏莉娅（特殊译名）	al-Barbarīyah	البربرية
苞拉妮娅	al-Bawlānīyah	البولانية
蓓朵	al-Bay ḍā’	البيضاء
蓓拉姆	Bayram	بيرم
蓓露提娅	al-Bayrūtīyah	البيروتية
奔妮娅	Bunnīyah	بنية
碧妲娥	Bida‘ ah	بدعة
碧格怡娅	al-Biqā‘ īyah	البقاعية
碧琶	Bībá	بيبى
碧莎拉	Bishārah	بشارة
碧诗拉	Bishrah	بشرة
妲娥碧	Darbī	دربي
妲娥佳	al-Da‘ jā’	الدعجاء
妲娥玛	Darmā’	درماء
妲娥玛珂	Darmakah	درمكة
妲哈	Dāḥah	داحة
妲哈妲哈	al-Daḥdāḥah	الدحداحة
妲赫塔努丝	Dakhtanūs	دختنوس
妲佳洁	Dajājah	دجاجة
妲拉乐	Dalāl	دلال
妲乐莎德	Dalshād	دلشاد
妲莉蜜娅	al-Dārimīyah	الدارمية
妲莉娅	al-Dārīyah	الدارية
妲露·杜姆璐爱	Dār al-Dumulū’ ah	دار الدملوءة
妲露·舒姆丝	al-Dār al-Shumsī	الدار الشمسي
妲嫚	Daman	دمن
妲姆胡姬娅	al-Damhūjīyah	الدمهوجية
妲娜妮娥	Danānīr	دنانير

续表

汉译	拉丁字母转写	阿拉伯文或波斯文
黛拉蜜娅	al-Daylamīyah	الديلمية
黛露蒂娅	al-Dayrūṭīyah	الديروطية
迪格拉	Diqrah	دقرة
迪玛诗霁娅	al-Dimashqīyah	الدمشقية
迪娜莉娅	al-Dīnārīyah	الدينارية
迪娜娲莉娅	al-Dīnawarīyah	الدينورية
迪妮娅	Dinīyah	دنية
娣琶碧娅	al-Ḍibābīyah	الضبابية
都蓓娥	Ḍubay' ah	ضبيعة
都琶娥	Ḍubā' ah	ضباعة
豆拉特	Dawlat	دولت
豆玛	Dawmah	دومة
窦阿	Ḍaw'	ضوء
杜格格	Duqāq	دقاق
杜哈恩	Duhn	دهن
杜哈玛	Duhmā'	دهماء
杜哈娜	al-Duhnā'	الدهناء
杜海芭	Duḥaybah	دحيبة
杜珂丽娅	al-Dūkālīyah	الدوكالية
杜拉	Durrah	درة
杜拉妲娜	Durradānah	دردانة
杜蕾娜	Duraynah	درينة
顿雅	Dunyā	دنيا
朵碧娜	Ḍabīnah	ضبينة
朵碧娅	al-Ḍabīyah	الضبية
朵娥芙	Ḍa' f	ضعف
朵霏娅	Ḍafīyah	ضفية

续表

汉译	拉丁字母转写	阿拉伯文或波斯文
朵姆莉娅	al-Ḍamrīyah	الضمرية
朵浠娅	Ḍāḥīyah	ضاحية
朵怡法	Ḍa‘ īfah	ضعيفة
法德娲	Fadwá	فدوى
法蒂玛	Faṭīmah	فطيمة
法多乐	Fa ḍl	فضل
法娥阿	Far‘ ah	فرعة
法娥法妮娅	al-Fārfānīyah	الفارفانية
法娥哈	Farḥah	فرحة
法娥嘉娜	Farghānah	فرغانة
法娥塔娜	Fartaná	فرتنى
法哈蜜娅	al-Fahmīyah	الفهمية
法赫莉娅	Fakhrīyah	فخرية
法赫塔	Fākhtah	فاختة
法霁哈	al-Faqīhah	الفقيهة
法霁拉	Fāqirah	فاقرة
法霁蜜娅	al-Faqīmīyah	الفقيمية
法可哈	Fakhah	فكهة
法拉哈	Faraḥ	فرح
法拉姬	Faraj	فرج
法莉妲	Farīdah	فريدة
法莉娥	Fāri‘ ah; al-Fāri‘ ah	فارعة؛ الفارعة
法丝娅	al-Fāsīyah	الفاسية
法特红	Fatḥūn	فتحون
法依妲	Fā’ idah	فائدة
法依格	Fā’ iqah	فائقة
法扎莉娅	al-Fazārīyah	الفزارية

续表

汉译	拉丁字母转写	阿拉伯文或波斯文
菲哈莉娅	al-Fihrīyah	الفهرية
菲拉丝娅	al-Firāsīyah	الفراسية
菲特娜特	Fiṭnat	فطنت
霏露扎	Fīrūzah	فيروزة
缶兹	Fawz	فوز
芙凯哈	Fukayhah	فكيهة
芙乐芙拉	Fulfulah	فلفلة
芙蕾娥	Furay' ah； al-Furay' ah	فريعة؛ الفريعة
芙赛宜拉	Fusayyilah	فسيلة
芙泰玛	Fuṭaymah	فطيمة
芙吞	Futūn	فتون
该托拉	al-Ghayṭalah	الغيطلة
盖拉	Qaylah	قيلة
盖蜜莉娅	Qaymīrīyah	قيميرية
盖丝娅	al-Qaysīyah	القيسية
格碧哈	Qabīḥah	قبيحة
格碧拉	Qābilah； al-Qābilah	قابلة؛ القابلة
格芙姬格	Qafjiq	قفجق
格哈拉玛娜	al-Qahramānah	القهرمانة
格哈妥妮娅	al-Qaḥṭānīyah	القحطانية
格拉法	al-Qarāfah	القرافة
格拉姆	Qalam	قلم
格乐格姗迪娅	al-Qalqashandīyah	القلقشندية
格莉芭	Qarībah	قريبة
格玛娥	Qamar	قمر
格玛莉娅	Qamarīyah	قمرية
格蜜娥	Qamīr	قمير

续表

汉译	拉丁字母转写	阿拉伯文或波斯文
格菩乐	Qabūl	قبول
格茜娥	Qaṣ' ah	قصعة
格丝拉	Qasrah	قسرة
格丝穆娜	Qasmūnah	قسمونة
格丝托拉妮娅	al-Qasṭallānīyah	القسطلانية
格特拉	Qatlah	قتلة
格妥姆	Qaṭām	قطام
格娲姆	Qawām	قوام
格晞莉娅	al-Qāhirīyah	القاهرية
格扎妮娅	al-Qāzānīyah	القازانية
庚朵珂	Ghanḍakah	غنضكة
姑妲丝娅	Qudasīyah	قدسية
姑黛萨	Qudaysah	قديسة
姑蒂娅	al-Qūṭīyah	القوطية
姑朵特	al-Quḍāt	القضاة
姑朵怡娅	al-Quḍā' īyah	القضاعية
姑娥图碧娅	al-Qurṭubīyah	القرطبية
姑拉诗娅	al-Qurashīyah	القرشية
姑拉图媛因（特殊译名）	Qurrat al-' Ayn	قرة العين
姑拉姿娅	al-Quraẓīyah	القرظية
姑蕾芭	Quraybah	قريبة
姑蕾诗	Quraysh	قريش
姑茜娅	al-Qūṣīyah	القوصية
姑霎莉娅	al-Qushayrīyah	القشيرية
姑太拉	Qutaylah	قتيلة
姑泰娅	Quṭayyah	قطية
姑特璐	Quṭlū	قطلوا

续表

汉译	拉丁字母转写	阿拉伯文或波斯文
姑特璐穆可	Quṭlūmuk	قطلومك
姑特娜	Quṭnah	قطنة
姑图乐	al-Qutūl	القتول
姑浠娅	Quḥīyah	قحية
姑扎娥	Quza' ah	قزعة
菇妃拉	Ghufaylah	غفيلة
菇妃喇	Ghufayrah	غفيرة
菇蕾芭	Ghuraybah	غريبة
菇奈玛	Ghunaymah	غنيمة
菇宰娅	Ghuzayyah	غزية
古拉诗娅（特殊译名）	Qurashīyah	قرشية
哈芭蒂娅	al-Habaṭīyah	الحبطية
哈碧芭	Ḥabībah	حبيبة
哈菠拉	Ḥabrah	حبرة
哈菠塔	Ḥabtah	حبتة
哈妲格	Ḥadaq	حدق
哈德拉	Ḥadrah	حدرة
哈德拉茂提娅（特殊译名）	al-Ḥaḍramawtīyah	الحضرموتية
哈德喇	Ḥadrā'	حدراء
哈迪娅	Hadīyah	هدية
哈娣娜	Ḥāḍinah；al-Ḥāḍinah	حاضنة؛ الحاضنة
哈多莉娅	al-Haḍrīyah	الحضرية
哈娥	Har	هر
哈娥蜜丽娅	al-Harmīlīyah	الهرميلية
哈菲佐	Ḥāfiẓah	حافظة
哈霏佐	Ḥafīẓah	حفيظة
哈芙娑	Ḥafṣah	حفصة

续表

汉译	拉丁字母转写	阿拉伯文或波斯文
哈姬娥	Hājir	هاجر
哈姬娜	al-Ḥajinā’	الحجناء
哈姬娅	al-Ḥājīyah	الحاجية
哈洁	Ḥajjah	حجة
哈拉	Hālah	هالة
哈拉碧娅	al-Ḥalabīyah	الحلبية
哈拉蜜娅	Ḥaramīyah	حرمية
哈拉妮娅	al-Ḥarānīyah	الحرانية
哈拉娲	Ḥalāwah	حلاوة
哈拉薇娅	al-Harawīyah	الهروية
哈乐芭	Ḥalbah	حلبة
哈丽玛	Ḥalīmah	حليمة
哈莉思娅	al-Ḥārithīyah	الحارثية
哈玛玛	Ḥamāmah	حمامة
哈玛薇娅	al-Ḥamawīyah	الحموية
哈蜜妲	Ḥamīdah	حميدة
哈蜜朵	Ḥamīḍah	حميضة
哈姆妲	Ḥamdah	حمدة
哈姆妲妮娅	al-Hamdānīyah	الهمدانية
哈姆杜娜	Ḥamdūnah	حمدونة
哈姆杜妮娅	al-Ḥamdūnīyah	الحمدونية
哈姆拉	al-Ḥamrā’	الحمراء
哈姆娜	Ḥamnah	حمنة
哈娜霏娅	al-Ḥanafīyah	الحنفية
哈琶芭	Ḥabābah	حبابة
哈琶娜	Ḥabbānah	حبانة

续表

汉译	拉丁字母转写	阿拉伯文或波斯文
哈菩丝	Ḥabūs	حبوس
哈萨娜	Ḥasanah; al-Ḥasaná	حسنة؛ الحسنى
哈诗蜜娅	Hāshimīyah; al-Hāshimīyah	هاشمية؛ الهاشمية
哈丝娜	Ḥasnā'	حسناء
哈丝萨娜	Ḥassānah	حسانة
哈娲	Hawá	هوى
哈娲莉娅	al-Ḥawārīyah	الحوارية
哈雅	Ḥayāh	حياة
哈泽姆	Ḥadhām	حذام
哈兹丽娅	al-Hazlīyah	الهزلية
哈兹玛	Ḥazmah	حزمة
哈滋玛	Ḥāzimah	حازمة
海法娥	al-Hayfā'	الهيفاء
海拉娜	Haylānah	هيلانة
海娅	Ḥayyah	حية
亥拉	Khayrah	خيرة
亥珠兰	al-Khayzurān	الخيزران
含妲妮娅	al-Ḥamdānīyah	الحمدانية
含玛妲	Ḥammādah	حمادة
含塔玛	Ḥantamah	حنتمة
含佐拉	Ḥanẓalah	حنظلة
寒玛娥	Khammār	خمار
寒莎	Khansā'; al-Khansā'	خنساء؛ الخنساء
罕百丽娅（特殊译名）	al-Ḥanbalīyah	الحنبلية
豪阿菠	Ḥaw' ab	حوءب
豪拉妮娅	al-Ḥawrānīyah	الحورانية

续表

汉译	拉丁字母转写	阿拉伯文或波斯文
豪娜	Ḥawnah	حونة
豪娲	Ḥawwā’	حواء
灏德	Khawd	خود
灏拉	Khawlah	خولة
灏拉妮娅	al-Khawlānīyah	الخولانية
荷娣娥	Khāḍi‘	خاضع
荷丽妲	Khālidah	خالدة
荷丽娑	Khāliṣah	خالصة
荷莉姬娅	al-Khārijīyah	الخارجية
荷茜	Khāṣṣ	خاص
荷吞	Khātūn；al-Khātūn	خاتون؛ الخاتون
赫碧娅	Khabīyah	خبية
赫妲文	Khaddāwin	خداون
赫蒂彻（习惯译名）	Khadījah	خديجة
赫娥格	Kharqā’	خرقاء
赫乐妲	Khaldah	خلدة
赫丽妲	Khalīdah	خليدة
赫丽格	Khalīqah	خليقة
赫丽丽娅	al-Khalīlīyah	الخليلية
赫璐菠	Khalūb	خلوب
赫蜜拉	Khamīlah	خميلة
赫姆拉	Khamrah	خمرة
赫琶滋	al-Khabbāz	الخباز
赫莎	Khashshah	خشة
赫莎芙	Khashaf	خشف
赫诗娜	al-Khashnā’	الخشناء
赫思阿蜜娅	al-Khath‘ amīyah	الخثعمية

续表

汉译	拉丁字母转写	阿拉伯文或波斯文
赫娑茜娅	al-Khaṣṣāṣīyah	الخصاصية
赫托拉洁	Khaṭalajah	خطلجة
赫兹拉姬娅	al-Khazrajīyah	الخزرجية
侯赛娜（习惯译名）	Ḥusaynah	حسينة
侯赛妮娅（习惯译名）	al-Ḥusaynīyah	الحسينية
呼碧	Khūbī	خوبي
呼朵莉娅	al-Khuḍarīyah	الخضرية
呼姬丝塔	Khujistah	خجستة
呼拉萨妮娅	al-Khurāsānīyah	الخراسانية
呼莱芭	Khulaybah	خليبة
呼莱妲	Khulaydah	خليدة
呼乐迪娅	al-Khuldīyah	الخلدية
呼玛娥	Khumā‘ ah	خماعة
呼美拉	Khumaylah	خميلة
呼娜塞	Khunāthah	خناثة
呼娜丝	Khunās	خناس
呼娜思	Khunath	خنث
呼莎芭	Khushābah	خشابة
呼水拉	Khuṣaylah	خصيلة
呼唯拉	Khuwaylah	خويلة
呼宰玛	Khuzaymah	خزيمة
呼扎玛	Khuzāmá	خزامى
呼扎怡娅	al-Khuzā‘ īyah	الخزاعية
胡蓓芭	Ḥubaybah	حبيبة
胡蓓莎	Ḥubayshah	حبيشة
胡菠塔	Ḥubtah	حبتة
胡妲	Hudá	هدى

续表

汉译	拉丁字母转写	阿拉伯文或波斯文
胡黛拉	Ḥudaylah	حديلة
胡捷拉	Ḥujayrah	حجيرة
胡捷玛	Hujaymah	هجيمة
胡凯玛	Ḥukaymah	حكيمة
胡拉	Ḥūrá	حورى
胡拉格	Ḥuraqah	حرقة
胡拉丝提	Ḥūrastī	حورستي
胡剌	Ḥūlā’	الحولاء
胡喇	Ḥurrah；al-Ḥurrah	حرة؛ الحرة
胡莉妮娅	al-Hūrīnīyah	الهورينية
胡美朵	Ḥumayḍah	حميضة
胡美娥	Ḥumayr	حمير
胡奈妲	Hunaydah	هنيدة
胡奈法	Ḥunayfah	حنيفة
胡琶	Ḥubbá	حبى
胡萨	Ḥusah	حسة
胡丝恩	Ḥusn	حسن
胡丝妮娅	Ḥusnīyah；al-Ḥusnīyah	حسنية؛ الحسنية
胡唯拉	Huwaylah	هويلة
胡姚娅	Ḥuyayyah	حيية
胡宰拉	Huzaylah	هزيلة
胡泽丽娅	al-Hudhalīyah	الهذلية
姬娥娲	Jirwah	جروة
姑芭托	Ghibaṭah	غبطة
姑法莉娅	al-Ghifārīyah	الغفارية
霁菠蒂娅	al-Qibṭīyah	القبطية

续表

汉译	拉丁字母转写	阿拉伯文或波斯文
霁拉芭	Qilābah	قلابة
霁琶拉	Qibālah	قبالة
霁娑芙	al-Qiṣāf	القصاف
霁塔乐	Qitāl	قتال
佳莉娅	Jāriyah	جارية
佳滋娅	al-Jāzīyah	الجازية
嘉妲	Ghadā	غدا
嘉德娥	Ghadr	غدر
嘉迪娥	Ghādir	غادر
嘉娣拉	Ghā ḍirah	غاضرة
嘉娥娜蒂娅	al-Gharnāṭīyah	الغرناطية
嘉丽芭	Ghālibah	غالبة
嘉丽娅	Ghālīyah	غالية
嘉娜薇娅	al-Ghanawīyah	الغنوية
嘉妮娅	Ghanīyah	غنية
嘉萨妮娅	al-Ghassānīyah	الغسانية
嘉托法妮娅	al-Ghaṭafānīyah	الغطفانية
嘉娅	Ghāyah	غاية
嘉扎拉	Ghazālah	غزالة
嘉扎乐	Ghazāl	غزال
嘉兹蓝	Ghazlān	غزلان
嘉滋娅	Ghāzīyah	غازية
娇哈娥	Jawhar	جوهر
娇哈拉	Jawharah	جوهرة
娇扎	al-Jawzā'	الجوزاء
洁芭拉	Jabalah	جبلة
洁菠拉	Jabrah	جبرة

续表

汉译	拉丁字母转写	阿拉伯文或波斯文
洁妲丝娅	al-Jadasīyah	الجدسية
洁迪拉	Jadīlah	جديلة
洁娥法莉娅	al-Ja‘ farīyah	الجعفرية
洁娥珂丝娅	al-Jarkasīyah	الجركسية
洁娥蜜娅	al-Jarmīyah	الجرمية
洁娥琶	al-Jarbā’	الجرباء
洁哈妲莉娅	al-Jaḥdarīyah	الجحدرية
洁哈妲玛	Jahdamah	جهدمة
洁哈朵蜜娅	al-Jah ḍamīyah	الجهضمية
洁涵	Jahān	جهان
洁拉妲	Jarādah	جرادة
洁剌丽娅	al-Jalālīyah	الجلالية
洁丽拉	Jalīlah	جليلة
洁玛乐	Jamāl	جمال
洁蜜拉	Jamīlah	جميلة
洁蜜乐	al-Jamīl	الجميل
洁姆拉	Jamrah	جمرة
洁楠	Janān	جنان
洁努菠	Janūb； al-Janūb	جنوب؛ الجنوب
洁莎	Jashshah	جشة
洁丝拉	Jasrah	جسرة
洁晞拉	Jahīrah	جهيرة
洁晞扎	Jahīzah	جهيزة
晶迪娅	al-Kindīyah	الكندية
静妮拉	Zinnīrah	زنيرة
君士坦蒂妮娅（特殊译名）	al-Qusṭanṭīnīyah	القسطنطينية
凯萨	Kaysah	كيسة
凯宜萨	Kayyisah	كيسة

续表

汉译	拉丁字母转写	阿拉伯文或波斯文
伉扎	Kanzah	كنزة
珂阿丝	Ka' s	كأس
珂芭可	Kabak	كبك
珂碧拉	Kabīrah	كبيرة
珂菠莎	Kabshah	كبشة
珂娥碧娅	al-Ka' bīyah	الكعبية
珂娥德薇娅	Kardwīyah	كردوية
珂拉姬娅	al-Karajīyah	الكرجية
珂乐碧娅	al-Kalbīyah	الكلبية
珂乐塞姆	Kaltham	كلثم
珂莉玛	Karīmah; al-Karīmah	كريمة؛ الكريمة
珂玛拉特	Kamālat	كمالت
珂玛乐	Kamāl	كمال
珂玛丽娅	Kamālīyah	كمالية
珂米拉	al-Kāmilah	الكاملة
珂诗嘉莉娅	al-Kāshgharīyah	الكاشغرية
珂思拉	Kathīrah	كثيرة
珂提芭	Kātibah; al-Kātibah	كاتبة؛ الكاتبة
珂晞娜	al-Kāhinah	الكاهنة
蔻哈尔	Kawhar	كوهر
库媛芭	Ku' aybah	كعيبة
库蓓莎	Kubayshah	كبيشة
库娥德瑾	Kūrdjīn	كوردجين
库娥迪娅	al-Kurdīyah	الكردية
库娥玛妮	Kurmānī	كرماني
库霏娅	al-Kūfīyah	الكوفية
库海拉	Kuḥaylah	كحيلة
库拉碧娅	al-Kullābīyah	الكلابية

续表

汉译	拉丁字母转写	阿拉伯文或波斯文
库乐芭	Kulbah	كلبة
库乐素蜜娅	al-Kulthumīyah	الكلثمية
库勒苏姆（习惯译名）	Kulthūm	كلثوم
库努德	Kunūd	كنود
库思拉	Kuthrah	كثرة
库塔玛	Kutāmah	كتامة
库唯萨	Kuwaysah	كويسة
拉芭芝娅	al-Rabadhīyah	الربذية
拉碧芭	Labībah	لبيبة
拉碧娥	Rābi‘ ah；Rabī‘ ah	رابعة؛ ربيعة
拉碧哈	Rabīḥah	ربيحة
拉碧托	Rābiṭah	رابطة
拉菠泽	al-Rabdhā’	الربذاء
拉娣娅	Rā ḍīyah；Ra ḍīyah	راضية؛ رضية
拉蒂法	Laṭīfah	لطيفة
拉格诗	Raqāsh	رقاش
拉格妥	Raqṭā’	رقطاء
拉哈	Rāḥah	راحة
拉哈碧娅	al-Raḥabīyah	الرحابية
拉哈菠	Lahab	لهب
拉哈玛	Raḥmah	رحمة
拉哈姿	Laḥāẓ	لحاظ
拉赫蜜娅	al-Lakhmīyah	اللخمية
拉姬娅	Rājīyah	راجية
拉佳	Rajā’	رجاء
拉洁菠	Rajab	رجب
拉库妮娅	al-Rakūnīyah	الركونية

续表

汉译	拉丁字母转写	阿拉伯文或波斯文
拉玛	Rāmah	رامة
拉蜜丝	Lamīs	لميس
拉蜜娅	Lāmīyah	لامية
拉姆拉	Ramlah	رملة
拉姆丽娅	al-Ramlīyah	الرملية
拉姆雅	Lamyā'	لمياء
拉琶芭	Labābah	لبابة
拉琶菠	Rabāb；al-Rabāb	رباب؛ الرباب
拉莎	Rashā	رشا
拉诗妲	Rashīdah	رشيدة
拉丝碧娅	al-Rāsibīyah	الراسبية
拉丝娅	al-Rāsīyah	الراسية
拉娲哈	Rawāḥah	رواحة
拉晞芭	Rāhibah	راهبة
拉依格	Rā' iqah	رائقة
拉依托	Rā' iṭah	رائطة
拉泽	Ladhdhah	لذة
拉滋霁娅	Rāziqīyah	رازقية
莱拉	Laylá	ليلى
莱思娅	al-Laythīyah	الليثية
劳朵	Raw ḍah	روضة
劳扎	Lawzah	لوزة
蕾德	Rayd	ريد
蕾哈娜	Rayḥānah	ريحانة
蕾拉	al-Rayrā'	الريراء
蕾琶丝	al-Raybās	الريباس
蕾托	Rayṭah	ريطة

续表

汉译	拉丁字母转写	阿拉伯文或波斯文
蕾雅	Rayyā	ريا
莉阿蜜娅	al-Ri' āmīyah	الرئامية
莉娥拉	Ri' lah	رعلة
莉格	Rīq	ريق
莉洁拉	Rijalah	رجلة
莉姆	Rīm	ريم
璐蓓娜	Lubayná	لبينى
璐菠娜	Lubná	لبنى
璐璐	Lūlū	لولو
璐璐娥	Lu' lu' ah	لؤلؤة
璐琶芭	Lubābah	لبابة
露蓓娥	al-Rubay'	الربيع
露蓓哈	Rubayḥah	ربيحة
露蓓萨	Rubaysah	ربيسة
露菠	Rūb	روب
露黛娜	Rudaynah	ردينة
露妃妲	Rufaydah	رفيدة
露妃娥	Rufay' ah	رفيعة
露霏娥	Rufī' ah	رفيعة
露盖格	Ruqayqah	رقيقة
露盖娅	Ruqayyah	رقية
露哈	al-Ruhā	الرها
露赫茜	Rukhāṣ	رخاص
露美拉	Rumaylah	رميلة
露美琪娅	al-Rumaykīyah	الرميكية
露美塞	Rumaythah	رميثة
露美娑	al-Rumayṣā'	الرميصاء
露蜜娅	al-Rūmīyah	الرومية

续表

汉译	拉丁字母转写	阿拉伯文或波斯文
露唯妲诗提娅	al-Ruwaydashtīyah	الرويدشتية
露宰娜	Ruzaynah	رزينة
马娥佳娜	Marjānah	مرجانة
马尔娅姆（习惯译名）	Maryam	مريم
马格莉碧娅	al-Maghribīyah	المغربية
马格菩乐	Maqbūl	مقبول
马格萨乐	Maghsal	مغسل
马哈菩菠	Maḥbūb	محبوبة
马哈丝提	Mahastī	مهستي
马赫	Makhkhah	مخة
马赫迪娅（特殊译名）	Mahdīyah	مهدية
马赫霏	Makhfī	مخفي
马姬德	Majd	مجد
马嘉拉	Maghālah	مغالة
马可努娜	Maknūnah	مكنونة
马可图玛	Maktūmah	مكتومة
马丽哈	Malīḥah	مليحة
马丽珂	Malikah；Malīkah	ملكة؛ مليكة
马娜乐	Manāl	منال
马娜娜	Manānah	منانة
马妮娥	Manī‘ ah	منيعة
马丝妩妲	Mas‘ ūdah	مسعودة
马娑碧哈	Maṣābīḥ	مصابيح
马兹露娥	Mazrū‘ ah	مزروعة
马兹娜	Maznah	مزنة
玛娣娅	al-Mā ḍīyah	الماضية
玛娥娅	Māryah	مارية

续表

汉译	拉丁字母转写	阿拉伯文或波斯文
玛姬妲	Mājidah	ماجدة
玛喇妮娅	al-Mārānīyah	المارانية
玛丽霁娅	al-Māliqīyah	المالقية
玛莉	Mārī	ماري
玛莉妲	Māridah	ماردة
玛莉丝塔妮娅	al-Māristānīyah	المارستانية
玛莉雅	Māriyā	ماريا
玛莉雅娜	Māriyānā	ماريانا
玛莉娅	Mārīyah	مارية
玛诗娥	Māshir	ماشر
玛娲娥迪娅	al-Māwardīyah	الماوردية
玛薇娅	Māwīyah	ماوية
玛乌・萨玛（特殊译名）	Mā' al-Samā'	ماء السماء
玛滋妮娅	al-Māzinīyah	المازنية
麦妲妮娅	al-Madanīyah	المدنية
麦娥娲滋娅	al-Marwazīyah	المروزية
麦格迪丝娅	al-Maqdisīyah	المقدسية
麦格丽娅	al-Maghlīyah	المغلية
麦格莉娅	al-Maqrīyah	المقرية
麦赫珠蜜娅	al-Makhzūmīyah	المخزومية
麦姬丽丝娅	al-Majlisīyah	المجلسية
麦穆妮娅	al-Ma' mūnīyah	المأمونية
麦琪娅	al-Makkīyah	المكية
麦托莉娅	al-Maṭarīyah	المطرية
麦孜浠姬娅	al-Madhḥijīyah	المذحجية
嫚法娥	Manfa' ah	منفعة
嫚芙萨	Manfūsah	منفوسة
嫚莎姆	Mansham	منشم

续表

汉译	拉丁字母转写	阿拉伯文或波斯文
嫚淑娥	Manṣur	منصور
嫚淑拉	Manṣurah	منصورة
梅木娜	Maymūnah	ميمونة
梅萨	Maysah	ميسة
梅瑟	Maythā	ميثا
梅荀	Maysūn	ميسون
梅娅	Mayyah	مية
梅衣	Mayy	مي
梦霁芝娅	al-Munqidhīyah	المنقذية
梦娅	Munyah	منية
米娥娅拉	Mi‘ yarah	معيرة
米哈拉	Mihrá	مهرى
米哈拉妮娅	al-Mihrānīyah	المهرانية
米哈拉娲妮娅	al-Mihrawānīyah	المهروانية
米哈莉娅	Mihrīyah	مهرية
米哈露・玛哈（特殊译名）	Mihr Māh	مهر ماه
米哈扎蜜娅	al-Mihzamīyah	المهزمية
米可娜丝娅	al-Miknāsīyah	المكناسية
米茜莉娅	al-Miṣrīyah	المصرية
米茜琶哈	Miṣbāḥ	مصباح
米丝玛怡娅	al-Misma‘ īyah	المسمعية
米丝琪娜	Miskīnah	مسكينة
米扎姬	Mizāj	مزاج
蜜拉	al-Mīlā’	الميلاء
蜜乐	Mīl	ميل
敏格莉娅	al-Minqarīyah	المنقرية
摩苏丽娅（特殊译名）	al-Mawṣilīyah	الموصلية

续表

汉译	拉丁字母转写	阿拉伯文或波斯文
穆阿泽	Mu‘ādhah	معاذة
穆妲拉拉	Mudallalah	مدللة
穆蒂娥	Mutī‘ah	مطيعة
穆朵嘉	Muḍaghah	مضغة
穆娥米娜	Mu’minah	مؤمنة
穆娥妮萨	Mu’nisah	مؤنسة
穆娥丝娅	al-Mursīyah	المرسية
穆娥塔茜蜜娅	al-Mu‘taṣimīyah	المعتصمية
穆娥塔扎	Mu‘tazah	معتزة
穆法朵拉	Mufaḍḍalah	مفضلة
穆格碧拉	Muqbilah	مقبلة
穆庚妮娅	al-Mughannīyah	المغنية
穆哈迪塞	al-Muḥaddithah	المحدثة
穆哈洁	Muhjah	مهجة
穆哈拉碧娅	al-Muhallabīyah	المهلبية
穆哈莉碧娅	al-Muḥāribīyah	المحاربية
穆哈丝娜	Muḥsinah；al-Muḥsinah	محسنة؛ المحسنة
穆哈雅	Muḥyāh	محياة
穆罕默迪娅（特殊译名）	al-Muḥammadīyah	المحمدية
穆姬芭	Mujībah	مجيبة
穆姞拉	al-Mughīrah	المغيرة
穆佳诗怡娅	al-Mujāshi‘īyah	المجاشعية
穆嘉乐	Mughal	مغل
穆拉	Murrah	مرة
穆拉爱	al-Mullā’ah	الملاءة
穆拉浠姿	Mulāḥiẓ	ملاحظ
穆莱拉	Mulaylah	مليلة

续表

汉译	拉丁字母转写	阿拉伯文或波斯文
穆乐哈	Mulaḥ	ملح
穆蕾迪娅	al-Muraydīyah	المريدية
穆莉娅	al-Murrīyah	المرية
穆米娜	Mūminah	مومنة
穆娜	Muná；al-Muná	منى؛ المنى
穆奈芭	Munaybah	منيبة
穆闹娲娥	Munawwar	منور
穆闹娲拉	Munawwarah	منورة
穆妮法	Munīfah	منيفة
穆妮拉	Munīrah	منيرة
穆琶拉珂	Mubārakah；al-Mubārakah	مباركة؛ المباركة
穆赛珂	Musaykah	مسيكة
穆丝珂	Muskah	مسكة
穆丝萨	Mussah	مسة
穆太娅姆	Mutayyam	متيم
穆特莉芭	Muṭribah	مطربة
穆娲法格	Muwāfaqah	موافقة
穆娲法霁娅	Muwaffaqīyah	موفقية
穆娲霏娅	Muwāfīyah	موافية
穆浠芭	Muḥibbah	محبة
穆宰娜	Muzaynah	مزينة
穆扎妮娅	al-Muzanīyah	المزنية
娜芭薇娅	Nabawīyah	نبوية
娜碧嘉	al-Nābighah	النابغة
娜碧拉	Nabīlah	نبيلة
娜菠娥	Nab' ah	نبعة
娜菠特	Nabt	نبت
娜妲	Nadá	ندى

续表

汉译	拉丁字母转写	阿拉伯文或波斯文
娜德芭	Nadbah	ندبة
娜娣拉	al-Naḍīrah	النضيرة
娜多莉娅	al-Naḍrīyah	النضرية
娜霏萨	Nafīsah	نفيسة
娜哈迪娅	al-Nahdīyah	النهدية
娜哈娥	Nahār	نهار
娜哈拉娲妮娅	al-Nahrawānīyah	النهروانية
娜哈丽	Nahālī	نهالي
娜赫娲	Nakhwah	نخوة
娜赫怡娅	al-Nakha' īyah	النخعية
娜姬芭	Najībah	نجيبة
娜姬娅	Nājiyah	ناجية
娜佳莉娅	al-Najjārīyah	النجارية
娜兰姬	Nāranj	نارنج
娜努薇娅	Nānuwīyah	نانوية
娜菩璐丝娅	al-Nābulusīyah	النابلسية
娜茜碧娅	al-Naṣībīyah	النصيبية
娜茜法	al-Naṣīfah	النصيفة
娜茜拉	Naṣrah	نصرة
娜茜拉妮娅	al-Naṣrānīyah	النصرانية
娜萨菠	Nasab	نسب
娜诗婉	Nashwān	نشوان
娜丝芭	Nasībah	نسيبة
娜丝姆	Nasīm	نسيم
娜丝琶	Nasībā	نسيبا
娜娲娥	al-Nawār	النوار
娜晞玛	Nahīmah	نهيمة

续表

汉译	拉丁字母转写	阿拉伯文或波斯文
娜依蒂娅	al-Nā‘ iṭīyah	الناعطية
娜依法	Nā’ ifah	نائفة
娜依拉	Nā’ ilah	نائلة
娜占妲	Nāzandah	نازنده
娜兹虹	Nazhūn	نزهون
娜兹可	Nāzik	نازك
娜兹丽	Nāzilī	نازلي
奈萨菩莉娅	al-Naysābūrīyah	النيسابورية
闹拉	Nawlah	نولة
妮娥玛	Ni‘ mah	نعمة
努嫒玛	Nu‘ aymah	نعيمة
努嫒姆	Nu‘ aym	نعيم
努芭乐	Nubal	نبل
努碧娅	al-Nūbīyah	النوبية
努朵娥	Nuḍār	نضار
努娥姆	Nu‘ m	نعم
努盖诗	Nuqaysh	نقيش
努海娅	Nuhayyah	نهية
努亥拉	Nukhaylah	نخيلة
努珂莉娅	al-Nukrīyah	النكرية
努拉丝提	Nūrastī	نورستي
努美莉娅	al-Numayrīyah	النميرية
努赛芭	Nusaybah	نسيبة
努赛珂	Nusaykah	نسيكة
努唯莉娅	al-Nuwayrīyah	النويرية
努兹哈	Nuzhah	نزهة
欧麦莉娅（特殊译名）	al-‘ Umarīyah	العمرية
琶迪娅	al-Bādīyah	البادية

续表

汉译	拉丁字母转写	阿拉伯文或波斯文
琶姑	Bāqū	باقو
琶霁妲莉娅	al-Bāqidārīyah	الباقدارية
琶丽丝娅	al-Bālisīyah	البالسية
琶莉霁娅	al-Bāriqīyah	البارقية
琶娜	Bānah	بانة
琶提娥洁	Bātirjah	باترجة
琶妩妮娅	al-Bā' ūnīyah	الباعونية
琶晞丽娅	al-Bāhilīyah	الباهلية
琶衣	Bāy	باي
菩芭	Būbah	بوبة
菩杜尔	Budūr	بدور
菩盖拉	Buqayrah	بقيرة
菩哈莉娅	al-Buhrīyah	البهرية
菩海萨	Buhaysah	بهيسة
菩海娅	Buhayyah	بهية
菩亥拉	Bukhaylah	بخيلة
菩捷芭	Bujaybah	بجيبة
菩兰	Būrān	بوران
菩乐菩拉	Bulbulah	بلبلة
菩蕾拉	Burayrah	بريرة
菩娜娜	Bunānah	بنانة
菩楠	Bunān	بنان
菩妮娅	Būnīyah	بونية
菩赛拉	Busayrah	بسيرة
菩筛娜	Buthaynah	بثينة
菩丝拉	Busrah	بسرة
菩丝坦	Bustān	بستان
菩苏丝	al-Busūs	البسوس

续表

汉译	拉丁字母转写	阿拉伯文或波斯文
琪拉碧娅	al-Kilābīyah	الكلابية
琪娜妮娅	al-Kinānīyah	الكنانية
琪莎	Kishshah	كشة
萨阿妲	Sa‘ādah	سعادة
萨碧珂	Sabīkah	سبيكة
萨碧娅	Sabīyah	سبيا
萨菠拉	Sabrah	سبرة
萨迪妲	Sadīdah	سديدة
萨杜丝娅	al-Sadūsīyah	السدوسية
萨娥迪娅	al-Sa‘dīyah	السعدية
萨娥娅	Sa‘yah	سعية
萨法拉	Safará	سفرى
萨法娜	Saffānah	سفانة
萨霏娜	Safīnah	سفينة
萨哈娥	Saḥar	سحر
萨哈拉	Sahlah	سهلة
萨哈玛	Saḥmah	سحمة
萨哈蜜娅	al-Sahmīyah	السهمية
萨佳哈	Sajāḥ	سجاح
萨伉	Sakan	سكن
萨伉妲莉娅	al-Sakandarīyah	السكندرية
萨拉	Sārah	سارة
萨拉娥	Sarrā’	سراء
萨拉玛	Salamah	سلمة
萨拉蜜娅	al-Salamīyah	السلمية
萨拉姆	Salam	سلم
萨剌玛	Sallāmah；al-Sallāmah	سلامة؛ السلامة
萨喇	Sarrá	سرى

续表

汉译	拉丁字母转写	阿拉伯文或波斯文
萨乐玛	Salmá	سلمى
萨乐萨乐	Salsal	سلسل
萨乐娲	Salwá	سلوى
萨丽蒂娅	al-Salīṭīyah	السليطية
萨璐丽娅	al-Salūlīyah	السلولية
萨马尔甘迪娅（特殊译名）	al-Samarqandīyah	السمرقندية
萨玛娜	Samānah	سمانة
萨米莉娅	al-Sāmirīyah	السامرية
萨姆拉	Samrā’	سمراء
萨那妮娅（特殊译名）	al-Ṣan‘ ānīyah	الصنعانية
萨娜	Sanā；Sanā’	سنا؛ سناء
萨妮娅	Sānīyah	سانية
萨琪娜	Sākinah	ساكنة
萨娲妲	Sawādah	سوادة
萨薇娅	Sawīyah	سوية
萨依芭	Sā’ ibah	سائبة
萨依迪娅	al-Sā‘ idīyah	الساعدية
萨怡妲	Sa‘ īdah	سعيدة
塞娥拉芭	Tha‘ labah	ثعلبة
塞娥拉碧娅	al-Tha‘ labīyah	الثعلبية
塞格霏娅	al-Thaqafīyah	الثقفية
塞娲菠	Thawāb	ثواب
赛芭娥	Ṣayba‘ ah	صيبعة
赛雅拉	Sayyārah	سيارة
赛娅妲	Sayyadah	سيدة
赛宜妲	Sayyidah；al-Sayyidah	سيدة؛ السيدة
桑哈姬娅	al-Ṣanhājīyah	الصنهاجية

续表

汉译	拉丁字母转写	阿拉伯文或波斯文
桑玛	al-Ṣammā’	الصماء
沙斐仪娅（特殊译名）	al-Shāfi‘ īyah	الشافعية
莎	al-Shāh	الشاة
莎娥莉娅	al-Sha‘ rīyah	الشعرية
莎娥瑟	Sha‘ thā’； al-Sha‘ thā’	شعثاء؛ الشعثاء
莎娥娲娜	Sha‘ wānah	شعوانة
莎娥娅	Sha‘ yah	شعية
莎格拉	Shaqrā’	شقراء
莎哈妲	Shahdah	شهدة
莎哈娥	Shahr	شهر
莎哈莉娅	al-Shahārīyah	الشهارية
莎姬	Shājī	شاجي
莎嘉菝	Shaghab	شغب
莎洁拉	Shajarah	شجرة
莎珂拉	Shakalah	شكلة
莎拉芙	Sharāf； Sharaf	شراف؛ شرف
莎拉扎玛	Shārazamā	شارزما
莎喇哈	Sharāḥah	شراحة
莎莉法	Sharīfah	شريفة
莎莉娅	Shārīyah	شارية
莎玛	al-Shamā’	الشماء
莎玛丝娅	al-Shamāsīyah	الشماسية
莎蜜娅	Shāmīyah； al-Shāmīyah	شامية؛ الشامية
莎姆丝	Shams	شمس
莎姆丝娅	Shamsīyah	شمسية
莎穆乐	Shamūl	شمول
莎穆丝	al-Shamūs	الشموس
莎娜菝	Shanab	شنب

续表

汉译	拉丁字母转写	阿拉伯文或波斯文
莎特琶	Shaṭbā’	شطباء
莎妩菠	Sha‘ ūb	شعوب
莎晞佳妮娅	al-Shāhijānīyah	الشاهجانية
莎依拉	al-Shā‘ irah	الشاعرة
霎碧娅	al-Shaybīyah	الشيبية
霎赫	al-Shaykhah	الشيخة
霎玛	al-Shaymā’	الشيماء
霎琶妮娅	al-Shaybānīyah	الشيبانية
霎扎莉娅	al-Shayzarīyah	الشيزرية
姗琶	al-Shanbā’	الشنباء
绍妲	Sawdah	سودة
绍乐	Sawl	سول
诗菠玲	Shibrīn	شبرين
诗法	al-Shifā；al-Shifā’	الشفا؛ الشفاء
诗拉	Shirá	شرى
诗拉滋娅	al-Shīrāzīyah	الشيرازية
诗乐碧娅	al-Shilbīyah	الشلبية
诗玲	Shīrīn	شيرين
淑碧娅	Ṣubīyah	صبية
淑菠哈	Ṣubḥ	صبح
淑哈娥	Ṣuḥr	صحر
淑亥拉	Ṣukhayrah	صخيرة
淑莱浠娅	al-Ṣulayḥīyah	الصليحية
淑蕾蜜娅	al-Ṣuraymīyah	الصريمية
淑蜜娅	al-Ṣumīyah	الصمية
舒格	Shūq	شوق
舒哈妲	Shuhdah	شهدة

续表

汉译	拉丁字母转写	阿拉伯文或波斯文
舒佳	al-Shujā’	الشجاء
舒佳娥	Shujā‘	شجاع
舒珂娥	Shūkār	شوكار
舒可娥	Shukr	شكر
舒蕾拉	Shurayrah	شريرة
舒美拉	Shumaylah	شميلة
舒美萨	Shumaysah	شميسة
舒奈恩	Shunayn	شنين
舒唯琪娅	al-Shuwaykīyah	الشويكية
丝妲	Sīdah	سيدة
丝德拉	Sidrah	سدرة
丝珂	Sikkah	سكة
丝玲	Sīrīn	سيرين
丝塔珂	Sittakā	ستكا
丝坦	Sittān	ستان
丝特	Sitt；al-Sitt	ست؛ الست
丝提	Sittī	ستي
丝提可	Sitīk；Sittīk	ستيك
苏阿德	Su‘ ād	سعاد
苏蓓娥	Subay‘ ah	سبيعة
苏妲	Sūdah	سودة
苏妲娥	Sūdā’；al-Sūdā’	سوداء؛ السوداء
苏娥妲	Su‘ dah；Su‘ dá	سعدة؛ سعدى
苏菲娅（特殊译名）	al-Ṣufīyah	الصوفية
苏海娅	Suhayyah	سهية
苏凯娜	Sukaynah	سكينة
苏珂娥	Sukkar	سكر
苏珂拉	Sukkarah	سكرة

续表

汉译	拉丁字母转写	阿拉伯文或波斯文
苏拉蜜娅	al-Sulamīyah	السلمية
苏剌法	Sulāfah	سلافة
苏莱玛	Sulaymah；Sulaymá	سليمة؛ سليمى
苏乐玛	Sulmá	سلمى
苏乐妥娜	Sulṭānah	سلطانة
苏美娅	Sumayyah	سمية
苏穆拉可	Sūmulak	سوملك
苏奈娜	Sunaynah	سنينة
苏太塔	Sutaytah	ستيتة
素蓓塔	Thubaytah	ثبيتة
素蕾雅	al-Thurayyā	الثريا
素玛玛	Thumāmah	ثمامة
素姆乐	Thuml	ثمل
娑碧哈	Ṣabīḥah	صبيحة
娑杜芙	al-Ṣadūf	الصدوف
娑娥芭	al-Ṣa‘ bah	الصعبة
娑霏娅	Ṣāfīyah；Ṣafīyah	صافية؛ صفية
娑芙拉	Ṣafrā’	صفراء
娑芙娲特	Ṣafwat	صفوت
娑哈拉薇娅	al-Ṣaharāwīyah	الصحراوية
娑姬娅	Ṣājīyah	صاجية
娑姞拉	al-Ṣaghīrah	الصغيرة
娑拉哈	Ṣālaḥah	صالحة
娑喇	Ṣārah	صارة
娑丽浠娅	al-Ṣāliḥīyah	الصالحية
娑怡迪娅	al-Ṣa‘ īdīyah	الصعيدية
塔芭娥	Tabar	تبر

续表

汉译	拉丁字母转写	阿拉伯文或波斯文
塔德穆娥	Tadmur	تدمر
塔娥寒	Tarkhān	ترخان
塔格丽碧娅	al-Taghlibīyah	التغلبية
塔格莉德	Taghrīd	تغريد
塔赫穆娥	Takhmur	تخمر
塔霁娅	Taqīyah	تقية
塔简妮	Tajannī	تجني
塔洁	Tājah	تاجة
塔玛娥	Ta‘ mar	تعمر
塔玛姆	Tamām	تمام
塔嫚娜	Tamanná	تمنى
塔蜜玛	Tamīmah	تميمة
塔蜜蜜娅	al-Tamīmīyah	التميمية
塔姆丽可	Tamlik	تملك
塔努萨	Tanūsah	تنوسة
塔努嬉娅	al-Tanūkhīyah	التنوخية
塔塔娥	Tatar	تتر
塔塔莉娅	al-Tatārīyah	التتارية
塔浠娅	Taḥīyah	تحية
塔茱·阿拉菠	Tāj al-‘ Arab	تاج العرب
塔茱·杜娲乐	Tāj al-Duwal	تاج الدول
塔茱·妮萨	Tāj al-Nisā’	تاج النساء
塔滋芙	Tazīf	تزيف
泰芭	Ṭaybah	طيبة
泰芭拉滋娅	al-Ṭabarazīyah	الطبرزية
泰芭莉娅	al-Ṭabarīyah	الطبرية
泰芭丝娅	al-Ṭabasīyah	الطبسية

续表

汉译	拉丁字母转写	阿拉伯文或波斯文
泰碧芭	Ṭabībah	طبيبة
泰菠拉薇娅	al-Ṭablāwīyah	الطبلاوية
泰娥寒	Ṭarkhān	طرخان
泰娥苏丝娅	al-Ṭarsūsīyah	الطرسوسية
泰法妮娅	al-Ṭayfānīyah	الطيفانية
泰芙	Ṭayf	طيف
泰格薇娅	al-Ṭaqāwīyah	الطقاوية
泰嘉衣	Ṭaghāy	طغاى
泰拉芭莎	Ṭalabashah	طلبشة
泰乐哈	Ṭalhah	طلحة
泰丽拉	Ṭalīlah	طليلة
泰莉法	Ṭarīfah	طريفة
泰露菠	Ṭarūb	طروب
泰玛	Taymā’	تيماء
泰蜜娅	al-Taymīyah	التيمية
泰思莉娅	al-Ṭathrīyah	الطثرية
泰泰兰	Ṭaṭarān	ططران
泰图格丽	Ṭayṭughlī	طيطغلي
泰怡娅	al-Ṭay’ īyah	الطيئية
坦杜	Tandū	تندو
坦玛	al-Tāmmah	التامة
棠玛浠娅	al-Ṭammāḥīyah	الطماحية
桃爱玛	al-Taw’ amah	التوأمة
彤菩莉娅	al-Ṭunbūrīyah	الطنبورية
图娥法	Ṭurfah	طرفة
图娥伉	Turkān	تركان

续表

汉译	拉丁字母转写	阿拉伯文或波斯文
图娥玛	Ṭu‘ mah	طعمة
图娥琪娅	al-Turkīyah	التركية
图法娲	Ṭufāwah	طفاوة
图妃拉	Ṭufaylah	طفيلة
图格莉娅	al-Ṭughrīyah	الطغرية
图哈碧菠	Tuḥabib	تحبب
图海	Ṭuhayh	طهية
图海娅	Tuhayyah	تهية
图姬菠	Tujīb	تجيب
图可塔姆	Tuktam	تكتم
图拉	Tūrá	تورى
图莱哈	Ṭulayhah	طليحة
图兰简	al-Turanjān	الترنجان
图玛娣娥	Tumā ḍir	تماضر
图梅拉	Tumaylah	تميلة
图妮丝娅	al-Tūnisīyah	التونسية
图妥	Ṭūṭá	طوطى
图嬉娅	al-Ṭūkhīyah	الطوخية
妥霏娅	Ṭāfīyah	طافية
妥莉格	Ṭāriqah	طارقة
妥琶娥	Ṭabbā‘	طباع
妥舞丝	Ṭāwūs	طاووس
妥舞丝娅	al-Ṭāwūsīyah	الطاووسية
妥晞拉	Ṭāhirah; al-Ṭāhirah	طاهرة؛ الطاهرة
妥依法	Ṭā’ ifah	طائفة
妥怡娅	al-Ṭā’ īyah	الطائية

续表

汉译	拉丁字母转写	阿拉伯文或波斯文
娲妲德	Wadād	وداد
娲娣浠娅	al-Wā ḍiḥīyah	الواضحية
娲多哈	Waḍḥah	وضحة
娲娥妲	Wardah	وردة
娲娥德	Ward	ورد
娲娥格	Warqā'	ورقاء
娲娥珂妮娅	al-Warkānīyah	الوركانية
娲格娥	Waqār	وقار
娲哈芭	Wahbah	وهبة
娲哈碧娅	al-Wahābīyah； al-Wahbīyah	الوهابية؛ الوهبية
娲哈琶妮娅	al-Wahbānīyah	الوهبانية
娲哈诗娅	Wahshīyah	وحشية
娲海芭	Wahaybah	وهيبة
娲姬哈	Wajīhah	وجيهة
娲拉妲	Wallādah	ولادة
娲丽哈	Wālihah； al-Wālihah	والهة؛ الوالهة
娲诗霁娅	al-Washqīyah	الوشقية
娲丝蒂娅	al-Wāsiṭīyah	الواسطية
娲丝霁娅	al-Wasqīyah	الوسقية
娲丝娜	Wasnā'	وسناء
娲依佐	al-Wā' iẓah	الواعظة
娲滋拉	Wazīrah	وزيرة
薇娥塞	al-Wirthah	الورثة
乌蓓娅	Ubayyah	أبية
乌娥杜	Urdū	أردو
乌娥杜晶	Urdukīn	أردكين
乌蕾妮菠	Uraynib	أرينب

续表

汉译	拉丁字母转写	阿拉伯文或波斯文
乌玛玛	Umāmah	أمامة
乌美玛	Umaymah	أميمة
乌美娅	Umayyah	أمية
乌赛宜妲	Usayyidah	أسيدة
乌栽娜	Udhaynah	أذينة
伍麦薇娅	al-Umawīyah	الأموية
妩蓓妲	‘Ubaydah	عبيدة
妩黛萨	‘Udaysah	عديسة
妩黛娅	‘Udayyah	عدية
妩娥芳	‘Urfān	عرفان
妩妃法	‘Ufayfah	عفيفة
妩妃拉	‘Ufayrah	عفيرة
妩拉玛	‘Ulamā’	علماء
妩莱娅	‘Ulayyah	علية
妩蕾菠	‘Urayb	عريب
妩美拉	‘Umayrah	عميرة
妩奈扎	‘Unayzah	عنيزة
妩莎娜	‘Ushānah	عشانة
妩筛玛	‘Uthaymah	عثيمة
妩水玛	‘Uṣaymah	عصيمة
妩水玛娥	al-‘Uṣaymā’	العصيماء
妩太拉	‘Utaylah	عتيلة
妩太娅	‘Utayyah	عتية
妩特芭	‘Utbah	عتبة
妩特娲莉娅	al-‘Utwārīyah	العتوارية
妩娲拉	‘Uwārah	عوارة
妩宰娅	‘Uzayyah	عزية
妩孜莉娅	al-‘Udhrīyah	العذرية

续表

汉译	拉丁字母转写	阿拉伯文或波斯文
希木叶莉娅（特殊译名）	al-Ḥimyarīyah	الحميرية
浠佳菝	Ḥijāb	حجاب
浠佳莉娅	al-Ḥijārīyah	الحجارية
浠佳滋娅	al-Ḥijāzīyah	الحجازية
浠拉	Ḥīrah	حيرة
浠剌	Ḥillah	حلة
浠姆茜娅	al-Himṣīyah	الحمصية
浠琶娜	Ḥibbūnah	حبانة
浠丝娜	Ḥiṣnah	حصنة
晞剌丽娅	al-Hilālīyah	الهلالية
晞莎蜜娅	al-Hishāmīyah	الهشامية
晞提娅	al-Hītīyah	الهيتية
晞扎妮娅	al-Hizzānīyah	الهزانية
喜妲娥	Khidā'	خداع
喜娥妮格	Khirniq；Khirnīq	خرنق؛ خرنيق
喜扎娜	Khizānah	خزانة
欣妲	Hindah	هندة
欣德	Hind	هند
荀菩拉	Sunbulah	سنبلة
雅菲怡娅	al-Yāfi' īyah	اليافعية
雅萨蜜娜	Yāsamīnah	ياسمينة
雅萨敏	Yāsamīn	ياسمين
叶乐格图	Yalqaṭū	يلقطو
叶玛玛	al-Yamāmah	اليمامة
叶玛蜜娅	al-Yamāmīyah	اليمامية
叶萨莉娅	al-Yasārīyah	اليسارية
叶诗库莉娅	al-Yashkurīyah	اليشكرية

续表

汉译	拉丁字母转写	阿拉伯文或波斯文
叶丝拉	Yasīrah	يسيرة
依芭莉娅	al-Ibarīyah	الإبرية
依碧丽娅	al-Ibilīyah	الإبلية
依菠娜	Ibnat	ابنة
依法特	‘ Iffat	عفت
依法提	‘ Iffatī	عفتي
依姬丽娅	al-‘ Ijlīyah	العجلية
依可莉莎	‘ Ikrishah	عكرشة
依娜芭	‘ Inabah	عنبة
依娜娅特	‘ Ināyat	عنايت
依楠	‘ Inān	عنان
依莎娥	‘ Ishār	عشار
依诗拉格	Ishrāq	اشراق
依丝拉怡丽娅	al-Isrā’ īlīyah	الاسرائيلية
依娑姆	‘ Iṣām	عصام
依特娜芭	al-Iṭnābah	الإطنابة
依雅迪娅	al-Iyādīyah	الإيادية
依孜拉	‘ Idhrā’	عذراء
依兹	‘ Izz	عز
怡思	Īth	إيث
印迪娅（特殊译名）	al-Hindīyah	الهندية
攸阿娥	Yu‘ ār	يعار
攸姆娜	Yumná	يمنى
悠妮妮娅	al-Yūnīnīyah	اليونينية
宰妲	Zaydah	زيدة
宰妲恩	Zaydān	زيدان
宰迪娅	al-Zaydīyah	الزيدية
宰恩	Zayn	زين

续表

汉译	拉丁字母转写	阿拉伯文或波斯文
宰拉怡娅	al-Zayla‘ īyah	الزيلعية
宰娜菠	Zaynab	زينب
泽图赫乐（特殊译名）	Dhāt al-Khāl	ذات الخال
扎芭德	Zabad	زبد
扎碧娅	Dhabīyah	ذبية
扎娥格	Zarqā’；al-Zarqā’	زرقاء؛ الزرقاء
扎娥霁娅	al-Zarqīyah	الزرقية
扎娥怡娅	al-Zar‘ īyah	الزرعية
扎哈拉	Zahrah	زهرة
扎哈喇	Zahrā’	زهراء
扎哈娲	Zahwah	زهوة
扎拉	Dharrah	ذرة
扎拉法	al-Dhalafā’	الذلفاء
扎丽荷	Zalīkhā	زليخا
扎娜妮娅	al-Zanānīyah	الزنانية
扎琶	al-Zabbā’	الزباء
扎琶拉	Zabālah	زبالة
扎晞妲	Zāhidah；al-Zāhidah	زاهدة؛ الزاهدة
扎依妲	Zā’ idah	زائدة
芝阿芭	al-Dhi’ bah	الذئبة
朱尔胡蜜娅（特殊译名）	al-Jurhumīyah	الجرهمية
茱妲玛	Julāmah	جدامة
茱哈蜜娅	al-Juhamīyah	الجهمية
茱哈妮娅	al-Juhanīyah	الجهنية
茱海妮娅	al-Juhaynīyah	الجهينية
茱拉丝	al-Julās	الجلاس
茱玛娥	Juma‘ ah	جمعة
茱玛娜	Jumānah；al-Jumānah	جمانة؛ الجمانة

续表

汉译	拉丁字母转写	阿拉伯文或波斯文
茱玛浠娅	al-Jumaḥīyah	الجمحية
茱姆乐	Juml	جمل
茱霎芭	Jushaybah	جشيبة
茱唯拉	Juwayrah	جويرة
茱唯莉娅	Juwayrīyah	جويرية
茱泽蜜娅	al-Judhāmīyah	الجذامية
茱扎妲妮娅	al-Jūzadānīyah	الجوزدانية
珠蓓妲	Zubaydah	زبيدة
珠蓓莉娅	al-Zubayrīyah	الزبيرية
珠菠妲	Zubdah	زبدة
珠菠拉	Zubrā'	زبراء
珠洁拉	Zujalah	زجلة
珠乐法	Zulfá	زلفى
珠穆露德	Zumurrud	زمرد
滋雅妲	Ziyādah	زيادة
佐嫒娜	Ẓa' aynah	ظعينة
佐菠娅	Ẓabyah	ظبية
佐法娥	Ẓafar	ظفر
佐法莉娅	al-Ẓafarīyah	الظفرية
佐莉法	Ẓārīfah	ظريفة
佐晞莉娅	al-Ẓāhirīyah	الظاهرية

阿拉伯文参考文献

K. 布伊卡：《安达卢西的阿拉伯历史文献》（K. Boyka，*Al-Masādir al-Tārīkhīyah al-ʻArabīyah fī al-Andalus*），拿伊夫·艾布·凯拉姆译，大马士革：阿拉丁出版社，1999。

阿拔斯·阿札维：《蒙古与土库曼时期的史学家介绍》（ʻAbbās al-ʻAzzāwī，*Al-Taʻrīf bi-al-Muʼarrikhīn fī ʻAhd al-Mughūl wa-al-Turkumān*），巴格达：商务出版有限公司，1957。

阿卜杜·阿齐兹·杜里：《阿拉伯史学的兴起》（ʻAbd al-ʻAzīz al-Dūrī，*Nashʼat ʻIlm al-Tārīkh ʻinda al-ʻArab*），贝鲁特：阿拉伯统一研究中心，2007。

阿卜杜·阿齐兹·泰拔泰拔伊：《什叶派名人辞典》（ʻAbd al-ʻAzīz al-Tabātabāʻī，*Muʻjam Aʻlām al-Shīʻah*），库姆：圣裔遗产复兴基金会，1997。

阿卜杜·伽迪尔·爱达鲁斯：《旅途之光：十世纪史》（ʻAbd al-Qādir al-ʻAydarūs，*Al-Nūr al-Sāfir ʻan Akhbār al-Qarn al-ʻĀshir*），贝鲁特：索迪尔出版社，2001。

阿卜杜·伽迪尔·巴格达迪：《文学宝库与阿拉伯语精粹》（ʻAbd al-Qādir al-Baghdādī，*Khizānat al-Adab wa-Lubb Lubāb Lisān al-ʻArab*）第1～13卷，开罗：汗吉书店，1983～2000。

阿卜杜·伽迪尔·古拉什：《往昔珠宝：哈乃斐学派层级传》（ʻAbd al-Qādir al-Qurashī，*Al-Jawāhir al-Mudīyah fī Tabaqāt al-Hanafīyah*）第1～5卷，吉萨：哈杰尔出版发行广告公司，1993。

阿卜杜·拉札戈·康木纳：《愿者希冀：族谱学家层级传》（ʻAbd al-Razzāq Kammūnah，*Munyat al-Rāghibīn fī Tabaqāt al-Nassābīn*），纳杰夫：努尔曼印书馆，1973。

阿卜杜·萨腊姆·瓦冀赫：《栽德派著述名人》（‘Abd al-Salām al-Wajīh, *A‘lām al-Mu’allifīn al-Zaydīyah*），安曼：伊玛目栽德·本·阿里文化基金会，1999。

阿卜杜·瓦贺卜·曼苏尔：《阿拉伯马格里布名人》（‘Abd al-Wahhāb Mansūr, *A‘lām al-Maghrib al-‘Arabī*）第 1 ~ 6 卷，拉巴特：皇家印书馆，1979 ~ 1998。

阿卜杜·沃希德·詹嫩：《安达卢西阿拉伯历史编纂学的兴起》（‘Abd al-Wāhid Dhannūn, *Nash’at Tadwīn al-Tārīkh al-‘Arabī fī al-Andalus*），巴格达：文化事务总局，1988。

阿卜杜海·凯塔尼：《目录辞典》（‘Abd al-Hayy al-Kattānī, *Fihris al-Fahāris wa-al-Ithbāt wa-Mu‘jam al-Ma‘ājim wa-al-Mashyakhāt wa-al-Musalsalāt*）第 1 ~ 3 卷，贝鲁特：伊斯兰西方出版社，1982 ~ 1986。

阿卜杜拉·阿凡迪：《学林园与德贤池》（‘Abd Allāh al-Afandī, *Riyād al-‘Ulamā’ wa-Hiyād al-Fudalā’*）第 1 ~ 5、7 卷，库姆：大阿亚图拉麦尔阿什·纳杰斐书店，1983、1994；第 6 卷，库姆：海雅姆印书馆，1981。

阿卜杜拉·哈巴什：《也门伊斯兰思想文献》（‘Abd Allāh al-Habashī, *Masādir al-Fikr al-Islāmī fī al-Yaman*），阿布扎比：文化基金会，2004。

阿卜杜拉·萨伽夫：《哈德拉毛诗坛史》（‘Abd Allāh al-Saqqāf, *Tārīkh al-Shu‘arā’ al-Hadramīyīn*）第 1 卷，开罗：希贾齐印书馆，1934；第 2 卷，开罗：科学印书馆，1937；第 3 卷，亚历山大：鲁什迪亚特印书馆，1938；第 4 ~ 5 卷，开罗：科学印书馆，1941 ~ 1947。

阿卜杜拉·涂雷基：《罕百里学派著作辞典》（‘Abd Allāh al-Turayqī, *Mu‘jam Musannafāt al-Hanābilah*）第 1 ~ 8 卷，利雅得：阿卜杜拉·本·穆罕默德·本·艾哈迈德·涂雷基，2001 年自印本。

阿迪勒·努韦熙得：《阿尔及利亚名人辞典：自伊斯兰初期至今》（‘Ādil Nuwayhid, *Mu‘jam A‘lām al-Jazā’ir min Sadr al-Islām hattá al-‘Asr al-Hādir*），贝鲁特：努韦熙得文化编辑翻译出版公司，1980。

阿迦·布祖尔克：《什叶派名人层级传》（Āghā Buzurk, *Tabaqāt A‘lām al-Shī‘ah*）第 1 ~ 17 卷，贝鲁特：阿拉伯遗产复兴出版社，2009。

阿迦·布祖尔克：《什叶派著述门径》（Āghā Buzurk, *Al-Dharī‘ah ilá Tasānīf al-Shī‘ah*）第 1 ~ 25 卷，贝鲁特：艾得沃出版社，1983；第 26 卷，

马什哈德：阿斯坦·古德斯·拉多维出版公司，1985。

阿腊玛·希里：《人物知识概论》（al-ʻAllāmah al-Hillī, *Khulāsat al-Aqwāl fī Maʻrifat al-Rijāl*），库姆：法伽哈出版公司，2010。

阿里·赫兹拉冀：《豪美璎珞：也门贵族层级传》（ʻAlī al-Khazrajī, *Al-ʻAqd al-Fākhir al-Hasan fī Tabaqāt Akābir Ahl al-Yaman*）第 1~5 卷，萨那：新世代书店，2008~2009。

阿里·礼萨、艾哈迈德·突兰：《世界各地图书馆藏伊斯兰遗产史辞典》（ʻAlī al-Ridā wa-Ahmad Tūrān, *Muʻjam al-Tārīkh al-Turāth al-Islāmī fī Maktabāt al-ʻĀlām*）第 1~6 卷，开塞利：阿格巴出版社，2001。

阿里汗·麦达尼：《高级阶梯：什叶派伊玛目层级传》（ʻAlī Khān al-Madanī, *Al-Darajāt al-Rafīʻah fī Tabaqāt al-Imāmīyah min al-Shīʻah*）第 1~2 卷，库姆：什叶派遗产基金会，2016。

阿米迪：《辨正：诗坛名字、别名、别号、谱系及其部分诗歌》（al-Āmidī, *Al-Muʼtalif wa-al-Mukhtalif fī Asmāʼ al-Shuʻarāʼ wa-Kunāhum wa-Alqābihim wa-Ansābihim wa-baʻd Shiʻrihim*），贝鲁特：吉勒出版社，1991。

埃及图书馆编：《馆藏阿拉伯图书目录》（Dār al-Kutub al-Miṣrīyah, *Fihris al-Kutub al-ʻArabīyah al-Mawjūdah bi-al-Dār*）第 5 卷，开罗：埃及图书馆，1930。

埃曼·福阿德：《伊斯兰时期也门历史文献》（Ayman Fuʼād, *Masādir Tārīkh al-Yaman fī al-ʻAsr al-Islāmī*），开罗：法兰西东方考古研究院，1974。

艾布·阿里·哈伊利：《人物情况论终》（Abū ʻAlī al-Hāʼirī, *Muntahá al-Maqāl fī Ahwāl al-Rijāl*）第 1~7 卷，库姆：圣裔遗产复兴基金会，1995。

艾布·法拉吉·艾斯法哈尼：《诗歌集》（Abū al-Faraj al-Asfahānī, *Kitāb al-Aghānī*）第 1~25 卷，贝鲁特：索迪尔出版社，2008。

艾布·伽斯姆·哈弗纳维：《先人晚辈知》（Abū al-Qāsim al-Hafnāwī, *Kitāb Taʻrīf al-Khalaf bi-Rijāl al-Salaf*）第 1~2 卷，阿尔及尔：皮埃尔·冯塔纳东方出版社，1906。

艾布·纳斯尔·布哈里：《阿拉维世系秘密》（Abū Nasr al-Bukhārī, *Sirr al-Silsilah al-ʻAlawīyah*），纳杰夫：海达利耶印书馆及其书店，1962。

艾布·努爱姆·艾斯巴哈尼：《圣门弟子知识》（Abū Nuʻaym al-Asbahānī, *Maʻrifat al-Sahābah*）第 1~6 卷，利雅得：国家出版社，1998。

艾布·努爱姆·艾斯巴哈尼：《伊斯法罕史》（Abū Nu' aym al-Asbahānī, *Kitāb Tārīkh Asbahān*）第1~2卷，贝鲁特：学术书籍出版社，1990。

艾布·沙玛：《双园：努尔丁与萨拉丁两王朝纪事》（Abū Shāmah, *Kitāb al-Rawdatayn fī Akhbār al-Dawlatayn al-Nurīyah wa-al-Salāhīyah*）第1~5卷，贝鲁特：利萨拉出版公司，1997。

艾布·乌贝德：《族谱》（Abū 'Ubayd, *Kitāb Al-Nasab*），大马士革：思想出版社，1989。

艾布·谢赫：《伊斯法罕圣训学家层级传》（Abū al-Shaykh, *Tabaqāt al-Muhaddithīn bi-Isbahān wa-al-Wāridīn 'alayhā*）第1~4卷，贝鲁特：利萨拉出版公司，1992。

艾布·叶尔腊·赫里里：《圣训学林知识导引》（Abū Ya' lá al-Khalīlī, *Kitāb al-Irshād fī Ma' rifat 'Ulamā' al-Hadīth*）第1~3卷，利雅得：鲁世德书店，1989。

艾布·扎卡利雅·艾兹迪：《摩苏尔史》（Abū Zakarīyā al-Azdī, *Tārīkh al-Mawsil*）第1~2卷，贝鲁特：学术书籍出版社，2006。

艾哈迈德·达尔冀尼：《马格里布长老层级传》（Ahmad al-Darjīnī, *Kitāb Tabaqāt al-Mashā' ikh bi-al-Maghrib*）第1~2卷，君士坦丁：伯尔思印书馆，1974。

艾哈迈德·拿斯里：《远马格里布列国纪研究》（Ahmad al-Nāsirī, *Kitāb al-Istiqsā li-Akhbār Duwal al-Maghrib al-Aqsá*）第1~9卷，卡萨布兰卡：图书出版社，1997。

艾哈迈德·拿伊波：《甘泉：西的黎波里史》（Ahmad al-Nā' ib, *Al-Manhal al-'Adhb fī Tārīkh Tarābulus al-Gharb*）第1卷，利比亚的黎波里：法尔贾尼书店，1961；第2卷，开罗：伊斯提伽玛印书馆，1961。

艾哈迈德·扎其：《阿拉伯繁荣时代的阿拉伯人演说集》（Ahmad Zakī, *Jamharat Khutab al-'Arab fī 'Usūr al-'Arabīyah al-Zāhirah*）第1~3卷，贝鲁特：学术书籍出版社，出版时间不明。

拔默赫拉玛：《雕饰项链：时代精英辞世》（Bāmakhramah, *Qilādat al-Nahr fī Wafayāt A' yān al-Dahr*）第1~6卷，贝鲁特：敏贺吉出版社，2008。

白拉祖里：《贵族谱系》（al-Balādhurī, *Kitāb Jumal min Ansāb al-Ashrāf*）第1~13卷，贝鲁特：思想出版社，1996。

伯克尔·艾布·栽德：《族谱学家层级传》（Bakr Abū Zayd，*Tabaqāt al-Nassābīn*），利雅得：鲁世德出版社，1987。

布尔贺努丁·法尔宏：《金丝绸缎：学派精英知识》（Burhān al-Dīn Farhūn，*Al-Dībāj al-Mudhahhab fī Ma' rifat A' yān 'Ulamā' al-Madhhab*）第1~2卷，开罗：遗产出版社，1972。

布哈里：《大历史》（al-Bukhārī，*Kitāb al-Tārīkh al-Kabīr*）第1~9册，贝鲁特：学术书籍出版社，1986。

达拉古特尼：《辨正》（al-Dāraqutnī，*Al-Mu' talif wa-al-Mukhtalif*）第1~5卷，贝鲁特：伊斯兰西方出版社，1986。

法赫鲁丁·拉齐：《吉祥谱树：塔里比家族谱系》（Fakhr al-Dīn al-Rāzī，*Al-Shajarah al-Mubārakah fī Ansāb al-Tālibīyah*），库姆：大阿亚图拉麦尔阿什·纳杰斐书店，1999。

菲鲁扎巴迪：《语法与语言名家传略》（al-Fīrūzābādī，*Al-Bulghah fī Tarājim A' immat al-Nahw wa-al-Lughah*），大马士革：萨尔杜丁出版社，2000。

福阿德·斯兹金：《阿拉伯遗产史》（Fu' ād Sizkīn，*Tārīkh al-Turāth al-'Arabī*）第1卷第2分册，马哈茂德·法赫米·希贾齐译，利雅得：伊玛目穆罕默德·本·沙特伊斯兰大学出版社，1991。

伽迪·易雅得：《法庭整顿与道路接近：马立克学派群英知识》（al-Qādī 'Iyād，*Tartīb al-Madārik wa-Taqrīb al-Masālik li-Ma' rifat A' lām Madhhab Mālik*）第1~8卷，拉巴特：摩洛哥伊斯兰宗教基金事务部，1981~1983。

葛勒格圣迪：《珍珠项链：历史部落介绍》（al-Qalqashandī，*Qalā' id al-Jumān fī al-Ta' rīf bi-Qabā' il 'Arab al-Zamān*），开罗：埃及图书出版社 & 贝鲁特：黎巴嫩图书出版社，1982。

哈吉·哈里发：《杰才层级通梯》（Hājjī Khalīfah，*Sullam al-Wusūl ilá Tabaqāt al-Fuhūl*）第1~6卷，伊斯坦布尔：伊斯坦布尔伊斯兰历史、艺术与文化研究中心，2010。

哈吉·哈里发：《书艺题名释疑》（Hājjī Khalīfah，*Kashf al-Zunūn 'an Asāmī al-Kutub wa-al-Funūn*）第1~3卷，贝鲁特：学术书籍出版社，2018。

哈奇姆·内撒布利：《内沙布尔史》（al-Hākim al-Naysābūrī，*Tārīkh Naysābūr*），贝鲁特：伊斯兰福音出版社，2006。

哈桑·阿卜杜·瓦贺卜：《突尼斯著作与著述家》（Hasan ‘Abd al-Wahhāb, *Kitāb al-‘Umr fī al-Musannafāt wa-al-Mu’allifīn al-Tūnisīyīn*）第1卷第1分册~第2卷第2分册，贝鲁特：伊斯兰西方出版社，1990~2005。

赫蒂卜·巴格达迪：《巴格达史》（al-Khatīb al-Baghdādī, *Tārīkh Madīnat al-Salām*）第1~17卷，贝鲁特：伊斯兰西方出版社，2001。

侯赛因·阿特旺：《伍麦叶时期沙姆地区的历史传述》（Husayn ‘Atwān, *Al-Riwāyah al-Tārīkhīyah fī Bilād al-Shām fī al-‘Asr al-Umawī*），贝鲁特：吉勒出版社，1986。

胡梅迪：《火炭余烬：安达卢西学林史》（al-Humaydī, *Jadhwat al-Muqtabas fī Tārīkh ‘Ulamā’ al-Andalus*），突尼斯：伊斯兰西方出版社，2008。

基弗蒂：《语法学家提醒述知》（al-Qiftī, *Inbāh al-Ruwāh ‘alá Anbāh al-Nuhāh*）第1~4卷，开罗：阿拉伯思想出版社 & 贝鲁特：文化图书公司，1986。

贾希兹：《动物志》（al-Jāhiz, *Al-Hayawān*）第1~8卷，开罗：穆斯塔法·巴比·哈拉比及其后裔书店与出版公司，1965~1969。

贾希兹：《解释与阐明》（al-Jāhiz, *Al-Bayān wa-al-Tabyīn*）第1~4卷，开罗：汗吉书店，1998。

杰玛路丁·伊斯纳维：《沙斐仪学派层级传》（Jamāl al-Dīn al-Isnawī, *Tabaqāt al-Shāfi‘īyah*）第1~2卷，巴格达：伊尔沙德印书馆，1970~1971。

杰沃德·阿里：《前伊斯兰时期阿拉伯史章》（Jawād ‘Alī, *Al-Mufassal fī Tārīkh al-‘Arab qabla al-Islām*）第1~10卷，巴格达：巴格达大学出版社，1993。

卡尔·布罗克尔曼：《阿拉伯文学史》（Carl Brockelmann, *Tārīkh al-Adab al-‘Arabī*）第1册，阿卜杜·哈立姆·纳贾尔译，开罗：知识出版社，1983；第3册，开罗：知识出版社，1991；第6册，赛义德·叶尔孤卜·伯克尔译，开罗：知识出版社，1983。

卡尔·富勒斯、穆罕默德·比波腊维编：《赫迪威图书馆藏阿拉伯图书目录》（Karl Vollers wa-Muhammad al-Biblāwī, *Fihrist al-Kutub al-‘Arabīyah al-Mahfūzah bi-al-Kutubkhānah al-Khidīwīyah*）第5卷，开罗：谢赫·奥斯曼·阿卜杜·拉及戈印书馆，1890。

卡米勒·朱布利：《诗坛辞典：自蒙昧时期至公元2002年》（Kāmil al-

Jubūrī, *Mu'jam al-Shu'arā' min al-'Asr al-Jāhilī hattá Sanat* 2002 *M.*）第 1～6 卷，贝鲁特：学术书籍出版社，2003。

卡米勒·朱布利：《文豪辞典：自蒙昧时期至公元 2002 年》（Kāmil al-Jubūrī, *Mu'jam al-Udabā' min al-'Asr al-Jāhilī hattá Sanat* 2002 *M.*）第 1～7 卷，贝鲁特：学术书籍出版社，2003。

库尔齐斯·敖沃德：《东方宝藏》（Kūrkīs 'Awwād, *Al-Dhakhā'ir al-Sharqīyah*）第 1～7 册，贝鲁特：伊斯兰西方出版社，1999。

拉菲仪：《加兹温纪集》（al-Rāfi'ī, *Al-Tadwīn fī Akhbār Qazwīn*）第 1～4 卷，贝鲁特：学术书籍出版社，1987。

里撒努丁·伊本·赫蒂卜：《格拉纳达纪综录》（Lisān al-Dīn Ibn al-Khatīb, *Al-Ihātah fī Akhbār Gharnātah*）第 1～4 卷，开罗：汗吉书店，1973～1977。

利玛·杜尔内格：《阿拉伯与穆斯林著名史学家：1200 多名阿拉伯、波斯、土耳其、阿富汗与印度的史学家》（Rīmā Durnayqah, *A'lām al-Mu'arrikhīn al-'Arab wa-al-Muslimīn: Akthar min* 1200 *Mu'arrikh min 'Arab wa-Furs wa-Atrāk wa-Afghān wa-Hunūd*），贝鲁特：现代图书公司，2019。

麦戈利齐：《大踪录》（al-Maqrīzī, *Kitāb al-Muqaffá al-Kabīr*）第 1～8 卷，贝鲁特：伊斯兰西方出版社，1991。

麦戈利齐：《罕世珠链：精英人物志》（al-Maqrīzī, *Durar al-'Uqūd al-Farīdah fī Tarājim al-A'yān al-Mufīdah*）第 1～4 卷，贝鲁特：伊斯兰西方出版社，2002。

麦戈利齐：《正统训诫：法蒂玛人历任伊玛目纪事》（al-Maqrīzī, *Itti'āz al-Hunafā bi-Akhbār al-A'immah al-Fāṭimīyīn al-Khulafā*）第 1～3 卷，开罗：伊斯兰遗产复兴委员会，1996。

麦斯欧迪：《黄金草原与珠玑宝藏》（al-Mas'ūdī, *Murūj al-Dhahab wa-Ma'ādin al-Jawhar*）第 1～4 卷，贝鲁特：阿拉伯遗产复兴出版社，2002。

麦斯欧迪：《提醒与监督》（al-Mas'ūdī, *Al-Tanbīh wa-al-Ishrāf*），巴格达：穆尚纳书店，1967。

蒙兹利：《〈辞世追录〉增补》（al-Mundhirī, *Al-Takmilah li-Wafayāt al-Naqalah*）第 1～4 卷，贝鲁特：利萨拉出版公司，1984。

米齐：《〈人名大全〉修正》（al-Mizzī, *Tahdhīb al-Kamāl fī Asmā' al-*

Rijāl）第 1~35 卷，贝鲁特：利萨拉出版公司，1982~1992。

穆哈幸·艾敏：《什叶派精英》（Muhsin al-Amīn, *A'yān al-Shī'ah*）第 1~10 卷，贝鲁特：塔阿鲁夫出版社，1983。

穆罕默德·阿卜杜拉：《伊斯兰埃及史家与埃及史料》（Muhammad 'Abd Allāh, *Mu'arrikhū Misr al-Islāmīyah wa-Masādir al-Tārīkh al-Misrī*），开罗：埃及图书总局，1999。

穆罕默德·拔拔安米：《马格里布伊巴迪亚派名人辞典：自伊历一世纪至今》（Muhammad Bābā'ammī, *Mu'jam A'lām al-Ibādīyah min al-Qarn al-Awwal al-Hijrī ilá al-'Asr al-Hādir: Qism al-Maghrib al-Islāmī*）第 1~2 卷，贝鲁特：伊斯兰西方出版社，2000。

穆罕默德·达拔厄：《马林王朝时期的思想与文学名人》（Muhammad al-Dabbāgh, *Min A'lām al-Fikr wa-al-Adab fī al-'Asr al-Marīnī*），卡萨布兰卡：民族书店，1992。

穆罕默德·孤瓦特里：《简明阿拉伯谱系研究》（Muhammad al-Quwatlī, *Bahth Mukhtasar fī Ansāb al-'Arab*）第 1~3 卷，大马士革：福音出版社，1997~1998。

穆罕默德·哈吉：《摩洛哥名人百科全书》（Muhammad Hajjī, *Mawsū'at A'lām al-Maghrib*）第 1~10 卷，突尼斯：伊斯兰西方出版社，2008。

穆罕默德·卡玛路丁：《马穆鲁克布尔吉王朝时期的四大史家与四大著作》（Muhammad Kamāl al-Dīn, *Arba'at Mu'arrikhīn wa-Arba'at Mu'allafāt min Dawlat al-Mamālīk al-Jarākisah*），开罗：埃及图书总局，1992。

穆罕默德·凯塔尼：《灵魂慰藉与优雅交谈：葬身非斯之学者与贤德》（Muhammad al-Kattānī, *Salwat al-Anfās wa-Muhādathat al-Akyās bi-man uqbira min al-'Ulamā' wa-al-Sulahā' bi-Fās*）第 1~3 卷，卡萨布兰卡：文化出版社，2004。

穆罕默德·拉施德：《族谱学家辞典：自伊历一世纪至当代》（Muhammad al-Rashīd, *Mu'jam al-Nassābīn min al-Qarn al-Awwal al-Hijrī ilá al-'Asr al-Hādir*），安曼：法特哈出版社，2017。

穆罕默德·马哈富兹：《突尼斯著述家志》（Muhammad Mahfūz, *Tarājim al-Mu'allifīn al-Tūnisīyīn*）第 1~5 卷，贝鲁特：伊斯兰西方出版社，1982~1986。

穆罕默德·马赫璐夫：《纯洁光辉树：马立克学派层级传》（Muhammad Makhlūf, *Shajarat al-Nūr al-Zakīyah fī Tabaqāt al-Mālikīyah*）第1~2卷，贝鲁特：学术书籍出版社，2003。

穆罕默德·索里希耶：《巴勒斯坦历史与史家》（Muhammad Sālihīyah, "Al-Tārīkh wa-al-Mu' arrikhūn fī Filastīn"），载《巴勒斯坦百科全书：专题研究）》（*Al-Mawsū' ah al-Filastīnīyah: al-Dirāsāt al-Khāssah*），贝鲁特：巴勒斯坦百科全书委员会，1990。

穆罕默德·泰拔格：《阿勒颇史上群英诸贤》（Muhammad al-Tabāgh, *A' lām al-Nubalā' bi-Tārīkh Halab al-Shahbā'*）第1~8卷，阿勒颇：阿拉伯之笔出版社，1988~1992。

穆罕默德·图斯塔利：《人物辞典》（Muhammad al-Tustarī, *Qāmūs al-Rijāl*）第1~12卷，库姆：伊斯兰出版基金会，2009~2014。

穆罕默德·希拉：《麦地那历史与史家》（Muhammad al-Hīlah, *Al-Tārīkh wa-al-Mu' arrikhūn bi-al-Madīnah al-Munawwarah*），麦地那：麦地那研究中心，2015。

穆罕默德·易南等编：《哈萨尼耶宝库目录》（Muhammad ' Inān wa-Ākharūn, *Fahāris al-Khizānah al-Hasanīyah*）第1卷，拉巴特：皇家印书馆，2000。

穆罕默德·扎拔拉：《〈吉星满月：七世纪后良善〉补遗》（Muhammad Zabārah, *Mulhaq al-Badr al-Tāli' bi-Mahāsin man ba' da al-Qarn al-Sābi'*），开罗：伊斯兰图书出版社影印版，出版时间不明。

穆斯阿卜·祖贝利：《古莱什族谱》（Mus' ab al-Zubayrī, *Kitāb Nasab Quraysh*），开罗：知识出版社，1953。

纳吉姆丁·法赫德：《万物珍品：乌姆古拉纪事》（Najm al-Dīn Fahd, *Ithāf al-Wará bi-Akhbār Umm al-Qurá*）第1~5卷，麦加：乌姆古拉大学出版社，1983~1990。

纳吉姆丁·法赫德：《长老辞典》（Najm al-Dīn Fahd, *Mu' jam al-Shuyūkh*），利雅得：叶玛麦研究与翻译出版社，1982。

纳吉姆丁·加齐：《行星：十世纪精英》（Najm al-Dīn al-Ghazzī, *Al-Kawākib al-Sā' irah bi-A' yān al-Mi' ah al-' Āshirah*）第1~3卷，贝鲁特：学术书籍出版社，1997。

纳贾什：《纳贾什人物》（al-Najāshī, *Rijāl al-Najāshī*），贝鲁特：艾俄拉米印刷公司，2010。

努拔希：《安达卢西法官史》（al-Nubāhī, *Tārīkh Qudāt al-Andalus*），开罗：埃及作家出版社，1948。

欧玛拉·也默尼：《也门史》（'Umārah al-Yamanī, *Tārīkh al-Yaman*），开罗：萨阿达印书馆，1976。

欧麦尔·礼萨：《阿拉伯伊斯兰世界的女英杰》（'Umar Riḍā, *A'lām al-Nisā' fī 'Ālamay al-'Arab wa-al-Islām*）第1~5卷，贝鲁特：利萨拉出版公司，1984。

欧麦尔·礼萨：《著述家辞典》（'Umar Riḍā, *Mu'jam al-Mu'allifīn*）第1~4卷，贝鲁特：利萨拉出版公司，1993。

欧麦利：《鉴识路途：诸城列国》（al-'Umarī, *Masālik al-Absār fī Mamālik al-Amsār*）第1~27卷，贝鲁特：学术书籍出版社，2010。

齐黎克里：《名人》（al-Ziriklī, *Al-A'lām*）第1~8卷，贝鲁特：大众知识出版社，2002。

乔治·宰丹：《阿拉伯语言文学史》（Jurjī Zaydān, *Tārīkh Ādāb al-Lughah al-'Arabīyah*）第1~4卷，开罗：新月印书馆，1902~1906。

萨哈维：《闪光：九世纪人物》（al-Sakhāwī, *Al-Ḍaw' al-Lāmi' li-Ahl al-Qarn al-Tāsi'*）第1~12卷，贝鲁特：吉勒出版社，1992。

萨哈维：《为史正名》（al-Sakhāwī, *Al-I'lān bi-al-Tawbīkh li-man dhamma Ahl al-Tārīkh*），贝鲁特：利萨拉出版公司，1986。

萨哈维：《雅珍：麦地那史》（al-Sakhāwī, *Al-Tuhfah al-Latīfah fī Tārīkh al-Madīnah al-Sharīfah*）第1~3卷，开罗：文化传播出版社，1979~1980。

萨赫米：《戈尔甘史》（al-Sahmī, *Tārīkh Jurjān*），贝鲁特：图书世界，1987。

萨拉丁·穆纳吉德：《大马士革史学家及其手稿与出版物辞典》（Salāh al-Dīn al-Munajjid, *Mu'jam al-Mu'arrikhīn al-Dimashqīyīn wa-Āthāruhum al-Makhtūtah wa-al-Matbū'ah*），贝鲁特：新书出版社，2006。

萨姆阿尼：《谱系》（al-Sam'ānī, *Al-Ansāb*）第1~12卷，开罗：伊本·泰米叶书店，1976~1984。

萨姆阿尼：《长老辞典精选》（al-Sam'ānī, *Al-Muntakhab min Mu'jam*

Shuyūkh）第 1~4 卷，利雅得：伊玛目穆罕默德·本·沙特伊斯兰大学出版社，1996。

赛夫·比拓什：《阿曼学林史珍》（Sayf al-Bitāshī, *Ithāf al-A' yān fī Tārīkh ba' d 'Ulamā' 'Umān*）第 1~3 卷，马斯喀特：崇高素丹专职顾问办公室宗教与历史事务处，2016。

沙贺里：《大栽德派层级传》（al-Shahārī, *Tabaqāt al-Zaydīyah al-Kubrá*）第 3 卷第 1~3 册，安曼：伊玛目栽德·本·阿里文化基金会，2001。

沙其波·阿尔斯兰：《薄绸盛装：安达卢西纪遗》（Shakīb Arslān, *Al-Hulal al-Sundusīyah fī al-Akhbār wa-al-Āthār al-Andalusīyah*）第 1~3 卷，贝鲁特：学术书籍出版社，1997。

沙奇尔·穆斯塔法：《阿拉伯历史与史家》（Shākir Mustafá, *Al-Tārīkh al-'Arabī wa-al-Mu' arrikhūn*）第 1~4 卷，贝鲁特：大众知识出版社，1979~1993。

邵卡尼：《吉星满月：七世纪后良善》（al-Shawkānī, *Al-Badr al-Tāli' bi-Mahāsin man ba' da al-Qarn al-Sābi'*）第 1~2 卷，开罗：伊斯兰图书出版社影印版，出版时间不明。

什贺布丁·麦尔阿什：《释疑：谱系、别号与后裔精粹人物志》（Shihāb al-Dīn al-Mar' ashī, *Kitāb Kashf al-Irtiyāb fī Tarjamat Sāhib Lubāb al-Ansāb wa-al-Alqāb wa-al-A' qāb*），载伊本·丰杜戈：《谱系、别号与后裔精粹》（Ibn Funduq, *Lubāb al-Ansāb wa-al-Alqāb wa-al-A' qāb*），库姆：大阿亚图拉麦尔阿什·纳杰斐书店，2007。

圣玛黑：《传记》（al-Shammākhī, *Kitāb al-Siyar*）第 1~2 卷，马斯喀特：阿曼民族遗产与文化部，1992。

苏尤蒂：《纯金串珠：精英名士》（al-Suyūtī, *Nazm al-' Iqyān fī A' yān al-A' yān*），纽约：叙利亚美国出版社，1927。

苏尤蒂：《精华粹髓：谱系释解》（al-Suyūtī, *Kitāb Lubb al-Lubāb fī Tahrīr al-Ansāb*），巴格达：穆尚纳书店影印版。

苏尤蒂：《雅美报告：埃及与开罗史》（al-Suyūtī, *Husn al-Muhādarah fī Tārīkh Misr wa-al-Qāhirah*）第 1~2 卷，开罗：阿拉伯图书复兴出版社，1967。

苏尤蒂：《自觉索求：语言学家与语法学家层级传》（al-Suyūtī,

Bughyat al-Wu'āh fī Tabaqāt al-Lughawīyīn wa-al-Nuhāh）第1~2卷，开罗：尔撒·巴比·哈拉比及其合伙人印书馆，1964。

索法迪：《当世精英》（al-Safadī，*A'yān al-'Asr wa-A'wān al-Nasr*）第1~6卷，大马士革：思想出版社，1998。

索法迪：《逝者全录》（al-Safadī，*Kitāb al-Wāfī bi-al-Wafayāt*）第1~29卷，贝鲁特：阿拉伯遗产复兴出版社，2000。

索伊卜·阿卜杜·哈密德：《什叶派史学家辞典》（Sā'ib 'Abd al-Hamīd，*Mu'jam Mu'arrikhī al-Shī'ah*）第1~2卷，库姆：伊斯兰教法百科全书基金会，2004。

塔基丁·法斯：《宝贵璎珞：麦加历史》（Taqī al-Dīn al-Fāsī，*Al-'Iqd al-Thamīn fī Tārīkh al-Balad al-Amīn*）第1~7卷，贝鲁特：学术书籍出版社，1998。

塔基丁·加齐：《高贵层级传：哈乃斐学派人物志》（Taqī al-Dīn al-Ghazzī，*Al-Tabaqāt al-Sanīyah fī Tarājim al-Hanafīyah*）第1~4卷，利雅得：利法仪出版社，1983~1989。

塔朱丁·苏波其：《大沙斐仪学派层级传》（Tāj al-Dīn al-Subkī，*Tabaqāt al-Shāfi'īyah al-Kubrá*）第1~11卷，吉萨：哈杰尔出版发行广告公司，1992。

拓熙尔·艾哈迈德：《利比亚名人》（al-Tāhir Ahmad，*A'lām Lībiyā*），贝鲁特：伊斯兰轴心出版社，2004。

泰伯里：《泰伯里史》（al-Tabarī，*Tārīkh al-Tabarī*）第1~10卷，开罗：知识出版社，1968~1976。

提贾尼：《提贾尼游记》（al-Tijānī，*Rihlat al-Tijānī*），利比亚的黎波里：阿拉比耶图书出版社，1981。

突斯：《目录》（al-Tūsī，*Al-Fihrist*），纳杰夫：穆尔塔多维耶书店及其印书馆，1937。

突斯：《突斯人物》（al-Tūsī，*Rijāl al-Tūsī*），库姆：伊斯兰出版基金会，2009。

托腊勒·达俄贾尼：《伊本·阿萨奇尔〈大马士革史〉的资料来源》（Talāl al-Da'jānī，*Mawārid Ibn 'Asākir fī Tārīkh Dimashq*）第1~3卷，麦地那：麦地那伊斯兰大学出版社，2004。

瓦基迪：《征服沙姆》（al-Wāqidī, *Futūh al-Shām*）第1~2卷，贝鲁特：学术书籍出版社，1997。

瓦其俄：《法官纪事》（Wakī‘, *Akhbār al-Qudāt*）第1~3卷，贝鲁特：图书世界，2001。

伍德福伟：《汇聚福星：上埃及优秀人士名字》（al-Udfuwī, *Al-Ṭāli‘ al-Sa‘īd al-Jāmi‘ Asmā’ Nujabā’ al-Sa‘īd*），开罗：埃及编辑翻译出版社，1966。

西波特·伊本·焦齐：《时代镜鉴：精英历史》（Sibt Ibn al-Jawzī, *Mir’āt al-Zamān fī Tawārīkh al-A‘yān*）第1~23卷，贝鲁特：世界使命出版社，2013。

雅孤特·哈默维：《地名辞典》（Yāqūt al-Hamawī, *Mu‘jam al-Buldān*）第1~5卷，贝鲁特：索迪尔出版社，1977。

雅孤特·哈默维：《文豪辞典》（Yāqūt al-Hamawī, *Mu‘jam al-Udabā’*）第1~7卷，贝鲁特：伊斯兰西方出版社，1993。

叶厄木利：《语法学家、文豪、诗坛与学林纪举隅》（al-Yaghmūrī, *Kitāb Nūr al-Qabas al-Mukhtasar min al-Muqtabas fī Akhbār al-Nuhāt wa-al-Udabā’ wa-al-Shu‘arā’ wa-al-‘Ulamā’*），威斯巴登：弗朗兹·施泰纳出版社，1964。

叶哈雅·赫勒敦：《探查愿望：阿卜杜·瓦德家族列王纪录》（Yahyá Khaldūn, *Bughyat al-Ruwwād fī Dhikr al-Mulūk min Banī ‘Abd al-Wād*）第1~2卷，阿尔及尔：知识世界，2011。

伊本·阿卜杜·白尔：《传述部落提示》（Ibn ‘Abd al-Barr, *Al-Anbāh ‘alá Qabā’il al-Ruwāh*），贝鲁特：阿拉伯图书出版社，1985。

伊本·阿卜杜·白尔：《圣门弟子知识全录》（Ibn ‘Abd al-Barr, *Al-Istī‘āb fī Ma‘rifat al-Ashāb*）第1~4卷，贝鲁特：吉勒出版社，1992。

伊本·阿卜杜·哈迪：《圣训学林层级传》（Ibn ‘Abd al-Hādī, *Tabaqāt ‘Ulamā’ al-Hadīth*）第1~4卷，贝鲁特：利萨拉出版公司，1996。

伊本·阿卜杜·麦立克：《〈续编二著〉增补》（Ibn ‘Abd al-Malik, *Al-Dhayl wa-al-Takmilah li-Kitābay al-Mawsūl wa-al-Silah*）第1~6卷，突尼斯：伊斯兰西方出版社，2012。

伊本·阿迪：《羸弱人物大全》（Ibn ‘Adī, *Al-Kāmil fī Du‘afā’ al-Rijāl*）第

1~11卷，利雅得：鲁世德书店，2013。

伊本·阿迪姆：《诉求目标：阿勒颇史》（Ibn al-‘Adīm, *Bughyat al-Talab fī Tārīkh Halab*）第1~12卷，贝鲁特：思想出版社，1988。

伊本·阿密拉：《探索目标：安达卢西人物史》（Ibn ‘Amīrah, *Bughyat al-Multamis fī Tārīkh Rijāl Ahl al-Andalus*）第1~2卷，开罗：埃及图书出版社 & 贝鲁特：黎巴嫩图书出版社，1989。

伊本·阿萨奇尔：《大马士革史》（Ibn ‘Asākir, *Tārīkh Madīnat Dimashq*）第1~80卷，贝鲁特：思想出版社，1995~2001。

伊本·艾拔尔：《〈续编〉增补》（Ibn al-Abbār, *Al-Takmilah li-Kitāb al-Silah*）第1~4卷，突尼斯：伊斯兰西方出版社，2011。

伊本·艾比·哈提姆：《考证》（Ibn Abī Hātim, *Al-Jarh wa-al-Ta‘dīl*）第1~9卷，贝鲁特：阿拉伯遗产复兴出版社，1952~1953。

伊本·艾哈默尔：《八世纪马格里布与安达卢西名人》（Ibn al-Ahmar, *A‘lām al-Maghrib wa-al-Andalus fī al-Qarn al-Thāmin*），贝鲁特：利萨拉出版公司，1976。

伊本·艾哈默尔：《标识库藏与学者新说》（Ibn al-Ahmar, *Kitāb Mustawda‘ al-‘Alāmah wa-Mustabdi‘ al-‘Allāmah*），拉巴特：穆罕默德五世大学出版社，1964。

伊本·艾西尔：《历史大全》（Ibn al-Athīr, *Al-Kāmil fī al-Tārīkh*）第1~11卷，贝鲁特：阿拉伯图书出版社，2012。

伊本·艾西尔：《莽丛群狮：圣门弟子知识》（Ibn al-Athīr, *Usd al-Ghābah fī Ma‘rifat al-Sahābah*）第1~8卷，贝鲁特：学术书籍出版社，2016。

伊本·艾西尔：《谱系修正精粹》（Ibn al-Athīr, *Al-Lubāb fī Tahdhīb al-Ansāb*）第1~3卷，贝鲁特：索迪尔出版社，1980。

伊本·巴施库沃勒：《〈安达卢西伊玛目、学者、圣训学家、教法学家与文学家史〉续编》（Ibn Bashkuwāl, *Al-Silah fī Tārīkh A’immat al-Andalus wa-‘Ulamā’ihim wa-Muhaddithīhim wa-Fuqahā’ihim wa-Udabā’ihim*）第1~2卷，突尼斯：伊斯兰西方出版社，2010。

伊本·拔巴韦赫：《什叶派学者名字及其著作目录》（Ibn Bābawayh, *Fihrist Asmā’ ‘Ulamā’ al-Shī‘ah wa-Musannifīhim*），贝鲁特：艾得沃出版

社，1986。

伊本·达沃达利：《珠玉宝藏与精华荟萃·第6卷·往昔珠玉：法蒂玛王朝纪事》（Ibn al-Dawādārī，*Kanz al-Durar wa-Jāmi' al-Ghurar*，*al-Juz' al-Sādis*，*al-Durrah al-Mudīyah fī Akhbār al-Dawlah al-Fātimīyah*），开罗：编辑翻译出版委员会，1961。

伊本·第戈托格：《艾隋里：塔里比家族谱系》（Ibn al-Tiqtaqá，*Al-Asīlī fī Ansāb al-Tālibīyīn*），库姆：大阿亚图拉麦尔阿什·纳杰斐书店，1998。

伊本·法拉荻：《安达卢西学林史》（Ibn al-Faradī，*Tārīkh 'Ulamā' al-Andalus*）第1~2卷，突尼斯：伊斯兰西方出版社，2008。

伊本·丰杜戈：《贝哈格史》（Ibn Funduq，*Tārīkh Bayhaq*），优素福·哈迪译校，大马士革：伊格拉出版社，2004。

伊本·丰杜戈：《谱系、别号与后裔精粹》（Ibn Funduq，*Lubāb al-Ansāb wa-al-Alqāb wa-al-A'qāb*）第1~2卷，库姆：大阿亚图拉麦尔阿什·纳杰斐书店，2007。

伊本·福瓦蒂：《别号辞典文集》（Ibn al-Fuwatī，*Majma' al-Ādāb fī-Mu'jam al-Alqāb*）第1~6卷，德黑兰：伊朗文化与伊斯兰指导部，1996。

伊本·宫福孜：《辞世录》（Ibn Qunfudh，*Al-Wafayāt*），贝鲁特：新前景出版社，1983。

伊本·古台巴：《知识》（Ibn Qutaybah，*Al-Ma'ārif*），开罗：知识出版社，1981。

伊本·哈杰尔：《〈隐珠〉续编》（Ibn Hajar，*Dhayl al-Durar al-Kāminah*），开罗：阿拉伯手稿研究院，1992。

伊本·哈杰尔：《毕生闻讯告新学小生》（Ibn Hajar，*Inbā' al-Ghumr bi-Anbā' al-'Umr*）第1~4卷，开罗：伊斯兰遗产复兴委员会，1969~1998。

伊本·哈杰尔：《圣门弟子常识精要》（Ibn Hajar，*Al-Isābah fī Tamyīz al-Sahābah*）第1~8卷，贝鲁特：学术书籍出版社，1995。

伊本·哈杰尔：《修正润饰》（Ibn Hajar，*Tahdhīb al-Tahdhīb*）第1~7卷，贝鲁特：学术书籍出版社，2004。

伊本·哈杰尔：《隐珠：八世纪精英》（Ibn Hajar，*Al-Durar al-Kāminah fī A'yān al-Mi'ah al-Thāminah*）第1~4卷，贝鲁特：吉勒出版社，1993。

伊本·哈杰尔：《指针》（Ibn Hajar，*Lisān al-Mīzān*）第1~10卷，贝鲁

特：伊斯兰印书局，2002。

伊本·哈姆扎·侯赛尼：《扎哈比〈背诵家备忘〉续编》（Ibn Hamzah al-Husaynī, *Dhayl Tadhkirat al-Huffāz lil-Dhahabī*），贝鲁特：学术书籍出版社影印版，出版时间不明。

伊本·哈兹姆：《阿拉伯谱系集》（Ibn Hazm, *Jamharat Ansāb al-'Arab*），开罗：知识出版社，1982。

伊本·亥狄利：《谱系知获》（Ibn al-Khaydirī, *Al-Iktisāb fī Ma'rifat al-Ansāb*）第1~11卷，科威特：拉托伊夫学术论著出版社 & 遗产复兴与数字服务科学公司，2019。

伊本·亥尔：《目录》（Ibn Khayr, *Fihrisat*），突尼斯：伊斯兰西方出版社，2009。

伊本·亥雅特：《层级传》（Ibn Khayyāt, *Kitāb al-Tabaqāt*），巴格达：阿尼印书馆，1967。

伊本·罕百里：《爱珠：阿勒颇精英史》（Ibn al-Hanbalī, *Durr al-Habab fī Tārīkh A'yān Halab*）第1卷第1分册~第2卷第2分册，大马士革：叙利亚文化部，1972~1974。

伊本·赫勒敦：《伊本·赫勒敦史》（Ibn Khaldūn, *Tārīkh Ibn Khaldūn*）第1~8卷，贝鲁特：思想出版社，2000。

伊本·赫里康：《精英辞世与时代名人信息录》（Ibn Khallikān, *Wafayāt al-A'yān wa-Anbā' Abnā' al-Zamān*）第1~8卷，贝鲁特：索迪尔出版社，1977~1978。

伊本·焦齐：《历代帝王与民族通史》（Ibn al-Jawzī, *Al-Muntazam fī Tārīkh al-Mulūk wa-al-Umam*）第1~19卷，贝鲁特：学术书籍出版社，1992~1993。

伊本·杰扎利：《终极目标：诵经家层级传》（Ibn al-Jazarī, *Ghāyat al-Nihāyah fī Tabaqāt al-Qurrā'*）第1~2卷，贝鲁特：学术书籍出版社，2006。

伊本·卡西尔：《始末录》（Ibn Kathīr, *Al-Bidāyah wa-al-Nihāyah*）第1~21卷，吉萨：哈杰尔出版发行广告公司，1997~1999。

伊本·凯勒比：《族谱集》（Ibn al-Kalbī, *Jamharat al-Nasab*），贝鲁特：图书世界 & 阿拉伯复兴书店，1986。

伊本·拉杰卜：《〈罕百里学派层级传〉续编》（Ibn Rajab, *Al-Dhayl*

‘*alá Tabaqāt al-Hanābilah*）第1～5卷，利雅得：欧贝康书店，2005。

伊本·玛库腊：《名字、别名与谱系辨正释疑大全》（Ibn Mākūlā，*Al-Ikmāl fī Raf‘ al-Irtiyāb ‘an al-Mu’talif wa-al-Mukhtalif fī al-Asmā’ wa-al-Kuná wa-al-Ansāb*）第1～7卷，开罗：伊斯兰图书出版社，1993。

伊本·拿斯鲁丁：《混淆澄清：传述人名字、谱系、别号与别名修正》（Ibn Nāsir al-Dīn，*Tawdīh al-Mushtabih fī Dabt Asmā’ al-Ruwāh wa-Ansābihim wa-Alqābihim wa-Kunāhim*）第1～10卷，贝鲁特：利萨拉出版公司，1993。

伊本·纳迪姆：《目录》（Ibn al-Nadīm，*Al-Fihrist*）第1卷第1分册～第2卷第2分册，伦敦：福尔甘伊斯兰遗产基金会，2009。

伊本·纳贾尔·巴格达迪：《〈巴格达史〉补遗》（Ibn al-Najjār al-Baghdādī，*Dhayl Tārīkh Baghdād*）第1～4卷，贝鲁特：学术书籍出版社，1997。

伊本·撒仪：《宝贵珠玉：著者名字》（Ibn al-Sā‘ī，*Al-Durr al-Thamīn fī Asmā’ al-Musannifīn*），突尼斯：伊斯兰西方出版社，2009。

伊本·萨尔德：《大层级传》（Ibn Sa‘d，*Kitāb al-Tabaqāt al-Kabīr*）第1～11卷，开罗：汗吉书店，2001。

伊本·沙阿尔：《宝珠项链：当代诗坛》（Ibn al-Sha‘‘ār，*Qalā’id al-Jumān fī Farā’id Shu‘arā’ hādhā al-Zamān*）第1～9卷，贝鲁特：学术书籍出版社，2005。

伊本·沙奇尔·库图比：《精英辞世录及其补遗》（Ibn Shākir al-Kutubī，*Fawāt al-Wafayāt wa-al-Dhayl ‘alayhā*）第1～5卷，贝鲁特：索迪尔出版社，1973。

伊本·苏达：《远马格里布史家索引》（Ibn Sūdah，*Dalīl Mu’arrikh al-Maghrib al-Aqsá*），贝鲁特：思想出版社，1997。

伊本·苏菲：《麦吉迪：塔里比人谱系》（Ibn al-Sūfī，*Al-Majdī fī Ansāb al-Tālibīyīn*），库姆：大阿亚图拉麦尔阿什·纳杰斐书店，2001。

伊本·索布尼：《〈谱系、名字与别号大全补全〉增补》（Ibn al-Sābūnī，*Takmilat Ikmāl al-Ikmāl fī al-Ansāb wa-al-Asmā’ wa-al-Alqāb*），巴格达：伊拉克科学院出版社，1957。

伊本·塔厄里·比尔迪：《别世偿清碧泉》（Ibn Taghrī Birdī，*Al-Manhal al-Sāfī wa-al-Mustawfá ba‘da al-Wāfī*）第1～13卷，开罗：埃及图书总局 &

埃及国家图书档案馆，1984~2009。

伊本·塔厄里·比尔迪：《闪耀群星：埃及与开罗列王》（Ibn Taghrī Birdī, *Al-Nujūm al-Zāhirah fī Mulūk Misr wa-al-Qāhirah*）第1~16卷，贝鲁特：学术书籍出版社，1992。

伊本·托拔托拔·艾斯法哈尼：《塔里比人移居地》（Ibn Tabātabā al-Asfahānī, *Muntaqilat al-Tālibīyah*），纳杰夫：海达利耶印书馆，1968。

伊本·希班：《各地学林名士》（Ibn Hibbān, *Mashāhīr 'Ulamā' al-Amsār*），贝鲁特：学术书籍出版社，1995。

伊本·易玛德：《金砂：往逝纪事》（Ibn al-'Imād, *Shadharāt al-Dhahab fī Akhbār man Dhahab*）第1~10卷，大马士革 & 贝鲁特：伊本·卡西尔出版社，1986~1993。

伊本·易纳巴：《艾布·塔里卜家族谱系基本要义》（Ibn 'Inabah, *'Umdat al-Tālib fī Ansāb Āl Abī Tālib*），纳杰夫：海达利耶出版社，1961。

伊本·优努斯：《埃及人史》（Ibn Yūnus, *Tārīkh al-Misrīyīn*），贝鲁特：学术书籍出版社，2000。

伊本·祖贝尔：《再续》（Ibn al-Zubayr, *Kitāb Silat al-Silah*），开罗：宗教文化书店，2008。

伊本·祖赫拉：《阿拉维家族摘略》（Ibn Zuhrah, *Ghāyat al-Ikhtisār fī al-Buyūtāt al-'Alawīyah al-Mahfūzah min al-Ghubār*），纳杰夫：海达利耶印书馆及其书店，1962。

伊卜拉欣·麦格哈斐：《也门地名与部落辞典》（Ibrāhīm al-Maqhafī, *Mu'jam al-Buldān wa-al-Qabā'il al-Yamanīyah*）第1~2卷，萨那：凯里玛出版社，2002。

伊哈桑·阿拔斯：《佚史金砂》（Ihsān 'Abbās, *Shadharāt min Kutub Mafqūdah fī al-Tārīkh*），贝鲁特：伊斯兰西方出版社，1988。

伊斯玛仪·艾克瓦：《也门的知识迁移及其堡垒》（Ismā'īl al-Akwa', *Hijar al-'Ilm wa-Ma'āqiluhu fī al-Yaman*）第1~4卷，贝鲁特：当代思想出版社 & 大马士革：思想出版社，1995。

伊斯玛仪·麦尔瓦齐：《荣耀：塔里比家族谱系》（Ismā'īl al-Marwazī, *Al-Fakhrī fī Ansāb al-Tālibīyīn*），库姆：大阿亚图拉麦尔阿什·纳杰斐书店，1989。

伊斯玛仪·帕夏·巴格达迪：《隐匿揭示：〈书艺题名释疑〉增补》（Ismā‘īl Bāshā al-Baghdādī, *Īdāh al-Maknūn fī al-Dhayl ‘alá Kashf al-Zunūn ‘an Asāmī al-Kutub wa-al-Funūn*）第1~2卷，贝鲁特：学术书籍出版社，2018。

伊斯玛仪·帕夏·巴格达迪：《知者惠赠：作者名讳与著者述作》（Ismā‘īl Bāshā al-Baghdādī, *Hadīyat al-‘Ārifīn Asmā’ al-Mu’allifīn wa-Āthār al-Musannifīn*）第1~2卷，伊斯坦布尔：知识通讯社，1951~1955。

易玛杜丁·艾斯法哈尼：《〈宫廷纯珠与时代清单：伊拉克诗坛部分〉增补》（‘Imād al-Dīn al-Asfahānī, *Takmilat Kharīdat al-Qasr wa-Jarīdat al-‘Aṣr: Qism Shu‘arā’ al-‘Irāqī*），巴格达：伊拉克科学院出版社，1981。

易祖丁·侯赛尼：《〈辞世追录增补〉续编》（‘Izz al-Dīn al-Husaynī, *Silat al-Takmilah li-Wafayāt al-Naqalah*）第1~2卷，贝鲁特：伊斯兰西方出版社，2007。

优尼尼：《〈时代镜鉴〉续编》（al-Yūnīnī, *Dhayl Mir’āt al-Zamān*）第1~4卷，开罗：伊斯兰图书出版社，1992。

优素福·豪沃拉：《伊非里基亚的学术生活》（Yūsuf Hawwālah, *Al-Hayāh al-‘Ilmīyah fī Ifrīqīyah*）第1~2卷，麦加：乌姆古拉大学出版社，2000。

优素福·霍罗维茨：《早期武功纪及其编纂者》（Josef Horovitz, *Al-Maghāzī al-Ūlá wa-Mu’allifūhā*），侯赛因·纳索尔译，开罗：汗吉书店，2001。

栽努丁·易拉基：《〈中庸标准〉增补》（Zayn al-Dīn al-‘Irāqī, *Dhayl ‘alá Mīzān al-I‘tidāl*），贝鲁特：图书世界，1987。

扎哈比：《〈往事殷鉴〉续编》（al-Dhahabī, *Dhayl al-‘Ibar*），贝鲁特：学术书籍出版社，1985。

扎哈比：《群英诸贤传》（al-Dhahabī, *Siyar A‘lām al-Nubalā’*）第1~25卷，贝鲁特：利萨拉出版公司，1996。

扎哈比：《伊斯兰史与诸杰群英辞世录》（al-Dhahabī, *Tārīkh al-Islām wa-Wafayāt al-Mashāhīr wa-al-A‘lām*）第1~52卷，贝鲁特：阿拉伯图书出版社，1988~2000。

祖贝迪：《语法学家与语言学家层级传》（al-Zubaydī, *Tabaqāt al-*

Nahwīyīn wa-al-Lughawīyīn），开罗：知识出版社，1984。

祖贝尔·巴卡尔：《古莱什族谱及其纪事集》（al-Zubayr Bakkār, *Jamharat Nasab Quraysh wa-Akhbāruhā*）第1~2卷，贝鲁特：学术书籍出版社，2010。

本卷后记

二零二一，冷史热起，《丛书》问世。《目录》首籍，史家简史，再续后记，陈年往事，皆成历史。道远梁氏，寡才缺智，不善言辞，心向真史，淡泊明志，凝聚精气，争时夺日，饱食发力，史海游弋，已醉已痴，续成新籍：族谱学史，千余页字。洪娟博士，豪杰女子，年轻有志，不追奢靡，苦练文字，与我合力。此籍问世，三续后记。

古代大食，族谱有史。上溯源起，口传记忆，常伴史诗，难考踪迹。七世纪时，先知穆氏，经训神迹，改天换地。哈里发继，治国睿智，往鉴真史，明确谱系。欧麦尔时，分配名利，谱学得势，成文载籍。时至今日，千多年矣！谱家有几？数以千计。大食谱系，浩博云霓。固然如此，华夏大地，鲜有人知，岂非怪事？我辈治史，不应菲自，审时度势，需有一籍，立足根基，文字朴实，粗略梳理，添瓦加泥。

言归正题，续忆往事。二零二一，人生要事，八月八日，爱女降世。学术七事，在此略提：三月要事，作成仁兄，邀我组织，两篇文字，期刊专题，论史学史。十月十五，悦海会议，政治经济，专注历史，谈阿拉伯，史学有史。十月廿九，三义教授，邀我讲史，疫情突起，云端行事，谈编年史。十一月事，中东学会，云端会议，激昂陈词，族谱学史，将成专籍。时至廿日，旭鹏教授，组稿通史，指点文字。二十七日，民愫教授，邀我共议，二十世纪，史学体系，畅谈杜里。年末大事，二十四日，联合会议。《丛书》仪式，绍先先生，忠杰教授，先后主持：思科大使，忠静校长，艳玲社长，于沛先生，安山先生，民兴恩师，吴英主任，志斌所长，效梅教授，福德恩师，和斌恩师，深情勉励，致辞主旨，史业兴起。中东史学，二届会议，福泉教授，璐璐教授，冯燚仁兄，主持评议：学者十几，云端热议；在读学子，谈史学史。

感恩治史，无尽谢意：父母妹妻，助我坚持。一生众师，督我治史。海燕书记，绍先院长，前进主任，领导同事（李赵冯白金马等），促成此籍。长者勉励：广智先生，建才先生，周烈先生，旭东先生……前辈支持（拼音排序）：宝玉教授，丁俊教授，丁隆教授，开运教授，李勇教授，马强教授，倩红教授，劝余教授，瑞映教授，善伟教授，王泰教授，卫青教授，晓霖教授，晓群教授，艳枝教授，智彪教授，中民教授，中义教授……赠我珍籍：文楼教授，记录教授，宇翔教授，建荣英杰，文坚于斌……敏琦忠真，屡屡赠籍。学界兄姐：传忠广宜，竞强李恒，鹏宇若萌，文广耀辉，玉奎章波，惠娜王霏……常有鼓励！恩情重提：于沛先生，民兴恩师，总序激励！圣敏先生，德高博识，专序勉励，百年希冀！明伟李氏，仁义吾弟，本书编辑，颇费心力。

上述文字，不成体例，谨愿中国的中东史学理论与史学史研究事业长长久久！一个时刻等待着博雅君子批评赐正的邮箱：alafateliang@ 126. com。

梁道远

草于2022年8月8日（九学斋）

修改于2022年11月19日（九学斋）

图书在版编目(CIP)数据

古代阿拉伯族谱学家及其著作提要 : 上下册 / 梁道远，洪娟编著. --北京 : 社会科学文献出版社，2012.12

（古代阿拉伯史学文献提要丛书）

ISBN 978-7-5228-1392-9

Ⅰ.①古… Ⅱ.①梁… ②洪… Ⅲ.①阿拉伯人-氏族谱系-研究-古代 Ⅳ.①K819

中国版本图书馆 CIP 数据核字(2022)第 257556 号

·古代阿拉伯史学文献提要丛书·

古代阿拉伯族谱学家及其著作提要（上下册）

编　　著 / 梁道远　洪　娟

出 版 人 / 王利民

责任编辑 / 李明伟

责任印制 / 王京美

出　　版 / 社会科学文献出版社·国别区域分社（010）59367078

地址：北京市北三环中路甲 29 号院华龙大厦　邮编：100029

网址：www.ssap.com.cn

发　　行 / 社会科学文献出版社（010）59367028

印　　装 / 三河市东方印刷有限公司

规　　格 / 开　本：787mm × 1092mm　1/16

印　张：89　字　数：1458 千字

版　　次 / 2022 年 12 月第 1 版　2022 年 12 月第 1 次印刷

书　　号 / ISBN 978-7-5228-1392-9

定　　价 / 498.00 元（上下册）

读者服务电话 4008918866